말씀의 향연

FEASTING ON THE WORD
Preaching the Revised Common Lectionary

English Edition © 2010 Westminster John Knox Press
First Edition © 2010 Published by Westminster John Knox Press Louisville, Kentucky
Korean Edition © 2025 by Publishing House The Presbyterian Church of Korea, Seoul, Republic of Korea

FEASTING ON THE WORD

Preaching the Revised Common Lectionary

Year A, Volume 2

한국장로교출판사

편집자 명단

총편집인

데이비드 L. 바틀렛(미국침례교) 컬럼비아 신학대학교 신약학 교수

바바라 브라운 테일러(성공회) 피드몬트 대학교 종교학 교수, 컬럼비아 신학대학교 기독교 영성학 객원 교수

권별 편집자

찰스 L. 캠벨(미국장로교) 듀크 신학대학원 설교학 교수

카를로스 카르도사-올란디(그리스도의 제자 교회) 컬럼비아 신학대학교 세계기독교학 부교수

게리 W. 찰스(미국장로교) 센트럴 장로교회 담임목사

앨런 힐튼(그리스도연합교회) 와이제이타 커뮤니티 교회 신앙과 학문의 사역 목사

신시아 A. 자비스(미국장로교) 체스넛 힐 장로교회 담임목사

E. 엘리자베스 존슨(미국장로교) 컬럼비아 신학대학교 신약학 교수

토머스 G. 롱(미국장로교) 캔들러 신학대학원 설교학 교수

캐슬린 M. 오코너(로마가톨릭교회) 컬럼비아 신학대학교 구약학 교수

마르시아 Y. 릭스(아프리카 감리교 자이온 교회) 컬럼비아 신학대학교 기독교윤리학 교수

조지 W. 스트루프(미국장로교) 컬럼비아 신학대학교 조직신학 교수

에밀리 M. 타운스(미국침례교) 예일 신학대학원 학문 담당 부학장, 아프리카계 미국인 종교 및 신학 교수

리처드 F. 워드(그리스도연합교회) 필립스 신학대학원 설교와 예배학 교수

프로젝트 매니저

조안 머치슨 컬럼비아 신학대학교 프로젝트 매니저

자료 편집자

메리 린 다든 컬럼비아 신학대학교 자료 편집자

목 차

8 편집자 노트
9 시리즈 소개
11 머리말
12 개정 공동성서정과

재의 수요일
14 이사야 58:1~12
23 시편 51:1~17
32 고린도후서 5:20b~6:10
42 마태복음 6:1~6, 16~21

사순절 첫째 주일
54 창세기 2:15~17, 3:1~7
64 시편 32편
73 로마서 5:12~19
83 마태복음 4:1~11

사순절 둘째 주일
94 창세기 12:1~4a
104 시편 121편
113 로마서 4:1~5, 13~17
122 요한복음 3:1~17

사순절 셋째 주일
134 출애굽기 17:1~7
144 시편 95편
153 로마서 5:1~11
163 요한복음 4:5~42

사순절 넷째 주일
174 사무엘상 16:1~13
183 시편 23편
192 에베소서 5:8~14
202 요한복음 9:1~41

사순절 다섯째 주일
214 에스겔 37:1~14
224 시편 130편
233 로마서 8:6~11
242 요한복음 11:1~45

사순절 여섯째 주일(종려주일 예전)
254 시편 118:1~2, 19~29
263 마태복음 21:1~11

사순절 여섯째 주일(고난주일 예전)
274 이사야 50:4~9a
284 시편 31:9~16
294 빌립보서 2:5~11
304 마태복음 27:11~54

고난주간 월요일
318 이사야 42:1~9
328 시편 36:5~11
337 히브리서 9:11~15
346 요한복음 12:1~11

고난주간 화요일
358 이사야 49:1~7
367 시편 71:1~14
376 고린도전서 1:18~31
386 요한복음 12:20~36

고난주간 수요일
398 이사야 50:4~9a
408 시편 70편
418 히브리서 12:1~3
427 요한복음 13:21~32

성목요일
438 출애굽기 12:1~4(5－10), 11~14
448 시편 116:1~2, 12~19
458 고린도전서 11:23~26
468 요한복음 13:1~17, 31b~35

성금요일
478 이사야 52:13~53:12
489 시편 22편
499 히브리서 4:14~16, 5:7~9
509 요한복음 18:1~19:42

성토요일
526 예레미야애가 3:1~9, 19~24
536 시편 31:1~4, 15~16
546 베드로전서 4:1~8
556 요한복음 19:38~42

부활절 철야
566 출애굽기 14:10~31, 15:20~21
577 시편 114편
586 로마서 6:3~11
596 마태복음 28:1~10

부활주일
606 예레미야 31:1~6
616 시편 118:1~2, 14~24
625 골로새서 3:1~4
635 요한복음 20:1~18

부활절 둘째 주일
648 사도행전 2:14a, 22~32
657 시편 16편
666 베드로전서 1:3~9
676 요한복음 20:19~31

부활절 셋째 주일
686 사도행전 2:14a, 36~41
695 시편 116:1~4, 12~19
704 베드로전서 1:17~23
713 누가복음 24:13~35

부활절 넷째 주일
724 사도행전 2:42~47
733 시편 23편
742 베드로전서 2:19~25
752 요한복음 10:1~10

부활절 다섯째 주일

762 사도행전 7:55~60

771 시편 31:1~5, 15~16

780 베드로전서 2:2~10

790 요한복음 14:1~14

부활절 여섯째 주일

800 사도행전 17:22~31

810 시편 66:8~20

820 베드로전서 3:13~22

829 요한복음 14:15~21

주의 승천일

840 사도행전 1:1~11

849 시편 93편

858 에베소서 1:15~23

867 누가복음 24:44~53

부활절 일곱째 주일

878 사도행전 1:6~14

888 시편 68:1~10, 32~35

897 베드로전서 4:12~14, 5:6~11

906 요한복음 17:1~11

916 집필자

921 집필 색인

※ 본서는 개정 공동성서정과 본문에 따라 구성되었으나, 일부 본문에는 집회서와 지혜서 등 외경이 포함되어 있습니다. 한국교회의 성서정과에는 외경이 포함되지 않고, 신학적 해석의 차이가 있을 수 있으나 원서에 따라 참조용으로 제시합니다.

편집자 노트

『말씀의 향연』은 교회에 설교와 교육 자료를 제공하는 프로젝트입니다. 이 책이 다른 강해 설교와 차별성을 갖는 것은 개정 공동성서정과(Revised Common Lectionary, RCL)의 본문과 거기에 네 가지 관점을 제공하는 독특한 접근법 때문입니다. 각 성경 구절의 신학적, 목회적, 주석적, 설교적 관점을 탐구하는 풍부한 내용을 통해, 설교자들이 설교를 준비하는 데 많은 정보와 자극을 얻게 되기를 바랍니다.

이를 위해 오랜 시간 헌신해 주신 분들이 없었다면, 이 작업을 수행할 수 없었을 것입니다. 웨스트민스터 존 녹스 출판사는 총편집인 데이비드 L. 바틀렛과 바바라 브라운 테일러의 훌륭한 작업에 감사를 표합니다. 두 사람은 설교의 질에 깊은 관심을 갖고 있는 재능 있는 설교자들입니다. 또한 활기차고 탁월하며 변함없는 유머로 이 거대한 과제를 받아들인 훌륭한 동료이기도 합니다. 우리는 데이비드와 바바라에게 큰 빚을 지고 있습니다.

프로젝트 매니저인 조안 머치슨과 편집자 메리 린 다든의 지원 덕분에 수천 개의 '조각'이 모여 인상적인 시리즈가 완성되었습니다. 이들의 탁월한 역량과 끈질긴 집념이 없었다면, 이 책은 나올 수 없었을 것입니다. 이 시리즈의 각 권 편집자들에게도 감사를 표합니다. 목회자, 교수, 사역자로서 뛰어난 역량을 발휘하여 집필자들과 협력하고, 이 시리즈를 구성하는 데 귀중한 통찰력을 제공했습니다. 이 시리즈를 완성하는 데 자신의 전문성과 통찰력을 공유한 수백 명의 집필자들에게 깊이 감사드립니다. 이들은 다양한 분야에서 활동하고 있습니다. 그들은 교회에 유익하고, 우리 시대의 설교를 풍성하게 만들기 위해 아낌없이 수고하였습니다.

또한 웨스트민스터 존 녹스 출판사는 이 작업을 시작하고 진행할 수 있도록 적극 협조해 준 컬럼비아 신학대학교에도 감사의 뜻을 전합니다. 학장 겸 부총장인 카메론 머치스는 프로젝트의 시작부터 필요한 모든 것을 함께 이끌고 지지해 주었습니다. 그의 값진 노력에 감사합니다. 로라 멘덴홀 전 총장도 큰 도움을 주었습니다. 그녀는 신학교의 자원과 인력을 제공하고, 열정과 모든 선한 뜻으로 격려해 주었습니다. 우리는 그녀에게 감사하며, 컬럼비아의 새로운 총장인 스티븐 헤이너와 함께 일하기를 기대합니다.

웨스트민스터 존 녹스 출판사가 『말씀의 향연』 시리즈를 출간하게 된 것을 기쁘게 생각합니다. 교회에서 개정 공동성서정과의 풍부한 자료를 바탕으로 말씀이 선포될 때 목회 사역을 도울 수 있다고 믿습니다. 이 책에 있는 다양한 통찰이『말씀의 향연』을 누리고 듣는 이들과 그 기쁨을 나눌 수 있는 자양분이 될 것이라고 믿습니다.

웨스트민스터 존 녹스 출판사

시리즈 소개

설교자의 사역에는 끝이 없습니다. 가르치고, 예배를 인도하고, 교회를 돌보는 것은 목회 사역의 일부입니다. 이 중 주일 설교는 설교자의 사역에서 가장 큰 비중을 차지합니다. 설교를 듣는 사람들 대부분이 위기에 처해 있는 것은 아닙니다. 다만 그들은 너무 바쁜 삶을 살아가기에 교회의 교육 프로그램에 참여하기 어렵습니다. 설교 시간이 5분이든 45분이든, 설교는 교인들이 목회자에게 그리스도 안에서의 삶이 어떤 의미이고 왜 중요한지에 대해 직접 들을 수 있는 단 한 번의 기회입니다.

『말씀의 향연』은 목회자들에게 설교 준비를 위한 집중적인 자료를 제공하며, 그 길에 동행하는 동료들이 집필했습니다. 이 시리즈는 개정 공동성서정과에 지정된 네 개의 성경 본문과 네 가지 관점을 통해 하나님의 말씀을 선포하는 설교자들에게 16가지의 다양한 시각을 제공합니다. 각 성경 본문마다 설교자는 신학적, 목회적, 주석적, 설교적 관점에 대한 통찰을 얻을 수 있습니다. 우리는 네 가지 관점에 우선순위를 부여하지 않고, 상호 의존성을 제시하고자 했습니다. 예를 들어, 어떤 독자는 복음서 본문에 제공된 네 가지 관점을 모두 읽으면서 그 구절에 집중하기로 결정할 수 있습니다. 또 다른 독자는 구약, 시편, 서신서, 복음서 본문의 각 관점을 읽으면서 그 연관성을 찾기로 결정할 수도 있습니다.

어디서 시작하든 설교자는 다양한 학문과 종교적 전통을 가진 집필자들의 글에서 필요한 것을 찾을 수 있습니다. 집필자들은 신학교에서 학생들을 가르치거나 교회에서 사역합니다. 학술 서적과 지역 신문에 칼럼을 기고하기도 하고, 교단을 감독하기도 합니다. 이러한 모든 역량과 그 이상을 통해 하나님의 말씀을 섬기며 그 말씀에 생명을 불어넣는 지속적인 도전에 설교자와 함께 동참합니다.

이 시리즈의 12권은 개정 공동성서정과를 따르고 있습니다. 말씀을 선포하는 이들에게 지름길을 제시하지는 않습니다. 설교자들 사이에서는 주일 설교 전, 적어도 일주일 전에 미리 주의 깊게 읽어야 하기 때문에 '월요일의 책'으로 알려진 도서들이 있습니다. 혹은 짧은 시간 안에 설교의 아이디어를 얻을 수 있기에 '토요일의 책'이라고 불리는 도서들도 있습니다. 이 시리즈는 토요일의 책이 아닙니다. 우리의 목표는 구원의 말씀이 필요한 세상에서 설교자들이 '더 빨리'가 아니라 '더 깊이' 갈 수 있도록 돕는 데 있습니다.

이 시리즈를 위해 수고를 아끼지 않은 웨스트민스터 존 녹스 출판사 직원들에게 감사드립니다. 이 프로젝트를 구상한 돈 맥킴, 존 버퀴스트, 잭 켈러, 편집자 마크 루이스, 함께 프로젝트 완성을 위해 부지런히 일한 데이비드 돕슨, 각 권의 제작 과정을 세심하게 안내한 줄리 토니니, 그리고 이 작업에 참여하게 해 준 컬럼비아 신학대학교의 전 총장 로라 멘덴홀과 카메론 머치슨 학장에게 감사를 표합니다. 편집위원회의 인내와 여유, 노력이 없었다면 이 시리즈는 존재하지 않았을 것입니다. 조안 머치슨은 처음부터 작업을 이끌고 장대한 프로젝트를 세세하게 관리했으며, 메리 린 다든, 딜루 니콜라스, 메간 해클러, 존 실링버그는 탁월한 행정 능력으로 우리 모두를 지원해 주었습니다.

이 시리즈로 수많은 재능 있는 사상가, 작가, 편집자들과 함께 일하게 되어 영광이었습니다. 우리는 이 책을 그들의 헌물이자 우리의 헌물로서 설교 사역에 바칩니다.

데이비드 L. 바틀렛

바바라 브라운 테일러

머리말

한국 교회는 지난 수십 년 동안 놀라운 성장을 이루었고, 동시에 깊은 도전을 마주하고 있습니다. 오늘 우리의 강단은 여전히 성도들에게 생명의 말씀을 전해야 하며, 그 말씀은 단순한 지식이 아니라 삶을 변화시키는 복음이어야 합니다. 사실 매 주일 새로운 본문을 해석하고 설교를 전한다는 것은 매우 어려운 사명입니다.

『말씀의 향연』 시리즈는 이 사명을 감당하는 목회자와 설교자를 돕기 위해 기획된 자료입니다. 본서는 개정 공동성서정과를 따르며, 매 주일 교회력에 따라 주어진 본문을 아래의 네 가지 관점에서 풀어냅니다.

신학적 관점은 본문이 드러내는 하나님의 뜻과 복음의 중심을 보여줍니다.

목회적 관점은 오늘을 살아가는 성도들의 삶과 목회 현장에 직접 적용할 수 있는 통찰을 제공합니다.

주석적 관점은 성경의 언어, 배경, 맥락을 탐구하여 본문을 더욱 깊이 이해하도록 돕습니다.

설교적 관점은 강단에서 어떻게 이 말씀을 전할지 구체적이고 실천적인 길을 열어 줍니다.

이 네 가지 관점은 마치 한 상의 여러 음식처럼, 설교자가 영적 양식을 다양하게 준비할 수 있는 자원이 됩니다. 목회자는 상황에 따라 한 가지 관점을 중점적으로 선택할 수도 있고, 종합하여 사용함으로써 설교에 균형과 깊이를 더할 수도 있습니다.

특히 본 시리즈의 두 번째 책인 본서(Year A, Volume 2)는 재의 수요일에서 출발하여 사순절과 부활절을 다룹니다. 특히 고난주간에는 해설이 매일 제공되어 본문을 더욱 깊이 연구할 수 있습니다. 본서는 예수님의 죽으심과 부활, 승천을 통해 드러난 하나님 나라를 함께 묵상하도록 이끌어 줍니다.

우리는 이 책이 한국 교회의 목회자와 신학생, 그리고 말씀을 사모하는 모든 성도들에게 좋은 동반자가 되기를 바랍니다. 설교자는 이 책을 통하여 본문을 더 깊이 연구하고, 교회는 더욱 말씀의 풍성함을 누리며, 성도들은 그 말씀 안에서 새로운 힘과 위로를 얻게 될 것입니다.

말씀은 언제나 살아 움직이며, 오늘도 교회를 새롭게 하고 세상을 변화시킵니다. 한국 교회의 강단마다, 성도들의 삶의 자리마다, 이 말씀의 잔치가 풍성히 차려지기를 소망합니다.

한국장로교출판사
사장 강 성 훈

개정 공동성서정과

『말씀의 향연』은 개정 공동성서정과를 따릅니다. 이 성서정과는 교회력의 절기에 따라 예배 중에 사용할 수 있는 성경 본문을 제공합니다. 또한 교단이나 다른 교회 관련 단체에서 사용할 수 있는 통일된 본문을 제공합니다.

성서정과는 구약성경 낭독, 해당 낭독에 대한 시편의 응답, 서신서, 복음서를 연중 각 설교 상황에 맞게 제공합니다. 3년 주기로 제공되며, 매년 공관복음 중 한 권을 중심으로 구성됩니다. A년도는 마태복음의 해, B년도는 마가복음의 해, C년도는 누가복음의 해입니다. 요한복음은 매년, 특히 대림절, 사순절, 부활절에 읽습니다.

성서정과는 성령강림절 또는 비절기 기간의 구약 본문을 두 가지 트랙으로 제공합니다. 구약의 이야기와 인물들을 살펴보는 반연속 트랙과 구약 본문을 그날의 복음서 본문 주제와 연결시키는 보완 트랙이 있습니다. 교단 전통에 따라 어느 한쪽을 더 선호하는 교단도 있습니다. 예를 들어, 장로교와 감리교는 일반적으로 반연속 트랙을 따르고, 루터교와 성공회는 일반적으로 보완 트랙을 따릅니다.

『말씀의 향연』 시리즈의 A년도는 보완 트랙을 따르고, B년도는 보완 트랙과 반연속 트랙으로 나뉘며, C년도는 반연속 트랙의 흐름을 다룹니다.

ASH WEDNESDAY

재의 수요일

이사야 58:1~12

시편 51:1~17

고린도후서 5:20b~6:10

마태복음 6:1~6, 16~21

재의 수요일

이사야 58:1~12

1 크게 외치라 목소리를 아끼지 말라 네 목소리를 나팔같이 높여 내 백성에게 그들
의 허물을, 야곱의 집에 그들의 죄를 알리라
2 그들이 날마다 나를 찾아 나의 길 알기를 즐거워함이 마치 공의를 행하여 그의 하
나님의 규례를 저버리지 아니하는 나라 같아서 의로운 판단을 내게 구하며 하나
님과 가까이하기를 즐거워하는도다
3 우리가 금식하되 어찌하여 주께서 보지 아니하시오며 우리가 마음을 괴롭게 하
되 어찌하여 주께서 알아 주지 아니하시나이까 보라 너희가 금식하는 날에 오락
을 구하며 온갖 일을 시키는도다
4 보라 너희가 금식하면서 논쟁하며 다투며 악한 주먹으로 치는도다 너희가 오늘
금식하는 것은 너희의 목소리를 상달하게 하려는 것이 아니니라
5 이것이 어찌 내가 기뻐하는 금식이 되겠으며 이것이 어찌 사람이 자기의 마음을
괴롭게 하는 날이 되겠느냐 그의 머리를 갈대같이 숙이고 굵은 베와 재를 펴는 것
을 어찌 금식이라 하겠으며 여호와께 열납될 날이라 하겠느냐
6 내가 기뻐하는 금식은 흉악의 결박을 풀어 주며 멍에의 줄을 끌러 주며 압제당하
는 자를 자유하게 하며 모든 멍에를 꺾는 것이 아니겠느냐
7 또 주린 자에게 네 양식을 나누어 주며 유리하는 빈민을 집에 들이며 헐벗은 자를
보면 입히며 또 네 골육을 피하여 스스로 숨지 아니하는 것이 아니겠느냐
8 그리하면 네 빛이 새벽같이 비칠 것이며 네 치유가 급속할 것이며 네 공의가 네
앞에 행하고 여호와의 영광이 네 뒤에 호위하리니
9 네가 부를 때에는 나 여호와가 응답하겠고 네가 부르짖을 때에는 내가 여기 있다
하리라 만일 네가 너희 중에서 멍에와 손가락질과 허망한 말을 제하여 버리고
10 주린 자에게 네 심정이 동하며 괴로워하는 자의 심정을 만족하게 하면 네 빛이
흑암 중에서 떠올라 네 어둠이 낮과 같이 될 것이며
11 여호와가 너를 항상 인도하여 메마른 곳에서도 네 영혼을 만족하게 하며 네 뼈
를 견고하게 하리니 너는 물 댄 동산 같겠고 물이 끊어지지 아니하는 샘 같을 것
이라
12 네게서 날 자들이 오래 황폐된 곳들을 다시 세울 것이며 너는 역대의 파괴된 기
초를 쌓으리니 너를 일컬어 무너진 데를 보수하는 자라 할 것이며 길을 수축하
여 거할 곳이 되게 하는 자라 하리라

신학적 관점

본문은 제3이사야(사 56-66장)의 핵심내용 중 하나이며, 이사야 전체를 관통하는 구속 신학의 시적 표현입니다.* 이사야의 여러 본문이 보여주는 포로 공동체의 상황과 달리 이 본문은 갈등에 빠진 공동체를 배경으로 합니다. 이 구절은 공동체의 행위와 공동체 예배 사이에 존재하는 위선적인 격차에서 갈등의 근원을 찾고 있습니다.

공동체의 금식은 이기적이고 불의하며 폭력적인 삶을 은폐하는 것이 목적이기 때문에 소용이 없습니다. "보라 너희가 금식하는 날에 오락을 구하며 온갖 일을 시키는도다 보라 너희가 금식하면서 논쟁하며 다투며 악한 주먹으로 치는도다"(3b-4a절). 금식의 진정한 목적은 겸손의 미덕과 정의에 대한 헌신을 심어 주는 것입니다. "내가 기뻐하는 금식은 흉악의 결박을 풀어 주며 멍에의 줄을 끌러 주며 압제당하는 자를 자유하게 하며 모든 멍에를 꺾는 것이 아니겠느냐"(6절). 이렇듯 진정한 금식에는 개인적인 금욕뿐만 아니라 자발적으로 도움이 필요한 사람들에게 베푸는 행위도 포함됩니다. "또 주린 자에게 네 양식을 나누어 주며 유리하는 빈민을 집에 들이며 헐벗은 자를 보면 입히며 또 네 골육을 피하여 스스로 숨지 아니하는 것이 아니겠느냐"(7절). 이렇게 금식하는 사람은 빛과 생명이 넘쳐나는 하나님의 풍성하심을 체험하게 될 것입니다.

초기 기독교 주석가들은 금욕과 정의 사이에서 영적인 의미를 부여하려 했습니다. 히에로니무스(제롬, 약 347-420년)는 현세의 필요를 돌보라는 명령을 영적인 필요를 돌보라는 더 큰 명령에 대한 유형론적인 예표로 읽었습니다. 그는 이렇게 주석합니다. "불신앙의 엄동설한 가운데 교회 밖에서 신앙의 온기 없이 가난하고 거할 곳 없이 추위에 떠는 사람들을 보면, 그들을 교회로 인도하여 그리스도의 옷을 입혀 그들이 무덤에 머물지 않도록 하십시오."

히에로니무스의 유형론적 해석을 물질적 빈곤으로 고통받는 사람들을 무시하라는 권고로 이해하면 안 됩니다. 초기 주석가들도 이 구절에서 정의 실현에 대한 요구를 분명히 인식했습니다. 히포의 아우구스티누스(354-430)는 "형제를 인정하지 않을 때 당신의 금식이 인정받을 수 있을까요?"라고 반문했습니다.** 그러나 그러한 이해가 교회의 예배 생활, 특히 재의 수요일과 관련된 관습에서 금욕과 정의의 연관성을 약화시킨 것은 분명합니다.

재의 수요일에는 이 구절을 낭독하는 것 외에도 "너는 흙이니 흙으로 돌아갈 것이니라 하

* 이 본문과 관련된 역사적이고 신학적인 논쟁점들에 대해서 다음을 참고하라. Walter Brueggemann, *Isaiah 40-66* (Louisville, KY:Westminster John Knox Press, 1998), 164-95; Brevard S. Childs, *Isaiah:A Commentary* (Louisville, KY:Westminster John Knox Press, 2001), 440-81; Paul D. Hanson, *Isaiah 40-66* (Louisville, KY:Westminster John Knox Press, 1995), 204-7.

** Jerome, Commentary on Isaiah 16.8, in *Ancient Christian Commentary on Scripture: Old Testament XI, Isaiah 40-66*, ed. Mark W. Elliott (Downers Grove, IL: InterVarsity Press, 2007), 211. Augustine, Sermon 400.7, in *The Works of Saint Augustine: A Translation for the 21st Century, Sermons III/10*, ed. and trans. Edmund Hill, OP (Hyde Park, NY: New City Press, 1995), 476.

시니라"(창 3:19) 또는 "회개하고 복음을 믿으라"(막 1:15)라는 말씀과 함께 이마에 재를 뿌리는 관습이 있습니다. 이 의식은 사순절의 시작을 알립니다. 많은 그리스도인이 사순절 기간 동안 금식을 하거나 특정한 음식을 삼갑니다. 이는 하나님의 살아 있고, 생동감 있고, 온 마음을 다하는 관계를 방해하는 것들을 멀리하는 데 집중하기 위함입니다.

이러한 배경을 고려할 때, 오늘 이사야 말씀은 개인과 공동체의 영적 삶에서 금식과 유사한 참회 행동이 어떤 역할을 하는지를 다루고 있기 때문에 매우 적절한 본문입니다. 이러한 실천의 뿌리에는 개인적인 경건과 사회정의의 원천이 되는 하나님과의 관계가 있습니다. 그 관계를 회복하는 것이 바로 '회개'이며, 우리 자신의 죄와 이기심으로 인해 깨지거나 망가진 관계를 회복하기 위해 노력해야 하는 일입니다. 그래서 "너를 일컬어 무너진 데를 보수하는 자라 할 것이며 길을 수축하여 거할 곳이 되게 하는 자라 하리라"(12b절)라는 언약으로 끝납니다.

이 관계를 더 깊은 차원에서 경험하는 삶은 어떤 의미가 있을까요? 초기 기독교 주석가들은 개인의 경건을 강조하며 사회정의를 약화시키는 경향이 있었지만, 현대 독자들은 정의 실현의 당위성과 사회 쇄신과 변화를 자신들의 입맛에 맞는 정책과 동일시하려 합니다. 이 구절에서 국제 원조를 늘리거나 세계화에 반대해야 한다는 구체적인 의무를 도출하는 것은 오해의 소지가 있을 수 있습니다.

그보다 이 본문은 예배, 금식, 정의, 화해 등을 한 데 연결함으로써 기도하는 마음으로 앞으로 나아갈 길을 모색하는 신앙적 상상력의 쇄신을 위한 공간을 만들어 줍니다. 결과적으로 이 본문은 개인과 정치를 하나로 묶고, 각자의 자리에서 하나님의 구속의 정치를 실천하고자 하는 특정 공동체를 새롭게 만드는 데 그 목적이 있습니다. 이러한 이유로 T. S. 엘리엇은 그의 시 "재의 수요일"(Ash Wednesday)의 말미에서 이 구절의 이미지를 떠올리게 하고 개인의 영역과 정치의 영역을 언급하는 다음의 기도를 들려줍니다.

거짓으로 우리 자신을
조롱하지 않게 하소서
걱정하되 걱정하지 않도록 가르치소서
고요히 앉는 법을 가르치소서
이 바위들 사이에서도,
그분의 뜻 안에서 우리의 평화가 있기를
그리고 이 바위들 사이에서도
자매, 어머니
그리고 강의 영, 바다의 영이시며,
내가 멀리 되지 않게 하소서

나의 부르짖음이 주께 닿게 하소서.*

현대 주석가들이 생각하는 것처럼 공동체의 갈등이 본문의 배경이라면, 본문에 나오는 회복적 행동은 현대 교회가 바로 곁에 있는 지역사회에 하나님 나라의 평화로운 정치를 실천할 방법을 모색하도록 독려합니다. 재의 수요일은 그리스도인 개개인이 사순절의 시작을 기념할 뿐만 아니라 교회가 처음에 그러했던

* T. S. Eliot, *Collected Poems 1909-1962* (London: Faber & Faber Ltd., 1963), 105.

것처럼 공동체적 삶을 새롭게 하여 '물이 마르지 않는 샘'(11b절)이 된다는 것이 무엇을 의미하는지 처음으로 배우는 기회가 될 것입니다.

목회적 관점

재의 수요일은 단지 우리의 유한성을 묵상하거나('너는 흙이니 흙으로 돌아갈 것이니라', 창 3:19), 우리의 개인적인 죄와 실패를 고백하는 날 이상의 의미가 있습니다. 특히 이사야 58장은 우리의 '사회적 죄'를 깨닫게 함으로써 자기 성찰에만 기대지 않게 하는데, 사실 이것이 오늘날 성도들에게는 쉽지 않은 일입니다.

이사야의 말씀은 매우 강력하고 우리의 일상에 적용할 수 있기 때문에 목회자는 본문 자체에 가까이 다가가 그 말씀이 회중의 귀에 나팔소리처럼 들리도록 해야 합니다. 본문을 들이대며 강압적으로 설교하면 믿음을 자아내기보다는 거부감을 불러일으킬 가능성이 높습니다. 여기에서는 회중이 주님의 말씀을 우연히 듣게 하는 방식으로 본문에 집중하게 해야 합니다.

재의 수요일에 주지해야 할 것은 하나님께서 원하시는 사순절의 훈련은 사소한 것들을 포기하는 훈련이 아니라, 오히려 고통받는 이들의 필요를 구체적으로 채워주는 데 관심을 기울이는 훈련이라는 것입니다. 대부분의 서점에는 자기계발이라 표시된 서가가 있습니다. 일부 서가에는 기독교 자기계발이라 표시되어 있을 수도 있습니다. 사려깊은 목회자라고 한다면 우리의 자기계발 프로그램이 큰 도움이 되지 않는다는 것을 분명히 느끼지 않습니까? 우리는 자존감을 세워 줄 것들로 자아실현을 헛되이 추구하기보다는, 우리보다 큰 대의를 위해 스스로를 내어줌으로써 자아실현을 추구해야 합니다. 이사야 58장 말씀은 하나님의 선교라는 더 큰 목적을 위해 우리를 초대합니다.

하나님의 백성에게 그들의 죄를 선포하기 전에, 우리가 먼저 이사야가 폭로한 죄의 공범임을 정직하게 인정해야 합니다. 우리는 주님이 받으실 만한 금식, 즉 굶주리고 가난하고 헐벗은 자들을 향한 하나님의 마음에 동참하는 예배를 잘 드리고 있습니까? 솔직히 그동안 예배의 미학에만 신경쓰지는 않았습니까?

우리 교회의 예배가 타성에 젖어 있고 지루해 보인다면, 하나님께서 원하시는 예배와 너무 떨어져 버린 것은 아닐까요? 우리는 하나님의 뜻에 관심을 기울이는 대신, 우리 스스로 문제를 해결하려고 합니다. 밴드를 고용하고, 목사님에게 기타 레슨을 받게 하며, 대형 스크린에 찬양 가사를 띄워 예배를 화려하게 만들려고 합니다. 그러나 그것이 아무리 회중을 즐겁게 만들더라도, 우리 가운데 약하고 연약한 사람들을 대하는 방식이 변하지 않은 채 그저 예배를 드릴 뿐이라면 그것은 하나님께서 원하시고 요구하시는 예배가 아닙니다.

이사야는 하나님께서 원하시는 예배가 필연적으로 사회적인 예배이지만 지극히 개인적인 예배임도 분명히 합니다. 이사야는 "흉악의 결박을 풀어 주며 멍에의 줄을 끌러 주며 압제당하는 자를 자유하게 하며 … 또 주린 자에게 네 양식을 나누어 주며 유리하는 빈민을 집에 들이며 헐벗은 자를 보면 입히며 또 네 골육을 피하여 스스로 숨지 아니하는 것이 아니겠느냐"라고 우리에게 외칩니다(6-7절). 진정한 예배는 우아한 의식이나 자화자찬하는 경건의 문제가 아닙니다. 그것은 사회정의의 문제이자 세상의 멍들고 상처받은 이를 위해 값을 치러야 하는 개인적 관심의 문제입니다.

고통받는 사람들의 필요를 채우기 위해 노력하는 것은 언약 공동체에게 주어진 의무 정도에 그치지 않습니다. 이는 개인과 공동체 전체의 삶을 가득 채워 가는 삶의 방식입니다. 고통받는 사람들의 필요를 사회적이고 개인적인 차원에서 돌아볼 때에 이 말씀이 이루어질 것입니다. "네 빛이 새벽같이 비칠 것이며 네 치유가 급속할 것이며 … 네가 부를 때에는 나 여호와가 응답하겠고 네가 부르짖을 때에는 내가 여기 있다 하리라"(8-9절). 앞서 이사야가 성전에서 하나님의 놀라운 거룩하심 앞에서 "내가 여기 있나이다 나를 보내소서"(사 6:8)라고 말하며 하나님의 부르심에 응답했던 것처럼, 이제 주님께서 응답하시고, 우리의 부르짖음에 반응하십니다. "내가 여기 있다. 내가 너를 보낼 것이다."

그 결과는 우리가 기대했던 것 이상입니다. 목회자들이 뼈저리게 잘 알고 있는 '흑암은 낮과 같이 될 것이며'(10b절), 풍성한 삶의 길로 우리를 인도하시는 주님은 우리의 삶을 '물 댄 동산같이'(11b절) 비옥하게 하실 것입니다. 진정한 자아실현은 가난한 사람들을 향한 하나님의 마음에 자기를 드리고 헌신할 때 이루어집니다.

우리 자신의 삶뿐만 아니라 우리 사회 전체도 번영할 것입니다. "오래 황폐된 곳들을 다시 세울 것이며"(12a절). 거처와 성전이 파괴되었지만 유배지에서 고향으로 돌아온 백성에게 이 얼마나 귀한 약속일까요? "너는 역대의 파괴된 기초를 쌓으리니 너를 일컬어 무너진 데를 보수하는 자라 할 것이며 길을 수축하여 거할 곳이 되게 하는 자라 하리라"(12절). 부유층의 세금 감면을 지속하고, 공교육을 소홀히 하며, 가장 어렵고 취약한 사람들을 외면함으로써 공공의 삶의 기초를 너무 오랫동안 방치해 온 우리 사회가 황폐해지고 있습니다. 이런 상황에서 이사야의 약속은 앞으로의 투쟁에 희망과 에너지를 줄 수 있습니다.

청소년과 청년들은 장년층보다 이를 더 잘 이해하는 것 같습니다. 선교 여행을 마치고 돌아온 청소년들은 가난한 사람들의 얼굴에 담긴 하나님의 임재가 어떤 의미인지 새롭게 경험합니다. 대학생들은 단순히 좋은 일을 하기 위해서가 아니라, 하나님께서 약속하신 그곳에서 삶의 의미와 목적을 찾기 위해 아이들을 가르치고 집을 짓는 해비타트 자원봉사에 참여합니다. 연령대가 다양한 사람들이 목회자에게 찾아와 자신이 아직 경험하지 못한 더 의미 있는 삶을 요구합니다. 그런데도 우리가 성도들에게 하나님의 일과 무관한 오락거리를 제공하고 있지는 않습니까? 우리는 그리스도인의 삶의 충만함이 세상에서 '하나님의 해방하는 사랑'이라는 목적을 위해 삶을 내어주는 데 있다는 하나님의 약속을 제시하고 있습니까? 그 약속대로 살도록 성도들을 부르고 있습니까?

주석적 관점

이사야 56~66장은 새로운 패권자로 등장한 페르시아 제국의 통치하에서 살아가던 포로기 이후의 유대 공동체를 배경으로 합니다. 이 시기에는 연약하고 방향성을 잃은 사람들에게 정치적이고 종교적인 회복이 필요했습니다. 왜냐하면 바벨론에서 귀환한 포로민들과 유다 지역을 떠나지 않았던 사람들이 땅과 중요한 신학적 문제들로 서로 자신들의 주장을 펼치고 있었기 때문입니다.

가장 큰 질문은 아마도 엄청난 파괴와 추방 이후에 도래할 미래에 대한 향방일 것입니다. 이 질문은 이내 다음과 같은 더 구체적인 고민을 하게 합니다. 귀환 초기 유대 공동체는 예루살렘 성전과 다윗 왕조가 무너진 상황에서 그 지위를 어떻게 재고해야 할까요? 재건과 새로운 시작의 때에 고려해야 할 종교적인 우선 순위는 무엇인가요? 이 과정에서 하나님께서는 어디에 계신가요?

이 시기의 예언 문학은 이러한 중요한 질문에 답하는 예언자들의 지속적인 역할에 대해 증언합니다. 학자들이 흔히 제3이사야라 부르는 이사야 56~66장은 특히 제사와 성전 의례의 기능, 회복 과정 가운데에서의 시온의 위치, 그리고 공동체 내에서 이방인의 역할 등을 다룹니다. 뿐만 아니라 우상숭배(사 57장)와 패역한 지도자(사 56:9-12)들을 향한 심판과 같은 포로기 이전 예언서의 전통적인 주제도 견지하고 있습니다.

이사야 58장은 제3이사야의 시작 부분에 위치하며, 예언서에서 흔히 볼 수 있는 종교적 긴장 중 하나를 다룹니다. 그것은 반드시 요구되는 사회정의와 제사 행위 및 종교 관습 사이의 관계성에 관한 것입니다. 아모스와 같은 위대한 예언자들은 이스라엘 사회 내 사회정의의 부재를 강조하면서, 사회적으로 희생제사와 같은 경건하고 제의적인 행위의 필요성을 경시한다고 인식합니다.

예언자의 정의를 추구하는 사고와 세세한 부분에 신경 쓰는 제사장의 사고방식 사이를 엄격하게 구분하는 이분법은 아마도 고대의 종교적 정서보다는 현대 개신교의 정서를 더 반영한 것으로 보입니다. 왜냐하면 성경 전체에서 두 가지의 흐름이 분명하게 드러나기 때문입니다. 이사야 58장은 금식의 본질과 목적에 대해 언급하면서도, 이 행위의 관련성과 중요성에 대해서도 거론하고 있습니다.

다소 분절되어 있고, 횡설수설하는 듯한 본문은 명확하고 선형적인 논거를 구축하고 있지 않지만, 이 본문이 말하고자 하는 포괄적인 메시지는 모호하지 않으며 대략적인 윤곽을 식별할 수 있습니다. 먼저 예언자에게 백성들의 허물을 알리라는 하나님의 명령이 주어집니다. 그런 다음 백성들이 불만을 짧게 제기하고, 그에 대해 하나님께서 세 가지로 답변하십니다.*

예언자의 소명 1절에서 하나님께서 예언자에게 허물을 알리라고 하신 명령은 성서 예언자의 전형적인 사명 중 하나를 포함합니다. 그것은 백성들이 저지른 사회적 패역을 경고해야 하는 사명입니다. 1절은 두 평행구로 구성되어 있습니다. 전반부는 예언자에게 필요한 큰 소리(목소리를 아끼지 말라, 나팔같이)를 강조하고, 후반부는 수신자(내 백성, 야곱의 집)와 문제(허물, 죄)를 모두 선포하는 구절로 구성되어 있습니다.

불평 우리의 행위(금식과 고행)를 살펴보지 않으심(3a절). 이 구절에서는 두 개의 짧은 질문으로 백성들의 불평 소리를 들려줍니다. 그들

* Joseph Blenkinsopp, *Isaiah 56-66*, Anchor Bible 19B (New York: Doubleday, 2003), 176.

은 금식이라는 완벽하게 칭찬받을 만한 행동에 하나님께서 응답하시지 않는 이유를 알고 싶어 합니다. 결국 금식은(애도 및 참회와 더불어) 개인적이고 경건한 행위와 관련되어 있습니다. 이 구절의 맥락에서 볼 때, 하나님께서 이 행위를 살피셔야 한다는 것은 분명하지만, 백성들이 하나님께서 그들의 금식을 어떻게 인정해 주시기를 바라는지는 분명하지 않습니다. 흥미롭게도 바로 이어지는 대답에서 백성들은 불우한 사람들을 위한 자선행위와 같은 다른 종교적 실천은 강조하지 않고, 이 단식 행위만을 강조합니다.

첫 번째 대답 이기적이고 반목하는 이들의 금식을 듣지 않으심(3b-4절). 이 구절에서 본문의 목소리는 다시 선지자를 향합니다. 본문은 이기심, 강압, 다툼, 심지어 물리적 폭력을 동반한다고 말하면서 백성들의 금식을 비판합니다. 여기서 선지자가 가리켰던 구체적인 상황은 부적절한 사업이나 재정 문제와 관련이 있을 가능성이 높습니다. 본문은 '보라'라는 말을 반복하면서 이 부분을 둘로 나누고 있습니다. 금식하는 날에 참여하는 것은 다른 이들에 영향을 미치는 행위가 아니므로 이들의 금식은 헛된 것입니다.

두 번째 대답 올바른 금식의 방법(5-9a절). 하나님의 두 번째 대답은 수사학적인 질문들로 나열되어 있습니다. 5절에서는 바로 위에서 설명한 금식의 모양을 조롱하는 풍자적인 세 가지 질문을 제시합니다. 일반적으로 금식과 함께 이루어지는 몸의 고행들은 별것 아닌 것으로 묘사됩니다. 6~7절에서는 전체적인 금식의 개념을 해방과 사회의 안녕과 관계된 구체적인 행동으로 변혁시킵니다. 결국 하나님께서 원하시는 금식은 엎드리거나 재 위에 누워 있는 것보다는 다른 사람을 돕는 것에 더 가깝습니다. 8~9a절은 이 새로운 모양으로 금식할 때, 얻게 될 보상 또는 영향에 대해 설명합니다. 요컨대 하나님께서는 듣고 응답하실 것입니다.

세 번째 대답 다른 이를 돕는 일의 유익(9b-12절). 하나님의 세 번째 응답은 문학 형식의 반전을 통해 두 번째 응답의 주제를 확장한 것입니다. 수사적 질문들이 길게 이어지다가 짧은 결과절들로 마무리되는 5~9a절과는 달리, 9b~12절은 짧은 조건절들로 시작하여 하나의 길고 상세한 결과절로 마무리됩니다. 이 구절은 새로운 형태의 금식 실천을 통해 나타나게 될 긍정적인 결과를 강조하고 있습니다. 8절에서 볼 수 있듯이 이 언약들은 하나님의 인도하심과 채워 주심뿐만 아니라 빛을 전해 주고 있습니다. 예루살렘이 황폐해진 지 얼마 되지 않은 상황을 고려해 본다면 12절이 폐허를 재건하고 기초를 세우겠다는 약속이라는 점에서 특별히 마음에 와닿습니다.

설교적 관점

이사야의 포로기 이후 예언 중 일부인 오늘 본문은 격양된 느낌으로 시작됩니다. 하나님께서는 예언자에게 마치 전투 나팔을 불듯 백성들에게 주저 없이 외치라고 명령하십니다. 하지만 그 외침은 즐거운 외침이 아닙니다. 백성들은 하나님을 찾고 있다고 생각하지만, 사실은 다른 것을 좇고 있었다는 현실을 직시해야 합니다. 우리는 우리의 죄를 하나님께 나아가려는 노력으로 잘못 포장합니다.

하나님과의 인간적 거리 이사야의 예언을 듣는

이들은 자신들이 하나님을 찾고 있다고 생각합니다(2절). 이들은 정말로 하나님의 길과 임재 안에 있기를 원한다고 믿을지 모르지만, 스스로를 속이고 있는 것입니다. 백성들은 금식과 겸손과 같은 예배 행위가 하나님의 관심과 칭찬을 불러일으킬 수 있으리라 생각합니다. 하나님께서는 그들에게 그러한 금식으로는 감동하지 않는다고 말씀하십니다(4절). 그보다 하나님께서는 의로운 행위 가운데 임재하십니다. 진정으로 하나님을 찾는다는 것은 하나님께서 어디에 계실지 헤아리는 것을 의미합니다. 그곳은 바로 정의를 추구하는 실천 한가운데에 있습니다.

백성들의 행위에서 나타나는 문제는 이들이 금식하면서 불의한 행위를 하고 있다는 데 있습니다. 하나님께서는 여기서 금식 전부를 정죄하고 계신 것일까요? 아니면 정의를 피하는 자들의 금식만을 정죄하고 계신 것일까요? 하나님께서 이 백성들의 예배를 비판하는 것은 이들의 잘 드려진 예배가 자신들이 저지르는 불의를 대체하거나 보상할 수 있다고 생각하기 때문인가요? 우리의 상황에서 볼 때, 하나님께서는 우리가 선호하는 예배 행위에 대해 비판적이신 것일까요?

이사야의 청중은 예배의 자리를 떠나고 난 뒤, 일꾼들을 억압하고 서로 다투고 싸웁니다(3-4절). 하나님께서는 한 가지 일로 백성들을 신랄하게 비판하십니다. 그것은 백성들이 다른 사람의 평안보다 자신의 이익에 더 많은 관심을 기울인다는 점입니다. 사람들이 자기 일에만 몰두하면 하나님의 임재로 인도하는 의로움의 기회를 잃게 됩니다. 의를 행함으로써 우리는 하나님께 나아갑니다(시 85:13). 의는 매일매일, 그리고 한 걸음 한 걸음 하나님과 동행하는 삶의 과정입니다. 올바른 예배는 우리가 하나님과 너무 멀리 떨어져 있고, 하나님의 길에서 벗어나 방황하고 있다는 문제를 정확하게 진단합니다.

하나님께서는 오늘날 우리 예배를 의롭다고 진단하실까요? 우리는 예배에서 어떤 방식으로 우리 자신을 숭배하고 있습니까? 예배의 자리를 떠나고 난 후, 우리와 다른 사람과의 관계가 우리를 하나님이 계신 곳으로 인도합니까, 아니면 우리의 행동이 그 거리를 더 멀게 합니까? 우리의 예배가 어떻게 우리를 하나님의 길로 다시 인도할 수 있을까요?

사회정의 이사야는 우리에게 다시 제자리로 돌아가 하나님의 길로 돌아오라고 촉구합니다. 우리는 멍에를 풀고 꺾어야 합니다(6-7절). 이사야는 멍에라는 표현을 세상의 억압의 끈, 즉 우리가 다른 사람의 행동을 우리의 이익에 맞게 끌어내기 위해 그들을 우리 자신에게 묶는 모든 방식을 상징하는 데 사용합니다. 멍에는 이기심을 의미하며, 다른 사람을 이용해 이익을 얻고, 목적을 달성하는 것을 의미합니다. 멍에를 벗겨 낸다는 것은 다른 사람의 이익을 위해 이용당하던 사람들에게 자유와 해방을 선사하는 것을 의미합니다. 이러한 해방은 이사야의 일관된 주제이자(61:1) 예수님 사역의 초석입니다(눅 4:18).

여기서 이사야는 한 걸음 더 나아가 이사야 9:4에서처럼 우리에게 멍에를 꺾을 것을 요구합니다. 우리는 억압 행위를 중단하고 우리가 이용하고 학대했던 사람들에게 자유를 주어야 합니다. 그래야만 우리와 다른 모든 사람들이 앞으로는 이러한 착취 행위를 하지 않을 것입니다. 사회정의는 해방하는 행위뿐만 아니라 미래에 발생할 수 있는 불의의 가능성을 제거하기 위한 구조적 변화를 요구합니다. 이와 관련하여 우리는 이사야 2:4를 생각해야 합니다. 우리는 전쟁 무기를 내려놓아야 할 뿐만 아니라 칼을 쳐서 보습을 만들어 전쟁할 능력을 포기해야 하며, 무기를 다른 이들의 필요를 채워 주는 도구로 바꾸어야 합니다.

이 단락은 우리에게 정치적인 토론을 하도록 하고 있으며, 국가가 전쟁 능력을 포기하고 그 비용으로 이 세상의 굶주린 사람들에게 투자한다면 세상이 어떻게 될 것인지 질문하게 합니다. 우리는 이사야가 종교적인 의제를 염두에 두고 있다는 사실을 잊지 말아야 합니다. 우리 회중과 교회가 어떻게 하면 방어와 공격의 자세를 내려놓고 그 힘으로 다른 사람들을 돕는 데 모든 에너지를 쏟을 수 있을지 질문해야 합니다.

이사야는 또한 우리에게 올바른 길 안에서 하나님을 따를 수 있도록 긍정적인 방향을 제시합니다. 우리는 굶주린 자에게 음식을 제공해야 합니다(10절). 이러한 사회정의는 인간의 가장 기본적인 필요에 초점을 두고 있으며, 이를 가장 필요로 하는 사람들을 위한 것입니다. 무엇보다 우리는 고통받는 사람들의 필요를 채우도록 부름받았습니다. 이 부르심은 고통받는 사람들이 자신의 필요를 스스로 말하게 하며 우리가 그들에게 좋다고 생각하는 것이 아닌 그들이 실제로 필요한 것으로 채울 수 있게 합니다. 우리가 다른 사람의 필요에 집중할 때 하나님과 하나님의 역사에 대한 우리 자신의 생각이 분명해지기 시작합니다.

여기서 설교자는 이사야의 시대에서 우리의 상황으로 옮겨갈 수 있는 기회를 얻을 수 있습니다. 우리 교회가 귀 기울여야 할 고통받는 사람들은 누구입니까? 그들을 대신하여 우리가 행해야 할 사회정의는 무엇입니까? 우리 지역 사회에서 충족되어야 할 인간의 기본적인 필요는 무엇입니까? 그러한 필요를 위해 우리는 무엇을 할 수 있습니까? 어떻게 하면 그러한 행동이 세상에서 하나님의 역사를 더 선명하게 보게 할 수 있습니까?

미래를 위한 비전 이사야 환상의 마지막 부분은 미래의 희망을 전달하고 있습니다. 우리가 예배와 정의를 통해 하나님의 길을 따를 때, 빛이 세상에 쏟아져 나와(8절) 어둠이 걷히고 새벽이 밝아오며 우리와 우리 주변의 모든 사람들은 치유를 경험하게 됩니다. 정의는 일시적으로 좀 나은 상황을 만드는 정도가 아니라 모든 사람에게 충분한 분량을 제공해 주시는 하나님의 풍요로움으로 이어지게 될 것입니다. 모든 사회를 위해 재건된 기초(12절)를 통해 하나님의 정의는 영원히 지속됩니다. (서로를 갈라지게 하는) 장벽은 제거되고(참조. 엡 2:14), 하나님께서는 우리 모두가 살 수 있는 거리들로 가득한 새로운 세상을 건설하십니다(참조. 슥 8:1-6). 우리는 하나님으로부터 우리의 기업을 받음으로써 우리가 살아야 할 모양대로, 즉 하나님과 함께 거하는 삶을 살아야 합니다.

재의 수요일

시편 51:1~17

1 하나님이여 주의 인자를 따라 내게 은혜를 베푸시며 주의 많은 긍휼을
따라 내 죄악을 지워 주소서
2 나의 죄악을 말갛게 씻으시며 나의 죄를 깨끗이 제하소서
3 무릇 나는 내 죄과를 아오니 내 죄가 항상 내 앞에 있나이다
4 내가 주께만 범죄하여 주의 목전에 악을 행하였사오니 주께서 말씀하
실 때에 의로우시다 하고 주께서 심판하실 때에 순전하시다 하리이다
5 내가 죄악 중에서 출생하였음이여 어머니가 죄 중에서 나를 잉태하였
나이다
6 보소서 주께서는 중심이 진실함을 원하시오니 내게 지혜를 은밀히 가
르치시리이다
7 우슬초로 나를 정결하게 하소서 내가 정하리이다 나의 죄를 씻어 주소서
내가 눈보다 희리이다
8 내게 즐겁고 기쁜 소리를 들려 주시사 주께서 꺾으신 뼈들도 즐거워하게
하소서
9 주의 얼굴을 내 죄에서 돌이키시고 내 모든 죄악을 지워 주소서
10 하나님이여 내 속에 정한 마음을 창조하시고 내 안에 정직한 영을 새롭게
하소서
11 나를 주 앞에서 쫓아내지 마시며 주의 성령을 내게서 거두지 마소서
12 주의 구원의 즐거움을 내게 회복시켜 주시고 자원하는 심령을 주사 나
를 붙드소서
13 그리하면 내가 범죄자에게 주의 도를 가르치리니 죄인들이 주께 돌아
오리이다
14 하나님이여 나의 구원의 하나님이여 피 흘린 죄에서 나를 건지소서 내
혀가 주의 의를 높이 노래하리이다
15 주여 내 입술을 열어 주소서 내 입이 주를 찬송하여 전파하리이다
16 주께서는 제사를 기뻐하지 아니하시나니 그렇지 아니하면 내가 드렸을
것이라 주는 번제를 기뻐하지 아니하시나이다
17 하나님께서 구하시는 제사는 상한 심령이라 하나님이여 상하고 통회
하는 마음을 주께서 멸시하지 아니하시리이다

신학적 관점

사순절에 접어들면서, 우리는 우리의 유한함과 연약함을 상징하는 재를 머리에 얹습니다. '너는 흙이니 흙으로 돌아갈 것이니라.' 재는 회개의 표식이자 우리의 근본적인 문제에 대한 얼룩진 기억이기도 합니다. 우리가 피조물의 상태로 존재하는 것이 아니라, 타락한 상태, 즉 죄의 권세에 얽매여 있는 모습이기 때문입니다. 죄책감에 시달리던 다윗왕이 이 시편에서 그토록 처절하게 외치고 있는 이유는 바로 이러한 현실 때문입니다.

우리는 이 시편을 단순히 다윗이 밧세바와 간음하거나 남편 우리아를 살해한 직후가 아니라, 선지자가 왕에게 자신의 죄를 인정하도록 한 후에 다윗이 고통스럽게 스스로를 혐오스럽게 바라보는 내용으로 읽고 싶을 수 있습니다. 이 본문에서 다윗은 자신의 죄가 발각되었다는 죄책감에 찢어지는 마음으로 하나님께 부르짖으며, 우리 대부분이 한 번도 겪어 보지 못한 깊은 수치심에 빠져 있습니다. 우리는 다윗이 죄책감으로 인한 일종의 신경증에 빠져 있다고 의심할 수도 있습니다. 이는 스스로에게 정신적 고통을 가하고, 거의 자기를 포기하다시피 하는 값비싼 대가를 치르면서 속죄를 얻으려 한다는 의심입니다. "내가 죄악 중에서 출생하였음이여 어머니가 죄 중에서 나를 잉태하였나이다"(5절). 우리는 다윗이 죄책감에 사로잡혀 있으며, 우리는 자기 혐오에 빠진 그의 기도를 따를 필요가 없다는 의구심이 들 수도 있을 것입니다.

다행히 이 시편에 대한 교회의 전통적인 이해는 우리가 이 본문에 대해 위와 같은 불온한 해석을 받아들이도록 권장하지 않습니다. 다행히 본문의 표제가 이것이 '다윗의 탄원'임을 상기시켜 줍니다. 이 기도는 다윗의 구체적인 서사와 수치심에 젖은 절망으로 과장된 다윗의 고뇌에 찬 기도 그 이상을 담고 있습니다. 그런데 그것은 다윗만의 기도가 아닙니다. 재를 이마에 받고 예수 그리스도의 이름으로 무릎 꿇는 우리 모두의 기도입니다. 히브리서 4:13처럼 지으신 것이 하나도 그 앞에 나타나지 않음이 없고, 만물이 벌거벗은 것같이 드러나, 우리의 결산을 받으실 이 앞에서 드리는 기도입니다. 우리의 죄는 '언제나' 우리 앞에 있습니다.

아우구스티누스는 『고백록』 초반부에서 모니카의 태중에서, 그리고 나중에 그녀의 품에서 보냈던 어린 시절에 대해 하나님께 질문했습니다. 아우구스티누스는 "나는 그때를 내 삶의 일부로 생각하고 싶지 않습니다"라고 고백합니다. 왜냐하면 그때는 희미하고 잊혔기 때문입니다.* 그럼에도 히포의 주교는 바로 이 시편에 자신의 유년 시절에 대한 이야기를 덧붙이며 "그러나 내가 죄 가운데 태어났고, 어머니가 나를 잉태할 때부터 죄가 있었다면, 주여, 주님의 종인 내가 언제 어디서 무죄했던 것입니까?"라고 질문합니다.**

물론 아우구스티누스는 원죄에 대한 기독교 교리의 발전에 결정적인 역할을 했습니다. 이 교리에 비추어 볼 때, 아우구스티누스가 자신의 결백을 묻는 질문에 결코 그렇지 않다고 답합니다. 이것이 정말 답이 맞다면, 어린아이가

* Augustine, *Confessions*, trans. R. S. Pine-Coffin (London: Penguin Books, 1961), 28.

** Ibid.

이미 개인적으로 죄를 지었기 때문도 아니고, 성적인 행위 자체가 죄이기 때문도 아닙니다(안타깝게도 아우구스티누스가 스스로 그렇게 여겼던 것처럼). 오히려 하나님으로부터, 다른 이들로부터, 그리고 인간 세상 너머의 곳으로부터 소외되게 하는 죄의 실체와 힘이 삶의 모든 그물망 가운데 침투해 있기 때문에 우리는 결코 결백하지 않은 것입니다. 죄의 힘은 부식성 산처럼 우리의 모든 관계, 즉 실제 우리를 우리되게 만들어 가는 관계에서 우리 모두를 갉아먹습니다. 그렇게 우리 중 누구도 학대, 수치심, 두려움, 의심, 고통에서 자유로울 수 없게 만듭니다. 이것이 우리의 세상입니다. 성경, 특히 시편은 우리가 이 세상을 올바르게 정의하게 하는 데 도움을 줍니다.

시편 51편은 또한 '인자'와 '많은 긍휼'(1절)로 우리를 위해 역사하시는 이스라엘의 하나님에 대한 소망을 품게 합니다. 이스라엘의 하나님께서 진실로 만물의 창조주이심을 고백하고 믿기 때문에 우리는 희망을 가질 수 있습니다. 아타나시우스와 다른 초기 신학자들이 주장한 것처럼, 만물의 창조주께만 내 속에 정한 마음을 창조하시고 정직한 영을 새롭게(10절) 할 수 있는 능력이 있습니다. 피조물을 부식시키는 죄라는 파괴적인 산성 물질에 맞서기에는 그 어떤 힘도 충분하지 않습니다.

여기에 더해 우리는 창조주께서 지시만 하시거나, 멀찌감치 떨어져 우리를 집단적으로 치유하고 회복시키시는 분이 아님을 믿습니다. 오히려 다윗의 기도를 들으시는 하나님께서는 궁극적으로 자비와 치유를 구하는 이 기도에 예수 그리스도 안에서 그리고 그분을 통하여 응답하셨습니다. 이는 마태복음 1장의 족보에서 이미 암시하듯이 메시야의 계보는 우리야의 아내에게서 솔로몬을 낳은(마 1:6) 다윗으로 연결되고 있습니다. 자신의 죄의 용서를 구하고, 나아가 죄의 힘으로부터 구원해 달라는 다윗의 간청은 인간사와 인간의 피로 얼룩진 길(다윗의 경우에는 그의 복잡하게 얽힌 죄와 피 흘림의 문제) 가운데에서 느리고 수고로운 하나님의 역사를 통해 응답됩니다. 하나님의 자비는 배신과 폭력, 불신과 상처로 가득한 죄 많은 세상 한가운데서 나타나셔서, 그 모든 것을 자신의 것으로 받아들이신 메시야를 통해 나타나고 있습니다.

이 마태복음이 시편 51편처럼 제사에 대한 온건한 비판을 담고 있다는 점은 의미심장합니다. 다윗은 상하고 통회하는 마음을 '하나님께서 구하시는 제사'로 드립니다(17절). 복음서 중 유일하게 마태복음에서 예수님은 호세아 선지자의 "나(하나님)는 인애를 원하고 제사를 원하지 아니한다"(호 6:6, 마 9:13, 12:7)라는 예언을 두 번 인용합니다. 다행히도 기독교 전통은 특히 예수님의 죽음을 해석하기 위해 희생 제사라는 표현을 받아들이는 데 주저하지 않았으며, 그 덕분에 사순절 전례와 설교는 희생의 이미지로 가득 차 있습니다. 이러한 표현 양식은 분명히 합당한 것이기는 하지만 시편 51편은 예수님의 사역과 십자가의 죽음을 그런 식으로만 해석하지 말아야 한다고 일깨워 주고 있습니다.

목회적 관점

사순절의 시작을 알리는 날인 재의 수요일에 시편 51편이 본문으로 정해지게 된 것은 우연이 아닙니다. 시편 기자의 글은 부활절까지 이어지는 40일에 대한 의미의 중요성을 내포하고 있습니다. 사순절은 자기 성찰과 참회의 시간이며, 우리의 죄와 하나님의 자비가 필요하다는 것을 인정하는 시간입니다. 시편 51편은 하나님께 드리는 간구이자 용서를 구하는 기도입니다.

시편 기자는 자신의 죄에 대한 고통스러운 인식을 드러냅니다. "무릇 나는 내 죄과를 아오니 내 죄가 항상 내 앞에 있나이다"(3절). 그는 악을 저질렀을 뿐만 아니라 자신이 태어날 때부터 죄인이었음을 한탄합니다(4-5절).

시편 기자는 여기서 그치지 않고 죄로부터의 구원이 오직 하나님께로부터만 온다는 것을 분명히 밝힙니다. 그는 시간을 허비하지 않고 바로 본론으로 넘어갑니다. 그는 내게 '은혜를 베푸시며'(1절)라는 말로 시작합니다. 그런 다음 시편 기자는 정결함을 입은 상태와 관련된 선명한 이미지를 불러옵니다. 그는 '씻다', '깨끗이 제하다', '정하게 하다' 등과 같은 동사를 사용하여 하나님께 간구합니다.

시편은 그리스도인인 우리의 현실을 반영합니다. 우리는 죄인입니다. 크든 작든 우리는 하나님과 멀어지는 행동을 하고, 다른 사람에게 상처를 주기도 합니다. 많은 교회에서 그리스도인들은 정기적으로 하나님과 다른 사람들에게 지은 죄를 하나님께 고백하고 용서를 구합니다. 사순절은 보다 신중한 성찰과 참회의 시기이기도 합니다. 자신의 죄를 인정하는 시편 기자처럼, 우리는 마음을 다해 주님을 사랑하지 않았고 이웃을 내 몸처럼 사랑하지 않았습니다.*

회개 과정 중 일부는 하나님께 전적으로 의존하고 있음을 인정하는 것입니다. 시편 기자가 하나님께 구원을 간구하는 것처럼(14절), 우리도 하나님의 자비가 필요하다는 사실을 깨달아야 합니다.

이러한 기독교의 현실을 반영하는 재미있는 일화가 있습니다. 베드로가 천국 문 곁에 앉아 있는데 한 여자가 다가옵니다. 베드로가 묻습니다. "내가 왜 당신을 들여보내야 하는지 말해 주세요." 이에 "저는 평생 교회를 다녔어요."라고 여자가 말합니다. 그러자 베드로는 그녀가 교인 중 일부 사람들에게 불친절했던 사실을 상기시킵니다. "글쎄요……." 그녀는 방어적인 태도로 말하며 "저는 매주 이웃 노인분에게 식료품을 가져다 드리곤 했어요."라고 말합니다.

베드로는 여인에게 이웃의 돈으로 개인적인 물건을 구입했던 일을 지적합니다. 이런 식으로 대화가 계속되자, 여인은 점점 더 방어적 자세를 취하고 어쩔 줄 몰라하며 천국에 들어가지 못할 수도 있다는 생각에 당황하기 시작합니다. 결국 여인은 슬픔과 절망 속에서 무릎을 꿇고 "주님, 제가 죄를 지었으니 용서해 주세요."라고 말합니다. 그러자 곧바로 천국 문이 활짝 열리고 베드로가 "어서 오너라, 내 딸아."라고 말합니다.

이 간단한 이야기는 우리가 용서와 구원을 위해 전적으로 하나님께 의존해야 하는 죄인이라는 사실을 보여줍니다. 하지만 이것이 이야기의 끝이 아닙니다. 시편에는 하나님께서 우

* 여기에 인용된 모든 예전문은 다음에서 발췌한 것입니다. *The Book of Common Prayer* (New York: Oxford University Press, 1979), 267, 268, 265.

리를 죄에서 구원하실 뿐만 아니라, 새 생명도 주실 것이라는 재창조와 구원의 약속이 내재되어 있습니다. 시편 기자는 "하나님이여 내 속에 정한 마음을 창조하시고 내 안에 정직한 영을 새롭게 하소서 … 주의 구원의 즐거움을 내게 회복시켜 주시고 자원하는 심령을 주사 나를 붙드소서"라고 기도합니다(10, 12절).

사순절 기간 동안 우리의 죄와 하나님께 집중하는 것은 우리의 창조 목적에 맞게 살아가도록 다시 헌신하기 위함입니다. 기독교 작가 프레더릭 비크너는 다음과 같이 적고 있습니다. "예수님이 요단강에서 요한에게 세례를 받으신 후, 홀로 광야로 떠나 40일 동안 예수로 산다는 것이 무엇을 의미하는지에 대해 스스로에게 질문하셨습니다. 사순절 기간 그리스도인들은 어떤 식으로든 자기 자신으로 산다는 것이 무엇을 의미하는지 자문해 보아야 합니다."*

시편 51편에서 시편 기자가 표현하고 있는 기독교에 관한 기본적인 질문과 진리는 재의 수요일 전례에서 제정되었습니다. 많은 전통에서 이 전례에 시편 51편 암송과 참회의 교독문을 포함하고 있습니다. 참회 교독문은 우리의 방종한 욕구와 행위, 세상의 재물과 안락함에 대한 무절제한 애착, 인간의 필요와 고통에 대한 무관심 등을 고백하고, 예배자들이 자신을 하나님에게서 분리시키고, 이웃들로부터 분리시킨 그릇된 삶의 방식을 명시적으로 고백하도록 인도합니다.

재의 수요일 전례에서 가장 감동적인 부분 중 하나는 집례자가 예배자의 이마에 재로 십자가 표식을 그리며 너희는 흙이니 흙으로 돌아갈 것임을 기억하라고 말하는 의식입니다. 이 의식은 침울한 의식이 아닙니다. 이는 오히려 시편 기자가 깨달은 것, 즉 우리가 전적으로 하나님께 의존하고 있다는 사실을 가시적으로 보여주는 표징입니다. 재로 표식을 받은 예배자들은 "이 재가 우리에게 표징이 되게 하소서 … 우리가 오직 당신의 은혜로운 선물을 통해 영생을 얻었습니다"라고 기도합니다.

물론 시편 51편의 저자는 예수 그리스도의 탄생과 공생애, 그리고 그분의 죽음이 있기 훨씬 전에 이 시편을 썼지만, 자신의 죄에 대한 탄식과 하나님의 구원이 필요하다는 인식은 재의 수요일에 매우 어울립니다. 자기 성찰과 회개의 절기를 시작하면서, 우리는 시편 기자의 본을 따라 우리가 어떻게 하나님의 부르심대로 살고 있는지, 오직 하나님께로부터만 오는 구원과 구속이 얼마나 우리에게 필요한지에 초점을 맞춥니다. 비크너는 "전체적으로 보면 꽤 우울한 일이 될 수 있지만, 굵은 베옷과 재가 그 시작이라면 그 끝에는 부활의 기쁨이 기다리고 있을 것입니다"라고 말합니다.**

주석적 관점

신학적으로 풍부하고 시적으로 강력한 힘을 가진 시편 51편은 개인 탄식의 형식으로 되어 있는 간절한 참회 기도문입니다. 이 시는 기독교 전통의 일곱 참회 시편(시 6, 32, 38, 51, 102,

* Frederick Buechner, *Listening to Your Life*, ed. George Connor (San Francisco: HarperCollins, 1992), 56.

** Ibid., 58

130, 143편) 중 하나로, 재의 수요일에 가장 적합한 시입니다. 이 우아한 시는 인간의 죄와 하나님의 은총을 표현하는 이미지와 어휘를 사용합니다. 이 시는 하나님께 저지른 고의적인 죄와 배반에 대해 진심으로 참회하는 모습을 묘사하고 있습니다. 아마도 이런 이유로 시편 편집자들은 다윗이 밧세바와 간음을 한 상태에서 나단을 대면했을 때(삼하 12장) 이 시가 쓰였다고 여겼을 것입니다. 역사적으로 이 본문의 연대는 기원전 7세기 또는 6세기로 거슬러 올라갈 가능성이 높지만, 다윗 시대라는 배경은 이 상하고 통회하는 마음(17절)을 외치는 데 어울리는 맥락을 제공합니다.

본문은 하나님의 자비에 대한 호소(1-2절)에서 죄의 고백(3-5절)과 정결과 새롭게 함에 대한 간구(6-12절)를 거쳐 감사와 또 다른 간구를 담은 서원(13-17절)으로 나아가는 구조입니다.

이 고백의 시편은 범죄(peša'), 죄악('awon), 악(ra') 등과 관련하여 전통적인 용어를 사용하고 있습니다. 하나님의 용서를 구하는 호소는 하나님의 은혜로우신 본성에 달려 있으며, 시편 기자는 하나님께 '자비를 베푸소서' 또는 '은혜를 베푸소서'(ḥnn, 1절)라고 간청합니다. 참회자는 중요한 관계 또는 언약을 나타내는 용어를 사용하여 하나님의 변함없는 사랑(ḥesed)과 풍성한 자비 또는 긍휼(rḥmyk)을 상기시킵니다(1절). 시편 51편은 출애굽기 34:6~7에서 하나님의 자기 계시에 사용된 많은 어휘를 공유하는데, 여기서 주님은 자비롭고 은혜롭고(raḥûm weḥannûn), 변함없는 자비[ḥesed]와 진실함['emet]이 많으시며, 악과 과실과 죄를 용서하시는 분으로 묘사됩니다.

시편 51편은 죄 사함을 의미하는 일반적인 동사인 '용서하다'(ns')를 사용하지 않고, 대신에 다섯 가지의 이미지를 활용하여 이를 표현하고 있습니다. 참회자는 자신의 죄가 마치 죄의 책에 기록되어 있는 듯이, 하나님께 '내 죄악을 지워 주소서'(1, 9절)라고 간구합니다(참조. 사 43:25, 44:22, 시 109:14, 민 5:23). '나를 씻어 주소서"(2, 7절)에 사용된 동사 카바스(kbs)는 '(의복을) 밟아서 빨다'라는 뜻으로, 보통 얼룩진 옷과 관련해 사용되는 표현입니다(출 19:10, 14, 삼하 19:24). 예레미야는 이 동사를 문학적으로 적용합니다. "네가 잿물로 스스로 씻으며 네가 많은 비누를 쓸지라도 네 죄악이 내 앞에 그대로 있으리니"(렘 2:22).

세 번째 동사 깨끗하게 하다(ṭhr, 2, 7, 10절)는 부정함을 정결하게 하는 의식에 사용되는 용어입니다(예. 레 13:13-17, 16:30). 7절은 하타(ḥṭ')의 히필형을 사용하여 "우슬초로 나를 정결하게 하소서 내가 정하리이다 나의 죄를 씻어 주소서 내가 눈보다 희리이다"(참조. 사 1:18)라고 호소력 있게 기도합니다. 우슬초('ezôb)는 제사장의 정결 의식(레 14장, 민 19장)과 첫 유월절에 문설주에 피를 바르는 데에도 사용되었습니다(출 12:22). 마지막으로 9절은 하나님의 숨은 얼굴에 대한 부정적인 이미지(예. 시 88:14, 102:2, 143:7)를 '주의 얼굴을 내 죄에서 돌이키시고'라는 긍정적인 은유로 바꿉니다.

여기서 본문을 자세히 주석할 수는 없지만, 몇 가지 본문상의 문제에 주목해 봐야 합니다. 4절을 '당신께, 오직 당신께만 죄를 지었습니다'라고 번역한 NRSV는 히브리어의 문법적인 강조점을 올바르게 반영하고 있습니다. 다윗이 사무엘하 12:13에서 고백하는 것처럼(참조. 창 39:9), 히브리 성경에서는 다른 사람에 대한 윤리적 죄가 하나님에 대한 죄이기도 합니다. 이러한 수사법은 이 시편에서 각 사람과 하나님과의 개인적인 관계의 중요성을 강조합니다. 로마서 3:4의 저자는 죄 많은 인간에 대한 하나님의 심판을 정당화하기 위해 오늘 본문 4b절을 적절하게 인용합니다. '내가 죄악 중에서 출생하였음이여'(5절)는 기독교의 원죄 개념이 아니라 하나님 앞에서 인간의 본성이 부정함을 가리킵니다(참조. 창 8:21, 렘 17:9, 욥 4:17-19, 15:14-16).

6b절의 뉘앙스는 불확실하지만, '은밀한 일에 대한 지혜를 가르쳐 주소서'라는 NJPS 번역이 NRSV의 '내 은밀한 마음에 지혜를 가르쳐 주소서'보다 낫습니다. 어쨌든 시편 기자는 경건뿐만 아니라 지혜도 필요함을 깨닫고 있습니다. 8b절의 꺾인 뼈에 대한 은유는 이상해 보이지만 뼈는 사람 전체를 가리킬 수도 있고(시 35:10), 인간의 가장 내면적인 부분을 가리킬 수도 있습니다. 이와 유사하게 17절에서도 '마음이 짓밟혔다'(ndkh, NRSV에서는 '통회하다')라고 표현합니다. 이는 육체적 질병이 아니라 영적인 은유입니다(참조. 시 38편). 이 시편 전체에 걸쳐 시인의 마음, 영혼, 뼈, 입술, 혀, 입을 가리키는 신체적인 이미지 묘사는 기도를 더욱 친밀하게 여기게 합니다.

10절의 '정한 마음'과 '새로운 정직한 영'을 창조해 달라는 이 아름다운 기도는 에스겔 36:25~27과 관련이 있습니다. 하나님의 '성령'(10절)에 대한 언급은 히브리 성경에서 이 부분과 이사야 63:10~11에만 나타납니다. 더 나아가 시편 기자는 '자원하는 심령'(12절)을 간구합니다. 11절에서 그는 하나님께 죄인을 버리지 마시고, 하나님을 간절히 찾는 사람을 적극적으로 '회복시켜 주시고'(12절), '붙드시고'(12절), '건져'(14절) 달라고 간구합니다. 개신교가 사랑하는 이 시편은 인간의 구원을 위해 하나님의 주도권이 필요함을 말하고 있습니다. 이에 대한 응답으로, 시편 기자는 회개하는 마음으로 다른 사람들에게 하나님의 길을 가르쳐서 새롭게 하겠다고 약속합니다(13-14절).

16절에 따르면 하나님께서는 제사를 기뻐하지 않으십니다(참조. 사 1:11-17, 암 5:21-24, 미 6:6-8). 명백하게 성전을 비판하는 이 수사법은 아마도 유대인의 제사 제도를 전면적으로 거부하는 의미는 아닐 것입니다. 여기서 '상한 심령'(rwḥ nšbrh)은 공적인 제사를 대체하고 있는데(17절), 이는 시적인 과장일 수도 있고, 혹은 성전 제의가 존재하지 않았던 포로기 시대를 반영하는 것일 수도 있습니다. 감사를 통해 제사가 이루어진다는 시편 50:14, 그리고 찬송이 희생 제물보다 낫다는 시편 69:30~31과 비교해 보시기 바랍니다. 이 시편의 시적 비전에 따르면 제사 의식보다 진실한 회개가 죄를 제하는 데 더욱 효과적이라는 것을 알 수 있습니다.

이 본문은 "하나님이여 상하고 통회하는 마음을(lb-nšbr wndkh) 주께서 멸시하지 아니하시리이다"라는 선포로 적절하게 끝을 맺습니다. 시편 34:18과 이사야 61:1에서 하나님께서는 마음이 상한 자(nšbry-lb)를 구원하시지만, 회개한 죄인에 대한 묘사는 보통 부정적인 이미지로 여겨지는 '상한 마음'을 긍정적인 영적 속성으로 전환시킵니다. 오늘 성서정과에는 마지막 두 절(18-19절)이 빠져 있습니다. 이 구절들은 예루살렘과 시온 성벽 재건을 위해 중보하는 내용을 담고 있으며 페르시아 시대에 삽입된 구절입니다. 이로 인해, 이 부분에서 언급되는 성전 제단에서 희생 제물을 '기뻐하시는' 하나님의 모습은 16~17절과 일치하지 않는 것처럼 보입니다.

설교적 관점

많은 가톨릭과 개신교 교회에서 재의 수요일 예배는 사순절의 시작을 알리는 예배입니다. 이 예배는 엄숙하고 참회적인 전례로, 고난주간까지 이르는 성찰의 여정을 시작하는 예배입니다. 이 예배의 의미를 구성하는 몇 가지 전통적인 의식이 있습니다. 이 중 가장 눈에 띄고 널리 퍼진 의식은 이마에 재로 십자가 모양을 표시하는 의식입니다. '너는 흙이니 흙으로 돌아갈 것이니라'는 구절을 적용한 것이라 할 수 있는 이 재는 참회의 모습을 나타내는 것이며, 하나님 앞에서 우리의 유한하고 보잘것없는 지위를 상기시킵니다.

일반적인 재의 수요일 예배에서 두 번째로 친숙한 관습은 시편 51편을 합독하는 것입니다. 이 참회 시편은 이마에 표시된 강렬한 시각적 상징과 함께 시적인 언어를 제시합니다. 이 시편의 가사는 가슴을 울립니다. 시편 기자는 분명한 겸손과 참회를 표현하면서 자신의 죄를 인정하고 하나님께 자비를 간구합니다(1-3절). 실제로 시편 기자의 죄는 그를 사로잡고 있는 것으로 보이며(3절), 그는 자신 앞에 어떤 결과가 초래되든 마땅히 감수하겠다고 받아들입니다(4절). 그는 하나님께 형벌을 보류하시고 자신을 깨끗하게 씻겨 주셔서 영을 정결하게 해 달라고 용서와 구원을 간구합니다(2, 7-12절). 저자는 자비를 구할 때, 단순한 미사여구만으로는 충분하지 않다는 것을 알았습니다. 그는 하나님께 제물로 상한 마음을 드리며(17절), 끊임없이 하나님을 찬양하고 다른 이들에게 하나님의 길을 가르치겠다고 약속합니다(13-15절).

요컨대 시편 기자는 새로운 시작, 즉 두 번째 기회를 간구하고 있으며, 하나님의 자비와 은혜 없이는 다시 시작할 수 없음을 인정합니다. 이 시의 절정 부분인 10절에서 시편 기자는 이렇게 기도합니다. "하나님이여 내 속에 정한 마음을 창조하시고 내 안에 정직한 영을 새롭게 하소서" 이 아름다운 구절은 에스겔 선지자가 다시 반복하고 있는데(겔 36:25-27), 그는 새 마음을 이스라엘 백성에게 이식함으로 하나님과 인간의 언약을 회복하시는 하나님의 모습을 그려 내고 있습니다. 이러한 이미지는 타락하게 하는 죄의 힘, 그리고 하나님의 자비하심을 모두 나타내고 있습니다.

성경 이야기와 인간의 현실은 죄가 표면적인 상처가 아니라 암처럼 체내에 침투해 우리 존재의 핵심을 갉아먹는 질병이라는 사실을 증명합니다. 이러한 침습성 질병을 극복하려면 심장 이식과 같은 극적인 하나님의 개입이 필요합니다. 시편 기자는 이것이 치유와 온전함으로 가는 길이라고 결론짓고 있습니다. 이것이 그가 하나님과의 관계를 회복하고, 다시금 성령의 생명과 하나님의 구원의 기쁨을 계속해서 나눌 수 있는 유일한 방법입니다 (10-12절).

분명히 시편 51편은 재의 수요일의 맥락에서 설교를 위한 풍성한 소재가 됩니다. 죄의 본질, 고백과 회개의 실천, 하나님의 용서와 자비에 대한 확신 등 폭넓은 주제를 갖고 있기 때문입니다. 각 주제는 사순절의 여정과 잘 연결되며, 설교자는 좀 더 구체적으로 이러한 심장 이식의 이미지에 초점을 맞출 수 있습니다. 이 이미지는 인간과의 언약을 지키시는 하나님의 신실하심이 구약과 신약 전체에 걸쳐 나타납니다.

그런데 설교를 위한 또 다른 연구 방법은 시편 기자가 말하지 않은 지점에 있습니다. 개인적으로 신학교 2학년 때 친구의 설교를 듣고 난 후, 이 시편이 색다르게 들려왔습니다. 제 친구 내털리 위그 스티븐슨은 시편의 표제어를 언급하면서 설교를 시작했습니다. 다윗은 시편의 저자이며, 이 시편은 다윗이 밧세바와 동침하고, 그녀의 남편인 우리아를 제거할 것을 명령한 직후에 쓴 것이라 언급합니다(삼하 11-12장). 내털리는 이것이 회개와 관련한 사회적 정황이라 강조한 다음에 4절에 주목하도록 했습니다. "내가 주께만 범죄하여" 설교자는 하나님을 향해 외칩니다. "하나님만이 정말로 그 사건의 유일한 희생자이신가요? 이 말씀이 밧세바나 우리아에게 어떻게 들렸을까요? 오늘날 비슷한 폭력과 배신의 그물에 걸려 버린 수많은 사람에게는 이것이 어떻게 들릴까요?"

내털리의 요점은 다윗이 저지른 죄의 유일한 피해자가 하나님뿐이라고 결론 내릴 수 없다는 것입니다. 다윗의 죄는 분명히 하나님께 끼친 피해만큼, 아니 그 이상으로 밧세바와 우리아에게 해를 끼쳤습니다. 우리의 죄는 타인과의 관계에서 감당해야 하는 현실적인 결과를 초래합니다. 하나님의 자비를 구하는 기도가 좋은 출발점이 될 수 있지만 그것만으로는 충분하지 않습니다. 우리의 목표는 단순한 회개가 아니라 화해, 즉 하나님과 이웃과의 관계를 회복하는 것이어야 합니다. 하나님께 우리의 죄를 고백하는 것은 무조건적인 사랑과 자비를 베푸시는 하나님의 약속에 기댈 수 있기에 아주 쉽습니다. 반면 우리가 상처를 준 사람들에게 용서를 구하고, 힘들고 고통스러운 화해의 일에 헌신하는 것은 더 어렵습니다.

이 화해의 과정을 더욱 부각시킬 수 있는 몇 가지 설교 주제가 떠오릅니다. 예를 들어, 다윗의 이야기를 배경으로 가정 폭력, 불륜 및 다양한 형태의 관계적인 갈등이 초래하는 결과를 고려할 수 있습니다. 이러한 상황에서 화해는 어떤 모습일까요? 설교자는 공동체 차원의 화해에 초점을 맞출 수도 있습니다. 남아공의 아파르트헤이트 이후 진실과화해위원회(Truth and Reconciliation Commission TRC)의 활동은 강력하고 체계적으로 기록된 현대적인 예시를 제공합니다. 실제로 전 세계의 많은 공동체가 인종 및 민족 갈등으로 어려움을 겪고 있는 자신들의 상황에 이 모델을 적용하려고 노력해 왔습니다.

설교자는 이러한 예화를 통해 진정한 화해를 위해서는 회개뿐만 아니라 진실과 정의, 그리고 행동을 바꿔 가는 일에 헌신해야 한다는 점을 강조할 수 있습니다. 이러한 깊은 이해는 인간 관계의 회복뿐만 아니라, 우리의 삶에서 하나님의 사랑과 자비에 더욱 신실하게 응답하는 데에도 도움이 될 수 있습니다.

재의 수요일

고린도후서 5:20b~6:10

20 그리스도를 대신하여 간청하노니 너희는 하나님과 화목하라
21 하나님이 죄를 알지도 못하신 이를 우리를 대신하여 죄로 삼으신 것은
우리로 하여금 그 안에서 하나님의 의가 되게 하려 하심이라
1 우리가 하나님과 함께 일하는 자로서 너희를 권하노니 하나님의 은혜
를 헛되이 받지 말라
2 이르시되 내가 은혜 베풀 때에 너에게 듣고 구원의 날에 너를 도왔다 하
셨으니 보라 지금은 은혜 받을 만한 때요 보라 지금은 구원의 날이로다
3 우리가 이 직분이 비방을 받지 않게 하려고 무엇에든지 아무에게도 거
리끼지 않게 하고
4 오직 모든 일에 하나님의 일꾼으로 자천하여 많이 견디는 것과 환난과
궁핍과 고난과
5 매 맞음과 갇힘과 난동과 수고로움과 자지 못함과 먹지 못함 가운데서도
6 깨끗함과 지식과 오래 참음과 자비함과 성령의 감화와 거짓이 없는 사
랑과
7 진리의 말씀과 하나님의 능력으로 의의 무기를 좌우에 가지고
8 영광과 욕됨으로 그러했으며 악한 이름과 아름다운 이름으로 그러했느
니라 우리는 속이는 자 같으나 참되고
9 무명한 자 같으나 유명한 자요 죽은 자 같으나 보라 우리가 살아 있고 징
계를 받는 자 같으나 죽임을 당하지 아니하고
10 근심하는 자 같으나 항상 기뻐하고 가난한 자 같으나 많은 사람을 부요
하게 하고 아무 것도 없는 자 같으나 모든 것을 가진 자로다

신학적 관점

바울이 고린도 교인들에게 보낸 두 번째 편지의 중심 부분에 있는 이 본문은 교회가 사순절을 시작하면서 그리스도인의 삶의 목표에 대해 묵상하는 데 도움이 됩니다.

하나님과의 화해 20b절은 바울이 여러 교회에 전한 복음의 기본을 요약하여 제시합니다. "너희는 하나님과 화목하라." 화해의 복음은 두 가지 측면에서 우리가 생각하는 것보다 더 도전적입니다(고린도 교인들에게 그러했던 것처럼). 첫째, 이 복음은 우리를 스스로에게 맡겨 두면 우리와 온 세상이 하나님과 적대적인 관계에 놓이게 됨을 보여줍니다. 우리 각자와 인류 사회 전체는 하나님께서 우리를 창조하신 선하심과 이스라엘과 맺은 하나님의 자애로운 언약에도 불구하고 하나님께서 창조하셨던 모습이 될 수 없는 근본적으로 무력한 존재입니다(롬 3:20, 9:30-31). 우리 마음의 의도와 행동의 파괴성 때문에 우리는 하나님과의 화해가 절실히 필요합니다.

둘째, 화해의 복음은 우리를 향한 하나님의 계획이 상상할 수 없을 정도로 선하기 때문에 놀라울 수밖에 없습니다. 하나님께서는 창조 가운데 가장 타락하고 깨어진 요소, 그중에서도 우리와 같은 사람들의 마음을 회복시키려는 계획을 가지고 계십니다. 하나님께서는 우리 삶의 나쁜 죄와 악을 버리고 새로운 것으로 다시 시작하는 방식으로 응답하지 않으십니다. 하나님께서는 우리를 치유하시고 변화시키려 하십니다. 아마도 이 점이 가장 놀라울 것입니다.

그리스도를 통한 화해 이러한 문제들은 우리 자신과 다른 이들로 인해 초래된 것이기 때문에 오직 하나님만이 우리와 화해하실 수 있는데, 이것이 바로 예수 그리스도 안에서 행하신 일입니다. 하나님께서는 그리스도의 삶과 죽음, 그리고 부활을 통해 세상을 자신과 화목하게 하시고 우리의 모든 죄와 허물을 용서하셨습니다(5:18-19, 롬 5:10). 신약성경과 초대 교회 교부들은 그리스도께서 십자가 위에서 죄와 죽음을 물리치신 일의 정확한 본질을 명시하지 않습니다. 바울 자신은 구약의 희생 제사에 대한 최소 세 가지의 다른 개념을 포함한 여러 전통적인 개념을 활용하고 있습니다. 여기서 우리는 예수님께 죄가 없었지만, 하나님께서 우리로 하여금 '하나님의 의가 되게' 하기 위해 우리를 대신하여 예수님께 죄를 짊어지게 하셨음(21절)을 읽게 됩니다.

알렉산드리아의 키릴로스, 아우구스티누스, 그리고 대부분 서양의 중세 교부들을 포함한 일부 주석가들은 그리스도께서 십자가에서 속죄를 위한 제물이 되셨다는 의미로 받아들이며, 이는 그리스어 구약성경에 나타난 희생 제물의 표현과도 일치합니다. 나지안주스의 그레고리우스, 요하네스 크리소스토무스, 종교개혁자 마르틴 루터와 장 칼뱅 등과 같은 이들은 그리스도를 단지 '죄인'으로 취급했다고 믿었습니다.

우리가 어떻게 이해하든, 그리스도께서는 십자가 위에서 죄와 죽음의 문제를 확실히 처리하셨습니다. 이것이 그리스도께서 인간이 되신 주된 목적이었습니다. 하나님께서는 그리스도를 통하여 우리에게 자신의 생명을 주심으로 우리가 하나님과 진실하고 온전히 화해할 수 있도록 하십니다. 바울이 로마인들에게 다음과 같이 쓴 것처럼 말입니다. "우리가 믿음으로(ek pisteōs) 의롭다 하심을 얻었으므로, 우리 주 예수 그리스도를 통해 하나님과 화평을 누리게 되었습니다"(롬 5:1, 사역).

내적 의와 외적 의 고린도후서 5장에서 바울은 신앙인들이 그리스도로부터 받은 의에 대해 자세히 설명합니다. 마태복음 산상수훈 본문의 예수님과 같이, 바울은 우리에게 내면의 의를 권면합니다. 우리는 외적인 모습, 즉 세상에 드러내는 '얼굴'(en prosōpō)을 자랑할 것이 아니라 '마음'(12절)을 자랑해야 하며, '육체'(16절)가 아니라 그리스도 안에 계시된 하나님의 목적 가운데에서 우리 자신과 만물을 새로운 방식으로 바라보아야 합니다. 다른 비유에 따르면, 우리는 그리스도 안에서 '새로운 피조물'이 되어 화해하고 새로워지고 변화되었으며(17절, 갈 6:15), 이는 우리가 알고 있던 가치관을 완전히 변혁시킵니다. 그렇기 때문에 바울은 이제 우리가 우리 자신을 위해 사는 것이 아니라 우리를 위해 죽으시고 다시 살아나신 그리스도를 위해 살아야 하며(15절), 이를 통해 실제로 '하나님의 의가 되어야' 한다(21절)고 말합니다.

하나님의 크나큰 관대하심이 겉보기에는 얼마나 쉬운 것처럼 보이는지 놀라울 따름입니다. 기독교 신앙의 가장 흔한 함정 중 하나는 그리스도의 은혜가 값없이 주어지는 선물이기 때문에 반드시 우리에게 깊은 영향이나 변화를 가져올 필요는 없으며, 성화되지 않고도 '구원'받을 수 있다고 여기는 것입니다. 그리스도의 복음에서 얼마나 동떨어진 생각입니까! 바울은 고린도 사람들에게 하나님의 은혜를 헛되이 받아들이지 말라고 경고합니다(로마서 5-6장에 이와 유사한 전환점이 나타남). 이는 사실상 은혜를 받아들이는 것이 아니라 그로부터 멀어져 버리는 것입니다. 바울이 다른 곳에서 쓴 것처럼, 우리는 우리의 행동을 '그리스도의 복음에 합당하게'(빌 1:27) 해야 합니다. '사랑으로써 역사하는 믿음'(갈 5:6)만이 중요하기 때문입니다.

바울은 고린도 교인들에게 행한 자신의 사역을 설명하면서 우리에게 펼쳐진 새로운 삶을 보여 줍니다(6:3-10). 큰 애정으로 마음을 열고(6:11), 자신의 사도직의 진정성을 증명하는 동시에 하나님의 의를 보여주는 본보기로서 사역에 쏟은 열정과 사랑을 이야기합니다. 바울은 지식, 오래 참음, 자비함, 깨끗함, 사랑, 진리의 말씀, 하나님의 능력(6-7a절)과 같은 의의 내적 특성들을 언급하는데, 이것들은 성령의 은사입니다(갈 5:22-23). 또한 그는 자신의 사역에 대한 긍정적, 부정적 반응을 직면하면서 보여준 외적으로 의로운 행동(7b-8a절)을 말하는데, 그중 일부는 그에게 극심한 사회적, 신체적 고통을(4b-5절) 안겨주었습니다. 하나님의 영광을 점점 크게 드러내는 가운데 바울은 자기 자신과 사역에 대한 계속된 공격에도 불구하고 스스로 깨닫게 된 그리스도의 생명과 기쁨, 그리고 풍성함을 묘사합니다(8b-10절). 다시 말해, 바울 자신은 모든 성공적인 목회자가 적극적으로 지향해야 할 그리스도를 닮은 존재가 되었습니다.

하나님과 화해하는 것은 그리스도인에게 평생의 과제입니다. 특히 집중적인 참회와 쇄신의 기간인 사순절에는 더욱 그러합니다. 바울의 경우처럼 하나님과의 화해는 언제나 다른 이를 향한 '화해의 사역'(5:18)을 가능하게 합니다.

목회적 관점

우리 대부분은(특히 자녀가 있는 경우) 어린 시절 "부탁합니다" 또는 "감사합니다"라고 말해야 할 때를 알고, 예의를 갖추어 말하는 법을 배웠던 시기가 있었습니다. 우리는 성장하고 적응하는 과정에서 공손하게 말하는 법을 배우고 익힙니다. 하지만 더 깊은 수준에서 보면 '존중의 언어'는 우리를 더 의미 있는 관계로 안내하는 역할을 합니다. 예절과 윤리 사이에는 인위적인 관계성 그 이상의 무언가가 있습니다.

이는 본문에서 바울이 선택한 단어의 중요성과 그가 복음을 전하는 수사 방식을 이해하는 단서가 됩니다. 예를 들어, 6절과 7절에서 바울은 '의의 무기' 몇 가지를 나열합니다. 오래 참음, 자비함, 성령의 감화, 거짓이 없는 사랑, 진리의 말씀과 하나님의 능력 등입니다. 이중 어느 것도 다른 것과 모순될 수 없습니다. 이 모든 것은 복음과 예수님의 삶의 핵심이라 할 수 있는 하나님의 내재적이고 주권적인 인내로 요청되는 것입니다. 따라서 바울은 강권하거나 위협하거나 명령하지 않고 초대하고, 간청하고, 촉구합니다. 바울의 수사는 살아 있으며, 능력을 발휘합니다. 그가 하나님의 능력을 믿기 때문입니다. 바울 자신이 그리스도를 만나기 전을 설명하는 대목을 고려해 보면 이는 더욱 살펴볼 만한 부분입니다.

이 시대와 문화 속에서 교회는 하나님의 주권적인 인내의 언어를 다시금 배워야 하고, 우리는 이러한 맥락에서 본문의 소리를 들어야 합니다. 오늘 본문은 바울이 극적인 복음을 장엄하게 펼쳐 보인 5:16~21과 연결되는 동시에, 복음의 진리가 어떻게 바울이 인간으로서, '그리스도의 사신'(5:20)으로서 행동하게 했는지를 보여주는 내용으로 전환되는 부분이기도 합니다.

5:16~21은 속죄와 그리스도의 정체성과 사역 사이의 관계 같은 주제들을 신학적으로 성찰하는 데 중심이자 출발점으로 자주 다뤄져 왔습니다. 그런데 우리가 바울의 예절과 윤리를 성찰함에 있어 이 신학적 자료는 우선적으로 사도의 행동과 동기에 대한 '변증'의 역할을 한다는 점에 유의해야 합니다. 따라서 바울은 "그리스도의 사랑이 우리를 강권하시는도다 우리가 생각하건대 한 사람이 모든 사람을 대신하여 죽었은즉"(5:14)이라 말할 수 있습니다. 바로 이어서 그는 "그러므로 우리가 이제부터는 어떤 사람도 육신을 따라 알지 아니하노라"(5:16)라고 말합니다.

오늘 본문은 그리스도 안에서 화해를 이루시는 하나님의 역사라는 새로운 관점으로 사람을 바라보는 것이 의미하는 바에 대한 통찰을 제공합니다. 우리는 새로운 안경 이상의 것을 받았습니다. 우리가 받은 것은 바울이 자신의 독자와 화해의 메시지를 받는 모든 사람에게 어떻게 해 왔는지를 드러내는 '고백들'입니다. 이 편지는 이미 신앙을 고백한 사람들, 즉 세상에서 새로운 존재 방식과 시각을 체화한 고린도 교회의 성도들에게 보내는 편지입니다. 바울에게 "우리가 … 간청하노니 너희는 하나님과 화목하라, 너희를 권하노니 하나님의 은혜를 헛되이 받지 말라"(5:20, 6:1)라는 말을 듣는 이들이 바로 저들입니다. 목회자로서 우리는 바울과 마찬가지로 하나님과의 화목은 습관이 될 수 있는 행동을 통해 성장하는 관계성을 이루어 나가는 것이며, 이는 삶의 시금석이 되는 성품을 점진적으로 형성해 나가는 것이라는 사실을 인정합니다. 그것은 '그리스도의 사랑'으로 '촉구'되는 삶이지만, 현재라는 선물인 '받을 만한 때'(6:2)에 초점을 맞추는 삶입니다.

바울은 '청중'이 어떻게 행동을 변화시켜야 하는지를 강조하면서 주장을 펼치기보다는, 그리스도의 사랑에 대한 응답으로 '자신'의 행동이 어떻게 변화되고 있는지 이야기하고 있습니다. 그는 사도로서 그리고 '그리스도의 사신'으로서 자신의 개인적인 경험을 통해 주장합니다. 바울은 자신의 개인적인 삶과 선교사로서의 소명을 완수하는 데 필요한 것을 구분하지 않습니다. 후자에 우선순위를 두고 있으면서도 전자가 이에 뿌리를 두고 있기 때문입니다. 바울이 고린도 교인들에게 간청하는 핵심은 바로 이러한 논리 안에 있습니다. 다른 이들과 함께하는 삶, 바울과의 관계, 그리고 세상과의 관계에서 항상 '하나님과 화목하라'는 초청을 체득하고 되풀이해야 합니다.

바울이 자신의 경험과 행동을 다시 한번 말한 이유는 고린도 교인들을 독려하기 위해서입니다. 이는 복음의 메시지 가운데 있는 은혜가 요구하는 수사에 부합합니다. 바울은 독자들에게 '간청'하고 '촉구'합니다. 명령하거나 요구하지 않습니다. 여기에는 바울이 그의 수사를 통해 드높이는 복음에 대한 권위 있고 열정적인 고요함이 있습니다. 로마서 5:8에서 그는 하나님께서 '우리에 대한 자기의 사랑을 확증하셨느니라'고 말하고 있습니다. 다른 번역에서는 하나님께서 그분의 사랑을 '칭찬'하신다고 말합니다. 이러한 복음의 맥락 때문에 바울은 로마서 12:1에서 다시 '내가 … 너희를 권하노니'라고 말합니다. 우리의 단어 선택에 하나님의 사랑과 은혜에 대한 어떠한 이해가 반영된 것일까요?

바울은 자신의 주장을 피력하거나 개인적인 공로를 내세우지 않고, 독자들을 격려하고 도전하기 위해 자신의 경험과 태도를 예로 들어 설명합니다. 그는 자신이 사도로서 겪은 무수히 많은 어려운 상황과 조건들을 예로 들었습니다. 이러한 상황들은 그를 향한 하나님의 은혜가 그의 '현재'를 구성하기 때문에 삶에 대한 비통함, 냉소, 적대감 대신 인내와 참을성, 그리고 끈기를 만들어 냈습니다.

바울은 팔복의 여러 구절을 거의 메아리치듯 반복하면서(그리고 부수적으로 마태복음과 누가복음 전승을 조화시키면서) 화해하는 삶의 중요한 역설을 요약합니다. 이는 참여하는 삶이자 주고받는 삶입니다. '슬프기도' 하지만 기쁜 삶입니다. 이는 가난함에도 삶의 동반자들을 부요하게 합니다. 친구, 낯선 이, 그리고 심지어 적까지 포함해서 말입니다. 주저하지 않기에 붙잡아 두지도 않습니다. '주고받는 일'(빌 4:15)의 더 큰 신비를 살아내는 것이며, 이 일은 하나님의 은혜를 통한 보호하심에 참여하는 것입니다.

그렇다면 우리의 설교는 어떤 소리로 들릴까요? 어떤 어조로 전해야 할까요? 우리의 권면은 회중에게 어떻게 들릴까요? 칼 바르트는 기독교 윤리의 어조가 '해야 한다'가 아니라 '하기를 바랍니다'라고 말합니다.

주석적 관점

이 본문은 바울이 하나님의 사도로서 자신이 감당하는 사역의 진정성을 변증하는 긴 단락

(고후 5:11-6:13)을 마무리하는 부분입니다. 바울을 비판하는 이들은 바울이 '위대한 인물'에게 기대되는 권위적 특성을 드러내지 못했기 때문에 하나님의 구원의 말씀을 전하는 그의 주장을 불신하였습니다. 바울은 대중 연설을 힘 있게 하는 기술이 부족했고(고후 10:10), 특정한 만성 질환을 앓았으며(고후 12:7-10), 부유한 후원자의 지원을 요구하기보다는 자비량으로 생활했고(고전 9:3-18), 엄격한 스승으로 행동하기보다는 공동체 안에서 겸손한 모습을 보였습니다(고후 10:1-2, 13:9-10). 바울이 최근에 고린도를 방문했을 때 한 교인이 공개적으로 그를 모욕했는데, 교회가 그 일을 후회하고 있음을 확신했던 바울은 서로 화해하고, 심지어 그 일에 책임 있는 이를 따뜻하게 안아줄 것을 권면합니다(고후 2:5-11, 6:11-13).

바울은 마음이 아닌 겉모습에 관심이 많은 비판자들을 질책합니다. 그의 사도적 삶의 방식은 그가 다른 사람들에게 전하는 복음, 즉 인류가 영생을 얻게 하기 위해 사랑으로 자신의 생명을 희생하신 그리스도를 나타냅니다(고후 5:11-15). 바울은 온 땅에 화해의 복음을 전하는 '하나님의 사신'의 역할을 감당하는 것이 자신의 사역이라 설명합니다(고후 5:16-21). 오늘 본문은 화해에 관한 결론 구절로 시작됩니다(20b-21절). 마지막 부분은 바울의 사도직에 대한 극적인 모습을 만들어 내고 있습니다(6:1-10). 모욕과 형벌, 고난에도 불구하고 이 사역은 이사야 49:8에서 하나님께서 약속하신 구원을 확장해 나갑니다(2절).

성서정과를 낭독하는 이들은 이 구절을 회중이 알아듣기 쉽게 낭독하는 데 어려움을 겪습니다. 바울의 사역을 묘사하는 고난의 목록(4b-10절)은 전화번호부를 읽는 것처럼 들릴 수 있습니다. 각 단락의 문학적 구조와 씨름해야 이를 이해하고 소리 내어 읽기가 더 쉬워집니다.

20b~21절은 사도가 자신(과 그의 동료들)을 일컬어 화해의 메시지를 맡은 '그리스도의 사신'(20a절)이라 말하는 앞 단락을 마무리하고 있습니다. 21절은 그리스도의 죽음을 시적으로 표현하여 그 호소의 절정으로 삼습니다(롬 8:3 참고). 그런데 '그'와 '그를'이 무엇을 가리키고 있는지 혼란스럽습니다. 이 대명사들이 가리키는 바를 명확하게 하고 관계절을 앞으로 옮기면 이 구절은 다음과 같이 읽을 수 있습니다. "하나님께서 죄를 알지도 못하신 그리스도를 죄로 삼으신 것은 그리스도 안에서 우리가 하나님의 의가 되게 하려 하심이라." 성서정과 본문 범위에 따르면 결론부였던 이 구절이 도입부로 바뀌게 됩니다. 따라서 개인적인 호소(20b절)와 구원 공식(21절)은 이제 6:1~2을 가리킵니다.

고린도후서 6:1~2의 첫머리에는 사신의 비유가 빠지고 헬라어로 '함께 일하다'를 뜻하는 동사의 복수 분사형이 등장하는데, 이 동사는 '우리가 그와 함께 일하고 있기에'라고 번역됩니다(NRSV). 이 번역에서 '그'는 5:21의 마지막 단어인 '하나님'을 다시 가리킬 가능성이 높습니다. 그러나 헬라어 본문은 마지막 부분에서 '그 안에서', 즉 '그리스도 안에서'라고 적고 있습니다. 바울의 분사 사용은 꽤나 모호합니다. 사도적 사역은 하나님과 연관될 수도 있고, 그리스도와 연관될 수도 있으며, 바울의 수신자인 '너희'가 이 사역에 동참하기를 바라는 표현되지 않은 희망일 수도 있습니다. 바울은 교회 공동체의 존재 방식이 복음에 대한 강력한 증거라고 간주합니다(살전 1:5-10 참조).

바울은 5:21에서 그리스도를 믿어 독자들이 얻게 된 화해와 '하나님의 의가 됨'에 대해 말하는데, 6장에서는 갑자기 경고의 말을 하기 시작합니다. 교회는 하나님의 은혜를 헛되이 받아 아무런 유익이 없을 수 있다고 말합니다. 바울은 이사야 49:8의 말씀을 수사적으로 활용하여 마치 하나님께서 공동체에게 직접 말씀하시는 것처럼 표현합니다. 그 '구원의 날'인 '지금'은 고린도 공동체 내의 화해라는 실질적인 문제를 새로운 시각에서 바라보게 합니다. 그들은 하나님께서 주신 구원을 받아들일 수도 있고, 잃어버릴 수도 있는 그 시점에 다시 한번 서 있습니다.

우리는 고린도의 상황을 알지 못하기 때문에 6:3~4a의 상당히 방어적인 어조는 충격으로 다가옵니다. 3~4a절은 독자에게 현재 당면한 사안, 즉 바울의 사역에 대한 비판에 관심을 기울이게 합니다(참조. 고후 4:2; 5:11). NRSV는 '많이 견디는 것'을 목록의 일부로 포함시키지만 목록의 다른 항목들에 선행하는 전치사 in(-안에)을 through(-을 통해)로 번역합니다. 다른 해석자들은 이 구절이 '무엇에든지'에 종속된다고 생각하기 때문에 콜론(:)이 '견디는 것' 뒤에 와야 한다고 생각합니다. 4b~10절에 나오는 목록은 네 부분으로 나뉩니다(4b-5절, 6-7a절, 7b-8a절, 8b-10절).

4b~5절(참조. 고후 11:23, 27)에는 육체적 고난과 위험과 관계된 요소들이 나열되어 있습니다. 그중 일부는 사도행전에 나오는 바울의 선교 활동에 대한 이야기에도 나타납니다(행 13:50, 14:19, 17:5, 18:12, 19:29). 자지 못함과 먹지 못함 같은 다른 항목들은 그가 교회를 세우는 동안 자신을 부양하기 위해 수고하며 견뎌 내었던 고난을 가리키는 것일 수 있습니다. 다음 목록(6-7a절)에는 일반적인 덕목들이 포함되어 있습니다. 그러나 이러한 덕목들은 바울 개인의 업적이 아니라, 사도 안에서 역사하시는 하나님께 속한 성령의 은사를 나타냅니다(참조. 갈 5:22).

7b~8a절은 군사적인 은유로 시작됩니다(참조. 고후 10:3-5). 사도는 양손에 '의의 무기'로 무장하고 서 있습니다(7b절). NRSV는 은유를 나타낼 때 그 앞에 전치사 with를 사용하고 8a절에 나열된 항목에는 'in'(-안에)을 사용하지만, 바울은 목록 앞에 헬라어 전치사 'dia'(-을 통해)를 한결같이 사용합니다. '의의 무기'란 무엇입니까? 바울은 로마서 6:13에서 그리스도인들에게 불의나 죄가 아닌 '의의 무기'로 지체를 사용할 것을 권면합니다. 이는 바울이 자신의 행동을 가리키고 있는 것으로 보입니다. 자신의 행동이 하나님의 뜻에 부합한다는 것을 알기 때문에, 그는 인간으로부터 받는 '영광과 욕됨', '악한 이름과 아름다운 이름'에 무관심하게 됩니다.

마지막 부분(8b-10절)은 외부인들이 사도를 바라보는 시선과 자신의 실제 사역 간의 차이를 짚고 있습니다. 외부인들은 바울이 개인적인 이익을 위해 거짓 가르침을 판다고 심각하게 비난합니다. 바울이 그 혐의를 어떻게 반박하는지 주목해 보십시오. '사기꾼들'은 사도가 겪어야 하는 고난이 아니라 대중적 명예, 부, 그리고 안락함을 추구합니다. 그는 '개인적 이익'에 관한 내용으로 극적인 마무리를 합니다. 바울은 복음을 전하면서 부유해지지 않았습니다. 그는 가난합니다. 그러나 믿음의 눈으로 보면 사도는 '모든 것을 가진 자'임을 알 수 있습니다. 사도의 부요함은 무엇입니까? 그의 사역을 통해 그리스도께로 인도한 교회들입니다. 심지어 골치 썩이는 고린도 교인들도 포함해서 말입니다.

설교적 관점

재의 수요일과 성서정과 사순절 본문의 주제인 회개와 쇄신에 대해 생각해 볼 때, 우리 머릿속에 이미 재생되고 있는 오디오 파일들이 있습니다. 고백과 참회의 기도문을 중얼거리는 소리입니다. 많은 재의 수요일 설교에서는 바울이 고린도 교인들과 나눈 두 번째 대화와 요엘 선지자가 "울며 애통하고 마음을 다하여 내게로 돌아오라"(욜 2:12)라고 선포한 말씀을 나란히 배치합니다. 이는 바울이 화해에 대해 이야기할 때, 자책하는 마음과 믿음을 고백하는 회심을 촉구하고 있다는 잘못된 인상을 줍니다.

분명히 이 구절은 바울이 고린도 공동체와 교회 전체에 속해 있는 이들과 함께 '예수님께로 나아가기' 위해 시도하는 노력의 일환이라는 느낌이 듭니다. 하지만 바울에게 하나님과의 화해는 공동체와 소명에 밀접하게 관련되어 있습니다. 이러한 통찰은 재의 수요일의 메시지를 부활절을 맞이하기 전의 참회 분위기와 같은 비좁고 어두운 골방(마 6:6)에서 벗어나, 우리 자신보다는 기쁨에 더 초점을 맞춘 방향으로 이끌 수 있습니다.

바울을 신앙의 위대한 인물로 받아들이는 교회에서 설교하는 경우, 이 구절은 우리처럼 평범한 그리스도인들에게 다른 차원의 신앙으로 끌어올리도록 도전하는 데 유용할 수 있습니다. 바울이 '우리는 그리스도의 사신'이라고 말할 때, 실제로는 고린도 교인에게(혹은 비유하자면 우리 중 누구에게도) 아직은 말하지 않는 것처럼 보인다는 사실에 설교의 반전 포인트가 있습니다. 그는 주로 자기 자신, 그리고 자신과 함께 일하고 있는 디도와 같은 헌신적인 리더들에게 이야기하고 있는 것 같습니다. 이들은 급진적이고, 또 많은 경우 위험한 방식으로 다른 사람들을 위해 살아가는 사람들입니다. 고린도인들이 이 그룹에 포함된다면, 그것은 그들이 여전히 바울의 급진적인 화해 사역에 온전히 참여할 수 있을 것이라는 암시적인 의미에서 그러합니다. 또한 바울은 일차적으로 일상에서 우리에게 닥치는 고난에 대해 쓰고 있는 것이 아니라는 사실을 분명히 하는 것도 도움이 될 수 있습니다. 그보다 바울은 개인의 사역에서 일부러 '선택'한 고난에 대해 말하고 있습니다.

비교적 편안하고 안전하게 살아가는 이들로 구성된 공동체에서는 구타, 투옥, 소요 사태에서 살아남은 경험을 통해 얻게 된 인내가 자신들의 일상과는 동떨어진 가상의 이야기로 들릴 수 있습니다. 이러한 맥락에서 설교자가 마주하는 도전은 두 가지 함정을 모두 피하는 것입니다. 하나는 실제적인 변화를 이끌어내기는커녕 그저 죄책감만 불러일으키는 설교이고, 다른 하나는 높은 이상을 탐구한 다음 우리 중 누구도 바울처럼 극단적인 사역으로 부름받지 못한다는 말로 회피하는 여지를 남겨두는 설교입니다.

공동체 구성원 중 많은 이가 강도를 당하고, 수감 생활을 하고, '생활비가 다 떨어져 가는 상황' 속에서 살아가고 있는 경우, 바울이 언급한 고난들은 그 공동체의 삶에 현실적이고 직접적인 문제일 수 있습니다. 이런 상황에서 직면한 도전은 성령께서 우리를 어떻게 이끌어 가고 계신지 교인들이 분별하도록 돕는 것입니다. 즉, 생존을 위해 감내해야 하는 비자발적인 인내에서 복음을 위한 자발적 인내로 나아가도록 이끄는 것입니다.

여러분은 (적어도 이 편지에 나타난) 고린도 교인들과 같은 방식으로 바울의 신학과 자칭 사도직을 바라보았던 회중에게 설교를 하게 될지 모릅니다. 만약 그렇다면, 자신의 선한 사역에 대한 바울의 고상한 수사 이면에는 가슴 아픈 이야기가 있습니다. 공동체를 설립하고, 이례적인 방식으로 부르심을 받았고, 공동체를 시작하기 위해 희생을 감수하는 흔들림 없는 믿음을 가졌던 사람, 그리고 나중에 돌아와 자신이 무일푼 사기꾼으로 취급받게 되었던 사람에 대한 이야기입니다. 이러한 상황에서 직면하게 된 설교의 도전은 바울의 의제 중심의 수사 이면에 있는 이야기를 파악하고 난 뒤에 다시 단순한 의미를 찾는 데 있습니다. 이를테면, 바울이 하나님과의 화해라는 표현을 사용할 때, 그는 자기 자신과 스스로의 행동 방식과의 화해에 대해서도 마치 근본적으로 동일한 것인 양 말하고 있습니다. 그럼에도 바울에게 하나님과의 화해와 다른 이들과의 화해는 항상 밀접하게 연관되어 있습니다(갈 3:28).

여러분은 바울을 헌신이 부족한 교회에 도전을 주는 전범(典範)으로 설교하거나, 혹은 자아에 사로잡힌 지도자로 설교하게 될 수도 있습니다. 또한 그리스도의 사신으로서의 소명이 예수님을 통한 하나님의 구원 역사 선포와 관련이 더 깊다고 설교할 수도 있고, 아니면 대인 관계의 갈등 해결에 보다 많은 연관성을 가지고 있다고 설교할 수도 있습니다. 어느 편이든 고린도 교인들을 향한 바울의 권면은 모든 교회에 대한 신학적인 도전이 됩니다.

결국, 이 구절은 번영의 복음을 완전히 무너뜨립니다. 하나님과 화해하고 그리스도의 사신된 사명으로 섬기라는 바울의 요청은 "하나님을 신뢰하고 정직하게 행하면 하나님께서 여러분을 경제적 사다리 말단에서 꼭대기로 데려가실 것입니다"라는 설교와 정면으로 충돌합니다. 대신, 박탈감과 불명예가 당연해지고 적어도 단기적으로는 노동의 결실이 불투명할 수 있는 사역에 초대합니다.

바울의 초대를 받아들이는 것은 비논리적으로 보일 수 있습니다. 하나님과 화해를 이루는 사랑에 대해 말하거나 화해의 사역에 참여하는 것은 어리석어 보일 수 있습니다. 그 보상은 대부분 배은망덕과 외면인 경우가 많기 때문입니다. 바울은 어떻게 그토록 열정적으로 고린도 교인들을 자신의 사역의 방식으로 초대할 수 있었을까요? 그는 어떻게 아무것도 가진 것이 없다고 주장하면서도 모든 것을 소유할 수 있었을까요? 슬픔 속에서도 어떻게 '항상' 기뻐할 수 있었을까요?

이는 아마도 바울의 신앙적 경험의 깊이를 헤아리기 시작할 때, 비로소 이해할 수 있을 것입니다. "또한 모든 것을 해로 여김은 내 주 그리스도 예수를 아는 지식이 가장 고상하기 때문이라 내가 그를 위하여 모든 것을 잃어버리고 배설물로 여김은 그리스도를 얻고 그 안에서 발견되려 함이니"(빌 3:8-9a). 바울의 기독론을 다루든, 그의 특별한 영성을 다루든 바울을 지탱해 주었던 보다 깊은 영적 실체를 회중이 탐구하도록 도움을 주는 설교는 강단에서 전할 충분한 가치가 있습니다.

재의 수요일

마태복음 6:1~6, 16~21

1 사람에게 보이려고 그들 앞에서 너희 의를 행하지 않도록 주의하라 그
리하지 아니하면 하늘에 계신 너희 아버지께 상을 받지 못하느니라
2 그러므로 구제할 때에 외식하는 자가 사람에게서 영광을 받으려고 회
당과 거리에서 하는 것같이 너희 앞에 나팔을 불지 말라 진실로 너희에
게 이르노니 그들은 자기 상을 이미 받았느니라
3 너는 구제할 때에 오른손이 하는 것을 왼손이 모르게 하여
4 네 구제함을 은밀하게 하라 은밀한 중에 보시는 너의 아버지께서 갚으
시리라
5 또 너희는 기도할 때에 외식하는 자와 같이 하지 말라 그들은 사람에게
보이려고 회당과 큰 거리 어귀에 서서 기도하기를 좋아하느니라 내가
진실로 너희에게 이르노니 그들은 자기 상을 이미 받았느니라
6 너는 기도할 때에 네 골방에 들어가 문을 닫고 은밀한 중에 계신 네 아버
지께 기도하라 은밀한 중에 보시는 네 아버지께서 갚으시리라
16 금식할 때에 너희는 외식하는 자들과 같이 슬픈 기색을 보이지 말라 그
들은 금식하는 것을 사람에게 보이려고 얼굴을 흉하게 하느니라 내가
진실로 너희에게 이르노니 그들은 자기 상을 이미 받았느니라
17 너는 금식할 때에 머리에 기름을 바르고 얼굴을 씻으라
18 이는 금식하는 자로 사람에게 보이지 않고 오직 은밀한 중에 계신 네
아버지께 보이게 하려 함이라 은밀한 중에 보시는 네 아버지께서 갚으
시리라
19 너희를 위하여 보물을 땅에 쌓아 두지 말라 거기는 좀과 동록이 해하며
도둑이 구멍을 뚫고 도둑질하느니라
20 오직 너희를 위하여 보물을 하늘에 쌓아 두라 거기는 좀이나 동록이 해
하지 못하며 도둑이 구멍을 뚫지도 못하고 도둑질도 못하느니라
21 네 보물 있는 그곳에는 네 마음도 있느니라

신학적 관점

성경이 신앙 공동체에게 너무나도(신성불가침처럼) '신성시' 되어, 정작 일상의 삶에서 말씀을 적용하지 못하는 아이러니한 상황은 아마도 피할 수 없는 일일 것입니다. 특히 전문가들(성직자, 신학자, 교육자)은 종종 성경이 심오하게 현실에 관여하고, 질문하며, 충격을 주는 능력에 둔감해질 수 있습니다. 또 반대로 성경의 한 구절이 꽤나 급진적으로 느껴져 마음을 놀라게 하고, 종교와 삶의 기초를 흔들어 놓을 수 있습니다. 오늘의 구절이 바로 그런 구절입니다.

본문이 말하는 것을 생각해 보시기 바랍니다. (1) 구제(자선, 청지기 정신, 더 나아가 일반적인 신앙의 실천)에 대해:겸손하게, 눈에 띄지 않게, 이름을 드러내지 말고 '은밀히 하라'. (2) 기도에 대해:조용하고 개인적이며, 중언부언하지 말라. 그리고 주기도문과 같이 직접적으로 하라. (3) 금식(종교적 준수, 제자도)에 대해:과시하지 말고, 얼굴을 씻고, 머리를 빗으라. 경건의 노력을 혼자만의 것으로 간직하라.

역사적으로 종교는 늘 세상을 소란스럽게 했습니다. 예수님 시대에도 그랬던 것 같지만, 오늘날 우리는 그 소란스러움을 믿을 수 없는 수준으로 끌어올렸습니다. 이는 기독교뿐만 아니라 거의 모든 종교에 해당되는 것이지만, 기술적으로 발전하고 경쟁력 있는 서구 전통의 종교인 기독교가 명백히 다른 모든 종교를 압도하고 있습니다. 전략 기획, 대규모 회의, 차트, 공개적으로 게시된 '온도계' 등이 없다면 청지기 운동과 전교인 작정헌금이 어떻게 이루어질 수 있을까요? 널리 공개된 유명한 기부자 명단 없이 신학대학이나 대학의 재정 모금 활동이 어떻게 유지될 수 있을까요? 이는 중세의 면죄부 관행을 연상시키기도 합니다. 기도의 경우, 가장 열정적인 기도자들 가운데 얼마나 많은 이들이 '간결하게 하라'는 성경의 시험을 통과할 수 있으며, 예수님께서 보여주신 본과 같이 간단하게 할 수 있습니까? 종교 방송과 대대적으로 선전되는 국가 조찬기도회가 실제로는 비공개로 진행될 수 있지만(6절), 이를 중계하는 텔레비전 카메라나 그 소식을 온 나라 구석구석에 전하는 뉴스가 없다면 무슨 의미가 있겠습니까? 교묘하고 노골적인 광고의 힘으로 실질적으로 작동되는 사회, '노출되는 개인들의' 사회, 과대 광고, 커뮤니케이션에 집착하는 사회에서 종교 생활의 방식이 드러나지 않고, 비밀스럽고, 위장되어야 한다는 개념은 우스꽝스러워 보입니다.

점점 더 다원화되는 세상에서 종교는 거대 기업들만큼이나 서로 경쟁하는 것처럼 보입니다. 이러한 세상에서 종교가 정기적으로 성과를 전시하고 홍보하지 않는다면 종교가 어디에 있을 수 있겠습니까?

그러나 다른 한편에서 이러한 전시와 홍보, 그리고 화려함에 굴복하여 우리는 무엇을 잃었고, 그리스도인으로서 무엇을 놓치고 있습니까? 이 본문에 따르면 우리는 예수님이 옹호하는 신앙의 본질을 잃어버릴 위험에 처해 있습니다. '다른 사람에게 보이고', '다른 사람이 듣게 하고', '다른 사람에게 칭찬받고' 싶은 욕망으로 우리는 신앙의 신학적 토대인 하나님과의 교제와 하나님께 영광을 올려 드리는 일을 잃어버리고 있습니다.

금욕적이고 유머 감각이 부족하다고 알려진 장 칼뱅은 이러한 위험성을 잘 이해했습니다.

그의 모토인 '오직 하나님께 영광'은 종종 극단적으로 받아들여지기도 하지만, 그 원칙은 흔들리지 않습니다. 우리의 예배와 신앙의 실천 가운데 하나님이 아닌, 우리 자신을 내보이게 하는 태도나 영향력, 그리고 우리가 만들어내는 인상은 하나님께서 알려 주시는 신앙의 '주된 목적'에서 우리를 멀어지게 합니다.

저는 대학 시절 첫 심리학 교수님으로부터 받은 통찰 한 가지를 여전히 잊지 않고 있습니다. 교수님은 "왜 우리는 새로 소개받은 사람의 이름을 그렇게 자주 잊어버릴까?"라고 물어보셨습니다. 교수님은 이렇게 답하셨습니다. "왜냐하면 우리는 처음부터 그 이름을 듣지 않았기 때문입니다. 소개 받을 때 우리는 우리 자신이 뿜어내는 인상에만 너무 관심이 있어서 다른 사람의 이름을 듣지 못했기 때문입니다."

예수님께서 제자들에게 가르치신 교훈도 같은 종류의 가르침입니다. 자선, 기도, 그리고 종교적 삶의 목적은 우리 삶을 지배하는 쇠약하고 과도한 자의식으로부터 우리를 구하기 위함입니다. 어쩌면 우리처럼 자기애에 사로잡힌 피조물에게 '구원'이란 결국(또는 적어도 간헐적으로나마) 우리의 소중한 자아를 타자 안에서 포기하는 것을 의미합니다. 우리의 도움을 받는 타자, 우리의 기도를 듣는 타자, 우리의 종교가 단지 대중적 홍보와 자기 과시가 아니라면 과연 무엇을 위한 것인지 궁금해하는 타자 안에서 말입니다. 우리 삶의 대부분의 시간 동안 우리는 자기가 어떻게 비춰지고 있는지 신경씁니다. '그들은 어떻게 생각할까?'와 같은 질문을 하며 말이죠. 믿음이 진실될 때, 예수님이 확언하시듯이 우리는 적어도 이곳 저곳에서, 때때로 은혜를 통해 자아의 짐으로부터 자유를 얻고 다른 사람의 시선에서 해방된 자신을 발견하게 됩니다. 이것이 바로 믿음의 본질입니다.

그런데 이것이 과연 우리의 경건과 기도, 그리고 종교적 삶이 '결코' 공적인 연설이나 공지의 성격을 가져서는 안 된다는 것을 의미할까요? 제자도의 삶이 너무 내면화되어 공개적으로 증언할 기회도 없고, 성명을 발표하려는 의도도 없으며, 우리의 '골방'(6절) 밖에 있는 사람들에게 이 세상에서의 삶에서 믿음이 가져오는 결과를 전달할 수 있는 말과 행동을 하면 안 되는 걸까요? 물론 아닙니다. 이 문제에 대해 말하는 성경 본문은 여기서 끝나지 않습니다.

본문 말씀 이후에 예수님은 제자들에게 "내가 너희에게 어두운 데서 이르는 것을 광명한 데서 말하며 너희가 귓속말로 듣는 것을 집 위에서 전파하라"(마 10:27)라고 말씀하십니다. 그러나 이 본문은 특히 스스로를 진실하고 독실한 신자라고 생각하는 기독교인들에게 경각심도 주고 있습니다. 자기 자신을 드러내 보이려는 성향과 그에 수반되는 위선은, 자신이 하나님의 사랑을 받는 자라는 잘못된 확신에 힘입어 '본연의' 자기중심성이 강화될 때, 가장 강력해지기 때문입니다.

그렇기 때문에 이 구절에서 예수님은 과시적인 종교를 가차없이 거부하셨습니다. 이것은 신구약 성서의 예언 전통을 관통하는 주제를 표현하는 또 다른 방식입니다. 인간의 교만(superbia, hybris)은 항상 의심스럽고 한심하지만, 종교적 오만이 뒷받침될 때 그 한심함은 극에 달합니다. 참된 믿음은 자기 자랑이 아니라 겸손을 이끌어 냅니다.

목회적 관점

사순절은 위험한 기간일 수 있습니다. 사람들은 훈련받고 새로운 삶의 방식을 찾기 위해 교회에 옵니다. 즉, 이들은 다가올 십자가의 고통과 기쁨을 준비하는 도전을 받기 위해 옵니다. 하지만 이러한 절박함으로부터 사순절의 문제가 발생합니다. 우리는 사순절을 '삶 그 자체가 되는 사순절로 만들기'보다는 6주 동안 선을 행하는 것으로 절기를 국한시킵니다. 그런데 산상수훈의 절정에서 예수님이 제자들에게 요구하시는 것은 삶 자체가 되는 거룩함입니다. 세상이 당신에게 기대하기 때문에 거룩해지려 하지 마십시오. 도리어 은밀한 곳에서 보시는 하나님과 더 가까운 관계를 맺을 때 세상이 줄 수 없는 보상이 임하게 될 것이므로, 거룩한 삶을 사는 방법을 배우십시오.

어렸을 적, 부모님과 함께 영국의 대성당을 둘러본 적이 있습니다. 저는 본당 벽에 설치된 양철 자선함에 매료되었습니다. 그 상자에 동전을 떨어뜨리는 것은 정말 즐거운 일이었습니다. 동전이 떨어지면 쨍그렁 소리가 나고, 이 소리는 동굴 같은 성당 전체에 울려 퍼졌습니다. 사람들은 무슨 소리인지 보려고 뒤를 돌아보곤 했습니다. 어느 날 매일 성당을 방문하는 것으로 보이는 한 할머니가 지폐를 상자에 넣는 것을 지켜보았습니다. 그 지폐는 제 동전보다 훨씬 더 가치가 컸지만 상자에 넣었을 때 큰 소리가 나지 않았습니다. 마치 하늘에서 깃털이 떨어지는 것 같았지만 아무도 뒤돌아보지 않았습니다. 아무도 그 선물을 알아보지 못했습니다. 오직 하나님만이 그 소리를 들으실 수 있었을 것입니다.

하나님의 경제학에서 보상은 세상의 논리와는 다른 방정식을 가지고 있습니다. 노숙자 프로그램을 더 잘 운영할수록 더 많은 이가 도움을 받게 됩니다. 자원 봉사자들이 더 잘할수록 성직자의 필요성은 줄어듭니다. 우리가 보상을 바라지 않고 스스로를 더 많이 내어줄 때마다 부서진 삶의 한 조각이 고쳐지는 것을 발견합니다. "그의 가난함으로 말미암아 너희를 부요하게 하려 하심이라"(고후 8:9)라는 말씀처럼, 우리는 부요해지기 위해 나눔을 실천해야 합니다.

이런 종류의 용감하고 위험천만하고, 급진적인 행동은 주기도문의 경우도 마찬가지입니다. 성서정과는 주기도문 부분을 생략하고 있지만, 그렇게 되면 마태복음의 의미를 놓치게 될 것입니다. 우리는 성전에서 회중과 함께 기도문을 읊조리기도 하고 잠자리에 든 네 살배기 아이 옆에서 기도하기도 합니다. 그리고 활주로를 달리듯이 급하게 기도하는 때도 있습니다. 그런가 하면, 일용할 양식에 대한 대가로 하나님께 어떤 것을 드렸는지, 지난 40년 동안 하나님의 용서를 구하면서도 왜 지난 20년 동안 어머니를 용서하지 않았는지 자문해야 하는 순간이 찾아옵니다. 제임스 포브스의 말을 빌려 물어보겠습니다. 우리가 다른 이들의 죄를 용서하려고 애쓰려 할 때, 우리 자신의 사함을 구하기 위해 하나님의 은혜의 우물에 몇 번이나 갔는지 생각해 보았습니까?

교회에서 힘 있는 목소리로 기도하는 날도 있고, 우리의 믿음이 연약해져 우리를 위해 기도해 줄 수 있는 또 다른 힘 있는 목소리가 있기를 기도할 수밖에 없는 날도 있을 것입니다.

이것이 바로 공동 예배의 위대한 비밀입니다. 나눔의 경제와 마찬가지로 이 기도는 우리의 삶을 뒤집어 놓습니다. 그리스도인의 삶은 '나'가 아니라 '우리'에 관한 것임을 상기시켜 줍니다. 이 기도는 우리가 하나님께서 베풀어 주실 것을 구하는 만큼, 그에 대한 보답으로 기꺼이 하나님께 드리고, 또 다른 이들에게 나누어 주어야 한다는 점을 가르칩니다. 하지만 받아들이기 쉽지 않은 진실이 있는데, 주기도문은 시작에 불과하다는 것입니다.

기부하고, 금식하고, 기도하고, 이 세상의 것을 쌓아 두지 말라는 이 모든 경고들의 중심부에서 예수님은 한 가지 보편적인 진리를 제시하십니다. 반면 세상은 최악의 상황을 대비하라고 말합니다. 국경을 방비하고, 금을 모아 침대 밑에 숨겨두고, 낯선 사람을 피하라고 말합니다. 자신과 가까운 사람을 돌보면 언젠가 그들이 당신을 돌볼 것이라고 말합니다. 하지만 예수님은 최선을 다해 준비하라고 말씀하십니다. 넉넉한 삶을 살며 아낌없이 베풀라고, 낯선 사람을 잘 대해주고, 약한 자를 돌보라고 말씀하십니다. 컨트리 음악 가수 조지 스트레이트의 말처럼, "영구차는 짐수레를 싣고 오지 않는 법입니다." 사순절은 거룩함을 느끼게 하는 그 무언가에 관한 것이 아니라 우리를 지탱해 줄 보편적인 진리를 붙잡는, 평생의 헌신에 관한 것입니다.

자칭 불가지론자인 A. J. 제이콥스는 『미친 척하고 성경말씀대로 살아본 1년』이라는 책을 썼습니다.* 그는 현대 도시 뉴욕에서 말 그대로 성경의 규칙과 규율에 따라 살기로 결심했습니다. 때때로 독선적인 행동 때문에 그의 아내가 그를 작은 아파트에서 쫓아낼 뻔하기도 했지만 제이콥스가 발견한 것은 때로 신앙의 삶은 인지부조화를 동반할 수 있다는 점입니다. 그는 이렇게 주장합니다. "배우고자 한다면 실천에 옮기라."

이 책에서 제이콥스가 발견한 것은 급진적인 회심이 아니라, 신앙의 개방성이었습니다. 이는 그가 삶에 도입한 실천과 훈련의 직접적인 결과였습니다. 진실은 이렇습니다. 제이콥스가 실험삼아 매우 공개적으로 종교적인 삶을 살았지만, 진정한 변화는 하나님만 들으실 수 있는 곳에서 기도하는 법을 배우면서 마음의 고요함 속에서 일어났다는 것입니다.

사순절의 위험성은 우리가 사순절을 사는 방법을 배우지 않고, 훈련만 한다는 데에 있습니다. 우리가 모든 것을 '올바르게' 행하지만 '올바른' 행동이 어떻게 우리의 삶을 변화시키는지 스스로에게 묻지 않는다는 데에 위험성이 있는 것입니다. 우리는 한 가지 방식으로 행동하지만 결코 스스로에게 묻지 않습니다. 우리는 받기 위해 줍니까? 우리는 천국을 위해 아이들을 양육합니까? 아니면 하버드를 위해 자녀를 양육합니까? 우리는 기도해야 하기 때문에 기도하는 것입니까? 아니면 기도가 우리에게 희망을 주기 때문에 기도합니까?

거룩한 삶을 살면서 예수님께서 제자들에게 물으셨던 것과 같은 질문을 우리 자신에게 던지는 것은 위험한 일입니다. 이 완전한 진실과 정직의 순간에, 우리는 성당에서 떨어지는 깃털이나 종이 지폐처럼, 얼굴 없는 사람의 겸손한 행동이나 아무도 들을 수 없는 조용한 기도

* A. J. Jacobs, *The Year of Living Biblically* (New York: Simon & Schuster, 2008)

를 통해 하나님께서 실제로 우리의 기도를 들으신다는 확신을 갖게 됩니다. 그것이 바로 복음입니다.

주석적 관점

오늘의 성서정과 복음서 본문은 예수님의 산상수훈의 중심에 위치해 있습니다. 주님 공동체의 고유한 성격을 확립하고(5:2-12), 그 사명을 선포하며(5:13-16), 그 공동체를 정의하는 특징인 하나님의 의(5:17-20), 곧 사랑의 율법을 능가하는 의를 강조한 후(5:21-48, 레 19:18), 예수님께서는 진정한 신앙의 본질을 강조하십니다(6:1-34). 예수님께서 광야에서 보여주신 것처럼(4:1-11), 이제 다른 이들을 향해 '서기관과 바리새인의 의를 능가하고'(5:20) 하나님의 의와 같이 '온전한'(5:48) 의는 삶의 모든 면에서 하나님을 신뢰함에서 오는 의라는 가르침을 주십니다. 이 설교에서 예수님께서는 의(6:1, NRSV는 dikaiosynēn을 'piety'(경건)으로 번역)가 예배와 어떻게 관련되는지 보여 주고 계십니다. 믿음의 겉모양과 그 실체 사이에는 극명한 차이가 있습니다. 그리고 종교로 위장된 우상숭배와 하나님께 대한 전적인 의존에서 비롯된 자선의 신앙 사이에도 큰 차이가 있습니다. 본질적인 문제는 바로 이것입니다. 우리는 어디에 신뢰를 두어야 하며, 혹은 신뢰할 수 있는 대상은 누구입니까?

위선 또는 자선(1-4절) 종교행위를 가장한 이기심과 하나님을 기쁘게 하는 믿음의 행위를 구별하는 세 가지 예(1절) 가운데, 그 첫 번째 예에서 예수님께서는 '구제'(2-4절)라는 주제를 거론하십니다. 구제는 이스라엘의 삶에 깊은 뿌리를 두고 있습니다. 백성들은 빈곤한 노예 생활을 통해 직접 배웠으며, 그 이후에는 가난한 이들을 위한 구제의 중요성을 배웠습니다(신 24:6-22). 그들은 자신들의 기원과 삶이 하나님의 은혜에 뿌리를 두고 있음을 알았습니다(출 19:4, 20:2, 신 7:6-8 26:5-11). 따라서 율법을 지키는 모든 사람은 매년 궁핍한 이들을 위해 음식을 마련했고(신 24:19-22), 3년마다 소산의 온전한 십일조(10%)를 지역사회에 기부하여, 한 사람도 굶주리는 사람이 없도록 했습니다(신 14:28-29, 룻 2:2). 가난한 자, 노숙자, 사생아, 과부, 고아, 나그네를 돌보는 것은 이스라엘 신앙의 특징입니다(출 22:21-27, 사 58:7-8). 예수님께서는 제자들이 계속해서 구제를 실천해야 한다고 역설하시면서도, 그 의도를 왜곡시키는 교만의 위력에 대해 청중들에게 경고하고 계십니다. 구제는 대중의 존경을 받기 위해 벌이는 경쟁이 아닙니다(2b절). 또한 자기중심적인 마음을 하나님으로부터 숨길 수도 없습니다. 그보다 구제를 베푸는 것은 '다른 이들'의 필요에 대한 관심에서 비롯되어야 하지, 명성과 칭찬에 대한 욕구가 그 동기가 되어서는 안 됩니다. 실제로 '구제'로 번역된 그리스어는 문자 그대로 '자비'(eleēmosynēn, 3절)를 의미하며, 마태에게 있어 중요한 것은 하나님의 최후 심판이 가난한 사람들의 배려에 근거한다는 점입니다(25:31-46). 하나님을 기쁘게 하는 것은 자신의 이익과 관계없는 구제입니다(4절).

외식 또는 기도(5-6절) 기도 또한 자기를 드러내는 행위로 변질될 수 있습니다. 개인 기도와 공동 기도는 하나님과 인간 사이에 존재하는 불균형과 자애로운 아버지가 되셔서 인격적으로 소통하시고자 하는 하나님의 뜻을 반영하는 정직하고 겸손한 믿음의 표현이어야 합니다. 하지만 유감스럽게도 하나님의 '음성'을 듣기 위해 하나님과 친밀하게 소통해야 하는 기도가, 도리어 자신의 미덕을 내세우는 자기애적인 연설로 전락할 수 있습니다. 예수님께서는 제자들에게 그러한 잘못된 기도에 대해 경고하시며, 믿는 자들에게 그러한 유혹에서 벗어날 수 있는 개인적인 은밀한 공간에서 기도하라고 권면하십니다. '방'(tamieion, 6절)은 말 그대로 청지기들이 자신의 양식을 보관하는 장소, 사적인 사무공간 또는 성소를 의미합니다. 여기서 핵심적인 문제는 장소의 종류가 아니라, 다음 구절에서 분명히 드러나듯이 기도하는 사람들의 성향과 기도의 초점에 있습니다(7-15절). 의로운 기도는 자기중심이 아니라 하나님과 공동체 중심이며, 자신의 삶에서 가장 소중한 부분을 하나님께 열어 드리는 것입니다(마 6:24 참조).

과시 혹은 금식(16-18절) 금식은 음식을 자제하는 행위이지만 종교적인 구도자들 가운데 주목을 받고 명성을 얻길 원하는 이에게 수행자의 자부심과 자기 만족 등과 같은 합당한 '보상심'(misthon, 16절 및 1절)을 충족시킬 수 있는 행위입니다. 전통적인 금식에는 항상 기도가 포함되었으며, 일반적으로는 애도와 참회와 관련이 있었습니다(삿 20:26, 삼상 7:6, 삼하 12:15-23, 스 8:21, 느 9:1, 단 9:3, 슥 7:5). 금식은 개인과 공동체의 겸손을 나타내는 행위였습니다. 하지만 겸손과 회개가 항상 금식의 동기가 되는 것은 아니었습니다. 실제로 기도와 자선을 베푸는 것과 마찬가지로 금식을 행하는 것도 죄의 왜곡된 영향력에 취약하며, 하나님의 심판 아래 놓일 수 있습니다(사 58:1-9, 렘 14:11-12). 따라서 선지자들은 겸손과 회개를 가장하는 것은 하나님의 백성에게 합당하지 않기 때문에 금식을 '거룩하게 하라'고 촉구합니다(욜 1:14, 2:15). 이것이 바로 예수님의 요점이기도 합니다.

아이러니하게도, 어떤 이들은 인정받기 위해(hopōs phanōsin tois anthrōpois, 16절) 얼굴을 알아볼 수 없게 만듭니다(aphanizousin ta prosōpa autōn, 16절, NRSV는 "그들은 자신의 얼굴을 변형시킨다"). 하지만 과시적인 자선과 인위적인 기도, 과장된 금식은 하나님의 언약 공동체에서 보편적으로 나타나는 핵심적인 종교 규례를 사리사욕에 따라 왜곡하는 것입니다. 그러한 행위의 동기는 '영광을 받고'(2절), '보여지기를'(1, 5, 16절) 원하는 자기중심주의에 있습니다. 그러나 의로운 금식은 쇼가 아니라 하나님과 이웃과의 연합을 목표로 하는 예배의 형식으로 자기 자신을 절제하는 심오한 행위입니다.

어리석은 자의 금, 혹은 영원한 보물(19-21절) 자기 숭배를 가장한 열심 있는 종교적 경건의 세 가지 방식을 드러내신 후, 예수님께서는 보물(19-21절)에 초점을 맞추면서 신뢰와 헌신(17-34절)이라는 주제를 보다 분명하게 말씀하고 계십니다. 예수님께서는 사람들이 보고 칭송하지만, 잃어버릴 수 있는 지상의 '보물'(과시적인 자선을 가능하게 하는 부와 평안, 사회적 지위를 높이기 위해 종교적 열심을 공개적으로 과시하는 등의 행위를 포함)과 대조되는, 헤아릴 수 없고 영원히 지속되는 참된 보물이 있다고 단언하십니다. 그것은 하나님께서 소중히 여기시고 하늘에서 보시고 칭찬하시는 보물입니다. 그것은 바로 하나님을 향한 신뢰의 보물입니다. 이보다 더 강렬한 대비가 있을 수 없습니다. 예수님께서는 청중들에게 무엇을, 그리고 누구에게 예배하고 있는지 돌아보라고 도전하고 계십니다. 그들은 자기 자신이나 다른 것을 예배하고 있습니까? 아니면 살아 계신 하나님을 예배하고 있습니까? 경건함으로 표현되는 의는 외적인 종교 행위라기보다는 마음 안에 있는 내적인 성향이라 할 수 있습니다(33절, 렘 31:33-34).

설교적 관점

재의 수요일에 예배를 드리러 오는 사람들, 이마에 재를 받고자 하는 사람들, '너는 흙이니 흙으로 돌아가리라'는 자신의 완전한 유한성을 상기시키고자 하는 이들은 누구일까요? 그들은 진정으로 헌신합니다. 교회는 이들의 헌금으로 유지됩니다. 이들이 교회를 위해 기도한다고 말할 때, 이는 적대적이거나 경건을 과시하는 것이 아니라, 이것이 그들의 삶입니다. 그들은 말로만 제자가 아니라, 실제적이고 엄격한 훈련의 본을 보이는 제자들입니다. 우리는 그들에게 지도력을 기대합니다. 다른 사람들은 주일 아침에 오지만, 이 사람들은 화요일에 위원회 회의에 참석하고, 목요일에는 성경 공부에 참석하고, 토요일에는 해비타트와 함께 집을 짓고, 주일에는 교회학교에서 아이들을 가르치고, 재의 수요일에는 예배에 나옵니다.

우리는 많은 부분 이들에게 의존하고 그만큼 이들을 존중하는 나머지 그만큼 신실한 이들을 하나님으로부터 멀어지게 할 수 있는 특정한 종교적 유혹의 존재를 간과할 수 있습니다. 우리는 그리 어렵지 않게 불신자들을 현혹하는 시험을 떠올릴 수 있으며, 관능주의에 빠진 이들에게 먹히는 시험의 존재를 살필 수 있습니다. 불신자들은 선과 악, 아름다움과 추함, 지혜와 어리석음, 그리고 숭고함과 저속함을 구별할 수 없는 둔감한 삶의 시야, 곧 불신앙 자체로 인해 시험을 받을 수 있습니다. 끝내, 불신앙은 불신앙의 마지막 열대라 할 수 있는 절망으로 인한 시험을 받습니다. 관능주의자들은 그들이 숭배하는 감각의 세계의 시험을 받습니다. 이러한 시험은 여기저기 정처 없이 떠도는 느낌처럼 덧없는 것입니다. "내가 그것에 대해 어떻게 느끼는가"라는 감각의 제단에서 예배하는 사람들은 항상 움직여야 합니다.

불신앙의 시험이 아무것도 믿지 않는 것이고, 관능의 유혹이 감각의 세계에서 표류하는 것이라면, 신앙인이 될 때 받게 되는 시험은 종교가 하나님을 대체하게 하는 것입니다. 우리는 우리 자신의 로드맵을 우리의 목적지로 착각하고, 수단을 목적으로 바꾸어 버립니다. 하나님께서는 우리가 하나님께 가까이 갈 수 있도록 자선, 기도, 금식이라는 좋은 선물을 주셨는데, 우리는 그것을 행위로 바꾸려 애쓰고 있습니다.

예수님께서는 종교 규례를 진지하게 받아들이는 이들에게 불경스러워 보이는 패러디를 제시하십니다. 기독교인들은 재의 수요일에 코미디를 기대하며 예배에 참석하지 않을 것입니다. 그럼에도 예수님께서는 농담을 던지고 과장된 표현을 쓰면서, 종교를 진지하게 받아들이는 사람들에게 어떻게 설교할 수 있을지를 보여주시며, 엄숙한 규례에 맞서고 계십니다.

자선을 베푸는 사람들이 하나님의 법정에 서고, 교향악의 금관악기가 그 곁에 있습니다. 이들이 몇 달러를 기부하면 트럼펫으로 팡파르를 울리고, 몇 달러를 더 기부하면 트롬본이 답례의 소리를 냅니다. 이를 지켜보는 모든 사람이 "어머, 정말 관대하시군요!"라고 말합니다. 예수님께서는 "내가 진실로 너희에게 이르노니 그들은 자기 상을 이미 받았느니라"라고 말씀하십니다.

금식하는 사람들이 왔습니다. 그들의 초췌한 얼굴과 당의 결핍으로 날카로워진 눈빛은 그들이 단식 중이라는 것을 알게 합니다. 이들은 머리카락을 풀어 헤치고 옷을 찢었습니다. 사람들에게 당신이 금식하고 있다는 것을 보여주기 위해 무언가를 해야 하기 때문입니다. 금식의 문제점은 누구도 당신이 하지 않는 것을 볼 수 없다는 것입니다. 그것이 무슨 소용이 있습니까? 그래서 이들은 모든 사람들에게 예배에 참석했음을 알리기 위해, 많은 양의 재를 묻히기를 바라며, 재의 수요일에 비틀거리며 앞으로 나아옵니다. 구경꾼들은 "오, 이 사람들은 확실히 종교적이군요!"라고 외치게 될 것입니다. 예수님께서는 "내가 진실로 너희에게 이르노니 그들은 자기 상을 이미 받았느니라"고 선언하십니다.

예수님께서는 우리가 우리 스스로를 비웃을 수 있기를 바라시며 우리의 종교적 행동을 가장 우스꽝스러운 방식으로 패러디하셨습니다. 우리 자신을 비웃을 필요가 있습니다. 우리 자신이 문제입니다. 스스로 먼지와 같은 존재라는 사실을 생각하지 못하는, 연약하고 비극적이며 궁핍한 자아가 바로 우리 자신입니다.

우리는 하나님을 갈망합니다. 하나님을 갈망하는 것은 시간이 걸리는 일입니다. 몇 년, 몇십 년이 걸릴 수 있기에 우리는 지쳐갑니다. 그래서 우리는 하나님을 향한 갈망의 깎아지른 듯한 절벽에서 물러나, 종교적인 존재가 되었다는 것에 만족하며 안주하기 쉽습니다.

우리는 하나님과 대화하고 하나님의 얼굴을 보기를 갈망하며, 때로는 기도할 때 그분에게 거의 다다르기도 합니다. 하지만 언제나 손이 닿지 않습니다. 때때로 하나님과의 대화를 포기하고, 앵무새처럼 기도하는 것을 그만두고 싶을 때가 있습니다. 우리가 하는 기도가 다 똑같지 않다는 사실을 알고 있습니다.

우리는 하나님에 대한 갈망이 있습니다. 아우구스티누스는 다음과 같이 기도합니다. "오 주여, 당신은 당신을 위해 우리를 만드셨으니, 우리의 마음은 당신 안에서 안식을 얻을 때까지 불안합니다."*

그 마음의 주림, 불안, 금식은 하나님만이 채우실 수 있는 공간이고, 상징입니다. 우리는 우리 자신의 굶주림에 너무 익숙해져서 우리를 채우실 분이 계신다는 사실을 잊어버릴 수 있습니다. 하나님께서는 기꺼이 우리에게 하나님 자신을 주실 것입니다.

예수님께서는 우리가 우리 스스로를 비웃고, 종국에는 우리 자신을 내려놓고 하나님을 찾도록 인도하십니다. 예수님께서 패러디한 이 세 부류, 즉 나팔을 불어 구제하는 자, 말을 쌓아 올리는 기도자, 재를 뒤집어쓴 채 고통 속

* Augustine, *Confessions,* I.1, trans. R. S. Pine-Coffin (New York: Penguin Books, 1961), 21.

에 금식하는 자에 대해 예수님께서는 "내가 진실로 너희에게 이르노니 그들은 자기 상을 이미 받았느니라"라고 말씀하십니다. 그들은 종교성을 인정받았습니다.

그렇기 때문에 예수님께서는 자선을 베푸는 가운데 자신을 내어드리는 이들과 기도를 통해 자신을 내려놓는 이들, 그리고 하나님의 선하심으로 충만해지기 위해 스스로를 비우는 이들에게 상급이 주어질 것이라 약속하십니다. 이 산상수훈에서 예수님께서는 제자들에게 "지금 주린 자는 복이 있나니 너희가 배부름을 얻을 것임이요"라고 말씀하십니다. 하나님을 갈망하는 자는 복이 있나니, 하나님께서는 진정으로 그들을 배부르게 하실 것임이요. 이것이 바로 예수 그리스도의 교회가 거룩한 사순절에 기념해야 하는 것입니다.

FIRST SUNDAY IN LENT

사순절 첫째 주일

창세기 2:15~17, 3:1~7

시편 32편

로마서 5:12~19

마태복음 4:1~11

사순절 첫째 주일

창세기 2:15~17, 3:1~7

2:15 여호와 하나님이 그 사람을 이끌어 에덴동산에 두어 그것을 경작하며
지키게 하시고
16 여호와 하나님이 그 사람에게 명하여 이르시되 동산 각종 나무의 열매
는 네가 임의로 먹되
17 선악을 알게 하는 나무의 열매는 먹지 말라 네가 먹는 날에는 반드시
죽으리라 하시니라
3:1 그런데 뱀은 여호와 하나님이 지으신 들짐승 중에 가장 간교하니라 뱀
이 여자에게 물어 이르되 하나님이 참으로 너희에게 동산 모든 나무의
열매를 먹지 말라 하시더냐
2 여자가 뱀에게 말하되 동산 나무의 열매를 우리가 먹을 수 있으나
3 동산 중앙에 있는 나무의 열매는 하나님의 말씀에 너희는 먹지도 말고
만지지도 말라 너희가 죽을까 하노라 하셨느니라
4 뱀이 여자에게 이르되 너희가 결코 죽지 아니하리라
5 너희가 그것을 먹는 날에는 너희 눈이 밝아져 하나님과 같이 되어 선악
을 알 줄 하나님이 아심이니라
6 여자가 그 나무를 본즉 먹음직도 하고 보암직도 하고 지혜롭게 할 만큼
탐스럽기도 한 나무인지라 여자가 그 열매를 따먹고 자기와 함께 있는
남편에게도 주매 그도 먹은지라
7 이에 그들의 눈이 밝아져 자기들이 벗은 줄을 알고 무화과나무 잎을 엮
어 치마로 삼았더라

신학적 관점

구약성경의 다른 부분과 비교해 볼 때 이 이야기는 어떤 본문보다도 성경의 역사 속에서 많은 해석들을 도출해 왔습니다. 여기에 제시된 구절은 다음 네 이야기 중 두 장면에서 발췌한 것입니다. 하나님께서 아담을 동산에 배치하심(창 2:4b-10, 15-17), 아담을 '돕는 이'를 만드심(창 2:18-25), 뱀의 유혹으로 인해 에덴동산이 어지럽혀짐(창 3:1-7), 남자와 여자를 심판하고 추방하심(창 3:8-24).

'선악을 알게 하는 나무'는 동산의 창설 장면과 유혹 장면 모두에서 등장하며, 이러한 연결성은 두 장면을 더욱 선명하게 대비해 주고 있습니다. 이 나무가 성경의 다른 곳에서 언급되지 않고, 다른 고대 문헌과의 연관성도 거의 없기 때문에 나무가 무엇을 의미하는지 정확히 파악하기는 어렵습니다. 그러나 이 나무의 중요도는 인간의 소명, 허용, 금기, 형벌 등에 대한 주된 질문들보다는 부차적입니다. 왜냐하면 이러한 질문들이 하나님과 관련되어 있기 때문입니다.

첫 번째 장면과 세 번째 장면에서 나무가 등장하는 대목은 하나님에 대한 순종과 인간의 번영 사이의 연결성을 강조합니다. 하나님의 명령을 어기게 될 때, 인간의 번영은 제한됩니다. 하나님과 인간의 관계를 둘러싸고 있는 (1) 신뢰 (2) 순종 (3) 친밀함이 첫 번째 장면에서 묘사되고 있지만, 세 번째 장면에서는 다음의 요소들로 인해 관계가 깨어집니다. (1) 유혹. 신뢰에 금이 가는 모습으로 묘사됩니다(창 3:5) (2) 불순종. 다스리기 어려운 욕망으로 묘사됩니다(창 3:6). (3) 소외. 하나님으로부터 소외됨뿐만 아니라, 인간들 사이에서의 소외로 그려집니다(창 3:7).

서사 그 자체가 뿜어내는 힘으로 인해 성서학자들은 많은 경우 이 본문과 역사적으로 연관된 교리들을 배제하고, 본문의 명확한 의미, 성경의 다른 부분에서 드러나는 공통된 주제, 그리고 가능성이 있어 보이는 본래의 맥락을 선호합니다.* 하지만 서사의 신화적 구조와 드라마의 흐름 가운데 함축되어 있는 인류학적인 주제들은 기독교 사상사 가운데 발전해 온 신학적 해석의 대상이 되기도 합니다. 사실, 서사 형태 자체는 이러한 후대의 신학적인 이해를 가능하게 하며, 이는 다른 해석들만큼 합당한 설득력을 지니고 있습니다.

초기 기독교 해석가들은 에덴동산의 이야기를 구원을 위한 그리스도의 성육신이라는 '속편'에 대한 '전편'으로 이해했습니다. 바울서신(롬 5:12-21, 고전 15:21-22)에서 묘사하는 아담과 그리스도의 연결성에 고무된 이레네우스(202년경)는 복음서에 묘사된 그리스도를 통한 구속의 모습과 오늘 창세기 이야기에서 예고되는 모습이 서로 병렬되고 있음을 제시했습니다. 즉, 그리스도의 '순종'이 아담의 '불순종'을 바로잡았다는 주제뿐만 아니라, 아담과 하와를 타락케 한 '나무'와 그리스도께서 생명을 가져다준 십자가 '나무' 사이에도 또 다른 주제의 연관성이 있다는 것입니다.

본문 말씀에서 '뱀'은 인간의 죄성을 나타낼 뿐만 아니라, 그리스도께서 광야에서 사탄을 물리치게 되심을 예고하기도 합니다. '뱀'의 교활함이 '비둘기의 순전함'으로 극복된다는

* Walter Brueggemann, *Genesis* (Atlanta: John Knox Press, 1982), 4054.

것입니다.* 이렇게 볼 때, 창세기의 이야기는 인류가 잃어버리기는 했지만, 하나님의 더 크신 섭리를 통해 회복하게 된 순전함의 상태를 묘사하고 있는 것입니다.

교부전통의 주석가들, 특히 아우구스티누스(354-430)는 에덴동산의 이야기에서 의지, 욕망, 죄, 악의 기원, 그리고 은총 등을 탐구하는 신학적 인류학을 발전시켰습니다. 하나님께서 선악을 알게 하는 나무의 열매를 먹지 못하게 하신 것은 "나무 자체가 나빠서가 아니라, 순전하고 우직한 순종을 치하하기 위해서였습니다. 이러한 순종은 창조주를 주로 섬기는 이성을 지닌 피조물의 크나큰 덕목입니다."** 이 계명이 깨지면서 죄와 죽음이 세상에 들어왔고, 하나님을 향한 인간의 본래적인 갈망이 왜곡되어, 인간은 창조주보다 피조물을 높이게 되었습니다. 이것이 현재 모든 인간 불행의 근원입니다. 비록 뱀의 유혹을 받았지만, 이 세상의 악의 기원은 특히 하나님의 뜻을 어기기로 자유롭게 결정했던, 인간의 의지 그 자체에 있습니다. 그러나 이 원죄로 인해 인류는 죄와 죽음의 권세에 종속되었으며, 이는 오직 그리스도 예수 안에서 하나님의 은혜를 통해서만 극복될 수 있습니다.

이렇게 볼 때 창세기 이야기는 죄로 병든 인류가 엉뚱한 곳에서 사랑을 찾고, 건강과 완전함을 헛되이 갈망하는 모습을 극명하게 묘사하고 있습니다. 아우구스티누스는 이러한 관점을 통해 하나님의 용서하심과 은혜라는 전적인 선물을 강조합니다. 하나님께 불순종하기로 한 결정은 의지로부터 비롯되었기 때문에, 의지가 곧 치유의 대상이 되는 것이고, 이러한 치유는 오직 사랑을 통해서만 가능합니다. 의지는 모든 종류의 순종의 자리가 되어야 할 뿐만 아니라, 모든 종류의 사랑의 뿌리가 되어야 합니다. 그리고 오직 사랑만이 우리를 치유할 수 있습니다. 먼저, 변화를 일으키는 하나님의 사랑이 우리 안에서 회심을 일으키고, 우리의 사랑이 하나님께로 돌아가는 것, 이것이 모든 인간의 노력의 목표이자 진정한 성취의 원천인 것입니다.

이후의 역사 속에서 많은 주석가는 아우구스티누스가 이 해석에서 발전시킨 하나 혹은 여러 교리에 문제를 제기했습니다. 특히 그의 인간 욕망과 인간 잠재력에 대한 부정적인 견해에 대해 비판이 있었습니다. 그러나 그의 죄 많고 분열된 인류에 대한 통찰, 극심한 은혜의 필요성, 그리고 사랑을 통한 치유의 개념은 창세기 이야기를 읽는 데 탁월한 관점을 제공했습니다. 왜냐하면 적어도 아우구스티누스의 해석은 창세기의 이야기 그 자체를 떠올리게 하는 통찰을 제시하고 있기 때문입니다. 그가 강조하는 용서, 은혜, 사랑의 개념은 창세기 본문의 불신, 불순종, 소외에 대한 묘사와 대비를 이루어 중요한 균형을 이룹니다.

특히 사순절과 같은 회개의 절기에는 본문의 서사와 그에 대한 해석이 모두 중요하다는 점을 잊지 말아야 합니다. 서사와 해석, 이 두 가

* Rowan A. Greer, *Broken Lights and Mended Lives: Theology and Common Life in the Early Church* (University Park: Pennsylvania State University Press, 1986), 28-29.

** Augustine, *The City of God*, in *A Select Library of the Nicene and Post-Nicene Fathers of the Christian Church*, ed. Philip Schaff (Grand Rapids: Eerdmans, 1993), 2:256.

지 요소는 유월절 신비 가운데 드러나는 우리의 구원의 모습을 설명해 주고 있습니다. 유월절 신비의 여정은 우리를 동산으로 되돌려 보내는 여정이 아니라 부활의 능력을 통해 죽음에서 생명으로 이르게 하는 여정입니다.

목회적 관점

성서정과 첫째 해의 사순절 본문은 창세기 2~3장에서 나타나는 섬세하게 다듬어진 신학으로 시작하고 있습니다. 이 이야기는 대개 유혹, 타락, 죄, 죽음 등의 개념을 통해 신학적으로 해석됩니다. 목회적 관점에서 보면, 이 이야기는 모든 목회자가 전문적으로 다루어야 하고, 우리 각자가 개별적으로 직면하게 되는 인간의 깨짐의 측면을 설명하는 구실을 합니다.

본문 말씀은 우리 인간의 소명과 그 한계에 대한 체계적인 진술로 시작됩니다. 인류는 하나님께서 창조하신 동산을 "경작하고 지키게 하기 위해" 그곳에 배치되었습니다. 생명을 주신 창조주께서는 생명에 의미와 목적을 부여하십니다. 우리는 우리가 만들지 않았고 오직 신뢰로 주어지는 선물을 통해서만 받을 수 있는 하나님의 선한 창조세계의 청지기로서 봉사하도록 부름 받았습니다.

창조주께서는 우리에게 소명을 수행하는 데 놀라운 자유를 주셨습니다. "동산 각종 나무의 열매는 네가 임의로 먹되" 즉, 한 그루의 나무를 제외한 모든 나무의 열매를 먹어도 된다는 것입니다. 하나님께서 허락하신 자유는 광범위하지만 무한하지는 않습니다. 피조물인 우리가 자유를 행사하는 데에는 한계가 있습니다. "선악을 알게 하는 나무의 열매는 먹지 말라 네가 먹는 날에는 반드시 죽으리라"(2:17).

'선악을 알게 하는 나무'는 무엇이며, "네가 먹는 날에는 반드시 죽으리라"는 경고는 어떻게 되는 것일까요? 성경에서 처음으로 이루어지는 진지한 신학적 대화 가운데에서 여자는 '간교한'(또는 '교묘한') 뱀으로부터 "하나님이 참으로 너희에게 동산 모든 나무의 열매를 먹지 말라 하시더냐"(3:1)라는 질문을 받게 됩니다. 이는 하나님께서 하신 말씀의 일부이기는 하지만, 질문의 방식에는 하나님의 명령을 자의적이고 불합리한 것처럼 보이게 하려는 의도가 반영되어 있습니다. 여자는 대답할 때 하나님께서 실제로 말씀하신 범위를 넘어버립니다. "동산 나무의 열매를 우리가 먹을 수 있으나 동산 중앙에 있는 나무의 열매는 하나님의 말씀에 너희는 먹지도 말고 '만지지도 말라' 너희가 죽을까 하노라 하셨느니라"(3:2-3). 뱀은 "해를 입지 않는다"라는 과장을 더하여 공격합니다. "너희가 결코 죽지 아니하리라 너희가 그것을 먹는 날에는 너희 눈이 밝아져 하나님과 같이 되어 선악을 알 줄 하나님이 아심이니라"(3:4-5).

'선과 악'을 아는 데 하나님과 같이 눈을 뜬다는 것은 무엇을 의미할까요? 어떤 이들은 여기서 '선과 악'에 대한 지식은 윤리적 분별의 문제가 아니라고 주장합니다. 그것은 '우리 자신'을 선과 악을 중재하는 자로 만들고, 스스로 하나님의 역할을 하고 있다고 여기려 하는 욕망입니다. 뱀은 하나님께서 우리의 자유를 제한하고 우리의 깨달음을 금지하려는 것이 그분의 '질투'에서 비롯된 것이라고 은연중에 드러냅니다. 그러한 신의 폭정에 맞서 당신 스스로 저항해야 할 의무가 있다고 말합니다. "스스로 생각하라! 자신을 위해 행동하라! 그 누구도, 심지어 하나님조차도 '당신에게' 선과 악이 무엇인지 정의하지 못하게 하라."

이 이야기에서 나무의 열매가 "먹음직도 하고 보암직도 하고 … 탐스럽기도 한" 모습으로 나오는 것과 같이(3:6), 스스로 '선악'을 결정하는 자유는 깨달음과 해방을 주는 것처럼 보입니다. 목회자들은 스스로 결정한 '선악'이 어디로 이어지는지 누구보다 잘 알고 있습니다. 대다수의 경우 이는 지혜와 진정한 해방으로 이어지는 것이 아니라 너저분한 이혼, 고함치며 다투는 부모와 아이들, 그리고 다른 사람들의 필요와 감정을 고의로 무시하는 행위, 그리고 교회의 혼란과 환경의 악화로 이어집니다. 놀라운 자유를 허락하시는 하나님의 은혜의 한계를 받아들이지 않음으로 우리의 삶이 어떻게 엉망이 되는지 그 예를 멀리서 찾을 필요가 없습니다.

목회적 관점에서 읽게 되면, 이 이야기는 하나님의 지혜와 은혜로 정해진 한계 내에서 인간 자유의 역할이 무엇인지 탐구하는 데 적합한 본문입니다. 하나님께서 우리의 자유에 정해 놓으신 한계는 자의적인 규칙을 지킬 것을 강요하는 따위의 문제가 아닙니다. 하나님의 '토라'는 하나님으로부터 창조의 청지기 직분을 부여받은 '하나님의 형상을 지닌 피조물'의 안녕을 위한 것입니다. 선하고 풍요롭지만, 동시에 제한적인 창조세계에서 인간의 삶이 번성하려면 자유뿐만 아니라, 이 자유를 행사하는 데 적절한 제약을 가하는 것이 필요합니다.

우리는 그러한 제약에 끊임없이 반항합니다. 그리스도 안에서 우리에게 주어진 광범위한 자유를 자신을 중심에 두는 자유의 이데올로기로 바꾸어 버리는데, 그 결과는 뻔한 것입니다. 청소년들은 자신의 정체성을 찾기 위한 방법이 '한계를 뛰어넘는 것'이라 생각하지만, 군중 속에서 자신의 가장 깊은 곳에 있는 정체성을 잃어버릴 뿐입니다. 정치인들은 '자유 시장 규제 완화'라는 명목으로 금융 시장의 불균형을 억제하기 위한 규제를 뒤엎어 시장을 혼란에 빠뜨립니다. 1960년대에 자란 세대 일부는 사회적인 구속의 한계를 극복했던 짜릿한 해방감을 기억합니다. 하지만 뼈아픈 교훈을 얻은 우리는 과거를 돌아보며 "우리가 어떤 어리석은 생각에 사로잡혀 있었나?" 하며 의아해합니다. 그때에는 제약 없는 자유가 오늘날 우리를 괴롭히는 의도치 않았던 문제들 없이 번영의 시대로 이끌어 줄 것이라 생각했습니다. 하지만 명백히 그렇게 되지 않았습니다. 우리가 굳이 잊어버리려 하거나, 강력하게 억제하고자 하는 것은 이 구절이 서술하고 있는 죄의 미묘함입니다. 우리의 자기중심적인 성향과 우리가 원하는 것은 무엇이든 합리화할 수 있는 능력을 현실적으로 인정하지 않을 때, 우리의 죄성을 억제하는 하나님의 은혜로운 한계는 중요하지 않은 것처럼 여겨질 수 있습니다. 그 결과는 인간의 번영이 아니라 피조물 전체에 걸쳐 죄와 죽음의 홍수를 불러오는 삶의 파탄입니다.

공동체의 삶을 번성하게 하는 선하고 은혜로운 한계를 거스르면서 생기는 상처에도 불구하고, 본문의 서사는 이미 성경 전체에 울려 퍼지는 복음의 메시지가 담겨 있습니다. 이 이야기가 전개되면서 하나님께서는 "네가 먹는 날에"(2:17) 벌어질 죽음에 대한 경고를 실행에 옮기지 않으십니다. 하나님의 주권적 자유 안에서, 하나님께서는 인간의 불순종에 대해 심판의 무게가 아니라, 예상치 못한 자비하심으로 응답하십니다. "죄가 더한 곳에 은혜가 더욱 넘쳤나니"(롬 5:20). "아들이 너희를 자유롭게 하면 너희가 참으로 자유로우리라"(요 8:36). "그 자유로 육체의 기회를 삼지 말고 오직 사랑으로 서로 종노릇하라"(갈 5:13).

주석적 관점

J문서의 창조 기사(2:15)에서 하나님께서는 사람(하 아담)을 창조하고, 그를 동산의 관리인으로 두셨습니다. 이 동산은 '기쁨', '화려함', '고상함' 등을 의미하는 에덴으로 불리게 되는데, 이로 인해 에덴은 '보기에 아름답고 먹기에 좋은 나무'가 있는 낙원으로 여겨집니다(2:9). 사람은 '경작'하기 위해 동산에 '있게' 되었습니다. 이는 문자 그대로 섬기고 지키는 것을 의미합니다. 하나님께서 사람을 동산에 두었다는 표현에 사용된 단어는 '누하'(nuha)로, '쉼, 정착, 머무름' 등을 의미하여, 이는 동산이 하나님의 피조물인 사람을 위한 안식의 장소임을 가리킵니다. 사람은 이곳에 속해 있습니다.
그 다음에는 명령이 나옵니다(2:16-17). 명령은 허용되는 조항으로 시작하고, 그 후에 예외 조항을 명시합니다. "동산 각종 나무의 열매는 네가 임의로 먹되 선악을 알게 하는 나무의 열매는 먹지 말라" 예외 조항으로 제시된 나무는 이름이 붙여진 두 나무 중 생명 나무(2:9)가 아닌 다른 하나인데, 예외 조항은 명령의 첫번째 부분을 제한하고 있습니다. 당신이 이 나무의 열매를 먹지 못한다면, '동산 각종 나무의' 열매를 자유롭게 먹지 못하는 것이 됩니다. 이 자유에는 처음부터 한계가 있으며, 이 경계를 넘는 것에는 결과가 따릅니다. "네가 먹는 날에는 반드시 죽으리라"(2:17). 이 명령으로 죽음이라는 개념이 에덴에 들어오게 됩니다.
이 같은 명령을 염두에 두고, 뱀이 소개되는 창세기 3:1~7로 넘어가 봅니다. 이 익숙한 구절에서 뱀은 하나님께서 창조하신 '들짐승'(3:1) 중 하나입니다. 여자와 남자와 마찬가지로 뱀도 하나님의 피조물의 일부입니다. 뱀이 다른 동물들과 구별되는 이유는 하나님께서 만드신 다른 동물들보다 더 '간교'(3:1)하기 때문입니다. 간교하다는 의미를 가진 '아룸'('arum)은 앞의 구절(2:25)에서 여자와 남자의 벗은 모습을 묘사하는 단어인 '아룸밈'('arumim)과 유사합니다. 소리와 철자의 유사성은 여자와 남자의 벌거벗은 모습을 뱀의 간교함과 연결시켜 줍니다.
본문은 뱀의 말하는 능력에 놀라워하지 않습니다. 오히려 여자와 남자를 벌거벗은 존재로, 뱀을 간교한 존재로 설정한 후 바로 대화 장면으로 넘어갑니다. 뱀은 1절에서 질문을 꺼내며 대화를 시작하고 있습니다. "하나님이 참으로 너희에게 동산 모든 나무의 열매를 먹지 말라 하시더냐" 뱀의 질문은 여자에게 한 것으로 하나님의 명령 중 하나와 관련된 것입니다. 뱀의 질문은 우리로 하여금 이야기 속에서 나타나는 제한 사항들을 다시 돌아보게 합니다. 이는 2:16~17에서 하나님께서 설정하신 제한과 같은 것입니다.
하나님께서 명령하셨을 당시, 여자는 창조되지 않았지만(2:22에 처음 등장), 그녀는 뱀에게 대답을 합니다(3:2). 여자의 대답은 그 명령을 각색하고 있으며, 다음과 같은 추가적인 정보까지도 담고 있습니다. "…만지지도 말라"(3:3). 이 추가 정보의 출처가 어디인지 분명하지 않습니다. 아담이 하와에게 명령을 전달할 때 이 내용을 추가한 것일까요, 아니면 하와가 직접 추가한 것일까요? 의도적으로 추가한 것일까요? 아니면 우연이었을까요?

뱀의 질문은 의도적인 것으로, 하나님의 명령에 의문을 제기하도록 유도하기 위함입니다. 뱀은 권위적으로 응답하는데, 먼저 하나님께서 정하신 경계를 침범했을 때의 결과를 부정하고, 흥미로운 가능성을 제시함으로써 하와의 주의를 돌립니다. 선악과를 먹으면 '눈이 밝아질 것'이라는 것입니다. 그러면 그들은 '선악을 알게 되어 하나님과 같은' 존재가 될 것입니다(3:5). 눈이 열린다는 것은 이미 자신들이 갖고 있는 물리적 능력을 초월하여 보는 것을 의미합니다. 이는 '안다'(yada')라는 단어와 마찬가지로 지각과 이해를 의미합니다. 이 단어는 인지적 앎과 성적 경험을 포함하는 경험의 영역 내에서 다양한 가능성을 포괄합니다. 따라서 뱀의 약속은 선과 악의 차이를 이해하게 된다는 의미일 수도 있고, 좋은 것이든 나쁜 것이든, 폭넓은 경험을 하게 된다는 의미일 수도 있습니다.

6절에서는 감각과 관련된 단어들이 두드러집니다. 여자는 보고, 맛보고, 만집니다. 앞의 구절에서 그녀는 귀로 들었죠. 하와는 나무를 바라보며 세 가지 관찰을 합니다. (1) 먹음직도 하고 (2) 보암직도 하고 (3) 지혜롭게 할 만큼 탐스럽습니다. 알고자 하는 욕망에 하와는 열매를 따 먹고 하나님께서 정하신 경계를 벗어나기로 결심합니다. 하와가 선악과를 따먹은 후에야 우리는 아담의 위치를 알게 됩니다. 그는 그녀와 함께 있었고, 그 또한 선악과를 먹게 됩니다.

이제 두 사람의 눈이 열리고(7절), 그들이 처음으로 '알게 된' 또는 경험하게 된 것은 자신들의 벌거벗은 모습입니다. '아루밈'('arumim)이라는 단어가 두 번째로 등장하면서 독자들은 뱀이 나타나기 전, 그들의 벌거벗은 상태를 떠올리게 됩니다. 이제 그들은 자신이 벌거벗었다는 것을 '알았습니다'(yada'). 그들의 신체적 상태는 변하지 않지만, 그 상태에 대한 인식과 경험이 변하여, 그 앎과 함께 수치심이 생기게 되었습니다. 이제 그들의 벌거벗음은 가려야 할 것이 되어 버렸습니다.

J문서의 서사는 하나님과 피조물 사이의 관계, 창조된 질서 내의 관계 등과 같은 관계성을 강조하고 있습니다. 본문에서 하와와 아담은 둘 다 선악과를 먹습니다. 이와 유사하게도 9절에서 하나님께서 아담에게 먼저 말씀하시지만, 두 사람 모두 하나님께 대답해야 하고 둘 다 자신의 결정에 대한 결과를 감수한다는 점에서 하나의 단위로 여겨집니다. 인간은 공동체 내에 존재합니다. 그러나 앎과 경험에 대한 하와의 욕망이 이 이야기의 핵심입니다. 아담이 하와와 함께 있었음에도 불구하고 뱀은 하와 한 사람에게만 말을 걸고 있기 때문입니다. 뱀이 하와에게 말하는 이유는 무엇일까요?

이에 대한 하나의 가능한 대답은 길가메시 서사시와 같은 고대 근동의 신화들에서 찾을 수 있습니다. 이 서사시는 이브의 존재가 반드시 필요하다는 점을 암시하고 있습니다. 길가메시 서사시에서 여성 등장 인물은 성적으로 엔키두를 유혹하여 엔키두를 동물들로부터 떼어 놓습니다. 이 여성과의 성적인 접촉은 엔키두를 동물들로부터 영원히 분리시키고, 그를 완전한 인간으로 만듭니다. 이러한 맥락에서 볼 때, 뱀이 여성에게 말을 거는 이유는 문화적으로 여성이 인간을 동물로부터 분리하려는 특성, 즉 지혜와 욕망과 관련되어 있기 때문일 수 있습니다. 따라서 하와의 지식에 대한 욕구는 이야기의 핵심입니다.

설교적 관점

에덴동산의 아담과 하와에 대한 이야기를 들을 때, 우리는 죄 또는 원죄에 대한 이야기로 생각하는 경향이 있습니다. 사순절이 시작될 때 듣는 아담과 하와 이야기는 죄와의 연관성을 더욱 강하게 떠올리게 됩니다. 하지만 이 구절을 주의 깊게 읽어 보면 놀라운 사실을 발견할 수 있습니다. 이 구절이나 창세기 2~3장 어디에도 '죄'라는 단어는 전혀 등장하지 않으며, 죄를 나타내는 동의어 또한 없습니다. 3장의 나머지 부분에서도 '형벌'이나 '타락'에 대해 이야기하지 않습니다.

그러나 2:15부터 읽어 보면, 다른 느낌을 받기 시작합니다. 이 구절은 "여호와 하나님이 그 사람을 이끌어 에덴동산에 두어 그것을 경작하며 지키게 하시고"라고 적혀 있습니다. 이것은 단순히 하나님께서 첫 인간을 한 장소에서 다른 장소로 옮기셨다고 하는 위치에 대한 언급이 아닙니다. 이 구절은 분명히 인간의 목적인 에덴동산을 경작하고 가꾸는 것에 초점을 맞추고 있습니다. 인간의 목적은 이 중요한 진술의 초점을 이루어 에덴동산에서 일어나는 나머지 사건들의 배경을 형성합니다.

창조의 목적 천지창조라는 웅장한 내용을 담고 있는 창세기 1장과 친밀한 느낌을 주는 2장의 시작 부분 모두 창조에 대해 많은 것을 말해주고 있으며, 또한 하나님의 성품과 하나님의 주도권 및 역사를 통한 그분의 우선순위를 보여 줍니다. 그러나 지금까지 창조의 목적에 대해 구체적으로 언급된 바가 없었습니다. 여기서 우리는 처음으로 그 목적을 알게 됩니다. 하나님께서는 동산을 경작하고 지키기 위해, 그리고 언젠가는 온 땅을 경작하고 지키기 위해 인간을 만드셨습니다.

이 목적은 놀라운 것입니다. 고대 세계의 다른 많은 창조 이야기는 인류의 창조를 부산물쯤으로 보거나, 우연, 심지어 신의 실수 정도로 묘사하고 있기 때문입니다. 창세기는 신의 변덕 때문이 아니라, 이유가 있어 '의도적으로' 인간을 창조했음을 분명히 밝히고 있습니다. 하나님께서는 우리가 해야 할 일을 염두에 두고, 우리를 설계하시고 만드셨습니다. 여기에 인간의 존엄성이 존재합니다. 이러한 목적 진술은 또 다른 방식으로 우리를 놀라게 할 수도 있습니다.

현대 사회에서 우리는 종종 인간을 창조의 정점, 즉 하나님께서 하셨던 일의 목표로 생각합니다. 우리는 창세기 1:26에서 하나님께서 인간에게 모든 피조물에 대한 책임(또는 지배권)을 부여하셨다는 주장이나, 창세기 1:28에서 인간에게 생육하고 번성하라 명령하셨던 부분 등을 강조하기도 합니다. 때때로 우리의 과학이나 심리학 이론은 인간을 창조의 최고 정점으로 끌어올리며, 인간이 하나님의 가장 위대한 피조물임을 확신시킵니다. 창세기 2:15은 다르게 설명합니다. 우리 인간에게는 하나님이 주신 목적이 있습니다. 우리는 우리 자신을 위해 창조된 것이 아니라 동산을 경작하고 지키기 위해 창조되었습니다.

경작과 지킴 "경작하고 지키게 하시다"라는 구절이 익숙하게 들릴 수 있지만(또는 아직도 KJV의 "옷을 입히고 지키다"를 기억하고 있을 수도 있습니다), 이 표현이 두 히브리어 동사를 가장 잘 번역한 것은 아닙니다. 첫 번째 동사는 '경작하다'로 번역된 '아바드'('abad)로, 많은 경우 '섬기다' 또는 '노예가 되다'로 번역됩니다. 두 번째 동사인 '지키다'로 번역된 '샤마르'(shamar)는 '보존하다' 또는 '보호하다' 등을 의미합니다.

분명히 이 땅의 종이나 노예가 되는 것은 우리를 하나님의 창조세계의 중심에서 멀어지게 합니다. 하나님께서는 우리가 땅을 돌보고, 자기 자신만이 아닌 땅의 유익을 살피도록 우리를 만드셨습니다. 우리는 땅을 경작하고 땅과 더불어 일하며, 이 노동으로 인해 이마에 땀을 흘리게 될 것임을 이미 알고 있습니다. 하나님께서는 우리에게 목적을 부여하실 뿐만 아니라 노동의 이유, 심지어 힘든 노동의 이유까지도 주십니다. 동산은 결코 작은 책임이 아니며, 우리는 동산에서 여가를 즐기는 주인들이 아니라 종이자 노예가 되어야 합니다. 우리는 현재와 미래까지도 동산에 대한 책임을 다해야 하므로 창조세계를 보존하고 보호해야 합니다.

사명 그리고 산만함 동산과 하나님의 땅, 그리고 하나님의 모든 피조물을 돌보는 것은 목적 그 이상의 것입니다. 그것은 우리의 사명입니다. 창조세계의 종으로 사는 것은 우리를 향한 하나님의 뜻을 실현하고 우리가 처음 창조된 이유에 부응하는 것입니다. 피조물을 돌본다는 것은 세상에서 하나님의 일을 하는 것을 의미합니다. 이것은 취미로 하는 일이 아니며, 우리 자신을 만족시키기 위한 전략도 아닙니다. 하나님께서 우리를 동산으로 보내신 이유는 동산에 경작과 지키는 일이 필요하기 때문이며, 우리는 창조세계를 돌보는 하나님의 도구이기 때문입니다.

이 사명이 매력적이고 우리의 전부가 되어야 할 것처럼 보이지만, 우리는 성향상 산만해지기 쉽습니다. 정원을 돌보다 보면 반드시 열매를 발견하게 되고, 그 열매가 먹기 좋아 보인다고 생각하게 될 것입니다. 그리고 우리는 흥미로운 동물들을 만나 대화를 나누며 시간을 보내게 되고, 하나님께서 주신 이성을 사용하여 사명에 속하지 않은 일을 합리화하거나, 세상에서 하나님의 선교에 집중해야 할 때, 다른 사람들이 시키는 대로 하는 것에 안주해 버리기도 합니다.

심지어 우리의 벌거벗은 모습조차도 산만함의 원인이 될 수 있고, 벌거벗은 모습을 가리기 위한 옷들도 우리를 산만하게 할 수 있음을 우리는 잘 알고 있습니다. 사명을 회피하는 인간적인 변명은 동산에서 시작되었을지 모르지만, 오늘날 우리는 사명에 집중하지 못하게 하는 다양한 변명거리를 경험하게 됩니다. 신앙인들에게는 산만함이 더 빈번하게 문제가 될 수 있습니다. 우리는 잠시 자기 자신에 대해 생각하거나 하나님의 사명보다 다른 사람에게 더 집중하고, 한눈을 팔면 하나님의 사명에서 벗어나 방황하기 시작합니다.

사순절 기간 사명과 산만함에 대한 이야기는 사순절 여정의 출발점입니다. 사순절은 하나님께서 우리에게 목적하신 사명에 집중하지 못하게 하는 것들을 인식하고 참회하는 시간입니다. 사명은 변하지 않았으며, 우리가 걸려 넘어진 후에도 하나님께서는 여전히 우리가 바른길로 돌아오도록 부르십니다. 하나님께서는 매일, 그리고 사순절 때마다 우리를 다시 부르십니다.

시편 32편

1 허물의 사함을 받고 자신의 죄가 가려진 자는 복이 있도다
2 마음에 간사함이 없고 여호와께 정죄를 당하지 아니하는 자는 복이 있
도다
3 내가 입을 열지 아니할 때에 종일 신음하므로 내 뼈가 쇠하였도다
4 주의 손이 주야로 나를 누르시오니 내 진액이 빠져서 여름 가뭄에 마름
같이 되었나이다 (셀라)
5 내가 이르기를 내 허물을 여호와께 자복하리라 하고 주께 내 죄를 아뢰
고 내 죄악을 숨기지 아니하였더니 곧 주께서 내 죄악을 사하셨나이다
(셀라)
6 이로 말미암아 모든 경건한 자는 주를 만날 기회를 얻어서 주께 기도할
지라 진실로 홍수가 범람할지라도 그에게 미치지 못하리이다
7 주는 나의 은신처이오니 환난에서 나를 보호하시고 구원의 노래로 나
를 두르시리이다 (셀라)
8 내가 네 갈 길을 가르쳐 보이고 너를 주목하여 훈계하리로다
9 너희는 무지한 말이나 노새 같이 되지 말지어다 그것들은 재갈과 굴레
로 단속하지 아니하면 너희에게 가까이 가지 아니하리로다
10 악인에게는 많은 슬픔이 있으나 여호와를 신뢰하는 자에게는 인자하
심이 두르리로다
11 너희 의인들아 여호와를 기뻐하며 즐거워할지어다 마음이 정직한 너
희들아 다 즐거이 외칠지어다

신학적 관점

하나님의 죄 사함은 예수님의 사역에서 핵심적인 부분(예. 눅 7:47)이었기 때문에, 초대 교회가 선포했던 중심 주제였습니다(예. 행 10:43). 마르틴 루터가 '믿음으로 말미암는 은혜에 의한 칭의'라는 진리를 발견한 것은 자신의 죄를 용서해 주실 하나님을 찾는 과정에서 비롯되었으며, 실제 그는 이 용서의 은혜를 주로 바울서신, 특히 이 시편(롬 4:6-8)을 인용한 로마서를 읽으며 경험했습니다. 로마가톨릭과 루터교가 1999년에 발표한 '칭의 교리에 관한 공동 선언'은 이 보편적인 기독교의 주제를 기념하고 구체화합니다.

이러한 중요한 점들 외에도, 본문 말씀은 교회로 하여금 우리의 찬양과 기쁨의 노래가 우선 유대인의 관점에서 불려졌다는 사실을 상기시켜 줍니다. 교회가 하나님의 용서에 관한 표현을 창조했던 것은 아니었습니다. 이 시편과 그 위대한 진리들은 교회에서뿐만 아니라 오늘날 회당에서도 불립니다. 이는 명심할 만한 사실입니다. 실제로, 바울은 로마서에서 이 시편을 인용하면서, 수사적인 질문을 하고 있습니다. "그런즉 이 [죄의 용서함을 받는] 복이 할례자에게냐 혹은 무할례자에게도냐?"(롬 4:9) 놀라운 것은 하나님의 백성, 이스라엘이 용서를 받는 대상이 아니라 '이스라엘 나라 밖의 사람'이었던 우리도 예수 그리스도를 통해 용서의 대상에 포함되었다는 사실입니다(엡 2:12-13).

인간의 죄에 대한 하나님의 용서는 우리의 공개적이고 솔직한 고백을 전제로 하지만(5절), 고백 행위조차도 실제로는 하나님의 분명한 현존에 대한 응답입니다. "주의 손이 주야로 나를 누르시오니"(4절). 많은 기독교 전통, 특히 웨슬리안 전통에서의 현존은 '선행 은총'이라는 표현과 동일시됩니다. 이 은혜는 다름 아닌 성령입니다. 따라서 용서의 과정을 시작하는 이는 인간이 아닙니다. 우리가 자비를 갈망하는 마음이 처음으로 드는 그 순간보다도 먼저 하나님의 은혜로운 현존이 임하여(선행), 거룩하신 분을 찾도록 우리를 움직이게 한다는 것입니다.

사실, 아주 공동체적인 유대인의 특성, 그중에서도 회당에서 드러나는 특성은 하나님의 용서하심이 사적인 일이 아니라는 사실을 확고히 보여주고 있습니다. 오히려 죄인들을 향한 하나님의 자비하심은 이스라엘과 교회가 하나님의 신실한 백성이 되는 것을 가능하게 하는 근본적인 현실입니다. 따라서 주기도문은 전반적으로 유대적 성향이 짙은 기도이며, 우리가 하나님께 "우리가 우리에게 죄 지은 자를 사하여 준 것같이 우리 죄를 사하여 주시옵고"(마 6:12)라 구할 때 특히 그렇습니다. 산상수훈 본문 내에 포함되어 있는 이 마태복음의 가르침에서 하나님의 용서하심과 인간의 용서가 얽혀 있는 기도의 독특한 측면에 대해 예수님은 바로 추가적인 설명을 해 주고 계십니다. "너희가 사람의 잘못을 용서하면 너희 하늘 아버지께서도 너희 잘못을 용서하시려니와 너희가 사람의 잘못을 용서하지 아니하면 너희 아버지께서도 너희 잘못을 용서하지 아니하시리라"(6:14-15). 이는 죄의 용서에서 주도적인 것은 하나님의 은총임을 가르쳐 주고 있으며, 이 은총이 하나님의 백성들로 이루어진 공동체 내에서 반드시 공유되고 확장되며, 반영되어야 함을 강조합니다. 이는 디트리히 본회퍼가 우리에게 상기시켜 주었던 것처럼, 결코 값싼 은총이 아닙니다.

하나님의 용서에 관한 문제와 관련하여 유대교와 기독교가 공유하는 이 모든 공통점에도 불구하고, 복음서 자체에서 중요한 차이점을 발견할 수 있습니다. 사역 초기에 예수님은 중풍병자에게 "작은 자야 네 죄 사함을 받았느니라"(막 2:5)라고 권위 있게 말씀하십니다. 이를 옆에서 지켜보던 일부 서기관들의 반응은 다음과 같았습니다. "이 사람이 어찌 이렇게 말하는가 신성모독이로다 오직 하나님 한 분 외에는 누가 능히 죄를 사하겠느냐"(2:7). 예수님께서 그 사람을 고치신 것은 '인자가 땅에서 죄를 사하는 권세가 있다는 표징'(2:10)이었고, 그 결과 구경꾼들은 '다 놀라 하나님께 영광을 돌렸습니다'(2:12). 그러므로 우리의 죄에 대한 하나님의 용서하심은 하나님의 영광으로 귀결됩니다.

또한 하나님께서는 이 권세를 인자와 나누셨고(마 28:18), 인자는 그 권세를 그의 공동체인 에클레시아(ekklsia, 마 16:18-19)에 부여했습니다. 하나님만이 죄를 용서하실 수 있다는 것이 사실이라면, 반대편에서 보면 하나님께서 무엇인가를 홀로 하시고자 한다는 증거는 거의 없습니다. 하나님의 용서하심은 하나님의 자비에 근거를 두고 있으며, 공동체 전체에서 용서의 실천이 규범이 되는 집단인, 공동체의 가능성과 이에 대한 언약을 제시합니다. 교회는 예수 그리스도의 기초 위에 세워진 바로 그 공동체입니다(참조. 고전 3:11, 엡 2:19-22).

그러나 한 가지 의문이 남습니다. 만일 시편 32편이 "내 허물을 여호와께 자복하리라"라고 고백하는 자들(5절)을 용서하시는 하나님을 기뻐하는 것이라면, 예수 그리스도께서 오시기 훨씬 전에 그분과 무관하게 기록된 이 시편에서 예수님은 하나님께서 용서하시는 과정에서 실제 어떤 역할을 하시는 것일까요? 바울 연구자들은 점차 예수 그리스도를 믿음으로 하나님께 죄사함을 받는다는 루터-아우구스티누스적 개념에서 벗어나, 이방인을 위한 사도라는 바울의 자기이해를 기억해야 함을 제안하고 있습니다.* 십자가에 못 박히시고 부활하신 그리스도가 되시는 예수님을 선포함으로써, 하나님의 자비는 이스라엘에서 열방들로 확대되었습니다. 따라서 바울은 이방인이 점점 늘어나는 당대 교회와 관련하여 이스라엘 민족의 문제와 오랫동안 고통스러운 씨름을 한 후(롬 9-11장), "그리스도께서 하나님의 진실하심을 위하여 할례의 추종자가 되셨으니 이는 조상들에게 주신 약속들을 견고하게 하시고 이방인들도 그 긍휼하심으로 말미암아 하나님께 영광을 돌리게 하려 하심이라"(15:8-9)는 결론을 내립니다.

이 바울의 주장에는 예수 그리스도의 이중적인 목적이 분명히 내포되어 있습니다. 하나님께서 이방인들 사이에서 이루신 목적은 바로 우리가 하나님의 자비하심을 경험하게 하기 위함이며, 이 하나님의 자비하심은 시편 32편에 따르면 유대 전통에서 이미 경험되어 알려진 것입니다.

* 이와 관련하여 고전적이고 영향력 있는 논문인 다음을 참고하라. Krister Stendahl, "Paul and the Introspective Conscience of the West," in *Paul among Jews and Gentiles* (Philadelphia: Fortress Press, 1976).

목회적 관점

사순절은 일반적으로 회개를 위해 따로 정해진 절기입니다. 재의 수요일에 그리스도인들은 자기 성찰, 회개, 기도, 금식, 그리고 자기 부인의 기간을 보내도록 요청받습니다. 그리고 이 40일 동안 우리의 죄, 즉 하나님과 다른 이들로부터 스스로를 분리시키는 삶의 방식을 성찰하도록 부름받습니다. 따라서 사순절은 교회력 중에서도 엄숙하고 진지한 시간으로 여기게 됩니다.

사순절 첫 주일의 본문으로 시편 32편이 지정되었다는 점은 이 절기에 엄숙함 이상의 의미를 지니고 있음을 암시합니다. NRSV에서 이 시편의 제목을 "죄사함의 기쁨"이라고 붙인 것을 보면 알 수 있습니다. 시편 기자는 자신의 죄를 하나님께 고백했던 경험을 '전과 후'의 그림으로 제시하고 있습니다. 그는 "내가 입을 열지 아니할 때에 종일 신음하므로 내 뼈가 쇠하였도다 주의 손이 주야로 나를 누르시오니 내 진액이 빠져서 여름 가뭄에 마름같이 되었나이다"라고 한탄하고 있습니다(3-4절). 그런 다음, 그는 하나님께 자신의 죄를 고백합니다. "내가 이르기를 내 허물을 여호와께 자복하리라"(5절). 그렇게 함으로 그는 하나님의 용서하심을 알게 되고, 안도감과 기쁨을 경험하게 됩니다. "허물의 사함을 받고 자신의 죄가 가려진 자는 복이 있도다 마음에 간사함이 없고 여호와께 정죄를 당하지 아니하는 자는 복이 있도다"(1-2절).

이 시편이 특별히 사순절을 시작하고 있는 우리 그리스도인들에게 시사하는 바가 무엇일까요? 시편 32편은 죄의 파급력뿐만 아니라 기쁨의 약속 또한 강조하고 있습니다. 이 시편은 앞으로 40일 간의 여정을 설명합니다. 우리는 죄를 인정하고, 이를 하나님께 고백하며, 하나님의 용서를 받고, 마침내 그 새로운 삶에서 오는 기쁨과 안도를 경험하도록 부름 받았습니다. 이 각각의 단계를 더 깊이 살펴볼 필요가 있습니다.

시편 32편을 자세히 살펴보면 죄를 인정하고, 고백할 때 가장 큰 영향을 받는 사람이 누구인가라는 흥미로운 질문이 제기됩니다. 시편 기자는 자신의 죄를 인정한 후에야 하나님의 용서하심을 경험합니다. 아마도 하나님께서는 우리가 죄를 고백하기 전에 우리의 죄를 알고 계실 것입니다. 예수님은 "너희에게는 심지어 머리털까지도 다 세신 바 되었나니"(눅 12:7)라고 말씀하시며 하나님께서 우리를 친밀하게 알고 계신다고 말씀하셨습니다. 시편 기자에 따르면 우리가 고백하는 목적은 대부분 우리 자신을 위한 것입니다.

우리가 하나님께 죄를 고백하지 못하는 이유는 많은 경우 우리 스스로 죄를 인정하지 못하기 때문입니다. 이러한 부정은 수치심, 반항심 또는 단순한 구심함에 뿌리를 두고 있습니다. 사순절 기간에 행하는 자기 성찰을 통해 우리는 하나님과 우리 자신에게 '정결하게' 나아갈 수 있습니다. C. S. 루이스가 말한 것처럼 "죄책감을 인정하지 않는 사람은 용서를 받을 수 없습니다."* 다시 말해, 하나님의 용서하심은 우리의 고백에 달려 있는 것은 아니지만, 우리가 하나님의 용서를 경험하는 것은 우리의 고백에 달려 있습니다.

* C. S. Lewis, *The Problem of Pain* (New York: Macmillan, 1962), 122.

시편 기자는 자신의 죄를 하나님께 인정받는 실제 과정에 대해서는 아무 말도 하지 않습니다. 단순히 '자백'하기로 결정한 다음 모든 것이 잘 되었다는 듯한 인상을 받게 됩니다. 실제로 우리가 하나님을 온 마음으로 사랑하지 않았고, 이웃을 내 몸처럼 사랑하지 않았던 삶의 방식을 인정하는 과정은 매우 어려울 수 있습니다. 그것은 우리가 무시하고 싶었던 우리 자신에 대한 부분을 인정하는 것을 의미합니다. 때로는 자존심을 내려놓고 다른 사람의 용서를 구하고, 경우에 따라서는 공동체의 용서를 구하는 어려운 일 또한 포함됩니다. 기독교 작가인 앤 라모트(Anne Lamott)는 "신학자들은 은혜란 공짜로 주어지는 것이라고 주장하지만, 사실 은혜를 위해 엄청난 대가를 지불하기도 한다."라고 말합니다.*

시편 기자는 자신의 고백 과정을 묘사하지는 않지만, 하나님의 용서를 받은 자신의 경험에 대한 통찰력을 우리에게 제공합니다. 하나님 앞에서 자신의 죄를 인정하는 것은 시편 기자에게 큰 안도감을 가져다줍니다. 그리스도인인 우리에게도 마찬가지입니다. 우리의 죄를 하나님과 공유할 때 시작되는 '완전한 공개'의 과정은 죄의 주도권을 우리로부터 떼어내게 하는 효력을 발휘합니다. 하나님께 우리의 죄를 내어놓을 때, 우리는 그분께 용서받게 되고, 죄의 짐에서 해방됩니다.

또한 시편 32편에 따르면 하나님의 용서하심을 깨달음으로 인하여 우리는 기쁨과 안도감을 느끼게 됩니다. 사순절의 이러한 측면은 종종 간과되곤 합니다. 사순절 기간 동안 자기 성찰과 회개의 과정에 집중하다 보면 그 과정의 결과, 즉 우리를 모든 죄에서 해방시켜 주시는 하나님의 용서와 은혜를 아는 기쁨을 놓칠 수 있습니다.

저는 시편 32편과 같이, 사순절의 복음이라 할 수 있는 기쁨의 메시지를 담은 사순절 찬송가를 발견했습니다. 이 찬송은 1982년 성공회 찬송가 안에 수록되어 있으며 평생 들어온 사순절 찬송가들 사이에 묻혀 있었습니다. 저도 연주자도 이 찬송을 들어본 적이 없습니다. 사순절을 주제로 찬송가들의 가사와 곡조는 대부분 느리고 침울합니다. 그러나 이 찬송가의 곡조는 프랑스 캐롤이며, 경쾌하게 들립니다. 한 절을 인용하면 다음과 같습니다.

> 베옷을 입고 재를 뒤집어쓰고 머리를 숙이거나
> 영혼을 내려놓는 그런 슬픔은 사순절의 목적이 아닙니다.
> 하나님의 영광이 빛나는 곳으로, 그분의 아름다움이 가까이 임하는 곳으로 이끌려 나아가는 것입니다.
> 진리와 빛이 나타나는 그곳이 어디인지 분명히 밝혀 주시길.

자기 성찰과 회개의 계절을 시작하면서, 하나님께서 "진리와 빛이 어디에서 나타나는지 분명히 밝혀 주시기를" 기도합니다. 우리가 하나님과 다른 이들로부터 멀어지게 만드는 삶의 방식을 깨닫고 이를 고백할 때, 우리는 오직 하나님으로부터만 오는 용서의 기쁨을 깨닫게 될 것입니다. 그러면 우리는 시편 기자의

* Anne Lamott, *Plan B: Further Thoughts on Faith* (New York: Penguin Group, 2005), 81.

노래와 같은 경험을 하게 될 것입니다. "여호와를 기뻐하며 즐거워할지어다 … 다 즐거이 외칠지어다"(11절).

주석적 관점

그리스도교 전통의 일곱 참회 시편(시 6, 38, 51, 102, 130, 143편) 중 하나인 시편 32편은 실제로는 죄의 용서와 영적 갱신을 기뻐하는 개인 감사 시편입니다. 이 복잡한 시편은 복(1-2절)과 격언(9-10절) 등을 포함한 지혜 전통의 성격을 드러내고 있습니다. 3~7절은 기도를 통해 하나님께 간구하는 내용이며, 8~9절은 지혜 교사의 교훈적인 가르침 혹은 선한 판단을 권고하는 신탁의 말씀입니다.

일부 주석가들은 인정하지 않는 죄가 육체적 질병을 초래하고, 의는 건강을 가져온다는 것이 시편 32편의 가르침이라고 주장합니다. 이 시편은 질병을 암시하고 있기는 하지만(3-4절), 죄로 인한 영적인 곤고함과 회개를 통해 얻게 되는 안도감에 중점을 두고 있습니다. 고르지 않은 운율, 해석의 문제, 일반적이지 않은 어휘는 이 시편을 주석하는 것을 어렵게 만듭니다. 어쨌든 시편 32편은 하나님의 용서와 은혜에 대한 감사를 효과적으로 표현하는 시라 할 수 있습니다.

시편의 제목(본문에 포함되지는 않음)은 이 시편이 다윗이 지은 마스길(maskil)임을 나타냅니다. 학자들은 이러한 음악 형식이나 4, 5, 7절(9절은 아님) 뒤에 나오는 셀라(selah)라는 단어의 기능에 대해 명확하게 이해하지 못합니다. 시편의 저작 시기는 포로기 이후일 가능성이 높습니다.

이 시편은 하나님의 용서하심을 입은 자의 행복에 대한 선포로 시작됩니다. "죄를 용서받고 죄가 덮인 자는 복이 있도다"(역자주). 이 시편은 1~2절과 5절에서 죄를 가리키는 포괄적인 어휘인 '허물'(peša')과 '정죄, 죄악'('awon) 등을 사용하고 있고, 이 어휘들과 함께 고백(yd'와 ydh의 히필형) 및 용서(nś', ksh, l' ḥšb) 등의 의미를 갖는 동사들을 사용합니다. 1~2절에는 허물의 사함을 받은 자(1절), 정죄하지 않으시는 주님(2절), 그리고 '마음에 간사함이 없는 자'(remiyyah)(2절)로 연결되는 수사학적 흐름이 있습니다. 1~2절에서 나타나는 수동태 구문은 죄를 용서하시는 하나님의 주도권을 강조합니다. 실제로 본문 말씀은 의란 인간의 죄가 적어짐을 통해서가 아니라, 하나님의 용서하심을 통해 성취됨을 나타내고 있습니다. 로마서 4:7~8은 본문의 1~2절을 인용하여 행위와 동떨어진 의에 대한 논증을 전개합니다. 따라서 루터는 시편 32편을 하나님의 은총과 관련하여 '바울스러운' 시편 중 하나로 규정했습니다(시 51, 130, 143편도 마찬가지입니다).

인간의 도덕성을 보다 긍정적으로 서술하고 있는 부분은 시편의 결론부(11절)에서 찾아볼 수 있는데, 여기에서는 '경건한 자'(ḥsyd, 6절), '여호와를 신뢰하는 자'(hbwḥ byhwh, 10절), '의인들'(ṣdyqym)과 '마음이 정직한 자'(kl-yšry-lb) 등을 언급하고 있습니다.

3~4절은 주님의 '손'으로 인한 고난에 대한 탄식으로 구성되어 있습니다. NRSV는 3a절을 "내 몸이 쇠약해졌나이다"라고 번역하지만, 문자 그대로 번역하면 "내 뼈가 닳았나이다"입니다. 영혼의 고통에 대한 은유로서 표현되는 뼈의 통증은 시편 6:2, 38:3, 51:8에서 볼 수 있습니다. 4절의 주님의 '손'은 시편 38:2과 메

소포타미아의 자료에서처럼 몸의 질병을 가리키는 것일 수 있습니다. 메소포타미아 자료에서 신의 억압적인 '손'은 전염병이나 질병을 가리킵니다.

그러나 시편 32편에서 하나님의 '손'은 우선적으로 인정하지 않은 죄의 심리적, 영적인 영향을 가리키는 것일 수 있습니다(참조. 시 39:10). 이와 대조적으로, 시편 38편에서는 육체적 질병 및 고통에 대한 자세한 묘사와 함께, 몸의 치유를 위한 분명한 간구가 나타나고 있습니다. 3절의 '신음'(šaʾagâ) 또는 '고뇌하는 포효'(NJPS) 등을 의미하는 어근은 시편 22:1과 38:8, 욥기 3:24에도 등장합니다.

4b절의 의미는 불분명하지만, 대부분의 번역은 여름의 더위로 말라가는 상태와 같이 활력이나 힘을 잃는 것을 의미한다고 보고 있습니다. 여기서 가장 중요한 것은 이 고통의 근본적인 원인은 시편 기자의 침묵(3절) 또는 자신의 죄를 고백하기를 거부했기 때문이라는 점입니다.

시편 기자는 5절에서 '내 허물을 여호와께 자복하리라', '주께 내 죄를 아뢰고', '내 죄악을 숨기지 아니하였더니' 등과 같은 진실되고 반복적인 고백을 합니다. 참회자는 회개뿐만 아니라 하나님의 자비가 필요함을 말하고 있습니다. 시편 기자는 더 이상 자신의 죄를 '숨기려' 하지 않습니다(5절). 하지만 하나님께서 죄를 '가리셨을' 때 안도감을 얻게 되었습니다(1절). 잠언 28:13 역시 다음과 같이 고백의 중요성을 확실히 하고 있습니다. "자기의 죄를 숨기는 자는 형통하지 못하나 죄를 자복하고 버리는 자는 불쌍히 여김을 받으리라"

6~7절은 구하는 자에게 하나님의 도우심을 확증해 주고 있습니다. 고통의 시작은 시적으로 '많은 물이 밀려옴'(시 18:16; 69:15; 사 8:7; 17:12-13 참조)으로 묘사되는데, 하나님께서는 신실한 사람들을 '피난처' 또는 '은신처'가 되셔서 이 많은 물로부터 보호하십니다(참조. 시 27:5; 31:20; 61:4; 91:1). 이 기도는 "구원의 노래로 나를 두르시리이다"라는 말로 마무리되는데, 이 어휘는 오늘 시편의 마지막 부분에도 나타납니다(10-11절).

8~9절에서 화자는 각 청중들에게 지혜로운 격언의 형식, 혹은 신탁을 인용하는 방식으로 교훈을 전달하고 있습니다. "내가 네 갈 길을 가르쳐 보이고 너를 주목하여 훈계하리로다"(8절). "여호와는 그를 경외하는 자 곧 그의 인자하심을 바라는 자를 살피사"(시 33:18)를 통해 '너를 주목하여'(8절)라는 구절의 화자가 하나님이심을 알 수 있습니다. 8절의 '네 갈 길'에 대한 언급은 다음 구절에서 '재갈과 굴레'가 필요한 말이나 노새의 비유로 잘 이어집니다. 9절의 본문은 어렵기는 하지만, 청자가 육체적인 속박 없이는 지시를 따르지 못하는 무감각한 말이나 고집 센 노새처럼 되어서는 안 된다는 의미는 충분히 전달됩니다. 교훈을 받아들이지 않는 이를 향한 잠언 26:3과 이를 비교해 보시기 바랍니다. "말에게는 채찍이요 나귀에게는 재갈이요 미련한 자의 등에는 막대기니"

지혜 문학 혹은 잠언적 문학 특징이라 할 수 있는 10절의 대조적 평행법을 통해 의인과 악인의 운명을 다음과 같이 대조하고 있습니다. "악인에게는 많은 슬픔이 있으나 여호와를 신뢰하는 자에게는 인자하심(ḥesed)이 두르리로다" 11절은 시편 기자가 선호하는 시적인 대구를 이루는 '의인'과 '마음이 정직한 자'에게 기쁨으로 예배를 드리라고 부르며 시편을 마무리합니다(예. 시 64:10, 94:15, 97:11).

설교적 관점

시편 32편은 기쁨과 감사의 말로 시작합니다. 시편 기자는 용서함을 받은 안도의 마음을 외칩니다. 하나님께서 벌을 내리지 않으시고 모든 죄악에서 자신을 해방시키셨다고 선언합니다. 그 결과 그의 영이 새롭게 되었습니다(1-2절). 분명히 이는 감사하고 축하할 일입니다.

그런데 시편 기자는 3절에서 화제를 전환하여 죄의 지배 아래에서의 억압된 삶을 되돌아봅니다. 이 고통스러운 회상은 이 시편에 참회의 분위기를 부여해 주고 있으며, 이는 사순절 첫째 주일의 분위기와 잘 어울립니다. 실제로, 죄의 능력에 대한 이 묵상 본문 가운데에서 설교자는 설교를 위한 좋은 자료를 여기서 찾을 수 있습니다. 왜냐하면 이러한 구절들은 구속의 기쁨에 앞서 사순절의 긴 여정을 예고하고 있기 때문입니다.

3절과 4절에서 시편 기자는 마침내 자신의 죄를 고백하고 하나님의 용서하심을 구하기까지 겪었던 육체적이고 정서적인 혼란을 고통스럽게 묘사합니다. 그는 끊임없는 죄의 무게와 그 명백한 결과로 인해 자신의 몸에서 "진액이 빠졌다"고 말합니다. 주석서들은 이 구절이 아마도 잘못에 대한 신의 형벌로 여겨졌던 질병을 묘사한 것일 수도 있고, 단순히 육체적 고통의 은유를 사용하여 죄의 내적 고통을 묘사한 것일 수 있다고 주석합니다.*

시편 기자의 의도와는 상관없이 현대인의 귀에는 후자의 설명이 더 와닿습니다. 우리는 더 이상 질병을 죄에 대한 형벌로 이해하지는 않지만, 그럼에도 불구하고 죄는 여전히 우리의 삶을 무력하게 하는 힘으로 남아 있습니다. 이 두 구절은 이런 현실을 극명하게 보여줍니다. 죄는 참으로 우리의 영혼을 갉아먹어 우리의 진정한 자아보다 더 나약하고 기형적인 존재로 만들 수 있습니다. 또한 우리의 정신을 혼란스럽게 하고 마음을 어둡게 만들 수 있으며, 때때로 죄가 신체적 결과를 초래할 수도 있습니다. 이에 대한 분명한 한 가지 예는 몸과 영혼을 병들게 하는 약물 중독이나 알코올 중독 등과 같은 것입니다.

중독의 역학 관계를 살펴보면 우리 삶에서 죄의 힘을 이해하는 데 도움이 될 수 있습니다. 많은 형태의 중독은 본래 건전했던 충동이 시간이 지남에 따라 극단으로 치닫는 것으로 나타납니다. 예를 들어, 돈이나 성공에 대한 중독은 가족을 부양하려는 정직한 욕구에서 시작될 수 있습니다. 권력이나 명예에 대한 중독은 세상을 변화시키기 위해 자신의 은사와 재능을 나누고자 하는 욕구에서 시작될 수 있습니다. 사랑과 친밀감에 대한 자연스러운 갈망은 불건전한 성적 행동이나 부적절한 관계를 지향하는 성향으로 변질될 수 있습니다.

이 모든 중독은 절제와 중용의 부족에서 비롯됩니다. 좋은 것이 너무 많으면 나쁜 것이 되

* C. S. Rodd, "Psalms," in *The Oxford Bible Commentary*, ed. John Barton and John Muddiman (Oxford: Oxford University Press, 2001), 377.

고, 벗어나기 어려운 부정과 정당화의 패턴에 갇힐 위험이 있습니다. 시편 기자가 말하고 있는 것처럼(3절), 침묵을 지키고 그 결과를 감수하며 사는 법을 배우기 십상입니다. 위에서 설명한 것처럼, 이 시편 본문의 3~4절에서 나타나는 이미지는 죄가 중독과 거의 같은 방식, 즉 우리를 노예로 만들려는 방식으로 작동하고 있음을 보여주고 있습니다. 실제로 이는 성경 이야기 전반에 걸쳐 반복됩니다. 이에 대한 전형적인 예는 바울의 로마서에서 찾을 수 있습니다. "내가 행하는 것을 내가 알지 못하노니 곧 내가 원하는 것은 행하지 아니하고 도리어 미워하는 것을 행함이라 … 이제는 그것을 행하는 자가 내가 아니요 내 속에 거하는 죄니라"(롬 7:15, 17).

시편 32편의 죄의 힘에 대한 참혹한 묘사는 설교를 풀어갈 여러 방법을 제시합니다. 설교자는 죄의 본질에 초점을 맞추고 중독성 있는 행동과의 유사점을 탐구할 수 있습니다. 설교자는 이 시편과 바울의 죄 신학 사이에 다리를 놓아 자유 의지, 하나님의 은혜, 고백의 역할에 대한 질문을 제기할 수 있습니다. 또한 아우구스티누스의 글에서 더 많은 예시를 찾아볼 수도 있습니다. 그는 『고백록』 7권과 8권에서 죄의 힘과 회심의 가능성에 대한 비할 데 없는 묵상을 자신의 영적 여정과 연관지어 설명합니다ㄴ. 특히 그는 불건전한 성적 욕망을 극복하고 그리스도 안에서 새로운 삶의 자유를 구하기 위한 고뇌에 찬 몸부림을 묘사합니다.*

또한 설교자는 죄의 속박에서 벗어나는 방법을 탐구함으로 희망과 용기를 줄 수 있습니다. 시편 32편의 후반부에서는 시편 기자가 죄의 손아귀에서 벗어나는 과정을 묘사하면서 독려하고 있습니다. 시편 기자는 자신의 힘과 자원이 한계에 다다른 것처럼 보였으나, 마침내 하나님께 자신의 죄를 고백하고 상처 입은 영혼을 드러내자 하나님께서 용서해 주십니다(4-5절). 그러나 이야기는 여기서 끝나지 않습니다. 이어지는 구절에서 시편 기자는 하나님을 계속해서 의지할 것을 암시합니다. 그는 고난 가운데서 기도의 중요성을 지적하고, 하나님을 고난의 때에 거해야 할 피난처로 묘사합니다(6-7, 10절).

이것은 우리가 결코 죄로부터 완전히 자유로울 수 없으며, 여전히 연약한 순간이 있고, 항상 유혹에 둘러싸여 있으며, 죄를 극복하기 위해 평생의 노력이 필요하다는 점 등을 강조합니다. 마르틴 루터의 말을 빌리면, 우리는 하나님의 은혜로 구원을 받았지만 동시에 여전히 죄의 지배를 받고 있습니다. 그리고 중독의 용어를 사용하자면 우리는 언제나 회복 과정 가운데 있는 죄인입니다. 시편 32편은 이러한 이중적인 현실을 풍부한 언어와 이미지로 묘사합니다. 시편 기자는 용서의 기쁨을 받아들이면서도, 지금까지 자신의 몸과 영혼을 감염시켰던 죄의 힘을 고통스럽게 인식하고 있습니다. 이 정직한 인정은 사순절의 여정, 즉 자기 성찰과 죄의 고백, 궁극적으로는 기쁨의 구원을 향한 여정을 떠날 때 우리를 안내하는 훌륭한 본문이 됩니다.

* Augustine, *Confessions*, trans. Henry Chadwick (Oxford: Oxford University Press, 1991).

사순절 첫째 주일

로마서 5:12~19

12 그러므로 한 사람으로 말미암아 죄가 세상에 들어오고 죄로 말미암아
사망이 들어왔나니 이와 같이 모든 사람이 죄를 지었으므로 사망이 모
든 사람에게 이르렀느니라
13 죄가 율법 있기 전에도 세상에 있었으나 율법이 없었을 때에는 죄를 죄
로 여기지 아니하였느니라
14 그러나 아담으로부터 모세까지 아담의 범죄와 같은 죄를 짓지 아니한
자들까지도 사망이 왕 노릇 하였나니 아담은 오실 자의 모형이라
15 그러나 이 은사는 그 범죄와 같지 아니하니 곧 한 사람의 범죄를 인하
여 많은 사람이 죽었은즉 더욱 하나님의 은혜와 또한 한 사람 예수 그
리스도의 은혜로 말미암은 선물은 많은 사람에게 넘쳤느니라
16 또 이 선물은 범죄한 한 사람으로 말미암은 것과 같지 아니하니 심판은
한 사람으로 말미암아 정죄에 이르렀으나 은사는 많은 범죄로 말미암
아 의롭다 하심에 이름이니라
17 한 사람의 범죄로 말미암아 사망이 그 한 사람을 통하여 왕 노릇 하였
은즉 더욱 은혜와 의의 선물을 넘치게 받는 자들은 한 분 예수 그리스
도를 통하여 생명 안에서 왕 노릇 하리로다
18 그런즉 한 범죄로 많은 사람이 정죄에 이른 것같이 한 의로운 행위로
말미암아 많은 사람이 의롭다 하심을 받아 생명에 이르렀느니라
19 한 사람이 순종하지 아니함으로 많은 사람이 죄인 된 것같이 한 사람이
순종하심으로 많은 사람이 의인이 되리라

신학적 관점

로마서 5장 후반부에서 바울은 죄와 죽음의 심각성과 그리스도 안에서 더욱 풍성해진 하나님의 은혜에 대한 묵상을 힘 있게 제시하고 있습니다.

죄와 죽음의 나라 바울은 그리스도의 은혜와 능력을 전하기 위해 인간이 처해 있는 딜레마의 본성과 범위를 파악하고자 합니다. 인간은 우리가 예상하는 것보다 더 깊고 넓은 방식으로 죄와 죽음에 사로잡혀 있습니다.

"모든 사람이 죄를 범하였으매 하나님의 영광에 이르지 못하더니"(3:23, 5:12에서 다시 언급)라는 전제를 확립한 이후, 이제 바울은 죄의 전체 범위와 영향에 대해 설명하고자 합니다. 그의 요점은 죄가 우리의 첫 번째 부모인 아담을 통해 들어와 어떤 식으로든 온 인류에게 전달되었고(12절), 아담의 불순종의 결과로 우리 모두가 '죄인이 되었다'는 것입니다(19절). 즉, 죄는 아담의 첫 번째 죄의 결과이고, 각 사람은 죄를 다시 새롭게 저지르게 됩니다. 동시에 우리 모두는 죄의 원인이 되고, 죄로 고통을 받고 있다는 것입니다. 이것은 아우구스티누스가 '원죄'라 합리적으로 명명했던 죄, 즉 우리 존재의 근원에 자리 잡고 우리 모두에게 영향을 미치는 죄에 대한 바울의 핵심 개념입니다. 다시 말해, 죄의 문제는 우리 자신과 우리 주변 환경보다 훨씬 더 큰 문제입니다. 이는 낙관주의를 위협할지 모르지만, 좀 더 깊은 곳에는 우리 죄의 범위에 대한 깨달음을 통해 얻을 수 있는 냉정한 위로가 있습니다.

죄가 인간의 본성이고, 그렇기 때문에 피할 수 없는 것이라면, 죄는 또한 우리가 생각하는 것보다 더 깊고 교활합니다. 하나님과 이웃, 그리고 우리 자신을 배반함으로 우리는 세상의 모든 선한 것을 파멸에 이르게 합니다. 죄의 결과는 완전한 의미에서 죽음입니다. 죄와 죽음은 단순히 인간의 삶을 성가시게 하는 것이나 특별한 결함 정도가 아니라, 인간 사회를 파국으로 몰아넣는 우리의 실존에 중심적인, 궁극적으로는 파괴적인 문제입니다. 죄는 그 자체로 피조물이나 생명의 형태가 아니며, 하나님께서 만드신 것도 아닙니다. 죄는 하나님과 우리 자신의 안녕을 거스르려는 우리 의지의 방향성이며, 따라서 우리 마음속에 남아 있습니다.

이러한 이유로 많은 신학자는 죄를 악에 관한 고전적인 교리의 용어로 이해하였는데 그것이 바로 선의 결핍입니다. 이 신학자들 가운데 가장 주목할 만한 예는 마니교도들과 논쟁했던 아우구스티누스입니다. 유명한 속담(실수는 인간의 일이고, 용서는 신의 일이다)과 달리, 죄를 짓는 다는 것은 인간이 된다는 것이 '아닙니다.' 왜냐하면 죄는 하나님 창조의 선하심에 반하는 것이며, 죄의 결과인 죽음은 최후의 원수이기 때문입니다(고전 15:26). 죄는 하나님이나 창조세계 내에 존재하는 어떤 결함의 결과가 아닙니다. 그보다 우리가 알고 있는 존재가 부자연스러운 방식으로 훼손된 것입니다. 죄는 하나님께서 우리에게 의도하신 바가 아니며, 최악으로 치닫은 우리 자아와 인간 사회의 모습을 나타냅니다. 죄는 비인간화이며 반생명적인 것입니다.

이 모든 이유로 죄와 죽음은 우리를 지배하고, 폭압적인 독재자처럼 우리를 지배하고 통제하며(3:9, 5:13-14, 17, 21, 6:12, 14), 우리를 그 힘 아래에 있는 노예로 만듭니다(6:16-17). 그러나 바울이 이렇게 실제적인 표현 방식으로 묘사한 죄의 지배는 피조물, 즉 현존하는 존재의 지배가 아니라 하나님과 창조 세계를 대적하는 존재의 지배입니다(항상 죄는 기생적인 존재입니다). 죄의 지배는 결국 거룩하신 하나님 앞에서 우리를 정죄하게 합니다. 이러한 결과는 비극적이기는 하지만 하나님의 선하심과 인간의 악함을 고려해 보면 전혀 놀랍지 않습니다.

로마서 5:12~19에서 바울은 그리스도께서 단지 우리 삶을 약간 더 좋게 하기 위해서, 혹은 부족한 부분을 채우기 위해서 죽으셨다가 다시 살아나신 것이 아니라는 점을 우리에게 각인시키고자 합니다. 그분은 우리 존재의 핵심에 자리 잡고 있는 우리의 모든 생각과 말, 그리고 행동에 영향을 미치고 있으며, 인간 사회 전체를 타락시키는 치명적인 질병으로부터 우리를 구원하기 위해 죽으셨습니다. 죄에 대한 진리는 하나님 앞에서 우리의 진짜 모습을 조명하고, 결과적으로 하나님께서 그리스도 안에서 우리에게 베푸시는 자비와 사랑, 용서의 깊이를 드러내기 때문에 복음의 핵심적인 부분이라 할 수 있습니다. 여기서 제시되는 바울의 메시지는 예수님이 바리새인들에게 자신이 의인을 구원하러 온 것이라 말씀하시는 부분과 유사합니다(마 9:12-13). 혹은 동방 교회에서 널리 알려진 '예수 기도'와 닮아 있습니다. "주 예수 그리스도여, 하나님의 아들이시여, 죄인인 저에게 자비를 베푸소서."

은혜의 나라 죄와 죽음에 대한 바울의 깊이 있는 분석은 십자가에 못 박히시고 부활하신 그리스도의 복음을 완성하는 데 도움이 됩니다. 우리의 죄와 죽음이 '한 사람' 아담에게서 결정적인 기원을 두고 있는 것과 마찬가지로, 우리의 생명과 구원도 오직 '한 사람' 그리스도에게만 뿌리를 두고 있습니다(15절). 이것이 본문을 구조적으로 구성하고 있는 개념입니다(12, 21절). 따라서 아담은 유사하기도 하고, 대비되기도 하는 그리스도의 '유형'입니다. 바울은 인간 상태의 심각성을 인식하도록 촉구하는 한편, 그리스도의 능력과 구원의 은혜가 죄와 사망의 분리와 멸망을 넘어선다는 사실을 우리에게 각인시키는 데 더욱 관심을 기울이고 있습니다. 죄와 사망이 타락한 피조물을 지배하는 반면, 그리스도 안에 있는 사람들은 의의 삶을 통해 은혜의 지배 아래 살아갑니다(21절, 참조. 6:22). 어느 쪽이든 우리는 우리보다 더 큰 힘의 지배를 받고 있습니다(참조. 6:16-22). 우리는 죄를 섬길 것인지, 아니면 우리를 생명과 기쁨으로 자유롭게 해 주신 그리스도를 섬길 것인지 선택해야 합니다. 죽음은 우리 죄의 마땅한 결과이지만, 의와 영생은 그리스도를 통해 우리에게 주신 하나님의 과분한 선물입니다.

우리의 죄는 깊고, 피할 수 없으며, 파괴적이지만 그리스도의 은혜는 죄와 사망의 힘을 훨씬 능가합니다. 하나님께서는 우리의 편에 서셔서 죄와 죽음에 맞서고 계십니다. 그리스도 예수 안에 있는 하나님의 풍성한 은혜와 사랑에서 우리를 끊을 수 있는 것은 아무것도 없습니다(5:17, 20, 8:38-39).

목회적 관점

본문을 고찰할 때 먼저 주목해 봐야 할 두 가지 어려움이 있습니다. 첫째, 이 본문은 3:21에서 시작되는 더 긴 논증의 일부로서, 예수 그리스도의 복음 드라마에서 이루어지고 제시된 하나님의 구원의 의로움에 대한 바울의 설명입니다. 5장은 1절, 12절, 18절에 나오는 세 개의 '그러므로'를 중심으로 구성되어 있습니다. 이 세 개의 본문 단위에서는 모두 바울의 주요 요점이 '그러나'라는 단어로 제시되는 소위 대조 논증의 방식을 활용하고 있습니다. 이러한 대조 논증은 11절, 15절, 20b절에 나타납니다. 오늘 본문에는 그중 두 번째와 세 번째 대조 논증이 포함되어 있습니다. 여기서 주지해야 할 점은 이 본문 단위들의 마지막 부분에서 사도의 주된 주장을 담고 있는 구절이 오늘 성서정과의 마지막 절 다음인 20b절이라는 사실입니다. "그러나 죄가 더한 곳에 은혜가 더욱 넘쳤나니"

둘째로, 이러한 틀을 염두에 두는 것이 특히 중요한 이유는 아담과 그리스도(또는 바르트가 우리에게 가르친 대로, 그리스도와 아담)에 초점을 두고 있다는 점 때문입니다. 특별히 창세기를 어떻게 읽을지에 대한 논의로 새어 버리거나, 타락의 교리와 역사의 미묘한 의미에 빠져 길을 잃지 않는 것이 중요합니다. 분명히 바울은 이에 대한 이해를 바탕으로 작업하고 있으며 이를 활용하고 있기는 하지만, 이것은 그가 전하고자 하는 또 다른 요점의 배경일 뿐 근본적인 가정은 아닙니다.

이러한 본문의 맥락을 인식한 다음에 우리는 이 장의 핵심이자, 3:21~31에서 선포되기 시작하여 흐르는 목회적으로 풍부하고 영적으로 놀라운 주장을 살펴볼 수 있습니다. 이는 예수 그리스도 안에서 오직 믿음으로 주어지고 채워질 수 있는 구원을 이루는 '하나님의 의'입니다. 5:1~11에서 바울은 하나님의 권위 있고 주권적인 사랑에 초점을 맞춥니다. 오늘 본문에서 사랑은 우리 각자에게 주어진 인간됨과 동일시되고, 인간됨을 위한 책임을 지는 행위로 규정되고 있습니다.

몇 년 전, 이틀 동안 엄청난 눈보라에 휘말려 공항에서 발이 묶인 적이 있습니다. 항공편이 취소되었을 뿐만 아니라, 근처 호텔로 피신하기 위해 터미널을 벗어날 수도 없었습니다. 공항은 폐쇄되고, 항공편이 하나씩 취소되는 것을 모니터로 지켜보았습니다. 우리의 어려움이 심화되면서 좌절감도 커졌습니다. 사람들은 공항 안에서 이리저리 떠돌아다니면서, 경우에 따라 식당과 카페를 들락날락했습니다. 늦은 오후가 되자 금세 저녁때가 되어 어두워졌고, 밖에서 불어오는 바람 소리는 더욱 거세어, 실내에서도 잘 들릴 정도였습니다.

그런데 갑자기 주 통로의 문이 활짝 열리면서 흰 헬멧과 적십자 마크를 착용한 몇몇 사람들이 들어왔습니다. 곧이어 침대와 담요를 들고 온 다른 사람들도 뒤따라 들어왔습니다. 통로 아래쪽에서 거대한 적십자 로고와 '구호소'라는 문구가 적힌 큰 배너를 펼칩니다. 인상 깊었던 것은 그들이 제공하러 온 자원뿐만 아니라, 우리에게 와서, 우리와 함께하며 우리의 어려움을 덜어주기 위해 기울인 노력이었습니다.

공감과 동정을 넘어, 다른 사람들의 삶에 대해 개인적으로 책임을 지는 행위로 나타나는 '동화'의 단계가 있습니다. 어떤 면에서는 인간적인 수준에서도 이것이 너무 좋아서 믿기 어려울 정도로 놀랍다는 느낌을 받게 됩니다. 이러한 동화는 믿기 어려울 만큼 강력하게 번져 나갑니다. 저는 이 낯선 사람들과 이리저리 떠돌던 사람들이 '십자가'로 향해 갈 때, 서로의 어려움을 더 존중할 수 있게 되었다고 생각합니다. 각자가 받은 선물은 곧 공동체의 선물이 되었습니다.

영어 단어 'ecstasy'(황홀경)와 'ecstatic'(황홀한)은 '자기 자신 밖에 있음' 정도의 의미를 갖는 그리스어 단어에서 유래했습니다. 황홀경의 경험은 우리가 우리 자신 밖으로 이끌려 나가는 경험을 가리키는 것이지, 정신이 나가는 것을 의미하지 않습니다. 우리는 이 용어를 매우 감정적인 경험으로 한정하려 하지만, 황홀경은 실제 우리가 자신을 초월하고 넘어서는 모든 순간, 특히 교환과 동화의 행위를 통해 다른 사람들의 삶과 한 데 묶이게 되는 순간을 의미합니다.

"그러나 이 은사는 그 범죄와 같지 아니하니"(5:15). 우리는 집단적인 죄책감이나 집단적인 정체성을 그려볼 수도, 그렇지 못할 수도 있습니다. 하지만 우리는 방황과 방종, 도덕적 나태함이나 경직성과 같은 우리의 성향을 인지하고 있습니다. 우리는 이러한 특성을 다른 사람들에게서 발견하고, 그들을 비난할 수 있다는 것도 알고 있습니다. 이것 자체가 집단적인 재앙을 초래합니다.

이와는 달리, 예수 그리스도는 이러한 인간 이야기의 한복판에서, 그리고 그 일부로서 자신의 삶을 살아갑니다. 그분은 우리와 완전히 동화되어 우리가 참된 자아를 그분 안에서 식별할 수 있게 합니다. '아담'에 선행하며 그 토대가 되는 것은 바로 이 주권적인 하나님의 사랑을 그리스도께서 실행하시는 것입니다. 이 하나님의 사랑은 우리에게 '구호소'가 되어 줍니다. 8절에서 강조하는 바를 주목해 보시기 바랍니다. "우리가 아직 죄인되었을 때에 그리스도께서 우리를 위하여 죽으심으로 하나님께서 우리에 대한 자기의 사랑을 확증하셨느니라"

또한 갈라디아서 2:20에서 바울이 자신의 고백을 기록할 때, 드러나는 그의 개인적인 어조를 주목하십시오. "이제 내가 육체 가운데 사는 것은 '나를' 사랑하사 '나를' 위하여 자기 자신을 버리신 하나님의 아들을 믿는 믿음 안에서 사는 것이라"

거저 주어지는 이 선물은 죄성과 관련된 것이 아닙니다. 이 선물의 목표는 우주적인 무죄 판결을 통해 우리를 7절의 '의인' 혹은 '선인'의 상태로 되돌리는 것이 아닙니다. 그것은 우리를 창조하셨던 사랑과 그리스도를 통해 우리에게 임하는 사랑만큼이나 관대한 삶으로 우리를 회복시키는 것입니다. 그것은 현재 우리가 거주하고 있는 경계와 벽을 넘어서게 합니다. 우리가 구원받아, 그리스도 안에서 하나님의 생명과 다시 연결되기 전까지는 '아담'이라고 하는 우리의 공통된 존재의 놀랍고 두려운 차원을 명확하게 이해할 수 없습니다. 하나님의 의도는 우리를 개별적인 죄로부터 구원하는 것 이상의 것입니다. 하나님의 용서하심은 우리가 올바르게 행동하도록 하는 것 이상의 의미를 지닙니다. 그것은 우리를 "한 분 예수 그리스도를 통하여 생명 안에서 왕 노릇 하는"(17b절) '황홀한' 삶으로 인도하기 위한 것입니다.

주석적 관점

바울은 모든 인류, 심지어 모세의 율법을 가진 하나님의 백성조차도 죄에 갇혀 있다고 주장했습니다(롬 3:20, 23). 그리스도의 죽으심은 죄 많은 인류를 창조주와 화해시켰습니다(롬 3:24-26, 5:8-11). 죄인들을 위해 죽으심으로, 그리스도는 한 생명을 구하기 위해 다른 생명을 희생시키는 고귀한 자기희생의 본을 초월하셨습니다. 당시에는 소중한 친구, 자녀나 배우자, 혹은 이 사회에 필요한 사람 등과 같이 자격이 있는 사람만 이러한 선물을 받을 수 있다고 여겨졌습니다(5:7).

이러한 관점에서 보면, 죄인들이 살아 있는 동안 선한 사람이 죽는 것은 무의미해 보입니다. 하지만 그리스도의 이야기는 자신의 백성을 위해 죽는 인간 순교자의 이야기가 아닙니다. 이 이야기는 인류의 사회, 윤리, 그리고 종교적인 발전에 있어 결정적인 행위에 관한 것입니다.

이 점을 설명하기 위해 바울은 창세기 2~3장에 나오는 아담이라는 인물로 주제를 전환합니다. 그리스도께서는 아담이 저지른 죄의 결과를 되돌리실 것입니다(롬 5:12-21). 오늘의 성서정과는 마지막 두 구절(20-21절)을 생략하고 있는데, 이 구절은 율법과 은혜의 관계에 대한 설명입니다. 이 내용은 그리스도의 사건을 율법을 통해 인간에게 부과된 죄에 대한 하나님의 응답으로 제시하고 있기 때문에 앞 부분과 한 데 묶일 수 있습니다(참조. 13-14절 및 20-21절). 이 마지막 구절을 생략하면 신학적인 단절이 발생하는데, 곧 이 이야기는 죄 많은 인류가 의롭게 선언된 채로 끝나게 됩니다. 오랜 죄악의 역사가 취소된 것입니다. 그러나 이것이 구원 이야기의 끝이 아닙니다. 교향곡에는 또 다른 악장이 있는데, 곧 '예수 그리스도로 말미암는 영생'입니다(21절).

첫 번째 부분(12-14절)은 아담에 의해 시작된 죄와 죽음의 권세를 설명합니다. 마치 주제의 전반부만 연주하고 중단되는 음악 작품처럼 전개됩니다. 12절의 "한 사람으로 말미암아 죄가 세상에 들어오고"라는 구절은 즉시 "한 분 예수 그리스도를 통하여"로 이어질 것이라 기대해 볼 수 있습니다. 그러나 12b절부터 14절까지는 아담 이후 죄와 죽음의 권세에 대한 이야기가 이어집니다. 우리의 주제는 15절에서 재개되는데, 여기에서는 아담과 그리스도를 평행하게 비교하는 일련의 구절들이 제시됩니다(15-19절). 이러한 비교방식은 비교적 작은 경우에서 참인 것이, 더 크거나 중요한 경우에서 더욱 참이 된다는 잘 알려진 논증 패턴을 활용하고 있습니다. 그러나 죄에 대한 처벌과 구원을 비교하는 데서는 "이 은사는 그 범죄와 같지 아니하니"(15절)라고 적고 있습니다. 이러한 방식의 비교들을 통해 최초 범죄와 은혜의 풍성함을 대조하고 있습니다.

영어 번역은 이 구절들을 관통하는 문장들 사이의 형식적인 평행구조를 어쩔 수 없이 희석시키고 있습니다. 같은 용어의 반복으로 만들어지는 드럼 비트와도 같은 것이 영어에서도 일부 남아 있기는 합니다. 이 단락을 통해 '죄, 범죄, 죽음'과 '선물, 은혜, 생명' 등의 표현을 좇아갈 수 있습니다. 마찬가지로 두 대표적인 인물, 즉 '한 사람' 아담과 그리스도는 '모두' 또는 '많은 사람'과 대조됩니다.

독자들은 종종 NRSV의 '많은 사람들'(the many, 15, 19절)에서 정관사(the)를 빠뜨립니다. 그러한 문법적 실수는 주제를 모호하게 만드는데, 수치상 '많은 사람들'(many)은 '모든 사람들'(all)보다 적기 때문입니다. 그렇기 때문에 구원의 은혜와 선물이 죄와 죽음으로 고통받은 '모든 사람들'보다 실제로는 더 적은 사람들에게 주어진다고 생각될 수 있습니다. 그러나 바울의 논리는 인간의 이야기에서 대표적으로 꼽을 수 있는 두 인물, 즉 '한 사람'인 아담과 그리스도가 나머지 인류에 미친 영향을 비교하는 것입니다. 18절과 19절 사이의 평행구조는 '많은 사람들'이 '모든 사람들'과 동일하다는 점을 제시해 줍니다.

기원후 4세기까지 대부분의 독자들은 모세 율법이 죄 많은 인류의 이야기에 어떻게 적용될 수 있는가와 같은 바울의 문제 의식에(13-14, 20절) 관심을 기울이지 않았습니다. 이들은 12절을 근거로 모든 인간이 아담으로부터 죄성을 물려받았다고 결론지었고, 이를 '원죄'라 불렀습니다. NRSV는 "모든 사람이 죄를 지었기 때문에"라고 번역하여 죄의 유전성에 대한 질문을 열어 두었습니다.

어느 어린이 예배 시간에 목사님이 초등학교 2학년 아이들에게 이렇게 물었습니다. "모든 사람이 잘못된 일을 하거나 실수를 합니다. 그렇죠?" 대부분의 아이들이 동의했지만, 몇몇 아이들은 동의하지 않았습니다. 바울이 "아담의 범죄와 같은 죄를 짓지 아니한 자들"에 대해 언급할 때(14절), 주석가들은 이러한 바울의 언급이 일반적으로 인간이 태어날 때부터 지니고 있는 죄에 대해 말하는 것이 아니라, 로마서 1:18~3:20에서 이미 설명한 죄악의 보편성에 대해 말하고 있다고 결론을 내립니다.

바울은 로마서 5:12~21에서 죄의 신학을 발전시키고 있는 것이 아닙니다. "한 사람, 아담을 통해 … 그런즉 한 사람, 그리스도를 말미암아 더…"라는 구문의 반복은 바울의 은혜의 신학을 강조하고 있습니다. 율법이 죄를 범한 자들에게 죄를 부과한다는 점에서(13절), 하나님과 올바른 관계를 맺게 하는 '선물'은 그리스도께서 책임을 지시고 빚을 갚아 주셨다는 의미로 해석할 수 있을지 모르겠습니다. 6:1의 수사적 질문은 이 선물을 마치 무제한의 구제책과 같은 것으로 여기는 착각을 고발하고 있습니다. "그런즉 우리가 무슨 말을 하리요 은혜를 더하게 하려고 죄에 거하겠느냐"

'거저 주어지는 선물'은 죄가 더 이상 믿는 자들에게 불리하게 작용하지 않는다는 것을 의미하지만, 꼭 그것만을 의미하는 것은 아닙니다. 이 선물은 더 이상 죄의 권세에 종속되지 않는 삶의 길을 열어줍니다(참조. 6:1-14). 율법이 죄를 기록함으로써 상황을 더 악화시킨다고 할 수 있지만(5:13, 20), 바울은 인간 역사를 점점 더 악해져만 가는 시대의 흐름으로 묘사하고 있지는 않습니다. 그리스도께서 오셔서 하나님과 함께하는 새로운 삶을 가능하게 하기 전까지, 인간의 상태는 정체되어 있었습니다. 율법을 부여받았던 특권을 누린 하나님의 백성조차도 죄의 지배에서 벗어나지 못했습니다(2:17-3:20).

바울은 구원의 보편성을 어떻게 이해할까요? 로마서 3:21~26은 믿음을 기반으로 한 의로움을 제시합니다. 로마서 6:3~5는 세례를 그리스도의 죽음과 부활에 참여하는 것으로 해석합니다. 일부 주석가들은 '모두'라는 표현은 복음이 모든 인류에게 전해진다는 사실을 가리킨다고 주장합니다. 다른 주석가들은 미래, 즉 아들을 통한 하나님의 보편적인 통치를 가리킨다고 봅니다(빌 2:10-11, 고전 15:20-28). 각 사람의 행위가 아담의 죄성에 참여함을 드러내는 바와 같이 '아들의 죽음이라는 의로운 행위' 또한 새로운 삶의 방식에 대한 응답을 요구합니다.

설교적 관점

아담과 예수님에 관한 이 본문은 수 세기 동안 죄와 은혜에 대한 신학적 성찰의 기초가 되었으며, 일부 교회에서는 설교하기에 다소 어려운 점도 있습니다. 이 본문은 풍부하면서 동시에 밀도가 높고, 때로는 복잡하게 여겨지기도 하여 큰 도전이 되기도 하지만, 또한 풍부한 가능성을 제공하기도 합니다.

만약 여러분이 하와와 아담, 그리고 타락 이야기를 인간 상태를 이해하는 수단으로 받아들이고 이해하는 회중들에게 설교나 가르침을 전달하고 있다면, 이 본문에서 여러 주제를 찾을 수 있을 것입니다. 이 본문에는 현대적인 용어로 다시 표현될 수 있는 원죄에 대한 고찰이 포함됩니다. 이 본문은 또한 회개나 뇌물로는 얻을 수 없는 거저 주어지는 선물로써의 은혜도 제시하고 있습니다. 죽음이 지배하지 않는 삶을 산다는 것은 무엇을 의미할까요?

하지만, 여러분이 처한 상황은 에덴동산 이야기를 옛스러운 이야기 정도로 여기는 곳일 가능성이 더 큽니다. 바울의 주장을 이해한다 할지라도 (하와와) 아담의 불순종과 그들의 후손으로 인해 죄와 죽음이 인류에게 퍼졌다는 바울의 주장을 이상하고 자신과 무관하다 여기는 사람들 앞에서 설교할 가능성이 더 큽니다. 이 본문은 또한 바울의 "한 의로운 행위로 말미암아 많은 사람이 의롭다 하심을 받아 생명에 이르렀느니라"(18절)는 주장과 관련하여 다소 미묘한 질문을 제기합니다. 만일 회중이 (하와와) 아담의 '범죄'가 우리 모두에게 어떻게 영향을 미치는지 이해하지 못한다면, 예수님의 '의로운 행위'가 우리에게 어떻게 전달되는지 명확하게 이해하지 못할 수 있습니다. 물론, 바울의 틀을 유효하다고 가정하고 성도들이 당신의 설교에 따라올 것이라 희망하며 그냥 밀고 나갈 수도 있습니다. 그러나 더 현명한 방법은, 회중과 함께 성령께서 오늘 우리에게 무엇을 말씀하시는지 분별하기 전에, 먼저 당신 스스로 이 옛 관점들과 씨름하는 준비 작업을 하는 것입니다. 설교자가 작성해야 할 모든 것을 회중이 꼭 들어야 하는 것이 아님을 기억하십시오.

이 본문의 '신학적 관점' 항목은 설교 준비를 시작하는 데 좋은 항목이며, 이는 원죄와 씨름했던 역사적 인물들과의 대화로 인도해 줄 것입니다. 그러나 그러한 추상적인 담론이나 아담과 예수님에 대한 바울의 논점 등에서 설교를 직접 시작하기에는 아마도 적합하지 않을 것입니다. 회중이 바울의 아담과 예수님에 대한 수사학을 함께 고찰해 보도록 하기 위해서는, 이 담론이 그들의 삶과 연결되는 현실적인 상황을 찾아야 할 것입니다. 당신은 원죄에 대해 어떻게 느끼고 있습니까? 다른 표현 방식을 사용해서라도 그 느낌에 대해 생각해 보십시오. 당신의 삶과 회중의 삶에서 그 느낌과 일치하는 것은 무엇입니까? 우리 '모두' 하나님의 영광에 미치지 못하며(롬 3:23), 개인적인 실패를 넘어서는 은혜가 필요하다는 것을 어떻게 설명할 수 있을까요? 원복(原福)이나* 총

* 다음을 보라. Matthew Fox, *Original Blessing: A Primer in Creation Spirituality Presented in Four*

체적인 타락* 등이 우리 삶에서 어떠한 예로 나타나는지, 만약 있다면 어디에서 찾을 수 있을까요?

바울의 관점과 이 관점이 현대의 세계관과 연결되는 방식을 탐구해 본다면 더 수월하게 설교 주제를 찾을 수 있을 것입니다. 예수님과 그분의 의로운 행위가 세례 받은 우리의 삶과 어떻게 연결됩니까? 오늘자 복음서 본문의 예수님처럼 우리가 신이 되고자 하는 유혹에 직면할 때, 예수님의 의로우신 행위는 어떤 변화를 이루어냅니까? 우리가 해결할 수 없는 불의한 체계에 직면할 때는 어떻습니까? 오늘날 예수님 안에서 하나님의 은혜가 우리에게 어떻게 내려옵니까? 이 본문은 예수님과 우리의 연결 고리 중 자주 선불리 억측되거나, 무시되는 측면을 탐구할 기회를 제공합니다.

이 본문 자체만으로는 여전히 막막하거나 영감을 받지 못한다면, 오늘자 성서정과의 다른 본문이 이 본문을 이해하는 데 도움이 될 수 있습니다. 창세기의 타락 이야기를 유쾌하고 상상력 있게 탐구해 보는 것은 딱딱한 논증을 보다 부드럽게 하고 좀 더 시적으로 바울의 수사적 창의성에 접근하게 하는 데 도움이 될 수 있습니다.** 마찬가지로, 악마를 존재론적으로 여기기보다 (여전히 악의 현실을 가리키면서) 은유적으로 이해하는 맥락에서는, 마태복음에서 악마를 수사적 장치로 발전시키는 과정을 살펴봄으로 바울을 새로운 관점에서 바라볼 수 있게 될 것입니다.

마지막으로, 이 본문에서 제시되는 바울의 논리나 속죄 이론에 대해 전적으로 비판적인 입장을 가지고 있는 설교자나 교사라면 이 본문을 완전히 건너뛰고 싶을 수도 있을 것입니다. 그러나 최소한 이 서신서 본문을 읽어 보라는 다음의 간곡한 요청을 들어 보시기 바랍니다. 이 본문은 주로 사순절 동안 잘못을 저지르고 다시 일어서고자 하는 회중, 이를테면 일회성 외도를 한 남편이나 다른 사람 대신 승진한 중견 간부 등을 위해 오늘의 성서정과 본문에 포함된 것이 아닙니다.

오히려 이 본문은 세례를 받은 후에도 여전히 죄가 고질적으로 남아 있음을 너무나도 잘 알고 있는 그리스도인을 위한 것입니다. 진통제, 도박, 또는 인터넷, 음란물에 중독된 교회 평신도와 임직자, 자신이 정죄하는 죄인들에 대한 오랜 증오에 시달리는 자기 의에 빠진 회중 운동가, 타인들의 죄악의 유산을 자신의 몸에 지닌 채 살아가는 참전 군인 또는 가정 학대 생존자 등을 위한 것입니다. 또한 치명적인 특권의 안락함이나 얽히고설킨 억압의 그물 속에 오랫동안 갇혀 있었던 청중을 위한 것이기도 합니다.

교회의 이러한 구성원이나 방문객들은 비록 죄가 남아 있을지라도, 죄가 언제나 왕 노릇을 하는 것이 아님을 들어야 합니다(롬 6:14). 이 본문에 끌리든 그렇지 않든, 당신의 상황에서 일부 사람들은 죄가 인간 상태의 일부로 남아

Paths, Twenty-Six Themes, and Two Questions (New York: Penguin, 2000).

* 다음을 보라. John Calvin, *Institutes of the Christian Religion*, ed. John T.McNeill, trans. Ford Lewis Battles, LCC (Philadelphia:Westminster Press, 1960), book 2, chapter 1.

** 다음을 보라. Amos Niven Wilder, *Theopoetic: Theology and the Religious Imagination* (Lima, OH: Academic Renewal Press, 2001).

있더라도 죽음으로 이어질 필요는 없으며, 오히려 은혜와 모든 사람을 위한 생명으로 이어질 수 있다고 말하는 바울의 메시지를 들을 필요가 있는 것입니다(롬 5:18).

사순절 첫째 주일

마태복음 4:1~11

1 그때에 예수께서 성령에게 이끌리어 마귀에게 시험을 받으러 광야로 가
사
2 사십 일을 밤낮으로 금식하신 후에 주리신지라
3 시험하는 자가 예수께 나아와서 이르되 네가 만일 하나님의 아들이어든
명하여 이 돌들로 떡덩이가 되게 하라
4 예수께서 대답하여 이르시되 기록되었으되 사람이 떡으로만 살 것이 아
니요 하나님의 입으로부터 나오는 모든 말씀으로 살 것이라 하였느니라
하시니
5 이에 마귀가 예수를 거룩한 성으로 데려다가 성전 꼭대기에 세우고
6 이르되 네가 만일 하나님의 아들이어든 뛰어내리라 기록되었으되 그가
너를 위하여 그의 사자들을 명하시리니 그들이 손으로 너를 받들어 발
이 돌에 부딪치지 않게 하리로다 하였느니라
7 예수께서 이르시되 또 기록되었으되 주 너의 하나님을 시험하지 말라
하였느니라 하시니
8 마귀가 또 그를 데리고 지극히 높은 산으로 가서 천하 만국과 그 영광을
보여
9 이르되 만일 내게 엎드려 경배하면 이 모든 것을 네게 주리라
10 이에 예수께서 말씀하시되 사탄아 물러가라 기록되었으되 주 너의 하
나님께 경배하고 다만 그를 섬기라 하였느니라
11 이에 마귀는 예수를 떠나고 천사들이 나아와서 수종드니라

신학적 관점

우리가 이 본문을 예수님과 그분의 사명의 성격을 규정하려 하는 관점에서만 바라본다면 중요한 것을 놓칠 수 있습니다. 이 본문은 또한 (따라서) 교회에 대한 선언문이기도 합니다. 이는 더 나아가, 고도의 신학적인 잠재력을 지닌 선언문입니다. 예수님은 그리 어렵지 않게 이 시험들을 물리치셨지만, 교회는 그렇게 할 수 없었습니다. 실제로 너무 자주 (그리고 아마도 그 특유의 성격대로) 교회는 금세 시험에 빠져 버렸습니다. 마치 마귀의 제안이 교회를 이루신 분의 거룩한 사명과 완전히 양립할 수 있는 양 행동했습니다(마 28:19-20).

여기에는 세 가지 시험이 아니라, 동일한 핵심 주제에서 비롯된 세 가지 변형된 시험이 있습니다. 마귀는 한 가지 생각에만 몰두합니다. 처음부터 그랬듯이, 그는 자신의 희생자들에게 권력을 추구하도록 시험합니다("너희가 … 하나님과 같이 되어", 창 3:5). 분명히 마귀는 내적 모순과 자기 파괴로 향하는 확실한 길이 있다는 것을 알고 있습니다.

첫 번째 시험:기적에 대한 시험 첫 번째 시험은 자연 법칙과 경험을 무시하고, 하나님의 전능하심을 공개적으로 (더 정확히는 Deus ex machina의 방식으로) 드러내며, 새로운 질서를 (마술처럼 갑작스럽게) 도입하는 것입니다. 돌이 손쉽게 빵으로 변하는 것 등과 같이 말입니다. 즉, 본질적으로 이는 히브리 전통에서의 '창조'에 대한 언약(한계가 포함된 '심히 좋은' 창조)을 '십가가' 없이 '왕국'만 주어지는 구원 신학으로 대체하려는 시도입니다. 이는 예수님이 긍휼하신 하나님의 이름으로 때로 자연 법칙을 거스르기도 하셨던 차원의 기적이 아니라, '또 다른 세상'을 제시하는 데에서 (혹은 그렇게 보이게 함으로써) 세상의 구원을 찾게 하려는 시험입니다. 이렇게 하여 실제 우리가 살아가는 세상을 버리거나 경멸하고 학대하도록 신앙인들을 부추기도록 시험합니다.

역사적으로 기독교는 많은 경우 그래 왔습니다. 교회는 스스로의 권위를 증명하기 위해 근거 없는 기적들을 과시했습니다. 그리고 '아직'을 무시하고 '이미'를 강조하는 모든 신학과 성금요일 없이 부활절만을 강조하는 모든 설교에서, 그리고 삶의 역설과 함께 살아갈 용기를 주는 신앙 대신에 결말('종결')을 제시하는 모든 복음에서 그러하였습니다.

두 번째 시험:화려함의 시험 우리의 세계는 화려한 모습과 눈에 띄는 영웅적 모습에 목말라 있습니다. 이는 1세기 기독교인들에게도 마찬가지였습니다. 오늘날 대부분의 사람들이 수십 억의 인구 속에서 눈에 띄지 않고 쓸모없다고 느낄 때, 영리한 사람들은 이 오래된 갈망을 큰 사업으로 바꿨습니다. 바로 '유명인 숭배'입니다. '우리'의 영웅들은 탑에서 뛰어내릴 필요도 없습니다. 그저 고혹적으로 섹시해 보이기만 하면 됩니다. 모든 미디어의 주목을 받으며 자신을 과도하게 드러내는 이러한 모습은 조용하고 평범한 이들에게 큰 매력으로 받아들여지는 것 같습니다.

교회는 이 시험의 가능성을 살피는 데 놀라울 정도로 능숙함을 보여왔습니다. 성인 숭배를 통해서나, 비과학적인 과학을 무시하는 치유 행위와 여타 다른 기적들을 통해, 혹은 엄청난 미디어의 성공을 연출해 냄으로(무엇보다 예수님을 최고의 유명인사로 제시함으로), 기독교인들은 자신들과 자신들의 종교를 우위에 두고자 했습니다.

세 번째 시험:정치 권력의 시험 여기에서는 모호함이나 미묘함 없이 세 가지 시험 전체의 진정한 특성이 명확하게 드러나고 있습니다. 첫 번째와 두 번째 시험은 어느 정도 유사한 설득 방식을 나타납니다. 그러나 세 번째 시험은 직접적으로 완전한 통제를 목표로 합니다.

오늘날 이 시험에 대해 생각할 때, 수 세기에 걸친 '기독교의 국교화'를 떠올리지 않는 사람은 과거를 돌아보지 않는 사람일 것입니다. 그 용어 자체가 증명하듯, 기독교의 국교화는(그리고 여전히 이것이 유효한 곳에서) 바로 기독교라는 종교의 궁극적인 지배(그리스도의 통치가 아님)를 목적으로 한 것이었습니다. 기독교의 지배와 그리스도의 통치는 여전히 다릅니다. 콘스탄티누스 이전의 교회는 이를 추구하는 것이 끊임없는 '시험'임을 분명히 알고 있었습니다. 신약성경은 사도들조차 자주 이러한 억측에 빠져 버리는 모습을 묘사합니다. 그러나 기독교가 로마 제국, 혹은 로마의 잔재에 공인되면서, 정치 권력에 가까이 다가가 (그리고 그에 압력을 가함으로) 권력을 추구하는 것이 서구 기독교의 지배적인 '패턴'이 되었습니다. 그리고 (많은 이들이 인정하듯) 대부분의 개신교도 이에 포함됩니다.

개인이든 집단이든 혹은 제도적인 차원에서든 인간은 모두 권력이 끄는 힘을 알고 있습니다. 무엇이 이보다 더 인간적일 수 있을까요? 그래서 이 시험이 교회의 역사에 영향을 미쳤다는 사실은 이상한 것이 아닙니다. 그러나 가장 신실하고 통찰력을 갖고 있던 때에 제자 공동체는 복음을 전파하는 사람들이 권력을 추구하는 것과 하나님의 사랑의 복음이 융화될 수 없음을 항상 알고 있었습니다. 물론 '사랑의 힘'에 대해 말할 수도 있을 것입니다. 하지만 연인들은 알고 있습니다. 사랑이란 사랑하는 이의 완전한 연약함을 받아들이는 유일한 '힘'이라는 사실을 말입니다. "내가 약한 그때에 강함이라"(고후 12:10).

폴 틸리히는 다음과 같이 적고 있습니다. "우리는 능력의 그리스도를 갈망합니다. 그러나 그분이 오셔서 우리와 세상을 변화시키기 위해서는 우리가 지불할 수 없는 한 가지 대가를 지불해야 할 것입니다. 우리는 자유와 인간성, 영적 존엄성 등을 내려놓아야만 합니다. 어쩌면 우리는 더 행복해져야 하지만, 현재의 불행과 고난과 절망에도 불구하고 더 낮은 존재가 되어야 할지도 모릅니다. … 더 나은 삶을 꿈꾸며 그 길에서 십자가를 회피하려는 사람들, 그리스도를 바라기는 하지만 십자가에 달리신 분을 배제하려는 사람들은 하나님과 인류의 신비를 알지 못합니다."*

그러므로 시험하는 이가 첫 번째 아담에게 했던 것과 마찬가지로, 이 '두 번째 아담'의 영혼을 사로잡기 위해 했던 마지막 시도가 골고다 십자가 위에서 '멸시받고 거부당한' 예수님을 향해 외친 조롱의 방식이었다는 것은 놀라운 일이 아닙니다. 이 조롱은 '지나가는 자들이 자기 머리를 흔들며' 했던 조롱의 소리로 들려왔습니다(마태는 이 조롱을 한 이가 앞서 예수님께 속삭였던 영원한 기만자라는 사실을 알고 있습니다). "네가 만일 하나님의 아들이어든 자기를 구원하고 십자가에서 내려오라"(마 27:40).

* Paul Tillich, *The Shaking of the Foundations* (New York: Scribner's, 1953) 148.

오늘날에도 여전히 기독교인들과 기독교 단체들에게 매혹적인 제안을 속삭이고 있습니다. 안타깝게도 많은 이들이 이 속삭임에 매력을 느끼고 있습니다.

목회적 관점

"악마가 행한 가장 위대한 속임수는 세상이 그가 존재하지 않는다고 믿게 만드는 것이었다."* 이 문구는 영화 〈유주얼 서스펙트〉의 주제로, 범죄 혐의로 억울하게 조사를 받은 다섯 남자가 범죄 행위를 기획하여 경찰에게 복수하는 이야기입니다. 이 보복은 27명의 사망자와 9100만 달러 상당의 사라진 마약 자금을 남겼습니다. 그리고 두 가지 어두운 의문을 남깁니다. 이 범죄를 저지른 수수께끼와 같은 인물인 카이저 쇠제는 누구이며, 아무런 관련이 없어 보이는 이 다섯 남자에게 어떤 방식으로 알 수 없는 사악한 영향력을 행사하고 있었나 하는 점입니다.

이 영화에서 어둠의 핵심은 범죄나 죽음이 아니라, 악의 얼굴을 알아볼 수 없다는 점에 있습니다. 영화의 맨 마지막에 와서야 그 정체가 쇠제를 두려워하는 척했던 사람 중 한 명이었다는 사실이 밝혀집니다. 악은 관객이나 등장인물들이 생각했던 것보다 더 가까이 숨어 있었던 것입니다.

대형 스크린에서, 소설의 책장에서, 또는 정치적인 위협을 가하는 국가를 통해 거론되는 이름들 가운데에서 악의 화신을 바라보게 하는 무언가가 있습니다. 의인화된 악을 보고, 이름을 붙이고, 시각화하고, 비방하고, '그것'과 우리를 분리하여 '그것'에 맞서 싸워야 한다고 느끼는 것은 인간만이 할 수 있는 일입니다. 이는 성경에서도 마찬가지입니다. 악은 하와와 대제사장 아론, 욥과 다윗왕, 예수님과 그분의 제자들을 시험합니다. 하나님을 선택하는 삶을 살기 위해서는, 신실한 신앙인도 하나님 없이 행동하라는 유혹에 계속해서 직면할 수밖에 없습니다. 시험에 얼굴을 맞댈 수 있다면, 그런 선택을 하기가 더 쉬워집니다.

언뜻 보기에 광야에서 예수님이 받으셨던 시험은 이단적으로 보이기까지 합니다. 우리는 예수님이 굴복하지 않으실 것을 알기에, 예수님이 시험을 받으시는 것은 상당히 불필요해 보입니다. 십자가의 필연성과 마찬가지로 예수님과 대면했던 마귀의 패배는 필연적입니다. 예수님은 승리하실 것입니다. 그런데 이 장면은 마태복음에서 세례와 공생애 사역 사이에서 중심적인 자리를 차지하고 있으며, 거룩함에 직면한 악의 실체를 드러냅니다.

예수님은 배고픔을 달래기 위한 빵의 시험을 받습니다. 예수님은 위험으로부터 스스로를 구하라는 시험을 받으십니다. 마지막으로 예수님은 마귀가 제공할 수 있는 세상의 모든 권력을 가지라는 시험을 받습니다. 예수님은 시험을 거절하실 때마다 장차 임하게 될 십자가를 이해하는 방법을 독자들에게 제시하고 계십니다. 분명히 예수님은 십자가의 죽음에서 스스로를 구원하실 수 있고, 예수님 안에 계신 하나님께서는 죄의 유혹을 거부하실 수 있습니다. 그러나 인간인 우리로서는 하나님께서

* 이 문구는 프랑스 시인 샤를 보들레르(Charles Baudelaire)의 시구에서 따온 것으로, 브라이언 싱어(Bryan Singer) 감독의 영화 〈유주얼 서스펙트〉의 대사로 사용되었다. Polygram Filmed Entertainment, 1995.

희생제사를 행하시고 유혹을 물리치시는 것을 봐야만 교훈을 얻을 수 있습니다.

C. S. 루이스의 『스크루테이프의 편지』에서 저자는 신입 교육 과정 중인 신참내기 악마 웜우드와 그의 스승인 삼촌 스크루테이프에 대해 이야기합니다. 어린 웜우드의 임무는 '환자'의 마음을 어둡게 하여 세상적인 것을 사랑하고 신을 거부하도록 조련하여 지옥이라 상상되는 곳으로 보내 버리는 것입니다. 젊은 제자의 임무는 환자가 자신만 바라보고, 자기중심적이며 자신이 누구인지도 모른 채 지내도록 하는 것입니다.

스크루테이프는 다음과 같이 조언합니다.

"사람들을 실용적인 상태가 아니라 영적인 상태를 유지하도록 하라. 왜냐하면 사람들을 하나님께로 인도하는 것은 종종 실용적인 것이기 때문이다. 가시적이고 욕망하는 목적을 위해 기도하도록 격려하고 기도의 대상이 하나님이 아니라 사물이 되도록 하라. 환자가 모든 일에 과민해지도록 하여, 심지어 그의 어머니조차도 그의 신경을 건드리게 하라. 그의 기도를 형식 없이 유지하게 하라. 형식 없는 기도는 다루기 더 쉽기 때문이다. 그의 시선을 하나님으로부터 자신에게로 돌리게 하라. 그가 용기를 달라고 기도할 때, 미묘한 갈등을 만들어, 자신이 자랑스럽게 여기도록 하라."

마지막 편지에서, 환자는 죽어서 천국에 가고, 웜우드는 실패자가 되며, 스크루테이프는 분노의 소용돌이에 빠지게 됩니다.*

이 이야기의 매력적인 부분은 스크루테이프와 웜우드가 무자비한 살인 부대를 만들려는 것이 아니라 이기심과 속임, 옹졸함과 교만, 두려움과 이 세상의 것들을 통제하려는 욕망으로 정의되는 세대를 만들려고 한다는 점입니다.

이는 우리가 당하는 시험과도 같은 것입니다. 우리 대부분은 40일 금식 후에 빵을 주는 악마를 상상할 수 없습니다. 우리는 서울 롯데월드타워 꼭대기에 매달리는 두려움을 알지 못합니다. 분명히 우리는 세상의 모든 권력을 받게 되는 시험에 대해 알지 못합니다. 그러나 우리 각자는 스크루테이프와 웜우드가 제안하는 시험, 즉 자만, 허영심, 이기심, 무관심을 이해합니다. 시험들은 예수님이 받으신 유혹만큼 어두우며, 어쩌면 더 어두울 수도 있습니다. 왜냐하면 대부분의 경우, 공포스러운 카이저 쇠제처럼, 그 시험들은 얼굴을 드러내지 않기 때문입니다.

시험은 우리가 다른 사람들을 바라보며, 내가 충분히 소유하지 못한다고 느끼는 순간에 다가옵니다. 시험은 우리가 이해하지 못하는 선택을 하는 낯선 사람이나 친구들을 판단할 때 다가옵니다. 시험은 어려움을 겪는 사람들을 주변에서 볼 수 없게 하고, 빈곤, 굶주림, 질병에 영향을 받지 않는 삶을 살게 만들어 우리를 지배합니다. 시험은 우리가 지닌 성품으로 우리의 삶을 정의하도록 허용할 때 혹은 부, 권력, 타인에 대한 영향력, 허영심, 과도한 통제 욕구에 중독될 때 격렬해집니다. 우리가 다음과 같은 작은 거짓말, 작은 죄를 정당화할 때 시험에 굴복하게 됩니다. 빈부차별적 농담, 더 큰 이익을 얻기 위한 부조리한 사업 관행, 배우자나 연인이 없을 때 그들을 비판하는 것 등

* C. S. Lewis, *The Screwtape Letters* (San Francisco: HarperCollins, 2001).

과 같이 말입니다. 시험은 우리가 삶 그 자체를 잃어버릴 정도로 삶의 겉모습에 사로잡힐 때 승리합니다. 이러한 때가 바로 우리의 삶과 영혼의 구석에 숨어 있는 평범하지만 얼굴 없는 악이 이루어지는 순간들입니다.

사순절의 회개는 우리 삶의 어두운 곳을 마주하게 하여 우리로 하여금 그 정체를 밝히고, 이해하고, 용서를 구할 수 있도록 도와줍니다. 이는 죄책감을 일컫는 것이 아니라, 두려움과 불안이 우리 모두를 지배하는 억압의 상황에서 벗어나, 삶의 변화와 새로운 시작을 이루어 내는 것을 가리키는 것입니다.

주석적 관점

마태복음의 예수님의 광야 시험 이야기는 시대를 막론하고 그동안 설교단에서 선포되어 온 기분 좋게 하는 번영과 성공의 '복음'을 반박합니다. 예수님이 세례를 받으신 직후(3:13-17), 예수님의 정체성과 아버지와의 관계의 정도가 드러난 후, 성령은 예수님을 광야로 이끌어 혹독한 시험을 받게 합니다. 분명히 편안한 삶은 아들 됨과 무관합니다. 실제 하나님과의 친밀한 관계는 갈등과 투쟁을 수반하는데, 이를 통해 자신의 가장 깊은 열정과 충성심을 드러낼 것입니다. 예수님께서 직면한 각 도전의 중심에는 단 하나의 질문이 있습니다. 예수님은 하나님께서 하나님 되심을 신뢰함으로써 참된 아들로 살아가는 것을 어느 정도까지 행하실까요?

광야에서(1-2절) 많은 이는 광야를 휴양과 재충전의 장소로 여기지만, 성경에서 광야는 대개 투쟁의 장소입니다. 놀랍게도 예수님은 마귀의 시험을 받기 위해 성령의 인도하심을 따라 광야의 고독으로 들어가십니다. 마가복음이나 누가복음에는 없고 마태복음에만 있는 이 목적 진술은 예수님이 일부러 악에 대면하셨던 이유가 교훈을 전하기 위해서라는 점을 시사합니다. 실제로 예수님은 제자들에게 하나님께서 그들을 시험에 들지 않도록 기도하라고 가르치실 것입니다(6:13). 그러나 이는 하나님께서 그들을 모든 시험에서 면제시키셔야 한다는 것을 의미하지는 않습니다(참조. 16:24-26, 18:7, 26:39-41).

예수님이 광야에서 직면하셨던 시험은 '사십 일을 밤낮으로' 금식하신(참조. 막 1:13, 눅 4:2) 이후에 찾아오는데, 이러한 내용은 주로 유대인 기독교 공동체였던 마태복음 독자들에게 공감을 불러일으킬 만한 것이었습니다. 노아와 그의 가족이 하나님께서 약속하셨던 대로 재앙과 비로부터의 구원을 기다리는 동안, 대홍수의 비가 40일 밤낮으로 땅에 내렸습니다(창 7:4, 12-16, 9:8-16). 모세는 십계명을 기록할 때 시내산 정상에서 주님의 임재 가운데 홀로 40일 밤낮으로 금식했습니다(출 34:27-28). 엘리야는 주님의 말씀을 따라 호렙산(시내산)으로 도피하면서 40일 밤낮으로 금식했고, 그곳에서 하나님을 만났습니다(왕상 19:7-12). 40이라는 숫자는 이스라엘이 광야에서 밤낮으로 신실한 삶을 훈련하기 위해 고군분투했던 일에 그 뿌리를 두고 있습니다(참조. 출 13:21-22, 16:2-21, 24:18, 신 8:1-20). 이제 예수님은 광야에서 40일 밤낮의 금식과 고독을 견디시고 '마귀'라고도 불리는 '시험하는 자'(NRSV는 헬라어 peirazōn을 '유혹자'로 번역)와의 대결을 통해 아버지 하나님에 대한 충성을 시험하는 중대한 기로에 서게 됩니다.

전환점(3-10절) 구약성경(참조. 출 16:4, 신 8:3, 욥 1:6-12, 2:1-6, 암 3:5-6)에서와 마찬가지로, 여기서 시험은 하나님의 허락하심으로 이루어지고 있으며, 시험 받는 자의 본질적인 성격을 드러냅니다. 마귀의 배경, 성격 또는 역할에 대한 신화적 과장은 전혀 언급되지 않습니다. 마태에게는 하나님의 영이 예수님을 하나님께서 선택하신 장소와 시간에 마귀와 싸우게 하셨고, 예수님의 핵심적인 헌신을 시험하도록 허락하셨다는 것만이 충분한 내용이었습니다. '마귀'라는 단어는 그리스어 '디아'(dia)와 '발로'(ball)에서 파생된 동명사로, 본래 '가로질러 던지다'라는 뜻을 가지고 있다는 점도 참고하면 도움이 됩니다. 더 넓은 의미에서 이 명사는 '공격하고, 오도하고, 속이고, 주의를 돌리고, 불신하거나 비방하는 자'라는 뜻으로 사용됩니다. 마태복음에서 마귀는 아들의 의미와 하나님의 목적과 관련하여 예수님을 오도하려고 합니다.

첫 번째 대결에서 '시험하는 자'는 돌을 빵으로 바꾸어 육신의 주림을 채우라고 예수님을 부추깁니다. 마귀의 조건적 진술은 예수님의 정체성이나 능력에 대한 의심을 내포하고 있지는 않습니다. 실제로 이 조건문은 '네가 하나님의 아들이기 때문에'라 번역할 수 있습니다. 그럼에도 불구하고 이 속이는 자는 예수님으로 하여금 자신의 필요를 채우기 위해 아버지를 신뢰하는 대신 스스로의 힘을 사용하게 하려고 부추깁니다. 예수님은 동산에서의 기만적인 입맞춤(26:48-50)을 꿰뚫어 보셨던 것처럼 그 속임수를 분명히 꿰뚫어 보시고 거절하십니다. 예수님은 성경 말씀(신 8:3)을 인용하시며, 지금 당장 음식보다 더 중요하고, 음식만큼 꼭 필요한 것이 있음을 역설하고 계십니다(예. 25:34-40). 예수님은 개인적으로 물질적 이익을 얻기 위해 자신의 권력을 오용하지 않으십니다.

두 번째 시험은 예수님의 연약함과 안전에 대한 필요성에 초점을 맞추고 있습니다. 마귀는 예수님께 부상, 심지어 죽음으로부터 스스로를 안전하게 지키라고 권유하고, 성경을 인용하여 하나님께서 이에 동의하신다는 것을 증명하려 합니다. 예수님은 속지 않으십니다. 마귀가 성경을 문맥에서 벗어나 사용했기 때문입니다. 성경은 자기 확신을 위해 하나님의 보호하심의 은혜를 시험하는 것을 지지하지 않습니다. 따라서 예수님은 직접 본문을(신 6:16) 인용하시며 마귀를 반박하고 그 상황에 충실하게 적용하십니다. 예수님은 결국 하나님의 아들이시며 성령으로 충만하신 분입니다(3:11, 16-17). 예수님께서는 자신의 안전과 안위를 위해 자신의 권력을 오용하지 않으실 것입니다.

세 번째 시험은 지배와 명성을 내세워 예수님을 유혹하려 합니다. 마귀는 예수님이 충성을 바치면 세상 모든 왕국을 지배할 수 있는 권세와 더불어 칭송과 영광을 안겨 주겠다고 제안합니다. 예수님은 그릇된 길로 인도되지 않으십니다. 그분은 속이는 자가 제시하는 잘못된 방향을 거부하시고 "주 너의 하나님께 경배하고 다만 그를 섬기라"는 성경 구절(신 6:13)을 다시 인용하셔서 그 상황에 맞게 말씀하십니다. 예수님은 영향력과 명성을 쌓기 위해 자신의 권력을 오용하지 않으십니다.

구원(11절) 이대 마귀는 떠나고 하나님의 사자들이 예수님의 필요를 채우기 위해 도착합니다. 예수님은 아버지 하나님을 전적으로 의지하여 각 시험을 이겨 내셨습니다. 예수님은 하나님께서 기뻐하시는 하나님의 아들이십니다(3:17). 시험은 분명 어떤 대가를 치르더라도 피할 수 있는 것이 아닙니다(참조. 18:7, 26:36-46, 히 12:6). 하나님의 자녀에게 유혹은 피할 수 없는 것입니다. 사실 물질주의, 안전, 명성의 유혹은 우리에게 낯선 것이 아닙니다. 어떤 형태의 유혹이든 필요한 것을 공급해 주실 하나님을 신뢰하면 통과할 수 있습니다(참조. 창 22:1-14). '시험하는 자'의 힘은 실재하지만 제한적입니다. 예수님처럼 믿는 자들은 하나님의 말씀과 구원의 능력을 신뢰할 수 있습니다. 승리는 시험을 통과하여 예수님을 따르는 자의 몫입니다(히 2:14-18, 4:15-16).

설교적 관점

예수님의 시험에 관한 이야기는 전통적인 복음서의 교훈이지만 사순절 첫 주일에 설교하기에는 불편한 이야기입니다. 예수님의 40일은 끝났고, 우리의 40일은 이제 막 시작되었기 때문입니다. 사순절은 부활절의 신비를 받아들일 수 있도록 우리를 준비시키는 훈련을 받아들이고 실천하는 시기이지만, 마태복음의 시험 이야기는 이를 현실적으로 적용하려 하는 행위를 거부합니다. 그러므로 설교자는 이러한 시험에 너무 쉽게 넘어가 마태복음 이야기의 단단한 돌을 회중의 허기를 당장 채우게 할 만큼 씹을 수 있고, 소화가 잘 되고, 영양이 풍부한 것으로 바꾸어 버리는 해석학적 마법을 원할 수 있습니다. 혹은 불신을 가리고 믿음을 강요하는 설교를 할 수 있는 해석학적 수준을 추구할 수도 있습니다. 그러나 마태는 설교에 실용적인 도움을 주려는 의도를 조금도 보이지 않고, 그저 예수님만 소개할 뿐입니다. 마태의 비실용성에 대해 너무 불평하지 않는다면 우리는 그에게서 하나님의 아들이신 예수님에 대해 설교하는 방법을 배울 수 있습니다. 마태는 마가와 그리고 누가와 함께 공유하는 출처를 통해 시험의 이야기를 전해 들었겠지만, 자신만의 느낌을 더했습니다. 마태는 '사십 일'(막 1:13, 눅 4:2)에 '밤낮'을 추가합니다. '밤낮 사십 일'(새번역)은 우리에게 아라랏산의 노아(창 7:4, 12)에 대한 기억을 불러일으킬 수도 있지만, 성경에서 가장 자주 언급되는 것은 시내산의 모세입니다. "사십 일 사십 야를 거기 있으면서 떡도 먹지 아니하였고 물도 마시지 아니하였으며"(출 34:28, 참조. 출 24:18, 신 9:9, 11, 18, 25; 10:10).

마태가 모세를 상기시키는 장면을 불러오자마자, 예수님은 신명기의 세 가지 가르침을 기억하시며 모세를 인용합니다. "사람이 떡으로만 사는 것이 아니요"(8:3), "너희의 하나님 여호와를 시험하지 말고"(6:16), "네 하나님 여호와를 경외하며 그를 섬기며"(6:13). 이 세 구절은 이 세상 가운데 하나님의 아들의 길을 가리키고 있습니다.

마태는 예수님을 수많은 칭호로 소개합니다. 그분은 '아브라함과 다윗의 자손 메시야'(1:1)이며, 하나님께서는 그분이 '이는 내 사랑하는 아들이요 내 기뻐하는 자'(3:17)라 선언하십니다. '다윗의 자손'이라는 표현은 다윗 왕조에 대한 기억을 불러일으키고 주권적인 유대 민족의 회복에 대한 희망을 불러일으킵니다. '하나님의 아들'(4:3)이라는 칭호는 삼위일체론의 용어나 예수님의 신성에 대한 언급으로 들리지만, 마태복음의 청중들은 이를 또 다른 왕의 칭호로 인식했을 것입니다. 시편 2:7~8에서 주님은 왕에게 "너는 내 아들이라 오늘 내가 너를 낳았도다 내게 구하라 내가 이방 나라를 네 유업으로 주리니 네 소유가 땅 끝까지 이르리로다"라고 말씀하셨는데, 이 약속은 이제 세 번째 시험에서 기묘하게 울려 퍼집니다. 다윗 왕조의 가장 짧은 기억을 가진 사람들과 왕권에 대해 가장 이상화된 비전을 가진 사람들만이 새로운 왕이신 하나님의 아들이 오시는 것을 복잡한 감정 없이 맞이할 수 있었습니다. 이 하나님의 아들의 정체는 무엇입니까?

마태복음은 예수님을 모세와 같은 왕으로 설교합니다.* 대개 우리는 모세를 왕과 같은 인물로 생각하지 않지만, 1세기 유대인들은 분명히 그를 하나님의 왕족이자 오염되어 버린 왕들의 역사에서 해독제와 같은 존재로 여겼습니다. 다윗 왕조의 왕들은 스스로를 높이는 것으로 악명이 높았지만, 이 왕은 광야에서 만나를 통해 겸손의 교훈을 배웠고(신 8:1-2) 하나님께서 주시는 것은 무엇이든 겸손하게 받아들였습니다. 다윗 왕조의 왕들은 오랫동안 하나님의 인내심을 시험했지만, 이 왕은 맛사의 교훈(신 6:14-17)을 통해 '주 너희 하나님을 신뢰하라'는 가르침을 받아들였습니다. 이스라엘과 유다의 왕들은 제국을 이루기 위한 희망과 계획이 끝이 없었지만 '천하 만국과 그 영광'(4:8)은 그의 신실한 순종의 마음을 현혹할 상대가 되지 못했습니다. 모세는 이 교훈을 배웠고, 가르쳤습니다. 광야에서 성큼 걸어 들어오신 하나님의 아들은 이 교훈을 배웠고 이를 실천하고 계십니다.

마태복음의 시험 이야기는 도덕적 권고와 영적 독려의 목적으로는 짜증날 정도로 활용할 수 없습니다. 이 이야기는 단순히 예수님에 관한 것입니다. 그분이 누구이며 어떤 모습을 보여주는가에 관한 것입니다. 시험은 예수님에 관한 것이지, 우리에 관한 것이 아닙니다. 이 점에서 유혹자/악마/사탄이 더 높은 곳으로 올라가면서 느꼈던 분노가 우리의 좌절감을 통해 그대로 재현되고 있습니다. 예수님은 우리가 원하는 사람이 되기를 거부하십니다. 그분은 우리의 돌을 빵으로 바꾸지 않으실 것입니다. 그분은 우리에게 하나님을 증명해 주시지 않을 것입니다. 그분은 우리가 인정하고 박수를 보낼 만한 성공을 받아들이기 위해 하나님으로부터 돌아서지 않으실 것입니다. 그분은 흔들림 없이 그 자신으로 남아 계십니다. 어쩌면 그분은 굳건히 하나님의 소유로 남아 계시다고 말하는 것이 더 정확할 것입니다.

마태복음이 예수님을 증언하는 방식은 우리의 설교와 너무나도 상반됩니다. 예수님은 자기 광고를 하지 않으십니다. 사용자 친화적이어야 한다는 충동도 없습니다. 그분은 설득하시지 않습니다. 그래서 이사야는 다음과 같이 말했습니다. "우리가 보기에 흠모할 만한 아름다운 것이 없도다"(사 53:2). 몇 구절 후에 예수님이 첫 제자들을 부르실 때도 "나를 따라오라"(4:19)는 말씀만 하십니다. 따르지 않을 수도 있을 것입니다. 결정은 여러분의 몫입니다.

마태는 다윗의 아들 메시야, 하나님의 아들 등

* 이 본문에 대한 저의 해석은 상당부분 다음의 자료에 의존하고 있습니다. Dale C. Allison Jr., *The New Moses: A Matthean Typology* (Minneapolis: Fortress Press, 1994).

과 같은 전통적인 칭호를 넘어 시험의 이야기를 통해 예수님이라는 인물을 드러내는 복음의 긴 과정을 시작합니다. 설교자들은 예수님을 설교하는 데 마태의 방식만으로 과연 충분할지 의문을 품을 수 있습니다. 그러나 교회에는 예수님을 알고자 하는 막연한 갈망이 있습니다. 실제로 마커스 보그의 베스트셀러 *Meeting Jesus Again for the First Time*이 많이 읽힌 만큼, 예수님이라는 인물을 소개하는 마태복음의 이야기에도 분명 충분한 관심이 있을 것입니다. 마태는 이미 예수님을 '주님'이라고 부르는 유대계 그리스도인 회중에게 증언했습니다(마 7:21, 25:11, 37, 44). 어쩌면 보그의 책 제목은 마태복음의 제목이 될 수도 있을 것입니다. "처음으로 예수를 다시 만나다." 마태복음의 회중은 예수님을 메시야이자 하나님의 아들로 알고 있지만, 예수님의 겸손한 포용을 알지 못합니다. 그들은 예수님의 위대한 업적을 알지만 그 의미를 오해합니다. 그들은 하나님 나라에 대한 소망으로 기뻐하지만 그 나라의 시민으로 살아갈 수 있는 성품을 아직 갖추지 못했습니다(마 25:31-46). 우리 교회와 마찬가지로 그들도 예수님을 알고 있고 계속 예수님을 배우고 있습니다.

SECOND SUNDAY IN LENT

사순절 둘째 주일

창세기 12:1~4a

시편 121편

로마서 4:1~5, 13~17

요한복음 3:1~17

사순절 둘째 주일

창세기 12:1~4a

1 여호와께서 아브람에게 이르시되 너는 너의 고향과 친척과 아버지의 집
을 떠나 내가 네게 보여 줄 땅으로 가라
2 내가 너로 큰 민족을 이루고 네게 복을 주어 네 이름을 창대하게 하리니
너는 복이 될지라
3 너를 축복하는 자에게는 내가 복을 내리고 너를 저주하는 자에게는 내
가 저주하리니 땅의 모든 족속이 너로 말미암아 복을 얻을 것이라 하신
지라
4 이에 아브람이 여호와의 말씀을 따라갔고 롯도 그와 함께 갔으며

신학적 관점

짧은 '원역사'와 이스라엘 초기 조상들의 이야기를 연결하는 다리를 이루고 있는 본문의 몇 구절은 중요한 문학적 기능을 수행합니다. 이 구절들은 또한 상당한 신학적 내용을 다루고 있기도 합니다. 본문은 아브람과 사래에게 주어진 소명과 약속을 통해 하나님의 선택 받은 백성이 된다는 것이 무엇을 의미하는지 몇 줄로 말하고 있습니다. 또한 하나님을 기쁘게 하면서도 하나님의 마음을 아프게 한 피조물들과 더불어 하나님께서 유지하시고자 했던 관계성의 핵심 주장을 도출하는 데 도움이 됩니다.

고대 이스라엘이나 오늘날의 유대인들에게, 그리고 세례를 통해 선택된 백성에 접붙여진 '하나님의 선택 받은 백성이 된다는 것'의 핵심은 고난과 저주를 경험하는 '넓은 범위의 인류에게 복을 전해 주기 위해' 특별한 대리인을 사용하시고자 하는 하나님의 결정과 관련되어 있습니다. 많은 이들의 표현과 같이 '복을 받아 복이 됨'은 창세기 12장 초반부에서 하나님께서 선포하신 진리에 가까운 표현입니다. 이 이야기의 맥락을 고려할 때 대담하게 들릴 수 있지만, 이 구절들은 아브람, 사래, 그리고 그들의 자손이 실제 세상을 향한 하나님의 마지막 희망이 되어 일한다는 사실을 나타내고 있습니다. 축복이 실패한다면 그 대안은 생각할 수도 없습니다. 심지어 (그리고 특별히) 하나님에게도 그렇습니다.

첫 번째 사람은 다른 피조물들의 이름을 짓는 일을 돕습니다. 이러한 일은 별 문제를 야기하지는 않았지만, 하나님께서 남자와 여자가 에덴동산을 스스로 탐험하도록 내버려두었을 때 모든 것이 무너져버렸습니다. 인간은 하나님처럼 행동합니다. 짧은 두 장에서 이들은 하나님의 말씀을 장난처럼 여기며, 금단의 열매를 훔치고, 하나님의 불공평함에 대한 분노로 인해 생명 자체를 자신들의 손에 쥐려 합니다. 이 과정 가운데 그들은 수치심과 복수심을 세상에 가져옵니다. 하나님께서는 한편으로는 저주와 무거운 벌로, 다른 한편으로는 벌거벗은 자들에게 옷을 입히시고 살인자를 살려 주시는 면죄의 표로 응답하십니다. 이러한 완화된 조치들은 또한 하나님께서 조정하시고자 하는 의지를 가지고 계심을, 즉 플랜 B를 채택하시려는 의지를 드러냅니다.

창세기 6장에 이르게 되면, 인간의 불장난이 전 세계로 퍼져 갔습니다. 하나님께서는 슬퍼하시고, 인류를 지으신 것을 후회하시며 다시 한번 저주로 응답하십니다. 이번에 내린 징벌은 모든 것을 쓸어버립니다. 그러나 하나님께서는 완전히 깨져버린 피조물을 포기할 수 없습니다. 희망의 표시로 하나님께서는 살인적인 대홍수에서 한 가족을 구하십니다. 그러나 하나님께서는 전면적인 정화조차도 인간의 본성을 바꾸지 못했음을 지적하십니다(창 8:21-22). 그리고 노아가 다시 수치스러운 벌거벗음을 내보이고 잘못된 방식으로 과실을 사용함으로 하나님께서 옳았음을 증명하게 됩니다.

간단히 말해, 저주와 처벌은 아무것도 해결하지 못했습니다. 따라서 하나님께서는 인간의 마음에서 끊임없이 흘러나오는 악함에 대응하여 다시는 그러한 조치를 행하지 않으시겠다고 맹세하십니다.

하나님께서 구원하실 수 있는 가장 의로운 사

람, 즉 다시 시작할 수 있는 씨앗을 구해 내셨지만, 그가 다시 같은 옛 이야기를 반복하고, 바벨탑의 세대가 다시금 하나님처럼 행동하려는 것을 보면서, 우리는 하나님께서 무엇을 하실지 궁금해합니다. 그 답은 창세기 12장에서 나옵니다. 하나님께서는 동일한 저주와 다양성이라는 아이러니한 혜택, 그리고 우리가 오늘날에도 잘 체감하고 있는 혼란함을 안고 흩어져 버린 인류를 포기하지 않으십니다. 대신 하나님께서는 저주의 대안으로 '복'을 선택하십니다.

그 계획은 성공했을까요? 그 답은 상당 부분 우리가 '복'을 어떻게 이해하느냐에 달려 있습니다. 첫 세대인 아브라함, 사라, 그리고 그들의 자손들의 복의 개념은 번영과 건강으로 정의합니다. 하지만 때로 아브라함이 사라와 부부가 아닌 형제자매로 가장했을 때처럼, 오히려 이웃에게 문제를 일으키기도 했습니다.

그러나 궁극적으로 더 넓은 문맥의 이스라엘 이야기는 하나님께서 선택받은 민족을 통해 세상에 토라를 주시고, 이 선물을 통해 하나님께서 죽음 대신 생명을, 저주 대신 축복을 선택하는 길을 드러내심을 시사하는 듯합니다. 기독교인들에게 있어 더 큰 문맥의 이야기는 예수 그리스도의 구원사역, 특히 십자가에서 이루어진 피조물과 창조주 사이의 화해를 포함하고 있습니다.

어떤 의미에서는, 복에 대한 이 모든 관점은 하나의 신학적인 전제에 달려 있습니다. 하나님께서는 피조물, 특히 하나님께서 흙과 하나님의 숨을 섞어 만든 인간과 밀접한 관계를 유지하기로 선택하셨다는 것입니다. 하나님께서는 매 세대마다 인간이 꿈꾸는 끊임없는 악에 대해 슬퍼하시고 심지어 분노하실 수도 있지만, 개입하시는 하나님의 본성을 고려할 때, 하나님께서는 하나님의 숨을 공유하는 피조물을 포기하지 않으실 것입니다. 아니 아마도 포기하실 수 없으실 것입니다.

하나님과 이스라엘의 얽혀 있는 관계는 일반적인 인류와의 관계보다 훨씬 더 강렬합니다. 선택받은 하나님의 사람들이 실패하기 일쑤였지만, 하나님은 그들을 포기하실 분이 아니시지요. 그렇게 하는 것은 세상에 대한 모든 희망을 버리거나 체면과 명성을 완전히 잃어버리는 것이기 때문입니다. 이를테면, 출애굽기 32장에서 금송아지 주위를 춤추는 사람들에게 뜨겁고 치명적인 분노를 발할 것이라 위협하실 때, 모세는 하나님께서 그렇게 하시면 이웃 민족들이 말할 것이라 상기시킵니다. 그리고 하나님께서는 그 대화를 좋아하지 않을 것입니다. 하나님께서는 이에 동의하시고, 마음을 돌이키십니다. 바벨론이라는 무서운 막대기로 이스라엘을 때리실 때, 에스겔은 이것이 하나님의 명성에 끼친 엄청난 오점이기 때문에 하나님께서는 선택된 백성을 한 번 더 구하실 수밖에 없다고 예언합니다(겔 36:16-32). 하나님께서는 "너희를 위함이 아니요 … 나의 거룩한 이름을 위함이라"고 사려 깊게 설명하십니다(겔 36:22). 만일 이스라엘이 세상을 위한 하나님의 마지막 희망이라면, 하나님께서는 이스라엘과 얽혀 있으시며, 이스라엘은 하나님 없이는 아무것도 아닙니다. 이들은 이혼할 수 없으며, 문제를 해결해야만 합니다.

필연적으로 하나님께서 이렇게 신실하시다는 사실은 이 불안한 관계에서 발생하는 모든 고통과 슬픔을 하나님께서 겪게 되심을 의미합니다. 예레미야와 호세아와 같은 선지자들은 하나님의 말씀을 대언하는 대부분의 사람들보다 하나님의 고통을 더 잘 이해합니다. 그리고 결국 하나님께 어떤 대가를 치르게 할 것인가에 대해 성경 전체에 나타나 있습니다. 갈보리 언덕에서 조망해 보면, 하나님의 신실하심은 생명 그 자체를 대가로 치를 수밖에 없었고, 그것이 언제인가가 문제였을 뿐, 일어날지 여부는 문제가 아니었습니다.

목회적 관점

"이에 아브람이 여호와의 말씀을 따라갔고"(창 12:4). 이것이 세 명의 신앙 전통의 족장을 소개하는 방식입니다. "이에 아브람이 따라갔고" 창세기 10장과 11장은 노아의 아들 셈에서 아브람의 아버지 데라까지 이어지는 긴 족보로 우리를 안내하고 있으며, 바벨탑 이야기로 잠시 우회하고 있습니다. 이 본문을 접할 때에 우리는 아브람에게 두 형제가 있으며, 그 중 하나가 갈대아 우르에서 죽고, 죽은 이가 아들 롯을 남겨 두었다는 사실을 발견하게 됩니다. 우리는 롯의 어머니에 대해 아무것도 알지 못합니다. 아브람은 사래를 아내로 맞이하였고, 그녀는 임신하지 못하므로 자식이 없었습니다. 마지막으로, 아브람의 아버지 데라는 하란에서 죽고 그곳에 묻힙니다.

그다음에 우리는 하나님께서 아브람에게 전혀 가본 적 없는 곳으로 가라고 말씀하시는 장면을 보게 됩니다. "너의 고향과 친척과 아버지의 집을 떠나 내가 네게 보여 줄 땅으로 가라." 그래서 아브람은 갑니다. 우리는 이 남자에 대해 아는 것이 거의 없습니다. 그의 혈통이나 자격 또는 그의 자질에 대해 전혀 알지 못합니다. 아브람은 노아처럼 의로운 사람이었을까요? 우리는 모릅니다. 왜 하나님이 그를 부르셨을까요? 본문은 이 문제에 대해 침묵하고 있으므로 우리는 알지 못합니다. 하지만 우리는 알고 있습니다.

오늘날 우리는 우리들 자신이 만난 하나님 경험을 토대로 하나님의 방식들을 알고 있습니다. 우리가 섬기는 교회들, 회중들 가운데 또한 목회자로서 우리 자신의 소명들, 평신도와 성직자로서 섬기는 봉사들에 임하는 다른 이들의 소명 속에서 우리는 하나님께서 일하시는 방식을 볼 수 있습니다. 우리는 하나님께서 항상 최고의 자격을 가진 이들이나, 뛰어난 혈통의 사람들을 부르지 않으신다는 것을 계속해서 보게 됩니다. 우리는 하나님의 인도하심에 신실하게 응답할 때, 부름 받은 이가 그 사명에 충분한 은사와 재능, 그리고 능히 감당할 수 있는 복을 받는 것을 보게 됩니다. 하나님께서 부르시고 아브람이 신실하게 응답합니다. 히브리서 저자는 아브람이 약속의 주체를 약속을 지키시는 분으로 여기기 때문에 믿음으로 응답하고, 생육의 능력과 큰 민족이 될 수 있게 하는 기술을 받았음을 기록하고 있습니다(히 11:8-12).

아브람이 부름을 받았던 도시인 하란은 '고속도로' 또는 '교차로'를 의미합니다. 이 교차로에서 아브람을 향한 하나님의 부르심과 아브람의 신실한 응답이 이스라엘 역사의 출발점입니다. 이 본문은 여러분 교회의 필요, 소명, 도전, 그리고 하나님의 부르심에 대한 성도 개개인의 신실한 응답 등과 같은 여러분만의 교차로를 살피는 데 활용할 수 있습니다. 이를 살핌으로 교회가 직면하고 있는 특별한 기로에 이름을 붙이고 교회 사역의 새로운 출발점을 정할 수도 있습니다. 주일학교 교사, 안내위원, 집사, 집례자, 평신도 설교자, 그리고 안수 사역에 대한 소명을 느끼는 개인은 선택의 기로에 서 있습니다. '나에게 이 일을 할 만한 시간이 있는가? 이 일을 할 수 있는 은사와 재능, 기술을 갖추고 있는가? 나는 이 역할을 수행하기에 '충분히 선한' 사람인가?' 이렇게 말입니다.

그런데 우리의 경험과 성경의 증거는 부르시는 분이 곧 준비시키시는 분임을 깨닫게 합니다. 준비시키시는 분은 부르심을 받은 자가 본래 창조된 모습을 더욱 온전하게 나타내도록 항상 이끄십니다. 따라서 부르심이 하나님으로부터 비롯된 것이라면 위의 모든 질문에 대한 대답은 '예'입니다. 믿음의 응답이란 하나님께서 이미 새로운 존재로 부르셨음을 받아들이고, 약속된 것을 위해 익숙한 것에서 자유롭게 되는 것을 가리킵니다. 믿음의 응답은 강요되거나 강제되는 것이 아니라 우리의 진정한 자아를 향해 자유롭게 내딛는 발걸음입니다.

새로움을 받아들이고 기존의 것을 포기한다는 개념은 이 본문과 오늘의 복음서 본문인 니고데모 이야기(요 3:1-17)를 연결해 줍니다. 위로부터 또는 새롭게, 다시 태어난다는 것은 자기 주도적인 길을 떠나도록 하는 하나님의 소명, 즉 자신의 진정한 소명을 받아들이는 것으로 이해할 수 있습니다. 익숙한 것들이 주는 안락함을 떠나, 하나님의 약속을 위해 미지의 실체를 향해 떠나는 것이 바로 거듭남의 한 형태입니다.

그래서 아브람은 하나님께서 부르시는 새로운 현실 가운데 태어났습니다. 모든 새로운 탄생은 축복이며, 모든 축복은 새로움의 가능성을 내포하고 있습니다. 하나님께서는 아브람을 위대한 민족으로 만드시고, 아브람에게 복을 주셔서 그를 통해 모든 민족이 복을 받게 될 것이라 약속하십니다. 이러한 복에 대한 탐구는 이 본문을 또 다른 관점에서 바라볼 수 있게 합니다.

복의 개념은 적어도 세 가지 방식으로 이해할 수 있습니다. 첫째, 복은 이를 받는 사람의 삶 가운데에서 안녕과 평안을 주는 것입니다. 이러한 복은 특히 권위나 권력을 가진 사람으로부터 받을 때 더욱 효과적입니다. 어떤 의미에서는 그러한 복을 받고 있다고 알려진 사람은 그 복을 준 사람의 보호를 받고 있는 것입니다.

수메르 신화의 신들은 풍요로움과 문명을 통해 복을 베풀었습니다. 많은 고대 전통에서는 풍요를 신의 활동으로 생각했습니다. 아브람과 사래의 이야기에는 분명히 이러한 요소가 포함되어 있습니다. 그러나 우리가 보고 있는 성경의 첫 번째 책, 창세기는 복의 개념을 점점 확장합니다. 이는 창조된 복, 그리고 사람과 함께 만들어 가는 복까지 포함합니다.

아브람의 하나님은 모든 창조세계의 하나님이십니다. 하늘, 들판, 바다의 피조물, 그리고 수확을 위해 재배하는 곡식, 채소, 과일, 또한 우리가 이러한 것들을 사용하고 소비할 수 있도록 유지시켜 주는 태양, 비, 토양, 바람 등의 체계를 만드신 하나님의 창조로 온 인류가 복을 받습니다. 이 복은 더 확장되어 하나님께서 개인에게 부여하시는 은사, 재능, 능력, 심지어 생물학적 능력까지 포함하는 세 번째 복에 대한 이해를 가져다줍니다. 아브람과 사래에게 주신 하나님의 복 가운데 하나는 불임의 상태를 생육의 능력으로 바꾸어 주신 것입니다. 구약성경 전체에서 하나님은 추진력과 생명력으로 사람들을 축복하십니다. 그 축복은 발견하고, 발명하며, 생산하면서 하나님과 함께 피조세계를 창조해 나가도록 이끕니다. 호기심과 창의성의 축복은 인류에게 창조와 성취의 능력을 부여합니다.

우리보다 앞서간 이들이 보여주었던 믿음의 응답은 족장 아브라함의 상상을 초월하는 부와 번영, 자유, 창의성, 가족을 인류에게 선사했습니다. 하나님께서는 우리에게 가라고 말씀하고 계십니다. 우리의 응답이 우리를 따르는 사람들에게 축복을 가져다줄까요? 우리의 역사에 "이에 그(녀)가 여호와의 말씀을 따라갔고"라는 기록이 남는다면, 우리의 믿음의 응답을 넘어 대대로 그 복이 흘러갈 것입니다.

주석적 관점

아브람(=아브라함, 창 17:5)에게 가나안 땅으로 가라는 하나님의 명령에 관한 이 구절은 원역사(창 1-11장), 그리고 이에 이어지는 족장 및 족장들의 이야기(창 12-36장)를 이어주는 경첩 역할을 합니다.

지구 전체를 파노라마처럼 조망하는 창세기 1~11장과 달리, 갑작스럽게 한 남자와 그의 가족의 삶으로 초점이 좁혀집니다. 새로운 도입부라는 느낌이 강하게 들지만, 오경의 편집자들은 이 구절들이 그 앞의 내용 속에 포함되도록 세심하게 구성했습니다. 주제상으로 창세기 10~11장은 온 땅의 인구 분포에 대해 설명합니다(10:32, 11:9). 이 본문은 아브라함이 열방을 위한 복이 된다는 것으로 마무리합니다. 내러티브의 흐름으로 파악해 보면, 12:1~4a의 맥락은 11:27~32에서 찾을 수 있는데, 여기에는 족보와 중간에 중단된 여정에 관한 내용이 고두 포함되어 있습니다. 족보에서는 다음 장에서 중심적인 역할을 하게 될 인물들을 소개합니다. 즉, 아브람, 사래, 롯 그리고 리브가의 조부모인 나홀과 밀가가 등장합니다.

이 구절은 또한 아브람 가족의 여정에 관한 이야기를 시작하는 본문이기도 합니다. 원래 가나안으로 가려고 했던 사람은 데라였기 때문입니다. 이유를 설명하지 않지만, 데라는 가족을 북메소포타미아의 하란에 정착시켰습니다(창 11:31). 아브람의 배경에 대한 이 수수께끼 같은 정보와 이에 이어지는 아브람에게 떠나라는 하나님의 갑작스러운 명령, 그리고 그에 대한 하나님의 특별한 복은 다음과 같은 미드라쉬적인 추측을 불러일으켰습니다. 하나님께서 관심을 두실 정도로 무엇이 아브람을 가치 있게 만들었을까? 무엇이 그를 하나님의 부름에 준비토록 했을까? 이러한 미드라쉬 전통은 아브람이 자신의 문화권 내에서, 그리고 심지어 그의 가족들 가운데에서 처음으로 우상의 허황됨을 발견하여 오직 하나님만을 숭배한 것으로 간주합니다(예.『희년서 *Jubilees*』 11:14-12:24 참조). 아브람 이야기의 공백을 채우려는 열심을 이해할 수는 있지만, 창세기 자체는 아브람의 이전 성격과 경험에 대해 전혀 관심이 없습니다. 내러티브의 초점은 아브람이 누구였는가가 아니라, 그가 어떤 이로 변해 가는가에 있습니다.

본문의 문학 구조는 간순합니다. 진술(1a절),

명령(1b절), 약속(2-3절), 그리고 아브람이 명령을 따랐다는 보고(4a절) 등으로 구성되어 있습니다. 길이만으로도 강조점이 축복에 있다는 것을 알 수 있습니다. 창세기 26:1~6(이삭)과 46:1-5a(야곱)에서 여정에 대한 명령과 축복의 언약을 포함하고 있는 유사한 구절들은 족장들의 이야기를 통합하는 역할을 합니다(31:3, 32:10 참조). 12:1~4a의 언어는 눈에 띄게 아름답고 리드미컬합니다. 주요 단어들이 반복되고, 용어들이 점차 좁아지는 범위로 연결되며, 절들이 서로 균형을 이룹니다. 실제로 일부 번역에서는 축복 부분을 운문으로 구성하고 있습니다. 이러한 특징들은 아브람에게 하신 하나님의 말씀에 엄숙함과 그 중요성을 더해주고 있습니다.

명령(1b절) 이 문장의 기본 구조는 동사와 두 개의 대조적인 전치사구로 표현됩니다. "너는 너의 고향과 친척과 아버지의 집을 떠나 … 땅으로 가라" 중요한 것은 어느 땅도 지리적으로 명시되지 않았다는 점입니다(예. 하란, 가나안). 그 대신에 '너의 고향'은 인척 관계를 가리키는 두 개의 용어, '네 친척'과 '네 아버지의 집'으로 더 구체화됩니다. 여기에는 아브람이 그의 가족과 단절되었다고 강조하는 후대의 미드라쉬 전통을 형성하게 한 씨앗이 있습니다. 창세기는 단절에 대해 말하지 않고 분리됨을 강조합니다. 전통적인 사회에서는 친족 집단이 정체성과 경제적 혜택, 그리고 안전 및 보호의 원천입니다. 이러한 근본적인 사회망을 떠나는 것은 큰 위험을 감수하는 것입니다. 따라서 이 명령을 따르는 비용이 강조됩니다. 마찬가지로 목적지는 '내가 네게 보여 줄 땅'으로만 묘사됩니다. 넓은 내러티브 맥락에서 보면 이 땅이 가나안이라는 점은 분명하지만, 이 표현은 하나님께서 아브람에게 목적지를 알려 주실 때에야만 밝혀지게 될 것임을 강조합니다(7절 참조).

복(2-3절) 이 명령이 아브람이 감수해야 할 위험을 강조하는 것이라면, 복은 하나님께서 풍성하게 채워주실 것이라는 확신을 줍니다. 이 구절의 핵심 용어는 '복/복을 주다'입니다(다섯 번 나타남). 히브리어에서 복은 번영을 의미합니다. 여기에는 신체적인 활력, 번영, 안전, 그리고 일의 성공을 포함합니다(예. 시 128편). 이 단어가 핵심 용어이기는 하지만, 서두에 나오는 표현은 '내가 너에게 복을 주어'가 아니라 '내가 너로 큰 민족을 이루고'입니다. 여기에서의 강조점은 아브람 개인이 아니라 미래의 이스라엘에 있습니다. '민족'(히브리어로 goy)이라는 용어는 인척 관계를 가리키는 용어가 아니라 국가를 지칭하는 단어입니다. 따라서 이 구절은 이스라엘 왕국을 예견합니다. 민족은 하나님께서 아브람에게 복을 주신 결과이며, 그 민족은 아브람의 이름을 '창대하게' 하는 수단입니다.

2절 하반절은 복의 수혜자인 아브람의 모습에서 3절의 주제이기도 한 다른 이들을 위한 복의 근원인 아브람의 모습으로 초점을 옮겨갑니다. 2절이 아브람에게 '자손의 번영'을 약속하고 있다면, 3절 상반절은 '안전'을 약속합니다. 아브람은 그의 친족을 떠남으로, 이 연결망이 제공해 주는 사회적으로 보호받을 수 있는 권리를 상실했습니다. 이러한 보호는 가족에게 협력하는 이들에게는 이익을 안겨주고, 적들에게는 보복할 것이라는 위협까지 포함합니다. 여기서 하나님께서는 비슷한 역할을 해주실 것이라 약속하십니다. 그것 역시 아브람이 받은 복의 일부입니다.

아브람이 받은 복은 3절 하반부에서 절정을 이루고 있는데, 이는 아브람의 복이 전 세계에 미치는 영향을 다룹니다. 히브리어 구문은 모호합니다. 이 동사(니팔형)는 수동태로('복을 얻을 것이라', 그리스어 칠십인역과 대부분의 후대 기독교 해석) 번역될 수도 있고, 재귀적 표현으로("스스로 복을 얻게 될 것이다") 번역될 수도 있습니다. 사실 재귀적 표현이 본래의 의미에 가깝고, 사람들이 아브람의 이름을 복 그 자체의 의미로 상기시킨다는 점을 시사합니다(예. "내가 아브람이 복을 받은 것처럼 복을 받길 원한다"). 다른 번역들에서도 실질적인 차이는 거의 없습니다. 어느 번역이든 하나님께서 아브람에게 내리신 복은 궁극적으로 '땅의 모든 족속'에게 복을 퍼뜨리는 것을 공통되게 강조합니다(3절). 예상대로 초대 기독교인들, 특히 이방인 선교에 관심이 있는 사람들은 아브람의 복에 관한 본문을 중요하게 여겼습니다. 사도행전 3:25, 로마서 4:13, 갈라디아서 3:8, 16, 히브리서 11:8~16 등에서 이에 대한 암시를 발견할 수 있습니다.

설교적 관점

아브람은 거울의 역할을 감당하라는 하나님의 부르심을 받습니다. 아브람은 그가 거하게 될 땅에 거울 속 모습이 아니라, 축복과 저주를 비추게 될 것입니다. 세상이 아브람을 축복하면 아브람도 그 축복을 다시 세상에 비추게 될 것입니다. 세상이 아브람을 저주하면 세상이 저주를 되돌려 받게 될 것입니다. 그게 다가 아닙니다. 이 거울에는 양면이 있습니다. 다른 면에 있는 아브람의 사명은 하나님께서 자신에게 비추시는 복이 열방에도 비춰질 수 있도록 거울의 방향을 돌리는 것입니다.

설교는 거울과 같은 역할을 할 수 있습니다. 설교자가 지각이 있다면 회중은 설교를 통해 자신의 모습을 보게 될 것입니다. 주석자가 신실하고 성령께서 함께하시면, 회중은 설교자의 목소리에서 울려 퍼지는 하나님의 말씀을 듣게 될 것입니다. 거울은 듣기 위한 것이 아니라 보기 위한 것입니다. 따라서 창세기 12:1~4a를 효과적으로 전달하기 위해서는 먼저 청각에서 시각까지 이르는 감각을 연결해 주어야 합니다.

다른 교리 구절과 달리 이 구절의 메시지는 시각적인 형태로 전달됩니다. 저자는 조직신학의 논점을 제시하고 있지 않습니다. 또한 저자는 축복과 저주가 어떻게 그리고 어떤 조건에서 실행되는지에 관한 메커니즘에 관심이 없습니다. 메시지를 전달하는 매체가 시각적이기 때문에 설교자는 효과적이고 의도적으로 거울의 성격을 드러내는 설교 구조를 만들 수 있습니다.

시청각 자료를 갖춘 교회라면 창세기 12:1~4을 전하는 데 효과적일 것입니다. 복의 행위를 실천하는 세계 각국의 사진과 저주의 행위를 자행하는 사람들의 사진을 나란히 배치하면, 전 세계의 친절함과 잔인성을 효과적으로 비춰줄 수 있습니다. 우리의 공간에 더 가까운 이미지들을 가져와 봅시다. 교회의 성도들의 사진을 보여줌으로 회중에게 다음과 같은 극적인 질문을 던질 수 있습니다. 아브람의 거울에서 여러분의 삶은 어떻게 비춰집니까? 여러분은 하나님의 종을 축복하는 사람입니까 아니면 저주하는 사람입니까? 여러분은 다른 사람들에게 그들의 행동이 복이라는 것을 알리고 있습니까? 다른 사람의 말이나 행동이 저주임을 보여줄 용기가 있습니까?

오로지 음성으로만 전할 수 있는 환경에서 설교자는 언어로 표현된 축복과 저주의 그림을 그릴 수 있습니다. 전 세계적인 차원에서부터 개인적인 차원까지 다양하게 말입니다. 이야기를 통해 회중은 멀리 있는 사람들과 가까이 있는 사람들이 세상을 축복하거나 저주하는 소식을 들었을 때의 본능적인 반응을 경험할 수 있습니다. 그러한 이야기들이 자신의 이야기와 닮아 있다는 사실은 자기 성찰을 불러일으킬 것입니다. 아브람처럼 설교자는 매우 직접적일 수 있습니다. 이 구절의 내용을 선포함으로 청중들이 단순하고 기본적인 정직의 상태로 나아가도록 촉구할 수 있습니다. 내가 거울을 볼 때, 나는 복을 봅니까 아니면 저주를 봅니까? 내가 가족과 동료, 그리고 친구들에게 미치는 영향을 볼 때, 나는 나 자신이 자랑스럽습니까 아니면 부끄럽습니까?

우리 가족은 최근 강아지를 한 마리 입양했는데, 그 강아지는 거울 속 자신의 모습을 볼 때마다 미쳐 날뛰었습니다. 그는 다른 강아지가 자신의 영역을 차지하러 왔다고 확신했습니다. 그는 공격 자세를 취하고 짖고, 냄새를 맡고, 자신의 반사된 모습에 으르렁거렸습니다. 그는 거울 뒤에서 자신의 적을 찾으려고 했지만, 절대 찾지 못했습니다. 결국 우리는 강아지와 우리가 쉴 수 있으려면 거울을 강아지의 시야 밖으로 높이 걸어야 한다는 것을 깨닫게 되었습니다. 그런데 하나님께서는 아브람을 통해 거울을 우리 시야로 낮추어 놓으십니다. 하나님께서는 우리가 축복인지 저주인지 또는 그 둘 다인지 보라고 부르십니다. 겉으로 볼 때 성찰 없는 삶이 더 평온해 보일 수 있습니다. 그래서 아브람의 거울을 들여다보는 것은 쉽지 않을 것입니다. 우리는 우리 스스로를 인지할 수 있어야 한다는 도전을 맞닥뜨리게 될 수도 있습니다. 우리는 다른 사람들의 인식에 도전해야 한다는 것을 발견하게 될 수도 있습니다.

갈라디아서 6:7에서 바울은 우리가 뿌린 대로 거둘 것이라 상기시킵니다. 아브람의 거울은 받는 만큼만 줍니다. 이 구절을 능숙하게 전달하는 설교자는 두려움, 원한, 또는 잘 보이고 싶은 마음 때문에, 일그러진 상을 보여주는 요술거울을 들이대어 진실을 가리거나 비틀어 버리고자 하는 유혹에 저항해야 합니다.

다시 말해, 회중의 죄를 너무 노골적으로 언급하거나 그들의 선행을 너무 노골적으로 칭찬하면 아브람(그리고 설교자)이 재판관이 될 수 있습니다. 재판관은 성경의 후반부에 등장합니다. 창세기에서 하나님의 도구는 굴절이 아니라 반사입니다. 반사된 빛은 그 근원으로 되돌아갑니다. 굴절된 빛은 한 매체에서 다른 매체로 방향이 바뀐 빛입니다. 주석가는 반사에서 굴절로, 인식에서 구속으로 너무 빨리 넘어가지 않도록 이 구절을 '과도하게' 해석하려는 충동을 억제해야 합니다. 회중 스스로 결론을 도출할 수 있도록 식별 가능한 이미지와 특성을 제시하는 것이 이 성구를 가장 충실하게 선포할 수 있는 방법이며, 또 다른 이유입니다.

거울에는 여전히 다른 면이 있습니다. 아브람의 거울의 다른 면은 하나님을 모든 민족들에게 비춥니다. 이 시각적 이미지의 절반은 선교와 전도라는 교회의 사명에서 비롯됩니다. 교회는 분석가나 해설자, 격려자나 낙담자를 넘어선 존재여야 합니다. 사회적 목적과 개인적 목적을 넘어서는 교회의 신성한 소명이 있습니다. 아브람은 자신의 능력 때문이 아니라 순전히 하나님의 빛을 비추는 데 쓰임 받기 때문에 복을 받은 사람입니다. 교회가 열방의 축복이 되도록 부름 받은 것은 교회가 흠이 없어서가 아니라 스스로 있는 자이신 하나님을 비추기 때문입니다.

따라서 창세기 12:1~4a을 본문으로 한 설교는 처음에는 회중에게 공감을 요청하지만, 궁극적으로는 회중이 자신과 감각의 한계, 그리고 은사를 초월하여 단순히 하나님의 뜻을 세상과 나누도록 요청할 수 있습니다. 이것은 많은 사람들에게 낯선 영역일 수 있습니다. 창세기 12:1에서 읽은 것처럼 아브람에게도 낯설었지만, 하나님께서는 아브람에게 비추셨고, 복이 임했으며 아브람은 이 여정을 떠났습니다.

사순절 둘째 주일

시편 121편

1 내가 산을 향하여 눈을 들리라 나의 도움이 어디서 올까
2 나의 도움은 천지를 지으신 여호와에게서로다
3 여호와께서 너를 실족하지 아니하게 하시며 너를 지키시는 이가 졸지
아니하시리로다
4 이스라엘을 지키시는 이는 졸지도 아니하시고 주무시지도 아니하시리
로다
5 여호와는 너를 지키시는 이시라 여호와께서 네 오른쪽에서 네 그늘이
되시나니
6 낮의 해가 너를 상하게 하지 아니하며 밤의 달도 너를 해치지 아니하리
로다
7 여호와께서 너를 지켜 모든 환난을 면하게 하시며 또 네 영혼을 지키시
리로다
8 여호와께서 너의 출입을 지금부터 영원까지 지키시리로다

신학적 관점

이 시편의 배경과 관련하여 많은 추측들이 제기되어 왔습니다. 어떤 이들은 저자가 전쟁에 나가기 앞서 시를 썼다고 하고, 여행을 떠나기 직전에 곡을 썼다고도 하며, 또 절기를 맞아 예루살렘으로 올라갈 때 백성들이 노래로 불렀다는 주장도 있습니다.

네 개의 연으로 구성된 이 시편의 구조로 미루어 볼 때, 이 시편은 부름-응답의 형식으로 불렀을 가능성이 높습니다. 각 연은 이스라엘의 종교생활에서 중요했던 주제를 매우 시적인 방식으로 표현하고 있습니다. 신학적으로 볼 때, 이 시편의 구조는 백성들이 거룩한 절기에 성전으로 나아갈 때 사용되었을 가능성이 큽니다.

1~2절은 하나님의 백성인 우리의 도움은 여호와로부터 온다는 것을 확증하고 있으며, 적절한 곳에서 도움의 근원을 찾으라고 권고하고 있습니다. 이 구절에서 언급된 산은 성전이 세워진 산이었을 것입니다. 이 구절은 하나님의 초월성을 확증합니다. 하나님께서는 항상 우리가 처한 상황 가운데에서 즉각 발견되실 수 있는 분이 아니라, 우리가 시선을 높여 그 얼굴을 구해야 하는 분입니다. 이 두 구절은 인간으로서 우리가 끊임없이 하나님의 도움을 필요로 하지만 이는 단순한 도움이 아니라는 점을 암시합니다. 인간이 요청하는 도움은 산을 창조하신 분으로부터 오는 것이어야 합니다. 신학적으로 이 구절은 창조주만이 궁극적으로 구원자가 되실 수 있음을 나타내고 있습니다.

3~4절은 하나님께서 한결같으신 분임을 확증합니다. 하나님께서는 변함이 없으시고, 확실하시며, 성실하시고, 신뢰할 수 있는 분입니다. 신학적으로 볼 때 하나님 본성의 불변성은 일반적으로 하나님의 자비 행위와 대조되는 속성으로 여겨져 왔습니다. 이러한 대조에서 나타나는 문제는 하나님의 본성과 하나님의 행위 모두 신앙인들의 경험 속에서 분별되어야 한다는 것입니다. 따라서 장 칼뱅은 보이지 않는 하나님의 불변성의 개념을 강조했습니다. 인간의 관점에서는 보이지 않는 믿음과 희망의 증거를 통해서만 하나님의 불변성을 지적할 수 있습니다. 또한 이 불변성은 하나님께서 우리가 서 있는 견고한 터전이라는 사실(하나님께서는 우리의 발이 흔들리지 않게 하신다는 것)과 하나님께서 우리를 지켜 보시는 분이라는 사실에서 드러납니다. 불변성은 하나님의 본성의 특징일 뿐만 아니라 하나님께서 졸지 않으시고 경계하시며 지키시는 이유가 됩니다. 이 변함없음은 공간적, 시간적 양상을 모두 갖고 있습니다. 폴 틸리히의 말을 빌리자면, 하나님께서는 우리 존재의 근거일 뿐만 아니라 우리의 희망을 지키시는 분이기도 합니다.

5~6절은 하나님께서 지키시는 분임을 확언합니다. 지키시는 분이 되시는 하나님의 역할은 이스라엘이 자연으로부터 보호받아야 한다는 사실을 강조합니다. 시편 기자는 신정론의 문제를 파고들지 않으면서 낮에 빛을 비추는 태양도 위험할 수 있고, 밤에 빛을 비추는 달도 위험할 수 있다고 선언합니다. 자연은 구원을 필요로 하지 않기 때문에, 인간은 자연에 의존할 수 없다는 것입니다. 하나님의 임재는 이스라엘이 해나 달에 의해 해를 입지 않게 될 것이라 보장합니다. 이 말씀은 자연 그 자체가 자신들에게 불리하게 작용했다고 느끼는 이들

에게 하나님의 존재에 대한 커다란 통찰을 제공할 수 있습니다. 이 구절의 신학적 메시지는 하나님의 주권이 자연 영역까지 확장된다는 것입니다. 낮의 위협이나 밤에 마주하는 원수와 무관하게 하나님의 임재는 변함없이 드러납니다.

7~8절은 하나님께서 보호자가 되심을 확언합니다. 하나님께서 보호자의 역할을 하실 때, 하나님의 보호는 미지의 영역, 즉 악의 영역까지 확장됩니다. 시편 기자를 악으로부터 보호하시는 하나님은 또한 시편 기자의 영혼을 보호하십니다. 악의 위협과 영혼의 위험 사이에는 분명한 신학적 연결성이 있습니다. 신학적으로 말하자면, 하나님께서 주시는 보호는 어디에나 존재합니다. 보호자가 되시는 하나님은 나가는 길과 들어오는 길 모두를 돌보십니다. 마지막으로, 이 보호하심은 시간적으로 제한되지 않다는 점을 신학적으로 주목해 보는 것이 중요합니다. 시편 기자는 이 시점부터 하나님의 보호가 그를 따를 것이라고 선언합니다.

이 시편을 구성하는 각 연에서 하나님의 본성이 서서히 드러납니다. 하나님께서는 도움을 주시는 주권자이자, 신실한 보호자이시며 지키시는 분이십니다. 이 시편은 이스라엘에게 큰 격려의 원천이 되었을 것이며, 불확실성과 위험으로 가득찬 인생 여정을 살아가는 사람들에게 힘을 줄 수 있는 잠재력을 지니고 있습니다. 하나님께서 '높이 앉으시고 낮은 곳을 보시는' 분이 되심을 아는 것은 하나님의 자애로우심을 인정하는 동시에 하나님의 위엄을 찬양하게 합니다. 하나님께서 우리 발 아래를 살피시고, 우리 머리 위에 계심을 아는 것은 하나님의 사랑이 아래에서나 위에서나 분명히 드러난다는 사실을 기념합니다.

시편의 구조는 궁극적으로 드러내고자 하는 신학적 의미를 암시하고 있습니다. 각 연의 첫 구절은 본래 선언이 아니라 질문이었고, 두 번째 구절이 그에 대한 대답이라는 주장이 제기되었습니다. 이 시편이 원래 질문과 답변으로 구성되었을 것이라는 가능성은 예배의 경이로움을 통해서만이 아니라, 삶의 도전 속에서 하나님의 실체를 구하고 발견할 수 있다는 사실을 강조합니다. 시편이 환희에 찬 대답뿐만 아니라 신앙인들에게 불편한 질문도 제시할 수 있다는 생각은 시편이 신학적인 견고함을 유지하는 열쇠입니다.

시편은 종종 아프리카계 미국인의 종교 음악의 소재로 활용되어 왔으며, 점점 더 현대 기독교 음악의 소재가 되고 있습니다. 흔히 '경배와 찬양' 음악이라고 불리는 이러한 유형의 음악은 하나님 앞에서 기쁨과 심지어 황홀감을 느끼게 하는 데 중점을 둡니다. 시편의 메시지를 해석하는 이러한 방식은 '번영의 복음' 설교와 더불어 나타납니다. 찬양의 영역은 분명 시편 전통에 속하기는 하지만, 종종 간과되는 것은 시편이 제기하는 질문의 영역입니다. 이 시편과 다른 시편들을 주의 깊게 읽어 보면 신앙인의 삶에 균형이 있음을 알 수 있습니다. 이것이 바로 인생의 어려운 질문과 신앙의 깊은 대답 사이에 존재하는 균형입니다.

목회적 관점

소유하는 것과 지키는 것에는 큰 차이가 있습니다. 예를 들어, 제가 좋아하는 스웨터가 있다고 가정해 보겠습니다. 그것은 제 소유입니다. 그런데 저는 강아지를 키우고 있습니다. 이는 단순한 소유물이 아니라 제가 사랑하는 강아지입니다. 강아지는 저에게 소중합니다. 따라서 저는 강아지를 정성껏 돌봅니다. 강아지가 아프면 저도 아프기 때문에 강아지가 다치지 않도록 보호합 니다.

마찬가지로 하나님께서도 우리를 소유하고 계시는 것이 아닙니다. 하나님께서는 우리를 지키십니다. 우리는 하나님의 사랑받는 존재이며 헤아릴 수 없을 정도로 하나님께 소중한 존재입니다. 우리가 고통을 받으면 하나님께서도 아프시기 때문에, 우리는 주님 보시기에 단순한 소유물이 아닙니다. 시편 121편은 주님께서 우리를 지키신다는 사실을 찬양합니다.

여덟 절의 짧은 시편에 '지키다'라는 뜻의 단어 '샤마르'(shamar)를 6번이나 여러 형태로 사용하고 있습니다. NRSV는 'keep'과 'keeper'를 사용하고, NJB(New Jerusalem Bible)는 'guarding', 하나님께서 'guardian'이 되신다는 표현을 사용합니다. NIV는 'watching over'와 'keeping'으로 표현하였고, KJV는 'keep'와 'preserve'를 사용합니다. 이 시편은 순례의 배경에서 쓴 것으로 보입니다. 시편 기자는 하나님의 거룩한 산이자 성전이 있는 시온산으로 추정되는 산을 바라보고 있습니다. 아마도 쉬운 여정은 아닐 것입니다. 그리고 첫 구절은 다음과 같은 대담한 질문을 외치고 있습니다. "나의 도움이 어디서 올까" 현대의 독자들이 이 시편의 배경이 순례 여정 가운데 일어난 일이라는 사실을 알지 못하더라도, 도움을 구하는 시편 기자의 외침이 전달하는 강렬함을 놓칠 수는 없습니다. 본능적으로 우리는 도움을 구하기 위해 산을 바라본다는 것이 어떤 의미인지 잘 알고 있습니다. 우리 모두는 인생의 어려운 시기에 이런 외침을 해본 적이 있을 것입니다.

21세기의 서구문화는 개인주의와 자립을 권장하지만, 어느 순간 우리 모두는 스스로 신이 될 수 없다는 현실을 직시해야 합니다. 우리가 우리만의 신이 되고자 노력한다면 삶은 우리에게 그렇지 않다는 점을 상기시켜 줄 것입니다. 우리는 산을 바라보고 도움을 요청해야 하겠죠.

어떤 사람들은 모든 것이 잘 풀릴 것 같은 좋은 시절에 하나님을 가장 가깝게 느낍니다. 이런 사람들은 어려움에 부딪히면 낙담합니다. 그러나 또 어떤 이들은 캄캄하고 힘든 시기에 하나님과 더 가까워지는 것을 느낍니다. 이때에 보호막이 무너지고 전능자와의 관계성 가운데에서 자신의 위치를 인정할 수밖에 없기 때문입니다. 그들은 자신의 힘의 한계를 받아들일 수밖에 없습니다.

우리의 무력함을 깨닫는 순간, 우리에게 주어지는 축복이 있습니다. 어떤 의미에서 이런 순간은 우리가 평소보다 더 무력해지는 순간이 아닙니다. 오히려 우리가 가진 힘이 얼마나 작은지 평소보다 더 절실히 알게 되는 순간입니다. 이때에 힘에 대한 환상이 사라지고, 나 자신을 초월하는 도움이 필요하다는 현실을 감내하는 복을 받게 되는 것입니다. 불편한 깨달음이기는 하지만, 결국 진리 안에서 살아갈 수 있다는 것은 축복이며, 이는 주님께 진심으로 부르짖을 수 있는 발판을 마련해 줍니다.

시편 121편은 바로 이 지점에서 이러한 도움이 필요하다는 깨달음으로 시작됩니다. 시편은 다음의 질문으로 시작합니다. "나의 도움은 어디서 올까?" 시편의 나머지 부분은 이 첫 번째 질문에 대한 대답입니다. 첫 번째 구절은 앞으로 일어날 모든 일을 준비하는 내용이고, 시편 기자는 한 치의 망설임도 없이 이 질문에 대한 답을 다음과 같이 선포합니다. "나의 도움은 천지를 지으신 여호와에게서로다"

그리고 시편 기자는 주님께서 우리를 지키시는 분이시며, 우리의 신뢰를 저버리지 않으시는 분임을 나타냅니다.

우선 시편 기자는 주님께서 천지의 창조주라는 자격을 지니고 오셨다는 사실을 상기시킵니다. 이어서 시편 기자는 천상의 영역에서, 바로 이 물리적인 영역으로 이동하여 "여호와께서 너를 실족하지 아니하게 하시며"(3절)라고 말합니다. 하나님께서는 일하시는 동안 졸지 않으실 것입니다(3-4절). 그리고 하나님께서는 밤낮으로 우리를 보호하실 것입니다(6절). 마지막으로, 주님께서는 우리의 출입을 지키십니다(8절). 다시 말해, 하나님께서는 우리 삶의 모든 움직임을 지켜 보실 것입니다. 주님의 보호하심은 모든 것을 포괄합니다.

자신의 삶을 스스로 책임지고 있다고 생각하는 사람들에게는 충격이 아닐 수 없습니다. 그들은 스스로 통장의 잔고를 관리하고, 스스로 진료 약속을 지키며, 스스로 쇼핑을 하고, 자신의 복지에 개인적인 책임 의식을 갖습니다. 이들은 자기 자신을 지켜주고 보호해주시는 분이 계시다는 생각을 받아들이기는커녕, 이를 이해할 수조차 없을 수 있습니다.

지키시는 분을 갖게 된다는 것은 양방향 거리와도 같은 것입니다. 우리가 얻고자 하는 모든 것을 얻으려면, 먼저 보호를 제공하는 분에게 자신을 드려야 합니다. 보호를 얻는 대신 완전한 독립성을 내려놓게 됩니다. 다시 말해, 시편 121편의 단일한 주제는 모든 이에게 좋은 소식으로 들리지 않을 수도 있습니다. 우리 삶을 상당히 침해하는 것처럼 들릴 수 있습니다. 반려동물을 돌본다는 단순한 예로 잠시 돌아가 봅시다. 우리는 반려동물을 소유하는 것이 아니라 이들을 지켜주고 있습니다. 우리는 반려동물을 부양하고 돌봐줍니다. 반려동물과의 유대감 때문에 이렇게 하게 되는 것입니다. 주님께서 나를 사랑하신다는 사실을 받아들이는 것만큼이나 주님께서 나를 지키신다는 사실을 받아들이는 것도 쉬운 것은 아니지만 이 둘은 서로 얽혀 있습니다. 이 사실이 주님께서 우리를 위해 무엇인가를 하실 뿐만 아니라, 왜 그렇게 하고 계신지를 이해하는 열쇠입니다. 하나님의 사랑은 하나님의 신실하심의 기반이 됩니다. 하나님께서는 우리를 사랑하시기에 우리를 지키고 계시는 것입니다.

주석적 관점

사순절은 종종 여행으로 묘사됩니다. 시편 121편에서 시편 기자는 여행길에 이미 들어섰거나, 곧 떠날 예정인 것처럼 보입니다. 실제 올라가는 노래(시 120-134편)는 아마도 순례 노래 모음집으로 시작되었을 것입니다. 시편 120~122편에서 나타나는 도입부 전개는 시편 기자가 '국외에서'(120:5) '산을 향하여'(121:1), 그리고 마침내 '예루살렘'(122:2)으로 이동하는 흐름으로 되어 있는데, 이로 미루어 볼 때 우연은 아닌 것 같습니다. 시편 121편과의 만남을 통해 옛 시편 기자와 현대의 예배자는 어떤 의미에서는 여행의 동반자가 될 수 있을 것입니다.

1절에서 '산'이 정확하게 무엇을 지칭하고 있으며, 그 의미가 무엇인지 불분명합니다. 시편 121편의 문맥을 고려할 때 시편 기자는 저 멀리 있는 '산들' 가운데 순례의 목적지인 시온산을 보고 있을 수 있습니다. 이 경우 '산'에 대한 언급은 시편 기자가 1절의 뒷부분에서 질문하고 있는 '나의 도움'의 근원을 암시합니다. 다른 한편으로, 여행을 떠나려는 사람에게 있어 '산'은 수많은 어려움과 위험을 감추고 있을 수 있으므로, 시편 기자가 "나의 도움이 어디에서 올까?"라고 물어야 하는 이유를 설명할 수 있습니다.

대부분의 주석가들은 전자의 해석 방식을 선호하지만 후자의 해석 또한 설득력이 있습니다. 칼 플랭크는 아브라함이 아들 이삭을 죽이려고 칼을 든 바로 그 지점에서 시편 121:1을 낭송하는 내용을 담고 있는 랍비 전통의 미드라쉬와 시편 121편을 교차하여 읽어 볼 것을 제안합니다(창 22:10 참조. 이번 주일의 구약 본문인 창세기 12:1~4에는 여행을 떠나는 아브라함이 등장합니다). 그리고 플랭크가 다음과 같이 결론을 내립니다.

> 불안이 존재할 수 없는 곳에서 확신은 별로 의미가 없습니다. … 이 시편은 인간을 산 앞에 두고 있는데, 이 산의 경계는 사람에게 힘을 복돋아 줄 수도 있지만, 모리아산에서 아브라함이 느꼈던 실망감 또한 내포하고 있습니다. … '이' 지평선에 눈을 들어 보는 것은 진정한 도움에 대한 질문을 입술로 고백하게 하고, 그 질문에 대답하는 이들에게는 질문하는 목소리가 품고 있는 불안감을 존중해 주라고 명령합니다. 시편은 "나의 도움은 천지를 지으신 여호와에게서로다"라고 선포합니다. "그러나 누가 쉼 없이 말할 수 있겠습니까?"라고 미드라쉬는 대답합니다. 시편 기자도 또한 질문과 대답 사이에 존재하는 침묵의 공간에서 이 경고의 말을 인지하고 있었을 것입니다.*

1b절을 '도움에 대한 순수한 질문'으로 이해해 본다면, 이 시편이 사순절에 특히 잘 어울린다는 사실을 알 수 있습니다. 이 구절은 현대 독자들이 우리 자신의 불안과 진정한 필요에 다가가게 함으로 사순절 여정이 우리 자신과 우리 자신의 성취(예를 들어 우리가 포기할 수 있는 것)를 이루는 여정이 아니라, 하나님과 하나님의 도움에 우리가 근본적으로 의지하는 여정임을 깨닫게 합니다.

시편 기자는 2절에서 '나의 도움'을 반복하면서 자신의 질문에 대한 답변을 시작하고 있습니다. 이러한 계단식 반복법은 한 번에 한 걸음씩 나아갔던 고대 시대의 여행 방식에 관한 시에 매우 적합하다고 볼 수 있습니다(3-4절의 '지키다'와 '졸다', 그리고 7-8절의 '지키다'와 관련된 추가적인 계단식 반복 참조). 하나님으로부터 오는 도움은 시편에서 자주 확인됩니다(22:19; 33:20; 54:4; 63:7; 70:5; 115:9-11; 124:8 참조). 하나님을 '천지를 지으신' 분으로 묘사하는 것은 성전에 올라가는 노래의 특징입니다(124:8, 134:3 참조). 특히 여행 중인 시편 기자에게 닥

* Karl A. Plank, "Ascent to Darker Hills: Psalm 121 and Its Poetic Revision," *Literature and Theology* 11/2 (June 1997): 163.

친 위협 중에 하나가 대표적인 피조물인 해와 달(6절)과 관련되어 있다는 점을 고려하면 더욱 안심할 수 있습니다.

3~8절에서는 시편 기자에게 더욱 확신을 주는 다른 목소리가 등장합니다. 화자의 변화는 본래 이 시편의 전례 의식이나 삶의 정황을 시사해 주고 있는데, 아마도 여행을 떠나기 앞서 했던 작별 의식이었을 것으로 여겨집니다. 이 시편에서 총 여섯 번 사용되는 히브리어 어근이 3~절에서 처음 두 번 나타나는데, 여기서는 '지키다'로 번역되어 하나님의 지속적인 보호에 초점을 맞추고 있습니다. '실족하지 아니하게 하시며'라는 언급은 문자 그대로 여행이라는 설정에 잘 들어 맞지만, 이 동사는 시편의 다른 용례들에서는 더 일반적으로 하나님의 보호, 심지어 생명을 구하는 일을 묘사하기 위해 사용됩니다(16:8, 55:22, 62:2, 6, '흔들리다'; 66:9, '실족하다'; 112:6; 또한 125:1에서 시온 산이 '흔들리지 아니하고' 96:10에서 '세계가 … 흔들리지 않으리라' 등 참조).

이 핵심 단어는 시편의 중심부에 있는 5a절에 다시 등장합니다. '여호와'라는 주어가 동사 앞에 나와 수사적으로 더욱 강조됩니다. 도보 여행자에게는 태양으로부터의 보호가 필요했을 것입니다(사 49:10 참조). 달과 관련하여 달빛이 위험하다 여겨졌던 것 같습니다(마 4:24, 17:15에서 사용되는 그리스어 '간질병자'에 함축되어 있는 의미는 문자 그대로 '달에 맞은 자'〈moon-struck〉입니다. 영어 단어 'lunatic'〈미치광이〉은 달을 뜻하는 라틴어에서 유래한 것입니다).

마지막 부분에서는 이 핵심 단어가 세 번 더 등장합니다. 7~8절에서 나타나는 '지키다'의 각 용례는 하나님의 보호하심의 범위를 확장하여, 특정한 여행을 넘어서는 여행의 이미지를 효과적으로 확장시키기고 있습니다. 실제 여정은 '너의 삶'이 되는 것이고, 이 여정에서 하나님께서는 "모든 환난을 면하게 하시며 … 지금부터 영원까지" 포괄적인 약속을 하십니다. 따라서 제임스 림버그가 지적한 것처럼, 시편 121편이 루터교 전통에서 세례식과 장례식 모두에서 전례적으로 사용되는 것은 적절합니다. 림버그는 시편 121편을 '순례자들의 시편'이라고 부르는데, 이는 궁극적으로 삶을 여정으로 묘사하고, 신앙인들이 항상 길 위에 있음을 암시하기 때문입니다.*

예수님께서 제자들에게 상기시켜 주셨듯이, 그리고 사순절 기간 동안 우리 스스로 상기하듯이, 예수님을 따르는 길은 십자가로 이어집니다(막 8:34 참조). 사순절의 여정 가운데 시편 121편을 읽는 것은 우리가 최고의 악에 직면할 때에도 하나님께서는 우리를 지켜 주시는 분이시며, 앞으로도 항상 우리를 지켜 주실 것이라는 기쁜 소식을 선포하고 축하하는 것입니다.

설교적 관점

어느 편집자는 시편 121편에 "올라가는 노래"라는 제목을 붙였습니다. 이는 특정한 절기나 다른 때에, 하나님의 거처인 예루살렘 성소로 가는 순례자들이 부르는 노래일 수도 있습니다. "내가 산을 향하여 눈을 들리라"라는 표현은 "내일 나는 예루살렘으로 떠난다"는 말과

* James Limburg, "Psalm 121: A Psalm for Sojourners," *Word and World* 5/2 (Spring 1985): 180, 185-87.

비슷한 의미일 수도 있습니다. 다시 한번, 공동체의 시편이 된 이 시편은 개인의 시편으로 시작됩니다.

지나치게 자주 회자되기는 하지만 인생을 '여정'이라고 생각하는 것은 정확하고 유용한 비유라 할 수 있습니다. 어느 날 하나님의 영이 우리에게 호흡을 넣어 생명을 얻게 되었고, 또 언젠가 우리는 마지막 숨을 쉬게 될 것입니다. 그 사이에 우리는 사람들을 만나고, 장소를 방문하고, 성장하고 발전하며, 다양한 경험을 하게 됩니다. 개혁주의 전통의 신앙인들은 인생을 죽음을 넘어선 성화의 여정으로 이야기하곤 합니다. 이 긴 여정은 수많은 작은 여정들로 이루어져 있고, 각 여정들은 우리가 궁극적으로 온전함을 이루는 데 도움을 줍니다.

적어도 하나님의 부르심에 귀를 기울이고, 예수님을 따르고, 성령의 인도하심에 따르고자 노력하는 사람에게는 이러한 작은 여정 하나하나와 평생의 여정이 하나님 안에서 시작됩니다. 마치 하나님께서 인생의 여정 길 가운데에서 우리보다 조금 앞서 달려 가시며 우리에게 손을 흔들며 함께 가자고 말씀하시는 것처럼 말입니다.

이러한 모양은 우리가 서 있는 곳과 하나님께서 손짓하시는 곳 사이에는 항상 어느 정도 거리가 있다는 점을 보여줍니다. 우리의 자리와 하나님의 자리 사이의 길이 순탄치 않은 경우가 많습니다. 하나님께서 계신 곳은 눈부신 곳일지 모르지만, 그곳에 도달하려면 대개 우리가 현재 가지고 있다고 생각하는 것보다 더 많은 용기와 기술, 자신감, 은사가 필요합니다.

이러한 여정은 한 직장을 떠나 다른 직장으로 옮기는 것이 될 수도 있고, 이미 하고 있는 일을 새롭게 창조하고 재구상하는 것이 될 수도 있습니다. 학교를 다니거나, 영혼의 갈망을 추구하거나, 깊이 간직하고 있는 신념의 목소리를 내기 위해 위험을 무릅쓰는 것일 수도 있습니다. 다른 도시나 국가로 이주하거나 자신을 인질로 잡고 있는 중독을 포기하는 것일 수도 있습니다.

신앙 공동체의 경우 새로운 사역을 개발하거나, 사회적 이슈에 참여하거나, 예배에 새로운 생명을 불어넣거나, 직원을 늘리거나 줄이거나, 건물을 매각하거나, 노숙자 가정을 받아들이는 등의 여정을 할 수도 있습니다.

그 구체적인 여정의 내용이 무엇이든지 간에 교회나 개인이 여정을 떠난다는 것은 한곳에서 다른 곳으르 떠나라고 우리에게 요청하시는 하나님에 대한 응답이라는 점을 인식하게 될 때, 이 여정은 올라가는 여정으로 바뀌게 됩니다. 원래 목적지는 하나님의 도성인 시온, 예루살렘이었을런지 모르지만 예루살렘이 하나님이 계신 곳을 상징하는 장소라면, 이 시편은 우리의 탄생과 죽음, 인사와 작별, 확장과 축소, 위험한 모험과 안전한 귀환 등과 같이 우리의 모든 삶의 경로를 감싸는 시편이 될 수 있습니다.

이 시편은 출발 지점에서 시작됩니다. 목적지가 눈에 들어오고, 순례자는 마치 하나님께서 자신을 부르시는 것을 보는 듯하고, 적어도 그 목적지에서 하나님을 만날 수 있기를 갈망하는 듯합니다. 순례자는 산을 바라보고 있지만, 그 도전에 약간 겁을 먹습니다. 그는 이 여정을 혼자서 할 수 없고, 어디에서 자신감과 도움을 받을 수 있을지 궁금해합니다. 그는 자신의 신앙 이야기, 친구와 가족의 간증, 그리고 지금까지의 경험을 떠올립니다. 여호수아가 누구를 섬길 것인지 말했던 것처럼 시편 기자는 모든 것을 한 바구니에 담습니다. "나의 도움은 천지를 지으신 여호와에게서로다" 세상을 만드신 분의 부르심에 귀를 기울이고, 위험한 길과 거룩한 중간 기착지가 있는 모든 여정을 상상해 볼 수 있기에 확신을 가질 수 있습니다.

그때 놀라운 일이 일어납니다. 그의 고백에 함께하는 수많은 목소리가 들려옵니다. 용감한 순례자는 하나님의 부르심을 받아들이고, 친구들은 그(녀)를 격려하고 축복하며, 자신의 신앙고백을 전하기 위해 달려갑니다. 생명으로 이어지는 결정을 격려하는 공동체에 속하는 것은 좋은 일입니다.

이 시편을 읽다 보면 '지키다'라는 단어의 다양한 반복형태에 충격을 받지 않을 수 없습니다. '지킨다'는 것이 무엇을 의미하는지에 관한 설교는 강력할 수 있습니다. 우리가 하나님을 쉽게 놓쳐 버리는 것처럼 보이기는 하지만, 하나님께서는 우리를 놓지 않으신다는 것을 깨닫는 것이 중요합니다. 신앙 공동체로서 그리고 개인으로서 우리의 안전은 궁극적으로 '모든 것을 올바르게 하는 것'에 달려 있지 않습니다.

하나님께서는 이미 우리가 버려지는 존재가 아님을 결정하셨습니다. 누군가가 이미 우리를 위해 책임을 지고, 우리가 잠을 자거나 실수할 때에도 경계를 늦추지 않고 있습니다. 우리는 하나님의 살피시는 눈과 창조의 손길이 결코 멈추지 않는다는 것을 알기에 활력을 회복하는 쉼에 빠져들 수 있습니다. 이 개념은 요한복음 10:28에서 예수님께서 제자들에게 자신에게 속한 자들은 결코 빼앗길 수 없다고 말씀하신 부분에서도 찾아볼 수 있습니다.

성경의 반복되는 주제는 우리가 하나님께서 인도하시는 곳을 따라 바쁘게 움직일 때, 하나님께서 우리의 안전과 그늘을 책임지신다는 것을 상기시켜 줍니다. 더 정확하게는 하나님께서 우리 삶을 책임져 주신다고 할 수 있습니다. 시편 기자는 7절의 첫 부분에서 일반적인 진술을 한 다음에, 두 번째 부분에서 "모든 환난을 면하게 하시며"라는 진술을 강화합니다. 이 구절의 의미는 "또 네 영혼을 지키시리로다"와 같다는 의미입니다. 이 여정에는 고통이 있을 수 있고 심지어 죽음도 있을 수 있지만 무의미한 고통이나 무의미한 죽음은 아니며, 여러분은 그 고통을 혼자 감당하지 않을 것입니다. 저항도 있을 것이고 위험도 있겠지만, 주님께서 여러분과 함께하실 것입니다. 그러니 이제 출발하십시오. 그 길 위에는 선한 것들이 있습니다.

사순절 둘째 주일

로마서 4:1~5, 13~17

1 그런즉 육신으로 우리 조상인 아브라함이 무엇을 얻었다 하리요
2 만일 아브라함이 행위로써 의롭다 하심을 받았으면 자랑할 것이 있으려
니와 하나님 앞에서는 없느니라
3 성경이 무엇을 말하느냐 아브라함이 하나님을 믿으매 그것이 그에게 의
로 여겨진 바 되었느니라
4 일하는 자에게는 그 삯이 은혜로 여겨지지 아니하고 보수로 여겨지거니
와
5 일을 아니할지라도 경건하지 아니한 자를 의롭다 하시는 이를 믿는 자
에게는 그의 믿음을 의로 여기 시나니
13 아브라함이나 그 후손에게 세상의 상속자가 되리라고 하신 언약은 율
법으로 말미암은 것이 아니요 오직 믿음의 의로 말미암은 것이니라
14 만일 율법에 속한 자들이 상속자이면 믿음은 헛것이 되고 약속은 파기
되었느니라
15 율법은 진노를 이루게 하나니 율법이 없는 곳에는 범법도 없느니라
16 그러므로 상속자가 되는 그것이 은혜에 속하기 위하여 믿음으로 되나
니 이는 그 약속을 그 모든 후손에게 굳게 하려 하심이라 율법에 속한
자에게뿐만 아니라 아브라함의 믿음에 속한 자에게도 그러하니 아브
라함은 우리 모든 사람의 조상이라
17 기록된 바 내가 너를 많은 민족의 조상으로 세웠다 하심과 같으니 그가
믿은 바 하나님은 죽은 자를 살리시며 없는 것을 있는 것으로 부르시는
이시니라

신학적 관점

바울은 은혜가 율법보다 우선함을 제시하기 위해 아브라함의 예를 들면서, 의도치 않게 신학과 종교 공동체의 관계성에 대한 질문을 제기합니다. 분명히 아브라함은 이스라엘의 조상입니다. 이 명제는 바울이 자신의 신학을 뒷받침하기 위해, 그리고 이방 그리스도인들이 (유대) 신앙 공동체의 완전한 구성원임을 주장하기 위해 아브라함을 거론하는 이유를 설명해 줍니다. 그러나 바울은 자신의 입장을 지지하기 위해 아브라함을 모든 민족, 즉 '아브라함의 믿음에 속한 자'의 영적인 조상으로 내세우고 있습니다(롬 4:16, 17). 이는 두 가지 중요한 신학적 문제를 제기합니다. (1) 성경 내러티브에 나타난 아브라함 전통은 성경의 메시지를 통합하는 원리를 제공하며, 더 나아가 아브라함을 영적 조상으로 여기는 종교 전통들을 통합하는 원리도 제공하는가? (2) 신학과 종교 연합체 사이를 잇는 연결성은 무엇인가?

마르키온의 때부터 아브라함의 하나님과 예수님의 하나님 사이의 관계성에 대한 문제는 교회를 괴롭혔습니다. 구약에 담긴 복음의 메시지는 신약에 담긴 복음의 메시지와 어떤 관련이 있을까요? 구약은 우선적으로 신약을 예비하는 책인가요? 신약은 구약의 특정 부분을 수정할 정도로 구약을 해석하는 근거가 되는 걸까요? 구약과 신약의 각 메시지는 서로 다른 시대와 상황에서 받아들여진 것이고, 서로 다른 문화권에서 다른 방식으로 이해되었음에도 동일하다고 여길 수 있을까요?

기독교 교회는 아브라함의 하나님과 예수님의 하나님은 동일하신 한 분 하나님이기 때문에 히브리어 성경과 그리스어 성경의 통일성은 확증되는 것이라 결의했습니다. 그러나 이 결의가 모든 문제를 해결한 것은 아닙니다. 수 세기 동안 교회는 율법과 은혜, 문화적 관습과 영원한 원리, 유대교와 기독교의 관계성 등에 대한 문제와 계속해서 씨름해야 했습니다. 오늘날의 기독교인들 사이에서 중요한 쟁점 중 하나는 그리스도의 계시의 본질에 대한 문제입니다. 성육신하신 하나님의 아들 예수님은 유일하신 분입니까? 구원은 오직 예수님을 통해서만 가능한 것입니까?

예수님만이 하나님께로 가는 유일한 길, 유일한 진리, 영생에 이르는 유일한 길이라면(요 14:6 참조), 구약성경에 나타난 하나님의 계시는 그보다 열등하고, 잘못 이해된 것이고, 불분명하며 부적절한 것으로 보아야 합니다. 이러한 입장은 논리적으로 볼 때, 성경의 모든 본문에 나타난 하나님의 계시가 적절한 것이라 여길 수 없으며, 하나님의 백성이 그릇된 인도를 받아 실수했다는 결론에 이르게 됩니다. 따라서 우리는 우리의 계시가 적절하다고 믿을 수 없으며, 우리가 올바른 인도를 받고 있다고 확신할 수 없게 되는 것입니다. 물론 토마스 제퍼슨의 예를 따라, 우리의 전제에 맞게 성경을 편집하는 대안이 있기는 합니다.

다른 한편으로, 아브라함의 하나님이 예수님의 하나님이기도 하다면(교회가 마르키온을 파문하고 그의 가르침을 반박하면서 결정했던 것처럼), 성경 해석상의 한 가지 과제는 이 통일성을 밝혀내는 것입니다. 예수님 안에서 드러난 하나님께서는 그것을 받아들이는 모든 사람에게 구원을 가져다주시며, 아브라함, 모세, 이사야, 에스더에게 드러난 하나님과 동일한 하나님이십니다. 예수님의 독특한 본성은 많은 다른 장소에서, 그리고 다양한 방식으로 드러나시는 한 분 하나님의 특별한 계시로 볼 수 있습니다. 따라서 구원은 하나님의 계시와 사역을 통해 이루어집니다(요한복음 14장에서 예수와 아버지가 하나임을 분명히 하고 있습니다).

두 번째 질문은 신학과 종교 공동체의 관계에 관한 것입니다. 만약 바울이 유대인과 기독교인이 같은 믿음을 공유하며 적어도 영적으로 아브라함의 후손이라 말한 것이 맞다면, 첫 번째 비극은 회당과 교회의 분열이었을 것입니다. 분명히 그 차이점은 어떤 공통 유산보다도 더 크게 인식되었습니다. 정통 유대교는 아브라함이 율법을 미리 지켰고, 따라서 모세 전통에 부합한다고 보았습니다. 반면 바울은 아브라함이 율법 이전에 존재했고, 따라서 믿음으로 구원을 받았다고 보았습니다. 동일한 본문은 이를 읽는 공동체에 따라 다르게 해석됩니다.

에른스트 트뢸취와 H. 리처드 니버 등의 사회학자들의 획기적인 연구 덕분에 우리는 특정한 기독교 교파의 특정한 신학이 형성되는 데에는 많은 요소들이 있다는 점을 이해했습니다. 복음 선포는 공동체를 형성시키는 반면, 특정 신학은 특정 공동체의 맥락에서 파생된 것입니다. 이는 공통의 교리를 추구함에도 교회가 일치하지 않는 이유를 설명해 줍니다.

특정 교회 내에서 특정한 신학적 강조점이 등장할 때, 구성원들이 이것이 참된 신앙이고 다른 이해는 열등하다고 믿게 되면 그러한 이해를 분열에 이용하게 됩니다. 각 집단은 자신이 참된 신앙을 가지고 있다고 선포하고 다른 집단을 판단하며 조직을 분열시킵니다. 신학은 통합의 힘이 되기보다는 분열의 요인이 되는 것처럼 보입니다. 유대인과 기독교인이 공통의 영적 조상에게서 일치를 찾을 수 없었던 것처럼, 기독교 교회도 같은 하나님을 예배한다고 주장하면서도 신학적 차이로 계속 분열하고 있습니다.

'신학 교리'와 '공동체'의 관계는 여전히 복잡합니다. 사람들은 다양한 이유로 교회에 등록하고 떠나는데, 신학적 강조점은 그중 하나에 불과합니다. 그럼에도 불구하고 교회는 신학이 필요합니다. 차이점을 무시하거나 갈등을 피하기 위해 신앙을 단순화하는 것은 오늘날의 세계에서 충분한 지적 지원을 제공하지 못합니다. 필요한 것은 겸손, 즉 '우리의 진리'가 하나님에 대한 궁극적인 진리가 아닐 수 있음을 인식하는 것입니다. 또한 사랑이 일치성에만 기대는 것이 아니라, 다양한 은사를 환영하는 것임을 인정하고, 사명을 우선시하여 우리의 다양성을 모두 모아 은사를 공유하고, 복음을 필요로 하는 사람들에게 다가가야 합니다.

목회적 관점

이 본문의 메시지를 구체화하고 활용하기 위한 한 가지 방법은 '기독교 신앙'과 '삶', 즉 제자도와 값없이 주시는 복음에 응답하는 찬양을 드리는 것입니다. 하지만 찬양(doxology)의 순서를 우리가 혼동하고 있음을 알아야 합니다. 찬양(doxology)은 먼저 우리를 사랑하신 하나님을 송축하는 것입니다. 그것은 '없는 것을 부르셔서'(롬 4:17) 존재케 하신 창조에 대한 찬양입니다. 그것은 '경건하지 않은 자를 위하여 죽으신' 그리스도를 통한 구속에 대한 찬양입니다(롬 5:6). 그것은 '말할 수 없는 탄식으로' 우리를 위해 간구하시는 성령의 지속적인 사역에 대한 찬양입니다(롬 8:26). 기독교 예배의 가장 고양된 순간 중 하나가 찬양입니다. 우리는 비록 자격이 없지만, 모든 찬양의 행위 가운데 창조주를 송축하고 감사를 드리는 피조물의 역할을 맡습니다.

문제는 우리가 제자도가 찬양보다 앞서야 한다는 인식을 조성한다는 점에 있습니다. 교회에서는 우리가 하나님을 위해 해야 할 일, 하나님과 그분의 교회, 그리고 하나님의 나라를 위해 이루어야 할 일과 드려야 할 것에 중점을 두는 경우가 많습니다. 우리는 명시적으로 하나님의 사랑과 은총을 누리기 전에 이 모든 것을 해야 한다고 말하지는 않지만, 그러한 인식을 조성합니다. 우리는 하나님의 사랑을 체험하기 전에 하나님의 일을 해야 하며, 하나님을 위한 우리의 선행을 통해 하나님의 사랑을 받을 자격이 있음을 증명해야 한다고 여깁니다.

직접 말로 표현하지는 않고, 어떤 면에서는 의도치 않은 이 메시지는 안타깝게도 매우 강력한 사회적 메시지와 일치합니다. 무엇을 받기 위해서는 일을 해야 한다는 것입니다. 이는 보편적인 메시지이며, 개인주의적이고 경쟁적인 우리 사회에서는 확실히 강하게 작용합니다. 계속해서 우리는 우리가 얻거나 받을 것을 기대하는 만큼 일을 해야 한다고 배웁니다. 보상이 얼마나 공정하게 분배되는지에 대한 적당한 회의론을 감안하더라도, 부모들은 자녀들에게 그들이 기대하는 것을 받기 위해서는 일을 해야 한다는 일반적인 생각을 전달합니다. 이는 어린 시절부터 우리 안에 깊이 각인되어 있습니다. 본문이 말하는 것처럼, 임금은 선물이 아니라 일의 대가입니다.

그래서 교회 내의 암묵적인 메시지와 사회 내의 명시적인 메시지가 공모하여, 사람들로 하여금 하나님의 사랑을 받을 자격이 있고 하나님의 사랑을 받을 가치가 있으려면 그것을 얻기 위해 노력해야 한다고 믿게 만듭니다.

하나님과의 관계에 대한 이러한 근본적인 오해를 바로잡는 것은 목회자에게 훌륭한 도전과제가 됩니다. 목회자에게 이는 사람들을 찬양의 경험으로 이끌 수 있는 기회가 됩니다. 그렇다고 해서 제자도를 다루지 않아도 된다는 의미는 아닙니다. 제자도를 찬양의 연속된 과정으로 이해하고, 간단하고 훌륭하게 자리매김할 수 있게 해줍니다.

이 과정에서 몇 가지 언어적인 문제가 있는데, 특히 '의'라는 단어는 이 구절들에서 여러 번 나타나며, 본문이 말하고자 하는 핵심입니다. '의'는 모두가 쉽게 사용하는 단어는 아니고, 이 단어가 사용될 때에는 대개 눈에 띌 만큼 경멸의 어조가 드러납니다. 이와 밀접하게 관련된 문제는 '법'이라는 단어입니다. 우리 문화권에서 특히 젊은 기독교인들 사이에서는 믿음이 하나님과의 관계, 신앙 공동체 안팎의 다른 이들과의 관계 경험으로 여겨집니다. 법과 같은 것을 율법주의적인 간섭으로 보기 쉽습니다.

다행히도 전통적인 '의'의 정의는 '하나님과 다른 사람들과 올바른 관계를 맺고 사는 것'입니다. 이 정의의 근거는 십계명과 대계명 등과 같이 근간이 되는 본문들에서 나타나는 패턴에 있습니다. 따라서 '의'라는 단어의 문제를 다루고자 한다면, 그것이 가리키는 관계에 초점을 맞춰야 합니다. 이 관계는 하나님의 명령이 아니라 하나님과의 관계입니다. 칼뱅은 우리의 순종이 법이 아니라, 우리를 알고, 우리에게 임재하시고, 우리를 구속하시며, 하나님 아버지와의 중재자가 되시는 그리스도에게 의가 있다는 점을 강조하면서 이 방향으로 우리를 인도합니다. 마찬가지로 '법'이라는 단어를 다룰 때, 법이 하나님을 기쁘시게 하는 신념과 행동을 알려주는 데 유용하다는 점을 지적하는 것이 도움이 될 것입니다.

이 본문의 핵심은 하나님께서 우리에게 주신, 공로 없이 받은 은혜를 선포하는 것입니다. 하나님의 은혜는 하나님께서 우리를 사랑하기로 선택하신 것에서 분명히 드러나며, 이는 우리를 하나님과 올바른 관계에 놓이게 합니다. 이 은혜는 예수 그리스도 안에서 우리에게 주어집니다. 루터가 오랜 세월 동안 선행으로 의롭게 되려고 노력한 끝에, 큰 기쁨으로 깨달은 바와 같이 그저 믿음만으로 우리는 하나님과 올바른 관계에 들어가게 됩니다. '믿음' 또한 도전적인 단어가 될 수 있습니다. 전통적으로 믿음은 세 가지 차원을 갖고 있다고 설명되어 왔습니다. 그것은 하나님에 대한 신뢰, 하나님에 대한 믿음, 그리고 믿음으로 인도되는 삶의 방식입니다. 이 본문에서 강조되는 것은 신뢰로서의 믿음입니다. 아브라함에게 믿음은 하나님을 신뢰하고자 하는 의지였습니다. 그는 그것을 얻기 위해 노력할 필요가 없었습니다. 그는 하나님께서 자신을 사랑하시도록 만들기 위해, 먼 땅으로의 긴 순례를 떠날 필요가 없었습니다. 그는 첫걸음을 내디딜 필요조차 없었습니다. 그는 그 무엇도 하기 전부터 사랑을 받았고, 가치 있는 존재였고, 새로운 삶으로 부름 받았습니다.

찬양의 원천은 우리가 하나님 앞에 서 있을 때 하나님의 은혜를 얻을 능력이 없다는 것을 깨닫고, 그저 하나님의 복된 선택으로 그 은혜를 받을 자격을 얻게 되었음을 깨달을 때 발견하게 되는 것입니다.

따라서 우리는 기독교 신앙의 삶이란 하나님의 사랑을 얻기 위해 선행을 하는 것이 아니라, 하나님의 사랑 때문에 선행을 하는 것이라 말할 수 있게 됩니다. 찬양이 제자도에 앞선다는 것은 진리입니다. 제자도는 여전히 중요하고 언제나 중요하며, 우리의 믿음을 통합적으로 표현하는 것입니다. 그러나 제자도는 우리의 찬양에서 비롯되고, 찬양을 통해 영감을 받으며, 찬양으로 유지됩니다.

주석적 관점

"그런즉 육신으로 우리 조상인 아브라함이 무엇을 얻었다 하리요" 바울이 1절에서 아브라함을 '육신'(sarx)으로 이해하도록 하는 그의 수사적 질문은 믿음과 행위의 구별에 대한 그의 분명한 논증을 도입하는 도발적인 방식입니다.

로마서 4장을 이해하려면 먼저 로마서 3:21~8:39의 더 큰 맥락을 고려해야 합니다. 로마서 3:21~22는 1:17에서 요약적으로 소개된 내용을 분명히 하고 있습니다. 하나님의 의는 율법의 행위로 알려지는 것이 아니라 "예수 그리스도를 믿는 믿음으로 말미암아" 알려진다는 것입니다. 이 기본적인 요점은 4장과 5장에서 전개되고 6~9장에서 더 변증되고 확장됩니다. 하나님의 공평하신 의와 굳건한 사랑에 대한 정교한 바울의 설명(롬 8:39)은 로마에 있는 모든 하나님의 사랑받는 자들에게 보낸 그의 긴 서신의 신학적 핵심을 제시합니다.

4장에서 아브라함을 상징적으로 재구성하

는 것은 바울의 핵심 메시지를 제시하기 위한 수사적 도구입니다. 바울은 아브라함을 복음의 포괄적인 성격을 보여주는 전형적인 인물로 소개합니다. 복음은 모든 믿는 사람에게 구원을 주시는 하나님의 능력으로서, 유대인에게 먼저, 그리고 헬라인에게도 전해집니다(롬 1:16). 바울은 유대인만의 족장으로 이해되었던 아브라함을 더 보편적이고 종말론적인 방식으로 재구성해야 했습니다. 아브라함이 유대인의 정체성을 형성하는 데 있어 매우 중심적이었기 때문에, 바울은 조상, 상속, 자손 등과 같은 언어 표현을 강조하는 일종의 민족적 논리를 사용하여 로마에 있는 신앙인들의 사회적, 민족적 구분에 대한 전제를 재정의하고 확장합니다.

'육신으로 우리 조상'(ton propatora hēmōn kata sarka, 1절)이라는 표현에 주목하게 함으로, 바울은 그의 청중에게 믿음(pistis)의 의미와 범위에 대한 그들의 생각과 선입견에 대해 재고해 보도록 요청하고 있습니다. '육신으로'라는 이 구문은 로마서의 다른 곳에서도 사용됩니다(1:3; 8:4, 5, 12, 13; 9:3, 5). 또한 바울은 아브라함의 자손과의 연결성을 확증하는 민족적 용어로 자신의 혈통을 언급하기도 합니다(ek spermatos Abraam, 롬 11:1. 참조. 빌 3:5).

아브라함에 대한 이러한 강조점은 2:17에서 소개되는 바울과 논쟁하는 가상의 유대인 대화자를 통해 드러납니다. 이 대화자는 유대인의 정체성과 신실함을 오직 율법을 통해서만 이해합니다. "유대인이라 불리는 네가 율법을 의지하며 하나님을 자랑하며" 그러므로 로마서 4장에서 바울은 의도적으로 '율법'으로 돌아가 창세기 15~17장에 서술된 아브라함의 믿음을 분석합니다.

구체적으로, 바울은 3절에서 성경의 증거를 제공하여 '아브라함의 믿음'이 그가 의로 여겨지게 했던 수단임을 보여줍니다. "아브라함이 하나님을 '믿으매' 그것이 그에게 의로 '여겨진' 바 되었느니라"(3절, 창 15:6b 인용). 4~5절에서는 '일'(erga)을 통해 의무적으로 지불되는 임금과 대조되는 의의 선물이 제시됩니다. 이렇듯 아브라함의 의는 그의 선행으로 얻은 것이 아니라, 오직 그의 믿음(pistis)을 통해 자신에게 거저 주어진 것이었습니다.

오늘의 성서정과에서 생략된 6~12절에서는 바울이 할례 문제에 주목하면서 믿음에 관한 자신의 주장을 계속 이어갑니다. 이는 4장에서 나타나는 민족적 논리의 또 다른 명확한 예시라 할 수 있습니다. 창세기 본문에 따르면, 아브라함은 이미 그의 믿음으로 의롭다고 여겨진 후에야 할례를 받으라는 명령을 받았습니다(창 17:9-14; 15:6). 바울은 아브라함이 아직 할례 받지 않은 상태(akrobystia)에서 믿음으로 얻은 의의 '인'(sphragis)으로서의 '할례의 표징'(sēmeion peritomēs)을 받았다는 점을 요약적으로 제시합니다(롬 4:11).

13절에서 바울은 아브라함에 관한 담론을 계속 이어가는데, 여기서 그는 언약(epangelia)을 언급함으로 신학적 범위를 늘리고 있습니다. 이는 율법의 중요성을 최소화하기 위한 창의적인 전략입니다. 갈라디아서 3:15~18과 마찬가지로, 바울은 여기서 율법의 제한된 성격을 보여주고(15절에서 진노와 연결; 1:18 참조) 하나님의 언약의 최고 가치를 강조합니다(예. 창 12:2-3; 15:5; 17:8; 22:17-18). 바울은 다음과 같이 주장합니다. "사백삼십 년 후에 생긴 율법이 폐기하지 못하고 그 약속을 헛되게 하지 못하리라"(갈 3:17).

다시 한번, 창세기 15:4~6은 13~17절을 해석하는 데 중요합니다. 이는 고령의 아브라함과 불임의 상태에 있었던 아내 사라에게 후사를 약속하신 하나님의 약속 때문입니다. 두 사람 모두 하나님에 대한 믿음에서 흔들리지 않았습니다(롬 4:21). 로마서 4:16에서 그 증거가 드러납니다. "그러므로 그것[의]은 믿음에 달려 있으며, 그 약속이 은혜에 기초하고 그의 모든 후손(panti tō spermati)에게 보장되기 위함입니다. 이는 율법을 지키는 자들뿐만 아니라 아브라함의 믿음에서 나오는 자들(tō ek pisteōs Abraam)에게도 해당됩니다. 왜냐하면 그는 우리 모두의 조상이기 때문입니다."

아브라함의 믿음은 율법을 초월했습니다. 다시 말해, 그의 율법이 아니라 그의 믿음이 하나님의 언약을 보장하고 활성화하는 것입니다. 전치사 'ek'(-로부터)는 바울의 민족적 논증에 있어 핵심적인 단어입니다. 앞서 언급한 바와 같이, 바울은 자신의 글에서 'ek' 전치사를 여러 차례 사용하여 자신의 출신을 나타냅니다(예. 빌 3:5; 롬 11:1; 갈 2:15). 이제 로마서 4:16에서 바울은 가상의 유대인 대화자에게, 율법을 따르지 않고 할례의 표식이나 유대 혈통을 갖지 않은 이방인들이 하나님 앞에서 어떻게 의롭게 되는지를 설명합니다. 혈통에 기반한 그들의 '친족 관계'가 하나님의 언약의 문을 여는 것이며, 이 혈통은 아브라함의 믿음을 통해 형성됩니다. 따라서 4:17의 인용문은 바울의 논증에 대한 훌륭한 결론입니다. "기록된 바 내가 너를 많은 민족의(ethnōn) 조상으로 세웠다 하심과 같으니 그가 믿은 바 하나님은 죽은 자를 살리시며 없는 것을 있는 것으로 부르시는 이시니라"

민족에 대한 바울의 논증에서 아브라함은 유대인과 이방인 모두를 포괄하는 전 인류의 조상이 됩니다. 바울의 믿음에 대한 비전은 포괄적이고 유연한 교제를 드러내며, 민족, 계급, 성별의 구분이 없는 "너희가 그리스도의 것이면 곧 아브라함의 자손이요 약속대로 유업을 이을 자"가 되는 공동체입니다(갈 3:29).

설교적 관점

이 본문에서 바울은 아브라함의 믿음을 하나님을 받아들이는 신뢰의 원형으로 제시합니다. 이렇게 함으로 바울은 아브라함을 율법을 충실히 따르는 모범사례로 만들고자 하는 유혹에서 벗어납니다. 특히 아브라함의 시대에는 토라가 없었기 때문에 바울의 시각에서는 아브라함을 율법으로 국한시키는 것은 아이러니였습니다. 게다가 아브라함이나 다른 누구도 본질적으로 율법의 명령을 완벽히 지킬 수 있는 능력을 갖고 있지 않습니다. 그렇게 지키는 것은 마치 자기 자신의 신발 끈을 잡아당겨 몸을 들어올리는 것과 같은, 성공할 수 없는 일입니다. 아브라함을 율법의 제한에서 자유롭게 함으로 바울은 아브라함을 이방인과 유대인 모두를 위한 믿음의 본으로 회복시키고 있습니다. 하나님의 언약은 오직 믿음으로만 받아들여질 수 있는 모든 인류에게 주어진 은혜의 선물이었습니다. 바울에게 있어 아브라함은 우리 모두의 조상이며, 믿음의 원형입니다.

이런 바울의 추상적인 개념들을 오늘날의 구체적인 삶 가운데에서 어떻게 번역할 수 있을까요? 우리는 우리의 청중들에게 서구 사회의 경쟁적이고 성취 지향적인 가치관에 우리의 정신이 얼마나 많이 사로잡혀 있는지 인식시켜 줄 필요가 있습니다. 여전히 많은 회중이 하나님의 승인을 얻기 위해 노력해야 한다고 단순하게 생각하는 것은 당연한 일입니다. 마치 "나는 할 수 있어, 나는 할 수 있어"라고 중얼거리는 증기 기관차 캐릭터(puff-a-billies)처럼 말입니다. 서구 문화권에서는 우리가 작업복을 입든, 깔끔하게 다린 셔츠를 입든, 태어날 때부터 우리는 '운명의 주인이자 영혼의 선장'이라는 명제에 익숙하게 길들여집니다. 바울은 우리가 영적 자아실현을 위한 타고난 능력과 역량을 가지고 있다는 생각에 대해 씁쓸히 웃을 수밖에 없었을 것입니다.

우리가 '스스로 운명을 개척한다'는 심리에 중독된 문화 속에서 살고 있다는 점에서, 많은 사람들이 바울의 '오직 믿음으로 구원받는다'는 주장을 당혹스럽거나 대담하다고 여기는 것은 자연스러운 일입니다. 하나님께서 무에서 유를 창조하신다는 바울의 표현은 오로지 '자기 자신'만이 무에서 유를 만들어낼 능력이 있다고 믿으며 자라온, 현대인들에게는 낯설게 들릴 수밖에 없습니다. 따라서 설교를 함에 있어 이 영적인 자기 도움의 오류를 해체하는 데 시간을 할애할 필요가 있습니다. 그렇지 않으면 우리 교인들은 우리가 말하고자 하는 바를 그들 가운데 깊이 뿌리 박혀 있는 행위 중심의 가치 체계에 도전을 주지 못하는, 진부한 종교적 가르침으로 치부해 버릴 것입니다.

영적인 교만을 덜어버리는 데 시간을 아끼지 말아야 합니다. 우리는 본문이 말하고 있듯이 오직 믿음으로 값없이 주어지는 의의 선물의 풍성함에 대해 나팔을 불어야 할 의무가 있습니다. 하나님의 은혜의 선물은 이 구절의 핵심입니다. 그러므로 우리는 설교의 절반 이상을 우리 삶에서 역사하는 이 은혜를 설명하는 데 할애해야 합니다. 이러한 목표는 보람 있는 만큼 위협적일 수 있습니다. 영혼의 내면에서뿐만 아니라, 삶의 지평 가운데에서 역사하시는 하나님의 은혜를 그려내려면 영적인 예민함을 유지해야 하는데, 이는 쉽지 않은 일입니다. 어느 주에는 다른 주보다 은혜를 느끼지 못한다고 생각하기도 하고, 우리의 일상 가운데에서 은혜가 어떻게 작용하고 있는지 확신하지 못할 때도 있습니다. 그러한 비전이 희미해지거나 심지어 레이더 화면에서 사라지면, 설교단에서 무의식적으로라도 이 공허함을 보상하기 위해 교인들에게 믿음이 없다고 비난하고자 하는 유혹에 빠지기 쉽습니다.

그런데 우리가 설교에서 이러한 불균형을 자각하는 것조차 은혜의 선물이 될 수 있습니다. 우리가 은혜로부터 스스로를 차단하는 자각이 커질수록, 우리는 우리가 섬기는 사람들에게서 일어나는 동일한 역동성에 더 민감해질 수 있습니다. 따라서 우리는 신앙 안에서 자신의 가능성을 발견하도록 도울 수 있습니다.

이제 새롭게 얻은 공간을 우리 삶에서 일하시는 은혜의 형상으로 채워야 할 때입니다. 추상적인 설명이나 지루한 상투적인 표현만으로는 충분하지 않습니다. 말씀이 육신이 되셔서 우리가 은혜의 역사를 '보고 느낄 수' 있도록 해 주셨습니다. 소경의 눈을 뜨게 하시고, 성난 바다를 잔잔하게 하시고, 빵과 물고기 몇 개로 수백 명을 먹이심으로 예수님께서는 성육신의 은혜를 보여주셨습니다. 그리고 예수님께서는 지혜로운 관원이나 용서하는 아버지, 그리고 감사를 고백하는 채무자에 대한 비유로 그 살아 있는 은혜를 생생하게 그려 주셨습니다.

예수님을 구현하는 설교는 특별한 설정을 통해 할 수도 있습니다. 즉, 용서에 대해 설명하는 대신에 미혼모가 된 딸을 안아주는 부모의 모습을 묘사하고, 희생에 대해 설명하는 대신 친구를 구하기 위해 수류탄에 뛰어드는 병사의 모습을 묘사하는 것입니다.

그렇다면 어떻게 이 본문의 설교를 구체화할 수 있을까요? 실직으로 우울하지만 그리스도에 대한 믿음으로 안정감을 잃지 않는 한 남자의 이야기, 싱글맘이 그리스도를 믿는 믿음 안에서 세 아이를 키우며 당당히 살아가는 이야기를 함께 연결할 수 있을 것입니다. 두 경우 모두에서 우리는 공동체 규범에 따른 성취보다는 살아 있는 신앙에 기반한 개인의 진실성을 보여줄 수 있습니다.

좀 더 실험적인 형식으로 이야기를 설교로 만들어 보시기 바랍니다. 부모와 직장인으로서 자존감을 지키기 위해 고군분투하는 어머니를 예로 들어 보시기 바랍니다. 이 이야기는 그녀가 지치고 절망하는 가운데 성경을 묵상하고, 혹은 성경공부 그룹에서 이루어지는 대화에서 아브라함이 행위가 아닌 믿음에 의지하여 복을 얻었음을 발견하는 지점에 도달하게 되는 상황을 보여줄 수도 있습니다. 설교는 이러한 깨달음에서 새로운 자유와 버팀목을 발견하게 되는 것으로 마무리될 수 있습니다. 이러한 이야기 형식의 설교는 디테일과 극적인 흐름으로 청중의 주의를 집중시킬 수 있으며, 이야기가 주는 의미는 설교의 구조, 스타일, 전달 방식에 따라 크게 좌우되기 때문에 설교를 준비할 때 많은 주의를 기울여야 합니다.

사순절 둘째 주일

요한복음 3:1~17

1 그런데 바리새인 중에 니고데모라 하는 사람이 있으니 유대인의 지도자라
2 그가 밤에 예수께 와서 이르되 랍비여 우리가 당신은 하나님께로부터 오신 선
생인 줄 아나이다 하나님이 함께 하시지 아니하시면 당신이 행하시는 이 표적
을 아무도 할 수 없음이니이다
3 예수께서 대답하여 이르시되 진실로 진실로 네게 이르노니 사람이 거듭나지
아니하면 하나님의 나라를 볼 수 없느니라
4 니고데모가 이르되 사람이 늙으면 어떻게 날 수 있사옵나이까 두 번째 모태에
들어갔다가 날 수 있사옵나이까
5 예수께서 대답하시되 진실로 진실로 네게 이르노니 사람이 물과 성령으로 나
지 아니하면 하나님의 나라에 들어갈 수 없느니라
6 육으로 난 것은 육이요 영으로 난 것은 영이니
7 내가 네게 거듭나야 하겠다 하는 말을 놀랍게 여기지 말라
8 바람이 임의로 불매 네가 그 소리는 들어도 어디서 와서 어디로 가는지 알지 못
하나니 성령으로 난 사람도 다 그러하니라
9 니고데모가 대답하여 이르되 어찌 그러한 일이 있을 수 있나이까
10 예수께서 그에게 대답하여 이르시되 너는 이스라엘의 선생으로서 이러한 것
들을 알지 못하느냐
11 진실로 진실로 네게 이르노니 우리는 아는 것을 말하고 본 것을 증언하노라
그러나 너희가 우리의 증언을 받지 아니하는도다
12 내가 땅의 일을 말하여도 너희가 믿지 아니하거든 하물며 하늘의 일을 말하면
어떻게 믿겠느냐
13 하늘에서 내려온 자 곧 인자 외에는 하늘에 올라간 자가 없느니라
14 모세가 광야에서 뱀을 든 것같이 인자도 들려야 하리니
15 이는 그를 믿는 자마다 영생을 얻게 하려 하심이니라
16 하나님이 세상을 이처럼 사랑하사 독생자를 주셨으니 이는 그를 믿는 자마다
멸망하지 않고 영생을 얻게 하려 하심이라
17 하나님이 그 아들을 세상에 보내신 것은 세상을 심판하려 하심이 아니요 그로
말미암아 세상이 구원을 받게 하려 하심이라

신학적 관점

본문은 신학적으로 풍부하고 상당히 도발적이기까지 합니다. 신학적 상상력을 자극하는 많은 주제들 중에서 특히 중요한 것은 이 이야기의 배경과 제자도를 암시하는 내용, 그리고 거듭남에 대한 이미지입니다.

요한은 다소 갑작스럽게 이야기를 시작합니다. 독자들은 이야기가 어디에서 벌어지는지 알 수 없으며, 유월절 기간에 예수님께서 예루살렘에 계셨다는 사실 정도만 알 수 있습니다(2:23). 요한은 니고데모를 거의 소개하지 않습니다. 우리는 그가 바리새인이며 산헤드린의 일원이자, 지도자라는 사실만 알 수 있습니다. 요한복음 전체 내용에 익숙한 독자들은 니고데모가 이내 다시 등장하게 될 것임을 알고 있습니다. 그는 다른 바리새인들과 함께 예수님을 위해 변호하고(7:50), 그 다음에는 이야기의 결말 부분(19:38-42)에서 아리마대 요셉과 함께 예수님의 장사를 위해 필요한 향료를 가져오는 장면에서 다시 등장한다는 것을 알고 있습니다. 3:1~21과 19:39에서 니고데모는 밤에 예수님을 처음 찾아온 사람으로 등장합니다. 그는 밤의 스토커의 원조격이 되는 사람입니다.

요한복음에 등장하는 많은 이미지 가운데 주요한 두 이미지는 빛과 어둠입니다. 니고데모는 밤의 어둠 속에서 나와, 하나님께서 보내셨다고 믿는 스승에게 빛을 구합니다. 그러나 니고데모가 갑자기 나타났던 것처럼, 자신이 왔던 밤 속으로 다시 사라집니다. 그 전에 예수님께서는 하나님 나라를 보려면 거듭나야 한다고 말씀하셨고, 니고데모가 마지막으로 한 말은 "어찌 그러한 일이 있을 수 있나이까"였습니다(9절). 예수님께서 마지막으로 하셨던 말씀은 "진리를 따르는 자는 빛으로 오나니 이는 그 행위가 하나님 안에서 행한 것임을 나타내려 함이라 하시니라"(21절)였습니다. 니고데모가 밤에서 완전히 벗어나 빛으로 나오는 데는 오랜 시간이 걸렸고, 19:38~42에 이르러서야 이루어집니다.

니고데모는 밤에 예수님을 찾아옵니다. 그는 요한복음 이야기의 주변부와 그림자 속을 맴돌고 있습니다. 그는 교회에서 첫째 사람도 아니고 멀리서 예수를 따르는 마지막 사람도 아닙니다. 니고데모가 대낮의 밝은 빛 아래에서 공개적으로 예수님을 따르는 것은 어려웠고, 어쩌면 위험할 수도 있었을 것입니다. 그는 결국 유대교 체지의 일원이었고, 처음에 예수님은 성가신 존재 정도로 여겨졌지만 나중에는 정치적 문제와 위협이 되었습니다. 니고데모는 신중을 기해야 했고, 분별력을 발휘해야 했습니다. 그는 언제 어디서 자신의 제자도를 실천해야 할지 신중을 기해야 했던 많은 예수님의 제자들 중 한 명이었습니다.

밧모섬의 요한은 아시아 교회에 보낸 일곱 통의 편지에서 니골라당을 경계하라고 경고했습니다(계 2:6, 15). 니골라당은 비기독교 세계에서 자신들을 용인하지 않는 분위기 가운데 눈에 띄지 않기 위해서 이방 신들과 로마 신들에게 예배를 드리는 것을 마다하지 않는 그리스도인들이었습니다.* 16세기에 장 칼뱅은 교회 개혁운동이 공감하지만 공개적으로 드러

* Richard Bauckham, *The Theology of the Book of Revelation* (Cambridge: Cambridge University Press, 1993), 123-25.

나는 것을 꺼리는 사람들을 '니고데모인들'이라 불렀습니다. 국가 사회주의의 한가운데서 니고데모의 후예인 독일 기독교인들은 복음을 나치 이데올로기의 인종차별과 반유대주의에 맞추려고 했습니다. 이에 대해 1934년 5월 고백교회는 바르멘 신학 선언의 두 번째 명제에서 "예수 그리스도께서는 우리의 모든 죄 사함에 대한 하나님의 확증이 되시는 것처럼, 동일한 방식과 심오함으로 예수님께서는 우리의 삶 전체를 향한 '하나님의 강력한 요구'가 되시기도 하다"라고 선언했습니다.*

니고데모는 하나님께서 함께하지 않으셨다면 예수님께서 표적을 행하실 수 없었을 것이라고 인정합니다(2:23). 그러자 예수님께서는 니고데모가 묻지 않은 질문에 대답하시면서 그의 말에 응하고 계십니다. 예수님께서는 하나님의 현존 일뿐만 아니라, 위로부터 태어난 자들, 곧 성령의 능력으로 세례의 물에서 새롭게 창조된 자들은 예수님께서 행하신 일들 가운데에서 하나님의 나라의 현존을 볼 것입니다. 니고데모는 '위로부터 태어나는 것'이 무엇을 의미하는지 이해하지 못합니다. 예수님께서는 그에게 위로부터 태어나는 것은 성령으로 태어나는 것이며, 성령으로 태어나는 것은 예수님을 믿는 것이고, 자신을 믿음으로 영생을 얻는 것이라 말씀하십니다.

위로부터 태어나고 예수님을 믿는다는 것은 무엇을 의미할까요? 유감스럽게도 성서정과는 이 단락의 마지막 네 구절(18-21절)을 생략했습니다. 아마도 이는 주변 문화와 화해한 교회에서 정죄의 언어가 더 이상 용인되지 않기 때문일 것입니다. 물과 성령을 통해 위로부터 태어나고 예수님을 믿는다는 것은 어둠을 떠나 빛으로 나오는 것을 의미합니다(19절). 어둠 속에서 사는 것과 빛 속에서 사는 것은 무엇을 의미할까요? 어둠 속에서 살고 빛을 미워하는 사람들은 그들의 악한 행위가 드러날 것이기 때문에 그렇게 합니다(20절). 빛으로 나아가는 것, 곧 위로부터 태어나는 것은 '진리를' 행하는 것입니다(21절). 이는 곧 자신이 '길이요, 진리요, 생명'이라고 하신 분(14:6)을 따르는 것을 의미합니다.

많은 기독교인에게 복음은 요한복음 3:16의 말씀으로 요약됩니다. 예수님을 믿는 모든 사람은 멸망하지 않고 영생을 얻을 것입니다. 그러나 일부 기독교인은 신앙이나 '예수님을 믿는 것'을 단순히 마음으로 하는 행위로 이해합니다. 요한복음에서 위로부터 태어나고 예수님을 믿는 것은 분명히 마음으로 하는 행위보다는 마음과 삶으로 하는 행위에 관한 것입니다. "진리를 따르는 자는 빛으로 오나니 이는 그 행위가 하나님 안에서 행한 것임을 나타내려 함이라"(21절). 요한복음에서 믿음과 행위는 불가분의 관계에 있습니다. 니고데모는 이야기의 결말까지 어둠과 그림자 속에 머물러 있다가, 예수님을 장사 지내기 위해 또 다른 '비밀 제자'였던 아리마대 요셉과 함께 공개적으로 등장합니다.

목회적 관점

성경의 인물 중 21세기 교회의 성도들을 대표할 수 있는 인물이 있다면, 그것은 니고데모일

* "The Theological Declaration of Barmen," in the *Book of Confessions: Study Edition of the Presbyterian Church (U.S.A.)* (Louisville, KY: Geneva Press, 1996), 311 (8.14).

것입니다. 그는 여러 면에서 공감이 가는 인물입니다. 성공적이고 자신감 있는 사람인 그는 자신의 공동체에서 지도자의 역할을 감당합니다. 니고데모는 영적으로 개방적이고 호기심이 많지만 또한 이성적이기도 합니다. 그는 예수님께 직접 접근하여 예수님의 행위와 사회적 네트워크를 이해하려고 노력합니다. 그는 예수님과 얼굴을 마주하고 이야기할 만큼 헌신적이고 호기심이 많습니다. 그러나 니고데모는 예수님에 대한 관심을 공개할 준비가 되어 있지 않아 한밤중에 약속을 잡습니다. 밤이라는 시간은 자신의 신앙에 대한 비밀을 지킬 수 있는 시간이고, 자신의 일상에서 벗어날 수 있는 시간입니다. 예수님께서는 그의 생각을 사로잡으십니다. 하지만 그가 가지게 된 어떤 신앙이든 이를 따로 분리해서 간직하려고 합니다. 니고데모는 아직 대낮에 자신의 신앙을 선언할 준비가 되어 있지 않으며, 이 신앙으로 자신의 삶을 변화시킬 준비가 되어 있지 않았습니다.

좋든 싫든, 우리는 매주 주일 아침마다 니고데모와 같은 사람들의 눈을 마주합니다. 기독교인이 되는 것은 더 이상 이 사회에서 지지받을 만한 게 아닙니다. 가끔 교회에 오는 사람들도 있고, 적극적인 성도들도 있기는 하지만 우리가 교류하는 많은 성도들은 그들의 더 커다란 삶 가운데에서 니고데모와 같은 삶을 살아갑니다. 그들은 신앙을 가지고 있으며, 때로는 그 신앙이 깊기도 하고, 영적인 호기심이 많기도 하지만, 그 신앙을 자신의 영역 안에만 유지합니다.

21세기에 니고데모와 같은 기독교인이 되는 것은 이해될 수 있습니다. 국제 결혼을 하거나 다원주의적인 직장 환경에서 일하는 성도들은 신앙의 증거보다는 관용과 상호 존중을 우선시합니다. 문화적 규범은 종교를 사적인 영역으로 밀어 넣어 신앙이 가족과 개인의 도덕성 함양에는 적합하지만 공적인 사안에 적용하기에는 부적절한 것으로 여깁니다. 두 세기 동안 기독교는 이러한 행동과 태도를 조장해 왔습니다. 우리의 종교 브랜드는 자제, 관용, 개인의 도덕성을 장려해 왔는데, 이는 모두 가치 있는 덕목입니다. 물론 우리는 공공 도덕과 사회 문제에 참여하는 것을 지지하기는 하지만, 그 메시지는 기독교의 감소와 점점 더 주변으로 밀려나는 상황에 의해 약화되었습니다. 만약 우리 교회 교인들이 니고데모와 같은 기독교인이라면, 그것은 반드시 개인 신앙인으로서 실패했기 때문만은 아닙니다. 어떤 경우에는 우리가 우리 성도들을 분리된 신앙으로 밀어 넣었기 때문일 수도 있습니다.

어둠 속에서 번성하는 신앙에는 칭찬할 만한 점이 많습니다. 그것은 진실되고, 마음에서 우러나며, 개인적이고, 많은 경우 깊이가 있습니다. 여기서 문제점은 이 숨겨진 신앙이 어느 정도의 결함이 있다는 것이 아니라, 그 신앙이 너무 작다는 데에 있습니다. 이 본문에서 예수님께서는 니고데모의 신앙이 불완전하고, 심지어 미성숙하다고 말씀하십니다. 예수님께서는 한밤중에 있었던 니고데모와의 만남을 어머니의 자궁 속에 안전하게 있는 아이에 비유하십니다. 예수님께서는 니고데모에게 당신은 아직 태아 상태에 있으며, 다시 태어나서 이 신앙을 대낮에 선언해야 함을 은연중에 드러내고 계십니다.

예수님께서는 니고데모와 대화하시면서 인내

심이 없이 조급한 모습을 드러내십니다. 니고데모가 거듭남의 은유를 즉시 이해하지 못하자, 짜증을 내시고 심지어 바리새인을 조롱하시기도 합니다.

조급해하시는 예수님의 모습은 본문을 명령으로 이해하게 하기도 합니다. "너희는 거듭나야 한다." 많은 사람들은 거듭남을 잉태 상태에 있는 그리스도인이 해야 할 일로 해석합니다. 이렇게 본문을 해석하는 이들은 사람들이 그리스도를 주님과 구세주로 받아들이기로 결단하는 것을 가장 시급한 일로 생각합니다. 이 해석이 매우 타당해 보인다 할지라도, 이 본문을 명령으로 이해하는 것이 유일한 선택지는 아닙니다. 사실 이 본문을 초대의 말씀으로 읽는 것 또한 타당한 해석이며, 목회적인 관점에서도 유효한 해석이라 할 수 있습니다. 예수님께서 니고데모에게 물과 성령으로 다시 태어나야 한다고 말씀하실 때, 그분은 니고데모에게 하나님께서 그의 삶에서 일하게 해달라고 요청하고 계십니다.

데비 블루는 이 본문 설교에서 본문에 등장하는 출생의 은유가 놀랍고 도발적이라고 말합니다.* 이 은유가 놀라운 이유는 그것이 너무나 비합리적이고, 우리가 실제로 겪을 수 있는 것을 초월하기 때문입니다. 니고데모가 이를 대변해 주고 있습니다. 누구도 문자 그대로 다시 태어날 수 없기 때문에 거듭남에 대한 이러한 초대는 말도 안 되는 것입니다.

이 초대는 우리의 상상력을 열어 젖히고, 본문과 실제로 복음의 핵심인 하나님과의 관계를 재고하도록 하기 때문에 도발적입니다. 예수님께서는 니고데모와 마찬가지로 우리 각자에게도 빛 가운데로 나와 성숙한 신자가 되어 그분이 제공하는 풍요로운 삶에 온전히 참여하라고 초대하십니다. 예수님께서는 니고데모나 현대의 성도들이 스스로 이 일을 할 수 없음을 알고 계십니다. 물과 성령으로 거듭나게 하시는 분은 하나님이십니다. 거듭남은 하나님께서 주시는 선물이며, 하나님께서 이루시는 일입니다. 우리에게 새 생명을 가져다 주시는 분은 하나님이십니다.

하나님께서는 우리와 우리의 신앙을 위해 열심히 일하십니다. 하나님께서는 우리를 그리스도인으로 잉태하시고, 우리의 신앙이라고 하는 자궁 속에서 안전하고 따뜻하게, 비밀스럽게 양육하십니다. 어느 시점이 되면, 마치 만삭에 가까운 임산부와 같이 하나님께서는 임신 기간이 빨리 끝나 출산하시길 원하십니다. 하나님께서는 그 아기를 산도로 밀어 넣으심으로 더 성숙하고, 더 충만한 삶으로, 그리고 세상 속에서 온전히 살아가는 신앙으로 밀어내고자 하십니다. 이것이 예수님께서 본문에서 말씀하시는 바입니다. 예수님께서는 니고데모가 그 영적 산도를 통해 나올 때가 되었다고 생각하십니다. 아마도 예수님께서는 많은 다른 사람들도 다시 태어날 때가 되었다고 생각하실 것입니다. 하나님께서는 물과 성령으로 우리를 출생시키실 준비가 되어 계십니다.

우리 교회 성도들(또는 설교자들) 중 21세기의 옷을 입은 니고데모가 얼마나 있을까요? 우리의 교회들 가운데 니고데모의 모습을 한 교회들이 얼마나 있을까요? 즉, 분리된 신앙을 가

* Debbie Blue, "Laboring God," in *Sensual Orthodoxy* (St. Paul, MN:Cathedral Hill Press, 2004), 31-37.

지고 무대 뒤에서, 보이지 않는 곳에서, 소란에서 벗어나, 본질적으로 사적인 영역에서 부흥하는 성도들과 공동체들 말입니다. 우리 중 얼마나 많은 사람들이 아직도 잉태 상태에 있는 기독교인일까요? 우리 중 신앙이 성장할 여지가 있는 사람은 누구일까요? 이 본문의 복음은 하나님께서 우리를 새롭고 성숙한 삶으로 인도하시기 위해 기꺼이 일하실 준비가 되어 있다는 것입니다.

주석적 관점

사순절 동안 요한복음을 연이어 네 차례 읽게 되는데, 니고데모 이야기는 이중 첫 번째 본문입니다. 요한복음에서만 독특하게 나타나는 이 이야기는 복음서 특유의 핵심 주제를 잘 드러내고 있습니다. 본문을 주석할 때 가장 먼저 고려해야 할 사항은 본문 단위가 3:21까지 확장되는가 하는 것입니다. 본문의 범위를 재고해야 하는 몇 가지 이유가 있습니다. 첫째, 22절에서 서술의 흐름이 뚜렷하게 전환됩니다. "그 후에 예수께서 제자들과 유대 땅으로 가서" 둘째, 예수님의 말씀은 17절 이후에도 계속됩니다. 니고데모에게 하신 예수님의 말씀이 21절까지 계속된다면, 이 본문은 예수님이 의도하신 결론까지 이어져야 합니다.

요한복음의 반복되는 구조적 패턴은 표적, 대화, 설교입니다. 예수님이 표적을 행하신 후, 예수님과 그 자리에 있는 사람들 간의 대화가 이어지고, 그 후에 예수님께서 표적을 해석하는 설교를 하십니다. 비록 예수님께서 니고데모에게 표적을 행하시지는 않지만, 2절에 나타나는 니고데모의 '표적'에 대한 언급이 예수님과의 대화를 시작하게 하고 있으며, 이는 10~21절에서 예수님의 설교로 이어집니다. 오늘의 성서정과 본문에 18~21절을 포함해야 하는 세 번째 이유는 신학적인 이유입니다. 19~21절에서 예수님께서는 요한복음의 주요 주제인 빛과 어둠을 드러내십니다. 빛은 믿음의 영역을, 어둠은 불신의 영역을 나타냅니다. 예수님께서 니고데모에게 "그 정죄는 이것이니 곧 빛이 세상에 왔으되 사람들이 자기 행위가 악하므로 빛보다 어둠을 더 사랑한 것이니라"(19절)라고 말씀하실 때, 이 말씀은 독자들을 3장의 시작 부분으로 되돌아가게 합니다. 니고데모가 '밤에' 예수님께 왔던 장면으로 말입니다. 니고데모의 심판의 때는 바로 지금 여기에서 이루어지는 예수님과의 만남입니다.

3:18~21을 보면 니고데모와 예수님과의 만남은 모호하기 짝이 없습니다. 니고데모가 예수님께 마지막으로 한 말은 "어찌 그러한 일이 있을 수 있나이까"(3:9)이며, 예수님과의 대화에서 그는 별다른 진전을 이루지 못합니다. 니고데모는 예수의 말씀을 문자 그대로 해석하지만, 니고데모를 향한 예수님의 말씀은 의도적으로 모호하게 표현되고 있습니다(요한복음에 나타나는 전형적인 예수님의 모습). 헬라어 'anōthen'(3:3)은 '다시'(새번역), '거듭나지'(개역개정), '위로부터'(새한글) 세 가지로 번역될 수 있습니다. 니고데모는 오직 첫 번째 의미로만 알아듣습니다. 사마리아 여인은(요 4장) 다음 단계의 이해 수준으로 나아갈 수 있었던 반면에, 니고데모는 예수님께서 무엇을 제안하고 계시는지 알지 못했으며, 더 중요하게는 예수님이 누구이신지 알지 못했습니다.

요한복음에서 예수님과 만나는 순간은 구원의 순간입니다. 니고데모와의 대화는 단순히 예수님의 설명이나 대화가 아닙니다. 그보다 예수님께서는 육신이 되신 말씀으로서 니고데모에게 하나님을 알려 주십니다(1:18). 문제는 니고데모가 하나님으로부터 오신 분이라 고백하는(3:2) 예수님에 관한 진리를 볼 수 있는지 여부입니다. 니고데모와 대화를 이어가시면서, 니고데모가 오해하고 있는 질문에 답변으로 물과 성령으로 거듭나는 개념에 대해 소개해 주십니다(5절).

많은 주석가들이 이 말씀을 세례의 관점에서 해석해 왔지만, 복음서 전체의 흐름은 다른 해석의 가능성을 제시합니다. 다음 장에서 예수님께서는 자신을 생수의 근원으로 제시하시고(4:10), 다시 한번 물과 성령을 연결하고 계십니다. 두 가지 모두 예수님께서 주실 것입니다(7:37-39). 따라서 니고데모에게 하신 예수님의 말씀을 해석할 때, 예수님께서 물과 성령을 공급해 주시는 분이라는 문맥과 이 복음서의 독특한 성령 이해를 고려하는 것이 중요합니다. 예수님께서 부활하신 후에 제자들에게 자신을 드러내셨을 때 주셨던 선물인(20:22) 성령은 파라클레토스(옹호자, 위로자, 도우미)로서, 예수님께서 아버지께 돌아가신 후에도 예수님의 사역과 임재를 이어가는 존재입니다. 이러한 물과 성령의 역할이 니고데모에게 하신 예수님의 말씀과 연결되어야 합니다.

"어찌 그러한 일이 있을 수 있나이까?"(9절)라는 믿을 수 없어 하는 니고데모의 질문 이후에, 그는 무대에서 사라지고 독자와 예수님만 남게 됩니다. 갑자기 예수님의 말씀이 이 이야기를 읽는 독자들을 향해 구체적으로 전달됩니다. 11절은 2인칭 단수로 시작됩니다. "진실로 진실로 네게 이르노니" 그런 다음 "그러나 너희가 우리의 증언을 받지 아니하는도다"에서는 2인칭 복수로 바뀝니다. 이로써 독자를 니고데모와 같은 위치에 두어 예수님을 만나게 합니다. 하나님께서는 세상을 사랑하시며, 이 복음서는 예수님을 그리스도, 하나님의 아들로 믿게 하고 그 믿음을 유지하게 하고자 합니다(20:30-31). "인자도 들려야 하리니"라는 말씀에 내포되어 있는 예수님의 죽음, 부활, 승천으로 인해 영생이 가능해졌지만, 성육신의 역사는 영생이란 지금 예수님 안에 거하는 삶을 포함한다는 점을 확고히 하고 있습니다.

니고데모는 요한복음에서 두 번 더 등장합니다. 7:50~52에서 그는 7장과 8장에 나오는 예수님과 종교 지도자들 간에 벌어지는 격렬한 갈등 가운데에서 예수님을 변호하는 것처럼 보이지만, 바리새인들에게 한 그의 질문은 예수님에 대한 미온적인 옹호로 이해됩니다. 니고데모의 마지막 등장은 아리마대 요셉과 함께 예수님의 시신을 장사하는 일을 돕는 장면입니다(19:38-42). 이로 인해 독자들은 이전에 니고데모가 예수님을 밤에 찾아왔었다는 사실을 다시 상기하게 됩니다(19:39).

더구나 그는 시신을 준비하기 위해 엄청난 양의 장례 향품을 가져옵니다. 니고데모의 마지막 등장은 그가 마침내 빛으로 나아왔다는 것을 나타내는 것일까요? 아니면 여전히 어둠 속에 머물며 예수님의 시신을 향품으로 무겁게 덮어 예수님께서 무덤에 남아있게 되실 것임을 의심치 않게 하려는 것일까요? 이 복잡한 인물과 요한복음에서 모호한 상태로 묘사되는 모습을 고려할 때, 이 본문을 해석할 때는 이러한 복잡성을 강조하고 이를 단순화하지 않는 것이 중요합니다. 니고데모는 구원을 요청하거나 필요로 하지 않습니다. 예수님과의 만남과 이후의 이야기에서 반복되는 그의 역할은 예수님을 믿는 것이 실로 '모호해 보이는 노력'이라는 점을 은연중에 드러냅니다. 요한복음에서 '믿음'은 명사가 아닙니다. 요한복음의 등장인물들에게 있어서 믿는다는 것은 동사(3:15-16)이며, 인간 존재의 모든 모호함, 불확실성, 우유부단함에 좌우됩니다. 성육신하신 하나님을 받아들인다는 것은 성육신의 신앙을 필요로 합니다. 믿는다는 것은 인간으로 존재하는 것만큼이나 복잡합니다.

설교적 관점

어떤 본문은 너무 익숙하고 연상되는 내용도 너무 많아서, '한 번 더' 설교할 생각만 해도 지칠 지경입니다. 어떻게 아직 언급되지 않은 새로운 내용을 찾아낼 수 있을까요? 지금 생각나는 잘 아는 바이올리니스트가 있습니다. 그녀는 매년 11월이 되면 〈호두까기 인형〉 공연의 새로운 시즌을 생각하면서 약간 우울해합니다. 그녀가 그 음악을 사랑하지 않고 감사해하지 않는 것은 아닙니다. 다만 매년 6주 동안 같은 파트를 같은 방식으로 연주해야 하고, 제3 바이올린 파트가 연주에 미치는 영향이 그리 크지 않기 때문입니다. 그녀는 "이 곡이 자주 연주되는 고전적인 오케스트라 곡이라는 사실을 알고 있고, 이 작품을 연주할 수 있어서 기쁩니다. 하지만 사람들이 '사탕 요정의 춤' 말고도 더 많은 레퍼토리가 있다는 점을 알았으면 좋겠습니다.

요한복음 3:1~17은 설교자에게 있어 〈호두까기 인형〉과 같은 존재입니다. 이 본문은 강단에서 전형적으로 다루어지는 본문으로, 그 익숙한 내용과 신학적 우아함, 그리고 우리의 역사적 고백에 대한 자부심 등을 다루어야 합니다. 또한 다양하게 연관되어 있는 부분들로 인해 상황이 복잡해집니다. '거듭남'이라는 표현과 특히 16절(요한복음 3:16)은 고속도로 표지판, 자동차 범퍼 스티커, 축구 경기 등에서 흔히 볼 수 있는 문구로 기독교인과 비기독교인 모두가 잘 알고 있는 구절입니다.

이는 설교자가 본격적으로 자신의 일을 하기 전에 많은 선입견과 오해를 정리해야 한다는 것을 의미합니다. 설교자는 이 구절이 야기할 수 있는 고정관념과 부정적인 이미지를 명확히 언급해야 하며, 이를 통해 성도들이 이 이미지를 새롭게 들을 수 있는 공간을 만들어야 합니다. 요한복음 3:1~17은 기독교라는 브랜드의 전유물처럼 보일 수 있지만, 그 안에 담긴 지혜는 우리 모두를 위한 것입니다. 사순절의 여정에서 십자가를 향해 나아가는 우리에게 이 구절은 중요합니다.

용어 정의 솔직히 말하면 이 구절은 우리를 서로 갈라 놓는 데 꽤 끔찍한 방식으로 사용되었습니다. "당신은 거듭났습니까?"라는 질문은 "당신은 우리처럼 구원받았습니까?" 또는 "당신은 그들처럼 미쳤습니까?"라는 은어로 사용되었습니다. 내부자의 언어관행에서 이 구절은 예수 그리스도를 믿는 신앙인으로서 한 사람의 구원을 결정하는 방식으로 기능합니다. 외부자 모드에서 이 구절은 종교적 광신자들을 분류하는 편리한 방법으로 사용됩니다. 이러한 두 가지 방식의 질문 모두 올바르지 않고, 도움이 되지 않습니다. 왜냐하면 둘 다 진정한 기독교인의 의미에 기대고 있기 때문입니다.

그래서 설교자가 가장 먼저 해야 할 일은 '거듭남'이라는 용어가 공동체에서 좋든 나쁘든 어떻게 작용하고 있는지 명확히 하는 것입니다. 이 용어를 자신들을 묘사하는 데 사용합니까? 이 용어를 '우리'와 '그들'을 구분하는 데 사용합니까? 우리는 '거듭남'이라는 말을 어떤 의미로 사용합니까, 그리고 우리의 이해가 어떤 고정관념을 형성합니까? 누가 '거듭난 자'인지 어떻게 결정합니까? 그 결정을 내릴 권한은 누구에게 있습니까? 우리의 관행이 우리를 하나로 연합하게 하고 그리스도의 몸을 세웁니까, 아니면 분열과 갈등을 일으킵니까? 여기서 중요한 것은 용어를 명확히 하고 잘못된 개념을 바로잡아 공동체가 대화를 시작할 수 있게 하는 것입니다.

이웃에 작은 빛을 비추기 어떤 아티스트는 이미 검증된 고전을 재해석하는 도전을 좋아합니다. 안무가 마크 모리스(Mark Morris)가 〈호두까기 인형〉을 각색한 곡("The Hard Nut")이나 화가 재스퍼 존스(Jasper Johns)의 미국 국기를 재해석한 작품, 그리고 지미 헨드릭스가 우드스탁 공연에서 선보인 '성조기'를 생각해 보시기 바랍니다. 오랜 시간 동안 콘텐츠(기호, 노래, 악보)가 많은 이들에게 지속적으로 사랑 받아온 이유는 우리 각자의 상황에서 보고 듣고자 하는 진리를 전달하기 때문입니다. 배우들이 셰익스피어를 외우고, 밴드가 듀크 엘링턴(Duke Ellinton)을 연주하는 이유가 바로 여기에 있습니다. 이 일을 하기 위해 천재적이고 시대를 앞서갈 필요는 없습니다. 가장 중요한 것은 사순절의 계절에 자신의 상황 가운데 뿌리를 둔 공동체의 일원이 되어 자신의 시대와 장소 '안에' 있는 것이며, 진정으로 어딘가에서 '살아 가는' 관점에서 하나님을 이야기하는 하나님의 신학자가 되는 것입니다.

그렇다면 여러분이 살고 있는 곳에서의 '거듭남'은 어떤 모습일까요? 왜 우리는 그것을 다시 할 기회를 원하게 될까요? 더 정확히 말하자면, 우리 스스로 태어날 수 없기에 누군가가 다시 우리를 낳아주어야 한다는 필요를 느끼는 이유는 무엇일까요? 오늘날 우리를 낳아주고 우리와 함께하는 사람은 누구이며, 과거 우리를 낳아준 사람은 누구일까요? 우리의 몸과 영혼은 어떻게 관련되어 있을까요? 수백 가지의 질문과 이미지를 빛에 비추어 반복적으로 바라보며, 그것들이 당신의 이웃에서 어떻게 자라나는지 확인해 보시기 바랍니다.

유머를 발견하기 이 본문은 니고데모가 지닌 상반된 성격을 제시하고 있습니다. 그는 이미 어리석기 짝이 없는 질문을 했습니다. 사실 그의 질문들은 매우 재미있습니다. 니고데모의 질문에 예수님께서는 "너는 이스라엘의 선생으로서 이러한 것들을 알지 못하느냐?"(10절)라고 하시며 놀리시는 듯한 말투를 보이십니다. 그분의 말에서 수치심을 느낄 수도 있지만(많은 이들이 그러합니다.) 유머는 종종 수치심보다 더 좋은 동기 부여가 됩니다.

만일 예수님께서 신성한 심판의 어조로 말씀하신 것이 아니라, 랍비스러운 아이러니를 사용하신 것이라면 어떨까요? 그렇다면 이 대화를 통해 우리의 위치가 바뀌게 되고, 갑자기 '우리의' 무지 또한 어느 정도 용납될 수 있는 공간이 생기게 됩니다. 니고데모는 우리 중 가장 교육을 많이 받은 가장 권위 있는 사람임에도 여전히 진리를 찾고 있음을 상기시켜 줍니다. 우리가 이해하지 못하는 것을 우물쭈물할 필요는 없습니다(바울의 말처럼 하나님을 직접 대면하기 전까지는 결코 온전히 이해할 수 없을 것입니다.). 차라리 나의 노력을 웃어넘기고, 털고 일어나 다시 시도하는 것이 낫습니다. 본문이 제시하는 지혜는 신비스럽고 역설적입니다. 이 본문은 우리에게 약간의 사유의 공간과 웃을 수 있는 여유를 가지라 요구하고 있습니다.

THIRD SUNDAY IN LENT

사순절 셋째 주일

출애굽기 17:1~7

시편 95편

로마서 5:1~11

요한복음 4:5~42

사순절 셋째 주일

출애굽기 17:1~7

1 이스라엘 자손의 온 회중이 여호와의 명령대로 신 광야에서 떠나 그 노
정대로 행하여 르비딤에 장막을 쳤으나 백성이 마실 물이 없는지라
2 백성이 모세와 다투어 이르되 우리에게 물을 주어 마시게 하라 모세가
그들에게 이르되 너희가 어찌하여 나와 다투느냐 너희가 어찌하여 여호
와를 시험하느냐
3 거기서 백성이 목이 말라 물을 찾으매 그들이 모세에게 대하여 원망하
여 이르되 당신이 어찌하여 우리를 애굽에서 인도해 내어서 우리와 우
리 자녀와 우리 가축이 목말라 죽게 하느냐
4 모세가 여호와께 부르짖어 이르되 내가 이 백성에게 어떻게 하리이까
그들이 조금 있으면 내게 돌을 던지겠나이다
5 여호와께서 모세에게 이르시되 백성 앞을 지나서 이스라엘 장로들을 데
리고 나일강을 치던 네 지팡이를 손에 잡고 가라
6 내가 호렙산에 있는 그 반석 위 거기서 네 앞에 서리니 너는 그 반석을
치라 그것에서 물이 나오리니 백성이 마시리라 모세가 이스라엘 장로들
의 목전에서 그대로 행하니라
7 그가 그곳 이름을 맛사 또는 므리바라 불렀으니 이는 이스라엘 자손이
다투었음이요 또는 그들이 여호와를 시험하여 이르기를 여호와께서 우
리 중에 계신가 안 계신가 하였음이더라

신학적 관점

이스라엘의 광야 여정을 적고 있는 길고 복잡한 다른 많은 본문과 마찬가지로, 갈증과 시험에 관한 이 이야기의 중심에는 하나님의 임재에 관한 중요한 질문이 있습니다. 하나님께서 우리와 함께 계신다는 것, 말 그대로 '우리 가운데' 계신다는 것을 어떻게 알 수 있을까요? 하나님의 임재와 섭리를 분별하기 위해 어떤 표징이나 증거를 사용할 수 있을까요?

갈등이 많았던 광야 세대는 매우 자연스럽고 보편적인 것처럼 보이는 가정을 합니다. 그들은 필요하고 원하는 것을 얻었을 때, 하나님께서 자신들과 함께하신다고 믿습니다. 배고픔과 목마름, 고난의 시기에는 자신들이 버림받거나 배신당했다고 생각합니다. 더 부정적인 것은 하나님께서 자신들과 함께 동행한 적이 있는지 의심을 품는 것입니다. 자유를 향한 그들의 모험은 절망적인 자기기만으로 판명될 수도 있습니다.

모세 스스로가 자족의 신학을 가르쳤고, 하나님께서도 함께하시는 듯 보였습니다. 직전 장에서는 식량 부족으로 모세와 아론에 대한 불만이 제기되었습니다. 하나님께서는 만나와 메추라기를 주심으로 응답하셨고, 모세와 아론은 이를 통해 백성들에게 이집트에서 인도하신 분이 진짜로 주님이심을 알게 될 것이라고 확신시켰습니다(출 16:6).

모세와 같은 지도자는 식량을 공급하는 일 외에도, 하나님의 대리자나 하나님의 임재를 나타내는 표징의 역할을 감당합니다. 따라서 목마른 백성들이 모세를 고발하자 모세는 다음과 같이 대답합니다(2절). "너희가 어찌하여 나와 다투느냐 너희가 어찌하여 여호와를 시험하느냐?" 모세와 본문의 저자는 모세에게 던지는 모든 말은 곧 하나님을 공격하는 것이라고 말하고 있습니다.

모세가 하나님의 현존이라는 개념은 출애굽기에서 나타나는 신성한 권한 위임 장면과 함께 등장합니다. 하나님께서는 모세에게 "볼지어다 내가 너를 바로에게 신같이 되게 하였은즉 네 형 아론은 네 대언자가 되리니"(7:1)라고 말씀하십니다. 모세는 하나님을 대변하고, 바로는 모세의 모습을 통해 전투에 임하시는 하나님을 가장 가까이서 보게 될 것입니다.

출애굽기를 통틀어 이스라엘은 주로 바로처럼 하나님을 만났지만, 모세는 하나님을 직접 만나게 됩니다. 따라서 이 르비딤을 배경으로 한 갈증과 시험 이야기에서 하나님께서는 모세가 (반석을 칠 때 물이 나오는) 반석 위에 서 있는 하나님을 보게 될 것이라고 약속하십니다. 그러나 백성들은 하나님을 보지 못하고 이스라엘이 살아가는 데 필요한 것을 주는 모세만 볼 뿐입니다.

이 신학적 주제는 출애굽기 32장에서 모세가 너무 오래 산에 머무르면서 위기를 맞게 됩니다. 이스라엘은 하나님의 임재를 나타내는 새로운 표징을 만드는 방식으로 이에 반응하고 있습니다. 아론은 그룹을 만드는데, 이 그룹 한 쌍은 출애굽기 25장에서 볼 수 있듯이 이미 만들어진 언약궤 위에 자리 잡고 있었습니다. 그룹은 하나님의 임재의 표징으로 사용됩니다(참조. 출 25:18-22, 삼상 4:4). 하나님과 모세는 배교로 추정되는 이 행위를 어떻게 처벌해야 할지에 대해 논쟁을 벌입니다. 그 결과 적어도 한 가지 결과가 나타나는데, 이는 이전에는 없었던 것으로 이스라엘과 동행하시는 하나님에 대한 영구적인 불확실성입니다. 출애굽기 33장은 하나님의 임재를 분별하는 매우 복잡한 일련의 작은 이야기들로 이루어져 있으며, 모세조차 더 이상 하나님을 직접 대면할 수 없다는 것으로 결론을 맺습니다. 기껏해야 모세는 하나님의 뒷모습을 볼 수 있을 뿐입니다. 이제 모세와 이스라엘은 하나님께서 어디 계시는지, 하나님께서 이 세상에서 무엇을 하고 계시는지 그 표징을 찾기 위해 하나님께서 거쳐가셨거나 임재하셨을 것으로 추정되는 곳에서 하나님의 뒷모습만 바라보아야 합니다. 역사의 변덕스러움 가운데에서 하나님을 찾고자 했던 모든 이들은 '하나님의 뒷모습'의 모호함을 읽고 이해하는, 내재되어 있는 어려움을 알고 있습니다.

장소 또한 하나님의 임재를 나타내는 신호로 사용되었습니다. 이스라엘의 경우, 다른 많은 나라와 마찬가지로 전통적으로 성전과 기타 여러 가지 성스러운 장소를 지정하여 하나님께서 그곳을 일반적이고 평범한 공간보다 더 확실히 거하시는 장소로 삼았습니다. 사사 시대에 언약궤가 있던 실로와 하나님께서 당신의 이름을 영원히 두실 것이라 약속하신 솔로몬 성전이 이런 방식으로 사용되었고, 성전이 바벨론에 함락되자 이스라엘은 "하나님은 지금 어디에 계십니까?"라고 물었습니다.

이에 특별히 P문서 저자들은 오경의 광야 이야기에서 우리가 지금 보고 있는 성막 전통을 형성하며 이에 응답했습니다. 다시 한번, 이스라엘은 과도기적 시대를 살았는데 이번에는 유배와 귀환 사이의 시기였습니다. 백성들은 성전이 무너져도 주님께서 사라지지 않으셨다는 확신이 필요했습니다. 오히려 하나님께서는 돌로 지어진 집이 아니라 움직이고 깨지기 쉬운 집 안에 거하십니다.

요한복음에서 기독교 신학자들은 성막에 거하시는 하나님과 극심한 갈증 속에서 인간이 느끼는 하나님의 부재 사이의 연결 고리를 발견합니다. 요한복음의 서문에서는 "말씀이 육신이 되어 우리 가운데 거하시매"라고 말하고 있습니다. 이는 문자 그대로 '성막을 치셨다'라는 의미로 하나님의 영광이 움직이며 깨어지기 쉬운 모습으로 우리 가운데 거하심을 나타냅니다(요 1:14). 종국에 예수님은 오직 요한복음에서만 언급되고 있는 버림받으심을 나타내는 다음의 말을 외치십니다. "내가 목마르다"(요 19:28).

이 주간 성서정과의 복음서 본문(요 4:5-42)에서 우리는 정오에 예수님이 물을 좀 달라 하시고, 사마리아 여인에게 '생수'를 주시는 이야기를 들으며 하나님의 임재 신학에 대해 이야기합니다. 하나님께서는 예루살렘에만 계실까요, 아니면 사마리아에도 계실까요?

요한복음은 그리스도인들에게 이 세상에 생수에 대한 갈증이 여전히 남아 있는 한, 하나님께서는 그분의 부재를 온전히 알고 그 부재 속에 있는 연약한 자 안에 거하시고 말씀하시며 역사하신다고 가르치고 있습니다. 하나님께서는 십자가에 못 박히신 그리스도의 장막과 십자가에서 그리스도와 한 몸이 된 신부, 곧 그의 숨결로 생명을 회복시킨 공동체의 몸 안에 거하십니다. 이는 사랑하는 자들이 부활했지만 상처 입은 육신을 보고 두려움을 느꼈을 때, 그들에게 불어넣어 준 생명의 숨결과 같은 몸입니다(요 20:22).

마더 테레사는 하나님의 부재의 갈증을 그 누

구보다 깊이 느꼈으며, 그녀의 글에는 생지옥과도 같았던 길고 끔찍한 버림받은 느낌에 대한 이야기가 담겨 있습니다. 그러나 작고 지혜로운 하나님의 여인은 그런 어둠 속에서도 자신의 몸과 영혼에 '무한히 목마른 하나님의 사랑'을 품고 있으며, 캘커타의 희망 없는 사람들을 대신하여 자신의 수고가 십자가에 달리신 예수님의 타는 목마름을 채우는 데 도움이 되었다는 믿음을 붙들었습니다.*

목회적 관점

성직자들은 모세를 자주 인용합니다. 예수님 다음으로 모세가 성경에서 가장 자주 인용되는 인물일 것입니다. 수많은 교회의 목회자들과 상담할 때마다 모세가 너무 많이 인용되었습니다. 영적 지도자(평신도든 안수받은 사람이든)는 대개 다음과 같이 원망합니다. "주님, 이 백성을 어떻게 해야 합니까? 그들은 저를 돌로 치려고 합니다." 인용 내용은 정확하지 않았지만 정서는 같았습니다. "주님, 우리 모두가 동의한 새로운 비전을 가지고 이 백성을 이끌라고 저를 부르셨고, 한동안은 잘 진행되었지만 지금 내뱉는 불평은 통제 불능입니다."

모세가 하나님의 백성을 불러모으기 시작하면서 그들이 노예의 굴레에서 벗어나 자유와 자신들의 땅에 대한 언약으로 이끌어 주겠다는 비전을 제시할 때, 이스라엘 백성들이 점점 더 크게 흥분했던 모습을 상상해 볼 수 있습니다. 그의 비전은 압도적인 지지를 받았을 것입니다. 이집트에 있는 동안 사람들은 전염병, 우박, 폭풍우, 그리고 마지막으로 유월절 가운데 자신들을 보호하라는 그의 지시를 따랐습니다. 파라오가 완전히 지쳐 버렸을 때, 백성들은 가장 중요한 것들을 챙겨 서둘러 자유와 약속의 땅을 향해 나아갔습니다. 누룩이 부풀어 오를 시간조차 기다리지 않았습니다. 과거의 멍에가 벗겨졌고, 젖과 꿀이 흐르는 땅에 대한 비전이 그들을 앞으로 나가도록 인도하였습니다.

비전과 소망을 향해 나아갈 자유는 강력한 동기 부여의 요소입니다. 그러나 자유는 또한 엄격한 과제이기도 합니다. 자유는 선택의 멍에를 지고 있습니다. 누구를 따라갈 것인지, 어디로, 언제, 왜 따라갈 것인지 선택해야 합니다. 그 선택의 책임을 이해하는 것은 중요한 문제입니다. 이는 광야를 떠돌던 이들이나, 오늘날 교회의 신앙인들과 설고자들에게도 마찬가지입니다. 왜냐하면 둘 다 하나님의 권위를 인간에게 잘못 부여하여 고통받고 불평하게 될 것이기 때문입니다.

최근 다양한 신앙 전통을 가진 새로운 동료들을 몇 명 만났습니다. 그중 한 명이 한때 제 전임자를 '플리머스(Plymouth) 회중교회의 목사(pastor)'라고 소개한 적이 있다고 말했습니다. 하지만 그의 말은 곧바로 지적을 받아 '목회자'(minister)라는 직함으로 정정하라는 지시를 받았다고 합니다. '그것이 무슨 차이가 있는가'라는 질문에 저는 우리 모두가 현재 당면한 상황에 따라 목사와 목회자의 역할을 수행하는 것이라고 말했습니다. 하나의 직함을 다른 직함보다 더 선호하는 것은 우리의 주된 리더십 스타일과 구성원과의 관계에 뿌리를 두

* Mother Teresa, *Come Be My Light*, ed. Brian Kolodiejchuk, MC (New York: Doubleday, 2007), 154-57.

고 있습니다. '목사'(pastor)라는 호칭은 목가적 삶의 비전, 즉 양을 먹이는 목자들이 그들의 양 떼를 통제하며 양들이 목자를 따라 더 푸른 초원으로 즐겁게 인도되는 모습을 연상시킵니다. 대부분의 회중교회 신앙인들은 이와 같은 이미지에 익숙하지 않습니다. 왜냐하면 우리 성도들은 자유를 매우 사랑하기 때문입니다. 회중교회에서는 인도해야 할 양이 거의 없거나 전혀 없습니다. 우리의 일은 오히려 제멋대로 뛰어다니는 고양이를 모으는 것과 유사합니다.

'목회자'(minister)는 본질적으로 다른 사람의 권위에 따라 행동하는 사람을 의미합니다. 목회자들은 다른 권위의 종들입니다. 우리는 하나님의 비전, 하나님의 방향, 하나님의 방법이라 인정하는 바에 따라 행동합니다. 그러나 우리가 깨달은 바를 교회의 회중이 깨달은 바와 대조해 본 '후에' 행동합니다. 왜냐하면 각 성도가 동등하게 하나님의 비전에 접근할 수 있기 때문입니다. '점진적 회중주의'(creeping congregationalism)가 모든 교단에, 심지어 가톨릭 교회에도 스며들면서 목사, 목회자, 사제 또는 신부로서 우리의 비전을 회중과 확인하는 행위가 점점 더 중요해지고, 심지어 필수적인 일이 되어 가고 있습니다. 그렇다면 왜 모세의 탄식이 성직자들과 심지어 회중교회의 성직자들에 의해서도 자주 울려 퍼지는 것일까요? 그것은 잘못된 권위 때문입니다.

회중이 새로운 비전을 확인했음에도 불구하고, 상황이 어려워지면 기억이 희미해지기 마련입니다. 광야를 떠돌던 이들은 당연한 걱정거리를 갖고 있었습니다. 물이 다 떨어져 더 이상 보이지 않았습니다. 그래서 그들은 모세와 다투기 시작했습니다. 하필 모세라니요! 그들은 자신들을 종의 상태에서 벗어나게 하신 살아 계신 하나님을 잊어버렸습니다. 이집트에서 재앙이 일어나는 동안 그들을 보호하신 살아 계신 하나님을 잊어버렸습니다. 바다를 갈라 그들을 건너게 하시고, 그들을 노예로 부리던 자들을 바다에 잠기게 하신 살아 계신 하나님을 잊어버렸습니다. 구름 기둥과 불 기둥으로 그들을 인도하신 살아 계신 하나님을 잊어버렸습니다. 오히려 그들은 우상을 기억했습니다. 금을 녹여 송아지를 만들어 경배했던 것처럼, 그들은 모세에게 금박을 씌우려 했습니다. 칭송의 대상으로 삼기도 하고, 항의의 대상으로 삼기도 하는 역설과 함께 말입니다. 이는 리더십을 우상화하는 것이자 권위를 잘못 부여하는 습관이었습니다.

많은 지도자는 순조롭게 시작된 비전을 향한 여정에 대한 찬사로 금박이 입혀지는 유혹에 빠집니다. 그러나 어려움이 닥치고 한때 찬사를 보냈던 사람들이 항의할 때, 그 금박으로 덮인 자아상은 변색되기 시작합니다. 너무나 많은 지도자들이 자신들이 드러내야 하는 분과 비전의 방향성을 망각하고, 즉각적인 찬사에 눈이 멀어 잘못된 권위의식에 집착하게 됩니다.

많은 이와 달리 모세는 백성들의 잘못된 권위에 대해서는 아무런 관심을 두지 않았습니다. 백성들이 세 번 불평할 때마다(출 15:24; 16:2; 17:3), 모세는 하나님께로 향했습니다. 그때마다 모세는 젖과 꿀이 흐르는 땅에 대한 언약의 근원과 성취를 향해 백성들의 마음을 다시 돌리며 다음과 같이 말했습니다. "너희의 원망은 우리를 향하여 함이 아니요 여호와를 향하여 함이로다”(출 16:8). 또한 그는 하나님의 백성에게 자신이 다른 권위의 종임을 상기시켰습니다. “너희가 여호와께서 너희를 애굽 땅에서 인도하여 내셨음을 알 것이요 … 우리가 누구이기에 너희가 우리에게 대하여 원망하느냐”(출 16:6-7). 모세는 그때마다 백성들이 자신에게 금박을 입히려는 것을 거부하고, 자신 또한 누군가를 따르는 이들과 다름없음을 강조하며 그 자리를 피했습니다.

열매 맺는 교회의 리더십을 위해서는 따를 줄 아는 능력이 있어야 합니다. 첫째로, 우리가 거울을 보듯 희미하게만 보고, 불완전한 귀로 듣는다는 것을 깨닫고, 하나님의 인도하심에 대한 최선의 이해를 따라야 합니다. 우리는 진리 일부를 들을 수 있을지 몰라도, 지금까지 온전한 진리만을 들으신 이는 오직 한 분뿐입니다. (그러니 하나님 제발 도와주소서!) 둘째로, 우리는 희미하게 보고 부분적으로만 듣는 신앙 공동체 속에서 살아가고 있습니다. 우리가 그리스도의 임재 안에 모이게 될 때, 권위의 오용을 용서하시고, 하나님께서 약속하신 비전을 향해 함께 나아가도록 새롭게 부르시는 은혜가 넘쳐나야 합니다.

주석적 관점

이 본문은 이스라엘 백성이 이집트를 떠나 가나안 땅에 들어가기 전까지 광야를 방황하는 동안 출애굽기와 민수기에 나오는 여러 ‘불평 이야기’ 중 하나입니다. 이 이야기들은 시내산에서 율법을 받기 전(출 15-17장)과 그 이후(민 11-20장)에 주로 나타나고 있습니다. 출애굽기에 나오는 이야기들에서는 불안한 이스라엘 백성들의 필요를 하나님께서 채워 주신다는 점이 강조되고 있습니다. 반면 민수기에 나오는 이야기들에서는 하나님의 분노와 백성에 대한 처벌이 강조됩니다. 이 차이는 무엇 때문일까요? 이는 바로 시내산에서 맺은 언약(출 19-24장) 때문입니다. 언약 이전에는 백성들이 이집트에서 해방된 노예에 불과해 여전히 노예의 삶에 대한 심리적 흔적을 지니고 있었기 때문에 하나님을 그리 신뢰하지 못했습니다. 하나님께서는 이를 보며 인내하셨습니다. 하지만 시내산에서 언약을 맺은 후에는 그들이 하나님을 신뢰할 수 있어야 했습니다. 따라서 시내산 이후의 불신앙은 더 심각한 문제의 징후가 됩니다.

출애굽기 17:1~7의 평행 본문은 민수기 20:1~13입니다. 민수기에서는 유사한 사건이 전혀 다른 목적으로 사용됩니다. 이 본문은 모세와 아론이 약속의 땅에 들어가지 못한 이유를 설명하는데, 이 설명이 다소 애매합니다. 출애굽기와 민수기에 나오는 불평 이야기의 서사 구조는 내면화된 억압을 벗어나는 것이 얼마나 어려운지를 냉정하게 보여주고 있습니다. 때로는 오직 2세대만이 해방의 약속을 성취할 수 있습니다(민 14:20-23, 31-33).

이 짧은 이야기는 (1) 요구(1절) (2) 불평(2-3절) (3) 모세의 응답(4절) (4) 하나님의 기적적인 개입(5-6절) 등과 같이 단순한 구조로 이루어져 있습니다. 마지막 구절(7절)은 사건이 일어난 장소의 이름에 대한 유래(설명)를 제시합니다.

첫 구절은 광야 여정의 순서를 정리한 P문서 저자의 여정 목록의 일부입니다. 르비딤의 위치는 불확실하지만, 이 이야기는 우선적으로 이스라엘과 하나님과의 관계에 관한 것이라는 점에서 중요합니다. 불안에 떨던 이스라엘 백성들의 처지에 쉽게 공감할 수 있을 것입니다. 이집트에서 기적적인 구원을 경험했지만(출 14-15장), 광야를 통과하는 여정은 매일매일이 생존을 위한 투쟁입니다. 지속적인 공급을 위해 필요한 자원은 파라오의 군대를 물리치는 데 필요한 자원과는 다릅니다. 백성에게 물이 없다는 것은 끔찍한 상황이었기 때문에 이들은 모세와 '다툽니다'(히. rib). 이 단어는 두 가지 핵심 주제어 중 첫 번째 단어이며, 이에 대한 모세의 대답에서 두 번째 핵심 주제어가 제시됩니다. 모세는 자신과의 '다툼'을 하나님을 '시험하는 것'(히. nasa)으로 해석하고 있습니다.

이전에 하나님께서는 백성에게 양식을 공급하시는 당신의 섭리와 관련하여 백성에게 순종해야 할 규례를 주심으로 백성들을 '시험'하셨습니다(15:25, 16:4). 하나님께는 백성들이 언약 동반자가 될 준비가 되었는지 확인해 보실 이유가 있지만, 백성들은 자신들을 노예의 삶에서 이끌어 내신 하나님을 의심할 합리적 근거가 없습니다. 따라서 백성들이 이미 기적적인 물(15:22-25)과 음식(16:1-36)의 공급을 경험했는데도 모세에게 도전하며 하나님을 '시험'하는 것은 이 세대가 완전한 자유를 누릴 준비가 되어 있는지 경종을 울리는 것이었습니다. 백성들은 노예로서 억압받지만 생존 가능한 삶과 갈증으로 죽을 수도 있는 광야의 미지의 위험성을 저울질하고 있는 것입니다(3절, 참조. 16:3).

하나님을 향한 모세의 솔직한 항의는 자신이 지고 있는 지도력의 무게로 인해 고뇌에 찬 그의 첫 번째 간청입니다(참조. 출 18:17-18, 민 11:11-15). 백성들과 모세는 이 문제를 모세의 부족한 리더십의 문제로 해석한 반면, 하나님께서는 이들이 제기한 다툼의 내용을 무시하시고, 대신에 근본적인 문제인 '물'의 공급 문제를 해결하십니다.

오랫동안 소원했던 당사자 간의 미묘한 협상 과정이 종종 그러하듯이, 하나님께서는 물을 공급하는 기적적인 역사로 백성들과의 '신뢰 구축'을 진행하십니다. 모세는 먼저 공개적으로 '백성 앞을 지나고', 이 사건을 증언할 수 있는 '장로들'을 데리고 갑니다(5절). 또한 모세는 아론에게 나일강과 이집트의 다른 물을 마실 수 없게 만드는 데 사용하라고 지시했던 그 지팡이(7:19-24)를 마른 바위에서 식수를 가져오는 데 사용하게 됩니다(5절). 따라서 이전에 경험했던 이적과 광야에서의 공급하심 사이에 연속성이 확립됩니다. 하나님께서 구름 기둥과 불 기둥으로 백성들을 인도하실 때 임재하셨던 것처럼(13:21), 하나님께서 반석에 (눈에 보이든 보이지 않든) 임재하실 것입니다(6절).

이 지역에 붙여진 이름인 맛사(시험하는 장소)와 므리바(다투는 장소)라는 지명은 2절에 사용된 핵심 동사를 따라가며 이 사건을 기념하고 있습니다. 맛사와 므리바의 사건은 후대 전통에서 자주 회상되었습니다(신 6:16, 9:22, 32:51, 33:8, 시 78:15-16, 41, 56, 81:7, 95:8, 106:32). 때로 하나님께서 공급해 주셨던 역사가 기념되는 경우도 있지만(시 78:15-16), 대부분 이 사건은 이스라엘의 치명적인 불신을 상기시켰습니다. 실제로 이 이야기가 강조하는 내용은 이스라엘 백성의 질문을 인용하고 있는 본문 마지막 구절에서 암시합니다. "여호와께서 우리 중에 계신가 안 계신가?"

서술자는 분명히 백성에게 분노하는 하나님과 모세의 관점에서 상황을 바라봅니다. 하지만 3절에서 백성들이 표현한 고뇌 어린 불안은 더 복잡한 관점을 보여 줍니다. 그들의 불안은 자신뿐 아니라 의존적인 자녀들과 동물들의 앞날까지 포함하며, 이를 통해 이 희망적이면서도 매우 위험한 모험을 감행한 백성들의 정서적, 종교적 불안을 더 복합적으로 평가할 수 있습니다.

설교적 관점

이 본문의 모세와 자신을 동일하게 여기지 않으려는 설교자가 과연 있을까요? 당신은 백성을 죄의 광야에서 이끌어냈고, 매주 주님의 메시지를 선포했으며, 꼼꼼한 장기 계획을 통해 단계별로 나아갔습니다. 모든 면에서 당신은 모든 일을 올바르게 했습니다. 그런데도 불평합니다. 예배실은 너무 덥고, 바닥은 너무 차갑고, 오르간 연주자는 북스테후데*의 곡만 연주합니다. 어떤 설교자, 어떤 목사가 맛사와 므리바의 메마른 땅에서 많은 시간을 보내지 않았겠습니까? 이러한 경험을 설교로 어떻게 전달할 수 있을까요?

강해설교 준비를 시작하게 된다면, 출애굽기 17:1~7은 설교자에게 자신이 경험하는 좌절감과 씨름하는 것부터 시작하라고 요구합니다. 이 본문으로 설교를 준비하는 이는 얌전히 할 수 없습니다. 우아한 곡선 위를 흘러 가는 듯 하다가도, 어처구니없는 구덩이에 빠지기도 합니다. 하나님의 백성을 이끄는 모든 지도자들은 개인과 공동체가 내뱉는 불평의 광야에서 방황하는 날을 보냅니다. 그중 일부는 모세까지 거슬러 올라갈 수 있습니다. "이 사람들은 왜 저러지?", "나는 왜 이러지?", "내 지팡이는 어디에 있지?"라는 질문을 하게 됩니다.

설교자가 심오함을 추구하려는 시도를 멈추고 자신이 겪은 좌절감으로 마음에서 우러나오는 말을 할 때 그것이 얼마나 깊은 울림을 주는지요. 이런 말을 지속적으로 듣게 되면 가장 신실한 교인들에게조차도 거부감을 일으킬 수 있지만, 사순절 기간에 이 본문을 다룰 때에는 솔직한 고백을 꺼내 놓을 기회를 제공하기도 합니다. 무엇이 설교자를 불평하게 만듭니까? 무엇이 그의 가족을 불평하게 만들까요? 불평 아래에 숨겨진 더 깊은 이유는 무엇인가요? 설교자와 회중 모두 아직 발견하지 못한 영적인 생수를 갈망하고 있는 것은 아닐까요?

이 구절은 설교자가 신중한 자기 성찰을 거친 후에 회중의 불평을 듣도록 요청합니다. 모든 설교자가 회중에 불만을 가지고 있듯이, 모든 회중 또한 설교자에게 불만을 가지고 있습니다. 아마도 이 설교의 주석은 목회자의 서재가 아니라 임원회나 당회에서 시작될 것입니다. 이스라엘 백성들은 조급했을지 모르지만, 그들은 정당한 목마름이 있었습니다. 교회에는 어떤 갈증이 해소되지 않은 채로 남아 있습니까? 어떤 불간이 크게 부글부글 끓고 있습니까? 이러한 문제가 사람들 사이에 널리 퍼져 있습니까, 아니면 한두 사람에게만 국한되어 있습니까? 이것이 교회생활의 핵심입니다. 이러한 불만을 예언자적 목소리로 다루려면

* 편집자주: 디트리히 북스테후데(Dieterich Buxtehude, 1637-1707), 바로크 시대 독일 작곡가 겸 오르가니스트.

하나님의 백성들이 정당한 목마름으로 불평하는 것인지, 아니면 배가 부른데도 입이 열려 있어서 불평하는 것인지 경청하고 기도하는 마음으로 분별해야 합니다. 이것은 정직과 오만 사이의 아슬아슬한 경계에서 균형을 잡는 위태로운 설교입니다.

설교에서 유머는 자신의 불평을 복음으로 착각하는 사람들을 위한 세례의 물입니다. 모세 같은 설교자조차도 바위에서 물을 내는 방법을 보여주다가 자신의 자아에 걸려 넘어졌을 것입니다. 불평하는 대중을 견디는 목사들도 분명히 불평의 원인을 일부라도 제공했을 것입니다. 회중의 실패에 대한 불만을 토로하기보다는, 이 본문에 대한 설교는 설교자가 자신에게 더 당황스러운 순간들을 고백하도록 초대할 것입니다. 우리가 "주님, 내가 이 백성을 어떻게 해야 합니까?"라고 외칠 때, 하나님은 "그거 재미있네. 나도 너에 대해 같은 생각을 하고 있단다."라고 대답하실지 모릅니다. 마찬가지로, 한 교회의 역사 속에도 사소한 문제들이 종말의 징조처럼 보였던 경우가 있기 마련입니다. 우리가 정말로 예배당의 카펫 문제로 3년 동안 논쟁을 벌였습니까? 핸드벨이 전기 기타보다 더 성경적입니까? 이러한 문제들을 성경의 빛 가운데 가져오게 된다면, 우리의 다툼이 우리의 구원의 진정한 반석이신 주님 앞에서 어떤 모습인지 드러날 것입니다.

사소한 문제들이 우리의 주의를 끌기도 하지만, 회중들은 실제 생명과 사망을 가르는 중요한 문제들을 직면할 수 있습니다. 교회는 줄어드는 성도들을 돌보며 생명에 매달려 있을 수도 있습니다. 교회는 앞으로 수년 동안 사역에 영향을 미치게 될 예산 부족에 직면할 수도 있습니다. 교회 주변 지역 사회나 교회 구성원들에게도 문자 그대로 음식과 음료가 필요하게 될 수도 있습니다. 세심한 설교를 통해 신랄한 어조로 우리 자신의 부조리에 대한 조소와 위험에 처한 세상을 향한 진심 어린 외침을 나란히 배치할 수 있습니다. 이스라엘 백성들은 '죄의 광야'에서 탈출하는 혜택을 누렸습니다. 우리의 목회자들과 교회는 우리의 죄의 광야에서 고통받고 있습니다. 하나님께서는 우리를 어떻게 하실까요? 우리는 예수 그리스도의 음성과 모세의 선포를 들은 자로서 무엇을 해야 할까요? 바위투성이 땅과 같은 혼란스러운 삶에서 우리는 어디에서 물을 찾을 수 있을까요?

이 설교에서 설교의 도약은 뒤로 물러나는 것일 수 있습니다. 설교자가 교회생활의 어리석은 모습과 진지한 모습을 가까이 조명하는 것으로 설교를 시작한다면, 그 다음에는 모세가 어떻게 문제를 해결했는지를 살펴보는 내용으로 이어질 수 있습니다.

첫째, 모세는 기도했습니다(4절). 모세는 간결하고 겸손하며 두려움에 찬 기도를 평범한 말로 드렸습니다. 설교자의 역할은 신학적으로 혹은 심리학적으로 묘기를 부리듯이 왜곡하는 것이 아니라, 궁극적으로 백성들을 기도하게 하는 예언자와 같은 역할일 수 있습니다.

둘째, 하나님께서는 모세에게 자신의 문제를 해결할 수 있는 도구를 가지고 있음을 상기시켜 주셨습니다. "나일강을 치던 네 지팡이를 손에 잡고 가라"(5절). 좌절감에 원망하고 떨면서 통곡하는 사람들은 그저 입을 다물고 나아가 이미 효과가 있다고 증명된 일을 하면 될 것입니다. 교회와 목회자들은 방법론의 수레

바퀴를 다시 만들어 내는 데 너무 많은 시간을 소비하다가 복음의 목표를 달성하지 못할 수 있습니다.

셋째, 모세는 온 회중이 보는 앞에서가 아니라 장로들과 함께 있는 자리에서 반석에서 물이 나오는 기적을 행했습니다(6절). 이 설교의 강해가 당회나 임원회에서 시작된다면, 강해는 같은 장소에서 마무리됩니다. 이 본문은 선포자에게 경청하는 자, 선지자, 그리고 마지막으로 멘토가 되라고 요청하고 있습니다. 설교는 강단에서 선포되지만, 설교는 사람들의, 사람들에 의한, 사람들의 리더십을 통해 생명을 얻습니다.

사순절 셋째 주일

시편 95편

1 오라 우리가 여호와께 노래하며 우리의 구원의 반석을 향하여 즐거이
외치자
2 우리가 감사함으로 그 앞에 나아가며 시를 지어 즐거이 그를 노래하자
3 여호와는 크신 하나님이시요 모든 신들보다 크신 왕이시기 때문이로다
4 땅의 깊은 곳이 그의 손 안에 있으며 산들의 높은 곳도 그의 것이로다
5 바다도 그의 것이라 그가 만드셨고 육지도 그의 손이 지으셨도다
6 오라 우리가 굽혀 경배하며 우리를 지으신 여호와 앞에 무릎을 꿇자
7 그는 우리의 하나님이시요 우리는 그가 기르시는 백성이며 그의 손이
돌보시는 양이기 때문이라 너희가 오늘 그의 음성을 듣거든
8 너희는 므리바에서와 같이 또 광야의 맛사에서 지냈던 날과 같이 너희
마음을 완악하게 하지 말지어다
9 그때에 너희 조상들이 내가 행한 일을 보고서도 나를 시험하고 조사하
였도다
10 내가 사십 년 동안 그 세대로 말미암아 근심하여 이르기를 그들은 마음
이 미혹된 백성이라 내 길을 알지 못한다 하였도다
11 그러므로 내가 노하여 맹세하기를 그들은 내 안식에 들어오지 못하리
라 하였도다

신학적 관점

이 시편은 여섯 편의 연속된 찬양 시편 중 첫 번째입니다. 이 시편은 찬양 시편 가운데서도 예배와 관련된 주제와 확신들을 주로 담고 있습니다. 시편 95편부터 100편까지는 하나님과 하나님의 놀라운 역사를 향한 경배의 마음을 점차 고조시켜 나가는 방식으로 구성되어 있습니다. 여섯 편의 시편은 각각 하나님의 위대하심을 선포하고 신앙인들에게 찬양을 드리도록 초대합니다.

이 시편은 예배를 위해 모인 신실한 공동체를 향해 선포되는 것으로 보입니다. 힘을 주어 선포하는 서두 부분은 우려로 가득한 지경을 정리하여 하나님께서 영과 진리로 예배 받으실 수 있도록 하기 위함입니다. 이들은 전쟁과 침략, 파괴와 강제 이주 등을 경험한 공동체입니다. 따라서 이들이 참여하는 예배는 가볍거나 얕거나 피상적이지 않습니다. 이 예배는 공동체 구성원들의 집단적인 마음 깊숙한 곳에서 비롯된 것입니다. 찬양은 만물의 창조자가 되시는 하나님의 역사와, 신앙 공동체를 부르신 하나님의 섭리에 뿌리를 두고 있습니다.

전자의 경우에는 하나님의 급진적인 자유가 분명히 드러나며, 후자의 경우에는 하나님의 급진적인 사랑이 나타납니다. 이와 유사한 다른 시편들처럼, 이 시편은 하나님을 찬양합니다. 그러나 이 찬양에는 역설이 있습니다. 이 역설은 이 시편의 구조에서 분명히 드러납니다. 1절과 2절은 예배와 찬양에 나아오라는 초대의 내용으로 구성되어 있습니다. 여기서 중요한 점은 하나님을 경배하는 마음으로 나아가야 한다는 것입니다. 3절은 정치적인 통치자가 되시는 하나님께서 '모든 신들보다 크신 왕'이심을 확증하고 있습니다. 4절은 하나님께서 주권적으로 이 세상을 지속하게 하시는 분이심을 재확인합니다. 하나님께서는 '땅의 깊은 곳'을 소유하고 계시며, '산들의 높은 곳'도 가지고 계십니다. 5절은 하나님께서 창조주의 역할을 감당하고 계심을 재확인합니다. 바다는 하나님의 것이며, 마른 땅은 하나님의 손으로 지어졌습니다. 6~7절은 인류와 관련된 하나님의 내재적이고 초월적인 역사에 비추어 예배를 드리라는 요청을 반복합니다.

이 시점에서 시편의 어조와 분위기가 극적으로 변합니다. 7b~11절은 엄중한 경고로, 예배와 경배를 드리는 이 순간에도 이스라엘의 경험 내에 존재하는 음산한 면모가 드러납니다. 찬양이라는 외관 아래에는 불순종, 투쟁, 반항, 무시, 반란, 범죄의 역사가 숨겨져 있습니다. 과거 세대의 결점과 실패는 미래의 신실함을 위한 토대가 됩니다. 시편 기자는 이스라엘이 배교와 유혹, 그리고 우상숭배와 씨름했던 기억을 상기시킵니다.

새뮤얼 테리엔은 그의 저서 *The Psalms and Their Meaning for Today*(시편과 오늘날의 의미)에서 이스라엘이 하나님을 예배할 때, 이들은 많은 국가적 도전과 어려움을 겪은 백성으로서 예배했다고 말하고 있습니다. 독자는 다소 충격적이고 엄중한 경고를 찬양의 어조를 누그러뜨리는 요소로 받아들이게 됩니다. 이 시편의 결말에 대해 테리엔은 "그 시인들 중 일부가 믿음의 약속과 인간의 고집 사이에 존재하는 불일치성에 직면했을 때 얼마나 불안감을 느꼈는지 드러난다"라고 지적합니다.*

* Samuel Terrien, *The Psalms and Their Meaning*

최근의 어느 학자는 이 시편의 두 상이한 부분이 창조/재창조라는 공통된 주제로 연결되어 있다고 주장했습니다.* 피터 엔스는 오늘 시편의 첫 번째 부분이 하나님께서 창조주 되심을 보여주고 확증하고 있다고 주장합니다. 시편의 두 번째 부분은 겉보기에 첫 번째 부분과 초점이 달라 보이지만, 실제로는 다른 상황에서 창조의 주제를 재적용하고 있습니다. 이런 방식으로 시편을 보면 독자는 시편 전체에서 하나님의 일관성을 확인할 수 있습니다.

이 시편은 하나님과 하나님의 백성의 관계에 대해 무엇을 말하고 있습니까? 신학적으로 이 시편은 하나님과 하나님의 백성의 관계가 다층적이고 복잡하다는 점을 드러냅니다. 고백과 참회의 주제는 일반적으로 탄식 시편에서 가장 자주 나타나지만, 이 찬양 시편에서는 과거에 받은 죄사함이 하나님의 은혜에 대한 당대의 감사의 원천이 됩니다. 찬양의 제사 한가운데에서도, 이 시편은 순종이 제사보다 더 우선된다는 것을 상기시킵니다. 순종 없이는 아무리 화려한 찬양의 제물을 드린다 해도 하나님을 기쁘시게 할 수 없습니다.

디트리히 본회퍼는 시편을 '성경의 기도서'라고 불렀습니다. 이 모음집은 단순히 기도의 지침을 제공하는 것을 넘어, 깊은 신학적 의미를 담고 있습니다. 시편은 특히 우리 시대에 중요한 메시지를 전달합니다. 우리는 쉽고 피상적인 찬양의 시대에 살고 있습니다. '기분 좋은 종교'가 '선한 행위의 신앙'보다 더 인기가 있습니다. 많은 현대적인 종교 표현 방식에서 감정을 중요시하는 것은 시편 기자의 경험과는 동떨어진 '나약한 영성'을 낳았습니다. 시편 기자가 말하는 믿음은 힘든 시기를 통해 하나님과의 연결성을 유지할 수 있는 '강인한 영성'에 의해 지탱됩니다. 이 시편의 마지막 경고는 우리에게 진정한 예배의 윤리적 기반을 상기시켜 줍니다.

이 시편은 다른 시편들과 마찬가지로 우리에게 교리의 문이 아닌 기쁨의 통로를 통해 하나님께 나아가라고 격려합니다. 시편 기자의 하나님은 추상적인 신이 아니라 양떼를 돌보시는 목자가 되시는 하나님입니다. 따라서 하나님과의 만남은 근본적으로 인격적입니다. 시편 기자는 하나님과 인간 사이의 '나-너' 관계를 뚜렷하게 보여줍니다. 이 시편이 현대 신앙생활에 가장 크게 기여할 수 있는 점은 어려운 시기에도 하나님을 찬양하는 것이 가능할 뿐만 아니라, 또 필요하다는 점을 상기시켜 준다는 것입니다. 실제로 이스라엘이 좌절과 고난으로 가득한 과거를 돌아보면서도 하나님을 찬양했던 것처럼, 우리도 삶의 기복이 있겠지만 우리 삶을 돌아보며 하나님께서 찬양 받기에 합당하신 분임을 선포할 수 있을 것입니다.

목회적 관점

자신의 판단에 반하는 행동을 했다가 그것이 완전히 잘못된 행동이었다는 것을 깨달은 적이 있습니까? 대개는 그것이 얼마나 어리석은 일인지 깨닫는 바로 그 순간에 누군가 "도대체 왜 그랬어요?"라고 물어보게 되면 할 말을

for Today (Indianapolis: Bobbs-Merrill Co., 1952), 90.

* Peter Enns, "Creation and Re-Creation: Psalm 95 and Its Interpretation in Hebrews 3:7-4:13," *Westminster Theological Journal* 55 (1993): 255-80.

잃고 뭐라 말해야 할지 모를 겁니다. 이 시편은 하나님의 음성을 따라야 할 모든 이유가 있음에도 불구하고 설명할 수 없는 이유로 그렇게 하지 못한 하나님의 백성인 우리가 겪는 불편한 상황을 면밀히 들여다보고 있습니다. 우리는 왜 하나님의 음성을 거스른 것일까요? 우리는 그 이유를 설명할 길이 없습니다. 그래서 이 자리에 서 있는 것이 참 불편한 일입니다.

시편 95편은 두 가지 입장을 갖고 있으며, 두 관점에서 말하고 있습니다. 첫 번째 부분은 주님 앞에 두려운 마음을 갖고, 예배하는 하나님의 백성의 관점에서 말합니다(1-7a절). 두 번째 부분은 불순종의 역사를 가진 백성들을 실망스럽게 바라보시는 주님의 관점에서 말하고 있습니다(7b-11절).

이 시편은 경쾌한 가락으로 시작합니다. 처음 구절들은 하나님을 찬양하고 기쁨으로 노래하라는 초대의 말씀이며, 주님과 여전히 연결되어 있고, 생기가 넘치는 아이들과 같이 주저함 없이 영혼에서 우러나오는 노래로 응답하는 백성의 모습을 떠올리게 합니다. 이렇게 하나님을 찬양하는 것은 우리가 존경하는 부모님 앞에서 겸손한 모습으로 온전히 기뻐하고 만족스러워 하는 것입니다.

계속해서 시편 기자는 하나님의 위대하심을 설명하면서 우리를 예배와 찬양으로 이끌어 갑니다. 그러나 하나님의 위대하심은 우리에게 어려운 질문을 던집니다. 우리가 바다와 산의 장엄함, 모든 것의 높이와 깊이를 보았고, 이것들이 하나님의 손 안에 있다는 것을 알고 있다면, 왜 우리는 항상 찬양하지 않는가? 왜 우리는 하나님의 목소리를 듣지 않는가? 오늘 우리는 하나님의 목소리를 들을 것인가, 아니면 우리 조상들의 길을 따를 것인가?

분위기가 전환되는 7절에서 시편 기자는 다소 무겁게 '너희가 오늘 그의 음성을 듣거든'이라 말합니다. 청자가 '우리'에서 '너희'로 바뀝니다. 화자는 '주님'을 지칭하지 않고 있으며, 대신 '주님'이 일인칭 시점으로 말씀하고 계십니다.

여기서 우리는 약간 당황하기 시작합니다. 시편은 계속해서 주님의 말씀을 듣지 않았던 옛 히브리인들에 대해 말하고 있지만, 우리에게도 동일한 문제가 있음을 잘 알고 있습니다. 그들이 우리의 혈통적 조상이든 아니든, 우리는 그들이 영적인 조상이라는 것을 알고 있기에 틀림없이 닮아 있습니다.

시편의 첫 부분은 눈으로 목격하고 목소리로 노래할 것을 요청하고 있으며, 두 번째 부분은 귀로 듣고 발로 따를 것을 요청하고 있습니다. 그 가운데 이 시편은 불순종했던 백성들을 언급하고 있습니다.

시편의 첫 번째 부분은 두 번째 부분을 이해하기 더욱 어렵게 만듭니다. 이 시편의 첫 부분에서와 같이 하나님께서 선하시고 찬양 받기에 합당하신 분이시라면, 우리가 하나님의 영광을 보고 고개를 끄덕였다면, 왜 우리는 그토록 하나님의 말씀을 자주 듣지 않고 순종하지 않는 것일까요?

시편 95편은 사순절에 잘 어울리는 본문입니다. 예수님께서 종려주일에 예루살렘에 입성하셨을 때와 같이, 이 시편은 기쁨의 소리로 시작되지만, 순종하지 못했던 우리의 실패를 마주하며 죄책감의 어두움 속으로 추락합니다. 사순절은 책임을 통감하는 절기입니다. 절기가 진행되는 40일 동안 이루어지는 사순절 훈련의 가치는 기도를 더 많이 하거나, 단것을 줄이는 등과 같은 결과적인 모습에만 있는 것이 아닙니다. 이러한 훈련은 우리 자신의 충동에 맞서 신앙을 실천하는 우리 자신의 능력을 평가해 볼 수 있는 방법이기도 합니다. 브라이언 맥라렌(Brain McLaren)은 우리가 도넛 하나도 참지 못하는데, 원수를 사랑하는 일은 얼마나 더 어렵겠냐고 지적했습니다.

긍정적인 측면에서 보면, 금식 기간 동안 감자칩과 피자에 대한 충동을 억제하는 법을 배우면, 더 중요한 순간에 나쁜 충동을 억제하는 동일한 습관을 실행할 수 있을 것입니다. 우리가 지금 할 수 있는 비교적 작은 일들을 실천한다면, 우리는 기독교인으로 성장하여 당장 우리에게 불가능해 보이는 일들도 언젠가는 할 수 있게 될 것입니다. 사순절은 우리가 더 나은 사람이 되기 위해 노력하는 시간입니다.

그러나 안타깝게도 아무리 노력해도 우리는 계속해서 넘어지고 또 넘어질 수밖에 없습니다. 역설적이게도 우리의 죄는 시편의 첫 부분으로 돌아가게 합니다. 즉 죄는 우리의 예배를 받으시기 합당하신 하나님의 위대하심과 선하심, 그리고 오직 우리의 죄를 용서하실 수 있는 그분의 위대하심과 선하심으로 되돌아가게 한다는 것입니다.

사순절 기간 동안, 우리는 우리를 넘어지게 하는 것과 하나님께서 우리에게 바라시는 것에서 멀어지게 하는 것이 무엇인지 돌아봅니다. 사순절이 실망의 계절이 아니라, 더 나은 행실을 하기 위해 하나님께 도움을 구하는 방법을 배우는 기회가 되기를 바랍니다.

시편 95편은 매우 불편한 가락으로 끝나기 때문에 목회적으로 적용하기 힘든 시편처럼 보일 수 있습니다. 마지막 구절은 길을 잃어 버린 조상들에 대한 저주로 끝납니다. "그러므로 내가 노하여 맹세하기를 그들은 내 안식에 들어오지 못하리라 하였도다"(11절). 마르틴 부버의 말을 빌리자면, 기도는 시간 안에 있는 것이 아니라, 시간이 기도 안에 있는 것입니다. 성경도 마찬가지인데, 특히 시편은 기도입니다. 우리는 끝에 이르러, 다시 처음으로 돌아가고 싶어질 수 있습니다. 우리는 하나님의 놀라운 역사에 경탄하던 그 자리, 찬양받기에 합당하신 그분을 알고 있던 자리, 우리의 '구원의 반석'(1절)을 향해 노래할 수밖에 없었던 그 자리로 돌아가고 싶어질 수 있습니다. 진실로 우리는 그곳으로 계속해서 돌아가야 합니다.

주석적 관점

최근 학계에서는 다윗의 유배 시대의 위기가 시편의 구성에 흔적을 남겼다는 결론을 내렸습니다. 특히 제3권의 마지막 시편인 시편 89편은 기원전 587년의 사건을 반영하고 있는데, 버림받은 다윗왕에 대한 이야기를 담고 있습니다. 이에 대한 응답이 제4권(시 90-106편)에서 제시되는데, 여기서 가장 중요한 것은 이 땅의 왕조는 사라졌지만 하나님께서는 여전히 통치하신다는 확신입니다. 이 메시지는 제4권의 주요한 구조적 특징을 이루는 즉위 시편 모음집(93편, 95-99편)에 담겨 있습니다.

이 모음집의 핵심은 시편 96~99편으로, 이 시편들은 93편과 95편보다 서로 더 유사합니다. 이 점과 더불어, 93편과 95편이 하나님의 통치를 명확히 선포하지 않는 시편을 둘러싸고 있다는 점은 93~95편이 이 모음집의 핵심 부분에 대한 서곡의 역할을 하고 있다는 가능성을 시사합니다. 이러한 가능성을 고려할 때, 흥미로운 순서를 발견할 수 있습니다. 시편 93편은 우주적인 힘을 통해 하나님의 통치에 저항하는 소재를 다루고 있으며(3절에서 세 번 언급된 '큰물'을 참조), 시편 94편은 하나님의 통치에 저항하는 악인들에 대해 다루고 있습니다(참조. 94:3, 16). 그리고 시편 95편은 하나님의 백성이 하나님의 통치에 저항하는 내용을 다루고 있습니다.

시편 95편에서 하나님의 통치에 대한 저항은 7c~11절에서 명확히 표현되고 있는데 이는 이례적인 특징을 보입니다. 왜냐하면 이 시편은 전형적인 찬양, 더 정확하게는 두 개의 짧은 찬양(1-5절과 6-7b절)으로 시작하고 있기 때문입니다. 7c-11절은 마치 예언적인 교훈과 같이 두드러집니다(시 50편과 81편도 참조). 실제 이 마지막 부분이 너무 눈에 띄어서, 에르하르트 게르스텐베르거는 시편 95편을 '찬미 서곡이 있는 설교'로 분류하고, 이러한 방식을 포로기 이후 '초기 유대식 설교'의 한 예로 보기도 합니다.*

확실히 찬미 서곡은 시편 95편을 다른 즉위 시편 모음집과 명확하게 연결시킵니다. 1~2절과 6절의 초대 표현은 하나님의 주권이 명확히 선포되는 다른 문맥에서도 나타납니다. 예를 들어 "즐거운 소리로 외칠지어다"(시 47:1, 98:4, 6), "노래할지어다"(시 96:12, 98:4, 8), "찬송할지어다"(시 47:6, 98:4, 5) 그리고 "예배할지어다"(시 29:2, 96:9, 99:5) 등과 같은 표현들이 있습니다. 3~5절과 7절에 있는 찬양의 이유들은 하나님의 통치하심을 강조하고 있습니다. 하나님께서는 '모든 신들보다 크신 왕'으로 묘사될 뿐만 아니라(3절, 참조. 시 96:4-5, 97:7), 하나님의 '손'이 수미상관을 이루는 4~5절은 하나님께서 온 우주에 대한 주권을 가지신 분임을 분명하게 드러냅니다. 간단히 말해 하나님께서는 온 세상을 하나님의 손 안에 소유하고 계십니다.

'크신 하나님'(3절)이신 우주의 주권자는 또한 백성에게 선포하고 계십니다. 이 하나님은 곧 '우리의 하나님'이십니다(7절). 고대 근동에서 왕은 백성들의 목자로 여겨졌기 때문에(참조. 렘 23:1-6, 겔 34:1-16), 7절의 목양적 이미지는 하나님을 '왕'으로 언급하는 것과 맥을 같이합니다. NRSV가 8~11절과 한 묶음으로 처리하고 있는 7c절은 찬양 도입부의 절정으로 간주할 수도 있습니다. 양은 목자의 음성을 들어야 하기 때문에 7절의 나머지 부분과 특히 연결됩니다(요 10:3-5 참조).

아마도 7c절는 앞의 찬양 도입부와 그 다음에 나오는 설교를 연결하는 과도기적인 구절로 의도되었을 것입니다. 7, 8, 10절은 세 부분, 혹은 두 부분으로 구성되어 있습니다. 이러한 불규칙성은 7c절을 강조하여 그것이 의도적인 전환부로 여기게 하는 가능성을 높이는 효과를 갖고 있습니다. '오늘'의 언급은 원래 회중들에게 설교에 집중하게 하는 효과적인 방법입니다. 신명기에서도 '오늘'이 자주 사용되는데 (참조. 4:40, 5:1, 7:11, 8:1), 이 역시 설교적인 성격을 띠고 있습니다. 이는 또한 오늘날 회중들에게 옛 본문과 증언을 새로운 시대와

* Erhard S. Gerstenberger, *Psalms, Part 2, and Lamentations*, Forms of the OT Literature 15 (Grand Rapids: Eerdmans, 2001), 185, 184.

장소에서 재현하는 것이 설교의 역할임을 상기시킵니다.

8~11절의 선포는 오늘 구약 본문인 출애굽기 17:1~7을 바탕으로 합니다. 모든 능력 있는 설교자들처럼 본문 속의 고대 유대인 설교자들도 본문에 충실하고 있지만 맹목적으로 따르지는 않습니다. 이를테면, 출애굽기 17:1~7에는 광야 세대가 자신들의 마음을 완고하게 했다고 말하지 않습니다. 그러나 8절에서 '완악하게 하다'라고 번역된 어근은 광야 백성들의 불신앙을 설명하는 데 사용됩니다(참조. 출 32:9, 33:3, 5, 34:9에서 '목이 곧다'라는 표현). 또한 출애굽기 17:1~7에서는 하나님의 분노나 백성의 불순종의 결과에 대해 언급하지 않습니다(11절). 그러나 본문 속 설교자는 더 큰 광야 본문의 문맥을 언급하고 있습니다(참조. 민 14:33-35, 신 12:9의 '안식').

이러한 방식에는 옛 유대인 설교자가 자신의 세대에게 광야 세대가 맛사와 므리바에서 저지른 실수를 반복하지 말라는 경고를 전달하는 효과가 있습니다. 하나님의 '일'(9절), 즉 하나님의 통치에 대한 충분한 증거가 되는 출애굽(참조. 출 15:18)을 목도했던 광야 세대는 순종해야 한다는 영감을 받았어야 했습니다. 그러나 그들은 불평하고 다투며 하나님을 시험했습니다. 옛 유대인 설교자는 당대의 세대에게 '오늘' 더 잘해야 한다고 도전하고 있습니다. 즉, 하나님의 통치 선포와 그것을 뒷받침하는 증거(1-7b절)에 대한 응답으로, 설교자는 당대의 세대에게 하나님의 목소리를 듣고 순종하라고 간곡히 요청합니다(7c절).

우리의 '오늘'에도 하나님의 통치를 선포하는 데는 언제나 응답이 요구된다는 것을 기억해야 합니다. 시편 95편을 포함한 즉위 시편 모음은 본질적으로 예수님의 설교와 일치합니다. 예수님은 하나님의 통치를 선포하셨습니다. "하나님의 나라가 가까이 왔다." 그리고 사람들에게 응답을 촉구하셨습니다. "회개하고 복음을 믿으라"(막 1:15). 시편 95편 설교의 효과는 히브리서 기자에 의해 인정받았는데(히 3:7-4:13), 그는 오늘 본문을 인용하여 독자들에게 믿음과 순종으로 응답할 것을 호소했습니다. 예수님의 설교 및 히브리서 저자의 설교와 함께, 시편 95편은 우리에게 우리와 이 세상을 주관하시는 하나님의 통치를 인정하는 것은 곧 찬양하는 것이라 강조하고 있습니다. 이 찬양은 예배를 통한 기쁨의 응답과(1-7b절) 믿음과 순종으로 우리의 삶을 드리는 행위를 포함합니다.

설교적 관점

설교자들은 매주 주일마다 사람들이 넷플릭스, 유튜브, 커피 한 잔, 아늑한 침대를 뒤로 하고 하나님을 예배하기 위해 모인다는 사실에 놀라워해야 합니다. 사람들이 모든 유혹을 멀리하고 예배하는 이유는 하나님과 다른 이들로부터 예배의 부름을 받았기 때문입니다.

시편 95편은 예배의 요소에 관한 이야기라 할 수 있습니다. 시편 기자는 우리가 어떻게 하나님 앞에 나아가야 하는지 알려줍니다. 우리는 노래하고 기쁨의 소리를 외쳐야 합니다. 우리는 감사와 찬양으로 나아가야 합니다. 우리는 하나님께 속한다는 것이 얼마나 좋은 것인지 열정적으로 표현해야 합니다. 그런 다음 저자는 우리가 왜 와서 경배해야 하는지 설명합니다. 시편 기자는 1절에서 하나님께서 우리의 구원의 반석, 즉 구출의 반석이 되심을 상기시킴으로 근본적인 히브리 가족의 이야기를 떠올리게 합니다. 세상에 다른 신들이 있을 수 있지만, 주님은 저들 위에 계시며 저들보다 위대하십니다. 그 어느 것도 그분의 손에서 벗어날 수 없습니다. 왜냐하면 그분은 자신이 사랑하는 대상을 바위에서 불러내는 조각가와 같이 이 세상을 지으셨기 때문입니다.

그것만으로 우리가 찬양을 드려야 할 충분한 이유가 되지 않아 보일 때, 시편 기자는 하나님께서 우리를 지으셨음을 상기시킵니다. 하나님 없이는 우리가 옳은 일을 하거나 잘못을 저지를 기회조차 없었을 것입니다. 우리는 살아 있습니다. 왜냐하면 하나님께서 이를 선하게 여기셨기 때문입니다. 그러므로 이 모든 것을 가능하게 하신 분께 감사와 찬양을 드리십시오.

시편 95편은 예배의 요소를 고려하는 것 외에도 하나님의 역사를 신학적으로 생각해 보도록 합니다. 과학, 철학, 성서학 그리고 다른 종교적 세계관에 대한 이해가 깊어짐에 따라, 하나님을 하늘과 땅의 창조주라고 말하는 것이 무엇을 의미하는지 생각해 보게 됩니다. 우리는 시편 기자의 신념, 즉 하나님께서 세상과 우리 자신을 만드셨다는 믿음을 어떻게 표현할 수 있을까요? 사람들이 계속해서 예배를 위해 모인다는 것은 그들이 여전히 하나님께서 이 세상과 그 안에 사는 이들에게 강력한 영향력을 끼치고 있다는 믿음을 시사합니다. 우리는 하나님의 임재와 세상을 만드시고 우리에게 생명을 주시는 창조의 목적을 어떻게 이야기할 수 있을까요? 사람들이 진심으로 하나님을 찬양할 수 있는 하나님의 역사는 무엇일까요?

우리가 모여 찬양과 감사로 우리의 마음을 다한 후, 시편 기자는 우리를 만드신 하나님 앞에 무릎을 꿇고 엎드리라고 초대합니다. 이는 많은 성도에게 거의 불가능한 일입니다. 많은 사람에게 너무 많이 속아와서 신뢰하고 순종하는 것은 거의 불가능한 일이 되었기 때문입니다. 그러나 인간과 하나님, 그리고 피조물과 창조주 사이의 격차를 존중하는 것은 신앙 생활에 필수적입니다. 결국 질문은 우리가 믿음을 하나님께 둘 것인가 아니면 우리 자신에게 둘 것인가로 귀결됩니다. 만약 그것이 하나님이라면, 우리는 그의 목소리를 듣기 위해 엎드립니다.

그런 다음 시편은 갑자기 목소리를 바꾸고, 예배자들은 직접 하나님의 말씀을 듣게 됩니다. 사실 하나님의 말씀은 어렵습니다. 우리는 하나님께서 경고보다는 부드러운 유혹으로 우리를 이끌어 주셨으면 합니다. 성도들에게 하나님을 신뢰하지 않을 때의 결과보다는 하나님을 신뢰하는 기쁨를 말해 주십시오. 하나님께서 전하고자 하시는 메시지를 전달하는 보다 효과적인 방법이 있지 않을까요? 하나님의 강력한 말씀은 많은 회중의 근간을 흔들었던 질문을 불러일으킵니다.

주님께서 므리바와 맛사에 대해 언급하시는 내용 가운데, 신앙의 가장 근본적인 질문이 숨겨져 있습니다. "여호와께서 우리 중에 계신가 안 계신가"(출 17:7). 히브리인들은 광야에서 매번 이 질문과 씨름했습니다. 우리도 회중을 대신하여 이 질문과 씨름해 봐야 합니다. 이번 주 주일 성서정과의 구약 본문에서는 이스라엘 백성이 광야에서 물이 부족한 곳에 이르러 모세에게 불평하는 이야기를 전합니다. 그들은 모세와 다투었고, 모세는 그들의 행동이 곧 하나님을 시험하는 것이라 말했습니다. 모세는 하나님께 불평했고, 하나님께서는 모세에게 '반석을 치라' 그렇게 하면 백성을 위한 물이 나올 것이라 말씀하셨습니다. 모세는 그렇게 했고, 물이 나왔습니다.

그럼에도 불구하고 그들은 여전히 "여호와께서 우리 중에 계신가 안 계신가?"라고 묻습니다. 하나님을 가장 분노케 한 것은 그들이 그 질문을 했다는 사실이 아니라 그것을 너무 자주 물었다는 점이었습니다. 그들의 믿음은 일시적이었고, 기억력은 약했습니다. 하나님께서 그들을 위해 하신 모든 역사에도 불구하고, 자신들이 원하는 상황대로 흘러가지 않을 때마다 불평으로 가득한 공황상태에 빠졌습니다. 이는 이스라엘 백성에게만 해당되는 문제가 아닙니다. 우리 모두의 문제입니다. 하나님께서 우리의 신뢰를 받기 위해 몇 번이나 우리를 위해 역사하셔야 하겠습니까?

하나님께서는 우리가 우리 가운데 행하신 하나님의 은혜로운 일들을 기억하기를 원하십니다. 하나님께서는 그분의 선하심을 계속해서 증명할 필요 없이, 오늘도 내일도 우리가 하나님을 신뢰하기를 원하십니다. 그렇게 한다면 삶이 어떻게 달라질까요? 하나님께서는 우리의 필요를 아시는 분이시지만, 우리가 원할 때마다 우리의 모든 소원을 들어 주시는 분은 아님을 기억하는 것이 정말로 중요합니다. 우리가 아닌 하나님께서 주권자가 되시는 것입니다.

아이러니하게도 시편 95편에서 하나님께서 신뢰를 원하시는 방식은 하나님을 우리처럼 보이게 만듭니다. 하나님께서 정말 오래전 광야에서 이스라엘 백성의 행동에 여전히 분노하고 계실까요? 하나님의 변함없는 사랑에 관한 설교는 수없이 많겠지만 이와 같은 하나님의 변함없는 혐오의 계시는 어떠합니까? 하나님의 백성 앞에서 어떻게 이를 정직하게 기록할 수 있겠습니까?

하나님은 그 강퍅한 이스라엘 백성을 약속의 땅에 들어가게 하지 않으셨지만, 광야에서 이들을 버리신 것도 아니었습니다. 관계는 지속되었습니다. 하나님을 신뢰하고 공경하지 않으면 하나님께서 우리를 위해 염두에 두신 놀라운 역사에서 멀어질 수 있다는 점을 주목하는 것이 중요합니다. 이것은 하나님께서 우리를 버리신다는 말이 아닙니다. 하나님께서는 우리의 흔들림과 실패 속에서도 계속해서 선을 이루실 것입니다. 약속의 땅의 아름다움과 풍요로움을 위해 우리는 조금 더 기다려야 할지도 모릅니다.

사순절 셋째 주일

로마서 5:1~11

1 그러므로 우리가 믿음으로 의롭다 하심을 받았으니 우리 주 예수 그리
스도로 말미암아 하나님과 화평을 누리자
2 또한 그로 말미암아 우리가 믿음으로 서 있는 이 은혜에 들어감을 얻었
으며 하나님의 영광을 바라고 즐거워하느니라
3 다만 이뿐 아니라 우리가 환난 중에도 즐거워하나니 이는 환난은 인내를,
4 인내는 연단을, 연단은 소망을 이루는 줄 앎이로다
5 소망이 우리를 부끄럽게 하지 아니함은 우리에게 주신 성령으로 말미암
아 하나님의 사랑이 우리 마음에 부은 바 됨이니
6 우리가 아직 연약할 때에 기약대로 그리스도께서 경건하지 않은 자를
위하여 죽으셨도다
7 의인을 위하여 죽는 자가 쉽지 않고 선인을 위하여 용감히 죽는 자가 혹
있거니와
8 우리가 아직 죄인 되었을 때에 그리스도께서 우리를 위하여 죽으심으로
하나님께서 우리에 대한 자기의 사랑을 확증하셨느니라
9 그러면 이제 우리가 그의 피로 말미암아 의롭다 하심을 받았으니 더욱
그로 말미암아 진노하심에서 구원을 받을 것이니
10 곧 우리가 원수 되었을 때에 그의 아들의 죽으심으로 말미암아 하나님
과 화목하게 되었은즉 화목하게 된 자로서는 더욱 그의 살아나심으로
말미암아 구원을 받을 것이니라
11 그뿐 아니라 이제 우리로 화목하게 하신 우리 주 예수 그리스도로 말미
암아 하나님 안에서 또한 즐거워하느니라

신학적 관점

'믿음에 의한 칭의'라는 바울의 신학은 관계성에 관한 것입니다. 아마도 바울은 자신의 경험을 토대로 하여 이 신학을 부정적으로 발전시켰습니다. 즉, 율법은 기쁨이 넘치고, 능력을 주고, 자유롭고 충만한 하나님과의 관계로 이끌 수 없다는 것입니다. 아무리 진지하게 노력해도, 우리는 항상 율법의 요구를 충족시키기에는 항상 부족합니다. 우리가 하지 말아야 할 일을 한 경우도 있고, 해야 할 일을 하지 않은 경우도 항상 있기 마련입니다.

사실 완벽을 추구하려는 노력은 우리를 고립시키고, 자기 자신에게만 집중하게 만들며, 많은 경우 죄책감에 시달리게 합니다. 그러므로 우리에게는 다른 길, 즉 우리의 노력에 의존하지 않는 길이 필요합니다. 하나님께서는 그리스도를 통해 하나님의 사랑의 본질을 드러내십니다. 이는 우리가 이 사랑을 받을 자격이 없음에도 불구하고 우리를 위해 십자가에서 죽음을 당하신 자신을 내어주는 사랑입니다. 믿음을 통해 우리는 하나님의 사랑을 받기 위해 필요한 것은 '완전함'이 아니라는 사실을 깨닫게 됩니다. 우리 스스로 우리가 의인이라는 사실을 증명할 필요가 없습니다. 우리는 사랑받고 있으며, 그것이 우리를 의롭게 만드는 전부입니다. 우리의 노력 때문이 아니라 하나님의 사랑의 역사로 인해 우리는 하나님과 관계를 맺게 되는 것입니다. 믿음을 통해 우리는 그 관계에 들어가 고난 가운데에서도 평화와 소망, 인내를 발견합니다.

역사적으로 볼 때 마르틴 루터가 바울의 믿음으로 말미암는 은혜에 의한 칭의 신학의 가장 중요한 해석자라면, 우리 시대에 청중들을 향해 강력하게 역설했던 이는 폴 틸리히입니다. 우리는 율법의 기준으로는 받아들여질 수 없는 존재이지만 하나님께 받아들여졌고, 우리가 해야 할 일은 우리가 하나님께 받아들여진 존재라는 점을 수용하는 것뿐입니다.*

바울은 신앙인과 하나님과의 관계에 초점을 맞추고 있지만, 모든 대인 관계는 은혜를 통해 형성되고 유지된다는 점을 이해하는 것이 중요합니다. 우리가 하나님의 사랑을 만들어 낼 수 없듯이 다른 사람의 사랑도 만들어 낼 수 없습니다. 매력의 심리학은 매우 복잡하지만 사랑의 감정적, 동기적 헌신, 즉 다른 사람의 필요에 응답하기 위해 자신의 필요를 제쳐놓을 수 있는 의지는 언제나 선물과도 같은 것입니다. 신뢰를 저버리는 일, 배신, 신체적 폭력, 정서적 방치, 고립 등과 같은 상처 주는 행동은 관계를 파괴할 수 있지만, 관계를 형성하는 것은 상대방의 성격 결함뿐만 아니라 매력적이고 강점을 나타내는 성격적 측면 모두를 받아들이는 것입니다.

판단하거나 요구하고자 하는 마음은 생명력 있는 사랑의 관계에 파괴적으로 작용합니다. 바울은 교회가 다양한 구성원과 은사를 가진 그리스도의 몸이라는 가르침과 우리가 서로의 짐을 져야 한다는 주장을 통해 이러한 인간 사회 관계의 본질을 암묵적으로 나타내고 있습니다. 모든 사랑은 공로 없이, 받을 자격 없이 주어지는 값없는 선물입니다. 사랑을 받으려면 사랑받는 사람은 단지 감사하게 받아들

* Paul Tillich, *Systematic Theology*, vol. 2 (Chicago: University of Chicago Press, 1957), 178-79와 *Systematic Theology*, vol. 3 (Chicago: University of Chicago Press, 1963), 224-25.

일 수 있을 뿐입니다.

바울에게 어려움은 올바른 일을 행하는 동기입니다. 만약 선이 하나님과의 관계라면, 그리고 그 관계를 확립하는 데 행위가 불필요하다면, 올바른 행동을 위한 동기와 중요성은 무엇일까요? 바울은 로마서 6~7장과 그의 다른 서신들에서 이 문제를 다룹니다. 그의 가르침을 단순화하고 간략하게 요약하자면, 그에게 행위는 사랑의 관계를 위한 수단이 아니라 사랑의 관계에서 비롯된 결과라는 점에서 중요합니다.

관계를 선물로 이해하는 것은 적어도 세 가지 측면에서 중요합니다. 이는 정체성, 동기, 그리고 통합의 측면입니다. 청소년기에서 은퇴 시기까지 이르는 각 생애 단계는 우리에게 삶의 목적과 의미에 관한 질문을 제기합니다. 돈을 벌고, 안정을 찾고, 존경받고 칭송받으며, 중요한 목표를 달성하는 등의 행위를 통해 개인의 가치를 확립하려고 할 때, 그 결과는 고립, 실패, 수치심, 심지어 절망으로 이어질 가능성이 높습니다. 이러한 개인 정체성의 기반은 위험투성이입니다.

반면, 사랑의 하나님에 근거한 정체성을 발견할 때, 즉 무슨 일이 일어나든 우리는 우주의 중심인 하나님께 사랑받는 존재이며, 아무것도 우리를 하나님으로부터 떼어놓을 수 없고, 하나님의 자녀가 되는 것보다 더 귀한 것은 없다는 사실을 알게 될 때, 우리 개인의 정체성은 하나님의 피조물이라는 사실에 기반을 두게 됩니다. 그러면 우리는 다른 사람과의 비교를 통해 개인의 가치를 판단하지 않게 됩니다. 실패와 수치심은 잘못된 가치관의 증상이자 버려야 할 우상이 됩니다. 그리고 행동의 동기는 우리의 개인 가치를 확립하기 위한 방법이 아니라, 타인과 사회의 합당한 필요에 초점을 맞추게 됩니다.

또한 개인적인 자아에 집착하지 않게 되기 때문에, 우리는 위험을 감수할 자유를 가지게 되고, 담대해지며, 치유된 하나님의 창조를 꿈꾸고 이를 추구해 나갈 수 있게 됩니다. 우리의 근본적인 정체성이 인간성에 뿌리를 두고 있다는 것을 인정하는 것은 다른 모든 인간의 가치를 인정하게 된다는 것을 의미하기도 합니다. 그렇게 하면 타인에게 마음을 여는 것이 더 쉬워지고, 타인에 대한 공감이 자연스러운 반응이 되며, 서로를 알고자 하고 자신을 드러내고자 하는 의지는 우리를 하나로 묶어줍니다.

로마서 8장은 하나님의 은혜에 기반한, 하나님과의 관계에서 오는 평화와 기쁨을 훌륭하게 표현해 내고 있습니다. 예수 그리스도를 통해 알게 된 하나님의 사랑에서 우리를 분리할 수 있는 것은 아무것도 없다는 확신 가운데 우리는 힘과 희망, 인내를 찾습니다. 바울은 5:1~5에서 로마서 8장에 대해 미리 언급하고 있습니다. 믿음을 통해 우리를 향한 하나님의 사랑을 발견하게 되면서 우리는 평화를 얻고 희망을 가집니다. 우리는 더 이상 가치에 대한 의문이나 실패감으로 내적 분열을 겪지 않습니다. 받아들여진다는 체험을 통해 우리는 있는 그대로의 자신을 받아들일 수 있습니다. 우리는 하나님의 사랑이 변함없다는 확신 속에서 희망을 가집니다. 현재 우리가 박해와 어려움에 직면하더라도, 하나님의 사랑이 함께함을 알고 그 관계 안에서 기뻐하며, 죽음을 넘어 하나님의 임재 속에서 기쁨을 누릴 것을 기대합니다.

우리에게 생명을 가져다주는 것은 행위가 아니라 은혜입니다. 이러한 이해 속에 담긴 위대한 통찰 중 하나는 외부 조건은 부차적이라는 사실입니다. 우리는 병원에서, 실직 상태에서, 심지어 정서적인 고통 가운데에서도 사랑받고 있으며 사랑하고 있음을 경험할 수 있습니다. 이러한 이해는 이 세상의 고통, 특히 인간의 행동으로 인한 고통을 끝내고자 하는 열망 자체를 줄이는 것은 아닙니다. 그보다 우리가 고난 속에서도 은혜의 삶을 알 수 있음을 의미합니다. 그것이 복음입니다.

목회적 관점

목회자들은 고난을 겪으면서도 승리를 거두는 이들이 있는가 하면, 그렇지 못하는 이들이 있는 이유가 무엇일까 답을 찾게 됩니다. 바울의 서신에서 중요한 전환점이 되는 이 본문을 통해 바울은 이에 대한 힌트를 제시하고 있습니다. 5장 초반부에서 바울은 우리의 칭의라는 선물에서 '성화의 경의로움'으로 주제를 전환하고 있습니다. 오늘 본문의 강조점은 이 편지 전반에 걸쳐, 특히 로마서 8장에서 발견될 수 있습니다. 하나님께서 우리를 위해 행하시는 일의 두 가지 측면을 이해하고 경험하는 것은 기독교인의 신앙과 삶에 필수적입니다.

1절은 앞서 말한 내용을 반복합니다. 우리는 행위가 아니라 믿음으로 의롭게 됩니다. 칭의는 우리가 하나님과 화평케 되는 결과를 가져옵니다. 그러나 하나님과 화평하다는 것은 정적인 상태가 아닙니다. 그것은 하나님께서 우리를 지켜보실 뿐만 아니라, 우리와 함께 일하시며 우리의 삶에 관여하신다는 것을 의미합니다. 이것은 항상 흔들리기 쉬운 우리의 삶에 두 가지 즉각적인 영향을 미칩니다. 첫째, 우리는 하나님의 돌보심 안에 서 있으며, 우리의 삶은 하나님의 적극적인 보호 아래 있습니다. 둘째, 우리에게는 소망이 있습니다. 우리의 소망은 우리 자신의 능력이 아니라 우리 안에서 일하시는 하나님의 능력을 자랑하게 되는 커다란 소망입니다.

바울은 환난은 인내를 낳고, 인내는 연단을 낳으며, 연단은 소망을 낳는다는 영감의 과정을 우리에게 제시하고 있습니다. 이 단어들은 거대하고 의미심장한 의미를 담고 있습니다. 이 구절에서 바울이 수사학적이거나 이론적인 이야기를 하고 있지 않다는 점은 본문을 이해하는 데 도움이 됩니다. 바울은 삶이 흘러가는 방식 때문에 환난을 겪을 때나, 제자의 삶을 적극적으로 살기로 결단한 후에 겪게 되는 개인적인 경험에 근거하여 명확히 이야기하고 있습니다. 그의 고난은 사도행전과 그의 다른 편지들에서 반복적으로 묘사되고 있고, 고린도후서 11:23~33에서 그 내용이 집약적으로 요약되어 있습니다. 사람들은 환난에서 소망으로 이어지는 이 과정이 설득력 있는 것이라 믿을 수 있지만, 그들은 또한 다른 대안을 선택할 수 있다는 것도 알고 있을 것입니다.

바울이 설명하는 대안 중 하나는 '믿음'을 버리는 것입니다. 우리의 믿음이 우리를 보호하지 않는다는 것을 깨닫게 되는 것은 충격적으로 다가올 수 있습니다. 우리 중 일부는 우리가 최선을 다해 하나님께 충실하면 하나님께서 우리를 돌보시고, 보호해 주실 것이라는 검증되지 않은 생각을 하고 있습니다. 신앙을 처음 접하는 사람이나, 깊고 오랜 고난을 겪어보지 않은 사람들은 상황이 어려워질 때 자신의 신앙을 쉽사리 의심하게 됩니다.

믿음을 저버리게 하는 동기는 신앙적인 삶을 살려는 우리의 노력이 때로는 우리를 곤경에 빠뜨린다는 사실 때문일 수도 있습니다. 예를 들어, 정의를 위한 싸움에 참여할 때 고통이 찾아올 수 있습니다.

고통이 믿음의 깊이에 도전할 수 있다는 사실을 교회가 인정하고, 이 가능성을 사람들이 듣게 되는 것은 목회적으로 분명 도움이 됩니다. 실제로, 사람들에게서 마지막으로 들어야 할 것은 겪게 되는 고통의 경험이 잘못되었든 나쁘든 간에 하나님의 사랑과 돌봄에서 벗어나게 하는 판단입니다. 단순히 믿음을 잃어버렸다고 단언하는 것은 부적절합니다. 그보다 지혜롭고 관대한 태도는 믿음의 상실이 일어날 수 있다는 것을 인정하는 것입니다.

바울이 묘사한 과정에 대한 또 다른 대안은 '분노'입니다. 고난에 대한 반응인 분노는 신앙을 잃는 것과는 다소 다르기는 하지만, 분노가 그러한 방향으로 이어질 수는 있습니다. 고난 속에서도 신앙을 유지하는 사람들도 고난에 대해 충분히 분노할 수 있습니다. 우리는 다양한 강도와 형태로 고난이 닥친다는 사실 때문에 분노할 수 있습니다. 내가 의지할 수 있다고 믿었던 사람들이 나에게 소용이 없다는 사실에 분노할 수 있습니다. 싸움을 위해 쏟는 엄청난 노력에 분노할 수 있습니다. 물론 우리는 하나님께 분노할 수도 있습니다.

그러나 분노는 힘겨운 경험에 대한 반응으로, 고통에서 희망으로 나아가는 과정의 한 단계라고 받아들일 수도 있습니다. 수년 전 엘리자베스 퀴블러-로스(Elizabeth Kübler-Ross)는 임종을 앞둔 많은 사람들이 부정, 분노, 협상, 우울, 그리고 수용이라는 바울이 언급했던 순서와 유사한 순서를 거치는 것을 발견했습니다.

이 본문을 다룰 때 설교자나 목회자가 바울이 말한 모든 것이 진리임을 증명해야 한다는 함정에 빠지기 쉽습니다. 더 나은 접근 방식은 증인이 되는 것입니다. 즉, 목회적이고 진지한 증언으로 말입니다. 그런 다음 이 순서를 설명하고, 각 단어에 집중하며, 서로 어떻게 연관되는지 논할 수 있습니다.

피해야 할 또 다른 함정은 바울이 말하는 진행과정이 너무 선형적이고, 어떻게든 보장된 과정인 양 이해하게 만드는 것입니다. 각 단계는 도전이며, 퀴블러-로스의 단계와 바울의 진행방식은 고통에 직면한 회중을 위해 어떤 영적 기술이나 빠른 해결책을 제공하고자 하는 이들에게 함정이 될 수 있습니다. 복음의 사역자로서 우리가 할 수 있는 것은 고통받는 사람들을 돌보는 번거롭고 예측할 수 없으며, 어렵고 힘든 경험을 증언하는 것뿐입니다. 고통에서 희망으로 가는 순례는 직선적이지 않으며 고통, 인내, 그리고 연단은 자동으로 이르게 되는 버스 정류장이 아니라는 것을 우리는 알고 있습니다. 각 단계는 하나님의 부재 속에서도 '하나님의 임재를 증언할 수 있는 증인으로 남을 수 있는가'라는 도전입니다.

5절은 사람들이 각 단계에서 은혜 가운데 머무를 수 있도록 돕습니다. "하나님의 사랑이 우리 마음에 부은 바 됨이니" 하나님의 관대하심은 강조되어야 하고 확고히 증언되어야 할 가치가 있습니다. 하나님의 사랑은 우리의 마음에 '부어졌습니다.' 우리는 하나님의 사랑이 부어지기를 원합니다. 우리의 삶이 하나님의 도움으로 좌절되지 않는 희망을 향해 나아가기 위해, 우리는 그 사랑을 자유롭게, 간절하게, 그리고 계속해서 받아들여야 합니다. 이 과정을 가능하게 하는 것은 우리 안에서 역사하시는 하나님의 능력입니다. 이 구절은 기독교인으로서의 삶이란 '혼자 하는 프로젝트'가 아니라 '함께 하는 프로젝트'임을 상기시켜 줍니다. 출애굽은 분명히 그런 프로젝트였습니다.

그렇기 때문에 이 구절은 우리를 소망으로 가득한 순례의 여정으로 안내합니다. 소망은 하나님께서 우리를 먹이시고 인도하시는 과정을 경험하는 데서 나옵니다. 또한 소망은 우리 앞에 십자가가 있기에 가능합니다. 이 십자가는 그리스도의 고난과 하나님께서 그리스도와 우리를 위해 가능케 하신 죽음을 이기는 승리의 표징입니다. 이 두 가지 소망의 원천은 한데 연결되어 있습니다. 북극성과 같이 우리 앞에 놓인 십자가는 순례의 여정을 통해 우리를 고통에서 인내와 연단으로, 그리고 소망으로 나아가는 길로 인도합니다.

마지막 구절은 칭의에 대해 다시 생각해 보게 합니다. 칼 바르트가 '칭의의 기본적이고 놀라운 역설'을 반복하며, 칭의를 통해 우리는 우리가 아닌 존재가 됩니다. 하나님께서 우리에게 부여하신 의가 우리를 하나님의 자녀로 만들고, 믿음으로 의롭게 하시며, 하나님의 도움으로 이 놀라운 과정을 통과할 수 있게 합니다.

주석적 관점

이 단락은 바울이 로마의 성도들에게 보낸 서신 가운데 가장 중요한 부분 중 하나입니다. 본문은 4장에서 제시된 칭의에 관한 바울의 담론을 명확하게 이어가고 있는데, 여기에서는 칭의가 이미 당연한 사실로 간주됩니다. "우리가 믿음으로 서 있는 이 은혜에 들어감을 얻었으며"(2절). 따라서 바울은 칭의의 즉각적인 결과와 유익을 논의하고 있습니다. 그 주된 유익은 하나님과의 평화(eirēnē) 혹은 조화의 상태입니다. 다시 새롭게 회복된 평화의 상태에서 사람은 '하나님의 영광을 바라는' 일에 집중할 수 있습니다(2절).

이 평화는 시편에서 찾아볼 수 있는 평화와 유사합니다(시 29:11, 85:8, 119:165). 바울은 빌립보서 4:7에서 이 평화를 '모든 지각에 뛰어난 하나님의 평강'이라 묘사합니다. 평화는 칭의의 유일한 유익이 아닙니다. 바울은 신앙인들이 박해와 환난에 대처하는 새로운 관점을 갖추게 되었다고 말합니다. 신앙인들은 하나님의 영광에 대한 소망을 자랑하는 것처럼 고난 가운데에서도 자랑하고 기뻐하도록(kauchaomai) 부름 받았습니다(3절). 고난은 인내(hypomonē)를 이루기 위해 필요하며, 그리스도 안에서의 새로운 삶에 이르게 하는 중요한 영적 훈련이라 할 수 있습니다.

4~5절에서 바울은 '휘포모네'(hypomonē)에 대한 이해를 더욱 발전시킵니다. 이 구절은 그리스도 안에서 의롭게 되고 은혜로 충만한 삶을 이해하는 데 매우 중요합니다. 그것은 성령의 가르침을 받고 하나님의 사랑에 대한 확신과 약속으로 힘을 얻는 삶이며, 이러한 인내(hypomonē)를 통해 개인적인 고통뿐만 아니라 조직화된 핍박도 견뎌낼 수 있습니다. 이러한 핍박을 견녀냄으로 인격을 함양하고, 희망을 심어주며, 더 큰 사회에서의 불의에 맞서 싸우는 목적을 향해 나아갈 수 있습니다.

대부분의 바울 주석가들은 그의 글을 야고보서의 가르침, 특히 '행함이 없는 믿음은 헛것'(약 2:14-26)이라 결론짓는 가르침에 정면으로 반하는 것으로 보려 하지만, 자세히 살펴보면 로마서 5:4~5에서 바울이 이해하는 고난은 야고보서 1장의 고난과 박해에 관한 담론(약 1:2-12)과 상당히 유사합니다. 지리적, 역사적 상황은 다르지만 바울과 야고보서의 저자는 모두 고난과 유혹 또는 이런 종류의 시련을 인내하는 가치에 중요한 교훈을 전달하기 위해 '휘포모네'(hypomonē)라는 용어를 활용하고 있습니다.

야고보는 "너희가 여러 가지 시험을 당하거든 온전히 기쁘게 여기라 이는 너희 믿음의 시련이 인내(hypomonē)를 만들어 내는 줄 너희가 앎이라 인내를 온전히 이루라 이는 너희로 온전하고 구비하여 조금도 부족함이 없게 하려 함이라"(약 1:2-4)라고 말하고 있습니다. 일반적으로 '인내' 또는 '견딤' 등으로 번역되는 '휘포모네'(hypomonē)는 '전투적인 인내' 또는 '비폭력 저항'으로 꽤 설득력 있게 해석되어 왔습니다.* 바울은 야고보와 마찬가지로 인내나 비폭력 이상의 더 근본적인 의미를 추구하고 있습니다. 바울은 고난을 영적 훈련(hypomonē)의 차원으로 연결시키고 있습니다. 이는 다양한 고난의 상황에 직면했을 때, 힘과 도움이 되고 하나님과 연결될 수 있게 하는 훈련입니다.

* 이에 대한 논의는 다음을 참고하라. Gay L. Byron, "James," in *True to Our Native Land: An African American New Testament Commentary*, ed. Brian K. Blount et al. (Minneapolis: Fortress press, 2007), 464-67.

신비주의자이자, 신학자, 목사인 아프리카계 미국인 하워드 서먼은 그러한 영적 훈련에 대해 잘 알고 있었습니다. 그의 저서『영적 훈련』(*Disciplines of the Spirit*)에서 서먼은 헌신, 지혜, 고난, 기도, 화해 등의 가치가 시련을 극복하고 미국 사회의 인종주의와 관련된 이념적, 물질적 함정을 피하기 위한 전략을 개발하기 위한 영적 자원으로 어떻게 길러질 수 있는지 설명하고 있습니다. 인내에 관한 설명에서 서먼은 "기다리는 법을 배우는 것은 영적인 삶 가운데에서 귀중한 요소 중 하나인 인내라는 인간 속성의 기초를 발견하는 것"이라고 말합니다.** 서먼은 다음과 같이 인내가 단순히 수동적으로 견뎌내는 것 이상이라 말합니다. "환경, 특히 자신이 처한 상황을 냉철하게 살펴보고 그에 따라 대응해야 합니다."*** 서먼은 인간의 영적 훈련(hypomonē)이 자기 통제와 사회적 저항의 형태로서 자유를 향한 '내적 여정'으로 이어진다는 점을 제시하고 있습니다. 이러한 자유는 그리스도의 죽음이 내포하고 있는 구원의 의미에 초점을 맞춘 바울의 다음 메시지(6-10절)의 핵심입니다. 이는 "우리가 아직 연약할 때에(asthenēs) 기약대로(kata kairon) 그리스도께서 경건하지 않은 자(asebōn)를 위하여 죽으셨도다"(6절), "우리가 아직 죄인 되었을 때에(harmartloi) 그리스도께서 우리를 위하여 죽으심으로"(8절) 등의 말씀입니다. 이러한 죄, 연약함, 심지어 무력함의 상태에는 속박이라는 특징이 드러납니다. 이 구절에는 하나

** Howard Thurman, *Disciplines of the Spirit* (New York: Harper & Row, 1963), 42.

*** Ibid.

님의 진노가 드러나는 구속되지 못한 세상의 악을 묘사하는 데 사용된 단어와 같은 단어가 사용되었습니다(롬 1:18, 4:5). 6절과 8절에는 모두 '아직'(eti)이라는 단어가 포함되어 있어 인류의 타락한 상태에도 불구하고 하나님께서 그리스도의 죽음을 통해 드러내신 계획, 즉 '때가 충만한 때'에 성취되었던 계획을 갖고 계셨음을 알 수 있습니다.

그리스도의 희생의 크기를 보여주기 위해 바울은 7절에서 '선인'을 위해 죽는 자의 존재에 대한 가능성을 논의하며, 이를 8절에서 제시하는 하나님의 극적인 사랑을 측정하는 척도로 사용합니다. 이제 그리스도의 희생적인 죽음을 통해 입증된 하나님의 사랑의 증거와 함께, 바울은 미래에 대한 결론을 도출합니다. "그러면 이제 우리가 그의 피로 말미암아 '의롭다 하심'을 받았으니(dikaiōthentes) 더욱 그로 말미암아 진노하심에서 '구원을 받을 것이니'(sōthēsometha)"(9절). 마지막으로 10절에서는 6~9절에서 제시된 것과 동일한 기본 논증이 다시 제기되지만, 비유 표현이 죄인에서 원수로 바뀌었고, 칭의의 표현이 화목이라는 표현으로 대체되었습니다(고후 5:18-19 참고). "곧 우리가 '원수'(echthroi) 되었을 때에 그의 아들의 죽으심으로 말미암아 하나님과 '화목하게 되었은즉'(katallassō)." 그리스도의 죽음으로 화목이 이루어졌으므로, 그분의 생명을 통해 구원이 이루어질 것입니다.

이 본문은 칭의, 화해, 고난, 구원 등과 같은 사도 바울의 주요 신학적 가르침들을 다룹니다. 궁극적으로 이 강론은 영적 훈련으로 이어지는 고난을 받아들이면서 하나님의 영광에 참여할 수 있다는 희망을 자랑하고, 하나님의 영원한 사랑을 나타내는 구원과 화해의 선물을 받아들이라고 가르칩니다.

설교적 관점

로마서 설교는 신앙인들에게 활력을 불어넣어 주기도 하고 부담스러울 수도 있습니다. 한편으로 우리는 바울을 따라 신학적, 영적 풍경을 조망할 수 있는 숨막히게 멋진 곳으로 이동하게 됩니다. 다른 한편으로 설교자들은 바울의 계시를 이 땅 가운데로 가져와 회중이 더 쉽게 이해할 수 있도록 해야 하는 어려운 도전에 직면하게 됩니다. 바울의 밀도 높은 사상, 독특한 어휘, 복잡한 구문은 설교 준비를 시작할 때에 많은 주석과 전문가들의 견해를 찾아보게 합니다. 처음부터 제대로 이해하는 것이 더 낫다는 습관적인 생각에 따라, 우리 자신의 통찰을 신뢰하는 데 시간과 에너지를 낭비하지 않으려 합니다.

변화를 원한다면 다른 각도에서 연구를 시작해 보시기 바랍니다. 일단 설교 준비 자료는 잠시 접어 두십시오. 이러한 자료들은 나중에 필요할 때 참고하면 됩니다. 대신 자리에서 일어나 책상에서 멀리 떨어져 본문을 소리 내어 읽는 것부터 시작하십시오. 본문을 해석하듯이 읽어보면서 여러 번 녹음해 보십시오. 얼마나 적절하게 해석하며 읽어야 하는지 신경 쓰지 말고, 감정을 담아 읽으십시오. 두 번째나 세 번째 읽을 때 쯤이면 바울의 말이 여러분의 마음에 스며드는 것을 느끼기 시작할 것입니다. 심지어 여러분의 몸도 무의식적으로 여러분의 표현에 스며들게 될 것입니다. 여러분은 이 본문을 육화하기 시작하고, 여러분을 깊숙하게 파고드는 구절을 파악하기 시작할 것입니다.

이제 녹음된 내용을 재생하여 들어보면서 당신의 표현이 귀에 어떻게 들리는지 주의 깊게 들어보십시오. 이러한 세심한 읽기 과정 가운데 여러분은 이미 본문을 해석하고 있으며, 이미 이 말씀들과 본능적으로 연결되고 있습니다. 지금은 바울의 특정 단어나 구절이 당신을 왜 그렇게 사로잡는지 알 필요는 없습니다. 그저 그러한 표현들이 당신에게 에너지를 불어넣었다는 사실만으로도 충분합니다. 나중에 본문을 비평적으로 깊이 탐구하게 되면, 여러분의 영적 여정의 경험들이 떠오르면서 왜 바울의 말에 그렇게 공감했는지 깨닫게 될 것입니다. 예를 들어, 바울이 말한 평화에서 느끼는 에너지가 우울증을 겪는 개인의 어려움을 덜어줄 수도 있고, 교회 안의 파벌을 화해시키는 그리스도 안의 평화와 연결될 수도 있습니다. 그리고 고난 속에서도 하나님의 사랑으로 소망을 품는 것처럼, 교구 내 분쟁 당사자들의 갈등 속에서도 하나님의 사랑이 여러분을 지켜줄 것이라는 바울의 확신에서 여러분의 영혼이 고양됨을 느끼게 될 수도 있습니다.

지금 설교 준비를 하는 단계에서는 아이러니하게도 일어나서 육성으로 해석해 보는 것이 책상에 앉아 주석서를 열심히 들여다보는 것보다 바울에 더 잘 동화될 수 있게 합니다. 학자들은 오랫동안 바울이 그의 편지를 문필가 또는 글 쓰는 조수에게 구술하여 작성했다고 믿어왔습니다. 마음속으로 바울이 편지를 낭독하며, 앞뒤로 걸어 다니며, 몸짓을 하고, 감정에 따라 목소리가 높아지고 낮아지는 모습을 상상해 볼 수 있습니다. 바울은 강렬하고 전심을 다해 자신의 신념을 표현하고 있었습니다. 마찬가지로 여러분의 개인적인 이야기가 본문의 이야기와 진심으로 연결될 때 여러분은 힘과 권위를 갖고 설교할 수 있습니다. 그리고 감정이 지성과 융화될 수 있는 적절한 공간을 마련하게 될 것입니다.

그러나 바울과 동화된다고 해서 여러분의 설교 스타일이 바울의 복잡한 수사를 그대로 따라야 하는 것은 아닙니다. 바울은 당대에 고급 기술이었던 추상적이고 교훈적인 논증 기법을 배웠습니다. 이는 복잡한 것이었습니다. 로마인들에게 보낸 편지가 좋은 예입니다. 당시 사람들은 이러한 종류의 수사학, 즉 촘촘히 짜여진 논리와 신중하게 제시된 증거를 장황하게 펼쳐놓는 방식에 익숙했습니다. 이는 공적 토론의 장에서 흔히 사용되던 방식이었습니다.

오늘날 우리는 바울의 시대에는 존재하지 않았던 세계관과 대중 매체에 의해 형성된 매우 다른 감수성을 가지고 발표 전략을 구사합니다. 오늘날 우리의 마음에 남는 언어는 청각뿐만 아니라 시각을 통해 전달된 것이어야 합니다. 이는 은유, 이미지, 이야기 등을 통해 의미를 전달해야 한다는 것을 의미합니다. 우리의 청중은 광고, 영화, 텔레비전 등으로 인해 추상적으로 생각하기보다는 훨씬 더 시각적으로 생각하도록 길들여져 왔습니다. 여기서 아이러니한 점은 예수님의 기록된 말씀 가운데 거의 절반이 비유나 은유의 형식으로 되어 있다는 것입니다. 이는 예수님 시대 셈족의 의식뿐만 아니라 오늘날의 서구적 사고방식에도 공감되는 소통 방식이라 할 수 있습니다.

그럼에도 불구하고, 바울이 로마서에서 드러내는 수사 방식은 유대인보다는 이방인의 의식을 향해 맞춰진 것이었습니다. 따라서 로마서의 바울의 말씀을 설교할 때, 바울의 본질에 충실하면서도 그의 스타일에 휘말리지 않도록 주의해야 합니다. 오늘날 대부분의 사람들은 그러한 압축된 논리를 이해할 수 없기 때문입니다.

이 구절들은 설교에 적합한 주제들을 제공합니다. 예를 들어, 우리를 세상의 위협에 맞서도록 견고하게 붙들어 주는 십자가의 그리스도와 장차 오실 그리스도 사이의 창조적 긴장(1-2절)을 다룰 수 있습니다. 세상의 모든 약속과는 다른 그리스도의 평화는 무엇입니까? 세상은 평화를 분쟁이나 혼란에서 벗어나는 것이라 말하지만, 그리스도의 평화는 '수천 가지나 되는 자연스러운 삶의 충격' 속에서도 안정과 평온을 보장합니다. 삶이 우리에게 안겨주는 모든 고통을 통해 성령께서 우리의 고난을 인내로, 인내를 연단으로, 연단을 확실한 소망으로 변화시키시는 과정을 생각해 보십시오(3-5절). 다시 한번, 우리의 모든 연약함에도 불구하고 십자가에 못 박히시고 부활하신 그리스도 안에 구현된 화해케 하시는 긍휼하심으로 하나님의 진노를 극복하게 하는 하나님의 사랑의 놀라운 능력을 생각해 보십시오(6-11절).

그러면 어떻게 하면 이러한 설교 주제들을 현대 회중의 주의를 끌 수 있는 이미지와 은유로 옷 입힐 수 있을까요? 전통적인 방법은 성경 본문에 대해 우리가 말하고자 하는 요점을 생동감 있게 전달하기 위해 예화를 사용하는 방법입니다. 그러나 이러한 접근 방식은 여전히 본문과 거리를 두며, 본문 주변에 머물며, 객체화된 태도로 대상을 가리키듯 설교하는 것과 같습니다. 그보다는 본문의 중심에서 설교하는 것을 고려해 보시기 바랍니다. 본문 안에서 설교한다는 것은 본문의 삶에 동참하고, 자신과 회중을 본문의 힘과 드라마 속으로 끌어들이는 것을 의미합니다. 여기서 이야기는 바로 "왕의 마음을 사로잡는 그것!"* 입니다.

* 역자주:이 문장은 세익스피어의 희곡 『햄릿』에서 인용된 대사임.

사순절 셋째 주일

요한복음 4:5~42

5 사마리아에 있는 수가라 하는 동네에 이르시니 야곱이 그 아들 요셉에게 준 땅
이 가깝고
6 거기 또 야곱의 우물이 있더라 예수께서 길 가시다가 피곤하여 우물 곁에 그대
로 앉으시니 때가 여섯 시쯤 되었더라
7 사마리아 여자 한 사람이 물을 길으러 왔으매 예수께서 물을 좀 달라 하시니
8 이는 제자들이 먹을 것을 사러 그 동네에 들어갔음이러라
9 사마리아 여자가 이르되 당신은 유대인으로서 어찌하여 사마리아 여자인 나에게
물을 달라 하나이까 하니 이는 유대인이 사마리아인과 상종하지 아니함이러라
10 예수께서 대답하여 이르시되 네가 만일 하나님의 선물과 또 네게 물 좀 달라 하
는 이가 누구인 줄 알았더라면 네가 그에게 구하였을 것이요 그가 생수를 네게
주었으리라
11 여자가 이르되 주여 물 길을 그릇도 없고 이 우물은 깊은데 어디서 당신이 그 생
수를 얻겠사옵나이까
12 우리 조상 야곱이 이 우물을 우리에게 주셨고 또 여기서 자기와 자기 아들들과
짐승이 다 마셨는데 당신이 야곱보다 더 크니이까
13 예수께서 대답하여 이르시되 이 물을 마시는 자마다 다시 목마르려니와
14 내가 주는 물을 마시는 자는 영원히 목마르지 아니하리니 내가 주는 물은 그 속
에서 영생하도록 솟아나는 샘물이 되리라
15 여자가 이르되 주여 그런 물을 내게 주사 목마르지도 않고 또 여기 물 길으러 오
지도 않게 하옵소서
16 이르시되 가서 네 남편을 불러 오라
17 여자가 대답하여 이르되 나는 남편이 없나이다 예수께서 이르시되 네가 남편
이 없다 하는 말이 옳도다
18 너에게 남편 다섯이 있었고 지금 있는 자도 네 남편이 아니니 네 말이 참되도다
19 여자가 이르되 주여 내가 보니 선지자로소이다
20 우리 조상들은 이 산에서 예배하였는데 당신들의 말은 예배할 곳이 예루살렘에
있다 하더이다
21 예수께서 이르시되 여자여 내 말을 믿으라 이 산에서도 말고 예루살렘에서도
말고 너희가 아버지께 예배할 때가 이르리라

22 너희는 알지 못하는 것을 예배하고 우리는 아는 것을 예배하노니 이는 구원이
유대인에게서 남이라
23 아버지께 참되게 예배하는 자들은 영과 진리로 예배할 때가 오나니 곧 이때라
아버지께서는 자기에게 이렇게 예배하는 자들을 찾으시느니라
24 하나님은 영이시니 예배하는 자가 영과 진리로 예배할지니라
25 여자가 이르되 메시야 곧 그리스도라 하는 이가 오실 줄을 내가 아노니 그가 오
시면 모든 것을 우리에게 알려 주시리이다
26 예수께서 이르시되 네게 말하는 내가 그라 하시니라
27 이때에 제자들이 돌아와서 예수께서 여자와 말씀하시는 것을 이상히 여겼으나
무엇을 구하시나이까 어찌하여 그와 말씀하시나이까 묻는 자가 없더라
28 여자가 물동이를 버려 두고 동네로 들어가서 사람들에게 이르되
29 내가 행한 모든 일을 내게 말한 사람을 와서 보라 이는 그리스도가 아니냐 하니
30 그들이 동네에서 나와 예수께로 오더라
31 그 사이에 제자들이 청하여 이르되 랍비여 잡수소서
32 이르시되 내게는 너희가 알지 못하는 먹을 양식이 있느니라
33 제자들이 서로 말하되 누가 잡수실 것을 갖다 드렸는가 하니
34 예수께서 이르시되 나의 양식은 나를 보내신 이의 뜻을 행하며 그의 일을 온전
히 이루는 이것이니라
35 너희는 넉 달이 지나야 추수할 때가 이르겠다 하지 아니하느냐 그러나 나는 너
희에게 이르노니 너희 눈을 들어 밭을 보라 희어져 추수하게 되었도다
36 거두는 자가 이미 삯도 받고 영생에 이르는 열매를 모으나니 이는 뿌리는 자와
거두는 자가 함께 즐거워하게 하려 함이라
37 그런즉 한 사람이 심고 다른 사람이 거둔다 하는 말이 옳도다
38 내가 너희로 노력하지 아니한 것을 거두러 보내었노니 다른 사람들은 노력하
였고 너희는 그들이 노력한 것에 참여하였느니라
39 여자의 말이 내가 행한 모든 것을 그가 내게 말하였다 증언하므로 그 동네 중에
많은 사마리아인이 예수를 믿는지라
40 사마리아인들이 예수께 와서 자기들과 함께 유하시기를 청하니 거기서 이틀을
유하시매
41 예수의 말씀으로 말미암아 믿는 자가 더욱 많아
42 그 여자에게 말하되 이제 우리가 믿는 것은 네 말로 인함이 아니니 이는 우리가
친히 듣고 그가 참으로 세상의 구주신 줄 앎이라 하였더라

신학적 관점

요한복음(그리고 신약성경 전반)에서 사람들은 예수님과 처음 만날 때 그분을 오해하곤 합니다. 수가성에 있는 야곱의 우물에서 만난 이름 없는 여인과 모든 제자가 처음에는 이러한 부류에 속했습니다. 일부는 끝내 예수님이 누구인지 알지 못합니다. 사마리아 여인은 예수님과의 대화를 통해 서서히 불신에서 믿음으로, 어둠에서 빛으로, 눈먼 상태에서 눈을 뜨는 상태로, 무지에서 앎으로, 오해에서 이해로 나아갑니다. 3:2~10에 나오는 니고데모와 달리, 그녀는 이전에 예수님의 표적을 보지 못했고, 예수님이 '하나님께로부터 오신' 선생이라는 말을 듣지도 못했습니다(3:2). 그녀가 야곱의 우물에서 처음 만난 예수님은 단지 물을 달라고 요청한 목이 마른 낯선 유대인이었습니다. 예수님의 요청은 종교, 인종, 성별 등과 같은 중요한 사회적 경계를 넘는 것이기 때문에 대담한 것이었습니다. 그러나 예수님이 먼저 그녀에게 말을 건네신 이유는 단지 사회적 관습 때문만은 아닙니다. '각 사람에게 비추는 빛'(1:9)이 그녀가 사는 세상에 임하고 있었기 때문입니다. 빛이 그녀의 어두운 세상에 들어왔지만, 그녀는 아직 그것을 볼 수 없었습니다. 진리가 그녀에게 선포되었지만 그녀는 아직 그것을 분별할 수 없었습니다.

이 이야기에는 요한복음에 나오는 많은 이야기와 마찬가지로 아이러니로 가득합니다. 세상을 문자 그대로 보고 이해하는 사람들은 아이러니한 예수님과 아이러니한 복음을 잘 받아들이지 못합니다. 아이러니는 겉모습과 실체 사이의 구분을 전제로 합니다. 사실로 보이는 것은 사실이지만, 그것은 부분적인 진실일 뿐, 전체적인 진실은 아닙니다. 이러한 겉과 속의 차이 때문에 아이러니는 종종 유머나 비극 또는 둘 다의 형태를 취합니다.*

사마리아 여인은 예수님이 자신에게 물을 요청한 사람이라 생각하여 자신이 줄 수 있는(야곱의 우물물) 것을 예수님이 필요로 하신다고 여겼습니다. 그러나 정작 그녀 자신이 예수님이 주실 수 있는 것(필요)을 필요로 하고 있다는 점을 이해하지 못합니다(4:7-15). 그녀는 예수님께 남편이 없다는 반쪽짜리 진실을 말하고, 예수님은 그녀에게 다섯 명의 남편이 있었고 현재 함께 살고 있는 남자는 그녀의 남편이 아니라는 온전한 진실을 드러내십니다(16-18절). 그러자 그녀는 예수님을 예언자라 여깁니다. 왜냐하면 예수님이 자신의 결혼 상황을 알고 계시기 때문입니다. 그러나 그분이 일반적인 예언자가 아니라 그녀의 삶의 진실을 아실 뿐만 아니라 곧 길이요, 진리요, 생명이 되시는 분이라는 사실을 깨닫지 못합니다(19-24절). 그녀는 메시야가 올 것이라고 믿지만, 이 갈릴리 출신 유대인이 바로 메시야라는 사실을 알지 못합니다(25-26절). 여인이 물동이를 버리고 도시로 돌아가 이웃들에게 "와서 보라"고 예수님을 소개할 때에야 그녀는 비로소 예수님의 첫인상을 넘어서는 더 깊고 큰 실체를 분별하기 시작합니다. "이는 그리스도가 아니냐"(28-29절).

예수님의 제자들 또한 사마리아 여인 못지않게 그 아이러니의 순간에 휩싸입니다. 그들은

* 요한복음에 나타난 아이러니에 관한 풍성한 논의는 다음에서 볼 수 있다. R. Alan Culpepper, *Anatomy of the Fourth Gospel: A Study in Literary Design* (Philadelphia: Fortress Press, 1983).

예수님께 드시라고 권하지만, 예수님이 제자들이 알지 못하는 음식이 있다고 말씀하시니 당황해 합니다. 당연히 이들은 "누가 잡수실 것을 갖다 드렸는가"(31-33절)라고 묻습니다. 그들은 예수님이 말씀하시는 '양식'이 어떤 것인지 전혀 알지 못합니다. 넉 달 후에 추수가 있을 것으로 예상하지만, 예수님은 그들이 보지 못하는 것, 즉 이미 추수할 수 있을 만큼 무르익은 밭을 보십니다. 사마리아 여인이 예수님의 증인이 될 때까지 깨닫지 못했던 것처럼 제자들도 다른 사람들에게 "와서 보라"(1:46)라고 초대하기 전까지는 예수님이 생명의 떡(6:35)이시라는 사실을 깨닫지 못합니다.

아이러니(이 이야기와 요한복음에 나오는 다른 많은 이야기의 아이러니)는 말씀이 육신이 되신 예수님(1:14)이 어떻게 "그가 세상에 계셨으며 … 세상이 그를 알지 못하였고"(1:10)라는 명제를 설명하기 위해 저자가 사용하는 문학적 장치입니다. 세상이 그를 알지 못한 것은 자신이 보고 있는 것을 이해하지 못했기 때문입니다. 빌립이 나다나엘에게 나사렛 요셉의 아들 예수가 메시야라고 말하자 나다나엘은 세상의 풍문대로 "나사렛에서 무슨 선한 것이 날 수 있느냐?"(1:46)라고 답하였습니다. 예수님이 "나는 하늘에서 내려온 떡이라"라고 말씀하시자 유대인들은 예수님의 겉모습이 그와 같이 않다는 이유로 불평합니다. 겉으로 보이는 것 너머를 볼 수 없기 때문에 그들은 이해하지 못합니다. "이는 요셉의 아들 예수가 아니냐 그 부모를 우리가 아는데"(6:41-42). 그들은 겉으로 보이는 모습만 볼 뿐이지, 성령께서 세례 요한에게 보게 하신 '세상 죄를 지고 가는 하나님의 어린양'을 보지 못합니다(1:29). 나다나엘은 빌립의 "와서 보라"(1:46)는 초대에 응한 후에야 예수님이 진정 누구이신지 깨닫기 시작합니다(1:49-51).

아이러니는 요한이 그저 특정한 이야기를 전달하는 데 편리해서 사용하는 기법이 아닙니다. 예수님 자체가 아이러니한 그리스도이시기 때문에 요한은 아이러니를 사용하지 않고는 예수님에 대한 이야기를 전할 수 없는 것입니다. 아이러니는 요한이 자신의 이야기를 전달하는 방식과 관련한 여러 선택지 중 하나가 아닙니다. 여기에서는 내용이 형식을 결정합니다. 내용이 장르를 결정합니다. 예수님은 진짜로 '요셉의 아들, 우리가 아는 부모의 아들'입니다. 겉모습은 거짓이 아니지만, 이것이 예수님에 대한 완전한 진실은 아닙니다. 그분은 동시에 "하나님과 함께 계셨고… 하나님"(1:1)이신 '말씀'이 되십니다. 요한복음이 초대교회의 예수님을 이해하는 근간이 되었고, 칼케돈 공의회에서 두드러지게 등장하는 것은 우연이 아닙니다. 예수님은 '온전한 인간이자 온전한 하나님'이시지만, 예수님의 정체성의 신비는 그분이 요셉의 아들이지 않고는 하나님이셨던 말씀이 될 수 없다는 점에 있습니다. 요셉의 아들은 '태초부터' 육신이 되신 말씀이었습니다. 요한이 이렇게 복음을 전하는 것은 아이러니를 좋아해서가 아닙니다. 그가 전하는 이야기는 아이러니를 요구합니다.

목회적 관점

예수님께서 수가성 우물가에서 만난 여인은 언뜻 보기에 니고데모와 완전히 상반된 인물입니다. 이 여인은 교육을 받지 못한 여인, 곧 배움이 필요한 사람이었습니다. 예수님으로부터 '이스라엘의 선생'이라 불렸던 니고데모는 교육을 받은 사람입니다. 수가성의 여인은 사마리아인이고, 니고데모는 유대인입니다. 수가성의 여인에게는 부끄러운 과거가 있는 반면, 니고데모는 지역사회에서 존경받는 도덕적인 지도자입니다. 수가성의 여인은 정오에 예수님을 만났고, 니고데모는 자정에 찾아옵니다. 문학적인 차원에서 볼 때 이 여인은 니고데모와 상반되는 인물이지만, 그녀는 복음서의 이야기에서 중요한 역할을 합니다.*

이 여인의 특징 중 하나는 어디에도 속하지 못하는 외부인이라는 점입니다. 남성의 세계에서 그녀는 여성이고, 유대교, 신앙의 관습과 지역성, 전통적 도덕 관념, 그리고 복음에 낯선 사람이었습니다(수 세기 동안 독자들에게 이름이 알려지지 않은 채로 남아 있었습니다). 그녀는 자신이 속한 공동체 내에서 사회적 일탈자로 남을 정도로 이방인일까요? 자신의 지위나 행동 때문에 낙인이 찍혀 사람들에게 배척당했던 것일까요? 본문 자체로는 이를 판단할 수 없기 때문에, 이렇게까지 확장된 추측은 외부인으로서 여인의 지위를 과장하는 것입니다.

그러나 복음서 기자가 보기에 이 여인은 보잘것없는 사람이라 말할 수 있습니다. 이름도 없는 그녀는 성별, 종교적 성향, 사회적 지위, 개인적 습관으로 인해 예수님과 공동체로부터 멀어졌고, 사람들은 가능한 한 이 여인을 피하고 무시하려 할 것이라 예상됩니다.

에밀리 디킨슨의 "나는 아무도 아니야! 넌 누구니?"(I'm Nobody! Who are you?)라는 시에서 보면 아무도 아닌 사람이 된다는 것은 쉬운 일이 아닙니다. 디킨슨에게 대중적으로 누군가가 된다는 것은 우울한 일이었지만, 사마리아 여인은 이에 해당되지는 않았을 것입니다. 대부분의 사람들은 아무도 아닌 자가 되는 고통을 피하고 싶어하며, 중요한 사람으로 인정받고 소중히 여기기를 원합니다.

본문에서 예수님은 이 여인을 외면하지 않으셨습니다. 그렇기 때문에 낙인의 굴욕감이나 볼품 없는 존재의 고통을 느껴본 적이 있는 모든 이에게 희소식입니다. 예수님은 여인과 대화를 나누시고 그녀를 진지하게 대하시며 며칠 동안 그녀의 마을에서 시간을 보내십니다. 여인과 그녀의 공동체, 그리고 공동체 사람들의 안녕은 보잘것없는 사람이든 아니든 상관없이 예수님께 중요한 문제였습니다. 이것이 복음입니다.

교회와 교인들에게 아무것도 아닌 이들이 예수님의 눈에는 누군가일 수 있다는 사실은 우리에게 도전이 되는 소식이기도 합니다. 그 누군가는 누구일까요? 그들은 우리가 무시하는 사람들입니다. 아마도 그들은 교회의 이웃이거나, 교회 문을 통과하는 낯선 사람 또는 신앙 공동체로 복음화되고 환영받게 될 잠재적인 공동체일 수 있습니다. 이 글은 신실한 독자들에게 때로 신앙 공동체의 경계를 설정하려는 우리의 시도가 너무 편협하다는 사실을 상기시켜 줍니다. 우리는 아무것도 아닌 이들을 배제하고 싶어 하지만, 예수님은 그렇게 하지 않으십니다. 예수님은 내부인뿐만 아니라 외부인도 제자훈련에 참여하게 되길 원하십니다.

* R. Alan Culpepper, *The Anatomy of the Fourth Gospel: A Study in Literary Design* (Philadelphia: Fortress Press, 1983), 91.

예수님은 또한 이제 막 신앙의 여정을 시작하는 사람들을 환영하십니다. 여인의 두 번째 특징은 그녀가 신앙을 처음 접한 사람이라는 점이며, 예수님과 대화하는 동안 걸음마를 시작합니다. 예수님은 그녀에게 인내심을 보이십니다. 비유를 설명해 주시며 대화를 계속 이어가시는 모습은 니고데모와의 조급한 대화의 모습과는 극명한 대조를 이룹니다. 예수님은 니고데모처럼 이 여인을 놀리지 않으시고, 우뇌의 언어에 좌뇌가 반응한다고 해서 꾸짖지도 않으십니다. 대신 부모가 어린 자녀를 가르치듯 그녀를 보살피고 이끌어 주십니다. 예수님은 니고데모에게는 엄격하지만 이 여인에게는 친절한 모습을 보이십니다.

'예수님의 강인함과 부드러움'에 대해 설교하기를 좋아하시는 목사님이 계셨는데, 이 본문을 나란히 놓고 보면 예수님에게서 이러한 역설적인 특징을 발견할 수 있습니다. 예수님은 대립하는 모습을 보이실 때도 있고, 긍휼의 모습을 보이실 때도 있습니다. 예수님은 단호하거나, 관대하게 대하실 수도 있습니다.

우리는 여인의 신앙 성장을 격려하는 예수님의 부드러운 모습을 봅니다. 신앙을 처음 접하고 걸음마를 시작하는 신앙인이라면 누구나 마음을 다잡을 수 있습니다. 예수님는 우리가 그분을 향해 나아가고, 지식이 자라날 때, 우리를 지지하십니다. 그분은 우리가 믿음을 깊고 넓게 확장하여 그분이 누구이신지 깨닫고 인정하길 원하십니다.

예수님께는 엄격하신 면도 있기에 여인도 그러한 면을 맛보게 됩니다. 예수님과 여인의 대화에서 예수님은 그녀의 인생 이야기를 아시게 됩니다. 예수님이 여인과 남편에 대해 이야기하시며, 여인이 자신에게 말하는 그 이면에 존재하는 모습을 들여다보실 때 드러납니다. 여인은 예수님에 대해 "내가 행한 모든 일을 내게 말한 사람"(29절)이라고 전하고 있습니다. 예수님과의 만남에서 여인은 자신의 과거를 솔직하게 드러내면서도 이 대화와 고백에 부끄러워하지 않는 모습을 보입니다.

예수님과의 만남을 통해 여인은 용기를 내어 모든 친구와 이웃에게 이 남자에 대해 이야기합니다. 이사야 선지자가 성전에서 자신의 죄를 고백함으로 사명을 위한 자유를 얻게 된 것처럼(사 6:1-8), 여인도 예수님이 자신의 필요와 실패를 드러내신 후, 제자도를 위한 자유를 얻게 됩니다. 그녀는 예수님의 증인이 됩니다. 이 이야기는 한 여인의 극적인 변화를 말해주고 있습니다. 이 여인은 이방인으로서 이야기를 시작하여 증인이 되고, 초심자라는 신분에서 예수님이 직접 파송하신 사도가 되어 예수님을 대신하여 증언합니다.* 따라서 이 여인은 다른 여성, 아무것도 아닌 자, 초심자, 과거가 있는 사람들에게 모범이 됩니다. 예수님은 믿음의 가정에 들어올 가능성이 가장 낮은 사람, 어쩌면 여러분과 저를 포함한 많은 사람을 만나고 환대하십니다.

주석적 관점

사순절 둘째 주일과 셋째 주일의 본문은 요한복음에 등장하는 독특한 두 인물을 나란히 배치합니다. 니고데모는 밤에 예수님을 찾아와 예수님과 9절에 걸쳐 대화를 나누다가 밤이 되어 왔던 곳으로 사라집니다. 요한복음 4장

* Culpepper, *Anatomy of the Fourth Gospel*, 137.

에서는 또 다른 인물인 우물가의 사마리아 여인이 예수님과 만나는 장면을 서술합니다. 니고데모와 사마리아 여인의 대조되는 모습이 눈에 띕니다. 요한복음에서 이 두 인물이 차례로 등장한다는 점을 감안하고, 우리는 이 대조적인 모습에 주목해야 합니다.

니고데모는 바리새인입니다. 내부자이자 유대 지도자입니다. 그는 남성이고 이름도 갖고 있지만, 밤에 예수님을 찾아옵니다. 요한복음 4장에 소개되는 인물은 종교적, 사회적, 정치적으로 외부인에 속하는 사마리아인입니다. 이 사람은 여성이고 이름도 없지만, 대낮에 예수님을 만납니다. 이 두 인물이 예수님과 나누는 대화는 두드러지게 대조적입니다. 니고데모는 자신이 속한 종교 체계의 한계를 넘어서지 못합니다. 그러나 그와 달리 사마리아 여인은 자신의 종교적 상식에서 벗어나 예수님과 신학적 논쟁을 벌입니다(20절). 니고데모가 하나님께서 예수님을 보내셨다는 말씀을 듣지 못했던 반면(3:17), 우물가의 여인은 하나님의 실제 이름, 곧 '나다'(26절, NRSV의 '그'〈he〉라는 표현은 그리스어 본문에는 없음)라는 말을 듣습니다. 예수님을 향한 니고데모의 마지막 질문은 그의 불신을 드러내지만("어찌 그러한 일이 있을 수 있나이까", 3:9), 우물가의 여인의 마지막 말("이는 그리스도가 아니냐", 4:29)은 그녀로 하여금 온 마을에 증거하게 합니다.

성서정과 본문은 5절에서 시작되지만, 4장의 시작 부분부터 읽어야 합니다. 3절은 예수님께서 유대를 떠나 갈릴리로 향하시는 장면이라는 배경을 제공합니다. "사마리아를 통과하여야 하겠는지라"(4절)는 지리적인 사실을 나타내지만, 더 중요한 것은 이 여정이 신학적인 필요성을 제시하고 있다는 것입니다. 예수님이 수가성에 들르심으로 "하나님이 '세상'을 이처럼 사랑하사"라는 선포가 성취되는, 계시의 새로운 증인이 탄생하게 됩니다. 예수님은 하나님의 계시에 대한 증인을 이 땅에서 찾으시기 위해 사마리아를 통과하셔야 했던 것입니다.

우물가의 사마리아 여인은 예수님의 제안을 수동적으로 받아들이는 사람이 아니었습니다. 그녀는 자신을 현재의 자리에 머물게 하는 사회적 장벽과 경계를 인정하지만(9절), 동시에 믿음의 조상들과 관련하여 예수님의 권위에 도전합니다(12절). 니고데모와 마찬가지로 그녀는 먼저 예수님의 말씀을 문자적으로 해석합니다. 그러나 그녀는 또한 자신이 필요로 하는 것이 예수님께 있으며, 그 가능성에 의문을 품기보다는 예수님이 주시는 것을 구할 수 있음을 인정합니다(15절).

많은 주석가는 16~18절에 묘사되는 여인의 '죄'와 예수님의 용서하심에 초점을 두려 하지만, 본문 자체는 그녀가 저질렀던 죄에 대해 일절 언급하고 있지 않으며, 예수님이 그녀를 용서하셨다고 말하고 있지도 않습니다. 예수님이 그녀에게 남편에 대해 물으신 것은 그녀의 결혼 상태를 평가하기 위함이 아닙니다. 결혼 상태는 그녀가 어찌할 수 있는 문제가 아니기 때문입니다. 오히려 니고데모와 마찬가지로, 예수님의 말씀은 그녀가 예수님을 더 깊이 이해할 수 있도록 하기 위한 것이었으며, 대화는 성공적이었습니다. 그녀는 예수님이 선지자이심을 깨닫게 됩니다(요 4:19). 더욱이 이 복음서에서 죄는 행동과 관련된 도덕적 범주가 아닙니다. 죄는 예수님을 주님이자 하나님으로 인정하지 않는 불신앙입니다.

여인이 예수님에 대한 새로운 수준의 앎에 도달하게 되자, 그녀는 그리심산과 예루살렘 중 어느 곳이 합법적인 예배의 장소인지를 물으며 예수님과 신학적 대화를 이어 갑니다. 이는 수 세기 동안 유대인과 사마리아인 사이에 논쟁이 되어온 문제입니다. 본질적으로, 예배 처소에 대한 그녀의 질문은 하나님의 거처에 대한 질문이기도 하며, 이 복음서의 근본적인 주제이기도 합니다. 예수님 안에서, 육신이 된 말씀 안에서, 하나님께서 거하시고자 택한 장소에서, 우리 가운데 장막을 치시기로 하셨습니다(요 1:14). 결론적으로 예수님은 그 진리를 여인에게 드러내십니다. "나다"라고 말씀하십니다 (26절). 그녀 앞에 있는 하나님의 임재를 나타내신 것입니다. 이것은 요한복음에서 나오는 첫 절대적 "나다"의 선언입니다(6:20; 8:24, 28, 58; 13:19; 18:5, 7 참조). 마지막 절대적인 '나다'의 선언은 600명의 로마 군인을 땅에 엎드리게 만들 것입니다(요 18:5-7).

예수님은 이 우물가의 여인에게 하나님을 알게 하시고, 그 결과 그녀를 이 땅에서 예수님 사역의 증인으로 세워 주십니다. 그녀의 수고는 추수의 때를 이르게 합니다(34-38절). 비록 그녀는 예수님이 그리스도이신지 확신하지는 못했지만(4:29의 그리스어 구문은 부정적인 답을 예상합니다), 그럼에도 자기를 붙잡아 두려는 모든 것을 상징하는 물동이를 내려놓았습니다. 그리고 그녀는 성 안으로 들어가 동네 사람들을 예수님과의 만남에 초대합니다. 그녀는 예수님께 응답함으로써, 예수님이 그분의 진정한 정체성을 그녀에게 드러내시도록 이끌고, 이를 통해 그녀 자신의 정체성도 변화합니다. 사마리아 여인에게서 우리는 예수님과의 만남을 통해 우리 자신이 변화될 뿐만 아니라, 하나님께서 우리에게 드러내시는 것 또한 변화된다는 것을 배웁니다.

마을로 돌아온 여인은 예수께서 첫 제자들에게 "와서 보라"(1:39)라고 하셨던 바로 그 말씀을 그대로 말합니다. 여인의 초청과 간증을 통해 많은 사람이 예수님을 믿게 됩니다.

이어지는 장면은 예수님께서 첫 제자들을 부르셨던 모습을 재현하고 있습니다. 예수님은 첫 제자들에게 그러하셨던 것처럼, 사마리아인들 가운데 '유하시는데'(1:40), 이는 요한복음의 관계성에 관한 근본적인 범주에 속하는 표현 방식입니다. '유하다'를 표현하는 동사 메노(menō)는 '거하다' 또는 '남아있다' 등을 의미합니다. 사마리아인들이 예수님과 함께 유함으로 이들은 '그가 참으로 세상의 구주신 줄 앎이라'(42절)라고 고백할 수 있었습니다. 이는 요한복음에서 '구주'라는 칭호가 사용된 유일한 부분입니다. 이 뜻밖의 증언을 통해, 사마리아 마을은 요한복음 3:16을 성취하게 됩니다. "하나님이 세상을 이처럼 사랑하사 독생자를 주셨으니 이는 그를 믿는 자마다 멸망하지 않고 영생을 얻게 하려 하심이라"

설교적 관점

예수님이 어떤 분이신지 가장 잘 보여주는 이야기를 하나만 꼽으라고 한다면 바로 이 이야기를 선택할 것입니다. 이 이야기는 설교의 삶과 평생의 설교를 위한 본문입니다. 또한 이 본문은 그 자체로 채워질 준비가 된 물동이를 가지고 있습니다. 몇 번이고 물동이를 내릴 때마다 생수로 가득한 설교와 결코 마르지 않는 우물에서 깊은 한 모금의 물을 가져다 줍니다. 목마른 설교자들에게는 이 본문이 필요합니다. 우리는 우물과 그 안의 물, 그 물을 길어올릴 물동이, 그리고 우리 곁에 앉아 우리가 해왔던 모든 일을 말씀해 주실 분이 필요합니다. 이 이야기는 우리가 마주하는 많은 장소와 인식의 순간들을 제공합니다. 그러므로 설교의 첫 번째 과제는 그저 우리의 메마름을 느끼고 마시는 것일지도 모릅니다. 늦은 시간에 우물에 와 낯선 이(항상 낯선 이가 있지 않나요?)를 만나는 자신을 느껴보십시오. 그분이 우리에게 물을 달라고 요청하십니다. 물동이도 갖고 있지 않은 메시야에 대해 중얼거리며 모든 일을 해야 하는 우리 자신을 느껴 보십시오. 메마르고 공허하며 설교할 내용조차 없는 자신을 느껴 보시기 바랍니다.

그런 다음 물동이가 우물 안으로 내려가고 낯선 사람이 계속 말을 이어갈 때, 마치 우물물과 같은 그의 말씀 가운데로 끌려 들어가는 자신을 느끼고, 그 시원함이 우리 얼굴에 튈 때, 갑자기 그분이 누구이신지 알 수 있습니다. 물이 나올 때까지 끌어당기는 것이 설교의 과업 아닙니까? 날마다 우물가에는 설교자가 기다리고 있습니다. 이 이야기는 설교의 삶과 평생의 설교를 위한 본문입니다.

이 본문 안에 각자의 물동이를 내리는 다양한 방법이 있습니다. 다음은 시도해 볼 만한 몇가지 예입니다.

예수님이 먼저 다가오신다는 점에 주목하십시오 예수님이 우리와 대화하지 않으시는 데에는 항상 그럴 만한 이유가 있습니다. 이 경우, 우물가에 있는 사람이 여성이고 사마리아인이라는 이중적인 위험성 때문입니다. 우리는 본문에서 유추할 수 있는 몇 가지 이유를 더 추가할 수도 있습니다. 그녀의 의심스러운 과거나 나쁜 평판, 그리고 거친 언변 등입니다. 예수님은 그 여인과 대화하시기 위해 규칙을 깨십니다. 예수님의 동료들은 충격을 받습니다. 설교자와 목회자로서 우리는 예수님의 입장에서 생각하는 데 익숙해져 있습니다. 외부인들과 대화하기 위해 규칙을 깨는 사람의 입장에서 생각하게 되는 것입니다. 반대로 상상해 보면 어떨까요?

예수님은 우리와 대화하기 위해 어떤 규칙을 깨고 계신가요? 어떤 사회적 관습을 무시하고 계신가요? 진정으로 중요한 것, 그리고 우리의 생명을 구원할 수 있는 것을 말씀하기 위해 어떤 선을 넘고 계신가요? 인간은 정의상 사회적 맥락에 뿌리를 두고 있으며, 그러한 현실의 지배를 받습니다. 때로는 ‘원래 그런 것’이 우리가 볼 수 있거나 보고자 하는 것을 결정짓게 하기도 합니다. 예수님은 경계를 넘는 것을 특히 좋아하십니다. 예수님은 설교자인 여러분에게 말씀을 전하시기 위해 어떤 전통이나 관습 또는 관례를 넘으셔야 했을까요? 우리가 회중에게 말씀을 전하기 위해서는 우리 자신이 그 말씀을 먼저 느껴야 합니다.

목마르신 분은 바로 예수님이라는 사실을 주목하십시오 사마리아를 지나는 길은 길고 피곤합니다. 제자들이 마을에 먹을 것을 사러 간 사이에 예수님은 우물가에 앉아 계십니다. 이곳에서 예수님과 여인이 만납니다. 목마른 사람이 우물가에서 물을 얻는 것일은 쉬워야 하지만, 예수님 혼자서는 하실 수 없다는 점에 주목해 보시기 바랍니다. 예수님은 여인에게 물을 달라고 요청하시고, 낯선 이방인에게서 그리스도의 얼굴을 알아볼 수 있는 기회를 주십니다.

이 장면의 무대와 그 전제는 아름답도록 단순합니다. 예수님은 목이 마르시고, 우물가에 계십니다. 우리는 물동이를 가진 사람입니다. 우리가 이 상황을 진정으로 받아들이기 전까지는 그 뒤에 이어지는 깊은 비유적 대화를 이해할 수 없습니다. 사랑으로 건네는 시원한 물 한 잔 같은 작은 일이 구원 여정의 시작이 될 수 있을까요? 그렇습니다. 그리고 우리는 낯선 이를 만나 인간적인 필요를 먼저 돌보기 전까지는 결코 알 수 없습니다.

인식의 순서를 주목하십시오 먼저 예언자, 그 다음에는 메시야입니다. 항상 화려한 부분이 우리의 주의를 끌기 마련입니다. 이를테면, 치유나 귀신 축출, 혹은 다른 사람의 마음을 읽는 것 말입니다. 예수님은 여인의 삶에 대한 몇 가지 세부사항을 마치 모든 것을 알고 있는 듯 자연스레 꺼내어 말씀하시자 그녀는 크게 감동받습니다. "주여 내가 보니 선지자로소이다"(19절). 어쩌면 그녀는 그분의 초자연적인 힘을 확인한 후에야 메시야적 진리를 확인할 수 있었는지도 모릅니다. 어쩌면 우리 모두가 그렇습니다.

하나님의 놀라운 역사는 경이롭고 지나치기 어려운 것들입니다. 그러나 세상 죄를 지고 가는 하나님의 어린양은 전혀 다른 차원의 존재입니다. 이를 이해하기 위해서는 다시 한번 깊이 들여다볼 필요가 있습니다. 예언자는 아마도 시원한 물 한 잔과 같습니다. 이 물은 더 깊은 실체의 가시적인 표현입니다. 여기에 영혼과 육신 모두를 위한 물을 제공하는 여정의 첫 걸음이 존재합니다.

언급된 것과 언급되지 않은 것에 주목하십시오

여인이 자신이 메시야와 대화하고 있었다는 놀라운 사실을 깨달았을 때, 그녀는 물동이를 버려두고 마을로 달려가 소식을 전합니다. "내가 행한 모든 일을 내게 말한 사람을 와서 보라"(요 4:29). 그녀는 외칩니다. 이 문장이 미완성이라는 점에 주목하십시오. 특히 그녀의 과거를 알고 있는 우리에게는 더욱 그렇습니다. "내가 행한 모든 일을 말한 사람을 와서 보라 … 그리고 그럼에도 나를 사랑했다." 그녀가 실제로는 뒷문장을 말하지는 않았지만, 그녀의 행동과 그녀가 달려갈 때 느끼는 기쁨에는 그 의미가 내포되어 있습니다.

'여인이 행한 모든 일'은 길고도 많은 죄목들이며, 동네 사람들 모두가 알고 있는 사실입니다. 그녀의 과거는 항상 그녀를 따라다니며, 이웃들의 판단하는 눈초리 속에 항상 존재합니다. 예수님이 그 목록을 익숙하게 알고 계신 것은 그리 특별한 일이 아닐 수도 있습니다. 그러나 예수님이 그녀의 과거를 알고도 여전히 그녀를 사랑하고 용서하신다는 것은 그녀가 들어본 적 없는, 믿기 힘들 만큼 새로운 것입니다. 그녀가 행한 모든 일을 알고도 여전히 그녀를 사랑하신 그분께서 그녀의 생명을 구원하신 것입니다.

그 순간, 그녀는 하나님을 바라봅니다. 그녀는 그리스도를 영접하고, 달려가 그리스도를 전합니다.

FOURTH SUNDAY IN LENT

사순절 넷째 주일

사무엘상 16:1~13

시편 23편

에베소서 5:8~14

요한복음 9:1~41

사순절 넷째 주일

사무엘상 16:1~13

1 여호와께서 사무엘에게 이르시되 내가 이미 사울을 버려 이스라엘 왕이 되지 못하게 하였거늘 네
가 그를 위하여 언제까지 슬퍼하겠느냐 너는 뿔에 기름을 채워 가지고 가라 내가 너를 베들레헴
사람 이새에게로 보내리니 이는 내가 그의 아들 중에서 한 왕을 보았느니라 하시는지라
2 사무엘이 이르되 내가 어찌 갈 수 있으리이까 사울이 들으면 나를 죽이리이다 하니 여호와께서
이르시되 너는 암송아지를 끌고 가서 말하기를 내가 여호와께 제사를 드리러 왔다 하고
3 이새를 제사에 청하라 내가 네게 행할 일을 가르치리니 내가 네게 알게 하는 자에게 나를 위하여
기름을 부을지니라
4 사무엘이 여호와의 말씀대로 행하여 베들레헴에 이르매 성읍 장로들이 떨며 그를 영접하여 이르
되 평강을 위하여 오시나이까
5 이르되 평강을 위함이니라 내가 여호와께 제사하러 왔으니 스스로 성결하게 하고 와서 나와 함께
제사하자 하고 이새와 그의 아들들을 성결하게 하고 제사에 청하니라
6 그들이 오매 사무엘이 엘리압을 보고 마음에 이르기를 여호와의 기름 부으실 자가 과연 주님 앞
에 있도다 하였더니
7 여호와께서 사무엘에게 이르시되 그의 용모와 키를 보지 말라 내가 이미 그를 버렸노라 내가 보
는 것은 사람과 같지 아니하니 사람은 외모를 보거니와 나 여호와는 중심을 보느니라 하시더라
8 이새가 아비나답을 불러 사무엘 앞을 지나가게 하매 사무엘이 이르되 이도 여호와께서 택하지 아
니하셨느니라 하니
9 이새가 삼마로 지나게 하매 사무엘이 이르되 이도 여호와께서 택하지 아니하셨느니라 하니라
10 이새가 그의 아들 일곱을 다 사무엘 앞으로 지나가게 하나 사무엘이 이새에게 이르되 여호와께
서 이들을 택하지 아니하셨느니라 하고
11 또 사무엘이 이새에게 이르되 네 아들들이 다 여기 있느냐 이새가 이르되 아직 막내가 남았는데
그는 양을 지키나이다 사무엘이 이새에게 이르되 사람을 보내어 그를 데려오라 그가 여기 오기
까지는 우리가 식사 자리에 앉지 아니하겠노라
12 이에 사람을 보내어 그를 데려오매 그의 빛이 붉고 눈이 빼어나고 얼굴이 아름답더라 여호와께
서 이르시되 이가 그니 일어나 기름을 부으라 하시는지라
13 사무엘이 기름 뿔병을 가져다가 그의 형제 중에서 그에게 부었더니 이 날 이후로 다윗이 여호와
의 영에게 크게 감동되니라 사무엘이 떠나서 라마로 가니라

신학적 관점

만약 신학이 하나님의 행하시는 일들을 이름에 묘사하는 것이라면, 이를 처음 실행한 최초의 성경 속 인물은 여종 하갈일 것입니다. 하갈은 자기 경험을 토대로 하나님을 '엘-로이', 곧 '살피시는 하나님'이라고 불렀습니다. 하갈은 하나님의 살펴보심이 먼 거리나 시간에 제약받지 않았음을 관찰했습니다. 자신을 향한 경멸의 시선이 그녀를 도망자로 만들었지만, 주님은 광야에 있는 그녀를 자비롭게 찾으셨고, 그녀 안에 자라고 있는 씨앗의 미래를 멀리 내다보셨습니다.

수 세기 후, 주님은 아이를 갖지 못하는 아내였던 또 다른 여종 한나를 보시고 그녀의 기도를 기억하십니다. 그 결과, 그녀 역시 아들을 낳았습니다(삼상 1:11, 20). 이 아이 사무엘은 사사와 선지자가 되는데, 그 역시 자기 스스로를 보는 사람, '선견자'라고 부릅니다(삼상 9:19). 사무엘은 사람들이 볼 수 없는 것을 보기도 했지만, 그 역시 하나님께서 보시는 것처럼 보지는 못했으며, 그의 이야기 안에 어떤 요소들은 특히 신학 작업에 적용할 때 인간의 한계점들을 고려해야 한다는 냉철한 교훈을 제공합니다.

하나님의 지시에 따라, 사무엘은 이스라엘의 초대 왕으로 사울에게 기름을 부었습니다. 이 이야기의 서술자가 이 선택에 대한 하나님의 근거를 전혀 명시하지 않더라도, 독자들은 사울이 모든 이스라엘 사람 중에서 가장 키가 크고, 가장 준수한 사람이었음을 압니다(삼상 9:2). 사무엘이 마침내 백성들 앞에 그들이 요구했던 새로운 통치자로서 사울을 보였을 때, 선지자는 외모와 키가 이 사람을 지도자로 만들기에 충분하다고 추정한 것으로 보입니다. 사무엘은 회중에게 "너희는 여호와께서 택하신 자를 보느냐 모든 백성 중에 짝할 이가 없느니라"라고 말합니다(삼상 10:24).

사무엘이 사울의 후계자에게 기름 부어야 하는 때가 되었을 때, 하나님과 사무엘이 바라보는 시선은 매우 달랐습니다. 한 예로, 사무엘은 사울에 대한 하나님의 거절을 온전히 이해하지 못합니다. 이 낭패를 보고하는 가슴 아픈 긴장감은(삼상 15장), 서술자가 이 비극에 대한 자신의 혼란을 사무엘에게 돌린 것으로 보입니다. 어찌 됐든 사무엘은 다시는 사울에게 눈길을 돌리지 않는 방식으로 사울에 대한 거절을 비통해합니다.

또 다른 한 예로, 사무엘에게 하나님은 이새의 아들들 중에서 "내가 한 왕을 보았다"라고 말씀하셨으나(삼상 16:1), 사무엘은 자기 눈과 또 새로운 왕이 되기 위한 자질로 아름다움과 키라는 시각적 매력을 신뢰합니다(6절). 꾸짖음 속에서, 하나님께서는 하나님의 관점과 인간의 관점을 대조하십니다. "사람은 외모를 보거니와 나 여호와는 중심을 보느니라"(7절). 하나님께서는 제대로 보지 못하는 선지자에게 설명하십니다. 하나님께서는 사무엘이 전혀 보지 못하던 한 사람, 들판에 멀리 떨어진 곳에 남아 양 치던 아들을 선택하셨습니다.

이러한 관찰들은 본문 사건의 시각적 이유들을 전부 다루지는 않습니다. 또 다른 단계의 탐구는 그 자리에 없던 이를 불러와 사무엘이 그에게 기름 부을 수 있도록 하면서 시작됩니다. 그러고 나서 서술자는 조심스럽게 다윗의 외모를 묘사합니다. 그는 빛이 붉고 잘생긴 외모에 아름다운 눈을 가졌습니다(12절). 혹은 아름다움을 보는 눈이었을지도 모릅니다.

다윗의 시선 역시 문제를 일으키거나 혹은 보아야 할 것을 보지 못합니다. 그는 옥상에서 밧세바를 봅니다. 그는 부족한 것이 없었고 이미 많은 아내가 있었는데도 불구하고, 그의 눈은 다른 사람의 아내를 취해야만 하겠다고 마음먹게 했습니다(삼하 11장). 그 후에도 아들 암논의 눈에서도 음탕한 시선을 보게 되나, 다윗은 이것을 알아차리지 못합니다. 그 결과, 그는 딸 다말을 끔찍한 함정으로 보내고 맙니다(삼하 13장). 이 이야기 전반에 걸쳐, 다윗의 아들들은 다윗이 아름다운 눈이 멀게 되어 저지른 죄를 포함하여 아버지의 죄로 죽습니다.

만약 우리가 선지자들의 눈이나 성경이 '하나님의 마음에 합한 사람'이라고 부르는(삼상 13:14) 다윗과 같은 사람의 관점을 신뢰할 수 없다면, 우리는 하나님의 마음을 안다거나 하나님의 뜻을 분별한다고 주장하는 모든 신학자와 어떤 사람들에 대해 어느 정도의 경계심을 갖는 법을 배워야만 합니다. 신학은 결국 하늘에서가 아니라 땅에서 만들어지기 때문니다. 그러므로 가장 놀라운 민첩한 기술을 가진 종(種)의 통찰력 있는 능력이 '자기기만'이라는 결함과 한계를 겪게 됩니다.

우리는 신학자들과 예언자들, 특히 스스로 그렇게 임명한 부류를 포함한 이들이, 현재 일어나는 사건들에서 하나님의 뜻과 신학적 메시지를 깨달았다며 망설임 없이 선언하는 시대에 살고 있습니다. 정치적 스펙트럼의 양극단에 있는 선견자들은 그들이 규탄하는 죄를 저지른 사람들에게 하나님의 심판을 선포하거나, 또는 최근의 재난을 (자기들이 하나님께 누가 악인인지 알려드린 양) 악인들을 향해 하늘이 내린 타격으로 해석할 근거를 많이 찾아냅니다. 예언자 무리 가운데 또 다른 이들은 하나님께서 누구를 지도자로 선출하거나 임명하실지도 자기들이 안다고 주장합니다. 모든 계층의 신학자들, 예언자들, 그리고 바리새인들은 사무엘과 다윗의 이야기를 숙고해 보는 것이 좋습니다. 아이러니하게도, 서사를 통해 자신의 신학을 전개한 고대의 익명의 신학자는 하나님께서는 유한한 인간이 보는 것으로 보는 분이 아니심을, 모든 시대의 벗과 동료들을 포함한 독자들에게 상기시켜 주었습니다. 하나님께서는, 인간의 마음속 깊은 곳에 숨겨진 것들을 포함하여 인간 관찰자들이 결코 알아챌 수 없는 것들을 보십니다(삼상 16:7). 또한 이 점을 통해 이 이야기꾼은 자신의 보지 못함과 자기와 모든 다른 작가들의 인간적 혹은 신적인 일에 대한 분석과 묘사가 출판되었든, 사라졌든, 성경적이든, 정경 외적인 것이든, 또 그 외 다른 것이든 간에 한계를 지니고 있음을 고백합니다. 또한 그렇게 함으로써, 이 모범적인 서술자는 자신이 혹여나 보지 못할 수 있는 불가피성과 깊이에 대하여 가장 안전하고 합리적으로 대응합니다. 그의 고백은 회개의 한 형태입니다.

그의 서술에 내포된 역설적인 진리는 오늘자 복음서 본문과 공명합니다. 자기의 인식을 절대 의심치 않는 의로운 절대주의자들이 여전히 완고하여 위험할 정도로 보지 못하는 것을 볼 수 있는 사람은, 오히려 자신의 보지 못함을 인정하고 고백하는 사람들입니다.

목회적 관점

하나님께서는 무엇을 생각하고 계셨을까요? 사무엘은 무슨 생각을 하고 있었을까요? 우리 모두는 하나님의 뜻과 길을 향해 회중을 인도하고자 할 때 무슨 생각을 하나요? 앞장에서 우리는 사무엘의 '킹 메이킹'을 위한 첫 시도가 좋지 않게 끝났음을 봅니다.

하나님께서 이스라엘의 첫 번째 왕으로 기름 부으실 사람을 사무엘에게 보내시는 장면을 사무엘상 9:1~10:1에서 볼 수 있습니다. 바로 그날 기스라는 베냐민 지파 사람이 암나귀 떼를 잃어버렸습니다. 기스에게는 사울이라는 아들이 있었는데, 그는 매우 잘 생기고(잡지 모델 스타일) 매우 큰 키의 인물이었습니다. 그는 모든 백성보다 어깨 위만큼 더 컸습니다. 사울은 거의 유대의 거인이었습니다. 기스는 사울에게 한 소년의 도움을 받아 암나귀들을 찾아오라고 시켰습니다. 그러다 사울은 음식과 돈이 동이 났고, 기스가 걱정하기 전에 집으로 돌아가려 했습니다. 그러나 소년이 얼마의 돈을 구하고는 사울에게 언덕 꼭대기 마을로 가자고 설득했습니다. 그곳은 좋은 평판을 받는 선견자가 살고 있는 곳이었습니다. 우물 근처에 있던 몇몇 소녀들이 그들에게 사무엘이 있는 곳을 알려줬고 나머지는 역사대로입니다.

사울은 일찍이 승리를 거두어 자기 백성에게서 인정받았지만, 그는 권력의 특권을 지나치게 남용했습니다. 왕권은 사울을 대담하게 만들어, 자기가 기름 부음 받은 것, 곧 그의 소명과 하나님 및 백성과 맺은 언약에 귀속되지 않는 권력을 지녔다고 여기게 했습니다. 길갈에서(13:7-10) 그는 제사를 드리는 제사장의 역할을 가로챘는데, 이것이 하나님께는 범죄가 되고 사무엘에게는 거슬림이 되었습니다. 그때 하나님께서 당신의 선택을 애통해하시며, "내가 사울을 왕으로 세운 것을 후회하노니 그가 돌이켜서 나를 따르지 아니하며 내 명령을 행하지 아니하였음이니라"(15:11)라고 말씀하셨습니다. 사무엘은 사울을 꾸짖으며 "여호와께서 번제와 다른 제사를 그의 목소리를 청종하는 것을 좋아하심 같이 좋아하시겠나이까 순종이 제사보다 낫고 듣는 것이 숫양의 기름보다 나으니 이는 거역하는 것은 점치는 죄와 같고 완고한 것은 사신 우상에게 절하는 죄와 같음이라 왕이 여호와의 말씀을 버렸으므로 여호와께서도 왕을 버려 왕이 되지 못하게 하셨나이다"(15:22-23)라고 했습니다.

교회생활에서 이러한 경계의 문제가 종종 일어납니다. 악의로든 그렇지 않든 힘과 영토를 침해하는 것은 흔한 일이기도 합니다. 이러한 침범은 교인이 새로운 교회나 목사를 찾는 원인이 되기도 합니다. 나중에 용서를 구하기보다 허락을 구하는 것이 더 좋습니다.

여전히 사울에 대하여 애통해하던 중에 하나님께서 사무엘에게 이동하라고 명령하셨습니다. 외모보다 내면을 보시는 하나님께서 또 다른 베냐민 사람을 정하셨기 때문입니다. 사무엘은 그의 첫 번째 기름 부음의 결과에 대한 애통함과 사울에게 죽임을 당할 수도 있다는 두려움, 계획 중인 명백한 쿠데타, 속임수에도 불구하고 순종을 선택했고 새 기름을 뿔에 채웠습니다. 새 왕에게 기름 붓기 위한 이새와의 만남을 제사 드리기 위함이라고 가장하여 말입니다. 사무엘은 그렇게 가장하며 위해 암송아지를 끌고 베들레헴으로 향했습니다.

제사의 과정은 순조롭게 진행됐습니다. 사무엘은 이새와 그의 아들들을 성결하게 했고, 잠재적 후보들이 차례로 등장했습니다. 그러나 사무엘은 여전히 자신의 관점으로 보고 있었습니다. 첫 번째 선보인 엘리압은 키가 컸고 그의 눈에 좋아 보였습니다. 사무엘은 자신의 일이 다 끝났다고 생각하기 시작했습니다. 하지만 하나님께서는 지도자의 마음을 가진 자를 찾고 계셨기 때문에 엘리압과 다른 여섯을 거부하셨습니다.

고대인들에게 마음은 감정에 속한 것이기는 하지만 중심은 아니었습니다. 그들에게 마음이란 존재의 중심으로서 감정, 지성, 분별력, 지혜, 헌신, 성품과 같은 마음의 모든 요소, 아마도 우리가 '영혼'이라고 부르는 것이었습니다. 일곱 아들에게는 이러한 요소들의 올바른 조합이 없었습니다. 사무엘은 더 청했습니다. 확실히 그는 하나님의 명령에 순종하였습니다. 하나님께서 이미 선택하신 자가 있으므로 적어도 한 사람은 더 있을 것이 틀림 없었습니다. 사무엘은 가장 가능성이 낮은 그가 나타나기까지 제사를 끝내지 않았습니다.

혈색 좋은 막내가 양떼를 치던 곳에서 불려나왔습니다. 아름다운 눈을 가진 이 소년이 그들 모두의 곁을 지나갈 때 하나님께서는 내면을 보고 계심을 알면서도, 사무엘은 이 소년의 외모를 언급하지 않을 수 없었습니다. 사람 마음의 아름다움, 영혼의 사랑스러움은 신체적 그릇을 넘어서는데, 그것은 종종 사람의 눈이라는 세상과 통하는 창을 통해 드러납니다. 마침내 그가 기름 부음 받았고, 그때 비로소 다윗이라는 이름이 언급됩니다(13절).

본문의 줄거리는 다윗의 기름 부음 받음이지만, 더 큰 서사에서는 물론 이 단락에 숨겨진 의미는 하나님과 사무엘에 관한 것이며 리더십에 대한 복종에 관한 것입니다. 사무엘이 하나님의 말씀을 듣고, 그가 보인 첫 응답은 항의와 질문이었습니다. 사무엘은 조건과 책임, 현실과 결과를 이해하고 하나님도 그것들을 이해하셨다는 확신을 얻고 싶었습니다. 때로는 하나님께서는 더욱 자세히 또는 변경된 계획으로 응답하심으로, 마치 이것이 공동 창조의 과정이라는 인상을 주기도 하셨습니다. 또 다른 때, 하나님의 응답은 "그건 그때 가서 생각하자. 가라!"였습니다. 이제 사무엘은 하나님께서 가리키신 곳으로 걷고, 하나님의 지시를 따라 지성과 믿음을 갖고 행동했습니다. 하나님의 부르심에는 맹목적인 복종이 아니라 공동 창조라는 목적이 있었고, 사무엘은 이를 향해 꾸준히 균형 있게 걸었습니다.

교회 생활 역시 공동 창조의 과정이기도 해서, 때로는 어느 한쪽이 더 세부적이거나 더 확대된 비전을 갖고 이끄는 일종의 리더십의 춤과 같은 것이기도 합니다. 아마 그래서인지 다윗이 춤추는 것을 좋아했던 모양입니다. 그는 하나님과 함께 춤추듯 세세한 것들을 처리했습니다.

교회 생활에는 종종 갈등이 일기도 하고, 기회를 놓치기도 하고, 사람들이 상처를 입거나 실망하기도 하고, 우리가 약속한 경계와 목적들이 무시되고 무너져서 공동체가 후퇴하기도 합니다. 리더십은 개인과 신앙 공동체가 가진 과제의 비전과 사명을 분명히 하도록 자원자들을 훈련하고, 정보를 제공하며, 재헌신에 더 힘쓰도록 하는 것이 필요합니다. 우리는 날마다 용서를 필요로 하지만 더 많은 허락이 필요합니다.

하나님과 사무엘은 무슨 생각을 했을까요? 분명 처음에는 거인을 죽이는 데 거인이 필요하다는 생각을 가졌습니다. 그러나 더 크게 봐야 할 것은 신실하게 춤추는 마음입니다. 골리앗을 죽인 사람은 다윗이었음을 기억하십시오. 교회가 필요한 것 역시 신실하게 춤추는 마음입니다.

주석적 관점

사무엘이 다윗에게 기름 붓는 이야기는 사무엘서에서 중대한 전환점에 위치합니다. 31장까지 사울은 죽지 않지만, 앞의 장들에서 사울의 실패한 왕권과 하나님께서 그를 버리심(15:10-35)에 관한 설명이 나옵니다. 이제 다윗은 사적으로, 심지어 은밀하게 기름 부음을 받았으며, 뒤에 이어지는 장들은 사울과의 복잡한 관계와 그가 이스라엘 왕이 되기까지 그의 부상을 자세히 전합니다(삼상 16:14-삼하 5:10).

기름 부음의 행위는 쌍방 사이에 계약적 관계를 맺는 의식입니다. 기름을 붓는 사람은 기름 부음을 받는 사람의 지지를 맹세합니다. 훗날 유다 사람들(삼하 2:4)과 이스라엘의 장로들(삼하 5:3)도 다윗에게 기름을 붓게 되는데, 그것이 그들 자신에게 다윗에 대한 의무를 부여합니다. 하나님께서 사무엘 선지자를 통해 다윗에게 기름 부으신 것은 다윗 선출과 그에 대한 약속을 보여주는 징표입니다. 이 내용을 다윗 이야기의 시작에 배치하여 일어나는 모든 일을 하나님께서 다윗을 택하신 관점에서 보게 합니다.

이 짧은 이야기는 심리학적 드라마와 정치적 현실주의, 민속학적 색채, 그리고 본문 간 암시의 숙련된 조합으로, 왕 선출에 있어 하나님의 자유로운 선택이 보이도록 디자인된 것입니다. 이 이야기는 네 가지 부분 (1) 하나님과 사무엘 사이의 처음 대화(1-4a절) (2) 베들레헴에 도착한 사무엘(4b-5절) (3) 이새의 일곱 아들에 대한 검토(6-10절) (4) 다윗에게 기름 부음(11-13절)으로 나뉩니다.

이 이야기 대부분은 사무엘의 심리에 초점을 두고 있습니다. 선지자 사무엘은 사울에게 어떤 면에서 아버지 같은 존재였지만, 하나님께서 그를 왕의 자리에서 버리셨음을 말해줘야 했습니다. 애석하게도 이어지는 장에서는 사무엘이 죽기 전에 다시는 사울을 보지 않았으나, 그에 대하여 애통해했던 것으로 마무리되었습니다(15:35). 그럼에도 불구하고 슬픔에 잠긴 스승 사무엘은 하나님의 선지자로서의 책임을 수행하기 위해 자신의 감정을 제쳐둬야만 했습니다. 하나님께서는 1절에서 그에게 이를 엄히 상기시키십니다. 다음 이야기에서 하나님께서는 사무엘에게 왕위 계승자에게 필요한 자질을 가르치실 것입니다.

사건들을 어둡게 하는 위험한 분위기 속에서 이 이야기의 정치적 현실주의가 분명히 드러납니다. 옛 왕이 살아있을 때 새 왕에게 기름 붓는 것은 사울에게는 반역으로 보일 일이었기 때문에, 결과적으로 사무엘은 죽을까 두려워합니다(2절). 사무엘이 베들레헴에 도착했을 때 그를 맞이한 장로들도 공포에 떱니다(4절). 선지자로서 사무엘은 묘한 능력을 갖춘 존재이지만, 지금은 왕의 적입니다. 그의 존재가 불안을 가져옴은 의심의 여지가 없는 일입니다. 그러나 하나님께서는 사무엘에게 위장술을 쓰게 하십니다. 이것이 그렇게 그럴싸한 이야기인지는 모르겠지만 그는 제사를 주관하러 왔다고 합니다(2-3, 5절). 다윗의 직계 가족만 참석한 가운데, 기름 부음 자체는(13절) 분명히 실행됩니다. 사울은 나중에 하나님의 의도와 다윗의 미래에 대해 결론을 내리지만(23:17, 24:21), 무슨 일이 일어났었는지는 알지 못합니다.

빠트렸거나 무시되었던 아이가 왕 또는 여왕이 된다는 모티브는 민속학적 요소와 관계가 있습니다. 쉽게 말해 신데렐라 이야기를 떠올리면 됩니다. 1절에서 독자와 사무엘은 하나님께서 이새의 아들 중 하나, 그러나 나타나지 않은 그를 택하셨음을 압니다. 사무엘이 이새의 아들들을 검토할 때 사무엘은 자신의 직관으로 시작합니다. 엘리압의 외모와 키에서 그는 깊은 인상을 받습니다.

민속적 관행을 이미 아는 독자라면 선택될 사람이 호감 가는 아들들 중에 있지 않음을 압니다. 신학적인 주장을 만들기 위해 신데렐라 모티브를 사용합니다. 사람들은 겉으로 드러나는 외모로 판단하는 경향이 있지만, 하나님께서는 '중심', 곧 사람의 내적 성품으로 판단하십니다(7절). 이새의 모든 아들들이 사무엘 앞에 불려 옵니다. 그러나 하나님께서는 사무엘에게 이들 중 누구도 선택하신 자라고 하지 않으십니다. 어떻게 그럴 수 있을까요? 사무엘은 인내하며 다른 아들이 없는지 묻습니다. 다윗이 포함되지 않았던 것은 그 집안에서 다윗의 지위가 어땠는지를 말해줍니다. 그의 아버지는 그를 '가장 작은' 또는 '가장 적은'이라고도 번역될 수 있는 '막내'라고 소개합니다(11절). 가족 안에서 그의 일은 목자였는데 이는 강력한 은유적 의의를 담고 있습니다. 목자는 고대 근동의 왕들이 그들의 백성과 맺는 관계를 묘사할 때 사용되던 일반적인 은유입니다. 다윗이 목자라는 사실은 이스라엘 백성들과의 관계에서 그의 미래적 역할을 암시합니다.

다윗을 택하는 이야기는 사울을 택한 이야기와 유사하면서도 대조를 이룹니다. 사무엘은 처음 엘리압의 잘생김과 큰 키에 끌렸는데, 이는 사울의 왕다운 모습과 유사합니다(9:2, 10:23). 하나님께서 사무엘에게 주신 '그렇다/아니다'라는 말씀은 사울이 선택됐던 때와 유사합니다(10:17-27a). 사울이 선택되는 결정적인 순간에 그가 정작 빠졌던 것처럼(10:21-22), 다윗 역시 그 현장에 있지 않았습니다. 당연히 그들에게 기름 붓는 이도 사무엘입니다(10:1). 또한 사울이 주의 영에 사로잡힌 것처럼(10:6, 10, 11:6), 다윗도 마찬가지였습니다(16:13). 다윗의 경우에는 주님의 권능의 영이 지속적으로 그에게 남아있게 됩니다(14절).

다윗에 대한 소개는 극적이면서 아이러니합니다. 이스라엘 역사에 익숙한 독자는 사무엘보다도 먼저 하나님께서 다윗을 선택하실 것임을 알고 있지만, 다윗의 이름은 마지막 절에서야 언급됩니다(13절). 사무엘은 왕다움의 표시로서 겉모습을 보지 않도록 경고를 받았지만, 다윗은 서술자에 의해 '좋은 외모'라는 말로 소개됩니다(12절). 내적 외적 자질이 모두 갖춰진 사람인 것입니다. 이상적인 왕을 원하는 사람과 하나님의 바람이 교차하는 것처럼 보이는데, 그러나 다윗은 이상적인 왕보다는 오히려 하나님과 사람 모두에게 반감을 사게 됩니다(삼하 11-12장).

설교적 관점

사순절 네 번째 주일은 다윗을 택하신 이야기의 전례적 맥락을 제공합니다. 이날은 알려진 대로 '레따레 주일'(Laetare Sunday), 즉 교회가 사람들이 기뻐하도록 슬픔을 잠시 접어두게 한 날입니다. 본래 이날은 사순절의 나머지 날들을 견디도록, 특히 아이들을 격려하는 날이었습니다.*

개신교 회중들은 전례를 잘 따르지 않을 수 있지만, 특히 하나님께서 왕이 될 사람을 가장 어리고 가장 얼굴이 붉은 아들을 택하시는 장난스러운 방식을 생각할 때, 이 전통은 주목할 만합니다. 그러므로 이 본문의 설교자는 말씀 선포에 있어서 똑같이 장난스러운 사람으로 초대됩니다.

많은 예배에서 어린이들은 어린이 설교를 듣습니다. 그리고 이후에 그들은 어른들에게 전하는 설교를 듣는 고통의 자리에서 벗어나게 됩니다. 본문 말씀을 듣고 해석하는 것에서 교회가 시스템적으로 가장 어린 아들들과 딸들을 배제한다는 것이 얼마나 모순적인가요. 생각보다 이미 그들은 배제되었던 다윗과 많은 공통점을 갖고 있습니다. 양을 보살피든, 친교실에서 간식을 먹든, 가장 작은 이들은 빠졌습니다.

아이들은 배제된다는 것이 어떤 기분인지 압니다. 많은 아이가 스포츠팀에서 꼴찌로 뽑히는 불쾌한 고통을 경험해 왔습니다. 가장 어리고, 가장 작고, 가장 조직력이 부족한 이들은 가장 키가 크고, 가장 강하고, 더 운동을 잘하는 그런 부류의 아이들이 주장으로 선택되는 것을 지켜봐야 합니다. 십 대 여자아이는 생일 초대를 받지 못하는 고통을 압니다. 여름에 생일을 맞는 남자아이는 그의 친구들이 선거 안내문을 받는 것을 지켜봅니다. 이렇게 풍부하면서도 너무나도 흔한 경험을 바탕으로, 설교자는 이 본문을 나이와 무관하게 사회적으로 선택되지 못한 이들에게 선포하는 데 사용할 수 있습니다.

어린이 설교, 성인 설교같이 설교 유형으로 회중을 분리하는 대신, 레따레 주일과 이 본문은 가장 어린아이부터 가장 나이 많은 사람까지 설교에 참여하는 모든 구성원을 의도적으로 포용하는 이상적인 기회를 얻도록 해줍니다. 이날을 위한 선포를 위해, 일관적인 어른 설교는 내려놓고 어린이 설교를 할 수 있습니다. 이 전례적 조정 자체가 본문의 암묵적 선포가 됩니다. 조금의 창의력만 있다면 성경은 드라마로 구현될 수도 있습니다. 희망에 찬 이새가 건장한 아들들 한 사람 한 사람을 까다롭고 늙은 사무엘 앞에 부르고, 그는 키, 힘, 그리고 몇 가지 추가적이고 더 유머러스한 특성들을, 어떤 것은 계획적으로, 어떤 것은 즉흥으로 검사합니다. 요즘 유행하는 아이돌 노래를 부를 수 있는지? 그들의 춤을 출 수 있는지? 치아 건강은 좋은지? 이때 회중 가운데 하나님 역할을 맡은 어린이들은, 연거푸 소리를 지르며 차례대로 불합격이라 외칠 것입니다. 마침내 어린 다윗이 판정단 앞에 서고, 모든 회중은 소리를 지르며 찬성을 외칩니다.

이 성경 구절에 내재한 재미의 이유는 더 나이 많고, 더 힘세고, 더 나아 보이는 아들들이 제외되는 것입니다. 자랑하고, 허영심 있고, 예측 가능한 승자들은 굴욕을 당하는 반면 모든 사람이 무시했던, 또는 잊고 있던 한 아이가 하나님께 택함을 받습니다. "이새, 다른 아들은 없는가?" "음, 한 명이 더 있긴 합니다만, 보

* George Cyprian Alston, "Laetare Sunday", in *The Catholic Encyclopedia*, vol. 90 (New York: Robert Appleton Co., 1910), http://www.newadvent.org/cathen/08737c.htm.

통 저는 그 아이를 잊을 때가 많습니다." 다윗이여 만세! 작은 자여 만세! 배척당한 자, 따돌림받는 자, 버림받은 자, 무시당한 자, 잊힌 자여 만세! 이 중대한 지점에서 장난기 있던 설교는 매우 진지하게 전환됩니다.

설교학자는 이 본문이 유머러스한 방식으로 전달되더라도, 하나님처럼 중심을 보고 말하는 것이어야 함을 예리하게 인식합니다. 사회적 위계질서 안에서 희생양이 되었던 사람은 누구나 깊이 흐르는 상처를 가지고 있습니다. 인간 집단들은 하나님처럼 인내심이 강하지 못합니다. 어느 사회 조직이라도 본질적으로 배타성을 지니고 있지만, 교회에서의 배제는 매우 고통스러운 일입니다. 많은 교회의 사람들은 특정 파벌이 자신들을 배제하기 전에 자기 배제를 선택합니다. 그래서 시력이 좋지 못한 사람들은 예배 참석을 중단합니다. 보행기나 휠체어에 의존하는 사람들은 다른 무리에 걸림돌이 되지 않으려고 늦게 도착하고 일찍 떠나기 위해 뒤쪽 가까이에 앉습니다. 피부색 또는 성별이 다른 사람들은 그곳이 어디가 되었든 다른 곳으로 갑니다. 얼마 후, 교회는 의도적인 것이 아니고, 악의가 있는 것도 아니지만, 이 사람들을 잊어버립니다. 우리는 그냥 잊어버립니다.

회중이 이렇게 등한시하는 죄는 예언자적 화법으로 각성을 요구합니다. 때때로, 설교자는 사무엘의 역할 안으로 들어갈 필요도 있어서, 회중의 암묵적인 죄를 강하게 지적하고 자기도 모르게 반복하는 자들에게 "안 됩니다!"라고 말해줘야 합니다. 한편, 배제를 경험한 사람들은 상처의 치유가 느리고 쉽게 다시 멀어집니다. 이 본문의 진지한 면에 발을 들여놓은 설교자는 거부당함을 경험한 사람들의 마음을 너무 무겁게 바라볼 필요는 없습니다. 그들의 고통을 인정하는 것만으로도 충분할 수 있습니다. 오히려 교회의 차별로 상처를 입은 사람들이 주일 아침에 자신을 보이는 엄청난 용기를 칭찬하는 시간입니다. 누군가의 인정을 기다리고 또 기다리는 사람들의 힘에 박수를 보내는 기회가 됩니다. 적어도 하나님께서 그들의 중심을 보신다는 것을 알게 됨이 작은 위로로 느껴질 수 있습니다.

레따레는 웃으라는 것이 아니라 '기뻐하라'는 명령입니다. 우리는 우리의 자만심으로 웃을 수도 있겠지만, 그 결과를 주의 깊게 주시해야 하며, 그리스도께서 가르쳐주신 대로 우는 자들과 함께 울어야 합니다. 이것은 복잡한 개념이 아닙니다. 심지어 아이들도 친구들이 가끔 자기와 놀지 않으려는 이유를 이해합니다. 그 변화의 이유를 이해하기는 어려울지라도 말입니다. 우리는 우리를 두렵게 하는 것을 마주하며 웃을 수 있습니다. 우리가 사람이든, 관계이든, 혹은 우리의 존엄성이든 잃어버렸다고 생각했던 그것을 찾을 때 기뻐합니다. 본문의 복음을 선포할 때, 설교자는 '구원과 회복'이라는 가장 중심적인 핵심 주제에 자신의 목소리를 함께 내야 합니다. 어린아이일지라도 복음의 개념을 이해할 수 있다는 것은 기쁜 일입니다.

사순절 넷째 주일

시편 23편

1 여호와는 나의 목자시니 내게 부족함이 없으리로다
2 그가 나를 푸른 풀밭에 누이시며 쉴 만한 물 가로 인도하시는도다
3 내 영혼을 소생시키시고 자기 이름을 위하여 의의 길로 인도하시는도다
4 내가 사망의 음침한 골짜기로 다닐지라도 해를 두려워하지 않을 것은
주께서 나와 함께 하심이라 주의 지팡이와 막대기가 나를 안위하시나
이다
5 주께서 내 원수의 목전에서 내게 상을 차려 주시고 기름을 내 머리에 부
으셨으니 내 잔이 넘치나이다
6 내 평생에 선하심과 인자하심이 반드시 나를 따르리니 내가 여호와의
집에 영원히 살리로다

신학적 관점

성경에서 시편 23편보다 더 잘 알려진 시편은 없을 것입니다. 이 짧은 여섯 절은 수 세기에 걸쳐 그리스도인들과 유대인들에게 용기를 주는 원천이었습니다. 공동예배에서든, 개인적 헌신에서든, 시편 23편은 종교적 표현에 있어서 독보적 위치에 있습니다. 수많은 학자가 시편들의 내적 일관성과 상호관계성을 명확히 하기 위해 분류하는 시도를 해왔습니다. 시편 23편은 시편 문학의 주요 주제인, 지은이의 비탄과 구원이 이어집니다.

사실 본문의 주요 특징 중 하나는 이미 명백한 구원의 관점에서 말해졌다는 것입니다. 이러한 이유로, 이 시편은 '신뢰와 확신의 노래'라고 불리는 시편의 유형 중 하나입니다. 시편의 종교 의식적 요소는 두드러지는 반면 신학적 차원들은 종종 간과됩니다. 각각의 여섯 절은 하나님과 인간 사이의 관계성이 점차 심화하는 신학적 주제 또는 확언을 소개합니다. 이 자료를 절로 나누는 방식이 원래의 의도는 아니었을 수 있지만 메시지를 이해하려는 중요한 목적에 도움이 되었습니다.

이 시편은 공급, 풍요 그리고 회복이라는 신학적 주제를 부각합니다. 이러한 주제들이 이 시편의 처음 세 절에 나타나고, 결정적 전환을 거친 후 시편의 마지막 절들에 다시 나타납니다. "여호와는 나의 목자시니 내게 부족함이 없으리로다"(1절)는 지은이가 가진 돌보시고 공급하시는 이로서의 하나님 이해를 소개합니다. 여기서 하나님은 멀리 있는 신적 존재가 아니라 목자로 의인화된 분이십니다. 이러한 명칭은 본질적 지위는 아니지만 심오한 책임을 갖습니다. 전통적으로, 기독교 신학적 사고에서 하나님에 관한 생각은 하나님께서는 절대적으로 자유로우시다는 확언과 하나님이 본질적으로 사랑이시라는 확언을 역동적 관계에서 유지해야 했습니다. 이러한 확언들은 고정된 균형 상태로 유지되지 않으며, 유지될 수 없는 것일지 모릅니다. 하나님의 사랑이나, 하나님의 자유 둘 중 하나가 최종적 말씀이 될 것입니다. 여기 시편 작가는 하나님의 본질적 존재와 하나님의 돌보시는 행동은 분리될 수 없음을 확언합니다. 하나님은 공급하시는 분이십니다.

"그가 나를 푸른 풀밭에 누이시며 쉴 만한 물가로 인도하시는도다"(2절)는 인간의 '부족함'을 넘어서는 하나님의 공급하심을 보여줍니다. 1절은 하나님의 돌보심 아래 부족함으로부터 자유롭게 됨을 확언하는 반면, 2절은 더 부요하고, 더 깊은 경험이 하나님의 돌보심 아래 있음을 선언합니다. 잔잔한 물가 가까이 푸른 초장에 눕는다는 것은 풍요로운 삶을 시사합니다. 완전한 충족과 하나님 사이의 연관성은 고대 이스라엘의 종교적 표현에서 일반적으로 나타납니다. 또한 이는 인간 행복의 완전한 척도를 최상의 자연이라는 증거로 연결 짓습니다.

"내 영혼을 소생시키시고 자기 이름을 위하여 의의 길로 인도하시는도다"(3절)는 내면의 사람에 대한 돌보심을 가리킵니다. 하나님의 관심은 영혼의 돌보심, 영혼의 소생에 있습니다. 영혼을 소생한다는 것은 영혼을 부활시키고 활기 있게 하는 것을 의미하나, 영혼 돌봄은 윤리적이고 도덕적인 목적 없이 있지 않습니다. 영혼 소생은 의의 길을 향한 신의 인도하심을 가능하게 합니다. 우리는 단순히 살기 위해 사는 것이 아니라, 하나님과의 올바른 관계를 추구하며 삽니다. 하나님과 함께하는 삶은 거룩하신 이름 아래 두신 하나님과 함께하는 여정입니다. 하나님은 소생시키시는 분입니다.

지은이는 "내가 사망의 음침한 골짜기로 다닐지라도 해를 두려워하지 않을 것"(4a절)을 선언합니다. 이는 신학적 확언이 재구성되고, 사회적, 역사적, 정치적 특수성이 부여된 경험의 틀을 소개합니다. 여기서 주목할 것은 지은이가 당면한 상황입니다. 지금 그의 삶은 고독한 저지대를 통과하는 여정으로, 사망이 삶의 비옥한 가능성들을 무색하게 하고 있습니다. 해는 두려움의 근원임을 명시합니다. 이 전환적 구절을 이해하는 데 매우 중요한 것은 '그럴지라도'입니다. 현재의 고통이 조건적이고 일시적임을 시사합니다. 고통과 해의 실재에 대한 이러한 인식은 지은이가 공급, 풍요 그리고 회복이라는 주제를 보다 구체적인 용어로 재고하게 합니다.

"주께서 나와 함께 하심이라 주의 지팡이와 막대기가 나를 안위하시나이다"(4b절)는 공급에 대한 개념을 상기시킵니다. 지은이와 함께 있는 목자뿐 아니라 목자의 돌봄이 지금 지팡이와 막대기라는 상징으로 구체화됩니다. 지팡이와 막대기는 목자의 도구일 뿐 아니라, 그것들은 양무리를 위한 방어와 보호의 구체적 표현입니다.

"주께서 내 원수의 목전에서 내게 상을 차려 주시고 기름을 내 머리에 부으셨으니 내 잔이 넘치나이다"(5절)는 2절에서 언급된 풍요의 개념을 상기시킵니다. 그러나 여기 풍요는 결핍의 힘이 존재하는 중에 나타납니다. '원수'는 지은이에게 상에 앉는 자리, 뜨거운 광야의 기후에서 서로에 대한 환대, 그리고 완전한 기쁨을 받지 못하게 했습니다. 하나님은 정치적 의미와 중요성이 있는 풍요로 응답하셨습니다.

"내 평생에 선하심과 인자하심이 반드시 나를 따르리니 내가 여호와의 집에 영원히 살리로다"(6절)는 소생이라는 주제가 더 이상 목표가 아니고, 의는 더 이상 길이 아님을 선언합니다. 지은이는 정의의 길로 인도함을 받는 것 대신, 선하심과 인자하심이 항상 그를 따라옵니다. 그의 소생한 영혼은 하나님의 임재 안에서 영원한 안식을 찾았습니다. 신학적으로 이 시편은 인간의 곤경과 하나님의 약속을 함께 묶어냅니다.

목회적 관점

어둠이 드리우는 어려운 시기에 처한 자신을 발견할 때, 가까운 친구들은 당신에게 다가와 당신의 기운을 북돋우려고 할 것입니다. 어떤 이들은 "힘내세요! 당신의 문제는 큰 문제가 아닙니다." 또는 "왜 좋은 면은 보지 않나요?"라고 말할 것입니다. 다른 이들은 당신을 위해 문제를 해결해 주려고 할 것입니다. 당신을 보살피기 위해 그들은 본능적으로 이 어둠을 없애려고 할 것입니다. 그러나 이러한 견해는 오히려 어둠에 더 많은 힘을 실어주고 맙니다.

시편 23편의 선한 목자는 다른 방식으로 접근합니다. 목자는 당신이 당하는 시험의 한가운데를 함께 걷습니다. 어둠은 바뀌지 않습니다. 그러나 오히려 그의 임재라는 선물을 받으며 당신이 변하게 됩니다.

사순절의 한가운데 여기 시편 23편이 있습니

다. 사순절에 우리는 참회와 더 나은 신실함으로 부르는 도전의 말씀을 기대하지만, 여기 우리는 버팀의 시편을 받습니다. 우리는 부활절로 이어지는 어둠의 길을 따라 나아갈 수 있도록 격려를 받습니다. 우리의 사악함과 유한함에 주의를 기울이도록 하는 대신, 여기 우리와 함께 걷고 우리에게 위로와 용기를 준 분이 내미시는 손을 얻습니다.

주님은 목자이시며 이 시편의 주인이십니다. 이는 서로 보완적 관계이며, 매우 익숙한 말씀임에도 불구하고 많은 사람들이 이 은유가 하나에서 다른 하나로 옮겨 간다는 사실을 모릅니다. 시편 작가는 전체를 일인칭으로 말하지만, 우리 자신이 시편의 주체임을 느낄 수 있습니다.

시편은 주님을 우리의 '목자'로(1절) 부르며 시작합니다. 목자는 그의 양 떼인 우리를 우리에게 선한 것들로 인도하십니다. 이 시편 작가는 '푸른 초장'(2절), '잔잔한 물가'(2절), 그리고 '의의 길'(3절)이라는 생생한 이미지를 보여줍니다. 흥미롭게도 목자는 중동의 양치는 목자가 하는 직무 이상의 일을 한 가지하는데, 바로 '영혼을 소생시키시고'(3절)입니다. 분명하게도 시편 작가는 다소 느슨히 목자의 은유를 유지합니다. 목자는 단순한 보호, 쉼, 영양 공급 이상의 것을 제공합니다. 그가 제공하는 선물은 '생명' 그 자체입니다.

그러고 나서 시편 작가는 "내가 가장 어두운 골짜기로 걸을지라도, 나는 해를 두려워하지 않습니다. 주께서 나와 함께하시기 때문입니다"라고 선포합니다(4절). KJV는 이 구절을 'valley of the shadow of death'(죽음의 그늘 골짜기, 새번역)라고 번역합니다. 이는 극도로 어두운 골짜기로, 우리의 가장 깊은 문제와 두려움의 자리이며, 아무도 우리와 함께하지 않을 것이라는 생각이 드는 곳입니다. 목자는 이곳으로부터 우리를 멀리 인도해 내지 않음을 주목하십시오. 대신 우리는 이곳을 통과하여 똑바로 걸어갑니다. 우리는 어둠을 마주하지만, 주님의 임재 안에 있기에 이 어둠은 우리에게 어떤 힘도 쓰지 못합니다.

그 어떤 순간, 한 사람이 다른 누구와 진실로 함께 있을 때는 진정성의 기반이 요구됩니다. 이 경우 어둠은 인식되어야만 했고 의심의 여지가 없습니다. 그 외는 거짓일 것입니다. 이는 치유 행위라기보다는 가식적인 행위가 됩니다. 이런 정황에서 얻는 어떤 위로도 공허하고 덧없는 것이 될 뿐입니다. 이는 마치 눈은 마주치지 못하고 등을 두드려 격려하려는 것과 같습니다. 그러나 시편 23편에서 우리는 목자가 이 모든 것을 보았다는 느낌을 받습니다. 목자는 어둠을 깨달아 알고 있지만, 시편 139편으로 부연하자면, 어둠은 그에게 어둠이 아닙니다.

이 함께함의 선물은 서로에게 함께함의 진정성이 점차 희소해지는 것을 발견하는 현대인들에게 특별히 의미가 있습니다. 우리의 바쁜 생활은 가족 식사의 자리에서, 여유로운 전화통화에서, 정말 좋은 친구들과 걷는 긴 산책에서 점점 더 우리를 떼어 내는 것 같습니다. 전자기기가 상업에서부터 연애까지 모든 종류의 인간 상호작용을 점점 더 쉽게 만들고 있음을 발견합니다. 그러면서 듣는 능력은 부식되어 있고, 진정으로 들어줌을 경험하는 것이 어느 때보다 더 중요해졌습니다. 그렇게 함께함을 받음이 얼마나 치유적인지를 목자와 함께 걸으면서 배운다면, 아마 우리는 다시 다른 사람에게 그렇게 하게 될 것입니다.

그러고 나서 시편의 마지막 두 절에 이르러서는 이 은유가 옮겨져 갑니다. 우리는 이제 온전히 양이 아닌 사람의 영역에 있게 됩니다. 갑자기 주님께서 차려놓으시고 시편 작가를 초대하여 시편 작가의 원수들 앞에서 식탁 교제를 나누는 장면으로 들어갑니다(5절). 주님은 시편 작가의 머리에 기름을 부으시고 잔이 넘치도록 부으십니다(5절). 주께서 베푸시는 것은 한이 없습니다. 받는 능력에 있어서 제한적인 것은 우리입니다.

그 유명한 마지막 절은 위로이지만, 현실과는 충돌하는 것처럼 보입니다. 경험적으로는 선하심과 인자하심이 모든 날에 함께하는 사람들은 없어 보입니다. 우리를 따르는 것은 선과 악이 항상 혼재된 것입니다. 그렇게 말하지 않는 것은 거의 "그들은 오래오래 행복하게 살았습니다."라고 하는 것과 마찬가지입니다. 그러나 '따르다'라는 히브리어 단어는 또한 '추구하다'로 번역될 수 있어서, 이 장면을 조금 다르게 합니다. 하나님의 선하심과 인자하심은 우리가 다른 방향으로 달려가도, 우리 뒤를 쫓아올 것입니다.

어린아이가 넘어져 무릎을 다쳤을 때, 사랑하는 보호자의 간단한 입맞춤이 치유를 가져옵니다. 무릎 부상이 사라질까요? 아니요, 그렇지 않습니다. 신체적인 고통은 남아있습니다만, 보살핌을 주는 입맞춤의 형태로 사랑이 베풀어지면 모든 것이 달라집니다. 이와 마찬가지로, 시편 23편은 주님과 함께 연합함으로 가장 진정한 의미에서 생명을 찾는 것이고, 그것이 우리 삶에 치유를 가져올 수 있음을 발견하는 내용입니다. 우리가 주님의 식탁에 앉아 우리의 이마에 기름 부음이 느껴질 때, 우리의 상처를 치유하는 거룩한 입맞춤을 받습니다. 우리는 주님의 임재 한가운데서 우리를 둘러싼 어둠이 그 힘을 잃고, 우리는 소생하는 것을 봅니다.

주석적 관점

시편 23편을 예전으로 사용한 것은 오래되고 풍성한 역사인데도 불구하고(성서정과에 네 차례 나옴), 대부분의 사람들은 시편 23편을 장례식 시편으로 생각하거나, 아니면 대부분 오로지 극도의 위협이나 상실의 상황에서 사용한다고 생각하는 경향이 있습니다. 이것이 잘못된 것은 아닙니다. 시편 23편이 그런 상황에서 강력히 말하기 때문입니다. 하지만 이는 어쩌면 일상생활의 평범한 환경에서도 시편 23편은 우리를 인도하는 중요한 자원을 품고 있으나 우리가 그 잠재성을 놓치고 있음을 의미할지도 모릅니다.

일상생활을 위한 시편 23편으로의 회복을 돕기 위해서는, 이 시편을 장례식용으로 보는 관점이 보편적이지는 않음을 깨닫는 것이 좋습니다. 필립 젠킨스는 북미인들이 성경을 다른 문화와 정황의 관점에서 듣도록 초대하는 소논문에서, 세계 다른 곳에서는 시편 23편이 다르게 기능한다는 점을 이렇게 지적합니다.

> 시편 23편을 정치적 글, 불의한 세속적 권세에 대한 거부로 읽어 보십시오. 아프리카인들과 아시아인들에게, 이 시편은 국민을 사랑으로 보살핀다면서, 정작 자기 자신들을 하늘처럼 높이는 불의한 극가에 대한 단호

한 반박으로 작용합니다. 그리스도인들은 그야말로 "주님이 나의 목자시니, 당신들은 목자가 아닙니다!"라고 응답합니다. 이 시편의 힘을 더하면, 시편이 힐난하는 악이란 바로 정치적이고 영적인, 폭압과 악마의 세력입니다. 정치적 역할 외에도, 시편 23편은 치유, 축귀, 구원을 위한 예배 안에서 사용됩니다.*

기독교인들은 시편 23편을 '폭정의 힘을 비난하는 정치적 성명서'로 듣는 것은 생각도 못할 것입니다. 젠킨스의 안내에 따라 이번 시편 23편의 해석은 정치적 역할 가능성에 귀 기울이는 새로운 관점에서 시도해 보겠습니다.

시편 23편의 정치적 차원의 첫 번째 단서는 시작 은유에 있습니다. 고대 근동에서 왕들은 백성의 목자로 알려졌습니다. "여호와는 나의 목자시니"라는 말은 하나님께서 우리의 왕이심을 인정하는 것입니다. 왕은 정치적인 칭호입니다. 요컨대 하나님께서는 우리에게 절대적인 권위자로서 우리의 궁극적인 충성을 받아야 합니다.

구약에 따르면, 왕의 가장 중요한 책임은 백성에게 생존에 필요한 자원을 제공하는 것이며, 특히 생명이 위태롭고 취약한 자들에게 특별한 관심을 기울이는 것입니다(시 72:12-14에서 '궁핍한 자'와 '가난한 자', '약한 자'라는 반복을 주목하십시오). 지상의 왕들이 그들의 백성을 제대로 돌보지 못하는 것과 달리 하나님께서는 왕/목자로서 해야 할 일을 하십니다(렘 23:1-6; 겔 34:1-16 참조). 즉, 하나님께서는 왕의 권위를 행사하시어 모든 사람들이 "내게 부족함이 없으리로다"라고 말할 수 있게 하십니다(1절). 하나님께서는 음식(푸른 풀밭, 2절), 물(쉴 만한 물가, 2절), 그리고 보호(의의 길, 3절)를 제공하십니다. 요컨대 모든 사람이 "내 영혼을 소생시키고"라고 말할 수 있습니다(3절). 하나님께서는 그의 이름을 위하여 이 일을 하시는데, 이는 하나님께서 그의 성품에 충실하다는 것을 의미합니다. 하나님께서는 생명을 원하시며, 사람들이 살아가는 데 필요한 것을 제공하십니다.

하나님께서 주권자이시고 하나님께서 우리에게 필요한 것을 은혜롭게 제공하신다는 고백에 대한 적절한 반응은 우리의 근본적인 하나님 의존을 인정하는 겸손한 감사입니다. 이 지점에서 시편 23편의 '정치적 역할'이 드러납니다. 미국의 민주적 자본주의는 매우 생산적이고 칭찬할 만한 점이 많지만 겸손이나 감사, 하나님 의존을 촉진하지는 않습니다. 오히려 우리는 항상 충분해서 만족하지 못하고, 욕구와 필요를 구분하는 능력을 거의 없애버리며, 공격적인 자기 주장과 욕심을 장려하고 보상합니다. 그 정치적 결과는 과도한 개인주의와 만연한 탐욕으로 특징짓는 사회로 드러납니다. 이는 시편 23편이 비난하고 우리가 거부하도록 초대하는 두 가지 악하고 폭군적인 힘입니다.

목자의 은유는 4절에서도 계속됩니다. NRSV 번역이 4절을 별도의 연으로 구분한 것은 타당합니다. 왜냐하면 1~3절과 달리 화자가 하나님께 직접 말하고 있기 때문입니다. 요컨대

* Philip Jenkins, "Liberating Word: The Power of the Bible in the Global South," *Christian Century* 123/14 (July 11, 2006): 26.

가장 위험하고 취약한 순간(사망의 음침한 골짜기)에서 신뢰의 고백은 기도가 되기도 합니다. 시편의 중심에 있는 구절은 신학적으로 핵심적인 선언 "주께서 나와 함께 하시니"를 명확히 표현하여 다시 한번 우리의 근본적인 하나님 의존을 나타냅니다.

직접적인 언급은 5절에서도 계속됩니다. 그러나 대부분의 해석자들에 따르면, 목자의 이미지가 은혜로운 주인의 은유로 바뀝니다. 주인은 손님에게 좋은 목자가 양에게 하는 것처럼 음식(상), 음료(내 잔이 넘치나이다), 그리고 보호(기름을 내 머리에 부으셨으니, 이는 환영의 제스처로 보입니다)를 제공합니다. 심지어 위협 가운데서도 말입니다(내 원수의 목전에서).

6a절에 대해서는 NRSV 번역보다는 다음과 같이 읽는 것을 제안합니다. "분명히 선하심과 한결같은 사랑이 내 평생에 나를 따르리니" NRSV는 '내 원수들'과 '따르다'를 포함한 언어유희를 놓치고 있습니다. 보통은 시편에서, 시편 기자를 뒤쫓는 것은 원수들입니다. 여기도 원수들이 있지만 실제 '위협'은 하나님의 선하심과 변함없는 사랑입니다. 시편 기자는 결국 하나님의 '집'에 이르는데, 거기에는 원수들을 포함한 다른 사람들도 필연적으로 있습니다. 그러므로 시편 기자는 하나님의 집에서 하나님과 함께하는 식탁과 모든 하나님의 백성과 함께하는 연대 속에서 자기의 자리를 찾습니다. 지나친 개인주의와 만연한 탐욕의 사회에서 그러한 위치의 정치적 차원들은 좀처럼 과대평가될 수 없습니다.

NRSV 주석이 제시하듯이, 시편의 마지막 구절은 문자 그대로 '날들 동안'입니다. '날들'이라는 단어는 이전 구절인 '내 생명의 모든 날들'에서 반복됩니다. 이러한 반복은 시편 23편이 위협이나 상실의 상황에서뿐만 아니라 우리 삶의 모든 날에도 소중한 자원이 된다는 주장을 강화합니다.

설교적 관점

시편 23편을 설교하는 하나의 방법은 이 본문을 설교하지 않는 것입니다. 그저 천천히 읽고 자리에 앉는 것입니다. 이것이 회중 가운데 진지한 지성인들 사이에서는 점수를 얻지 못하겠지만, 중학생 정도의 사람들은 좋아할 것입니다. 70세 이상의 성도들은 역사와 의미가 풍부한 이 본문을 과하게 설명하지 않고, 단순히 본문 단어들의 갈소리와 본문의 억양을 노래하는 리듬만으로 어떤 수사법으로도 건드릴 수 없는 신비의 영역 안으로 끌어들이는 것에 감사할 것입니다. 시편 23편을 설교하는 데에는 많은 도전들이 있지만, 동시에 위대한 가능성도 존재합니다.

시편 23편이 장례식에서 자주 사용되는 것은, 우리가 인생 전체에 대한 가장 최선의 그리고 진실한 말에 이르고자 하는 순간에 이 말씀으로 향하기 때문입니다. 바울은 로마서 14:7~8에서 "우리 중에 누구든지 자기를 위하여 사는 자가 없고 자기를 위하여 죽는 자도 없도다 우리가 살아도 주를 위하여 살고 죽어도 주를 위하여 죽나니 그러므로 사나 죽으나 우리가 주의 것이로다"라고 우리에게 말합니다. 시편 23편에서 증언하는 이는 삶과 죽음, 오늘과 내일에, 하나님께 속한 것은 참으로 좋은 일이라고 말합니다.

이 시편이 일찍이 공동체적인 확신의 시편이 되었지만, 개인적인 확신의 시편이 되기도 했습니다. 즉, 한 순례자가 자신의 삶에서 보고 경험한 것을 증언하며 시작되었다는 것입니다. 시편의 말씀이 강력한 것은, 그것이 반박할 수 없는 것이기 때문입니다. 시편 기자는 자신의 믿음을 변호하려고 애쓰지 않습니다. 그는 그것을 노래하고 있습니다. 그는 점수나, 심지어 당신의 반응을 기다리는 것도 아닙니다. 이것은 그의 증언입니다. 당신은 이 본문을 가지고 당신이 원하는 대로 할 수 있습니다.

이 시편은 전통적으로 다윗의 시편으로 이해합니다. 그는 분명히 결과를 모른 채 여러 경험을 겪어 올 만큼 나이가 있을 것입니다. 이것은 자신의 삶을 되돌아보고 하나님의 돌보심 아래 사는 삶을 공적으로 말하기 위해 잠시 멈춘 한 사람의 믿음의 신앙고백입니다. 그는 어떤 위험을 통과하여 구원을 받은 사람입니다. 만약 이것이 다윗의 시편이라면, 당신은 시편 22편에서 그가 겪은 위험을 몇 가지 찾을 수 있을 것입니다.

설교자들은 자신을 설교에서 제외하려고 애를 씁니다. 설교가 우리에 대한 것이기를 원하지 않는 것은, 개인적인 삶이 그렇게 흥미롭거나 다양한 인간 경험을 표현할 만큼 넓고 풍부하지 않기 때문입니다. 혹은 모방의 대상으로 자신을 내세우는 것처럼 보이고 싶지 않기 때문입니다. 그러나 시편 23편은 회중이 깊이 듣기 원하는 것을 또렷하게 표현해 보도록 설교자들을 초대합니다. 우리가 잠시 멈춰, 하나님의 돌보심 아래 우리가 믿게 된 삶을 고백하도록 우리 자신의 언어를 찾도록 초대합니다. 이것은 하나님에 대한 우리의 경험과 그 경험이 우리를 어떻게 자신감을 가지고 어두운 골짜기를 통과하게 하는지 말할 기회입니다.

이 시편 자체가 설교의 구조를 제공합니다. 목자이신 주님의 양이라는 것은 우리가 필요한 모든 것을 획득하거나 벌어서가 아니라, 하나님께서 공급하시기 때문에 가질 수 있다는 것이 핵심적인 진술입니다. 삶에서 하나님의 공급하심을 말하기 위해 어떤 언어를 사용하시겠습니까? 모든 사람들에게 말하려는 것이 아님을 기억하십시오. 우리 자신에 대하여 솔직하게 말하는 것입니다. 하나님의 공급하심은 무엇과 같습니까? 하나님께서 어디로 이끄시어 안식과 새 힘과 회복을 찾게 하셨습니까?

의의 길에 대해 말하는 것은 무엇을 의미합니까? 의의 길은 풍성한 삶으로 인도하는 길입니다. 하나님께서 하나님의 백성을 좋은 것들로 인도하심은 그것이 하나님의 어떠하심이며, 하나님이 하시는 일이기 때문입니다. 신학자이자 작가인 마르바 던은 어느 날 자전거를 탔던 경험을 들려줍니다.

> 그녀가 흙길을 따라 페달을 밟으며 달리다가 오토바이가 지나며 생긴 중간중간 움푹 팬 깊은 고랑을 안전하게 지나기 위해 최선을 다하고 있었습니다. 그녀는 계속해서 그 고랑에 걸리고, 빠져나가려다 넘어지기도 했습니다. 그러다 그녀는 그냥 그 고랑 안으로 달리기로 했습니다. 그녀가 발견한 것은 그 고랑이 그녀의 인생에서 가장 부드러운 주행을 제공했다는 것이었습니다. 그녀는 속도를 내고 긴장을 풀고 주변의 모든 아름다운 경치를 즐길 수 있었습니다. 그 고랑은 의의 길, 푸른 초장과 잔잔한 물가로 인도하

는 길이 되었습니다.*

그럼에도 불구하고, 시편 기자는 그 길에 어두운 골짜기들이 있을 것이라는 점을 부인하지 않습니다. 삶의 여정이 때때로 머물고 싶지 않은 병상의 자리에 데려다 놓기도 합니다. 그것은 우리를 압도하는 위협을 주는 도전을 가지고 오기도 합니다. 눈물이 흐르고, 가슴이 찢어지고, 고통이 느껴지는 모든 것이 목자가 인도하는 길에서 발견됩니다.

때로는 그 길과 목자의 신뢰를 멈추어 고통이 찾아오기도 합니다. 당신의 상상력과 만족하지 못하는 욕망이 우리를 사로잡고, 우리는 핸들을 돌려 그 길을 벗어나 야생의 장소로 나가기를 결정합니다. 당신은 또 다른 현실도 알고 있습니다. 때로는 당신이 행복하고 신실하게 의의 길의 한가운데를 페달을 밟으며 가는 중에도 고통과 고난이 찾아옵니다.

때로는 목자가 숲속으로 당신을 데려갑니다. 시편 기자는 그것을 '가장 어두운 골짜기'라고 부르며, 그 의의 길이 그곳으로 통과한다는 것에 전혀 놀라지 않습니다. 이 점은 어두운 골짜기가 신실한 삶에는 있어서는 안 된다고 여기는 사람들, 또는 어두운 골짜기가 하나님의 부재를 나타낸다고 생각하는 사람들 사이에 탐구할 만한 흥미로운 구절이 될 수 있습니다.

이 시편의 중간 부분에서 증언하는 이는 갑자기 하나님께 직접 말하기 시작합니다. 만약 설교자가 하나님의 풍성한 돌보심과 하나님의 뚜렷한 현존에 대해 이야기하다가 하나님께 직접 찬양하는 데 빠져든다면 어떤 일이 일어날까 궁금합니다. 이 시편의 구조와 정신에 자신이 몰입된다면 그것이 우리를 그렇게 이끌 수도 있습니다.

* Marva Dawn, *My Soul Waits: Solace for the lonely from the Psalms* (Westmont, IL: InterVarsity Press, 2007), 39.

사순절 넷째 주일

에베소서 5:8~14

8 너희가 전에는 어둠이더니 이제는 주 안에서 빛이라 빛의 자녀들처럼
행하라
9 빛의 열매는 모든 착함과 의로움과 진실함에 있느니라
10 주를 기쁘시게 할 것이 무엇인가 시험하여 보라
11 너희는 열매 없는 어둠의 일에 참여하지 말고 도리어 책망하라
12 그들이 은밀히 행하는 것들은 말하기도 부끄러운 것들이라
13 그러나 책망을 받는 모든 것은 빛으로 말미암아 드러나나니 드러나는
것마다 빛이니라
14 그러므로 이르시기를 잠자는 자여 깨어서 죽은 자들 가운데서 일어나
라 그리스도께서 너에게 비추이시리라 하셨느니라

신학적 관점

바울서신은 전형적으로 신학적 성찰을 다룬 후 다음으로 윤리적 부분이 따라옵니다. 에베소서도 이 패턴을 따릅니다. "그러므로 사랑을 받는 자녀같이 너희는 하나님을 본받는 자가 되고 그리스도께서 너희를 사랑하신 것 같이 너희도 사랑 가운데서 행하라 그는 우리를 위하여 자신을 버리사 향기로운 제물과 희생제물로 하나님께 드리셨느니라"(5:1-2). 선행 구절 이후 우리의 믿음으로 인해 우리는 "빛의 자녀들처럼 행하라"(5:8)는 권고를 받습니다. 그 뒤로 현대적 이해와 함께 긴장감을 주는 "아내들이여 자기 남편에게 복종하라"(5:22), "자녀들아 너희 부모에게 순종하라"(6:1), "종들아 육체의 상전에게 순종하라"(6:5)와 같은 윤리적 명령들이 이어지며, 통치자들과 권세들에 맞서라는 구절로 끝을 맺습니다.

따라서 이것의 내용뿐 아니라 상황에 의해, 오늘의 읽기는 행동이 믿음과 어떻게 관계하는지, 그리고 무엇이 옳은지 어떻게 알 것인지 질문을 불러일으킵니다. 이러한 질문들의 관련성은 인류의 성 정체성, 낙태, 전쟁, 사형, 정부의 역할 등과 같은 문제를 둘러싼 현시대의 교회와 사회의 갈등에서 쉽게 확인됩니다. 무엇이 옳은 것인지 아는 것이 쉽지 않습니다.

이를 알기 어려움의 중심에는 '인식의 본질'에 있습니다. 우리는 개인의 역사와 경험으로부터, 우리가 받은 교육과 사회적 관계로부터, 그리고 우리의 문화로부터 오는 필터를 통해 인식합니다. 세상을 볼 때, 마음은 수동적인 정보 수신자가 아닙니다. 임마누엘 칸트 이래로 우리는 마음이 현실에 대한 인식을 형성하고 체계화하는 데 능동적인 역할을 한다는 것을 명시적으로 이해해 왔습니다. 현실을 단순히 있는 그대로 인식하지 않습니다. 대신 마음은 특정한 전제와 관심에 기반하여 수신된 정보를 능동적으로 형성합니다. 인식된 현실과 마음의 선입견 사이에서 오간 대화에서 지식은 비롯됩니다. 이 대화에서 나오는 지식과 신념은 다시 우리의 인식을 필터링하는 선입견을 형성합니다.

개인의 가치관 수준에서, 이 과정은 더 복잡해지고 우리의 관계와 역사에 더 깊게 관여합니다. 우리 자신과 우리의 행동을 바라볼 때, 객관성을 유지하는 것은 거의 불가능합니다. 자신에 대한 긍정적 이미지를 보존하기 위해 부적절하게 보이는 행동을 합리화합니다. 절망감에서 오는 모든 행동, 생각, 그리고 욕구들은 긍정적인 자기 평가에 공격을 가합니다. 따라서 우리는 우리의 예상과 자아의 필요에 맞추어 걸러낸 통찰이라는 전제를 가지고 윤리와 개인적 행동을 성찰하기 시작합니다.

빛의 은유를 사용하는 것은 이 문제를 다룰 수 있는 한 방법입니다. "모든 것은 빛으로 말미암아 드러나나니 드러나는 것마다 빛이니라"(13절). 우리는 "빛의 자녀들처럼 행하라"고 권고를 받습니다(8절). 이러한 개방정신은 오직 공동체 내에서만 일어날 수 있습니다. 이는 개인의 정보를 부적절하게 드러내는 것으로 해석할 수 있지만, 건강한 공동체 안에서 성장하고 배우는 데 초점을 맞추는 것이 더 나은 이해입니다. 통찰과 진리를 위한 길은 신앙 공동체 내에서 적절한 대화와 공유를 통해 이루어집니다. 개방과 투명성, 동조를 요구하지 않고 토론하는 능력, 영향을 줄 뿐 아니라 영향을 받을 수 있는 힘, 이러한 특성들이 진리가 드러날 수 있게 합니다. 솔직하게 공유된 다양한 관점들은 개인의 관점에 영향을 주어 개인이 겪는 어려움이나 우려에 더 명확한 시각을 갖게 합니다.

개인 또는 집단 치료에서도 개인적인 이야기를 공유하여 다른 관점에서의 반응을 얻습니다. 이러한 더 넓은 시각은 개인이 문제를 더 명확하게 볼 수 있도록 하며 새로운 방식으로 개인적 성장을 시작하게 합니다. 신학과 윤리에서, 교회 회의와 협의회를 통해 다양한 관점을 모으고 공유하는 것은 새로운 통찰을 발견하거나 기존의 진리를 재확인하는 수단이 됩니다. 많은 다른 관점을 포용하는 것은 공동체가 예수 그리스도 안에서 우리에게로 온 진리를 향하여 나아가도록 하는 결정적 요소가 됩니다.

공동체의 결정적 특성은 그리스도의 영에 의해 인도된다는 것입니다. "진리의 성령이 오시면 그가 너희를 모든 진리 가운데로 인도하시리니"(요 16:13). 그 성령은 무엇보다도 사랑의 영입니다. 성령께서 인도하시는 공동체는 낯선 이들과 소외된 사람들을 환영할 것이고, 모든 구성원의 중요성과 가치를 존중하며, 대화로 초대하는 수용의 문화를 제공할 것입니다. 그런 공동체는 진리 추구를 위한 기초를 제공합니다.

가장 좋은 것은, 예배하는 유대감이 그리스도인들에게 어둠을 밝히는 재중심화의 기회를 준다는 것입니다. 우리가 삶과 의지를 하나님께 맡길 때 자기중심주의가 사라지고, 나만을 위한 관심이 파괴됩니다. 한 개인이 살아남을 뿐 아니라 다른 사람을 섬김을 통해 번창하는 상호 지원의 공동체를 발견하면 우리는 더 이상 위협이나 외로움을 느끼지 않습니다. 그리스도 예수를 통해 알게 된 하나님의 사랑으로부터 어떤 것도 우리를 떼어놓을 수 없다는 확신 속에서, 여전히 두려움은 있지만 소유, 지위, 심지어 목숨을 잃는 것에 대한 공포가 우리를 조정하지 못합니다. 예수님의 이야기를 기억하고, 가치 있는 죽음을 위한 하나님의 자녀로서의 정체성을 재발견합니다. 진정한 예배는 다른 사람에 대한 진실한 관심과 하나님의 뜻을 행하기 위해 행동하는 사람들로 변화시킵니다. 모든 인간의 존엄성을 존중하는 공동체 안에서 우리는 다른 사람의 말을 경청함에 자유롭고, 우리의 이해를 표현함에 자유롭고, 어떻게든 분열에 다리를 놓고 진리를 향해 나아가는 새로운 이해를 발견하는 자유를 얻습니다.

겸손은 상호 관심과 진리에 대한 개방성을 가진 그런 공동체의 일부가 되기 위해 요구되는 근본적인 개인의 자질입니다. 겸손은 우리의 기본적 가치가 우리의 공통된 인간성에 근거하고 있다는 전제 아래 세워집니다. 각 사람은 하나님의 사랑을 받는 존재이고, 그러므로 최고의 가치를 갖습니다. 겸손은 다른 사람의 말을 경청할 수 있는 기초를 제공합니다. 겸손은 누군가가 진리를 담대하게 말할 수 있게 힘을 주지만, 그러나 그것은 늘 어디까지나 개인이 인식하는 진리이지 최종적으로 올바른 통찰이 아닐 수 있다는 유보를 포함합니다. 겸손은 인내를 위한 동기를 제공하며, 대화를 통해, 공동체 안에서, 시간이 지나면서 진리가 드러나고, 차이가 해결되고, 공동체가 치유되고, 하나님의 미래로 나아갈 수 있는 힘을 갖게 할 것입니다. 겸손에 대한 이와 같은 이해는 '너희가 전에는 어둠이더니'(엡 5:8a)라고 한 바울의 말과 예수님께서 "온유한 자는 복이 있나니 그들이 땅을 기업으로 받을 것임이요"(마 5:5)라고 하신 말씀을 뒷받침합니다.

목회적 관점

이 단락은 빛과 어둠 사이의 강력한 대비를 보여줍니다. 이 대비는 창세기로 거슬러 올라 다양한 시편, 이사야서 그리고 신약, 특히 요한복음에 이르기까지 성경 전반에 걸쳐 일반적으로 나타나는 역동성입니다. 또한 다소 오래되었지만 〈스타워즈〉와 같은 영화들은 말할 것도 없고, 문학과 음악뿐만 아니라 많은 종교와 문화 안에서도 발견됩니다.

본문에서 주어지는 빛과 어둠 사이의 대비가 사순절에서 중요한 부분을 차지하기 때문에, 하나님께서 우리와 우리를 위해 기꺼이 하시려는 일이 우리의 믿음과 우리의 신뢰를 형성함에 있어 대림절과 사순절을 비교하는 것은 중요하고 유용할 것입니다. 대림절에는 예수 그리스도 안에서 하나님의 빛이 세상에 임한 것을 기념합니다. 이것은 하나님의 역사하심입니다. 하나님은 이 땅과 우리에게 빛을 가져다주십니다. 사순절에는 어둠이 서서히 다가와 주위를 둘러싸고, 예수님을 정복하는 것을 뚜렷이 목격합니다. 그러나 여기서도 역시 하나님은 다시 역사하시는 분이십니다. 하나님은 예수님에게 생명을 가져다주시고, 죽은 자의 영역으로 빛을 가져오사, 빛 속에서 빛을 발하시는 그리스도가 되도록 무덤에서 일으키십니다.

이 본문에 더 가까이 다가가 보면, 에베소서 5:1~7은 우리에게 '하나님을 본받는 자'가 되라고 부릅니다. 모든 것이 이어질 수 있으니 이것이 본문에서 주요한 중단점은 아닐 수 있지만, '본받는 자'라는 단어는 여러 가지 가능성을 시사합니다. 특별히 우리는 불순종을 피하고 빛의 자녀가 되라는 권고를 받습니다. 이 구절은 또 에베소서와 유사한 골로새서의 본문이 초기 세례식의 형태에서 온 것일 수도 있습니다. 이 역시 탐구와 확장의 영역을 제공하는 것입니다.

본문 자체로 돌아가, 우리 앞에 매우 명확하고 두드러진 주제가 있습니다. 우선 본문에서 하나님께서는 우리를 빛으로 선택하셨다고 확언하십니다. "이제는 주 안에서 빛이라"(8절). 이 구절은 마태복음의 산상수훈에서 "너희는 세상의 빛이라"(마 5:14) 하신 말씀과 더불어 요한복음의 최후의 만찬에 대한 기록에 나오는 예수님께서 제자들에게 말씀하신 "너희가 나를 택한 것이 아니요 내가 너희를 택하여 세웠나니"(요 15:16)라는 말씀과 맥을 같이합니다. 하나님께서 우리를 위해 무언가를 하십니다. 하나님께 주도권이 있습니다. 여기 에베소서도 같은 선언을 합니다. 하나님은 우리를 이 세상의 빛이 되도록 택하셨습니다.

둘째로, 하나님께서 가능하게 하신 삶으로 살라는 부르심입니다. 믿음의 삶이란 자유를 위해 프로그램된 것입니다. 우리를 택하신 하나님의 주권적 자유와 그에 대한 응답은 우리의 자유입니다. 우리에게는 빛의 자녀로서 살기를 선택하는 자유가 있습니다. 나머지 본문을 발전시키는 데 도움이 되는 자료는 라인홀드 니버의 『빛의 자녀들과 어둠의 자녀들』입니다. 에베소서의 저자는 우리에게 '빛의 열매'(9절)

를 맺으라고 촉구함으로 빛의 자녀가 되는 기본적 과제를 설명합니다. 여기에는 성경 전반에 걸쳐 반복되는 두 가지의 강력한 이미지가 있습니다. '열매를 맺는 것'과 '빛이 되는 것'입니다. 이 이미지는 본질적으로 매우 다르므로 이 구절을 하나의 설교에서 발전시키기란 무리일 수 있습니다. 그럴지라도 선택할 방안이 있고 어느 정도 기대할 수 있습니다. 본문은 반드시 우리가 '착함과 의로움과 진실함'(9절)이 무엇인지를 분별하여 빛의 자녀들이 되라고 안내합니다. 이 시도를 위한 주요 단서는 10절에 있습니다. "주를 기쁘시게 할 것이 무엇인가 시험하여 보라"

이 본문이 단순히 주를 노엽게 또는 슬프게 하는 것 대신 '주를 기쁘시게 하는 무엇'을 향해 우리를 인도한다는 점이 매우 유용합니다. ① 어떻게 신실한 삶과 도덕적 삶을 위한 모델로서 그리스도를 본받을 수 있을까요? ② 어떻게 법, 규칙, 규율에 대한 복종에 초점을 둔 도덕주의자처럼 되는 것과 관계의 역동적인 요구와 더불어 규칙과 규율의 어우러짐을 추구하는 도덕적인 것 사이의 구분을 존중할 수 있을까요? ③ 어떻게 신앙의 공동체를 도덕적 반성의 공동체로 사용할 수 있을까요?

그러나 에베소서의 저자는 여기서 멈추지 않고, 우리가 신앙적 도덕을 실천함에 있어 선택할 두 가지 점을 더 주장합니다. "열매 없는 어둠의 일에 참여하지 말고"(11절)라는 말씀에서, 우리는 '착함과 의로움과 진실함'이 무엇인지를 분별하는 동반자로서 어둠의 일을 저항하도록 부름을 받습니다. 목회자는 이 부름에 대해 여러 가지로 반응할 수 있습니다. 기본적으로 그렇게 사는 법이라고 믿는 사람들이 있을 것입니다. 결국 주일에 교회 안의 상당수 사람들이 이렇게 하려고 합니다. 그러나 이 부름에 대한 또 다른 응답도 있습니다. 탕자와 같이 어둠이 다가오는 것을 보지 못하여 이를 선택하기도 합니다. 로마서 7:15~20에서 바울이 설명하듯이, 그렇게 하는 것을 저항하다가도 어둠을 선택합니다. 요한복음 3:19 말씀과 같이, 우리가 한 일을 어둠이 덮어주기를 바라며 어둠을 선택합니다. 이러한 선택들에 대한 목회적 응답은 정직한 설교와 잠재적으로, 매우 유익한 설교가 될 것입니다.

마지막으로, 저자는 한 걸음 더 나아가 어둠의 일들을 폭로하도록 촉구합니다. 우리 대부분은 빛의 자녀로 사는 도전을 꺼립니다. 이는 우리 사회의 기독교에도 마찬가지로 판단과 도덕주의가 있음을 시사합니다. 그러나 어둠의 일들을 도전하고 폭로해 온 기독교 신앙과 사람들 삶의 위대한 전통이 있습니다. 확실한 한 가지 예가 노예무역과 인종차별일 것입니다. 노예제와 인신매매의 현재 형태를 폭로하기 위해 지금도 일하는 사람들이 있습니다. 그러나 이것은 주목해야 할 여러 사회적 질병의 긴 리스트 중 하나에 불과합니다. 현실을 외면하고 중립을 선택하는 것은 불의가 계속되도록 합니다. 폭로해야 할 필요성이 있는 어둠의 일들이 무엇인지 알도록 청중에게 어떻게 안내할 것인지가 설교자의 도전 과제일 것입니다. 이 모든 위험에도 불구하고, 어둠을 폭로하는 것은 빛의 자녀들로 살아가는 실천의 일부입니다.

주석적 관점

본문 말씀은 빛 가운데 행하라고 부름을 받은

에베소의 거룩한 자들을 위한 도덕적이고 윤리적인 가르침들로 가득 차 있습니다. 에베소서 5:1에서 언급된 것과 같이, 사랑을 받는 자녀들(tekna agapēta)은 이전의 존재 방식을 버리고 그리스도 안에 뿌리내린 새로운 정체성을 취하도록 도전받습니다. 이 특정 본문은 그리스도인의 생활 규범을 개괄하는 더 큰 담론의 일부입니다(엡 4:17-5:20).

이 자료의 저자는 우리에게 익숙한 빛/어둠의 이미지를 활용하여 순종과 믿음으로 사는 새 삶과 불순종과 방탕으로 사는 이전의 삶 사이의 극명한 대조를 보여줍니다. 이러한 이미지는 모두가 인정하는 바울의 서신들 안에서와(예. 살전 5:5, 고후 4:4, 롬 13:12, 13), 요한의 문헌(예. 요 1:4, 5, 7-9, 요일 1:5, 2:8), 그리고 쿰란 공동체의 많은 저작 전반에 걸쳐 나타납니다(예. QM1 1:1-16, 3:6, 1QS 1:9, 3:13, 19-21). 이 구절은, 그들이 한때 이 세상을 따라 허물과 죄로 죽었던 그 길과(2:1-2), 이제는 십자가를 통해 한 몸으로 하나님과 화목하게 된 그 길을(2:16) 생생하게 회상하는 에베소서 2:1~22을 거슬러 암시합니다. 빛의 자녀들로서(tekna phōtos, 5:8) 살아가라는(peripateō) 이 촉구는 어둠(skotos)의 더 거대한 세속적 문화에서 오는 유혹을 계속해서 직면하며 살아가고 있는 믿는 신자들의 공동체에 필요한 도움입니다.

본문에서 어둠의 언어는 빛의 더 큰 주제를 드러내기 위한 단순한 대조물로 간주되어서는 안 됩니다. 8절에서, 저자는 새롭게 회심한 신자들이 단순히 어둠 안에서 살고 있거나(예. 유 6) 어둠의 자녀들이라고 주장하지 않습니다. 반대로 그들은 어둠 그 자체로 간주되었습니다. 사실 4:17에서 언급된 여기 어둠은 '그들의 마음의 허망함'과 그들의 존재를 정의하는 탐욕, 방종, 불순함 때문에 하나님의 생명으로부터 멀어진 이방인들을 주목하게 합니다. 이처럼 분열을 일으키는 민감한 언어는 이 본문의 주된 관심사, 즉 정체성의 문제가 중요하다는 점을 강조합니다.

이 윤리적 가르침들이 매우 중요하고 순종과 의의 삶에 대한 부르심이 5:8~14에 나타난 부인할 수 없는 명령임에도 불구하고, 여기서 저자는 또한 이 신자들의 공동체를 구성하는 다수의 다른 파벌 사이의 분열과 논쟁의 원인이 되어온 장벽들을 허무는 데에도 똑같이 관심을 둡니다. 에베소서 2:11~12은 정체성 표시를 보다 구체적으로 강조합니다. "그러므로 생각하라 너희는 그때에 육체로는 이방인이요 … '할례를 받은 무리'라 칭하는 자들로부터 '할례를 받지 않은 무리'라 칭함을 받는 자들이라 그때에 너희는 그리스도 밖에 있었고 이스라엘 나라 밖의 사람이라 약속의 언약들에 대하여는 외인이요 세상에서 소망이 없고 하나님도 없는 자이더니" 그러므로, 8절에서 정체성으로 이해되는 어둠은 절망, 죽음, 그리고 낙담의 반영입니다. 이것은 굳은 마음, 허망한 생각, 그리고 하나님으로부터의 완전한 소외를 상징합니다. 이것은 그리스도 몸 안에서의 하나 됨을 약화하는 원수 됨(echthran)을 나타냅니다(2:14).

어둠은 폭로되거나(elenchō, 5:13 참고) 빛으로 드러나야 하는 열매 없는 일들을 언급하기 위해 11절에서 사용됩니다. 그리스어 단어 elenchō는 '권고하다', '책망하다' 또는 '판단하다'를 의미하며(예. 마 18:15, 고전 14:24), 이 경우에 저자는 공동체를 부끄러운 행위로 속일 수 있는 어떤 '어두워진' 형태의 활동과 맞서고 피하도록 공동체를 권면하는 데 관심이 있습니다. 보이지 않는 것을 보이게 하라(폭로하라)는 이 부르심은 본질적으로 '빛의 자녀들'의 참된 표시입니다. 그들은 믿음의 삶을 공개해야 하고 그러므로 은밀함과 수치심 속에서 활동하는, 믿지 않는 자들을 특징짓는 어둠의 일들을 극복해야 합니다. 그들은 어둠을 이기신 세상의 참빛 예수, 살아 있는 그리스도를 구현해야 하는 것입니다.

빛과 어둠 이상으로, 본문말씀은 그리스도 중심의 삶의 현현을 더욱 강조하기 위해 열매(karpos) 이미지를 호소합니다. "빛의 열매는 모든 착함과 의로움과 진실함에 있느니라"(9절). 어떤 사본은 본 절에서 '성령(pneumatos)의 열매'를 포함하는데, 의로운 삶을 구성하는 도덕적 태도의 목록으로서 성령의 열매를 묘사하는, 모두가 인정하는 바울서신들 중 하나와 조화를 이룹니다(갈 5:22). 더하여 "모든 선한 일에 열매를 맺게" 하는 것은 하나님을 기쁘시게 하기 위한 궁극적인 길로 여겨집니다(골 1:10). 그러므로 에베소 사람들은 하나님을 기쁘시게 하는 것이 무엇인지 분별하거나 발견하도록(dokimazō, NRSV 'find out') 부름을 받습니다. 이것은 수동적이거나 쉬운 과제가 아닙니다. 이것은 순결하고 허물없는 변화된, 새로워진 마음가짐을 적극적으로 추구하는 것에 깨어 있도록 하는 윤리적 소명입니다(롬 12:2, 빌 1:9-10).

마지막 절(14절)은 독립적으로 퍼진 초기 기독교 찬송의 인용문입니다. 이 찬송의 단편은 에베소서 4:8에서 사용된 것과 같은 정형화된 언어로 소개됩니다. 이 인용문의 정확한 출처는 알 수 없으나, 이 구절은 이사야 26:19 "주의 죽은 자들은 살아나고 그들의 시체들은 일어나리이다 티끌에 누운 자들아 너희는 깨어 노래하라"와 "일어나라 빛을 발하라 이는 네 빛이 이르렀고 여호와의 영광이 네 위에 임하였음이니라"(사 60:1)에 대한 암시를 담고 있습니다. 이 찬송은 죽은 자의 부활에 관한 언어와 유사하다는 점에서 로마서 6:4~13과 골로새서 2:11~12의 세례의 언어와 관련되었을 수 있습니다. 이 장의 나중에는(5:19) 시와 찬송과 신령한 노래들을 부르는 언어가 이 자료에 대한 예전적 배경으로 제시되면서 보다 충실히 발전됩니다. 저자는 본문의 단락을 빛/어둠 이미지의 수미상관으로 끝맺기 위해 구체적 배경과 무관하게 이 인용문을 사용하고 있습니다.

앞서 논의된 정체성의 주제로 되돌아가 보면, 마지막 절은 빛의 자녀들로서 어떻게 살아가야(행해야) 하는지를 명확하게 제공합니다. 사람은 세례에서와 같이 죽은 자들 가운데서 일어나 그 자신이 그리스도로 옷 입어야만 합니다. 그리스도는 어둠을 변화시키는 빛이 되십니다. "그리스도께서 너에게 비추이시리라"(14절). 이제 어둠이었던 자들은 실제로 그리스도와 같이 됩니다. 그들의 정체성은 하나님을 기쁘시게 하고 불의를 폭로하며 이전의 장벽과 차별을 극복하고 그들의 공동체 안에 세워진 보이지 않는 벽들을 제거하는 열매로 정의됩니다. 이제 그들의 삶은 그리스도에 의해 밝혀져, 하나님의 권능의 산 증거가 됩니다.

설교적 관점

본문에서 빛과 어둠이라는 주요 이미지는 설교의 즉각적인 초점을 제공합니다. 에베소인들에게 보내는 서신이라는 역사적 배경을 고려할 때, 이 특별한 이원론의 중요성을 이해할 수 있습니다. 바울의 제자로 보이는 에베소서의 저자는, 그의 시대에 폐쇄적이고 독특하게 활동했던 에세네파의 저술들 안에 빛과 어둠의 이원론이 갖는 중심성을 알고 있었습니다. 에세네파는 자신들을 깨어 있는 의식의 빛을 가지고 우리의 내적 어둠을 침수시킬 뛰어난 엘리트 상속자라고 여겼습니다. 삶의 신비들을 쓸모 있는 지식으로 해석하기 위한 은둔의 안전 속에 움츠리고 있는 것이 에세네파가 어둠의 권세들에 대처하는 주된 방식이었습니다. 그들은 공공의 삶의 치열한 경쟁에서 멀리 떨어져 은둔하며 그들의 소명을 추구했습니다. 그러나 에베소서의 저자는 그렇지 않았습니다. 그는 그를 따르는 자들에게 어둠의 권세자들과 싸우기 위해 거리로 나올 것을 요청합니다. 분명히 그는 '어둠의 아들들'로부터의 분리라는 에세네파의 소명을 공유합니다. 그러나 더 중요한 것은, 그의 독자들이 세상의 도덕적 행위자로서 어둠의 성벽을 공격하는 책임을 갖는 것이었습니다. "너희는 열매 없는 어둠의 일에 참여하지 말고 도리어 책망하라"(11절).

그러므로 오늘 말씀은 공개적으로 어둠의 권세들과 맞서 싸울 것에 초점을 둡니다. 그러나 그것이 말처럼 쉬운 것은 아닙니다. 그저 용기와 결단만으로는 악을 드러낸다는 것이 헛되이 끝나게 됨을 개인적 경험을 통해 알고 있습니다. 우리 중 누가 단순히 의지력만으로 파괴적인 충동과 중독에 맞서 지속적인 진전을 이룰 수 있습니까? 우리 중 누가 오직 자기 결단력만으로 배우자의 지배적인 그늘에서 빠져나오거나, 또는 가족의 심각한 문제를 쉽사리 이겨낼 수 있습니까? 우리의 개인적 문제들 이상으로 세계의 테러, 마약 전쟁, 빈곤, 경제 침체에 관한 매일의 보고들은 우리 인간이 선언하는 윤리와 이상들에도 불구하고, 여전히 악의 세력을 극복하기는커녕 억제하기에도 도덕적 힘이 부족하다는 사실을 확신하게 만듭니다. 그렇다면 우리를 둘러싸고 만연한 이런 세력들을 돌파할 패기와 통찰력은 어디서 찾을 수 있을까요?

답을 얻기 위해 우리에게 필요한 것은 본문이 어떻게 시작되고 끝나는지를 주목하는 것뿐입니다. 8a절과 13~14절은 도덕적 요구를 허용하여 은혜가 처음과 끝에서 감싸고 있습니다. 8a절은 승리의 선언으로 이 단락을 시작합니다. "너희가 전에는 어둠이더니 이제는 주 안에서 빛이라" '주 안에서'는 '부활하신 그리스도 안에서'를 의미하는 초대교회의 표어입니다. 저자는 살아 계신 그리스도와의 신비로운 연합 안에서 우리가 그리스도의 빛으로 빛나고 있다는 놀라운 사실을 선포합니다. 그런 빛남은 영감 있는 지적 예리함 이상입니다. 또 이 빛은 악의 세력들과의 싸움에서 우리를 강하게 하는 영적 에너지를 가져다줍니다.

만약 8a절이 본문에 대한 은혜의 서곡 역할을 한다면, 유사하게 13~14절은 하나님의 호의에 대한 승리의 후주를 제공합니다.

> 빛으로 말미암아 책망을 받는 모든 것은 드러나나니, 드러나는 모든 것은 빛이니라. 그

러므로 이르시기를, "잠자는 자여, 깨어라! 죽은 자들 가운데서 일어나라, 그리스도께서 너를 비추시리라"

여기서 저자는 어둠 속에 있는 것이 무엇인지를 책망하고, 또한 책망한 것을 빛으로 변화시켜, 하나님의 빛이 계시되고 새롭게도 한다는 사실을 자랑스럽게 알립니다. 초대교회 세례 예식에서의 찬송 일부로 보이는, 14b절의 분명하지 않은 부분은 그리스도 안에서 빛이 육화됨을 찬양하는 선언으로 본문을 마무리 짓습니다. 이 계시의 새롭게 하는 빛은 부활하신 그리스도입니다. 우리는 마치 세례의 물에서 올라오는 것처럼, 그리스도의 빛으로 새로워지고 그 빛으로 가득 차도록 깨어 일어납니다. 이 단락에 대한 진정성 있고 효과적인 설교는 이러한 명령들을 소개하고 결론짓는 은혜를 그리스도와 어떻게 연결하느냐에 달려 있습니다. 은혜 없는 요구나 요구 없는 은혜를 설교하면, 우리는 본문을 위배하는 것은 물론, 복음을 위배하는 것이 됩니다. 예를 들어, 이 단락의 네 가지 명령 중 하나나 그 이상을 강조하면서, 우리를 둘러싼 지속적인 은혜를 잊거나 소홀히 한다면, 행위로 의롭게 되고자 하는 유혹을 받을지 모릅니다. 반대로, 그리스도의 충만하고 자유로운 빛을 찬양하면서도, 찬란한 빛이 우리에게 어둠의 일들을 적나라하게 드러내기 위한 능력을 준다는 이미지들을 전혀 제공하지 않는다면, 그것은 은혜를 값싸게 하는 것일 수 있습니다. 여기서 핵심은 하나님의 사랑이라는 용광로에서 은혜와 요구를 녹여내어 청중들이 하나님의 명령들을 경험하게 하는 것입니다. 은혜의 이 신비로운 화학 작용은 변화를 위한 촉매 역할을 합니다. 설교자로서 우리는 어떻게 은혜가 우리가 해야만 하는 일을 우리가 할 수 있는 것의 지시형으로 전환되는지 우리의 회중들에게 보여주기를 원합니다.

하나님의 은혜를 설교한다는 것은 설교의 끝에 변화를 이끄는 그리스도의 빛을 동의하는 것, 그 이상을 요구하는 것입니다. 오히려 하나님의 엄청난 은혜를 제공하는 것이란 설교 안에 빛의 자녀들의 삶을 그려내기 위한 충분한 공간을 마련하는 것을 의미합니다. 특별히 우리가 '열매 없는 어둠의 일'을 묘사하는 데 너무 많은 시간을 할애하는 유혹을 피하는 것이 좋습니다. 강단에서든 회중석에서든, 대부분의 우리는 어둠의 놀라운 권세들에 대하여 이미 충분히 들어왔습니다. 그리스도의 빛을 가진 자로서, 우리가 가장 필요로 하는 것은 어둠의 일들을 책망하는 우리의 가능성에 대한 통찰입니다. 이는 그리스도께서 우리 각자 안에서 빛나는 삶으로 소생시키는 묘사를 의미합니다. 우리 중 어떤 이들에게 있어서, 그리스도께서 이끄시는 이 담대함은 불합리한 권리나 차별적 관행에 항의하는 것과 같은 일로 표현될 수 있습니다. 또 다른 어떤 이들에게는, 이 새로운 성령께서 이끄시는 결단이 지역의 오염을 일으키는 화학 공장에 맞서 싸우는 일에 참여하는 삶으로 나타날 수 있습니다. 이처럼 새롭게 고무된 담대함은 회중으로서의 우리가 배타적 사고방식을 깨고 이웃의 빈곤과 범죄를 해결하자는 교구 지도자들의 요구로 표현될 수도 있습니다. 전체적으로, 우리는 '착함과 의로움과 진실함'이 무엇인지를 규정하기보다는 구체적으로 묘사하는 것에 우리 설교의 중점을 두어야 합니다. 하나님께서 변화시키는 빛의 작용 안에서 사는 삶, 즉 우리의 초상과 이미지를 통해 사람들에게 하나님의 빛을 비춰 주는 것이 우리가 택할 일입니다.

사순절 넷째 주일

요한복음 9:1~41

1 예수께서 길을 가실 때에 날 때부터 맹인 된 사람을 보신지라
2 제자들이 물어 이르되 랍비여 이 사람이 맹인으로 난 것이 누구의 죄로
인함이니이까 자기니이까 그의 부모니이까
3 예수께서 대답하시되 이 사람이나 그 부모의 죄로 인한 것이 아니라 그
에게서 하나님이 하시는 일을 나타내고자 하심이라
4 때가 아직 낮이매 나를 보내신 이의 일을 우리가 하여야 하리라 밤이 오
리니 그 때는 아무도 일할 수 없느니라
5 내가 세상에 있는 동안에는 세상의 빛이로라
6 이 말씀을 하시고 땅에 침을 뱉어 진흙을 이겨 그의 눈에 바르시고
7 이르시되 실로암 못에 가서 씻으라 하시니 (실로암은 번역하면 보냄을
받았다는 뜻이라) 이에 가서 씻고 밝은 눈으로 왔더라
8 이웃 사람들과 전에 그가 걸인인 것을 보았던 사람들이 이르되 이는 앉
아서 구걸하던 자가 아니냐
9 어떤 사람은 그 사람이라 하며 어떤 사람은 아니라 그와 비슷하다 하거
늘 자기 말은 내가 그라 하니
10 그들이 묻되 그러면 네 눈이 어떻게 떠졌느냐
11 대답하되 예수라 하는 그 사람이 진흙을 이겨 내 눈에 바르고 나더러
실로암에 가서 씻으라 하기에 가서 씻었더니 보게 되었노라
12 그들이 이르되 그가 어디 있느냐 이르되 알지 못하노라 하니라
13 그들이 전에 맹인이었던 사람을 데리고 바리새인들에게 갔더라
14 예수께서 진흙을 이겨 눈을 뜨게 하신 날은 안식일이라
15 그러므로 바리새인들도 그가 어떻게 보게 되었는지를 물으니 이르되
그 사람이 진흙을 내 눈에 바르매 내가 씻고 보나이다 하니
16 바리새인 중에 어떤 사람은 말하되 이 사람이 안식일을 지키지 아니하
니 하나님께로부터 온 자가 아니라 하며 어떤 사람은 말하되 죄인으로
서 어떻게 이러한 표적을 행하겠느냐 하여 그들 중에 분쟁이 있었더니
17 이에 맹인되었던 자에게 다시 묻되 그 사람이 네 눈을 뜨게 하였으니

너는 그를 어떠한 사람이라 하느냐 대답하되 선지자니이다 하니
18 유대인들이 그가 맹인으로 있다가 보게 된 것을 믿지 아니하고 그 부모
를 불러 묻되
19 이는 너희 말에 맹인으로 났다 하는 너희 아들이냐 그러면 지금은 어떻
게 해서 보느냐
20 그 부모가 대답하여 이르되 이 사람이 우리 아들인 것과 맹인으로 난
것을 아나이다
21 그러나 지금 어떻게 해서 보는지 또는 누가 그 눈을 뜨게 하였는지 우
리는 알지 못하나이다 그에게 물어 보소서 그가 장성하였으니 자기 일
을 말하리이다
22 그 부모가 이렇게 말한 것은 이미 유대인들이 누구든지 예수를 그리스
도로 시인하는 자는 출교하기로 결의하였으므로 그들을 무서워함이
러라
23 이러므로 그 부모가 말하기를 그가 장성하였으니 그에게 물어 보소서
하였더라
24 이에 그들이 맹인이었던 사람을 두 번째 불러 이르되 너는 하나님께 영
광을 돌리라 우리는 이 사람이 죄인인 줄 아노라
25 대답하되 그가 죄인인지 내가 알지 못하나 한 가지 아는 것은 내가 맹
인으로 있다가 지금 보는 그것이니이다
26 그들이 이르되 그 사람이 네게 무엇을 하였느냐 어떻게 네 눈을 뜨게
하였느냐
27 대답하되 내가 이미 일렀어도 듣지 아니하고 어찌하여 다시 듣고자 하
나이까 당신들도 그의 제자가 되려 하나이까
28 그들이 욕하여 이르되 너는 그의 제자이나 우리는 모세의 제자라
29 하나님이 모세에게는 말씀하신 줄을 우리가 알거니와 이 사람은 어디
서 왔는지 알지 못하노라
30 그 사람이 대답하여 이르되 이상하다 이 사람이 내 눈을 뜨게 하였으되

당신들은 그가 어디서 왔는지 알지 못하는도다
31 하나님이 죄인의 말을 듣지 아니하시고 경건하여 그의 뜻대로 행하는
자의 말은 들으시는 줄을 우리가 아나이다
32 창세 이후로 맹인으로 난 자의 눈을 뜨게 하였다 함을 듣지 못하였으니
33 이 사람이 하나님께로부터 오지 아니하였으면 아무 일도 할 수 없으리
이다
34 그들이 대답하여 이르되 네가 온전히 죄 가운데서 나서 우리를 가르치
느냐 하고 이에 쫓아내어 보내니라
35 예수께서 그들이 그 사람을 쫓아냈다 하는 말을 들으셨더니 그를 만나
사 이르시되 네가 인자를 믿느냐
36 대답하여 이르되 주여 그가 누구시오니이까 내가 믿고자 하나이다
37 예수께서 이르시되 네가 그를 보았거니와 지금 너와 말하는 자가 그이
니라
38 이르되 주여 내가 믿나이다 하고 절하는지라
39 예수께서 이르시되 내가 심판하러 이 세상에 왔으니 보지 못하는 자들
은 보게 하고 보는 자들은 맹인이 되게 하려 함이라 하시니
40 바리새인 중에 예수와 함께 있던 자들이 이 말씀을 듣고 이르되 우리도
맹인인가
41 예수께서 이르시되 너희가 맹인이 되었더라면 죄가 없으려니와 본다
고 하니 너희 죄가 그대로 있느니라

신학적 관점

죄나 악을 양으로 명시하려는 시도는 불가능하지는 않더라도 어려운 일입니다. 더 어려운 것은 비난이나 책임을 누군가에게 돌리려는 시도입니다. 한 사람의 죄가 다른 사람보다 더 많습니까? 죄악을 어떻게 측정할 수 있을까요? 한 사람이 다른 사람보다 많이 또는 훨씬 더한 악을 겪었다고 할 수 있습니까? 예를 들어, 20세기가 이전의 세기들보다 더 많은 악을 겪은 시기였습니까? 유대인과 그리스도인에게 악의 경험은 개인적이거나 집단적으로 오랫동안 두 가지 큰 신학적 질문을 제기해 왔습니다. 첫째, 악의 실체에 비추어 하나님의 선하심과 주권은 어떻게 옹호 또는 '정당화' 될 수 있습니까? 둘째, 악의 실체는 하나님의 언약적 신실함에 대한 인간의 신앙을 부정합니까?

아브라함은 하나님의 명령에 순종해서 아브라함을 향한 하나님의 약속의 성취인, 그의 "독자", 이삭을 데리고 모리아산으로 가서 그를 희생제물로 바치려고 했습니다. 천사가 개입하였고, 기적적으로 숫양이 희생제물로 주어졌습니다. "아브라함이 그 땅 이름을 '여호와 이레'라 하였으므로"(창 22:8, 14) 더 나아가, 하나님은 이스라엘에게 "내가 내 성막을 너희 중에 세우리니 내 마음이 너희를 싫어하지 아니할 것이며 나는 너희 중에 행하여 너희의 하나님이 되고 너희는 내 백성이 될 것이니라"고 약속하셨습니다(레 26:11-12). 심지어 포로가 된 파괴적인 경험조차도 "주님께서 준비하신다"라는 하나님의 시간과 방법에 대한 이스라엘의 믿음을 흔들지 못한 것처럼 보입니다. 마찬가지로, 그리스도인들은 "참새 두 마리가 한 앗사리온에 팔리지 않느냐 그러나 너희 아버지께서 허락하지 아니하시면 그 하나도 땅에 떨어지지 아니하리라 너희에게는 머리털까지 다 세신 바 되었나니 두려워하지 말라 너희는 많은 참새보다 귀하니라" 하신 예수님의 말씀에 이끌려 왔습니다(마 10:29-31).

종종 전통적인 기독교 신학은 일반 섭리와 특별 섭리를 구분합니다. 전자는, 장 칼뱅의 말처럼, 하나님께서는 "스스로 정하신 자연의 질서를 지켜보신다"는 것을 확언합니다. 후자인 특별 섭리는 "하나님께서 개별적 사건의 규율에 주의를 기울이시며, 그것들이 그의 정하신 모든 계획에서 진행되며, 어느 것도 우연히 일어나는 것은 없다"는 것을 확언합니다.*

이 신념은 하이델베르크 요리문답(1563)에서 사도신경 첫 줄 "나는 전능하신 아버지 하나님, 천지의 창조주를 믿습니다"의 의미를 묻는 질문에 대한 답에 반영됩니다. 이것은 "이 고난의 세상에서 그가 [하나님이] 내게 보내신 모든 역경을 선으로 바꿔주실 것이며, 그는 전능하신 하나님이셔서 능히 이 일을 하실 수 있고, 신실하신 아버지이시기 때문에 이것을 기꺼이 하십니다.'라는 의미입니다.**

그러나 제1차 세계대전의 참호에서 상상 불가한 살육, 홀로코스트에서 600만 명의 유대인 학살, 히로시마에 떨어진 원자폭탄, 캄보디아

* John Calvin, *Institutes of the Christian Religion*, ed. John T. McNeill, trans. Ford Lewis Battles, LCC (Philadelphia: Westminster Press, 1960), 202-3 (1.16.4).

** The Heidelberg Catechism, in *Book of Confessions: Study Edition* (Louisville, KY: Geneva Press, 1996), 62 (4.026).

와 르완다의 킬링필드와 같은 20세기의 비극들이 모두 하나님의 정하신 계획에 있는 사건의 진행이라고 확언하기란 어렵습니다. 이 20세기의 비극들은 그리스도인들이 "주님께서 준비하신다"라는 성경의 주장을 적용하기 어렵다는 것을 의미합니까?

요한복음 9장에 예수님께서 날 때부터 맹인된 사람을 고치신 이야기는 이러한 당혹스러운 질문들을 마주한 우리의 생각을 돕습니다. 이 이야기는 현대 그리스도인들이 '섭리'에 관해 이해할 수 있는 단서를 제공합니다. 첫째, 요한복음 9장은 현대의 섭리 교리가 이전의 고전적인 것들보다 더 절제되고, 더 겸손하며, 덜 장엄해야 한다는 것을 시사합니다. 요한복음 9장은 모든 사건들이 하나님의 역사를 계시한다고 말하지 않습니다. 오직 특정 개인, 이 특수한 남자에게만 계시된 하나님의 역사 곧 하나님의 섭리를 말합니다. 홀로코스트를 설명하기 위해 이 이야기나 어떤 다른 이야기가 사용되어서는 안 됩니다.

둘째, 예수님께서 왜 맹인으로 태어났는지를 결코 설명하지 않으신 것처럼, 현대의 섭리 교리는 설명의 언어보다는 고백의 언어를 더 가까이 따라야 할 것입니다. 예수님의 제자들은 신학자들이 구분하는 자연 악과 도덕적 악의 차이를 알지 못하지만, 그들은 이 자연 악, 곧 이 남자의 맹인 됨이 어떤 식으로든 설명이 가능한 누군가의 죄, 그 남자의 죄이거나 혹은 그의 부모의 죄에 기인한 것이라고 가정합니다. 그러나 예수님은 이 사람의 맹인됨을 죄의 범주로 설명하려는 모든 시도들을 거부하십니다. 이 남자의 치유는 설명하려는 목적보다는 다른 목적이 있습니다. "그에게서 하나님이 하시는 일을 나타내고자 하심이라"(3절). 이 이야기를 단서로 취하는 현대의 섭리 교리는 모든 사건들을 설명하려는 원대한 이론들을 피하고, 대신 이 특수한 사건들이 하나님에 대하여 무엇을 계시하는지에 초점을 둡니다.

셋째, 이 맹인의 치유 안에서 나타난 하나님의 임재와 역사하심이 설명될 수 없는 것은 공개적으로 접근할 수 없기 때문입니다. 치유는 인식되는 것이 아니라 계시되는 것이며, 믿음의 선물을 받은 자들에게만 계시되는 것입니다. 물론 요한의 이야기 속에 아이러니는 맹인이 시력을 찾았으나, 이 이야기 안의 다른 모든 사람들은 그들의 시력, 육체적인 시력이 아니라 그들이 목격한 것을 믿고 이해할 수 있는 능력으로서의 시력을 잃었다는 점입니다. 예외없이 이웃들, 바리새인들, 부모들은 이 사건 속에서 '하나님께서 준비하신다'라는 것을 보지 못합니다. 심지어 치유를 받은 그 남자조차도 그에게 무슨 일이 일어났는지 이해하지 못합니다. 단지 예수님께서 그를 찾으시고 인자를 믿는 믿음으로 부르신 이후에야 진실로 '보게' 됩니다. 오직 믿은 후에야 그는 진실로 하나님에게서 오신 분, 그리고 앞 못 보는 것보다 훨씬 그 이상을 치유하신 그분을 경배하게 됩니다.

섭리는 역사에 대한 기독교적 해석이 아니며, 20세기의 비극들에 대한 이성적인 대답이나 설명이 아닙니다. 섭리는 하나님께서 일하시는 어떤 특수한 사건들 속에서, 하나님을 대적하는 것들과 그 주변, 또 경험하게 되는 일들을 통해서 하나님의 목적을 성취하심을 믿는 믿음의 눈을 얻은 자들의 고백입니다.

목회적 관점

지난 수십 년 넘게 몇몇 문화 관찰자들은 미국에서 사회적 자본의 침식에 대한 우려를 표명해 왔는데, 이웃 관계의 파괴, PTA(Parents-Teacher Association)와 교회들과 같은 조직 참여율의 감소, 그리고 줄어든 볼링 리그와 같은 것입니다. 『나 홀로 볼링:사회적 커뮤니티의 붕괴와 소생』이라는 유명한 책 제목이 말하듯이, 이것은 많은 사람에게 걱정거리가 되었습니다.*

다른 사람들에게도 더욱 걱정스러운 것은 미국의 기본 제도인 가정 붕괴에 대한 보고들입니다. 많은 사람이 높은 이혼율과 대가족의 흩어짐, 그리고 새로운 가족 구조를 포용해야만 하는 압박에 우려하고 있습니다.

사회적 자본의 상실은 이러한 기관들과 직접 관련된 이들뿐만 아니라, 사회적 고립이 공동체들과 개인들에게 미칠 수 있는 부작용을 인지하는 사회 관찰자들에게도 우려를 가져다 줍니다. 더 많은 고립을 겪고 있는 공동체들은 안전하지 않다고 느끼는 경향이 있습니다. 사람들은 친구들과 사랑하는 사람들로부터 소외될 때 더 심한 불안정을 느낍니다. 최근 연구에 따르면 그들의 행복감도 역시 덜할 것이라고 합니다. 행복은 전염되어 행복한 가족 구성원들이나, 친구들이나, 이웃들과 연결되어 있을 때 그것을 더 잘 느낍니다.

이런 우려들 속에서, 어떤 사람들은 사람들이 더 많이 연결되고, 서로에게 주의를 기울이고 지지했던 과거의 공동체들에 대한 향수를 떠올립니다. 그때는 사람들이 서로를 어떻게 돌보는지를 알았기 때문인가요?

사회적 자본의 붕괴에 대한 우려의 관점으로 요한복음 9장을 읽는 것은, 매우 반직관적이기 때문에 흥미롭습니다. 이 본문을 읽어 보면, 우리가 가졌던 이전 공동체들과 가족 시스템의 견고함과 건강에 대한 전제는 무너집니다. 왜냐하면 우리가 당연하게 여겼던 지원들이 적절히 작동하고 있지 않기 때문입니다. 이 본문은 예수님께서 태어날 때부터 눈먼 한 남자를 치유하시는 이야기와 그의 공동체와 종교적 권위자들과 그의 가족이 보이는 반응에 대하여 들려줍니다. 그런데 어떤 것도 우리가 기대했던 방식대로 전개되지 않습니다.

첫 번째 놀라운 점은, 태어날 때부터 눈먼 그 사람을 알아보지 못했던 공동체의 반응입니다. 정말 이상합니다. 눈먼 사람은 평생을 그들 가운데 살아왔고, 이웃들은 그와 교류했었으며, 아마도 그가 길을 건너거나 물을 길러 왔을 때 도왔을 것이고, 함께 예배를 드렸을 것입니다. 이웃 사람들이 그가 치유 받은 후에 알아보지 못한 이유가 무엇일까요? 눈이 멀었다는 사실이 그의 정체성을 표시해 주는 유일한 것이었나요? 그가 눈다르게 장애를 가졌었다는 사실만이 그를 알아볼 수 있는 유일한 것이었나요?

이것이 우리가 장애가 있는 사람들과 교류하는 모든 이들에게 목회적 이슈를 제기합니다. 우리는 우리와 다른 사람들을 어떻게 인식하고 알아갈까요? 장애가 누군가를 정의하는 표식이 되어버렸나요, 아니면 그것 너머를 보며 사람들의 인간성을 볼 수 있나요? 우리가 장

* Robert D. Putnam, *Bowling Alone: The Collapse and Revival of American Community* (New York: Simon & Schuster, 2000).

애가 있는 사람들과 함께 있을 때, 우리의 시각은 얼마나 제한적이거나 예리한가요?

두 번째 목회적 이슈는 종교 공동체의 행동과 관련이 있는 것으로, 지도자들은 이 이야기를 통제하기를 원하는 것처럼 보입니다. 바리새인들은 눈먼 사람의 이야기를 듣거나 믿고 싶어하지 않았습니다. 왜냐하면 그들이 말하기를 원하는 이야기와 반대되기 때문입니다. 바리새인들은 예수님이 죄인이길 원했지 영웅이 되기를 원하지 않았습니다. 그들은 모든 종교적 재화와 봉사들을 그들의 통제 안에 둘 수 있는 다른 설명을 원합니다.

그나마 위안이 되는 것은, 심지어 1세기에도 종교 지도자들이 교회의 권위를 두고 싸웠다는 것입니다. 정죄하고 은혜를 나누는 특권은 강력한 것이어서, 종교 지도자들이 권력을 탐낸 것은 놀랄 일이 아닙니다. 어떤 모양으로든 우리는 수 세기에 걸쳐 이러한 특권들을 두고 싸워왔으며, 계속 그렇게 할 것입니다. 이 본문은 죄의 정의나 은혜의 선물에 대해 싸우고, 우리 가운데 하나님의 임재를 가리는 그런 싸움들을 허용하는 종교적 적대자들을 기소합니다. 우리는 이런 싸움에 어떻게 하다 휘말리게 되나요? 어떤 이슈나 관심사가 우리의 주의를 하나님의 임재와 역사와 열정에서 돌려놓는 것일까요?

거의 모든 사람이 날 때부터 눈먼 이 사람을 실망하게 합니다. 심지어 그의 가족도 그에게서 멀리하고, 그의 부모는 그의 보호보다 그들 자신의 안전을 더 우선시합니다. 아마도 나이 든 부부가 아들을 위해 집과 일과 공동체를 희생하기를 꺼리는 것으로 이해할 수도 있겠지만, 치유 받은 것을 기뻐하며, 그를 축하하리라고 기대하지 않겠습니까? 그런데 본문에는 그런 것이 아예 없습니다. 부모의 두려움은 기쁨을 압도하고, 아들을 권위자들에게 맡깁니다.

공동체도 실망스럽습니다. 종교 지도자들도 실망스럽습니다. 가족도 실망스럽습니다. 이 이야기에서 오직 신뢰할 만한 인물은 날 때부터 눈먼 이 사람과 예수님뿐입니다. 눈먼 사람은 진실을 말했고, 위협과 공동체와 가족의 버림과 추방에 맞서 그는 자기 입장을 고수합니다. 나는 눈먼 자였으나 지금은 보게 되었습니다. 이 사람은 예수 그리스도 안에서 경험한 구원의 은혜를 거듭해서 증언합니다.

예수님은 눈멀었던 이가 신뢰할 수 있는 유일한 분이고, 이 이야기 속에서 우리가 신뢰할 수 있는 유일한 분이십니다. 바리새인들은 은혜 베푸는 권리를 주장하지만, 변화를 일으키신 분은 예수님이십니다. 예수님이 치유하셨고, 예수님이 이 사람의 마지막 소외됨과 함께 서 계십니다. 그분은 우리와도 함께 서 계십니다.

때론 태양이 정말 밝거나, 조명이 강할 때, 우리는 눈을 찡그리거나 눈을 감게 됩니다. 밝은 빛이 우리에게 위험하게 보이면, 자동으로 반응이 나옵니다. 은유적으로 우리는 요한복음 9장에서 이러한 인간의 반응이 펼쳐지는 것을 봅니다. 세상의 빛이 밝히 빛나고, 공동체, 바리새인들, 그리고 이 사람의 가족은 자기방어적으로 눈을 감습니다. 그것이 직관적으로 이해할 수 있는 일인 것이 맞습니까?

틀렸습니다. 본문에서는 모든 것이 반직관적입니다. 세상의 빛이 우리 가운데 있어도, 우리는 우리 눈을 감을 필요가 없습니다. 사실 가장 최선은 우리의 눈을 크게 여는 것입니다.

그 빛으로 눈이 멀지 않을 것입니다. 우리는 구원을 받을 것입니다.

주석적 관점

학문 연구의 역사에서 요한복음 9:1~41은 요한 문서 전체 내러티브의 맥락으로부터 내용과 의미가 사실상 분리된 채로 다루어져 왔습니다. 주석들은 날 때부터 맹인이던 자를 예수님이 치유하신 사건의 여파를 들려주는 일곱 개의 독립된 장면으로 본 장을 명료하게 나눴습니다. 해석자들은 이 이야기의 의미가 표적 그 자체에 있도록 했지만, 예수님은 10:1~21에서 그 치유에 대해 언급하고 해석을 제공하십니다. 예수님은 9:41에서 말씀을 멈추지 않으셨는데, 10:1~21에서 이어지는 예수님의 말씀은 이 맹인 치유의 의미를 해석하는 담론의 역할을 합니다. 이는 요한복음에서 되풀이되는 구조적 패턴입니다.

예수님이 표적(네 번째 복음서에서는 권능이나 능력이 아니라 sēmeion)을 행하신 뒤 대화가 이어지는데, 여기에 예수님이 표적의 의미를 해석할 신학적 틀을 제공해 주시는 주석이 나옵니다. 실제 치유 자체는 매우 간결하게 들려주는데, 이는 기적 자체가 결정적인 주제가 아니라는 의미입니다. 오히려 표적, 그 자체를 넘어, 예수님과의 만남이 무엇을 의미하는지를 가리킵니다. 이어지는 대화와 담론에 그 서사적 무게가 주어집니다.

요한복음 9장의 해석에서 맹인 치유에 대한 담론이 무시될 때, 9장의 사건들은 그 완전한 의미와 영향을 발휘하지 못합니다. 불행히도 성서정과는 이 문제를 상당히 복잡하게 설명합니다. 9장은 A년도의 사순절 넷째 주일 성서정과 본문이지만, 이어지는 담론의 첫 절반(10:1-10)은 A년도의 부활절 넷째 주일 복음서 읽기이며, 나머지(10:11-18)는 B년도의 부활절 넷째 주일 복음서입니다. 게다가, 예수님이 귀신 들린것은 아닌지, 그 맹인이 치유된 것이 귀신 때문은 아닌지로 유대인 중에 분쟁이 일어난 것을 언급하는 10:19~21은 전혀 포함되지 않는데, 성서정과는 이 방식으로 10장의 예수님의 말씀을 9장에서 맹인의 치유와 직접 연결합니다.

치유 사건 후에야 우리는 이 일(9:14)이 안식일에 일어났던 것을 알게 됩니다(5:9 참조). 우물가의 사마리아 여인같이, 맹인도 예수님이 누구신지에 대한 이해가 깊어져 가지만, 이 경우에는 예수님과의 직접적인 대화를 통해서가 아니라 예수님과의 만남에 대한 증언을 통해서 그렇게 됩니다. 바리새인들에 의한 심문에서 맹인은 반복해서 자신의 이야기를 말하고 예수님이 하나님에게서 오셨음을 알게 됩니다(33절). 이 고백이 그가 회당에서 쫓겨난 이유입니다. 예수님은 치유 이후로 이 이야기에서 사라지셨다가, 35절에 회당(aposynagōgos)에서 쫓겨난 사람을 찾을 때까지 다시 나타나지 않으신다는 점을 주목하는 것이 중요합니다. 프롤로그에서 바로 제시된 '예수님은 누구신가' 하는 진리가, 맹인이 볼 수 있는 그것입니다.

9:10~10:21을 한 단위로 해석하는 것은 날 때부터 맹인이었던 자의 치유에 대한 해석에 여러 석의적 통찰을 제공합니다. 이 이야기의 첫 번째 해석은 예수님이 누구신지를 알게 됨에 있어 본다는 것 또는 '영적 시력'의 중요성에 초점을 두고 있지만, 듣는 것의 중요성도 이

이야기의 담론에서 드러납니다. 사실 맹인은 처음에 예수님의 목소리에 반응합니다. 예수님은 "실로암 못에 가서 씻으라"고 말씀하시고(7절), 그 맹인은 그렇게 합니다. 그는 예수님을 보기 전에 예수님을 듣습니다.

우물가의 여인처럼, 맹인은 점차 예수님을 인식해 갑니다. 그는 '예수라 하는 그 사람'을 보는 것에서 선지자 예수님을 부르는 것으로(17절), 그가 반드시 하나님께로부터 오셨다는 것의 인식으로(33절), 그를 '주'라고 부르고 그에게 절하는 것으로(38절) 나아갑니다. 사실 37절에서 예수님 자신은 믿음에 있어서 보는 것과 듣는 것 둘 다의 중요성을 밝히십니다. "네가 그를 보았거니와" 그리고 "지금 너와 말하는 자가 그이니라"고 말씀하십니다.

듣는 것과 보는 것의 중요성은 10:1~21에서 예수님의 말씀이 맹인의 치유와 함께 들릴 때 완전히 드러납니다. 이 담론에서 예수님은 믿음과 함께 보는 것과 듣는 것을 통합하십니다. 예수님은 그를 아는 자들, 그의 양들이 그의 음성을 듣고 그를 따른다는 점을 되풀이하십니다. 요한복음에서 그런 '앎'이란 관계를 표현하는 것입니다. 양과 목자의 비유적 언어에서, 예수님은 9장에서 맹인과 예수님 사이에 이미 일어난 일들에 대한 새로운 이미지를 창조하심으로 보는 것과 듣는 것의 중요성을 다시 강조하십니다.

예수님이 고치신 사람은 맹인 한 사람만이 아닙니다. 그는 예수님의 양 중 하나, 무리 중의 일원, 제자입니다. 양처럼, 맹인은 예수님의 목소리를 듣습니다. 목자처럼, 예수님은 맹인이 쫓겨났을 때 그를 찾으십니다(35절). 예수님은 시력, 그 이상의 것을 그에게 공급하십니다. 그는 선한 목자로서 모든 양에게 주시는 것, 즉 무리의 보호(10:16, 21:15-19 참조), 필요한 꼴의 축복(10:9), 그리고 풍성한 생명의 선물(10:10)을 준비하십니다. 결과적으로, 듣는 것과 보는 것은 예수님을 인식하거나 믿는 방법 그 이상의 것입니다. 사실 듣는 것과 보는 것은 예수님과의 관계를 표현하는 것이며, 예수님의 관계는 아버지와의 관계를 의미합니다(10:14-15).

더하여, 예수님과의 관계는 목자와 양 사이의 관계가 제자도의 대표적인 모습으로 재구성됩니다. 선한 목자이신 예수님은 유다와 군사들과 유대 경찰을 만나시려고 그 동산 밖으로 나오심으로써(헬라어 동사 exerchomai는 NRSV의 'came forward'〈나아갔다〉가 아니라 'came out'〈나갔다〉) '무리' 안에 그들을 안전하게 두실 것입니다. 그렇게 그의 양, 그의 제자들을 보호하실 것입니다(18:4). 21장에서 예수님은 베드로에게 그 양을 치는 역할을 맡기실 것입니다. 예수님이 맹인에게 치유를 통해 하나님을 알게 하시기 때문에, 보는 것과 듣는 것은 둘 다 이 이야기에서 결정적인 역할을 합니다. 두 장을 함께 다루지 않으면, 한 감각이 다른 것보다 더 큰 중요성을 부여받게 되고, 맹인의 '시력'은 단지 예시나 기적으로 축소됩니다. 실제로 그는 10:1~18에 예수님께서 하신 말씀의 구현입니다.

설교적 관점

설교자는 이 이야기에 대하여 말하고 또 말할 수 있지만, 그러나 이것은 말하기 위한 이야기가 아닙니다. 이 이야기는 전과 후, 그때와 지금, 수년 전과 오늘, 항상 그러다가 갑자기 등 시간에 관한 것입니다.
그 사이에 뭔가 일어났으나, 설교자가 이해할 수 있는 방식으로는 말할 수 없습니다. 어떤 순간이 있었다고 말합니다. 일어난 어떤 일이 있었습니다. 만난 사람이 있었습니다. 그는 진흙과 빛으로 당신을 만졌습니다. 나머지는 노래일 뿐입니다.

> 놀라운 은혜, 얼마나 달콤한 소리인지, 나 같은 죄인을 구하셨네! 한때 길을 잃었으나 이제는 찾았고, 눈먼 자였으나 이제는 보네!

그 다음 오는 것은 예상한 대로 엄한 심문입니다. 사람들은 알아챕니다. 놀라운 은혜는 지울 수 없는 흔적을 남기지 않고는 몸을 지나가지 않습니다. 무슨 일이 있었냐고 그들은 묻습니까? 당신이 뭘 했습니까? 그가 뭘 했습니까? 당신의 새로운 몸, 당신의 새로운 자아, 당신의 새로운 생명, 당신의 새로운 눈을 어떻게 설명하겠습니까? 우리가 알 수 없는 것, 그러므로 우리가 설명할 수 없는 것을 어떻게 설명하겠습니까?
설교자는 이 단락에 대하여, 또 날 때부터 맹인인 그 사람에게 무슨 일이 일어났는지를 말하고 또 말할 수 있지만, 이것은 설명 가능한 이야기가 아님을 분명히 해야 합니다. 어떤 것들, 어떤 기적들은 결코 설명될 수 없습니다. 우리는 사건을 묘사하고, 우리가 아는 것을 말하고, 무엇이 일어났는지와 이것에 대해 믿는 바를 말할 뿐입니다. 나름의 증거와 설명이 있겠으나, 이 본문에서는 아닙니다. 이 본문은 전과 후, 그때와 지금, 수년 전에 우리는 누구였고 오늘은 우리가 누구인지와 같은 시간에 대한 것입니다. 회심은 그 순간 자체보다 '한때 길을 잃었으나 이제는 찾았고, 눈먼 자였으나 이제는 보네'와 같이 회심이 무슨 차이를 가져왔는지가 중요합니다. 이것이 설교자가 말할 수 있는 것입니다. 이것이 설교자가 묘사할 수 있는 것입니다. 여기, 우리가 염두에 둬야 할 몇 가지 설교적 전략들이 있습니다.
맹인인 것을 윤리적 결함이 아니라 하나의 존재 상태로서 이해하십시오. 제게는 맹인으로 태어난 친구가 있습니다. 그녀는 내게 동정이 어리석은 것임을 가르쳐주었습니다. 나의 동정을 원하지도 않고, 받을 이유도 없었습니다. 그녀의 삶은 부요하고 충만했으며, 그녀만의 삶 속에서 살아가고 움직입니다. 물론 적응하는 방법을 배워야만 했었습니다. 시력을 가진 사람들을 위해 구성된 세계에서 맹인으로 산다는 것은 우리의 방식을 이해하고 대처하는 방법들을 찾아야만 한다는 것을 의미합니다. 또 그녀는 우리가 그녀와 어떻게 지내야 하는지('도움'이 아니라)에 대해 눈먼 우리를 지속해서 가르쳐야만 했습니다. 심지어 우리가 눈을 가리고 다니거나 백내장이 생긴다 해도, 선천적 맹인이 어떤지는 결코 이해할 수 없습니다. 이것은 민감한 점이지만, 이 본문에 들어가려고 한다면 필수적입니다. 우리는 서로 다른 윤리가 아닌 다른 세계를 이야기하고 있는 것이니 말입니다. 많은 설교자들이 본문에 나오는 역사적 상세함에 매료되기도 하고(예를 들어, 예수님 시대에는 맹인이 인간의 죄에 대한 형벌로서 해석되었다는 중요한 사실) 질병에 관한 우리의 신학적 해석을 얼마나 많이 발전시켜 왔는지 깊이 파고듭니다. 많은 경우 감사하게도 발전해 오긴 했습니다. 하지만 우리에게 윤리적 세계로 들어가라고 요청하는 것이 아니라, 맹인 그 자체의 상태로 들어갈 것을 요청합니다.

결코 변하지 않을 세상의 한 가지 경험 속에서 태어난다는 것은 어떤 것일까요? 세상을 전혀 다른 방식으로 경험하는 다른 사람들 사이에서 살고 지내는 것은 어떤 것일까요? 그들의 세계를 이해하고, 그들에게 여러분의 것을 설명하려고 시도하는 것은 어떤 것일까요? 맹인은 먼저 존재적 상태이지, 불신앙에 대한 은유가 아닙니다. 본문에 들어가기 전에 우리는 지금 알고 있는 세상과는 근본적으로 다른 세상 속에 우리 자신을 두려고 노력해야만 합니다.

회심의 순간을 설명하거나 변호해야 하는 어떤 것으로 보지 말고, 단순히 플롯의 전환점으로 둡시다. 회심은 혼란스럽다는 점에 솔직해집시다. 요한복음 9장이 그려주듯이 그것은 심지어 불쾌한 것일 수도 있고("땅에 침을 뱉어 진흙을 이겨 그의 눈에 바르시고"), 무엇보다 중요한 것은, 그것이 전혀 설득력 있게 들리지 않는다는 점입니다. 당신이 진흙을 가지고 거룩한 경험을 한 순간이 있었다고 해서, 우리가 앞으로는 신발에 묻은 진흙을 털어내지도 않을 것은 아니지 않습니까?

한 사람의 진흙으로 경험한 황홀한 순간은 보통 다른 사람들에게는 자기기만의 전형적인 경우처럼 보인다는 것을 설교자는 기억해야만 합니다. 선천적 맹인이 했었던 것처럼, 그 경험을 설명하려고 시도해 보십시오. 그러면 다른 사람들은 당신이 제정신인지를 묻고, 당신의 말을 의심하고 당신을 무시할 것입니다.

요한복음 9장의 진흙의 세부 내용들은 우리가 서로의 이야기를 들을 수 있기 전에 얼마나 우리의 귀를 (그리고 우리의 뱃속까지도) 맞추어 주의 깊게 들어야만 하는지를 상기시켜 줍니다. 우리 자신의 불편함에 집착하는 것은 우리의 듣는 능력을 망쳐 버립니다.

우리가 실제로 묘사할 수 있는 것, 즉 전과 후의 차이를 설명하는 것에 초점을 두십시오. 선천적 맹인은 자신의 회심 순간을 누군가에게 만족할 만큼 설명할 수 없지만, 그는 그것이 가져온 차이를 말할 수 있었다는 점을 주목하십시오. 그는 '한 가지 아는 것'을 권위자들에게 말합니다. "내가 맹인으로 있다가 지금 보는 그것이니이다" 이것이 더 좋은 전략입니다. 왜냐하면 이제 다른 사람도 볼 수 있고 들을 수 있다고 말하고 있기 때문입니다. 그들은 이전의 그를 알았습니다. 그들은 지금 그를 볼 수 있으며, 확실하게 그는 더 이상 맹인이 아닙니다.

그래서 전과 후를 설명하는 것에 중심을 두십시오. 한때 나는 세상을 이렇게 보았으나, 지금은 이렇게 봅니다. 한때 나는 이것을 믿었으나, 지금은 이것을 믿습니다. 내가 지금 보고 있는 눈멀었던 세상 속에서는 보지 못하고 살았습니다. 이제 내 눈은 열렸고, 내가 보고 알게 된 것은 이렇습니다. 이것이 교회가 들어야 할 이야기들입니다.

예수님을 설명하지 말고 고백하십시오. 마침내 우리 모두가 말할 수 있는 것은 예수님께서 이 사람을 고치셨다는 믿음입니다. 우리는 어떻게 또는 왜를 말할 수 없으며, 설득력 있는 증거를 제시할 수도 없습니다. 믿음의 새로운 세계에서는, 우리의 고백이 전부입니다. 그것이 예수님께서 우리에게 원하시는 모든 것입니다.

FIFTH SUNDAY IN LENT

사순절 다섯째 주일

에스겔 37:1~14

시편 130편

로마서 8:6~11

요한복음 11:1~45

사순절 다섯째 주일

에스겔 37:1~14

1 여호와께서 권능으로 내게 임재하시고 그의 영으로 나를 데리고 가서 골짜기 가운데
두셨는데 거기 뼈가 가득하더라
2 나를 그 뼈 사방으로 지나가게 하시기로 본즉 그 골짜기 지면에 뼈가 심히 많고 아주 말랐
더라
3 그가 내게 이르시되 인자야 이 뼈들이 능히 살 수 있겠느냐 하시기로 내가 대답하되 주
여호와여 주께서 아시나이다
4 또 내게 이르시되 너는 이 모든 뼈에게 대언하여 이르기를 너희 마른 뼈들아 여호와의
말씀을 들을지어다
5 주 여호와께서 이 뼈들에게 이같이 말씀하시기를 내가 생기를 너희에게 들어가게 하리
니 너희가 살아나리라
6 너희 위에 힘줄을 두고 살을 입히고 가죽으로 덮고 너희 속에 생기를 넣으리니 너희가
살아나리라 또 내가 여호와인 줄 너희가 알리라 하셨다 하라
7 이에 내가 명령을 따라 대언하니 대언할 때에 소리가 나고 움직이며 이 뼈, 저 뼈가 들
어 맞아 뼈들이 서로 연결되더라
8 내가 또 보니 그 뼈에 힘줄이 생기고 살이 오르며 그 위에 가죽이 덮이나 그 속에 생기
는 없더라
9 또 내게 이르시되 인자야 너는 생기를 향하여 대언하라 생기에게 대언하여 이르기를
주 여호와께서 이같이 말씀하시기를 생기야 사방에서부터 와서 이 죽음을 당한 자에게
불어서 살아나게 하라 하셨다 하라
10 이에 내가 그 명령대로 대언하였더니 생기가 그들에게 들어가매 그들이 곧 살아나서
일어나 서는데 극히 큰 군대더라
11 또 내게 이르시되 인자야 이 뼈들은 이스라엘 온 족속이라 그들이 이르기를 우리의 뼈
들이 말랐고 우리의 소망이 없어졌으니 우리는 다 멸절되었다 하느니라
12 그러므로 너는 대언하여 그들에게 이르기를 주 여호와께서 이같이 말씀하시기를 내 백
성들아 내가 너희 무덤을 열고 너희로 거기에서 나오게 하고 이스라엘 땅으로 들어가게
하리라
13 내 백성들아 내가 너희 무덤을 열고 너희로 거기에서 나오게 한즉 너희는 내가 여호와
인 줄을 알리라
14 내가 또 내 영을 너희 속에 두어 너희가 살아나게 하고 내가 또 너희를 너희 고국 땅에
두리니 나 여호와가 이 일을 말하고 이룬 줄을 너희가 알리라 여호와의 말씀이니라

신학적 관점

골짜기 곳곳에 흩어져 있는 마른 뼈들에 대한 이 감동적인 묘사는 유대인과 기독교인 모두에게 종말론적 상상력을 불어넣은 성경의 위대한 선물 중 하나입니다. 에스겔의 예리한 시선 아래, 이 뼈들은 갑자기 큰 소리를 내며 서로 연합하고, 힘줄이 생기고 살과 피부가 덮인 후, 마침내 사방에서 불어오는 숨결로 되살아납니다. 이 단락을 빼고는, 히브리 성경은 죽은 자들에게 주어지는 어떤 복된 내세에 대하여 침묵하고 있으며, 이 해부학 책 같은 묘사는 랍비 유대교와 기독교 모두의 중심적 교리인 '육체의 부활'이라는 개념이 성경에 처음 등장하는 예일 수 있습니다.

대부분 주석은 에스겔의 의도가 생리학적이라기보다 비유적이었음을 강조합니다. 즉, 그의 환상은 자신들의 뜻과는 달리 바벨론으로 끌려갔던 그 유대인들의 자손이 이스라엘 땅으로 마침내 귀환할 것에 관한 내용이었습니다. 마른 뼈들은 그들이 언젠가 집으로 돌아올 수 있으리라는 희망마저 사라진 메말라 버린 심정을 상징합니다. 에스겔은 "이 뼈들은 이스라엘 온 족속이라"(11절)는 말을 들었고, 어느 날 그것들은 이스라엘의 땅으로 돌아올 것입니다.

장 칼뱅도 그렇게 인정했습니다. 칼뱅에게 있어서, 이 구절들은 절망에 빠진 포로들에게 귀환의 희망을 불러일으키는 것이었으며, 이러한 차원에서 마른 뼈들이 다시 살아나는 골짜기의 이미지가 어떻게 작용하는지를 인지하는 것은 필수적입니다. 또한 에스겔이 이 정치적 희망을 모든 희망의 원천이자 '이 세상에서 신자들이 경험하는 모든 구원의 본보기'인 죽은 자의 부활이라는 더 근본적인 소망에 기반을 둔 방식도 주목할 만합니다. 칼뱅은, 인간이 바랄 수 있는 그 무엇보다도 죽은 자의 부활은 하나님께 전적으로 의지해야 하므로 그것이 우리의 능력 밖에 있음은 의심할 여지가 없다고 주장했습니다. 자손의 생존, 영향력, 명성처럼, 존재의 일반적인 과정 속에서 본질적으로 누구나 인식할 수 있는 불멸의 형태들이 있습니다. 그런데 몸이 부패하기 시작하고 오랜 시간이 지나 소생하는 것은 기적입니다.*

오늘날 우리가 이해하기 어려운 방식으로, 초대 교회의 그리스도인들은 죽음 후의 삶에 몸이 필요하다고 확신했습니다. 이것은 원시 정통 그리스도인들과 영지주의 그리스도인 사이의 근본적인 이견이었습니다. 영지주의자들은, 몸이라는 육체적인 장애물로부터 영혼의 온전한 자유를 얻는 것보다 더 바라는 것이 없었습니다. 그러나 인간은 이생에서나 내세에서도 영혼과 육체가 결합된 존재이기에, 이레네우스와 테르툴리아누스와 같은 교부들은 몸이 없이 죽음을 극복하는 존재가 없다고 확고하게 주장했습니다. 참으로 부활의 기적이 일어나기 위해서는 반드시 시체가 있어야 했습니다. 영지주의자들이 희망했던 영혼과 육체의 영구적인 분리는 불멸이 아니라 소멸일 뿐입니다.

이 신앙은 초기에 기독교 순교자들이 검투사들에게 토막 나거나, 박해 시기에 사자들에게 먹힐 때 시험대에 올랐습니다. 몸이 너무 심하

* John Calvin, *Institutes of the Christian Religion*, ed. John T. McNeill, trans. Ford Lewis Battles, LCC (Philadelphia:Westminster Press, 1960), 3.25.4.

게 훼손되거나, 몸의 부분들이 여기저기 흩어져 심지어 하나님도 재건할 수 없는 지점이 존재할까요? 유세비우스에 따르면, 2세기 중반 경 갈리아의 로마인들은 원형 경기장에서 처형된 그리스도인들의 시신들을 목 베고 불에 태워, 그 유해를 라인강에 떠내려 보내기 시작했는데, 이는 '죽은 자들의 부활을 빼앗기' 위함이었고, 순교의 보상으로 부활이 있을 것이라는 살아 있는 그리스도인들의 확신을 파괴하기 위함이었습니다. 하나님께는 이렇게 물살에 쓸려간 그런 조각들을 다시 회복하고 재결합할 능력이 있으실까요? 더 끔찍한 말로 생각해 본다면, 사자에게 먹힌 거룩한 순교자는 어떻게 되고, 다시 그 사자가 이교도들의 희생제물로 바쳐지고 먹힌다면 어떻게 되는 것일까요? 두 육식 동물에게 소비되고 소화된 그 순교자의 몸은 누구의 살이 되나요? 이것에 대한 답으로, 테르툴리아누스는 가장 오랫동안 남는 뼈와 치아가 부서질지라도 포배와 같이 다시 싹트게 될 것이라고 했습니다. 교부들 사이에서는 '하나님께서 흙으로 아담을 만드셨듯이, 몸의 가장 작은 물질 조각들로부터 다시 몸을 재구성하실 수 있으며, 그 사람의 정체성까지 온전히 회복시키시고, 그의 특이한 기억들과 심지어 순교의 소중한 상처까지도 부활한 몸에 새길 수 있다'는 견해로 발전했습니다.*

탈무드에서 한 랍비는, 우리의 사악함이 우리의 뼈에 새겨져서, 우리에게 주어진 삶을 살면서 어떻게 처신했는지가 지울 수 없는 도덕적 기록으로 남겨진다고 주장합니다. 탈무드에는 유대인들이 이스라엘의 땅으로 돌아갈 수 있게 하는 것이 열린 무덤이라는 에스겔의 환상에 대한 흥미로운 기법도 들어 있습니다. 유배지에서 죽는 의인들을 위해, 하나님께서 지하도를 만들어 주실 것이며, 그들의 뼈가 약속의 땅까지 굴러가 도달하게 될 것입니다. 그것들이 도착하면, 하나님께서 숨을 다시 불어넣으시고, 그들이 일어나 다시 살게 될 것입니다. 이는, 유대교와 기독교 사상에 깊이 뿌리내린 에스겔 환상의 주제를 전면에 부각시킵니다. 이 성경 내러티브의 핵심은 고향을 떠나 오랜 기간 방황하고 다시 돌아가기를 갈망하는 이방인의 이야기입니다. 에덴에서 쫓겨나고, 애굽에서의 나그네 생활을 하고, 약속의 땅으로 향하는 여정에 관한 이야기며, 바벨론 포로들이 조상의 땅으로 돌아가기를 갈망하는 이야기입니다.

구원 이야기를 이해하는 데, 악의 세력을 이기는 것, 죄에서 정결하게 되어 신성한 목적으로 충만하게 되는 것 같은 성경적인 방법이 있지만, 이 추방과 귀환의 플롯은 구원 이야기를 이해할 수 있는 성경의 심층적 구조의 일부입니다. 성경에 따르면, 하나님으로부터 우리는 분리되었고 다시 돌아갈 길을 찾고 있지만, 우리는 길을 알지 못할 수도 있습니다. 이것이 하나님께 돌아갈 때만 참된 안식을 얻을 수 있다는 아우구스티누스의 고백입니다. 또 이것은 분명 에스겔이 본 마른 뼈 골짜기 환상에서 표현된 이뤄지지 않은 갈망입니다.

* Caroline Walker Bynum, *The Resurrection of the Body in Western Christianity, 200-1336* (New York: Columbia University Press, 1995).

목회적 관점

이 구절은 수 세기 동안 히브리 성서 독자들의 상상력을 사로잡았습니다. 이에 대한 증거는 시각 예술, 목회적 선포, 음악, 문학, 심지어 대중문화에서 찾을 수 있습니다. 구글에서는 이 성경 구절에 관한 참고 자료를 8만 개 이상 찾을 수 있으며, 여기에는 3세기 초의 소묘, 회화, 삽화도 포함됩니다.

성경에서 에스겔과 마른 뼈들의 골짜기보다 시각화와 아미지화를 위해 더 풍부한 자료를 제공하는 구절은 거의 없습니다. 이 성경 구절을 읽다 보면, 시선이 닿는 곳마다 뼈와 해골들이 흐트러져 누워 있는 광야의 장면을 그려 보지 않을 수 없습니다. 에스겔이 '주님의 말씀'을 들으며 마른 뼈들 사이에 서 있습니다. 이 구절을 묘사하는 예술품 중 어떤 것에는 에스겔 위에 그림자처럼, 혹은 더 선명하게, 하나님께서도 함께 서 계신 것으로 표현되어 있습니다. 1372년에 그려진 한 삽화 책에는, 주님이 천국에서 에스겔의 행동을 지시하기 위해 몸을 숙인 청년으로 묘사되어 있습니다. 에스겔은 나무 관에서 일어나는 시체들과 땅에 있는 뼈들을 향해 설교하는 노인입니다.*

사순절을 보내면서, 말라버린 뼈들(그리고 말라버린 시간)이 우리의 영적 생활에서 무엇을 의미하는지 생각해 보는 것은 가치 있는 일입니다. 우리의 영적 여정에서 외롭고 메마른 시절들로부터 무엇을 배울 수 있나요? '영혼의 어두운 밤'은 문학과 인간의 경험에서 친숙합니다. 우리 대부분은 의심과 절망과 우울과 두려움과 근심이 우리의 일상에서 두드러졌던 시절을 지목할 수 있을 것입니다. 에스겔이 마른 뼈들 환상을 보았던 때는, 확실히 이스라엘 백성들이 모두 절망과 낙심을 경험하던 시기였습니다. 에스겔의 환상에 나오는 뼈들처럼 끊어지고 부서지기 쉬운 상태가 된 삶의 '메마른' 시기에 우리는 무엇을 배울 수 있을까요?

뼈

뼈가 흩어져 유물처럼 놓여 있다
죽은 나뭇가지처럼 바람에 쓸려 줄지어 쌓이고
나무의 몸통들은 계속해서 메말라 간다
모든 희망은 바래고 사라졌으며
생명의 수분은 증발해 버렸다

무언가였던 것의 굳어버린 기억들
아니면 무엇이 될 수 있는 씨앗들
한때 순수한 기운으로 가득했고
명예와 불명예가 씨름한 자리였던
그릇들은 파편이 되어 흩어졌다

언덕을 따라 흐르던 생명수는 말라버렸고
골짜기를 채우는 데 필요한 것은 오직 중력뿐이었다

이것은 결코 뼈들에 대한 것이 아니라
오히려 순수한 힘의 한 조각
회복의 주권이 누구에게 있는지 기억하게 하는 것
진정한 소망은 그 근원에 있다

* "Ezekiel's Vision of the Valley of Dry Bones"(작가 미상)라는 삽화에 대한 묘사, Petras Comestor, *Bible Historiale*, France, 1372.

-뎀프시 R. 칼훈(미발표작)

에스겔 중 이 단락에 대한 많은 해석, 선포, 설교 그리고 다른 문헌들에서 주요 주제는 '갱신, 소생, 회복, 안식, 재충전, 부활'입니다. 우리는 에스겔의 환상을 생각할 때, 새로운, 활기찬 삶의 기쁨에 대한 부분, '좋은' 부분으로 빨리 넘어가고 싶은 유혹을 받습니다. 그러면 우리는 그 마르고 황량한 풍경 안에 숨겨진 교훈을 놓치게 됩니다. 아마도 이번 사순절에 하나님께서 우리에게 하시는 질문은 '너의 영적으로 마른 뼈들이, 너에게 무엇을 가르쳐 줄 수 있느냐? 네가 걸어야 할 고통스럽고 어려운 길에서 너는 너 자신과 세상과의 관계에 대하여 무엇을 배울 수 있느냐?'일 것입니다.

내셔널 지오그래픽에 게재된 "푸른 사하라의 잃어버린 부족들"이라는 제목의 기사는 고고학자들이 어떻게 사라진 호수 근처에서 200여 개의 무덤을 발굴했는지를 설명했는데, 사하라가 한때 비옥한 땅이었음을 가리키는 내용이었습니다. 거기에 매장된 해골들은 최소 천 년의 차이를 두고 살았던 두 집단 사람들에 대한 놀라운 정보를 드러냅니다. 그 무덤들에서 발굴된 뼈와 치아는 죽은 자들의 성별, 나이, 건강 상태 전반, 식습관, 질병, 부상, 습관들을 밝혀주었습니다. 뼈의 크기와 상태는 주민들의 생활 방식, 직업, 생활환경이 어땠는지를 알게 하는 단서들을 주었습니다.

조사관들은 키피안(Kiffian) 사람들의 치아로 그들이 주로 거친 곡물을 섭취하는 식습관을 가졌고, 그 지역 수원지에서 물을 길어다 마셨으며, 그들이 살았던 고베로(Gobero)에서 그리 멀리 옮겨오지는 않았을 것으로 추정했습니다. 테르네리안(Ternerian) 사람들의 뼈는 그들이 더 가벼운 체형을 가졌으며 유목민들이었을 가능성이 있지만, 사냥과 낚시에도 의존했었을 가능성도 있음을 보여주었습니다.*

이번 사순절에 우리의 영적인 뼈들을 분석해 본다면 어떤 결과가 나올까요? 우리의 영적 성숙에 관해 무엇을 발견하게 될까요? 연구, 성찰, 기도, 하나님과의 의미 있는 관계가 부족하다는 것이 드러날까요? 이 조사는 우리의 영적 실천의 풍요로움에 대해 무엇을 말해 줄까요? 우리는 '사랑, 희락, 화평, 오래 참음, 자비, 양선, 충성, 온유, 절제'라는 성령의 열매를 간절히 원하며 기도하고 있습니까? 만약 주님이 우리에게 '이 뼈들이 살 수 있겠느냐?'라고 물으신다면 뭐라고 대답하겠습니까?

사랑과 자비라는 하나님의 놀라운 제안에 "주 여호와여 주께서 아시나이다"(3절)라고 했던 에스겔의 겸손한 대답을 당신도 할 수 있습니까? 하나님께서 우리의 뼈들에 선포하라고 말씀하십니까? 오늘 우리의 삶을 위해 들을 필요가 있는 말씀은 무엇입니까? 어떻게 하면 성령의 생기를 받아들일 수 있겠습니까? 하나님께서는 기꺼이 우리에게 호흡을 불어넣으시고 우리를 다시 한번 변화로 채우시길 원합니다. 그리고 그 변화는 우리가 하나님 나라에 속한 자가 되게 해 줄 것입니다. 우리는 우리의 영적 뼈들이 새살과 피로 채워지는 환상을 볼 수 있겠습니까? 우리는 성령님과 함께 일하며, 예수님의 부활과 우리 자신의 부활을 준비할 수 있겠습니까?

* Peter Gwin, "Lost Tribes of the Green Sahara," *National Geographic* (Sept. 2008), 136, 137, 142.

"이 뼈들이 다시 일어날 것이다"(*Dese Bones Gwine Rise Again*)라는 제목의 아프리카계 미국인들의 영가에는 '나는 압니다, 정말 나는 압니다, 이 뼈들이 다시 살아날 것을'이라는 후렴이 있습니다.* 이 확신은 우리 삶의 전부를 지탱해 줄 수 있습니다. 삶의 어려움과 기쁨과 함께, 하나님께서는 계속해서 우리가 뼈들을 독해하고, 회복과 부활의 숨결을 위해 그 뼈들을 하나님께 드리라고 도전하십니다.

주석적 관점

에스겔 37:1~14은 서론(1-4절), 말씀 사건(5-10절), 설명(11-14절) 세 부분으로 나뉩니다. '여호와의 손'(1절, 출 9:3 참조. 개역개정은 '권능')은 히브리인들의 구원을 위한 신적 행동을 설명합니다. 같은 어구가 이사야(사 19:16, 25:10, 41:20, 59:1, 66:14)와 에스겔의 다른 곳(겔 1:3, 3:22, 40:1)에도 나옵니다. 사회적, 정치적 트라우마를 넘어서 신적 구속을 표현하는 것으로, 히브리 성경에 거의 190번 등장합니다.

저자는 여호와의 손과 여호와의 영 사이의 병행 구조를 형성합니다. 행동 주체의 병행 구조는 행동의 병행 구조와 일치합니다. 출애굽 사건의 신적 행동을 회상해 볼 때, '나를 데리고'와 '두셨는데'라는 동사들이 두드러지게 나타납니다. 그러나 현재의 열망은 약속의 땅에 이르는 것과 상관이 없습니다. 선지자는 젖과 꿀이 흐르는 땅을 보지 않습니다. 골짜기는 도전의 은유만이 아니라 기회의 은유입니다. 저자는 골짜기가 뼈들로 가득 차 있다는 중요한 한 마디를 덧붙여 명확한 설명을 해줍니다.

NRSV에서 '나를 그 주위로 인도하여'(2절, led me all around them)는 주위를 반복해서 돌고 계속해서 되풀이되는 느낌을 줍니다. 이것은 에스겔의 피상적인 관찰이 아닙니다. 여기서 저자는 2b절과 2c절에서 뼈들의 양을 강조하기 위하여 명사들을 사용합니다. NRSV에서 히브리 단어 '보라'는 '심히 많고'와 '아주 말랐더라'(2절)의 앞에서 번역되지 않았습니다. '마른'이라는 단어 사용은, 이 죽음이 착각이거나 일시적인 것이 아니라 실제임을 분명하게 합니다. '건조하고 해체된 뼈'라는 은유의 사용은 히브리 성경 다른 곳에서도 나옵니다(사 66:14, 욥 21:24 참조).** '심히 마른'이라는 언어는 그 죽음과 그 해체된 뼈들이 정말 죽었다는 것을 나타냅니다. 또한 이 '심히 마른'은 뼈들이 골수가 없고 매우 하얗다는 단서입니다. NRSV의 '골짜기에 누워'(2절, lying in the valley)는 '골짜기의 표면에'(on the face of the valley)로 번역될 수 있습니다. 이 말은, 하얗게 마른 뼈들이 골짜기의 바닥에 널브러져 있는 상태를 묘사하며, 그 골짜기 자체도 건조하고 바위투성이인 지형일 가능성이 큽니다.

처음 두 절이 고요 속에서 일어나고 있는 것을 짐작해 보면, 그 고요는 3절에서야 깨집니다. 이 단락은 표적 사건으로 시작하지만, 곧 말씀 사건으로 바뀝니다. 여호와의 영은 '인자', 곧 벤-아담(ben-adam)이라는 호칭으로 선지자에게 말씀하십니다. 이 용어는 히브리

* Leonidas A. Johnson, *Go Down, Moses! Daily Devotions Inspired by Old Negro Spirituals* (Valley Forge, PA: Judson Press, 2000), xx.

** Joseph Blenkinsopp, *Ezekiel*, Interpretation series (Louisville, KY: John Knox Press, 1990), 171.

성경의 다른 곳에서도 발견되지만(시 80:18, 렘 49:18,33, 50:40, 51:43, 단 8:17 참조), 가장 많이 사용된 곳은 에스겔입니다. 에스겔은 파수꾼이라는 선지자의 사명 중 한 면을 묘사합니다(겔 3:16-21, 33:1-9). 저자가 33장에서 '인자'라는 말과 '파수꾼'을 함께 사용하는 것은, 바벨론 포로 선지자를 파수꾼이자 인간을 대표하는 존재로 묘사하기 위해 두 가지 역할을 어떻게 융합하는지를 보여줍니다. 대표적인 기능에는 사람들을 위한 중재적 역할이 포함됩니다.

대체로 인간은 여호와의 영에 상당한 경의를 표현합니다(사 7:10-12 참조). 그런데 여기 선지자와 여호와의 영 사이의 대화에서는 적당히 수줍은 듯 감춰진 표현으로 나타납니다. 뼈들이 살 수 있겠는지 질문을 받았을 때, 선지자는 "주 여호와여 주께서 아시나이다"(3절)라며 신적 전지성에 수긍하는 것으로 되받습니다. 이 대화 안에는 이 구절의 배경을 이루는 질문이 내포되어 있습니다. "이 뼈들이 능히 살 수 있겠느냐?"(3절).

영으로부터 받은 지시는 두 가지 요소를 포함합니다. 첫째는 "이 모든 뼈에게 대언하여 이르기를"(4절)입니다. 이 지시의 두 번째 부분은 선지자에게 "너희 마른 뼈들아 여호와의 말씀을 들을지어다"라는 메시지를 내놓습니다. 선지자는 예언적/신적 발언을 소개하는 공식 '또 내게 이르시되…'(5절)로 시작합니다. 이 구절에서 핵심 단어는 '루아흐'(ruach)입니다. 이 용어는 '숨'이나 '바람' 또는 '영'을 의미할 수 있습니다. 여기서 작가는 이 용어의 다의성을 이용하려고 합니다. 5b절 "내가 생기를 너희에게 들어가게 하리니 너희가 살아나리라"에서 동사들은 결합합니다. 부활은 어떤 새로운 생명을 수반합니다. 6절은 5절의 약속을 확장합니다. 숨/바람/영은 여전히 중심적인 역할을 합니다. 뼈들에 생명이 충분히 주어졌을지라도, 그것이 신에게는 충분하지 않습니다. 이 구절은 생명을 하나님을 아는 지식에 접목합니다(6b절). 새로운 피조물들은 여호와가 하나님이심을 알게 될 것입니다.

다음 부분(7-8절)은 에스겔이 순종한 결과를 묘사합니다. 선지자는 지시받은 대로 예언합니다. 뼈들이 합쳐지고, 살과 피부가 그것을 덮습니다. 하지만 이야기는 긴장을 유지합니다. 아직 숨/영이 없습니다. 그래서 선지자는 바람/영에게 대언하라는 또 다른 명령을 받습니다. 에스겔 37장의 저자는 우리에게 성경에서 '사방의 바람'(9b절)에 대한 가장 초기의 예시 하나를 제시합니다(대상 9:24, 렘 49:36, 겔 42:20, 단 8:8, 11:4, 슥 2:6 참조). 뼈들을 묘사하는 언어는 약간 달라집니다. 처음에는, 그것들이 말랐고 죽은 것이었지만, 9절에서는 '살해당한' 혹은 '죽임을 당한' 것으로 묘사됩니다(NRSV에서 slain). 다시 한번 10절은 선지자의 순종과 이후의 결과를 묘사합니다.

마지막 부분(11-14절)은 해석적 요약을 포함합니다. 뼈들은 '이스라엘 온 족속'입니다. 이 표현은 구약에서 약 12번 등장하는데, 그중의 반은 에스겔에 나옵니다(겔 3:7, 5:4, 20:40, 36:10, 39:25, 참조. 출 40:38, 레 10:6, 민 20:29, 삼상 7:2,3, 렘 13:11). 이것은 사마리아의 멸망(기원전 722) 이후와 특히 예루살렘의 멸망(기원전 587) 이후 범이스라엘 정체성으로 돌아가는 것을 나타냅니다. 하나님께서 죽은 범이스라엘 공동체의 묘지에 침입하셔서, 새 생명을 불어넣으시고, 새로운 삶을 시작하도록 성령을 보내셨습니다.

설교적 관점

사순절을 지나 부활절에 가까워지면서, 우리는 성경 전체 중에 가장 상상력을 자극하는 드라마틱한 본문 중 하나를 듣게 되는데, 그것은 에스겔의 마른 뼈들이 가득한 골짜기 환상입니다. 이 환상은 모든 세대에게 하나님께서 생명을 주실 뿐 아니라 생명을 다시 살아나게 하시는 분이시며, 생명의 모든 신호가 사라진 것 같은 때에도 죽음이 끝이 아니라는 것을 상기시켜 줍니다. 우리의 하나님께서는 생명의 창조주 하나님이시며, 생명의 기원이자 목적이십니다.

본문은 바벨론의 포로로 끌려간 이스라엘을 위하여 하나님께서 세우신 선지자 에스겔이 하나님의 손과 영에 이끌려 마른 뼈들이 가득한 골짜기로 인도되는 장면으로 시작됩니다. 선지자가 이 뼈들 사방으로 지나간 후, 하나님께서 "인자야 이 뼈들이 능히 살 수 있겠느냐?"(3a절)라고 물으십니다. 마른 뼈보다 더 생명력 없는 것이 무엇이 있겠습니까?

저는 가이드를 따라서 페루 리마에 있는 프란치스코회 교회를 통해, 오래전에 죽은 이들의 유골이 보관된 납골당을 간 적이 있습니다. 거기에는 해골, 다리와 팔의 뼈들이 쌓여 있었고, 조명이 그 유골들을 황금빛으로 비추고 있었습니다. 그 공간은 인상적이었으나, 인간미는 없었습니다. 죽은 지 오래된 그 사람들은 그것을 바라보는 사람들에게 무명의 존재들이었고, 그저 그곳은 마른 뼈들로 가득 찬 방으로 보일 뿐이었습니다. 한때 그들은 그렇지 않았겠지만 말입니다.

케네스 브래나 감독 버전의 셰익스피어의 "햄릿" 중 오필리아가 묻히기 직전 묘지에서 한 장면이 펼쳐집니다. 햄릿과 그의 친구 호레이쇼가 길을 걷다가 그녀의 무덤을 준비하는 무덤 파는 사람을 우연히 만납니다. 그는 막 해골 하나를 파냈습니다. 햄릿이 누구의 해골이냐고 물으니, 그 남자가 대답하기를 '요릭'이라고 했습니다. 햄릿이 이 해골을 받아 부드럽게 손에 들고 눈높이로 올리며 말하기를, "아, 가엾은 요릭! 호레이쇼, 나는 그를 알았었지. 익살이 넘치고 상상력이 풍부했던 친구였어. 그는 나를 수천 번이나 등에 태워주었지…. 내가 얼마나 자주 입맞추었는지 모를 입술이 여기 있었네. 이제 그대의 농담은 어디 있는가? 그대의 장난은? 그대의 노래는?"* 햄릿이 과거 궁정의 광대였던 요릭의 유골을 더듬을 때, 어린 햄릿이 그에게 장난치며 끌어안고 그에게 입맞추며 웃었던 회상 장면이 나옵니다. 그러다 갑자기 충격적으로 무덤과 생명 없는 해골로 돌아옵니다.

하나님께서 에스겔에게 "이 뼈들이 능히 살 수 있겠느냐?"고 물으십니다. 그리고 이 선지자와 죽음의 얼굴을 들여다본 모든 이에게 도전하시며, 응답을 요구하십니다. 에스겔은 "주 여호와여 주께서 아시나이다"(3b절)라고 대답합니다. 하나님께서 정말로 아십니다. 그는 이스라엘의 하나님으로서, 세상과 그 안에 있는 만물을 창조하신 분이시며, 하란의 자식 없던 부부에게서 한 민족을 낳게 하신 분이시며, 노예 생활이라는 죽음의 삶으로부터 그들

* William Shakespeare, *Hamlet*, 5.1.201-9.

의 자손을 해방시키시고 그들과 언약을 맺으신 분이시며, 사사들과 왕들과 선지자들을 세우신 분이십니다. 그들은 계속해서 죽음을 선택했으나, 하나님께서는 그들을 거듭 생명으로 부르셨습니다.

에스겔의 환상은 희망을 잃은 민족, 이방의 땅에 포로로 끌려간 살아 있으나 죽은, 영혼의 죽음의 고통을 겪는 자들에게 주어진 것입니다. 그들의 성전은 파괴되었고, 그들의 거룩한 도성은 약탈당하였고, 그들의 지도자들은 불구가 되어 사슬에 묶였으며, 그들의 군사들은 칼에 맞았고, 그들의 젊은이들과 여자들은 죽임을 당하거나 이방 땅에 끌려갔습니다. 에스겔은 민족의 영혼이 마른 뼈들의 골짜기가 생명을 잃은 것처럼 점점 시들어 가고 죽어 가는 것을 목격합니다. 이 뼈들이 살 수 있을까요? 이것이 바로 하나님께서 하신 질문입니다.

이 환상은 문자적으로 그리고 은유적으로, 세상 많은 사람이 마른 뼈들을 경험한 오늘에도 지속됩니다. 우리의 지구는 다르푸르와 콩고와 짐바브웨에서부터 미얀마와 파키스탄과 이라크까지, 골짜기들이 황폐한 계곡으로 바뀌었습니다. 갱단의 학살, 우리 도시들 안에 마약 전쟁, 의식주와 생명 존중 부족으로 마른 뼈들의 거대한 묘지가 되어 버렸습니다. 사람들이 계속해서 지불하는 물질적 대가만 아니라, 가난, 자연재해, 그리고 대량 학살이 사람들을 마른 뼈들의 상태로 전락시키는 영적 죽음도 있습니다. 이 뼈들이 살 수 있을까요?

오늘날 우리는 오직 하나님만이 주실 수 있는 약속을 듣습니다. 하나님께서는 이 선지자에게 이 뼈들을 향하여 이렇게 말하라고 말씀하십니다. "주 여호와께서 이 뼈들에게 이같이 말씀하시기를 내가 생기를 너희에게 들어가게 하리니 너희가 살아나리라"(5절). 하나님께서는 힘줄과 살과 가죽만을 약속하신 것이 아닙니다. 가장 중요한 것은 하나님께서 사방의 바람으로 생기를 부르시고, 죽임을 당한 자에게 불어넣으라고 명하십니다. 그리고 그 일이 그대로 이루어집니다. 이 생기는 하나님의 영이고, 하나님께서 에덴동산에서 지으신 첫 번째 사람에게 불어넣으신 생명을 주는 영, '루아흐'입니다.

이 생기는 나사로 이야기로 옮겨갑니다. 같은 생기가 십자가에 못 박히신 예수님에게도 불어넣어져서, 그를 부활의 생명으로 일으켰고, 또 세례받는 우리에게 성령께서 오셨을 때 우리를 만졌습니다. 이 생기는 세상으로 나아가, 어떤 소망도 품기 어려운 때에 사람들을 다시 새 생명으로 일으킵니다. 우리는 마른 뼈들의 골짜기 에스겔의 환상을 들을 필요가 있습니다. 이는 우리 스스로 숨을 헐떡이며, 살아남기 위해 분투하는 것을 볼 때, 상상과 마음 안에 살아 있도록 하는 장면입니다. 설교자들은 스스로에게 이렇게 질문할 수 있습니다. 오늘 마른 뼈들은 어디에 있습니까? 살아 계신 하나님의 약속을 들어야 하는 죽음의 골짜기는 어디입니까?

사순절은 성주간의 위대한 삼일로 빠르게 이어집니다. 십자가에 못 박히신 사람의 뼈가 살 수 있을까요? 네, 우리가 그 안에, 그와 함께, 그를 통하여, 그를 위해 사는 것처럼 말입니다. 우리는 예수님이 주시고 우리 마음에 부어진 같은 성령의 능력 속에서 삽니다. 이제 우리는 우리의 세례 서약을 갱신하는 부활절까지 불과 2주를 남겨두고 있습니다. 당신은 이 모든 만물을 창조하신 생명의 하나님을 믿습니까? 당신은 우리가 풍성한 생명을 얻을 수 있도록 우리를 위하여 죽으시고 부활하신, 십자가에서 죽으시고 다시 사신 주 예수님을 믿습니까? 당신은 어디선가 불어와 새로운 생명을 가져다주는 신성한 생기이신 성령 하나님을 믿습니까? "인자야 이 뼈들이 살 수 있겠느냐?" 네, 주님, 확실히 그렇습니다.

사순절 다섯째 주일

시편 130편

1 여호와여 내가 깊은 곳에서 주께 부르짖었나이다
2 주여 내 소리를 들으시며 나의 부르짖는 소리에 귀를 기울이소서
3 여호와여 주께서 죄악을 지켜보실진대 주여 누가 서리이까
4 그러나 사유하심이 주께 있음은 주를 경외하게 하심이니이다
5 나 곧 내 영혼은 여호와를 기다리며 나는 주의 말씀을 바라는도다
6 파수꾼이 아침을 기다림보다 내 영혼이 주를 더 기다리나니 참으로 파
수꾼이 아침을 기다림보다 더하도다
7 이스라엘아 여호와를 바랄지어다 여호와께서는 인자하심과 풍성한 속
량이 있음이라
8 그가 이스라엘을 그의 모든 죄악에서 속량하시리로다

신학적 관점

하나님에 관한 생각과 논의를 의미하는 신학은, 하나님께서 영원하심을 증언합니다. 그러나, 영원에 대한 담론은 우리를 심연으로 빠뜨립니다. 만약 '영원하심'이 하나님에 관한 유일한 담론이라면, 신학자들은 말할 것이 없어지고, 시편 기자들은 기도할 것이 없어집니다. 그들은 경외심에 사로잡혀 신적 신비에 놀라워하겠지만, 시편 기자와 함께 기도하고 예배하기 위해 모인 우리는 단순히 사로잡혀 놀라워하는 것만으로는 곧 지치게 될 것입니다. 신학자들과 기도하는 사람들이 피해서는 안 될 그런 반응은 그다지 유용하지 않습니다. 시인들은 영원하신 하나님께서 시간 속의 피조물들을 어떻게 유용하게 사랑하시는지를 노래함으로써 우리를 거기서 건져 냅니다.

시간, 그렇습니다. 이것을 언급하면 신학적 담론을 촉진하는 무언가가 있게 됩니다. 그러나 다시 말하자면, 시간을 언급하는 것이 영원을 언급하는 것보다 훨씬 유용하지는 않습니다. 아우구스티누스는 '만일 아무도 나에게 묻지 않는다면, 나는 늘 시간이 무엇인지 압니다'라는 말로 우리 대부분을 대변해 줬습니다.* 그래서 나는 당신에게 묻습니다. '시간이란 무엇입니까?' 사전에서 약간의 도움을 얻을 수 있지만, 흥미로운 방식은 아닙니다. 성경적이며 기독교적인 사고방식과 어휘에서 시간은 하나님과 우리의 관계에 영향을 미칠 때, 관심의 대상이 됩니다. 하나님의 행하심의 조명 아래, '태초에'와 '시간의 끝'을 깊이 묵상할 수 있습니다. 하지만, 이런 것들은 '하나님의 시간'과 '우리의 시간'이 일치하거나 혹은 이 시편의 시작에서처럼 이따금 발생하는 불일치를 경험할 때 주목되고 무게감을 느끼게 됩니다.

"나 곧 내 영혼은 여호와를 기다리며"(5절). 시편 기자는 자기 달력에 표시하고, 시간을 기록하고, 시계를 맞추며, 여호와를 뵙기 위해 밖을 내다보았지만, 여호와를 그리 쉽게 뵐 수 있는 것처럼 보이지 않습니다. 그를 괴롭게 하는 것이 아마도 시간의 어긋남만은 아닐 것입니다. 시편은 두려움을 불러일으키는 특별한 언급으로 시작하는데(1절), 이는 깊은 곳에서의 노래, 구덩이에서의 부르짖음, 외치는 이가 너무 깊이 파묻혀 확실하게 들리지 않는 희미해진 소리입니다.

깊은 곳에서의 부르짖음에 대해 이야기하는 것은 마케팅에 뛰어난 오늘날의 신학에 어울리지는 않습니다. 우리는 예배할 때, 약속의 땅을 바라는 모세와 함께, 변화산 위에 있었던 예수님의 세 제자와 함께, 예수님이 승천하신 감람산 위에 있었던 제자들과 함께 높은 곳에 있기를 더 좋아합니다. 예배자들은 일주일 내내 지쳐있습니다. '내 배우자가 나를 이해하지 못해요. 사장님이 나를 전혀 인정해 주지 않아요. 성공을 위해 노력할 때 실망감이 나를 짓눌러요. 그래서 하나님의 집에 왔는데, 성경 봉독자가 낭독하고, 찬양대가 찬양하고, 회중이 응답하는 것의 내용이 '하나님의 집에 계시기로 예정된 하나님을 기다려야 한다'는 것이라니요. 나는 제 시간에 이곳에 왔는데도 하나님께서는 나를 기다리게 하십니다. 이렇게 내가 낙담해야 하나요?' 만약 이 시편이 시작했

* Augustine, *The Confessions*, trans. R. S. Pine-Coffin (London: Penguin Group, 1961), book 11, p. 264. 참고

던 대로 깊음에서 끝이 난다면, 예배자들은 침대에서 뒹굴거나 텔레비전을 켜는 것이 더 나을 뻔했습니다.

이 시편은 시작했던 그대로 끝나지 않으며, 깊은 곳에 더 오래 머물지도 않습니다. 그렇습니다. 기도하는 사람은 "여호와를 기다리며"(5절) 있어야만 합니다. 하지만, 기독교 언어에서 '기다림'이라는 신학은 좌절을 촉발하는 것이 아닙니다. 자주 그렇듯이, 여기에서 기다림은 소망과 약속으로 연결됩니다. 시편은 삶의 어려움과 좌절을 대충 넘어가지 않으며, 이 시편도 예외가 아닙니다. 우리는 약속이 성취되고 소망이 실현되기 전에, 밤의 어둠과 의심이나 죄책감 속에서 외로움의 고통을 겪는 누구나 진실로 느낄 수 있는 언어를 듣습니다. "파수꾼이 아침을 기다림보다 내 영혼이 주를 더 기다리나니"는 매우 적절한 구절이어서 이 시편 기자는 "참으로 파수꾼이 아침을 기다림보다 더하도다"(6절)를 반복합니다.

그저 뒤척이며 누워서 시간이 너무 천천히 가는 디지털시계를 보고만 있는 것은 창조적인 일이 아닙니다. 그것은 단지 밤의 외로움과 혼란과 고뇌를 연장할 뿐입니다. 기도하는 사람은 무언가 해야만 합니다. 이 시편은 '깊은 곳에서', '영혼이 기다리는' 동안에 무엇을 해야 하는지를 여러 부분에서 다루고 있습니다. 하나는 소망하는 것입니다. 좋습니다. 그러나 소망하는 것 그 이상이 필요합니다. 시편 기자와 어떤 신자가 제자리를 찾지 못하고, 적절한 시기에 있지 않다는 것, 즉 깊은 곳에서 여전히 기다리고 있다는 것이 문제의 근원입니다. 변화를 위해 시편 안에서 읽고 듣는 성경적 처방은, 회개하고, 올바른 곳으로 돌아서며, 올바른 시간을 준비하는 것입니다. 흥미롭게도 여기에는 회개하라는 명령은 없습니다. 대신 우리는 질문과 증언을 받습니다. 많은 최고의 신학은 수사학적으로 들리거나 즉각적으로 정확한 답이 가능한 질문에서 시작됩니다. "여호와여 주께서 죄악을 지켜보실진대 주여 누가 서리이까?"(3절) 이 시편 기자는 여호와께서 죄악을 지켜보실 수 있으시며 그렇게 하신다는 것을 압니다. 이스라엘과(8절) 기도하는 사람이 함께 높은 곳에 서서, 하나님께서 그들을 위해 행하시는 일과 일치할 수 있기를 바라는 기도가 여기 있습니다. 기독교 신앙과 하나님에 대한 증언의 핵심이 되는 확언이 이어집니다. "그러나 사유하심이 주께 있음은 주를 경외하게 하심이니이다"(4절).

'사유하심이 주께 있음' 또는 다른 번역에서 '주님께 사유하심이 있음'이라는 말은 이상하게 들립니다. 하나님께서 용서하시는 분이시자 구속자(8절)이심이, 그분을 아는 방식의 중심이라는 사실을 증언하며, 관계의 언어와 결합합니다. '사유하심이 주께 있음'이 파수의 긴 밤에, 구덩이에, 또는 기다림에 남겨진 누구에게나 유용하거나 도움이 되는 것은 아닙니다. 대신 암시하는 것은 신자의 움직임, 이른바 회개의 행위입니다. 회개는 옛 자아에 작별을 고하고, 하나님께서 역사하시도록 문을 열어두며, 영혼에 아침을 가져오는 것을 의미합니다.

목회적 관점

모든 주일은 부활을 기념합니다. 그러나 이번 주일에는 매 주일 은연중에 사실이었던 것이 폭발적으로 분명해집니다. 에스겔 37장은 이스라엘의 절망을 뒤엎습니다. 마른 뼈들이 살아날 것입니다. 로마서 8장은 육체의 죽음과 성령의 생명을 대조하는데, 그리스도 예수를 살리신 하나님께서 당신에게도 생명을 주실 것입니다. 요한복음 11장은 약속의 이른 성취를 지연시킬 수 없을 만큼 너무나 강력한 약속을 계시합니다. "나사로야 나오너라!" 이 엄숙한 절기의 시점까지, 감람산 언덕을 따라 울려 퍼지는 종려주일의 호산나 소리가 거의 들릴 정도로, 심지어 십자가에 가까워져도, 하나님의 사람들은 생명의 약속을 듣도록 부름을 받습니다.

이 주일에 쓸 수 있는 훌륭한 본문들을 고려할 때, 설교자는 시편 130편을 나중 약속으로 미루고 싶은 유혹을 받을지 모릅니다. 그 유혹을 물리치십시오. 시편 130편은 목회적 설교에 적합한 강력한 모티브를 통해 생명의 약속을 품고 있습니다. "여호와여 내가 깊은 곳에서 주께 부르짖었나이다"(1절).

어려움을 의미하는 보편적인 은유 '깊은 곳'은 어디에나 있습니다. 경제학자들은 '깊어지는' 불황에 관해 쓰고, 외교관들은 '깊어지는' 위기를 경고하며, 치료사들은 우울증이 '깊어지는' 환자들을 봅니다. 사랑하는 사람을 잃은 성도를 위한 사역과 같이, 목회자는 슬픔에 휩싸였거나 비탄에 잠긴 사람들을 만날 것입니다. 동료가 독감으로 '쓰러졌을' 수도 있습니다. 휴가를 준비하는 데 어려움을 겪고 있다고 조용히 말하는 친구가 있을 수 있습니다.

이러한 흔한 표현들이 각각 공유하고 있는 것은 죽음의 무게에 대한 암시입니다. 실망이나, 일시적인 질병의 불편함이나, 어려운 관계에서 오는 긴장과 같은 '작은 죽음들'조차도 삶에서 생명을 빼앗아 갈 수 있습니다. "여호와여 내가 깊은 곳에서 주께 부르짖었나이다 주여 내 소리를 들으시며 나의 부르짖는 소리에 귀를 기울이소서"(1-2절).

이 깊은 곳/깊은/아래의 모티브를 더 깊이 탐구하기 위해, 설교자는 홀로코스트의 생존자인 빅터 프랭클의 심리치료법의 해석자 로버트 C. 레슬리에 의한 오래된 연구를 다시 살펴보길 원할지 모릅니다. 그의 예수와 로고테라피 안에서, 레슬리는 초기 성장 경험과 무의식의 힘이 행동과 태도와 가치관을 형성하는 역할을 하는 것을 밝히는데 '심층 심리학'(depth psychology)의 기여가 있음을 인정합니다.* 그는 더 나아가 프랭클의 '고양 심리학'(height psychology)을 보완 개념으로 제안합니다. 우리의 목적을 위해 '고양 심리학'을 '깊은 곳에서 빠져나오는 방법의 심리학'으로 생각할 수 있습니다. 이 주제에 대한 레슬리의 발전은 설교를 위해 시사하는 바가 큽니다. 그의 장들에는 '저항적 정신 일깨우기', '실존적 공허 채우기', '인간의 존엄성 회복하기' 등이 포함됩니다.

시편 130편의 해석자는 물론 시편의 신학을 심리학적 훈련, 심지어 고도의 치료 훈련으로 축소하지 않도록 주의해야 합니다. 프랭클의 통찰을 설교에 통합하는 목적은 시편의 진리가 현실 세계 속에서 실제적 결과를 갖는다는 것을 보여주기 위함입니다. 홀로코스트의 생존자로서, 프랭클은 은유적이 아니라 실제로, 그 깊은 곳에서 외치는 소리를 가진 사람입니

* Robert C. Leslie, *Jesus and Logotherapy* (Nashville: Abingdon Press, 1965), 13-15.

다. 시편 기자의 믿음과 같이 그의 믿음은 생존을 가능하게 합니다. 그가 그 깊은 곳에서 배운 것을 나누는 것은 단순한 증언이 아니라 풍랑을 이겨낸 항해사의 해도와 같습니다. '당신이 그 깊은 곳에 있을 때, 그리고 희미하나마 아침의 빛을 보기 시작할 때, 여기에 발판 하나가 있고, 저기에 또 하나의 발판이 있습니다.' 이제 우리가 올라갈 때, 설교자가 우리를 인도하게 하십시오.

1절과 2절이 청원 기도라면, 3절과 4절은 고백과 용서의 확신을 담은 기도로 읽을 수 있습니다. 가장 깊고 깊은 곳은 우리가 우리 자신의 죄악을 스스로 파는 곳입니다. 흔히 '그가 자기 자신의 무덤을 파고 있다'라고 말합니다. 목회적으로 민감한 설교자는 회중 가운데 자책하는 영혼들이 더 깊은 심연에 빠져 있음을 이해할 것입니다. 그것은 그들이 스스로를 비난하기 때문이며, 그것이 또 비난받을 만한 일일 수도 있습니다. 무시 또는 노골적인 배신으로 약속이 깨지거나 마음이 아플 때, 후회로 더욱 깊은 어둠이 찾아옵니다.

그런 고백에는 집단적 차원도 있습니다. 회중, 공동체, 가족, 심지어 국가가 함께 죄를 짓고, 함께 속박의 장소를 더 깊고 깊게 파다가, 점차 구원을 간절히 원하게 됩니다. 설교자의 사회적 양심이 여기서 작동하게 하십시오. '주여, 만약 주께서 우리의 죄악을 지켜보신다면 누가 설 수 있겠습니까?'

"나 곧 내 영혼은 여호와를 기다리며"(5절). 여기 기독교적 기다림의 실천을 탐구할 기회가 있습니다. 이것을 탐구하되 아직 이것을 변호하지는 마십시오. 시편 기자는 '인내하라'고 말하지 않습니다. 기독교적 기다림이란 무엇입니까? 만약 기다림이 형용사나 부사로 수식되지 않는다면, 기다린다는 것은 무엇을 의미합니까? 기다리십시오. 어쩌면 특별한 상황들이 희망으로 기다리는 것을 가능하게 만들 수 있습니다. 그것도 좋습니다. 우리가 기다려야만 하거나 기다릴 수밖에 없는 그런 상황에서는 어떻게 해야 합니까?

내 경험상, 병원 수술실 밖에 있는 가족 대기실은 그곳에 사람들이 가득하다 해도 세상에서 외로운 장소 중의 하나입니다. '여기서 기다리세요. 끝나면 의사 선생님이 부르실 겁니다.' 분명 이곳은 목회적 관심이 우선되어야 할 자리입니다. 기다리는 사람들과 함께 기다릴 시간을 만드십시오.

설교 안에서, 목회자는 기다리는 사람들을 세심하게 인정하고, 그들의 이름을 부르고, 믿음의 공동체가 이런 특별한 기다림의 상황에 참여하도록 부름으로써 그들에 대한 돌봄을 확장해 갑니다. 군 복무의 의무 때문에 떨어져 있는 사랑스러운 자녀가 돌아오기를 기다리는 가족이 있습니다. 집이 팔려 아들과 손자들에게 가까이 이사 갈 수 있기를 기다리는 과부가 있습니다. 검사 결과를 기다리는 환자가 있습니다. 아내를 배신했다가, 용서를 구하고, 기도하며, 용서받기를 기다리고 있는 남자가 있습니다. 설교자가 그런 기다림의 가치를 높이 올리는 것은, 그들이 어떻게 기다려야만 하는지 사람들에게 말해주기 위해서가 아니라, 목회자와 교회와 시편 기자와 부활하신 예수님이 그들 모두와 함께 기다릴 것을 확신시켜 주기 위해서입니다.

이제 다섯 번의 주일이 지났습니다. 우리는 기다리고, 주시합니다. 이제 아침이 틀림없이 가까이 왔습니다. 파수꾼이 '아침을 기다림'보다 우리는 더 주시합니다(6절). 더 큰 확신으로! 더 큰 기대로! 더 조급하게! 하나님의 백성은 단순히 기다리는 것이 아니라, 우리는 주시합니다. 우리는 주시하고 바랍니다. 이것은 무슨 차이를 만들까요? 바로 단념과 부활의 차이입니다.

주석적 관점

시편 130편은 첫 절인 "여호와여 내가 깊은 곳에서 주께 부르짖었나이다"로 유명합니다. 사실 이 시는 라틴어 번역의 첫 어구인 '구렁텅이에서'(*De profundis*)로 자주 불립니다. 시편 기자가 부르짖는(그리고 쓴) 심오한 깊음은 '올라가는' 노래라는 시편의 표제(본문에 포함되지 않은), 문자 그대로 올라감의 노래로 명시된 것과는 대조적입니다. 올라감의 노래들은 시편(시 120-134편) 안에서 별개의 단위를 구성하며 '아름다운, 아름다운 시온'으로 행진하는 순례자들이 불렀을 가능성이 있습니다. 예루살렘은 언덕 위에 있어서, 문자 그대로, 사람들은 그곳으로 올라갑니다. 다시 말해, 모든 순례는 적어도 시온에 비해 깊은 곳에서 출발합니다.

그러나 시편 130편의 깊은 곳은 단순히 물리적인 차원을 의미하는 것이 아닙니다. 더 심오하고 심리적이고 신학적입니다. 꼭 이 순서가 아닐지라도 두 가지 모두 이 시편의 쟁점입니다. 어쨌든, 이 표제어와 첫 절 사이의 긴장은 이 시편의 내용을 이해하는 데 도움을 줍니다. 바로 시편 기자가 깊은 곳에서 부르짖고 있지만 거기 계속 머물지는 않을 것이라는 점입니다. 오르고 있습니다. 시온을 향해 행진하고 있습니다. 그것이 복음의 약속입니다. 그러나 가볍게 받아들여서는 안 됩니다. 제목과 첫 절 사이의 이 긴장은 역시 그 오르는 길이 깊음에서의 부르짖음이라는 진정한 현실에 의해서만 다가갈 수 있음을 말해줍니다.

이 시편은 네 부분으로 나눌 수 있는데 (1) 1~2절은 시편 기자의 상황과 호소를 소개하고, (2) 3~4절은 주님의 사유하심을 논하며 (3) 5~6절은 하나님을 기다리는 시편 기자의 인내를 묘사하고 (4) 7~8절은 결국, 이스라엘 모두에게 기다림을 명합니다(5-6절 참조). 그리고 이 기다림은 결국 용서로 이어질 것입니다. 그러므로 이 시편의 두 번째와 세 번째 부분이 마지막 부분에서 합쳐집니다. 이런 관점에서, 이 시편은 선뜻 사유하심과 기다림에 관한 것으로 보입니다. 후자의 정확한 내용이 구체화되지는 않았지만 말입니다. 이 시편 기자가 기다리는 것은 하나님의 사유하심입니까?(4a절) 하나님의 말씀입니까?(5b절) 고난과 다툼과 기도의 긴 밤이 지나고 아침에 찾아오는 하나님의 복(6b절, 30:5b 참조)입니까? 그것이 무엇인지 우리에게 말해주지는 않지만, 그 시적 구조는 고통 중에 있는 시인의 개인적 목소리에서(1-2절) 공동체 전체에 유사한 윤리와 유사한 결과를 권하는 시인의 확신 있는 목소리로 옮겨감을 나타냅니다.

시편 130편은 핵심적인 반복을 통해, 이 구조를 강조하고 해석을 위한 중요한 단서들을 제공하는 영향을 강화합니다. 이러한 반복들은 세 가지 중심점 위주로 모이는데, 이것은 인간(신학적 인류학과 윤리학)과 하나님(정확히 말하면 신학)에 관련된 측면에서 논의될 수 있습니다. 이 세 가지 중심점과 두 가지 주제 간에 밀접한 연관들이 있음을 관찰하는 것은 놀라운 일이 아닙니다.

먼저, 이 시편은 주시하심과 죄악에 관한 것입니다. 하나님께서 죄악을 주목하심('mark', 3절, NRSV)은 문자 그대로 하나님께서 그것을 '주시하심'(어근: šmr)입니다. 8절은 이러한 죄악들로 되돌아가 주님께서 그것들로부터 이스라엘을 구속하실 것이라고 약속합니다. 물론, 4절이 이미 사유하심은 '야웨(YHWH)께' 있음을 말함으로 이를 나타냅니다(아래 참조). 6절에서 동사 šmr가 되풀이되는데, 정확하게 같은 절을 두 번 반복하여(시편에서 드문 일), 이 시편 기자가 "파수꾼이 아침을 기다림보다" 하나님을 기다린다는 것을 말합니다. šmr의 반복과 분포는 5a, 6a절에서의 기다림과(어근: qwh) 5b절과 7a절에서의 바람(어근: yḥl)이 역시 죄악과, 더 정확히 말하자면 죄악의 사유하심과 연관됨을 시사합니다. 용서가 필요한 자들은 그것을 갈망하고 바랄 것이며, 아주 오래 걸려도 그것을 기다릴 것입니다.

둘째로, 이 시편 기자는 세 번 '주께' 있는 어떤 것이 중요하다고 강력히 주장합니다. 그것들은 바로 '사유하심'(4a절)과 '인자하심'(7a절)과 그리고 '풍성한 속량'(7b절)입니다. 따라서 '그(YHWH)에게' 있는 이 세 구절은 하나님과 하나님의 본성에 대한 강력한 서술입니다. 또한 이것들은 시편 기자의(그리고 이스라엘의) 기다림과 주시함과 바람이 잘 배치되었음을 나타냅니다. 이와 같으신 하나님과 함께, 시편 기자는 심지어 깊은 곳에서라도(1-2절) 자신의 목소리와 자신의 간구가 들릴 것이라고 확신합니다. 더하여, 이 시편의 마지막 절인 7~8절에서 '구속'(어근:pdh)의 반복은 하나님의 이런 면과 의도에 특별하게 강조합니다.

끝으로, 사유하심과 인자하심과 풍성한 속량의 하나님 앞에서 두 가지 인간의 윤리가 이 시편에서 주어집니다. 그 첫 번째는 두려움이나 경외심의 윤리입니다(4절). 다시 말해, 이스라엘의 위대하신 하나님을 향한 온전한 예배와 존경과 그를 대면하는 위치에 자리하는 것입니다. 그것은 여호와께서 죄를 용서하시기 때문이어서라기보다(3-4, 7b, 8절) 다른 어떤 이유가 아니더라도 그렇게 여김을 받으실 자격이 있으신 분이라는 것입니다(이것이 시편의 주된 요점입니다). 두 번째는 바람/기다림의 윤리로, 다른 두 절에서 네 번 반복됩니다(앞의 문단들 참조). 이 시편의 마지막 절은 그런 기다림이 변함없이 그리고 필연적으로 반드시 결실을 볼 것이라고 강조합니다.

이러한 반복이 어떻게 처음 두 절과 관련이 있을까요? 몇 가지 관련성은 위에서 언급되었습니다. 더하자면, 1~2절은 이 시편 기자가 현재 경험하고 있는 깊은 곳은, 그의 죄 때문이며 그 죄는 용서받아야 한다고 그가 느끼고 있다고 말합니다. 이런 행위-결과 신학은 고대와 고대 이스라엘에서 일반적이었듯이, 지금도 일반적입니다. 우리가 그것에 더 이상 동의하지는 않는다고 할지라도, 때로는 그런 식으로 느낀다는 것을 인정해야만 합니다. 표제어는 이것이 길을 오르며 부르는 시편(그리고 시편 기자)임을 계속해서 강조합니다. 분명히, 길을 오르는 것은 자신의 부르짖음이 들리기를 바라는 심리적으로 깊은 곳에서만 시작되는 것이 아닙니다. 신학적으로 깊은 곳에서도 시작됩니다. 그 자리에서 우리는 슬픔이나 절망의 목소리 못지않게 주목되어야 하는 죄의 현실에 귀를 기울이게 됩니다. 이 시편이 공동체에 대한 시편 기자의 선포와 하나님의 변함없는 구속에 대한 확신으로 끝맺는다는 것은 참으로 깊은 곳으로부터 표제어가 잘 선택되었음을 보여줍니다.

설교적 관점

시편 130편을 설교하는 데 본문 자체의 흐름 외에 설교의 다른 어떤 구조나 흐름을 찾을 필요는 없을 것 같습니다. '깊은 곳'부터 말하는 시편 기자와 함께 시작하면 됩니다. 설교자들은 기본적으로 '긍정적인 면을 강조하는' 그런 본문들에 끌리는 경향이 있기도 합니다. 마치 즐거움이 선함이나 자비를 대신하여 그리스도인이 바라고 실천해야 하는 속성들 중 하나인 것처럼 보입니다. 그러나 고통은 오히려 가장 행복한 삶의 배경에 숨어 있으며, 많은 삶에서, 거의 모든 것을 압도합니다. 사순절 동안 이 시편을 설교할 때 우리는, 슬프게도 우리의 사회와 우리의 교회 생활에서 끊임없이 계속되는 허울뿐인 긍정적 유머에서 벗어날 수 있습니다. '깊은 곳에서' 시편 기자는 부르짖습니다.

이 시편 설교의 첫 번째 단계에서, 설교자는 청중들이 그런 깊은 곳을 솔직히 인정할 수 있도록 충분한 시간을 할애할 수 있습니다. 하지만 설교자는 설교적 이유와 석의적 이유 모두로 그 깊은 곳에 너무 오래 머물러 있어서는 안 됩니다. 설교적 이유란 청중들이 너무 쉽게 비참함을 이미지화하고 그래서 그 비참함에 빠뜨려 그것으로부터 빠져나올 가능성을 희미하게 하기 때문입니다. 석의적 이유란 시편 기자가 그 깊은 곳을 자세히 언급하지 않기 때문입니다. 이 시편은 시편 22편과 같이 그 깊음을 길게 묘사하는 전형적인 탄식시가 아닙니다. 설교자도 마찬가지이어야 합니다. 이것은 고통을 축소하라는 말이 아닙니다. 고통이 너무 클 때, 우리는 말로 표현하지 못하고 그저 부르짖기만 합니다.

하지만 설교자는 곧 중요한 통찰로 나아갈 수 있습니다. 시편 기자는 깊은 곳에서 단순히 부르짖는 것이 아니라, 하나님께 부르짖습니다. 이 시편을 주목할 만한 이유는 고통의 한가운데서 시편 기자가 하나님께 말을 걸어온다는 점 때문입니다. 불평은 사람들이 하나님께 투덜거리게 합니다. 그러나 탄식은 하나님께 부르짖게 합니다. 이런 종류의 부르짖음은 사실 심오한 믿음의 표현으로서, 하나님의 임재와 하나님의 들으심과 하나님의 역사하시는 능력과 의지를 믿는 믿음입니다. 이 시편의 라틴어 번역에서 깊은 곳을 말하는 단어는 'profundis'인데, 바로 '심오한'(profound)의 어원입니다. 여기서 어쩌면 영어 단어 'depths'(깊은 곳)과 'deep'(깊은)으로 언어유희를 할 수도 있겠습니다.

시편 기자는 도와주시기를 구하기보다 들어주시기를 더 구합니다. 마치 들으시기만 하면 도움은 확실한 것처럼 말입니다. '소리'라는 단어의 반복을 주목하십시오. 부르짖는 한, 소망이 남아있습니다. 어쩌면 수치스러움이나 절망감이 고통받는 자를 침묵하게 만들 수 있습니다. 여기서 설교자의 과제는 먼저 단순히 '계속 소리치세요!'라고 말하는 것일 겁니다.

그다음, 설교자는 시편 기자와 함께 들으시는 하나님의 성품으로 방향을 바꿀 수 있습니다. 하나님께서는 우리의 죄를 계속해서 감시만 하는 분이 아니십니다(3절에서 '지켜보다'라는 단어는 6절에 아침을 기다리는 '파수꾼'과 동일한 히브리어 어근에서 온 것입니다. 다시 여기서도 언어유희가 가능할 수 있습니다). 도리어 하나님의 속성은 항상 용서하시는 것입니다. 『공동예배서』(*The Book of Common Prayer*)의 '언제나 자비를 베푸심이 당신의 본성입니다'라는 말이 생각납니다.

설교자들은 잠재적 오해를 파수꾼의 눈으로 경계해야만 합니다. 청중들은 여기서 우리의 죄와 우리의 고통 사이에 단순한 인과 관계가 있다고 여길 수 있습니다. 우리가 고통을 겪는다면, 그것은 우리가 틀림없이 우리의 죗값을 치르고 있기 때문이라는 것입니다. 이 시편 기자 역시 그렇다고 믿었을지도 모르지만, 말씀 전체의 관점에서 볼 때, 우리는 그런 식의 이해를 거부해야만 합니다. 우리는 시편 기자의 첫 번째 필요가 구출이 아니라 용서와 하나님과 올바른 관계 회복이라는 것을 말할 수 있습니다. 이것이 바로 사순절에 적절한 주제입니다. 그러나 용서는 우리에 관한 것이 아니라 하나님에 관한 것입니다. 용서는 하나님을 경배하게 합니다.

그러고서 시편 기자는 다시 하나님에게서 자신에게로 시선을 돌립니다. 깊은 곳에서 인간의 첫 번째 과제가 부르짖는 것이라면, 두 번째는 기다리는 것입니다. 우리의 기다림은 수동적인 것이 아니라 소망으로 기다리는 것입니다. 소망은 기다림의 집중적인 형태이며, 여기서 사용된 히브리어 동사의 문법을 거의 정확하게 진술하는 것입니다. 이 시편은 '주님께서 스스로 돕는 자들을 도우신다'라고 선언하지 않음에 주목하십시오. 자기 스스로 돕는 것과, 또 우리의 문제를 충분한 노력과 바른 마음가짐으로 해결할 수 있다는 확신을 높이 평가하는 사회에서는 듣기 어려운 말일지 모릅니다. 이 시편에서 '깊은 곳'의 가장 좋은 정의는 '우리 자신의 수고로 빠져나올 수 없는 상태'일 것입니다.

자기 계발이 우리 사회의 신이 된 사회에서는 도움이 오직 주님으로부터만 온다는 말을 듣기가 쉽지 않을 것이니, 주님을 간절히 기다리십시오. 아침을 기다리는 성벽 위 파수꾼보다 더 간절히 말입니다. 하지만 누가 성경적 설교가 항상 쉽다고 말했습니까?

이 시편은 절대로 간과되어서는 안 되는 두 가지 주목할 만한 전환으로 결론을 맺습니다. 개인으로부터 공동체로, 그리고 하나님을 향해 말씀드리는 것에서 이스라엘을 향해 말하는 것으로 말입니다. 하나님께 도움을 구하며 부르짖는 것 자체도 믿음의 고백이겠으나, 그럼에도 불구하고 그 고백은 단지 사적인 것으로 남을 것이 아니라 타인들을 향해야 합니다. 이 시편의 시간적 배경은 주목할 만합니다. 이 시편은 안전이 확보된 지점에서 깊은 곳을 뒤돌아보는 것이 아니라, 도리어 그런 고통의 한가운데서 기록되었습니다. 이 시편의 부르짖음, 소망, 그리고 이스라엘을 향한 권고와 같은 모든 부분은 그 깊은 곳에서 흘러나옵니다. 이 시편이 끝남으로 도움이 온 것이 아닙니다. 오직 도움의 약속만 있습니다. 그것이야말로 우리 중 많은 이들이 처한 자리입니다. 도움은 아직 오지 않았을지 모르지만, 우리는 부르짖었고, 들었으며, 심지어 하나님께 인자하심이 있다고 말할 수 있게 되었습니다. 우리가 하나님께 부르짖으며, 구속의 약속을 말하고 듣는 곳이 있습니다. 우리는 그곳을 '교회'라고 부릅니다.

사순절 다섯째 주일

로마서 8:6~11

6 육신의 생각은 사망이요 영의 생각은 생명과 평안이니라
7 육신의 생각은 하나님과 원수가 되나니 이는 하나님의 법에 굴복하지
아니할 뿐 아니라 할 수도 없음이라
8 육신에 있는 자들은 하나님을 기쁘시게 할 수 없느니라
9 만일 너희 속에 하나님의 영이 거하시면 너희가 육신에 있지 아니하고
영에 있나니 누구든지 그리스도의 영이 없으면 그리스도의 사람이 아니
라
10 또 그리스도께서 너희 안에 계시면 몸은 죄로 말미암아 죽은 것이나 영
은 의로 말미암아 살아 있는 것이니라
11 예수를 죽은 자 가운데서 살리신 이의 영이 너희 안에 거하시면 그리스
도 예수를 죽은 자 가운데서 살리신 이가 너희 안에 거하시는 그의 영
으로 말미암아 너희 죽을 몸도 살리시리라

신학적 관점

그리스도인의 삶은 물질의 삶입니다. '영의 생각'(6절)이란 우리 몸을 어딘가 한쪽으로 치우고 신앙의 내적인 삶에 집중하려는 시도가 아닙니다. 이 본문에서 바울이 말하는 영과 육신의 대조는 영혼과 몸, 또는 영성과 육체성의 대조로 이해되어서는 안 됩니다. '성령 안에' 있는 삶이란, 다른 어떤 것들 사이에서 몸의 삶을 행하는 방식을 언급하는 것이며, 이것은 우리가 우리의 신체적 에너지와 우리의 정신적 자원을 어떻게 사용하는지, 우리의 이웃과 우리의 지구를 어떻게 돌보는지로 나타납니다. "하나님의 영이 (우리 안에) 거하시면"(9절) 우리의 몸으로 사는 삶은, 그것의 구체성과 복잡성 안에서, 하나님의 은혜와 평강의 표현과 도구가 됩니다.

"육신의 생각은 하나님과 원수가 되나니"(7절). 바울에게 '육신의 생각'은 죄와 동의어이며, 감사히 하나님을 의지하는 것에서 등을 돌리려는 기본 성향입니다. 육신에 속한 사고방식은 하나님의 창조하심과 지속적인 은혜를 부인하며 살고자 시도하고, 대신 우리 자신의 욕망과 성취 안에서 삶과 의미를 추구하려고 합니다. 이것은 우상 숭배의 한 형태로서, 우리 자신을 자기 삶의 주인으로 삼는 것입니다. 아이러니하게도, '육신의 생각'은 때로 고결한 도덕성과 외관상 미덕의 삶을 낳을 수도 있습니다. 데이비드 켈시는 "우리가 우수한 기준에 맞춰 행동한 일로 정당화된다고 믿는 삶이 죄의 중심을 이룬다. 우리가 죄를 지으며 행하는 모든 것이 꼭 부도덕하지 않을 수 있다. 우리가 도덕적으로 선한 일을 할지라도, 만약 우리가 그 일들이 우리의 삶이 살 가치가 있음을 보여주는 것이라고 믿는다면, 그것은 죄다"라고 주장했습니다.* 우리의 미덕을 내세우는 것도 '성령의 법'(8:2, 7)에 복종하기를 실패했다는 신호입니다. 사순절 동안 모든 육신의 기쁨을 포기한 것을 스스로 자랑하는 사람은 육에 속한 마음을 나타내는 것이며, 하나님의 자유로운 은혜를 대적하며 사는 것입니다.

우리는 오직 십자가에서 죽으시고 부활하신 그리스도와 연합하여 '성령의 새로운 삶'(7:6)을 향유합니다. 바울이 하박국 2:4을 인용한 "오직 의인은 믿음으로 말미암아 살리라"는 무엇보다도 예수 그리스도께 적용됩니다. 그리스도께서는 십자가 위에서 끝까지 신실하셨고, 하나님께서 주시는 생명과 의 외에 어떤 것도 주장하지 않으셨습니다. 하나님께서는 그리스도를 부활로, 새로운 생명으로 일으키셨고, 그의 순종의 정당성을 입증하셨으며, 그를 덮었던 죽음의 지배를 깨뜨리셨습니다. 그래서 '그리스도가 살아 계심은 하나님께 대하여 살아 계심'(6:10)이 되었습니다. 이제는 은혜로 "예수를 죽은 자 가운데서 살리신 이(동일한 하나님)의 영이 너희 안에 거하시면"(8:11), 우리를 그리스도와 연합하게 하시고 믿음으로부터 오는 의와 소망을 우리에게 주십니다. 우리가 그리스도 안에 있기에, 죽음과 죄라는 육신의 영역에서 '생명과 평안'(6절)이라는 성령의 영역으로 옮겨졌습니다.

성령 안에서의 삶은 공동체적 삶입니다. 이 본문은 '내 작은 빛'이라는 영성을 가르치지 않

* David H. Kelsey, *Imagining Redemption* (Louisville, KY: Westminster John Knox Press, 2005), 57.

습니다. 성령님은 그리스도의 성품을 전하시어, 성령께서 임재하신 우리 삶의 특징이 사랑이 되게 하십니다. "우리에게 주신 성령으로 말미암아 하나님의 사랑이 우리 마음에 부은 바 됨이니"(5:5). 공동체 안에 거하시는 성령님은 믿는 자들을 사랑의 연합 안으로 하나님과 서로에게 묶이게 하십니다. 서구의 삼위일체론에서 성령님의 이 사역은 성부와 성자 사이 사랑의 결속으로서 삼위일체 안에 성령님의 영원하신 역할과 일치하는 것으로 여겨집니다. 우리가 '그 영을 따라 행하는'(8:4) 것은 그리스도 몸의 지체로서 서로 우애하며 살고, 서로의 손을 통해 하나님께서 우리에게 주고자 하시는 선물을 받으며 사는 것입니다(12:4-12). 우리가 서로에게 의지함을 감사히 인정하는 것은 하나님 자녀이면서 또한 그리스도와 함께 한 상속자라는 정체성의 거울입니다(8:17).

성령으로 말미암아, 우리는 이미 그리스도의 부활의 능력에 참여하고 있는데, 그것은 "죄로 말미암아 죽은"(10절) 몸이 은혜와 연합과 기쁨의 도구가 되는 것입니다. "너희(우리의) 죽을 몸도 살리시리라"(11절)는 하나님의 약속은 우리의 몸 역시 그리스도와 함께 부활할 때 완성될 것입니다. 지금 우리의 존재는 최종적인 부활절 전의 사순절이라는 중간 시간에 있습니다. 성령으로 말미암은 우리의 새로운 정체성은 이 절기에 선물이며 과제입니다. 이것이 선물인 이유는 그리스도께서 참으로 부활하시고, 그의 부활의 능력이 이미 우리 가운데 나타나신 성령의 생명 주심으로 말미암아 다채롭게 나타났기 때문입니다. 그러나 우리의 새로운 정체성은 또한 우리의 과제이기도 한데, 왜냐하면 우리는 여전히 고통과 좌절을 겪으며 우리의 최종적 구원을 소망하며 기다리기 때문입니다(8:18-24). 그래서 사순절은 육신을 따르는 우리의 삶이 죽고, 이제 그리스도의 영으로 말미암아 새 생명과 평안이 가능하게 됨을 확언하는 기간입니다.

T. S. 엘리엇의 시적인 표현을 빌리면, 우리는 사순절에 '익숙한 지배력의 소멸'을 선포합니다.* 사순절의 재는 익숙한 지배의 죽음, '육신을 따르는' 삶의 죽음을 상징합니다(5절). 물론, 이것은 절대 간단하지 않습니다. 지나간 옛것은 여전히 우리 안에 숨을 구석을 찾고 있습니다. 때로 우리는 옛것과 새것 사이에서 자신의 갈등을 발견합니다. 엘리엇은 자신과 그리고 자신과 같은 사람들을 위해 기도합니다.

> 어둠 속에 걷는 이들, 그대를 택하고 그대를 반대하는 이들, 계절과 계절, 시간과 시간, 시각과 시각, 말과 말, 힘과 힘 사이 갈림길에서 갈등하는 이들을 위하여…

우리는 우리 자신의 영적 성취 때문이 아니라, 성령께서 "많은 형제 중에서 맏아들"(8:29)이신 영화로우신 그리스도와 함께 우리를 묶으셨기에, 영광을 향해 가고 있다는 것을 아는 자들로서 사순절을 지냅니다.

목회적 관점

죽음 대 생명, 육신 대 영이라는 전형적인 바

* 이 어구와 그 아래 인용된 시는 T. S. Eliot, *Ash Wednesday*에서 가져온 것이다. http://www.msgr.ca/msgr-7/ash_wednesday_t_s_eliot.htm.

울의 병치와 대비가 이 본문에서 보입니다. 이러한 병치는 로마서 8:1~2 "그리스도 예수 안에 있는 자에게는 결코 정죄함이 없나니 이는 그리스도 예수 안에 있는 생명의 성령의 법이 죄와 사망의 법에서 너를 해방하였음이라"에서 바울의 처음 진술로 그 문맥을 맞춥니다. 물질적 의미에서의 '육신'은 악으로 이해되는 것이 아니라 죄가 실행되는 수단의 은유로 이해되는 것으로, '세상의 사악한 세력에 의해 육신이 사로잡힌 자들'을 언급하는 것입니다.* 바울은 여기서 예수님이 산상수훈에서 하신 말씀 "한 사람이 두 주인을 섬기지 못할 것이니 혹 이를 미워하고 저를 사랑하거나 혹 이를 중히 여기고 저를 경히 여김이라 너희가 하나님과 재물을 겸하여 섬기지 못하느니라"(마 6:24)라는 말씀을 명확하게 합니다.

예수님은 사람이 하나님을 섬길 것인지 재물을 섬길 것인지를 말씀하심으로, 오늘의 포스트모던 설교자/번영신학 장사꾼들의 성경적 및 신학적 전제들에 도전하시는 메시지를 주십니다. 그러나 마태복음과 로마서 본문 사이 연결이 맺어집니다. 왜냐하면, 마태복음은 로마서가 명시하는 것을 암시하기 때문입니다. 그것은 바로 육신과 영 사이의 전투, 그리고 영적 마비를 일으키는 육신의 추구가 아닌 생명을 주는 영에 마음을 두라는 훈계입니다. 마태복음이 포함함으로, 이것은 믿음과 리더십의 초기 단계에 있는 사람들부터 경험 많은 영적 베테랑들까지, 교인들과 목회자들이 과거나 현재에 승리와 패배와 싸움을 겪으며 잘 알고 있는 갈등입니다. 바울은 믿는 자에게 시간적 현실 속에서 유용한 영원한 능력을 가리키는 영성을 삶의 방향성으로 제공합니다. 바울이 '생각 정하기'(mind-set)를 영적 방향성에 영향을 미치는 태도라고 보는 것은 우연이 아닙니다. 육신에 '생각'(mind)을 '정하는'(set) 것은 하나님과 적대적이며, 하나님의 법에 순종할 수 없고, 하나님을 기쁘시게 하지 못합니다. 반대로, 성령에 '생각'을 '정하는' 사람은 생명과 평화가 있고, 성령 안에 있습니다. 로마서 전체를 통한 바울 신학의 가장 종합적인 진술은 '그리스도인의 생각은… 초기의, 그리고 변화를 일으키는, 갱신의 중심지가 되어야만 한다'라는 것입니다(12:2, 1:22, 28 대조). 생각(mind)이란 '정해진 방향과 집중된 활동'을 통해 인간 활동의 중심을 이룹니다.**

미국 노예제의 극심한 격동 속에서, 노예제 폐지론자였던 아프리카계 미국인 프레더릭 더글러스는 어린 소년 시절 알파벳을 익히기 시작했을 때, 자유가 구매로든 탈출을 통해서든, 필연적임을 깨달았습니다. "나는 높은 희망, 그리고 어떤 어려움의 대가를 치르더라도 읽는 법을 배우겠다는 확고한 목적을 정했다." 더글라스는 사실상 지식이 힘이라고 결론을 내렸으며, 생각이 어떻게 변형될 수 있는지, 그리고 에너지가 특별한 목표를 위해 어떻게 재조정되고 집중될 수 있는지 깨달았습니다. 그의 2005년 저서 『프레더릭 더글러스:해방

* Calvin J. Roetzel, *The Letters of Paul: Conversations in Context*, 2nd ed. (Atlanta: John Knox Press, 1982), 73.

** N. T. Wright, "Romans," in Leander Keck, ed., *The New Interpreter's Bible* (Nashville: Abingdon Press, 1996), 10:582.

신학의 선구자』(*Frederick Douglass: A Precursor of Liberation Theology*)에서, 레이놀드 F. 데이비스는 더글러스의 육체적 자유에 대한 갈망이 점진적으로 기독교 신앙이 말하는 해방의 재개념화와 연결되었음을 관찰했습니다. 여기서 다시, 그의 마음가짐이 어떤 역할을 했는지를 주목해야 합니다. 그 신앙이란 그들에게 하나님께서 주신 자유의 결과로 인간이 하나님과 함께 일한 것이 역사의 흐름을 결정한다는 것이며, 이 자유란 신체적 구속과 인종차별, 그리고 자본주의 착취와 밀접하게 관련된 것과는 대조적입니다. 더글러스를 통해 사람들은 현대 흑인 해방신학의 선구자들과 또 개인적이고 사회적인 변화를 위한 예언적 소명을 보게 되며, 개인적 및 집단적 정신을 새롭게 하는 과정의 일환으로 영성과 지성을 모두 동원하는 신앙의 구현입니다.

사순절은 우리가 무엇에 우리 생각을 정했는지를 반성하는 시간입니다. '정해진 방향과 집중된 활동'이 어떻게 우리 안에 거하시는 하나님의 영을 구체화할까요? 10절에서 바울은 "또 그리스도께서 너희 안에 계시면 몸은 죄로 말미암아 죽은 것이나 영은 의로 말미암아 살아 있는 것이니라"라고 그리스도인의 생각의 궤적을 부각합니다. 이 경우 생명은 몸에 흐르는 산소의 순환 그 이상으로, 부활의 능력이며, 변화된 실제의 표시입니다. 그리스도께서 그 안에 계신 사람에게는 초월적인 특성이 내재해 있으며, 이는 육신의 삶과 반대되는 삶을 특징짓습니다. 오류가 있는 한 인간으로서 그리스도인도 여러 죄(sins)를 지을 수 있겠으나, 육의 삶이 초래하는 근본적 죄(sin)는 이제 중요한 문제가 아닙니다. 만약 누군가 믿음으로 의롭다 하심을 받았다면, 그는 예수 그리스도를 통하여 화평을 누리며(롬 5:1), 이것이 근본적인 죄 문제를 해결합니다.

믿음으로 인한 칭의는, 그리스도인의 근본적 죄(sin)와의 싸움이 점차 심화되는 여러 죄(sins)와의 싸움에서 벗어나게 할 수 있을까요? 아닙니다. 늘 싸움 중인 신실한 그리스도인이 우리 신앙 공동체 안에 있습니다. 그리스도 안에서의 신분은 '썩어짐과 사망의 법'으로부터 그를 보호하지 못합니다. 여전히 그가 '우리의 낮은 몸'(빌 3:21) 안에서 살고 있기 때문입니다. 라이트의 언급처럼, 로마서 5:21은 은혜가 의로 말미암아 왕 노릇하여 우리를 영생에 이르게 함을 상기시키며, 그리스도인에게 죽음 이후의 생명을 보장하고, 8:11b에서 미래의 부활을 약속합니다. 그 약속, 곧 하나님의 나라/공동체/영역이 아직 완전히 실현되지 않은 현실에 주어진 보증은 바울이 이 장에서 '그리스도 예수 안에 있는 생명의 성령', '성령', '하나님의 영'으로 번갈아 부르는 그분의 임재를 통해 지금 우리에게 영향을 줍니다. 그러므로 그리스도인은 자기 능력을 넘어서는 힘을 얻을 수 있으며, 그 힘은 근본적 죄와 여러 죄와 썩어짐과 죽음을 똑바로 마주하도록 도와줍니다. 또 그 힘은 개인의 삶에서 다양하게 발생하는 문제들을 해결하기 위해 하나님께서 직접적으로 기적을 일으켜 일하실지, 아니면 사람이 만든 어떤 과정(예, 의료, 상담, 또는 중독 완화 프로그램)을 통하여 일하실지 분별하는 지혜를 부여하는 힘입니다. 그리고 그 힘은 이 세상에서 하나님의 변화시키시는 역사의 일꾼으로서 현세대를 섬기는 자를 준비시키는 힘입니다.

주석적 관점

전통적으로 사순절은 죄 문제에 초점을 맞추고 부활절을 준비하기 위해 금식과 회개에 참여하는 시간입니다. 이것이 사순절 첫째 주일 성서정과 본문으로 예수님이 유혹받으신 복음서 이야기를 읽는 이유입니다. 우리는 예수님이 어떻게 유혹에 맞서시고 견디셨는지를 보며, 우리의 시험의 때에는 어떻게 견딜 수 있는지를 묻습니다. 사순절 다섯째 주일의 서신서 본문은 우리가 하나님의 뜻을 행할 때, 걸림돌이 되는 것들과 우리가 하나님을 기쁘시게 할 수 있도록 성령께서 은혜롭게 힘을 주시는 방법에 초점을 맞추고 있습니다.

로마서 8:6~11은 7:5~6에서 시작된 논의의 후반부로, 바울은 "우리가 육신에 있을 때에는 율법으로 말미암는 죄의 정욕이 우리 지체 중에 역사하여 우리로 사망을 위하여 열매를 맺게 하였더니 이제는 우리가 얽매였던 것에 대하여 죽었으므로 율법에서 벗어났으니 이러므로 우리가 영의 새로운 것으로 섬길 것이요 율법 조문의 묵은 것으로 아니할지니라"라며 삶의 두 가지 대안적 방식을 설명합니다. 로마서 7장의 나머지는 7:5을 상세히 설명하여, '육신에 사는 삶'이 무엇인지를 보여줍니다. 여기서 '육신'은 인간의 몸을 구성하는 썩게 될 물질을 의미합니다만, 바울의 관점에서 육신은 정욕에 의해 다스림을 받는 것으로, 이 말 역시 우리 자신의 이기적인 관심과 욕망을 섬기며 살았던 삶에 대한 약칭으로 쓰인 단어입니다.

바울은 인간의 의지 안에서 토라(율법)가 정욕의 지배를 저지할 수 있다는 가르침에 익숙하지만, 그러나 그는 죄의 능력이 토라를 왜곡되게 사용하고 있다고 주장합니다. 죄의 목적을 더 이루기 위해 하나님의 선하신 목적에 반하여서 말입니다(7:9-13). 그래서 토라에 복종하기 위해 최선으로 노력하는 사람일지라도 그렇게 할 수 없게 되는 결과가 오는 것입니다(7:14-25). 이 논의의 후반부는 7:6을 상세히 설명하는 8:1로 시작됩니다. 여기서 바울은 예수 그리스도께서 죄에 결박된 우리를 해방하셨다는 복음을 전합니다(8:1-2). 해방되었음으로, 우리는 더 이상 마지못해 육신의 정욕과 욕망으로 우리의 생각을 가두지 않습니다. 오히려 우리는 성령에 따라 살며 성령의 일에 우리의 생각을 정합니다(8:5, 7:6 참조).

8:6~11에서, 바울은 이러한 두 가지 삶의 방식이 가져오는 결과를 개략적으로 설명합니다. "육신의 생각은 사망이요 영의 생각은 생명과 평안이니라"(6절). '육신의 생각'은 일부 사람들처럼 성에 과도하게 집착하는 것을 의미하는 것이 아니라, 일상적으로 죄의 정욕과 욕망의 어떤 것에 휘둘리는 삶을 사는 것을 의미합니다. 예를 들어 분노와 증오, 그리고 재물, 명성, 권력 또는 인정받음에 대한 욕망과 같은 것들입니다(갈 5:19-21 참조). 그런 정욕에 의해 지배되는 삶은 죄에 복종하며 사는 삶이며, 그 결과는 죽음입니다(롬 6:23 참조). 7~8절에서 바울은 육신으로 사는 모든 일이 고통받는 이 결박을 상세히 설명합니다. 그런 사람들은 하나님을 기쁘시게 할 수 없습니다. 왜냐하면 그들의 첫 번째 충성이 그들 자신의 정욕과 욕망을 향하여, 하나님의 목적으로 향하지 않기 때문입니다.

반면에, '영의 생각은 생명과 평안'(6절)입니다. 성령의 임재는 죄와 사망의 권세를 이기신 그리스도의 승리에 그리스도인의 참여를 의미합니다(2-4절). 이 승리는 단순하고 직선적인 것이 아니어서, 10절에 바울의 말이 이를 시사합니다. 네, 우리는 죄로부터 자유하고 죄의 지시에 더 이상 복종하도록 강요받지 않습니다. 네, 우리는 육신의 일에 의해서가 아니라 성령의 놀라운 풍성함에 의해 다스림받는 삶의 새로운 방식을 즐거워합니다(갈 5:22-23). 그런데 여전히 '몸은 죄로 말미암아 죽은 것'(10절)입니다. 썩을 수밖에 없는 육신으로의 몸은, 모든 육신이 가는 길을 가게 될 것입니다. 그리스도께서 이미 사망을 이기셨음에도 불구하고, 우리는 그 승리의 효과를 우리 몸에서 누리지 못할 것입니다. 그렇게 할 수 있는 때는 바울이 다른 곳에서 언급한 '이 악한 세대'가 끝난 이후일 것입니다(갈 1:4).

믿는 자들인 우리는 동시에 이 두 시대에 속해 있습니다. 그것은 우리의 몸에 여전히 고통과 죽음, 썩어짐이 문제 되는 현시대와 생명의 성령에 의해 다스림받는 다가오는 시대입니다. 우리는 여전히 고통과 죽음을 겪지만, 다가오고 있는 시대에 있을 완전한 전환은 임박했으며(22-23절), 성령께서 거하시는 사람들은 확신하며 그때를 기다립니다. 그리스도를 죽은 자 가운데서 살리신 하나님께서는 우리 안에 거하시는 성령으로 말미암아 우리의 몸에 생명을 주실 것입니다(11절). 곧 우리의 죽을 몸, 더 나아가 모든 피조물은 죽음과 썩어짐에 대한 속박에서 완전히 해방될 것입니다(19-23절).

바울의 관점에서, 그리스도인을 위한 소식은 명확히 좋은 소식입니다. 한때 우리는 죄와 사망의 종들이었으나, 이제 우리는 생명의 성령 안에서 자유롭게 살고 있습니다. 바울은 우리의 해방된 신분이 실천적, 가시적 결과를 낳는다고 생각합니다. 우리가 하나님을 기쁘시게 하는 방식으로 살 수 있게 되었다는 점입니다. 다른 말로, 바울은 정말 그리스도인들이 유혹을 이기도록 성령의 능력을 받았음을 믿습니다. 때로는 이 메시지를 잃어버릴 때가 있습니다. 이유 중 하나는 개신교인들이 수 세기 동안 로마서 7장에 죄에 매인 것의 묘사를 읽을 때, 마치 이것이 회심자들의 삶을 묘사하는 것으로 읽어왔기 때문입니다(위에서 논했듯이, 율법에 복종함으로 말미암아 정욕의 법에서 벗어나려고 애쓰는 그런 사람들의 삶이 아니라). 그래서 개신교인들은 자주 내성적이고 죄책감에 시달리며, 결국 그들이 미워하는 일을 하게 된다는 생각에 사로잡히곤 했습니다(7:15). 그러나 바울은 성령께서 인도하시는 삶을 그리스도인 존재의 기준으로 간주하고, 죄로 다시 되돌아가는 것은 어쩌다 일어나는 놀라운 예외의 일로 봅니다(갈 6:1 참조). 설교자는 이 미세한 균형을 잘 유지해야만 합니다. 유혹에 맞설 때 이겨내도록 하나님께서 주신 힘에 대한 메시지를 전할 때, 듣는 사람들이 그들의 과거 실패에 대한 고발로 들어 낙담하지 않도록 주의해야 합니다. 그리고 동시에 성령의 인도를 받는 삶을 살기 위해 용기 내도록 격려하는 설교로 들을 수 있게 살펴야 합니다.

설교적 관점

사순절은 회개와 준비의 시간입니다. 사순절 동안, 우리는 종종 하나님 외의 다른 것에 대한 우상 숭배적 사랑을 인정하고 어떤 것(초콜릿을 끊는 것 이상이어야 합니다.)을 끊습니다. 또 우리는 다가오는 우리 주님의 부활을 기념하기 위해 우리 자신을 준비하는 데 이 사십일을 사용합니다. 이 모든 게 좋습니다만, 아마 사순절을 보는 방식을 새롭게 재구성하고 확장할 방법이 있을 것입니다. 자기희생이나 앞으로의 일을 준비하는 시간이 되게 하기보다(이 두 가지 요소 모두 남아야 하겠지만), 사순절을 자기 발견의 시간, 특히 우리가 누구이고 누구 소유인지를 분별하는 데 헌신하는 기간으로 보는 것은 어떨까요?

바울은 "만일 너희 속에 하나님의 영이 거하시면 너희가 육신에 있지 아니하고 영에 있나니"(9절)라고 씁니다. 바울에게 있어, 그리스도인이 성령으로 충만하게 되는 것은 기정사실이었습니다. 진짜 질문은 그리스도인이 성령을 받았느냐가 아니라, 오히려 그리스도인이 그의 삶을 이미 내주하시는 성령님과 의식적으로 협력하며 살기를 추구하느냐입니다.

성령님은 누구십니까? 자명한 답은 삼위일체의 세 번째 위격이시라는 것입니다. 바울이 글을 쓸 당시 삼위일체 교리는 아직 명확하게 세워지지 않았지만, 바울은 분명히 성령님을 신성한 존재, 사실상 주님으로 생각했습니다. "주는 영이시니⋯ 우리가 ⋯ 주의 영광을 보매 그와 같은 형상으로 변화하여 영광에서 영광에 이르니 곧 주의 영으로 말미암음이니라"(고후 3:17-18).

성령님은 또한 영생의 근원이십니다. 예수님은 니고데모와의 대화에서, "사람이 물과 성령으로 나지 아니하면 하나님의 나라에 들어갈 수 없느니라 육으로 난 것은 육이요 영으로 난 것은 영이니⋯, 바람이 임의로 불매 네가 그 소리는 들어도 어디서 와서 어디로 가는지 알지 못하나니 성령으로 난 사람도 다 그러하니라"(요 3:5-6, 8)라고 말씀하셨습니다. 이 구절에서 '영'으로 번역된 헬라어 단어는 나중에 '바람'으로 번역된 단어와 정확히 같은 단어입니다. 영어에서 '바람에 쏘인'(winded)이 숨이 가빠짐을 말하는 것처럼, 헬라어 단어에서 '영'과 '바람'으로 번역된 단어 역시 '숨'으로도 번역될 수 있습니다. 게다가 요한복음에서는 부활하신 예수님이 제자들을 향하여 숨을 내쉬심으로 그들에게 성령을 주십니다(요 20:22).

성령을 받음으로, 그리스도인들은 생명과 죽음 중에 무엇을 택할 것인지 결정하도록 도전받습니다(6절 참조). 성령보다 '육신'을 선호하는 것은 죽음을 택하는 것입니다. 이 점을 강조하면서, 설교자는 사도 바울에게 있어서 무엇이 육신이고(아마 더 중요한 점은) 아닌지를 서둘러 역설해야 합니다.

'육신'은 단순한 물질적 존재가 아닙니다. 바울은 물질세계는 악하고 영적 세계는 선하다고 믿지 않았으며, 기독교 신앙도 그렇게 선언하지 않습니다. 하나님께서 영적인 것과 물질적인 것 모두를 창조하셨고, 하나님께서 창조하신 모든 것은 본질적으로 선합니다. "하나님이 지으신 그 모든 것을 보시니 보시기에 심히 좋았더라"(창 1:31). 교회의 지혜는 항상 이것을 알고 있었습니다. '바울이 이 구절에서 말하는 육신의 의미는 몸의 본질이 아니라 최대한으로 자기 방종과 허비를 충족시키는 육욕적이고 세속적인 삶을 의미합니다.'*

* John Chrysostom, as quoted in Gerald L. Bray, ed., *Ancient Commentary on Scripture, New Testament*, vol. 6 (Downers Grove, IL: InterVarsity Press, 1998), 209.

간단히 말하자면, 문제는 육신이 아니라 육신, 곧 우리의 창조된 존재를 잘못 사용하는 데 있습니다. 육신의 오용은 사람이 우주의 중심에 하나님이 아닌 자기 자신을 두게 합니다. 이런 관점에서, 바울이 '육신'이라는 단어를 사용할 때 전하고자 하는 의미는, 폄하적인 느낌으로 자기중심성, 자기 지향성을 의미하는 '자아'(ego)일 것입니다. 그러므로 우리는 9절이 이렇게 말한다고 이해할 수 있습니다. '너희는 자아 안에 있지 않고 성령 안에 있나니, 하나님의 성령이 너희 안에 거하시기 때문이다.'

모든 욕망을 만족시키도록 조장하는 소비주의 문화, 즉 최고의 선은 흔히 자존감이라고 여겨지는 문화의 그물에 걸려든 포스트모던 현대인들에게, 이것은 정말 거슬리는 메시지로 보일 수 있습니다. 하지만 진실로 이것은 위대한 소망의 메시지입니다. '자신'(self)은 중요합니다. 결국 예수님은 모든 사람을 위해 죽으셨고, 모든 사람이란 개별적 존재들입니다. 그러나 예수님은 그를 따르는 자들이, 하나님께서 창조하셨던 진정한 모습의 그들이 되게 하시려고 죽으셨습니다. 자아(ego), 즉 '나'(I)가 창조하고, 결정하고, 통제하는 무엇에 우주의 초점을 제한하면 진정한 자신(self)이 되지 못합니다. 오히려 자신의 의지와 삶을 하나님께 맡김으로써 진정한 자신(self)이 됩니다(알코올중독자들의 모임인 'Alcoholics Anonymous'에서 제시하는 12단계 중 세 번째 단계가 이를 표현하기에 적절하여 사용함). 이 행동은 하나님의 은혜를 의식적으로 받아들이기 위해 절대적으로 필요한 전제 조건입니다.

바울에게, 그리고 많은 세대의 그리스도인들에게, 하나님의 은혜를 받는 것이란 하나님의 성령을 받는 것과 동일합니다. 하나님의 거룩한 숨은 영생에 대한 소망을 줍니다. "예수를 죽은 자 가운데서 살리신 이의 영이 너희 안에 거하시면 그리스도 예수를 죽은 자 가운데서 살리신 이가 너희 안에 거하시는 그의 영으로 말미암아 너희 죽을 몸도 살리시리라"(11절). 더하여, 성령 받았음을 깨닫는 것은 이제 참되고 만족스러운 삶에 대한 기독교적 소망을 부여합니다. "육신의 생각은 사망이요 영의 생각은 생명과 평안이니라"(6절). 만약 우리가 올바른 방식으로 성령님이 생각을 정하는 시간이 되도록 사순절을 구상한다면, 이 절기를 다른 관점으로 보게 되고, 그렇게 하면 모든 지식을 초월하는 평화, 그 참된 평화를 알 수 있지 않을까요?

사순절 다섯째 주일

요한복음 11:1~45

1 어떤 병자가 있으니 이는 마리아와 그 자매 마르다의 마을 베다니에 사
는 나사로라
2 이 마리아는 향유를 주께 붓고 머리털로 주의 발을 닦던 자요 병든 나사
로는 그의 오라버니더라
3 이에 그 누이들이 예수께 사람을 보내어 이르되 주여 보시옵소서 사랑
하시는 자가 병들었나이다 하니
4 예수께서 들으시고 이르시되 이 병은 죽을 병이 아니라 하나님의 영광
을 위함이요 하나님의 아들이 이로 말미암아 영광을 받게 하려 함이라
하시더라
5 예수께서 본래 마르다와 그 동생과 나사로를 사랑하시더니
6 나사로가 병들었다 함을 들으시고 그 계시던 곳에 이틀을 더 유하시고
7 그 후에 제자들에게 이르시되 유대로 다시 가자 하시니
8 제자들이 말하되 랍비여 방금도 유대인들이 돌로 치려 하였는데 또 그
리로 가시려 하나이까
9 예수께서 대답하시되 낮이 열두 시간이 아니냐 사람이 낮에 다니면 이
세상의 빛을 보므로 실족하지 아니하고
10 밤에 다니면 빛이 그 사람 안에 없는 고로 실족하느니라
11 이 말씀을 하신 후에 또 이르시되 우리 친구 나사로가 잠들었도다 그러
나 내가 깨우러 가노라
12 제자들이 이르되 주여 잠들었으면 낫겠나이다 하더라
13 예수는 그의 죽음을 가리켜 말씀하신 것이나 그들은 잠들어 쉬는 것을
가리켜 말씀하심인 줄 생각하는지라
14 이에 예수께서 밝히 이르시되 나사로가 죽었느니라
15 내가 거기 있지 아니한 것을 너희를 위하여 기뻐하노니 이는 너희로 믿
게 하려 함이라 그러나 그에게로 가자 하시니
16 디두모라고도 하는 도마가 다른 제자들에게 말하되 우리도 주와 함께
죽으러 가자 하니라
17 예수께서 와서 보시니 나사로가 무덤에 있은 지 이미 나흘이라
18 베다니는 예루살렘에서 가깝기가 한 오 리쯤 되매

19 많은 유대인이 마르다와 마리아에게 그 오라비의 일로 위문하러 왔더니
20 마르다는 예수께서 오신다는 말을 듣고 곧 나가 맞이하되 마리아는 집
에 앉았더라
21 마르다가 예수께 여짜오되 주께서 여기 계셨더라면 내 오라버니가 죽
지 아니하였겠나이다
22 그러나 나는 이제라도 주께서 무엇이든지 하나님께 구하시는 것을 하
나님이 주실 줄을 아나이다
23 예수께서 이르시되 네 오라비가 다시 살아나리라
24 마르다가 이르되 마지막 날 부활 때에는 다시 살아날 줄을 내가 아나이다
25 예수께서 이르시되 나는 부활이요 생명이니 나를 믿는 자는 죽어도 살
겠고
26 무릇 살아서 나를 믿는 자는 영원히 죽지 아니하리니 이것을 네가 믿느냐
27 이르되 주여 그러하외다 주는 그리스도시요 세상에 오시는 하나님의
아들이신 줄 내가 믿나이다
28 이 말을 하고 돌아가서 가만히 그 자매 마리아를 불러 말하되 선생님이
오셔서 너를 부르신다 하니
29 마리아가 이 말을 듣고 급히 일어나 예수께 나아가매
30 예수는 아직 마을로 들어오지 아니하시고 마르다가 맞이했던 곳에 그
대로 계시더라
31 마리아와 함께 집에 있어 위로하던 유대인들은 그가 급히 일어나 나가
는 것을 보고 곡하러 무덤에 가는 줄로 생각하고 따라가더니
32 마리아가 예수 계신 곳에 가서 뵈옵고 그 발 앞에 엎드리어 이르되 주
께서 여기 계셨더라면 내 오라버니가 죽지 아니하였겠나이다 하더라
33 예수께서 그가 우는 것과 또 함께 온 유대인들이 우는 것을 보시고 심
령에 비통히 여기시고 불쌍히 여기사
34 이르시되 그를 어디 두었느냐 이르되 주여 와서 보옵소서 하니
35 예수께서 눈물을 흘리시더라
36 이에 유대인들이 말하되 보라 그를 얼마나 사랑하셨는가 하며
37 그중 어떤 이는 말하되 맹인의 눈을 뜨게 한 이 사람이 그 사람은 죽지

않게 할 수 없었더냐 하더라
38 이에 예수께서 다시 속으로 비통히 여기시며 무덤에 가시니 무덤이 굴
이라 돌로 막았거늘
39 예수께서 이르시되 돌을 옮겨 놓으라 하시니 그 죽은 자의 누이 마르다
가 이르되 주여 죽은 지가 나흘이 되었으매 벌써 냄새가 나나이다
40 예수께서 이르시되 내 말이 네가 믿으면 하나님의 영광을 보리라 하지
아니하였느냐 하시니
41 돌을 옮겨 놓으니 예수께서 눈을 들어 우러러 보시고 이르시되 아버지
여 내 말을 들으신 것을 감사하나이다
42 항상 내 말을 들으시는 줄을 내가 알았나이다 그러나 이 말씀하옵는 것
은 둘러선 무리를 위함이니 곧 아버지께서 나를 보내신 것을 그들로 믿
게 하려 함이니이다
43 이 말씀을 하시고 큰 소리로 나사로야 나오라 부르시니
44 죽은 자가 수족을 베로 동인 채로 나오는데 그 얼굴은 수건에 싸였더라
예수께서 이르시되 풀어 놓아 다니게 하라 하시니라
45 마리아에게 와서 예수께서 하신 일을 본 많은 유대인이 그를 믿었으나

신학적 관점

이 본문은 '나사로의 살아남'으로 불립니다. 이 약칭이 절대 부적절하지는 않습니다. 이 이야기는 예수님이 사랑하셨던 나사로의 병듦과 죽음, 장례와 부패 그리고 그가 장례 때 둘렀던 천을 여전히 감은 채 무덤에서 나오며, 죽음에서 생명으로 불려 나온 이야기입니다. 그렇지만 이 이야기의 초점은 개인 나사로보다는 죽음에서 생명으로 옮겨진 놀라운 구원 그 자체(즉, 요한복음에서의 표적), 이 일을 일으키신 분, 그리고 이에 대한 사람들의 반응에 맞추어져 있습니다. 이러한 요소들은 이 이야기 자체와 이후의 주석자들 사이에서 깊고도 탐구적인 신학적 성찰을 불러일으킵니다.

이 세 가지 초점은 모두 요한복음에서 두드러지게 나타나며, 어떤 면에서는 독특한 신학적 강조점들과 함께 연결되어 있습니다. 네 개의 정경 복음서들 모두 부활 이후 신앙 관점에서 쓰였음에도 불구하고, 요한복음은 그 믿음을 특별히 자주, 그리고 선명하게 예수님의 공생애 안에서 드러냅니다. 그 과정에서, 예수님으로부터 보이는 어떤 신적 특성들뿐만 아니라 예수님 자신의 담화는 그리스도께서 하나님과 '하나'이시라는 복음서의 신앙적 주장을 강화합니다. 이 특징들은 몇몇 후대 신학자들로 하여금 요한이 진정으로 인간이신 그리스도를 최소한으로 그려내고 있음을 높이 평가하게(혹은 비난하게) 했으며, 많은 다른 이들로 하여금 요한복음의 기독론이 진정으로 성육신적임을 신뢰하게 했습니다. 이와 같이, 공관복음서 안에서는 시간이 지나며 점차 이후의 사건들이 전개되면서 그리스도의 인격과 사역에 대한 이해가 더욱 완전하게 일어나지만, 요한복음에서는 역설과 언어유희, 개념의 혼란에도 불구하고 말씀이신 그리스도께서 그것을 해설해 주심으로 그 사안의 전체 진실이 즉각적으로 계시됩니다.

나사로의 살아남이라는 놀랍고 경이로운, 기적의 사건이 대표적인 예입니다. '실제로 이 일이 일어났나요?'라는 질문은 피할 수 없는 질문입니다. 계몽주의 시대와 그 이후에 성서학과 신학 연구에서 기적에 관한 논쟁은 격렬했습니다. 그것은 절대 사라지지 않았습니다. 어떤 면에서 요한복음의 서술은 이 논의를 복잡하게 만듭니다. 나사로의 살아남 오직 요한복음만 기록하고 있으며, 위치와 구조를 고려할 때, 예수님의 죽음과 부활을 예표하고 있음이 명백합니다. 이 일이 얼마나 실제적이냐는 중요하지 않을지 모릅니다. 그러나 모든 복음서에는 초자연적인 사건들이 예수님의 사역과 연결되어 있으며 하나님 능력의 역사를 표시하는 것으로 이해됩니다. 비판적인 과학적 조사와 자연과학에 따라 무엇이 확인할 수 있는 대상인가에 비추어 (일반적으로, 이른바) '기적을 믿을 것인가' 아닌가의 질문은 초대 그리스도인들의 관심과는 거리가 먼 이야기입니다.

이 논의에 대한 요한복음의 기여는 이적을 '표적'으로 보는 관점입니다. 나사로의 살아남은 요한복음에 나오는 예수님의 행하신 일련의 표적 중 절정으로 간주합니다. 이 표적은 예수님이 보이신 하나님의 임재와 능력의 현현을 확장하여, 죽음 자체에 대한 그의 지배권을 보여줍니다. 그런 표적들은 참으로 경이로운 데다, 목격자들의 눈앞에 드러나서, 하나님의 영광에 대한 강력한 입증이 되고, 누군가에게는 영광 받으신 예수님에 대한 신앙을 유발하는 것입니다. 그러나 요한에게 '영광'과 '영광 받으심'이라는 용어들은 궁극적으로 높임 받으심, 십자가에서 '높이 들리심'과 죽음에서 생명으로 옮겨짐, 즉 하나님과 하나 되심과 관계가 있습니다.

그래서 나사로의 살아남은 하나님의 종말론적 약속들이 여기 그리고 지금, 이미 실현되고 있음을 나타내며, 나사로와 같이 질병과 죽음과 장사 됨을 포함하는, 삶의 과정 속 일상들 가운데에서도 이뤄지고 있음을 나타냅니다. 이 표적과 또 다른 그런 표적들은 표적을 만드시는 예수님을 가리키며, 차례로 예수님은 기도의 태도로 하나님을 가리키십니다. 그의 하나님과 '하나 되심'은 명확하게 드러납니다. 생명을 주시는 그의 행하심은 마리아, 마르다, 나사로, 또는 구경꾼들의 믿음과 같은 인간의 믿음에 의존하지 않으며, 오히려 믿음을 불러일으킵니다. 이 사건은 요한복음에서 되풀이되는, '양들은 목자의 음성을 알아듣는다'는 또 다른 중심 주제를 내놓습니다. 예수님의 말씀에 무덤에서 나오는 나사로를 본 '많은' 사람이 믿습니다.

이 절정의 표적에 앞서 요한복음에 나오는 '나는 ~이다'라는 예수님의 일련의 담화 중 절정은, "나는 부활이요 생명이니"(25절)라고 하신 것입니다. 이것의 배경은 마르다의 믿음과 마리아의 믿음의 특징에 관한 대화입니다. 각 사람은 이미 믿는 자였지만, 예수님에게 각각 서로 별개로, '예수님이 계셨더라면 나사로가 죽지 않았을 것'이라고 말합니다. 현장에 있던 다른 사람들도 잠시 후 똑같이 말합니다. 이전에 예수님은 자매들의 요청에 대한 응답을 고의로 지연시키셨다는 기록은 그런 발언에 더 힘을 실어줍니다. 이제 요한복음의 신학적 설명을 위한 무대가 준비됩니다. 부활이요 생명이신 분을 살아서 믿는 자는 영원히 죽지 않을 것입니다. 이 생명은 다가올 '일반적인 부활'에 대한 믿음의 문제가 아니라, 마르다의 고백이 말하듯이 개인화된 믿음, 곧 "주는 그리스도시요 … 하나님의 아들"(요 11:27)이시라고 믿는 것입니다. 그리고 이미 현재하는 종말의 시간에 나사로가 살아납니다.

이 에피소드는 신학적 질문들을 명확하게 하려고 하면서도, 또한 그것들을 불러일으킵니다. 예를 들어, 은유 또는 형이상학이 예수님이 말씀하신 '부활이요 생명'을 가장 적합하게 설명할 수 있을지 없을지 숙고해 보십시오. 그것들이 무엇이든 간에 말입니다. 마르다의 고백의 주제를 또한 숙고해 보십시오. 그 믿음의 대상은 절대 물체가 아니라, 예수님이라는 인격을 향하고 있다는 점을 말입니다. 이것은 요한복음에서 다양한 말로 표현된 믿음의 고백들 중 하나이며, 그 절정은 부활하신 그리스도를 "나의 주님시요 나의 하나님이시니이다"(20:28)라고 한 도마의 고백입니다.

요한복음의 결말에 나오는 이 도마의 고백은, 표적으로서 나사로의 살아남이 요한복음의 핵심적 주제인 '보는 것과 믿는 것'에 대한 신학적 숙고를 요구한다는 점을 상기시킵니다. 예수님이 하신 일을 보고, 마리아와 함께 온 많은 사람이 믿었습니다. 그리고 마르다와 마리아의 믿음도 더 깊어졌습니다. 도마 역시, 십자가에서 못 박히셨으나 다시 살아나신 그리스도를 보고 믿음을 갖게 됩니다. 그러나 그 모든 표적을 보는 것과 관련한 복음서의 요약적인 말씀은 예수님의 또 다른 말씀입니다.

"보지 못하고 믿는 자들은 복되도다"(20:29). 그러므로 믿음은 보는 것에 기초하지 않습니다. 이 점이 신학자들과 설교자들이 진지하게 다루어야 할 도전적인 주제입니다.

목회적 관점

부활의 소망과 죽음의 종국 사이에 긴장은 개인적이고 공동체적인 이 깊은 성찰의 절기에 뚜렷이 나타납니다. 고통스러운 환경과 죽음을 초래하는 사회적 현실에서 우리는, 부활과 경계를 넘어서는 꿈을 꾸고 새로운 삶을 경험하는 풀려남을 갈망합니다. 경계를 넘는 꿈을 꾼다는 것은 온전함, 안녕, 건강, 번영이 인간 존재의 표준적인 표현이 되는 세상을 상상하는 것이고, 생명의 하나님과 짝을 이루어 그 꿈을 현실로 만들어 가는 것입니다. 이는 우리의 세상이 본래 그래야 할 모습이 아님을 깨닫는 것이며, 사람들이 삶 속에서 하나님의 임재를 경험하지 못하도록 방해하는 사회 · 종교적인 제한들이 변할 수 없다는 주장을 거부하는 것입니다. 사순절 다섯째 주일에 우리에게 주어진 이 본문은 하나님의 임재를 지금, 이 순간 절실히 필요로 하는 수많은 사람과 공동체의 삶 속에서 부활의 가능성을 숙고하도록 우리를 초대합니다.

가능성을 상상하지 못하게 하는 큰 방해 중 하나는 인식의 왜곡입니다. 장애물들은 실제보다 더 크게 그리고 더 불길하게 보이며, 대안을 모색하기보다 오히려 위험을 피하고자 애쓰는 데 우리를 몰두하게 합니다. 오늘 본문에서 그 예를 찾을 수 있습니다. 제자들은 예수님이 사역하시는 내내 그의 충실한 동료들로서, 한 마을과 도시와 산악 지역을 그와 함께 다녔지만, 그들은 종종 부활과 생명의 회복 가능성보다 상황적 한계를 더 염려하는 것처럼 보입니다. 그들의 관심은 종종 예수님의 사역적 초점과 엇갈립니다. 지난 주의 성서정과 본문에서처럼 눈먼 자의 상태의 기원에 더 관심을 가질 뿐, 그가 예수님을 만남으로 치유가 일어날 수 있다는 잠재적 가능성에는 좀처럼 관심을 두지 않습니다.

나사로의 질병과 죽음의 소식을 받은 후, 제자들은 이틀을 더 지체한 후에야 유대까지의 불안한 여정을 시작하기로 하신 예수님의 결정에 수용하는 것에 다시금 어려움을 겪습니다. 그들은 단지 며칠 전 돌에 맞아 죽을 뻔했던 위기에서 가까스로 벗어난 것을 떠올리며, 유대로 돌아가는 것이 과연 지혜로운 일인지 의문을 품습니다. 더 나아가, 예수님 자신이 시인하신 것처럼, 나사로는 이미 죽었습니다. 그럼에도 불구하고 예수님은 그 여정을 시작해야 한다고 주장하시고, 나사로의 질병과 뒤따르는 죽음이 이야기하는 계시적 가능성을 강조하십니다. 또한, 이 여정이 막힘없을 것이라고 제자들에게 확신시켜 주십니다. 도마와 다른 제자들은 완전히 이해하지 못하여 "우리도 주와 함께 죽으러 가자"(16절)라고 했음에도 불구하고, 친구들과 동료들은 부활의 가능성에 궁금증을 안은 채 예수님과 여정을 시작합니다.

예수님과 제자들이 마리아와 마르다의 집에 가까워질수록, 생명과 죽음 사이의 긴장은 더 고조되고, 압도하는 슬픔이 즉각 다가옵니다. 가족과 친구들이 모여 나사로의 사망과 마지막 잠듦을 애도함으로써 눈물과 탄식이 공기를 가득 메웁니다. 나사로가 죽은 지 4일이 지났습니다. 이는 유대 전통에서 영혼이 육체에서 완전히 떠났음을 상징하는 시점으로, 나사로가 참으로 죽었음을 가리킵니다.

죽음의 종국은 마리아와 마르다의 슬픔을, 그리고 예수님이 지금까지 도착하지 않으셨다는 그들의 실망감을 깊게 만듭니다. "주께서 여기 계셨더라면 내 오라버니가 죽지 아니하였겠나이다"(21절). 마르다와 마리아는 예수님을 친구로 여기며, 만약 예수님이 더 일찍 도착하셨다면 하나님께서 예수님의 간구를 들어주셨을 것이라고 믿습니다. 그들은 예수님을 선생님이자, 치유자이며, 기적을 행하시는 분으로서 신뢰하고, 그가 하나님께서 보내신 메시야를 믿습니다. 그들은 마지막 날에 있을 죽은 자들의 부활을 의심 없이 갈망하고 있으며, 그들의 오빠 나사로와 다시 함께하게 될 것을 고대합니다. 그러나 그들은 '부활이요 생명'에 자기 동일시를 하는 예수님을 지지할 수 있는 경험적 근거를 갖고 있지 않습니다. 예수님은 '나는'이라고 하시며 부활을 현재적 실재로서 말씀하시는 순간, 마르다와 마리아, 그리고 그들의 공동체는 회의적이면서도 새 생명의 가능성에 매료됩니다.

우리가 멀리서 마리아와 마르다와 그들의 공동체를 관찰할 때, 우리 역시 부활의 가능성에 흥미를 느끼며 그들과 함께 무덤에 가고 싶은 마음이 듭니다. 우리는 예수님의 눈물이 사랑의 표시인지 후회의 표시인지 궁금해하는 그들의 목소리를 듣습니다. 무덤을 덮고 있는 그 돌을 옮기라고 명령하시는 예수님의 목소리에서 긴장감을 느낍니다. 이 한 가지 사건 안에서 깊은 믿음과 또 심각하게 집중된 의심으로 기대 섞인 긴장을 감지합니다. 우리는 결론을 알지만, 여전히 숨죽이며 무덤에서 나사로가 나오기를 기다립니다. "나사로야 나오라"(43절) 하시는 말씀이 무덤 전체에 울리고 생명을 되살리는 부름을 따라, 생명 잃었던 나사로의 몸이 깨어납니다.

그리스도인으로서 우리는 부활의 능력을 믿는데, 그것은 탄생, 삶, 죽음, 그리고 부활이 순환적으로 발생하는 예전적 전통 안에서 형성되어 왔습니다. 부활과 생명은 우리가 우리의 삶을 위해 만드는 의미의 중심에 있으며, 우리의 기독교적 소명을 형성합니다. 이런 관점에서 부활은, 우리에게 긴급한 부르심으로 다가옵니다. 세상이 사회적, 육체적, 영적, 감정적으로 죽었다고 여기는 사람들이 새로운 현실에서 다시 살아갈 가능성을 우리는 고민해야 합니다. 또한 우리는 전쟁, 학살, 빈곤, 질병, 불안, 조직적 폭행과 조직적 억압의 수의에 묶인 사람들과 공동체들의 삶 속에 부활의 능력이 나타나기를 기도합니다.

사람과 공동체를 죽음의 손아귀에서 해방시키는 일은 우리에게도 무언가를 요구합니다. 나사로가 그의 공동체를 부활시켰던 것처럼 말입니다. 예수님이 무덤에서 나사로를 부르셨음에도 불구하고, 살아 있는 사람들에게 '나사로를 풀어 놓아 다니게 하라'고 재촉하셨습니다. 오늘날 부활한 여성, 남성, 아이들이 홀로 걸을 수 있을 때까지, 그들을 양육하고 강하게 해줄 돌봄의 공동체가 필요합니다. 자기의심, 사회적 고립, 소외 그리고 억압이라는 수의를 제거해 주어야 합니다. 두려움, 근심, 상실 그리고 슬픔이라는 포장을 벗겨 주어야 합니다. 그래서 속박에서 풀려난 여성, 남성, 아이들이 존엄 안에서 걸을 수 있도록, 세상에서 창의적 주체들이 되도록 해야 합니다.

몇 년 전, 한 친구가 나에게 슬로건이 적힌 포스터 하나를 주었습니다. 거기에는 '가능성을 고려하라…'라고 적혀 있었습니다. 줄임표는 더 많은 말을 담을 수 있음을 의미하며, 이 슬로건은 우리에게 경계를 넘어 꿈을 꾸도록, 부활의 가능성을 숙고하도록, 그렇게 절실히 갈망하도록 도전적으로 상기시켜 줍니다. 그렇게 해서 우리는 고통과 슬픔의 무덤 앞에서 예수님의 음성을 들으며, 지금, 이 순간에도 하나님께서 구원하시는 자들을 풀어 줄 준비를 하게 합니다.

주석적 관점

일곱 개의 '표적'(요 12:18 참조) 이야기 중 마지막인 나사로의 살아남은 부활이요 생명이신 분(25절)에 관한 이야기의 전환점을 이룹니다. 요한복음에만 나오는 이 에피소드는 예수님의 공적 사역을 마지막 유월절 및 예수님의 죽음과 부활 관련 사건들(그리고 확장된 담화)을 연결하는 이야기의 연결고리 역할을 합니다. 이 복음서의 나머지 부분과 마찬가지로, 이 본문은 예수님의 정체성 안에서와 죽음에서 생명을 불러오는 그의 능력에 대해 믿는 행동의 중요성을 반복적으로 강조합니다(요한복음에서 '믿음'은 명사가 아니라 항상 동사로 쓰임). 이 이야기의 맥락을 보면, 이 일곱 번째 표적이 가져온 결과는 두 가지인데, 사람들이 '그를 믿었으나'(45절), 이것으로 예수님과 종교 지도자들 사이에 갈등이 가속됩니다(47-53절).

이 에피소드가 죽음에서 생명을 불러오시는 분에 대한 서사적 묘사로서 독립적으로 존재할 수 있음에도 불구하고, 여러 언어적 요소가 이 본문을 요한복음의 서문과 연결시킵니다. 하나님/예수님의 영광(4절, 1:14 참조), 빛(9절, 1:4-9 참조), 생명(25절, 1:4 참조), 동사 '믿음'(15, 26-27, 40, 42, 45절, 1:12 참조), '세상을 위해 오시는 이'으로서의 예수님(27절, 1:9 참조)과 같은 것들입니다. 또한 요한복음에는 여러 추가적인 단어들과 어구들이 유사하게 나타납니다. '나는… 이다'(25절), '사랑'(agapē, phileō, 3, 5절), '마지막 날'의 부활(24절), '와서… 보고… 믿었다(45절)'와 같은 것들입니다. 게다가, 나사로의 무덤에서 일어난 사건들은 예수님의 무덤에서 일어날 같은 사건을 거울처럼 반영합니다. 이처럼 나사로의 살아남은 앞과 뒤를 일제히 가리키며, 이 복음서의 많은 근본적 주제를 담아내고 있습니다.

믿음과 갈등이라는 예수님에 대한 두 가지 뚜렷한 반응은 이 이야기의 수미상관 구조로 함께 나타납니다. 이 구조의 첫 부분에서 나사로의 병든 소식이 전해지기 전에, 예수님은 수전절 축제를 위해 예루살렘에 계시는데, 그곳은 유대 지역 사람들이(NRSV에서는 '유대인') 그가 그리스도인지 아닌지를 밝히라고 압력을 가하던 곳입니다. 예수님의 응답에 성난 그들은 돌을 들어 그를 죽이려고, "네가 사람이 되어 자칭 하나님이라 함이르라"(10:33)라며 혐의를 씌웁니다. 이에 예수님과 제자들은 빠져나와 요단강 건너편으로 피합니다. 그리고 그곳에서 '많은 사람이 예수를 믿었습니다'(10:42). 예수님을 믿는 것과 위협하는 것, 이 두 가지 반응이 이 본문 끝에서 다시 일어나는데, 바로 예수님이 나사로를 무덤 밖으로 부르신 후입니다. '많은 유대인이 그를 믿었으나', 일부 사람들은 바리새인들에게 가서 보고합니다. 그들은 예수님이 그 민족을 위협하는 자라고 염려하며, 예수님을 어떻게 죽일 것인지 모의합니다(11:45-53).

나사로 역시 자신이 위협을 받습니다. 나사로는 자신의 부활에 아무 역할도 하지 않았지만 살아났다는 사실 하나만으로도 예수님의 엄청난 인기를 더 불붙게 했기 때문입니다. 얼마 지나지 않아, 베다니에서 열린 저녁 잔치에, 예수님이 죽음에서 일으키신 나사로를 보기 위해 무리가 모여들었습니다(12:1-9). 이 무리와, 또 예수님의 예루살렘 입성 때에 나사로와 예수님에 대해 계속해서 이야기하던 사람들로 인해 대제사장들과 바리새인들은 상당히 우려하게 되었습니다. 그들은 각각 표적 행하는 이를 따르는 수많은 사람에 대하여 점점 불안함을 느끼고 있는 것처럼 보입니다. 예수님의 생명 주시는 기적을 무효화하기로 결의한 종교 지도자들은 나사로 역시 죽일 음모를 꾀합니다(12:10-11, 17). 왜냐하면 그의 이야기로 사람들이 예수님을 믿게 되었기 때문입니다. 즉, 부활이요 생명이신 분에 의해 살아난 것이 오히려 죽임을 당할 이유가 된 것입니다.

나사로가 생명을 얻은 일과 관련된 사람들의 정체성에 대해 꽤 많은 양이 할애되었는데, 특히 두 자매에 가장 주목합니다. 이들은 요한복음의 초기 공동체에 알려져 있었을 가능성이 있습니다. 나사로가 소개되는 방식을 보면, "마리아와 그 자매 마르다의 마을"(11:1) 베다니에 사는 사람이라고 이 여인들과의 관계를 통해 소개됩니다. 저자는 이 인물들의 정체성을 섬세하게 다듬어 말하기를, 나사로가 마리아의 오라버니이고(2절) 예수님은 "마르다와 그 동생과 나사로를 사랑하시더니"(5절)라고 합니다. 아마도 후대의 편집이 반영된 듯, 마리아는 예수님에게 기름을 붓고 머리털로 예수님의 발을 닦은 행동이 언급되며 특별한 주목을 받습니다(2절). 이 사건은 이야기 전개상 아직 발생하지 않은 사건이지만, 이 사건이 발생하면 예수님의 일곱 번째 표적의 중요성, 곧 그 표적이 예수님을 믿거나 믿지 않을 기회로서의 표적이었음을 재강조하게 될 것입니다(12:1-11).

마리아와 마르다는 예수님과 개별적으로 대화하지만, 같은 말을 합니다. "주께서 여기 계셨더라면 내 오라버니가 죽지 아니하였겠나이다"(21, 32절) 그들의 말이 믿음의 고백인지 아니면 비난인지 단정하기는 어렵지만, 예수님이 생명을 불러일으키시는 분이라는 반복되는 주장들과 맥을 같이합니다(1:4, 5:24, 8:12, 10:10). 마리아의 울음에 마음이 움직이신 예수님은 "그를 어디 두었느냐?"(34절)라고 물으시고, 무덤에서 돌을 옮겨 놓으라 명령하시며(39절), "나사로야 나오라"(43절)라고 큰 소리로 외치십니다. 이에 나흘 동안이나 죽은 자로 있었던 나사로가 어둠 속에서 걸어 나옵니다. 죽음이 하나님의 영광(40절)을 나타내는 표적으로 끝납니다. 그러나 나사로의 손과 발을 묶고 그의 얼굴을 덮은 수의는 아직도 그를 붙잡고 있음을 생생하게 알려줍니다.

또 다른 날에, 또 다른 마리아가 또 다른 무덤에서 울면서 같은 질문을 합니다. "어디 두었는지 내게 이르소서"(20:15). 그날에는 수의가 무덤 속 뒤에 남겨져 있을 것입니다. 머리를 쌌던 수건은 딴 곳에 말아 놓여 있을 것이고, 하나님께서 일으키신 예수님에게는 더 이상 필요 없을 것입니다. 그날에는, 제자들이 나사로의 살아남보다 더 큰 표적을 보게 될 것입니다. 여기, 나사로의 무덤에서 죽음은 일시적으로 부정됩니다. 그러나 거기, 예수님의 무덤에서 죽음은 영원히 끝날 것입니다.

설교적 관점

영어 성경에서 가장 짧은 절이라고 외웠을 "예수께서 눈물을 흘리시더라"(35절)라는 구절을 NRSV는 이 구절을 '예수께서 울기 시작하셨다'(Jesus began to weep)라고 번역했습니다. 이는 그보다 오래된 RSV와 AV의 '예수께서 우셨다'(Jesus wept)보다 번역이 딱딱하고 불필요한 단어의 수만 두 배로 증가했을 뿐, 결코 수사학적으로 개선되지는 않았습니다.

이 절은 요한복음에서 예수님의 인성을 진정으로 확증해 주는 표시로서 역할을 합니다. 왜냐하면 요한복음은 말씀이 육신이 되신 것을 독보적으로 증언하면서도, 공관복음서들과 대조적으로 이 세상에 완전히 '뿌리내린' 존재는 아닌 듯이 예수님을 그려내는 경향이 있기 때문입니다. 예수님이 그의 친구 나사로의 시신 앞에서 우시는 이 장면이 이 점을 반박하는데 도움을 줍니다. 우정에 대한 우리의 인간적 필요와 친구를 잃은 우리의 슬픔을 예수님이 공유하신다는 점에서 그가 진정으로 우리와 같으시다는, 성육신 그 자체의 진리를 감동적으로 깊이 있게 전하는 증언입니다.

이 복음서 기자는 예수님의 우심을 지켜본 사람들이 '보라 그를 얼마나 사랑하셨는가!'라고 말했음을 알려줍니다. 여기서 사용된 헬라어 단어 '사랑'은 우리가 예상하는 요한의 문서가 선호하는 이타적인 자기희생적 사랑(아가페, agapē)의 동사 형태가 아니라는 점에서 주목할 만합니다. 친구 나사로에 대한 예수님의 사랑은 '우정', '인간애', 또는 '깊은 감정'과 같이 우리가 친구들에게 갖는 평범한 인간적 사랑을 의미하는 일상적인 헬라어 단어 '필리아'(philia)입니다. 예수님은 몇 장 뒤인 15:13~15에 제자들을 종의 자리에서 친구라는 신분으로 높여 주십니다. 초기 미국 작곡가인 윌리엄 빌링스의 "예수께서 우셨다"는 매우 효과적으로 이 본문을 음악으로 표현한 곡으로 찬양대에서 또는 회중 찬양으로 불립니다.*

친구 나사로의 죽음 앞에서 예수님의 우심은 오늘의 복음서 이야기 가운데 감정적 중심입니다. 종려주일/고난주일과 성주간의 시작이 한 주 앞으로 다가오는 상황 속에서 이것의 설교적 주요점은 오늘 본문 바로 다음 절들에서 나타납니다. 이상하게도, 우리가 가진 3년 주기의 개정 공동성서정과만 의존하는 사람들은 요한복음의 수난 이야기 줄거리에서 결정적인 이 절들이 낭독되는 것을 절대 들을 수 없을 것입니다. 예수님이 그의 죽은 친구를 다시 살리신 것은 예수님 자신의 부활이라는 미래의 사건을 보여주기도 하지만, 수단으로서는 (비유적으로 말하자면) 예수님의 관에 마지막 못을 박는 역할을 합니다.

오늘 지정된 본문 다음 부분은 곧바로 다음 내용을 보고하는 것으로 넘어갑니다. "그중에 어떤 자는 바리새인들에게 가서 예수께서 하신 일을 알리니라 이에 대제사장들과 바리새인들이 공회를 모으고 이르되 이 사람이 많은

* William Billings, "When Jesus Wept," in *The New Century Hymnal* (Cleveland: Pilgrim Press, 1995), #192.

표적을 행하니 우리가 어떻게 하겠느냐 만일 그를 이대로 두면 모든 사람이 그를 믿을 것이요 그리고 로마인들이 와서 우리 땅과 민족을 빼앗아 가리라 하니 그중의 한 사람 그 해의 대제사장인 가야바가 그들에게 말하되 너희가 아무것도 알지 못하는도다 한 사람이 백성을 위하여 죽어서 온 민족이 망하지 않게 되는 것이 너희에게 유익한 줄을 생각하지 아니하는도다 하였으니… 이날부터는 그들이 예수를 죽이려고 모의하니라"(11:46-50, 53).

여기서 다시, NRSV는 가야바의 조언을 '이것이 더 낫다'라고 번역했는데, 이전 RSV의 '이것이 편리하다'라는 번역이 정치적으로 더욱 불길함을 잘 전달합니다. 이 문장은 가야바의 (그의 하나님의) 백성의 삶에 로마의 지배자들이 폭력적으로 개입하지 못하도록 예수님의 죽음을 신속히 추천하게 하는, 아마도 잘못된 애국심, 민족 종교적 결속에서 비롯된 정치적 편의주의임을 드러내 보여줍니다. 결국 예수님을 처형하려는 음모는 현 상태의 안정을 위협하는 그 어떤 것도 미리 방지하겠다는, 편리하고 유용한 방편의 실행으로 설정됩니다. 교회와 국가가 또 하나의 무죄한 사람의 죽음을 공모합니다. 처음도 마지막도 아닌 희생양이며, 당시나 어느 시대나 있었던 가장 잔인하지도, 가장 인간적이지도 않은 편의적 죽음입니다. 누가복음에 따르면 예수님을 빌라도에게 넘기며 기소한 내용은 이 사건을 잘 요약합니다. "고발하여 이르되 우리가 이 사람을 보매 우리 백성을 미혹하고 가이사에게 세금 바치는 것을 금하며 자칭 왕 그리스도라 하더이다 하니"(눅 23:2).

가야바는 '한 사람이 백성을 위하여 죽는 것이 유익하다'라고 조언하며 알고 있었던 것 이상을 말했습니다. 대제사장은 그가 알던 것을 넘어, 자기도 모르게 복음의 깊은 의미를 주는 역설적인 진리를 말하고 있던 것입니다. 사실, 요한은 가야바가 예수님이 민족을 위하여 돌아가셔야만 한다는 하나님의 의도를 예고적으로 또 선포적으로 무의식 속에서 예언하고 있었다고(51절) 확신합니다. 그것이 바로 예수님의 죽음이 결과적으로 교회의 속죄 신학이 되는 것입니다(단순히 '대속' 이론에만 국한되지 않은).* 곧, 한 분의 자기희생은 민족 또는 유대인 또는 심지어 모든 믿는 자들만이 아니라, 온 우주와 모든 창조 질서가 구원을 얻게 될 것입니다. 가야바는 그가 예수님의 편의적 죽음을 실행할 때 자신이 무엇을 하고 있었는지 알지 못했을 것입니다만, 하나님께서는 이 무죄한 분의 죽음이라는 악조차도 복음 그 자체로 변화시키실 만큼 충분히 창조적이신 분이십니다.**

친구의 죽음 앞에서 우신 예수님과 함께 시작된 이 음모는, 예수님을 대적하는 가해자들이 생각할 때 성금요일이면 결론이 날 것이었습니다. 그러나 부활절은 진정한 결말, 누구도 예상하지 못할 결론을 증명합니다. 거기서 우리는 예수님 안에서만 아니라 그를 죽음에서 살리신 하나님 안에서 얼마나 좋은 친구를 갖게 되었는지를 발견할 것입니다.

* Colin E. Gunton, *The Actuality of Atonement: A Study of Metaphor, Rationality and the Christian Tradition* (London: T.&T. Clark, 1988). On Jesus as scapegoat/sacrifice, see René Girard, Things Hidden since the Foundation of the World (Palo Alto, CA: Stanford University Press, 1987) 참조.

** 창 50:20 참조.

SIXTH SUNDAY IN LENT (LITURGY OF THE PALMS)

사순절 여섯째 주일(종려주일 예전)

시편 118:1~2, 19~29

마태복음 21:1~11

사순절 여섯째 주일(종려주일 예전)

시편 118:1~2, 19~29

1 여호와께 감사하라 그는 선하시며 그의 인자하심이 영원함이로다
2 이제 이스라엘은 말하기를 그의 인자하심이 영원하다 할지로다
19 내게 의의 문들을 열지어다 내가 그리로 들어가서 여호와께 감사하리
로다
20 이는 여호와의 문이라 의인들이 그리로 들어가리로다
21 주께서 내게 응답하시고 나의 구원이 되셨으니 내가 주께 감사하리
이다
22 건축자가 버린 돌이 집 모퉁이의 머릿돌이 되었나니
23 이는 여호와께서 행하신 것이요 우리 눈에 기이한 바로다
24 이날은 여호와께서 정하신 것이라 이날에 우리가 즐거워하고 기뻐하
리로다
25 여호와여 구하옵나니 이제 구원하소서 여호와여 우리가 구하옵나니
이제 형통하게 하소서
26 여호와의 이름으로 오는 자가 복이 있음이여 우리가 여호와의 집에서
너희를 축복하였도다
27 여호와는 하나님이시라 그가 우리에게 빛을 비추셨으니 밧줄로 절기
제물을 제단 뿔에 맬지어다
28 주는 나의 하나님이시라 내가 주께 감사하리이다 주는 나의 하나님이
시라 내가 주를 높이리이다
29 여호와께 감사하라 그는 선하시며 그의 인자하심이 영원함이로다

신학적 관점

하나님에 대한 사고와 언어를 뜻하는 신학은 하나님께서 계시하신 많은 모습과 행위에 대해 열려 있어야 하며, 인간의 모든 감정과 반응을 다룰 준비가 되어 있어야 합니다. 그러므로 신학자로서 말하고 글을 쓰는 사람들은 많은 경우 자신이 놀라고 다른 사람들도 놀라게 할 준비에 열려 있어야 합니다. 특히 사순절 동안, 그리고 사순절의 끝, 이른바 성주간의 초입에 이 점을 염두에 두어야 합니다. 그 이유는 분명합니다. 우리는 사순절의 사십일과 그 사이의 주일들이 깊은 묵상의 시간이라고 들어 왔고, 훈련받아 왔기 때문입니다. 여기에는 자기성찰이 포함됩니다. 신자들은 자기 검토를 통해 드러난 자신이 전적으로 사랑스럽지만은 않다는 것을 배우게 됩니다. 사실 정직한 사람이라면 하나님께서 나에게 기대하시는 모습과 구속받는 피조물로서 존재할 수 있도록 만드신 능력 있는 모습에 이르지 못하고 있음을 알고 있습니다.

이런 기대에 비추어 자기평가를 할 때 생기는 자각은, 찬송가와 예배 자세로 인해 더 강화되는 경우가 있습니다. 찬송가와 예배 자세가 마치 예배자들을 우울하고 침울하게 만들려는 듯합니다. 이런 시편처럼 우울하고 침울한 세상에 대한 놀라운 침입에 대비할 수는 없습니다. 우리는 회개하고 있었는데, 지금 이 밝은 시편이 등장한 것입니다. 이게 대체 무슨 일입니까? 성서학자들은 혼란을 일으키는 원인 중 하나가, 성경이 말하는 회개의 모습과 하나님의 임재 및 그리스도와의 교제 안에 어떻게 있어야 하는지를 잘못 이해한 데서 비롯되었다고 말합니다. 우리가 기억할 필요가 있듯이, 회개한다는 것은 진지한 일이지 즐거운 일은 아닙니다. 예수님은 한때 왜 사람들이 그의 혼인 잔치에서 불평하고 짜증을 내는지를 물으셨습니다. 예수님은 잔치에서도 신랑이었고 지금도 신랑이신데, 그의 제자들은 시무룩한 표정을 지었고, 우리도 지금 시무룩한 표정을 짓고 있습니다. 첫 번째 신학적 요점을 종합하자면, 다음과 같습니다. 많은 맥락에서, 회개란 옛 자아로부터 하나님께로 되돌아가거나 되돌아오게 되는 기쁜 행위이며, 애도함 없이 옛 자아에 작별을 고하는 것입니다.

이 시편은 새로움으로 변화시키는 일을 시작하신 하나님께서 어떻게 그 일을 진전시키시는지에 대한 놀라운 은유 또는 그림을 가지고 있습니다. 그것은 바로 여는 것입니다. 이 시편 기자는 기도로 그 행하심에 응답하는데, 오직 택함 받은 하나님의 자녀만 말할 권리가 있는 명령형으로 말합니다. "내게 의의 문들을 열지어다 내가 그리로 들어가서 여호와께 감사하리로다"(19절). 그리고 시편 기자는 여행 안내자처럼 가리키며 행동합니다. "이는 여호와의 문이라 의인들이 그리로 들어가리로다"(20절).

복음서 저자들은 이 시편에서 모든 참고할 것들을 골라 사용했습니다. 예수님이 예루살렘 성문을 통과하여 십자가로 가시는데, 그의 행동으로 인해 그를 믿는 사람들을 '의인들'이라고 부르는 것이 가능하게 되었습니다. 뒤에 시편 기자는 '구원하소서'(25절)라고 호소하는데, 이는 히브리어로 '호산나'라는 예루살렘 주민들의 노래였습니다. "밧줄로 절기 제물을 제단 뿔에 맬지어다"(27절)는 종려주일에 부르는 시편을 예견합니다. 이 모든 것이 성경 주석가들을 위한 구체적인 내용입니다. 신학적 주석은 여기서 일어나는 일로 전환됩니다. 이제 핵심 단어는 감사(eucharistic)입니다. '내가 주께 감사하리이다', '여호와께 감사하라'(28-29절). 이 시편은 신학적 이유를 가지고 '여호와께 감사하라'로 시작합니다.

시편 기자가 감사한 이유는, 그가 전투에서 승리했기 때문도 아니고, 하나님께서 좋은 것을 주셨기 때문도 아닙니다. 감사하는 이유는 하나님께서 선하시기 때문입니다. 하나님께서는 본질적으로, 그 존재 자체로서 감사받으실 가치가 있으십니다. 왜냐하면 하나님을 경험하고 하나님을 증거하는 데 있어 가장 중요한 특징은 '그는 선하시며 그의 인자하심이 영원하기'(1, 29절) 때문입니다. 이 구절은 그 인용의 시작과 끝에서 언급되기에 매우 중요하며, 시적으로도 풍성합니다. 하나님의 인자하심은 예수 그리스도의 삶과 죽음, 그리고 종려나무 가지를 들고 그를 환영하고 감사하며, 호산나를 외치며 그를 환영하던 사람들의 이야기로 채워지는 틀을 제공합니다.

신약에서 인용된 다른 암시는 부분적으로 모호한 것이 있습니다. 맥락 없이 갑자기 나오는 구절이 있는데, "건축자가 버린 돌이 집 모퉁이의 머릿돌이 되었나니"(22절)입니다. 이 절이 이 시편 기자와 옛 이스라엘에서 무슨 의미였든지 간에, 신약 저자들에게는 또 다른 놀라움을 가리킵니다. 바로 쉽게 거절당하신 예수님, 중요하지 않은 것처럼 보였던, 그 당시 권력자들에게 존경받지 못했던 것처럼 보였던 예수님이 하나님의 계획과 행위의 중심이 된 것입니다.

자신들의 개념을 명확하게 하기를 원하는 신학자들은 종종 '하나님은 사랑이시라'라고 말하는 것은 적절하지만, '사랑이 하나님이시라'고 하는 것은 적절치 않다고 말합니다. 그래서 하나님 계시의 중심은 이스라엘과, 또 예루살렘 거리와 모든 믿는 자들의 모임 안에 있는 백성을 구속하시고 행동하시는 하나님의 주도성이며, 만약 우리가 하나님께서 사랑이시고 하나님의 사랑은 영원하다는 것을 온전히 파악한다면, 하나님에 대해서 더 이상의 것을 말할 필요가 없을 것입니다. 그러나 그럴 수 없기에, 심리학자들, 설교자들, 역사학자들, 신학자들은 모든 이야기, 모든 설교, 모든 교리적 진술이 이 중심적인 주장에 상호 관련되어 있음을 우리에게 상기시켜 줍니다. 곧 하나님의 사랑은 영원하시다는 것입니다.

모든 그런 주장들은, 믿는 자들이 자신들의 사랑이 손상될 수도, 영원하지 않을 수도 있는 사랑이라는 것을 경험하며 그에 따르는 결과를 가져옵니다. 그들 자신이 그러하거나 그랬던 것보다 더 사랑받을 자격이 없는 사람들에게, 그러나 자발적이고 조건 없는 선의의 사랑을 표현할 수 있게 됩니다. 이 사랑이 분명하게 확대되는 것을 보는 한 가지 방법은 이 시편이 낭송되고, 그 사랑의 빛이 비치는 특별한 장소(교회가 그중 하나)로, 특별한 반응을 끌어내는, 특별한 시간에 모이는 것입니다. "이날은 여호와께서 정하신 것이라 이날에 우리가 즐거워하고 기뻐하리로다"(24절).

목회적 관점

"여호와의 이름으로 오는 자가 복이 있음이여 우리가 여호와의 집에서 너희를 축복하였도다"(26절).

당신의 종려주일 예전의 설교가 하나의 집이라고 상상해 보십시오. 당신의 주석 작업은 성경의 기초라는 땅에 전체 구조를 고정하는 든든한 기초가 됩니다. 당신의 신학적 관점은 그 집에 구조적 온전함을 주는 기둥과 지지대를 제공합니다. 기둥과 지지대는 보통 완성품에서는 보이지 않지만, 집이 무너지지 않게 하려면 이 부분을 절대 소홀히 해서는 안 됩니다.

설교적 관점은 많은 방문자들이 당신의 집에 어떻게 들어올지를 상상하는 데 도움을 줍니다. 사람들이 앞마당을 지나 바로 현관문으로 들어올 수 있는 간단한 디자인을 도입하겠습니까? 어쩌면 친구들이 긴 진입로를 지나 덜 눈에 띄지만, 더 친밀하게 느껴질 뒷문으로 들어오게 할 수도 있습니다. 우리 중에 더 창의적인 설교자들은 비전통적이거나 예상치 못한 입구를 디자인할지 모릅니다. 어쩌면 지붕을 통해서 말입니다. 사람들이 종려주일 메시지로 들어올 수 있게 하는 최고의 설교 디자인을 고려한다면, 그날의 중심인 '들어감'이라는 주제로 무엇을 만드시겠습니까? "문들을 열지어다 … 의인들이 그리로 들어가리로다"(19, 20절). 그리고 사람들이 어떻게 나가게 할 것인지도 고려하십시오. 중심가로 연결된 문이 있나요? 정원 쪽으로 가는 문이 있나요?

이번 종려주일에 손님들이 집에 오면, 회중이 가장 많은 시간을 어디서 보낼 것이라고 기대합니까? 당신이 섬기는 회중에게 있어서, 종려주일 예배는 정돈된 '거실'에서 더 많이 일어나는 일인가요, 평안한 '방'에서 일어나는 일인가요? 거실은 다소 격식 있는 분위기를 풍깁니다. 모든 것이 제자리에 있고, 의도적인 질서에 따라 배치되고, 커피 테이블 아래 장난감 같은 것이 없습니다. 우리 손님 중 많은 사람은 이전에도 여러 번 종려주일을 여기서 보내왔을 것입니다. 경험이 많은 손님들은 가구가 제자리에 없다는 것을 알게 될 것입니다. 어쩌면 우리의 목회적 경험은 우리를 그들의 예상대로 편안하게 예측할 수 있는 관찰과 메시지를 존중하도록 이끌 것입니다. 종려주일에 새로운 것을 시도할 필요는 없습니다. 종려나무 가지를 흔드십시오. 이야기를 들려주십시오. 자리에 앉으십시오. 사순절 달력의 은혜 가득한 리듬이 여러분을 지배하게 하십시오.

다른 한편, 거의 모든 예배 공동체에서, 종려주일 군중에는 아이들이 포함될 것입니다. 대부분 교회가 젊은 가정들이 눈에 띄도록 더해지고 함께하기를 진심으로 바란다는 점을 고려하면, 아이들이 종려나무 행렬에서 앞장서고 중심이 되면 좋습니다. 아마도 가족들의 방처럼 편안하고 격식을 차리지 않은 분위기가 이날에 더 적합할 것입니다. 가구를 옮기십시오. 마루에 베개들을 던져 놓아 보십시오. 골동품은 임시 보관소로 옮기고, 자발적인 호산나가 가능한 공간을 마련하십시오. 그 순간의 비전통적인 현실과 어울리는 파티를 열어보십시오. 아이들이 떠들썩하고 어른들이 그들의 옷을 바닥에 던질 때 나귀를 탄 남자 어른이 언덕 아래로 내려오는 모습입니다. "이날은 여호와께서 정하신 것이라 이날에 우리가 즐거워하고 기뻐하리로다"(24절). 거실은 부활절의 더 많은 무리를 위해 남겨두십시오. 방에서의 편안하고 겉치레 없는 환경이 딱 맞는 느낌입니다. 사용했던 종려나무 가지들을 강아지 침대 옆에 살짝 쌓아두십시오. 그리고 마루의 중앙에 앉으십시오. 이야기할 시간입니다.
예전을 집으로 빗댄 확장된 직유를 마무리하기에 앞서, 종려주일의 목회적 기회에 관한 생각을 더 자극하는 공간이 한 곳 더 있습니다. 최후의 만찬을 기념하기까지는 아직 4일이 남았지만, 시편에서 반복되는 감사의 표현은 식탁을 의미하는 것일 수 있습니다. "여호와께 감사하라 그는 선하시며 그의 인자하심이 영원함이로다"(1절, 19, 21, 28, 29절도 보라). 가족들이 식탁에 둘러 모이고 받게 될 음식에 감사하는 정신으로, 종려주일에도 하나님의 사람들은 성취될 구원에 감사하기 위해 모입니다. 종려주일은 교회의 진정한 감사절입니다.

아마도 집 비유는 이제 유용한 역할을 다했을 것입니다. 만약 우리의 모든 경험을 포함하려면, 우리가 상상한 '집으로서의 종려주일 예전'은 거실, 방, 그리고 식탁만 포함해서는 안 되고, 대관식을 위해 적절한 공간을 제공해야만 합니다. 그렇게 넓게 디자인된 집은 거의 없습니다.

더 명확하게 말하자면, 종려의 날은 하나님 나라에 참여하라는 우리 주님의 마지막 공적 호소입니다. 여기, 그리스도는 예루살렘과 맞서 계십니다. 종려주일에는 주제별로 다른 일이 벌어지므로, 우리의 충성을 바라시는 주님의 요구를 간과하기 쉽고, 그런 자리를 마련하기 어렵습니다. 특히 세계의 피라미드 가장 꼭대기 가까이에 자리 잡고 앉은 오늘날 북미와 유럽에 있는 그분의 제자들에게는, 그분을 만유의 주로 왕위에 모시라는 초대가 문제를 일으킬 수 있습니다.

우리는 어떻게 그리스도께서 우리의 마음에 두신 확실한 요구를 정의하고 행할 수 있을까요? 종려주일에, 왕권이 선포됩니다. 당신은 어떻게 생각하시겠습니까? 현대인들의 표현으로 하자면, 종려주일은 '파격적'이고, 도발적이며, 우리의 평소 충성심을 혼란스럽게 합니다.

이 시편은 가장 독특한 방식으로 대관식을 선언합니다. "건축자가 버린 돌이 집 모퉁이의 머릿돌이 되었나니"(22절). 신약의 관점에서 역으로 읽으면, 우리는 버려진 돌을 이해할 수 있는 서사적 맥락을 가지고 있습니다. 그러나 이 시편 기자의 원 독자들에게, 혹은 그 점에 대해서 이 시편 기자에게는 무엇을 의미하는 것이었을까요? 하나님께서 건축자들이 버린 돌을 선택하신 것은, 우리의 구원이 언제나 하나님의 디자인이며 우리 것이 아님을 가르쳐 주고 계신 것은 아닐까요?(23절) 종려주일 본문으로서 이 시편은 모든 인간의 설계와 구조를 엎어버립니다.

그래서 지금 이 글의 끝에서, 우리 '집' 전체의 기초가 흔들리는 경험을 하게 됩니다. 새로운 모퉁잇돌이 놓여야만 하고, 다른 모든 것이 그 주위에, 그리고 그 위에 지어져야만 합니다. 종려주일 예배는 전복적입니다. 모든 가짜는 왕위를 내려놓아야만 합니다. 설교자여, 당신의 용기와 창의력과 온유함을 모으십시오. 제단에 당신 자신을 묶으십시오. 그리고 설교하십시오.

주석적 관점

시편 118편에는 신약에서 자주 인용되는 유명한 여러 구절이 포함되어 있습니다. 이 시편 자체는 구약의 다른 본문들을 인용하기도 합니다. 예를 들어, 14절은 출애굽기 15:2과 이사야 12:2에 긴밀히 평행합니다. 주님의 인자하심이 영원하다는 첫 구절들의 반복은 시편 106:1, 107:1, 136편에서 익숙하게 나타납니다. 성서정과가 1~2절과 19~29절에 초점을 두는 것이 이 시를 조각조각 나누어 다루도록 강조하는 것처럼 보일지 모르지만, 설교자들은 이 시편이 그 구성 부분들을 적절하게 해석할 수 있도록 결정적 역할을 하는 더 큰 통일성을 가지고 있음을 기억해야 합니다.

장르에 있어서, 이 시편은 전형적으로 개인의 감사 노래로 분류됩니다. 10~14절이 전투 이미지를 불러오는 점을 고려할 때 화자가 왕일 가능성이 있습니다. 그러나 다른 부분은 더 민주적인 방식으로 읽힐 수 있습니다. 심지어 그 왕이 화자라 할지라도, 단지 대표 인물일 수도 있습니다.

학자들은 성전 안에서 끝나는 예배 행렬에 대한 힌트를 이 시편에서 보았습니다. 만약 맞다면, 이 행렬은 10~14절에서 언급된 전투 이후에 시작되었을 수 있으며, 이는 하나님께서 주신 승리는 궁극적으로 그 성소에서 부르는 하나님 찬양으로 이어져야 함을 가리킵니다. 그래서 성서정과가 싸움터에 대해 언급하지 않지만, 이 시편 기자는 구체적인 이유, 즉 주님의 구원 역사(5b, 17절), 지지하심(7절), 도우심(13절), 권능의 손(15-16절), 참으심(18절)으로 하나님을 찬양합니다. 이것들은 한마디로 감사의 노래를 위한 필수적인 전제 조건들입니다. 문제 해결, 곧 이제 시편 기자의 과거가 된 그것이 감사와 찬송을 일으킵니다(21, 28절). 구체적인 이유가 결여된 감사는 시편적 감사가 아닙니다. 이것은 시편의 장르와 구조에 있어서 중요하며, 종려주일 예배에서 시편 118편(그리고 성서정과의 선정들)을 사용함에 있어서도 중요합니다. 이 점은 시편 118편이, 탁월한 구원의 행위였던 출애굽을 기념하는 유월절 만찬 전후에 불리는 노래인 이집트 할렐(Egyptian Halle., 시 113-118편)에 속한다는 사실에서 강조됩니다.

이 시인은 공동체를 불러냄으로 감사를 드리기 시작하는데, 그렇게 하는 것은 하나님께서 선하시기 때문이며, '그의 인자하심이 영원'하기 때문입니다. 이것은 이스라엘이 같은 말을 하는 기도를 끌어냅니다. 교창 또는 부름과 응답의 형식이 결과로 나타납니다. 시편의 다른 부분과 마찬가지로, 한 사람(개인)의 구원은 많은 사람(공동체)에게 영향을 줍니다. 구원받은 사람들은 그들 구원자의 선하심과 신실하심을 말하지(심지어 설교하지) 않을 수 없습니다. 구원은 결코 혼자, 혹은 자신만을 위해 이뤄지는 것이 아니며, 다른 많은 사람과 관련이 있고, 그들에게 영향을 미칩니다.

성서정과에서 제외되었지만, 3~18절은 시편의 구조와 메시지에 필수적입니다. 2절에서 시작된 부름과 응답은 이스라엘로부터(2절) 아론의 제사장 집까지(3절), 그리고 '여호와를 경외하는 자'(4절)에게까지 옮겨가며 계속됩니다. 어떤 사람들은 이 세 가지 용어가 이스라엘의 평신도, 이스라엘의 제사장, 그리고 개종한 사람들(하나님을 두려워하는 사람들)의 서로 구별된 그룹들을 반영한다고 생각했습니다. 확실하지는 않지만 흥미를 자아냅니다. 만약 이것이 맞다면, 이 시인의 말에 모든 사람, 곧 출신과 신앙에 있어서 아마추어와 전문가와 '이스라엘인' 모두가 포함됩니다. 모두가 시인의 구원의 외침을 듣고, 하나님의 선하심에 감사를 드리도록 초대를 받습니다.

시인의 감사는 다양하게 표현되지만, 히브리어에서 '좁은 곳, 제한된'을 의미하는 어원에서 나온 '고통'(5a절)으로부터 하나님의 구원으로 압축됩니다. 그런 곳에서 '넓은 곳'(5b절)으로 옮겨졌을 때, 그는 주님 안에서 그리고 하나님께서 이루실 일에 대하여 무한한 확신을 갖지 않을 수 없습니다. 그런 관계로, 누구도 무엇도 두려워할 필요가 없습니다(6절). 하나님의 도우심은 오직 승리(7절)를 의미하며, 하나님만이 믿을 만한 유일한 분이신 이유는, 문제로부터 피할 유일하고 확실한 피난처이시기 때문입니다(8-9절). 하나님에 대한 이 확신은 시편 기자가 살아서 주님의 일을 다시 선포할 것이라고 확신하게 만듭니다(17-18절).

19~29절에서 암시된 행렬은 '의의 문'(19절)과 '여호와의 문'(20절), 즉 성전 입구에서 출발합니다. 20절은 현저히 제사장의 감정을 나타내며, 누가 들어갈 수 있는지를 명확하게 합니다(시편 15, 24편 참조). 21절은 응답과 구원에 대하여 주께 감사를 드립니다(5b, 14절 참조). 22절은 개인적인 시편 기자의 목소리, 또는 23~27절에서 말하고 있는 회중의 목소리일 수 있습니다('우리', '우리가', '우리에게'라는 표현을 주목하라). 22절의 정확한 의미는 불분명하지만, 일종의 잠언처럼 보이며, 환경과 예상을 뒤집는 주님의 능력을 한 번 더 증언하고 있습니다(10-13, 18절 참조). 한때 가치 없던 것이 이제는 영광스럽게 됩니다. 하나님께는 상황을 바꾸시는 능력이 있습니다. 따라서 이 속담은 '이'를 '여호와께서 행하신 것'으로 깨닫게 된 누군지 알 수 없는 '우리'가 부르는 찬양으로 직접 이어집니다(23절). 시편 기자의 증언은 결실을 맺었고, 이제 더 큰 공동체가 찬양과 기도와 간구에 동참합니다(24-27절).

'여호와의 이름으로 오는 자'(26a절)는 아마도 지금 성소에 들어간 시편 기자일 것입니다. 그는 회중으로부터 축복을 받습니다(26b절). 그러나 이 구원받은 사람이라는 정보가 하나님의 선하심과 복 주심과 보호하심의 증거인 빛을 비추시는 주님의 행동보다 다른 어떤 것으로 잘못 해석되어서는 안 됩니다(27a절, 민 6:25 참조). 그러므로 이 행렬은 희생 제사가 이뤄지는 제단, 특히 하나님의 보호하심이 물리적으로 나타나는 제단의 뿔에서 최고점에 달합니다(왕상 1:50-51). 또한 이 행렬은 시편 기자의 감사와 찬양으로 되돌아옴으로 완결됩니다(28절). 시편 기자는 다시 처음으로 돌아가서, 1절에서 말했던 것을 29절에서 반복합니다. 이 시편은 이제 완성되었지만, 자기 자신으로(다시) 돌아갑니다. 이 시편은 구원과 감사와 찬양의 끝없는 순환 속에서 다시 읽혀야만 합니다.

설교적 관점

설교자는 항상 본문에서 움직임을 찾는 것이 좋습니다. 그 움직임이란, '어떤 것으로부터 다른 것으로'라고 간단히 설명될 수 있어야 합니다. 만약 그 움직임이 어떤 한 상태로부터 다른 상태로라면 그것은 '변화'라고 부를 수 있습니다. 때로는 그 변화가 너무 극단적이어서 '반전'이라고 불릴 수도 있습니다. 예를 들면, 세계 전체가 뒤집히는 것입니다. 본문에서 발견되는 여러 변화는 설교를 위한 틀을 제공할 수 있기 때문에, 이렇게 사고하는 방법은 설교적으로 유용합니다. 다시 말해, 그 흐름

안에서 설교는 본문에서 발견된 변화를 반복할 수 있습니다.

그러나 이 점은 구조적 또는 조직적 차원 그 이상입니다. 설교자는 본문 안에서 청중들의 삶에 반복되는 변화를 찾을 수 있습니다. 그렇게 되면, 본문에서 발견된 변화, 설교의 형태를 잡는 변화, 그리고 청중들에게서 일어나는 변화 사이에 평행 현상이 있을 수 있습니다. 그런 설교 구성은 유추적 사고를 요구합니다. 그러나 유추적 사고는 정확하게도 다양한 신약 저자들이 시편을 예수님의 삶과 기독교 교회의 기초에 연결하는 방식이었음을 주목해 봐야 합니다. 설교자는 그와 같은 유추적 사고를 사용하여 성경 본문을 청중들의 경험에 연결하는 다음 단계를 밟을 수 있게 됩니다.

이것이 이 시편 안에 있는 궁극의 '변화 본문'일 것입니다. 이 본문은 입례 예전이므로 물리적 움직임을 반영합니다. 이는 성전에 가까이 가고 들어가는 축제의 행렬을 묘사합니다. 이 움직임에 대한 실존적 유추는 하나님에게서 먼 곳으로부터 신적 임재의 경험으로까지 일 것입니다. 또 거의 확실한 패배로부터 주님 손에 의한 승리로의 변화가 거기에 있습니다. 이 반전은 시편의 5절에 도움을 부르는 것에서부터 마지막 절에 찬양을 부르는 것까지와 평행을 이룹니다. 어떤 신약성경 본문을 참조하지 않고 이 시편 자체만으로 그런 변화에 대해 설교할 수 있을 것입니다. 그리스도인들은 분명히 이 시편 기자처럼, 패배에서 승리로의 변화를 경험하기를 소망할 것입니다. 그리고 그들은 이 시편 기자처럼 '주께서 내게 응답하시고 나의 구원이 되셨으니 내가 주께 감사하리이다'(21절) 라고 말할 것입니다. 어느 날이든 잠재적으로 '여호와께서 정하신 것'(24절)이 될 수 있습니다. 있는 그대로 이 시편은, 성경적 신앙의 중심에 아주 가까운, 자비로우신 하나님에 의해 어려움으로부터 구원받은 경험의 전통적인 진술을 보여줍니다.

하지만 예수님의 예루살렘 입성을 노래하는 친숙한 호산나 찬양이 교회에 울려 퍼지는 종려주일에는, 그런 선택이 그날의 예전적 맥락을 위반하는 것으로 경험될지 모릅니다. 이 글은 설교자가 이날 시편을 단독 본문으로가 아니라, 그날 복음서 본문과의 연결 안에서 설교한다는 것을 전제로 합니다. 그 맥락에서 읽힐 때, 이 시편은 예수 그리스도의 수난에서 일어나는 훌륭한 반전에 대한 은유가 됩니다. 더 나아가, 예수님을 신뢰하는 모든 사람의 경험에 대한 은유가 됩니다.

그러면 이 시편의 변화들은 주님의 수난 이야기를 나타내는 변화들을 반영합니다. 복음서들 안에 있는 여러 가지 변화를 생각해 보십시오. 즉, '호산나'에서 '십자가에 못 박으라'로, 환영에서 거절로, 궁극적 변화인 버림받음에서 높임받으심으로, 더 간단한 구절로 하면, 죽음에서 부활로의 궁극적인 변화를 생각해 보십시오. 그 변화는 이 시편에서 묘사되며, 초대교회의 관점에서는 이를 예견하고 있습니다. 특히 신약에서 반복적으로 인용되는 이미지, "건축자가 버린 돌이 집 모퉁이의 머릿돌이 되었나니"(22절)에서 그 변화를 잘 보여줍니다. 이 절은 신약성경에서 은유로 사용되는데, 곧 예수님의 부활에 대한 은유이며, 버림과 높임을 모두 받으신 예수님의 생명 위에 기초한 교회 세우기에 대한 은유입니다. 한 가지 유용한 설교적 가능성은 전체 수난 이야기를 이해하는 반전의 렌즈를 발견하기 위해 이 시편을 사용하는 것입니다.

또 다른 잠재적 변화는 '만세'로부터 '호산나' 까지로 요약될 수 있습니다. 예수님을 환영하는 외침은 대통령의 취임일에 그를 환영하는 환호와 유사합니다. 새로운 대통령의 정치적 향방이 어떻게 되든, 이미 예수님과 함께하고 있는 우리는, 군중이 바라는 대로 일이 풀리지 않을 것임을 알고 있습니다. 그들은 '만세' 라고 외치겠지만, 그 환호는 점점 줄어들고 사라질 것입니다. 심지어 제자들조차도 그를 버릴 것입니다. 그들은 그가 가장 필요로 하는 시간에 예수님을 저버릴 것입니다. 그런데 '호산나'는 사실 '만세'를 의미하지 않습니다. 그것은 오히려 짧지만, 긴급한 기도로써 25절에 '구하옵나니 이제 구원하소서'라고 표현됩니다. 우리는 이 승리의 입성이 얼마나 빨리 빌라도 앞 재판이 되는지 기억합니다. '호산나'가 어떻게 '십자가에 못 박으라'가 되는지 기억합니다. 어떻게 제자들이 그를 철저히 배신했는지 기억하고, 우리 역시 그분을 진실로 환영하는 데 어떻게 실패하는지 성찰합니다. 그 순간 분명히 우리의 입에서도 '만세'가 사라지게 될 것이 틀림없습니다. '우리를 구원하소서'라는 진지한 기도가 더 적합합니다. 당신을 따르는 것에 실패한 우리를 건져 주소서. 우리의 세상을 바꿔주시고, 올해, 우리의 삶으로 오시는 당신을 조금 더 온전히 환영할 수 있도록 우리를 도와주소서.

결국, 설교자는 이 시편을 단독 본문으로 삼아 설교할 경우 고려하게 될 가능성으로 되돌아가는 것이 바람직한데, 그것은 본문에서 언급된 변화들이 신자의 삶에서 경험될 수 있다는 가능성입니다. 다가오는 주간을 지내며 마음과 생각으로 예수님과 동행하는 사람이면 누구든지 세상이 바뀌는 것을 발견할 것입니다. 그 사람은 이야기 속에서 일어나는 모든 일 안에서 하나님의 손을 볼 것이며, "여호와께 감사하라 그는 선하시며 그의 인자하심이 영원함이로다"(1, 29절)라고 말할 수 있게 될 것입니다. 결국, 반전에 대한 유일하고 적절한 반응은 찬양입니다.

사순절 여섯째 주일(종려주일 예전)

마태복음 21:1~11

1 그들이 예루살렘에 가까이 가서 감람 산 벳바게에 이르렀을 때에 예수
께서 두 제자를 보내시며
2 이르시되 너희는 맞은편 마을로 가라 그리하면 곧 매인 나귀와 나귀 새
끼가 함께 있는 것을 보리니 풀어 내게로 끌고 오라
3 만일 누가 무슨 말을 하거든 주가 쓰시겠다 하라 그리하면 즉시 보내리
라 하시니
4 이는 선지자를 통하여 하신 말씀을 이루려 하심이라 일렀으되
5 시온 딸에게 이르기를 네 왕이 네게 임하나니 그는 겸손하여 나귀, 곧 멍
에 메는 짐승의 새끼를 탔도다 하라 하였느니라
6 제자들이 가서 예수께서 명하신 대로 하여
7 나귀와 나귀 새끼를 끌고 와서 자기들의 겉옷을 그 위에 얹으매 예수께
서 그 위에 타시니
8 무리의 대다수는 그들의 겉옷을 길에 펴고 다른 이들은 나뭇가지를 베
어 길에 펴고
9 앞에서 가고 뒤에서 따르는 무리가 소리 높여 이르되 호산나 다윗의 자
손이여 찬송하리로다 주의 이름으로 오시는 이여 가장 높은 곳에서 호
산나 하더라
10 예수께서 예루살렘에 들어가시니 온 성이 소동하여 이르되 이는 누구
냐 하거늘
11 무리가 이르되 갈릴리 나사렛에서 나온 선지자 예수라 하니라

신학적 관점

예수께서 예루살렘에 입성하신 이야기는 오랫동안 기독교인들에 의해 종려주일에 기념되어 왔으나, 이 본문에는 종려나무 가지에 대한 언급이 없습니다. 이 이야기는 주제적으로 볼 때 예수님의 수난 서사의 시작점이며, 십자가 처형에 이르기까지의 사건들을 따라가고 있습니다. 이 기사의 세부 내용들은 신학적 주석가들 사이에서 많은 관심과 매우 다양한 의견들을 불러일으켜 왔습니다. 그러나 기독교 교리의 역사 전체 안에서 볼 때 이는 특별히 논란의 여지가 있는 내용이 아니며, 주요 교회를 분열시키는 분쟁을 정당화하지도 않습니다.

이 본문의 여러 가지 주제는 서로 밀접하게 관련되어 있어 신학적 성찰이 필요한 부분이 많습니다. 특히 이것의 '정치성'은 기독론, 구원론, 그리고 종말론이 함께 뭉쳐있는 도발적인 문제입니다. 환호하는 군중 속으로 성에 들어가시는 예수님의 이야기는 사복음서에 공통으로 들어있는데, 이것은 제2 성전기의 유대교 시대 동안 소용돌이치던 메시야 대망 사상 가운데 이루어집니다. 그들이 주장했던 전통들과 그들이 불러일으켰던 소망들처럼, 그런 기대들이 많았고 다양했으며, 어떤 경우에는 로마 점령군과 그 협력자들을 폭력으로 전복하는 것을 포함하기도 했습니다. 기독교 성경과 전통뿐만 아니라 예수님 생애에 관한 비평적 연구는 나사렛 예수님의 인격과 사역에 대한 이해를 형성하는 데 있어 그러한 기대의 중요성을 입증합니다.

마태복음은 예수님을 메시야로 이해하는 초기 기독교적 인식을 반영합니다. 이 복음서 저자는 이스라엘의 역사와 성경 안에서, 그리고 예수님과 그를 믿는 신자들의 공동체 안에서 하나님의 구원 사역의 연속성을 강조합니다. 예수님과 연관된 사건들을 율법과 선지자들의 관점에서 보고, 반대로, 예수님의 '경력'과 그 이후 사건들의 관점에서 성경을 보는 것이 복음서 전체에 뚜렷하게 나타납니다. 필요와 계획에 의해 선택적으로 이루어지는 이 과정은 어떤 유의 메시야를 의미하는가에 대한 신학적 결정들을 포함한 기사로 이어집니다. 수많은, 가지각색의, 상충하는 메시야 대망 사상 중 어떤 것이 적절한지, 그리고 메시야의 도래가 어떻게 나타날지에 대한 것들입니다.

마태복음에는 예수님의 예루살렘 입성이 메시야적인 승리의 사건으로 서술됩니다. 이것의 세부 내용들은 메시야적 희망과 중요한 순례 축제들과 관련된 성경의 암시와 인용을 통해 형성됩니다. 이전 장면들에서 그 성은 죽음을 가져오고, 메시야가 죽어야 하는 곳이며, 그 시간이 왔음을 알았습니다. 20장의 성취로서 예수님은 나귀와 망아지를 타고 들어갈 준비를 하셨습니다. 이 사건은 그 자체로 명확하고, 대담한 메시야적 주장입니다. 이 이야기는 그 상황에 대하여 어떤 의심도 하게 하지 않습니다. 예수님은 메시야적 입성을 계획하시고 실행하시며, 군중은 그의 도착을 기뻐하고 환호합니다. 패권을 지닌 로마를 포함한 하나님의 메시야의 통치에 위협을 느낀 자들은 그들의 보안 조치를 강화합니다.

대담함과 명확함은, 메시야적 주권에 대한 기대와는 대조적인데, 그 기대감 중에 으뜸 되는 것은 장엄함, 의식, 화려함, 그리고 파괴적인 힘이 가진 충격과 경외감입니다. 그러나 왕들이 받는 환영과 대조적으로, 스가랴 9장 9절은 겸손한 또는 온유한, 나귀와 나귀 새끼를 특정합니다. 만약 이 예수님이 메시야시라면, 가장 대중적이고 고무적인 메시야의 많은 기대들이 무너질 것입니다. 이것은 그 후에 예고된 고난과 죽음의 예측으로 이어지며 더 구체화됩니다.

위대한 주권자들에 대한 성경적 이미지와 로마의 개선 행진의 경험을 떠올려 보면, 이러한 대조들은 신학적 패러디의 형태를 보입니다. 본문은 그런 생각을 촉진합니다. 예수님이 자신의 탈 것을 준비하시고 '이는 나사렛의 선지자다'라고 외치심은, 이사야와 예레미야와 같은 선지자들의 과장되고 기묘하고, 거리 연극과 유사한 상징적인 행동의 선례들이 떠오르게 합니다. 오늘날 신학 주석가들에게 이 본문은 하나님의 방식이 '이 세상의' 방식과 다름을 상기시키는 것임을 생각하게 하는 좋은 이유가 됩니다. 주권, 더욱이 메시야적 주권조차도, 여기서는 종의 자세라는 관점에서 정의됩니다. 온유함, 겸손함, 평화로움, 자비, 그리고 관대함과 동정의 자기희생적 행동들은 하나님 영역의 특징들입니다.

이 본문에 대한 기독교적 사고에서 다소 관습적인 부분인 이러한 성찰의 흐름과 더불어, 또 하나의 중요한 관점이 있습니다. 그것은 자주 조명되지 않고, 조명되더라도 그리 강조되지 않았지만, 무시하기에는 너무 가까이에 있고 중요합니다. 그것은 기독교 신학에서, 그리스도인들이 온유한 왕 예수님의 반-승리주의적 개선 행진이 극적으로 드러낸 하나님 방식의 다름에 대한 성찰을 그리스도인들 자신의 다양하고 심지어 상충하는 메시야적 기대에 과연 적용할 것인지, 한다면 어떻게 적용할 것인지를 진지하게 고민할 때 발생합니다.

그 탐구의 방향은 예루살렘에 들어가신 예수님이 이 세상의 권세자들과 통치자들에게 도전이 되셨으며, 그리고 항상 그러시다는 사실을 상기하는 것으로 시작될 수 있습니다. 이는 단순히 영적 도전만이 아니라 정치적 도전이기도 합니다. 그분의 목적은 열심당원들 또는 폭력적인 반란 세력의 목적이나, 큰 뜻을 품은 어떤 정치 집단의 목적이나, 혹은 입법적 또는 행정적 의제의 목적과 같지 않습니다. 예수님은 세상의 방식을 그대로 두기 위해 '승리 가운데' 오신 것도 아니고, 십자가에 못 박히시고 부활하신 것도 아니며, 그분을 믿는 공동체가 형성되게 하신 것도 아닙니다. 그러나 어떤 신학자들은 그의 메시야적 통치의 영역을 오직 개인의 영혼, 즉 이 세상이 아닌 '다음 세상'으로만 해석했습니다.

이 본문은 대안적 사고를 가져옵니다. 이것은 종종 신학의 역사에서 그래왔습니다. 콘스탄티누스 이전의 순교록에서부터 오늘의 다양화된 공공신학, 정치신학, 해방신학, 그리고 탈식민지 신학에 이르기까지의 다양한 글에서, 어떤 그리스도인들은 온유한 왕이요 나사렛의 선지자이신 예수님의 오심을 찬양하는 자발적인 사람들의 저항이 완전히 정당한 것이라고 간주하기 시작했습니다.

그의 메시야적 목적은 로마 제국, 그들의 꼭두각시 정부 동료들, 순종적인 궁정 선지자들, 선전가들, 그리고 추종자들의 목적과 같지 않습니다. 그러므로 권력 정치가 그 길을 다 가고 평소처럼 세상의 일은 계속될 때, 심지어 세례받은 그리스도인들이 마태복음의 등장인물들을 대체하더라도, 그의 목적은 잘 이루어지지 않을 것입니다. '우리와 함께 계신 하나님'이라고 부르는 그분의 성품과 방식에 부합하는 사회를, 여기 그리고 지금, 구상하고 촉진하는 것이야말로 계속되어야 할 신학적 과제입니다.

목회적 관점

사순절 여섯째 주일에 우리는, 상반되어 보이는 이 절기의 두 가지 사건이 만들어 내는 시너지 효과를 경험함으로 십자가 앞에 더 가까이 나아갑니다. 종려주일 예전과 고난주일 예전이 같은 무대에서 펼쳐지며, 정서적 전환이 쉽지 않을 정도로 감정 간극이 매우 가깝습니다. 환호와 찬양이 상실과 슬픔과 합쳐지고, 강함과 약함은 한 예배의 순간을 공유하며, '호산나!'를 외치는 동시에 십자가에 못 박히는 고통과 그 뒤를 따르는 애도에 대비하게 됩니다. 종려주일 예전은 우리가 다시 교회와 신앙 공동체로서의 공유된 정체성을 돌아보게 하며, 공동체의 신앙과 용기 있는 선포, 그리고 눈에 띄는 실천을 촉구합니다.

공동체의 중요함은 분명합니다. 이것은 강력한 임재, 끌리는 메시지, 완전한 사랑을 경험했던 평범한 사람들에게 종교적 및 사회적 수용성의 경계를 넘어 예수님과 함께 예루살렘으로 가는 여정을 시작하게 하는 비범한 용기를 갖게 해줍니다. 그들 중 많은 수는 예루살렘 외곽의 마을과 도시에 살고 있습니다. 또 다른 이들은 예수님이 베푸시는 생명을 지탱하기 위한 양식이 절실히 필요해서 멀리 떨어진 여리고에서부터 왔습니다. 예수님을 따라온 그들은 야외 부흥회를 열고, 들판에 열린 연회에서 만찬을 즐겼습니다. 예수님의 만지심을 경험했고, 예수님이 행하신 기적을 목격했으며, 예수님이 선포하셨던 복음을 들었습니다. 예수님의 사역은 그들의 상상력을 사로잡았고, 그들의 영혼을 먹였습니다. 하지만, 지금 이 순간은 다릅니다. 예수님의 목소리는 공동체의 목소리에 자리를 양보합니다. 친구들과 낯선 이들과 평범한 무리는 예수님이 바로, 그들이 기다렸던 분임을 선언합니다.

이 여정을 시작할 때, 그들은 틀림없이 기대하고 흥분하며, 잠재적인 위험에 대한 우려 없이 모든 면에서 예수님의 옆으로 몰려다녔을 것입니다. 분명히 그들은 종교 지도자들이 예수님을 적대자이자 그들의 생존을 위협하는 주적으로 간주한다는 것을 알고 있었을 텐데도, 행진하는 자들의 증언적 선포는 그들이 성문에 가까워질수록 강해집니다. 예수님은 이 세상에서 하나님의 임재를 부인할 수 없는 표현이 되셨기에, 그들의 호산나 외침은 산지 곳곳마다 울립니다. 그들의 외침은 단호해서, 마태는 그들을 스가랴가 신성한 전사를 말했던 신탁으로 연결하는데, 그것은 그가 메시야적 군사 지도자와 같은 말이 아니라, 나귀 등에 타고 모든 민족의 평화와 화해를 입에 담고 성문으로 들어가는 예언이었습니다.

그들은 이 좋은 소식을 전하는 자를 위해 외투와 망토와 나뭇가지로 왕실 카펫을 만들어 깔고, "우리를 구원하소서!"라고 외칩니다. 그들이 "우리를 구원하소서!"라고 소리칠 때, 이것은 평화롭게 살아갈 우리의 능력을 훼방하고, 우리 공동체의 안녕을 위협하는 분열의 얼룩이 여전히 우리의 존재에 스며들고 있음을 상기시켜 줍니다. 거의 본능적으로, '호산나!'의 외침이 우리 입에서 터져 나오고, 우리는 이 개선 행진에 동참하는데, 이는 우리가 함께 사는 삶의 질을 성찰하는 우리의 사순절 자아 성찰의 다짐을 강화합니다. 평화와 화해는, 평범한 사람들이 비범한 용기로 배타적인 관행과 정책에 반대하고 '주의 이름으로 오시는 이'(9절)와 함께 서 있을 때 가능해집니다.

역사는 혼자서 할 수 없는 일을 함께할 때 더 많은 것을 성취할 수 있다는 것을 인식한 평범한 사람들의 이야기로 가득합니다. 우리는 사순절 여정을 계속함으로써 이 이야기들을 되찾고 되새길 수 있습니다. 19세기 중반, 미국에서 노예제로부터 자유를 얻고자 나온 사람들을 위해 지하철도에 안전한 길을 제공했던 여성들과 남성들이 있었습니다. 또한 1930년대 디트리히 본회퍼를 비롯한 고백교회의 다른 이들을 기억하십시오. 그들은 자신들의 충성심이 히틀러나 나치가 아닌 주님이신 예수님에게 있다는 명확한 입장을 취했습니다. 남아프리카의 청소년들은 아파트헤이트에 반대하였고 넬슨 만델라의 지도 아래 1944년 아프리카 민족회의 청년 연맹을 결성했으며, 더 이상 인종차별적 지배가 존재하지 않는 세상을 마음에 그렸습니다.

많은 사람이 비범한 용기의 본보기가 되기도 했습니다. 1963년 8월 28일 미국 수도에 모였던, 정의와 인간 존엄성이라는 하나님의 선물에 변함없는 믿음의 닻을 내린, 다양한 인종적, 민족적, 사회적, 그리고 종교적 배경 출신의 25만 명의 여성, 남성, 아이들이 있습니다.*

* 역자주:1963년 8월 28일 워싱턴 행진, 마틴 루터 킹의 "I Have a Dream" 연설이 있었던, 미국 민권운동의 역사적 전환점

예루살렘으로 가는 먼지 나는 길을 예수님과 함께 걸었던 그들처럼, 많은 이들은 개인적인 큰 위험에도 불구하고 그 순례를 떠났으며, 그들은 국가를 분열시킨 지도적으로 억압적인 법률을 규탄하며 행진했습니다.

지금은 유명한 "나에게는 꿈이 있습니다"라는 연설의 결론에서, 목사 마틴 루터 킹 박사는 하나 된 민족과 정의가 인간관계의 규범적 표현이 되는 세상에 대한 꿈을 분명히 말했습니다. 그와 함께 이것을 지켜보았던 온 나라의 군중과 수많은 사람은 '절망의 골짜기에서 뒹굴기'를 거부했고, 오히려 넘을 수 없게 보이는 어려움에 맞서서 꿈을 꿨고, 새로운 창조의 예언자로 섰습니다.**

우리는 우리가 평범한 사람들 속에 있을지라도 예수님과 함께 행진하고 평화와 화해의 말을 선포할 용기를 찾기 위하여, 이 이야기들과 다른 이야기들을 기억합니다. 결국, 예수님을 따르는 자들은 그들의 세상을 바꿀 공적 권위를 소유하지는 못했지만, 이웃과 친구, 낯선 이와 먼 여행자, 아이들과 어른들이 예수님과 함께 성문으로 행진하여 들어감으로 그들의 존재를 오랫동안 정의해 왔던 배타적 관행에 도전했습니다. '이는 누구냐?'라고 물었을 때 그들은 '갈릴리 나사렛에서 나온 선지자 예수'(11절)라고 응답했습니다. 이것은 46절에 드러나듯이 종교 지도자들을 불안하게 했으나, 마태는 그 이유를 말하지 않습니다. 아마도 그 순간의 흥분은 정의의 편에 서는 평범한

** Martin Luther King Jr., "I Have a Dream," in *The Norton Anthology of African American Literature*, ed. Henry Louis Gates Jr. and Nellie Y. McKay (New York: W. W. Norton & Co., 1997), 80.

사람들이 세상에 되풀이되는 주제가 될, 그때를 예고하는 것일지 모릅니다. 어쩌면 그들은, 사람들이 공정하고 생명을 존중하는 존재에 대한 그들 자신의 깊은 갈망을 느끼기 시작할까 봐 우려했을 수 있습니다. 아마도 선지자로서 예수님의 이미지는 평화와 화해를 계속해서 실천하고 '주의 이름으로 오시는 이'(9절)와 함께 담대히 서도록 하는 이 예전의 순간으로 우리를 초대하는 것 같습니다.

주석적 관점

예수님이 메시야라는 군중의 고백을 볼 때, 군중에게 있어 예루살렘으로 들어가는 승리의 입성은 베드로에게 가이사랴 빌립보와 같습니다. 예수님을 '선지자'라고 부르는(마 21:11, 16:13-14 참조) 그들의 외침은 그들이 예수님을 유대인의 메시야적 대망의 성취로 인식했음을 시사합니다. 이 확언은 예수님과 예루살렘 당국 간의 갈등이 고조되는 무대를 마련합니다.

제자들 무리로서의 '군중'은 마태복음에서 하나의 등장인물로 기능합니다. 그들은 예수님의 사역 초기에 등장하며, 모든 지역에서 그에게로 나아옵니다(4:25). 산상수훈이 끝날 무렵, 그들은 예수님의 가르침을 듣고 있습니다(7:28-29, 13:2 참조). 그들은 예수님의 권위에 여러 차례 놀랐으며(7:28-29, 9:8, 22:33), 병든 자를 치유하시는 그의 능력을 보았고, 그가 귀신을 쫓아내실 때 '이스라엘 가운데서 이런 일을 본 적이 없다'(9:33)며 놀라워합니다. 그들은 예수님이 다윗의 자손이 아니냐며 궁금해하기 시작합니다(12:23). 승리의 입성 전에, 군중은 단지 빵 몇 조각과 물고기 두 마리로, 두 번이나(14:13-21과 15:32-39) 배를 채우기도 했습니다. 그러고 보면, 예수님이 성으로 들어가실 때 열광하는 모습을 보인 것은 놀라운 일도 아닙니다. 이 행렬의 중요성을 강화하는 것은, 감람산에서(21:1) 시작되는데, 그곳은 전통적으로 메시야가 나타날 것을 기대하던 장소(슥 14:1-11 참조)라는 사실입니다.

'이는 누구냐?'라는 질문과 군중의 대답은 마태가 마가의 기술에 수정을 가한 중요한 부분입니다. 추가적인 변화에는 다음 내용들이 포함됩니다. (1) 예수님의 왕권을 강조하고 그를 유대 전통의 연속성 안에 위치시키는 예언 성취의 삽입. (2) 마태복음의 첫 절을 반영하고 메시야적 주장을 더 강화하는, 다윗의 자손으로서의 예수님에 대한 군중의 확언. (3) 예수님의 십자가 처형에서의 지진을 예견하고 사건의 우주적 중요성을 강화하는, 예수님의 도착으로 인한 도성의 '소란'입니다.

마태복음의 이야기는 구약성경에서 가져온 여러 가지 공식적인 인용들을 포함하는데, '이는 선지자를 통하여 말씀하신 것을 이루려 하심이라'(예. 1:22; 2:15; 8:17)라는 구절로 표시됩니다. 이 인용들은 유대인의 메시야적 대망 및 그 성취와 예수님의 연속성을 강조합니다. 이 본문 안에, 공식적인 인용(5절)은 이사야와 스가랴의 합성으로, 왕의 오심에 따르는 구원을 선포하고 있습니다. 그 인용의 첫 부분인 '딸 시온에게 이르라'는 '보라 네 구원이 이르렀느니라'(사 62:11b)라는 구절로 이어집니다. 본래의 예언은 거룩한 성 예루살렘에 대한 하나님의 증명과 구속의 약속을 내다보는 것이며, 마태의 인용은 그런 기대를 이어 가게 합니다.

이 인용의 후반부는 스가랴 9장 9절에서 옵니

다. 본래 문맥은 주께서 적들을 물리치심과 이스라엘의 회복에 관한 신탁으로, 하나님께서 승리하여 성으로 들어가는 평화로운 왕의 이미지로 묘사합니다. 마태는 이 신탁을 문자적으로 해석하여 예수님이 나귀와 나귀 새끼의 등에 타는 기이한 그림을 제시합니다('he sat on them', 7절). 어쨌든, 지역 마을 사람에게 '탈 것'을 빌리는 이 평범한 행위는 구원과 회복에 대한 구약의 예언들과 연결되며, 중요한 의미를 갖습니다. 예수님은 승리한 왕처럼 예루살렘에 들어가실 뿐 아니라, 하나님 백성의 구속을 가져오기 위하여, 하나님의 기치 아래에서 그렇게 하십니다. 물론 거기에는 대가가 있을 것이어서, 예수님은 미리 자신의 임박한 죽음에 대하여 제자들에게 말씀해 놓으셨지만(20:17-29), 지금 군중이 나뭇가지를 흔들고 길에 옷가지들을 펼쳐놓으며 1세기 버전의 대규모 환영 퍼레이드를 벌이는 이 순간만큼은, 그 참혹한 현실이 뒤로 밀려납니다.

마태복음의 첫 절은 "아브라함과 다윗의 자손 예수 그리스도"(1:1)라고 예수님을 확인합니다. 이 이야기 안의 등장인물들도 비슷한 주장을 하는데, 특히 예수님의 치유 행위와 관련해서 그를 '다윗의 자손'(예, 9:27, 15:22, 20:30)으로 부릅니다.*

어느 날, 예수님이 눈멀고 말 못 하는 사람에게서 귀신을 쫓아내셨을 때, 군중이 놀라워하며 묻습니다. '이는 다윗의 자손이 아니냐?'(12:22-23) 그들의 질문은 예수님이 좋은 유대인 혈통을 가지고 계심을(그렇긴 합니다만) 단순히 우회적으로 시사하는 것도 아니고, 그가 그저 다윗만큼이나 중요한 왕이라는 것을(그렇긴 합니다만) 암시하는 것도 아닙니다.

마태복음 이야기에서 예수님을 다윗의 아들로 환호하는 것은 메시아적 주장입니다. 심지어 바리새인들도 메시아가 다윗의 자손임을 인정합니다(22:41-42). 그래서 군중이 '호산나!(문자 그대로는, '우리를 구원하소서') 다윗의 자손이여!'라고 외칠 대, 그들은 그들의 메시아적 구원자인 '주의 이름으로 오시는 이'의 오심을 축하하고 있는 것입니다(21:9, 시 118:25-26 참조). 그들의 반응은 대제사장들과 서기관들의 주목을 피하지 못하는데, 그들의 분노는 성전에서 환호하는 군중의 '호산나'에 자기들의 '호산나'를 더함으로 일어납니다(21:15-16).

예수님과 그를 따르는 무리가 예루살렘에 들어갈 즈음, 온 성은 '소동'합니다. 이 동사 및 같은 어원을 가진 명사는 예수님이 십자가에서 마지막 숨을 내쉬실 때(27:51, 27:54 참조)와 빈 무덤에서 천사가 나타날 대의(28:2) 지진을 가리킵니다. 땅의 진동은 '여호와의 날'(욜 2:10-11)과 '하나님의 임재'(시 67:8, 욜 9:6, 사 13:13, 겔 38:20 등 참조)와 관련이 있습니다. 예루살렘 사람들은 예수님 오심의 중요성을 완전히 이해하지는 못하지만(그들은 그가 누구인지를 묻고 있음, 마 21:10), 그에 대한 그들의 반응은 적절합니다. 메시아가 오실 때, 그것은 땅이 흔들릴 사건입니다. 군중은 재판이 시작되자 태도를 바꾸어 빌라도에게 예수님을 십자가에 못 박으라고 요구하지만, 빌라도가 성안으로 들어오자 그들은 예수님이 바로 자신들이 기다려 온 사람이라는 것을 알아차린 듯합

* '다윗의 자손'이라는 구절은 마가복음과 누가복음을 합친 것보다 마태복음에서 더 자주 나타난다.

니다.

설교적 관점

성서학자 마커스 보그와 존 도미닉 크로산은 그들의 저서 『마지막 일주일:복음서가 예루살렘에서의 예수님의 마지막 날에 대해 실제로 가르치는 것』(*The Last Week: What the Gospels Really Teach about Jesus' Final Days in Jerusalem*)에서 '30년의 봄날에 두 행렬이 예루살렘에 들어갔다'라고 했습니다. 그들은 두 행렬을 대조하는데, 동쪽에서 오는 한 행렬은 나귀를 타고 감람산에서 내려오는 갈릴리 출신의 예수님을 따르는 주로 소작농들로 구성된 행렬입니다. 성 반대편, 서쪽에서는 로마 총독 본디오 빌라도가 제국의 기병대와 군사들 앞에서 전투마를 타고 입성합니다. 그는 아마 소란스러운 유대인의 유월절 축제 때, 법과 질서를 유지하기 위한 목적으로 가이사랴 마리티마로부터 왔을 것입니다. 저자들은 '예수님의 행렬은 하나님 나라를 선포'했으며, 빌라도의 행렬은 '제국의 권세'를 선포했다고 말하며, '예수님의 십자가 처형으로 이끈 그 주의 중심적 갈등'을 구현했다고 설명합니다.

그 로마의 행렬은 성경 외의 자료에 기초한 저자가 상상하여 쓴 역사적 재구성입니다. 그러나 그것은 이들이 의도했던 대로, 예수님과 그를 따르는 자들의 행렬을 '사전 예정된 반대 행렬'이라고 부를 정도로 정치적 차원을 강조하려는 목적에 잘 부합합니다. 거주자가 4만 명밖에 되지 않는 그 성에 많게는 20만 명의 순례자가 모여들었습니다. 그들의 외침에 대한 고조된 민감함으로 그 성은 긴장감이 가득했을 것으로 보입니다.*

이러한 그들의 초상은, 성주간의 끔찍한 사건으로 들어가는 교회의 예전 입례가, 단지 깃발 대신 종려나무를 가진 시시한 독립기념일의 퍼레이드처럼 되어 버리게 하는 유혹에 저항합니다. 교회의 종려나무 행렬의 정치적 맥락을 생동감 있게 표현함은 지난주의 본문에서 이어지는 말씀들로 인해 인정됩니다. 그 본문은 예수님의 적대자들이 예수님의 '편리한' 죽음(RSV, 요 11:50)을 음모하여 로마의 지배자들에게 순응하려는 정치적 필요를 정당화하는 것입니다.

마태 스스로 예수님이 예루살렘에 들어가셨을 때, 온 성이 '소동하여'(10절)라고 입증합니다. 문자적으로 '흔들렸다' 또는 '떨렸다'를 의미하는 강한 헬라어 단어를 사용합니다(이 단어는 'seismic'의 어원). 더 나아가 마태는, "이는 누구냐?"라는 소란스러운 질문에 군중의 대답이 '갈릴리 나사렛에서 나온 선지자 예수'(11절)라고 전합니다. 그 대답은 스가랴 9:9~10의 예언에서 가져온 마태의 인용구에 의해 강조됩니다. 이 예언에서 승리한 왕의 도래는 평화로운 군주의 모습으로 묘사되는데, 곧 '겸손하여서 나귀를 타시나니 나귀의 작은 것 곧 나귀 새끼'이며, 또 그는 '에브라임의 병거와 예루살렘의 말을 끊겠고 전쟁하는 활도

* Marcus J. Borg and John Dominic Crossan, *The Last Week: What the Gospels Really Teach about Jesus' Final Days in Jerusalem* (San Francisco: HarperSanFrancisco, 2006), 2-4. Robert H. Smith anticipates Borg's and Crossan's imagining of a double procession from the east and the west in *Proclamation 5, Series A: Holy Week* (Minneapolis: Fortress Press, 1992), 7.

끊으실 것'입니다. 나귀와 전투마 사이의 이 예언적 대조는 예수님의 비폭력적인 입성 행렬의 아이러니를 더 부각하는 역할을 합니다. 환영하는 군중은 그들 자신의 외투와 나무에서 잘라낸 가지들만을 사용하여 그의 길을 온통 덮었고, 그들은 '호산나 다윗의 자손이여'를 외치며 그의 행렬을 기념했습니다. '호산나'는 복음서들(마태복음, 마가복음, 요한복음, 그러나 누가복음은 제외) 안에서 드물게 발견되는 아람어 단어 중의 하나이며, 오직 예수님의 예루살렘 행렬과 연결 짓습니다. '호산나'는 문자 그대로 '구하옵나니 구원하소서'(또는 도우소서)를 의미하는 찬양의 외침입니다. 이것은 오래전부터 유대인들에게는 할렐 예전(시 118:25 참조)의 일부로서 익숙했었으며, 초막절 축제에서 가지를 흔드는 동작과 함께 교회의 예전적 외침이 되었습니다.

베네딕토 수도회의 델로레스 더프너는 종려주일과 왕이신 그리스도의 주일에 널리 불릴 뿐만 아니라, 오늘날에도 적합한 찬송을 작곡했습니다.

> 오 그리스도여, 우리가 당신을 우리의 왕으로 고백함은 우리에게 무슨 의미입니까? 교회가 찬양하는 분의 얼굴은 어떤 왕의 얼굴로 나타내 보이셨습니까? 영광의 높음, 권력, 부, 그리고 명예를 갈망하지 않고 당신은 다른 이의 뜻을 목적으로, 다른, 낮은 길을 걸으셨습니다.*

이 찬송의 첫 질문은 오늘의 종려주일 본문에 핵심이 됩니다.

"예수님은 누구십니까-갈릴리 나사렛에서 온 마지막 때의 선지자입니까?" 이 질문에 대한 완전한 답은 다음 주 사건들을 통해 드러나겠지만, 이 답의 좋은 시작은 '호산나!'라는 군중의 외침에 함축되어 있습니다. 이는 오늘 우리가 교회에서 시편 118편을 낭독하며 우리 자신의 종려 나뭇가지를 흔드는 것에서도 다시 울려옵니다. 여기서 우리 몸의 언어만 아니라 우리의 노래는 '학가다'라고 부르는 유대인의 유월절 예전의 맥락 안에서 가장 잘 이해될 수 있습니다. 이 예전은 그 참가자들에게 다음을 상기시킵니다.

> 거룩하신 분, 복되신 그분이 종으로부터 구속하신 사람이 오직 우리 조상들만이 아닙니다. 우리 역시 종으로부터 구속받았습니다. … 그러므로 우리의 의무는 조상들을 위해 그리고 우리를 위해 이 모든 기적을 행하신 그분께 감사하고, 찬양하고, 경의를 표하고, 영광을 돌리고, 높이고, 존경하고, 칭송하는 것입니다.**

우리의 고난주간 예전은, 현재의 신앙 공동체가 하나님의 계속되는 해방 행위에 예전적으로 다시 참여한다는 강력한 유대교적 인식에 뿌리를 두고 있습니다. 이렇게 교회는 해마다 고난주간의 사건으로 다시 들어가며, 예수님이 선포하고 몸소 드러내신 가까이 임한 하나

* Delores Dufner, "O Christ, What Can It Mean for Us," in *Evangelical Lutheran Worship* (Minneapolis: Augsburg Fortress, 2006), #431.

** *The Family Haggadah* (New York: Artscroll/Mesorah, 2008), 45, 47 참조

님의 나라에서 '전혀 다른 종류의 왕'을 마주하는 것으로 그 여정을 시작합니다.

SIXTH SUNDAY IN LENT (LITURGY OF THE PASSION)

사순절 여섯째 주일(고난주일 예전)

이사야 50:4~9a

시편 31:9~16

빌립보서 2:5~11

마태복음 27:11~54

사순절 여섯째 주일(고난주일 예전)

이사야 50:4~9a

4 주 여호와께서 학자들의 혀를 내게 주사 나로 곤고한 자를 말로 어떻게
도와 줄 줄을 알게 하시고 아침마다 깨우치시되 나의 귀를 깨우치사 학
자들같이 알아듣게 하시도다
5 주 여호와께서 나의 귀를 여셨으므로 내가 거역하지도 아니하며
뒤로 물러가지도 아니하며
6 나를 때리는 자들에게 내 등을 맡기며 나의 수염을 뽑는 자들에게 나의
뺨을 맡기며 모욕과 침 뱉음을 당하여도 내 얼굴을 가리지 아니하였느
니라
7 주 여호와께서 나를 도우시므로 내가 부끄러워하지 아니하고 내 얼굴
을 부싯돌같이 굳게 하였으므로 내가 수치를 당하지 아니할 줄 아노라
8 나를 의롭다 하시는 이가 가까이 계시니 나와 다툴 자가 누구냐 나와 함
께 설지어다 나의 대적이 누구냐 내게 가까이 나아올지어다
9 보라 주 여호와께서 나를 도우시리니 나를 정죄할 자 누구냐

신학적 관점

본문에서 우리는 예언적 경험을 묘사하려는 제2 이사야의 시도를 읽습니다. 예레미야가 하나님의 말씀을 예언하기를 거부할 때마다 그의 뼛속이 불타오른다고 한탄했던 것과 달리, 이사야는 숙련된 장인이어서 일을 잘 알고 그것을 신뢰합니다. 이사야는 자신에게 있는 말의 능력이 하나님께서 주신 선물임을 알고 있었습니다. 말의 능력을 사용할 때 이사야는, 청중들을 위로하거나 동요시킬 수 있었습니다. 그런데 그는 자동화된 기계가 아닙니다. 그는 자신의 날카로운 말이 하나님으로부터 온 선물임을 인정하면서도, 이것을 언제 어떻게 사용해야 하는지 알고 있는 자신에게도 공을 돌립니다.

이사야에 따르면, 신적 지시를 받은 사람들의 귀를 하나님께서 아침마다 깨우십니다. 계시는 감정을 불러일으키는 말들 이상을 요구합니다. 듣기 위한 귀가 있어야만 하며, 이것 또한 하나님의 주도하심에 달려 있습니다. 마르틴 루터는 자신의 주석에서 이 본문에 대해, '성경의 말씀이 본래부터 능력을 갖추고 있는데도, 말씀을 듣는 사람들을 왜 항상 말씀을 믿도록 이끌지 못하는지' 그 이유를 제시합니다. 하나님의 말씀이 효과적으로 전달되기 위해서는, 계시가 있을 때, '배운 혀, 준비된 귀, 배우기 위해 준비된 마음'이 조화로운 관계를 이루어야 합니다. 이 세 가지 중 어느 하나라도 빠지면, 회로가 완성되지 않을 것입니다. 더 나쁜 것은 루터가 내린 결론 그대로입니다. '열광주의자들은 분명 선동된 귀는 가지고 있으나, 너무나 배우지 않은 혀를 가지고 있습니다. 그들은 심지어 거짓말을 듣기도 하는데, 그들의 혀는 하나님의 말씀에 대항하기를 멈추지 못합니다'*

하나님께서 가르치고자 하시는 것을 들을 수 있도록 귀가 깨어나야만 한다는 이미지는 '선행 은혜'(Prevenient grace)의 신학적 교리를 뒷받침하는 것처럼 보입니다. '선행 은혜'는 하나님께서 사람의 의지가 하나님 자신을 향하여 돌아서도록 주도하시는 은혜입니다. 아우구스티누스은 최고의 황금 혀를 가진 설교자나 천사로부터 신성한 말씀을 듣게 된다고 할지라도, 이 말씀이 삶을 변화시키는 진리로서 받아들여지려면, 듣는 이의 마음에 '내면에 어둠 가운데서도 빛나는 빛이 뿌려져야 한다'고 주장했습니다. 다시 말해, 가장 깊은 차원에서 반항하는 인간의 의지가 하나님에 의해 유순해져야만 합니다. 아우구스티누스은 '하나님께서 우리를 일으키시고 도우시지 않으면 우리는 하나님께로 돌아갈 수 없습니다. … 우리가 받지 않은 것을 가진 것이 무엇입니까?'라고 질문합니다.**

이 깨어남이 '아침마다' 하나님에 의해 주도되어야 한다는 점은 더 강조되는데, 칼 바르트가 『교회교의학』(*Church Dogmatics*) I/1에서 주장한 관점과 일치하는 관점을 찾을 수 있습니다. 즉, 성경은 하나님께서 성경을 통해 누

* Martin Luther, *Luther's Works*, vol. 17: *Lectures on Isaiah*, ed. J. J. Pelikan (St. Louis: Concordia Publishing House, 1972), 194.

** Augustine, "A Treatise on the Merits and Forgiveness of Sins, and on the Baptism of Infants," in *Nicene and Post-Nicene Fathers*, vol. 5, first series, ed. Philip Schaff (Edinburgh: T.&T. Clark, 1887, 1987), 1.37 and 2.31.

군가에게 말씀하실 때만 하나님의 말씀이 된다는 것입니다. 과거에 믿을 만한 계시가 임한 것이라고 입증된 말들은 우리의 귀가 하나님에 의해 조율되는 그 순간에만 그럴 수 있습니다. 바르트는 성경을 베데스다 연못에 비유하는데, 이 연못은 그 물이 신성하게 출렁이는 순간에만 치유의 수단이 됩니다.

제2 이사야의 계시에 대한 성실한 이해에 있어서 눈에 띄는 점은(하나님께서 그 선지자의 혀를 훈련하시고 그의 귀를 조율하여, 하나님의 말씀을 다른 이들에게 선포하는데, 이것이 그들에게 하나님의 말씀이 되려면, 우리는 그들의 귀도 역시 깨어나야 한다고 추청할 수 있습니다.) '일찍이 하나님께서 신적인 말씀을 전달했던 극적인 방식과 얼마나 많이 다른가' 하는 점입니다. 사실, 제1 이사야는 한때 예루살렘에서 3년 동안 벌거벗은 채로 걸으며, 앗시리아의 이집트와 에티오피아 정복을 악명 높게 드라마처럼 예언했습니다. 그것은 불타는 떨기나무, 시내산, 광야의 불기둥, 혹은 지성소에 임한 구름과 같은 신성한 광경들의 그 위대함과는 비교할 수 있는 것이 아니었습니다.

제2 이사야의 말대로 하나님께서 우리에게 다가오시는 방식이 평범함을 이해하면서 우리는 보는 능력보다 듣는 능력을 더 가치 있게 여겨야 함을 배우게 됩니다. 이사야는 장엄함 속에서 하나님을 찾는(관전하는) 것이 아니라, 신적인 인도와 지혜를 받는 최고의 수단으로 듣는 감각을 높이도록 우리를 초대합니다. 하나님의 위엄은 이제 바로 이 평범하지만 신실한 종에게 임했습니다. 이사야 개인으로서 또는 이스라엘 그 자체로서 말입니다("너는 나의 종이요 내 영광을 네 속에 나타낼 이스라엘이라", 사 49:3).

이 본문에 대한 장 칼뱅의 해석이 흥미롭습니다. 그는 먼저 이 구절들이 이사야의 고난받는 종의 노래의 일부로서 전형적으로 그리스도와 관련이 있음을 인정합니다. 그러나 그는 더 넓은 관점에서 이 구절들을 하나님의 모든 신실한 종들이 경험하는 삶의 특성을 보여주는 틀로 보고자 합니다. 그는 이 절들을, 말씀의 사역자들로 부름을 받았다고 믿는 사람들을 위한 질문으로 만들어, 그들에게 다음과 같이 조언합니다. 말씀의 사역자들은 부지런한 연구와 하나님의 영에 대한 간구를 균형 있게 해야만 하며 '완전히 준비될 때까지 강단에 오르지 말라'고 합니다. 그들은 자신의 의무가 고통받는 이들에게 '진정한 안식과 마음의 평온을 가리켜 위로하는 것'과 '적절한 위로로 비참한 사람들을 달래주어, 그것을 통해 그들의 우울한 마음이 하나님의 자비를 느끼며 용기를 얻을 수 있도록 하는 것'임을 분명히 해야 합니다.

칼뱅은 '귀를 여는 것'이 참 이해의 수용과 마음(의지)의 움직임으로 해석합니다. 이것이 바로 '주 여호와께서 나의 귀를 여셨으므로' 뒤에 이어지는 고백 '내가 거역하지도 아니하며'(5절)의 의미입니다. 그는 계속해서, 하나님의 말씀이 신실하게 전달되면, 그 전달자는 '세상의 대립에 노출'된다는 점에 놀라지 말아야 한다고 합니다. 마지막으로, 칼뱅은 스스로가 말씀의 사역자라 하는 사람들은 자신의 깊은 양심 속에서 그 소명이 진실한지를 확인해야 하며, 그렇지 않으면 적들에 맞설 때 하나님께서 그들을 변호하지 않으실 것이라고 충고합니다.*

목회적 관점

이사야의 이 강력한 본문은 하나님과 저자 사이의 친밀한 관계를 묘사합니다. 하나님께서는 듣는 이의 귀에 그 사람이 배워야 할 것을 친히 속삭여 주십니다. 이 교육은 하나님으로부터 온 계시로서 신적 지혜뿐만 아니라 이 지혜를 사용하여 '곤고한' 자들을 가르치고 돌보는 능력까지도 제공하십니다. 이 가르침은 단 한 번이 아니라, '아침마다' 계속해서 일어납니다. 하나님께서 '듣는 귀를 깨우시고', 지혜와 연민을 가르치십니다.

우리 자신에게 물어볼 수 있습니다. 우리의 귀는 하나님에 의해 깨워져 있습니까? 하나님께서 하시는 말씀이 우리 삶에 이처럼 가깝고 개인적으로 느껴졌던 적이 있습니까? 우리는 하나님께서 말씀해 주시는 경험에 열려 있습니까? 히브리 성경과 신약성경에는 하나님께서 개인들과 공동체들에 직접적으로 또는 간접적으로(다른 사람이나 환상과 꿈을 통해) 말씀하시는 장면이 자주 나옵니다. 하나님께서 모세, 다윗, 요나, 선지자들, 마리아, 동방박사들, 바울 등에게 말씀하셨습니다. 예수님이 우리 가운데 육신으로 오신 이후 몇 세기 동안, 많은 사람이 하나님의 영과 개인적인 관계를 경험했습니다.

이사야의 이 본문에는 두 가지 영적 주제가 있는데, '하나님께 귀 기울이기'와 '하나님께 듣기'입니다. 일반적으로 우리는 먼저 하나님께 귀를 기울이고(listen for God), 그다음 하나님께 듣습니다(listening to God). 다시 말하면, 우리는 먼저 하나님의 임재를 깨닫고 하나님의 사랑과 인도하심에 마음을 여는 경험을 하며, 그리고서 신적 계시를 듣고 행할 수 있습니다. 하나님께서는 우리에게 여러 방식으로 임재하실 수 있는데, 예배, 묵상, 우리 가족과 친구들과의 개인적 관계 안에, 우리의 직업과 여가 안에, 자연 안에, 과학 안에, 예술 안에서와 같이 말입니다. 하나님께서는 기대하지 못했던 놀라운 방식으로, 개인적으로 우리에게 오십니다.

하나님께 귀 기울이기 하나님께 귀를 기울이는 것은 영적 훈련입니다. 이 영적 훈련의 일부는 하나님을 기다리는 법을 배우는 것입니다. 하나님의 임재를 기다리는 것은 우리의 인내를 훈련하는 데 도움을 줍니다. 요즘 세상은 인내심이 부족합니다. 무언가를 기다리게 하는 동기나 훈련이 거의 없습니다. 그럼 우리는, 하나님을 기다리는 법을 어떻게 배울 수 있을까요? 침묵 속에 앉아서 성령님이 말씀하시기를 기다리는 예배방식은 하나님께 귀 기울이기를 배울 수 있는 모델입니다. 이러한 경험의 중요한 부분은 성령님을 기다리는 인내를 얻는 것뿐만 아니라 성령님의 임재를 경험할 때 분별하는 귀를 발달하게 하는 것입니다. J. 브렌트 빌은 그의 저서 『거룩한 침묵:퀘이커 영성의 선물』(*Holy Silence:The Gift of Quaker Spirituality*)에서 이렇게 말합니다. '이 거룩한 정적(침묵)은 예수님을 친밀한 방식으로 만나는 것입니다. 침묵은 우리가 하나님의 사랑 안에서 성령님의 음성이 우리 영혼의 귀에 부드

* John Calvin, *Commentary on the Book of the Prophet Isaiah*, trans. William Pringle (Edinburgh: Calvin Translation Society, 1850), 333-39.

럽게 속삭임을 들을 때까지 쉬도록 격려합니다.'*

하나님께서는 물론 우리의 어떤 부분의 노력 없이도 우리에게 신적인 임재를 매우 명확하게 나타내기도 하시기 때문에 우리가 하나님께 귀 기울일 필요가 없을 때도 있습니다. 바울의 다메섹 여정은 갑작스럽고, 폭발적인 하나님 임재의 예입니다. 사울은 그리스도인들을 박해하는 것이 하나님의 뜻이라고 생각하고 있었지만, 예기치 못하게 강력한 방식으로 그의 삶이 완전히 뒤바뀌었습니다. 사울의 변화는 기다림, 실명, 다른 사람에게 의존, 그리고 새사람이 되는 데 도운 하나님의 메신저를 포함하였습니다. 사울/바울을 향한 하나님의 위대한 사랑은 하나님의 임재와 메시지를 통하여 바울이 완전히 달라진 삶을 살 수 있게 했습니다.

하나님의 임재는 거룩한 동행에 대한 깨달음, 즉 바울에게 그랬던 것처럼 두려움과 혼란과 변화를 불러오게 하는, 혹은 일상생활에서 평화와 위로의 감정을 불러오게 하는 깨달음으로 우리에게 다가올 수도 있습니다. 우리는 하나님께 귀 기울이는 영적 훈련을 통해 성령님의 임재를 깨닫고, 하나님께서 새롭고 흥미진진한 방식으로 놀라게 하심에 열려 있기를 기꺼이 바라는 마음을 발달시킬 수 있습니다.

하나님께 듣기 하나님께 듣기 역시 영적 훈련입니다. 우리가 하나님의 임재에 열려 있고 그것을 인식하게 되면, 우리는 하나님께서 우리와 소통하시는 다양한 방식에 익숙해지며, 풍성하고 사랑이 넘치는 관계를 위한 넓은 공간을 얻게 됩니다. 하나님께서는 우리를 가르치시며, 우리가 하나님의 메시지를 듣고, 이해하고, 사용할 수 있는 능력을 주십니다.

국내외에서 인기 있는 예술 형식 중 하나는 현대 민속 예술입니다. 이 예술가 중 일부는 '환상의 예술가'라고 불리는데, 그들은 하나님께서 종교적인 작품을 만들라고 말씀하시는 메시지나 비전을 받은 사람들입니다. 잘 알려진 현대 환상 예술가인 하워드 핀스터 목사는 하나님으로부터 '하나님의 그림을 그리라'는 직접적인 메시지를 받았습니다. 핀스터는 수년간 이중직 목사였고, 자전거와 잔디 깎는 기계 같은 작은 기계들을 수리했었습니다. 핀스터가 60세였을 때, 하나님께서 그에게 자전거와 잔디 깎는 기계를 고치는 일을 멈추고 '나의 그림을 그리라'고 말씀하셨습니다. 그는 하나님의 메시지를 듣고 다작의 예술가가 되었습니다. 그는 30년 동안 성경을 묘사하는 많은 그림을 그렸고, 그런 그림들을 통해 하나님의 사랑, 돌보심, 구원의 은혜를 가르쳤습니다.

하나님께 듣는 영적 훈련은 하나님의 말씀을 단지 지적으로 듣는 것 이상으로 나아가게 합니다. 우리는 하나님의 메시지를 우리의 마음으로 들어야만 하며, 그래야 다른 사람들의 필요에 응답할 수 있게 됩니다. 그저 하나님의 메시지를 이해하는 것이 아니라, 개인과 공동체의 영적 성장을 위해 우리의 새로운 지혜를 사용해야 합니다.

이사야 본문의 저자는 하나님으로부터의 직접적인 계시와 가르침의 기쁨을 경험했고, 하나님의 가르침을 통해 다른 사람들을 돌보는

* J. Brent Bill, *Holy Silence: The Gift of Quaker Spirituality* (Brewster, MA: Paraclete Press, 2006), 6-7.

법을 배웠습니다. 이 신실한 반응은 신체적, 감정적, 영적으로 이 저자를 위험하게 했습니다. 그러나 하나님과 맺은 강한 연결과 관계로, 다른 사람들로부터 받은 가혹한 대우가 저자로 하여금 이 신실한 반응을 포기하도록 만들 수는 없었습니다. 우리가 하나님께 귀를 기울이고 하나님께 들을 때, 하나님께서는 그저 가르치시고 선물로 주시는 새로운 지혜에 대한 응답을 요구하시는 것이 아님을 기억해야만 합니다. 하나님께서는 우리가 새로운 지혜로 곤고한 자들을 돌볼 때, 신실하게 우리 곁에 남아 계시며, 지지하시는 분으로 계속해서 우리와 함께하시겠다고 약속하십니다.

주석적 관점

세 번째 고난받는 종의 시 또는 노래(사 42:1-9, 49:1-7, 50:4-11, 52:13-53:12)는 '종'의 정체성에 대해 명확한 합의를 끌어내지 못합니다. 또한, 이 본문의 역사적 맥락에 대해서도 학문적 합의가 이루어지지 않았습니다. 이 본문의 주요 구조적 전략은 주 하나님에 대한 묘사(4, 5a, 7a, 9a절)와 종의 행동에 대한 자기 묘사(4b, 5b-6, 7b-8절) 사이를 오가는 것입니다.

'disciple'(제자)은 고대 영단어 'discipul'에서 왔으며, 이는 라틴어 단어 'discupulus'와 '다시 배우다'라는 뜻의 동사 'discere'에서 파생된 것입니다. NRSV를 따르면 화자는 '학자'의 역할을 자처합니다(개역개정, 새번역). 또 다른 번역은 '가르침을 받는 자'라고 합니다('제자', 새한글). 어떤 면에서 이것은 사회화에 대한 개념으로 이해할 수 있습니다. 이 단어가 지닌 의미의 폭은 '학자는 먼저 가르침을 받아야 한다'는 저자의 암묵적인 주장을 나타냅니다. 이 단어가 지닌 히브리 성경에서 네 곳에서 더 등장합니다(렘 2:24, 13:23, 사 8:16, 54:13). 예레미야에서 이 단어는 사회화의 은유로 강조됩니다. 예레미야는 학자/제자 모델보다는 사회화 기능에 더 중점을 두는 것처럼 보입니다.

또한 이 단어는 길들지 않은 말, 즉 '광야에 익숙한 들암나귀'를 묘사하는 데 사용됩니다(렘 2:24). 그리고 이 단어의 가장 유명한 용례는 예레미야 13장에서 발견됩니다. 여기에서 우리는 유명한 속담이 인용된 "구스인이 그의 피부를, 표범이 그의 반점을 변하게 할 수 있느냐? 할 수 있을진대 악에 '익숙한' 너희도 선을 행할 수 있으리라"(렘 13:23)를 발견합니다. 그러나 사회화의 암호로서 이 단어의 사용은 선택의 역할에 대해서는 주목하지 않습니다.

대조적으로, 이사야는 제자도를 선택으로 강조합니다. 이 책은 설득력 있는 문서로서 기능합니다. 인간 제자는 보통 누구를 따를 것인지 선택합니다. 그럼에도 불구하고 그 학자의 혀는 동시에 가르침을 받는 자의 혀이기도 합니다. 평행 본문에서 이 단어의 사용은 그러한 관찰을 뒷받침합니다. 동일한 히브리어 단어가 다른 곳에서는 '제자'로 번역됩니다(사 8:16 참조). 이 단어는 이사야 54:13에도 나옵니다. 이는 "너희 도든 자녀는 여호와의 제자들이 될 것이다"로 번역할 수 있습니다. 그러나 여기서는 목가적인 학자와 제자들만을 의미하지 않으며, 다양한 배움의 상황들을 가리킵니다.

이사야 40~66장의 전반적인 주제는 백성의 회복입니다. '제자의 혀'는 이 사명을 지원하는 것입니다. 이 종은 틀림없이 이 신성한 사명의 목표를 유지하는 방법을 알고 있습니다.

이 사명은 곤고한 자들을 위로하는 것을 포함합니다. 회복의 시대에 '곤고한'이라는 용어가 자주 등장합니다. 이 용어는 이사야 40장에서 중요한 역할을 합니다(28, 29, 30, 31절).

'곤고한'에 대조되는 동사는 '깨우다'(awaken)입니다. 동일한 동사가 독수리를 묘사하는 데 사용되기도 합니다(신 32:11, 개역개정에서 '어지럽게 하며'가 이에 해당함). 하나님께서 그 동사의 주어가 되시기도 합니다(욥 8:6, 개역개정에서 '돌보시고'가 이에 해당함). 그러나 때로 '깨우다'(rouse)라는 단어는 부정적인 의미를 내포할 수도 있습니다. 하나님께서 그의 분을 일으키지 않으십니다(시 78:38, 개역개정에서 '쏟아 내지'가 이에 해당함). 인간의 교만이 하나님의 분노를 일으킵니다(사 42:13, 개역개정에서 '분발하여'가 이에 해당함). 동사 '깨우다'(arouse)는 냄새나는 소금을 사용하는 것과 같습니다. 탄산암모늄이 의식이 흐려지던 사람을 깨우듯 말입니다. 그래서 하나님께서 포로들로 하여금 새 의식을 갖도록 깜짝 놀라게 하십니다.

제자의 혀는 하나님께서 귀를 여시는 것과 평행을 이룹니다. '귀를 여셨으므로'라는 구절은 시의 앞부분에서 언급된 내용을 회상시키며, 5절 후반부에서 무죄를 고백하는 내용으로 이어집니다. 이 무죄의 고백은 '내가 거역하지도 아니하며 뒤로 물러가지도 아니하며'라는 동의어 병치를 통해 확립됩니다. 동사 '반역하다'라는 광야에서의 방랑 이야기에서 지배적인 역할을 합니다. 이사야 50:5에서의 무죄 고백은 예레미야애가(1:18, 20)의 반역 고백과 극명한 대비를 이룹니다.

6절은 5절에서 시작된 헌신의 고백을 확장합니다. 저자는 세 가지 접근 표현을 제공하는데, '귀를 여셨으므로', '나는 거역하지도 아니하며', '뒤로 물러가지도 아니하며'입니다. 종은 공격의 빛 속에서 반직관적인 행동을 드러냅니다. 종은 이 반직관적인 행동을 하나님에 대한 헌신과 신뢰의 표현으로 이해합니다. 이 자발적인 약점의 표현들은 단지 고통스러운 것만이 아니라, 모욕을 기꺼이 받아들이려는 자세를 반영합니다. '모욕과 침 뱉음'(6절)이라는 의례적 행위는 종의 비천함을 전달합니다. 7절은 왜 이 반직관적인 행동이 합리적인지를 설명합니다. 신성한 선택은 6절에서 묘사된 이런 굴욕의 표현을 반박합니다.

NRSV에서 종이 '나를 변호하는 자가 가까이에 있다'(he who vindicates me is near, 8a절)라고 말할 때, 독자는 변호하는 자의 기능에 대해 곰곰이 생각해 보게 됩니다. 이 번역 뒤에 있는 히브리어는 동사 '의롭게 하다'의 분사형입니다. 이 변호하는 자는 종이 옳다는 것을 대중에게 증명합니다. 피터슨은 이것을 '챔피언'(*The Message*)으로 표현합니다. 가까움에 대한 진술은 신뢰의 진술을 말합니다. 신뢰의 진술은 두 가지 수사적 질문과 그에 대한 권유적 조롱을 포함합니다. 첫 번째 수사적 질문(나와 다툴 자가 누구냐?, 8b절)은 '언약 소송을 제기하다'라는 동사를 사용합니다. 소송은 법적 절차를 묘사하는 이 장면에서 원고로 서 있는 은유를 매우 합리적으로 만들어 줍니다. 조롱하는 권유 '나와 함께 설지어다'는 꾸짖음으로 작용합니다. 히브리어로 '내 심판의 통치자가 누구냐?'는 NRSV에서는 '나의 대적이 누구냐'(who are my adversaries)로 표현됩니다(8d절). NRSV가 히브리어를 '그들이 나와 맞서게 하라'(let them confront me, 8e절)로 번역한 것은 독자에게 이 본문이 갈등을 강조하기 위해 공간을 어떻게 사용하는지 인식하게 합니다. '서다'(stand)와 '가까이 나아오다/맞서다'(draw near/confront)라는 동사는 강렬한 눈앞에 갈등을 묘사합니다.

이 본문의 마지막 부분은 예언적 권위에 대한 자기 고백으로 마무리짓습니다. 9절의 어떤 개념도 새로운 것은 없습니다. 오히려 이 본문의 이전 움직임을 강화합니다. 예를 들어, '주 하나님은 없어서는 안 될 종의 도움이시라'라는 이 종의 고백은 7절과 맥을 같이합니다. 9절 후반부는 8절처럼 수사적 장치로 질문, '나를 정죄할 자 누구냐?'(9b절)에 대한 답을 알게 합니다. 그 답은 다음과 같습니다. '아무도 없습니다!'

설교적 관점

성주간 첫 번째 본문의 특징은 익명성입니다. 종려와 수난의 이날은 바벨론 포로기 때의 무명의 선지자, 제2 이사야의 말로 시작되며, 그는 다음으로 이 구절들을 '하나님의 종'으로 알려진 또 다른 무명의 인물 입에 담습니다. 이 본문은 네 부분으로 구성된 '노래' 중 세 번째 부분입니다. 여기서 종은 고통과 위로를 노래하며, 주님 안에서의 용기와 확신을 고백합니다. 이 노래는 종과 주님 사이의 따뜻하게 지지하는 관계와 종과 이름을 알 수 없는 '자들' 사이의 위협적이고 폭력적인 관계를 포착합니다.

또한 종은 하나님께서 과거에 무엇을 하셨고, 지금 무엇을 하고 계시며, 앞으로 무엇을 하실지를 인식하고 있습니다. 처음에는 매우 평화롭고 우호적인 분위기로 시작합니다. '곤고한 자를 말로 도와주도록' 주님이 주신 '학자의 혀'라는 선물에 대한 종의 깨우침을 보여줍니다(4절). 하나님께서 하시는 일을 말할 때, 종은 주께서 종을 '아침마다' 깨우치시는 방법을 언급하는데, 그것은 부드러운 깨우침으로, 종이 날마다 배우는 자로 시작하게 합니다. 주 하나님께서는 가르침을 주시는 일에 변함이 없으십니다. 이 모든 것은 마치 고요한 캠퍼스에 거주하며, 다소 지나치게 열정적이긴 해도 온화한 교수에게 배우는 것처럼 들립니다. 종은 적절하게 순종적이고 열려 있으며, 거역하는 것도 없고, 뒤로 물러가는 것도 없습니다.

장면과 분위기의 갑작스러운 변화가 그다음 따라옵니다. "나를 때리는 자들에게 내 등을 맡기며 나의 수염을 뽑는 자들에게 나의 뺨을 맡기며 모욕과 침 뱉음을 당하여도 내 얼굴을 가리지 아니하였느니라"(6절). 무슨 일이 일어난 것입니까? '그들'은 어디에서 왔습니까? 우리는 알 수 없습니다. 그럼에도 불구하고 주님은 종이 수치를 당하지 않고, 대신 일어나는 일을 견딜 용기를 가질 수 있도록 종과 함께 계시며, 종을 지지하십니다. 마지막으로 미래를 언급하며, 종은 "내가 수치를 당하지 아니할 줄 아노라 나를 의롭다 하시는 이가 가까이 계시니"(7-8a절)라고 합니다. 하나님께서는 이 신실한 종과 견고히 함께하실 것입니다.

학자들은 이 종이 누구인지, 특정한 선지자 개인인지 아니면 이상화된 이스라엘인지 확실히 알지 못합니다. 하지만 우리는 교회가 왜 이 본문이 성주간을 시작하는 데 적합하다고 여기는지 쉽게 알 수 있습니다. 우선, 이 본문은 가르치는 분이신 예수님을 강조하는데, 예수님은 먼저 아버지의 음성과 뜻을 듣고 항상 주의를 기울이시며, 곤고하고 가난한 자들에게 특별한 관심을 가지고 설교하고 가르치기 위하여 오셨습니다. "천국 복음을 전파하시며 백성 중의 모든 병과 모든 약한 것을 고치시니"(마 4:23). 또 곤고하고 무거운 짐을 진 자들을 부르시며 "나는 마음이 온유하고 겸손하니 나의 멍에를 메고 내게 배우라 그리하면 너희 마음이 쉼을 얻으리니 이는 내 멍에는 쉽고 내 짐은 가벼움이라 하시니라"(마 11:29-30)고 하셨습니다.

마태복음에서 반복하여 '예수님은 가르치는 분'으로 묘사되는데, 그의 제자들과 함께 산에 올라가 천국에 대해 가르치시고(마 5-7장), 열두 제자에게 사명에 대한 지침을 주시며(마 10:5-42), 동네에서 그의 메시지를 가르치고 선포하시고(마 11:1), 비유로 말씀하시는(마 13:3-53) 등 많은 가르침을 주십니다. 복음서 전반에 걸쳐, 예수님은 담화와 비유, 그리고 자신이 행하신 일을 통해 가르치십니다.

심지어 우리가 마태복음의 수난 기사를 읽어봐도, 우리는 예수님의 마지막 시간 동안 가르치는 자의 음성을 듣습니다. 그 음성은 최후의 만찬에서 사도들에게 그들의 믿음을 흔들어 놓을 앞으로 다가올 고난에 대해 가르치며(마 26:31), 그들이 '시험에 들지 않게' 기도하는 것의 중요성을 가르치고(마 26:41), 그가 그의 적들의 폭력을 마주하게 되었을 때 제자들에게 폭력에 굽히지 말라고 촉구하시길 '칼을 가지는 자는 다 칼로 망하느니라' 하시고(마 26:52), 모든 것이 성경을 이루기 위해 일어나는 것임을 가르치십니다(마 26:54). 가장 인상적인 장면은 예수님이 대제사장에게 하나님과의 관계 안에서 그가 누구신지, 그가 어떻게 '권능의 우편에 앉아 하늘 구름을 타고 오는'(마 26:64) 인자임을 밝히시는 장면입니다. 그리고 로마 총독에게는 가장 간결하게 자기 신분을 '유대인의 왕'이라고 말씀하십니다(마 27:11).

마태복음에서 '나사렛 예수님'은 아버지의 방식과 뜻을 따라 가르치는 자이자 제자입니다. 아버지 하나님께서도 변모 사건을 통해 예수님을 "이는 내 사랑하는 아들이요 내 기뻐하는 자니… 그의 말을 들으라"(마 17:5) 하며 인정하십니다. 이 성주간에 우리는 예수님이 '하나님의 종의 노래'를 어떻게 완전히 살아내셨는지를 기억해야 합니다. 예수님은 하나님 아버지께 들으시고, 곤고한 자를 도와 줄 말씀을 가르치시며, 그 말씀으로 적들의 분노를 사셨고, 자신을 때린 자들에게 등을 맡기고, 뺨을 맡기며, 수염을 뽑게 하셨고, 모욕과 침 뱉음을 당하여도 자신의 얼굴을 가리지 아니하시고, 수치를 당하지 않을 것을 아시면서도 부싯돌처럼 얼굴을 굳게 하시고, 마침내 이스라엘의 주 하나님이자 우리의 구속자이신 예수 그리스도의 아버지께서 그분을 의롭게 하시며, 끝내 드러내셨음을 기억해야 합니다.

체스와프 미워시의 시 「오소서 창조주여」(*Veni Creator*)에서 그는 성령님께 구하기를, 이 땅 어디서든, 한 사람을 그 앞에 세우시고, '내가 그를 볼 때, 당신을 경탄하게 하소서'라고 합니다.* 오늘의 성경 읽기는 우리 앞에 그 한 사람으로, 하나님의 종이자 아들이신 예수 그리스도를 제시합니다. 그의 구원 사역이 비친

* Czeslaw Milosz, *The Collected Poems: 1931-1987* (Hopewell, NJ: Ecco Press, 1988), 194.

이 노래는 이제 하나님의 순례하는 백성들과 날마다 하나님의 가르침에 귀를 기울여 하나님 사명에 참여하기를 계속하는 모든 이들의 노래가 되었습니다. 그 사명은 곤고하고 마음이 상한 자를 붙들어 줄 말을 하며, 이민자들과 노숙인들의 존엄성을 보호하고, 학대받고 무시당하는 이들을 돌보는 것입니다. 세상에는 하나님의 정의, 평화, 화해의 사명을 기꺼이 수행할 종들이 필요합니다. 그 종들은 부끄러워하지 않고, 의롭다 하시는 하나님을 신뢰하며, 마침내 하나님의 나라가 온전히 임할 것을 믿는 이들입니다.

사순절 여섯째 주일(고난주일 예전)

시편 31:9~16

9 여호와여 내가 고통 중에 있사오니 내게 은혜를 베푸소서 내가 근심 때
문에 눈과 영혼과 몸이 쇠하였나이다
10 내 일생을 슬픔으로 보내며 나의 연수를 탄식으로 보냄이여 내 기력이
나의 죄악 때문에 약하여지며 나의 뼈가 쇠하도소이다
11 내가 모든 대적들 때문에 욕을 당하고 내 이웃에게서는 심히 당하니 내
친구가 놀라고 길에서 보는 자가 나를 피하였나이다
12 내가 잊어버린 바 됨이 죽은 자를 마음에 두지 아니함 같고 깨진 그릇
과 같으니이다
13 내가 무리의 비방을 들었으므로 사방이 두려움으로 감싸였나이다 그
들이 나를 치려고 함께 의논할 때에 내 생명을 빼앗기로 꾀하였나이다
14 여호와여 그러하여도 나는 주께 의지하고 말하기를 주는 내 하나님이
시라 하였나이다
15 나의 앞날이 주의 손에 있사오니 내 원수들과 나를 핍박하는 자들의 손
에서 나를 건져 주소서
16 주의 얼굴을 주의 종에게 비추시고 주의 사랑하심으로 나를 구원하
소서

신학적 관점

하나님에 관한 사고와 언어를 뜻하는 신학은 먼저, 무엇보다 중요하게, 그리고 최종적으로 하나님의 성품을 증언합니다. 물론, 신학자들과 설교자들은 다양한 주제를 다루어야 하며, 그것의 대부분은 인간의 상황과 관련이 있습니다. 그러나 이것들이 계시되고 경험된 하나님의 성품과 연결되고 성찰될 때만 흥미롭습니다.

수난의 예전으로 지정된 본문인 시편 31편 9~16절은 하나님의 성품 중 '신뢰할 수 있음'(trustworthiness)을 강조합니다. 복음서들에 따르면, 예수님은 곧 예루살렘에 들어가 죽게 되실 것을 알고 계셨습니다. 이 본문은 주일에 이 본문을 읽고 기도하는 신자들에게 하나의 문제를 제기합니다. 만약 하나님께서 신뢰할 수 있는 분이시라면, 하나님을 '아버지'라 부르며 그분 안에 신뢰를 두었던 예수님이 왜 우리 삶에 중요하게 나타나야 합니까? 정직한 저자들이 복음서의 마지막에서 전하듯, 예수님이 두신 그 신뢰는 깨진 것처럼 보입니다. 예수님이 고통 속에서 외치신 말씀, "나의 하나님, 나의 하나님, 어찌하여 나를 버리셨나이까?"에서도 고통 속에서 외치시는 소리가 들려옵니다. 그러므로 우리의 문제는, 만약 예수님의 믿음이 '안전하고 편안하게 오래 사는 것'으로 보상받지 못했다면, 하나님의 평가에서 예수님보다 낮은 위치일 수밖에 없는 우리가 왜 그렇게 많은 위험을 감수해야 하느냐는 점입니다.

예수님이 하나님의 계획을 신뢰하셨다는 점에 더한 더 깊은 고찰은 성금요일과 고난주간 복음서에 대한 주석가들에게 맡겨 둡시다. 우리가 방금 제기한 질문들에 대한 답들이 있습니다. 그러나 우리가 다루고자 하는 주제는 '인간의 상황'입니다. 왜 예수님은 하나님을 신뢰하셨고, 우리에게도 신뢰하라고 명하셨을까요? 왜 시편의 시인은 모든 것이 잘못되어 가는 것처럼 보이는데도 하나님을 신뢰하는 것일까요? 우리는 하나님의 성품에 대한 증언에 모든 것을 거는, 그 근본적인 단어로 다시 돌아오게 됩니다.

우리 대부분은 우리가 다가오는 한 주 동안 겪게 될 어떤 고난도 예수님이 십자가를 향해 나아가신 길의 고통에는 미치지 못한다는 사실에 위로받을지 모릅니다. 마치 '그래서 너는 네게 문제가 있다고 생각하는 것이냐!'라는 음성이 들려오는 것 같습니다. 그런 목소리는 잠재우십시오. 이제 막 악성 종양을 진단받은 사람, 젊은 아내의 장례식에서 작별 인사를 나눈 사람, 자녀나 부모로부터 소외감을 느낀 사람이 갖는 시련의 정도들을 비교하는 것은 무의미합니다. 그런 음성은 이 시편과 같은 기도를 드리는 이를 좌절하게 합니다. "구하라 그리하면 너희에게 주실 것이요"(마 7:7)라고 명하신 분의 눈과 귀에는, 말씀 듣는 이들의 마음에 있는 어떤 것도 절대 사소하지 않음을 상기하십시오. 그런데도 그들이 실망하게 될까요?

만약 끈질긴 괴롭힘, 위협 또는 삶을 황폐하게 만들기 시작한 어떤 문제들을 다루기를 원한다면, 이와 같은 시편을 의지하는 것이 좋은 첫걸음임을 유념하십시오. 수 세기, 수천 년 동안, 고통이나 의심, 또는 절망 가운데 있던 사람들은 기도하는 자의 곤경을 묘사하는 이런 구절들을 암송해 왔습니다. 그들은 반복하여 이 기도를 드렸고, 다음 세대에도 전수했습니다. 하나님을 신뢰하는 사람들이 모두 버림받거나 어리석게 되었다고 느꼈다고 생각하기에는 어렵기에, 이것은 어떤 식으로든 도움이 되었음에 틀림없습니다. 그러면 그들은 어떻게 기도를 시작했을까요?

답은 이 시편이 시작되는 방식과 같다는 것입니다. 우리 중 책상이나 벽에 '징징거림 금지'라는 문구를 붙여둔 사람들이라면 이 탄식이 징징거림보다 더 깊은 것임을 주목해야만 합니다. 기독교 신학에서 탄식함이란, 징징거리며 우는 자가 그렇게 징징거리는 것보다 훨씬 더 문제를 깊이 드러내도록 고안된 것입니다. 이 시편과 같은 기도들로부터 얻는 수확은 단순히 '그만 잊어버려!'라고 말하는 긍정적 사고방식을 가진 사람들의 침묵보다 훨씬 더 풍성합니다. 이 깊음 속에서 근본적인 연결은 깨지지 않음을 주목하십시오. 9절에 "내게 은혜를 베푸소서"라는 구절은 단순한 불평의 목소리라고 보기 어려울 뿐 아니라, 이 본문을 끝맺음하는 16절 말씀인 "주의 얼굴을 주의 종에게 비추시고 주의 사랑하심으로 나를 구원하소서"도 그렇습니다.

은혜가 없는 이에게 은혜를 구하는 것이나, 찡그린 얼굴로 어둠 속에서 다가오는 이에게 밝은 얼굴을 구하는 것이나, 또는 좋을 때든 나쁠 때든 '한결같이' 사랑함이 없는 이에게 구원을 구하는 것은 무의합니다. 이러한 간구는 '하나님과의 대화'라고 부를 수 있는 것을 오랫동안 실천해 온 사람에게서 나올 때 가장 효과적입니다. 시편을 읽고 말하고 노래하고 읊조리는 것은 그 대화와, 이러한 말씀들이 전해지는 그분의 말씀을 들음에서 오는 확신을 더욱 깊이 하기 위해서입니다.

이 시편의 본문은 세 부분으로 나눌 수 있습니다. 첫 번째 부분은, 돌보시는 하나님을 신뢰하는 경험을 더욱 깊게 하기를 바라는 고립되고 외로운 자신을 발견합니다. 두 번째 부분은 다른 사람들을 비난하고 싶은 유혹을 다룹니다. 그들은 등을 돌리거나 범위를 벗어나서, 탄식하는 사람이 마치 편집증처럼 들리게 유혹하는 사람들입니다. 대적들이 그를 경멸하고, 이웃은 그녀를 보고 두려워하며, 지인들은 당신을 꺼립니다. 여기 최악이 있습니다. "내가 잊어버린 바 됨이 죽은 자를 마음에 두지 아니함 같고 깨진 그릇과 같으니이다"(12절). 텔레비전에서 성경의 무대가 되는 땅을 발굴하는 고고학자들을 보십시오. 그리고 여기저기서 쉽게 발견되는 깨진 토기 조각들의 연대를 알기란 어렵다고 하는 그들의 불평을 들어보십시오. 토기를 만든 사람들과 토기 모두 기억에서 사라졌습니다.

그러나 그들은 하나님의 마음에서는 사라지지 않았습니다. 본문의 세 번째 흐름에, 깊은 탄식에서, 탄식하는 자는 자신이 이전에 경험했던 것이나, 다른 사람들이 증언한 기록을 떠올립니다. 방금 막 말했던 것의 분위기를 고려하면 놀라울 정도로, 시편 기자는 믿음의 언어에서 매우 중요한 위치를 차지하는 짧고 극적인 단어를 가지고 정반대의 고백을 합니다. 바로 '그러하여도'라는 말입니다. "여호와여 그러하여도 나는 주께 의지하고 말하기를 '주는 내 하나님이시라' 하였나이다"(14절). 그리고 바로 다음 줄에서 분명히 나오듯, 언제 무슨 일이든, "나의 앞날이 주의 손에 있사오니"(15절)라고 합니다. 이것은 신뢰를 요구하시는 하나님께 대한 궁극적인 확신의 표현입니다. '나의 앞날'은 이 시편을 기도하는 사람이 언급했던 대로 자신이 버림을 받았던 부정적인 모든 상황을 포함합니다. 우리는 다시 처음 시작으로 돌아오게 되는데, 곧 신뢰를 요청하는 분이시자 신뢰할 만한 신적 성품을 가지신 하나님, 그리고 그 성품에 따라 행하시는 하나님께 우리의 모든 신뢰를 맡기는 것입니다.

목회적 관점

과거에 설교자로 살아가던 사람들은 사순절을 지키는 것이 의심스러운 것으로 여겨졌던 시대와 교회에서 자랐습니다. 사순절의 실천에 적극적으로 참여하는 것이 '가톨릭적'이라는 인식이 있었습니다. 우리의 예전적 유산에 대한 좁은 이해로 우리는 유의미한 목회적 상황 안에서 종려주일을 정착시킬 기회를 잃었습니다. 우리 중 그런 환경에서 자란 사람들은 '팝업 행사'처럼 종려주일을 경험했습니다. 성탄절 후 약 12주가 지난 주일, 종려주일은 마치 겨울잠을 자고 있던 들판에서 낙엽 사이로 피어나는 첫 번째 수선화처럼 갑자기 찾아왔습니다. 물론, 그것은 봄이 오는 확실한 신호였고, 야구 경기 시즌과 여름휴가가 멀지 않았다는 약속의 반가운 놀람이기도 했습니다. 이처럼 제한된 관점에서 보면, 종려주일의 환호하는 무리와 기뻐하는 제자들은 그 행사를 위한 완벽한 액세서리였습니다. 고난주일은 전혀 관심사에 들지 않았습니다.

"여호와여 내가 고통 중에 있사오니 내게 은혜를 베푸소서 내가 근심 때문에 눈과 영혼과 몸이 쇠하였나이다"(9절). 시편 31편은 종려주일과 고난주일을 다시 연결해 줍니다. 이 재연결은 목회적으로 반드시 해야 하는 일입니다. 고난이 빠지면 그날은 마태복음 13장에서 예수님이 말씀하신 씨 뿌리는 자의 비유 중 얕은 땅에 뿌려진 씨에서 싹이 나오지만 해가 뜨자마자 말라버린 것처럼(5-6절) 흘러갈 위험이 있습니다. 종려주일에서 시작하여 성금요일까지 제자들의 움직임을 따라가 보면 축하에서 낙담과 배신으로 향하는 궤적을 볼 수 있는데, 이는 복음서의 서술도 분명 이러한 우려를 뒷받침하고 있다는 것입니다. 제자들뿐 아니라 예수님 자신도 이 '고통'의 대상이 됩니다. 감람산에서 그를 따르는 자들보다 더 지각이 있으신 예수님은 아마 마지막 '호산나'의 메아리가 언덕에서 사라지기도 전에 이미 눈물을 흘리고 계셨을 것(눅 19:41-44)입니다. 종려주일과 고난주일은 분리될 수 없습니다.

시편 31편은 먼저 시편 기자의 깊어지는 절망의 소리를 들려줌으로 종려주일과 고난주일을 재연결해 줍니다. 우리 교회의 교인들은 종려주일의 본문이 말하는, 그들도 견뎌내고 있는 슬픔과 한숨과 쇠약해짐을 듣고 놀랄 수도 있지만, 동시에 위로를 받을 것입니다(10절). 시편 기자는 자신의 고난을 고백함으로써, 학자들이 고통의 '내면성'이라고 부르는 것을 탐구하게 할 근거를 제공합니다. 일반적인 사람들은 우리의 학문적 지식이 필요하지 않습니다. 그들은 미소 속에 눈물이 감추어질 때 그것이 무엇을 의미하는지 알고 있습니다. 어쩌면 이것이 오늘의 설교 주제가 될 것입니다.

시편 기자가 겪은 고립과 거절당함의 묘사는 종려주일과 고난주일의 연결을 더욱 강력하게 합니다. "내가 모든 대적들 때문에 욕을 당하고 내 이웃에게서는 심히 당하니"(11절). 잊힌, 눈길도 주지 않는, 멀리하는, 사랑받지 못하는, 깨지고 죄로 가득한 세상에서 거절당함은 칭찬 안에 감춰져 있는 가능성으로, 부활절 이후에 돌아보면, '호산나'에서 '그를 십자가에 못 박으라'까지가 얼마나 짧은 거리인지 뒤늦게 알게 됩니다. '당신을 영원히 사랑할 거야'가 '이혼하고 싶어'로 변하기까지 얼마나 짧은지. '당신을 신뢰해'가 얼마나 금방 '당신이 나를 배신했어'가 될 수 있는지, 아마 이것이 종려주일과 고난주일을 위한 주제가 될 수 있을 것 같습니다.

하지만 상황은 더 안 좋아집니다. 거절당하거나, 배제되거나, 심지어 배신당하는 것은 한 가지입니다. 13절에서, 시편 기자는 그를 죽이려고 음모를 꾸미는 자들의 속삭임을 듣습니다. 이 위협을 단순히 심리적인 의미로만 해석하는 것을 주의해야 합니다. 아마 이 경우는 내면적인 것으로 보기보다는 실제일 것으로, 가상이 아닌 현실일 것으로 봐야 할 것입니다. 수없이 많은 하나님의 백성이 여전히 위험 속에서 예배를 드립니다. 여전히 많은 곳에 박해가 존재하는데, 그리스도인들만 당하는 것이 아닙니다. 만약 설교자가 연구하며 잘 준비되고, 예비된 성령의 역사가 사람들 가운데 분명하다면, 이번 종려/고난주일은 우리뿐만 아니라 다양한 지역에서 위협받고 있는 형제자매들을 축복하는 바로 그 순간이 될 것입니다.

이 낭독의 마지막 절은 우리를 시편 기자의 본래 기도로 되돌아가도록 이끕니다. "여호와여 … 내게 은혜를 베푸소서"(9절). 그의 기도에 대한 주님의 응답은 시편 기자의 외적인 환경들을 변화시키는 것은 아니었습니다. 삶은 여전히 배신의 입맞춤, 외로운 겟세마네, 십자가를 가져다줍니다. 그러나 주님은 그에게 선물, 곧 신뢰라는 선물로 응답하십니다. "여호와여 그러하여도 나는 주께 의지하고 말하기를 주는 내 하나님이시라 하였나이다 나의 앞날이 주의 손에 있사오니"(14-15절). 이것은 단순히 '모든 것이 잘될 거야'라는 낙관적인 확신 그 이상입니다. 때로는 잘 안되기도 합니다. 여기서 시편 기자가 종려주일의 성도들에게 당신이 전달할 조언을 제공하려는 것이 아닙니다. 그는 자신의 고통 속에서 새롭게 깨달은 현실을 고백하고 있습니다. '나는 하나님을 신뢰합니다!'

사순절 여섯 번째 주일에, 목회적 도전과 예전적 도전은 거의 동일합니다. 우리가 소망하고 의도하는 것은 회중이 이날을 온전히 경험할 수 있도록 돕는 것이며, 한편으로는 축하와 고대하는 축복을, 다른 한편으로는 고독과 심지어 고통까지 통합하는 것입니다.

적어도 한 번은 이것이 놀라우리만큼 우아한 단순함으로 이뤄진 것을 봤습니다. 1969년 종려/고난주일, 나는 펜실베이니아 애빙던에 있는 한 장로교회를 방문했습니다. 목사님이신 윌리엄 J. 에반스 박사는 "유럽의 승전일"(V-E Day)*이라는 제목의 메시지를 전했습니다('유럽 전승 기념일'이 주는 역사적 및 감정적 영향력은 직접 체험한 이들이 있었기에 지금보다 훨씬 더 직접적으로 와닿는 것이었습니다). 군중의 열렬한 환호에 대해 생각해 보기로 시작해서, 우리 주님이 담대하게 예루살렘 성문으로 들어가시는 장면으로 옮겨가는 것이 설교의 간단한 개

* 역자주:제2차 세계대전에서 연합군이 유럽전선에서 독일나치에 승리한 날

요였습니다. 그 여정을 따라, 우리는 예수님의 적대자들이 품었던 악의 가득한 감정도 함께 생각해 보도록 초대받았습니다. 그리고 그 길이 폭력적인 처형으로 이어진다는 사실을 떠올리게 되었습니다. 설교에서 언급된 각각의 '유럽의 승리'(V-E)는 종려/고난주일의 복잡성을 들여다볼 수 있는 창을 제공하면서도, 이 이야기의 일관성을 충실히 살려냈습니다.

분명 좋은 설교였습니다. 순수하면서도 기발했는데, 아마도 현대인들의 귀에는 약간 작위적으로 들릴 수도 있었을 것입니다. 그러나 40년이 지나도 마지막 두 단어를 정확하게 기억할 수 있는 설교를 몇 개나 들어봤습니까? 그 설교자는 물었습니다. 이 종려나무와 눈물의 길을 따라가면 무엇을 발견하게 될까요? 바로, 영원한 승리(Victory eternal)입니다.

주석적 관점

전형적인 탄식시가 그렇듯이 시편 31편은 감사와 찬양으로 나아갑니다. 성서정과는 예전적 상황을 고려하여 9~16절에 초점을 맞추고 있지만, 그리스도의 수난과 가장 명백하게 공명하는 구절인 5a절(눅 23:46에 인용됨)은 포함하지 않습니다. 이는 설교자들이 최소한 너무 성급하게 그리스도나 그의 죽음으로 나아가지 말아야 함을 제시하며, 시편의 다른 면들(특정 하위 단락 9-16절)도 역시 고려해야 함을 가리킵니다.

시편 31편은 탄식 시편의 표준적인 요소인, 서문/호소(1-8절), 고발(9b-13절), 간구(9a절), 신뢰의 고백(14-18절), 찬양의 맹세(19-24절)를 모두 포함합니다. 그러나 이 시편은 이러한 요소들을 중요하고 예술적인 방식으로 섞어 놓았습니다. 고발-간구라는 일반적인 순서를 간구(9a절), 그리고서 고발(9b-13절)의 순서로 재배열한 것이 분명한 예입니다. 사실, 면밀하게 살펴보면 이 시편의 몇 가지 구조적 요소들은 명확하게 구분되지 않고 서로 혼합되어 있음이 드러납니다. 예를 들어, 간구는 9a절에서만 아니라 1b~2절, 4a절, 15b~18절에서도 발견됩니다. 신뢰의 고백은 3절, 4b~5절, 6b절에 더하여 14~15a절에서도 발견됩니다. 또, 찬양의 맹세는 7~8절에서 이미 나타나는데, 이는 21~24절을 예견하게 합니다. 이러한 '혼합'은 구조적 요소들의 특징을 필연적으로 약화시키는 것이 아니라, 오히려 그것들이 모두 하나님께 드리는 하나의 기도로서 불가분한 부분임을 시사합니다.

그럼에도 불구하고, 이러한 혼합은 두 가지 중요한 관찰로 이어집니다. 첫째, 고발은 간구 아래(그리고 이후)에 포함되어 있어서, 9a절 "여호와여 내가 고통 중에 있사오니 내게 은혜를 베푸소서"라고 하는 시편 기자의 기도에 하나님께서 응답하셔야 하는 동기로서 작용합니다. 둘째, 일반적으로 탄식시의 구조와 특히 시편 31편의 복잡한 혼합 구조를 살필 때는 설교자들이 9~16절을 전체 맥락과 분리하여 다루는 것을 주의해야 합니다. 전체 구조와의 통합을 무시하는 것은 위험한 일입니다.

하위 단락으로서 9~16절은 간구, 고발, 신뢰 고백의 부분을 포함하고 있으나, 이 요소들이 혼합되어 있다는 점을 다시 상기해야만 합니다. 이미 언급한 것처럼, 9~16절은 이 시편 기자가 하나님을 향하여, 그가 고통 중에 있으니 여호와께서 은혜 베풀어 주시기를 구하는 긴급함에 초점을 두고 있으며(9a절), 그 이후에 하나님께서 그것에 대해 정확히 역사하시도록 동기부여의 역할을 하는 긴 고발로 전개됩니다(9b-13절). 이 고발은 시편 기자의 눈, 영혼, 몸, 일생, 연수, 기력, 뼈들이 모두 위태롭다는 호소입니다(9b-10절). '쇠하다'라는 동사의 반복은 이 단락을 하나로 묶어내고, 이 고통의 원인이 '근심'(9b절), '슬픔', '탄식', '죄악'(10절) 때문임을 분명하게 제시합니다.

이 시편 기자는 육체적 고통만을 받는 것이 아닙니다. 사회적 자아도 위험을 겪습니다. 대적들이나, 이웃이나, 친구나, 모두가 그를 보고 놀라 피합니다(11절). 이 시편 기자는 죽은 것과 다름없어서, 잊히고 깨진 그릇과 같이 무가치한 존재가 되었습니다(12절). 13절에서, 시편 기자에게 더 이상 대적들과 친구들 사이의 차이가 구별되지 않으며, 이제 그들은 그를 죽이려고 음모를 꾸미는 불길하고 정체를 알 수 없는 '무리'입니다. 그들의 속삭임(13a절)의 의미는 분명하지 않은데, 아마 그를 단순히 위협하려는 것일 수도 있습니다.

그러나 예레미야에는 '사방에 두려움이 있음이라'라는 어구가 자주 등장하는데(렘 6:25, 46:5, 49:29 참조), 어떤 사람들이 예레미야의 별명으로 이 구절을 사용했었을 가능성이 있고, 또 다르지 않게 이 같은 방식을 선지자가 바스훌에게 적용한 것과 다르지 않습니다(20:3-4). 아마 이 시편 기자를 둘러싼 '무리'는 비슷한 별명을 사용한 것일지 모릅니다. 결국 9b~12절 다음을 보면 이보다 더 극심하고 공포스러운 상황에 처한 사람을 상상하기가 어렵습니다.

그런데 시편 기자는 아무 설명 없이 갑자기 신뢰로 전환합니다. 13절에서 14절로의 전환이 눈에 띕니다. 이전에 하나님의 은혜로움을 강력히 주장하던 자리(3, 4b-5, 6b절)에서, 자신을 향해 하나님의 얼굴을 비추시고(민 6:25 참조), 구원하시도록(15-16절), 이제 '내 하나님'(14b절)과 구원하실 하나님의 능력에 대하여 다시 되풀이하여 확신합니다. 아마도 신뢰에 대한 이 고백 역시 하나님의 행동을 촉구하는 기도의 무기 중 하나일 것입니다(위의 내용 참조). 분명한 것은 5절에서의 이 시편 기자의 확신이 14~16절에서 반복하여 강조되고 있다는 점입니다. 순서대로 이 후반부의 절들은, 하나님의 '속량'(5절)이 어떤 모습인지뿐만 아니라, 하나님의 손에 그의 영을 부탁한다는 것(5절)이 무엇을 의미하는지 정의하는 것을 돕습니다.

13절과 14절 사이의 침묵만 중요한 전환이 일어나는 유일한 지점은 아닙니다. 시편을 연구하는 많은 학자가 같은 전환을 발견하는 지점은, 이 시편 기자가 또다시 아무 설명 없이 신뢰의 고백에서 마음껏 올려드리는 찬양으로 옮겨가는 장면인 18절과 19절 사이입니다. 이 시편에서 이전에 간절히 구했던 피난처와 도움과 같은 모든 것이 이제는 풍성하게 전해집니다(19b-20절과 함께 1a절, 2b절 참조). 시편 기자가 할 수 있는 것이란 그저 부르짖음을 들으셨고(22절), 변함없는 사랑(7절, 16절, 21절의 hesed)으로 역사하신 주님을 찬양하고 경배하는 것밖에 없습니다. 무엇보다 한 개인을 향한 하나님의 구원은 시편에서 자주 나타나듯 하나님의 '성도들'(23절)과 '여호와를 바라는 너희들'(24절)이라고 지칭되는 많은 사람의 찬양으로 연결됩니다. 엄청난 고난으로부터 하나님의 구원을 경험한 사람들은 하나님의 선하심(19절 참조)과 하나님을 향한 찬양을 다른 사람들에게 전하지 않을 수 없습니다. 정확하게 말하자면, 시편 31편은 찬양보다 하나님 사랑하기를 권장합니다(23절). 구원받은 후 느낄 수 있는 다른 감정이 무엇이 있겠습니까?

설교자들은 9~16절에 대한 성서정과의 초점이 시편 전체를 간과하는 결과를 낳지 않도록 주의해야 합니다. 또한 설교자들은 예전의 특정 부분에만 집중하는 것이 일종의 검열이 될 수도 있다고 의심해 봐야 합니다. 즉, 예수 그리스도와 연결된 예전의 맥락에서, 원수들과 악인들, 그리고 그들의 멸망(6a절, 7b절, 17b-18절, 23b절)에 대한 언급을 제거하지 않았는지 살펴보아야 합니다. 좋은 설교자들은 이러한 주제들이 동일하게 하나님과 복음에 대한 성경의 주장들 가운데 일부라는 사실을 알고 있습니다. 예를 들어, 시편 31:18과 베드로전서 3:10을 비교해 보면, 후자는 시편 34:12~13에서 인용된 말씀이라는 점에서 그 연속성을 확인할 수 있습니다.

설교적 관점

고난주일에 이 시편을 단독 본문으로 삼아 설교한다는 것은 상상하기 어렵습니다. 공적으로 낭독되도록 선정된 여덟 절은 시편 31편 중 일부일 뿐이며, 제외된 부분은 포함된 본문만큼이나 흥미롭습니다. 심지어 성서정과에서 포함되지 않는 구절은 철저하게 피하는 설교자라 할지라도, 성서정과에 빠진 '내가 나의 영을 주의 손에 부탁하나이다'를 예수님이 인용하셨음을 언급할 것입니다(시 31:5, 눅 23:46). 이 절들은 시편 자체라는 긴 이야기 속의 한 에피소드일 뿐입니다. 그러나 오늘 복음서의 에피소드와 잘 어울리는 에피소드입니다. 그러나 이 시편을 단독으로 설교하지 말아야 할 가장 중요한 이유는, 고난주일의 예전은 본질적으로 그리스도의 수난과 죽음의 이야기, 그 한 가지에만 집중하도록 구성되어 있기 때문입니다. 어느 것도 복음을 손상시키면 안 됩니다. 고난주일에 시편으로 설교하는 사람들은 예전적 맥락을 신중하게 고려하기를 조언합니다. 그런 관점으로 보면, 이 시편은 복음서 이야기의 산문적인 면에 대등한 시적 표현으로 다뤄질 수 있습니다.

시편이 지속적으로 우리의 마음을 울리는 이유는 상상력을 가지고 시편 속의 '나'와 동일시할 수 있기 때문입니다. 또 여기서 시편의 '나'를 예수님으로 보는 것도 가능합니다. 설교적 전략 중 하나는, 본문을 시편의 말씀들과 복음서의 대응 구절들을 섞어 짜는 것입니다. 두 개의 실, 곧 시편의 이야기와 복음서의 이야기로 직조해 낼 수 있고, 혹은 세 번째 실로 현시대 우리의 이야기로 직조해 낼 수도 있습니다. 이 선택이 주는 장점은 뚜렷한 관련성을 얻는 것입니다. 그러나 현대의 이야기가 성경의 이야기에 비교할 때 사소한 것처럼 보일 수 있다는 단점이 있습니다.

세 번째 실이 꼭 필요한 것은 아닙니다. 때로는 설교자의 개입 없이 시편(그리고 복음서)이 말하도록 두는 것이 최선이기도 합니다. 우리는 그저 시편을 기도로 낭송하면서 복음서 이야기와 연결할 수 있습니다. 또 다른 가능성은 두 명의 좋은 낭독자를 활용하는 것입니다. 한 사람은 시편을, 또 한 사람은 복음서의 발췌된 구절을 읽는 것입니다.

다음은 설교로 확장할 수 있는 '교차 직조'

(Interweaving)의 예시들입니다.

여호와여 내가 고통 중에 있사오니 내게 은혜를 베푸소서 내가 근심 때문에 눈과 영혼과 몸이 쇠하였나이다(9절)

이에 예수께서 제자들과 함께 겟세마네라 하는 곳에 이르러 제자들에게 이르시되 내가 저기 가서 기도할 동안에 너희는 여기 앉아 있으라 하시고 베드로와 세베대의 두 아들을 데리고 가실새 고민하고 슬퍼하사 이에 말씀하시되 내 마음이 매우 고민하여 죽게 되었으니 너희는 여기 머물러 나와 함께 깨어 있으라 하시고(마 26:36-38)

내 일생을 슬픔으로 보내며 나의 연수를 탄식으로 보냄이여 내 기력이 나의 죄악 때문에 약하여지며 나의 뼈가 쇠하도소이다(10절)

조금 나아가사 얼굴을 땅에 대시고 엎드려 기도하여 이르시되 내 아버지여 만일 할 만하시거든 이 잔을 내게서 지나가게 하옵소서 그러나 나의 원대로 마시옵고 아버지의 원대로 하옵소서 하시고(마 26:39)

내가 모든 대적들 때문에 욕을 당하고(11a절)

이에 예수의 얼굴에 침 뱉으며 주먹으로 치고 어떤 사람은 손바닥으로 때리며 이르되 그리스도야 우리에게 선지자 노릇을 하라 너를 친 자가 누구냐 하더라(마 26:67-68)

내 이웃에게서는 심히 당하니(11b절)

베드로가 바깥뜰에 앉았더니 한 여종이 나아와 이르되 너도 갈릴리 사람 예수와 함께 있었도다 하거늘 베드로가 모든 사람 앞에서 부인하여 이르되 나는 네가 무슨 말을 하는지 알지 못하겠노라 하며(마 26:69-70)

내 친구가 놀라고(11c절)

앞문까지 나아가니 다른 여종이 그를 보고 거기 있는 사람들에게 말하되 이 사람은 나사렛 예수와 함께 있었도다 하매 베드로가 맹세하고 또 부인하여 이르되 나는 그 사람을 알지 못하노라 하더라(마 26:71-72)

길에서 보는 자가 나를 피하였나이다(11d절)

조금 후에 곁에 섰던 사람들이 나아와 베드로에게 이르되 너도 진실로 그 도당이라 네 말소리가 너를 표명한다 하거늘 그가 저주하며 맹세하여 이르되 나는 그 사람을 알지 못하노라 하니 곧 닭이 울더라(마 26:73-74)

내가 무리의 비방을 들었으므로 사방이 두려움으로 감싸였나이다 그들이 나를 치려고 함께 의논할 때에 내 생명을 빼앗기로 꾀하였나이다(13절)

그때에 열둘 중의 하나인 가룟 유다라 하는 자가 대제사장들에게 가서 말하되 내가 예수를 너희에게 넘겨주리니 얼마나 주려느냐 하니 그들이 은 삼십을 달아 주거늘 그가 그때부터 예수를 넘겨줄 기회를 찾더라(마

26:14-16)

또는

대제사장들과 온 공회가 예수를 죽이려고 그를 칠 거짓 증거를 찾으매 거짓 증인이 많이 왔으나 얻지 못하더니 후에 두 사람이 와서(마 26:59-60)

여기서는 복음서의 순서가 아니라 시편의 순서를 따르고 있음을 유의하십시오. 만약 복음서의 순서를 더 면밀하게 관찰하기를 원한다면, 바라바의 이야기 "대제사장들과 장로들이 무리를 권하여 바라바를 달라 하게 하고 예수를 죽이자 하게 하였더니…"(마 27:20-23)를 넣을 수 있습니다. 마찬가지로, 복음서의 순서를 따르길 원한다면, 십자가에서 예수님이 조롱당하시는 장면(마 27:39-44)에 가서, 시편 기자의 말인 '내가 모든 대적들 때문에 욕을 당하고'를 가져오면 됩니다.
시편과 복음서 사이 병행의 묵상은 어떤 지점에서 대조가 되어야 합니다.

여호와여 그러하여도 나는 주께 의지하고 말하기를 주는 내 하나님이시라 하였나이다(14절)

그가 하나님을 신뢰하니 하나님이 원하시면 이제 그를 구원하실지라 그의 말이 나는 하나님의 아들이라 하였도다 하며(마 27:43) … 그러나 하나님은 그를 구하지 않으셨고 … 그는 돌아가셨습니다.

이 시편의 마지막 기도인 "주의 얼굴을 주의 종에게 비추시고 주의 사랑하심으로 나를 구원하소서"(16절)에 약간의 변화를 주면, 설교자의 마지막 기도가 될 수도 있습니다. 여기 정리된 특정한 조합은 이러한 묵상이 어떻게 구성될 수 있는지를 보여주는 예시일 뿐입니다. 설교자들은 본문 말씀과 자신의 상상력의 한계 안에서 자유롭게 묵상할 수 있습니다.

사순절 여섯째 주일(고난주일 예전)

빌립보서 2:5~11

5 너희 안에 이 마음을 품으라 곧 그리스도 예수의 마음이니
6 그는 근본 하나님의 본체시나 하나님과 동등됨을 취할 것으로 여기지
아니하시고
7 오히려 자기를 비워 종의 형체를 가지사 사람들과 같이 되셨고
8 사람의 모양으로 나타나사 자기를 낮추시고 죽기까지 복종하셨으니 곧
십자가에 죽으심이라
9 이러므로 하나님이 그를 지극히 높여 모든 이름 위에 뛰어난 이름을 주
사
10 하늘에 있는 자들과 땅에 있는 자들과 땅 아래에 있는 자들로 모든 무
릎을 예수의 이름에 꿇게 하시고
11 모든 입으로 예수 그리스도를 주라 시인하여 하나님 아버지께 영광을
돌리게 하셨느니라

신학적 관점

국가대표팀의 차량 행렬, 귀환한 전쟁 영웅들을 위한 퍼레이드, 새로운 대통령을 위한 취임 행진 등의 승리 행렬은 우리에게 익숙합니다. 행렬은 인간의 승리와 업적을 기리는 방식입니다. 종려주일에 예수님에게 영광을 돌리는 교회의 연례적인 장엄한 의식과 행사가 이런 행렬과 비슷하게 보이고 느껴질 수 있습니다. 빌립보서의 이 본문은 우리의 관례적인 개선 행렬의 개념을 뒤집으며, 예수님의 예루살렘 입성이 그분의 고난의 일부임을 상기시킵니다.

빌립보 교회는 경쟁과 시기, 이기적인 야망과 자만이라는 만성적인 인간의 악에서 예외가 아니었습니다(빌 1:15; 2:3). 바울은 그의 일반적인 방식대로 십자가와 부활의 이야기를 가져와 그것을 그리스도인의 제자도를 향한 권고로 전환합니다. "너희 안에 이 마음을 품으라 곧 그리스도 예수의 마음이니"(빌 2:5). 바울은 감옥에서 그들에게 그리스도의 사고방식과 행동 양식을 자신들의 삶의 본으로 삼으라고 촉구합니다. 그리고서 바울은 빌립보 성도들을 그리스도의 비하와 승귀에 대한 시적인 성찰로 이끄는데, 이 성찰은 신적 권능과 인간의 권세에 대한 전통적인 이해에 도전합니다. '케노시스 찬가'(헬라어로 비움을 뜻하는 단어에서 유래)로 알려진 6~11절은 수 세기 동안 신학자들에게 도전과 매력을 느끼게 해주었습니다.

시기와 이기적인 야망에 사로잡힌 인간에게, 하나님과 동등됨(빌 2:6)이 위대한 상처럼 보이며, 자신의 목적을 위해 영광을 얻고 취할 수 있는 어떤 것처럼 여겨집니다. 그러나 이러한 태도는 하나님의 권능에 대한 오해를 드러냅니다. 삼위일체 교리는 신성한 생명이 자기 비움, 끝없는 상호적 나눔의 순환 속에서 발견된다고 가르칩니다. 마찬가지로, 창조 세계에서 하나님의 권능은 하나님이 아닌 존재에게 완전히 자신을 내어주심에서 발견됩니다. 하나님께서는 영광이나 위엄을 위하여 인간 대리인들과 경쟁하지 않으십니다. 만물의 창조자이신 하나님께서는 권력이나 자원을 두고 피조물과 경쟁하지 않으십니다. 우리와 달리, 지켜야 할 위치도, 보호해야 할 사적인 이익도 없으십니다. 하나님의 신성 안에는 시기나 이기적인 야망이 없습니다. 그러므로 하나님의 본체이심은 자신의 우월한 권능을 취하는 것이 아니라, 하나님의 자유, 곧 자기를 비우시는 사랑을 나타내는 것입니다.

이것이 바로 우리가 예수 그리스도 안에서 보는 것입니다. 예수님의 삶은 하나님께 완전히 드러나 있으며, 하나님의 사랑과 권능의 완전한 성육신입니다. 예수님은 하나님과 동등됨을 취할 것으로 여기지 않으시고, 오히려 자기를 비워 종의 형체를 가지사, 십자가에서의 죽음으로 이어지는 삶을 따르심으로써 신적 실재를 반영하셨습니다(5-8절). 성육신에서 그리스도는 신적 특권을 포기하신 것이 아니라, 세상에는 약함과 어리석음처럼 보이는 방식으로 하나님의 권능과 지혜를 보이십니다(고전 1:24-25). 니사의 그레고리는 '하나님의 초월적 권능은 우주의 모든 자연적 경이로움보다도 그리스도 성육신의 낮아지심 속에서 더욱 두드러지게 나타난다'*고 말했습니다.

* Gregory of Nyssa, *The Great Catechism*, chap.

하나님께서는 부활을 통해 예수님의 자기비움의 삶과 죽음을 의롭다 하시고, 예수님을 모든 인간의 권세 위에 높이십니다(9-11절). 예수님을 향해 최악의 행위를 자기중심적이고 폭력적인 세력들은 힘을 잃고 무효화되었습니다. 부활하신 그리스도께 최고의 경의를 표한다는 것은 하나님의 관대하고, 공평하며, 평화로운 질서에 충성을 바친다는 뜻입니다. 우리가 야망적이고 자기 추구적의 권력 모델을 거부할 때, 착취와 무정한 무관심을 거부할 때, 그리스도 예수 안에 있던 동일한 마음을 품게 됩니다. 예수님의 부활과 승귀는 그러한 삶의 방식을 무효화하셨습니다. 예수 그리스도를 주라 시인할 때(11절), 우리는 특권과 폭력의 주인들의 권위를 전복시키는 것입니다.

그리스도의 예루살렘 입성은 다가올 그분의 죽음을 예고하는데, 그때가 그분의 왕권의 전복적인 성격이 최종적으로 드러나는 때입니다. 무리의 기쁨에 찬 '호산나!' 외침은 곧 '그를 십자가에 못 박으라!'는 분노에 찬 외침으로 변합니다. 또한 종려주일의 행렬은 다가올 최후의 개선 행렬을 예고하며, 그때는 모든 무릎을 꿇고 모든 입으로 예수 그리스도를 주라 시인하게 될 것입니다(10-11절). 이 행렬은 예루살렘 군중의 이해하지 못하는 소란과 같지 않을 것이며, 국가대표 차량 행렬처럼 승자들만을 위한 배타적인 축제도 아닐 것입니다.

플래너리 오코너는 자신이 쓴 단편 소설 『계시』(*Revelation*)의 말미에서 이것을 상상적으로 묘사합니다. 주인공 터핀 부인은 '별이 빛나는 들판을 향해 올라가며 할렐루야를 외치는 영혼들'의 거대한 행렬을 보게 됩니다. 터핀 부인의 놀람은 곧 충격으로 바뀝니다. 왜냐하면 그녀 스스로 열등하다고 여겼던 모든 사람이 그 행렬을 이끌고 있고, 그녀처럼 평판이 좋은 사람들은 맨 뒤를 따르고 있음을 발견하였기 때문입니다. "존경받는 사람들은 언제나처럼 질서와 상식, 단정한 행동의 본보기가 되어야 한다는 책임감으로, 행렬 뒤에서 위엄 있게 행진하고 있었다. 그들만이 유일하게 제대로 된 걸음을 유지하고 있었다. 그런데 충격과 두려움으로 일그러진 그들의 얼굴을 보자, 늘 자랑하던 그 단정함과 미덕마저 서서히 무너지고 있음을 느꼈다."* 십자가에 못 박히셨다가 부활하신 그리스도께 영광을 돌리는 행렬에 참여하려면, 줄의 맨 뒤에 서는 겸손함이 필요합니다. 우리의 자만과 시기하는 태도를 내려놓아야 합니다.

우리는 그 최후의 행렬을 기다리는 동안, 우리가 참여하는 인간의 행렬에 신중을 기함으로써 예수님에게 가장 큰 영광을 돌릴 수 있습니다. 그리스도 예수의 그 마음을 품기를 구하는 자로서, 우리는 경쟁과 이기적 야망을 높이는 행렬을 경계해야 합니다. 왜냐하면 그리스도께서 인간적으로 인정받을 수 있는 권능을 비우셨기 때문입니다. 우리는 겸손과 연민, 그리고 하나님의 통치를 향한 갈망을 보여주는 행렬을 기뻐해야 합니다. 몽고메리 버스 보이콧

24, in *The Nicene and Post-Nicene Fathers*, 2nd series, ed. Philip Schaff and Henry Wace (Grand Rapids: Eerdmans, 1954), 5:494.

* Flannery O'Connor, "Revelation," in *The Complete Stories* (New York: Farrar, Straus & Giroux, 1971), 508-9.

에 참여하며 걸어서 출근하거나 카풀을 했던 사람들, 처음으로 투표하기 위해 길게 늘어진 줄에 서서 움직이던 남아프리카공화국 사람들처럼 말입니다. 거기서 우리는 하나님께서 그리스도 예수 안에서 우리에게 약속하신 피조물의 영광을 엿볼 수 있습니다.

목회적 관점

예수님의 비하와 승귀를 강조하는 이 유명한 그리스도 찬가에서, 바울은 빌립보에 있는 그의 독자들에게 그리스도의 '마음'(빌 2:5)을 품으라고 권면합니다. 이 장의 처음 네 구절에서 바울은 그리스도와 같은 마음에서 우러나오는 성품의 특징을 강조합니다. 그것은 이타심, 타인과 그들의 유익을 위한 겸손한 존중입니다. 바울은 한 걸음 더 나아가 6절에서 어떻게 예수님이 하나님의 본체이시며 하나님과 동등하심에도, 그런 지위를 취하지 않으시고 스스로를 비우셨는지를 말하면서, 그리스도적인 마음의 본질을 더욱 깊이 인식시키고 있습니다. 이는 바울이 1~4절에서 빌립보 성도들에게 설득하려던 삶의 방식과 같습니다.

바울은 신실함의 중심으로서 마음의 상태를 강조하는데, 이는 빌립보 서신에서뿐만 아니라 그의 다른 서신들에서도 나타납니다. 이견 없이 바울의 저작으로 인정받는 일곱 서신 중에 네 서신(로마서, 고린도전후서, 빌립보서)에서 바울은 마음을 단수형, 복수형 또는 형용사 형태로 총 39번 언급합니다. 그는 구체적으로 '그리스도의 마음'을 두 번 언급했는데, 한 번은 빌립보서에서, 또 한 번은 고린도전서 2:16에서입니다. 빌립보서에서 바울의 호소는 '그리스도 예수께서 보이신 태도'와 '그의 안에 있는 자들에게 적합한 태도' 둘 다입니다.* 바울은 그런 태도가 새로워진 마음의 실제를 반영하는 행동으로 이어진다고 주장합니다(롬 12:2). 5절을 해석하여 읽으면, '너희가 그리스도 안에 있다는 사실에서 비롯되는 태도를 너희 중에서 보이라'입니다.

현대에, 회중들 내에, 그리스도인들 사이의 논쟁과 다툼의 문제들은 그런 태도를 입증할 능력을 시험합니다. 신앙 공동체 안에 위태로운 교리 해석, 즉 고대 교회 전통의 정맥에 생명을 되살리는 혁신의 주사를 놓으려는 노력, 단순히 다양성의 숫자적 표현을 넘어선 다원주의와 같은 더 큰 포괄성을 이루려는 시도, 그리고 인종, 성별, 성적 지향, 계층, 능력, 때로는 나이까지, 긴장으로 가득 찬 단층선을 넘나드는 노력이 문제가 될 수 있습니다. 이러한 이유로 바울이 일반적으로는 그의 서신에서 마음을, 그리고 특별히 이 본문에서는 그리스도의 마음을 강조한 것은 그리 가벼운 문제가 아닙니다. 1세기에 그랬던 것처럼, 21세기 그리스도인들에게도 '논쟁과 갈등의 순간에 우리가 어떻게 이타심과 겸손한 존중을 실천할 것인가'라는 질문이 중요합니다.

바울의 찬가에는 마음과 행동의 상관관계가 내포되어 있으며, 그렇기에 이것은 빌립보 성도들에게 너희 가운데서 그리스도 안에 있는 자들의 태도를 보이라는(위에서 언급된) 바울의 강조입니다. 작고한 R. 모리스 보이드 박사는 이렇게 말한 적이 있습니다. '우리는 스스로

* N. T. Wright, "Romans," in Leander Keck, ed., *The New Interpreter's Bible* (Nashville: Abingdon Press, 1996), 10:507.

새로운 방식의 행동을 생각할 수 있거나, 또는 새로운 방식의 사고를 스스로 행동할 수 있습니다.'* 그리스도 안에 있다는 것은 생각과 행동을 연결하려는 노력이 오직 자신의 힘만으로는 만들어지지 않는다는 것을 아는 것입니다. 또한 이 그리스도의 마음은 개인의 주체적인 실행을 배제하고는 우리의 개인적 삶이나 교회의 몸 안에서 작용하지 않는다는 것을 아는 것입니다. 하나님께서 주도하시는 역사, 곧 그리스도 안에서 세상을 자기와 화목하게 하시는 하나님의 역사(고후 5:19)에 대한 우리의 신실한 응답이 있어야 합니다.

하나님의 주도적이고 지속적으로 이루어지는 역사에 대한 우리의 신실한 응답은 습관의 형성을 돕습니다. 보이드는 이것을 '존재의 습관'이라고 불렀습니다. 그는 습관이 반복을 통해 깊이와 힘을 얻으며, 우리가 누구인가를 표현한다고 말했습니다. 존재의 습관은 기계적인 반복 이상이며, 말하자면 예술가가 사용하는 기술 이상의 것입니다. 보이드는 그래픽, 공연, 시각 예술, 작가, 설교자(설교는 일종의 예술입니다) 등, 위대한 예술가들의 존재를 상징하는 고유한 스타일을 전달하는데, 그것이 '그들 인격의 질'이라고 했습니다. 우리가 누구인가, 곧 우리의 존재는 우리가 하는 무언가에 스며들어 있습니다.

신앙의 삶은 존재의 습관이므로, 이 본문은 그리스도 안에 있다는 것이 핵심이 되는 마음의 상태를 강조합니다. 존재의 습관과 우리 안에 있는 그리스도의 마음 사이의 연결은 우리 삶의 우선순위를 결정합니다. 우리 존재의 습관의 결과로써 우리에게서 무엇이 흘러나옵니까? 그리스도의 마음이 우리 안에 있다면, 그것은 우리의 성품에서 어떻게 나타납니까? 우리의 삶에서 내적 갈등과 모순들과 씨름하면서는 어떻습니까? 우리 삶에 하나님께서 일으키려고 시도하시는 새로운 것에 대한 우리의 수용성은 어떻습니까? 갈등에 대한 우리의 접근은 어떻습니까? 타인을 위해 희생하고 용서하는 우리의 능력은 어떻습니까?

복음서와 서신서는 예수님이 자신의 삶 속에서 이러한 질문들을 어떤 방식으로 다루셨는지를 증언합니다. 이 본문은 특히 그리스도의 자기비움의 비하가 어떻게 그분의 승귀로 이어졌는지, 즉 예수님이 어떻게 주님으로서 보편적 인정을 받게 되셨는지를 이해하게 합니다. 황제 숭배가 만연했던 로마 제국의 중심부에 있던 1세기 빌립보 성도들에게 편지를 전하는 것은 결코 사소한 일이 아니었습니다. '바울이 고린도 교인들에게 제시한 행동 양식은 로마 사회 전체의 정신에 대한 도전이었을 것입니다.'**

바울이 그의 서신에서 자주 그러듯이, 그는 그리스도의 자기비움이라는 근본적인 전제를 겹겹이 쌓아 강조점을 전달합니다. 이 경우에는 그리스도의 승귀와 그로부터 나오는 반문화적 함의입니다. 그의 사상이 지닌 반문화적 차원은, 로마서 12:2을 반영합니다. 독자들에게 그리스도의 마음이 그들의 삶 속에서 작용하도록 하라는 권면에 이미 나타나 있습니다.

* R. Maurice Boyd, "A Habit of Being," http://www.citychurchny.org/church/worship/printed/PS-A%20Habit%20Of%20Being.pdf [accessed April 15, 2009].

** Wright, "Romans," 510.

본문의 마지막에서, 바울은 모든 피조물이 그리스도의 주권을 인정하게 될 것이라고 선언하는데, 이는 빌립보의 지배적인 당대의 문화 정신이 황제 숭배로 기울어져 있었기 때문입니다. 바울이 이 본문의 처음과 끝에서 권하는 내용에 일관성이 있습니다. 즉, 모든 피조물의 주이신 '그리스도의 마음'이란, 개인을, 더 확대하여 교회를 다르게 만드는 존재의 방식입니다. 이 다름은 결국 성경적 의미에서 거룩함을 의미하며, 신자들은 이 존재 방식을 모든 피조물 앞에 드러내도록 부름 받은 것입니다.

주석적 관점

사순절 여섯째 주일은 종려주일 또는 고난주일 예전으로 지킬 수 있습니다. 성서정과는 종려주일 예전에서 두 개의 설교를 허용합니다. 하나는 시작 부분에서 종려나무 가지를 들고 행진하기 전에(종종 교회 마당에서), 다른 하나는 복음서 낭독 후(행렬이 교회에 도착한 후) 할 수 있습니다. 이에 따라, 이 주일에는 두 개의 복음서 본문이 주어집니다(마 21:1-11, 마 26:14-27:66 또는 27:11-54). 한 편의 설교를 하든 두 편의 설교를 하든, 설교자는 빌립보서 2:5~11이 이날에 적합한 본문임을 발견하게 될 것입니다. 이 본문의 주제인 그리스도의 자발적 자기 겸손은, '겸손하여 나귀를 타시고'(마 21:5) 예루살렘으로 들어가신 메시야의 자기 낮춤과 연결됩니다. 8절에 나오는 그리스도의 고난과 죽음의 주제는 마태복음 27:11~54의 십자가 처형 기사와 상호 관련됩니다.

빌립보서 2:5~11은 서정적 특징으로 오랫동안 독자들에게 깊은 인상을 주었으며, 어떤 학자들은 이 본문이 바울이 채택한 초기 기독교 찬가였을 것이라고 추측해 왔습니다(이 본문은 때로 '그리스도 찬가'라고 불립니다). 바울이 직접 쓴 것이 아닐 수도 있음을 시사하는 점도 있습니다. 고등 기독론(요 1:1-14, 히 1:1-4, 골 1:15-20 참조)과 바울이 다른 곳에서는 사용하지 않은 어휘(본체-6절, 취할 것-6절, 지극히 높여-9절)를 사용했다는 점입니다. 이러한 관찰들은 이 표현된 개념들의 가능한 성경적 또는 신화적 배경에 대한 학문적 논의를 촉발했습니다. 이 찬가는 제2 이사야의 고난받는 종 본문에 그 뿌리를 가지고 있는 것일까요, 유대인의 지혜 전통에서 온 것일까요, 아니면 영지주의적 사변에서 온 것일까요? 설교의 목적을 위해서는, 이 자료의 기원을 찾는 것보다 바울이 이 자료를 빌립보 성도들의 공동체적 삶을 위해 적용하는 방식에 집중하는 것이 더 유익할 것입니다.

5절에서 바울은 그리스도를 본받으라는 권면과 함께, "너희 안에 이 마음을 품으라 곧 그리스도 예수의 마음이니"라는 찬가를 소개합니다. 그는 이미 1:27에서 이 주제를 들려주었으며, 빌립보 성도들에게 '너희[복수]는 그리스도의 복음에 합당하게 생활하라 이는 내가 너희에게 가 보나 떠나 있으나 너희가 한마음으로 서서 한뜻으로 복음의 신앙을 위하여 협력하는 것을 듣고자 함이라'고 가르쳤습니다. 바울은 빌립보 성도들을 헌신된 종들이자 그리스도를 위한 그의 사역에 온전한 동역자들로 보고 있지만, 그들에게 참된 공동체 정신을 발전시키도록 더 힘써 권면합니다. 실제로, 1:27의 'synathlein'이라는 단어는 '함께 운동선수가 되다' 또는 '상을 위해 나란히 싸우다'라는 의미입니다. 교회가 잘하고 있지만, 더 강해지고 더 연합할 수 있습니다.

바울이 빌립보 성도들을 위해 편지를 쓴 한 가지 동기는 교인 간의 불화가 그들의 그리스도 섬김을 약화시킬까 염려했기 때문입니다. 4:2~3에서 그는 유오디아와 순두게, 두 여성의 화해를 촉구합니다. 이 여성들은 복음을 위한 사역에 바울과 함께 '힘써 싸운' 사람들이었지만, 이제 그들의 불화가 회중 전체의 단결을 위협합니다. 바울은 빌립보 성도들이 협력하여 살고 일하며, 전체 몸의 번영을 목표로 삼아야 할 필요가 있음을 강조하기 위해 이 그리스도 찬가를 사용한 것입니다.

하나 된 마음의 중요성이라는 주제는 1장 끝부분부터 이 찬가의 바로 앞에 나오는 서문으로 이어지고 있습니다. 바울은 빌립보 성도들에게 완전한 연합 안에 살아감으로 그의 기쁨을 충만하게 하라고 권면합니다(2:2). 공동체의 각 구성원은 경쟁심이나 야망, 개인적 영광을 추구하는 태도를 버리고, 대신 겸손한 태도를 길러야 합니다. 또한, 각각 자기보다 남을 낫게 여기고, 다른 사람들의 일을 돌보기에 시선을 돌려야 합니다(3-4절). 이제 바울은 이 찬가를 가져와서, 자기희생적 방식으로 행하는 이들이 바로 그리스도를 본받는 것임을 보여줍니다.

주목할 점은 그가 복음서의 수난 기사들(예. 마 20:28, 26:28, 39)에서처럼, 지상의 그리스도께서 어떻게 하나님과 하나님 백성의 유익을 돌봤는지 말하지 않는다는 점입니다. 오히려, 바울은 십자가 처형 사건을 그리스도의 자기희생에 관한 우주적 드라마의 맥락 속에서 설명합니다. 성육신에서 우리는, 그리스도께서 창조된 세계를 향한 하나님의 완전한 관대함과 사랑을 실천하심을 봅니다. 그리스도께서는 하나님과 동등하심을 정당한 권리로 주장하는 대신, 사람의 모양을 입고 죽기까지 순종하심으로써 자신을 낮추셨습니다. 빌립보 성도들은 마찬가지로 겸손하게 행하며 다른 사람의 유익을 구해야만 합니다.

그리스도께서는 자신을 내어주셨고, 그 결과 "하나님이 그를 지극히 높여 모든 이름 위에 뛰어난 이름을"(9절) 주셨습니다. 이와 같이 그리스도를 본받아 자신을 낮추고 남을 섬기는 자들은 부활에 참여하게 될 것입니다. 우리는 하나님의 부르심에 순종하여 자신을 내어줄 때 겪는 고통이 보상받을 것을 알고 있습니다. 왜냐하면 우리 하나님께서는 고통을 기쁨으로 바꾸시는 분, 죽은 자를 살리시는 분이시기 때문입니다. 바울은 이 결과가 자신에게 있기를 예견하고(3:10-11), 빌립보 성도들에게도 있음을 예견합니다. 그러나 이 본문을 성주간의 맥락에서 다룰 때, 설교자는 그 약속을 얻기 위해 고통을 서둘러 지나쳐 가서는 안 됩니다. 바울은 빌립보 성도들에게, 교회의 몸이 성장하는 데 도움이 되지 않는 어떤 개인적인 이익이나 목표를 내려놓으라고 촉구하고 있습니다. 그는 그들에게 그리스도를 위하여 고난받으라고 요청합니다(1:29-30 참조).

이 찬가를 마친 후, 바울은 빌립보 성도들에게 '너희 구원을 (너희들 가운데서) 이루라'(12절)라고 권면합니다. 여기서 복수형이 중요합니다. 바울은 각 개인이 개인적인 영성을 알아서 해결하라고 말하지 않고, 공동체 전체가 하나되어 그리스도를 섬기라고 다시 촉구하고 있습니다. 빌립보 성도들의 연합과 조화는 세상에 대한 증거가 될 것이며(14-15절), 바울을 위해 하나님께 드리는 희생적 예물이 될 것입니다(16-17절). 오늘날 역시, 그리스도를 위한 일에 연합하고 조화를 이루어 사역하는 교회 공동체는, 고난 가운데 있는 그리스도를 따르고 하나님의 선하신 기쁨을 위해 일하고자 하는 의지와 힘을 부여받는다는 것을 세상에 증언합니다.

설교적 관점

빌립보서 2:5~11은 우리 주님의 십자가 처형과 죽음에 관한 마태복음의 기사와 함께 고난 주일에 읽힙니다. 이 두 본문이 합쳐져 필연적이지만 지극히 비극적인 처형의 참혹함에 주의를 집중시킵니다. 왜 이 사람이 죽어야만 했을까요? 그가 누구였기에 2,000년이 지난 지금, 수많은 사람이 해마다 그의 처참한 죽음을 기념하는 것일까요?

첫 번째 질문에 대해서는 궁극적으로 만족스러운 답이 없습니다. 많은 이론이 넘쳐나지만, 오직 우리가 확실히 아는 것은 예수님 자신이 그런 죽음의 필요를 생각하셨고, 비록 망설이셨으나 순종적으로 하나님의 뜻을 받아들이셨다는 사실입니다. "내 아버지여 만일 할 만하시거든 이 잔을 내게서 지나가게 하옵소서 그러나 나의 원대로 마시옵고 아버지의 원대로 하옵소서"(마 26:39).

두 번째 질문에 대한 대답 역시 신비의 중심으로 우리를 이끄는데, 여기서 우리는 살아 계신 하나님의 참된 본성의 일부와 만나게 됩니다. 사람들이 서로를 위해 기꺼이 목숨을 바친 일은 역사 속에 무수히 많았습니다. 우리는 그런 사람들을 영웅이라 부르고 그들의 희생을 기립니다. 그들의 죽음은 궁극적인 선물이며, 우정의 가장 진실한 척도로 여겨집니다(요 15:13 참조). 그러나 우리는 이러한 죽음들을 역사의 전환점으로 기념하지는 않으며, 이러한 죽음이 영생의 소망을 가져온다는 특이한 주장을 하지도 않습니다.

예수님은 영웅 그 이상이십니다. 그분의 죽음은 영웅적 희생의 한 예로 간단히 기억될 일이 아니라, 새로운 생명과 새로운 삶의 방식을 여는 사건으로 기억됩니다. 빌립보서 2장의 그리스도께 드리는 찬가는 보편적으로 어떤 복음서보다도 먼저 작곡되었다고 봅니다. 이것이 제시하는 그리스도는 분명 신적이지만, 여기서 만나는 그 신은 고대 세계(혹은 오늘 우리의 시대)에서 예상했던 것과는 다릅니다. 이 신은 "그는 근본 하나님의 본체시나 하나님과 동등됨을 취할 것으로 여기지 아니하시고"(6절)라고 표현되는 분이십니다. '취할'이라고 번역된 헬라어 단어는 '훔칠'이라는 말로도 번역될 수 있습니다. 명백히 자기의 것이 아닌 것, 이른바 하나님과 동등됨을 훔치려 했던 아담과는 대조적으로(창세기 3장 참조), 이분은 정확하게 하나님의 본체시나 신성을 붙잡지 않으시고, 대신 그것을 내려놓으셨습니다. 그는 자신을 '비우시고' 가장 낮은 인간의 형체, 곧 종의 형체를 취하십니다.

그렇게 하나님의 마음이 드러납니다. 우리 주님의 신성은 스스로를 비우려는 그의 기꺼운 의지와 근본적인 겸손, 그리고 '지극히 작은 자'(마 25:40, 45 참조)와 동일시하시려는 그의 기꺼운 의지와 어떻게 해도 분리할 수 없을 만큼 깊이 연결되어 있습니다.

우리 주님의 신성을 설명하는 데 가장 자주 언

급되는 인용구는 요한복음의 서문입니다. 그 본문은 매우 감동적이고 결정적이지만, 말씀이 육신이 되는 데 수반되는 그 희생에 대해서는 명확히 언급하지 않았습니다. 대조적으로, 빌립보서에서 바울은 신성이 아닌, 자기비움의 순종이 하나님께서 그리스도를 높이시고 "하늘에 있는 자들과 땅에 있는 자들과 땅 아래에 있는 자들로 모든 무릎을 예수의 이름에 꿇게"(10절) 하신 이유임을 강조합니다. 우리는 자신을 비우시고 순종하려는 그리스도의 의지 안에서 부활하신 주님의 신성을 정확히 알게 됩니다.

2천 년이 지난 지금도 우리가 그리스도의 죽음을 기념하는 것은, 그가 영웅이었기 때문도, 단지 신적이었기 때문도 아니라, 그의 십자가 죽음과 부활 속에서 자기비움, 희생, 그리고 순종이 신성의 본질이라는 진리가 드러났기 때문입니다. 마찬가지로 그리스도의 죽음과 부활은 인류를 위한 본질이기도 합니다. 예수님을 따르는 자들은 그리스도와 같은 마음을 품으라는 부름을 받습니다(5절). 우리 주께서 '자기를 비워', '죽기까지 복종하셨으니 곧 십자가에 죽으심'(8절)과 같이, 예수님은 그의 제자들에게 이렇게 말씀하십니다. "누구든지 나를 따라오려거든 자기를 부인하고 자기 십자가를 지고 나를 따를 것이니라"(마 16:24). 고난주일에는 설교자가 그의 회중에게 자기 십자가를 지라는 부르심이 복음의 핵심임을 상기시키는 것이 중요합니다. 현대의 회중은 이것이 나쁜 소식이 아니라, 좋은 소식임을 들을 필요가 있습니다. 물론, 자기 십자가를 지라는 말이 즐겁게 들리지는 않습니다.

예수님이 그분의 십자가를 지신 것은, 이런저런 계명의 성취를 위해서가 아니라, 주어진 상황을 받아들이고 특정한 사명을 수행하라는 하나님의 소명에 대한 응답이었습니다. 마찬가지로, 각 그리스도인은 저마다 자기 십자가를 지고, 특정한 운명을 받아들이며, 특정한 사명을 수행해야만 합니다. 십자가는 우리 각자에게 찾아옵니다.

각 그리스도인의 삶에는 우리가 무릎 꿇을 수밖에 없는 그런 시간이 찾아옵니다. 자녀가 죽을 수 있습니다. 직장을 잃을 수 있습니다. 의사에게 말기 질환 진단을 받을 수 있습니다. 우리에게 중독이 있음을 더 이상 부인할 수 없게 될 수도 있습니다. 자기 뜻이 아닌데도 이혼을 당할 수도 있습니다. 그런 때에 가질 질문은 우리가 이 고통을 견딜 만큼 충분히 강한가가 아닙니다. 우리는 그렇지 못합니다. 대신 우리가 가질 질문은 이 상황을 받아들이고 우리의 삶과 우리의 의지를 하나님께 맡길 만큼 충분히 유연한가입니다. 우리 자신의 힘으로는 부족합니다. 우리는 완전히 무너집니다. 이것이 은혜의 순간이며, 마찬가지로 결정의 순간입니다. 우리 상황의 현실을 인식하기를 완강히 거부하고 통제할 수 있다는 허상을 붙잡으려는 미약한 시도를 계속하겠습니까? 아니면 우리의 현실과 그에 따른 결정을 받아들이겠습니까? 에이브러햄 링컨은 유명한 말을 남겼습니다. "나는 다른 방법이 없다는 절박한 확신에 사로잡혀 여러 번 무릎을 꿇을 수밖에 없었습니다."*

* Abraham Lincoln, in *The New Encyclopedia of Christian Quotations*, comp. Mark Water (Grand Rapids: Baker Books, 2000), 764.

십자가는 부활을 가리키지만, 확실히, 부활도 십자가를 가리킵니다. 십자가 없이는 부활도 없습니다. "누구든지 제 목숨을 구원하고자 하면 잃을 것이요 누구든지 나를 위하여 제 목숨을 잃으면 찾으리라"(마 16:25). 믿음은 우리 삶에 가장 낮은 순간에, 하나님을 의지함으로 입증됩니다. 소망은 하나님께서 참으로 우리와 함께하신다는 것을 깨달을 때 생깁니다. 사랑은 감사하는 마음에서 흘러나옵니다. 그래서 십자가는 좋은 소식임을 증명합니다.

사순절 여섯째 주일(고난주일 예전)

마태복음 27:11~54

11 예수께서 총독 앞에 섰으매 총독이 물어 이르되 네가 유대인의 왕이냐 예수께
서 대답하시되 네 말이 옳도다 하시고
12 대제사장들과 장로들에게 고발을 당하되 아무 대답도 아니하시는지라
13 이에 빌라도가 이르되 그들이 너를 쳐서 얼마나 많은 것으로 증언하는지 듣지
못하느냐 하되
14 한 마디도 대답하지 아니하시니 총독이 크게 놀라워하더라
15 명절이 되면 총독이 무리의 청원대로 죄수 한 사람을 놓아 주는 전례가 있더니
16 그때에 바라바라 하는 유명한 죄수가 있는데
17 그들이 모였을 때에 빌라도가 물어 이르되 너희는 내가 누구를 너희에게 놓아
주기를 원하느냐 바라바냐 그리스도라 하는 예수냐 하니
18 이는 그가 그들의 시기로 예수를 넘겨 준 줄 앎이더라
19 총독이 재판석에 앉았을 때에 그의 아내가 사람을 보내어 이르되 저 옳은 사람
에게 아무 상관도 하지 마옵소서 오늘 꿈에 내가 그 사람으로 인하여 애를 많이
태웠나이다 하더라
20 대제사장들과 장로들이 무리를 권하여 바라바를 달라 하게 하고 예수를 죽이자
하게 하였더니
21 총독이 대답하여 이르되 둘 중의 누구를 너희에게 놓아 주기를 원하느냐 이르되
바라바로소이다
22 빌라도가 이르되 그러면 그리스도라 하는 예수를 내가 어떻게 하랴 그들이 다
이르되 십자가에 못 박혀야 하겠나이다
23 빌라도가 이르되 어찜이냐 무슨 악한 일을 하였느냐 그들이 더욱 소리 질러 이
르되 십자가에 못 박혀야 하겠나이다 하는지라
24 빌라도가 아무 성과도 없이 도리어 민란이 나려는 것을 보고 물을 가져다가 무
리 앞에서손을 씻으며 이르되 이 사람의 피에 대하여 나는 무죄하니 너희가 당
하라
25 백성이 다 대답하여 이르되 그 피를 우리와 우리 자손에게 돌릴지어다 하거늘
26 이에 바라바는 그들에게 놓아 주고 예수는 채찍질하고 십자가에 못 박히게 넘

겨주니라
27 이에 총독의 군병들이 예수를 데리고 관정 안으로 들어가서 온 군대를
그에게로 모으고
28 그의 옷을 벗기고 홍포를 입히며
29 가시관을 엮어 그 머리에 씌우고 갈대를 그 오른손에 들리고 그 앞에서
무릎을 꿇고 희롱하여 이르되 유대인의 왕이여 평안할지어다 하며
30 그에게 침 뱉고 갈대를 빼앗아 그의 머리를 치더라
31 희롱을 다 한 후 홍포를 벗기고 도로 그의 옷을 입혀 십자가에 못 박으
려고 끌고 나가니라
32 나가다가 시몬이란 구레네 사람을 만나매 그에게 예수의 십자가를 억
지로 지워 가게 하였더라
33 골고다 즉 해골의 곳이라는 곳에 이르러
34 쓸개 탄 포도주를 예수께 주어 마시게 하려 하였더니 예수께서 맛보시
고 마시고자 하지 아니하시더라
35 그들이 예수를 십자가에 못 박은 후에 그 옷을 제비 뽑아 나누고
36 거기 앉아 지키더라
37 그 머리 위에 이는 유대인의 왕 예수라 쓴 죄패를 붙였더라
38 이 때에 예수와 함께 강도 둘이 십자가에 못 박히니 하나는 우편에, 하
나는 좌편에 있더라
39 지나가는 자들은 자기 머리를 흔들며 예수를 모욕하여
40 이르되 성전을 헐고 사흘에 짓는 자여 네가 만일 하나님의 아들이어든
자기를 구원하고 십자가에서 내려오라 하며
41 그와 같이 대제사장들도 서기관들과 장로들과 함께 희롱하여 이르되
42 그가 남은 구원하였으되 자기는 구원할 수 없도다 그가 이스라엘의 왕
이로다 지금 십자가에서 내려올지어다 그리하면 우리가 믿겠노라
43 그가 하나님을 신뢰하니 하나님이 원하시면 이제 그를 구원하실지라
그의 말이 나는 하나님의 아들이라 하였도다 하며

44 함께 십자가에 못 박힌 강도들도 이와 같이 욕하더라
45 제육시로부터 온 땅에 어둠이 임하여 제구시까지 계속되더니
46 제구시쯤에 예수께서 크게 소리 질러 이르시되 엘리 엘리 라마 사박다
니 하시니 이는 곧 나의 하나님, 나의 하나님, 어찌하여 나를 버리셨나
이까 하는 뜻이라
47 거기 섰던 자 중 어떤 이들이 듣고 이르되 이 사람이 엘리야를 부른다
하고
48 그 중의 한 사람이 곧 달려가서 해면을 가져다가 신 포도주에 적시어
갈대에 꿰어 마시게 하거늘
49 그 남은 사람들이 이르되 가만 두라 엘리야가 와서 그를 구원하나 보자
하더라
50 예수께서 다시 크게 소리 지르시고 영혼이 떠나시니라
51 이에 성소 휘장이 위로부터 아래까지 찢어져 둘이 되고 땅이 진동하며
바위가 터지고
52 무덤들이 열리며 자던 성도의 몸이 많이 일어나되
53 예수의 부활 후에 그들이 무덤에서 나와서 거룩한 성에 들어가 많은 사
람에게 보이니라
50 예수께서 다시 크게 소리 지르시고 영혼이 떠나시니라
51 이에 성소 휘장이 위로부터 아래까지 찢어져 둘이 되고 땅이 진동하며
바위가 터지고
52 무덤들이 열리며 자던 성도의 몸이 많이 일어나되
53 예수의 부활 후에 그들이 무덤에서 나와서 거룩한 성에 들어가 많은 사
람에게 보이니라
54 백부장과 및 함께 예수를 지키던 자들이 지진과 그 일어난 일들을 보고
심히 두려워하여 이르되 이는 진실로 하나님의 아들이었도다 하더라

신학적 관점

본문은 예수님의 체포 이후의 사건들을 이야기해 줍니다. 빌라도 앞에서의 '재판'부터 죽음, 그 이후의 우주적 혼란들, 그리고 지켜보던 로마 경비병들의 증언까지입니다. 이 내러티브는 마태복음의 신학적 관심의 조명 아래 작성된, 다른 정경 복음서들과 공통된 전통들을 포함하고 있습니다. 사건들과 성경적 근거를 둔 암시들은 매우 밀접하게 얽혀 있어서, 역사적 세부 사항들이 성경적-신학적 해석들을 생산했는지 아니면 그 반대인지 이 기사에 대한 비평적 분석으로는 정확하게 찾아내기 어렵습니다. 그럼에도 불구하고 한 가지 확실한 것은, 여기서 기독교의 확신은 예수님의 죽음이 그리스도 예수 안에서 하나님의 좋은 소식에 필수적임을 주장합니다.

이 확신은, 신약성경의 저작들과 그 후에 나온 신조, 신앙고백, 그리고 교리문답에서 두드러지게 나타납니다. 어쩌면 널리 퍼져 있고 익숙해서, 그리스도인들이 이것의 신학적 중요성을 간과할 위험이 있습니다. 기독교 복음 선포에 '고난 예전'을 포함한 것은 당연한 일도 아니고 피할 수 없는 필수적인 일도 아닌, 신학적 결정입니다. 이 결정은 '역사적' 예수님이 죽으셨고, 예수님의 죽음이 십자가형에 의해서였음을 사실로 받아들입니다. 그 십자가형은 로마 제국이 불순응하는 피지배자들에게, 특히 반란자들에게 가한 사형 제도의 한 종류입니다. 하지만 이러한 사실들만으로는 이 죽음이 복음 자체의 불가결한 요소라는 신앙의 확신을 설명하지 못합니다.

바울이 처음 가리킨 대로(고전 1:23), '십자가에 못 박힌 그리스도'를 전하는 것은 매끄럽고, 확신한 복음 전도적 호소의 메시지는 아니었습니다. 게다가 그리스도를 전하고 그를 따랐던 몇몇 믿는 자들은 십자가에서 그의 죽음이 신학적으로 무의미하다고 여겼습니다. 그들에게 예수님의 죽음은 하나님의 좋은 소식에 있어서나, 그리스도이시고 구원자이신 예수님의 고유한 지위와 사역에 있어서 중요한 역할을 하지 않습니다. 만약 예수님이 사역하시는 동안 그의 말씀과 행하신 일, 또는 믿는 자들 안에 거하는 생명의 영과 불꽃으로서의 그분의 존재가 구원의 지혜, 계몽, 치유, 소망 그리고 더한 것을 가져왔다면, 그분이 죽었는지, 그분이 어떻게 죽었는지, 혹은 죽으셨다고 보는 것인지, 뭐가 문제이겠습니까?

그러므로 마태복음은 예수님이 십자가에 못 박히신 그리스도였고, 지금도 그리스도이심을 선포하는 것이 어떤 신학적 차이를 만들어 내는지에 대해 반성하도록 우리를 이끕니다. 예수님의 고난과 죽음의 중요성을 명확히 하기 위해 사용된 마태복음 신학 특징의 많은 주제 중에, 가장 두드러지는 몇 가지를 언급하고자 합니다.

하나는 마태복음이 이스라엘의 역사와 예수님과 그의 제자들의 역사 속에서 하나님의 구원 행위가 계속되고 있음을 강조한다는 점입니다. 이 점은 율법서, 예언서와 다른 성경으로부터의 많은 수의 다양한 인용, 암시, 전통들에서 분명히 나타나며, 부활하신 그리스도께서 제자들에게 "하늘과 땅의 모든 권세"(28:18)로 주신 명령, 분부한 것을 가르쳐 지키게 하라고 하신 위임명령에서도 드러납니다. 이 점에서 이 복음서가 구약과 신약의 정경적 전환점의 위치에 놓인 것은 매우 적절합니다.

두 번째 주제는 하늘에서와 같이 이 땅에서 하나님 구원의 뜻과 방식을 선언할 수 있는 권한이 누구에게 있는지에 관한 질문을 다룹니다. 복음서 저자는 나사렛 예수님이시라는 사람을 답으로 제시합니다. 모세, 왕들, 선지자들, 그리고 하나님께서 구원의 대리자로 택하신 다른 이들에 대한 다양한 언급들을 활용한 메시야적 주장입니다. 예루살렘에서 예수님에 대한 마태복음의 이야기는 그 메시야를 통치자, 왕으로 드러냅니다. 이 점은 예수님의 입성부터 그의 십자가 위의 '표식'(titulus)과 경비병의 발언까지 반복적으로 나타납니다. 빌라도의 질문, 예수님의 무응답의 응답, 홍포, 가시관, 갈대 홀, 그리고 조롱은 동일한 질문을 반복적으로 제기합니다. 누가 하나님의 권위로 말하고 행동하는가? 빌라도, 로마 군병들, 대제사장들과 장로들, 군중, 아니면 이제 거의 아무 말도 하지 않으시며 적들의 손에 무자비한 대우를 받으실 예수님이신가? '고난받는 메시야'는 여기서 단순한 언어유희가 아닙니다. 그 의미는 이제 극적으로 분명해집니다. 그러한 상황에서 '예수님은 주님이시다'라고 고백하는 것은 매우 특이하고, 더욱이 문제가 있는 기독교 신앙으로, 자기 이득을 추구하는 계산과는 반대되는 것입니다.

또 다른 불편한 주제도 있습니다. 언약 백성이 하나님에게서 빗나가고, 하나님의 방식을 무시하며, 하나님의 사자들을 거부할 때의 예언적 책망의 성경적 전통을 되찾는 것이 마태복음의 특징입니다. 이 의로운 분노는 예수님을 거부한 자들을 향합니다. 실제로, 이는 예수님의 죽음에 대한 빌라도의 책임은 축소시키고, 예수님에게 적대적인 동료 유대인들의 범위를, 몇몇 또는 무질서한 군중에서 모든 사람으로 확대하며 논쟁을 격화시킵니다. 이런 형태의 독설로 인해 해악을 가져온 한 가지 결과는 기독교인들의 출현이 유대인들 그 자체를 '그리스도 살인자들'이라고 고소하게 되고, 이와 함께 오랜 비극적인 편견과 박해의 역사가 이어집니다.

이러한 해석의 역사는 오늘날 그리스도인들이 마태복음의 신학적 확신(20:20-28)에 대해 새롭게 성찰해야 할 이유를 더욱 분명하게 합니다. 예수님의 고난과 죽음은 어떤 심오한 의미에서 하나님에 의해 준비되고 예수님에 의해 받아들여졌으며, '성경에 따라' 이루어졌습니다. 그리고 이 고난과 죽음은 구원의 의미를 지닌다고 확언됩니다. 사용된 용어 '많은 사람의 대속물'(20:28)은 은유적인 표현으로, 노예의 구속에서 비롯되었으며 자세한 설명은 없습니다. 후대 신학자들은 이것이 죄에 대한 속죄로서 십자가에 관한 지속적인 논의와 다양한 설명의 한 가지 출처임을 발견했습니다. '많은 사람의'라는 구절은 때때로 '모두가 아닌'으로 해석되며, 이것이 '제한된', '보편적' 속죄에 관한 논쟁에 등장해 왔습니다.

마지막으로, 마태의 수난 이야기의 엄격한 사실주의는 신학적 관심을 촉발합니다. 고립되고 무력한 상태의 끝에서, 예수님은 절망에 굴복하고 하나님께 버림받았다고 외치십니까? 그분의 외침(27:46)은 시편 22편을 인용합니다. 그렇다면 신학적 결론은, 그가 육체적 고통에도 불구하고 영적으로 평화롭게 죽었으며, 그의 입술로는 자신감 있는 결말을 가진 시편을 읊조렸다는 것입니까? 아니면 보다 케노시스적인 견해가 옳고, 시편의 한 구절만을 붙잡고 외치는 그의 소리를 완전한 절망의 외침입니까? 그렇다면, 마태복음의 신학적 메시지는, 극한의 상황에서, 예수님은 자신의 힘으로 모든 것을 다 하시고, 그의 적들은 그들의 힘으로 모든 것을 다한 후에, 오직 하나의 힘만이 남아 작용한다는 것입니다. 하나님께서는 최종적인 심판을 선언하시며, 현 상태를 뒤집으시고, 죽음에서 예수님을 일으키시며, 십자가에 못 박히신 분과 그의 하나님 사랑과 이웃 사랑의 방식을 의롭다 하십니다.

목회적 관점

고난의 예전에서 우리는 예수님을 만납니다. 예루살렘의 문을 승리로 통과한 카리스마 있는 교사로 만나는 것이 아니라, 배신당하고 버림받으며 죽음의 불가피함을 직면하는 분으로 만납니다. 찬사의 외침은 '그를 십자가에 못 박으라'로 바뀌고, 위안의 말은 고통과 불확실성으로 바뀌고, 복음의 선포는 침묵으로 바뀝니다. 예수님의 목소리는 배경 속으로 사라집니다. 종교 지도자들이 예수님을 반역자로 고발하고, 사람들을 설득해 그의 처형을 요구하게 만들며, 근거 없는 주장과 오도된 단언으로 소음을 만듭니다.

전개되는 사건들은 예수님의 말씀이 거의 없고 그를 죽이려고 궁리하는 자들의 악의적인 반응 때문에 불안감을 줍니다. 비슷하게 우리의 삶에 십자가 처형의 의미를 분별하는 것도 어렵습니다. 왜냐하면 마태는 우리가 이 사건을 단독적으로 다루지 않게 하고, 예수님의 십자가 처형과 그의 전반적인 삶과 사역, 특히 그의 체포를 앞두고 일어난 사건들 사이의 명확한 연결을 드러내기 때문입니다. 다시 말해, 이 이야기는 우리를 기억의 실천에 참여하게 합니다. 십자가에서 예수님의 고통스러운 부르짖음을 듣게 하고, 그 십자가 처형이 우리의 삶에 미치는 효과를 분별하게 하며, 그것이 우리를 새롭게 창조하도록 허락합니다.

십자가에서 예수님의 외침은 우리를 두렵게 합니다. "나의 하나님, 나의 하나님, 어찌하여 나를 버리셨나이까?" 이 말은 우리의 마음에 지워지지 않게 새겨져 있으며, 우리가 십자가에 못 박히신 그분을 따르고 있음을 상기시킵니다. 예수님은 자신이 선포한 메시지와 완전히 동일시하여 자신의 안녕을 위협하는 자들의 뜻에 굴복하거나 순응하기를 거부하십니다. 예수님의 승리의 입성이 있던 다음날 예루살렘 성전에 돌아가셔서 환전상들 및 희생 제사를 위한 짐승들을 사고파는 자들을 쫓아내시며, 이사야 선지자를 연상하게 하는 말씀을 선포하시는 모습을 보며 예수님의 결단이 확고함을 알 수 있습니다. "내 집은 기도하는 집이라 일컬음을 받으리라 하였거늘 너희는 강도의 소굴을 만드는도다"(21:13). 예수님은 이사야의 정신을 따라 '이스라엘의 쫓겨난 자'(사 56:8)들이 성전에 몰려들 때, 그들을 환영하십니다. 그들은 예수님의 치유의 손길을 간절히 필요했기 때문입니다. 모두가 놀라워했고, 아이들의 외침이 성전을 가득 메웠습니다. 예수님이 바로 그들이 고대하던 분이심을 다시 확언합니다. "호산나 다윗의 자손이여!" 다음 날 예수님은 성전에 돌아가셔서 가르치시며, 그들의 관행을 비판하고 세리와 창녀와 같은 사회적으로, 도덕적으로 버림받은 자들이 대제사장들, 장로들, 다른 종교 지도자들보다 더 합당하다고 제시함으로써 그들과의 갈등을 심화시키십니다. 실제로, 예수님은 하나님 나라의 경계를 '그 나라의 열매 맺는 백성'(마 21:43)에게 열어주시는데, 이것은 종교 지도자들에게 달갑지 않습니다. 더 나아가, 그들이 율법에 대해 예수님과 논쟁하여 그분을 거짓 선지자로 의심받게 하려고 할 때, 예수님은 그 기회를 잡으셔서 이 세상에서 하나님의 함께하심을 드러내는 사랑과 긍휼의 필요성을 소상히 설명하십니다. 다시 말해, 예수님은 십자가에 못 박히시기 전에 며칠 동안 거의 침묵하시면서, 하나님과의 올바른 관계가, 서로 사랑하고 가장 작은 자에게 하나님께 드리듯 기꺼이 베풀고자 하는 의지와 불가분의 관계에 있다는 것을 제시하심으로써 그들의 관계 양식을 혁명적으로 바꾸기를 희망하셨습니다.

어쩌면 예수님은 충분히 말씀하셨고, 이제는 우리가 기억해야 할 때인지도 모릅니다. 만약 예수님의 길어진 침묵과 십자가에서의 고통스러운 부르짖음이 정말 우리로 소명의 삶을 향하도록 부르고자 하심이고, 우리로 담대히 고통받는 자들과 연대하여 그들의 괴로운 부르짖음을 멈추게 하시려는 의도라면 어떻게 될까요? 어쩌면 예수님의 부르짖음은 예수님 혼자만의 것이 아니라, 하나님과 인류에게 버림받았다고 느껴왔고 느끼게 될 수많은 고통받는 사람들을 대신해, 누군가의 요청에 응답하여 울려 퍼지는 시간을 초월한 부르짖음일지 모릅니다. 어쩌면 그분의 고통스러운 부르짖음은 우리 존재의 핵심에 닿아, 우리가 그분의 이 시대 제자들로서 그분의 가르침을 기억하고 그 안에서 살아가게 애쓰도록 하는 의도일지 모릅니다.

예수님의 가르침을 기억하는 것은 먼 나라와 우리의 국경, 이웃, 가정, 예배 공동체 내에서 고통받는 이들의 목소리를 증폭시킵니다. 기억은 왜곡을 감소시키기 때문입니다. 기억은 우리를 돈, 지위, 권력, 의례주의에 집착하게 되는 것에 저항하도록 돕고, 예수님과 함께 "나의 하나님, 나의 하나님, 어찌하여 나를 버리셨나이까"라고 부르짖는 이들을 진심으로 알아차리도록 초대합니다. 브라이언 마한은 『목적이 있는 우리 자신 잊기』(*Forgetting Ourselves on Purpose*)에서 '고통을 돌보는 것은 단순히 우리의 눈이 감겨 있지 않거나, 회피하거나, 또는 흐릿하지 않을 때 우리가 보는 것을 보고 있는 것이다. … 그것은 가혹한 이상이 아닌 부드러운 실천이며, 우리가 너무 바쁘거나, 너무 두렵거나, 너무 집착하지 않을 때 하는 바로 그런 종류의 일이다'라고 상기시킵니다.*

오늘의 사순절 이야기에서, 예수님의 죽음을 주도한 자들은 권력에 집착하고 변화에 두려워하여 사랑과 긍휼이 현실이 될 수 있는 세상의 가능성을 놓쳤습니다. 결과적으로 그들과 그들의 추종자들은 하나님의 아들을 십자가에 못 박았고, 믿고 변화되기보다 그를 조롱하고 비웃었습니다. 그들의 행동은 비통하면서도 교훈적입니다. 과거의 실수를 되돌아보고 현재에서 그 실수를 반복하지 않도록 기회를 제공합니다. 이에 대한 응답으로, 우리는 사

* Brian J. Mahan, *Forgetting Ourselves on Purpose: Vocation and the Ethics of Ambition* (San Francisco: Jossey-Bass, 2002), 184.

역에 있어 방심하지 말아야 하며, 십자가에 못 박히신 예수님에 대한 증언으로서 하나님과 자신과 이웃에 대한 사랑을 구현하는 윤리적 실천에 참여해야 합니다. 십자가 처형은 단순히 애도해야 할 사건이나 부활로 가는 전주곡이 아니라, 믿음의 사람들이 우리가 주의 이름으로 오신 그분과 함께하고 있다는 사실을 기억하기를 잊을 때 잇따라 일어나는 악의를 상기시킵니다.

군병들은 예수님이 '진실로 하나님의 아들이시다'라고 깨닫습니다. 그들은 한낮의 어둠 속에 서서, 그들의 발아래 땅이 흔들리는 것을 느끼고, 무덤들이 죽은 자들을 풀어주는 것을 목격하며, 지성소를 들여다봅니다. "이는 진실로 하나님의 아들이시다!"

주석적 관점

마태는 빌라도 앞에서의 재판, 고소당함에 대하여 반박하기를 거절하시는 예수님, 십자가형을 요구하는 군중, 예수님을 조롱하는 군병들, 두 강도 사이에서 못 박히신 예수님, 예수님이 죽음에 이르러 하나님께 부르짖으심, 성전의 휘장이 찢어짐, 백부장이 십자가 아래에서 그분에 대해 진리를 고백하는 내용 등에서 마가의 일반적인 기록 순서를 따릅니다. 세 장면이 있습니다. 재판(11-26절), 십자가 처형(27-44절), 죽음(45-54절)입니다.

재판 장면(11-26절)에서 주목할 점은 빌라도에게 '총독'(hēgemōn)이라는 단어가 반복적으로 사용되어, 빌라도의 권위가 이 땅의 정치적 영역에서 비롯되었음을 강조한다는 점입니다. 반면 예수님은 하나님으로부터 온 권위를 받으십니다. 이는 예수님의 유년 시절 이야기에서 동방에서 온 박사들이 '유대인의 왕으로 나신 이'(2:2)를 찾을 때, 그리고 종교 지도자들이 헤롯왕에게 이 메시아가 이스라엘 백성의 목자, '다스리는 자'(hēgemōn, 2:6)가 될 것이라고 알릴 때 확인된 진리입니다. 권위에 관한 질문은 예수님의 사역 전반에 걸쳐 예수님을 따라다니는데(예. 7:29, 9:6-8) 특히 종교 지도자들과의 갈등 속에서 그렇습니다(21:23-27). 뿐만 아니라 마귀의 유혹 중 하나가 '천하만국'(4:8)을 주겠다는 것인데, 예수님은 그것을 거절하십니다. 따라서 빌라도 앞의 재판은 이 땅의 통치자(총독)와 하늘의 통치자('유대인의 왕' 27:11, '메시야' 27:17, 22) 사이의 대결입니다. 십자가의 다른 쪽에 있는 독자들은 궁극적인 결말을 알고 있지만, 이 고난의 시점에서는 이 땅의 권력이 하나님의 기름 부음 받은 자를 이기는 것처럼 보입니다.

마태복음 안에서만 눈에 띄게 등장하는 재판의 두 가지 세부 내용은 예수님의 무죄를 강조합니다. (1) 빌라도 아내의 꿈(19절)과 (2) 빌라도가 손을 씻는 상징적 행동(24절)입니다. 며칠 전, 예수님을 메시야적 구세주로 환호했던 군중은 이제 그의 파괴를 갈망합니다. 대제사장들과 장로들의 부추김을 받아, 군중은 십자가형 요구를 반복하고, 빌라도는 예수님에 대한 고발이 시기심에서 비롯된 것임을 인식했음에도 불구하고 그들을 거부할 능력도 없었으며, 막으려 하지도 않았습니다. 빌라도가 "이 사람의 피에 대하여 나는 무죄하니"(24절)라고 하는 그의 주장은 "무죄한 피를 팔고 죄를 범하였도다"(27:4)라고 했던 유다의 말과 언어적으로 유사합니다. 두 사람은 모두 '네가/너희가 당하라'라고 덧붙입니다. 빌라도는 예수님의 죽음에 대한 자신의 역할을 부인한 반면, 유다는 그의 잘못을 뉘우칩니다. 군중 속 사람들은 그들 자신의 전적인 책임을 주장합니다. "그 피를 우리와 우리 자손에게 돌릴지어다"(25절, 23:30-36 참조).* 궁극적으로 모든 사람이 유죄이며, 이것은 예수님의 용서의 말씀이 가진 아이러니와 능력을 모두 강조합니다. 예수님은 체포되기 직전에 말씀하십니다. "이것은 죄 사함을 얻게 하려고 많은 사람을 위하여 흘리는 바 나의 피 곧 언약의 피니라"(26:28).

십자가 처형 장면(27-44절)에서 '총독의 군병들'(빌라도의 계속되는 유죄성을 암시하는)은 예수님에게 홍포를 입히고 가시 면류관을 씌우고, 그의 손에 갈대를 들리며, 그를 '유대인의 왕'으로 조롱합니다(29절). 다른 사람은 조롱하는 비웃음을 더합니다. 대제사장들, 서기관들, 장로들, 심지어 그와 함께 십자가에 못 박힌 강도들까지도 말입니다. 그들은 그들의 냉소 뒤에 가려진 진리를 인식하지 못한 채, 예수님을 '하나님의 아들', '이스라엘의 왕', '남을 구원하던 자'라고 비웃는데(40-43절), 사실 서두의 장들에서부터 예수님은 그렇게 인정되어 왔습니다(예. 1:21, 2:2, 2:15, 3:17). 십자가 처형 장면 전반에 걸쳐 반복되는 시편 22편과 69편의 울림은 예수님이 하나님께 의롭다 함을 받으실 고난받는 종임을 시사합니다(예, 시 22:7, 18, 69:19-21). 이는 그가 십자가에서 한 말인 "나의 하나님, 나의 하나님, 어찌하여 나를 버리셨나이까?"(46절, 시 22:1)로 더 강화됩니다.

죽음 장면(45-54절)에서 예수님의 운명하심이 자세히 상술됩니다. 마태는 예수님의 버림받음의 부르짖으심까지 마가의 말을 거의 그대로 따릅니다. 십자가 처형의 몇몇 현대적 재구성과 달리, 정경의 복음서는 죽음의 잔혹한 세부 사항에는 거의 주목하지 않으며, 대신 그것의 중요성과 영향을 가리킵니다. 그러나 마태는 십자가 처형의 우주적 중요성을 생생하게 보여줍니다. 땅이 진동하며, 바위가 터지고, 무덤들이 열리며, 죽은 자들이 살아났습니다. 동방 박사들을 동방에서 이끌어낸 별이 그러했듯(2:2-10), 진동하는 땅은 이방인 백부장과 그와 함께한 모든 사람에게(후대의 이 보고를 읽는 독자들을 포함하여) "이는 진실로 하나님의 아들이었도다!"(54절)를 고백하게 합니다.

복음서의 위대한 신비 중 하나는 버림받으신 예수님이 이 가장 고독한 시간에도 '나의 하나님'이라고 부르짖으며 하나님과의 관계를 강력히 주장하시는 것입니다. 십자가 위에서 버림받은 자로서 예수님은 인간이 경험할 수 있는 최악의 고통을 온전히 경험하십니다. 배신, 잔인함, 고통, 그 모든 일이 예수님에게 일어났습니다. 실제로 예수님은 사역 초기에 '양을 이리 가운데로 보냄'(10:16)과 같이 제자들을 파송하시면서, 다음과 같은 고된 진실을 예고하셨습니다.

> "그들이 너희를 공회에 넘겨주겠고 그들의 회당에서 채찍질하리라 또 너희가 나로 말미암아 총독들과 임금들 앞에 끌려가리니 이는 그들과 이방인들에게 증거가 되게 하려 하심이라 … 형제가 형제를 죽는 데에 내

* 레 20:9-16, 삼하 1:16, 렘 26:15 참조. 이 말들이 일반적인 유대인 그리고/또는 유대교에 대한 비난으로 여겨져서는(여러 세기에 걸쳐 많은 기독교인이 그렇게 여겨왔듯이) 안 된다는 것은 두말할 필요도 없다.

주며 … 너희가 내 이름으로 말미암아 모든 사람에게 미움을 받을 것이나 끝까지 견디는 자는 구원을 얻으리라"(10:17, 18, 21, 22; 24:9-13 참조).

마태의 이야기는 예수님을 따르는 자들이 겪게 될 모든 일이 이미 예수님에게 일어났음을 확증합니다. 그들이 겪을 고통이 무엇이든, 예수님이 이미 그 고통을 겪으셨습니다. 그들이 직면할 죽음도 이미 그가 겪으신 죽음입니다. 이 복음서의 본질적인 기독론은 십자가에서 가장 고립된 순간에도 예수님은 임마누엘, 우리와 함께하시는 하나님이시라는 것입니다(1:23, 28:20 참조).

설교적 관점

그들은 내 주님을 십자가에 못 박았고, 그는 단 한마디도 하지 않으셨네. 그들이 내 주님을 십자가에 못 박았고, 그는 단 한마디도 하지 않으셨네. 한마디도, 한마디도, 한마디도 하지 않으셨네.

예수님의 고난과 죽음 동안 그분의 행동에 관한 이 오래된 아프리카계 미국인 영가는 문자적으로 정확하지 않을 수 있지만, 마태복음 전반에 빨간 글씨로 된 예수님의 말씀들을 조사해 보면, 예수님이 그의 고소자들과 괴롭게 하는 자들 앞에서 거의 침묵하셨다는 점에 강력한 인상을 받지 않을 수 없습니다. 오늘 본문에서 우리는 예수님이 '네가 유대인의 왕이냐?'라고 묻는 빌라도의 질문에 헬라어 두 단어로 간결하게 '네 말이 옳도다'라고 대답하신 것과(11절), 아람어로 '엘리 엘리 라마 사박다니?'라고 외치신 것만 듣습니다. 이것조차도 구경꾼들은 잘못 듣고, '엘리'가 하나님을 향한 탄원이 아니라 엘리야 선지자를 향한 것이라고 생각합니다. 배신, 부인, 고소, 정죄, 고문, 조롱, 심지어 "지금 십자가에서 내려올지어다 그리하면 우리가 믿겠노라"(42절)라는 마지막 유혹도 나사렛에서 온 유명한 이야기꾼 예수님에게서 단 한마디의 반응도 이끌어내지 못합니다. 왜일까요?

마태가 이 고난의 이야기를 거의 침묵하시는 예수님으로 전하기로 한 결정은 이사야의 고난 받는 종의 노래(그중 하나는 오늘의 첫 번째 본문으로 우리가 들었고, 또 하나는 성금요일에 들을 것입니다)와 탄식시(예수님이 그의 마지막 숨을 내쉴 때 첫 구절을 암송하셨던 시편 22편과 같은 탄식시)가 예수님의 목소리가 되도록 하여, 예수님이 수동적으로 겪고 있는 고난을 하나님의 말씀을 통해 해석하게 하려는 것입니다. 마치 예수님이 깊이 잠겨계셨던 하나님의 오래전 말씀이, 예수님의 침묵을 통해 듣는 우리를 떠받쳐 주는 바소 콘티뉴오(basso continuo, 지속적인 저음)가 되는 것 같습니다. 그분의 고난과 죽음의 사건들이 모든 공포 속에서 우리 앞에 펼쳐지면서 말입니다.

많은 교회가 전체 고난 이야기(26:14-27:66) 낭독에 회중이 참여하게 합니다. 회중이 군중과 다른 다수의 목소리 역할을 맡는 방식으로 다양한 목소리들이 각각의 부분을 읽습니다. 이것이 매우 효과적인 예전적 경험이라고 생각하지만, 이 방식은 설교에 엄격한 시간 제약을 부과하기도 합니다. 최근 몇 년 동안 저는 저의 5분 묵상을 '고난의 서곡'이라고 부르며,

이것을 회중이 고난 이야기를 낭독하기 전에 행하게 해왔습니다. 이렇게 설교는 고난 이야기를 듣기 위한 일종의 준비 단계가 되며, 마치 음악학자가 청중이 듣게 될 공연을 더 잘 이해하고, 그들이 더욱 예리한 청중과 감상자들이 될 수 있도록 돕는 공연 전의 토크와 비슷한 역할을 하게 됩니다.

회중 그 자체가 말씀 퍼포먼스의 일부이기 때문에, 아마도 더 적절한 이미지는, 지휘자가 자신의 오케스트라 연주자들에게 그들이 연주할 곡을 주의 깊게 소개하는 모습일 것입니다. 이것을 합당하게 하는 열쇠는 오늘 첫 번째 본문인 이사야에서 찾을 수 있습니다. 거기서 종은 "주 여호와께서 학자들의 혀를 내게 주사 나로 곤고한 자를 말로 어떻게 도와 줄 줄을 알게 하시고 아침마다 깨우치시되 나의 귀를 깨우치사 학자들같이 알아듣게 하시도다"(사 50:4)라고 말합니다. 오늘날 설교자의 역할은 "주 여호와께서 나의 귀를 여셨으므로"(사 50:5a)처럼 회중이 '학자들같이 알아듣게' 돕는 선생의 역할일 수 있습니다.

이러한 준비를 통해 회중은 더욱 주의 깊고 참여적인 청취자가 되어 수난 이야기를 듣게 됩니다. 그리고 그 자체가 다가오는 성주간의 예전에서 회중이 맡게 될 역할에 대한 연습이 됩니다. 우리는 예수님이 제자들과 함께한 성목요일 저녁의 마지막 만찬부터 금요일에 빌려온 무덤에 예수님이 장사되시기까지 일련의 장면들을 따라 예수님과 동행하며, 그 고난 드라마 속에서 각자의 역할을 맡게 됩니다. 사실 문제는 우리 교인들 중 성삼일의 모든 예전에 끝까지 참석하는 사람이 많지 않을 것이라는 점입니다. 그렇기에 이번 주에 예수님의 수난 이야기를 회중 낭독을 통해 한 번이라도 온전히 듣게 하는 것이 중요합니다. 나는 새뮤얼 크로스먼의 아름다운 여섯 절 찬송가 "내 노래는 알 수 없는 사랑"(My Song Is Love Unknown)을 고난 이야기 낭독 앞뒤에 배치합니다. 마지막 절은 '파송' 찬송으로도 적절합니다.

여기 나는 머물며 노래합니다
어떤 이야기도 이렇게 신성하지 않습니다!
사랑하는 왕이여,
당신의 사랑 같은 사랑이 없고,
당신의 슬픔 같은 슬픔이 없습니다.
그분은 나의 친구요,
그분의 달콤한 찬양 속에서
나는 내 모든 날들을 즐거이 보내렵니다!*

레이몬드 브라운의 방대하고 위엄있는 두 권의 저서 『메시야의 죽음』(*The Death of the Messiah*)은 사복음서에 등장하는 모든 고난 이야기들을 성찰할 수 있는 풍부한 자료를 제공합니다. 그의 통찰은 성주간 설교를 준비할 때 큰 도움이 됩니다. 브라운은 예수님의 고난 중 침묵에 관한 전승이 제2 이사야와 시편 본문들과 비교되기 전에는 존재하지 않았을 수도 있다고 생각하며, 시간이 지나면서 예수님의

* *Evangelical Lutheran Worship* (Minneapolis: Augsburg Fortress, 2006), #343. 내가 가장 선호하는 것은 이 찬송가가 오래된 웨일스 멜로디 "Rhosymedre"에 맞춰 불리고, Ralph Vaughan Williams의 멋진 "Fantasy on Rhosymedre"가 봉헌 시간 또는 후주로 연주되는 것입니다. 도입부에 인용된 영가는 *Evangelical Lutheran Worship* 중 #350입니다.

침묵이 다른 이들에게 모델이 되었음을 확신합니다(예. 벧전 2:21, 23 참조).*

캔터베리 대주교였던 로완 윌리엄스의 『심판대에 선 그리스도』(*Christ on Trial*)는 간결하면서, 목회적인 시사점이 풍부합니다. 그는 예수님의 "네가 말하였느니라"(26:64)는 '네가 하나님의 아들 그리스도인지 우리에게 말하라' 라고 묻는 가야바의 질문을 질문자에게 되돌리는 역할을 한다고 신중하게 제시합니다. 즉, 예수님의 침묵은 그분의 심판자들이 자신의 불의함을 고백하게 하고, 스스로 자기 행위의 심판자가 되게 만듭니다.** 금요일, 아바이신 하나님께서 범죄 현장을 떠나셨다는 예수님의 고뇌에 찬 침묵 앞에서, 부활의 아침에 들려오는 하나님의 결정적이고 놀라운 최종적인 응답은 '그렇다!'가 될 것입니다.

* Raymond Brown, *The Death of the Messiah*, 2 vols. (New York: Doubleday, 1994), 1:464-65.

** Rowan Williams, *Christ on Trial* (Grand Rapids: Eerdmans, 2003), 30-31.

MONDAY OF HOLY WEEK

고난주간 월요일

이사야 42:1~9

시편 36:5~11

히브리서 9:11~15

요한복음 12:1~11

고난주간 월요일

이사야 42:1~9

1 내가 붙드는 나의 종, 내 마음에 기뻐하는 자 곧 내가 택한 사람을 보라
내가 나의 영을 그에게 주었은즉 그가 이방에 정의를 베풀리라
2 그는 외치지 아니하며 목소리를 높이지 아니하며 그 소리를 거리에 들
리게 하지 아니하며
3 상한 갈대를 꺾지 아니하며 꺼져 가는 등불을 끄지 아니하고 진실로 정
의를 시행할 것이며
4 그는 쇠하지 아니하며 낙담하지 아니하고 세상에 정의를 세우기에 이르
리니 섬들이 그 교훈을 앙망하리라
5 하늘을 창조하여 펴시고 땅과 그 소산을 내시며 땅 위의 백성에게 호흡
을 주시며 땅에 행하는 자에게 영을 주시는 하나님 여호와께서 이같이
말씀하시되
6 나 여호와가 의로 너를 불렀은즉 내가 네 손을 잡아 너를 보호하며 너를
세워 백성의 언약과 이방의 빛이 되게 하리니
7 네가 눈먼 자들의 눈을 밝히며 갇힌 자를 감옥에서 이끌어 내며 흑암에
앉은 자를 감방에서 나오게 하리라
8 나는 여호와이니 이는 내 이름이라 나는 내 영광을 다른 자에게, 내 찬송
을 우상에게 주지 아니하리라
9 보라 전에 예언한 일이 이미 이루어졌느니라 이제 내가 새 일을 알리노
라 그 일이 시작되기 전에라도 너희에게 이르노라

신학적 관점

여호와의 종이 나오는 오늘 본문 및 여타 이사야 본문들이 원래 언급한 대상이 무엇 또는 누구였는지는 확실히 알 수 없습니다. 우리가 분명히 아는 것은 예수님을 따르는 이들이 이 본문들을 곧바로 예수님에게 적용했다는 사실입니다. 그날부터 지금까지 사람들은 예수님에 대해 알고 있는 내용을 토대로 이 본문들을 해석해 왔고, 동시에 이 본문들을 통해 예수님에 대한 이해도 깊어졌습니다. 우리는 오늘날에도 이 본문들을 예수님에게 적용합니다. 이 본문들의 저자가 누구였든 그의 의도가 무엇이었든 간에, 우리가 볼 때 그는 예수님에 대해 예언했습니다. 그는 그리스도인들이 예수님에게 적용했던 히브리서의 어떤 본문보다 더욱 통찰력 있고 심오한 방식으로 예수님에 대해 예언했습니다.

첫째, 본문은 예수님이 하나님의 종이라고 말합니다. 하나님께서는 예수님을 선택하셨고 그분의 영을 주셨습니다. 예수님의 역할은 '이방에 정의를 베푸는 것'(1절)입니다. 여기서 특히 주목할 점은 종이 받은 소명의 보편성입니다. 많은 경우 히브리 성서는 이스라엘의 집을 회복하고 이스라엘 백성에게 정의를 베푸는 일에 집중합니다. 그런데 이 본문에서 종은 온 세상에 정의를 베풀라는 부름을 받습니다. '이방'이라는 말은 보통 이스라엘을 포함하지 않는 표현입니다. 원 저자는 부름받는 종이 이스라엘이거나 이스라엘을 대표하는 사람이라는 생각을 갖고 이런 표현을 썼을 가능성이 있습니다. 이 본문을 예수님에게 적용한 목적은 예수님의 사명이 보편적 타당성을 갖는다는 것을 강조하기 위해서입니다.

본문의 두 번째 요점은 예수님이 이방(뭇 민족)에서 행하실 일입니다. 이것은 신학적으로 대단히 중요한 문제입니다. 여기에는 이방인들을 옛 이스라엘이나 새 이스라엘로 끌고 들어오는 일에 대한 내용이 전혀 없습니다. 예수님이 모든 곳의 사람들을 그분을 믿는 신자로 만드실 것이라는 기대 또한 없습니다. 그분의 임무는 죄 용서나 개별 영혼을 구원하는 것이 아닙니다. 그분은 모든 땅에서 '정의를 베푸실' 것입니다.

2~3절은 예수님의 방법에 대해 말합니다. 부정적으로 말하면, 본문은 그분이 조용하고 물리적으로 무해할 것임을 강조합니다. 정치력이나 군사력의 이미지는 없고, 능력 있는 설교나 가르침의 이미지조차 보이지 않습니다. 그럼에도 불구하고 그는 '진실로 정의를 시행할 것'입니다. 예수님의 능력은 보아하니 세상 권력과는 다른 차원인 것 같습니다. 4절에서는 예수님이 이 임무를 완수하실 때까지 굴하지 않으실 것이라고 단언합니다.

이후의 두 절은 예수님의 임무와 방법에서 그분을 부르신 하나님께로 초점을 옮깁니다. 그리고 창조세계 속 하나님의 위대한 역사와 그분이 어떤 식으로 예수님을 선택하셨고 보호하셨고 이끄셨는지를 강조합니다. 이 모든 내용은 예수님이 하나님과 백성 사이의 언약이자 이방의 빛이시라는 주장으로 이어집니다(6절). 예수님은 보지 못하는 자들의 눈을 밝히고 갇힌 자들을 풀어 주실 것입니다(7절). 이것은 앞에서 거론한 정의의 구체적인 내용으로 보입니다.

이 본문은 지금까지 있었던 일과 앞으로 있을 일을 대조하면서 끝납니다. 분명히 이전의 일들은 폭력과 불의가 지배했습니다. 그러나 이제 비폭력적인 일이 일어날 것이고 그것이 정의의 새로운 질서가 될 것입니다. 예수님이 바로 이 일을 이루실 것입니다.

우리는 이 본문을 예수님에게 적용한 것이 역사적으로 정당한 것으로 밝혀졌느냐고 물을 수 있습니다. 예수님이 변화를 위해 비폭력적으로 일하셨다고 생각하는 것은 대체로 옳습니다. 예수님이 정의를 시행하고 앞 못 보는 이의 눈을 뜨게 하고 갇힌 자를 풀어 주려 하셨다는 것은 그분이 히브리 성서에서 친히 선별하여 본인의 사역에 적용하신 여러 본문을 통해 분명히 알 수 있습니다. 하지만 예수님이 거의 이스라엘 안에서만 일하신 반면, 이 본문은 거의 이스라엘 너머의 사역에 대해서만 말하고 있습니다.

예수님을 따른 이들은 그분의 메시지와 일평생의 사역이 보편적 의미를 담고 있음을 제대로 인식했고 그 내용을 이스라엘 너머 멀리까지 전했습니다. 이 본문과 비슷한 여러 본문이 그들의 그런 결정에 영향을 줬음이 분명합니다. 비전이나 예언은 종종 그것의 성취로 이어지는 영감을 제공합니다.

우리는 바울이 예수님의 이름으로 세운 새로운 공동체들을 잘 압니다. 우리는 그 공동체들을 로마제국 안에서 생겨났지만 제국에서 볼 수 없는 정의를 실천하며 살고자 하는 무리로 묘사할 수 있습니다. 이것이 이사야 선지자의 비전이었을까요?

선지자의 비전이 세상 모든 민족이 실제로 정의로워질 거라는 뜻이었다면, 우리는 그 비전의 실현에 근접할 만한 어떤 일이 있었다고 주장하기가 어려울 것입니다. 그러나 이 본문이 보다 온건한 목표를 담고 있다고 볼 여지가 있습니다. NRSV에 따르면, 예수님은 '뭇 민족에게'(1절) 정의를 베푸실 것이고 '세상에'(4절) 정의를 세우실 것입니다. 그러므로 우리는 예수님이 선포하신 정의를 구현하는 공동체들이 모든 나라에 존재한다는 사실을 예수님이 '가까이 왔다'고 선포하셨던 '바실레이아 테오우'(basileia theou, 저는 이 문구를 기존의 '하나님 나라'보다 '하나님의 연방'이라고 옮기는 쪽을 선호합니다)에 대한 예언이 실현된 것으로 간주할 수 있을 것입니다.

우리가 이 해석을 받아들인다면, 예수님이 오셔서 실제로 정의를 세우셨다고 말할 가능성이 적어도 하나 열립니다. 이 문제는 교회의 실제적 본질 중 하나입니다. 각 교회의 교인들은 예수님이 선포하신 정의를 구현하고 있습니까? 다들 주위의 이교적이고 제국주의적인 문화에 완전히 매몰돼서 재물과 권력의 추구가 교회를 사실상 쥐락펴락하지 않습니까?

이것은 고난주간을 시작하는 시점에 이 본문이 우리에게 던지는 질문입니다. 우리 교인들의 행동과 태도의 기반이 되는 것은 무엇일까요? '이전 일들', 즉 고대의 대제국들과 현대의 경제 · 정치 질서가 공유하는 가치관일까요, 아니면 새 일들, 즉 예수님 메시지의 핵심이었던 하나님 연방의 정의일까요?

우리는 각자가 속한 교회에서 자기 몫을 다 하면서 이 질문에 대한 답을 만들어 갈 수 있습니다. 이것은 굉장히 중요한 질문입니다. 우리 교인들이 예수님이 선포하신 정의를 실천하며 산다면, 우리의 이방에게 정의를 베풀 수 있을 것입니다. 만약 우리가 이방의 가치관에 충실히 살고 만다면, 그들에게 비치는 우리의 모습은 그들과 별반 다를 바 없을 것입니다.

목회적 관점

그분은 너무나 온유하셔서 휘어지고 약해진 갈대를 꺾지 않으시고, 너무나 부드러우셔서 꺼져 가는 촛불을 불어서 끄지 않으십니다. 폭력에 더 큰 폭력으로 맞서지 않으십니다. 이것이 구약성경이 기대하는 전능자의 온유함입니다. 이 말씀을 읽으면 간디와 인도 사람들의 소금행진*이 떠오릅니다. 그들은 무슨 일이 있어도 멈추지 않고 바닷가로 나와 행진에 동참했습니다. 그들 한 사람 한 사람은 거의 말이 없고 철저히 무력했지만 함께할 때는 누구도 막을 수 없었습니다.

킹 박사도 생각납니다. 그의 생각에 동조하여 걸어서 출근하고 등교하던 사람들, 자전거 앞뒤로 아이들을 태우고 다닌 아버지들, 1년 넘게 버스를 절대 타지 않았던 몽고메리 사람들도 생각납니다. 이제 다시 버마라고 부르는 나라 미얀마의 왜소한 여인도 떠오릅니다. 정원을 두른 높은 담장 때문에 바깥이 보이지 않자, 그녀는 낡은 책상 위에 올라서서 사람들을 향해 자유와 공동체에 대해 연설합니다. 심지어 군부 사람들을 집으로 초대하여 차를 대접합니다. 군에 의해 가택연금을 당했지만, 군인이었던 아버지 때문에 군인들에게 특별한 애착이 있다고 그들에게 말합니다. 군부가 그의 아버지를 처형한 조직이었는데도 말입니다.

이런 사람들은 참으로 힘이 있습니다. 이들은 침묵하지 않습니다. 말하되 소리를 지르거나 다치게 하지 않습니다. 너무나 온유하여 휘어진 갈대에 기대어도 갈대가 꺾이지 않습니다. 너무나 부드러워서 거의 꺼져 가는 불꽃도 이들의 입김에는 꺼지지 않습니다. 하지만 이들은 강력합니다. 이들 앞에 정렬한 막강한 세력들보다 결국 더 강력합니다. 이들의 잔잔한 힘은 내면에서 나오고, 이들을 다르는 사람들로부터도 나옵니다. 지도자들은 혼자가 아닙니다. 그들 뒤에는 국민이 있습니다.

그럼 우리 같은 평범한 사람들은 어떨까요? 우리는 기다랗게 뒤따르는 추종자들을 거느리고 앞장서서 걸어가는 처지가 아니고, 탄압을 받으면 훨씬 더 외롭게 어려움을 겪어 내야 하지 않습니까? 또, 아프다고 말했다가 괜히 상처만 악화될까 봐 감히 털어놓지도 못하는 사람들은 어떨까요? 그들은 이런 고민을 속으로 삭입니다.

> 그녀에게 말할 수 없어요. 말해 봐야 이해받기는커녕 화만 돋울 거예요.
> 회사에서 잘릴 거예요.
> 말해 봐야 그녀의 감정만 상할 거예요.
> 문제를 일으키지 않는 게 나아요. 상황이 더 힘들어질 거예요.

어떤 고통은 세상에 알려지고 나서 치료되기 시작합니다. 그러나 어떤 고통은 외로운 침묵 속에서 죽을 때까지 이어집니다. 비폭력주의는 한 사람의 삶에서 후자의 모습으로 나타날까요? 비폭력주의는 무저항주의가 아닙니다. 동네북이 되는 것과는 전혀 다릅니다. 비폭력주의는 침묵하지 않고 말합니다. 하지만 목소리를 내려면 어마어마한 용기가 필요합니다.

* 역자주:영국 식민지 시절 인도에서 소금세 폐지를 주장하며 일어난 비폭력 시민 불복종 행진.

킹 박사나 아웅 산 수 치가 보여준 것과 같은 용기입니다. 비폭력 저항은 위대한 운동의 선두에 있든 평범한 집 안에 있든, 고요한 진리에 의지해 힘을 얻습니다. 모든 폭력은 거짓에 의지합니다. 어떤 인간은 다른 인간의 분노의 표적이 돼도 괜찮다는 거짓말, 어떤 사람의 욕구는 다른 사람의 욕구보다 중요하다는 거짓말, 어떤 사람들의 존엄은 중요하지 않다는 거짓말 등 말입니다. 이것들은 모두 사실이 아닙니다. 모든 사람의 존엄은 중요합니다.

여기 예수님이 계십니다. 사람들은 그분을 모욕하기 위해 할 수 있는 온갖 일을 합니다. 온갖 방식으로 고문하고 비웃습니다. 죄수가 되신 예수님은 자신을 절제하시며 잠잠히 침묵하시다가 가끔씩 진리의 말씀을 하실 뿐, 물리적으로 저항하시지 않고 하실 수도 없습니다. 사람들은 그분을 자기들 뜻대로 다루지만 그들의 거짓말에 동참시킬 수는 없습니다.

우리는 이 이야기가 어떻게 이어지는지 압니다. 무슨 일이 일어났는지 보십시오. 비폭력의 품위는 승리하지 못했습니다. 결국 예수님이 죽임을 당하셨습니다. 권력이 진리를 이겼습니다. 괜히 문제를 일으키지 않는 게 나았을 지도 모르겠습니다.

하지만 그것은 일시적인 승리일 뿐입니다. 순응이라는 동전을 내고 악당에게서 위태로운 평화를 구입할 수는 있지만 영구적인 평화는 살 수 없습니다. 정당한 승리로 가는 길, 우리가 기억하는 그 모든 길에는 앞서 걸어간 이들의 고난이 흩뿌려져 있습니다. 간디는 투옥되었고 결국 죽임을 당했습니다. 킹 박사도 수감되었다가 살해당했습니다. 조용하고 용감한 남녀 수천 명이 잔혹하게 권리를 박탈당했습니다. 그중 많은 이가 생명을 잃었습니다.

권력은 진리를 영원히 이기지 못합니다. 여러분은 누구의 이름을 기억합니까? 셀마*에서 가두 행진 참가자들에게 소방호스로 물을 뿌린 사람들입니까? 버마의 장군들입니까? 예수님을 십자가에 못 박은 사람들입니까? 우리는 그들 중 단 한 사람도 기억하지 못합니다. 그들의 이름은 남아 있지 않습니다. 본디오 빌라도와 안나스와 가야바는 어떤가요? 우리는 그들의 이름을 희미하게 기억하지만, 그나마도 남의 이야기에 악역으로 등장하는 정도입니다. 그들은 이겼지만 승리는 오래 가지 않았습니다. 이야기는 그들 없이 계속 이어졌습니다. 이 고난주간은 끝이 날 것이고, 그 끝은 시작과는 전혀 다를 것입니다. 우리가 아는 그 어떤 것과도 다를 것입니다. 너무나 새로워서 우리는 그것을 묘사하기도 어려울 정도지만, 그 일이 시작되기도 전에 우리는 서로 그것에 대해 이야기합니다.

여러분의 목양실에 누가 있는지 보십시오. 중독 문제로 삶을 견딜 수 없는 지경이 된 여성, 도박 때문에 망가져 꼬리에 꼬리를 무는 위기를 간신히 넘기고 있어 문제조차 모르는 남성, 불륜의 무모한 거미줄에 옴짝달싹 못하게 점점 걸려드는 사람 등이 있습니다. 그가 말합니다. "그녀에겐 말할 수 없어요." 그녀가 속삭입니다. "그가 알면 안 돼요. 그럼 모든 것이 망가질 거예요." 여러분은 맞은편 자리에 앉아 그 말을 들으면서 생각합니다. '아, 철없는 사람아. 벌써 다 망가졌어요. 이미 손상을 입었

* 역자주:1965년 인권 운동가 수백 명이 흑인 참정권을 요구하며 평화 행진을 벌인 곳.

다고요. 위를 바라보는 것 외에는 아무것도 할 수 없어요.'

때로는 패배의 잿더미에서, 심지어 죽음의 잿더미에서만 새 생명이 솟아날 수 있습니다. 약속의 땅을 보지 못하는 사람들이 있습니다. 그런 이들은 약속의 땅을 알아볼 용기를 가진 다른 사람들을 따라가야만 그 땅에 발을 들여놓을 수 있습니다. 누군가는 그 일을 반드시 시작해야 합니다.

주석적 관점

고난주간의 이사야 본문들은 모두 유다 민족이 바벨론에 유배된 시기에 기록된 부분(40-66장)에서 발췌됐습니다. 유배는 역사적 경험일 뿐 아니라 하나의 개념, 세상을 보는 방식입니다. 이방인처럼 느끼고 소외감을 맛보고 배신감을 안고 사는 것을 뜻합니다. 유배의 관점에서 읽으면, 성서는 역사 앞에서 느끼는 막대한 배신감에 대한 반응입니다. 성전은 파괴됐고, 백성들은 바벨론으로 유배됐거나 애굽으로 달아났거나 점령된 본토에 남아 극빈층으로 삽니다. 그러니 신앙에 대해 '하나님께서는 왜 이런 일을 허용하셨을까?', '우리는 왜 고난을 당해야 할까?', '우리의 구원은 어디에 있을까?'와 같은 여러 의문이 생길 수밖에 없습니다.

우리는 여기서 생각도 못할 일을 보고 있습니다. 이전에 이스라엘 사람들은 하나님께서 다윗과 맺으신 언약이 영원히 이어질 줄 알았습니다(삼하 7장, 참조. 시 89, 132편). 그러나 현실의 상황은 너무나 다릅니다(시 44:9-16). 유배된 유대 민족은 얼마 후 주로 바벨론 시에 정착했고, 거기서 느부갓네살의 건축 사업에 동원됐습니다. 그들은 공동체를 이루어 함께 지낼 수 있었고, 학대를 당했다는 기록은 없습니다. 예배도 드릴 수 있었습니다. 바벨론 법률을 존중하는 한 평화롭게 살 수 있었습니다. 멀리 '약속의 땅' 예루살렘에 남아있는 사람들과 연락도 주고받았습니다. 자유롭게 여행을 할 수 있었고 종교 모임도 가졌습니다. 바벨론에 복종하는 한, 제한적이나마 자유가 있었습니다. 심지어 농사를 짓고 사업을 하고 장사도 할 수 있었습니다. 따라서 외부적으로 극도의 고통을 겪지는 않았습니다. 그렇지만 이 시기는 신앙의 의미를 깊이 모색하는 때였습니다.

유배 기간이 끝날 무렵인 기원전 550년과 540년 사이에 한 시인-선지자가 나타났습니다. 자신이 누군지는 전혀 밝히지 않는 이 선지자는 위로와 비전, 소망과 격려의 말을 전합니다('너희는 위로하라 내 백성을 위로하라', 40:1).

이사야 42:1~9은 종(에베드)이라는 인물을 소개합니다. 그는 모든 사람에게 정의를 베풀라는 하나님의 부름을 받습니다. 성령의 은사를 받고(1절) 선택된 이 사람은 '세상에 정의를 세우기까지' 굴하지 않을 것입니다(4절). 창조주 야웨 하나님께서는 친히 시내산에서 이스라엘 백성과 맺으신 언약을 이 종에게 상기시키십니다(6-7절, 참조. 출 19:1-6). 해방자 하나님께서는 이 종을 불러 새로운 출애굽을 이끌라고(참조. 43:14-19), 즉 '눈먼 자들의 눈을 밝히며 갇힌 자를 감옥에서 이끌어 내며 흑암에 앉은 자를 감방에서 나오게'(42:7) 하라고 말씀하십니다.

보편주의로 나아가는 유배기의 변화(1절의 '뭇 민족에게', 4절의 '먼 나라에서도 … 기다릴 것이다', '세상에', 새번역) 가운데, 한때 백성에게 배타적 관심을 요구하셨던("너는 나 외에는 다른 신들을 네게 두지 말라", 출 20:3) 출애굽의 야웨 하나님께서는 자신을 하나님의 자격이 있는 유일한 존재로 드러내십니다('나는 내 영광을 다른 자에게, 내 찬송을 우상에게 주지 아니하리라', 8절, 참조. 44:6-8, 45:5-7 등). 여러 신 중에서 하나의 신 야웨를 섬기던 일신숭배가 신은 유일하게 야웨 한 분만 존재한다는 유일신론에 자리를 내어준 것입니다. 그 결과, '이전 일들은 이미 이루어졌고'(9절, 사역), 하나님께서 새로운 현실을 선언하시며 새 창조를 약속하십니다(9절, 참조. 43:16-21). 또 다른 해방이 있을 거라는 이 주장에는 소망이 담겨 있습니다. 새로운 현실이 펼쳐질 것입니다. 선지자는 변화에 대한 두려움과 낯선 것을 불편하게 여기는 태도를 용납하지 않습니다. 참으로, 이 종은 세상에 정의를 베풀고 섬들을 가르칠 야웨의 중재자가 될 것입니다.

대대로 해석자들은 이사야 본문에 나오는 종의 정체를 다각도로 추측했습니다. 크게 두 가지 해석의 흐름이 있는데, 종을 영웅적 개인으로 보는 흐름과 집합적 이스라엘로 보는 흐름입니다(칠십인역과 라시*가 각 흐름을 대표합니다). 종으로 지목된 개인으로는 바벨론 유배를 공식적으로 중단시킨 페르시아의 왕 고레스(45:1-8), 선지자 본인(이븐 에스라**의 견해), 메시야(타르굼***의 견해)가 있습니다.

집단적 해석 쪽을 따른다면, 현대 독자들은 유배된 이스라엘의 자리에 각자가 속한 주변화된 공동체를 넣어볼 수 있을 것입니다. 우리의 공동체는 어떻게 하나님께서 택하신 무리, 하나님의 존재(히브리어 '네페쉬'는 '마음'이라는 번역어가 주는 느낌보다 훨씬 더 전인적 의미를 담고 있습니다)에 기쁨이 되는 무리, 하나님의 영을 받은 무리가 될 수 있을까요?

뿐만 아니라, 이 본문은 정의를 위해 분투하는 가운데 기쁨이 나타날 거라고 말합니다. 하나님께서 친히 세우신 정의는 기존에 우리가 당연하게 여겼던 경계를 넘어서고 확장됩니다. 그래서 이제는 '세상에 정의를 세운다'라는 목표만이 중요합니다. 이 정의는 모든 곳의 모든 사람을 위한 것입니다. 이 보편적 약속은 소망을 품게 합니다. 물론 어떤 이들은 하나님의 공명정대함을 받아들이기 힘들 수도 있습니다. 하나님의 공명정대함은 그분이 우리도 편애하지 않으신다는 뜻이기 때문입니다. (모두를 위한 정의를 세운다는) 하나님의 보편적 약속과 그분이 특정 민족을 선택하신 일 사이에는 분명 긴장이 남아있지만, 그래도 이 본문은 당시 사람들이 이런 한계 안에서나마 하나님께서 전 세계를 다 품으신다는 보편적 관점을 받아들이게 된 이해의 확장을 보여줍니다.

보다 신학적인 측면에 주목해 보면, 선택받음은 오랫동안 특권으로 이해돼 왔으며, 이는 많은 이에게 폭력과 공포를 초래했습니다. 선택받음을 사랑받음으로 이해하면 어떤 의미가 있을까요? 이런 신학은 풍성한 가능성을 제시하지만, 누가 선택받지 못하고 사랑받지 못하는가에 대한 심각한 질문도 제기합니다. 오늘 이사야 본문은 이 논의에 '정의를 베풂'이라는 중요한 기준을 추가합니다. 이 기준에 의거하

* 역자주:프랑스의 유대계 신학자(1040-1105).

** 역자주:아브라함 이븐 에스라(1089/1092-1164/1167). 랍비이자 유명한 토라 주석가.

*** 역자주:아람어로 번역된 구약성경.

여 우리는 사랑하면 정의를 실행한다고 주장할 수 있습니다. 사랑받는다고 느낄 때 자존감이 높아지고 결과적으로 더 정의롭게 행동하고 하나님의 해방 사역에 더 잘 참여할 수 있게 됩니다.

설교적 관점

고난주간의 월, 화, 수요일 성서정과 구약 본문(사 42:1-9, 49:1-7, 50:4-9a)은 창세기의 첫 창조 이야기의 둘째, 셋째, 넷째 날과 비슷한 내용을 말합니다. 창조의 각 날에 무엇이 생겨났는지 기억하고 그 내용을 이사야 본문과 비교해 보면 설교 여러 편이 나올 만한 흥미진진한 틀이 만들어집니다.

창조의 둘째 날에는 분리가 일어났습니다. 그러자 하늘이 보이고, 세상이 어떻게 생겼으며 사물들이 어떤 관계에 있는지 보입니다. 환한 빛과 깊은 어둠을 선명하게 구분할 수 있습니다. 이사야 42장은 종의 모습을 있는 그대로 명확하게 보여줍니다. 그는 우리가 두려워하면서도 소망했던 인물입니다. 더 이상 뿌연 안개나 어둠은 없습니다. 종과 그의 사명과 그가 의미하는 바가 더없이 분명하게 드러나 있습니다. 그런데 문제는 우리가 그 모두를 정말 보고 싶어 하느냐입니다.

여호와의 종은 거룩하신 분의 완전한 도구입니다. 그는 올바른 자질을 갖추고 있고 그 자질을 발휘하도록 최고의 훈련을 받았습니다. 그는 깊은 소속감을 가지고 행동합니다. 그의 존재와 사역은 전 세계에 정의를 가져옵니다. 그는 하나님의 능력을 지니고 사용합니다. 공평하게 행동하고 부드럽게 말합니다. 그의 손길은 다정하고 일하는 속도는 완벽합니다. 일이 끝날 때까지 에너지가 한껏 넘쳐나고, 하나님 손의 그늘 아래서 보호받을 것입니다. 그의 존재는 오랫동안 억눌려 있던 온 세상의 갈망을 깨웁니다. 이것은 제대로 된 삶의 모습입니다. 인류는 이와 같은 수준으로 올라서고 이런 삶을 추구해야 합니다.

이 종이 임무를 완수하고 나면, 거룩한 빛이 넘쳐나고 눈이 열리고 갇힌 자들이 풀려날 것입니다. 영혼의 자유, 통찰, 열정, 힘이 땅을 활보할 것입니다. 모든 사람에게 새로운 시대가 열릴 것입니다. 모든 벽이 무너지고 완전히 새로운 가능성이 열릴 것입니다.

우리는 이 종에 대한 소식과 그의 능력이 본문 밖으로, 성경 밖으로 나오지 못하도록 강대상에 사슬로 묶고 거룩한 소수의 손에 맡길 수도 있습니다. 아니면 그 소식과 능력을 자유롭게 풀어줄 수도 있습니다. 설교가 바로 이런 작업이라면 우리는 감히 누가 설교를 전하고 감히 누가 그것을 들을지 생각해 봐야 합니다.

새로운 모든 것은 하나같이 저항을 맞닥뜨립니다. 생명을 구하는 모든 통찰은 이단으로 찍힐 위험이 있습니다. 공동체들은 이미 알고 있는 내용을 좋아하고 이전 것들을 고수하는 방식으로 자신들의 발전을 측정하는 경향이 있기 때문입니다. 장발에 자유로운 생활을 즐기고 무모한 환상을 내세우는 민중가수 제2 이사야를 성소에 들이는 일은 아주 위험합니다.

이제 우리는 문제의 핵심에 이르렀습니다. 고난주간 그 자체가 새것이 옛것을 만나고 끈질긴 자유의 빛이 견고한 저항을 폭로할 때 생겨나는 충돌에 대한 내용입니다. 고난주간은 창조 둘째 날의 명료함을 요구합니다. 안개와 어둠으로 흐려진 시야에 만족하는 상태는 우리

내면 가장 깊은 곳에 있는 인간성을 포기한 모습입니다. 우리의 삶과 관습을 어떻게 세워야 할지 분명하게 선택해야 합니다. 창조의 첫째 날처럼 빛이 주어질 때, 우리는 그 빛이 의미하는 바가 드러날 것이고 그로 인해 사람들이 무장한 두 진영으로 나뉠 것임을 압니다.

사례를 확장해 봅시다. 이것을 교인과 비교인들의 삶에 적용해 보십시오. 계급과 인종을 둘러싼 질문들에 적용해 보십시오. 어려운 상황에서 한껏 용기를 내고 유연성을 발휘해 보십시오. 전쟁과 평화, 군비확장과 영토확장론에 대해 물어보십시오. 하나님의 손이 일하신다는 증표로 거론되는 특성들을 살펴보십시오. 여러분의 안팎에서 눈먼 상태와 갇힌 상태의 사례를 들어보십시오.

이것은 힘든 일입니다. 하지만 고난주간은 원래 힘든 시간입니다. 고난주간은 우리 최고의 모습과 최악의 모습이 만나는 시간입니다. 상처가 생기고 죽음이 일어납니다. 하지만 이 본문의 광채와 그 안에 담긴 급진적 자유에 귀를 막는다면 우리는 이미 죽은 상태입니다. 고난주간의 핵심은 이 모든 두려움과 선물을 포함한 중생입니다.

본문이 묘사하는 종은 우리가 가장 두려워하면서도 가장 절실히 추구하는 대상입니다. 우리가 그를 절실히 추구하는 까닭은 제대로 된 사람이 되려면 자기 몸과 일상의 틀에서 벗어나 하나님의 창조적 손길을 경험하는 일이 필요함을 알기 때문입니다. 우리 사회에는 새로 눈을 뜨고 새롭게 자유를 얻어서 더 방대한 이야기를 들려주고 더 밝은 그림을 그리고 잊히지 않는 노래를 부를 사람들이 필요합니다. 우리가 이 종을 가장 두려워하는 이유는 그를 따르려면 친숙하고 안전한 것들 너머, 인정 너머, 자신이 소속된 곳 너머로 발을 내디뎌야 하기 때문입니다. 그렇게 하면 편안하고 힘이 되는 것들과의 관계가 끊어지기 시작합니다. 여호와의 종의 모습은 호기심을 불러일으키고 막연한 불안을 느끼게 합니다. 그를 본받아서 섬기는 일이 신실함이라는 우리 소명의 일부라고 느껴지면 우리는 그렇게 섬길 기회를 향해 앞으로 달려가거나, 그로부터 최대한 빨리 멀어지려고 뒤돌아 페달을 밟게 됩니다.

주목할 만한 또 다른 두 가지가 있습니다. 하나는 누군가가 이런 종의 초상화를 그려 냈다는 사실입니다. 그 안에 담긴 모든 위대한 특성을 당시에 거론하는 데는 분명 값비싼 대가가 따랐을 것입니다. 본문에 포착된 리더십에는 당대의 국가, 법치, 정치 지도자들에 대한 비판이 담겨 있습니다. 저자는 이스라엘 민족이 다른 무엇이기 이전에 거룩하신 분의 종이며, 그분과 맺은 언약 안에서 그분이 부여하신 권한을 행사하며 살아간다고 말하고 있습니다. 그보다 더 좁고 작고 인색하고 비열한 것은 모두 이 오래된 고귀한 부르심을 배반하는 것입니다. 저자와 같은 초상화가들은 사정을 알아주는 이, 들어주는 이 하나 없이 힘겹게 살아가는 불만에 찬 모든 사람의 대변자가 됩니다.

주목할 만한 다른 하나는 편집자들이 수 세기 동안 이 초상화를 정경에 포함시켰다는 것입니다. 이스라엘 백성이 어떻게든 살아남아야 했던 힘든 시기에 편집자들은 목표를 높게 설정했습니다. 그러려면 그들에게는 보물을 알아볼 수 있는 상상력, 지성, 신실함이 있어야 했을 것입니다. 교회에서 매일 감당해야 할 숱

한 통상적인 일들을 처리하다 보면 설교자는 사소한 문제들을 쫓아다니고 당장의 균열을 때우고 덮는 처방을 내놓는 데 급급할 수 있습니다. 그런데 교인들은 피상적인 주제들은 시간이 가도 내면의 깊은 곳을 건드리지 못한다는 것을 압니다. 매주 부실한 식사만 이어가다 보면 설교자와 교인 모두 굶주리게 됩니다. 상당한 대가를 치르더라도 큰 주제들과 씨름해야 거룩하신 분을 알게 해 줄 다양하고 풍성한 식사가 차려집니다.

고난주간 월요일

시편 36:5~11

5 여호와여 주의 인자하심이 하늘에 있고 주의 진실하심이 공중에 사무쳤
으며
6 주의 의는 하나님의 산들과 같고 주의 심판은 큰 바다와 같으니이다 여
호와여 주는 사람과 짐승을 구하여 주시나이다
7 하나님이여 주의 인자하심이 어찌 그리 보배로우신지요 사람들이 주의
날개 그늘 아래에 피하나이다
8 그들이 주의 집에 있는 살진 것으로 풍족할 것이라 주께서 주의 복락의
강물을 마시게 하시리이다
9 진실로 생명의 원천이 주께 있사오니 주의 빛 안에서 우리가 빛을 보리
이다
10 주를 아는 자들에게 주의 인자하심을 계속 베푸시며 마음이 정직한 자
에게 주의 공의를 베푸소서
11 교만한 자의 발이 내게 이르지 못하게 하시며 악인들의 손이 나를 쫓아
내지 못하게 하소서

신학적 관점

기독교 공동체가 고난주간의 여정을 시작하는 시점에서 성서정과의 이 본문은 아주 중요한 출발점이 됩니다. 이 본문은 하나님께서 누구시며, 인간뿐 아니라 창조세계 전체와 어떤 관계를 맺으시는지 상기시켜 줍니다. 오늘 본문에서 시편 기자는 긍정적이고 찬양하는 어조로 시적 이미지와 은유를 사용해 하나님의 본성과 성품을 설명합니다. 본문을 마칠 무렵에는 하나님께서 누구시고 어떤 분이신지에 대한 이해를 바탕으로 하나님의 사랑과 보호를 구하는 짤막한 기도를 드립니다.

5~6절에 나오는 하나님의 창조세계는 그분의 본성과 성품에 대한 은유입니다. 본문은 하나님의 인자하심과 진실하심이 '하늘에' 닿았고 '공중'(구름)에 사무쳤다고 인정하면서 드넓고 한없는 하나님의 사랑과 신실하심을 포착합니다. 그러고 나서 하나님의 의를 (강하고 든든하고 흔들리지 않는) '하나님의 산들'에, 하나님의 심판(판단)을 (바닥을 모를 만큼 깊고 헤아리기 어려운) '큰 바다'에 비유합니다. 창조세계를 말하는 이 흐름은 6절에 이르러 하나님께서 창조의 '정점'인 인간뿐만 아니라 동물, 더 나아가 창조세계의 모든 것까지 구속의 사랑과 신실함으로 구원하신다는 선언으로 마무리됩니다.

여기서 독자는 바울이 로마서 8:21~22에서 이 신학적 개념을 추가 설명하는 대목을 떠올리게 됩니다. 바울은 이렇게 썼습니다. "피조물도 썩어짐의 종살이에서 해방되어서, 하나님의 자녀가 누릴 영광된 자유를 얻으리라는 것입니다. 모든 피조물이 이제까지 함께 신음하며, 함께 해산의 고통을 겪고 있다는 것을, 우리는 압니다"(롬 8:21-22, 새번역). 다가올 고난주간의 사건들을 통해 가능해진 구속은 온 세상을 위한 것입니다. 우리는 이런 창조신학의 방대한 윤리적 함의를 숙고하라는 초대를 받습니다. 하나님의 선한 창조물 전체가 수많은 측면에서 위협을 받고 있는 듯 보이는 이 시대에 이런 초대는 아주 의미심장하게 다가옵니다.

7~9절에서 시편 기자는 하나님의 본성에 대한 위의 진술들에 의거해 모든 피조물을 향한 끝없는 사랑과 신실하심이 하나님의 자녀들에게 어떤 식으로 복이 되는지 설명합니다. 하나님께서는 피난처이시고, 사람들은 '주의 날개 그늘 아래'서 피난처를 발견합니다. 하나님께서는 보존자이시고, 사람들은 '주의 집에 있는 살진 것으로 풍족'할 것이며 '주의 복락의 강물을 마십'니다. 죽음과 어둠의 세상에서 하나님께서는 생명이자 빛이십니다. 이런 은유적 이미지들은 모두 하나님께서 우리와 아주 가까이 계시는 분이심을 보여줍니다. 하나님의 날개 아래의 보호, 하나님의 집에서 마심, 하나님과 '함께하는' 생명과 하나님 '안에' 있는 빛이 모두 그것을 말합니다. 시편 기자가 드러내는 하나님의 이 성품은 전에 존재했고 지금도 존재하고 앞으로 존재할 모든 것의 창조주와 누리는 가까운 관계, 심지어 인격적인 관계로 우리를 이끕니다.

또, 하나님이 피난처이자 보존자이시라는 개념은 그분의 사랑이 행동하는 사랑이라는 증거가 됩니다. 하나님의 사랑이 실행되는 방식에 대한 시편 기자의 이해에는 추상적인 면이 거의 없습니다. 인간이 떠올릴 수 있는 하나님의 한결같은 사랑에 대한 비유 중 최고는 아이를 향한 부모의 사랑일 것입니다. 아기를 품에 안고 그 얼굴을 바라보는 어머니의 모습이나, 악몽을 꾸다가 잠에서 깬 어린아이를 꼭 안아 안심시키는 아버지의 모습보다 사랑의 보호와 보존의 개념을 더 잘 떠올리게 하는 이미지가 어디 있겠습니까?

마무리하는 기도(10-11절)에서도 시편 기자는 하나님께서 그분께 가까이 나아갈 수 있는 능력을 인간에게 주시고 그분과의 관계로 초대하신다는 신학적 입장을 강하게 내세웁니다. 시편 기자는 하나님을 '아는 자들'에게 사랑을 계속 베풀어 주시기를 구합니다. 같은 맥락에서 한 주석가는 이렇게 지적한 바 있습니다.

> '안다'는 것은 단순히 머리로 아는 지식 이상의 것을 가리킨다. 히브리 성서에는 인식과 행동의 구분이 없다(호 4:1-3). 아는 것은 행하는 것이고 행하는 것은 아는 것이다.*

다시 말해, 하나님에 관해 간접적으로 알거나 머리로 아는 것만으로는 충분하지 않습니다. 참으로 하나님을 '안다'는 것은 하나님의 율법에 맞추어 살고 계명을 지킴으로써 그분을 사랑하고 섬긴다는 뜻입니다.

시편 기자는 '악인들의 손이 나를 쫓아내지 못하게' 해 달라고도 기도합니다. '쫓아낸다'라는 말은 하나님과 멀리 떨어진 상태, 하나님께서 계신 곳이 아닌 다른 방향으로 움직임을 암시합니다. 이 기도를 듣는 독자는 '하나님께서 멀리 계신 것 같은 느낌이 든다면 누가 움직였을지 생각해 보라'라는 지혜로운 격언을 떠올리게 됩니다. 시인은 하나님께서 사랑과 신실하심이 무한하시고, 보호하시는 그분의 품 안에서 피난처 · 붙드심 · 생명을 발견하라고 인간을 초대하고 계심을 인식하고 있습니다. 하지만 인간이 강제로 끌려가거나 유혹에 이끌려 복된 상태에서 멀어질 가능성이 항상 존재한다는 것도 인식하고 있습니다.

고난주간 월요일도 금요일과 토요일의 불길한 그늘에서 멀지 않습니다. 첫 번째 고난주간에 예수님을 따르던 이들은 자신들이 처한 상황을 되돌아볼 방법이 없었습니다. 그들은 예수님의 십자가 처형 이후 엄습했던 깊은 어둠을 피할 수 없었고 모든 것을 사로잡은 그 어둠이 영원히 계속될 것만 같았습니다. 그리스도의 부활 이후를 살아가는 기독교 공동체도 구세주께서 경험하신 배신, 외로움, 고난, 죽음을 겪을 각오를 하고 어둠 속으로 들어갑니다. 하지만 그들은 죽음과 절망이 부활절의 생명과 빛에 밀려날 것임을 아는 상태에서 이 어둠 속으로 들어갑니다. 슬프고 힘들지만 궁극적으로 죽음을 이기고 기쁨이 넘치게 될 고난주간의 여정을 시작할 때, 그들은 하나님께서 구원자, 피난처, '생명의 원천'(9절)으로 우리 가까이 계시다는 시편 기자의 말을 떠올리며 맨 처음부터 힘을 얻습니다. 구주께서 다시 살아나셔서 '마음이 정직한 자'(10절)에게와 참으로 온 피조물에 소망과 구원을 베푸실 것입니다. 가장 깊은 절망 속에서도 하나님께서는 다함없고 한결같은 사랑으로 우리에게 위안과 안식과 피난처를 주십니다.

* Rolf A. Jacobson, "Psalm 36:5 – 11," *Interpretation* 61, no. 1 (Jan. 2007):66. http://find.galegroup.com/itx/start.do?prodId=AONE.

목회적 관점

전체 3년 주기의 성서정과에서 고난주간의 월요일 본문은 모두 인간의 사악함을 자세히 묘사하는 시편 36편의 일부를 발췌했습니다.

> 악인의 죄가 그의 마음속으로 이르기를 그의 눈에는 하나님을 두려워하는 빛이 없다 하니 그가 스스로 자랑하기를 자기의 죄악은 드러나지 아니하고 미워함을 받지도 아니하리라 함이로다 그의 입에서 나오는 말은 죄악과 속임이라 그는 지혜와 선행을 그쳤도다 그는 그의 침상에서 죄악을 꾀하며 스스로 악한 길에 서고 악을 거절하지 아니하는도다(1-4절).

이 시 전체는 하나님의 신실하심과 인간의 사악함을 대조합니다. 의와 부패의 팽팽한 긴장이 두드러집니다. 5~11절의 의로우신 하나님과 1~4, 12절의 반역의 신 중에서 누가 진짜 하나님입니까? 성서정과는 하나님의 신실하심에만 초점을 맞추어 (11절의 마지막 인유들은 예외입니다) 긴장을 해소하지만, 교회에 도착한 교인들은 부러지기 직전까지 그들을 몰아붙이는, 의와 사악함이 대립하는 현실을 알고 있습니다.

학자들과 성서정과 편찬자들은 시편 36편을 두 부분으로 나눌지 모르지만, 성도들의 손에 있는 성경에는 나뉘어 있지 않습니다. 예배에서는 하나님의 의를 삶의 타락상과 떼어놓고 부각시킬 수 있습니다. 하지만 교인들은 1~4, 12절이 말하는 내용을 잘 모르는 것도 아니고, 그 부분에 대해 순진하지도 않습니다. 그들은 그 위협을 너무나 잘 압니다. 그들은 다른 이들의 페이스북을 읽고 뉴스를 봅니다. 밤에 뒤척이며 잠 못 이루게 하는 자신의 욕망과 갈망을 압니다. 그런 사람들이 월요일에 예배당에 나왔습니다. 이것이 얼마나 특이한 일인지 아십니까? 세상은 일요일마다 교회에 나오는 일도 이상하다고 생각합니다. 그러면 평일에 교회에 나오는 것은 얼마나 더 이상한 일일까요? 평일 장의자가 비어 있는 것을 보면 교회조차도 이를 불편해한다는 것을 알 수 있습니다. 월요일 모임에 참석하는 사람들은 하나님을 만나기 위해 일상적인 일의 수렁에서 빠져나옵니다. 그들은 자신의 현실이 진짜임을 인식하지만, 월요일에 교회로 나와 보다 심오한 현실, 한결같은 사랑과 의지할 만한 의를 만납니다. 하나님께서 상황을 바로잡으실 수 있다는 확신을 입술로 고백합니다.

교회가 고난주간 성서정과에서 원수들이 나오는 대목(1-4, 12절)을 삭제했다는 것은 놀랍습니다. 원수들의 사악한 음모를 다룬 구절들을 포함시키면 이 본문과 요한복음 12:9~11의 적절한 연관성이 만들어집니다. 고난주간을 묘사하는 요한의 이야기는 예수님의 적들을 부각시킵니다. 요한은 그들의 사악함을 시편 36편 중 성서정과에서 빠진 대목과 닮은 방식으로 묘사합니다. "그의 입에서 나오는 말은 죄악과 속임이라 그는 지혜와 선행을 그쳤도다 그는 그의 침상에서 죄악을 꾀하며 스스로 악한 길에 서도다"(3-4절). 성서정과의 고난주간 월요일 복음서 본문에 실린 요한의 이야기를 보면 시편 36편 전체를 제대로 파악할 수 있습니다.

사람들은 행정부가 외부의 공격에서 자기들을 지켜 주기를 기대합니다. 다른 나라처럼 우리도 국경에 철조망 울타리를 세워서 영토, 일자리, 가족을 지키려고 합니다. 만약의 경우에 대비해 해외로 군대를 보내 국가안보를 유지하고 국익을 지키려고 합니다. 우리의 개인정보를 훔치고 우리가 누리는 모든 것을 노리는 사이버범죄 때문에 노심초사합니다. 보안 문제는 사회의 모든 계층 사람들을 압박합니다. 주식 포트폴리오를 직접 관리하는 부유한 사업가부터 일을 구하고 첫 번째 주택담보대출을 받으려는 젊은 대학원생까지, 십대 자녀들의 인생 결정을 놓고 고뇌하는 부모들부터 해진 담요로 바뀌는 계절을 날 수 있을지 염려하는 거리의 아이들까지, 전국 사람들은 현재의 삶을 지키고 미래의 삶을 보장받기 위해 부지런히 일합니다. 우리의 원수들이 근처에서 웅크리고 있습니다. 때로는 그 거리가 너무나 가까워서 그들이 거울 속에서 우리를 바라보고 있다고 느껴질 정도입니다. 그들은 '침상에서 죄악을 꾀'합니다. 우리는 자신의 연약함에 움찔합니다.

특별히 무섭고 우리를 존재의 중심까지 흔들어 놓는 순간은 가장 믿었던 것을 잃었을 때 찾아옵니다. 고난주간 월요일, 목사는 교인들의 시선을 십자가로 향하게 합니다. 어제(종려주일)의 위풍당당한 예루살렘 입성은 이야기의 배경으로 물러나 희미해집니다. 금요일이 점점 다가옵니다. 교인들 대부분이 이전에 월요일부터 목요일까지 이어지는 이 고통의 리듬을 이미 경험했습니다. 월요일에는 박자가 느려집니다. 오늘 본문은 하나님의 선하심에 대한 기쁨으로 가득하지만, 이 본문이 낭독되는 때는 침울한 기간입니다. 고난주간에 교회는 다른 어떤 주간보다 더 하나님을 바라봐야 합니다. 고난주간 월요일에 이 시편 본문은 드넓은 하나님의 선하심에 대한 믿음을 재정립하게 하는 대위선율을 노래합니다.

시편 36편은 많은 이미지가 담긴 이미지 중심의 시입니다. 본문 안에는 드높은 하나님의 사랑, 신실하심, 의로우심이 하나님의 깊은 정의와 연관되어 여러 이미지도 나타납니다. 하나님의 날개 그늘 아래 있는 피난처, 집에서 배불리 먹음, 강물을 마심, 생명의 샘, 빛 안의 빛, 원수의 손과 발을 그려 내는 장면들도 있습니다. 인터넷이 섬광전구처럼 우리의 상상을 가득 채우는 이미지 중심의 세상에서 설교자는 시편 기자를 본받아 이미지 위에 이미지를 계속 쌓아갈 수도 있고, 전체를 압축적으로 보여주기 위해 한 장면에 집중하는 쪽을 선택할 수도 있습니다.

시편 36편의 풍성한 이미지들은 우리를 향해 소망을 폭포수처럼 쏟아붓습니다. 예배당에 앉아서 동쪽 벽의 스테인드글라스 벽화를 본다고 상상해 보십시오. 산 위로 막 떠오른 해는 들어오라고 초대하듯 문이 활짝 열린 벽화 속의 집에 주목하게 만듭니다. 집 바깥의 샘에서는 상쾌한 마실 물이 나옵니다. 앞에는 강이 흐르고 뒤로는 산이 자리 잡은 이 집은 자연의 힘들을 막아주고 밤에 찾아오는 도둑으로부터도 안전하게 지켜 줍니다. 스테인드글라스로 비쳐 드는 시편 기자의 빛은 하나님의 한결같은 사랑, 신실하심, 의로움, 심판, 구원을 집중 조명합니다. 이 장면이 제시하는 비전은 하나님의 날개 그늘 아래서 안심하고 쉬라고 우리를 부릅니다. 금요일은 피할 수 없지만, 피할 곳을 제공하는 하나님의 날개가 여전히 우리를 한데 모읍니다.

주석적 관점

야웨는 모든 생명체를 보호하고 그들의 삶에 질서를 부여하고 먹을 것을 줄 능력을 갖고 계십니다. 이 고백은 오늘 본문을 여는 찬양(5-9절)의 핵심이고 이 시의 전체 구조에서 중요한 부분에 자리 잡고 있습니다. 실제로 5절은 이 시의 전환점입니다. 1~4절에서 시편 기자는 악인의 철저한 부패성과 그런 이들이 어떻게 그를 실질적으로 위협하는지에 초점을 맞춥니다. 시인은 원형적 악인의 모습을 그려내고 그의 심리구조를 탐구하면서 그 내면의 대화를 묘사하기에 이릅니다(1-2절). 하나님을 두려워하지 않는 이 악인들은 죄악을 꾀하고(4절) 나쁜 말을 하고 악한 일을 하고도(3절) 무사할 거라는 오만한 믿음을 갖고 있습니다.

이런 내용이 5절에 이르러 갑자기 찬양으로 바뀝니다. 여기서 시편 기자와 지금까지 이 내용을 듣고 있던 모든 사람은 악인들이 무엇을 인식하지 못해 해를 자초했는지 떠올리게 됩니다(12절을 보십시오). 악인들은 야웨가 실재하시고 강력하시며 결코 무시할 수 없는 분이라는 사실을 익식하지 못했습니다. 5~6절은 광대한 용어로 야웨를 묘사하여 자연의 강력한 힘과 짝지어 야웨의 특성을 알려줍니다(7-9a절). 야웨의 한결같은 사랑은 하늘, 그분의 신실함은 공중(구름), 그분의 의로우심은 산들, 그분의 심판(미슈파트, 정의)은 깊은 바다와 연결됩니다. 시편 기자는 하나님 성품의 무형적 측면들을 우주의 잘 보이는 측면들과 짝지어 구체적으로 제시합니다. 이 신실한 시인이 보기에 자연의 요소들은 야웨의 본성을 증언합니다. 참으로, 우주의 구조 자체가 야웨의 의로움과 정의의 증거입니다.

시편 기자는 악인의 성품(1-4절)과 완전히 반대되는 야웨의 성품을 찬양한 후, 믿는 자들의 공동체가 누릴 수 있는 야웨의 보호(7절), 보존(8절), 축복(9절)의 행위들을 묘사합니다. 이 공동체는 야웨와 마찬가지로 악인들과 날카로운 대조를 이룹니다. 이 공동체는 놀랍도록 포용적이어서 그 구성원들이 전 세계에 걸쳐 있고 심지어 동물들까지 아우릅니다(6절)! 이 모든 피조물이 야웨의 날개 아래서 피난처를 발견하는데, 이 심상은 시편에 여러 차례 등장해 하나님의 임재가 제공하는 보호를 묘사합니다(시 17:8, 57:1, 61:4, 63:7, 91:4).

야웨의 보호하시는 임재를 누리는 사람들은 그분을 통해 먹을 것도 공급받습니다. 8a절을 좀 더 직역하면 '그들이 주의 집의 기름진 것을 마실(풍족한 것을 먹을) 것입니다' 건강에 민감한 현대 독자들에게는 이상하게 들리겠지만, 시편 기자는 성전의 제사 음식에서 흥건하게 흘러나오는 기름을 즐기는 일을 말하는 것일 수도 있습니다. 시인은 야웨의 '강물'과 '원천'(8b-9절)의 이미지를 통해 하나님의 보호와 공급에 대해 추가로 언급합니다. 구약성서의 다른 곳에서는 이 이미지들이 성전과 긴밀하게 연결돼 있습니다(참고. 시 46:4, 겔 47:1, 욜 3:18, 슥 13:1, 14:8). 시편 기자는 하나님 앞에서는 혼란의 물(참고. 창 1:1, 시 46:3)이 질서 있게 생명을 주고 보존하는 방편이 된다고 주장합니다. 9절은 '주의 빛 안에서 우리가 빛을 보리이다'라는 주목할 만한 암시적 문구로 마무리됩니다. 이 문구는 성전에서 터양처럼 빛나는 신이 현현하는 것을 가리킬 가능성이 있습니다(참고. 시 4:6, 44:3, 89:15).

7~9절은 야웨의 문학적 이미지들의 특별한

모음이라고 할 수 있습니다. 본문을 단순하고 구체적으로 읽으면 복합적인 그림이 하나 보입니다. 날개 달린 신(7절)에게서 생명수가 흘러나오고(8-9b절), 그에게서 태양처럼 빛이 나옵니다(9b절). 고대 근동 예술에서는 이와 놀랍도록 유사한 이미지를 볼 수 있는데, 태양신을 상징하는 날개 달린 원반이 있고 그 날개 아래로 물줄기가 흘러나옵니다. 시편 36:7~9의 그림은 이것과 정말 놀랄 만큼 닮았습니다. 이 시는 사람이 음료와 빛으로 활력과 기쁨을 얻는 모습을 묘사합니다. 시편 기자가 당대의 다른 신들에 대한 그림 이미지를 활용해 야웨께 적용한 것이 분명합니다. 시인은 당대의 종교적 도상학을 재구성해 다름 아닌 야웨야말로 신실한 자들의 생명과, 더 나아가 모든 피조물의 생명까지 보존하고 보호하시는 분이라고 암묵적으로 주장합니다(6b-7절). 이런 능력은 오직 야웨께만 있습니다.

시편 기자는 야웨를 천상의 신으로 생생하게 그려낸 후, 이 시의 유일한 직접적 청원을 올립니다(10-11절). 보통 이런 청원은 탄원시의 훨씬 앞부분에 등장합니다(예를 들면 시 6, 17, 31편). 하지만 시편 36편에서는 후반부에 이르기 전까지 시인은 (1-4절에서 원형적 악인으로 그려지는) 원수들과 하나님이라는 주요 행위자들을 묘사하는 데 주로 관심이 있었습니다. 10~11절에서는 이 두 행위자 모두가 거론되고, 시인은 제3의 인물, 즉 본인을 등장시킵니다. 이 시인은 악인의 악행에 피해를 당할 수 있고(11절), 더 중요하게는, 그 역시 하나님의 보호하시는 능력의 잠재적 수혜자입니다. 악인과 시편 기자와 하나님의 이 관계는 시의 앞부분에 암시되어 있었는데, 끝부분인 이 지점에서 시인은 악인들에게서 보호해달라고 야웨께 분명히 간청합니다.

시인은 이 마지막 간청에서 자신을 의로운 공동체의 일원으로 묘사합니다. 그들은 하나님을 '아는' 자들, '마음이 정직한' 자들입니다(10절). 의로운 공동체를 이런 식으로 묘사한 것은 악인에 대한 1~4절의 묘사와 명확한 대조를 이루게 하려는 것입니다. 악인들은 의롭게 살기보다 '마음 깊은 곳'에 있는 거짓말, 하나님은 무력하고 심지어 존재하지도 않는다는 거짓말을 좇으며 삽니다. 그들에겐 '하나님을 두려워하는 빛이 없습니다'(1절). 그들이 가하는 위험은 손에 잡힐 듯 명백하지만(1-4, 11절), 시인은 그들의 오류와 하나님의 능력을 절대적으로 확신합니다. 모든 생명을 보호하시고 그들의 삶에 질서를 부여하고 먹을 것을 주시는 하늘의 하나님이 결국 정의와 구원을 이루실 것입니다(12절).

설교적 관점

고난주간 초반에 접어든 설교자는 두 가지 극심한 긴장 사이에 머무르며 설교해야 하는 어려운 과제를 마주합니다. 종려주일 직후 월요일, 고난주간의 설교자는 위대한 세 날과 특별히 부활절을 멀리 바라보고 있습니다. 설교자는 이미 일어난 일과 앞으로 일어날 일 사이의 긴장을 넘어서야 합니다. 우리는 예수님의 수난을 이미 경험해 알고 있지만, 고난주간이 펼쳐지면서 그 경험을 반복할 것입니다. 따라서 고난주간의 설교자는 우리가 이미 결과를 아는 이야기가 다시 시작되는 지점에 서 있습니다.

극심한 긴장이 또 하나 있습니다. 고난주간의

중심에는 언제나 예수님과 그분이 예루살렘에서 겪으신 일이 자리 잡고 있습니다. 위풍당당한 예루살렘 입성을 시작으로 기성 체계에 대한 비판과 배신, 체포, 재판, 십자가 처형과 빈 무덤까지 죽 이어집니다. 고난주간의 사건은 예수님에 대한 이야기입니다. 하지만 고난주간에 대해 설교하려면 그 사건들이 설교자 본인과도 관련이 있어야 합니다. 즉, 고난주간 설교자의 임무는 나사렛 예수의 이야기와 지금 예배당에 있는 교인들의 이야기를 연결하도록 돕는 것입니다. 그리고 설교할 때 늘 그렇듯, 그런 연결을 돕는 기술은 본문을 기발하게 관찰한 내용을 제시하는 것보다는 생명을 주고 변화시키는 방식으로 본문을 열어 교인들의 마음과 정신으로 들어가는 길을 찾아내는 것을 말합니다.

본문의 첫 연(5-6절)은 이 시 전체를 관통하는 주제, 하나님의 변함없는 '인자하심'을 소개합니다. 고난주간에 어떤 일이 일어나든, 예수님이 어떤 일을 겪으시든, 그 경험이 우리 자신의 고통이나 두려움의 깊은 밑바닥에서 무엇을 끄집어내든, 우리는 고난주간에 하나님의 한결같은 사랑이 어떤 식으론가 구현됐다는 주장을 출발점으로 삼아야 합니다. 이 사랑이 고난주간의 사건들을 지휘하고, 그 모든 사건 가운데 결국 하나님께서 예수님 편이셨고 우리 편이셨음이 드러날 것입니다.

시편 36편은 하나님의 한결같은 사랑을 여러 방식으로 자연에 은유하여 구체적으로 묵직하게 찬양하는데, 그 은유들은 갖가지 형태로 변화되면서 자연스럽게 이어집니다. 먼저 화자는 하나님의 한결같은 사랑을 광범위한 추상적 표현으로 묘사합니다. 그 사랑이 하늘에 닿았고 공중(구름)에 사무쳤다고 말합니다. 첫 번째 연에서는 사랑의 이미지가 등장하지 않지만 우리는 이 대목에 부분적으로 깃들어 있는 하나님의 사랑이 어떤 모습이고 어떤 느낌인지 압니다. 하나님의 의는 '우람한 산줄기와 같고'(새번역), 하나님의 심판은 '큰 바다와 같'습니다. 하나님의 한결같은 사랑이 무엇이든, 우리는 그것이 크고 높고 깊다는 것을 알고, 그것을 묘사하는 첫 번째 방식이 인간의 의식과 상상력의 최대치인 자연현상에 비유하는 것임을 압니다.

두 번째 연(7-9절)은 그 비유를 좀 더 자세히 설명하고 명료하게 다듬습니다. 천상의 반그림자처럼 모호하고 추상적이었던 이미지가 이제 '하나님의 날개 그늘'로 형태를 갖춥니다. 이어서 등장하는 새로운 비유에서 사람들은 하나님의 집에 있는 풍족한 것으로 배불리 먹습니다. 또 다른 은유에서는 '주의 복락의 강물을 마'십니다. 우주적이고 광범위한 은유(공간, 하늘, 산, 대양)가 음식, 물, 인간 삶의 필수품 같은 개인적 비유로 빠르고 미묘하게 넘어간 것입니다. 이 연은 서로 다르지만 보완적인 두 비유로 마무리됩니다. 하나님께는 '생명의 원천'이 있고, 하나님의 빛 안에서 '우리는 빛을 봅니다.' 하나님께서는 우주를 다스리시는 현존이신 동시에 지금 이곳에서 살아가기 위해 꼭 필요한 것들의 근원이십니다. 더 나아가 하나님께서는 샘으로 비유된 '생명'의 근원이시자 우리를 비추는 '빛'(지식, 선함, 소망)의 근원이기도 하십니다.

세 번째 연(10-11절)은 하나님의 한결같은 사랑에 바치는 찬양을 마무리하면서 하나님을 알고 '마음이 정직한 자'들에게 계속 그 사랑을 베풀어 달라고 기도합니다. 그러고 나서 고난주간의 나머지 기간에 두드러지게 나타날 탄원의 주제를 도입합니다. "교만한 자의 발이 내게 이르지 못하게 하시며 악인들의 손이 나를 쫓아내지 못하게 하소서." 지금까지 화자가 하나님의 한결같은 사랑을 찬양하며 했던 모든 말이 이제 새로운 방식으로 나타납니다. 우주적 차원에서 경이롭게 나타난 그 한결같은 사랑은 개인에게 나타나 그 삶도 친밀하게 붙들어 줍니다. 하지만 화자는 삶이 얼마나 위험천만할 수 있는지 압니다. 이 대목에서 그는 지금까지의 기쁨에 찬 찬양의 진짜 목적을 드러냅니다. 화자는 인생의 연약함과 그 결과의 우연성을 제시하면서, 하나님께서 과거에 그러셨던 것처럼 오늘도 나를 신실하게 지켜 달라고 두려움과 소망 가운데 부르짖습니다.

따라서 시편 36:5~11은 설교자에게 두 가지 강력한 가능성을 보여줍니다. 하나는 찬양에 근거한 것이고, 다른 하나는 탄원에 근거한 것입니다. 지금 설교자에게는 고난주간 전체라는 맥락 안에서 설교의 방향을 잡고 예수님 이야기를 교인들의 삶과 연결시켜야 하는 이중의 과제가 주어져 있습니다. 이를 염두에 두고 설교자는 하나님의 '한결같은 사랑'에 대한 찬양이라는 이 시의 더 큰 주제를 가지고 고난주간의 월요일 설교시간을 활용해 다가올 한 주 전체가 하나님의 날개가 드리우는 보호의 그늘 아래서 진행되는 것으로 요약할 수 있습니다. 이렇게 되면 고난주간 첫 번째 설교의 핵심은 '이번 주 예수님과 우리가 험난한 여정을 맞이하겠지만, 하나님의 한결같은 사랑은 그 과정 전체를 아우르고 있다'가 됩니다. 이렇게 설교하려면 선한 사람들에게 왜 나쁜 일이 일어나는지를 기꺼이 다루어야 하겠지만, 그렇게 되면 우리의 고통을 더 큰 맥락 안에서 바라볼 수 있다는 장점이 있습니다.

설교자의 두 번째 선택지는 11절에서 힌트를 얻는 것입니다. 11절에 나타나는 탄원의 모티브는 고난주간 뒤쪽으로 갈수록 더 강하게 드러날 것입니다. 하나님의 한결같은 사랑을 신뢰해도, 궁지에 몰리면 구체적이고 개인적인 보호를 구하게 됩니다. 고난주간에 우리는 그리스도인 공동체로 모여 예수님과 그분의 고난에 초점을 맞추지만, 우리 머리와 가슴속에 있는 것을 기도로 아뢰어도 괜찮습니다. 교인들이 예수님 이야기에서 자신을 보고 자신들의 이야기에서 예수님을 볼 수 있게 해 주는 것은 고난주간의 월요일을 기념하는 탁월한 방식입니다.

히브리서 9:11~15

11 그리스도께서는 장래 좋은 일의 대제사장으로 오사 손으로 짓지 아니
한 것 곧 이 창조에 속하지 아니한 더 크고 온전한 장막으로 말미암아
12 염소와 송아지의 피로 하지 아니하고 오직 자기의 피로 영원한 속죄를
이루사 단번에 성소에 들어가셨느니라
13 염소와 황소의 피와 및 암송아지의 재를 부정한 자에게 뿌려 그 육체를
정결하게 하여 거룩하게 하거든
14 하물며 영원하신 성령으로 말미암아 흠 없는 자기를 하나님께 드린 그
리스도의 피가 어찌 너희 양심을 죽은 행실에서 깨끗하게 하고 살아 계
신 하나님을 섬기게 하지 못하겠느냐
15 이로 말미암아 그는 새 언약의 중보자시니 이는 첫 언약 때에 범한 죄
에서 속량하려고 죽으사 부르심을 입은 자로 하여금 영원한 기업의 약
속을 얻게 하려 하심이라

신학적 관점

히브리서 전체에는 기독론과 속죄라는 두 신학적 주제가 얽혀 있습니다. 바울 서신들의 신학적 가르침에도 두 주제 모두 비슷하게 등장하지만, 히브리서에서는 이 주제들이 독특한 관점들로 표현돼 그리스도의 본성과 사역에 대한 이해를 풍성하게 해 줍니다. 히브리서에서 이 두 주제는 도덕적 행위를 실천하라는 권고나, 믿음의 위축 또는 손상을 허용하지 말라는 경고로 이어집니다. 이런 흐름이 오늘 본문에도 이어져 새 언약과 옛 언약 사이의 연속성과 불연속성이 등장합니다.

기독론은 대제사장이신 그리스도, 구속 사역에서 그리스도의 희생이 나타내는 효력, 그리스도가 하나님과 히브리서 독자들 사이의 언약에 대해 갖는 연속성과 혁신성 등 여러 측면을 다룹니다. 기독론에는 그리스도께서 대제사장이신 동시에 희생제물이시라는 기독론의 역설이 등장합니다. 그리스도께서는 '이미 이뤄진 좋은 것들의 대제사장으로 오셨을'(11절) 뿐 아니라 그 직책으로 섬기실 때 '자신의 피로 단번에 지성소로 들어가셔서 영원한 구속을' 이루셨습니다(12절).

이 지점에서 히브리서 기자는 그리스도의 역할을 멜기세덱의 역할과 동일시합니다. 멜기세덱은 아브라함이 전투에서 이기고 돌아왔을 때 그를 축복했던 '지극히 높으신 하나님의 제사장'이었습니다(창 14:17-20). '의의 왕' 멜기세덱은 그리스도를 너무나 많이 예표해 '히브리서 기자가 그리스도를 유대교 희생제사의 완성이자 성취로 제시'*할 수 있게 해 주는 인물입니다.

새 언약을 수립하는 희생제물로서 발휘하시는 그리스도의 효력은 옛 언약에서 염소와 황소의 희생으로도 충분했던 정결과 비교됩니다. 히브리서 저자는 두 희생제사를 극적으로 대조합니다. 이 동물들의 피와 재를 '더러워진 사람들에게 뿌려도 … 그들이 거룩하게 되거든'(13절, 새번역), 흠 없는 그리스도의 피가 '우리들의 양심을 깨끗하게 해서, 우리로 하여금 죽은 행실에서 떠나서 살아 계신 하나님을 섬기게 하지 않겠습니까?'(14절, 새번역).

기독교 신학사의 다양한 지점에서 신학자들은 그리스도의 속죄와 구속사역을 이해할 때 그분의 십자가 희생을 만족이나 대리의 관점에서 설명할 수 있다는 생각에 집중했습니다. 성서의 세계에서 허물을 속죄하려면 보복의 권리를 배상하는 피의 희생제사가 필요했습니다. 그래서 십자가에 못 박힌 그리스도의 피는 피의 제사에 대한 기대를 만족시키거나, 심판을 받아야 할 사람을 적절히 대신할 수 있었습니다. 두 해석 모두 본질적으로는 희생제사 자체를 메시야적 자아를 포기하는 해로운 일, 곧 그리스도의 흠 없는 본성을 비우는 일로 여깁니다.

하지만 최근에 신학자들은 그리스도의 속죄 행위를 생각할 때, 그분의 정결이 인간의 죄성을 대신함을 강조하는 관점에 머물지 않고 그리스도께서 하나님의 풍성한 은혜를 나눠주심을 기뻐하는 관점으로 생각을 전환하기 시

* Daniel M. Bell Jr., "Sacrifice," in *New and Enlarged Handbook of Christian Theology*, ed. Donald W. Musser and Joseph L. Price (Nashville: Abingdon Press, 2003), 447.

작했습니다. 이 점에서 새로운 관점이 말하는 (그리스도의) 주심은 그리스도께서 흠 없는 본성을 포기하시는 것이 아닙니다. 오히려 그분의 희생이 한량없이 베푸시는 하나님의 은혜로 우리에게 필요한 영적 건강을 어떻게 채우는지 밝혀 줍니다. 희생제사에 대한 이 새 관점은 희생제물이 "상실을 초래하지 않고 교제, 상호성, 상호의존성을 북돋운다"*라고 말합니다. 이 논점의 중요한 함의는 자신을 제물로 바침으로써 자신이 작아지지 않고, 오히려 본인도 다른 사람들도 강해진다는 것입니다.

이 완벽한 희생제사의 집행자이자 제물이신 그리스도께서는 '첫 언약 때에 범한 죄'에서 풀려나도록 부르심을 받은 사람들을 위한 '새 언약의 중보자'(15절)이기도 하십니다. 첫 언약 아래서 바쳐진 희생제사와 달리 그리스도께서 새 언약의 토대로서 바치신 희생제사는 그 지속성과 정도와 깊이에서 차이가 납니다. 첫 언약 아래서 참회자에게 제물의 피를 뿌리는 것은 육체를 깨끗하게 하기 위한 요구사항을 충족시키기 위한 일이었습니다. 그런데 그리스도께서 자기를 제물로 바치심으로 모든 사람에게 정결함이 확장됐습니다. 그분의 희생은 사람의 몸뿐 아니라 영까지 깨끗하게 합니다. 그리고 그 효력은 일시적이지 않고 영원합니다.

첫 언약 아래서 희생 제물의 피로 이루어지는 제의적 정결은 반복적인 제사가 필요했지만, 그리스도의 희생제사는 완전하고 영구적입니다. 이것은 히브리서 10장에서 저자가 '그리스도께서는 죄를 사하시려고, 단 한 번의 영원히 유효한 제사를 드리셨다'고 말한 바와 같습니다(히 10:12, 새번역). 첫 언약 아래서 제사로 이루어지는 정결은 제사장들 본인과 그들이 대리하는 언약 백성인 유대인들에게 적용됐습니다. 하지만 그리스도의 희생으로 이루어지는 정결은 모든 사람, 즉 유대인과 이방인 모두에게로 확장됩니다. 끝으로, 첫 언약 아래서 제사는 택함 받은 백성의 죄를 속량했고, 이것은 물리적 신체적 정결로 표현됐습니다. 그에 반해, 새 언약 아래의 제사는 영구적이고 모든 사람을 위한 것입니다. 그 제사는 완전하여 죄를 사하는 것을 넘어 제거함으로써 몸과 영을 온전히 깨끗하게 합니다.

이렇게 해서 히브리서는 하나님께서 그리스도 안에서 하신 일에 대한 세 가지 뚜렷한 논점을 제시합니다. 첫째, 그리스도의 희생적 죽음은 유일하고 포괄적이고 영구적인 속죄의 행위로서 모든 시간과 모든 시대에 적용됩니다. 둘째, 이제는 하나님의 용서의 은혜가 이제 인종, 계급, 성별과 무관하게 모든 사람에게 적용되고 그 누구도 거기서 배제되지 않습니다. 모두가 그리스도의 속죄의 희생의 수혜자가 됩니다. 셋째, 그리스도의 속죄의 죽음은 한 사람의 삶의 모든 차원, 즉 영적 · 정서 · 적정신적 · 육체적 차원에까지 두루 영향을 미치기 때문에, 진정한 새로운 삶은 변화를 일으키는 믿음의 행보로 드러납니다(참조. 히 11장).

오늘 본문의 용어들이 처음에는 이해하기 힘들고 신비하게 들릴 수 있지만, 이 본문에 담긴 속죄의 이해는 그리스도의 희생 사역의 역사적이고 독보적인 중요성을 모든 시대 신자들의 삶과 불가분하게 연결합니다. 바울이 강조하는 바와 같이, 모든 신자는 그리스도의 사

* Ibid., 448.

역에 힘입어 하나님께 바치는 '산 제물'이 되도록 부름받았습니다(롬 12:1).

목회적 관점

목사는 고난주간 월요일 예배에 모인 흥미로운 사람들을 살펴봅니다. 그들 중에는 예배당의 문이 열리고 불이 켜질 때마다 빠짐없이 자리하는 교인이 있을 것입니다. 얼마 전부터 교회에 나오기 시작한 새신자가 있을지도 모릅니다. 신앙의 여정을 막 시작한 그는 예배에 참석할 기회를 절대 놓치지 않습니다. 그날 낮에 사업 미팅에 참석하러 출장 가던 길에 우연히 고난주간 예배를 알리는 광고를 보고 이곳에 온 낯선 사람도 있을 수 있습니다. 주일 오전 예배에 꾸준히 참석하는 친숙한 얼굴도 보일 수 있습니다. 최근에 직장생활이 엉망이 된 그는 삶을 가다듬고 새로운 관점에서 바라보며 중심을 다시 잡을 기회를 간절히 찾고 있습니다. 설교자에게 월요일의 회중은 다를 것입니다. 좀 더 규모가 작을 수는 있지만 어쩌면 설교에 더 집중할지도 모릅니다.

고요한 월요일 저녁 예배 시간, 예배당 벽에는 "가장 높은 곳에서 호산나!" 소리가 여전히 메아리치고 있습니다. 종려나무 가지들의 잔상이 바닥에 가득합니다. 종려주일 행진의 기억이 너무나 생생해서 일부 교인들은 "왕 되신 우리 주께 다 영광 돌리세"(찬송가 140장)의 곡조를 계속 흥얼거리고 있습니다. 예배 기획자들이 회중의 시선을 십자가로 돌리기 시작하는 데 성공한다 해도, 주일예배 때 수난주일의 요소가 다소 있었다고 해도, 월요일 예배를 종려주일 바로 다음날에 드린다는 사실은 변하지 않습니다. 고난주간 월요일에 모이는 특별한 회중은 이 전환을 마무리하고, 완전히 돌아서서 겟세마네와 골고다로 나아갈 준비를 합니다.

목사와 회중이 히브리서 9장을 읽을 때 종려주일에서 벗어나는 전환이 아주 분명해집니다. 성서학자들은 종종 히브리서를 한편의 긴 설교라고 묘사합니다. 히브리서의 저자는 흔히 그 설교를 전하는 자로 여겨집니다.

오늘 본문으로 히브리서의 설교자는 종려주일이 끝나고도 여전히 남아있는 심상과 신학적 은유, 심지어 이야기의 흐름까지 바꿔 놓습니다. 이제 그리스도는 예루살렘에 도착해 칭송받는 겸손한 종이 아닙니다. 그분은 더 크고 완전한 하늘의 장막으로 나아가는 대제사장이시며, 하나님께서는 그 장막에서 그리스도의 완전한 제사를 받으실 것입니다. 위엄 있게 나귀를 타시는 메시야께서 이제 자신의 피를 바치는 새 언약의 중보자가 되십니다. 고난주간에 성서를 읽는 사람들은 배신과 재판의 장면으로 곧장 달려가고 싶을지 모르지만, 히브리서의 설교자는 피할 수 없이 전개되는 이야기를 잠시 멈추라고 합니다.

월요일의 잠시 멈춤은 그리스도의 희생을 숙고하고, 육체가 아닌 마음과 영혼이 깨끗하게 됨을 숙고하기 위함입니다. "우리를 구원하소서, 우리를 구원하소서" 하던 종려주일 아침의 찬양은 회중 사이로 퍼져나가는 사색의 속삭임으로 대체됐습니다. "그분이 우리를 구원하셨다! 그분의 피로 우리는 구원받는다."

설교자와 회중이 함께하는 설교의 현장에서 히브리서 본문은 다양한 방식으로 기능할 수 있습니다. 오늘 본문은 성서와 제사 언어라는 낯선 세계로 순식간에 푹 잠기는 기회가 될 수 있습니다. '성소', '새 언약', '첫 언약' 같은 용어에 염소와 황소의 피 등의 이미지들이 더해지면 설교를 듣는 사람은 살짝 불편해질 수 있습니다. 고난주간의 여정은 평일 저녁 예배에 참석한 이들에게 많은 부분이 친숙하고 심지어 안전하게 느껴지기도 하는데, 이런 제사 언어는 다소 귀에 거슬리고 듣는 사람을 당황스럽게 만들 수 있습니다. 하지만 교회가 그리스도 수난의 문턱에 다시 설 때 약간의 밀고 당김이 있는 것은 그리 나쁘지만은 않을 것입니다. 고난주간에 예배를 인도하는 사람 중에서 정해진 틀과 기대와 전통이 회중을 무감각하게 만들 수 있다는 사실을 부인할 이는 별로 없을 것입니다. 예배에 참석하는 많은 이들이 설교나 예배에서 뭔가 새로운 것을 기대한다고 말하기도 아주 힘들 것입니다. 월요일의 낯선 영역으로 발을 들여놓는 일은 새로운 것에 대한 모종의 가능성을 열어젖힐 수 있습니다. 회중이 고난 받는 종이자 겸손한 왕이신 예수님을 만날 준비가 되는 바로 이때 히브리서의 설교자는 '더 크고 온전한 장막'(11절)으로 들어가 세상 죄를 위해 자신의 피를 흘리시는 위대한 대제사장이신 그리스도를 바라보게 만듭니다. 장의자에 앉은 이들이 같은 찬양을 부르고 같은 본문이 봉독되는 것에 익숙해져 가는 바로 이 순간 오늘 본문은 그들이 좀 더 노력해야만 그리스도의 희생적 죽음을 이해할 수 있고 도대체 그 죽음이 평범한 삶의 길과 어떻게 연결되는지 상상할 수 있을 것이라고 선언합니다.

어떤 이들에게 희생제사의 언어는 머리로 이해하기 어려운 것이겠지만, 다른 이들에게는 마음을 울리는 초대장일 수 있습니다. 최상의 경우, 고난주간의 영적 순례는 예수님의 고난과 죽음을 새롭게 대면할 가능성을 제공합니다. 늘 그렇듯, 고난주간에 펼쳐지는 복음의 서사는 회중을 그리스도의 여정으로 초대할 것입니다. 교인들은 그 길에서 고요히 묵상할 지점들을 발견하고, 예수님이 자신을 사랑했던 이들의 손에 배신과 버림받음을 경험하실 때 우리의 삶이 그분의 삶과 단단히 연결돼 있음을 다시 한번 깨닫습니다. 하지만 고난주간을 시작하는 월요일, 오늘 히브리서 본문에 등장하시는 그리스도는 우리 각 사람을 위해 완전한 제물이 되셔서 피를 흘리신 대제사장이십니다. 그분이 맡으신 제사장 역할에 힘입어 개인은 그분의 죽음이 '나에게' 무엇을 의미하는지 새롭게 숙고하게 됩니다.

복음의 서사는 우리를 그 안으로 끌어들입니다. 위대한 대제사장이신 그리스도께서는 그분의 희생제사로 우리에게 다가오십니다. 우리는 거룩해지고 정결해집니다. 양심이 죽은 행실에서 깨끗하게 되어 우리가 살아계신 하나님을 섬기게 됩니다! 향후 며칠 동안 교회는 예수님의 친숙한 발걸음을 따라 다시 부활절 아침의 빈 무덤에 이르게 될 것입니다. 히브리서의 설교자는 예수님이 우리를 위해 십자가의 길을 가신다는 사실을 처음부터 아는 상태로 그분의 여정에 동행하라고 성도들을 초대합니다. 고난주간을 지나며 펼쳐지는 이야기에서는 모든 초점이 예수님께 맞춰질 것입니다. 하지만 그분의 초점, 대제사장이신 그분과 그분의 완전한 제사의 초점은 늘 우리에게 맞춰져 있다는 사실을 절대 잊지 마십시오.

주석적 관점

오늘 본문은 그리스도의 죽음과 레위기 16장이 설명하는 대속죄일(욤 키푸르) 의식을 복잡하게 비교하는 과정에서 등장합니다. 히브리서 9~10장의 많은 부분을 차지하는 이 비교는 예레미야 31:31~34의 예언이라는 더 큰 틀 안에 자리를 잡고 있습니다. 히브리서 8:1~12, 10:16~17에 인용된 예레미야의 예언은 새 언약의 수립을 약속합니다. 이 예언과 비교가 협력하여 정교한 주석의 태피스트리를 짜 냅니다. 이 태피스트리가 최종적으로 그려 내는 그리스도의 그림에서 그분은 새 언약 관계를 가능하게 만드는 분으로 등장하십니다. 그리스도께서는 높아지신 자비로운 하늘의 중보자라는 그분의 지위로 이 일을 해내시고, 언약의 형제자매들에게 믿음과 소망과 사랑의 본을 보여주시는 하나님의 아들로서도 이 일을 해내십니다.

본문을 여는 11절은 그리스도가 '대제사장'이라고 전제하는데, 히브리서 저자는 7장에서 그것을 증명한 바 있습니다. 거기서 저자는 시편 110:4을 인용하여 논지를 전개했는데, 이 시편 구절은 초기 그리스도인들이 그리스도께 자주 적용한 시편 110:1에서 '주'(임금님), 전하라고 칭한 분을 '멜기세덱의 서열을 따른 영원한 제사장'이라고 불렀습니다. 히브리서 저자는 이 구절이 영원한 하늘의 대제사장이신 그리스도께 적용된다고 해석했습니다. 혈통만 보자면 제사장 지파가 아닌 유다 지파 출신이시지만, 그분은 완벽한 대속죄일의 의식을 이상적인 장소, 즉 인간이 만든 건물이 아닌 하늘에서 수행하기에 합당하셨습니다. '온전함'이라는 표현과 히브리서 9~10장에서 펼쳐지는 이외의 여러 비교는 플라톤주의 철학 개념들, 즉 이상적인 또는 천상의 완전한 영역 개념들을 떠올리게 합니다.

그리스도께서 '이미 현실이 된' 좋은 일(11절. 이 대목을 '장래 좋은 일'로 옮긴 다른 번역본들은 히 10:1의 문구에 영향을 받았을 것입니다)의 대제사장이시라는 말은 그리스도의 높아지심 안에서 종말론적 사건이 이미 일어났음을 암시합니다. 이상적인 일이 현실이 됐고, 히브리서 저자는 히브리서 10:1~10에서 바로 이것을 주장하게 됩니다.

히브리서 9장 앞부분에서 설교자는 레위기에서 묘사된, 고대의 성막에서 이루어진 제사 행위를 묘사합니다. 그리고 12절에서 그 행위를 다시 언급합니다. 성막은 통상적 의식을 진행하는 장소인 외부 공간과 내성소(지성소, 12절)로 구성돼 있었습니다. 내성소로는 대제사장이 일 년에 하루만 필수적인 희생제물의 피를 가지고 들어가 언약궤를 정결하게 했습니다. '염소와 송아지의 피'(12절)나 '염소와 황소의 피', '암송아지의 재'(이상 13절)는 대속죄일 의식에 대한 정확한 언급은 아닙니다. 이 표현은 통상적인 속죄제사(레 4-5장) 및 암송아지의 재와 관련된 특별한 정결의식(민 19장)을 포함한 여러 종류의 속죄와 정결 의식을 포괄하는 의미로 쓰인 것 같습니다.

그리스도와의 연관성은 성막이 우주적 성전의 모형이라는 전제하에 성립합니다. 이 전제에서는 땅의 것들이 외부 뜰에 해당하고, 하늘은 내성소에 해당합니다. 히브리서 1장에서 초점을 두고 있는 것처럼 그리스도께서는 부활하시고 승천하셔서 하나님의 우편에 계십니다. 그분은 대제사장처럼 하나님의 가장 거룩한 임재 앞으로 들어가셨습니다. 그리스도께서 십자가에서 흘리신 피를 가지고 하나님 앞에 들어가심으로써 속죄가 가능해졌고, 그분은 그 하늘의 성소 안에 좌정하시고 언약의 동료들을 위해 늘 간구하십니다(7:23-25).

저자는 피 흘림이 어떤 과정에 의해 속죄를 가져오는지에 대해서는 다루지 않습니다. 이후의 기독교 신학자들은 이 주제에 대해 많은 추측을 내놓게 됩니다. 저자는 14절에서 피 흘림이 '영원하신 영'(eternal spirit)을 통해 일어났다는 한 가지 중요한 요점을 지적합니다. 이 표현이 이후의 삼위일체 신학에 기여하지만, 저자가 삼위일체적 모델을 염두에 두고 있었던 것 같지는 않습니다. 여기 나오는 '영원하신 영'을 (삼위일체의) 위격 이름으로 이해해서는 안 될 것입니다. 14절은 '피'가 어떻게 '하늘의' 영역에 들어가게 되는지에 대한 저자의 설명으로 이해하는 것이 가장 좋습니다. 그리스도의 영이 하나님의 영역으로 들어감으로써 속죄가 이루어집니다. 새 언약의 지지자들 안에 나타나는 이 영이 믿음의 삶을 가능하게 만듭니다. 이 영의 이미지는 놀랄 만큼 현실적이지만, 분명한 은유적 특성을 갖고 있습니다. 이 영에 참여함으로써, 그리고 믿음, 소망, 사랑의 영적인 삶을 통해서(10:19-25) 우리 양심은 죽은 행실에서 깨끗하게 되고 우리는 살아 계신 하나님을 섬기게 됩니다(9:14). 그러므로 '죽은 행실'은 곧 죄의 행실들입니다.

오늘 본문의 마지막 절(15절)은 예수님의 죽음에 대한 논의를 마무리하면서 언약의 개념을 도입합니다. 이 언약 개념은 오늘 본문 뒤에 이어지는 절들에서 더 자세히 전개됩니다. 언약의 주제를 도입한 것은 대속죄일 모형론에 대한 설명과 그것을 이해하는 틀을 제공하는 예레미야의 예언을 연결해 줍니다. 여기서 핵심 헬라어 용어인 '디아테케'(diathēkē)는 예레미야가 염두에 두었던 것으로 보이는 '협정' 또는 '계약'을 의미할 수도 있고 '유산'을 물려주는 법적 장치인 '유언'을 의미할 수도 있습니다. 히브리서 저자는 이 중의성을 활용하여 예레미야의 약속이 그리스도인들이 그리스도의 죽음으로 받은 유산을 통해 성취된다고 말합니다. 그리스도를 '중보자'라고 부르는 것은 그분이 성사시키시는 법적 계약의 틀을 시사합니다. 저자는 앞에서도 이런 법적 이미지를 써서 그리스도를 언약의 '보증'(7:22)이라고 부른 바 있습니다.

여기서 계약 성사의 결과는 '약속된 영원한 유업'(새번역)입니다. 이 유업의 내용은 그리스도의 영에 참여함으로써 하늘의 영역에 들어가는 것입니다. 믿는 자들에게 주어진 하늘의 안식에 대한 약속의 내용대로 말입니다(4:1-10). 저자는 디아테케의 중의적 의미를 활용해 그리스도의 죽음에 담긴 구원의 효력을 묘사하는 또 다른 이미지를 제시합니다. 그것은 바로 '속량하는' 행위인데, 그리스도께서 죄의 포로였던 사람들을 풀어주기 위해 몸값, 또는 구입 가격을 지불하셨다는 의미입니다.

설교적 관점

"여부스 족속은 도대체 어떻게 됐습니까?" 교인들이 주일에 교회에 와서 이런 질문을 하지 않는다고 해리 에머슨 포스딕(Harry Emerson Fosdick)이 쓴 지가 80년이 훌쩍 넘었습니다.*

* Harry Emerson Fosdick, quoted in Mike Graves,

교인들은 교회에 와서 예수님의 피가 왜 염소, 송아지, 황소의 피와 암송아지의 재보다 더 뛰어난지 묻지 않습니다. 그런 내용은 칼 바르트가 말한 '성경 안에 있는 낯설고 새로운 세계'* 정도가 아닙니다. 21세기의 의식과 너무나 동떨어진 나머지 상상하기조차 힘든 이미지와 개념들의 세계입니다.

설교자는 오늘 본문의 개념들이 교회력, 그중에서도 고난주간에 이루어지는 하나님 백성의 행보와 어떤 연관성이 있는지에 초점을 맞출 수 있습니다. 설교자는 이 본문을 다리로 삼아 예수님 희생의 의미에 대한 메시지를 특별히 구약의 희생제사와 비교하여 전할 수 있습니다. 또 다른 설교 전략은 히브리서 기자가 지향하는 최종 결과에 집중하는 것입니다. 히브리서의 모든 논증에는 하나의 목표가 있습니다. 그 목표는 오늘 본문 15절에 명시돼 있습니다. 예수님은 '새 언약의 중보자시니 이는 … 부르심을 입은 자로 하여금 영원한 기업의 약속을 얻게 하려' 하셨습니다.

복음을 설교한다는 것은 하나님께서 세상의 상황을 변화시키기 위해 어떤 구원의 일을 하셨는지를 드러내는 것입니다. 복음 설교는 나쁜 소식을 드러내고 하나님께서 '그에 맞서' 취하신 조치들에 대한 좋은 소식을 선포합니다. 하나님께서 이런 조치들을 취하신 것은 그분이 원하시는 상태를 훼손하는 일들을 극복하시기 위함입니다. 오늘 본문에서는 예수님의 영원토록 충분한 희생에 대한 좋은 소식과 일시적으로만 충분한 동물 희생제사라는 나쁜 소식이 대비를 이룹니다. 예수님의 희생은 우리 양심을 깨끗하게 해 죄책감 없이 하나님을 섬기게 할 수 있습니다. 예수님의 죽음으로 세워진 새 언약은 죄를 지은 자들을 궁극적으로 자유롭게 할 수 없었던 옛 언약이라는 나쁜 소식과 대비되는 좋은 소식입니다. 예수님의 단 한 번의 죽음은 모든 범죄를 참되고 궁극적으로 용서하기 위해 필요한 마지막 희생제사입니다. 이 사실이 새 언약을 세우고, 약속된 영원한 유업이 실현될 가능성을 엽니다. 하나님의 약속은 오직 그리스도 안에서만 성취될 수 있습니다. 따라서 예수님은 이전까지 부질없고 불충분한 종교의식으로 전락한 희생제사를 온전히 완성하는 분이 되십니다.

11~15절이 말하는 예수님의 사역에 어떤 일들이 포함되는지 주목해 보십시오. 그리스도께서는 대제사장으로 오셨고, 더 크고 완전한 장막이셨으며, 자신의 피로 단 한 번 성소에 들어가셨고, 영원한 구속을 이루셨으며, 자신을 하나님께 바치셨고, 우리의 양심을 깨끗하게 해 죽은 행실을 버리게 하셨습니다. 그분은 새 언약의 중보자시고, 약속된 영원한 유업을 주십니다. 그분의 죽음은 첫 언약 아래에서 저지른 죄에서 사람들을 놓아 줍니다.

설교자는 하나님께서 이렇게 행동하신 이유에 주목합니다. 히브리서 기자의 신학적 세계관에 따르면, 지상의 대제사장 직분이 불충분했기 때문에 하나님께서 다리를 놓는 직분(즉, 제사장직)을 직접 맡으셔야 했습니다. 하나님께서는 친히 대제사장이 되심으로써 그 일을

ed., *What's the Matter with Preaching Today?* (Louisville, KY:Westminster John Knox Press, 2004), 10.

* Karl Barth, *The Word of God and the Word of Man*, trans. Douglas Horton (New York: Harper & Row, 1957), 28–50.

하셨습니다. 또, 동물 희생의 효력이 일시적이고 불충분했기 때문에 하나님께서는 영원토록 충분하고 반복이 필요 없으며 궁극적이고 논란의 여지가 없는 희생을 제공하셔야 했습니다. 하나님께서는 예수님의 십자가 희생을 통해 이를 이루셨습니다. 예수님이 중보하시는 새 언약은 옛 언약을 무효로 만들지 않고 오히려 그 궁극적인 의도를 달성합니다. 하나님과 인류 사이에 맺어진 이전의 온갖 언약들의 여러 미진한 부분이 하나님께서 그리스도 안에서 세우신 언약 안에서 말끔히 해결됐습니다. 현세적인 것이 영원한 것이 되었습니다. 약속이 성취됐습니다. 불충분한 것이 완전해졌습니다. 생명이 죽음을, 용서가 죄를, 실체가 그림자를 이겼습니다.

복음을 전하는 설교자는 자신이 선포하는 좋은 소식이 왜 듣는 사람에게 진정으로 좋은 소식인지 답해야 합니다. 그들이 선포하는 좋은 소식은 사람들이 아는 나쁜 소식에 실질적이고 의미 있는 방식으로 대응해야 합니다. 오늘 본문으로 복음을 설교할 때 만나게 되는 어려움은 히브리서 기자가 주장하는 좋은 소식이 현대 교인들의 진짜 나쁜 소식에 어떻게 대응하는지를 파악하는 데 있습니다. 회중이 스스로 나쁜 소식의 실체를 인식하고 있어야 하는지, 설교자가 선포하는 말씀을 듣고 회중이 나쁜 소식의 실체를 알게 되는 것인지 논란이 있지만, 설교자는 그 문제로 고민할 필요가 없습니다. 본문이 드러내는 좋은 소식을 정말로 좋은 소식으로 신뢰하려면 그와 대조되는 나쁜 소식을 파악해야 한다는 것만 알면 됩니다. 오늘 본문의 경우에는 인간의 죄와 반역으로 생겨나는 하나님과의 분리가 나쁜 소식일 것입니다.

제 친구 한 명은 주류 기독교의 '달콤하기만 하고 밋밋한' 설교에 불간을 느끼고 설교자인 제게 걸핏하면 "죄는 어떻게 된 건가?"라고 묻습니다. 칼 메닝거(Karl Menninger)는 오래전에 같은 질문을 했고, 코넬리우스 플랜팅가 2세(Cornelius Plantinga Jr.)도 동일한 우려를 표명했습니다.* 오늘 본문은 죄의 중요성을 절대적으로 전제하고 있습니다. 그렇다면 이 본문으로 설교할 때 본문의 메시지가 우리 시대의 전형적인 설교 수용자들에게 의미 있는 내용이 되게 하려면 설교자는 (그들의 죄를 드러내기 위한) 상당한 수고를 해야 합니다.

하나님과 분리된 느낌이 없다면 속죄의 좋은 소식을 접한다고 뭐가 달라지겠습니까? 뚜렷한 죄의식이 없다면 용서의 메시지가 뭐 그리 의미 있게 들리겠습니까? 자신이 더럽고 불결해서 하나님을 올바로 예배할 수 없다고 진정으로 느끼지 않는다면 깨끗하게 된다는 메시지가 뭐 그리 대수로이 들리겠습니까? 옛 언약에 지치지 않았다면 새 언약이 다르게 다가오겠습니까? 오늘 본문의 좋은 소식 이면에 전제된 나쁜 소식을 토대로 회중 안에서 결핍감을 일깨우려면, 설교자는 본문이 증언하는 좋은 소식이 회중이 경험하는 현실의 나쁜 소식과 어떻게 연결되는지를 상상력과 창의력을 발휘해 파악해야 합니다.

* Karl Menninger, *Whatever Became of Sin?* (New York:Hawthorn Books, 1973); Cornelius Plantinga Jr., *Not the Way It's Supposed to Be:A Breviary of Sin* (Grand Rapids: Eerdmans, 1995).

고난주간 월요일

요한복음 12:1~11

1 유월절 엿새 전에 예수께서 베다니에 이르시니 이곳은 예수께서 죽은
자 가운데서 살리신 나사로가 있는 곳이라
2 거기서 예수를 위하여 잔치할새 마르다는 일을 하고 나사로는 예수와
함께 앉은 자 중에 있더라
3 마리아는 지극히 비싼 향유 곧 순전한 나드 한 근을 가져다가 예수의 발
에 붓고 자기 머리털로 그의 발을 닦으니 향유 냄새가 집에 가득하더라
4 제자 중 하나로서 예수를 잡아 줄 가룟 유다가 말하되
5 이 향유를 어찌하여 삼백 데나리온에 팔아 가난한 자들에게 주지 아니
하였느냐 하니
6 이렇게 말함은 가난한 자들을 생각함이 아니요 그는 도둑이라 돈궤를
맡고 거기 넣는 것을 훔쳐 감이러라
7 예수께서 이르시되 그를 가만 두어 나의 장례할 날을 위하여 그것을 간
직하게 하라
8 가난한 자들은 항상 너희와 함께 있거니와 나는 항상 있지 아니하리라
하시니라
9 유대인의 큰 무리가 예수께서 여기 계신 줄을 알고 오니 이는 예수만 보
기 위함이 아니요 죽은 자 가운데서 살리신 나사로도 보려 함이러라
10 대제사장들이 나사로까지 죽이려고 모의하니
11 나사로 때문에 많은 유대인이 가서 예수를 믿음이러라

신학적 관점

오늘 본문에는 그리스도와 교회에 대한 요한 신학의 핵심 요소를 조명하는 언급들이 가득합니다. 본문은 때와 장소를 밝히면서 시작합니다. 때는 유월절(Passover) 직전이었습니다. 유월절은 재앙이 바로의 애굽을 덮치고 이스라엘 자손은 그것을 피해 넘어간(passed over) 일을 기념하는 절기입니다. 유월절을 생각하면 '죽음 앞에서의 구원'이라는 주제가 떠오릅니다. 장소는 베다니였고, 요한복음 11장에 따르면 그곳에서 예수님은 일찍부터 그분을 따른 친구들인 마리아와 마르다의 요청에 따라 죽은 그들의 오빠 나사로를 살리셨습니다. 예수님과 제자들이 그들을 다시 만난 일은 믿는 자들의 무리에 여성들도 있었음을 보여줄 뿐 아니라, 이스라엘 백성을 상대로 사역하시던 예수님이 계속 세워져 갈 교회의 창시자로 사역을 전환하셨음을 알려 줍니다. 이제 예수님은 예루살렘에서 재판을 받고 십자가에서 처형당하고 부활할 일을 앞두고 계셨기 때문입니다.

예수님과 사랑하는 친구들이 식탁에 모여 함께 잔치를 벌인 것은 그때가 전환의 시기였기 때문입니다. 공생애 사역은 어떤 의미에서는 실패했다고 볼 수도 있습니다. 예수님과 제자들이 진리와 빛과 생명의 메시지를 전한 그분의 동족, 그중에도 종교 지도자들은 대부분 그분을 거부했기 때문입니다. 그들은 예수님이 하나님의 아들임을 믿지 않았습니다. 대부분은 자신들만의 어둠의 세계에 완전히 몰두했고, 일부는 예수님을 죽일 방법을 모의했습니다. 그러나 예수님을 믿고 따르는 사람들은 함께 모여 헌신적인 사랑의 공동체를 이루었습니다. 그리고 13장에서 묘사하듯이, 그분은 자신을 낮추고 제자들의 발을 씻어 주셨습니다.

발에 대한 관심이 오늘날에는 이상하게 보일 수 있지만 당시에는 중요한 의미를 지니고 있었습니다. 사람들은 먼지가 많은 돌투성이 길을 걸어서 이동했고, 길에는 동물들의 배설물이 그대로 남아 있었습니다. 발을 씻기는 일은 흔히 하인의 몫이었고, 손님에 대한 정중한 배려이자 집안 관리가 잘 되고 있다는 표지였습니다. 또, 사회적으로 지위가 낮은 사람이 자신을 낮추거나 뭔가를 간곡히 청하기 위해 지위가 높은 사람의 발 앞에 엎드려 존경을 표시했습니다. 11장에서 예수님이 나사로를 살리러 오셨을 때 마리아는 '그 발 앞에 엎드렸습니다'(11:32).

게다가 전할 메시지가 있는 이들은 발로 이동해 머리와 가슴에 담긴 내용을 전했습니다. 방랑하는 철학자와 종교 지도자들이 바로 그런 경우였습니다. 발은 껍질이 벗겨지거나 상처가 나거나 타박상을 입는 정도는 아니더라도 쉽게 더러워지고 굳은살이 생기고 물집이 잡혔습니다. 따라서 선교 활동에서 발을 돌보는 것은 꼭 필요한 일이었습니다. 이사야(사 52:7)부터 바울(롬 10:15)에 이르는 전통에서는 좋은 소식을 전하는 발이 '아름답다'는 역설을 말했습니다.

그런데 오늘 본문의 발을 씻기는 행위에는 이외의 다른 여러 의미가 담겨 있습니다. 예수님이 제자들의 발을 씻어 주셨을 때, 그분은 자신의 순회 사역이 끝났다고 말씀하신 것일 수도 있습니다. 예수님은 제자들에게 진리와 빛과 생명의 말씀의 전달자가 될 책임을 맡기셨을 뿐만 아니라, 새로운 지도자가 된 그들에게 예수님이 그들을 돌보셨던 것처럼 서로를 돌보라고 말씀하셨습니다. 공관복음에서 '너희 중에 누구든지 크고자 하는 자는 너희를 섬기는 자가 되어야'(마 20:26) 한다고 말씀하신 것과 같습니다.

마리아의 행동에 대한 요한의 보고는 많은 것을 암시합니다. 마리아는 예수님의 발에 '지극히 비싼' 향유를 부었습니다(3절). 이것은 단순히 발을 씻어드린 행위가 아닙니다. 옛 선지자, 제사장, 왕들의 기름 부음을 상기시키는 행동이었을까요? 가톨릭의 병자성사를 앞서 보여준 것이었을까요? 언니 마르다는 나름의 방식으로 예수님과 제자들을 섬겼지만, 마리아의 방식은 달랐습니다. 그 방식은 예수님이 예루살렘으로 승리의 입성을 하셨을 때 군중 앞에서 감당하셔야 했던 직분과, 얼마 후 (급변해서) 그분을 십자가에 못 박고 싶어 하는 군중을 앞에 두고 그 직분을 근본적으로 재정의하신 일을 상기시켰습니다.

하지만 그녀의 행동은 그분이 앞으로 감당하실 역할에 대한 신학적 메시지의 메아리를 전한 것일 뿐만 아니라 매우 개인적이고 친밀한 것이기도 했습니다. 그녀는 가족이 아닌 남성과 함께 있을 때 여성이 머리를 풀어 헤치는 것을 좋게 보지 않던 문화에서 자신의 머리카락으로 그분의 발을 닦았습니다. 그녀는 예를 갖추어 사랑으로 예수님의 장례를 준비했습니다. 예수님이 위협을 받고 계셨기 때문입니다(많은 사람에게 부활의 가능성을 보여주는 산 증거였던 나사로도 생명의 위협을 받았습니다). 기성 종교 지도자들은 예수님을 체포하려는 데 그치지 않았습니다. 그중 일부는 예수님을 죽이려고 모의하고 있었습니다. 그들은 예수님과 그분의 부활의 능력을 믿는 사람들 때문에 성전과 이스라엘의 권위가 약화되는 상황을 막기 위해 계획했는데, 그런 상황은 로마인들이 원하는 바이기도 했습니다(11:48).

위협은 외부에만 있었던 게 아닙니다. 만찬에는 가룟 유다도 참석했습니다. 그는 마리아가 값비싼 향유를 낭비한 행동에 의문을 제기했습니다. 그 행위가 아무리 신학적으로나 감정적으로 의미가 깊다고 해도 유다는 그저 찰나의 일로 여겼습니다. 그는 그 향유를 팔아서 가난한 사람들에게 돈을 줬어야 했다고 말했습니다. 그러나 요한은 그것이 유다가 불평한 진짜 이유라고 생각하지 않았습니다. 요한은 유다가 예수 운동의 자금에 더 본격적으로 손을 대고자 했던 도둑이라고 보았습니다. 유다의 발언의 동기는 잠시 제쳐 둡시다. 본문의 이 대목은 모든 기독교 운동이 마주해야 하는 중요한 문제를 제기합니다. 예수님은 유다에게 마리아가 아름다운 일을 했으니 그녀를 내버려 두라고 말씀하십니다. 주님께 영광을 돌리기 위해 미학적으로 훌륭한 물건을 구입하는 일과 도움이 필요한 사람들에게 윤리적으로 관대하게 베푸는 일 중에서 하나를 선택하기란 그렇게 쉬운 결정이 아닙니다. 경건과 풍요로운 신학의 상징이 윤리와 인간적 필요의 충족보다 우선할까요? 요한은 적어도 '가난한 사람들'을 옹호하는 주장이 이기적 욕망으로 오염된 경우에는 분명히 그렇다고 생각하는 것 같습니다.

예수님은 또 다른 이유를 제시하십니다. '가난한 자들은 언제나 너희와 함께 있다'는 것입니다. 이 구절을 문맥에서 떼어 내 적용한 사람들은 정의를 많이 훼손했습니다. 이어지는 올바른 문맥은 이렇습니다. '(하지만) 나는 언제나 너희와 함께 있는 것이 아니다'(8절, 새번역). 우리는 살아가고 일하고 복음을 전하고 교회를 세우고 주님 앞에서 기뻐하는 일을 우선시해야 합니다. 이 일들이 올바르게 이루어지면 가난한 사람들도 섬김을 받게 마련이기 때문입니다. 남반구의 오순절 교회와 복음주의 운동이 최근에 이 사실을 잘 보여주고 있습니다.

목회적 관점

오늘 이야기는 목가적인 분위기로 시작됩니다. 나사로와 누이 마리아, 마르다는 친구들끼리 오붓한 잔치를 열었습니다. 예수님이 귀빈으로 오셨고 큰 기쁨이 가득한 잔치가 될 것 같았습니다. 복음서 기자는 이것이 평범한 저녁 파티가 아닌 이유를 분명하게 말하지 않습니다. 예수님은 예전에 이 집에서 이 가까운 벗들과 함께 식사를 하신 적이 있지만, 이번 잔치는 특별합니다. 유월절 직전이라는 시기 때문도 아니고, 예수님이 그 자리에 계시기 때문도 아닙니다. 이 만찬을 특별한 축하 잔치로 만든 존재는 얼마 전에 죽었다가 살아난 나사로입니다. 마리아와 마르다의 오빠인 나사로는 잠깐 비었던 식탁의 빈자리를 다시 채웠습니다. 건강하게 살아난 그가 기적을 행하신 예수님을 예우하고 새 생명을 선물해 주신 것에 감사하는 잔치를 주관합니다.

얼마나 아름다운 장면인지요. 이 자리에는 교제와 맛있는 음식, 식탁에서 여유롭게 보내는 시간, 말과 행동으로 감사를 표현하는 기회가 있습니다. 이것이 바로 교회에서 이루어지는 교제의 이상적인 모습입니다. 우리는 교회가 따뜻하고 매력적인 곳이 되기를 갈망합니다. 식탁에 모여 떡과 잔을 나눌 뿐 아니라 가족과 친구들의 존재로, 무엇보다 예수님의 임재로 힘을 얻는 교회를 원합니다. 바로 이런 곳에서 예수님은 영광을 받으시고, 모인 사람들은 예수님 안에서 받은 새 생명의 선물에 대한 감사와 사랑으로 충만해집니다. 이곳이 바로 지상의 천국입니다.

그런데 한 가지 문제가 있습니다. 복음서 기자는 이 행복한 장면을 어지럽히며 이야기를 이어갑니다. 갈등이 발생합니다. 마리아는 자신이 가진 최고의 것을 드리고자 순전한 나드로 만든 값비싼 향유를 예수님의 발에 붓습니다. 그 향유와 마리아의 헌신은 그 자리의 모든 사람을 사로잡습니다. 가룟 유다는 그 장면에 불쾌감을 느낍니다. 여자가 사람들이 있는 데서 남자를 만져서가 아니라 마리아가 엄청난 돈을 낭비했다고 생각했기 때문입니다. 그는 마리아가 향유에 쓴 돈을 가난한 사람들을 돌보는 일 같은 더 중요한 일에 사용했어야 한다고 생각합니다. 하지만 복음서 기자는 잔치에 참석한 손님들이 모르는 사실을 우리에게 속삭입니다. 실상 유다는 가난한 사람들을 돌보는 일보다 자신의 목적을 위해 돈주머니에 손을 대는 데 더 관심이 있다는 사실 말입니다.

이상적으로만 보이던 공동체 안에도 균열이 있었습니다. 마리아와 유다는 모두 예수님을 따르는 이들입니다. 예수님이 선택하신 제자 중에는 열심당원 시몬과 세리 마태가 있습니다. 이 두 사람은 서로 격렬하게 싸우는 집단을 대표합니다.* 최초의 그리스도인 공동체가

* Hans Weder, "Disciple, discipleship," in *The Anchor Dictionary of the Bible*, ed. David Noel

늘 화목하지는 않았던 것처럼, 오늘날의 기독교인들도 늘 평화롭진 않습니다. 교회에는 갈등이 존재합니다. 예수 그리스도께서는 다양한 사람을 교회로 부르셨습니다. 다양한 사람이 있으면 견해 차이, 표심 분열, 우선순위의 경쟁, 예수님에 대한 헌신을 표현하는 다양한 방식이 있을 수밖에 없습니다.

이 구절을 보고 일부 기독교 공동체에서 나타나는 경건의 활동과 사회정의의 활동 사이의 지속적인 긴장을 떠올린 이들도 있을 것입니다. 그런 긴장은 교회 예산을 논의할 때 종종 드러납니다. 예수님은 가난하고 소외된 사람들을 돌보셨습니다. 그렇다면 우리가 가진 전부를 정의와 긍휼의 사역에 바쳐야 할까요? 예배당을 보수하거나 새 오르간을 구입하거나 교육 시설을 확장하는 데 자원을 쓸 정당한 시기가 있을까요? 교회는 우선순위를 둘러싼 이런 의견 대립 속에서 두 가치를 모두 다 구현할 수 있을까요?

예수님은 마리아의 경건한 헌신의 행위를 칭찬하셨습니다. 오늘날 예수 그리스도의 교회는 사람들이 개인적으로 예수님과 연결될 수 있도록 돕는 프로그램에 시간을 들이고 관심을 기울이고 예산을 투입해야 합니다. 그래야 사람들이 마리아처럼 예수님을 예배하고 흠모할 수 있게 됩니다. 예수님의 발에 기름을 붓는 방식으로 표현된 마리아의 사랑과 헌신은 예수님과의 개인적인 관계가 깊어지면서 시간을 두고 발전했습니다. 이런 관계는 보통 예배와 교육을 통해 형성됩니다.

Freedman et al. (New York:Doubleday, 1992), 2:208.

말씀 선포와 성례 참여 가운데 예수님을 만나면 신앙이 자랍니다. 기도하고 성경을 공부하면서 예수님의 말씀에 주의 깊게 귀 기울일 때 그리스도와 더욱 단단히 이어집니다. 제자로 살면 우리의 기쁨과 슬픔을 주님의 발 앞에 가져가게 됩니다. 나사로의 죽음을 둘러싼 마리아의 불안과 분노와 슬픔은 예수님과의 관계를 성장하게 만든 중요한 부분입니다. 마리아는 예수님께 배운 모든 것과 자신의 삶에서 경험한 모든 것에 이끌려 무릎을 꿇고 놀라운 사랑과 헌신의 행위를 하게 됩니다. 예수님의 발에 기름을 붓고 긴 머리로 그분의 발을 닦습니다. 거기에 낭비라고 할 만한 것은 없습니다.

그럼 가난한 사람들에 대해서는 어떻게 하나요? 진실성이 의심되는 사람이 제기한 우려라고 해도, 이것은 고려해야 할 문제가 아닐까요? 유다가 마리아의 사랑의 행위에 이의를 제기하자 예수님이 마리아 편을 드십니다. 하지만 예수님은 가난한 사람을 돕는 일의 가치를 무시하시지 않습니다. 유다가 공동체에서 가장 취약한 구성원들의 필요를 옹호한 것은 잘못이 아닙니다. 하지만 예수 그리스도에 대한 사랑에서 비롯된 정의와 긍휼의 행위를 그와 다른 형태의 헌신 및 제자도와 대립시킨 것은 잘못입니다. 유다가 거짓된 마음을 품는 잘못을 저질렀다는 점도 지적해야 하겠습니다. 예수님이 그 문제를 정면으로 지적하시지는 않았지만 말입니다.

정리해 봅시다. 오늘 본문에 나오는 1세기의 잔치는 현대 교회의 축소판이라 할 수 있습니다. 죽음의 위협과 생명의 기쁨이 나란히 놓여 있습니다. 풍요로운 예배와 세상의 가난이 공존합니다. 조용하고 관조적인 제자들이 사회 활동가들과 함께 식탁에 앉아 있습니다. 식탁이 약간 붐빌 때도 있고, 감사가 넘치던 분위기가 경건을 가장하며 남을 판단하는 방향으로 미끄러지기도 합니다. 그러나 예수님이 귀빈이자 잔치의 중심이 되시는 한, 교회는 그분을 따르도록 부름받은 자들로서 삶을 충실하게 이어갈 것입니다.

주석적 관점

요한복음에 따르면 유월절 전 주에 예수님은 단 세 가지 공개적인 사건에만 관여하셨습니다. 그 사건은 베다니에서 마리아가 예수님께 기름을 부은 사건, 예루살렘에 위풍당당하게 입성하신 사건, 명절 기간에 헬라인 몇이 예수님을 뵙고자 찾아온 사건입니다. 예수님은 나사로를 살리시고 점점 더 많은 사람의 찬사를 받으신 후 은둔하셨는데(11:54), 이 사건들 이후 다시 칩거에 들어가십니다(12:36b).

첫 번째 사건인 마리아가 예수님께 향유를 부은 일(12:1-11)은 예수님이 나사로를 살리신 사건(11:1-44)에 이어서 일어나기 때문에 KJV는 베다니를 '나사로가 있는 곳'(1절)이라고 밝힙니다. 나사로는 식탁에 기대어 앉아 식사에 참여합니다. 최근의 사건들을 고려할 때, 마리아가 예수님의 발에 향유를 붓고 머리카락으로 닦은 일은 감사에서 우러난 행동으로 볼 수 있을 것입니다. 요한은 이 향유 사건을 예수님의 예루살렘 입성(12:12-19) 바로 앞에 배치합니다. 그때 군중은 그분을 '이스라엘의 왕'이라고 부릅니다(12:13, 15). 향유 사건의 이런 위치 때문에 어떤 이들은 이 사건이 왕에게 기름을 부은 일이라고 해석했습니다. 하지만 왕은 발이 아닌 머리에 기름 부음을 받습니다. NRSV는 이 사건의 배경을 '나사로의 집'(home)으로 특정합니다. 많은 현대 번역본이 '집'이라는 단어를 본문에 삽입하거나 그리스어 '오이코스', '오이키아'(집, 가구)의 번역어로 사용하는데, 예수님 시대의 집(house)은 우리 시대의 가정과 다릅니다. 여기서 '집'을 사적이고 은밀한 곳으로 연상한다면 마르다, 마리아, 나사로, 제자들, 유대인의 큰 무리'(9절)가 참석한 이 만찬 행사의 공적 성격을 파악하기 어렵습니다. 함께 식사하는 일은 헬레니즘과 로마 세계에서 어느 정도는 공적인 사회적 의례였고, 참석자 모두의 사회적 유대감을 더욱 돈독히 하려는 목적이 있었습니다. "네가 좋아하는 것은 남도 좋아한다고 생각하고 매사에 조심하여라"(집회 31:15). 일반적인 행동규범으로 간주할 만한 이 의견은 집회서의 식사 윤리에 관한 부분(집회 31:12-32:13)에서 식사 예절의 윤리적 토대로 명확하게 등장합니다. 식사의 공공성은 예수님에 대한 비판으로도 입증됩니다. '보라, 먹기를 탐하고 포도주를 즐기는 사람이요 세리와 죄인의 친구로다!'(눅 7:34).

'식탁에 눕다(또는 기대다)', 즉 식사한다는(2절) 뜻의 헬라어 '아나케이마이'는 예수님이 다락방에서 식사하실 때(13:23의 '의지하여 누웠는지라'와 13:28의 '앉은')도 쓰였고 5천 명을 먹이신 대목에서도 나타납니다('앉았다', 6:11). 당시에는 식탁에 기댄 자세로 식사했기 때문에 마리아가 예수님의 발에 기름을 붓는 일을 실행할 수 있었습니다. 우리가 통상적으로 식사하는 자세처럼 식탁 아래에 발이 있는 것이 아니었기에 예수님의 발에 다가갈 수 있었습니다. 요한은 '닦다' 또는 '닦아내다'를 뜻하는 헬라어 단어 '에크마소'를 다락방 이야기에서도 사용하는데, 거기서 예수님은 제자들의 발을 씻으시고 수건으로 '닦아 주셨습니다'(13:5, 새번역).

마리아가 예수님의 발에 기름을 붓는 장면의 배후에는 별도의 두 사건이 있을 가능성이 있습니다. 하나는 갈릴리의 한 바리새인 집에서 일어난 사건입니다. 그 집에 참회하는 죄인이 들어와 예수님 앞에서 웁니다. 여인의 눈물이 예수님의 발에 떨어지자 그녀는 급히 머리카락으로 눈물을 닦아냅니다. 공공장소(집의 공공성에 다시 한번 주목하십시오)에서 머리를 풀어 헤치는 남부끄러운 행동은 이 여인의 특성과 잘 어울리고 바리새인의 분노를 설명하는 데 도움이 됩니다. 이 일은 누가복음 이야기의 뼈대입니다(눅 7:36-50). 다른 하나는 베다니의 나병 환자 시몬의 집에서 있었던 사건입니다. 한 여인이 예수님에 대한 사랑의 표현으로 값비싼 향유를 그분의 머리에 붓습니다. 마가가 (마가를 따라 마태도) 이 사건을 이야기합니다. 요한은 두 번째 사건을 바탕으로 이야기를 전개하지만, 첫 번째 사건의 세부 사항들을 가져와 엮은 뒤 자신만의 세부 내용, 즉 나사로, 마르다, 마리아의 존재와 유다에 대한 언급을 추가합니다.

집안에 향유 냄새가 가득했다는 진술(3절)은 죽은 지 나흘 된 나사로의 무덤에서 나던 악취와 대조하기 위해 쓴 것일 수 있습니다(11:39). 미드라쉬 랍바(랍비들의 교훈집)는 전도서 7:1에 대해 이렇게 주석합니다. "좋은 향수의 향기가 침실에서 식당으로 퍼지듯이, 좋은 이름도 세상 이쪽 끝에서 저쪽 끝까지 퍼진다." 레이먼드 브라운(Raymond Brown)은 만약 요한이 향수에 대한 이러한 해석을 염두에 두고 있었다면, 이 대목에서 마가복음 14:9과 같은 말, 즉 여인이 한 일이 온 세상에 선포되어 그녀를 기억하게 될 것임을 상징적으로 말한 것일 수 있다는 의견을 제시했습니다. 그녀의 선행의 '향기'가 온 세상에 퍼질 거라는 말입니다.*

마리아는 모범적인 제자입니다. 그녀는 예수님의 모범을 (그분이 실행하시기도 전에) '따릅니다.' 그녀는 예수님이 하실 일, 즉 발을 씻고 닦는 일을 합니다. '기름을 붓다/바르다'에 해당하는 단어(알레이포)는 씻음과 결합되기도 합니다(참조. 마 6:17, 룻 3:3). 마리아가 향유를 부은 일은 그 행위의 또 다른 의미를 암시합니다. 브라운이 지적한 것처럼 산 자의 발에는 기름을 붓지 않습니다. 장례를 준비하는 죽은 자의 발에만 기름을 바릅니다. 7절에 나오는 예수님의 말씀이 이를 반영합니다.**

7절 본문은 번역하고 해석하기가 어렵습니다. NRSV에는 '그녀가 그것을 샀다'라는 문구가 삽입돼 있기 때문에 그 의미가 더욱 모호해집니다. 이 부분을 생략하고 읽으면 예수님이 마리아가 그분의 장례를 위해 향유를 보관해야 한다고 말씀하신 것으로 읽힐 수 있습니다. 그런데 이야기의 전개상 이런 해석은 문제가 있습니다. 19:39에 등장하는 인물은 작은 향유병을 든 마리아가 아니라 몰약과 침향 백 근을 든 니고데모이기 때문입니다.

* Raymond Brown, *The Gospel according to John I–XII*, Anchor Bible Series (Garden City, NY:Doubleday, 1966), 453.

** 위의 책, 454.

7절의 구문을 생략된 '현수' 목적절로 보면 이보다 나은 해석이 가능합니다. 동일한 구조로 쓰인 요한복음의 다른 두 사례를 참고해 7절을 헬라어 접속사 '히나'로 시작되는 '그녀가 그것을 간직하게 하기 위해서'라고 읽자는 것입니다. 9:3과 11:4에서 '히나'로 시작되는 절은 예수님 말씀의 계시적 목적을 나타냅니다. 7절에 나오는 예수님의 예기적 명령은 마리아의 행동의 예언적 성격을 드러냅니다. 예수님의 시신에 마지막으로 기름을 바를 때 베다니의 마리아가 등장하지 않는다는 것은 중요하지 않습니다. 이 선행적 기름 부음을 통해 그녀는 부활의 동산을 찾았던 막달라 마리아처럼 남성 제자들보다 현장에 먼저 도착해 핵심을 파악했습니다.

설교적 관점

고난주간 문턱에서 설교자들을 요한복음의 이 본문으로 초대해 준 성서정과 제정자들에게 찬사를 보냅니다. 오늘 본문은 요한복음에서 예수님이 영광 받으시기 전과 영광을 받으실 때를 잇는 다리 역할을 하고, 교회가 사순절에서 고난주간으로 넘어가는 시기의 다리 역할을 합니다.

적어도 요한의 말에 따르면 고난주간 월요일에 예수님은 예루살렘 근처에 계시지만 그 안으로 들어가시지는 않습니다. 예수님은 본인을 위해 열린 잔치 자리에서 식탁에 기대어 앉아 계십니다. 얼마 전 살아나 수의를 벗은 나사로도 친구들 무리 사이에서 식사를 즐기고 있습니다. 요한은 이 잔치의 손님 명단을 밝히고 있지 않지만, 대접한 사람이 마르다였다고 말합니다. 이것은 관습에 따른 일에 불과할 수도 있지만, 예수님이 곧 제자들에게 하실 이 말씀을 예기한 상황일 수도 있습니다. "사람이 나를 섬기려면 나를 따르라 나 있는 곳에 나를 섬기는 자도 거기 있으리니 사람이 나를 섬기면 내 아버지께서 그를 귀히 여기시리라"(12:26). 게일 오데이(Gail R. O'Day)와 수전 하일런(Susan E. Hylen)은 이렇게 말합니다.

> 마리아의 반응이 이 본문의 중심에 있지만, 그렇다고 마르다의 반응을 성급히 지나쳐서는 안 된다. … 예수님의 말씀과 함께 읽으면 마르다의 봉사는 제자도의 또 다른 모범적 행위임을 알 수 있고, 그것도 예수님이 이 주제로 말씀하시기 전에 이루어진 모범적 행위임이 드러난다.*

마르다가 음식을 대접하는 동안, 마리아는 다른 방식으로 예수님을 섬깁니다. 요한은 헬라어로 상당한 분량을 할애하여 마리아가 가진 물건의 내용을 설명합니다. 그것은 양이 많고 아주 값비싸고 진귀한 향유입니다. 마리아는 그 향유를 예수님의 발에 아낌없이 부어 드렸습니다. 이는 얼마 후 예수님이 어떤 아낌없는 사랑으로 제자들의 발을 씻겨 주실지 미리 보여 주는 장면입니다. 그렇게 함으로써 마리아는 예수님이 제자들에게 서로 발을 씻기라고 하시는 명령(13:14)을 선취합니다.

이 본문에서 이끌어 낼 한 가지 설교의 흐름은 요한의 제자도 개념을 따라가는 것입니다.

* Gail R. O'Day and Susan E. Hylen, *John*, Westminster Bible Companion (Louisville, KY: John Knox Press, 2006), 123

요한에게 제자는 예수님 및 하나님의 백성에게 아낌없는 관대함과 사랑의 행동으로 반응할 기회를 놓치지 않는 사람입니다. 제4 복음서의 저자인 그는 마르다와 마리아를 그냥 보라고, 특히 마리아를 보라고 말합니다. 그들을 보면서, 이 본문에서 예수님의 가장 많은 칭찬을 받는 제자가 여성이라는 사실에 주목하십시오. 당시의 관습과 종교적 기준으로 볼 때 여성은 잔치에 참석할 자격조차 없는 존재였습니다.

요한은 마리아를 신실한 제자도의 본으로 제시한 것과 정반대로 유다에 대해서는 강한 부정적 어조로 길게 이야기합니다. 요한복음에서 독자들은 유다에 대한 낭만적 관념이나 그가 고귀하지만 길을 잘못 든 혁명적 열심당원이라는 어떤 암시도 발견할 수 없습니다. 요한에게 유다는 제자와 정반대의 모습을 보여주는 살아있는 표본입니다. 마리아와 달리, 유다는 아낌없는 관대함과 사랑으로 행동하지 않아도 될 이유를 찾습니다. 요한이 생각하는 유다는 공동체의 돈궤에 손을 대는 도둑입니다. 이보다 더 심각한 것은 요한이 헬라어 단어 '클렙테스'를 사용해 유다를 묘사한다는 것입니다. 이 단어는 10장에서 양 떼를 위협하는 자를 묘사할 때 썼던 바로 그 단어이기 때문입니다. 요한은 유다가 예수님의 진정한 제자가 아닐 뿐만 아니라 '반(反)제자'의 정수를 보여주는 인물이라고 봅니다.

그런데 요한복음의 이런 흐름을 따르는 설교는 예수님이 마리아의 행동과 유다의 반응을 어떻게 인식하시는지에 대한 미묘한 뉘앙스를 놓칠 위험이 있습니다. 오랫동안 교회에는 유다 같은 도둑이 아니면서도 낭비와 관대함을 대할 때 그와 비슷하게 반응하는 사람들이 있었습니다. 반제자들은 아낌없는 사랑을 자제하고 관대함을 유보하는 결정을 내려야 할 합리적 이유를 늘 갖추고 있고, 유다가 표현한 재정적 우려에 상당히 공감합니다. 교회에서 크리스마스와 부활절을 지내본 사람이라면 과도한 장식을 해놓고는 그것이 마리아가 보여준 것과 같은 사랑의 반응이라고 태평하게 둘러대는 경우가 얼마나 많은지 잘 알 것입니다. 러마 윌리엄슨(Lamar Williamson Jr.)은 이 본문에서 제자도에 대한 본질적 뉘앙스를 포착하여 이렇게 썼습니다.

> 복음서 저자는 계산하지 않는 사랑이 얼마나 아름다운지, 그 사랑이 진정한 제자도의 표지로서 얼마나 중요한지 독자들이 예수님의 말씀에서 듣기를 바란다.*

이 본문의 마지막 세 절에는 목회자가 이끌어낼 수 있는 또 다른 설교의 흐름과 거기에 따른 위험이 등장합니다. 독자들은 베다니에서 사람들의 관심을 끄는 존재가 예수님만이 아님을 알게 됩니다. 나사로에 대한 소문이 퍼졌고, 죽었다가 살아난 사람이 어떻게 생겼는지 보려는 호기심에서 많은 사람이 모여들고 있습니다. 얄궂게도, 군중의 이런 관심은 부활한 나사로의 유한한 수명을 위협하는 요소입니다. 나사로의 새로운 삶은 군중의 호기심을 불러일으킬 뿐 아니라, 할례받은 사람들 사이에

* Lamar Williamson, *Preaching the Gospel of John* (Louisville, KY:Westminster John Knox Press, 2004), 144.

서 예수에 대한 새로운 믿음을 일으키고 있습니다.

여기에 또 다른 설교적 위험이 부주의한 설교자를 기다리고 있습니다. 요한복음에서 '유대인'은 흔히 예수님을 반대하는 모든 것을 아우르는 표현입니다만, '유대인의 큰 무리'(9절)는 그렇게 부정적인 의미로 사용되지는 않습니다. 그런데도 그리스도인들은 요한복음에서 유대인이 언급될 때마다 반유대주의를 정당화하는, 일관되게 반복되는 부정적 표현으로 받아들이기가 너무나 쉽습니다. '유대인의 큰 무리'라는 문구가 오늘 본문에서는 예수님의 제자가 되기로 결심한 사람들을 가리키는데 사용됐는데 이를 놓쳐 잘못 해석하는 것은 특히나 안타까운 일일 것입니다.

나사로가 죽음에서 살아난 후 군중들이 호기심과 함께 새로운 경외심을 가지고 몰려든 바로 그때, 요한은 예수님을 따르는 사람들이 죽음의 지독한 냄새에서 멀리 벗어나 있지 않다는 사실을 상기시킵니다. 나사로는 예수님이 행하신 일을 공개적으로 상기시키는 존재입니다. 그래서 나사로도 죽어 마땅한 존재가 됩니다. 한 번 더 말이지요!

부활절에 대한 모든 확신을 가지고 고난주간을 맞이하되, 죽음의 그림자가 예수님을 끔찍하고 잔인하게 괴롭히고 십자가에 못 박기 전에 부활절이 올 거라는 순진한 생각은 하지 마십시오. 요한은 고난주간 월요일에 이 사실을 알려 줍니다. 예루살렘에서 몇 킬로미터 떨어진 곳에서, 우리가 떡을 나누고 잔을 마실 때마다 부분적으로 기억하는 잔치 자리에서 말입니다.

TUESDAY OF HOLY WEEK

고난주간 화요일

이사야 49:1~7

시편 71:1~14

고린도전서 1:18~31

요한복음 12:20~36

고난주간 화요일

이사야 49:1~7

1 섬들아 내게 들으라 먼 곳 백성들아 귀를 기울이라 여호와께서 태에서
부터 나를 부르셨고 내 어머니의 복중에서부터 내 이름을 기억하셨으며
2 내 입을 날카로운 칼같이 만드시고 나를 그의 손 그늘에 숨기시며 나를
갈고 닦은 화살로 만드사 그의 화살통에 감추시고
3 내게 이르시되 너는 나의 종이요 내 영광을 네 속에 나타낼 이스라엘이
라 하셨느니라
4 그러나 나는 말하기를 내가 헛되이 수고하였으며 무익하게 공연히 내
힘을 다하였다 하였도다 참으로 나에 대한 판단이 여호와께 있고 나의
보응이 나의 하나님께 있느니라
5 이제 여호와께서 말씀하시나니 그는 태에서부터 나를 그의 종으로 지으
신 이시요 야곱을 그에게로 돌아오게 하시는 이시니 이스라엘이 그에게
로 모이는도다 그러므로 내가 여호와 보시기에 영화롭게 되었으며 나의
하나님은 나의 힘이 되셨도다
6 그가 이르시되 네가 나의 종이 되어 야곱의 지파들을 일으키며 이스라
엘 중에 보전된 자를 돌아오게 할 것은 매우 쉬운 일이라 내가 또 너를
이방의 빛으로 삼아 나의 구원을 베풀어서 땅끝까지 이르게 하리라
7 이스라엘의 구속자 이스라엘의 거룩한 이이신 여호와께서 사람에게 멸
시를 당하는 자, 백성에게 미움을 받는 자, 관원들에게 종이 된 자에게
이같이 이르시되 왕들이 보고 일어서며 고관들이 경배하리니 이는 이스
라엘의 거룩하신 이 신실하신 여호와 그가 너를 택하였음이니라

신학적 관점

오늘 본문은 어제 본문(사 42:1-9)보다 더 복잡합니다. 어제의 화자는 하나님이셨고 종에 대해 말씀하셨습니다. 오늘은 종과 하나님 사이에 대화가 오갑니다. 오늘 본문은 종이 아니라 하나님께서 선택하셨음을 강조하고, 그 선택이 종이 아직 모태에 있을 때 이루어졌다고 두 번이나 말합니다.

저자는 종을 의심할 여지가 없는 남성적 용어로 상상했겠지만, 우리는 이것을 달리 상상할 수 있습니다. 종은 먼저 양면적인 준비를 강조합니다. 한편으로는 무기의 심상을 사용하여 자신이 사명을 감당할 준비가 되었음을 밝히고, 다른 한편으로는 이것을 하나님께서 그녀를 숨기고 보호하시는 일과 연결시킵니다. 하나님께서는 그녀를 통해 분명히 영광을 받으시겠지만, 그녀는 자신이 헛수고했다고 불평합니다. 그러면서도 하나님께서 자기편이시라 확신합니다.*

기독교적 관점에서 볼 때 본문에 이어서 나오는 구절은 예수님의 모습과 잘 부합합니다. 여기서 종의 첫 사명의 대상이 이스라엘이라는 것이 분명히 드러납니다. 예수님은 자신의 사명을 그렇게 이해하셨습니다. 본문에서 하나님께서는 어제 본문의 메시지를 오늘도 다시 한번 강조하십니다. "네가 나의 종이 되어 야곱의 지파들을 일으키며 이스라엘 중에 보전된 자를 돌아오게 할 것은 매우 쉬운 일이라 내가 또 너를 이방의 빛으로 삼아 나의 구원을 베풀어서 땅끝까지 이르게 하리라"(6절). 이 본문에는 신약성경에서 볼 수 있는 예수님과 제자들의 사역 구도가 분명하게 드러납니다. 예수님은 먼저 이스라엘을 대상으로 사역하시고, 곧이어 그 사역을 온 세상으로 확장하셨습니다. 오늘 본문은 두 측면 모두를 제대로 예언하고 있습니다.

마지막 몇 절은 우리에게 익숙한 대비를 보여 줍니다. 먼저, 종은 경멸과 굴욕을 경험하지만 나중에는 왕들이 그 앞에 엎드립니다. 우리는 이 말씀을 예수님의 수난에 적용할 수 있고, 지중해 세계와 그 통치자들이 예수님의 제자들을 통해 기독교를 받아들인 역사에도 적용할 수 있습니다. 오늘 본문에서 신학적으로 가장 큰 관심을 기울여야 할 대목은 바로 이 마지막 부분일지도 모릅니다. 이 부분이 예수님을 조명해 줄까요, 아니면 예수님의 빛에 의지해 그 부분의 의미를 다시 생각해야 할까요?

고난주간에 우리는 부활절을 기대하며 예수님의 이야기를 읽습니다. 이번 주 동안에 이어진 굴욕과 육체적 고통이 끝이 아니라는 사실에서 우리는 분명 큰 만족을 얻습니다. 그분은 다시 나타나시고 추종자들은 그분의 말씀을 전해 상당한 성공을 거둡니다. 부활하신 예수님이 빌라도와 대제사장에게 나타나시고 그들이 그분 앞에 엎드렸다면 이 이야기가 훨씬 더 마음에 들었을 것입니다.

우리는 입장이 뒤집혀 이런 식으로 정의가 실현되는 것을 좋아합니다. 이 이야기의 범위를 수 세기로 늘리면 우리는 이 본문에 예언된 내용과 비슷한 사례들을 확보할 수 있습니다. 하지만 우리는 그것이 과연 복음이 가르치는 내

* 오늘 본문의 첫 부분을 인용하면서 '종'을 '예수님'으로 대체하는 것을 피했습니다. 그런 연결은 다소 억지스러워 보입니다. 해당 부분의 내용을 예수님에게 적용하는 것은 그분의 사역을 밝히는 데 도움이 안 됩니다.

용인지를 물어야 합니다. 좋은 소식은 처지가 뒤바뀌어 부자가 낮아지고 가난한 사람이 높아지는 것을 의미할까요?

이런 언급은 구약성서뿐만 아니라 신약성서에도 분명히 나와 있지만, 예수님의 삶과 죽음을 포함해 현실에서 일이 그렇게 흘러가는 경우는 드뭅니다. 예수님을 사형으로 내몰았던 사람들은 부활이 일어났다는 사실을 믿지 않았습니다. 그들은 이전과 같은 가치관을 가지고 이전 모습 그대로 살아갑니다.

물론 부활은 엄청난 반전을 가져왔지만 신자들에게 왕들이 그들 앞에서 절할 거라고 확언하지 않았습니다. 오히려 신자들은 예수님처럼 목숨을 잃을 위험을 감수하라는 부름, 경우에 따라서는 예수님처럼 믿음에 따라 행동하다 죽으라는 부름을 받았습니다.

반전은 신자들의 공동체에서 일어났습니다. 그들은 다른 길을 따랐습니다. 그들은 공동체를 지배하던 가치관, 심지어 생존이 최고의 가치라는 생각에도 더 이상 흔들리지 않았습니다. 그들은 다른 주님, 십자가에 못 박히신 분을 섬겼습니다. 예수님은 부활하시고 여러 번 나타나셨지만 예수님을 따른 이들은 권력이나 번영을 얻지 못했습니다. 부활은 오히려 그들을 이끌어 '바실레이아 테우'(하나님의 나라), 곧 하나님의 연방의 정의에 헌신하게 했습니다. 우리도 때로는 아무 이득을 생각하지 않고 고난을 받도록 부름받을 수 있습니다. 우리는 도움의 조짐이 전혀 없는데도 하나님을 신뢰한 하박국의 유명한 고백(합 3:17-18)을 우리 자신의 제자도에 적용할 수 있습니다.

그러나 부활하신 예수님이 보시는 제자의 길은 그렇게 암울하지 않습니다. 제자도는 예수님이 이끄시는 곳이라면 희생과 고난의 길을 포함해 어디든 따라가라는 부름이지만, 복음의 중심에는 가치관의 반전 개념도 자리 잡고 있기 때문입니다. 이 반전의 일부는 제자도에 따르는 기쁨, 평범한 인간적 용어로 말해서 '비천'에 처하든 '풍부함'에 처하든 관계없이 누릴 수 있는 기쁨입니다. 오늘 본문은 종이 실패감과 허무감을 토로한 후에 '그러나 참으로 주님께서 나를 올바로 심판하여 주셨으며, 내 하나님께서 나를 정당하게 보상하여 주셨다'(4절, 새번역)라고 하는 대목에서 이 기쁨을 보여줍니다. 종이 실패한다 해도, 그 원인이 하나님께 있다면 그 실패는 궁극적인 것도 허무한 것도 아닙니다.

예수님을 따르는 사람들은 그들을 저주하고 조롱하던 사람들이 회개할 때 기뻐할 수 있습니다. 하지만 그 기쁨은 "내가 뭐라 그랬어"라고 말하며 스스로를 높이는 만족감이 돼서는 안 됩니다. 그런 식의 기쁨은 경계해야 합니다. 신자는 이전에 세상의 규범에 따라 살았던 사람들이 새로이 경험하게 된 기쁨을 함께 누립니다. 신자는 '(하나님의) 구원을 … 땅 끝까지 이르게'(6절) 한다는 예수님의 사명을 다른 사람들도 함께 받는다는 데서 기쁨을 느낍니다. 우리와 같은 목표를 추구하게 된 사람들이 자신이 예수님을 따르는 제자로서 그 일을 한다는 사실을 인식하게 되면, 우리는 그로 인해 더욱더 가까워지게 됩니다. 세상에 정의와 구원을 가져오고 하나님의 연방을 이루는 하나님의 역사(役事)에 참여하는 것, 그것이 바로 우리의 사명입니다.

목회적 관점

하나님께서는 우리를 위한 인생 계획을 미리 정하실까요? 우리의 직업을 골라 주실까요? 제가 아는 한 남자는 자신이 설교하기 위해 태어났다고 확신에 찬 목소리로 말합니다. 그는 아주 어렸을 때부터 줄곧 자신에 대한 이 사실을 알고 있었습니다. 한 젊은 여성은 대학 생활을 절반쯤 보낸 뒤 고민에 빠져 저를 찾아왔습니다. 저는 그의 말에 귀를 기울였고, 쏟아져 나오는 놀라운 고백을 들었습니다. "저는 아무것에도 열정이 없는 것 같아요. 제가 무엇을 해야 할지 모르겠어요." 그에겐 낙심천만한 일이었습니다. 그가 아는 모든 사람이 뭔가에 열정을 불태우고 있었기 때문이었습니다. 그가 보기에는 다른 사람들은 자기 인생의 소명을 확신하고 있는데 자기만 그렇지 않은 것 같아 보였습니다. 하지만 10년이 지난 지금, 그는 발달장애 아동을 위한 헌신적인 교사로 열정을 불태우고 있습니다. 그는 가르치기 위해 태어났을까요? 그럴 수도 있습니다. 지금은 분명히 그렇게 보이지만, 그것을 깨닫고 실천하는 데는 상당한 시간이 걸렸습니다.

소명을 확신하는 사람이라고 해서 다 그 소명의 본질을 정확하게 파악하는 것은 아닙니다. 소명을 확인하려면 본인의 확신만으로는 부족합니다. 특정한 은사들이 있어야 하고, 그 은사들이 최상의 상태가 되도록 연마하는 노고가 있어야 합니다. 우리가 소명을 실천할 공동체에서도 그 소명을 어느 정도 인정해야 합니다. 우리의 소명에 동참해 동료로 일하게 될 사람들도 우리에게 은사가 있다는 데 동의해야 합니다. 자신의 소명에 대한 인식이 옳다는 생각은 중요하지만 그것이 전부는 아닙니다. 진공 상태에서 어떤 일로 부름받는 사람은 없기 때문입니다. 우리는 공동체 안에서 부름받고, 공동체로 부름받습니다.

우리가 섬기고자 하는 사람들이 우리의 소명에 반응하지 않는 경우도 있습니다. 우리는 소명을 아주 강하게 느끼지만, 우리가 속한 공동체는 그 소명에 화답하지 않습니다. 우리는 원하는 일을 맡지 못하고, 다른 일도, 또 다른 일도 맡지 못합니다. 이렇게 되면 마음이 상합니다. 자신의 판단에 의심을 품거나 우리가 그토록 확신했던 소명에 반응하지 않은 사람들에 대한 분노가 치오릅니다. 두 가지를 동시에 느끼기도 합니다. 그토록 확신했는데 어떻게 그렇게 완전히 틀릴 수가 있었을까요? 이 모든 상황에서 하나님은 어디 계실까요?

한번 생각해 보십시오. 하나님께서는 여러 다양한 방식으로 일하십니다. 하나님의 계획은 이런저런 일이 연속해서 벌어지는 시간 속에 고정돼 있지 않습니다. 어떤 일이 일어나거나 일어나지 않을지 알려주는 청사진도 아닙니다. 하나님의 계획은 그분의 주권에 따라 흘러가면서도, 인간의 삶과 역사에 반응하면서 완성돼 갑니다. 홀로코스트, 르완다 집단학살, 암 투병, 자동차 사고 등 세상에서 일어나는 모든 일이 하나님께서 원하신 것일까요? 아닙니다. 하나님께서 세상에서 일어나는 모든 일에서 생명을 이끌어 내실 수 있을까요? 물론입니다. 하나님을 만나고 싶으십니까? 뭔가 끔찍한 일이 일어난 곳에 가서 주위를 둘러보십시오. 주의 깊게 살펴보고 발상을 조금 다르게 해 보십시오. 하나님께서는 다양한 방식으로 일하십니다. 일이 벌어지기 전까지는 우리로선 전혀 감도 잡지 못할 다양한 방법으로 일하십니다. 우리의 실망은 하나님께서 우리 삶에서 일하고 계신다는 신호일 때도 있습니다.

어떤 이들은 올해 고난주간을 보내며 좌절된 소망의 쓰라린 재를 맛볼 것입니다. 간절히 바라던 무언가가 이루어지지 않았기 때문입니다. 그들이 많은 시간과 돈과 사랑과 희생을 쏟아부었던 일이 아무런 결실도 맺지 못했습니다. 그들은 터벅터벅 걸어가면서 미래가 텅 비어 있다고 느끼며 스스로에게 묻습니다. "도대체 내가 왜 여기 있는 걸까? 왜 나는 계속 나아가려고 하는 걸까?"

저는 어린 시절부터 목사로 부름을 받았다고 의심의 여지 없이 확신했던 한 남자를 알고 있습니다. 그는 가능한 한 최고의 목사가 되겠다는 뜨거운 결심을 품고 젊은 시절 신학교에 진학했습니다. 그곳에서 그만큼 열심히 공부하고 금식하고 기도한 사람은 없었습니다. 그의 건강을 염려한 학교는 그가 더 이상의 금식이나 고행을 진행하지 못하게 했는데, 그는 그 조치를 받아들이기 힘들어했습니다. 점점 더 탁월해지고 열정이 뜨거워지는 것에 무슨 문제가 있을 수 있단 말입니까? 하지만 얼마 후 학교는 그에게 떠나라고 요청했습니다. 그가 목사로 부름받지 않았다고 봤기 때문입니다. 오히려 학교 당국은 그가 목사 안수를 받는다면 개인적으로도 교회에도 재앙이 될 것이라고 말했습니다.

제 친구는 큰 상처를 받았습니다. 자기혐오에 빠지고 자신을 거부한 교회에 대한 분노에 사로잡혀 한동안 방황했습니다. 몇 년이 지난 후에야 자신에게 교회 안의 평신도 지도자로서의 소명이 있다는 것, 목사로 안수를 받았다면 자신의 경직된 면이 강화됐을 텐데 그것을 피할 수 있어서 다행이라는 것을 깨닫기 시작했습니다. 그는 이렇게 말하곤 했습니다. "학교가 옳았어요. 저는 재앙이었을 겁니다. 독선으로 가득 찼을 것이고, 다른 사람의 흠을 잡는 데 평생을 허비했을 겁니다. 교회의 문제가 무엇인지 보여주는 걸어 다니는 광고판이었을 겁니다." 그는 분별에 대해 자주 강의했고 그때마다 이 이야기를 들려줬습니다. 사람들은 그가 젊은 시절에 겪었던 실망에 공감하며 귀를 기울였고, 그의 성숙한 자기인식에서 맺힌 열매를 감사한 마음으로 맛봤습니다. 그는 모두가 좋아하는 삼촌 같은 존재였습니다. 그가 세상을 떠났을 때, 교회에는 그의 간증에 감동을 받은 사람들이 가득했습니다.

소명에 대한 실망은 하나님께서 부르시지 않았다는 신호가 아닙니다. 그것은 분별이란 힘든 일이고 과거, 현재, 신비한 미래 등 한 사람의 개인사 전체가 얽혀 있는 작업이라는 표지일 뿐입니다. 당시에는 알 수 없었던 일들이 세월이 흐르면서 하나님의 은혜로 분명해집니다. 하나님께서는 모든 사람을 무언가로 부르시고, 다른 때에 다른 일로 거듭거듭 부르실 수 있습니다. 우리는 삶에 응답하고, 기도하며 이루어지는 우리의 신중한 응답 속에 하나님의 신비한 부르심이 있습니다.

주석적 관점

오늘 본문은 어제 본문처럼 이사야 40~66장에 나오는 말씀입니다. 오늘 본문 역시 바벨론에 유배된 시기에 강제이주와 고통, 옛 신앙과의 단절을 겪으며 형성된 유다 백성의 역사적 경험과 그로 인한 사고방식을 이야기합니다. 기억하시겠지만, 유배는 역사적 경험일 뿐 아니라 하나의 개념이고 세상을 보는 방식입니다. 낯선 곳에 내던져진 이방인처럼 느끼고 소외감을 느끼고 배신감을 안고 사는 일입니다. 유배의 관점에서 보면, 성서는 역사 앞에서 느끼는 막대한 배신감에 대한 반응을 기록한 책입니다. 성전은 파괴됐고, 백성들은 바벨론으로 유배됐거나 애굽으로 달아났거나 점령된 본토에서 가장 가난한 신세로 살아갑니다.

그러니 믿음에 의문이 생길 수밖에 없습니다. 우리 하나님께서 왜 이런 일을 허용하셨을까요? 우리는 왜 고난을 당할까요? 우리의 구원은 어디에 있는 걸까요? 우리는 여기서 생각도 못할 일을 보고 있습니다. 이전에는 영원히 이어져야 할 하나님과 다윗의 언약이 있었습니다(삼하 7장, 참조. 시 89, 132편). 그러나 본문의 현실은 너무나 다릅니다(시 44:9-16). 유배된 유대 민족은 얼마 후 주로 바벨론 시에 정착했고, 거기서 느부갓네살의 건축사업에 동원됐습니다. 그들에겐 공동체를 이루어 함께 지내는 일이 허용됐습니다. 그들이 학대를 당했다는 암시는 없습니다. 예배도 드릴 수 있었습니다. 바벨론 법률을 존중하는 한 평화롭게 살 수 있었습니다. 멀리 예루살렘과 '약속의 땅' 전체에 남아 있는 사람들과 연락도 주고받았습니다. 자유롭게 여행할 수 있었습니다. 종교 모임도 가졌습니다. 바벨론에 복종하는 한, 유배된 유다 사람들은 제한된 자유를 누릴 수 있었습니다. 심지어 농사도 짓고 사업도 하고 장사도 할 수 있었습니다. 따라서 외부적으로 극심한 고통을 겪지는 않았습니다. 그렇지만 이때는 그들이 신앙의 의미를 깊이 모색하는 시기였습니다.

유배가 끝날 무렵, 기원전 550년과 540년 사이에 한 시인-선지자가 나타났습니다. 본인의 신원을 알려 주지 않는 이 선지자는 위로와 비전, 소망과 격려의 말을 전합니다('너희는 위로하라 내 백성을 위로하라', 사 40:1).

어제 본문에서 소개한 종/선지자가 오늘 본문의 화자입니다. 그는 지금 전 세계를 향해 말하고 있습니다('섬들아 내게 들으라 먼 곳 백성들아 귀를 기울이라', 1절). 그는 예언자 예레미야의 말을 되풀이하면서(렘 1:5), 자신이 모태에서부터 창조되고 태어나기 전에 선택을 받았고 산파 야웨의 도움으로 태어났음을 회상합니다(1절, 참조. 5절). 하나님의 보호를 받고 앞으로의 임무를 위해 단련된(2절) 이 종/선지자는 야웨의 말씀을 전합니다. '너는 나의 종이요 내 영광을 네 속에 나타낼 이스라엘이라"(3절). 이스라엘 백성의 통칭으로 일컫는 종(에베드)은 백성의 남은 자, 살아남은 이들, 신실함을 지킨 자들을 회복시켜야 합니다. 또한 그는 이방의 빛이 되어 온 세상('땅끝', 6절)에 야웨의 해방을 구체적으로 드러냄으로써 야웨의 영광에 기여해야 합니다. 이것은 예언자 에스겔이 처음 소개한 유배의 주제입니다.

해석자들은 여기 나오는 이스라엘이 유배 상태의 국가 전체를 가리키는 것인지, 이상적인 이스라엘, 즉 신실한 남은 자를 가리키는 것인지를 놓고 오래전부터 논쟁을 벌여 왔습니다. 두 해석 모두 오늘 본문 자체만으로도, 이사야 전체의 문맥에서 쓰이는 '이스라엘'과 '남은 자'의 용례로도 정당화될 수 있습니다.

이들 무리는 세상을 시온/예루살렘으로 인도하고 모든 사람에게 야웨를 알릴 것입니다. 실제로 야웨께서는 이스라엘 나라를 회복해 바벨론 유배 기간에 잃어버린 다른 나라들의 존경을 되찾게 하겠다고 약속하십니다(7절). 야웨께서는 이스라엘을 자기 백성으로 삼으신 그분의 선택을 재차 강조하십니다. 이렇게 종 이스라엘이 그 땅으로 돌아갈 것이라는 선포는 희망의 신호이자 해방의 기억으로 울려 퍼집니다.

바사 왕 고레스의 공포로 바벨론 유배가 끝났음에도 유대인 유배자들 중 소수만 약속의 땅으로 귀환한다는 현실(참조. 스 1-3장)은 해방의 날에 대한 영광스러운 묘사와 잘 들어맞지 않습니다. 이는 스가랴가 재건된 성전을 재봉헌한 일을 말하는 다른 곳에서도 입증됩니다. 당시 사람들은 그 일을 '작은 일의 날'(슥 4:10)이라고 일컬었습니다. 유배가 끝난 시점에도 백성들은 여전히 바벨론에 붙들려 '고향'으로 돌아가기를 갈망하고 있습니다. 그런 이들에게 위로와 희망의 메시지가 전해집니다.

오늘 본문을 읽으면 인내와 힘, 그리고 적 앞에서 몸을 숨기는 능력을 떠올리게 됩니다. 종 이스라엘은 하나님께서 그를 태어나게 하시고 부르시고, 은사를 주시고, 손으로 숨기시고 보호하셨다가 다른 사람들에게 힘과 깨달음을 주시고자 자신을 그들에게 보내셨다고 말합니다. 그는 이것이 자신의 정체성이라고 고백합니다. 칼과 화살의 이미지가 입, 몸과 결합되면서 청중은 전쟁에 대한 당장의 기억을 넘어 보다 부드러운 현실을 상상할 수 있습니다. 전쟁과 파괴의 기억이 여전히 생생한 가운데 박탈의 경험이 진행될 때에는 회복이 근본 주제가 됩니다. 멸시당한 사람들의 회복 말입니다. 지금 소외를 경험하고 있는 사람들은 회복을 향한 갈망에 특히 공감할 수 있습니다.

기독교 전통에서 신자들은 고난주간의 성서정과 이사야 본문을 대할 때 복음서(특히 마태복음과 요한복음)의 수난 이야기에 비추어 읽고, 듣고, 재해석했습니다. 예루살렘에서 십자가로 가시는 길의 예수님은 고난받는 종과 동일시되셨습니다. 분명 두 상황에 비슷한 점은 있지만, 역사적 현실의 긴장을 놓치지 않기 위해서는 로마 제국의 지배 아래 있는 유대인 예수를, 그보다 약 600년 전에 바벨론 제국의 지배 아래 있던 이스라엘 민족과 단순히 하나로 합쳐 보지 않는 신중함이 필요합니다.

설교적 관점

창세기의 첫 번째 창조 이야기가 이 본문을 설교하기 위한 발판이 된다면, 셋째 날 이야기가 그 역할을 할 수 있습니다. 그날에는 땅과 물의 분리, 씨를 뿌림, 그리고 그에 따른 풍요로움이 등장합니다. 시인 이사야가 그리는 사명도 드넓고 부요합니다. 그 사명은 전통적인 경계를 뛰어넘어 넓은 세상으로 한층 더 풍성하게 펼쳐져 나갑니다. 오늘 본문은 시인이 메시지를 내놓기 전에 자격증명을 제시하는 듯합니다. 우리는 여기서 그가 자신이 하나님의 소명과 사명을 받았다는 사실을 어떻게 제시할지 정리하는 모습을 볼 수 있습니다.

> 나는 자괴감과 환멸의 시기에 내 진정한 신분을 깨닫게 되었다. 우리의 일과 소망의 유일한 원천이신 하나님의 뜻이 나를 붙들어 주었다.
>
> 거룩한 종으로서 우리가 하는 일은 가문과 땅을 회복하는 것에 그치지 않는다. 그 일은 이방의 빛이 되는 것이고 정결, 용기, 통찰을 통해 사람들을 일깨우는 본보기가 되는

것이다.

오랫동안 비천한 조롱거리로 치부되던 우리의 처지는 바뀔 것이다. 우리의 진정한 본성과 가치가 세상에 알려질 것이다.

나는 이 시간과 장소에서 내게 주어진 거룩한 소명을 완수하고 있다. 하나님께서는 나를 지으셨고 쓰임 받도록 준비시키셨다. 나의 시간은 하나님의 손에 달려 있다.

저자는 계시에 응답하고 있습니다. 그의 경험은 다음과 같은 것들을 숙고해 보라고 우리 앞에 내놓습니다. 우리도 메시야의 순간에 구원을 받았다는 사실을 인식하게 될 수 있다는 것입니다. 이 사실을 인식하면 우리도 메시야를 본받게 됩니다. 우리는 이 위대한 구원에 대한 응답으로 무언가를 해야 한다는 의무감을 느낄 수 있습니다. 그러나 우리가 걸어가는 길은 더디고 고통스러울 수 있습니다. 이해하기 어렵고 매끄럽지 않은 구간을 지나야 할지도 모릅니다. 그럼에도 불구하고 아주 강렬한 영감을 받는 순간도 있겠지요. 이렇게 우리의 믿음과 섬김이 성장하는 과정에서 정교하게 다듬어지거나 숨겨지는 패턴이 반복됩니다.

시인의 고백은 우리가 영적 각성을 경험할 때 왜 그것이 더 높은 목적을 위한 일이라고 믿게 되는지 묻게 합니다. 왜 우리는 우리를 일깨우고 주목하게 만드는 것들을 다른 사람들과 공유해야 한다고 느낄까요? 예나 지금이나 마찬가지입니다. 위대한 이야기꾼은 먼저 위대한 일을 깨달은 이들이었습니다. 오늘날 교회는 위대한 일을 말하고 있습니까, 아니면 고루하고 뻔한 방식으로 작은 일을 전달하는 데 그칩니까?

우리는 본문을 마주하며 또 묻습니다. 종의 정체는 무엇일까요? 외부에서 온 유력인사일까요, 아니면 현지에서 두각을 나타내는 인물일까요? 종은 우리의 삶과 문화에서 뭔가 큰일이 나타나는 시간, 특별한 순간 그 자체일까요? 한 사람일까요, 아니면 공동체 전체일까요? 종은 우리에게 끊임없이 작용하고 우리를 현대의 문화적 관행을 넘어 더 깊은 곳으로 이끌어, 자아와 삶의 방향이 흘러나온 근원의 강에 마침내 닻을 내리게 하는 신념일까요? 지금 우리의 상황에서 종은 누구일까요? 우리의 기대는 어디까지 이를까요? 우리는 외부의 음성에 기꺼이 귀를 기울일까요? 우리의 힘겨운 시대는 변화를 일으킬 메시지로 가득 차 있을까요? 우리가 자신의 미래에 창의적으로 참여할 가능성은 두려움이나 틀에 박힌 대응, 일부러 귀를 닫는 태도 앞에서 막혀 버립니다.

이오나 공동체(Iona Community)의 조지 매클라우드(George MacLeod)는 이렇게 썼습니다. "오늘날 교회가 나라에 미치는 영향이 이토록 미약한 이유는 교인들 대부분이 우리가 얼마나 급격하게 방향을 전환해야 하는지 깨닫지 못한다는 데 있고, 이것이 우리의 근본적인 문제다."* 설교자가 설교에 필요한 내용을 본문에서 끄집어내려고 시도하기 전에 시인 이사야와 대화하는 시간을 갖는 것은 값진 일입니다. 소명과 준비의 문제는 모든 신앙 지도자에게 아주 중요합니다. 그것을 이뤄 가는 과정은 결코 끝나지 않습니다. 그러므로 이 본문은 여

* Ron Ferguson, ed., *Daily Readings with George MacLeod* (Glasgow:Wild Goose Publications, 2004), 95.

러 해 동안 우리에게 가르침과 영감과 교정의 원천이 될 수 있습니다. 설교자들은 교회가 강해지면 강한 신앙 공동체 자체가 목표라도 되는 것처럼 교회를 세워 가는 노력을 중단하고 싶은 유혹을 받을 수 있습니다. 화합과 신실한 섬김을 동일시하면서 말입니다. 그럴 때 이 시인과 함께하면서 그 유혹에 맞설 수 있습니다. '이방의 빛'으로서 큰 그림에 참여해야 하는 과업을 앞에 둘 때 자신이 부족하다는 느낌이 들더라도 이 시인과 그 느낌을 나눌 수 있습니다.

오늘 본문에 따르면 신앙공동체는 목적이 아니라 목적을 위한 수단입니다. 교회는 일체감을 찾기 위해 내부를 들여다볼 뿐만 아니라 제약 없는 사명을 수행하기 위해 외부로도 눈을 돌립니다. 종은 공공 영역에서 일하기 때문에 저항, 조롱, 오해를 받을 수 있습니다. 우리는 자신의 정체성, 특수성, 지위를 잃을 위험을 무릅쓰고, 우리와 같은 깊은 각성을 경험하고 그에 응답하는 다른 낯선 종들(servant-strangers)과 협력합니다.

언젠가는 사람들이 진리를 듣고, 진리의 종을 알아보고 존중할 거라는 시인의 확신은 큰 가치가 있습니다. 하지만 이 통찰을 그저 우리 자신만 기분 좋게 만들거나, 우리가 무조건 옳고 다른 사람들은 틀렸다고 주장하는 데 사용하는 것은 바람직하지 않습니다. 그보다 나은 방법은 매일의 삶에서 어둠 속에 나타나는 작은 빛줄기를 발견하고 증언하는 것입니다. 모두가 함께 또는 같은 순간에 빛줄기를 보지는 못할 수 있지만, 신앙공동체의 구성원들에게는 빛줄기를 보는 경험이 항상 일어납니다. 서로 친밀하고 신뢰가 두터운 공동체는 어두운 곳에서도 빛의 소식을 공유함으로써 서로 힘을 불어넣을 수 있습니다. 그 소식이 광활한 새벽이 동터온다는 내용인 경우는 드뭅니다. 오히려 우리의 삶 속에서 깨달음, 명료함, 잔잔한 기쁨의 순간과 같이 작은 순간으로 조용히 찾아오는 경우가 더 많습니다.

고난주간에는 오늘의 이사야 본문이 예수님 이야기의 한 조각으로 전락하지 않도록 주의해야 합니다. 이 본문은 예수님의 수난을 예언한 것이 아니라 하나의 모델을 제시한 것이었습니다. 예수님의 이야기를 들려주는 사람들은 이 모델 안에서 그 이야기의 틀과 의미를 발견했습니다. 이 이사야 본문은 그 자체로 독립적이고, 모든 개인과 민족에 본문의 생명력, 영감, 계시와 놀라움을 깊이 성찰하라고 강력하게 요청합니다. 이 본문은 우리에게 심오한 확신을 심어 주며, 경계와 기대, 현재 고정된 틀을 넘어서는 놀라운 일에 동참하라고 우리를 부르고 있습니다.

고난주간 화요일

시편 71:1~14

1 여호와여 내가 주께 피하오니 내가 영원히 수치를 당하게 하지 마소서
2 주의 의로 나를 건지시며 나를 풀어 주시며 주의 귀를 내게 기울이사 나
를 구원하소서
3 주는 내가 항상 피하여 숨을 바위가 되소서 주께서 나를 구원하라 명령
하셨으니 이는 주께서 나의 반석이시요 나의 요새이심이니이다
4 나의 하나님이여 나를 악인의 손 곧 불의한 자와 흉악한 자의 장중에서
피하게 하소서
5 주 여호와여 주는 나의 소망이시요 내가 어릴 때부터 신뢰한 이시라
6 내가 모태에서부터 주를 의지하였으며 나의 어머니의 배에서부터 주께
서 나를 택하셨사오니 나는 항상 주를 찬송하리이다
7 나는 무리에게 이상한 징조같이 되었사오나 주는 나의 견고한 피난처시
오니
8 주를 찬송함과 주께 영광 돌림이 종일토록 내 입에 가득하리이다
9 늙을 때에 나를 버리지 마시며 내 힘이 쇠약할 때에 나를 떠나지 마소서
10 내 원수들이 내게 대하여 말하며 내 영혼을 엿보는 자들이 서로 꾀하여
11 이르기를 하나님이 그를 버리셨은즉 따라 잡으라 건질 자가 없다 하오니
12 하나님이여 나를 멀리하지 마소서 나의 하나님이여 속히 나를 도우소서
13 내 영혼을 대적하는 자들이 수치와 멸망을 당하게 하시며 나를 모해하
려 하는 자들에게는 욕과 수욕이 덮이게 하소서
14 나는 항상 소망을 품고 주를 더욱더욱 찬송하리이다

신학적 관점

이 시편을 처음 읽으면 시편 22편, 42편, 88편과 같은 다른 탄원시와 매우 흡사한 느낌이 듭니다. 이 시편은 적에게서 건져 주시고 보호해 달라는 기도이고, 신뢰를 고백하는 찬양이 담긴 절들이 간간이 들어가 있습니다. 그런데 오늘 본문을 좀 더 꼼꼼히 읽으면 기독교 공동체가 하나님 및 그분과 인간의 관계를 더 깊이 이해하게 되고, 하나님의 사랑과 보호를 더욱 신뢰하게 되고, 과거에 신실하셨던 하나님을 기억하는 것이 미래에도 신실하실 그분을 신뢰하는 데 중요함을 깨닫게 됩니다. 이 모든 내용은 고난주간 후반부에 예수님의 십자가 처형을 향한 여정을 이어가는 공동체가 명심해야 할 중요한 교훈입니다.

시편 기자는 노년기에 접어든 특수한 상황에서 이 시를 썼습니다. 그는 하나님께 '나를 버리지 마시며'(9절)라고 간구하고 원수와 해를 끼치려는 자들의 위협에 대해 호소합니다(10-11절). 이 내용은 노인을 귀하게 여길 줄 모르고 양로원이나 요양센터에 맡기는 것을 선호하는 현대사회에 중요한 의미가 있습니다. 앞의 몇 절에서 시편 기자는 어린 시절과 심지어 출생의 때까지 거슬러 올라가, 어머니 뱃속에서 나온 순간부터 하나님이 자신의 '소망'이시고 '신뢰한 이'시고 평생 '의지했던' 분이라고 회상합니다(5-6절).

이 시편에서 시인이 평생의 소망과 신뢰를 가리키며 사용한 은유는 '반석'과 '요새'(3절)이고, 가장 주된 은유는 '피난처'(1, 3, 7절)입니다. 이 피난처 은유는 이 시의 주된 은유일 뿐 아니라 시편 전체에서 핵심적인 은유이며 다양하기 그지없는 시편을 하나로 묶어 주는 신학적 '접착제' 역할을 합니다.*

시편 기자는 자신이 평생에 걸쳐 경험한 하나님의 임재, 사랑, 보호에 대한 인식을 더욱 구체적으로 드러내며 하나님을 나의 피난처라고 부릅니다. '나의 반석'과 '나의 요새'(3절), '나의 견고한 피난처'(7절)라고 말입니다.** 오늘 본문은 어제 시편 성구(시 36:5-11)의 중심 주제와 유사한 흐름을 따라가며 하나님의 본질에 대한 신학적 메시지를 계속해서 전합니다. 하나님께서는 그분을 찾는 이들에게 끊임없이 안식처를 제공하시는 분입니다. 시편 기자는 이것이 사랑과 신실함에서 비롯된다고 보고, 하나님께서 피난처시라는 고백을 반복하면서 이런 생각을 담아냅니다.

나이 든 시편 기자는 하나님의 보호하시는 사랑과 신실하심을 깨달으며 우리에게도 동일한 메시지를 전해 줍니다. 하나님께서는 원수와 고발자 앞에서도 안전하게 지키실 능력을 갖고 계십니다. 심지어 우리의 '힘이 쇠약할 때'(9절), 사람들이 '하나님도 그를 버렸다 … 쫓아가서 사로잡자'(11절, 새번역)라고 말할 때도 그를 '버리지' 않으실 것임을 상기합니다. 특히 고난주간이라는 맥락에서 이 본문을 읽으면 '버리다'라는 단어가 뇌리에서 떠나지 않습니다. 이 단어는 불과 사흘 후 예수님이 십자가에서 하나님께 부르짖으실 말씀을 떠올

* William P. Brown, *Seeing the Psalms:A Theology of Metaphor* (Louisville, KY:Westminster John Knox Press, 2002), 18. 브라운은 이 책에서 다음 연구서를 활용한다. Jerome F. D. Creach, *Yahweh as Refuge and the Editing of the Hebrew Psalter* (Sheffield:Sheffield Academic Press, 1996).

** Brown, *Seeing the Psalms*, 19.

리게 하기 때문입니다. "나의 하나님, 나의 하나님, 어찌하여 나를 버리셨나이까"(마 27:46, 막 15:34, 시 22:1).

하지만 더 넓게 보면, 하나님의 보호하시는 사랑과 신실하심에 대한 현재의 신뢰는 기억하는 행위로 가능해집니다. 시편 기자가 현재 하나님의 보호를 소망하고 신뢰할 수 있는 것은 과거에 경험한 하나님의 보호를 아주 분명하게 기억할 수 있기 때문인 것 같습니다. "주 여호와여 주는 나의 소망이시요 내가 어릴 때부터 신뢰한 이시라 내가 모태에서부터 주를 의지하였으며"(5-6a절).

기억의 개념은 성서 전체에 걸쳐 신학적 범주로 등장합니다. 십계명에서 하나님의 백성은 '안식일을 거룩히 지키기' 위해 '안식일을 기억'해야 합니다(출 20:8). 전도서의 저자는 이렇게 당부합니다. "너는 청년의 때에 너의 창조주를 기억하라 곧 곤고한 날이 이르기 전에, '나는 아무 낙이 없다'고 할 해들이 가깝기 전에"(전 12:1). 예수님은 제자들에게 자신과 함께하는 식사를 명하시면서 "이것을 행하여 나를 기억하여라"(눅 22:19, 새번역)라고 이르십니다. 심지어 하나님께서도 기억하시고 대홍수 후에 노아에게 이렇게 약속하십니다. "내가 나와 너희와 및 육체를 가진 모든 생물 사이의 내 언약을 기억하리니 다시는 물이 모든 육체를 멸하는 홍수가 되지 아니할지라"(창 9:15).

기억하는 행위는 공동체를 붙들어 주고, 하나님의 율법에 계속 순종하게 하며, 어려운 시기에도 믿음을 유지하게 하고, 하나님께 그분의 약속을 지켜 달라고 말할 수 있게 합니다. 늙고 고통받는 시편 71편 기자는 기억에 힘입어 믿음과 신뢰를 유지하고, 원수와 그의 영혼을 대적하는 자들 앞에서 하나님께서 자신의 반석과 피난처라고 말합니다. 시편 기자의 상황과 우려, 그리고 하나님의 신실하심에 대한 그의 은유는 1763년에 오거스터스 토플러디(Augustus M. Toplady)가 지은 익숙한 찬송가 "만세 반석 열리니"(찬송가 494장)의 가사를 떠올리게 합니다.

숨 쉬며 사는 지금이나
눈 감고 죽는 그 순간이나
내가 모르는 세계로 올라가
심판하시는 주를 뵈올 그때나
만세 반석 열린 틈에
나를 숨겨 주소서.*

고난주간 화요일인 오늘, 믿음의 공동체는 구세주의 십자가 처형의 자리로 가는 여정을 이어 가는 한편, 하나님의 사랑과 신실하심, 그리고 그분이 피난처와 안전한 곳을 제공하심을 기억합니다. 과거에 하나님께서 신실하셨음을 기억할 때 공동체는 앞으로 다가올 어두운 며칠 동안에도 그분의 신실하심을 신뢰하고 시편 기자의 이 찬양에 동참할 수 있습니다. "나는 항상 소망을 품고 주를 더욱더욱 찬송하리이다"(14절).

목회적 관점

어떤 텍스트건 담화 분석을 위해서는 연구자가 텍스트에서 반복되는 패턴, 전형적인 패턴에서 어긋난 부분, 그리고 생략으로 인한 침묵

* 역자주:찬송가 494장 4절 직역.

을 찾아내야 합니다. 그런데 전제가 숨겨져 있거나 나름의 생각에 눈이 가려져 침묵을 포착하기가 어려운 경우가 종종 있습니다. 담화 분석 결과 논리적 비약이나 모순들이 발견되는 경우에도 텍스트의 해석이 거의 불가능해집니다. 그러다 보니 숨겨진 의미를 드러내고 정확하게 해석하기 위해 외부 관찰자의 관점이 필요한 상황이 종종 발생합니다. 연구자들은 지금까지 분석한 내용을 정리한 파일을 삭제하고 다음 날 다시 시작하고 싶은 유혹을 받기도 합니다. 하지만 인내심을 갖고 연구하는 이들에게는 특정한 주제와 패턴이 반복해서 나타나 고맙게도 그들이 흥미롭고 신선한 발견을 목전에 두고 있다는 안도감을 선사합니다.

시편 기자는 하나님과 우리 사이에 나타나는 불편한 침묵에 주목합니다. 하나님께서는 교제를 나눌 목적으로 인류를 창조하셨습니다. 그분은 우리와 깊은 관계를 맺기 원하십니다. 하나님께서는 그분의 임재가 우리와 함께할 것이라고 약속하십니다. 하지만 때로는 하나님의 부재가 우리에게 큰 고통을 주는 침묵으로 느껴질 수 있습니다. 우리는 친밀감을 갈망하지만, 종종 외로움만 며칠이고 몇 달이고 길게 이어집니다. 시편 13편만큼 눈에 잘 띄진 않지만, 시편 71편의 시인은 하나님께 오셔서 우리를 구원해 달라고 간구합니다. “하나님이여 나를 멀리하지 마소서 나의 하나님이여 속히 나를 도우소서”(12절).

시편에는 전형적인 패턴에서 어긋나 논리적 비약이 일어나는 대목들이 분명히 보입니다. 가장 일반적인 부조화는 하나님의 보호에 대한 시편 기자의 믿음과 원수의 공격이 충돌하는 것입니다(4, 10-11, 13절). 시편 71편 전체에 걸쳐 여러 호소가 울려 퍼집니다. ‘나를 건지소서’, ‘나를 도우소서’, ‘나를 구원하소서’, ‘나를 풀어 주소서’, ‘귀를 기울이소서’. 우리는 하나님께서 적극적이고 즉각적으로 개입하실 것을 기대합니다. 하나님과 손을 잡았으니 앞으로는 승리만 있을 것이고 모든 전쟁을 미연에 방지할 수 있을 것이라고 믿습니다. 그러나 우리가 경험하는 바가 우리가 믿고 소망하는 하나님과 일치하지 않으면 방향을 잃고 혼란스러워하며 절망하게 됩니다. 우리의 영혼은 깨진 약속의 톱니바퀴 사이에 끼어 으스러질 위험에 처합니다. “나의 하나님이여 나를 악인의 손 곧 불의한 자와 흉악한 자의 장중(掌中)에서 피하게 하소서”(4절).

시편 전체에서 가장 두드러지는 주제 중 하나는 피난처입니다. ‘바위’와 ‘요새’라는 은유가 거듭 등장하면서 하나님의 보호와 힘을 나타냅니다. 우리는 하나님께서 아무리 강한 지진에도 깨지지 않는 우리의 기초이심을 알고 밤에 편안히 쉽니다. 하나님께서 가장 거센 바람에도 우리를 지켜 주는 성벽이심을 신뢰하며 안심하고 잠에서 깨어납니다. “주님은 나의 반석, 나의 요새이시니, 주님은 내가 … 숨을 반석이 되어 주시고, 나를 구원하는 견고한 요새가 되어 주십시오”(3절, 새번역). 침묵과 어긋남의 한복판에서 시편 71편은 ‘하나님께서는 우리의 피난처시다’라는 시편의 주요 주제를 붙듭니다. 시편 기자는 간청과 찬양으로 하나님께 나아가 도움을 청합니다.

교회는 신앙의 논리적 어긋남과 침묵을 너무나 잘 압니다. 시편 71편은 우리가 태어날 때도, 젊은 시절에도, 노년에 이르러서도(5-6, 9절) 하나님께서 우리를 돌보신다는 것을 기억하게 합니다. 우리의 삶이 '이상한 징조'(7절) 같이 될 때도 하나님께서 여전히 우리를 돌보십니다. 다른 사람들이 보기에 하나님께서 우리를 버리신 것 같은 조짐이 보일 때도 말입니다. 그때도 우리는 하나님께서 여전히 '견고한 피난처'이심을 압니다. 그렇기 때문에 가장 어두운 시간에도 '종일토록'(8절) 하나님을 찬양하고 우리의 삶으로 하나님의 이름에 영광을 돌릴 수 있습니다. 더 나아가, 우리는 믿음에 힘입어 삶의 모든 날에 '항상 소망을 품을'(14절) 수 있습니다.

이 본문 역시 도움을 청하는 간구의 구조 전반에 계속해서 찬양을 짜 넣었습니다(8, 14절). 이 시의 나머지 부분인 15~24절은 나이 든 사람들을 위한 회복의 요소로 작용하는 찬양의 주제가 기반이 됩니다. 이 신앙의 어긋남과 더불어, 노령의 이미지 때문에 이 시가 흔히 나이 많은 교인들에게 인기가 많다는 점을 기억하는 것이 중요합니다. 그러나 시편 71편은 하나님의 현재 활동에 감사하도록 젊은 사람들에게 상기시키는 역할도 할 수 있습니다.

신앙의 어긋남을 방지하기 위해, 설교자는 교인들에게 고난주간 화요일에 부활주일을 내다보는 것은 너무 이르다는 사실을 상기시켜야 합니다. 폭풍우 구름이 몰려들고 있고 갱도의 카나리아가 죽었으며 기상 관측 레이더가 경고를 발령했습니다. 이런 상황에서 많은 젊은이는 신호를 해석하기 위한 경험이 없어서, 배신, 체포, 재판, 유죄 판결의 여정을 모든 소망이 끊어진 상황으로만 볼 가능성이 있습니다. 나이 든 성도들은 이 길을 걸어 본 적이 있습니다. 그들은 교회 안에서 "늙을 때에 나를 버리지 마시며 내 힘이 쇠약할 때에 나를 떠나지 마소서"(9절)라고 자신 있게 기도할 수 있는 사람들이기 때문에 젊은이들이 좀 더 긴 안목으로 상황을 바라보도록 도울 수 있습니다.

예수님이 시편 71편의 믿음을 가장 철저하게 보여주신 기간은 바로 고난주간입니다. 그 주의 모든 상황과 모든 사건이 이렇게 외칩니다. "하나님도 그를 버렸다. 그를 건져 줄 사람이 없으니, 쫓아가서 사로잡자"(11절, 새번역). 그렇지만 예수님은 시편 기자처럼 하나님에 대한 소망과 신리를 단호히 선언하십니다. 오늘 복음서 본문인 요한복음 12:20~36은 '인자'가 영광을 받으실 그 절정의 '때'가 왔다고 이야기합니다(요 12:23, 27). 요한복음 12:24~26, 35~36에서 예수님은 사람들에게 자신이 가는 길을 따르라고 권면하십니다. 군중은 메시야가 영원히 계신다는 가르침과 (인자가) '들려야 하리라'(요 12:34)라는 예수님의 말씀 사이에 논리적 비약이 있음을 인식하지만, 여기서 하나님께서는 침묵하시지 않습니다. 시편 71편은 오늘의 복음서 및 다른 성서정과 본문들과 잘 어우러집니다. 이 본문들은 모두 믿음과 소망이 선사하는 긴 안목을 통해 하나님에 대한 소망과 신뢰를 확신 있게 보여줍니다.

주석적 관점

시편 71편은 하나님께서 과거에 행하신 일의 기억을 붙들고 하나님께서 미래에도 행동하실 것을 신뢰하는 어느 소외된 노인의 목소리를 들려 줍니다. 서로 긴밀히 연결된 두 활동, 기억과 소망은 이 시에 중요한 질서를 부여합니다. 이 시의 전반부(1-13절)는 시편 기자의 절망적인 고통의 외침을 신뢰의 고백과 함께 담아냅니다. 시의 후반부(14-24절)는 하나님의 임박한 구원을 기대하며 바치는 다양한 찬양의 서원으로 구성되는데, 그중 첫 절만 오늘 본문에 포함되어 있습니다.

이 시의 처음 네 절은 하나님의 돌보심에 담긴 두 측면, 즉 시편 기자를 숨기심(1, 3절)과 구원(2, 4절)을 보여줍니다. 이 시는 '피하여 숨을 바위'라는 고전적인 은유를 사용해 야웨의 견고하고 한결같은 보호를 묘사합니다(3절, 참조. 삼하 22:3, 시 18:2, 31:2, 94:22). 시편 기자는 그늘진 바위틈에 몸을 밀어 넣는 사람처럼(참조. 사 32:2) 하나님께 착 달라붙어 보호받고자 하는 자신의 모습을 상상합니다. 이러한 숨는 이미지(1, 3절)는 야웨께서 가까이 계시다는 것과 그분이 시편 기자를 원수의 위협에서 지켜 주신다는 뜻을 전반적으로 분명히 전달합니다.

그렇다면 구원을 위한 첫 간구가 야웨께서 실상 아주 멀리 계심을 암시한다는 것은 다소 놀라운 일입니다. 시편 기자는 야웨께서 들으시고 가까이 오셔서 적의 손아귀에서 구출해 주시기를 기도하고 있기 때문입니다(2, 4절, 참조. 11-12절). 이 구절들에서 보호와 구원의 이미지가 얽혀 있음을 보며, 현대 독자들은 시편 기자와 관련해 야웨께서 과연 어디에 계시는지 자문하게 됩니다. 1절이 암시하듯이('여호와여 내가 주께 피하오니') 하나님께서는 가까이 계실까요, 아니면 시편 기자 자신이 '악인의 손 곧 불의한 자와 흉악한 자의 장중에'(4절) 있다고 말하는 대로 멀리 떨어져 계실까요? 이 시에서 드러나는 하나님의 임재의 모호함은 어려운 상황 속에서 '하나님께서 어디 계시는가?'라는 질문과 씨름하는 현대 독자들에게 깊은 공감을 불러일으킵니다. 이 시편은 신실한 사람이 고통을 겪으면서도 어떤 식으로든 하나님의 구원을 소망하는 시나리오를 제시합니다.

시편 기자는 오랜 개인사를 통해 자신이 하나님께 부르짖을 수 있고 부르짖어야 한다는 것을 압니다. 그 역사는 어머니 뱃속까지 거슬러 올라갑니다. 야웨께서 산파처럼 이 청원자의 출산을 도우셨습니다. 야웨께서 말 그대로 '태어나게 하신' 후 시인은 계속해서 하나님을 '의지했습니다'(6절, 참조. 시 22:9). 여기에 쓰인 히브리어 '니스막'은 '도움을 기대하고 몸을 맡긴다'로 번역할 수 있는데, 아이가 엄마의 가슴에 기대는 모습 또는 인생의 첫 몇 걸음을 걸을 때 아버지의 손을 잡고 균형을 잡는 모습을 떠올리게 합니다. 5~6절에 (17절에도) 나오는 유아기와 유년기의 이미지는 나이 많고 연약한 백발로 시인을 묘사하는 뒷부분(9, 18절)과 적절한 대조를 이룹니다. 시편 기자는 두 이미지를 나란히 놓음으로써 하나님과 자신의 관계가 얼마나 꾸준히 이어져 왔는지 확실히 드러냅니다. 그는 하나님께서 신실하셨던 그 오랜 역사를 붙듭니다.

시인은 그 역사를 이야기하면서 야웨께서 다시 한번 행동할 마음이 드시기를 소망합니다. 지금 그의 상황은 대단히 심각합니다. 시편 기자의 경건함(8절)에도 불구하고 공동체는 그를 버림받은 사람이라고 여깁니다(9절). 시편 기자가 겪는 고통은 공동체 내부의 질서에 혼란을 불러옵니다. 구성원들은 자신에게도 같은 고통이 닥칠지 모른다는 두려움 때문에 크게 불안해합니다(7절). 실제로 공동체는 시편 기자의 고난을 하나님이 버리셨다는 분명한 신호로 해석합니다(11절). 하나님께서 사랑하시는 사람은 그런 고통을 겪을 수 없으니까요.

적어도 그들은 그렇게 생각합니다.

하지만 시편 기자는 야웨께서 자신을 버리시지 않았다고 주장합니다. 그는 하나님과의 오랜 관계에 기댑니다. 멀게만 느껴지는 하나님께 도움을 호소하는 것으로 자신의 인생이 끝나지는 않을 것이라고 확신합니다. 오히려 그는 다시 한번 하나님을 찬양하게 될 것입니다. 야웨의 구원이라는 현실을 불러오려는 듯, 시의 분위기가 갑자기 달라집니다. 탄원에서 찬양과 약속으로 넘어갑니다. 오늘 성서정과 본문에는 찬양의 서원이 첫 절(14절)만 실려 있지만, 설교자는 시 전체를 염두에 두어야 합니다. 해당 절은 전체를 이해하는 열쇠를 제공하기 때문입니다.

이 찬양의 서원은 흔히 시간의 흐름을 묘사하는 문구와 함께 나타납니다. 예를 들어, '항상', '매일'로 번역되는 단어 '타미드'는 자주 등장합니다(이를테면 '나는 항상 소망을 품고', 14절, 참조. 3, 6절). '온종일/매일'(콜 하욤)도 정기적으로 등장합니다(예. '나의 혀도 종일토록 주의 의를 작은 소리로 읊조리오리니', 24절, 참조. 8, 15절). 20~21절에 '다시'라는 단어가 두 번 반복되면서 야웨의 행동이 시간 속에서 계속되는 것을 묘사합니다. 이러한 각각의 표현을 통해 이 시의 중심 주제가 드러납니다. 시편 기자는 유년기부터 노년기에 이르기까지 신실하심을 거듭 입증하신 야웨를 신뢰하고 찬양했습니다. 이러한 시간의 흐름은 야웨의 구원을 깨닫는 최선의 방법이 그 구원을 기다리는 것, 즉 소망하는 것임을 시인에게 가르쳐 준 것 같습니다.

이 시는 구원을 어떻게 기다려야 하는지 시 전체의 흐름 속에서 보여줍니다. 바로 하나님과의 대화의 창을 끊임없이 열어 두는 것입니다. 나이 든 시인은 격렬한 불평이든, 간절한 탄원이든, 목청껏 부르는 찬양이든, 하나님께 큰 소리로 말하기를 멈추지 않습니다. 시편 71편은 일련의 탄원으로 시작하지만 소망을 품을 근거들도 함께 제시합니다(1-6절).

신뢰의 고백(7-8절)에 이어 원수들에 대한 무서운 묘사(9-11절)가 나오고, 구원을 간구하는 탄원(12-13절)이 이어집니다. 그다음, 자신만만한 찬양의 서원이 다시 나타나는가 싶더니 시인은 또다시 도움을 청합니다(14-18절). 그러고 나서 시는 마침내 더 길고 활기찬 찬양의 서원으로 마무리됩니다(20-24절).

복잡하게 뒤얽힌 이 시의 형태는 노인성 치매의 특징이 아닙니다. 오히려 기도의 본질에 대한 성숙한 이해를 보여줍니다. 노년의 시편 기자는 절망적 상황이라는 무서운 현실과 야웨께서 참으로 구원해 주실 것이라는 굳은 확신을 동시에 붙드는 법을 배웠습니다. 이 기도는 확실한 신뢰와 깊은 염려를 번갈아 가며 표현하다가 결국에는 모든 것을 아우르는 찬양으로 마무리됩니다. 그리하여 숙련된 악기 연주자(22절)인 시편 기자 자신이 예배의 도구가 됩니다(23-24절)! 정직하고 통합된 기도의 본을 제시하는 이 노인의 시는 시대를 뛰어넘는 노래입니다. 탄원, 소망, 찬양의 예배입니다.

설교적 관점

몇 년 전 영국으로 여행 갔을 때, 긴 산책에 나섰다가 길을 잃고 말았습니다. 대성당과 성이 모두 있는 마을에 머물고 있었기 때문에 방향을 알 수 있는 지형지물로 둘 중 하나의 흔적을 찾았지만 허사였습니다. 불안과 혼란이 극에 달한 순간에 시편 71:3 말씀이 불쑥 떠올랐습니다. "나의 견고한 반석 되시고 나를 안전하게 지켜 줄 성채 되소서. 나의 바위, 나의 요새는 당신이십니다"(1979년 성공회 기도서, 이하 BCP). 그 문구를 입 밖에 낸 덕분에 구원을 받게 되었다고 말할 정도까지는 아니지만, 기도문을 읊조리고 5분 정도 지났을 때 너그러운 근로자가 통근 길에 차를 세우고 나를 시내로 태워다 줬습니다.

이것이 시편 71편 같은 탄원시의 힘입니다. 위험하고 혼란스러울 때 시의 중심 이미지, 즉 성채나 요새에 비유된 하나님의 모습이 저절로 떠오르는 것이지요. 고난주간으로 접어들면서 예수님이 의기양양하게 예루살렘에 입성하시던 모습과 그날의 소리는 희미해지고 혼란과 위험의 느낌이 점차 전면에 두드러지게 부각됩니다. 우리는 아직 수난의 중심 사건에 이르지 않았지만, 성서정과는 우리 안에 점점 더 깊은 경각심을 쌓아 올립니다. 예수님이 기성 종교 및 정치 체제를 비판하신 일에 따른 몇 가지 결과가 암시되기 시작합니다. 예수님을 따르는 우리는 그분의 비판이 맞이할 결과를 점점 커지는 불안과 혼란 속에서 바라봅니다.

설교 전략을 다루기에 앞서, 설교자가 이 본문과 씨름하기 전에 생각해야 할 두 가지 중요한 문제가 있습니다. 첫 번째는 3절에 나오는 '견고한 반석, 나를 안전하게 지켜줄 성채'(BCP)라는 강력한 중심 이미지와 관련이 있습니다. 두 번째는 이 시편의 화자가 자신이 '무리에게 이상한 징조'(7절)같이 됐다고 표현한 것이 의미하는 바가 무엇인가 하는 문제입니다.

시편의 많은 시가 그렇듯 우리에게는 다소 구식으로 느껴질 수 있겠지만, 첫 번째 문제인 시편 71편의 중심 이미지는 시편 기자가 속한 이스라엘 공동체 입장에서는 역동적이고 의미 있게 다가오는 시각적 용어로 하나님을 그려낸 것입니다. 시편 71편은 하나님을 요새(BCP에는 성채)로 묘사합니다. 21세기의 우리는 '요새'를 입헌 군주들이 사는 성, 그럼 같은 대저택으로 떠올리기 마련입니다. 하지만 우리보다 앞선 시대 사람들에게 성은 요새나 더 낫게는 성곽에 가까웠습니다. 물론 왕족이 거기 살았지만 성의 주된 목적은 방어시설을 제공하는 데 있었습니다. 성은 집이라기보다는 군대 야영지였고 적의 공격으로부터 안전할 수 있는 곳이었습니다.

시편 71편은 하나님을 요새, 바위, 산성으로 그려냅니다. 이것은 예스럽고 그림처럼 생생한 언어인 동시에 매우 구체적인 표현입니다. 따라서 설교자는 전근대인이 요새라는 말에 부여했을 여러 함축적 의미, 즉 적으로부터의 안전이나 불확실한 순간의 확실한 무엇 등을 활용할 수 있습니다. 성이 중요한 요소로 등장하는 모든 영화와 책(과 게임 등)을 찾아보면 구체적인 내용을 알 수 있습니다. 하다못해 책이든 영화든 『반지의 제왕』에서 성이 공격당하는 장면이라도 떠올려 보십시오. 이 요새 이미지는 너무 낭만적이고 예스러워서 우리는 그냥 지나치고 싶은 유혹을 받습니다. 하지만 약간의 연결 작업을 거치면 요새 이미지는 예수님의 이야기에서도, 현재 우리의 이야기에서도 많은 것을 떠올리게 할 수 있습니다.

두 번째 문제는 시편 71편 화자의 상황에 관한 것입니다. 그는 스스로를 '무리에게 이상한 징조같이' 됐다고 표현합니다. 그는 '악인과 압제자의 손아귀'(4절, BCP)에서 고통받고 있고,

늙은 나이에 '버려질'(9절) 염려로 괴로워합니다. 이 시가 다루는 상황이 무엇이든, 화자는 인간과 자연으로부터 오는 역경을 경험하고 있습니다.

여기서 그는 하나님께 도움을 호소하면서 무엇보다 그분의 명성에 대한 우려를 내세웁니다. 그는 스스로를 '무리에게 이상한 징조' 같다고 말하고 11절에서 '하나님이 그를 버리셨다'라고 말하는 사람들을 인용하는데, 그로 인해 화자는 하나님의 덜 고상한 본능에 호소한다는 비난을 받을 수 있습니다. 나처럼 잘 알려진 추종자가 패배하면 사람들은 하나님이 대단한 신이 아니라고 말하지 않겠느냐는 식이니까요. 언뜻 보기에 이것은 '요새' 이미지와 마찬가지로 하나님에 대해 이야기하는 케케묵은 방식처럼 느껴집니다. 포스트모던 세계를 사는 사람들 중 어느 누가 하나님께서 평판에 신경을 쓴다고 믿겠습니까? 그렇지만 하나님의 허영처럼 보일 수 있는 것에 호소하는 이런 태도는 설교가 좀 더 큰 질문들을 다룰 수 있게 만들어 줍니다. 탄원시의 형식은 우주적 의미를 지닌 어떤 일이 나에게 일어나고 있다는 것을 암시합니다. 모든 고통에는 하나님이 (그리고 하나님의 신비로운 목적이) 연관돼 있습니다.

이 중요한 두 문제를 도입부로 삼아 시편 71편을 설교하고자 하면, 설교자는 두 가지 선택 중에서 전략적으로 고를 수 있습니다. 설교자는 이날의 설교가 예수님의 고난주간 경험과 그것이 교인들의 삶과 연결되는 방식 모두에 초점을 맞추어야 한다는 점을 기억하면서, 예수님이 이 시를 직접 읊으시는 모습을 상상한 고대 기독교인들의 전략을 채택할 수 있습니다. 성서정과를 구성한 사람들은 분명히 이것을 의도했을 것입니다. 그러므로 설교자는 이 탄원이 예수님의 입에서 나온다고 상상하고 성의 이미지와 하나님의 명성에 대한 우려라는 중요한 두 문제를 자세히 설명하는 전략을 취할 수 있습니다. 회중과 예수님의 이야기를 연결하는 방식으로 말입니다. 안전한 곳을 바라지 않을 사람이 있겠습니까? 우리의 고난이 과연 의미가 있는지 묻지 않는 사람이 있겠습니까?

또 다른 선택지는 이 두 문제를 나와 있는 그대로 마주하고, 여러분이 말하고자 하는 내용을 뒷받침하거나 구체화해 줄 수 있는 삶의 경험이나 문화적 사례를 찾아 활용하는 것입니다. 마치 제가 서두에서 길을 잃고 막막한 상태로 성을 찾아 헤매던 사연을 예로 든 것처럼 말이죠. 본문의 이미지, 예수님의 이야기, 회중의 삶을 모두 연결할 수 있는 연약함이나 길을 잃은 경험이 있는지 생각해 보십시오. 여러분은 어떤 사건들을 계기로 삶의 의미를 내면에서 성찰해 보게 되었습니까? 예수님은 우리 모두와 마찬가지로 과연 누군가가 자신의 말을 듣고 있기는 한지 염려하셨습니다. 이 의문을 진지하게 받아들이는 설교는 고난주간 화요일에 모인 모든 사람의 관심을 얻을 것입니다.

고난주간 화요일

고린도전서 1:18~31

18 십자가의 도가 멸망하는 자들에게는 미련한 것이요 구원을 받는 우리
에게는 하나님의 능력이라
19 기록된 바 내가 지혜 있는 자들의 지혜를 멸하고 총명한 자들의 총명을
폐하리라 하였으니
20 지혜 있는 자가 어디 있느냐 선비가 어디 있느냐 이 세대에 변론가가
어디 있느냐 하나님께서 이 세상의 지혜를 미련하게 하신 것이 아니냐
21 하나님의 지혜에 있어서는 이 세상이 자기 지혜로 하나님을 알지 못하
므로 하나님께서 전도의 미련한 것으로 믿는 자들을 구원하시기를 기
뻐하셨도다
22 유대인은 표적을 구하고 헬라인은 지혜를 찾으나
23 우리는 십자가에 못 박힌 그리스도를 전하니 유대인에게는 거리끼는
것이요 이방인에게는 미련한 것이로되
24 오직 부르심을 받은 자들에게는 유대인이나 헬라인이나 그리스도는
하나님의 능력이요 하나님의 지혜니라
25 하나님의 어리석음이 사람보다 지혜롭고 하나님의 약하심이 사람보다
강하니라
26 형제들아 너희를 부르심을 보라 육체를 따라 지혜로운 자가 많지 아니
하며 능한 자가 많지 아니하며 문벌 좋은 자가 많지 아니하도다
27 그러나 하나님께서 세상의 미련한 것들을 택하사 지혜 있는 자들을 부
끄럽게 하려 하시고 세상의 약한 것들을 택하사 강한 것들을 부끄럽게
하려 하시며
28 하나님께서 세상의 천한 것들과 멸시받는 것들과 없는 것들을 택하사
있는 것들을 폐하려 하시나니
29 이는 아무 육체도 하나님 앞에서 자랑하지 못하게 하려 하심이라
30 너희는 하나님으로부터 나서 그리스도 예수 안에 있고 예수는 하나님
으로부터 나와서 우리에게 지혜와 의로움과 거룩함과 구원함이 되셨
으니
31 기록된 바 자랑하는 자는 주 안에서 자랑하라 함과 같게 하려 함이라

신학적 관점

오늘 본문에서 바울은 어리석음이라는 표현을 불신자들의 태도, 십자가에 초점을 맞추는 기독교의 메시지, 심지어 하나님의 성품에 이르기까지 다양한 것에 적용합니다. 본문은 '십자가의 도가 멸망하는 자들에게는 미련한 것'(18절)이라는 도발적인 평가로 시작하고, 그리스도인들에게 어리석음을 드러내는 주된 통로였던 교만한 자랑을 피하고 영광을 드러내는 방식을 바꾸어 '주 안에서'(31절) 자랑하라고 당부하는 것으로 끝맺고 있습니다. 이 서신의 몇 장 뒤에서 바울은 그리스도를 따르는 사람들에게도 어리석다는 표현을 적용하여 그들을 '그리스도 때문에 어리석은 자'(4:10)라고 부릅니다. 어리석음의 모티브는 인간 지혜의 불충분함에 대한 바울의 성찰 및 하나님의 지혜에 대한 그의 생각을 대비시켜 풍성하게 드러냅니다.

이 어리석음의 맥락 안에서 바울은 그의 여러 서신에서 줄곧 두드러지는 몇 가지 신학적 주제를 소개합니다. 하나님의 위대하심, 십자가의 의미, 인간 조건에 대한 인식, 특히 인간의 자족성이라는 환상에 대한 인식 등이 그것입니다. 여기서 바울은 사람들의 부적절하고 교만한 태도와 이를 무의미하게 만드시는 하나님의 뜻밖의 행동을 대조합니다. 바울은 인정과 성취를 바라는 인간의 열망을 유대인이 표적을 구하는 행태(인간은 하나님의 인정을 받을 자격이 있다는 생각) 및 그리스인이 지혜를 존중하는 모습(인간은 충분한 수준의 이해에 도달할 수 있다는 생각)과 연관시킵니다. '표적을 구하는' 사람들과 '지혜를 찾는' 사람들에게는 십자가에 못 박히신 그리스도와 자신을 동일시하시는 하나님의 모습이 이러한 기대들과는 대조적으로 터무니없어 보입니다(22절).

바울이 인간의 지혜를 비판하지만 이는 결코 히브리 성서의 지혜문학을 겨냥한 것이 아닙니다. 바울의 비판은 이성을 사용해 하나님을 찾으려는 그리스의 여러 철학과 일부 기독교 공동체에서 싹트던 영지주의적 경향을 겨냥하고 있습니다. 그렇지만 바울은 인간의 이성 자체를 정죄하지는 않습니다. 대신 이성이 불충분해서 그것만으로는 하나님께 이를 수 없다고 지적합니다. 하나님께서는 인간의 기대를 뛰어넘는 방법과 지혜로 인간과 화해를 이루시는 분이기 때문입니다. 하나님의 지혜는 정교한 추론에 근거하지 않으며 오히려 자기 생명까지 희생하는 불합리해 보이는 행동에 동참하는 특징이 있습니다. 결과적으로, 기독교 신앙은 특별한 형태의 지식이 아니고 기적에서 생겨나는 것도 아닙니다. 바울이 거듭거듭 증언하다시피, 도리어 이 신앙은 십자가의 길을 따르는 제자도로 나타납니다.

바울은 하나님의 어리석은 행위인 십자가에 초점을 맞추면서 인간의 지혜나 노력으로는 하나님을 알 수 없음을 강조합니다. 또한 하나님의 어리석음이 역설적으로 하나님의 지혜를 드러낸다고 단언합니다. 하나님의 지혜는 그 모든 기이한 방식에도 불구하고 인간의 지혜와 비교할 수 없습니다. 하나님의 지혜는 인간의 가장 뛰어난 지혜마저도 초월하며 '세상의 미련한 것들'로 '지혜 있는 자들을 부끄럽게'(27절) 할 수 있기 때문입니다. 적어도 바울이 소개한 기이한 신적 속성인 하나님의 어리석음은 최고 수준의 인간 지혜를 능가하는 것이 분명합니다. 인간의 지혜가 제아무리 대단

해도 혼자 힘으로는 하나님을 알지 못합니다(21절).

바울은 인간의 지혜를 하나님의 어리석음과 연관시키는가 하면, 인간 능력의 잠재력을 하나님의 취약성 및 약함과 대조하기도 합니다. 죽음은 인간의 궁극적 한계이기 때문에 하나님의 약함은 죽음이 그리스도를 이긴 것 같은 상황에서 드러납니다. 죽음을 정복하려면 죽음에 완전히 굴복하고 죽음을 경험해야 했는데, 하나님께서는 이런 약함을 그리스도의 고난과 십자가 처형에서 드러내셨습니다. 하지만 바울은 하나님께서 이 약함을 통해 인간의 가장 큰 힘으로도 할 수 없는 일, 곧 죽음 자체를 무찌르는 일을 성취하셨다고 단언합니다. 그리고 지혜와 능력 모두에서 하나님께서는 가장 뛰어나다는 식으로 표현할 수 있는 분이 아니라 비교 자체가 불가한 분이라는 결론을 내립니다.

20세기 신학자 폴 틸리히(Paul Tillich)는 하나님께서는 특정한 존재가 아니라고, 심지어 다른 존재들과 대비되는 가장 위대한 존재라는 말도 성립하지 않는다고 주장함으로써 하나님의 비교불가성을 가장 명확하게 표현했습니다. 하나님께서는 인간 실존이 필연적으로 직면하는 한계를 뛰어넘으십니다. 틸리히는 하나님의 이런 비교불가성을 강조하면서, '가장 위대한', '가장 자비로운', '가장 강력한' 같은 최상급 형용사를 하나님께 적용하는 것은 '하나님 개념을 다른 것들과 비교하는 스펙트럼 안에 넣는 일이기 때문에 하나님의 위엄과 능력을' 축소하게 된다고 보았습니다.* 간단히 말하면, 하나님께서는 최상급을 뛰어넘으시는 분이라는 것입니다. 이것이 바로 하나님의 약함이 가장 위대한 인간의 능력을 훨씬 능가한다는 점을 지적함으로써 바울이 내세우는 바입니다(25절).

바울은 그리스도인들의 메시지도 어리석다고 묘사합니다. 그리스도의 희생을 통해 승리를 얻었다고 선포하기 때문입니다. 기독교 설교가 어리석어 보이는 이유는 하나님에 대한 이해가 추론에서 오는 것이 아니라 십자가를 통해 이루어지기 때문입니다. 이 십자가는 하나님께서 고통받는 사람들과 연대하시는 행위이며, 바로 그 행위를 통해 하나님에 대한 이해가 주어집니다. 하나님께서는 고통받는 사람들과 연대하심으로써 가난하고 억눌린 사람, 쫓겨나고 소외된 사람을 우선시하고 선호하심을 드러내십니다. 주류와 거리가 먼 사회적 지위는 고린도 그리스도인 다수의 특징이었을 것입니다. 바울은 그들이 '권력이 없고 가문이 훌륭하지 않음'을 상기시킵니다(26절, 새번역). 그들의 구원은 그들의 경제적 특권이나 정치적 성취에 달려 있지 않으므로 개인적으로 자랑할 근거가 될 수 없습니다. 하나님께서 '강한 것들을 부끄럽게'(27절) 하시려고 '천한 것들과 멸시받는 것들'(28절), 약한 자들을 선택하셨다는 바울의 주장은 하나님께서 가난하고 소외된 자들을 우선시하신다는 해방신학의 주제와 통합니다.

수 세기 동안 수많은 모범적인 그리스도인은 어리석다는 말을 들을 만큼 급진적인 방식으로 신앙을 표현해 왔습니다. 그런 어리석은 면

* Donald W. Musser and Joseph L. Price, *Tillich* (Nashville:Abingdon Press, 2010), 24.

모는 그들이 부서진 자, 고통받는 자, 패배한 자들과 자신을 동일시할 때 특히 두드러졌습니다. 야로슬라프 펠리칸(Jaroslav Pelikan)은 이렇게 단언합니다.

> 그들은 자신을 희생하여 하나님을 섬기고 자신의 가치를 그리스도의 주 되심에 종속시킴으로써 거룩하신 분의 광기를 증언한다. 그 광기는 이성으로는 받아들이지 못하는 진리를 알아봤다. 바울은 그렇게 미쳤다는 말을 들었고, 자신과 이후 그와 같은 모습으로 살아간 이들을 '그리스도를 위한 바보'(고전 4:10)라고 표현함으로써 그 광기를 기꺼이 인정했다.*

목회적 관점

어떤 환경은 다른 환경보다 성서를 읽고 듣는 데 더 큰 영향을 미칩니다. 결혼식마다 낭독되는 고린도전서 13장은 신선하지도 않고 지나치게 과장된 내용으로 들릴 수 있습니다. 하지만 모든 장례식장에서 낭독되는 시편 23편은 여전히 마음에 깊은 울림을 줍니다. 산 정상에서 열린 수련회 예배 시간에 시편 121편을 듣게 되면 그 내용이 새롭게 느껴지고 훨씬 오랫동안 기억에 남을 수 있습니다. 이스라엘과 팔레스타인 땅을 여행하면서 성서를 읽으면 이전과는 전혀 다르게 읽힐 것입니다. 경제위기를 겪을 때 주일 예배 시간에 시편 46편을 들으면 회중은 '왕국들이 흔들린다'(시 46:6)라는 말씀의 의미를 완전히 새롭게 이해하게 될 것입니다. 이처럼 목사와 회중이 성서 본문을 대할 때는 시간과 장소의 영향을 받습니다.

고린도전서 1장 후반부의 내용은 교회 생활에서 다양한 방식으로 경험할 수 있습니다. 고린도전서 분문을 차례대로(lectio conrinua) 설교하는 설교자는 이전 단락(10-17절)에서 언급된 고린도 교회 내의 분열과 불일치를 생각하면서 그리스도의 십자가에 관한 오늘 본문의 가르침에 도달하게 될 것입니다. 설교학 개론 수업 시간에 이 본문을 다루는 설교학 교수는 '(우리) 선포의 어리석음'(21절)에 대한 바울의 확언으로 학생들을 격려할 것입니다. 교회 직분자 훈련 과정을 맡은 목회자는 1장 마지막 부분과 부르심에 대한 바울의 가르침에 주목하고 자신의 소명을 숙고할 수 있습니다. 설교자가 이 본문을 사순절 초반 주일에 읽으면 인간의 지혜와 힘이 얼마나 연약한지, 앞으로의 여정에 영적 훈련이 얼마나 중요한지 주목하게 될 수 있습니다. 고난주간 화요일에 하던 일을 멈추고 예배에 참석해 고린도전서 1:18~31을 함께 읽으면 그리스도의 십자가가 매우 크게 다가올 것입니다.

본문의 매 절마다 십자가의 그림자가 드리웁니다. 성금요일의 십자가가 지평선에 우뚝 서 있는 가운데, 바울이 전하는 '십자가의 도'(18절)가 성서 바깥으로 튀어나오는 듯합니다. 며칠 후면 검은 천을 씌우게 될 십자가를 중심으로 교인들이 예배당에 모이든, 고난주간을 위해 만든 나무 십자가가 바닥에 놓여 있든, 예배 공간에 십자가가 아예 없든, 오늘 살펴보는 서신서의 교훈은 십자가를 중심으로 펼쳐집니다. 오늘 밤 예배 시간에 회중은 십자가 옆

* Jaroslav Pelikan, *Fools for Christ:Essays on the True, the Good, the Beautiful* (Philadelphia: Muhlenberg Press, 1955), ix.

에서 찬양하고 십자가 밑에서 무릎을 꿇고 기도하며 애쓸 필요도 없습니다. 사도 바울이 더없이 강력한 수사를 동원해 교인들을 십자가로 곧장 데려가 거기에 단단히 붙잡아 두기 때문입니다. 누구도 거기서 돌이킬 수가 없습니다. 바울에 따르면 목사와 교인들에게 십자가는 예배당과 마음과 삶을 압도합니다.

탈기독교 · 탈교파적 포스트모던 세계에서는 신앙공동체에서의 삶이 주류문화와 대립한다는 점이 자명합니다. 솔직히 말해서 교회에서도 고난주간의 전례 자체는 대항문화적이라고 할 수 있습니다. 종려주일 예배에 참석한 사람들 대다수는 부활절 아침이 돼야 돌아올 것입니다. 모든 목회자는 이 사실을 압니다. 그들은 이런 상황을 한탄합니다. 많은 목회자가 고난주간 여정과 관련해 성도들에게 더 깊은 차원의 영적 실천을 독려하려고 노력했습니다. 많은 경우 그 과정에서 약간의 죄책감을 자극하며 종려주일에 교인들에게 주중에 교회에 꼭 나와야 한다고 언급하기도 했을 것입니다. 물론 고난주간 초반에 예배에 참석한 모든 사람은 대세를 거스르고 고난주간 예배라는 대항문화적이고 다소 낯선 관행에 참여했다는 사실에 자기만족과 독선에 사로잡힐 위험이 있습니다.

어렴풋이 보이는 십자가는 우리 자신의 독선과 종교적 경건을 추구하는 선의의 시도에 그림자를 드리웁니다. 대항문화적인 무엇, 세상을 거스르고 지상의 왕국을 뒤집고 세상의 통치와 권세에 도전하는 무언가가 있다면, 그것은 우리와는 전혀 상관이 없고 전부 예수 그리스도 및 그분의 십자가와 관련이 있습니다. 우리가 내놓을 수 있는 최고의 신실함도 표적이 될 수 없습니다. 우리가 드리는 가장 훌륭한 예배도 세상을 '걸려 넘어지게 하는 일'(23절, 새한글성경)은 아닙니다. 정의를 옹호하고 가난한 사람들을 돌보는 우리의 가장 강력한 노력이 세상을 놀라게 할 수는 있겠지만, 그 자체로는 결코 어리석음의 수준에 이르지 못할 것입니다. 그렇습니다. 교회가 보여주는 최상의 모습보다 하나님의 어리석음이 더 현명하고 하나님의 약함이 더 강합니다. 세상을 완전히 뒤집어엎는 것은 십자가의 도, 곧 십자가에 못 박히신 그리스도와 그분이 하신 일입니다. 우리가 말과 행동으로 할 수 있는 전부는 십자가에 못 박히신 그리스도를 선포하는 일입니다. 어리석음과 표적과 변화와 하늘에서와 같이 땅에도 하나님 나라가 임하는 것, 이 모두는 하나님으로부터 나옵니다.

설교자는 위로를 얻어야 하고, 목회자와 교인들은 주목해야 합니다. 바울에 따르면 십자가의 도는 오늘 저녁이나 고난주간만이 아니라 우리 삶 전체에 영향을 미칩니다. 십자가의 도는 우리의 집단적 선포의 핵심에 자리 잡고 있습니다. 그리스도와 그분의 십자가를 전하는 교회의 증언은 결국 우리가 함께 감당해야 할 일입니다. 우리는 십자가에 못 박히신 그리스도를 선포합니다. 고난주간에 주의 만찬을 나누는 예전은 우리가 '주님의 죽으심을 그가 오실 때까지 선포'(고전 11:26, 새번역)한다는 선언입니다. 강조점은 줄곧 '우리'에 있습니다. 십자가가 이처럼 강렬한 그림자를 드리울 때, 교회는 그리스도와 그분의 십자가 처형을 전하는 최고의 설교, 최고의 선포가 함께하는 우리의 신실한 삶과 세상을 향한 증언으로 이루어진다는 것을 다시금 주장할 기회를 갖게 됩니다.

주석적 관점

바울이 고린도에 보낸 편지는 복음의 어리석은 지혜를 감동적으로 묘사하며 시작합니다. 이 편지에서 바울은 분열된 교인들로 하여금 그리스도를 따르는 자로서 삶의 본질적인 것에 관심을 집중하게 하려고 노력합니다. 그들이 공유하는 믿음과 가치가 그들을 분열시키는 문제들을 해결할 힘을 줄 거라고 믿고서 말입니다. 고린도 교회에는 여러 명백한 문제가 있었습니다. 어떤 이들의 행동은 이웃에 충격을 안겨 줍니다. 문제가 되는 이들과 성행위를 하거나 이교도 문화에 거침없이 섞여 들기 때문입니다. 어떤 이들은 예배 시간에 공동체의 다른 구성원들에게 불쾌감을 주는 행동을 합니다. 머리를 가리지 않은 채 기도하고 예언하는 여자들이 있고, 이해할 수 없는 '방언'(글로살랄리아)으로 말하며 다른 사람들을 혼란스럽게 하는 이들도 있습니다. 심지어 부활을 부정하는 사람들도 있습니다.

이러한 현안 이면에는 몇 가지 근본적인 태도가 숨어 있을 수 있습니다. 바울의 전도로 개종한 사람들 중 일부는 자신들이 받아들인 이 새로운 가르침이 자유와 힘을 주는 일종의 '지혜'라고 여겼을 수 있습니다. 그들이 이런 생각을 하게 된 이유는 바울 때문일 수도 있고, 그들을 방문했던 다른 전도자, 이를테면 바울이 고린도전서 1:12, 3:3~4, 22, 16:12에서 언급한 학식 있는 알렉산드리아인 아볼로(행 18:24) 같은 사람 때문일 수도 있습니다. 하나님께서 계시하신 성서에 근거한 지혜를 중시하는 학문적 전통의 사례는 솔로몬의 지혜서에서 볼 수 있습니다. 구약 외경 중 하나인 이 책은 아마도 고린도에서 유통되고 있었을 것입니다.

이런 가르침이 고린도에 실제로 영향을 미쳤다면 바울이 고린도전서 첫 부분에서 내세우는 전략이 무엇인지 분명해집니다. 그는 세상의 합리적 지혜와는 전혀 어울리지 않는 그리스도의 수치스러운 십자가 죽음을 통해 하나님께서 인류를 위해 중요한 일을 하셨다는 사실을 강조하며 고린도 교인들이 십자가를 받아들이고 회심하도록 온 힘을 다했습니다.

바울은 먼저 십자가를 이야기합니다(18절). 수치의 표지이자 수모의 도구였던 십자가는 보통 사람들에게 '미련한 것'이었지만 바울과 그를 따르는 이들에게는 '하나님의 능력'입니다. 바울은 자신의 주장이 갖는 역설적 특성을 강조하면서 이사야 29:14을 인용하는데(19절), 이 구절은 인간의 길과 같은 길로 행하지 않으시고 인간의 지혜를 혼란스럽게 하시는 하나님의 이미지를 떠올리게 합니다. 이어서 그는 일련의 수사학적 질문(20절)을 던지면서 질문의 탈을 쓴 주장을 내세웁니다. 사실 하나님께서 성서에 기록된 대로 '세상의 지혜를 미련하게' 하셨다는 것이지요. 바울은 이런 취지로 묻습니다. 제정신인 사람이라면 누가 사형수의 비참한 죽음을 통해 하나님께서 인간 존재에 새로운 가능성을 열어 주실 수 있다고 생각하겠느냐고 말입니다. 그런데 하나님께서는 그렇게 하셨고, 그 일을 통해 믿는 자들이 구원받을 수 있게 하셨습니다(21절).

그런 다음 바울은 자신이 배경이 다양한 사람들에게 복음의 메시지를 전했던 상황을 떠올립니다. 바울과 대화했던 유대인이 정확히 어떤 '표적'을 요구했는지는 분명하지 않습니다. 아마 예수님에 대한 바울의 주장이 진리임을 뒷받침할 만한 예언이나 기적의 증거를 요구했을 것입니다. 요한복음은 이와 비슷한 내용을 고민하면서 예수님이 행하시는 기적들을 '표적'이라 부르고 기적에는 더 깊은 의미가 있음을 시사하려고 애씁니다. 아덴의 아레오바고에서 철학자들에게 연설하는 바울의 모습을 묘사한 사도행전 17:22~34은 헬라인이 지혜를 찾는다는 바울의 발언이 무엇을 암시하는지 보여줍니다.

바울은 자신이 전한 설교의 핵심인 십자가에 못 박히신 그리스도(23절)가 어떻게 '하나님의 능력'과 '지혜'(24절)가 되는지 구체적으로 설명하지는 않았습니다. 하지만 다른 바울서신 구절들을 보면 그 의미를 짐작할 수 있습니다. 예를 들어 빌립보서 2장의 그리스도 찬가는 그리스도의 죽음을 자기비움(케노시스)으로 묘사하는데, 부활과 승천으로 정당성이 입증된 그분의 죽음은 그분을 따르는 자들이 가져야 할 '마음'의 본보기 역할을 합니다. 또 다른 사례인 고린도후서 5:16~21에서는 그리스도의 죽음을 통해 하나님께서 세상과 화해를 이루셨고 바울 같은 화해의 사절을 임명하셨다고 묘사하고 있습니다. 고린도전서 후반부에서 바울은 자신이 그리스도의 죽음과 부활의 신비에 사로잡힌 일이 의미하는 바를 실제적 측면과 이론적 측면 모두에서 설명하려고 노력합니다. 십자가에 못 박히신 그리스도를 따른다는 것은 자신을 우선시하지 않는 것을 뜻하며(고전 9장), 무엇보다 사랑을 의미합니다(고전 13장). 자기를 비우는 사랑이라는 '어리석은'(25절) 메시지를 통해 하나님께서는 계산적이고 이기적인 세상의 지혜보다 더 현명한 지혜를 드러내십니다.

바울은 다른 내용으로 넘어가(26절) 고린도 공동체의 사회적 처지를 다룹니다. 그는 고린도에서 부름받은 사람들 중에 인간의 기준으로 볼 때 '지혜로운', '능한', '문벌 좋은' 경우가 '많지 아니하다'고 말합니다. 여기서 바울은 지혜롭고 능하고 문벌 좋다고 할 만한 사람들이 공동체 안에 조금 있었고 그들의 존재가 공동체 안에 긴장을 초래한 요인이었을 것이라고 암묵적으로 인정하는 것 같습니다. 하지만 그가 내세우고자 하는 논점의 핵심은 공동체의 경험을 상기시키는 것입니다. 이것은 바울이 종종 채택하는 접근방식입니다. 이를테면 그는 갈라디아서 3:23~4:7에서 공동체의 세례 경험과 기도 생활을 상기시킴으로써 기독교 공동체에 할례가 필요하지 않음을 설득하려고 합니다. 오늘 본문에서 바울은 고린도 교회 교인들에게 자신들이 누구였는지를 상기시킵니다. 그들의 사회적 지위와 교양 수준은 다양했고, 그중에는 전통적 기준으로 볼 때 '미련하고 약하다고'(27절) 여겨지는 이들도 있었습니다. 하나님께서 복음을 전하기 위해 정확히 그런 사람들을 선택하셨다는 바울의 기본적인 논점을 다시 한번 입증해 줍니다. 인간의 눈에는 어리석어 보일 수 있는 하나님의 지혜가 세상의 지혜를 능가한다는 것입니다.

바울은 오늘 본문을 마무리하면서 그가 자주 다루는 주제 중 하나인 자랑을 거론합니다(29절). 사회적 지위를 중시하고 명예에 의거한 권리 주장을 강조하는 문화에서 '자랑'은 현대 서구문화에서와 달리 부정적인 의미를 갖지 않습니다. 하지만 바울의 '자랑'은 그 문화에서 말하는 자랑과는 결이 다릅니다. 그는 고린도후서 11:21b~33에서처럼 주류문화에서 중요하게 여기지 않는 것들을 자랑합니다. 통념을 뒤엎으신 분을 '자랑'합니다. 그리고 마지막 구절(31절)에서 자신의 논점을 요약해 주는 예레미야 9:24 말씀을 인용합니다.

설교적 관점

"하나님께서는 어리석게 들리는 설교를 통하여 믿는 사람들을 구원하시기를 기뻐하신 것입니다"(21b절, 새번역). 쇠렌 키르케고르(Søren Kierkegaard)의 말이 옳았는지도 모릅니다. 설교자에게 가장 적합한 이미지는 광대일 수 있습니다. 광대는 공연이 시작되기 전에 황급히 무대로 나와 극장에서 저녁 시간을 보내기 위해 자리를 잡은 모든 사람을 향해 "불이야!"라고 외칩니다. 사람들은 그의 공연이 훌륭하다고 생각합니다. 관객들은 진짜처럼 보이는 광대의 호소에 감탄하지만 사실은 어처구니없는 일입니다. 광대는 애초에 믿을 수 없는 존재거든요. 그가 하는 모든 행동은 재밌으라고 하는 연기입니다. 사람들은 남은 공연 시간 내내 편안하게 자리에 앉아서 그와 같은 연기를 즐겁게 감상합니다.

어쩌면 광대는 설교자가 아니라 그가 전해야 할 내용일지도 모릅니다. 우리는 광대처럼 어이없는 말씀을 받았고, 그것을 전하고 들려주어야 합니다. 왜 그럴까요? 하나님께서는 여러분과 제가 일어나서 사람들에게 터무니없는 일들을 이야기하는 것이 좋은 생각이라고 보셨기 때문입니다. 사실, 하나님께서는 우리가 그 터무니없는 이야기를 전할 때 그것을 듣는 사람들 안에서 구원의 역사를 이루기로 결정하셨고 그런 계획을 기쁘게 여기셨습니다.

이것이 전부가 아닙니다. 우리의 어리석은 메시지는 어쨌든 망하는 이들에게만 미련하게 들립니다. 구원받는 사람들은 이 터무니없는 메시지를 실제로 강력한 힘을 가진 것으로 인식합니다. 바울의 기이한 세계에서의 복음 전도는 그 안으로 들어가 세상을 다른 시각으로 보라는 초대처럼 느껴집니다. 완전히 이해될 때까지 들어가지 않고 기다리면, 어쩌면 말 그대로 영원히 기다리게 될 것이기 때문입니다.

우리의 사역은 무한도전 멤버들이 어처구니없는 말을 하고 어리석은 일에 도전하는 것과 같습니다. 그런데 시간이 흐르고 공간상으로 멀어지면서 우리는 바울이 말한 극단적인 어리석음을 감지할 수 없게 됐고, 이는 사도들의 발자취를 다라 복음을 전하려는 사람들에게 새로운 도전이 되고 있습니다. 사도가 구사했던 생생한 은유들이 모두 즉어 교리라는 무덤 속에 묻혀버렸기 때문입니다. 십자가, 하나님의 능력, 표적, 지혜, 십자가에 못 박히신 그리스도, 거리끼는 것, 하나님의 지혜, 구속, 성화… 이런 단어들은 계속 나열해 봐야 무슨 소용이 있겠습니까? 성경의 용어들은 이제 죽은 은유의 공동묘지가 됐습니다. 바울이 복음을 전할 당시에는 이 개념들이 복음을 받아들인 사람과 거부한 사람을 양분하는 강력한 의미가 있었습니다. 하지만 지금은 흔한 종교 용어가 돼 그 의미가 흐려졌습니다.

바울의 서신을 읽으면 읽을수록 저는 복음을 전하는 사역자들이 매주 이렇게 자문해야 한다는 생각이 점점 더 강하게 듭니다. "이번 주일, 내가 어떻게 하면 하나님께 신실할 수 있을까? 하나님께서는 예수님 안에서 말씀에 육신을 입히셨는데, 나는 어떻게 해야 나를 통해 그 말씀에 육화하기를 원하시는 하나님의 뜻에 충실하게 반응할 수 있을까? 그러려면 그 말씀이 적절하게 도전적이고 파격적이며 갈등과 불안을 불러일으키는 말씀이어야 하지 않을까?" 그런데 21세기 교회 대부분의 복음 사역은 함께 사역하는 사람들 사이의 갈등과 불안을 줄이기 위해 고안된 것 같습니다. 하지만 바울이 이해하는 복음은 오히려 어느 정도 갈등과 불안을 전제로 하는 듯 보입니다. 이런 요소가 없다면 복음은 온전하지 못합니다.

우리가 교회에서 이렇게 말한다면 반응이 어떨까요? "하나님께서 여러분을 부르셨을 때 여러분이 별 볼일 없었다는 사실을 잊지 마십시오! 이 교회가 설립됐을 때 하나님께서는 만만한 사람들을 모으셨습니다! 여러분은 인간 유전자 중에서도 열등한 쪽에 있습니다. 이 사실을 잊지 마십시오! 여기서 일어나는 모든 일은 하나님께서 하시는 것입니다. 절대 우리의 독창성이나 능력에서 나왔다고 말할 수 없는 일이기 때문입니다!"

여러분과 제가 아는 21세기 설교를 생각하면, 이런 내용은 설교하기에 상당히 부담스러운 주제입니다. 이런 식으로 설교해서 반응이 좋을 리가 없습니다. 설교자에게 도움이 되어야 할 안내서에 설교하기에 너무 불편하고 거부감을 주는 내용을 전해야 하는 본문이 있다니 아이러니한 일입니다.

아마도 이것이 바울의 문제였을 것입니다. 자신의 일자리를 지키려고 하지 않았다는 점 말입니다. 그는 교단 총회에서 자신의 안수에 의문을 제기할까 봐 걱정하지 않았습니다. 더 큰 도시, 더 큰 교회에서 목회하는 성공적인 경력을 추구하지도 않았습니다. 교회를 세워 간신히 몸을 움직일 만큼만 키우고는 위기에 처한 다른 교회로 떠나거나 아직 교회가 없는 도시로 이동했습니다. 그는 그곳에서 터무니없는 내용을 전하고 누군가 그 말을 믿으면 너무나 놀랍다는 듯 행동했습니다.

바울은 회중과도, 그들의 신학적 인식과도 전혀 다른 방향으로 접근했습니다. 그들은 '주님의 몸 된 교회'라는 새로운 공동체의 일원이 됐음에도 이전처럼 똑같은 방식으로 살고 행동하고 생각할 수 있다고 여긴 분열되고 교만한 사람들이었습니다. 하지만 바울의 생각은 그들과 달랐습니다. 놀랍게도 바울은 그것이 자신의 생각이 아니라 하나님의 생각이라고 확신했고, 그 생각을 부드럽게 다듬지도 않은 채 직설적으로 말했습니다. "자, 여러분은 이런 사람이고 하나님은 이런 분이시고 우리가 전한 메시지는 이것입니다. 여러분이 세례를 받았으면 이 모든 것을 받아들이기로 한 것입니다. 여러분에게 세례를 괜히 줬나 봐요. 나는 맹목적인 열성 추종자들이나 징징대는 사람을 싫어하거든요!"

그렇다면 오늘 본문에서 선포해야 할 좋은 소식은 무엇일까요? 복음을 전하는 설교자는 본문에서 하나님께서 하신 일을 가리키는 대목을 찾는데, 이 본문에는 그런 대목이 많습니다. '십자가의 도가 하나님의 능력이다'(18절). '하나님께서는 우리의 어리석은 선포로 믿는 사람들을 구원하시기를 기뻐하셨다'(21절, 표준새번역). '오직 부르심을 받은 사람에게는 십자가에 못 박히신 그리스도를 선포하는 것이 하나님의 능력과 지혜다'(24절). '하나님께서는 미련하고 약한 것을 택하시고 천하고 멸시받는 것을 택하시고 아무것도 아닌 것을 택하신다'(27-28절). '하나님께서는 그리스도 예수 안에서 우리 생명의 근원이시다.' '예수 그리스도는 우리에게 하나님의 지혜가 되셨다.' '하나님께서는 우리의 의, 거룩함, 구원의 근원이시다'(이상 30절).

이 본문에는 좋은 소식이 많이 있지만, 좋은 소식은 항상 나쁜 소식과 대비되어 나타납니다. 오늘 본문의 경우에는 우리 자신의 오만과 분열, 자족과 지혜라는 망상이 나쁜 소식입니다. 여기서 쫓아내야 할 귀신은 실은 우리의 자존감에 기대 깊이 자리 잡아 지금까지 소중히 여겨져 온 것들입니다. 우리는 자신의 연약한 자아라는 우상을 십자가에 못 박고 땅에 묻어야 합니다. 그래야만 자유롭게 하시고 근본적으로 방향을 바꾸게 하시는 하나님의 은혜로 부활을 경험할 수 있습니다.

고난주간 화요일

요한복음 12:20~36

20 명절에 예배하러 올라온 사람 중에 헬라인 몇이 있는데
21 그들이 갈릴리 벳새다 사람 빌립에게 가서 청하여 이르되 선생이여 우
리가 예수를 뵈옵고자 하나이다 하니
22 빌립이 안드레에게 가서 말하고 안드레와 빌립이 예수께 가서 여쭈니
23 예수께서 대답하여 이르시되 인자가 영광을 얻을 때가 왔도다
24 내가 진실로 진실로 너희에게 이르노니 한 알의 밀이 땅에 떨어져 죽지
아니하면 한 알 그대로 있고 죽으면 많은 열매를 맺느니라
25 자기의 생명을 사랑하는 자는 잃어버릴 것이요 이 세상에서 자기의 생
명을 미워하는 자는 영생하도록 보전하리라
26 사람이 나를 섬기려면 나를 따르라 나 있는 곳에 나를 섬기는 자도 거기
있으리니 사람이 나를 섬기면 내 아버지께서 그를 귀히 여기시리라
27 지금 내 마음이 괴로우니 무슨 말을 하리요 아버지여 나를 구원하여 이
때를 면하게 하여 주옵소서 그러나 내가 이를 위하여 이 때에 왔나이다
28 아버지여, 아버지의 이름을 영광스럽게 하옵소서 하시니 이에 하늘에
서 소리가 나서 이르되 내가 이미 영광스럽게 하였고 또다시 영광스럽
게 하리라 하시니
29 곁에 서서 들은 무리는 천둥이 울었다고도 하며 또 어떤 이들은 천사가
그에게 말하였다고도 하니
30 예수께서 대답하여 이르시되 이 소리가 난 것은 나를 위한 것이 아니요
너희를 위한 것이니라
31 이제 이 세상에 대한 심판이 이르렀으니 이 세상의 임금이 쫓겨나리라
32 내가 땅에서 들리면 모든 사람을 내게로 이끌겠노라 하시니
33 이렇게 말씀하심은 자기가 어떠한 죽음으로 죽을 것을 보이심이러라
34 이에 무리가 대답하되 우리는 율법에서 그리스도가 영원히 계신다 함을
들었거늘 너는 어찌하여 인자가 들려야 하리라 하느냐 이 인자는 누구냐
35 예수께서 이르시되 아직 잠시 동안 빛이 너희 중에 있으니 빛이 있을
동안에 다녀 어둠에 붙잡히지 않게 하라 어둠에 다니는 자는 그 가는
곳을 알지 못하느니라
36 너희에게 아직 빛이 있을 동안에 빛을 믿으라 그리하면 빛의 아들이 되
리라

신학적 관점

예수님은 여러 위험 요소가 기다리는데도 유월절을 지키기 위해 예루살렘으로 들어가셨습니다. 군중은 도성에 들어서시는 예수님께 환호를 보냈는데, 무엇보다 나사로를 살리신 표적 때문이었습니다. 그 표적은 극적이면서도 부활에 대한 바리새인들의 믿음을 뒷받침하는 것처럼 보였지만, 정작 예수님의 명령으로 부활이 실제로 일어나자 바리새인들은 '온 세상'이 그분을 따르기 시작한 것을 걱정했습니다. 군중의 그런 반응은 부활의 가능성을 부정하는 사두개파 사람들에게도 부담스러운 일이었습니다(참조. 행 23:8). 그들은 성전 제사장직에서 주도적인 역할을 했던 기존의 지위를 위협받을까 우려했습니다.

어쩌면 '하나님을 경외하는 자들'이었을지 모를 헬라인들도 예루살렘에 있었습니다. 그들은 메시야를 진지하게 탐구하는 이들이거나, 유대교로 개종할 가능성이 있는 이들이거나, 바울이 아테네에서 만난 철학자들처럼 항상 최신의 지적 · 영적 통찰을 찾아다니는 영적 여행자들이었습니다. 어떤 이유에서인지 그들은 헬라어 이름이 있는 제자들을 찾아와 예수님을 뵙고 싶다고 말했고, 그 제자들은 예수님께 그들의 말을 전했습니다. 예수님은 방문자들에게 아무런 대답을 하시지 않았지만, 그들을 언급하신 내용을 보면 선포하신 메시지가 이스라엘 너머 전 세계로 전해지고 있다는 것을 알고 계셨다고 짐작할 수 있습니다. 그분의 말씀은 제자들과 군중에게 이 상황이 무엇을 의미하는지 설명하신 것으로 이해할 수 있습니다. 예수님이 직접 관여하시지 않고도 말씀이 더 넓은 세상으로 전파되기 시작했으니, 이제 그분이 온 인류를 위한 메시야적 사명을 완수하실 때가 된 것입니다. "인자가 영광을 받을 때가 왔도다."

예수님은 이렇게 말씀하신 몇 가지 근거를 제시하십니다. 씨앗이나 사람 같은 생명체가 옛 모습이 파괴되어 많은 열매를 맺을 수 있게 바뀌지 않는다면 변화를 만들어낼 수 있을까요? 일시적인 삶을 사랑하는 사람이 온 인류가 영생을 얻을 가능성을 열고자 기꺼이 희생하는 사람만이 이룰 수 있는 일을 성취할 수 있을까요? 예수님은 자신을 섬기려는 모든 사람에게 자신이 영광을 받을 때가 왔다는 말씀의 의미를 '너희는 나의 인도를 따라야 한다. 그러면 내가 영광을 받을 때 하나님께서 너희를 귀하게 여기실 것이다'라고 설명하십니다. 이것은 공관복음에서 볼 수 있는 이 내용을 달리 표현한 것입니다. "누구든지 나를 따라오려거든 자기를 부인하고 자기 십자가를 지고 나를 따를 것이니라"(마 16:24, 막 8:34, 눅 9:23).

이런 가르침은 인간 존재의 핵심까지 뒤흔듭니다. 그렇다면, 세상을 구원하시려는 하나님의 뜻에 응답하도록 부름받은 사람이라면 이 세상에서 벗어나려고 노력해야 할까요? 일부 사람들의 주장과는 달리, 예수님의 이 말씀은 이 땅의 삶, 세계, 역사에서 벗어나는 것이 좋다는 영지주의의 주제를 내세우지 않습니다. 오히려 정반대입니다. 예수님의 말씀은 지혜의 주제에 더 가깝습니다. 참된 삶을 위해서 제때 행동하라는 것입니다. 뿐만 아니라, 이 말씀은 카이로스적 순간이 왔음을 알립니다. 하나님의 희생적 사랑의 광채가 십자가와 부활과 승천에서 드러날 역사의 시간이 이제 무르익었다는 뜻입니다. '스스로 있는 자'라는 하나님의 이름과 그분의 율법이 모든 것을 비추는 영광으로 모세에게 드러났던 것처럼 말입니다.

이 기념비적인 순간이 요구하는 바를 마주하는 일은 괴로울 정도로 불안을 안겨 줍니다. 요한은 예수님이 결심을 놓고 고심하신 끝에 '아버지여, 아버지의 이름을 영광스럽게 하옵소서'(28절)라고 고백하며 순복하신 것을 드러냄으로써 그분이 참인간이심을 전합니다. 그 순간, 제자들 및 그 자리에 있던 군중 일부가 확신을 주시는 하나님의 음성을 듣습니다. 물론 모두가 들은 것은 아닙니다. 하나님의 음성이 분명하게 들리는 경우는 드뭅니다. 어떤 사람들은 계시의 순간을 천둥과 같은 자연적 현상으로 설명하려 했고, 다른 사람들은 신성한 메시지를 전하는 천사 같은 반신(半神)적 존재의 소리라고 설명합니다. 하지만 그 음성은 군중 가운데 모든 믿는 사람에게 내적 확증을 안겨 줍니다. 하나님의 이름이 모세에게 영광스럽게 계시됐던 것처럼, 그 이름이 예수 그리스도의 순종을 통해 다시 영광스럽게 계시될 것이라는 확증입니다. 이 일은 삶의 많은 부분을 여전히 지배하고 있는 어둠의 권세가 무너지기 시작하는 출발점이 될 것입니다.

예수님은 더 이상의 확증이 필요하시지 않습니다. 예수님은 그분 앞에 선 사람들에게 이 모든 일이 그들을 위한 것이라고 말씀하십니다. 그분은 자신이 어떤 죽음을 당해야 하는지 아시며, 모든 일이 다 이루어지고 자신이 높이 들릴 때 모든 믿는 사람이 깨달음을 얻고 그분에게 나아올 수 있을 것이라고 확신하십니다. 그들은 '내가 곧 길이요 진리요 생명'(요 14:6)이라는 예수님의 말씀이 옳음을 깨닫게 될 것입니다. 그 깨달음은 지금 세상의 모든 생명에 그림자를 드리우는 어둠을 뚫고 들어와 그것을 극복하게 하는 종말론적 인식이었고 지금도 그렇습니다.

사실, 성도들이 다양한 종교와 직접 맞닥뜨리며 살아가는 전 지구적 상황에서 이 깨달음은 다른 어떤 세계 종교의 구원론과도 다르다고 말할 수 있습니다. 이것은 힌두교의 해탈, 불교의 열반, 이슬람교의 잔나와 다르고, 유대인들이 역사 안에서 영구적 이스라엘을 회복시킬 메시아를 바라는 소망(이것은 예수님 당시 이스라엘 군중이 기대하는 바이기도 했습니다)과도 다릅니다. 근대성이 요구하는 인본주의적 계몽과도 다르고, 마르크스주의자가 바라는 완벽하게 계급 없는 사회, 인간이 이루고자 하는 그 어떤 자기 성취와도 다릅니다. 기독교가 세계의 위대한 종교 및 철학들과 공유하는 것도 많겠지만, 궁극적 미래에 대한 기독교의 독특한 비전은 삶의 궤적을 변화시키고 그로 인해 삶의 목적과 실천까지 바꿔 놓습니다.

오늘 본문은 예수님이 눈앞의 무리와 삶의 병폐가 당장 완전히 해소되기를 기대하는 모든 사람에게 건네시는 조언으로 마무리됩니다. 세상을 어둡게 하는 도덕적, 지적, 영적 어둠의 종말이 시작됐으나 우리는 그 어둠이 아직 완전히 패배하기 이전의 시간 속에서 살아야 합니다. 지금은 메시아와 함께하는 역사의 과도기일 뿐입니다. 과거는 육신을 입고 함께하셨던 예수님이 지금은 부활하신 인자로 함께하시고, 결국에는 다시 오실 것입니다. 그러므로 우리는 그분의 빛 가운데서 걸어야 합니다. 어둠 속에서 길을 잃거나 어둡게 하는 악마의 권세가 세상을 지배하지 못하게 해야 합니다.

우리는 윤리적으로 그분의 빛 안에 살고, 인지적으로 그 빛을 믿고, 영적으로 그 빛의 자녀가 되어야 합니다. 때때로 그리스도께서 모습을 숨기신 것처럼 보일지라도 여전히 그렇게 해야 합니다.

목회적 관점

헬라인들이 갈릴리 벳새다 출신 빌립을 찾아와 이렇게 청했습니다. "선생님, 우리가 예수님을 뵙고 싶습니다." 빌립은 안드레에게 이 사실을 알리고 마침내 예수님께 가서 이 요청을 전했습니다. 예수님은 한 가지 대답을 하셨지만, 그것이 헬라인들의 질문에 대한 답인지는 확실하지 않습니다. 제자들이 그 말씀을 정중하게 듣고 나서 아버지의 소맷자락을 잡아당기는 어린아이처럼 이렇게 묻는 모습이 상상됩니다. "그래서 헬라인들이 주님을 뵐 수 있다는 겁니까, 없다는 겁니까?"

그 헬라인들은 남다른 방식으로 가르치고 치유하는 이 독특한 랍비에 대해 들었을 것입니다. 어쩌면 그 무리 중에는 불치병으로 고통받는 사람들이 있었을지도 모릅니다. 어쩌면 그들은 고향의 종교 지도자들에게 만족스러운 답을 듣지 못했던 질문들의 목록을 예수님께 가져왔을 수도 있습니다. 어쨌든, 그들은 예수님과 함께하는 시간, 예수님과 눈을 마주칠 시간, 예수님과 어울릴 시간을 원했습니다.

오늘날 우리 지역사회에는 예수님을 만나기를 갈망하는 사람들이 많습니다. 그들은 매주 예배당 장의자에 앉아 우리가 전하는 예수님을 자기도 만날 수 있을지 궁금해하며 그런 날을 기다릴지도 모릅니다. 그들 중에는 교회 문턱을 넘어온 적은 없지만, 영적 탐구 끝에 '예수님을 만나고 싶다'라는 생각을 하게 된 이들도 있습니다. 그들에게 '그가 여기 계시지 않고 … 살아나셨느니라'(마 28:6)라고 말하는 것은 충분한 답이 될 수 없습니다. 부활과 종말론에 대한 우리의 신학으로는 이러한 열망을 날려버릴 수 없습니다. 지역사회의 많은 사람이 교회와 기독교라는 제도 종교를 떠나고 있지만, 예수님에 대한 그들의 관심은 계속될 수 있습니다. 그들 중 일부는 종고를 묻는 여론조사에 '영적이지만 종교적이지 않다'라고 답합니다.

교회는 빌립과 안드레와 처지가 비슷합니다. 그들은 예수님을 알고 사랑하는 이들로서 '나도 예수님을 만날 수 있게 도와 달라' 하는 다른 사람들의 요청을 받습니다. 모습과, 언어와 배경이 다양한 '헬라인들이' 예수님에 대한 답을 얻고자 날마다 그리스도인과 교회를 찾고 있습니다. 우리는 무슨 말을 해야 할까요? 무엇을 해야 할까요?

복음 전도의 과제는 교회의 각 세대마다 새롭게 주어집니다. 복음의 메시지는 늘 한결같지만, 예수님의 좋은 소식을 전하는 수단은 시간이 지남에 따라 변해 왔습니다. 19세기 부흥집회에서는 '불안한 자의 좌석'을 교회 앞줄에 따로 마련하여 자신의 영적 생명을 불안해하는 사람들이 엄중한 경고와 열렬한 기도를 받을 수 있게 했지만, 이제는 그런 관행을 선호하는 사람이 별로 없을 것입니다. 오늘날 많은 목회자는 최신 디지털 소통 수단이 디지털에 능숙하고 친숙한 세대에 복음을 전하는데 어떤 역할을 할 수 있는지 고민하고 있습니다. 사람들이 인터넷을 통해 예수님을 만날 수 있을까요? 인스타그램이나 틱톡 같은 소셜미디어는 복음을 전하기에 적절한 도구일까요? X(트위터)와 스레드 활동이 예배의 일부가 될 수 있을까요? 이런 질문들에 어떻게 대답하든, 하나님께서는 여전히 많은 경우 인간을 통해, 빌립과 안드레를 통해, 여러분과 저를 통해 그리스도를 알리겠다고 결심하시는 것 같습니다.

예수님은 세대를 막론하고 복음 전도자가 되려는 사람들에게 믿을 만한 조언을 하십니다. "사람이 나를 섬기려면 나를 따르라 나 있는 곳에 나를 섬기는 자도 거기 있으리니"(26절). 우리가 예수님과 함께하지 않으면 다른 사람들에게 예수님을 전할 수 없습니다. 그렇다면 우리의 과제는 눈으로는 볼 수 없지만 삶으로 따를 수 있는 예수님을 섬기는 것입니다. 예수님을 만나기를 갈망하는 새로운 세대의 '헬라인들'이 그리스도를 알게 된 통로는 평범한 그리스도인들의 삶 속에서 일하시는 성령의 신비하고 은혜로운 역사였습니다. 사람들에게 예수님을 보여주고자 한다면, 우리가 주님이라고 부르는 분을 섬기고 따라야 합니다.

오늘 본문의 두 번째 부분은 예수님이 어떤 마음으로 죽음을 맞이하셨는지 들여다볼 수 있는 창을 열어 줍니다. 요한은 그분의 영혼이 '괴로웠다'라고 말합니다(27절). 어떤 사람들은 예수님이 그런 평범한, 감히 말하자면 인간적인 감정은 느끼지 않았을 거라고 생각했습니다. 예수님은 우리가 느끼는 바를 느낄 수 없었을 거라는 것이지요. 그러나 그렇지 않습니다. 예수님의 영혼은 사망의 음침한 골짜기를 걸으며 괴로워하셨습니다. 이 몇 구절은 우리가 자신 또는 사랑하는 사람의 죽음을 마주할 때 위로가 됩니다. 죽음과의 분투는 현실이고, 부인할 수 없는 문제입니다. 예수님에게도 죽음은 괴로운 일이었습니다.

예수님은 결국 자신의 죽음을 평화롭게 받아들이는 경지에 이르셨습니다. 자신의 죽음이 우리의 영혼을 구원하시려는 하나님의 목적을 이루기 위한 것임을 알고 힘과 용기를 얻으셨습니다. 우리가 교인이나 가족과 함께 질병과 죽음의 여정에 동행해야 할 때, 우리 자신의 불안이 목회 방식에 영향을 줄 수 있습니다. 임종을 앞둔 사람의 불안과 두려움이 우리를 불편하게 만들기도 합니다. 그런 상황에서 우리가 그로 하여금 두려움을 빨리 극복하고 평화를 찾게 하겠다며 서두르는 경우도 적지 않습니다. 하지만 우리는 괴로워하는 영혼을 서둘러 움직이게 할 수는 없습니다. 오히려 누군가가 죽음에 대한 불안이나 두려움을 토로할 때 우리는 그 말에 경청해야 합니다. 우리는 하늘에서 안심시키는 목소리를 발하셨던 하나님께서 죽음에 직면한 모든 사람과 함께 하실 것임을 기도하며 신뢰해야 합니다.

이 본문을 살펴볼 때 마지막으로 주의해야 할 점이 한 가지 있습니다. 예수님은 자신이 겪게 될 고문과 고통, 죽음으로 인해 괴로워하셨지만, 결국 그 모든 것을 받아들이셨습니다. 그분은 그 고통의 시간에서 자신을 구해 달라고 하나님께 간구하시지 않았습니다. 그렇다고 오늘 본문을 폭력 피해자들에게 위험한 관계나 상황에 머물러 있으라고 권하는 데 사용해서는 안 됩니다. 삼위일체의 성자 예수님이 견뎌내신 잔혹함과 학대를 본보기로 삼아 그리스도인들이 똑같이 감수해야 한다고 생각해서는 안 됩니다. 우리는 모든 형태의 폭력을 규탄해야 하고, 온 인류의 온전함과 행복을 원하시는 하나님의 바람을 선포해야 합니다.

주석적 관점

오늘 본문은 예수님의 임박한 죽음의 의미와 영향을 제시합니다. 이 안에 변화와 고뇌가 모두 담겨 있습니다. 예수님의 십자가 처형에 대한 요한의 기록을 이해하는 데 필요한 모든 것이 여기에 있습니다. 이 본문은 인간의 궁극적인 목적을 '예수님과 함께 있는 것'으로 인식합니다.

요한복음은 인류 역사의 영역에서 펼쳐진 하나님과 사탄의 싸움을 보여줍니다. 말씀을 거부하는 어둠의 세력과 말씀을 받아들이고 하나님의 자녀가 되는 빛의 세력의 충돌이 처음부터 등장합니다. 수난 서사의 도입부인 12장은 충돌의 전환점입니다. 이제 '때가 왔고'(23절), '심판이 이르렀습니다'(31절). 십자가 처형이 곧 일어날 것입니다. 예수님의 죽음과 부활은 '이 세상의 임금'(31절)인 사탄에 대한 승리입니다. 반어적으로 말하면, 십자가는 예수님이 승리의 주권자로 즉위하시는 수단이고 사탄에 대한 승리가 명백하게 드러나는 장소입니다. 요한은 십자가를 '영광'으로 묘사하면서 신화적 패턴을 사용해 예수님이 폭력적으로 처형된 충격적인 사건을 이해하게 해 줍니다. 이런 패턴 속에서 부활 후 나타나심과 보혜사를 약속하심은 이제 즉위하신 주권자로서 예수님이 가지신 더 큰 권세를 드러냅니다. 요한복음에서 구원으로서의 십자가 개념에는 예수님의 정당성이 (지연되지 않고) 지금 입증됨, 이 세상에 대한 심판, 그리고 높이 들리심이 포함됩니다.

어떤 헬라인들이 제자들에게 예수님을 뵙고 싶다고 요청합니다. 예수님은 그들에게 "인자가 영광을 얻을 때가 왔도다"(23절)라고 대답하십니다. 예수님은 요한복음 앞부분에서 몇 번이나 자신의 때가 아직 오지 않았다고 선언하셨기 때문에(2:4, 7:6, 8, 30, 8:20), '때'가 되었다는 말씀은 의미심장합니다. 이 표현은 예수님의 죽음과 부활을 가리킵니다. 예수님이 이 말씀을 헬라인들에게 하신 것은 그 일의 보편적 중요성을 시사합니다. 이 말씀은 다음을 예견한 것이기도 합니다. "유월절 전에 예수께서 자기가 세상을 떠나 아버지께로 돌아가실 때가 이른 줄 아시고"(요 13:1).

'인자'라는 용어의 어원과 용례에 대해서는 논란이 있습니다. 오늘 본문에서 이 용어는 인자가 들려야 한다는 예수님의 가르침과 연결된 것 같습니다(32-34절). 요한복음에서 인자는 심판자이자 계시자입니다. '영광을 받으신다'라는 말은 예수님의 죽음을 가리키는데, 요한은 죽음의 이미지를 영광스러운 즉위의 이미지로 사용함으로써 십자가의 수치와 불명예를 반전시킵니다. 요한 공동체에서 나온 요한계시록도 예수님의 죽음을 승리하고 보좌에 앉는 일로 그립니다(계 3:21). 한 알의 밀이 땅에 떨어져 죽어 많은 열매를 맺는 이미지(24절)는 유익한 죽음을 설명하기 위해 추수의 언어를 사용한 것입니다.

'사람이 나를 섬기려면 나를 따르라'(26절)라는 말씀은 그리스도를 본받도록 격려할 뿐만 아니라 제자들의 발을 씻기시는 예수님의 행동(요 13:3-20)과 십자가에서 일어나는 일을 예견하게 합니다. 십자가는 불명예스러운 것이지만, 예수님을 따르는 자들은 아버지께서 주시는 명예를 기대할 수 있습니다(26절). 이 명예는 예수님과 함께하는 것을 포함하고, 예수님이 자신의 떠남을 설명하며 '나 있는 곳에 너희도 있게 하리라'(14:3) 하시는 말씀을 예견하게 합니다. 이 말씀은 예수님을 따르는 사람들에게 희망을 불어넣을 것입니다.

'지금 내 영혼이 괴로우니'(27절)는 공관복음의 겟세마네 기록을 암시합니다. 잘 알려진 바와 같이, 요한복음에 겟세마네에 대한 언급이 없지만, 예수님의 고뇌는 요한복음 서사에 생략되지 않고 제자들과 최후의 만찬을 나누시기 이전에 나옵니다. 그 대목은 시편 42:5, 11(칠십인역은 41편)을 끌어와 비유한 것입니다. 이 시를 사용하여 예수님의 고뇌의 말씀을 전하는 것은 아이러니합니다. 시편 42편은 하나님에 대한 시인의 신뢰를 단언하기 때문입니다. 여기서 요한은 예수님이 자신의 때에 하나님을 신뢰하신다는 것을 전달합니다.

요한이 고뇌의 전승을 역설적으로 다루는 또 다른 사례로 27b절과 28a절에 병렬적으로 등장하는 기도를 들 수 있습니다. '무슨 말을 하리요'라는 질문 형식으로 제시되는 첫 번째 기도 '아버지여 나를 구원하여 이때를 면하게 하여 주옵소서'는 예수님이 기도하신 내용이 아니고, 동산에서 그분이 고뇌하시며 드린 기도(막 14:36)를 반어적으로 모방한 표현입니다. 두 번째 기도 '아버지여, 아버지의 이름을 영광스럽게 하옵소서'는 예수님의 때를 위한 진정한 기도입니다. 예수님은 자신의 자유의지로 생명을 내려놓으시고(요 10:18), 하나님께 초점을 맞출 시간, 하나님을 영광스럽게 할 순간을 받아들이십니다.

27~28절은 요한복음 기자가 전통적 재료를 가져다 요한복음의 신학적 비전에 맞게 재구성하는 방식을 보여주는 훌륭한 예입니다. 마가복음에서와 같은 '고뇌' 장면은 요한복음에 어울리지 않을 것입니다. 요한복음에서는 하나님의 뜻과 예수님의 뜻이 항상 같았기 때문입니다. 죽음을 앞두고도 내면의 투쟁이 없습니다. 예수님은 이때를 자신의 사명의 목표로 인식하십니다. 예수님의 때는 예수님과 하나님의 관계에 대한 최후의 계시입니다. 예수님의 때는 하나님의 이름을 영광스럽게 하는 결과를 낳습니다.

'쫓아냄', '심판', '이 세상의 임금' 같은 단어들은 이 절이 하나님과 '이 세상의 임금'(31절)인 사탄의 충돌에서 결정적인 지점임을 나타냅니다. 따라서 여기서 '세상'(코스모스)이라는 용어는 요한복음 17:5~6의 경우처럼 중립적인 의미가 아니라 예수님과 그분을 따르는 이들에 대항하는 부정적인 의미로 쓰입니다. 세상은 오늘 본문 및 이어지는 여러 장에 걸쳐 예수님과 보혜사, 그리고 예수님을 따르는 이들을 대적합니다. 예수님의 제자들은 '세상에서' 그분의 택함을 받은 사람들이었습니다(요 15:19). 하늘에서 사탄을 쫓아낸다는 모티브는 묵시문학 및 누가복음 10:18, 요한계시록 12:7~9 등과 같은 여러 신약 본문에서 찾아볼 수 있습니다. 심판이라는 구체적인 단어는 요한복음 14:30을 예견하게 한다는 데 주목하십시오. 그 대목에서 예수님의 배신, 체포, 그리고 십자가 처형의 서문과도 같은 '세상의 임금이 오겠음이라'라는 문구가 등장합니다. 역설적으로 사탄의 세력에 이끌려 예수님을 죽음에 이르게 한 인간들의 행위는 십자가 처형에서 아버지를 영광스럽게 함과 동시에 사탄의 세력들이 심판받고 쫓겨나는 것으로 귀결돼 실패로 돌아갑니다. 심판의 개념은 요한복음의 주요 주제입니다. 31절에서 법적인 심판은 '이 세상의 임금'이 쫓겨나는 전투와 연결되어 있습니다.

오늘 본문의 마지막에 나오는 예수님의 가르침은 "모세가 광야에서 뱀을 든 것같이 인자도 들려야 하리니"(요 3:14)라는 수수께끼 같은 말씀을 상기시키고 그 의미를 명확하게 설명합니다. 예수님은 그 말씀을 자신이 십자가 처형으로 높아지시고 영광스럽게 되는 일로 풀이하십니다. 예수님을 따르는 자들은 '빛의 자녀들'에 포함되는 명예를 얻습니다.

설교적 관점

기독교에서 고난주간은 새로운 예전 개념이 아닙니다. 신실한 기독교인들은 수 세기 동안 고난주간을 지켜 왔습니다. 하지만 현대에는 고난주간을 지킨다고 해도 대부분 관행적으로 그 주의 후반부에 성목요일이나 성금요일 또는 부활절 철야를 지키는 정도입니다. 많은 기독교인에게 고난주간은 종려주일의 성대한 행렬과 부활절의 활기찬 축제 사이에 있는 또 다른 한 주에 불과합니다.

이것은 현대 설교자들에게 놀라운 일이 아닐 것입니다. 우리 사회는 죽음에 이르는 과정과 죽음 그 자체를 다루는 것을 본능적으로 혐오합니다. 소비자들은 노화라는 현실을 부정하고 특히 죽음을 부정하느라 상당한 돈을 씁니다. 기독교인들도 예외가 아닙니다. '영원한 젊음'은 화장품 광고문구나 기억에 남는 가요 가사만이 아니라, 고난주간은 무시한 채 종려주일과 부활주일에만 관심 갖고 죽음을 부정하고 환상에 사로잡힌 기독교의 무언의 슬로건이기도 합니다.

그렇다면 설교자는 기독교인 대부분에게 아예 존재하지도 않는 것처럼 취급되는 이 주간, 제대로 주목받지 못하는 이날에 어떻게 복음을 선포해야 할까요? 설교자의 어려움은 여기서 끝나지 않습니다. 고난주간 화요일의 복음서 본문은 죽음이라는 주제가 마치 똬리를 틀고 당장이라도 공격할 태세를 갖춘 뱀처럼 본문 전체에 깊이 스며들어 있습니다. '아직 때가 이르지 않았다'라며 자신의 영광을 드러내기를 거듭 거부하시던 예수님은 여기서 '인자가 영광을 얻을 때가 왔도다'(23절)라고 선언하십니다.

제4 복음서를 잘 모르는 독자에게는 예수님의 이 선언이 부활을 예고하는 기쁜 소식처럼 들릴 수 있는데, 그것은 사실입니다. 그러나 이 선언은 하나님을 영광스럽게 하는 일에는 죽음이, 그것도 예수님의 죽음이 포함된다는 명백한 선포이기도 합니다. 오늘 본문의 첫 대목에서 헬라인들이 예수님을 뵙겠다고 찾아옵니다. 그들은 예수님이 나사로에게 새 생명을 주셨다는 소식을 듣고 찾아왔지만, 그들을 만나신 예수님은 죽음에 대해, 특히 자신의 죽음에 대해 이야기하고 싶어 하십니다.

설교자 여러분, 다행히도 고난주간 화요일에 복음을 설교하기 수월해지는 방법이 있습니다. 예수님이 자신의 임박한 죽음에 대해 말씀하신 이유가 하나님께서 부활을 통해 이루실 새 생명을 가리키기 위해서임을 깨달으면 됩니다. 그래서 오늘 본문에서 예수님은 생명에 연연하는 것은 죽음으로 가는 확실한 길인 반면, 하나님과 그분의 백성을 섬기기 위해 생명을 포기하면 부활 생명이 드러난다고 말씀하십니다. 독자들은 요한복음 12장 초반 몇 절로 돌아가 마르다의 행동을 살펴보고, 그다음에 마리아의 행동에서 부활한 생명이 분명하게 드러나는 것을 확인하기만 하면 됩니다.

오늘 본문의 또 다른 핵심 설교 주제는 처음 몇 절에서 드러납니다. 요한은 비유대인이 예수님을 찾아온 일을 강조함으로써, 바리새인들이 '보시오. 온 세상이 그를 따라갔소!'(12:19, 새번역)라는 말로 토로하던 두려움이 현실이 됐음을 알려 줍니다. 예수님의 죽음과 부활을 통해 하나님께서 영광을 받으신 것은 유대인과 헬라인 모두에게 '좋은 소식'이 될 것입니다.

프레드 크래덕(Fred Craddock)은 그것을 이렇게 표현합니다.

> 영광을 받으신 그리스도께서는 그분의 모든 민족, 모든 세대의 백성에게 임재하십니다. 예수님이 사역하셨을 때와 시간과 장소가 달랐던 요한의 교회는 이 소식이 매우 절실했습니다. 우리도 마찬가지입니다. 그리스도의 지속적이고 무한한 임재를 알리는 명확한 교리가 없다면 교회는 존립할 수 없기 때문입니다. 과거 행복했던 시절, 그분이 이곳에 계셨던 특별한 시간과 장소에 대한 미화된 추억만으로는 어떤 신앙공동체도 오래 살아남을 수 없습니다. 만일 그렇다면, 신앙은 결국 오래전에 활발히 활동하셨던 하나님에 대한 추억으로 시작해, 오늘날 우리 삶 속에는 아무 일도 하시지 않은 하나님에 대한 원망으로 변질되고 말 것입니다.*

* Fred Craddock, *John*, Knox Preaching Guides (Atlanta:John Knox Press, 1982), 94.

요한복음에서 우리가 만나는 하나님께서는 근대성에 의해 주변부로 밀려나시지 않고, 인류가 합리적이라고 여기는 기준의 제한을 받으시지도 않습니다.

이 본문으로 설교에 접근하는 또 다른 길은 우리 사회가 죽어감과 죽음을 대하는 뿌리 깊은 공포를 통해서 열립니다. 고난주간 화요일의 이 본문은 죽음에 이르는 과정과 죽음 자체에 대한 현대 사회의 관념뿐만 아니라 공관복음 전통이 보여주는 예수님의 죽음과도 전혀 다른 관점을 제시합니다. 요한복음의 이 본문에서 예수님은 누가가 묘사했던 것처럼 동산에서 땀을 핏방울처럼 흘리시지 않습니다. 여기서 예수님은 자신을 세상에 보내신 분을 굳게 믿으며 영광, 즉 자신의 죽음과 부활을 맞이하십니다. 그분은 정신 나간 광인처럼 죽음을 반기시지도 않지만, 죽음이 자신과 하나님의 목적을 파괴할까 두려워하시지도 않습니다. 오히려 정반대입니다. 너무도 인간적인 예수님은 자신의 죽음을 생각하며 괴로워하시지만, 그와 동시에 그 죽음을 통해 하나님의 이름이 영광을 받으실 것이라는 데서 위로를 받으십니다.

예수님의 속죄의 죽음에 대한 전통적 이론들에 지친 기독교인들에게 요한은 또 다른 성경적 관점을 제시합니다. 요한이 볼 때 예수님은 분노하신 하나님을 달래기 위한 희생제물 또는 죄의 노예가 된 인류를 대신하는 대속물로 죽으시지 않았습니다. "예수님을 대적하며 사는 세상(이 세상)은 예수님의 죽음으로 심판을 받고, 그 권세는 무너집니다(25, 31절). 예수님의 죽음이 이런 효력을 갖는 것은 인간의 죄를 대속하는 희생제사라서가 아니라 그 죽음이 하나님의 능력과 약속, 사랑을 세상에 결정적으로 드러내기 때문입니다."*

예수님이 제자들에게 어둠 속을 다니지 말고 빛 가운데로 걸으라고 촉구하시는 오늘 본문의 마지막 부분에서 요한 문헌의 강력한 모티브가 반복됩니다. 성목요일의 어두운 밤과 성금요일의 우주적 어둠이 불과 수십 시간 앞으로 다가온 고난주간의 화요일, 지금이야말로 믿음의 사람들에게 빛 가운데로 걸어가라고 권하기에 더할 나위 없이 좋은 때입니다. 예수님은 빛 가운데 걷는 것이 그분을 따르기 위한 선택사항이 아니라 필수사항이고 '그리하면 빛의 아들이 되리라'(36절)라고 말씀하십니다.

요한복음이 시작될 때 우리는 "그 빛이 어둠 속에서 비치니, 어둠이 그 빛을 이기지 못하였다"(1:5, 새번역)라는 말을 듣습니다. 현대의 '빛의 자녀들'이 고난주간을 지키지 않거나 일부분만 지키는 이유는 이 복음이 너무 낙관적이라는 두려움 때문인지도 모릅니다. 하나님의 은혜와 영광을 정기적으로 설교하면 예수님 안에서 하나님의 약속을 만끽하는 데 필요한 영양분이 공급될 것입니다. 고난주간의 화요일이라고 해도 말입니다.

* Gail O'Day, in *New Interpreter's Bible* (Nashville:Abingdon Press, 1995), 9:714.

WEDNESDAY OF HOLY WEEK

고난주간 수요일

이사야 50:4~9a

시편 70편

히브리서 12:1~3

요한복음 13:21~32

고난주간 수요일

이사야 50:4~9a

4 주 여호와께서 학자들의 혀를 내게 주사 나로 곤고한 자를 말로 어떻게
도와줄 줄을 알게 하시고 아침마다 깨우치시되 나의 귀를 깨우치사 학
자들같이 알아듣게 하시도다
5 주 여호와께서 나의 귀를 여셨으므로 내가 거역하지도 아니하며 뒤로
물러가지도 아니하며
6 나를 때리는 자들에게 내 등을 맡기며 나의 수염을 뽑는 자들에게 나의
뺨을 맡기며 모욕과 침 뱉음을 당하여도 내 얼굴을 가리지 아니하였느
니라
7 주 여호와께서 나를 도우시므로 내가 부끄러워하지 아니하고 내 얼굴을
부싯돌같이 굳게 하였으므로 내가 수치를 당하지 아니할 줄 아노라
8 나를 의롭다 하시는 이가 가까이 계시니 나와 다툴 자가 누구냐 나와 함
께 설지어다 나의 대적이 누구냐 내게 가까이 나아올지어다
9 보라 주 여호와께서 나를 도우시리니 나를 정죄할 자 누구냐

신학적 관점

월요일 본문에서 하나님께서는 종에 대해 말씀하셨고 종에게 말씀하셨습니다. 화요일 본문에서는 하나님과 종 사이에 대화가 있었습니다. 오늘은 종의 말만 들립니다. 종은 자신의 개인적 경험과 확신에 대해 말합니다. 월요일에 저는 그리스도인인 우리는 그날의 본문을 적절하게 전유해 예수님을 예언된 종으로 볼 수 있다고 말했습니다. 화요일 본문을 읽을 때는 그 전략이 덜 유용해 보였지만, 오늘은 다시 그 전략으로 돌아가겠습니다. 먼저 오늘 본문에서 말하고 있는 하나님의 종이 예수님이라고 생각해 봅시다.

이 종은 하나님께서 자신에게 가르치는 은사를 주셔서 '지친 사람을 격려'(4절, 새번역)하게 하신다고 확신 있게 말합니다. 더 나아가 그는 하나님께서 자신에게 힘을 주셔서 하나님의 메시지를 경청하고 거부하지 않는 제자가 될 수 있게 하셨다고 말합니다. 그로 인해 그는 다른 사람들에게 고통과 모욕을 당해도 견뎌냅니다. 이 기록은 예수님이 누구시고 어떤 일을 겪으셨는지 우리가 이해하고 있는 내용에 부합합니다. 그분의 생애 마지막 며칠을 특별히 주목해 보면 더욱 그렇습니다.

그다음부터 본문의 어조가 달라집니다. 하나님께서는 예수님을 고통과 굴욕으로 이어지는 길로 인도하시지만, 그를 도우시고 의롭다 하십니다. 하나님의 도우심 덕분에 본래라면 치욕이었을 일이 치욕이 되지 않습니다. 예수님은 이 도움에 힘입어 변함없이 굳건하실 수 있었습니다.

이처럼 이 본문을 예수님께 적용하면, 우리는 8절의 의롭다 하심을 부활로 해석할 수 있습니다. 하지만 의롭다 하심은 가르침 자체에 따라오는 것으로 이해하는 쪽이 더 자연스럽습니다. 여기서 의롭다 하심이란 예수님의 정당성이 공개적으로 드러난다는 의미가 아니라 예수님의 확신을 뜻합니다. 자신은 하나님을 대변하므로 누구도 자신의 메시지를 뒤집을 수 없다는 확신입니다. 이런 확신이 있다고 해서 사람들이 예수님의 뺨을 때리고 머리카락을 뽑고 침을 뱉는 것을 막아 주지는 못합니다. 하지만 그런 대우로 인해 자신이 틀렸다고 생각하지 않도록 막아 줍니다. 그분은 하나님의 말씀을 전하시기에, 다른 사람들이 그분에게 하는 어떤 행동도 그분을 수치스럽게 하지 못합니다. 정달이지 예수님의 적들은 그분을 더없이 잔인하게 학대하면서도 그분의 말씀에 감히 대놓고 이의를 제기하지는 못합니다. 그들은 공개적 대결에서는 예수님을 이길 수 없다는 것을 압니다.

종이 하나님의 편이기 때문에 하나님도 그의 편이라는 이 확신은 고난주간 화요일 본문에 담긴 긍정적 확신의 핵심이기도 했습니다. 오늘 본문을 예수님께 적용하는 것은 우리가 이해하는 예수님 모습에 전적으로 부합하는 것 같습니다. 게다가 2천 년의 세월이 흘렀지만 예수님의 말씀은 오류로 드러나거나 무의미해지지 않았습니다. 그분의 말씀은 당시 사람들에게 충격적으로 다가갔던 것만큼이나 우리 시대 사람들에게도 그렇습니다.

예수님을 이해하는 데 쓰인 몇몇 범주 때문에 예수님은 그분의 제자들과 철저히 구분됩니다. 그러나 '종'의 경우는 그렇지 않습니다. 우리도 섬김을 위해 부름받은 존재로 자신을 이해하지 않습니까? 오늘 본문의 어려운 점은 이 본문을 우리에게 어느 정도 적용할 수 있는가에 있습니다.

모든 사람이 '가르치는 자의 혀'(4절)를 가지지는 않았을 것입니다. 하지만 이것은 많은 사람이 널리 공유하고 있는 재능입니다. 모든 부모는 자녀를 가르치는 사람이고, 우리 대부분은 다른 사람을 가르치는 일에 무수히 많은 방법으로 참여합니다. 유창하게 말하지 못하는 사람들도 '지친 사람을 말로 격려'(4절, 새번역)할 수 있습니다.

어쨌든 오늘 본문은 가르침을 받는 사람으로서의 종을 강조합니다. 이것은 분명히 모든 이에게 적용됩니다. 예수님의 제자는 예수님에게 가르침을 받는 사람들이지만, 배우는 자의 역할은 거기에 그치지 않습니다. 오늘 본문의 종은 하나님의 말씀을 직접 듣습니다. 우리는 예수님의 인도를 받아 성령으로부터 배우기를 기대하게 되었습니다. 하나님께서는 매일 아침 우리를 깨워 그분의 말씀을 듣게 하십니다. 이것 역시 제자의 길을 가는 우리 모두에게 의미 있게 다가올 수 있습니다.

종에 대한 오늘 본문을 우리에게 적용하기가 어려운 까닭은, 본문의 종이 자신이 전하는 말씀이 하나님께로부터 온 것임을 철저히 확신하고 있기 때문입니다. 이 종은 그 메시지가 진정으로 하나님의 말씀이라는 것을 압니다. 그와 달리 우리 중에는 확신이 너무 없어서 고통받는 이들이 많습니다. 사실 우리가 실제로 말하는 것보다 확신을 가지고 말할 수 있는 내용이 많습니다. 하지만 우리의 한계를 아는 것도 필요합니다. 예수님의 말씀을 듣는 사람들은 그분의 권위에 깊은 감명을 받았지만 우리는 그런 권위를 추구하지 않을 것입니다.

오늘 본문은 종이 제자의 길을 따르면서 치르는 값비싼 대가에 방점을 찍습니다. 우리 중 신실함을 지키려다 그와 같이 극적으로 고난을 겪은 사람은 별로 없습니다. 그래서 때로는 고난을 겪지 않는 자신을 보며, 내가 하나님의 참된 종인지 스스로 의문을 품게 됩니다. 그런데 이런 의심이 헛되지 않을 때도 많습니다. 우리 중 상당수는 가끔 제자가 되고 싶은 마음이 들어도, 많은 경우 세상에서 말하는 지위욕, 권력욕, 번영의 욕구에 더 큰 영향을 받기 때문입니다. 우리는 하나님께 신실함이라는 내면의 진리보다 주변 사람들의 시선에 지속적으로 더 많은 관심을 기울입니다. 우리는 자신이 진정한 종인지 의심할 만한 충분한 이유가 있습니다.

하지만 그렇다고 해서 큰 박해를 받거나 모욕을 당하는 사람이 대체로 가장 신실한 사람들이라는 뜻은 아닙니다. 하나님께서는 우리를 진정으로 불행하게 만드는 고난이나 희생으로 부르시지 않습니다. 가장 신실한 사람들은 대부분 행복하고 보람차게 살아가고, 그중 많은 이는 예수님의 제자가 될 마음이 없는 사람에게서도 인정과 존경을 받습니다. 그들 대부분은 하나님께 충실하게 살면서 얻는 기쁨에 비하면 세상의 가치관을 거부하는 데 따르는 대가는 사소하다고 생각합니다. 심지어 그것이 목숨을 희생하는 극단적인 경우라도 말입니다. 하나님의 종이 되라는 부름은 비참한 삶이 아닌 풍성한 삶으로의 부름입니다.

그렇다면 오늘 본문의 화자인 종은 누구일까요? 최초 기록자가 의도한 종의 정체를 우리는 결코 알 수 없겠지만, 하나님의 종의 본질에 대한 그의 비전은 그의 의도를 넘어서는 훨씬 더 큰 의미를 지니고 있습니다. 교회는 오랫동안 하나님을 섬기는 종의 가장 순수한 모범이 예수님이라고 여겨 왔습니다. 우리도 이 종의 사명을 이어받을 수 있습니다.

목회적 관점

"오늘 숙제 있니?" 우리 집 식구들은 매일 저녁 제가 딸들에게 이 질문을 하고야 말 것임을 알고 있었습니다. 숙제는 몇 시간이 걸릴 때도 있었고, 다음 날 아침 일찍 일어나 마무리해야 할 때도 있었습니다. 저는 수학 시간에 배운 내용은 다 잊어버린 터라 수학 숙제는 도와줄 수 없었습니다. 그럴 때는 아무짝에도 쓸모없는 사람처럼 느껴졌습니다. 학교에서는 왜 아이들에게 그렇게 숙제를 많이 내 주는 걸까요? 그 많은 숙제가 다 제 숙제인 것처럼, 제가 학교를 다니는 장본인인 것처럼 원망스러운 마음으로 그렇게 묻곤 했습니다.

교사는 엄격한 감독관 같을 수도 있지만, 4절에서는 다른 교사관을 제시합니다. 교사는 감당할 수 없을 만큼 많은 짐을 지우는 사람이 아니라 실제로는 짐을 덜어주는 사람입니다. 교사는 '지친 사람을 말로 격려'(새번역)하는 사람입니다.

교사보다 더 중요한 직업은 별로 없습니다. 저는 학창 시절의 선생님을 다 기억하지만, 스카우트 지도자, 합창단 지휘자, 선배들, 경험 많은 성직자 등 다른 스승들도 기억합니다. 세상에 알아야 할 것은 너무 많고, 지혜로워질 방법도 너무나 다양해서 "저는 독학했어요"라고 진정으로 말할 수 있는 사람은 없습니다. 우리 모두에겐 많은 스승이 있었고, 우리는 그 모두가 맺은 열매입니다.

예수님의 제자들은 예수님을 '선생님'이라고 불렀습니다. 사실 다른 사람들도 그렇게 불렀습니다. 그분은 순회 랍비였으니까요. 예수님은 그분의 가르침 때문에 처형당하셨습니다. 예수님의 정확한 처형 원인이 그분이 가르치신 내용 때문인지 아니면 그분의 가르침이 사람들에게 미친 영향 때문인지는 분명하지 않지만, 예수님이 그분의 가르침 때문에 처형당하셨다는 것만은 분명합니다. 로마인들은 예수님이 하나님의 아들이라고 주장하셨는지 여부에 정말로 관심이 있었을까요? 아마도 아닐 것입니다. 그들은 유대 종교에 특별한 관심이 없었습니다. 하지만 많은 사람이 예수님을 하나님의 아들이라고 생각하고 그 믿음에서 혁명의 영감을 얻었다면 로마인들은 크게 신경 썼을 것입니다.

좋은 가르침의 한 가지 특징은 지울 수 없다는 것입니다. 아무리 의지를 발휘해도 이미 알게 된 것을 모르게 만들 수는 없습니다. 나이가 들면서 건망증 등으로 잊어버릴 수는 있습니다. 하지만 아는 것을 '모르는 것으로 만들' 수는 없습니다. 완전히 이해되기까지 시간이 걸리기는 하겠지만 좋은 가르침은 학습자의 일부가 됩니다. 우리는 여러 가르침 덕분에 성장하고 그것을 기반으로 발전합니다.

예수님 제자들의 이야기 안에서도 이 과정을 볼 수 있습니다. 그들은 처음에는 겁에 질려 어찌할 바를 모르고 혼란스러워하던 별 볼 일 없는 무리였습니다. 하지만 예수님이 그들에게 주신 것이 그들 안에서 사라지지 않습니다. 우리가 이번 주에 기념하는 사건들이 일어나고 한참이 지난 후, 그들은 계속해서 힘을 얻어 우리가 지금까지도 존경하는 용기 있는 리더가 됐습니다. 그들의 모습은 예전에 예수님과 함께 다니며 배우던 때와는 완전히 달라졌습니다. 구체적으로 말하면, 그들은 자기 삶을 살아갈 용기를 얻었고, 예수님의 도를 따르기 위해 목숨까지 바쳤으며, 다른 사람들도 그렇게 하도록 영향을 줬습니다.

이런 성장은 교사가 학생과의 만남에 전심으로 임할 때만 일어날 수 있습니다. 앞서 저는 학창 시절의 모든 선생님을 기억한다고 말씀드렸습니다. 그러나 모든 선생님이 학생들과의 만남에 전심으로 임하지는 않았고, 비록 어렸지만 우리는 선생님이 전심으로 다가오지 않을 때 그것을 알아차렸습니다. 우리가 알기로 기독교인들은 이번 주에 예수님께 일어난 사건에 대한 이야기를 새로운 기독교인들과 기독교인이 되고자 하는 사람들에게 제일 먼저 가르쳤는데, 그 이유는 분명합니다. 기독교인들은 예수님이 그분의 백성을 위해 기꺼이 감수하신 희생과 사랑에 경외감을 느꼈기 때문입니다. 예수님은 우리와의 만남에서 그 무엇도 아끼지 않으셨고, 자신의 모든 것을 다 내주셨습니다. 심지어 목숨까지도 말입니다.

고난주간 자체가 교사입니다. 모든 훌륭한 교사가 그렇듯, 고난주간은 그 자체로 가르치는 내용을 구현합니다. 우리가 직접 이야기 속으로 들어갈 수 있게 해 줍니다. 우리는 그 이야기에 대해 많이 알고 있을지도 모릅니다. 어쩌면 직접 들려줄 수 있을지도 모릅니다. 기억에 의거해 이야기의 일부를 나열할 수 있을지도 모릅니다. 그동안 정말 많이 들었으니까요. 하지만 무언가에 대해 아는 것과 아는 바에 따라 사는 것은 다릅니다. 고난주간은 우리가 아는 바에 따라 살아 볼 수 있는 기회를 제공합니다. 우리는 그 이야기를 다시 걸어 봅니다. 그 슬픔과 고통을 따라갑니다. 지루함까지 그대로 따라 걷습니다. 그 길을 제대로 걷지 못할 때도 많습니다. 머리로 딴생각을 하고, 기분은 울적해지고, 집중해야 할 대목에서 잠이 들기도 합니다. 우리는 예수님의 제자들과 똑같습니다.

"예수님의 수난을 실시간으로 따라가 봐요." 누군가가 말했고, 우리는 그렇게 했습니다. 여러 무리로 나누어 초기 기독교인들이 전한 예수님의 처형 이야기를 담은 본문들을 연구하고, 성목요일부터 성금요일 오후까지의 실제 사건과 똑같이 시간이 소요되는 예전을 함께 만들었습니다. 우리는 교회를 떠나 '겟세마네 동산'이라고 부를 정원으로 이동하면 그곳에서 예수님이 체포됩니다. 어두운 거리를 지나 또 다른 장소로 이동하면 그곳이 대제사장의 집 안뜰이 됩니다. 거기서 베드로는 예수님을 부인하게 됩니다. 우리는 번갈아 가며 여러 역할을 맡았고, 성별이나 지위에 관계없이 누구나 예수님 역할을 맡았습니다. 다양한 사람들이 다양한 역할을 맡았습니다. 시와 노래도 있었습니다. 우리는 무거운 십자가를 지고 서울역 주변을 걸어가다 인간의 다양한 경험과 필요를 떠올리게 하는 장소가 보이면 멈췄습니다. 노숙자 쉼터, 무료 급식소, 경찰서 등이 그런 곳이었습니다.

이미 길고 힘든 고난주간을 보내다가 그렇게 하룻밤을 꼬박 새웠습니다. 우리는 무슨 생각을 했을까요? 시간이 지나면서 우리는 고난주간을 그렇게 기념하는 것이 옳다는 것을 깨달았습니다. 피곤함이 고난의 가장 중요한 부분이었습니다. 그것이 얼마나 길고 힘든 시간이었는지 아는 것이 중요했습니다.

고난주간은 만만치 않은 시간입니다. 때로는 사람을 녹초로 만들기도 합니다. 그러다 보니 고난주간이 혹독한 작업반장이나 엄격한 선생님처럼 느껴질 수도 있습니다. 예배를 더 드리고, 공부를 더 하고, 준비도 더 하고, 자기성찰과 자기부인을 더 해야 하기 때문입니다. 하지만 고난주간이 우리를 격려하지 않습니까? 말로 우리를 가르치지 않습니까? 그 말이 바로 '사랑' 아닐까요?

주석적 관점

오늘 본문은 지난 이틀과 동일하게 이사야 40~66장에 나오는 말씀입니다. 월요일과 화요일 본문처럼 이사야 50장도 기원전 6세기, 유대 민족의 바벨론 유배기에 기록됐습니다. 이 본문은 신자라면 실존적으로 다 아는 바를 시적으로 보여 줍니다. 유배는 단순히 시간과 장소만의 문제가 아닙니다. 유배는 한 나라가 (그리고 개인이) 있던 곳에서 철저히 밀려난 느낌, 친숙하고 사랑하는 모든 것들과 분리된 느낌을 나타냅니다. 유배된 곳이 궁핍의 땅이든 상대적으로 풍요로운 땅이든, 가장 깊은 수준에서 볼 때는 전혀 중요하지 않습니다. 유배된다는 것은 고향에서 멀리 떨어진다는 뜻입니다. 유다 백성에게 유배는 하나님의 축복과 철저히 연관된 땅에서 끊어진 상태를 의미했습니다.

유배는 상실만이 아니라 배신으로도 느껴졌습니다. 유다에게 그토록 많은 것을 약속하신 바로 그 하나님에 대한 배신감을 느꼈습니다. 성서 문헌의 많은 부분은 이러한 배신감에서 나온 반응, 탄식, 탄원입니다. 기원전 5세기, 약속의 땅에 남아 있는 사람들조차도 동포들 및 역사로부터 분리된 상태로 있었습니다. 아마 경제적 이익으로부터도 분리돼 있었을 것입니다.

이들은 언약의 백성입니다. 우리는 사무엘하 7장이나 시편 48편을 읽을 때 그 사실을 기억하게 됩니다. 그런데 이제 그 언약이 하나님의 손에 의해 파기된 것처럼 보입니다! 이스라엘 백성이 부르짖습니다. "우리 하나님께서는 왜 이런 일을 허락하셨습니까?" "우리가 왜 고통을 당하고 있습니까?" "우리의 구원은 어디에 있습니까?" 시편 44편은 이런 버림받은 느낌을 풍부하게 그려 냅니다. 유배자들이 가혹한 대우를 받거나 종교적 탄압을 받지는 않았을지라도, 그들의 관점에서 보면 하나님의 약속은 깨졌습니다. "주께서 우리를 잡아먹힐 양처럼 그들에게 넘겨주시고 여러 민족 중에 우리를 흩으셨나이다 주께서 주의 백성을 헐값으로 파심이여 그들을 판 값으로 이익을 얻지 못하셨나이다"(시 44:11-12).

유배가 끝나가던 기원전 550년에서 540년 사이 어느 날 익명의 시인 선지자가 나타나 위로와 비전, 소망과 확신을 주는 말씀을 전합니다('위로하라, 내 백성을 위로하라', 사 40:1). 따라서 오늘 본문과 지난 이틀간의 이사야 본문이 역사적 위치가 같은 것처럼, 하나님의 선택과 부르심을 받아 국제무대에서 민족의 지도자로 선 종(에베드)의 모습도 세 본문이 같습니다.

이사야 49:1~7에서와 같이, 오늘 본문의 선지자/종은 일인칭으로 말합니다. 그는 자신을 수사학적 능력을 갖춘 스승으로 이해하고 상담자 역할을 합니다('나로 곤고한 자를 말로 어떻게 도와줄 줄을 알게 하시고', 4절). 그는 자신이 신실했기 때문에 박해받았음을 알리고 자신을 옹호하시는 야웨 하나님에 대한 신뢰를 거듭해서 고백합니다(6-8절). 그리고 굳건함과 저항에 관한 수사적 질문 세 가지로 신뢰의 고백을 마무리합니다(8-9a절). 파괴와 추방의 기억이 여전히 생생한 공동체 사람들의 곤고함을 인정하는 일은 성장과 치유의 필요성을 인식할 수 있게 해 줍니다.

지난 이틀과 마찬가지로, 오늘 이사야 본문은 이른바 '종의 노래' 중 하나로 간주됩니다(네 번째 노래인 52:13-53:12은 성금요일에 읽게 됩니다). 1892년에 베른하르트 둠(Bernhard Duhm)이 이사야 주석에서 '종의 노래'라고 일컬었던 제2 이사야의 네 본문을 기독교 해석가들은 오랫동안 특별하게 여겨 왔습니다. 이 본문들은 종을 나사렛 예수와 동일시하는 데 도움이 됐기 때문입니다. 이런 해석은 이후 기독교 전통에서 재해석한 것이지만, 초대교회 시기부터 등장했고 대부분의 현대 교회에서도 여전히 받아들이고 있는 해석입니다.

이사야를 연구하는 보다 최근의 학자들은 이사야에 종이 등장하는 여러 본문 중에서 이 네 본문만 뽑아내는 제한적 접근법에 동의하지 않습니다. 퍼트리샤 툴 와일리(Patricia Tull Wiley)는 이사야 40~55장의 '에베드'에 대한 다른 모든 언급을 고려할 때 다른 본문 대부분에서 종은 집합적인 이스라엘 · 야곱으로 볼 수 있다고 말합니다(41:8-10, 43:10, 44:1-2, 21).* 그녀는 더 나아가 시온 · 예루살렘과 이스라엘 · 야곱에 대한 언급이 유사하다는 점을 주목합니다. 둘 다 야웨의 처분을 불평하고, 둘 다 고난을 당하며, 구속과 의롭다 함을 약속받습니다. 특징적인 언어, 주제, 모티브도 공유합니다. 더 나아가, 여기 나오는 종의 모습은 예레미야 본문에서 묘사하는 선지자와 유사합니다(예. 렘 1:4-5과 사 49:5, 렘 1:9과 사 49:2, 렘 3:1과 사 50:1, 렘 31:10과 사 49:1).

이러한 관찰 내용은 고통받고 해방을 갈망하는 유배의 경험을 이스라엘 백성뿐 아니라 선지자(들)도 공유했음을 가리킵니다. 선지자와 종이 동일인물이든 서로 다른 인물이든 이(들)의 정체와 자기인식이 유동적으로 나타나는 것은 압박을 받는 삶과 관계의 정황에서 비롯된 것임을 시사합니다. 선지자/종은 고군분투하지만 끈질기게 버티고, 고난을 겪지만 소망을 붙듭니다. 선지자/종은 일인칭으로 말함으로써 독자가 그의 본을 따라 궁극적으로 하나님을 신뢰하고 현재 상황에서 구원을 경험하라고 초대합니다(사 51:6).

이런 메시지는 그 자체로도 충분히 의미가 있지만, 대대로 유배를 경험한 공동체들의 상황과의 유사성을 생각하게 만듭니다. 침해와 고통을 경험하면서도 끈질기게 버티는 이미지들은 개인뿐 아니라 공동체의 차원에서도 공감을 불러일으킵니다. 기독교에는 이사야 본문의 종/선지자라는 인물에 나사렛 예수의 수난을 대입해 읽어내는 오랜 해석의 역사가 있습니다. 하지만 현대 기독교인들 중에는 신약성서를 구약성서보다 우월한 것으로 읽으면서 비롯된 기독교의 반(反)유대교적 경향을 경계하기로 결심한 사람들이 있습니다. 이러한 현대 기독교인들은 고난주간 동안 말씀을 듣는

* Patricia Tull Wiley, *Remember the Former Things:The Recollection of Previous Texts in Second Isaiah* (Atlanta:Scholars Press, 1997), 175 – 208.

기존의 습관을 바꾸고, 제2 이사야 본문을 그 자체의 맥락과 관점에서 새롭게 들을 수 있도록 해야 하는 도전에 직면합니다.

설교적 관점

창세기의 첫 번째 창조 이야기에 따르면 수요일은 창조의 넷째 날입니다. 이날의 이야기는 빛의 배열을 더 자세히 설명합니다. 첫째 날, 하나님의 첫 번째 말씀으로 빛이 생겨났습니다. 이제 넷째 날, 그 빛은 우리 모두에게 익숙한 방식으로 정리됩니다. 하나님께서는 주 동력원인 태양과 그 반사체인 달을 창조하십니다. 둘 다 빛과 어둠을 구분합니다. 따라서 '자극과 반응'은 압도적인 어둠을 배경으로 설정된 패턴이라고 할 수 있습니다. 태양이 계시라면, 달은 우리가 계시를 만나는 예전입니다.

오늘 본문에서 우리는 빛이 종에게 얼마나 깊숙이 스며드는지, 그리고 그 빛에 대한 예전적 반응으로 그의 삶이 얼마나 값비싼 대가를 치르는지 볼 수 있습니다. 빛은 강렬해지고 선명해지며 종의 정체성과 사명을 분명히 드러냅니다. 하지만 빛에 반응하면 거절과 처벌과 고통이 닥칩니다. 오늘 본문을 읽고 나면 우리는 빛의 힘을 두려워해 어둠 속에 숨어 지내고 싶어질지도 모릅니다. 이 본문으로 설교하려면 부족, 종파, 전통이라는 안전한 경계 바깥으로 나와야 합니다. 말씀에 귀를 기울이는 사람이 오히려 적으로 간주되고, 하나님께서 준비시키신 사람은 거절받을 각오를 해야 하는 교사가 됩니다.

이 본문에 접근하는 한 가지 방법은 이 시를 위대한 종교극의 자막으로 보는 것입니다. 고난주간에 벌어지는 사건들이 선보이는 수난극에서는 1세기 랍비 예수와 그의 동료들이 신학, 구원 역사, 유대인의 희망과 열망 등의 의상을 걸치고 등장합니다. 수난극은 십자가를 향해 나아가면서 마치 역에 서듯이 기도, 지원, 거절, 배신, 격렬한 폭력, 외로움, 죽음, 슬픔, 상실 너머의 소망 등의 원형적인 순간들에서 잠깐씩 멈춥니다. 우리는 그 순간들 안에 있으면서 이 성스러운 주간의 힘을 느끼기 시작합니다.

하나님 안에서 배우는 사람으로서 우리의 폭넓은 잠재력이 이때 펼쳐집니다. 이것은 표면적인 것이 아니고, 연회에 차려진 진미를 무심하게 맛보는 것과 같은 것도 아닙니다. 우리는 하나님을 집안의 하인처럼 부리라고 창조된 존재가 아닙니다. 역사 속에서 우리의 진정한 위치를 깨닫고 인간의 복잡하고 고단한 삶을 살아가며 힘든 일을 감당하도록 창조됐습니다.

우리는 인간의 거절이라는 무시무시한 일도 목도합니다. 우리는 사회적 동물입니다. 어딘가에 소속되는 것, 사랑받는 것, 자기 자리를 찾고 유지하는 것은 우리 내면에 있는 중요한 주제입니다. 하지만 오늘 본문의 종은 동포들 안에 있던 가장 악한 모습을 끄집어냈습니다. 그들은 그에게 동의하지 않고 그의 일에 반대합니다. 시간을 들여 그를 고문하고 모욕하여 다치게 하고 낙심하게 합니다.

우리는 이 종의 회복력도 엿봅니다. 하나님께서 지금 도우신다는 그의 확신은 깊어집니다. 그에게는 자기 자리를 지키고 자신의 일을 감당하게 하는 부싯돌 같은 굳은 결의가 있습니다. 이만큼 깊이 파고들어 보지 않았거나 이만큼 멀리 밀려나 본 적이 없는 사람들은 이 대목이 전달하는 내용을 쉽게 인식하지 못할 수도 있습니다. 이렇게 깊이 파고들어 본 사람, 이런 식으로 밀려나 본 사람들은 비슷한 고통을 겪은 이 사람의 소식에 큰 힘을 얻을 것입니다.

두 개의 빛 모형은 하나님께서 우리를 가르치시는 두 가지 방식을 보여줍니다. 첫 번째는 햇빛처럼 갑자기 떠올라 존재하는 방식입니다. 우리는 그 빛을 보고 느낄 수밖에 없습니다. 생명이 온기를 얻고 성장의 자극을 받습니다. 선명함이 있습니다. 두 번째 빛, 햇빛을 반사하는 달은 우리가 반응하는 힘을 보여줍니다. 세상이 어두워질수록 우리의 빛은 더 선명해집니다. 우리는 변화의 궤도를 따라 인간사라는 하늘을 가로지르는데, 그 과정에서 때로는 세상일이 환히 보이기도 하고 때로는 부분적으로만 인식됩니다. 그러나 우리는 항상 자신보다 더 큰 빛을 반사합니다. 그 빛이 없으면 우리는 전혀 빛을 발하지 못할 것입니다.

오늘 본문은 우리가 전하는 메시지의 본질을 숙고하도록 독려합니다. 우리의 설교는 무엇으로부터 출발합니까? 연구와 상상력의 총합입니까? 관습과 상식에 충실한 내용을 간추려 앵무새처럼 되뇌는 것입니까? 교회의 고상한 옷으로 위장한 자기보존의 시도입니까? 본문에서 시인은 이보다 훨씬 더 깊은 것을 묘사하고 있습니다. 삶의 모든 것이 섬세하고 열린 마음을 통해 휘몰아치는 모습입니다. 종은 사회적 겉치장 아래에 있는 위험한 것들을 보고 영혼의 고뇌를 듣습니다. 그는 근본적으로 정직한 정서를 형성하고 대중과 거리를 두고 다른 목소리를 내야 한다는 부담을 느낍니다.

설교의 어려움은 교회와 지도자들이 이 순전한 말씀의 핵심에서 너무나 멀리 벗어나 설교에 담겨야 할 말을 여러 가지 방식으로 바꿔 충격을 완화하려 한다는 데 있습니다. 본문에서 시인은 조직의 생존이나 개인의 성공을 옹호하지 않습니다. 아마 그는 사람들이 모임에 절대 초대하고 싶지 않은 인물일 수도 있습니다. 여기서 우리는 공동체를 무너뜨리고 다시 세우는 비전과 고통에 시달리고 개인적인 일로 상처 입은 사람의 호통을 조심스럽게 구분해야 합니다. 오늘 본문과 우리 시대의 목소리들에 귀를 기울일 때, 의심은 진리와 빛을 추구하는 우리의 열망과 동행합니다. 본문을 경계하는 동시에 용감하게 대면하는 것은 설교자가 감당해야 하는 어려운 과제입니다.

고난주간 본문들을 첫 번째 창조 이야기와 연결하면 '구출'이라는 주제로 설교 시리즈를 만들 수 있습니다. 창조 둘째 날인 월요일에는 '사물의 본성'이 소개됩니다. 셋째 날인 화요일에는 씨앗, 식물, 풍성함의 '형성'이 이루어집니다. 수요일에는 '대가'(代價)에 관한 내용이 나옵니다. 목요일은 '본보기'를 제시합니다. 여섯째 날인 성금요일은 그 '순간'을 보여줍니다. 일곱째 날인 토요일은 '내려놓음'의 날입니다. 창조의 첫날인 부활절은 '빛의 소식'을 전합니다.

제2 이사야의 시들은 기독론적인 시들도 아니고 예수님을 구체적으로 언급하지도 않습니다. 이 시들은 신실함, 비전, 공동체의 힘, 그리고 정의와 사랑과 진리를 추구하는 용기와 관련된 인간적 주제를 다룹니다. 그 통찰들이 너무나 심오해서 우리는 하나님 안에서 하나의 가능성으로 존재하는 우리의 모습과 매일매일 서로를 대하는 우리의 실제 모습 사이에 거대한 간극이 드러난 것을 보게 됩니다. 모든 고통과 희생, 승리를 성급하게 예수님께 돌려버리면, 우리가 여전히 그런 참혹한 현실 한복판에서 살아가고 있다는 사실에 둔감해지게 됩니다. 우리는 이 시와 시에서 말하는 값비싼 변화를 용감하게 대면하도록 부름받았습니다. 시인은 우리에게 말하고 있습니다. 교회라는 안전한 피난처 너머에서 그의 목소리를 들으라고 촉구합니다.

고난주간 수요일

시편 70편

1 하나님이여 나를 건지소서 여호와여 속히 나를 도우소서
2 나의 영혼을 찾는 자들이 수치와 무안을 당하게 하시며 나의 상함을 기
뻐하는 자들이 뒤로 물러가 수모를 당하게 하소서
3 아하, 아하 하는 자들이 자기 수치로 말미암아 뒤로 물러가게 하소서
4 주를 찾는 모든 자들이 주로 말미암아 기뻐하고 즐거워하게 하시며 주
의 구원을 사랑하는 자들이 항상 말하기를 하나님은 위대하시다 하게
하소서
5 나는 가난하고 궁핍하오니 하나님이여 속히 내게 임하소서 주는 나의
도움이시요 나를 건지시는 이시오니 여호와여 지체하지 마소서

신학적 관점

고난주간 수요일의 성서정과 본문에서 가장 눈에 띄는 부분은 시편 기자가 너무나 절박하게 말하고 있다는 점일 것입니다. 그의 절박함은 '속히 나를 도우소서'(1절), '하나님이여 속히 내게 임하소서', '여호와여 지체하지 마소서'(이상 5절) 등의 구절에서 분명히 드러납니다. 이 짧은 개인의 탄원시에서 독자는 시편 기자의 간청에 붙들리게 되는데, 긴박감이 느껴지면서 시편 기자가 어떤 심각한 상황, 문제 또는 모종의 즉각적 위험에 직면했다고 추측하게 됩니다. 앞뒤로 서성이면서 기도하는 모습, 두 팔을 뻗고 감정이 북받친 상태로 간구하는 모습, '내 목숨을 노리는 사람들'과 '내가 재난을 당하기 바라는 사람들'(2절, 새한글)을 피해 숨어서 하나님께 부르짖는 모습이 상상이 될 지경입니다. 이 시를 읽는 사람이라면 누구나 시인의 절박한 간청에 공감할 수 있을 것입니다. 결국 우리 모두 '그런 상황을 겪어' 봤으니까요. 우리 모두 인생의 어느 (한 번에 그치지 않는) 시점에서, 깊고 깊은 두려움과 실패의 자리에서, 혼란과 어려움 속에서 구원의 은혜를 바라며 하나님께 부르짖은 적이 있을 것입니다.

이 시는 짧지만 기독교 공동체에 건네는 신학적 통찰과 교훈의 측면에서 많은 것을 담고 있습니다. 전체적으로 볼 때, 이 시는 (시편 전체에 걸쳐 있는 다른 많은 탄원 기도와 마찬가지로) 우리를 사랑하시고 우리에게 관심을 기울이시는 창조주 하나님께서 우리가 다가갈 수 있는 분이심을 상기시킵니다. 본문에서 시편 기자는 돌려 말하지 않습니다. 그는 자신의 곤경에 관심을 가져 달라고 하나님께 분명하게 요구합니다. 인간과 하나님의 관계에 대한 언약적 이해를 바탕으로, 하나님께서 자신의 간구를 들으실 뿐만 아니라 실제로 긴급한 도움이 필요할 때 '건지시고 도우실'(1절) 것이라는 확실한 신뢰를 표현하는 듯합니다.

하지만 시편 기자의 요구는 하나님을 향한 찬양의 언어로 표현됩니다. 참을성 없고 심술부리고 버릇없는 어린아이와 달리, 시인은 도움을 청하면서도 창조주와의 관계에 대한 인식을 놓치지 않습니다. 이 시에는 인간과 하나님의 근본적인 차이점이 명확하게 드러나 있습니다. '하나님은 위대하시다'라는 선포(4절)는 하나님의 사랑과 보호에 전적으로 의존하는 '가난하고 궁핍한' 개인이라는 겸손한 자의식과 함께 나타납니다.

야망, 부, 독립을 중시하는 현대 세계관 안에서 누군가를 가난하고 궁핍하며 의존적이라고 표현하는 것은 그 사람에 대해 부정적으로 말하는 것입니다. 그러나 시편 기자가 상기시켜 주듯이, 성경적 세계관에서 가난하고 궁핍한 사람은 하나님의 구원과 도움의 필요성을 정당하게 인식하는 '주를 찾는 자', '주의 구원을 사랑하는 자들'(4절)이라고 봐야 합니다. 여기서 가난하고 궁핍하다는 것은 좋을 때나 나쁠 때나 자신이 하나님의 공급과 신실하심에 의존하는 존재임을 이해한다는 의미인 듯합니다. 역설적이게도, 바로 이 가난과 궁핍, 그리고 언약 관계에 대한 이해가 시편 기자로 하여금 하나님께 이토록 담대히 나아가게 합니다.

고난주간 수요일, 예수님이 제자들과 최후의 만찬을 나누고 잡히시기 하루 전, 로마인들에 의해 십자가에 못 박히시기 이틀 전이라는 예전적 맥락에서 읽으면, 이 본문에서 예수님의 십자가 처형 및 그 직전의 여러 사건과 관련된 몇 가지 중요한 신학적 의미를 발견할 수 있습니다. 앞서 언급한 시편 기자의 북받친 감정이 만들어 내는 긴박감은 겟세마네 동산에서 처절하게 시작된, 그리스도께서 견디셔야 하는 내면의 싸움을 예고합니다. 마태의 기록에 묘사된 생생하고 감동적인 그림에 따르면 예수님은 "얼굴을 땅에 대시고 엎드려 … 내 아버지여 만일 할 만하시거든 이 잔을 내게서 지나가게 하옵소서"(마 26:39)라고 기도하실 정도로 '고민하고 슬퍼'하셨습니다(마 26:37). 시편 기자의 기도처럼, 예수님이 겟세마네에서 드리신 기도는 구원을 바란 것은 아니더라도 앞으로 닥칠 시련을 감당할 힘을 구해야 하는 절박한 필요에서 나온 것입니다.

시편 기자가 "아하, 아하 하는 자들이 자기 수치로 말미암아 뒤로 물러가게 하소서"(3절)라고 하나님께 요청한 것에 주목하면 시편 70편과 수난 이야기 사이의 신학적 연관성이 더욱 분명해집니다. 이 구절은 십자가 아래를 지나가며 예수님을 조롱하던 이들을 떠올리게 합니다. "지나가는 자들은 자기 머리를 흔들며 예수를 모욕하여 이르되 아하 성전을 헐고 사흘에 짓는다는 자여 네가 너를 구원하여 십자가에서 내려오라 하고"(막 15:29-30).* 우리의 고통과 고난을 비웃는 이들의 조롱과 조소는 하나님의 건져 주심과 구원의 은혜가 우리에게 필요함을 더욱 선명하게 부각시킵니다.

마지막으로, 오늘의 성서정과 본문을 신학적으로 이해하고 접근하려면 위에서 잠깐 언급했던 시편 70편의 찬양과 탄원의 연관성을 반드시 다시 살펴봐야 합니다. 제롬 크리치(Jerome Creach)는 그것을 이렇게 정확하게 표현한 바 있습니다. "기독교인들에게 예수님의 고난과 시편 70편의 연관성은 유익한 교훈을 줍니다. 시편 안에서의 문맥을 생각하면서 시편 70편을 예수님의 기도로 읽으면, 제대로 표현되는 찬양은 삶의 심연에서 나온다는 것을 기억하게 됩니다."** 인간은 두려움, 불안, 심지어 노골적인 위험 같은 심연에서 자신이 '가난하고 궁핍'하며 하나님의 신실한 사랑과 구원이 필요하다는 것을 가장 잘 인식할 수 있습니다. 바로 그런 심연 같은 고난 속에서 우리는 시편 기자와 함께 "하나님께서는 위대하시다!"라고 진정한 찬양을 외칠 수 있습니다.

목회적 관점

시편은 서사적 맥락 없이 교회에 주어집니다. 정경에는 시편이 문학적 특징에 따라 배열돼 있습니다. 편집자가 제공하는 표제는 일부 초기 해석자들의 지혜를 보여줍니다. 성서정과는 교회력에 따라 시편 본문을 배치해 독자와 시편의 대화를 촉진합니다. 하지만 대부분의 독자는 자신의 인상과 경험에 의존해 시편을 읽습니다. 시편 70편도 (시편의 다른 많은 시와 마찬가지로) 다양하고 때로는 서로 배타적인 방식으로 해석합니다.

구원하시는 하나님의 임재에 대한 필요를 우리가 늘 같은 방식으로 경험하지는 않습니다. 때로는 경미하지만 진짜 우울증에 빠지기도

* Jerome F. D. Creach, "Psalm 70," *Interpretation* 60, no. 1 (Jan. 2006):66. http://find.galegroup.com/itx/start.do?prodId=AONE.

** 위의 글.

합니다. 우울하고 울적한 기분이 들기도 합니다. 머리 위에 먹구름이 드리워진 것을 느낍니다. 그래도 우리는 여전히 빨래를 하고 공과금을 납부하고 친구들과 점심을 먹습니다. 하지만 그 불쾌하고 텁텁한 원인을 찾아낼 수 없고 무엇으로도 그것을 씻어낼 수 없어 보입니다. 그런 상태에서 우리는 정처 없이 살아가고 생계를 유지하고 살아남습니다. 때로는 더 끔찍한 이야기가 펼쳐지기도 합니다. 우울의 낭떠러지에서 절망의 구덩이로 떨어지는 것이지요. 그럴 때는 고립이 우리의 가장 가까운 동반자입니다. 하나님의 임재가 필요하지만 우리의 필요를 인정하거나 하나님을 찾을 용기가 부족합니다. 그러나 하나님의 개입 없이는 살아남지 못할 것입니다.

시편 기자는 다른 절망의 경험을 묘사합니다. 공격이 임박한 것처럼 보입니다. 그러다 갑자기 위험이 우리를 덮칩니다. 이런 위협 앞에서는 하나님의 보호에 대한 인식이 무뎌지고 '투쟁-도피 반응'이 작동합니다. 누군가는 자신의 권리와 신앙, 삶의 방식을 지키기 위해 벌떡 일어섭니다. 승리를 안겨 줄 자원을 내면에서 확보하기도 합니다. 무기로 쓸 것이 없는지 자신의 손을 살피는 경우도 있습니다. 이와 달리, 누군가는 바위 뒤에 숨어 폭풍이 지나갈 때까지 들키지 않기만을 바랍니다. 자신의 손이 비어 있음을 알고 도망치기도 합니다. 살아남을 가망이 전혀 없다고 확신하고 달아나는 이도 있습니다.

경험이라는 관점에서 볼 때 시편 70편은 목회적 돌봄에 적합한 말씀을 제공합니다. 위협을 받을 때 우리는 기도할 수 있습니다. "하나님이여 나를 건지소서 여호와여 속히 나를 도우소서"(1절)라고 외칠 수 있습니다. 심리학에서는 위험에 처했을 때 도망치거나 맞서 싸우는 두 가지 선택지밖에 없다고 말하지만, 하나님께서는 제3의 대안을 주십니다. 우리는 손이 비어 있고 싸울 능력이 없습니다. '가난하고 궁핍'합니다. 우리의 힘, 재능, 독창성으로는 버틸 수 없습니다. 그래서 우리를 구해 줄 대안이 필요합니다. 제3의 길은 우리가 가는 길이 아니라 하나님께서 오시는 길입니다. 하나님께서는 세 번째 길로 오셔서 우리를 돕고 구원하십니다. 그래서 우리는 '여호와여, 지체하지 마소서'(5절)라고 기도하며 기다립니다.

예전 중에 예배당에서 낭독되는 이런 기도는 위험을 겪어 본 교인들의 마음을 울립니다. 어떤 주일에는 송영마저도 슬픔이 깃든 선율로 연주될 수 있습니다. 교회를 위협하는 위험요소는 지도자의 사망·은퇴·비행부터, 지역 경제의 침체, 학교의 문을 닫게 하고 지역사회의 환경을 바꾸는 인구통계의 변화, 지역 교회까지 영향을 미치는 교단 분쟁, 다른 교인들에게로 번지는 개인 간의 갈등, 주보의 기도제목 칸에 얼룩을 남기는 문제들까지 다양합니다. 결과적으로, 시편 기자의 개인적 간구는 성도들의 공동 청원이 됩니다.

게다가, 교회를 향한 일부 위협은 더욱 우려스럽습니다. 국가주의, 소비지상주의, 배타주의의 목소리가 기도와 설교에서 울려 퍼지고 있습니다. 십자가가 있어야 할 곳에 어느새 깃발이 등장합니다. 미혼모와 도움이 절실한 난민을 위해 배정됐던 예산이 신기술 비용으로 대체됩니다. 그러는 사이 경제적, 교육적, 이념적 기준에 따라 새로운 소외 계층이 교회 안에서도 생겨나고 있습니다. 배신은 다양한 형태와 색깔로 나타납니다. 교회가 저지른 조직적 배신 행위는 성도들뿐만 아니라 사회에도, 개인뿐만 아니라 하나님께도 영향을 미칩니다. 시편 70편은 위협과 절망이 드리운 가장 어두운 시기에 교회가 무엇을 기도해야 할지 알려줍니다. 하나님께서 즉시 오셔서 우리 모두를 해방시켜 주시기를 간구하는 기도가 필요합니다.

고난주간 수요일의 예전은 유다가 예수님을 배신한 이야기를 들려줍니다. 역사상 그 어떤 배신도 그만한 관심을 받은 적이 없습니다. 마르쿠스 브루투스(Marcus Brutus)부터 베네딕트 아놀드(Benedict Arnold, 1741-1801)*에 이르기까지, 배신자들은 두루 비난을 받아왔습니다. 단테의 『신곡』「지옥편」은 지옥의 가장 낮은 제9원을 배반자들에게 배정합니다. 간통, 횡령, 사기 및 기타 배신행위는 모든 사회와 문화권에서 경멸과 혐오의 대상이 됩니다. 자신이 신뢰하지 않는 사람을 동료로 선택하는 사람은 없습니다.

교회에서 유다의 이야기를 읽을 때, 우리는 예수님과 한 식탁에 앉았던 사람이 그런 몹쓸 짓을 저질렀다는 사실을 상기하게 됩니다. 3년 동안 예수님과 함께 살고도 그런 짓을 할 수 있었다면, 나는 그럴 일 없다고 그 누가 자신할 수 있을까요? 우리는 열두 제자와 더불어 이렇게 묻습니다. "나는 아니지요?" 유다의 입맞춤이 우리의 중심을 뒤흔드는 이유는 우리가 과거에 저지른 이중적 언행을 알기 때문입니다. 믿음을 저버리고 배신자의 자리에 섰던 시절의 기억이 우리를 떠나지 않습니다. 그래서 오늘 교회가 불을 끄는 것은 이상한 일이 아닙니다. 교회는 깜빡이는 촛불을 하나씩 끕니다. 그리고 모두가 함께 자신이 '아하, 아하!'**라고 말하는 자들임을 곰곰이 생각합니다. "내 목숨을 노리는 자들이 수치를 당하게 해주십시오. 내 재난을 기뻐하는 자들이 모두 물러나서 수모를 당하게 해주십시오"(2절, 새번역)라는 말씀은 다름 아닌 우리 자신을 겨냥한 내용입니다. 금요일이 다가오고 있습니다. 이 시점에서 우리는 하나님의 이야기에 참여하는 자신의 모습을 되돌아봐야 합니다.

시편 70편은 다락방이나 동산 아래에서 예수님이 말씀하신 것은 아니지만, 그 장면들 안에서 생생하게 울려 퍼집니다. 예수님은 유다에게 '네가 하는 일을 속히 하라'라고 말씀하십니다. 그리고 하나님께 '이 잔을 내게서 지나가게 하옵소서'라고 기도하십니다. 기도하지 않았던 베드로는 버티고 서서 싸웁니다. 기도하지 않았던 다른 제자들은 달아나서 숨습니다. 유다는 식탁을 떠나 병사들을 모으러 갔습니다. 배신의 어두운 밤은 예수님이 쉽게 받아들이실 수 있는 길이 아니었습니다. 배신의 입맞춤은 창만큼이나 확실하게 예수님의 옆구리를 찌릅니다. 예수님이 그 적대를 견디신 이유는 세 번째 길을 아셨기 때문입니다(히 12:3). 예수님은 '하나님은 위대하시다'(4절)라는 사실을 아셨습니다. 예수님은 구원하실 수

* 역자주:미국 독립전쟁 당시 장군 신분으로 영국군에 자진 투항해 미국 역사에서 배신자나 매국노의 대명사가 된 인물.

** 성서정과는 이 부분과 예수님의 십자가 죽음의 연관성을 암시하지 않지만, 다양한 주석은 3절의 '아하'를 마가복음 15:29 및 그분을 조롱하는 이들의 비웃음과 연결하고 있습니다.

있는 하나님께 자신을 온전히 맡기는 신실한 고난자의 역할을 구현하십니다. 예수님은 이 시편을 어렵지 않게 쓰실 수 있었을 것입니다.

주석적 관점

시편 70편에는 긴박감이 가득합니다. 이 짧은 기도에서 시편 기자는 이례적으로 강한 리듬과 반복을 통해 하나님께 빨리 행동에 나서 자신을 구원해 주시기를 간구합니다. 원수들이 지금도 그의 목숨을 노리고 있기 때문입니다(2절). 시편 기자의 절박함은 다양한 방식으로 나타납니다. 첫째, 이 시는 아주 짧아 다섯 절에 불과합니다. 이렇게 말을 아끼는 것은 극도로 어려운 형편에 처한 사람들에게서 흔히 볼 수 있는 특징입니다. 어려움이 닥쳐올 때는 고상한 수사나 복잡하고 은유적인 표현에 낭비할 시간이 없기 때문입니다. 둘째, 시인은 하나님의 이름을 거듭해서 부르는 것으로 기도의 틀을 잡습니다. "하나님이여 … 여호와여"(1, 5절). 이런 반복에서 하나님의 이름을 여러 번 부르면 그분이 더 빨리 듣고 응답하실지도 모른다는 시인의 생각이 전해집니다. 셋째, 이 기도에는 하나님께서 행동하실 수 있는 시간이 제한되어 있음을 알리는 간청이 담겨 있습니다. 도입부의 문구인 '속히 나를 도우소서'(1절)는 시의 맨 마지막 행에서 '지체하지 마소서'(5절)라는 약간 변형된 형태로 다시 등장합니다. 이 시의 처음과 마지막 말은 하나님의 즉각적인 행동이 절실히 필요함을 강조합니다. 넷째, 이 시는 2~4절에서 놀랍도록 일관된 문법 패턴을 보이는데, 5개의 연속된 행이 화자의 의지를 표현하는 지시형 동사인 '하게 하소서'로 시작됩니다. 이런 식의 반복은 야웨께서 간구에 응답해 주셔야 한다는 시편 기자의 끈질긴 주장을 문법적으로 구체화한 것입니다. 시편 기자는 몇 번이고 반복해서 하나님께 도움을 간청합니다.

이 시의 중심 그절(2-4절)은 두 공동체를 간략히 묘사하고 둘 사이의 뚜렷한 대조를 드러냅니다. 첫 번째 공동체(2-3절)는 시편 기자에게 반감을 품은 무리입니다. 시편 기자는 그들이 왜 자신을 적대시하는지 밝히지 않습니다. 이 역시 상황이 긴박해 길게 설명할 시간이 없기 때문입니다. 시인은 이 공동치가 그의 목숨을 노리고 그를 해치려고 한다고만 밝힙니다(2절).

이 공동체의 목소리의 특징은 놀림과 조롱입니다. 감탄사 '아하'(3절)는 흔히 뭔가를 발견하고 느끼는 놀라움을 전달하는데, 이런 어감으로는 이 구절의 의미를 정확하게 담아낼 수 없습니다. 이것은 원수의 입술에서 나오는 조롱의 소리인 히브리어 '헤아흐, 헤아흐'를 고스란히 전하려는 시도입니다. 연쇄적으로 반복되는 이 후두음은 히브리어에서 주로 기쁨을 표현할 때 쓰이는데, 특히 조롱의 웃음을 나타내는 경우가 많습니다(예를 들면 시 35:21, 25, 40:15). 따라서 '아하, 아하' 대신에 '하하'로 번역하는 것이 더 좋을 것입니다. 시편 기자는 원수들이 그의 곤경을 미친 사람처럼 기뻐하자 그 웃음을 곧장 멈춰 달라고 기도합니다. 2~3절에서 시인은 자신을 조롱하는 자들의 처지를 뒤집어 달라고 하나님께 거듭 간구합니다. 참으로 하나님의 구원으로 이 원수 무리의 상황이 근본적으로 달라질 것입니다. 하나님께서 얼마나 강력하고 신속하게 행동하실 수 있는지 깨닫는 날, 조롱하는 자들이 거꾸로 조롱받게 될 것입니다.

시편 기자의 목숨을 노리는(2-3절) 무리와 대조되는 다른 공동체는 하나님을 찾습니다(4절). 그들은 시편 기자의 고통이 아니라 하나님의 본성과 활동을 기뻐합니다. 두 공동체는 말하는 바도 근본적으로 다릅니다. 원수들은 시편 기자를 바라보며 '하하'(3절) 웃지만, 신실한 사람들은 '하나님은 위대하시다'(4절)라고 계속 말합니다. 참으로 이들은 하나님의 구원 행위를 통해 그분의 위대하심을 봅니다.

두 공동체를 다루던 시편 기자는 5절에서 갑자기 논의의 방향을 바꿔 개인에게 초점을 맞춥니다. 주제와 화제의 이런 전환은 이 시의 구조적 단절을 잘 보여줍니다. 반복된 문법적 패턴('하게 하소서')으로 만들어진 리듬을 끊고 5절은 이렇게 시작됩니다. '(그러나) 나는 가난하고 궁핍하오니.' 기존 패턴의 갑작스러운 단절은 수사적으로 시편 기자의 곤경을 강조하는 기능을 합니다. 두 공동체에 대한 저주와 축복을 말한 시편 기자는 자신의 비천한 처지로 돌아갑니다. 그의 처지는 하나님의 위대하심에 대한 선포(4b절)에 뒤이어 나오면서 더욱 생생하게 두드러집니다. 청원자는 하나님의 위대하심과 본인의 비천함의 극심한 차이를 강조함으로써, 하나님의 마음에 긴장감을 불러일으키고자 합니다. 믿음의 공동체가 거듭거듭 선포하는 것처럼 하나님께서 정말 위대하시다면(4절), 이 신실한 자의 비천함은 도무지 이해할 수 없는 일이 됩니다. 시편 기자는 하나님의 본성에 대한 공동체의 간증에 호소하면서 하나님께서 그 본성에 걸맞게 행동하시도록 동기를 부여하려 합니다. 하나님께서 누구시고 하나님의 구원이 신실한 자들의 공동체를 얼마나 기쁘게 하는지(4절)를 고려하면, 시편 기자가 구원받는 것은 전적으로 합당한 일이 됩니다.

시인은 하나님께 속히 행동해 달라는 기도를 반복하면서 시를 마무리합니다. 이 시편은 명령형 동사로 시작합니다. '나를 건지소서 … 속히 나를 도우소서'(1절). 명령법은 5절에서 다시 나타납니다. '속히 내게 임하소서 … 지체하지 마소서.' 하지만 첫 번째 간청과 마지막 간청이 완전히 동일하지는 않습니다. 사실, 이 시의 마지막 절에서 시인은 야웨의 정체성에 대한 특별한 주장을 내세우며 하나님을 '나의 도움', '나를 건지시는 이'(5절)라고 부릅니다. 이런 대담한 선포는 시편 기자의 수사적 표현이 시작보다 끝에서 강화됐음을 보여줍니다. 이러한 움직임은 기도하는 행위 자체를 통해 믿음이 자란 것으로 이해할 수 있을 것입니다. 시편 기자는 기도하면서 어떻게든 용기를 얻었고, 하나님께서는 실제적이고 현재적이며 인격적인 방식으로 구원을 이루시는 분이라고 분명하게 주장하며 시를 마무리합니다.

고난주간 수요일에, 하나님을 구원을 구현하신 (성육신하신) 분으로 표현한 시편 기자의 놀라운 정의를 접한 우리는 복음서에 기록된 하나님의 궁극적 구원 행위를 숙고하는 자리로 강력하게 이끌리게 됩니다. 이 시편의 특별한 긴박함은 오늘 복음서 본문인 요한복음 13:21~32 말씀과 깊이 공명합니다. 그 구절에서 예수님은 친구가 자기 목숨을 노리는 자들(참조. 시 70:2)에게 자신을 넘기려 한다는 사실을 생각하며 '심령이 괴로워'하십니다. 시편 기자의 목소리에 담긴 고통과 절박함, 수치심

속에서 우리는 수난 중에 바로 이 말씀으로 기도하신 예수님의 기도를 들을 수 있습니다. 동시에, 삼위일체의 신비를 통해 우리는 예수님, 즉 하나님의 구원이 시편 기자의 기도에 대한 응답임을 볼 수 있습니다.

설교적 관점

시편 설교의 큰 장점 하나는 설교자가 시편에 기대어 부정적인 감정을 표현할 수 있다는 점입니다. 제1세계 기독교인들은 경건함이 감상적인 수준에 머무는 경향이 있기 때문에, 성서정과도 구약과 신약에서 '문제가 되는' 본문은 잘 채택하지 않습니다. 주일과 주요 절기에는 학살이나 강간 등 잔혹한 행위에 대한 내용을 거의 듣지 못합니다. 그러다가 고난주간이 돌아오면 예수님을 향한 온갖 적대감과 폭력을 접하게 되고 그것을 어떻게 처리해야 할지 난감해집니다. (멜 깁슨의 영화 〈패션 오브 크라이스트〉는 감상적인 수준에 머무는 경건과 성금요일의 위험한 사건이 만날 때 어떤 일이 벌어지는지 보여주는 좋은 예입니다.) 그러나 어떤 이유에서인지, 시편의 탄원시는 삶의 고통스러운 측면을 성서정과 본문에서 배제하는 정책에서 예외였습니다.

오늘 본문은 고난주간 성서정과 시편 본문에서 처음으로 원수에 대해 솔직하게 이야기합니다. 인간은 유한하고 연약한 피조물입니다. 시편은 돌발 사태로 인해 사람 안에서 일어나는 불안, 즉 우리는 죽을 존재이고 온갖 종류의 상실을 겪을 수 있다는 것을 시대를 초월해 표현하고 있습니다. 우리에게 사는 데 필요한 것들을 공급하는 자연의 힘은 반대로 우리를 전멸시킬 수도 있습니다. 하지만 자연의 파괴력을 많이 보여주는 시편의 다른 여러 시와 달리, 시편 70편에는 인간을 향한 자연의 위협적인 면모가 나오지 않습니다. 이 시의 화자는 문제가 무엇인지 압니다. 장폴 사르트르(Jean-Paul Sartre)의 말처럼, 문제는 "지옥은 바로 타인들이다"* 라는 데 있습니다.

첫 연은 원수들로부터 구해 달라는 간구로 시작됩니다. "내 목숨을 노리는 자들이 수치를 당하게 해 주십시오. 내 재난을 기뻐하는 자들이 모두 물러나서 수모를 당하게 해 주십시오"(2절, 새번역). 화자는 인간 공동체를 위험이 가득한 곳으로 경험했고, 그의 원수들은 '아하, 아하'(3절)라는 말로 상처에 모욕을 더합니다. 그들이 화자를 괴롭히는 동기에 대해서는 설명하지 않고 설명을 요구하지도 않습니다. 이것은 새뮤얼 테일러 콜리지(Samuel Taylor Coleridge)가 말했듯이 오셀로를 향한 이아고의 '동기 없는 악의'와 비슷합니다.**

동기 없는 악의의 개념은 고난주간이 진행됨에 따라 더 중요해질 두 가지 큰 사안에 대해 이야기할 수 있는 길을 열어 줍니다. 하나는 인간의 죄이고, 다른 하나는 죄가 무고한 이들에게 공격을 집중하는 특정한 방식입니다. 저는 예수님을 십자가에 못 박은 사람들의 동기를 설명하려고 노력하는 설교를 많이 들었고 저 또한 그런 설교를 많이 했습니다. 어떤 사람은 예수님이 종교적, 정치적 제도와 권위에 맞선 것이 문제였다고 말합니다. 그분이 너무

* Jean-Paul Sartre, *No Exit and Three Other Plays* (New York:Vintage Books, 1989), 45.

** Samuel Taylor Coleridge, *Lectures 1808-1819 on Literature*, ed. R. A. Foakes (Princeton, NJ:Princeton University Press, 1987), 2:315.

급진적인 것이 문제였다거나 충분히 급진적이지 않은 것이 문제였다는 설명도 있습니다. 이런 설명들이 흥미롭기는 하지만 고통의 현실에 대처하는 데는 예수님의 경우든 우리의 경우든 끝내 도움이 되지 않습니다. 저는 고통에 맞닥뜨릴 때 그 이유에 대한 설명을 듣기보다는 누군가 제 호소를 들어줬으면 좋겠습니다. 시의 화자가 부르짖어 구하는 것은 관료들의 원론적인 입장문 같은 것이 아니라 인간의 공격에서 벗어나는 것입니다.

시편 70편은 오늘날의 설교자가 인간의 죄에 대한 구체적 경험을 피해자의 관점에서 바라보도록 돕습니다. 우리가 예전 가운데 죄에 대해 이야기할 때는 흔히 고백의 차원에서, 즉 범죄 수사물에서 말하는 '가해자'의 관점에서 이야기합니다. 그러나 시편 70편은 정반대로 남의 죄로 인한 피해를 경험한 사람의 관점에서 죄를 보도록 도와줍니다. 리더의 자리에 있어 본 사람이라면 다들 알다시피, 리더인 우리를 도저히 용납하지 못하는 이들이 언제나 있습니다. 시사에 관심 있는 사람은 우리가 집단적으로 서로에게 끔찍한 일을 저지를 수 있는 세상에 살고 있다는 것을 압니다. 미국이 아메리카 원주민과 아프리카계 미국인에게 자행했던 폭력, 홀로코스트, 보스니아 전쟁, 르완다 집단학살, 다르푸르 분쟁,* 콩고 분쟁 등에서 어떤 일이 있었는지 생각해 보십시오.

오셀로 이야기로 돌아가 보면, 동기 없는 악의가 무고한 사람을 겨냥하는 경우도 종종 있습니다. 마틴 루서 킹 주니어(Martin Luther King Jr.) 및 20세기 다른 사람들이 당한 암살을 생각해 보십시오. 암살자들이 독재자를 노리는 경우는 드뭅니다. 그들은 주로 해방을 주도하는 이를 겨냥합니다. 시편 70편의 화자는 스스로를 무고한 사람이라고 여깁니다. (자신을 향한 비난에 놀라움을 표시하는) "누구, 나 말입니까?" 식의 반응에 의도치 않은 위선이 들어있을 수도 있지만, 이 시편은 반어가 아닌 글자 그대로 읽는 것이 더 안전할 것입니다. 사람들은 아무 잘못도 저지르지 않은 화자를 잡으러 나섭니다. 이것은 예수님 이야기와 회중의 이야기 모두에서 대화를 건넬 수 있는 기회가 됩니다. 우리 모두는 자신이 가해자이자 피해자라는 사실을 무의식적으로라도 압니다. 고난주간은 이 지식을 깨어 있는 의식의 영역으로 끌어올려 우리의 고난들을 예수님의 수난과 비교할 수 있는 좋은 시간입니다.

시편 70편은 고통과 혼란 속에서 시작하지만, 희망적인 어조로 끝납니다. 우리가 지나고 있는 고난주간도 마찬가지입니다. 화자는 하나님께 '주는 나의 도움이시요 나를 건지시는 이'(5절)라고 말하고, 하나님을 찾는 사람들이 그분으로 인해 '기뻐하고 즐거워할'(4절) 것이라고 선포합니다. 하나님의 구원을 사랑하는 사람들은 그분의 건지심을 기대하며 '하나님은 위대하시다'라고 언제나 말할 것입니다.

고난주간이 인간의 죄와 고난의 신비를 탐구하는 때임을 염두에 두고, 이 주간의 가장 중요한 주제가 바로 '하나님은 위대하시다'임을 꼭 기억해야 합니다. 성삼일을 앞둔 마지막 날의 설교자에게는 지금 일어나고 있는 일에 숨

* 역자주:2003년 2월부터 아프리카 수단의 다르푸르 지역에서 정부의 아랍화 정책에 기독교계 원주민들이 반기를 들고 정부군과 민병대를 상대로 투쟁한 유혈사태.

겨진 신적 논리가 있음을 회중에게 상기시킬 수 있는 마지막 기회가 있습니다. 우리는 잔혹함을 한껏 즐기려고 고난주간을 기념하지 않습니다. 다른 사람보다 죄가 더 많거나 적은 사람으로 자신을 내세우려고 고난주간을 지키지 않습니다. 우리는 고난주간에 신앙의 핵심 진리를 다시 붙잡습니다. 사실 고난주간을 지킨다는 것은 하나님과 우리의 관계에 문제가 있었기에 예수님이 부르심을 따라 이 주간에 어려운 곳에 서셔야 했다는 사실을 인정하는 것입니다. 그 결과 우리는 마침내 시편 70편의 화자처럼 '하나님은 위대하시다'라고 선포할 수 있게 됩니다. 이것은 고난주간 수요일에 전할 수 있는 가장 중요한 메시지입니다.

고난주간 수요일

히브리서 12:1~3

1 이러므로 우리에게 구름같이 둘러싼 허다한 증인들이 있으니 모든 무거
운 것과 얽매이기 쉬운 죄를 벗어 버리고 인내로써 우리 앞에 당한 경주
를 하며
2 믿음의 주요 또 온전하게 하시는 이인 예수를 바라보자 그는 그 앞에 있
는 기쁨을 위하여 십자가를 참으사 부끄러움을 개의치 아니하시더니 하
나님 보좌 우편에 앉으셨느니라
3 너희가 피곤하여 낙심하지 않기 위하여 죄인들이 이같이 자기에게 거역
한 일을 참으신 이를 생각하라

신학적 관점

이 짧은 본문에는 다양한 은유가 등장해 고통을 신학적으로 표현하는 데 여러모로 활기를 불어넣습니다. 그중 일부 이미지는 오늘날에도 여전히 생동감을 간직하고 있습니다. 증인의 무리를 구름으로 묘사하고, 신앙 안에서 훈련된 삶을 추구하는 과제는 경주에 비유하며, 예수님을 온전하게 하시는 창시자로 부릅니다. 본문에 포함된 다른 비유들은 좀 더 일반적인 표현이 됐지만 여전히 그 의미를 생생하게 드러내는 힘이 있습니다. 예를 들어, 믿음의 장애물을 '무거운 짐'에 비유하고 믿음에 인내를 발휘하는 어려운 과제를 '낙심(落心)하지' 않는 것이라고 표현하는 식입니다. 이러한 이미지에 담긴 내용을 풀어내면 오늘 본문의 신학적 깊이가 드러납니다.

이 다양한 은유가 문자적으로 가리키는 것은 경주입니다. 이 경주 이미지는 바울이 고린도전서에서 처음 쓰면서(고전 9:24-27) 신생 교회들의 문헌에 도입됐습니다. 여기 히브리서에서도 경기 이미지의 주요 의미는 바울서신과 동일합니다. 1928년 올림픽 우승자이자 중국 선교사였던 에릭 리델(Eric Liddell)의 표현을 빌리면, 핵심은 '경주를 끝까지 마치는 것'입니다.* 히브리서의 문맥에는 이런 공통적 권고에 더하여 몇 가지 미묘하게 다른 부분이 나타나는데, 그것들은 히브리서와 바울서신의 신학적 차이를 암시합니다.

바울이 경주에 비유할 때 거리를 명시하진 않지만, 그리스도의 재림이 임박했다고 예상한 것을 고려하면 그가 말하는 경주가 길지 않을 거라고 짐작할 수 있습니다. 하지만 단거리 질주든 장거리 달리기든 모든 경주에는 텔로스, 즉 목표 또는 결승선이 있습니다. 간단히 말해 바울은 결승선의 중요성에 초점을 맞춰 경주가 끝날 때 승자에게 주어지는 승리의 열매를 강조합니다(참조. 빌 3:12-16). 하지만 히브리서 저자는 이 경주가 믿음의 긴 여행, 순례와 같은 오래달리기임을 암시하고, 따라서 경주하는 방식이 중요함을 강조합니다. 히브리서 저자는 경주를 마친 후 승리자가 쓰는 영광의 면류관을 제시하기보다는, 신자들이 경주 도중에 고통을 겪더라도 굴하지 않고 버틸 수 있도록 훈련하고, 헌신하고, 지구력을 발휘해야 한다고 힘주어 말합니다.

바울서신과 히브리서의 두 번째 차이점은 바울에게 경주의 목적은 승리라는 단 하나의 상을 확보하는 데 있지만, 히브리서는 선두 주자이시며 '완성자'이시고 '믿음의 창시자'이신 그리스도께서 그분과 함께 달리는 사람들의 승리를 이미 보장하셨다고 증언한다는 점입니다. 그분은 이미 '하나님 보좌 오른편에 앉으셨'(2절, 새번역)기 때문입니다. 이 높아지심은 희생적 고난을 통히 얻은 승리에서 비롯됩니다. 히브리서 저자는 앞서 하나님께서 '구원의 창시자'를 '고난을 통하여' 온전하게 하셨다고 밝혔습니다(2:10). 그 고난의 완성이 십자가 처형이었습니다. 그리스도의 고난이 중요한 의미를 갖는 것은 인간이 가한 고문 때문이 아니라 자제력을 온전히 발휘하여 자신을 낮추시고 '죽기까지 복종하셨으니 곧 십자가에 죽기까지'(빌 2:8) 하셨기 때문이었습니다.* 바울 서신에서 경주의 이미지는 권투 비유와

* From *Chariots of Fire*(1981), screenplay by Colin Welland.

도 연관돼 있습니다. 바울은 자신이 '목표 없이 달리는' 것이 아니며, '허공을 치듯이 권투를 하는' 것도 아니라고 선언합니다(고전 9:26, 새번역). 오늘 히브리서 본문에는 주먹 싸움에 대한 명시적인 언급이 없지만, 권투 선수가 지쳤을 때 보이는 '축 늘어진 손'과 '후들거리는 무릎'(12절, 새한글)을 거론한 것을 보면 독자들에게 인내와 더불어 힘을 발휘하라고 권면하고 있음을 알 수 있습니다.

이 은유의 모음에 나오는 다른 이미지들은 고난을 인내하라는 저자의 권면을 뒷받침합니다. 지상의 달리기 경기를 지켜보는 '구름같이 허다한 증인들'은 이 시나리오에 초월적 요소를 더해 보이지 않게 격려하는 천사의 무리를 암시합니다. 하지만 히브리서 전체의 문맥으로 볼 때, '구름같이 허다한 증인들'의 은유는 앞서간 성도들의 무리도 함축합니다. 첫 언약에 충실하여 '조롱과 채찍질뿐 아니라 결박과 옥에 갇히는 시련'까지 당했던 사람들도 여기에 포함됩니다(11:36). 이것을 볼 때 저자는 아브라함과의 언약과 그리스도 안에서의 새 언약의 연속성을 긍정합니다(참조. 9:11-15).

저자는 성도들에게 경주의 요구에 따르는 고됨과 어려움을 인내하라고 가르치면서, 동시에 그들의 훈련을 방해할 수 있는 장애물을 벗어 버리라고 촉구합니다. 장거리 경주를 하는 성도들을 괴롭히는 '무거운 것과 죄'는 출전 자격을 박탈할 만한 고의적 행위(참조. 10:26)가 아니라 무관심, 안일함, 편협함 같은 끈질긴 불안 및 나태한 죄입니다. 주자들이 어려움을 겪는 이유가 이러한 부담과 산만함이든 고통스러운 훈련의 경험 때문이든, 히브리서 저자는 '죄인들이 이같이 자기에게 거역한 일을 참으신 이'에게 집중함으로써 '피곤하여 낙심하지 않게' 하라고 권고합니다(3절).

오늘 본문에는 여러 은유가 섞여 있지만 그 신학적 함의에는 통일성이 있습니다. 그 통일성은 하나님의 징계에 복종하고, 힘을 잃지 않고, 고난에 따르는 고통을 극복하고, 이를 통해 성장하여 '연단 받은 자들'에게 주어지는 '의와 평강의 열매'를 누리라고 일관되게 촉구한다는 데 있습니다(11절). 사실, 성도들은 고난을 성례전적 행위로 바꾸라는 부름을 받습니다. 히브리서에서 칭찬하는 고난은 전염병이나 전쟁, 자연재해나 질병, 극심한 가난이나 개인적 학대로 인한 고난이 아니라, 디트리히 본회퍼(Dietrich Bonhoeffer)가 말한 '값비싼 은혜'로 인한 고난입니다. 그는 이렇게 말했습니다.

> "그 은혜가 값비싼 이유는 예수 그리스도를 따르도록 우리를 부르기 때문이고 … 그것이 은혜인 이유 역시 예수 그리스도를 따르도록 우리를 부르기 때문입니다. 그것은 사람의 목숨을 대가로 요구하기 때문에 값비싸고, 유일한 참된 생명을 사람에게 주기 때문에 은혜라 일컫습니다. 그것이 값비싼 이유는 무엇보다 그 은혜가 하나님의 아들의 생명을 대가로 지불했기 때문입니다."**

* Dorothee Soelle, "Suffering," in Donald W. Musser and Joseph L. Price, eds., *New and Enlarged Handbook of Christian Theology* (Nashville: Abingdon Press, 2003), 488를 보라.

** Dietrich Bonhoeffer, *The Cost of Discipleship*, trans. R. H. Fuller (New York:Macmillan, 1959), 37.

그분은 우리 각 사람을 '값을 치르고'(참조. 고전 7:23, 새번역) 사셨습니다.

목회적 관점

설교자가 히브리서로 설교할 때 언급하는 친숙한 구절 중 일부는 '그러므로'로 시작합니다. "그러므로 … 은혜의 보좌 앞에 담대히 나아갈 것이니라"(4:16), "그러므로 피곤한 손과 연약한 무릎을 일으켜 세우고"(12:12). 이 설교자의 '그러므로'는 회중의 귀에 신호를 보냅니다. 오늘 본문 서두의 '그러므로'는 아마도 이 단어의 가장 강력하고 친숙한 사례일 것입니다. 히브리서 설교자가 생각을 연결하고 주장을 전달할 때 '그러므로'가 문법적으로 어떻게 기능하든 상관없이, 이 심오한 단어는 독자와 회중이 심호흡을 하고 앞으로 나올 말씀을 맞이할 준비를 하게 합니다. 고난주간 수요일에 말씀에 익숙한 회중이 기대를 품고 모여 성경 본문 낭독에 귀를 기울이다 '그러므로…'에 이르면 한참 동안 멈추게 될 것을 예상하게 되는 것처럼 말입니다.

대부분의 경우 이 단어는 생각의 두 흐름을 연결하는 다리 역할을 합니다. 히브리서 12장의 경우, 11장에 있는 이름 목록과의 연관성이 아주 분명합니다. 일부 히브리서 개요에서는 종종 12:2을 기준으로 앞뒤의 내용을 구분합니다. 히브리서 12:1~2에서 '구름같이 허다한 증인들'에 대한 언급은 믿음으로 앞서간 사람들 및 본문에서 앞에 나온 사람들과의 유대를 분명하게 보여줍니다. 그런데 고난주간에는 회중이 성서를 경험할 준비를 하면서 더 폭넓은 연결 고리가 만들어집니다.

교회 공동체는 앞으로 며칠 동안 펼쳐질 여정에 대한 부푼 기대를 안고 고난주간 수요일에 모입니다. 성목요일에는 성찬식과 테네브레(Tenebrae),* 심지어 세족식까지 거행할 수 있습니다. 성금요일에는 복음서의 수난 서사를 읽고 선포하는 데 집중할 것입니다. 그렇습니다. 부활주일이 다가오지만, 회중의 상상 속에서 가장 먼저 떠오르는 사건은 예수님의 재판과 고난과 죽음입니다.

예배에 참석하는 사람들 중에는 타지로 출장을 가야 하는 이들도 있을 수 있고, 고난주간의 남은 날과 부활절을 지키는 대신 시험 공부를 하거나 휴가를 준비하는 이들도 있을 것입니다. 하지만 히브리서 12장 서두의 오늘 본문을 듣는 모든 사람은 대부분 구름같이 허다한 증인들을 뒤돌아보기보다는 몸을 앞으로 기울여 예수님을 바라볼 것입니다. 따라서 적어도 이 익숙한 '그러므로'는 우리의 달려갈 경주와 우리의 인내와 우리를 얽어매는 죄보다는 우리 믿음의 창시자이자 완성자이신 예수님께 강조점을 둡니다. 결국, 앞으로 며칠간 회중에게 예배의 중심은 우리가 아닌 그분이어야 합니다.

앞으로 며칠 동안 다가올 교회력이 주는 신호에 따라, 우리는 예수님과 그분의 순종의 기쁨, 십자가에서 당하신 고통, 십자가로 기꺼이 나아가시면서 아랑곳하지 않으셨던 부끄러움에 초점을 맞출 것입니다. 순종, 고통, 인내, 부끄러움은 인간에게 아주 흔한 경험입니다. 십자가의 부끄러움은 땅에서 올려보는 사람들

* 역자주: '어둠' 혹은 '그늘'이라는 뜻의 라틴어로, 전통적으로 교회는 이 이름을 딴 촛불 예배를 고난주간 마지막 3일 동안에 드렸다.

의 조롱과, 모든 사람이 볼 수 있게 높이 들린 채 가해지는 육체적 고통과 공개 처형에서 비롯된 것입니다. 잔인한 형벌과 십자가에서의 죽음은 흔치 않을지 몰라도, 부끄러움은 수많은 사람이 이해할 수 있는 감정입니다. 우리는 다른 사람의 조롱을 받을 수 있고, 실패가 만천하에 드러날 수 있고, 인간성의 나약한 부분이 과장돼 세상에 공개될 수 있습니다. 어느 쪽이든 부끄러움은 인간을 이루는 조건의 일부입니다. 고난주간에 그리스도의 성육신이 아주 실제적으로 다가올 때 우리는 묘한 위로를 받습니다. 예수님의 죽음이라는 형태로 다가온 특별한 고통을 바라볼 때조차도, 그 죽음이 그분과 우리를 하나로 묶는다는 것을 깨닫습니다. 우리는 모두 죽을 것입니다. 우리 모두 부끄러움을 아는 것처럼 말이죠. 그리고 우리는 보편적인 인간 조건 속에서 살아갑니다. 잠시 동안 우리 자신이 아닌 예수님께 초점을 맞출 때도 우리 인간성의 일부가 우리를 도로 응시하는 것을 보게 됩니다. 임마누엘, 우리와 함께하시는 하나님을 보게 됩니다.

본문은 예수님이 십자가에서 견디신 것과 죄인들 및 세상이 쏟아내는 증오를 견디신 것을 모두 언급하고 있습니다. 그분의 인내는 모두가 볼 수 있도록 드러나 있습니다. 예수님은 십자가에서 죽음을 감당하셨습니다. 예수님은 죄인들과 이 세상이 퍼부을 수 있는 모든 고난을 견디셨습니다. 고문하는 자들이 가하는 육체적 고통도, 그분을 배신하고 버린 자들로 인한 마음의 고통도 견디셨습니다. 예수님은 삶과 죽음이 쏟아내는 모든 것을 견뎌 내셨습니다. 완전한 인간이신 그분은 인간의 조건이 불러낼 수 있는 모든 것을 견디셨습니다. 온전히 하나님이신 그분은 인간이라면 누구나 견뎌야 할 모든 것을 이해하십니다.

'그러므로….' 한동안의 침묵 후 회중은 예수님의 순종과 고통, 부끄러움과 인내를 묵상합니다. 삶에 지친 사람은 앞으로 펼쳐질 며칠간의 여정에서 힘을 얻으라는 초대를 받습니다. 세상의 곤경에 낙담한 사람은 용기를 내고 위로를 얻으라는 초대를 받습니다. 예수님은 이제 '하나님 보좌 우편에 앉으셨습니다.' 그분의 여정은 마무리됐습니다. 그분의 희생은 완성됐습니다. 모든 사역이 끝났습니다. 그분은 승리하셨습니다. 히브리서 10장에서 독자가 알 수 있듯이, 예수님이 앉으신 것은 그분의 사역이 끝났고 '거룩하게 된 자들을 영원히 온전하게 하셨기'(10:12-14) 때문입니다.

아직 수요일에 불과하지만 우리는 전에 이 지점에 이른 적이 있습니다. 우리는 앞으로 며칠간의 드라마가 어떻게 끝나는지 알고, 우리의 삶이 어디서 시작되는지 압니다. 과연 우리는 구름같이 허다한 증인에게 둘러싸여 있습니다. 교회는 예수님과 함께 다시 한번 겟세마네와 골고다, 그리고 빈 무덤으로 향하고 있습니다. 그러므로 우리는 '믿음의 주요 또 온전하게 하시는 이인 예수를 바라봅니다'(2절).

주석적 관점

하나님께 충성한 사례의 긴 목록으로 채워진 히브리서 11장은 그리스도를 따르는 사람들이 부름받은 신앙생활의 최고의 모범이신 그리스도를 바라보라는 오늘 본문의 감동적 권고와 함께 마무리됩니다. 11장은 구약성서에 나오는 신실한 사람들의 사례를 들려주는 방식으로 '믿음'의 의미를 설명합니다. 어떤 이들은 믿음을 신념으로(에녹), 어떤 이들은 소망으로(아브라함, 선지자들, 순교자들), 어떤 이들은 반대에도 굴하지 않고 순종하는 행동으로(모세) 구체화했습니다. 하나님을 향한 신실함은 이처럼 오랜 역사와 복잡한 성격을 지니고 있지만 그 모든 이야기는 그리스도의 이야기로 축약되고 집중됩니다. 히브리서 전체는 오늘 본문에 너무나 극적으로 기록된 요점을 여러 가지 방식으로 전달하려고 시도합니다.

오늘 본문은 설교에서 자주 인용되는 '구름같이 둘러싼 허다한 증인들'(1절)이라는 인상적인 이미지로 시작됩니다. 저자가 불러일으키는 이미지의 일부는 이 구절 후반부에 경기장과 선수들의 이미지가 등장하면서 명확해집니다. 그러므로 여기 나오는 '증인들'은 관람석에서 자신이 좋아하는 선수를 응원하는 팬이지만, 평범한 운동경기의 팬이 아닙니다. 그들이 '구름 같은' 증인이라는 사실은 11장에 소개된 믿음의 사람들의 계보, 즉 유구한 하나님의 백성의 족장, 선지자, 순교자들의 일원임을 암시합니다. 그들을 '구름'이라는 말로 묘사한 것은 성도들의 경주를 바라보는 관중석이 하늘에 있음을 깨닫게 합니다.

1절에서 많은 경주의 이미지가 이어집니다. 설교자는 회중에게 경주에 방해가 되는 것은 다 버리라고 말합니다. 이 구절은 아령을 들고 조깅하는 매우 현대적인 이미지를 연상시킵니다. 사람들의 운동 습관이 어쩌면 2,000년 동안 거의 변하지 않았을 수도 있습니다. 설교자는 무거운 것을 들고 뛰거나 경주로에서 망토를 착용하는 일을 달리는 선수를 '얽매어'('쉽게 달라붙어', 새한글) 넘어지게 하는 '죄'로 해석합니다. 인생의 경주를 잘하려면 죄를 버려야 합니다. 죄 사함에서 하나님의 은혜로운 용서 행위의 중요성을 강조하는 신학자들은 이 표현에 주춤할 수 있겠지만, 히브리서의 설교자는 삶에서 죄를 없애는 데 신자들이 할 수 있는 역할이 있다고 확신합니다.

'인내로써' 경주해야 한다는 제안은 저자가 은유를 활용해 상상하는 이미지가 단거리 경주가 아닌 마라톤이나 거리가 상당한 장거리 경주임을 암시합니다. 이 이미지를 수신자들의 상황에 적용해 보면, 히브리서 저자는 수신자들이 그들의 인생 전체를 달려야 할 경주로 보기를 원한다는 것을 알 수 있습니다. 경주의 이미지는 디모데후서 4:7에서 '바울'이 자신의 인생을 끝이 다가오는 장거리 경주로 묘사한 일을 떠올리게 합니다. 히브리서 저자는 경주의 은유뿐 아니라 권투 경기 이미지(4절)도 사용해 그의 공동체가 직면한 단기적 어려움을 드러냅니다.

오늘 본문의 2절에서 저자는 이 믿음의 경주의 선두 주자, 곧 믿음의 '주요 또 온전하게 하시는 이'('창시자요 완성자', 새번역)이신 예수님께 관심을 기울입니다. 예수님께 적용된 이 두 칭호는 히브리서에서 전개되는 영리한 언어유희, 중요한 신학적 주제와 관련이 있습니다. '창시자'로 번역된 헬라어 '아르케고스'(archēgos)는 히브리서에는 오늘 본문 이전에 한 번 등장하는데(2:10), 이 구절은 헬라어의 어원적 의미를 언어유희로 드러내면서 그리스도를 천국의 구원 여정으로 향하는 '길을 인도하시는' 분으로 묘사했습니다. 길을 이끄는 것이 아르케고스의 원형적인 요소(arch-)를 표현했다면, '완성자'라는 용어는 이 서신을 관통하는 완전이라는 주제를 떠올리게 합니다(2:10, 5:9, 10:1, 14). 요점은 하나님을 증언하신 그리스도께서 그분의 발자취를 따르고자 하고 그로 인해 '온전하게' 되려는, 즉 제사장처럼 하나님의 존전에 들어갈 자격을 갖추려는 사람들에게 완벽한 모범이 되신다는 것입니다.

현대의 어떤 사람들은 '그 앞에 있는 기쁨'을 내다보시고 십자가를 선택하시는 그리스도의 모습을 다소 이상하게 바라봅니다. 이는 '옳은 것을 선택하는 것은 그것이 의무이기 때문'이라고 보는 칸트의 윤리에 영향을 받았기 때문인 듯합니다. 하지만 히브리서 저자는 그리스도의 사례가 사람들이 행한 바에 따라 상과 벌을 주시는 하나님을 바라보는 기독교인의 소망의 본이 된다고 생각합니다(2:2-3, 6:6, 11:6, 12:29). 저자는 그리스도께서 자신의 행동에 따라올 결과를 고려하여 움직이신다고 말하는 데 주저하지 않습니다.

그리스도께서 십자가의 고난을 받아들이시고 '부끄러움을 개의치 아니하셨다'('부끄러움을 마음에 두지 않으셨다', 새번역)라는 주장도 그리스도인들이 수용해야 할 행동의 본을 제시하는 것입니다. 즉 그리스도를 따르는 일의 결과로 나타나는 사회적 소외, '성문 밖'(13:12-13)의 삶을 받아들여야 한다는 것이죠.

그리스도께서 하나님 우편에 앉으셨다는 것(2절)은 시편 110:1을 끌어다 비유한 것입니다. 이것은 히브리서의 반복되는 모티브 중 하나, 즉 그리스도께서 하나님의 존전으로 높임을 받으셨다는 사실(1:13, 2:7-9, 8:1, 10:12)을 상기시키고, 히브리서의 설교자는 이 사실을 회중이 신실함을 지켜가야 할 근거로 제시합니다. 오늘 본문의 마지막 절(3절)은 설교자가 회중에게 호소하는 바를 명확하게 드러냅니다. 회중은 "죄인들의 이러한 반항"(새번역)를 참으신 그리스도를 생각하면서 자신을 돌아보고 힘을 내라는 초대를 받습니다. 그리스도께서는 그들이 핍박 속에서 경험하는 바(10:32-34)를 앞서 견디셨습니다. 히브리서의 설교자에게는 수신자들이 '피곤하여 낙심하는' 것이 가장 큰 걱정거리 같습니다. 그는 수신자들 중 일부가 외부의 압박에 눌리거나 종말론적 약속이 아직 실현되지 않았다는 실망감 때문에 낙담해 '모이기를 그만하고'(10:25, 새번역) 공동체를 이탈하는 상황을 우려하고 있습니다. 히브리서 저자는 그들이 하나님께 계속 헌신하기를 원하고, 인생의 '경주'에서 예수님의 발자취를 따르는 것이 그렇게 할 수 있는 방법임을 상기시킵니다. 그는 서신의 마지막 장에서도 이와 비슷하게 권고합니다(13:12-13).

설교적 관점

이 장면은 이어달리기가 진행 중인 경기장의 모습입니다. 유니폼을 입은 주자들이 바통을 들고 트랙의 레인을 가득 채우고 있습니다. 관중석에는 수많은 관중이 앉아 있습니다. 자세히 보면 그들도 모두 유니폼을 입고 있습니다. 하지만 다른 날, 다른 시간의 유니폼입니다. 수십 년 전 유니폼도 있고, 수백 년, 심지어 수천 년 전의 것도 있습니다. 그들은 앞서 간 사람들, '구름 같은 증인들'입니다. 히브리서 11장에는 경주에서 자신의 몫을 다한 뒤 경주가 마무리되기를 기대하며 기다리는 많은 사람이 나옵니다. 아벨, 아브라함, 사라, 이삭, 야곱, 모세, 기드온, 바락, 삼손, 입다, 다윗, 사무엘, 선지자들, 즉 '세상이 감당하지 못하는' 사람들입니다.

그들이 여기 모인 이유는 무엇이고, 왜 그렇게 관심이 많을까요? 경주가 아직 끝나지 않았기 때문입니다. 더 다급한 이유는 경주의 최종 결과가 이후 주자들에게 달려 있기 때문입니다. 히브리서 저자는 듣는 이의 마음을 불편하게 하는 주장을 합니다. "이 사람들은 … 약속된 것을 받지 못하였으니 이는 하나님이 우리를 위하여 더 좋은 것을 예비하셨은즉 우리가 아니면 그들로 온전함을 이루지 못하게 하려 하심이라"(11:39-40). 그는 현재의 주자들이 열심히, 꾸준히, 자기희생을 감수하고 달릴 수 있는 부분적인 이유는 우리보다 앞선 주자들, 신실하게 달렸고 뒤따르는 주자들에게 바통을 넘겨준 사람들을 인식하고 있기 때문이라고 믿습니다. 그러므로 오늘 본문에는 윤리적인 측면이 있습니다. 앞서간 사람들과의 공동체성과 연속성에 근거한 사명, 책임, 동기가 있는 것이지요.

이어달리기는 마지막 주자가 결승선을 통과할 때까지 완료되지 않습니다. 바통을 정해진 구역에서 전달하지 못하거나 주자가 레인에서 벗어나는 등 어떤 식으로든 실격 처리되면 모든 팀원이 완주하지 못한 것으로 기록됩니다. 불공평해 보이지만 히브리서 저자는 과거, 현재, 미래의 성도들이 유기적으로 서로 이어져 있다는 점을 강조하고 있습니다.

오늘 본문은 하나님께서 우리를 부르신 신앙의 삶은 그 고된 과정이 이어달리기와 닮았다는 점을 상기시킵니다. 우리는 오래전부터 있었던 공동체의 일부이고, 어떤 면에서 현재 경주를 하는 우리는 앞서 달렸던 이들에 대한 책임이 있습니다. 우리 이전 주자들이 현역 시절 그보다 앞서 달렸던 주자들에 대해 책임이 있었던 것처럼 말입니다. 더 나아가, 우리는 우리 뒤에 오는 사람들에게 의존하게 될 것입니다.

신앙과 신앙 전승 과정의 의미를 하나님께서 만들어 내고 유지시키시는 일로만, 또는 다른 사람과 별개로 내가 하는 일로만 축소하고 싶을 수도 있습니다. 하지만 그렇게 해서는 훨씬 더 복잡한 현상, 즉 시간을 가로지르면서까지 서로 교제하는 우리 모두 안에서, 우리를 통해 이루어지는 하나님의 협력적 일하심의 신비를 자기도 모르게 단순화시키고 맙니다. 우리는 하나님 또는 같은 시대의 사람들과만 긴밀하게 이어지지는 않았습니다. 우리는 믿음과 소망의 삶으로 부름받고 이끌려 온 모든 사람, 과거와 미래를 아우르는 모든 약속의 자녀와 연결돼 있습니다.

오늘 본문은 하나님의 일하심을 선포하고 하나님께서 세상에서 지속적으로 하시는 일을 우리가 알아보도록 도와줍니다. 복음을 설교한다는 것은 이 본문처럼 하나님께서 하시는 일을 밝히는 것입니다. 동시에, 설교를 듣는 사람들에게 하나님께서 하시는 일을 받아들이고 현재 진행 중인 하나님의 일에 적극적으로 동참하는 대리자가 되라고 초대하는 것이기도 합니다.

오늘 본문은 하나님의 일하심을 밝히고 우리를 구체적인 사명으로 초대합니다. 오늘 본문은 히브리서 열세 장 중 12장 부분입니다. 여기까지 오는 동안 하나님의 일을 밝히기 위한 많은 기초 작업이 이루어졌져서 이제 독자를 사명으로 부를 토대가 확립됐습니다. 사실, 이 기초 작업의 일부는 주자들의 이미지에 초점을 맞추면서 이루어졌습니다. 당시의 많은 달리기 선수는 '썩어 없어질 월계관'이나 '일시적 영광의 관'에 집중했을 테고, 현대 육상 경기에 익숙한 많은 사람은 트랙 끝의 결승선 테이프에 주목하겠지만, 히브리서 저자는 '믿음의 창시자요 완성자이신 예수를 바라봅시다'(2절, 새번역)라고 말하며 독자들이 예수님께 집중하게 만듭니다.

이 작업은 경주에 참여한 사람들이 현재의 '고난'(경주를 뜻하는 '아곤')에서 눈을 돌려 고난을 견뎌낸 인내의 완벽한 본이신 예수님을 바라보도록 돕기 위함입니다. 십자가의 고통조차도 예수님의 시선을 '그 앞에 있는 기쁨'에서 떼어놓을 수 없었습니다. 그 기쁨 때문에 그분은 참으실 수 있었습니다. 이와 마찬가지로, 우리도 두 가지에 초점을 맞추면 견딜 수 있습니다. 우리의 믿음을 창시하시고 온전하게 하신 예수님께 일차적으로 초점을 맞추고, 우리가 책임져야 하고 우리에게 책임을 물을 구름 같은 증인들에게 그다음으로 초점을 맞추면 됩니다.

이 본문을 통해 우리는 지금 이 세상에서 하나님께서 하시는 일과 하나님께서 우리를 불러 맡기시고자 하는 사명을 알아보는 데 어떤 도움을 받을 수 있을까요? 하나님께서 부르신 모든 사람에게 예수님은 여전히 믿음의 창시자시고 완성자이십니다. 그런데 선진국의 기독교인들에게는 어떻게 신앙이 인내를 시험하는 고통스러운 경주가 되는지는 그다지 분명해 보이지 않습니다. 우리는 성전이 무너지고 로마군이 유대인과 기독교인 학살을 시도하던 때, 1세기 기독교인들의 신앙이 흔들리는 모습을 충분히 상상할 수 있습니다. 고통 앞에서 인내하라는 것은 그들에게 시의적절한 요청이었고, 십자가를 참으신 예수님을 거론한 것과 '톱질을 당하는' 등의 상상도 못 할 고문들을 참아냈던 사람들의 명단을 제시한 것 역시 시의적절했습니다. 그런데 지금 우리가 당하는 '고문'이라면 이번 주에 전통적 예배, 현대식 예배, 이머징 예배, 고교회적 예전 예배, 저교회적 예전 예배, 예전이 아예 없는 예배, 메시야닉 예배 중에서 어떤 예배에 참석할지, 아니면 그냥 집에서 잠이나 잘지 결정하는 정도일 것입니다. 엘리 위젤(Elie Weisel)은 "하나님께서 왜 우십니까?"라는 유명한 질문을 던진 후 "하나님도 설교를 들으셔야 해서요"라는 신랄한 답을 내놓았습니다.

오늘날 이 본문으로 설교하는 설교자의 과제는 자신이 세계 어느 곳에서 신앙의 경주를 벌이고 어떤 고통을 참아내야 하는지를 포착하는 것입니다. 오늘 본문은 인내의 동기를 부여하는 이중의 잠재적 자원인 공동체와 예수님을 바라보도록 도와줍니다. 그리고 설교자는 회중에게 무엇이 그들의 믿음의 인내를 시험하게 될지 제시해야 합니다.

고난주간 수요일

요한복음 13:21~32

21 예수께서 이 말씀을 하시고 심령이 괴로워 증언하여 이르시되 내가 진
실로 진실로 너희에게 이르노니 너희 중 하나가 나를 팔리라 하시니
22 제자들이 서로 보며 누구에게 대하여 말씀하시는지 의심하더라
23 예수의 제자 중 하나 곧 그가 사랑하시는 자가 예수의 품에 의지하여
누웠는지라
24 시몬 베드로가 머릿짓을 하여 말하되 말씀하신 자가 누구인지 말하라
하니
25 그가 예수의 가슴에 그대로 의지하여 말하되 주여 누구니이까
26 예수께서 대답하시되 내가 떡 한 조각을 적셔다 주는 자가 그니라 하시
고 곧 한 조각을 적셔서 가룟 시몬의 아들 유다에게 주시니
27 조각을 받은 후 곧 사탄이 그 속에 들어간지라 이에 예수께서 유다에게
이르시되 네가 하는 일을 속히 하라 하시니
28 이 말씀을 무슨 뜻으로 하셨는지 그 앉은 자 중에 아는 자가 없고
29 어떤 이들은 유다가 돈궤를 맡았으므로 명절에 우리가 쓸 물건을 사라
하시는지 혹은 가난한 자들에게 무엇을 주라 하시는 줄로 생각하더라
30 유다가 그 조각을 받고 곧 나가니 밤이러라
31 그가 나간 후에 예수께서 이르시되 지금 인자가 영광을 받았고 하나님
도 인자로 말미암아 영광을 받으셨도다
32 만일 하나님이 그로 말미암아 영광을 받으셨으면 하나님도 자기로 말
미암아 그에게 영광을 주시리니 곧 주시리라

신학적 관점

요한이 그려 낸 최후의 만찬에서 예수님은 제자들의 발을 씻기셨고 자신이 배신당할 것임을 그들에게 알리셨습니다. 이미 시작된 특정 사건들이 예수님의 영광 받으심으로 귀결될 것이고 예수님은 말씀을 수행할 임무를 제자들에게 맡기셨으며 어둠의 세력이 이미 패배하기 시작했습니다. 그러나 모든 일이 순조롭지는 않았습니다. 제자들로 구성된 초기 교회 지도자들은 이 모든 상황이 어디로 향하고 있는지 전혀 알 수 없었기 때문입니다. 그들은 예수님이 하시는 일의 의미에 대해 의견이 서로 분분했습니다. 베드로는 예수님이 스스로를 낮추시는 행동에 반대했습니다. 발을 씻기는 일은 유월절 기간에 행하는 레위인의 정결 의식이었을까요, 새로운 사명을 맡기는 일종의 위임식이었을까요, 스승이 제자들에게 섬김의 본을 보이는 행위였을까요, 아니면 '성례전적' 행위였을까요? 이 질문의 답변은 아직 정리되지 않았습니다.

분명한 것은 제자들이 서로 마음을 모으지도 못했고, 온전히 분별하고 행동할 만큼 완벽하지도 않아서 예수님의 모든 언행을 접하고도 그것이 무슨 의미인지 파악하지 못했고 확신하지 못했다는 사실입니다. 가장 충성스러운 제자들도 의심을 떨치지 못했습니다. 그런데도 예수님은 그런 제자들이 예수님을 전한 증언을 받아들이는 것이 곧 주님이 직접 하시는 말씀을 영접하는 것이라고 보장해 주셨습니다(13:20). 이 보장은 수 세기 동안 선교사, 전도자, 성직자, 전도하는 평신도들에게 위로가 됐습니다.

예수님이 선택하신 예수 운동의 지도자들 사이에는 깊은 균열이 있었습니다. 하지만 그중 일부에 대한 언급은 감지하기 힘들 만큼 아주 미묘해 보입니다. 한쪽에는 유다가 있었습니다. 그는 그리스도와 예수 운동을 배신하는 모든 것을 상징하는 인물입니다. 유다는 예수님이 그에게 제공하신 물질적 양식을 받아들였습니다. 더 나아가, 그는 씻겨 주시는 예수님 앞에서 발을 들어 그분의 축복을 받을 준비가 되었다는 신호를 보냈을 수도 있습니다. 그가 '발꿈치를 들었다'(18절) 하시는 예수님의 말씀은 유다가 이미 예수님께 등을 돌렸고 떠나가고 있음을 암시하는 것일 가능성이 있습니다. '발꿈치를 들었다'의 중의적 의미는 둘 다 사실일 수 있고, 유다가 예수님이 건네시는 축복을 받아들이면서도 그 의미는 거부했음을 암시합니다. 그는 이미 예수 운동을 떠나 예수님의 죽음을 모의할 계획을 세웠습니다. 유다는 가난한 사람들에게 돈을 줬어야 한다는 미심쩍은 주장을 펼치기도 했지만, 실제로는 자신이 그 돈을 챙기거나 예수 운동이 아니라 자신이 투신한 다른 운동에 쓰고 싶어 했습니다(12:6). 이와 관련하여 그는 '가룟 시몬의 아들'이라고 불리는데, 13:26이 그가 로마의 통치로부터 이스라엘을 '구원'하는 방법으로 폭력을 옹호했던 민족주의 반란군 집단 '시카리'의 일원이었음을 의미하는 게 아니라면 이 호칭에 다른 명백한 이유는 찾기 힘듭니다.

다른 쪽에는 본문에 이름이 나오지 않는 '예수께서 사랑하시는' 제자가 있었습니다. 물론, 전승에 따르면 그는 예수님이 십자가 밑을 내려다보시고 어머니를 돌보는 일을 맡기신 사람, 요한복음 및 다른 요한 문헌들을 저술하고 전통을 세운 사람인 세베대의 아들입니다. 그는 본이 되는 제자, 모범적인 그리스도인으로 묘사됩니다. 그는 베드로와 야고보에게 예수님의 정체와 의도를 자주 분명하게 알려 주지만 대중 앞에서는 자신의 이름을 드러내지 않는 겸손함을 지녔습니다. 베드로는 그 제자를 통해 배신자가 누구인지 예수님에게 물었지만, 직접적인 답변을 듣지 못했습니다. 하지만 그 질문은 그들 무리 안에 불신이 있었음을 알려 줍니다. 어쩌면 자기 의심까지 있었을지도 모릅니다. 이런 상황에서 예수님이 '심령이 괴로워'(21절)하신 것은 당연한 일이었습니다.

어쨌든, 오늘 본문에 따르면 유다가 예수님이 건네신 떡 한 조각을 받았을 때 사탄이 그에게 들어갔습니다. 다른 제자들은 알아보지 못했지만, 그 떡 조각은 유다가 배신자임을 알리는 표지였습니다. 일부 전승에서는 이 장면을 그리스도와 교제하는 것처럼 보이려 하면서도 최후의 만찬에 내포된 모든 것과 정반대되는 의도를 가진 사람들이 파멸을 가져오는 악마적인 영적 의지에 노출될 수 있다는 의미로 받아들였습니다. 이 악마적인 영적 의지가 바로 '사탄'입니다. 사탄은 주관적으로 이성을 왜곡하고 의지를 오도하며 감정을 잘못된 방향으로 이끄는 객관적 힘을 가리키는 역사적으로 인격화된 단어입니다. 사탄은 유혹과 고발, 그리고 진짜 믿음에 대한 비방을 낳는 짙은 불신의 그림자를 상징하는데, 그 모두는 충성을 바쳐서는 안 될 대상을 믿어서 따라오는 결과입니다. 이 세상에는 '길이요 진리요 생명'(14:6)이 아니라 잘못된 길, 비진리, 사망의 결과가 통치 원리로 작용하고 있습니다. 그래서 세상에 여전히 남아 있는 객관적 악이 주님과 가깝다고 생각되는 사람들을 악으로 물들일 수 있습니다.

예수님은 유다에게 하려는 일을 빨리 실행하라고 말씀하셨습니다. 이번에도 제자들은 무슨 일이 일어나고 있는지, 왜 예수님이 그렇게 말씀하셨는지 이해하지 못했습니다. 자신들 가운데 있는 악을 깨닫지 못했습니다. 그들은 유다가 떠난 이유, 의미심장하게도 어둠 속으로 사라진 이유가 가난한 사람들을 돌보는 일 또는 절기에 필요한 음식을 더 많이 구입하는 일 때문이라고 생각했습니다. 예수님은 유다가 무슨 일을 꾸미는지 알고 계셨고, 그가 떠남으로써 그분의 지상 생활의 마지막 장이 열리고 하늘 통치가 시작될 것임을 인식하셨습니다. 이에 예수님은 이 모든 일의 계시적 의미를 선포하셨습니다. 그분이 종말론적 인자로서 영광을 받으실 때가 임박했고, 그 과정에서 하나님도 영광을 받으실 거라고 말씀하신 것입니다. 더 나아가, 하나님께서 그리스도 안에서 영광을 받으신다면, 예수님도 하나님 안에서 동시에 영광을 받으실 것입니다.

이것으로 오늘의 본문은 끝나지만, 이후의 장들에 대한 세 가지 요점에 주목해 보면 도움이 될 것 같습니다. 첫째, 예수님이 영광을 받으심을 알리는 지상의 표적은 사랑의 징표일 것입니다. 예수님은 제자들에게 서로 사랑해야 한다는 계명을 주시고, 세상은 그 사랑을 우리 신앙이 진짜인지 확인하는 표로 여길 것이라고 지적하십니다. 둘째, 제자들은 예수님이 하나님과 연합돼 있다는 점을 여전히 제대로 이해하지 못합니다. 베드로, 도마, 빌립은 예수님이 어디로 가시는지, 그것을 입증하는 경험적 증거가 무엇인지 알고 싶어 합니다. 셋째, 예수님은 제자들에게 그분의 가장 긴 말씀을 남기십니다. 이 본문은 다른 날 다룰 것입니다.

목회적 관점

예수님과 함께 고난주간을 하루하루 보낼수록 상황의 중요성은 점점 더 커집니다. 예수님이 십자가에 못 박혀 죽으시기 전 마지막 며칠간 펼쳐지는 최후의 이야기들은 강렬합니다. 고난주간 수요일 본문은 개인적 배신의 이야기입니다. 현대의 청중이라면 누구나 어떤 형태로든 배신을 경험했을 가능성이 높습니다. 배신을 당했는지 배신을 했는지에 따라 이 본문에 반응하는 방식이 크게 달라질 수 있습니다.

예수님과 제자들이 식탁 주위에 기대어 앉아 있을 때 예수님은 심령이 괴로워지십니다. 그분의 생각은 발을 씻기는 일로 구체화된 겸손한 사랑의 행위의 중요성에서 배신의 아픔으로 옮겨 갑니다. '내가 진실로 너희에게 이르노니 너희 중 하나가 나를 팔리라'(21절). 제자들은 깜짝 놀랐습니다. 우리 중 한 명이 예수님을 배반한다고요? 그럴 리 없습니다! 우리는 주님의 제자이고, 주님께서 부르신 이들이고, 그 부름에 '예'라고 대답한 이들이며, 날마다 주님과 함께한 이들입니다. 만약 누군가 예수님을 배반한다면, 우리 중 하나가 아니라 다른 이들 중 한 명일 것입니다. 제자들은 식탁을 둘러보며 어떤 신호를 찾습니다. '의뭉스럽게 웃는 사람이 있는가?' '얼굴에 죄책감이 드리운 사람이 있는가?' '눈을 피하는 이가 있는가?'

그들은 긴장감 때문에 죽을 맛입니다. 예수님은 배신자의 정체를 밝히지 않으셨습니다. 하지만 '예수님이 사랑하신 제자'가 예수님께 여쭤 배신자의 정체를 끝내 알아냅니다. 예수님은 자신이 적셔서 주는 떡을 받을 사람이 배신자라고 말씀하십니다. 놀랍게도, 유다는 예수님이 건네신 떡을 받은 후, 배신이라는 더러운 일을 하기 위해 곧장 떠납니다. 한편 다른 제자들이 예수님이 하신 말씀과 바로 그 시간에 무슨 일이 일어나고 있는지 이해하지 못하고 있는 점도 놀랍습니다. 그들은 예수님의 말씀을 듣습니다. 유다가 떡 조각을 받고 떠나는 것을 봅니다. 그러나 그들은 유다가 예수님을 배신하러 떠날 것이라고는 도저히 받아들이기 어려웠습니다. 다른 제자들은 유다가 다가오는 절기와 관련된 행정적 세부사항을 처리하러 갔을 것이라고, 그게 아니라면 가난한 사람들을 도우러 가려는 것이라고 기대했습니다. 제자들은 그런 일들을 날마다 하고 있었으니까요. 십자가 처형과 부활 이후의 시대를 사는 우리는 가룟 유다가 예수님을 배반한 사람이라는 것을 늘 알고 있습니다. 그러나 당시의 제자들은 이 사실을 몰랐습니다.

배신은 언제나 충격적으로 다가옵니다. 배신을 예상할 수 있다면 대비하거나 스스로를 지킬 수 있었을 것입니다. 배신의 본질은 당하는 이를 놀라게 하는 데 있습니다. 배신의 아픔이 더 큰 것은 이 친구나 가족 구성원이나 동료가 나를 그렇게 대할 거라고 상상하지 못하기 때문입니다.

유다가 배신자라는 사실을 다른 제자들이 눈치챘다면 이 이야기를 읽는 현대 독자들도 조금은 위로를 받을 것입니다. "당연히 유다지. 그놈이 했던 짓을 생각해 봐." "딱 봐도 배신자는 유다야. 애초에 어울리지 않았잖아. 그는 우리와 달랐다고." "유다는 처음부터 문제투성이었어."

우리는 이런 종류의 배신을 할 수 있는 사람은 모두가 알아보고 경계할 만큼 끔찍한 인간이라고 믿고 싶어 합니다. 하지만 사실은 그렇지 않습니다. 유다의 마음과 생각을 아는 이는 예수님뿐이었습니다. 다른 사람들은 그를 그저 평범한 사람으로 보았습니다. 오늘날 범죄가 발생하면 범인 주변에 사는 사람들이 범인의 정체를 듣고 충격을 받습니다. 기자가 이웃 주민들과 이야기를 나누어 보면 비슷한 이야기를 반복해서 듣게 됩니다. "그는 정말 좋은 사람처럼 보였어요. 그런 짓을 할 수 있을 거라고는 생각도 못했어요. 바로 옆집에 살았거든요. 무서워요."

교회의 많은 사람도 배신의 아픔을 직접 겪었을 것입니다. 배신은 도박 중독이나 혼외정사의 형태로 나타납니다. 배신자가 "애초에 나는 당신을 사랑하지 않았어"라고 말할 수 있습니다. 가문의 가보를 전당포에 맡기고 마약을 구입한 배신자의 정체가 우리의 친척일 수 있습니다. 재정자문가가 당신의 은퇴 자금을 빼돌려 달아날 수 있습니다. 비밀을 지켜 주리라 믿고 누군가에게 속내를 털어 놓았는데 그가 그 내용을 다른 사람들에게 떠벌릴 수도 있습니다. 수년간 충성을 다해 일했던 회사가 당신을 해고할 수 있습니다. 배신자는 당신의 유년 시절을 앗아갈 수 있습니다. 애인이 당신의 얼굴을 피투성이로 만들어 당신이 응급실로 이송될 수도 있습니다.

배신을 당하면 특정한 고통에 취약해집니다. 배신의 아픔에서 회복하는 데는 여러 해가 걸릴 수 있습니다. 교회의 회중석에는 쓰린 마음을 달래지 못한 사람들, 치유와 온전함이 필요한 사람들이 있을 수 있습니다. 예수님이 당하신 배신은 이러한 아픔과의 접촉점을 제공하여 목회적 돌봄의 기회를 제공할 수 있습니다.

오늘 본문으로 설교할 때 유념해야 할 또 다른 고통스러운 사실이 있습니다. 제자들이 유다의 배신을 예상할 수 없었다면 배신하는 사람들은 우리의 상상과 달리 악마가 아닐 수도 있다는 사실입니다. 그들은 악마보다는 우리와 훨씬 더 비슷합니다. 유다를 깔보면서 나는 나머지 열한 제자에 속한다고 상상하면 속이 편합니다. 하지만 우리 역시 주님을 포함해 우리를 사랑하는 이들을 배신할 수 있다는 사실을 고통스럽더라도 인정해야 합니다.

고백의 기도는 구식이고 사람을 우울하게 만드는 일이라고 생각하는 시대이지만, 우리는 기독교적 죄 이해를 굳게 붙들어야 하고 우리 삶에 죄가 만연함을 인정해야 합니다. 사도 바울은 로마서에서 "모든 사람이 죄를 범하였으매 하나님의 영광에 이르지 못하더니"라고 선포합니다(롬 3:23). 복음의 좋은 소식은 하나님의 은혜로 우리가 용서받았다는 것입니다. 성금요일의 십자가는 유다처럼 친구들과 하나님을 배신한 우리 모두에게 좋은 소식입니다. 예수님의 부활은 배신의 아픔에서 벗어나는 온전함과 치유를 찾는 사람들에게 좋은 소식입니다.

주석적 관점

요한복음 13장은 최후의 만찬 이야기를 통해 어둠과 빛의 우주적 충돌을 보여줍니다. 사탄이 유다에게 들어갑니다(27절). 제4 복음서 저자는 유다의 배신 이야기를 재구성해 사탄의 역할과 예수님이 그 행동을 궁극적으로 통제하심을 강조합니다. 사람들의 평범한 식탁처럼 보이는 자리에서 하나님과 악의 우주적 대결에서 결정적 행동이 시작됩니다. 이 이야기는 이렇게 끝납니다. “유다는 그 빵 조각을 받고 나서, 곧 나갔다. 때는 밤이었다”(30절, 새번역). 유다는 어둠의 세력에 동조해 바깥의 밤 속으로 사라집니다. 밤은 사건이 일어난 시간에 대한 언급이 아니라 앞으로 일어날 일을 암시하는 말입니다. 오늘 사건에서 배신이라는 악은 어둠 속에서 은밀히 일어납니다. 오늘 본문은 인자가 받으시는 영광에 대한 요한복음 특유의 말씀으로 마무리됩니다.

고난주간 월요일과 화요일 예배에 모두 참석한 이들은 오늘 본문의 시작 부분에서 월요일 성서정과 복음서 본문(요 12:1-11)이 떠오르는 기시감이 들 수 있습니다. 오늘 본문은 월요일 본문과 날짜와 장소가 다릅니다. 달라진 시공간을 알리는 문구는 성목요일 본문인 요한복음 13장 서두에 등장합니다. 12:27의 ‘지금 내 마음이 괴로우니’라는 아이러니한 말씀은 제자 중 한 명이 자신을 배반할 것이라고 선언하실 때 예수님이 드러내신 진정한 고통과 피상적으로만 닮았을 뿐입니다. 고통에 대한 예수님의 모든 말씀은 십자가의 그늘 아래 있지만, 이 특별한 고통은 식사 자리에서 발생합니다. 신성한 교제가 이루어지고 사회적 유대가 강화되는 그 자리에서 말입니다. 배신은 최측근에게서 일어나고, 친구였다가 배신자가 된 사람은 유다입니다. 그 어떤 일도 친구의 배신을 담담하게 맞이할 준비를 시켜 주지는 못합니다. 가장 신성한 시간 한가운데는 더욱 그렇습니다. 예수님께는 유월절, 우리에게는 고난주간이 되겠지요. 예수님이 마음이 괴롭다고 하신 대목(12:27-28)에서 하나님께서 영광을 받으신 것처럼, 오늘 본문에서는 유다의 배신으로 하나님께서 영광을 받으실 또 다른 지점이 만들어집니다. 이번에는 인자도 영광을 받으십니다.

요한복음의 최후의 만찬 기록에는 이름 모를 ‘사랑받는 제자’가 등장합니다. 역사적으로 이 명칭은 사도 요한으로 추정되는 저자가 자신을 겸손히 우회적으로 언급한 것으로 여겨졌습니다. 보다 최근에는 이 인물이 다른 사람이라는 제안들이 나왔습니다. 요한(저자이든 아니든), 나사로, 막달라 마리아 등이 후보로 거론됐습니다. 그러나 본문에는 이 인물의 신원을 명확하게 가리키는 내용이 없습니다. 아마도 ‘사랑받는 제자’는 하나의 복합적인 상징이고 그의 행동과 제자도는 요한 공동체가 예수님을 따르는 방식을 반영하고 있을 것으로 짐작됩니다.

요한복음에서 흔히 볼 수 있듯이, 식사는 긴 설교의 장이 됩니다. 이 자리에서 예수님은 요한복음에서 전하시는 일련의 마지막 말씀을 시작하십니다. 이 고별설교는 제자들과 청중에게 전하는 예수님의 유언이자 마지막 증언입니다. 이런 형식의 설교는 모세(신 33장), 바울(행 20:17-38), 스데반(행 7:2-60)의 경우처럼 성경에 사례가 많습니다. 그리고 이런 설교는 현재 진행 중인 공동체의 삶에서 마틴 루서 킹 주니어(Martin Luther King Jr.) 박사의 연설 “나에게는 꿈이 있습니다”와 같은 기능을 합니다. 우리는 사람들이 랜디 포시(Randy Pausch) 교수의 *The Last Lecture*(마지막 강의)를 수용하는 방식에서 이런 과정이 어떻게 진화하는지 볼 수 있습니다. 48세에 암으로 죽어가던 랜디 교수의 마지막 강의는 2008년 말까지 유튜브 조회수 800만 회를 기록했습니다. 요한복음은 예수님이 곧 다가올 그분의 죽음에 대비하여 공동체를 준비시키시는 모습을 보여줍니다. 그리고 요한은 예수님의 마지막 말씀이라는 이 특별한 재료를 더욱 발전시켜서 요한 공동체가 예수님의 죽음을 더 깊이 이해할 수 있게 도우려 합니다. 이 설교의 재료는 요한복음 앞부분에서 예수님이 하신 말씀입니다. 우리는 십자가에 높이 달리심을 높아지심으로 다루었습니다. 인자는 십자가에 높이 달리시겠지만, 믿음의 눈으로 볼 때 그분은 들려 높아지심으로 하나님의 영광에 들어가실 것입니다(12:32). 다가올 어둠을 통과하는 길을 따라가면 하나님의 임재에 이를 것입니다. 요한은 그 고통을 축소하지 않으면서 그 시간을 축하와 승리의 때로 바꾸어 놓습니다(12:31-33).

요한복음 13:31~32은 의미의 가닥들이 촘촘한 끈을 이루어 한데 엮여 있는 요한복음 특유의 전형적 진술입니다. 유다가 떠난 후 예수님은 '지금 인자가 영광을 받았다'라고 말씀을 시작하십니다. '지금'은 유다가 떠남으로 시작된 일련의 사건을 가리키며 12:27에서와 같은 '지금'입니다. 따라서 13:31의 '지금'도 일어나기 시작한 사건 전체를 가리키는 것으로 받아들이는 것이 가장 좋습니다. 이 사건으로 하나님께서는 인자 '안에서' 영광을 받으실 것입니다. 왜냐하면 예수님은 자신의 사명을 완수하실 것이고, 하나님과 예수님은 서로 영화롭게 하는 일을 하실 것이기 때문입니다. 나중에 예수님은 17:1, 4에서 하나님께서 맡기신 일을 완성하셨다면서 이렇게 하나님과 서로를 영화롭게 하심을 언급하실 것입니다. 십자가 위에서 예수님은 "다 이루었다"(19:30)라고 선언하실 것입니다. 17:5의 기도는 여기서 말하는 내용을 더욱 환하게 밝혀줍니다. 아버지께서는 아들을 '아버지와 함께'('아버지 앞에서', 새번역), 즉 신적 임재의 영광으로 영화롭게 하십니다.

간단히 말해서, 아들은 어둠 속으로 들어가는 것처럼 보이지만, 하나님께서는 이 길을 통해 아들을 집으로 데려와 영광으로 에워싸실 것입니다. 그 영광은 다름 아닌 하나님 그분의 존재입니다. 오늘 성서정과 본문은 여기서 끝맺어 예수님의 설교를 갑자기 끊어 놓습니다. 31~32절의 복잡한 진술은 자신의 여정이 끝에 이르렀다는 것과 곧 하나님의 임재라는 보상을 받을 것임을 예수님이 알고 계신다는 것을 보여줍니다. 그 보상은 물건이나 장소가 아니라 하나님 바로 그분입니다. 하나님께 흡수되는 것이 아니라 하나님과 하나 되는 것이 목표이자 보상이며, 이는 예수님의 전 생애의 특징이기도 합니다. 그러므로 요한도 예수님의 삶에서 이미 하나님의 영광을 봤다고 말할 수 있습니다(1:14). 예수님의 고난은 그분의 영광입니다.

오늘 성서정과 본문에는 실리지 않았어도 33~35절에서 이어지는 설교는 예수님이 하나님을 영화롭게 하신 것과 제자들이 서로 사랑을 실천하는 것 사이에 유기적 연관성이 있음을 암시합니다. 성서정과의 구성이 어떻든 간에, 하나님을 영화롭게 하는 일은 예수님이 이 땅에서 물러나신다고 해서 멈추지 않습니다.

설교적 관점

고난주간 수요일이 되면 불빛이 어두워지기

시작하고 죽음의 그림자가 짙게 드리웁니다. 축제 분위기 속에서 외치던 '호산나'는 이제 먼 기억으로 사라지고, '십자가에 못 박혀야 하겠나이다'라는 격렬한 외침이 곧 귓가에 울려 퍼질 터입니다. 아직 제자들의 바닥이 드러나지 않았지만, 배신과 부인, 죽음의 매캐한 냄새를 맡을 수 있습니다. 아직 예배당이 검은 천으로 덮여 있지 않지만, 교회가 '좋은' 날이라고 부르는 어두운 날(성금요일, Good Friday)이 이틀 밖에 남지 않았습니다.

고난주간 수요일에 설교한다는 것은 성서 본문을 다루는 것일 뿐 아니라 고난주간 전후로 많은 성도가 경험하는 절박한 분위기에 참여하는 것을 의미합니다. 이날 설교자는 성서 본문의 정서적 분위기와 그로부터 여러 세기가 지난 오늘날 하나님 백성의 정서적 분위기를 연결할 수 있는 절호의 기회를 맞이합니다. 고난주간 수요일에 설교자들은 회중 가운데 그 어떤 성서 본문도 접하기 한참 전에 이미 전쟁이나 경제적 어려움, 질병, 절망 등을 통해 이 날을 경험적으로 이해하는 많은 이를 만나게 될 것입니다.

설교자에게는 다행히도, 성서정과는 온갖 감정이 교차하는 오늘 본문으로 요한복음 13장의 일부를 제시합니다. 이 본문에서 우리는 겉옷을 벗은 예수님이 방금 제자들의 발을 씻기는 데 쓰신 수건을 어깨에 건 모습을 발견합니다. 그분은 마음이 괴로운 상태이고 친밀한 친구들 사이에서 그 이유를 말씀하십니다. 자신의 죽음이 가까웠다는 생각 때문에 마음이 괴로우실 수 있을 것 같지만, 본문은 괴로움의 원인을 다른 곳에서 찾고 있습니다. 예수님이 괴로우신 이유는 누군가가 자신을 배신할 것이기 때문입니다. 그것도 그냥 '누군가'가 아니라, 조금 전에 그분이 발을 씻겨 주셨고 지금 함께 식사하는 친구에게 배신당하실 것입니다.

요한복음에서 예수님은 배신자를 아시고 그의 배신 행위를 내다보면서도 여전히 그의 발 앞에 무릎을 꿇고 떡을 건네십니다. 예수님이 요한복음에서 제자들에게 요구하시는 사랑의 본보기는 13장에 나와 있습니다. 그것은 심지어 배신자에게도 향하는 사랑입니다. 죽음의 그림자가 짙어지고 배신의 기운이 맴돌고 분열이 가족을 위협할 때도 공동체를 하나로 묶어 주는 강인한 사랑입니다. 제4 복음서의 저자인 요한은 설교자들이 고난주간 수요일에 하나님의 사랑을 선포할 때 낭만에 젖지 않은 사랑을 설교하도록 초대합니다.

설교자들은 요한이 예수님의 사랑 계명을 어떻게 이해하고 있는지 시간을 내어 주의 깊게 살펴볼 필요가 있습니다. 게일 오데이의 설명을 한번 들어보십시오.

> 예수님이 우리를 사랑하신 것처럼 서로 사랑하라는 말씀은 한 신자가 다른 신자를 위해 죽는 일로 단순하게 해석해서는 안 되고, 다른 사람을 위해 자신을 부인하는 일을 의미하지도 않는다. 예수님은 자신을 부인하지 않으셨고 자신의 정체성과 소명에 온전히 충실하게 사셨다. 예수님이 우리를 사랑하신 것처럼 서로 사랑한다는 것은 오히려 한계를 모르는 사랑으로 철저히 빚어진 삶을 사는 것을 말한다. 이 사랑이 드러날 때 신자는 하나님과의 관계, 예수님과의 관계, 서로와의 관계 속으로 더 깊숙이 들어가게

된다. 예수님처럼 사랑한다는 것은 공동체의 가능성에 대한 완전히 새로운 개념이 담긴 사랑을 실천하며 사는 것이다.*

오늘 본문으로 설교하려면 설교자들은 우주적 악에 대한 요한의 인식도 다뤄야 할 것입니다. 유다가 예수님을 배신한 것은 단지 판단의 착오가 아니며, 그는 자신을 신뢰하는 공동체 안에 숨어든 도둑에 불과한 존재도 아닙니다. 요한복음에서 유다는 하나님의 사랑을 늘 방해하려 드는 악을 구현합니다. 오늘 본문을 왜곡해 번영의 복음을 전해 보십시오. 오늘 본문으로는 그런 설교가 불가능할 것입니다. 요한은 모든 제자가 예수를 따르는 사람들도 세상에 존재하는 악, 심지어 교회 안에도 존재하는 악으로부터 자유롭지 않다는 사실을 알기를 원합니다. 동시에 요한은 이 이야기를 들려주면서 귀신 들린 유다조차도 자신이 배신할 분의 지시를 따른다는 것을 보여줍니다.

'때는 밤이었다.' 이 짧은 말로 요한은 유다가 예수님을 배신한 시간을 알려 주는 것 이상의 일을 합니다. 요한복음 전체에서 예수님은 어둠에 휩싸인 세상에 빛을 전달하는 존재로 그려집니다. 설교자는 오늘 본문을 통해 배신은 어둠의 행위라는 것과, 예수님은 '밤이었을' 때도 사랑하신다는 것을 상기하게 됩니다. 이 짧은 말로 요한복음은 고난주간 수요일의 분위기를 포착합니다. 설교자는 이런 분위기를 인식하고 곧 닥칠 배신과 고문과 죽음을 예견하는 동시에, 빛이 어둠에 비치되 어둠이 이기지 못하더라'(1:5, 난외주)라고 선포해야 할 것입니다. 요한은 이 복음서 전체에서 이 주장을 일관되게 전개합니다.

오늘 본문은 독자들이 요한에게서 꽤 자주 들었던 단어 '영광'으로 끝납니다. 요한은 예수님이 생각이 틀려먹은 제자가 잔인하게 배신할 줄 낌새도 못 채고 있다가 엉겁결에 당한 희생자라거나 변덕스러운 세상일에 자기도 모르게 휩쓸린 피해자라는 일체의 생각을 반박합니다. 예수님은 희생자가 아니시고, 공동체에 숨어든 도둑은 예수님을 향한 하나님의 목적을 방해할 수 없을 것입니다. 그자가 사탄에 사로잡힌 도둑이라 해도 말입니다. 요한은 예수님이 승리자로 죽으실 것이며, 그럼으로써 하나님의 영광을 온전히 드러내실 것이라고 말합니다.

> 지금 인자가 영광을 받았고 하나님도 인자로 말미암아 영광을 받으셨도다(31절).
> 영광되게 한다는 것(31-33절)은 하나님의 임재를 눈에 보이게 드러내는 것이다. 이 가르침은 하나님과 예수님이 서로를 영화롭게 하심을 강조한다. 이 일은 말씀이 육신이 되었을 때(1:14) 시작됐고 세상이 하나님을 볼 수 있게 간든다.**

어쩌면 요한복음이 제시하고 오늘 본문이 강조하는 설교의 가장 큰 단서는 설교자가 어둠

* Gail R. O'Day, "The Gospel of John," in *New Interpreter's Bible* (Nashville:Abingdon Press, 1995), 9:734.

** Gail R. O'Day and Susan E. Hylen, *John*, Westminster Bible Companion (Louisville, KY:Westminster John Knox Press, 2006), 141.

과 빛, 죽음과 영광 사이에서 긴장을 유지해야 한다는 것이겠습니다. 설교에서 어둠과 죽음을 생략하고 현재의 어려움을 제거한 '좋은 소식'만 언급될 때가 너무나 많습니다. 마치 어려움이 없는 진짜 '좋은 소식'이 가능한 것처럼 말하기도 합니다. 그런가 하면 빛과 영광을 생략할 때도 아주 많습니다. 회중이 제자도의 고됨을 과소평가하는 일이 없게 하려는 의도입니다. 하지만 요한은 유다와 마리아를 모두 언급합니다. 어느 쪽이 어둠을 뚫고 나아가 하나님의 영광이라는 영광스러운 빛으로 들어가도록 인도할 것인지는 여러분이 판단해야 합니다.

HOLY THURSDAY

성목요일

출애굽기 12:1~4 (5-10), 11~14

시편 116:1~2, 12~19

고린도전서 11:23~26

요한복음 13:1~17, 31b~35

성목요일

출애굽기 12:1~4(5-10), 11~14

1 여호와께서 애굽 땅에서 모세와 아론에게 일러 말씀하시되
2 이달을 너희에게 달의 시작 곧 해의 첫 달이 되게 하고
3 너희는 이스라엘 온 회중에게 말하여 이르라 이달 열흘에 너희 각자가
어린 양을 취할지니 각 가족대로 그 식구를 위하여 어린 양을 취하되
4 그 어린 양에 대하여 식구가 너무 적으면 그 집의 이웃과 함께 사람 수를
따라서 하나를 취하며 각 사람이 먹을 수 있는 분량에 따라서 너희 어린
양을 계산할 것이며
5 너희 어린 양은 흠 없고 일 년 된 수컷으로 하되 양이나 염소 중에서 취
하고
6 이달 열나흗날까지 간직하였다가 해 질 때에 이스라엘 회중이 그 양을
잡고
7 그 피를 양을 먹을 집 좌우 문설주와 인방에 바르고
8 그 밤에 그 고기를 불에 구워 무교병과 쓴 나물과 아울러 먹되
9 날것으로나 물에 삶아서 먹지 말고 머리와 다리와 내장을 다 불에 구워
먹고
10 아침까지 남겨두지 말며 아침까지 남은 것은 곧 불사르라
11 너희는 그것을 이렇게 먹을지니 허리에 띠를 띠고 발에 신을 신고 손에
지팡이를 잡고 급히 먹으라 이것이 여호와의 유월절이니라
12 내가 그 밤에 애굽 땅에 두루 다니며 사람이나 짐승을 막론하고 애굽
땅에 있는 모든 처음 난 것을 다 치고 애굽의 모든 신을 내가 심판하리
라 나는 여호와라
13 내가 애굽 땅을 칠 때에 그 피가 너희가 사는 집에 있어서 너희를 위하
여 표적이 될지라 내가 피를 볼 때에 너희를 넘어가리니 재앙이 너희에
게 내려 멸하지 아니하리라
14 너희는 이날을 기념하여 여호와의 절기를 삼아 영원한 규례로 대대로
지킬지니라

신학적 관점

유월절은 유대교에서 가장 중요한 절기입니다. 그 시작은 이스라엘 백성이 이집트에서 노예로 살던 시절, 이스라엘 사람들의 집에 '흠 없는'(5절) 어린 양의 피가 좌우 문설주와 상인방에 발라진(7절) 집을 하나님께서 '넘어가신'(히브리어 '페사흐') 것과 관련이 있습니다. 이 표적이 없으면 하나님께서 '사람이나 짐승을 막론하고 애굽 땅에 있는 모든 처음 난 것'(12절)을 치실 것이었습니다. 문설주에 바른 피가 안전을 보장했습니다. 하나님께서는 그날 밤에 거행된 유월절 식사를 명하셨고, 이 식사는 이후 유월절 의식으로 자리잡아 오늘날까지 유대교 신앙의 중심이 되고 있습니다. 유월절이라는 출애굽의 서막을 거쳐 이스라엘 백성은 애굽 종살이에서 벗어나 약속의 땅 가나안으로 가는 여정을 시작했습니다. 하나님께서는 유월절을 기억하고 기념하여 '여호와의 절기를 삼아 영원한 규례로 대대로 지킬지니라'(14절)라고 명령하셨습니다.

예수님은 생애 마지막 주에 예루살렘에서 제자들과 함께 유월절을 지키셨습니다(막 14:12-16). 예수님은 제자들과 마지막 식사를 유월절 혹은 유월절 전날에 하셨습니다(공관복음과 요한복음은 날짜를 다르게 표시하는 것 같습니다). 유대교 신앙이 유월절 식사를 중심으로 하는 것처럼, 기독교 신앙도 성만찬이라는 식사를 중심에 두게 됐습니다. 신약성서로부터 출발해 이후 기독교회가 형태를 갖춰 가면서 유대교 신앙과 기독교 신앙은 서로 강하게 연결됐고, 유월절은 이 연결을 이루는 주요한 요소였습니다.

복음서에서 그리스도의 죽음은 유월절을 배경으로 전개됩니다. 바울은 '우리의 유월절 양 곧 그리스도께서 희생되셨다'(고전 5:7)라고 말합니다. 예수 그리스도는 '세상 죄를 지고 가는 하나님의 어린양'(요 1:29. 참조. 히 10장, 11:28)이십니다. 이스라엘 백성이 유월절 사건을 '기억'하고 '기념'하라는 명령을 받은 것처럼, 예수님도 제자들에게 똑같이 명령하셨습니다(고전 11:23-26). 따라서 출애굽기에 나오는 첫 유월절 이야기는 그리스도인이 성목요일에 읽고 기억하기에 적절한 성서 본문이 됐습니다. 성목요일은 교회가 주의 만찬을 기념하고 성금요일과 부활절에 일어날 예수 그리스도의 죽음과 부활을 기대하는 날이기 때문입니다.

예수 그리스도가 구약 예언의 성취이자 하나님께서 약속하신 메시야라는 것은 기독교회의 가장 중요한 확신입니다. 이에 따라 기독교회는 유월절을 유대교에서 이해하는 것과 다르게 이해하게 됐습니다. 유대인들에게 유월절은 하나님께서 이집트의 노예로 살았던 이스라엘을 구원해 주시고 하나님의 언약 백성으로 자유롭게 살 수 있도록 해방하셨음을 기억하라는 분명한 권고입니다. 그러나 교회는 이스라엘의 구원을 기억하면서 예수 그리스도께도 초점을 맞췄습니다. 그분은 새로운 차원의 구원을 약속하셨습니다. 이제 구속과 자유를 그분 안에서 발견할 수 있게 됐습니다. 이와 같은 맥락에서 브레바드 차일즈(Brevard S. Childs)는 이렇게 말합니다. "신약성서와 초대교회 역사 모두 유월절을 복음의 빛에 비추어 새롭게 이해하는 데 어려움이 있었음을 증언한다. 복음은 유대교의 유산을 긍정하는 동시에 반박하는 것처럼 보였다."*

첫 유월절 이야기에 대한 기독교 신학의 성찰은 이런 문제들을 알려 줍니다. 그 성찰은 하나님의 구속 활동의 본질을 예수 그리스도 안에서 해석하는 데도 도움이 됩니다.

하나님께서 백성을 구원하십니다 바깥에서 이집트 모든 집의 맏이가 죽는 상황에서 '안전의 표적'인 문설주에 바른 피를 통해 이스라엘 백성의 안전을 보장하신 분은 바로 하나님이십니다. 하나님께서는 출애굽을 통해 백성을 해방시키심으로써 이 구원의 역사를 이어가셨습니다.

이와 마찬가지로, 하나님께서는 예수 그리스도 안에서 지금도 사람들을 구원하십니다. 성목요일의 성만찬은 성도들의 구원을 위해 죽으시고 다시 살아나신 예수 그리스도에 초점을 맞춤으로써 '기억'과 '축하'가 결합하는 또 다른 식사입니다. 이스라엘과 교회에서 이 공동 식사는 영원한 구속 관계를 여신 하나님을 증언합니다.

하나님께서 은혜를 베푸십니다 유월절에 이스라엘은 자신들이 죽음을 면한 것이 순전히 하나님의 은혜였음을 기억합니다. 이스라엘이 하나님의 율법을 받고 하나님의 부름에 합당하게 그분의 증인이 되는 언약 백성으로 계속 살아가는 동안, 유월절은 하나님께서 그들을 '내 백성'(사 51:4)으로 은혜롭게 선택하신 일을 매년 기억하는 행사였습니다.

교회는 예수 그리스도 안에서 하나님의 은혜가 주어졌으며 그리스도 안에서 "하나님의 모든 약속이 '예'가 된다"(고후 1:20)라고 단언합니다. 하나님의 은혜 덕분에 우리는 '믿음으로 말미암아 구원을 받았습니다'(엡 2:8). 그리스도의 죽음을 기리는 주의 만찬에서 하나님의 은혜가 죄인에게 주어지는데(롬 5:8), 이는 하나님께서 의도하신 대로 우리가 하나님 및 다른 사람들과 사랑과 신뢰의 관계 속에서 살 수 있게 하기 위함입니다. 이 일은 전적으로 하나님의 '놀라운 은혜'로 이루어집니다.

하나님께서 미래의 소망을 주십니다 유대교 신앙이 소망하는 것은 하나님의 미래이고 의와 평화의 수립입니다(슥 9-14장, 사 24-27, 35장 등). 유월절은 지금도 여전히 '주님께 바치는 절기'이고, 장 칼뱅에 따르면 이날은 이스라엘이 '과거의 구원을 기억하도록' 도왔고 그들 안에 '미래의 구원에 대한 소망'을 키워 줬습니다. 따라서 '유월절은 하나님께서 그분의 백성을 위해 이미 행하신 일뿐만 아니라, 앞으로 그분께 기대해야 할 일을 상기시켰다'라고 할 수 있습니다.**

그리스도인들이 성목요일에 성만찬을 시행하는 일에는 이러한 미래적 차원도 깃들어 있습니다. 우리는 성만찬을 행하면서 '주의 죽으심을 그가 오실 때까지 전할'(고전 11:26) 것이기 때문입니다. 우리가 '하나님의 영광에 참여하게 될 소망'(롬 5:2)을 품고 '새 하늘과 새 땅'(계 21:1)의 수립을 기대하며 '어린양'께 모든 찬양과 경배를 드리는 가운데(계 5:12), 예수 그리스도 안에서 하나님의 미래가 우리에게 '이미 왔고' 또 '올 것'입니다.

* Brevard S. Childs, *The Book of Exodus*, Old Testament Library (Philadelphia:Westminster Press, 1974), 212.

** John Calvin, *Commentary on Exodus* 20:5

목회적 관점

성목요일에 이 본문으로 설교할 사람은 없을 것 같습니다. 오늘 성서정과 복음서 본문은 요한복음의 세족 장면과 서로 사랑하라는 예수님의 가르침을 묶어놨기 때문입니다. 하지만 이 본문은 기독교 신앙의 유대교적 기원을 강조하고 유월절과 주의 만찬, 즉 성만찬 사이의 지속적인 예전적 연관성을 강조할 수 있는 기회를 제공합니다.

유월절과 성만찬은 의례적 식사이며, 이 식사들의 예전은 역사적 사건들과 역사적 기록 자체에 의해서 형성됐습니다. 실제로 유월절과 성만찬의 주제와 사실들은 놀라울 정도로 긴밀하게 겹칩니다.*

둘의 유사성은 세부 내용과 관점이 조금씩 다른 복음서들의 성만찬 기록보다 고린도전서 11장에 나오는 바울의 성찬 설명에서 더 분명하게 드러납니다. 하지만 바울서신에서든 복음서에서든 최후의 만찬의 주제는 '피의 구원' 또는 고난을 통한 구원이고, 성찬식을 집례할 때 쓰는 문구에서도 이 점이 잘 나타나 있습니다. 예수님은 유월절의 잔 하나를 제자들에게 건네시며 이렇게 말씀하셨습니다. "이것은 너희를 위하는 (깨어진) 내 몸이다. … 이 잔은 내 피로 세운 새 언약이다. (받아먹고) 나를 기억하여라"(고전 11:24-25, 새번역).

이와 유사하게, 유월절 의식에는 과거에 있었던 일을 기억하는 과정이 포함됩니다. 양을 도살하고 유대인 집 문설주에 피를 발랐던 일과 죽음의 천사가 이집트를 지나갈 때 이스라엘의 맏이는 아무 일도 없었던 반면 이집트의 맏이는 사람과 동물을 불문하고 모두 죽었던 일을 기억합니다.

이 두 의식의 유사성은 유대교 신앙공동체와 기독교 신앙공동체 모두에게 중요하고, 이 유사성을 강조하는 것은 유대인과 기독교인이 불가분의 관계임을 선포하는 일입니다. 둘 사이의 역사는 초기부터 그야말로 어둡고 피비린내가 났고, 기독교인들은 신약성서에 '반유대주의'라고 낙인찍은 것을 대우 불편해하지만, 사실 유대교 신앙은 올리브나무의 뿌리이자 가지이고 기독교인은 그 위에 접붙임을 받은 사람들입니다. 유대인과 기독교인은 역사, 정체성, 그리고 현재의 존재도 서로 연결돼 있습니다.

교회력에서 이 연관성을 드러내고 기념하기에 오늘 저녁보다 더 좋은 때는 없습니다. 현재 많은 기독교회에서는 이와 비슷한 취지에서 성목요일 성만찬 전에 세더르(Seder, 유월절 만찬)를 지킵니다. 이 두 의식을 다 지키는 것은 교회가 이스라엘 민족과 뗄 수 없이 연결돼 있음을 스스로에게 증언하는 데 도움이 됩니다. 교회가 아브라함과 사라의 후손, 야곱과 그의 아내·아들·딸, 모세와 선지자들, 시편, 모든 곳의 유대 민족과 이어져 있음을 확인해줍니다. 유대교와 기독교의 긴장된 관계가 마지막 날이 오기 전에 어떻게 풀릴지는 알 수 없지만, 바울과 더불어 우리는 이 관계가 어떻게든 해결될 것이라고 주장할 수 있습니다. 하나님께서는 선택받은 사람들을 거부하지 않으시기 때문입니다.

우리는 성목요일에 주님의 식탁에서 기뻐하며 가문의 유산을 이어가야 함을 상기합니다.

* Terence E. Fretheim, *Exodus*, Interpretation series (Louisville, KY:John Knox Press, 1991), 133-39.

우리가 식탁에서 떡을 떼고 포도주를 나눈 것이 예수님과 제자들이 함께 나눈 마지막 유월절 식사 음식이었음을 기억하자고 말이죠. 떡과 포도주는 이제 우리에게 좀 더 확대된 의미로 다가옵니다. 그리스도의 피로 맺어진 새 언약을 상징하기 때문입니다. 그때 다락방에 모였던 사람들에게 그것은 유월절 만찬이었고, 바로의 권력과 오만을 누른 하나님의 승리를 축하하는 행사였습니다. 그리고 이제 이 만찬은 그리스도인의 승리의 식사가 됐습니다. "사망의 권세가 최악의 공격을 감행했으나 그리스도께서 그 군대를 흩으셨습니다"("싸움은 모두 끝나고", 작자 미상, 1695년).* 하나님께서 홍해에서 파라오의 군대를 물리치신 것처럼 말입니다.

하지만 오늘 본문은 신정론의 문제를 제기하기도 합니다. 하나님께서는 어떻게 잔인하게도 이집트의 모든 장자를 죽이실 수 있었을까요? 그중에는 아무 죄도 짓지 않은 무고한 어린아이들도 있었는데 말입니다. 물론 모든 장자가 어리지는 않았습니다. 그중 일부는 성인이었기에 유월절 밤에 위험에 처했을 것입니다. 어찌됐든, 하나님의 이 행동은 (자녀를 잃은 사람들에게는 특히) 변덕스럽고 잔인해 보입니다. 예수님은 원수를 사랑하라고 말씀하지 않으셨나요?

가능한 답변을 몇 가지 제시해 봅니다. 하나님께서는 이집트의 장자를 죽이셨는데, 이는 출애굽 이야기 초반에 파라오가 히브리 남자아이들을 모두 죽이라고 명령한 일에 대한 동등한 보복이라고 할 수 없습니다.** 파라오는 대량 학살을 저질렀습니다. 그는 히브리 민족 전체를 제거하려 했습니다. 그러나 하나님께서는 땅의 지배권을 놓고 파라오와 경쟁하는 상황에서 이집트인들을 전멸시키려 하시지 않았고, 말하자면 그저 그들을 굴복시키려 하셨습니다. 파라오는 온갖 재앙에도 눈을 가렸고 모세와 아론의 간청에도 귀를 막았습니다. 그 상황에서 그의 주의를 끌 수 있는 일은 무엇일까요?

더욱이, 유월절 의식에는 장자의 죽음을 기뻐하는 대목이 없습니다.*** 하나님께서 이스라엘을 이끌어 홍해를 무사히 건너게 하시고 이집트인 추격자들이 멸망한 후에야 승리와 감사의 함성이 하늘로 울려 퍼집니다.

끝으로, 정직하고 겸손하게 고백할 필요가 있는 인간 삶의 한 가지 현실이 있습니다. 폭력과 유혈 없이 존재하는 인간 공동체는 없다는 것입니다. 이러한 이해는 인류 역사와 성서 역사의 틀을 구성합니다. 가인은 동생 아벨을 살해했고 도시의 창설자가 됐습니다. 로물루스는 동생 레무스를 죽였고 (두 사람은 고아였습니다) 로마를 건국했습니다. 우리는 하나님의 은혜의 복음을 선포할 때 이런 사실을 기억해야 합니다. 그렇지 않으면 그 은혜는 가치가 훼손돼 그저 긍정적인 감정으로 전락하는데, 그런 감정을 기반으로 구성된 공동체는 결코 지속될 수 없습니다.

어쩌면 다루기 힘든 갈등이 교회에서 그토록 많이 발생하는 이유는 '서로가 거룩하다고 주

* 역자주:찬송가 166장 2절 초반 직역.

** Fretheim, Exodus, 133-39.

*** Ibid.

장하며 벌이는 분쟁' 속에 있는 우리 모두가 오직 십자가로만 겸손해질 수 있음을 하나님께서 일깨워 주려 하시기 때문일지도 모릅니다. 예수님은 교회를 위해 기꺼이 목숨을 버리셨습니다.

주석적 관점

유월절(히브리어로 '페사흐')은 유대교의 전례력을 여는 절기로 출애굽기 12:1~14에 그 시작이 나와 있습니다. 서방 기독교에서 부활절이 거의 항상 유월절과 같은 주에 있는 것은 그리 놀랄 일이 아닙니다. 네 복음서 모두 예수님 지상 생애의 마지막 며칠을 유월절과 연관시키고 있기 때문입니다. 유월절과 부활절은 고유의 종교적 의미를 지니고 있지만, 더 오래된 이교도의 봄맞이 축제와 연중 같은 시기에 있다는 사실을 부인하기는 어렵습니다. 모든 봄맞이 축제가 그렇듯 유월절과 부활절도 소생을 축하합니다.

유월절과 부활절은 매년 봄에 열리는 더 보편적인 소생의 축제라는 공통의 틀 안에서 볼 수도 있지만, 두 절기의 직접적인 연결고리는 그보다 훨씬 더 강력합니다. 공관복음에 따르면, 최후의 만찬은 유월절 첫째 날 밤에 이루어졌고 그 자체가 유월절의 세데르, 즉 유월절 식사였습니다. 공관복음은 예수님의 최후의 만찬을 유월절 식사라는 고대 유대교의 관습을 새롭게 해석한 의식으로 그려 내는데, 그 결과물이 기독교의 성찬식입니다. 복음서 기자들에게 성찬은 유월절 식사를 '새롭게 개선한' 대체물입니다.

떡과 예수님의 피를 상징하는 포도주가 결합된 유월절은 제2 성전 유대교 후기에 시행한 유월절에서 선례를 볼 수 있습니다. 출애굽기 12장에서는 이스라엘이 누룩 없는 빵(마짜)과 희생양의 피로 유월절을 지키도록 규정하고 있습니다. 마짜와 피의 조합은 원래 별개였던 두 절기가 합쳐진 결과일 가능성이 높습니다. 실제로 출애굽기 23:14~15 본문에는 봄에 무교절(하그 하마조트)을 지키는 것에 대해서만 나와 있고, 동물의 희생에 대한 언급은 없습니다.

성만찬이 유대교의 유월절 규례와 유사한 기독교 예식이라는 것은 분명하지만, 출애굽기 12장과 예수님의 수난 사이의 강력한 연관성은 아마도 십자가 사건에 대한 요한의 기록에서 볼 수 있을 것입니다. 공관복음은 최후의 만찬이 유월절 식사였다는 데 다들 동의하지만, 이와 달리 요한복음은 예수님의 십자가 처형을 유월절 저녁 식사 전날에 일어난 일로 기록합니다.

요한복음에서 예수님은 유월절 희생제물, 즉 유월절 양을 상징하는데, 이 양은 본격적으로 유월절 저녁 식사가 시작되기 직전 낮에 잡았습니다. 요한이 예수님을 유월절 어린 양과 연관시킨 것은 히브리 성서의 여러 전통에 깊이 근거한 동시에, 기독교에도 큰 영향을 주었습니다. 요한이 그중 어느 것도 언급하지 않았기 때문에 그가 과거의 전통을 끌어와 비유하고 있다고 확신할 수는 없지만, 요한의 기록과 히브리 성서 전통에 나오는 희생제사가 공명하는 정도는 놀랍습니다. 예수님을 하나님의 어린양으로 보는 기독교적 이해에 대한 신학적 선례를 간략히 요약하면 다음과 같습니다.

예수님과 유월절 어린 양의 연관성은 비교적 명확합니다. 출애굽기 12장에서는 문설주에 바른 어린 양의 피 덕분에 이스라엘 장자들이 죽음을 면하고 이스라엘이 속박의 삶에서 벗어나 자유로운 삶으로 나아가는 구속(救贖)의 장면이 그려집니다. 예수님의 죽음과 곧이어 일어나는 부활도 이와 거의 같은 일을 달성합니다. 어린양, 피, 구속, 장자 (및 독자) 등의 여러 특징은 히브리 성서의 다른 이야기들과의 유사성을 떠올리게 합니다. 희생에 관한 히브리 성서의 여러 기록은 예수님이 희생양이라는 기독교의 개념과 핵심 요소를 공유합니다. 이 글의 나머지 부분에서는 출애굽기 12장과 초기 기독교의 수난 이해가 공유하는 다른 요소들을 통합하는 다른 여러 본문을 살펴보겠습니다.

창세기 22장에서는 '이삭의 결박'(아케다)에 대한 이야기가 나옵니다. 이것은 종종 '이삭의 희생'이라고 잘못 언급됩니다. 기독교 전통은 이 이야기가 그리스도의 수난을 표상하는 것으로 이해했습니다. 창세기 22:2에서 아브라함은 '네가 사랑하는(아셰르 아하브타) 외아들(예히드카) 이삭을 데리고'(새번역) 가서 번제로 바치라는 말씀을 듣습니다. 마지막 순간에 숫양이 이삭을 대신하면서 이삭은 위기를 모면하고 살 수 있게 됩니다. '아케다'에는 유월절 기록에 등장하는 것과 동일한 요소가 많이 나옵니다. 숫양/어린양이 대신 희생해야만 장자가 생존할 수 있습니다.

'아케다'에서 숫양은 제2의 선택이긴 하지만 분명히 유월절의 어린양과 비슷한 기능을 합니다. 창세기 22장에는 유월절과 그리스도의 수난을 연상시키는 흥미로운 점이 있습니다. 특히 여기서는 어린양이 아들을 대신하지 않고 아들이면서 여전히 대속물로 남아있다는 점이 특히 흥미롭습니다. 다시 말하지만, 히브리 성서에 나오는 이 두 선례의 소재는 동일하지만, 그 기능과 순서를 지정하는 방식은 다릅니다.

창세기 22장과 그리스도의 수난 사이에는 또 다른 강력한 연결고리가 있습니다. 예수님은 이삭처럼 아버지께서 사랑하시는 외아들이라는 점입니다. 두 이야기 모두에서 독자는 이 외아들의 죽음이 얼마나 큰 상실이 될지 이해할 수 있을 것입니다. 창세기 22장에서 이삭의 정확한 나이는 알 수 없지만, 본문은 그가 자신의 최후를 알지 못하는 순진무구한 희생자였음을 암시하는 것 같습니다. 그러나 그다음 장에 나오는 사라의 나이를 근거로 한 랍비 전승에 따르면 이삭은 서른일곱 살이었고 자신의 처지를 충분히 인식하고 있었습니다. 유대교 전승에서 창세기 22장의 이삭이 상황을 모르고 협조한 것인지 알고 협조한 것인지 확실히 결론짓지 못하는 것과 비슷한 양상을 복음서 기록에서도 볼 수 있습니다. 마가복음의 예수님은 다가올 일을 피하게 해 달라고 간청하시는 반면, 요한복음의 예수님은 자신의 처지에 동요하지 않으시는 것처럼 보입니다.

히브리 성서 본문들 사이의 복잡한 연관성과 그 본문들이 신약성서에 미친 영향을 밝혀 주는 또 다른 희생의 기록이 있습니다. 레위기 16장은 대속죄일(욤 키푸르)과 관련된 의례를 자세히 규정합니다. 의례가 복잡하지만 염소 두 마리의 역할에 주목하면 됩니다. 첫 번째 염소는 도살해서 그 피를 공동체의 죄를 정화하는 데 씁니다. 두 번째 염소의 경우 아론이 그 머리에 안수하고 이스라엘 백성의 죄를 고백한 후 최초의 희생염소로 광야로 내보냅니다. 형태나 기능에 있어서 아케다나 유월절의 동물과 동일하지는 않지만, 대속죄일의 염소가 맡는 역할이 친숙하게 느껴질 것입니다.

성목요일에 출애굽기 12:1~14을 읽는 것은 매우 탁월한 선택입니다. 히브리성서의 다른 본문들과 놀라운 연관성을 갖고 있을 뿐 아니라 그 본문들과 함께 신약성서의 수난 이야기를 탁월하게 조명해 주기 때문입니다.

설교적 관점

유월절은 신약성서가 예수님의 죽음을 묘사할 때 꼭 필요한 배경을 제공합니다. 예수님이 죽으시기 전날 밤 제자들과 함께하신 식사를 이해하는 데도 이 배경이 반드시 필요합니다. 공관복음에서 예수님이 제자들과 함께하신 최후의 만찬은 유월절 식사입니다. 그런데 요한복음에서 최후의 만찬은 예수님의 체포, 재판, 십자가 처형과 함께 유월절의 준비일에 일어납니다. 유월절 어린양들이 도살될 때 예수님은 죽으십니다. 예수님은 유월절 어린양(참조. 요 19:36)이고, 죽음의 재앙이 우리에게 내리지 않게 하시겠다는 하나님의 약속의 표적입니다.

출애굽기 12장을 성목요일 성서정과 본문으로 정한 것은 교회가 오늘과 이후 며칠 동안 기념하는 일에 대한 바로 이런 배경을 제공하기 위해서지만, 설교자는 이 둘을 연결시킬 때 주의를 기울여야 합니다. 유월절을 예수님의 죽음에 대한 예표로 축소하거나 심지어 주의 만찬으로 유월절이라는 절기가 무의미해지거나 쓸모없게 된다고 암시하는 것은 부적절합니다. 유월절은 하나님께서 해방을 선사하신 이스라엘 민족, 그들의 구속과 시작을 기억하고 실현하는 의례로 남아 있습니다. 유월절은 기리고 존경하기에 합당한 하나님의 강력한 일하심을 기념합니다.

학자들은 유월절 축제가 유목민의 통과의례(참조. 출 3:18)에 뿌리를 두고 있다고 말합니다. 이 의례에서는 양 떼의 번식력과 적절한 방목지의 확보가 가장 중요한 관심사였습니다. 그러나 상황이 변하고 새로운 국면이 펼쳐지면서 이 의례도 형태가 달라졌습니다. 출애굽을 계기로 이 오래된 의식은 이스라엘의 새로운 시작을 상징하는 일련의 새로운 의미를 띠게 되었습니다. 이스라엘은 기존에 있던 유목민들의 통과의례를 자신들의 해방 사건의 핵심에 통합하고 그 의례를 하나님께서 명하신 것으로 제시했습니다. 기독교인들 역시 예수님이 유월절 의식을 그리스도 안에서 이루시는 하나님의 구원 행위에 통합하시고 제자들에게 이것을 지켜서 그분을 기념하라고 명령하셨음을 고백합니다.

유월절을 귀하게 여기고 존중하는 기독교인으로서 우리는 이런 재해석의 과정을 이어가는 것을 부담스럽게 여길 필요가 없습니다. 지금처럼 우리의 유월절 경험 안에서 예수님이 명하신 식사와 그분의 고난과 죽음을 모두 이해하고 표현할 방법을 찾아 나가면 됩니다. 사실 유월절의 언어와 이미지는 예배자들이 세족 목요일에 발을 씻고, 성만찬을 나누고, 모든 예배 장식을 걷어내도록 돕는 효과적인 방법을 제공합니다.

출애굽기에서 하나님의 구원 사건과 그와 관련된 의식이 아주 긴밀하게 얽혀 있어서 둘을 따로 분리해서 이해할 수 없습니다. 그런데 유월절 예전이 해방 사건보다 먼저 진행됩니다.

하나님께서는 유월절 의식의 세부 사항, 순서, 규정을 먼저 가르치시고, 그다음에 애굽의 모든 장자를 치고 이스라엘 백성을 넘어감으로써 애굽의 신들을 심판하십니다. 유월절 의식은 이스라엘의 해방 이야기에 깊이 녹아들어 있으면서 그 이야기를 구성하고 기억하고 전달하는 방식에 영향을 미쳤습니다.

유월절 의식은 예배자들이 그날을 기념할 때마다 실제로 하나님의 구원 활동에 참여하게 된다는 점을 강조합니다. 유월절 의식을 통해 하나님께서는 참여자들의 삶에 구원을 이루십니다. 출애굽 당시에도, 그 이후로도 죽 그 일을 하십니다. 그들을 '구속받은 출애굽 공동체로 (재)구성'하십니다.* 출애굽의 구속은 모든 세대의 이스라엘 자손에게 실제적이고 유효한 일이 됩니다. 하나님께서 우리를 이집트에서 인도하셨다고, 하나님께서 우리를 구원하셨다고 모든 세대가 고백합니다. 유월절을 '기념해야 할 날'(14절, 새번역)로 지킴으로써, 참가자들은 하나님의 구원 사건의 실체 안으로 들어가 하나님의 백성으로 재구성됩니다.

예수님의 죽음과 부활을 유월절로 이해하면 설교자들은 출애굽기와 복음서 이야기의 유사성과 성서적 연결성을 다루는 것 이상의 일을 할 수 있게 됩니다. 주님께서 모세와 아론에게 유월절 의식을 먼저 명하신 다음에 유월절 사건을 이루신 것처럼, 예수님도 제자들의 발을 씻기고 주의 만찬을 제정하신 후에 종처럼 옷이 벗겨지고 십자가에서 희생되셨습니다. 유월절의 전례가 그렇듯, 세족식과 성찬의 전례도 그리스도 안에서 이루시는 하나님의 구원활동이라는 고난주간의 이야기 안에 아주 긴밀히 통합돼 있습니다. 그래서 우리는 예배에 참여해 그리스도의 죽음과 부활이 가진 구원의 능력을 받습니다. 하나님께서 예배 참여를 통해 끊임없이 적극적으로 우리를 구속하시기 때문입니다. 발이 씻기고 떡과 포도주를 받을 때, 우리가 바로 예수님의 제자들이 됩니다. 예수님은 그들을 위해, 바로 우리를 위해 배신당하고 부인당하고 넘겨지고 십자가에 못 박히셨습니다. 유월절에 참여하는 자들이 그렇듯, 고난주간 예식에 참여하는 사람들도 역사적 사실을 이야기하거나 재연하는 것 이상의 일을 합니다. 그들은 과거의 이야기를 기억하는 것 이상의 일을 합니다. 이스라엘이 유월절을 지킬 때나 기독교인이 주의 만찬에 참여할 때나, 의식을 지키는 것은 원래의 사건이 일어났을 때와 똑같이 하나님의 구원 활동을 누리는 일이 됩니다.

유월절과 주의 만찬 모두에서 이것이 가능한 이유는 하나님의 말씀 때문입니다. 표적 자체에 힘이 있어서가 아니라 표적과 관련된 하나님의 말씀, 즉 하나님의 약속이 있기 때문입니다. 하나님께서는 출애굽기에서 집에 바른 피가 '너희를 위한 표적'이 될 거라고, 이스라엘 백성의 집을 넘어가 재앙이 그들을 멸하지 않을 거라는 약속의 표적이 될 거라고 말씀하십니다(12:13). 이와 마찬가지로, 예수님은 '이것은 너희를 위하는 내 몸'이라고 말씀하셨습니다(고전 11:24). 이스라엘 사람들의 집 문설주에 바른 어린 양의 피와 예수님 식탁의 떡과 포도주 그 자체에는 자동으로 보호하거나 구원하는 힘이 없습니다. 문설주의 피와 성만찬의

* Terence E. Fretheim, *Exodus*, Interpretation series (Louisville, KY:John Knox Press, 1991), 139.

떡과 포도주는 모두 '너희를 위한' 표적, 즉 하나님의 백성에게 주시는 하나님의 구원 약속과 헌신의 표적입니다. 예배에 참여할 때 우리는 하나님의 이 약속에 참여하는 것입니다.

마지막으로, 유월절은 하나님께서 인류를 하나님 및 서로와 화해시키고 통일된 백성을 창조하시는 일을 염두에 두고 계심을 상기시킵니다. 하나님께서 모세를 통해 지시하신 사항들은 공동의 부르심 아래 이스라엘의 모든 가정을 하나로 묶기 위한 것입니다. 잡은 어린양은 자르지 말고 통째로 구워야 합니다. '이스라엘 온 회중'이 참여해야 하며, 동시에 다른 사람들과 함께 양고기를 먹어야 합니다. 유월절은 개인 식사가 아닙니다. 그래서 예수님은 제자들의 발을 씻겨 주시면서 그들에게 서로 발을 씻겨 주라고 하셨고, 모두가 먹고 마실 수 있도록 떡과 포도주를 주셨습니다.

성목요일

시편 116:1~2, 12~19

1 여호와께서 내 음성과 내 간구를 들으시므로 내가 그를 사랑하는도다
2 그의 귀를 내게 기울이셨으므로 내가 평생에 기도하리로다
12 내게 주신 모든 은혜를 내가 여호와께 무엇으로 보답할까
13 내가 구원의 잔을 들고 여호와의 이름을 부르며
14 여호와의 모든 백성 앞에서 나는 나의 서원을 여호와께 갚으리로다
15 그의 경건한 자들의 죽음은 여호와께서 보시기에 귀중한 것이로다
16 여호와여 나는 진실로 주의 종이요 주의 여종의 아들 곧 주의 종이라
주께서 나의 결박을 푸셨나이다
17 내가 주께 감사제를 드리고 여호와의 이름을 부르리이다
18 내가 여호와께 서원한 것을 그의 모든 백성이 보는 앞에서 내가 지키리
로다
19 예루살렘아, 네 한가운데에서 곧 여호와의 성전 뜰에서 지키리로다 할
렐루야

신학적 관점

값을 따질 수 없이 귀한 것을 받았을 때 그것을 어떻게 갚을 수 있을까요? 이것이 시편 116편 시인의 마음속에 있는 질문이고 성금요일, 성토요일, 부활주일을 아우르는 성삼일로 접어드는 교회가 생각하는 질문입니다.

이 시편은 시인이 하나님을 사랑하는 이유를 밝히면서 시작합니다. "여호와께서 내 음성과 내 간구를 들으시므로…"(1절). 오늘 본문에는 상황을 묘사하는 3~11절이 생략됐지만, 시편 기자는 나쁜 상황에 놓여 있었습니다. 그의 삶에는 '죽음의 올가미'와 '스올의 고통'(3절, 새번역)이 엄습했습니다. 깜짝 놀란 때도 있었고 무고를 당한 때도 있었습니다. "내가 놀라서 이르기를 '모든 사람이 거짓말쟁이라' 하였도다"(11절).

시편 기자는 온갖 어려움을 겪으면서도 하나님에 대한 신의를 지키며 '생명이 있는 땅에서' 하나님 앞에서 행했습니다. 하나님 역시 신실하셔서 '내 영혼을 사망에서, 내 눈을 눈물에서, 내 발을 넘어짐에서 건지셨습니다'(8절). 이제 남은 문제는 "내게 주신 모든 은혜를 내가 여호와께 무엇으로 보답할까" 하는 것입니다(12절).

하나님의 구원 능력은 입증됐고, 시편 기자는 하나님의 신실하심이라는 선물에 보답할 길이 하나뿐임을 알고 있습니다. 바로 예배입니다. 그래서 '내가 구원의 잔을 들고'(13절)라고 말합니다. 이것은 전제, 또는 부어드리는 제물의 개념을 떠올리게 합니다. 또한 그는 '여호와의 이름을 부르겠다'라고 말하는데(13절), 이는 예배드리는 일을 나타냅니다. 시편 기자는 예배드림으로써 (아마도 역경의 시기에 했을) 약속을 지키고 '나의 서원을 여호와께 갚으리로다'(14절)라고 말합니다.

그렇다면 예배는 하나님의 은혜로운 행하심에 대한 적절한 반응입니다. 12절의 질문은 하나님의 선하심이 인간의 머리로는 도저히 헤아릴 수 없을 만큼 크다는 사실을 인정하는 모든 사람의 머릿속에 있고, 있어야 마땅한 질문입니다. 결과적으로, 하나님의 선하심에 보답하기 위해 우리가 할 수 있는 일은 없습니다. 더구나, 하나님께서는 우리가 그분의 선하심을 갚기를 기대하시지도 않습니다. 창조주께서 피조물의 한계와 연약함을 너무나 잘 아시기 때문입니다. 하나님께서 요구하시는 것은 인간이 예배를 통해 감사를 표현하는 것뿐입니다.

오늘 시편은 신자가 하나님께 바쳐야 할 감사와 연결됩니다. 이스라엘이 출애굽을 통해 예배드리는 자리에 이르게 된 것처럼, '새 이스라엘'인 교회도 하나님께 감사의 예배를 드립니다. 기독교인에게 최고의 감사 예배인 주의 만찬은 감사성찬례(Eucharist)라는 적절한 명칭으로도 불립니다. 교회는 감사성찬례를 드리면서 주님의 구원 활동에 대해 하나님께 감사하고, 그 과정에서 그 구원의 이야기를 전함으로써 성찬 식탁 주위에 모인 이들이 그리스도의 몸의 '지체임을 다시 기억하는'(re-membering) 이중의 목적을 이룹니다.

감사성찬례를 성례전이라고 부르든, '보이는 복음'이라고 부르든, '언약의 인침'이라고 부르든, 하나님께 마땅히 드려야 할 예배를 드리고 교회가 존재하는 이유를 기억한다는 점에서 목적이 모두 동일합니다. 마이클

램지(Michael Ramsey)는 *The Gospel and the Catholic Church*에서 감사성찬례의 본질을 다음과 같이 요약합니다.

> 이 예배는 하나님의 복음을 제시한다. 떡과 포도주는 하나님께서 창조주이심을 선포하고, 축복하고 떡을 떼는 일은 그분이 세상을 구속하셨다는 사실과 만물은 그것을 만드신 그리스도의 죽음과 부활 안에서만 의미와 통일성을 발견한다는 것을 선언하기 때문이다. 그러므로 기독교 교리의 진정한 맥락은 성서 및 신조와 더불어 이 예배에서 찾을 수 있다. 예배하는 방식은 우리가 무엇을 믿는지를 보여준다(Lex orandi, lex credendi)….
> 그리고 이 예배는 모든 인생의 의미를 제시한다. 인간은 하나님을 위해, 하나님을 예배하기 위해 존재한다. … 성례전은 일상생활과 분리된 경건의 행사가 아니라, 모든 일상생활이 그리스도의 희생의 영향 아래 있게 한다. 제대 위에 놓인 떡과 포도주는 인간의 음식과 일과 수고와 생계를 상징하는 선물을 그리스도께 바친 것이다. 그리스도께서 그것을 축복하고 떼어주심으로 모든 피조물이 그리스도의 죽음과 부활 안에서 하나로 모아져 아버지 하나님께 영광을 돌리게 하려고 말이다.*

하나님께서 인간에게 모든 것을 주신다면, 어느 전례 기도문대로 "주님께 감사하고자 하는 우리의 바람조차도 주님의 선물"이라면, 그리고 감사성찬례가 감사의 정점이라면, 그것이 모든 그리스도인에게 규범적 예배가 아닌 이유는 무엇일까요? 이 거대하고 논쟁적인 질문에 대한 최고의 답변은 어쩌면 애니 딜러드(Annie Dillard)의 다음 글에서 찾을 수 있을 것입니다.

> 왜 교회 다니는 우리는 절대자를 구경하는 패키지여행에 나선 유쾌하고 멍청한 관광객처럼 보일까? … 대체로 나는 기독교인들이 카타콤 밖으로 나오면서 자신들의 상황을 충분히 인식하지 못하고 있다고 생각한다. 우리가 지금 어떤 종류의 힘을 그렇듯 태평하게 불러내고 있는지 조금이라도 아는 사람이 있을까? 혹시 내가 의심하는 대로, 기독교가 말하는 바를 그 누구도 믿지 않는 것은 아닐까? 교회는 일요일 아침 시간을 죽일 요량으로 화학실험 세트를 가지고 놀면서 폭약을 만드는 아이들 같다. 여성용 밀짚모자와 벨벳 모자를 쓰고 교회에 가는 일은 미친 짓이다. 우리 모두는 안전모를 써야 한다. 예배 안내자들은 구명조끼와 신호탄을 지급해야 한다. 우리를 장의자에 단단히 묶어야 한다.**

성목요일의 '세족식'은 "새 계명을 너희에게 주노니 서로 사랑하라 내가 너희를 사랑한 것 같이 너희도 서로 사랑하라"(요 13:34)라는 의미가 담긴 예식입니다.

* Michael Ramsey, *The Gospel and the Catholic Church* (Eugene, OR:Wipf & Stock, 2008), 119.

** Annie Dillard, *Teaching a Stone to Talk* (San Francisco:Harper & Row, 1982), 40.

우리는 사랑을 받은 일을 진지하게 여기는 것만큼이나 서로 사랑하는 일을 진지하게 여겨야 합니다. 사랑으로 섬기는 삶이야말로 궁극적으로 하나님을 가장 기쁘시게 하는 예배입니다. 구원의 잔을 들고, 주님의 이름을 부르고, 주님께 바친 서원을 이행한다는 것은 예배를 드리면서 일관성 있게 살아가는 것을 의미합니다. 우리의 예배와 우리가 하는 일 사이의 거리가 벌어져서는 안 됩니다. 우리의 '상황을 충분히 인식'한다면, 우리는 그리스도처럼 감사성찬례에 참여하듯 감사하며 이타적으로 살기 위해 노력해야 합니다.

목회적 관점

시편 116편은 감사의 시편입니다. 전례적으로는 (시 113편으로 시작되는) 할렐 시편의 마지막 시로, 유대교 절기 중 유월절 첫날 밤에 읽도록 돼 있습니다.

시편 기자는 구원받은 것에 감사하고 있습니다. 그가 어떤 재난에서 구원을 받았는지는 확실하지 않습니다. '구원의 잔'을 언급한다는 이유로(13절) 시편 116편은 후대에 이르러 힘겨운 애굽 탈출을 회상하는 시가 되었습니다. 기독교인들은 이 시편을 성목요일에 읽습니다. 예수님도 오래전 유월절을 지키시며 친구들과 친밀한 식사를 나누면서 이 시편 말씀을 읽으셨을 것임을 염두에 둔 의식입니다.

시편 기자가 드리는 감사의 중심에는 하나님의 신실하심이 있습니다. 그는 부르짖었고 하나님께서는 응답하셨습니다. 이 시가 묘사하는 내용은 사소한 문제를 해결해 달라는 개인적 구조요청이 아니라 깊은 고통에서 우러나온 간절한 탄원입니다. 시편 기자는 하나님께서 그의 기도를 들으시고 구원해 주신 것에 감사하고 있습니다. 하나님께서 행동하신 이유는 시인이 훌륭해서가 아니라 그분이 은혜로우시고 의로우시고 긍휼이 많으시기 때문입니다. 시인은 이 사실을 잘 압니다(5절). 그러므로 단순한 의례적 감사의 말로는 충분하지 않습니다.

그는 변화됐고, 그의 삶은 찬양의 주파수에 맞춰질 것입니다. 잔을 들고 서원하고 봉사하고 감사드릴 것입니다.

하나님께서는 시편 기자의 목소리에 익숙해지셔야 할 것 같습니다. 왜냐하면 그는 하나님의 이름을 부르고 또 부르고 영원히 부르겠다고 다짐하기 때문입니다. '할렐루야'는 이런 전환을 한마디로 나타내는 단어입니다. 할렐 시편 전체에서 사용되는 이 단어는 '주님을 찬양하라'라는 뜻으로, 시편 기자는 여생을 찬양하며 살아가려고 노력합니다.

우리는 그의 신실한 선율을 제대로 이어받아 수세기에 걸쳐 신실한 사람들의 화음에 동참합니다. 그들도 모종의 어두운 밤에 부르짖어 응답받을 때의 안도감을 잘 압니다. 그래서 우리는 서원합니다. 그리고 예배하고 봉사합니다.

"내게 주신 모든 은혜를 내가 여호와께 무엇으로 보답할까"(12절). 대부분의 사람에게 이것은 터무니없는 질문입니다. 이웃과 하나님께 무엇을 드릴까요? 내가 진 감사의 빚을 어떻게 갚을까요? 이 질문이 터무니없게 느껴지는 것 자체가 우리가 진 빚이 얼마나 큰지, 그 빚을 다 갚으려는 우리의 노력이 얼마나 보잘것없는지를 상기시킵니다.

시편 기자는 (하나님께 진) 빚을 다 갚을 수 있다고 여기는 현대인의 감성에 어리둥절할지도 모르겠습니다. 빛이 있다는 생각조차 하지 않는 사람들이 존재한다는 사실에 그야말로 경악할 수도 있습니다. 서구 기독교인들은 주머니 사정이 비교적 넉넉합니다. 우리는 십일조와 작정 헌금 방식을 좋아하는데, 그렇게 하면 하나님께 합당한 '수당'을 지불할 수 있기 때문입니다. 포스딕의 말대로 우리는 "물질은 부유하지만 영혼은 가난합니다."* 우리는 자기만족에 빠져 하나님께 진 빚을 주택담보대출처럼 은퇴하기 전에 제때 다 갚을 수 있다고 믿습니다.

하지만 잘 생각해 보면 그건 터무니없는 믿음입니다. 하나님께서 우리를 구원하신 것은 빚을 갚으라는 초대가 아니라 감사하는 마음으로 희생적으로 살라는 초대입니다. 우리는 지갑만이 아니라 마음도 열어야 합니다. 무엇을 드리든 마음을 담아 드려야 합니다. 시편 기자는 '내가 주님을 사랑합니다'(1절, 새번역)라고 노래하지 '나는 주님께 빚졌습니다'라고 노래하지 않습니다.

우리는 아이작 와츠(Isaac Watts, 1674-1748)가 기도 응답을 받고 구원받은 회중을 위해 쓴 다음 찬송을 함께 불러야 합니다.

> 주님을 사랑합니다.
> 주님께서는 내 부르짖음을 들으시고
> 내 슬픔을 내쫓으셨습니다.
> 기도할 숨이 붙어 있는 한
> 내 마음이 더 이상 절망하지 않게 하소서.

* Harry Emerson Fosdick, "God of Grace and God of Glory," 1930.

예수님이 잡히시던 날 밤, 다른 복음서 기자들은 예수님이 제자들과 유월절 식사를 나누셨다고 전하지만 요한복음은 '내가 너희를 사랑한 것같이 너희도 서로 사랑하라'(요 15:12)라는 예수님의 '명령'(명령을 뜻하는 라틴어 mandatum은 세족식을 뜻하는 영어 Maundy의 어원입니다)을 강조합니다.

그날 밤 예수님이 하신 일은 이전에 행하신 모든 일을 뛰어넘습니다. 예수님은 피곤에 지치셨지만 겉옷을 걷어 올리고 무릎을 꿇으시고 목수 일을 하던 손으로 제자들의 굳은 발을 씻겨 주셨습니다. 베드로가 거부하려 하자 예수님은 사랑은 이런 모습으로 나타나는 것이라고 말씀하셨습니다. 이런 사랑에 대한 진정한 감사는 교회 운영자금을 위해 매주 생각 없이 헌금하거나 죄책감에서 교회 유아실 봉사를(가능한 한 최소한으로) 진행하는 식으로는 이루어질 수 없습니다. 사랑에서 우러나온 일, 평생에 걸쳐 이루어지는 진정한 섬김의 일부가 아니라면 그런 일들은 의미가 없습니다.

"여호와께서 내 음성과 내 간구를 들으시므로 내가 그를 사랑하는도다"(1절). 나는 구성원이 별처럼 많은 가족의 일원이 되었습니다. 홍수에서 구원을 받았습니다. 바로의 채찍질 아래 우리를 괴롭히던 고된 노동에서 구출되었습니다. 방황하던 딸이 사춘기의 모래톱을 통과했습니다. 결혼 생활 동안 오래 이어지던 추운 날들이 따뜻해졌습니다. 시들해지던 교회 봉사의 열정이 다시 타올랐습니다. 완강하던 암의 진행 속도가 항암 치료로 느려졌습니다. 우리는 하나님께서 어떤 식으로 우리를 풍요롭게 하시고 발걸음을 인도하시는지 알지 못합니다. 하나님께서 그 일을 하신다는 것을 알 뿐입니다. 하나님께서는 적극적으로 들으시고 치유하시며, 자세를 낮춰 무릎을 꿇은 채 물을 첨벙이면서 우리의 더럽고 냄새나는 발을 씻기십니다. 하나님의 이름은 의로움, 자비로움, 은혜로움입니다.

와츠의 찬송시는 지금도 여전히 빛을 발합니다. 야로슬라브 바이다(Jaroslav Vajda), 존 벨(John Bell), 브라이언 렌(Brian Wren) 등을 비롯한 무수한 현대 찬송 작가들의 가사도 빛납니다. 그들의 찬송시는 하나님께서 맡기신 삶을 소중히 여기고 인생의 마지막 순간까지 감사할 수 있는 여러 방법을 모색하라고 우리를 초대합니다. 그리스도의 방식으로 종처럼 무릎을 꿇고 그분의 삶과 죽음, 부활로 시작된 나라에서 살아가라고 초대합니다. 그렇게 살려면 여윳돈에서 내는 몇 달러나 우리의 시간과 에너지를 마지못해 떼어 낸 알량한 봉사보다 더 많은 것이 필요할 것입니다.

우리는 감사의 기도를 드립니다. 앤 라모트(Anne Lamott)는 이렇게 썼습니다. "내가 아는 최고의 기도문 두 편은 '도와주세요, 도와주세요, 도와주세요'와 '감사합니다, 감사합니다, 감사합니다'입니다."*

무덤에서 우리는 어떻게 기도할까요? 『성공회 기도서』의 친숙한 문구는 이렇게 가르칩니다. "우리는 모두 흙으로 돌아간다. 하지만 무덤에서도 우리는 찬송한다. 알렐루야, 알렐루야, 알렐루야."**

* Anne Lamott, *Traveling Mercies:Some Thoughts on Faith* (New York:Pantheon Books, 1999), 82.

** *Book of Common Prayer* (New York:Seabury Press, 1979), 499.

이것은 아주 좋은 기도이자 훌륭한 삶의 방식입니다.

주석적 관점

시편 116편은 '나는 사랑합니다'라는 단순한 선언으로 시작합니다. 히브리어 본문은 그 지점에서 사랑의 대상에 대한 묘사를 더 이상 진행하지 않는데, 여기서 사랑으로 번역된 히브리어 동사 '아하브'는 헌신과 서약으로 맺어진 유대라는 의미를 지니고 있습니다. 히브리어에는 기쁨과 감정을 기반으로 한 사랑을 뜻하는 또 다른 단어 '도드'가 있는데, 이 단어는 감각적이고 일시적인 즐거움을 나타내는 경향이 있습니다. 이를테면 이 단어는 아가 1:2에 나옵니다. '네 사랑이 포도주보다 나음이로구나.'

1절에서 예배자가 처음 선포하는 사랑을 좀 더 직역하면 '나는 헌신하네'가 됩니다. 그리고 시편 기자는 히브리어 본문의 두 번째 문장에서 자신이 헌신하는 대상과 헌신의 이유를 밝힙니다. '야웨 그분은 내가 호의를 청할 때 내 목소리를 들으실 것이기에'(사역). 히브리어 본문에 쓰인 동사 '듣다'는 미래에 실현되는 상황을 나타내지만, NRSV 및 기타 번역본에서는 '그가 들으셨다'로 해석합니다.

2절은 시편 기자의 처음 고백을 좀 더 자세히 설명합니다. "그가 내게 귀를 기울이셨으니, 그래! 나의 날 동안 부르짖으려네!"(사역). 마지막 어구는 소리를 낸다는 의미뿐만 아니라 선포한다는 의미도 품고 있으며, 고대 히브리어에서 '나의 날'이라는 표현은 고난이나 시험의 때라는 불길한 의미를 담고 있습니다. 예배자는 이제부터 야웨께 변함없이 헌신할 뿐 아니라, 개인적 시련의 시기에는 목소리를 낼 거라고 말하고 있는 것입니다. 그가 목소리를 내는 이유는 주님의 은총을 간구하고 더 나아가 적극적으로 충성을 증언하기 위해서입니다.

다음으로 3~11절에서 시편 기자는 죽음의 맹렬한 공격을 생생하게 그립니다. 그가 주님의 이름을 불렀을 때 주님께서 그가 피할 길을 내셨습니다. 이로 인해 시인은 5절에서 야웨를 인자하고 자비로운 분으로 높이고, 6절에서는 '연약한 자를 지키시고, 쇠약해진 자를 구원하시는 분'(사역)으로 묘사합니다.

그런데 7절에서 우리는 과거에 있었던 주님의 도움을 고백한 시편 기자가 자신의 영혼을 향해 '쉬는 곳'(새한글), 즉 하나님께로 돌아가라고 말하는, 다소 뜻밖의 내용을 듣습니다. 그 이유는 같은 절 마지막에 나오는데, 여기서 시인은 '여호와께서 너를 후대하셨기' 때문이라고 말하며 하나님의 도움을 한층 더 인정합니다. 예배자는 하나님의 인격적 돌보심을 생생하고 감동적으로 풀어 내면서, 이제 야웨께 직접 고백합니다. "주께서 내 영혼을 죽음에서, 내 눈을 통곡에서, 내 발을 넘어짐에서 건지셨나이다"(8절, 사역).

9절에 이르러 시편 기자는 '야웨 앞에서, 산 자들의 땅에서'(사역) 걸어 다니는 자신의 복된 특권을 당당하게 선포합니다. 그리고 10절에서 그러한 고상한 성취의 근거를 간단히 언급합니다. '나는 믿었다'(사역)라는 이 마지막 선언은 '긍정하거나 지지하다'를 의미하는 히브리어 동사('amen, '아메인'으로 발음)를 사역형으로 옮긴 것입니다. 이 단어의 가장 기본적 형태에서 동의를 표시하는 영단어 Amen이 나왔습니다.

여기서 시편 기자는 자신이 '긍정하거나 지지하게 했다'라고 말합니다. 이는 단순히 내면에서 하나님에 대한 신뢰가 생긴 데 그치지 않고 다른 사람들도 믿음을 가질 수 있도록 자신감 있는 행동으로 증언했음을 암시합니다. 시편 기자는 야웨의 선하심에 신실하고, 그 선하심으로 대중에게 영향을 미치려 합니다. 그 증거로 자신이 어려움에 처했을 때 '나, 나는 크게 위축됐다'(10절, 사역)라고 공개적으로 인정한 것을 제시합니다. 그는 두려움에 떨고 있는 상태에서도 '모든 인간은 거짓말쟁이로 드러났다'(11절, 사역)라고 기꺼이 인정합니다. 그럼으로써 자신이 죄에서 벗어날 수 없는 상태일 뿐만 아니라 하나님의 지속적인 관심과 기꺼이 응답하시려는 그분의 선의에 완전히 의존하고 있는 상태임을 고백합니다.

12~19절에서 예배자는 하나님의 은혜에 대한 찬양을 폭발적으로 쏟아냅니다. 그는 주님의 은혜로운 중재에 어떻게 반응해야 할지 모르겠다고 놀라워하면서 '구원의 잔을 들어'(13절) '모든 백성'(14절) 앞에서 야웨의 이름을 기리겠다는 서원을 합니다.

고대 문화에서 이런 태도는 우주적 후원자를 인정하는 헌주(獻酒) 의식을 의미할 수 있습니다. 그런 경우라면, 잔은 실제로 종교 축제에서 흔히 볼 수 있는 제의용 기구를 의미할 것입니다. 좀 더 구체적으로, 15절에서 시편 기자는 경의를 표하는 이 행위에 수반되는 말을 연습하고 있습니다. "야웨께서는 그분께 헌신한 자들의 죽음을 귀중히 보시는도다"(사역).

이 대목에서는 죽음을 뜻하는 히브리어 단어가 아주 독특한 형태로 나타납니다. 그래서 그 정확한 의미가 불분명합니다. 시편 기자가 여기서 주님께서 그를 올무와 죽음에서 구해 주신 일을 간증하고 있는 것을 보면(8절), 이 구절의 가장 적절한 의미는 야웨께서 그분께 헌신한 자들의 죽음 같은 상태에 주의를 기울이신다는 것이 아닐지 추측하게 됩니다.

예배자의 다음 진술은 이러한 추측을 한층 뒷받침합니다. 그는 '나는 주의 종이요, 주의 여종의 아들'(사역)이라고 말하면서도 '주께서 나의 결박을 푸셨나이다'(16절)라고 진술하게 때문입니다. 히브리 성서에서 자신을 여종(아마)의 자식이라고 일컫는 것은 스스로를 크게 낮추는 표현입니다. 따라서 이 표현은 듣는 상대에게 최고의 존경과 의무를 부여합니다(룻 3:9, 삼상 1:11, 시 86:16).

19절에서 이어지는 내용은 예루살렘 성전의 뜰과 예루살렘 한가운데 있는 모든 사람을 향해 '여호와를 찬양하라'라고 말하는 우렁찬 초대입니다. 여기서 '찬양하라'는 '찬양하다, 뽐내다'는 의미를 가진 히브리어 동사의 명령형이고 직접 목적어(야)가 따라옵니다. 이 히브리어 단어는 함부로 발음할 수 없는 이스라엘의 하나님 이름인 YHWH의 축약된 형태입니다. 이 단어는 문자적 의미로 '야를 찬양하라!'라는 뜻인 유명한 히브리어 문구 할렐루야(Halleu-Yah) 안에 들어가 여기저기서 사용되고 있습니다.

첫 문구인 '내가 사랑합니다'가 잘 보여주다시피, 시편 116편은 주님에 대한 깊은 신뢰를 이야기합니다. 시편 기자는 이 신뢰로 인해 하나님에 대한 자신의 지속적인 헌신이 복됨을 인정하고, 하나님의 백성과 그분의 도시를 바라보며 큰 감사와 찬양을 쏟아내게 됨을 인정합니다.

설교적 관점

성목요일은 교회력에서도 매우 중요한 날 중 하나이고, 우리를 교회력의 중심이 되는 가장 거룩한 날들로 인도합니다. 하지만 성금요일이나 부활주일보다는 자유롭게 설교할 수 있는 날이기도 합니다. 설교를 제약할 만한 교인들의 기대도 적고, 적어도 제에겐 좀 더 융통성 있고 열려 있는 날로 느껴집니다. 성목요일 성서정과 시편 본문으로 설교하면 훨씬 더 자유로워집니다. 복음서나 서신서의 익숙한 이야기는 잠시 제쳐 두고 이 시편의 내밀한 세계를 묵상할 수 있기 때문입니다.

시편은 언뜻 보기에 추상적으로 느껴질 수 있습니다. 설교의 축으로 삼을 이야기가 없습니다. 이때 시편을 시로 생각하면 도움이 될 수 있습니다. 시편에는 시와 마찬가지로 단어와 이미지가 가득하기 때문입니다. 게다가 작품을 탄생시킨 원초적 감정은 온갖 공을 들여 언어를 다듬어 시편을 완성한 이후에도 여전히 알아볼 수 있습니다.

시(또는 시편)에는 다른 종류의 글보다 사람의 손길과 감정이 더 많이 묻어납니다. 시편은 수백 년, 심지어 수천 년 전에 생각하고 느낀 것을 현대의 우리가 접할 수 있는 작품으로 만든 누군가가 존재했다는 증거입니다. 잘 생각해 보면 이것은 상당히 놀라운 일입니다. 시편은 적어도 기원전 6세기부터 기록됐기 때문입니다. 그러니 시편을 읽을 때는 내용을 보기 전에, 잠시 시간을 갖고 그것이 얼마나 오래됐고 저자는 어떤 사람이었는지, 이미지를 만들고 강렬한 감정을 전하고자 하는 인간 욕망의 역사가 얼마나 유구한지 떠올려 보십시오.

이제 설교로 바로 넘어갑시다. 시편에는 설교

의 출발점으로 삼을 이야기는 없지만 대신에 온갖 느낌과 이미지, 긴박감이 있습니다. 마틴 루서 킹 주니어 박사가 말한 '지금 이 순간의 치열한 긴박함'*이 담겨 있습니다.

시편 116편에서 저자는 자신의 신앙을 묘사하고 드러낼 뿐만 아니라 마치 현재에, '지금 이 순간'에 있는 것처럼 자신을 묘사하고 드러냅니다. 시편에는 성경의 다른 어떤 부분보다 더 많은 인칭대명사, 더 많은 '나'가 등장합니다.

> 여호와께서 '내' 음성과 '내' 간구를 들으시므로 '내가' 그를 사랑하는도다(1절).
> 그의 귀를 '내게' 기울이셨으므로 '내가'('내') 평생에 기도하리로다(2절).
> '내가' 주께 감사제를 드리고 여호와의 이름을 부르리이다(17절).

시인 토마스 트란스트뢰메르(Tomas G. Tranströmer)가 그의 시 *The Outpost*에서 쓴 것처럼, 우리가 어떤 장소에 있든, 심지어 강단에서 말씀을 전할 때에도 그곳은 '창조가 알아서 이루어지는 장소'입니다.** 시편 116편 기자는 '창조'가 자기 안에서 어떻게 스스로 이루어졌는지 말하고 있습니다. 그는 주님을 사랑한다고 말합니다. 그의 간구를 하나님께서 들으셨다는 것을 알기 때문입니다. 심지어 하나님께서는 몸을 굽혀 그의 개인적인 목소리를 들어 주셨습니다. 그는 하나님을 경험한 일과 그 일로 인한 자신의 개인적이고 구체적인 반응에 대해 말합니다. 그에게 창조의 역사가 일어났고, 이 시편은 그것이 어떤 모습이었는지 시인만의 방식으로 이야기한 것입니다.

시편 기자는 그 경험으로 하나님을 향해 '그분이 내 음성과 간구를 들으신다. 그러니 나는 그분을 사랑하고 다시 그분에게 부르짖을 것이다'라는 특별한 신뢰를 갖게 됐습니다. 이 신뢰는 감상주의자가 쉽게 꺼내는 진부한 표현이 아니라 힘들게 얻은 심오한 지혜입니다. 시편 116편의 저자는 자신이 무슨 말을 하고 있는지 잘 압니다. 그의 신뢰는 경험에서 나온 것입니다. 예수님도 아마 이와 같은 신뢰에 힘입어 친구들과의 최후의 만찬 이후 겪으셨던 끔찍한 며칠을 헤쳐 나가실 수 있었을 것입니다.

이 시편은 시편 기자가 서 있었던 위험하고 취약한 곳에서 말할 수 있는 발판을 설교자에게 제공합니다. 여러분 안에서 창조는 어떻게 이루어지고 있습니까? 여러분이 시편 기자와 같은 경험을 했다면, 즉 하나님과 만난 후 그분에 대한 신뢰가 생겨났다면, 여러분의 신뢰는 어떤 모습입니까? 고문과 죽음도 헤쳐 나가게 해줄 신뢰입니까? 그렇지 않다면 그 이유는 무엇일까요?

이러한 질문들은 시편 기자나 예수님의 신뢰에 필적할 만한 신뢰가 없다고 죄책감을 안겨주려는 것이 아니라, 설교자 개인의 삶에서 신뢰가 무엇을 의미하는지 깊이 생각해 보도록 촉구하기 위한 것입니다. 신뢰가 무엇이고 그것이 우리 안에서 어떻게 작용하는지, 시편 기자나 예수님처럼 하나님에 대한 경험을 신뢰한다는 것이 무엇을 말하는지 숙고해 보십시오.

* 그가 1963년 워싱턴 D.C. 링컨기념관에서 했던 연설 "I Have a Dream"에 나오는 구절.

** Tomas Tranströmer, "The Outpost," in *The Great Enigma:New Collected Poems* (New York:New Directions Publishing, 2006), 116.

여기서 주의해야 할 점이 있습니다. (성공한) 시나 문학작품에 등장하는 '나'는 작가가 만들어 낸 존재입니다. 그것은 허구가 아니지만, 작품에서 다루는 소재와 일정한 거리를 두고 초연함을 확보하고 '창조된' 자아입니다.

예를 들어, 회고록을 읽고 당혹감을 느낀 적이 많이들 있을 것입니다. 우리가 정말 알고 싶지 않은 일들을 알게 되기 때문입니다. 그런가 하면, 당혹스럽게 느껴져야 할 것 같은 온갖 비밀이 드러나는데도 당혹감이 들지 않는 회고록들도 있습니다. 그런 회고록에서 우리는 신뢰할 만한 화자의 안내를 받으며 인간의 조건에 대한 무언가를 깨닫게 됩니다. 첫 번째 회고록과 두 번째 회고록의 차이점은 두 번째 저자가 자신의 이야기를 들려주기에 적절한 목소리를 찾았다는 데 있습니다. 시편의 '나'는 바로 이런 종류의 '나'입니다.

시편의 저자들은 자신의 이야기를 들려줄 목소리를 찾았습니다. 이런 작품들에 등장하는 '나'는 신뢰할 수 있습니다. 감정과 에너지로 가득 차 있으면서도 혼란이나 지루함이나 당혹감은 주지 않습니다. 시편 기자들은 한마디로 자신의 목소리와 경험을 신뢰합니다.

이런 자유를 염두에 두고, 이 시편에 담긴 긴박감과 시편 기자가 보여주는 초연함으로 이 시편을 설교할 수 있는 목소리, 즉 '나'를 찾으십시오. 이 시편은 설교자가 자신의 '나'로 반응하도록, 지금 이 순간을 향해 말할 치열한 긴박함이 있는 자신의 일부분을 찾도록 초대합니다.

성목요일

고린도전서 11:23~26

23 내가 너희에게 전한 것은 주께 받은 것이니 곧 주 예수께서 잡히시던
밤에 떡을 가지사
24 축사하시고 떼어 이르시되 이것은 너희를 위하는 내 몸이니 이것을 행
하여 나를 기념하라 하시고
25 식후에 또한 그와 같이 잔을 가지시고 이르시되 이 잔은 내 피로 세운
새 언약이니 이것을 행하여 마실 때마다 나를 기념하라 하셨으니
26 너희가 이 떡을 먹으며 이 잔을 마실 때마다 주의 죽으심을 그가 오실
때까지 전하는 것이니라

신학적 관점

익숙한 지역에 가면 우리는 흔히 잘 아는 길로 다닙니다. 그렇게 지역도 길도 익숙하다 보니 주의를 기울여 보면 좋을 풍경을 오히려 놓칠 수 있습니다. 고린도전서의 이 본문도 마찬가지입니다. 매년 성목요일이 돌아오고, 그때마다 우리는 같은 성서정과 본문들을 만납니다. 교회력을 따르는 교회에서는 일 년에도 여러 번 오늘 말씀 또는 이와 비슷한 여러 말씀을 접합니다. 주일마다 성찬식을 거행하는 공동체는 매주 이 말씀을 접합니다.

따라서 우리는 성목요일에 이 본문을 설교할 때 하도 많이 밟아서 닳고 닳은 두 길 중 하나로 다닐 가능성이 있습니다. 하나는 그리스도 임재의 본질에 대한 질문을 다루는 것입니다. 이는 그리스도의 임재가 육체적인 것인지, 영적인 것인지, 상징적인 것인지를 묻고 답하는 것입니다. 다른 하나는 기억하라는 예수님의 명령을 진지하게 받아들이고, 옛 찬송가 가사처럼 '땅과 지옥의 권세가 들고 일어났던 그 어둡고 슬픈 밤'*의 다양한 요소들을 상상력을 발휘해 자세히 재현하는 시간을 갖는 것입니다. 두 길 모두 나름의 가치가 있지만, 둘 중 어떤 길을 가든 좀 더 보람된 묵상에서 멀어지게 할 수 있습니다. 오늘의 짧은 본문은 기억이라는 방법으로 우리를 예수님의 정체성과 우리 정체성의 핵심으로 인도합니다. 그러나 여기서 우리는 기억을 좀 더 다채롭게 이해할 필요가 있습니다.

* Isaac Watts, untitled hymn, in *The Virginia Selection of Psalms, Hymns, and Spiritual Songs*, comp. Andrew Broaddus (Richmond:Smith, Drinker, & Morris, 1846), 62.

기억(히브리어로 '자코르', 헬라어로 '숫자를 다시 세다'라는 의미인 '밈네스코마이')은 성서와 기독교 신학에서 중요합니다. 오늘 본문에서 예수님은 그분의 행동을 재연하는 의식을 거행해 그분을 '기억하라'고 지시하십니다. 그분은 이스라엘 백성에게 영원히 '기념일'(출 12:14)이 돼야 할 날에 이 말씀을 하십니다. 그런데 여기서 말하는 기억은 우리가 일반적으로 이해하는 기억, 즉 과거의 사실과 경험을 머리로 상기하는 것이 아닙니다. 이렇게 상정된 기억에는 정적인 특성이 있습니다. 우리는 기억을 사진, 녹음 또는 필사와 비슷한 일로 이해합니다. 지나간 것은 과거로 남지만, 그중 일부를 기록한 내용을 특정한 목적을 위해 현재로 가져오는 것입니다. 지나간 일과 현재의 간극은 시간이 갈수록 점점 커지기에 사물과 기록이 기억을 위한 '다리'로 쓰입니다.

이것은 우리가 성서에서 보는 기억이 아닙니다. 성서적 기억에 대해 생각하려면, 사건에 대한 우리의 기록에는 시작과 끝이 있을 수 있지만 사건 자체에는 그러한 명확한 경계가 없음을 깨닫는 데서 출발해야 합니다. 가족 모임에서 나오는 이야기들을 생각해 보십시오. 과거와 현재의 가족 구성원이 관련된 사건들에 대한 이야기는 한정된 기간 동안 일어난 일을 들려주지만, 그 사건들 앞에는 원인이 되는 일이 있고 그 결과로 따라오는 후속 사건들은 현재까지 계속 이어집니다. 화자는 과거의 이야기들을 들려주면서 듣는 사람들이 과거의 사건들을 포함하여 계속 펼쳐지는 가족 이야기에 참여하도록 유도합니다. 이런 방식으로 가족의 정체성이 전승됩니다.

그런데 이것이 전부가 아닙니다. 풍부한 기억

의 맥락과 그 정체성이 형성되려면 서사가 꼭 필요하긴 하지만 서사만 있으면 되는 것이 아닙니다. 가족 모임의 비유를 계속 이어가 보면, 가족의 기억이 담기고 전해지는 의례와 물체가 있습니다. 가족끼리 예로부터 늘 하던 놀이, 요리법, 활동이 있고, 대대로 전해지는 물건들도 있습니다. 이런 식으로 가족 안에서 공유되는 것들은 늘 상당히 모호한 부분이 있지만, 그 정체성은 결코 저절로 만들어지는 것이 아닙니다. 우리는 이런 복잡한 기억 방식을 통해 어느 정도는 무언가를 주고받게 됩니다.

성서에서 우리는 풍부한 결합을 이룬 서사와 의례와 기념물(지카론) 역할을 하는 물체에 내재된 기억을 발견합니다. 예를 들어, 이스라엘은 마른 땅을 밟고 요단강을 건넌 후 돌을 쌓습니다. 후대의 자녀들이 하나님께서 구원해 주신 백성의 일원이라는 자신의 정체성을 알 수 있게 하려는 조치입니다(수 3:1-4:7). 다양한 절기 역시 이스라엘의 집단적 정체성을 보존하는 역할을 합니다(예. 레 23:34-43). 그때나 지금이나 이스라엘의 기억에서 가장 중요한 역할을 하는 유월절은 서사, 의례, 기념물이 복잡하게 엮인 절기로서 각 세대를 계속해서 품어냅니다(참조. 신 6:20-23).

바울도 최후의 만찬이라는 중요한 사건 및 그 기념식과 관련해서 예수님이 유월절을 연상시키는 이미지로 본인의 정체성을 해석하시는 것을 들었고, 지금 그 해석을 공유하고 있습니다. 예수님의 삶은 하나님께서 이스라엘을 구원하시는 현재진행형 이야기의 일부였지만, 그것이 전부는 아니었습니다. 예수님은 제자들을 위해 그분의 삶의 관점에서 구원 사건을 재구성하셨습니다.

서사, 의례, 물체의 복합체를 통해 기독교인들은 현재진행형인 하나님의 구원 이야기, 그리스도가 중심인 그 이야기에 합류하고 그 일부가 됩니다. 이렇게 되면 성만찬 때 그리스도의 임재를 다른 관점에서 볼 수 있게 됩니다. 중세와 종교개혁 시대에 일어난 성찬 논쟁으로 사람들은 그리스도의 몸에 대한 이전의 삼중적 의미를 재해석하게 됐습니다. 초기의 성찬 신학이 발전하면서 승천하신 그리스도의 '역사적 몸'과 예수님을 기념하여 제단 주위에 모인 그리스도의 '참된 몸'(corpus verum)을 구분하게 됐습니다. 그런데 제단 위의 '성례전적 몸'은 이 둘을 연결했고, 그로 인해 '역사적 몸'과 관련된 사건이 '모인 몸'에서 계속됩니다.

최근 예배학의 여러 저작은 이와 관련하여 아우구스티누스의 다음 선언을 인용합니다. "그러므로 여러분이 그리스도의 몸이고 그분의 지체라면, 여러분이 (성례전에서) 받는 것은 여러분 자신의 신비입니다."* 시간이 지나 그리스도의 임재의 본질에 대한 논쟁이 벌어지면서 참된 몸과 신비적 몸이 성찬의 떡을 말하는 용어로 합쳐졌습니다. 성찬의 떡이 그리스도와 동일시되면서 교회의 정체성이 망각됐지만, 교회가 그리스도의 참된 몸이라는 옛날의 강조점은 주목할 만한 가치가 있습니다. 하나님의 백성은 서사적 행위와 떡과 포도주를 활용한 의례적 행위를 통해 그리스도의 생애를 기억하는 데 참여함으로써 그 이야기의 참여

* Augustine, "Sermon 272," in Mary Collins, *Worship:Renewal to Practice* (Washington, DC:Pastoral Press, 1987), 291.

자가 되어 그리스도의 정체성과 더욱 긴밀히 이어집니다.

목회적 관점

"이것은 너희를 위하는 내 몸이니 이것을 행하여 나를 기념하라"(24절). 성찬식에서 자주 낭독되는 말씀이지만, 설교 본문으로는 일 년에 단 한 번, 성목요일에만 읽습니다. 이렇게 드물게 주어지는 기회를 놓친다면 안타까운 일이 아닐 수 없습니다.

고린도전서 11:23~26에서 우리는 말씀과 성례가 합쳐지는 것을 봅니다. 성만찬을 거행하는 것 자체가 선포의 행위이기 때문입니다. 바울은 "그러므로 여러분이 이 빵을 먹고 이 잔을 마실 때마다, 주님의 죽으심을 그가 오실 때까지 선포하는 것입니다"(26절, 새번역)라고 말합니다. 성목요일에는 선포와 성찬이 합쳐집니다. 두 예배 행위의 통합이 이루어집니다.

말씀과 성례, 선포와 성찬의 이러한 통합은 우리가 흔히 간과하는 중요한 부분, 즉 성만찬과 사회정의의 근본적 연관성을 열어 보여줍니다. 바울은 23~26절 바로 앞뒤로 나오는 구절들에서 그 무대를 마련합니다. 여기서 우리는 고린도 교인들이 가난한 사람들을 모욕하는 상황에서 바울이 주의 만찬의 전통을 전하고 있다는 것을 알게 됩니다.

구체적인 상황 설명은 부족하지만, 바울이 고린도 교인들에게 격분했다는 사실에는 의문의 여지가 없습니다. 주의 만찬은 고린도 공동체의 전체 모임과 공동 식사 도중에 있었습니다. 그런데 그 관행이 통제 불능 상태가 된 것 같습니다. 모임에 먼저 온 교인들은 사회적 지위가 높은 사람들이었는데, 많은 양의 음식을 가져와서는 나머지 교인들이 도착하기도 전에 잔뜩 먹고 다셔 취했습니다. 나중에 온 사람들은 하인이거나 형편이 어려운 사람들이었습니다. 이들은 대체로 잔치에 보탤 만한 음식을 별로 가져오지 못했는데, 먼저 온 사람들이 음식을 거의 남겨 놓지 않았습니다. 상류층 교인들에게 넌더리가 난 바울은 다소 신랄한 표현들을 골라 그들의 행동을 묘사합니다.

공동체의 부유한 구성원들은 이기적으로 행동하고 있었고, 그들의 그런 모습은 공동체 안의 빈곤한 구성원과 사회적으로 가난한 사람들의 필요와 어려운 상황에 대한 무관심을 고스란히 드러냈습니다. 바울은 편지의 다른 대목에서 고린도 교인들의 분열을 꾸짖었지만, 성만찬에서 드러난 계급투쟁은 최악의 모습이었습니다. 그것은 그리스도의 몸에 대한 죄였고 전통에 어울리지 않는 기념식이었습니다. 폭식과 술 취함도 충분히 나빴지만, 공동체의 구성원들을 함부로 대하는 것은 교회에 상처를 입히고 그리스도의 몸을 기억하는 자리에서 그 몸을 훼손하는 행위였습니다.

이것이 오늘날 우리에게 전하는 바는 무엇일까요? 무엇보다, 우리가 그리스도의 몸과 피로 양분을 공급받는 것은 그리스도를 더욱 닮아가기 위함입니다. 그리스도께서 우리를 그분의 양식으로 먹이시는 것은 어려운 이웃을 돕고 교회와 사회에서 사람들을 갈라놓는 인종, 계급, 성별 등의 장벽을 허물 수 있도록 더 큰 역량을 갖추게 하시려는 것입니다. 우리를 예배라는 심장부와 공동체의 중심으로 끌어당기는 구심력은 사람들을 섬기도록 우리를 바깥으로 내보내는 강력한 원심력과 균형을 이루어야 합니다. 설교, 기도, 헌금, 심지어 광고까지 포함하는 예배의 말과 행동에서 이 끊을 수 없는 연관성이 선포돼야만 그런 일이 일어날 것입니다. 많은 기독교 전통에 속한 사람들은 예배가 끝날 때 이런 권면을 듣습니다. "평안히 가서 주님을 사랑하고 섬깁시다." 섬김 없는 예배는 불완전합니다.

고린도 교인들의 성만찬 오용은 '너희를 위하는'(24절) 그리스도의 몸과 배고픈 사람을 먹이고 병든 사람을 찾아가 돌보고 외로운 사람을 일으켜 세우고 가난한 사람의 필요를 공급하는 살아 있는 신앙공동체인 그리스도의 몸을 분리하는 일의 위험성을 생생하게 상기시킵니다. 교황 요한 바오로 2세는 회칙 *Sollicitudo Rei Socialis*(사회적 관심)에서 이렇게 썼습니다.

> 주님께서는 성체성사, 즉 성체와 희생을 통해 우리와 연합하시고, 어떤 자연적 결합보다 더 강한 유대로 우리와 연합하시며, 우리가 서로 연합하게 하십니다. 그렇게 연합한 우리를 온 세상으로 보내셔서 믿음과 행위로 하느님의 사랑을 증언하고, 그분의 나라의 도래를 준비하고 기대하게 하십니다. … 성체성사에 참여하는 우리 모두는 이 성사를 통해 우리가 발전과 평화를 위해 세상에서 하는 행동의 심오한 의미를 깨닫고, 그리스도의 모범을 따라 늘 아낌없이 헌신할 수 있는 힘을 그로부터 얻으라는 부름을 받습니다.*

말씀과 성례, 성만찬과 사회정의의 일치는 우리의 예배 공동체가 무엇에 헌신하고 있는지 돌아보게 합니다. 우리의 예배공동체는 주로 구성원들을 섬기는 내부 사역을 지향합니까, 아니면 교회 담장 밖의 사람들에게 초점을 맞추고 있습니까? 우리 교회는 거의 전적으로 내부를 지향하고 조금 남은 자리를 작은 봉사 활동이나 구제 예산과 프로그램으로 채우는 것처럼 보입니다. 여기서 아이러니한 점은, 더 배려하고 더 정의로운 사회를 만들기 위해 우리를 밖으로 내보내는 원심력이 새로운 구성원을 끌어들이는 더욱 강력한 구심력을 만들어 내고, 신규 구성원과 기존 구성원 모두에게 더 깊은 헌신을 이끌어 낸다는 것입니다.

여럿이 함께 '지극히 작은 자'(마 25:40)를 위한 기독교적 봉사를 수행하는 일은 사람들의 참여를 유도하고 그들이 공동체의 중심에서 더욱 적극적으로 신앙생활을 하도록 초대합니다. 교회 바깥의 사회정의를 지향하는 모습은 교회 생활에 더 큰 내적 힘을 만들어 냅니다. 최초의 상황을 재현하며 성만찬을 거행하는 성목요일만큼 교인들의 시선을 교회 바깥으로 향하게 하고 세상을 섬기라는 소명의 중요성을 상기시키기 좋은 때가 또 있을까요?

어쨌든 오늘은 성목요일입니다. 예수님이 서로 사랑하라는 '새로운' 계명(만다툼)을 소개하시고(요 13:34), 그 계명을 발을 씻는 특별한 행위로 표현하신(요 13:3-11) 날입니다. 사랑은 예상되는 역할을 바꿔 놨습니다. 스승이 제자가 되고 모두의 종이 되십니다. 계급과 지위라는 세속적 기준이 깨졌습니다. 그리고

* John Paul Ⅱ, *Sollicitudo Rei Socialis:On Social Concerns* (Vatican:The Holy See, December 30, 1987), no. 48, http://www.vatican.va/holy_father/john_paul_ii/encyclicals/documents/hf_jp-ii_enc_30121987_sollicitudorei-socialis_en.html.

우리는 그리스도의 삶을 따르라는 부름을 받습니다.

주석적 관점

제4 복음서의 저자는 6장에서 '하늘에서 내려온' 성찬의 '떡'에 대해 숙고하지만, 오늘 저녁의 요한복음 13장 본문은 예수님이 제자들과 함께 나누신 '최후의 만찬'을 본문의 주제가 아니라 맥락으로 삼고 있습니다. 따라서 성서정과에서 고린도전서 11장과 요한복음 13장을 나란히 배치한 것은 마태복음 26:26~30, 마가복음 14:22~25, 누가복음 22:14~23을 그대로 쓰지 않고 주의 만찬에 대한 바울의 설명을 사용하여 복음서의 여러 기록이 조화를 이루게 만든 결과물입니다.

유월절에 예수님이 하신 행동을 묘사하는 동사들(들다, 축사하다 또는 감사를 드리다, 떼다, 주다)이 마태복음 14:19, 마가복음 6:41, 누가복음 9:16, 사도행전 27:35에도 등장하는데, 각 구절의 이야기들은 교회가 경험한 성찬을 상기시키고 모든 식사를 예수님의 죽음과 부활을 떠올리게 하는 사건으로 효과적으로 바꿉니다. 하지만 교회가 예수님의 죽음과 부활 및 그 결과를 인식하는 데 고난주간보다 더 나은 시기는 없습니다. 고난주간에 교회는 세상을 구속하시는 하나님의 사역에 시동을 거는 사건들을 재연하기 때문입니다.

예수님의 죽음과 부활을 기억하고 기념하는 것이 고린도전서 11장에서 바울이 논의하는 핵심 주제입니다. 이 구절의 문학적 맥락은 고린도 가정교회 안팎의 분열로 인해 생겨난 예배의 혼란(11:2-14:40)*과 관련이 있습니다. 바울은 예배를 인도하는 여성들이 머리를 가리는 것에 대해 논의한 후(11:2-16),** 주의 만찬을 다룹니다. "다음에 지시하려는 일에 대해서는 나는 여러분을 칭찬할 수 없습니다. 그것은 여러분이 모여서 하는 일이 유익이 되기보다는 오히려 해가 되기 때문입니다"(17절, 새번역). 고린도 기독교인들 사이의 구별은 종교적, 민족적인 것일 뿐 아니라 경제적인 것이기도 했습니다. 그들이 공동 식사를 위해 모여서 '먹을 때에 각각 자기의 만찬을 먼저 갖다 먹으므로 어떤 사람은 시장하고 어떤 사람은 취한다'(21절)라는 대목이 이를 잘 보여줍니다.

이런 패턴은 관습적인 사회적 행동에서 비롯된 것입니다. 저녁 만찬의 주최자들은 대체로 가장 친한 친구 및 자신과 사회적으로 동등한 이들을 식당의 높은 단상에 앉힙니다('여기 좋은 자리에 앉으소서', '거기 서 있든지', '내 발등상 아래에 앉으라', 참조. 약 2:3). 귀빈에게는 최고의 음식과 포도주가 제공되지만, 방 가장자리에 앉거나 서 있는 손님은 부실한 음식을 받습니다. 그런 모임의 목적은 집주인의 부와 명예를

* 14:33b–36은 예외인데, 이 대목은 나중에 삽입된 것이 분명합니다. Gordon Fee, *The First Epistle to the Corinthians*, New International Commentary on the New Testament (Grand Rapids:Eerdmans, 1987), 699–712.

** 이것은 바울 문헌에서도 가장 논란이 된 주장일 것입니다. 이 주제에 대한 사려 깊은 논의로는 다음을 보십시오. Jouette M. Bassler, "1 Corinthians," in *The Women's Bible Commentary*, ed. Carol Newsom and Sharon Ringe (Louisville, KY:Westminster John Knox Press, 1998), 411–19.

과시하고, 그리스의 영향을 받은 로마 사회의 복잡한 피라미드의 아래쪽 사람들에게 아량을 베푸는 모습을 세상 사람들에게 보여주는 것입니다(부유한 도시 남성의 집은 의도적으로 거리 쪽으로 트여 있습니다).

고린도 교회에서 음식을 준비한 기독교인들은 그런 모임에서 익숙한 접대 관습을 교회 안에서 그대로 이어갔던 것 같고, 그 때문에 격분한 사도는 "그것은 주님의 만찬을 먹는 것이 아닙니다"(20절, 새번역)라고 말하며 그들의 관습이 성찬이 아닌 다른 것이라고 지적합니다. 일찍 온 사람들(음식 제공자와 동등한 부자들)이 늦게 온 사람들(사회적으로 지위가 낮은 사람들)보다 더 잘 먹고 마시는 상황은 회중이 하나이고 세례받은 사람의 정체성을 공유한다는 말이 모두 허위임을 드러냅니다. 음식이 다 떨어진 후에 도착한 사람은 시장하고, 잔치가 시작될 때부터 술을 마신 사람은 취해 있습니다. 일부러 손님을 취하게 하는 것은 현대의 사교클럽 하우스에서만 일어나는 일이 아닙니다. 그레코로만 도시에서는 이 행위가 잔치 주최자의 포도주 저장고가 얼마나 풍요롭고 우월한지를 과시하는 관행이었습니다.

이런 상황을 바로잡기 위해 바울은 고린도에 있는 그리스도인들에게 전에 했던 말을 다시 한번 반복합니다. '내가 너희에게 전한 것은 주께 받은 것이니'(23절). 역사적 맥락이 중요합니다. 성찬이 있던 때는 '주께서 잡히시던 밤'이었습니다. '잡히시던'이라는 단어는 물론 유다의 배신을 암시하지만, 사실 이 단어는 헬라어로 '내가 … 전한'과 같은 동사이고 바울서신에서는 하나님께서 예수님을 죽음에 내주심을 가리킬 때 더 자주 쓰입니다(참조. 롬 4:25, 8:32). 예수님의 잡히심과 재판, 처형은 단순히 로마의 사법 정의가 무너졌음을 알리는 것이 아닙니다. 그것은 구원하시려는 하나님의 의도의 결과입니다.

주 예수님은 떡을 들어 감사를 드리고 떼어 함께 식탁에 앉은 사람들에게 주시면서, 유월절 만찬의 순서를 따르실 뿐만 아니라 그 떡을 '너희를 위하는 내 몸'(24절)으로 근본적으로 재해석하십니다. 여러 초기 사본이 바울의 설명과 복음서의 내용을 조화시키려고 '너희를 위하여 찢긴' 또는 '너희를 위하여 주어진'을 추가하지만, 둘 다 불필요합니다. 바울에게 예수님의 몸은 언제나 십자가에 못 박히신 분의 찢긴 몸이고, 언제나 우리를 위한 몸입니다.

그래서 잔에 대한 언어도 유월절 만찬을 상기시키고 거기에 통상적인 의미를 넘어서는 의미를 부여합니다. 매년 출애굽의 구속을 기념하는 유월절은 예수님의 죽음의 영향으로 인해, 죄와 죽음의 세력에 대한 하나님의 동터 올 우주적 승리와 다가오는 성취에 대한 약속을 매주 상기시키는 날로 변모합니다. '이 잔은 내 피로 세운 새 언약이니'(25절). '새 언약'은 성경을 아는 회중으로 하여금 예레미야 31:31(눅 22:20. 참조. '새' 언약이라고 말하지 않는 마 26:28, 막 14:24)을 떠올리게 하고, 예수님의 죽음과 부활 안에서 하나님께서 이스라엘과의 언약을 예수님의 신실함을 통해 이방인에게까지 확장하신다는 바울의 선포를 강화합니다.

떡과 잔은 모두 예수님을 '기념하는' 물건입니다. 이것은 인지적 기억에 불과한 것이 아니라 명백한 행동적 기억입니다. 이스라엘이 하나님의 율법을 기억하는 것(출 20:8, 삿 8:34) 및 하나님께서 언약을 기억하시는 것(창 9:15, 레 26:42, 시 137:7)과 유사합니다. 이스라엘에게 기억한다는 것은 하나님의 명령에 순종하는 것을 의미합니다. 하나님께서 기억하신다는 것은 언약 백성을 구원하신다는 뜻입니다. 그리스도인에게 예수님을 기억한다는 것은 그분의 죽음과 부활의 결과를 (재)전유하고, 자신을 그리스도의 몸으로 알고, 서로를 위해 자신의 특권을 포기하고, 그리스도께서 그러셨던 것처럼 세상을 위해 목숨을 내어놓고, 식탁에서 '서로 기다리며'(고전 11:33), 하나님께서 우리를 사랑하시는 것처럼 서로를 사랑한다는 것입니다.*

설교적 관점

피부가 뽀얗고 땋은 금발 곱슬머리에서 머리카락이 계속 빠져나오는 다섯 살짜리 소녀가 소녀가 엄마와 함께 예배드리러 왔습니다. 저는 교회에서 소녀의 뒷자리에 앉아 있었는데 소녀가 엄마에게 큰 소리로 속삭였습니다.

"배고파요! 목말라요!"

어머니가 말했습니다. "알아, 아가야. 예배가 곧 끝날 거야. 이따 다과 모임이 있으니 간식 먹으러 가자."

"아뇨." 소녀가 조금 더 큰 목소리로 말했습니다. 사람들이 쳐다보기 시작했습니다. "배고프고 목말라서 가고 싶어요!"

어머니가 말했습니다. "엄마도 알아, 얘야. 쉿! 자, 찬송가를 함께 부르자."

소녀가 말했습니다. "배도 고프고 목말라요. 나도 성찬 받고 싶어요!" 소녀는 어머니의 손을 끌고 예배당 가운데 통로로 나가 성찬대로 향했습니다.

교회력의 모든 저녁 중에서 오늘 저녁에 우리는 성만찬에 '주리고 목마릅니다.' 우리는 최후의 만찬 식탁에서 무슨 일이 있었는지 이해하고 싶은 갈망을 안고 성목요일에 모입니다. 예수님이 즉석에서 유월절 식사에 새로운 변화를 주시면서 제자들에게 무엇을 말하려 하셨는지 이해하길 갈구합니다. 고난주간의 시련 속으로 들어가면서 식탁에서 이루어진 그 친밀한 교제의 경험에 목말라합니다. 오늘 밤 설교의 핵심은 바로 그 만찬입니다. 이 밤에 가장 풍성한 성만찬을 경험하려면 우리는 설교의 식탁을 어떻게 차려야 할까요? 교회의 심장에 지울 수 없는 기억으로 새겨진 이 식사의 신비를 어떻게 주해해야 할까요?

오늘 본문에서 바울은 예수님의 말씀을 향수에 젖은 채로 낭독하지 않습니다. 대신 자신이 이해하는 그 식사의 의미를 선포합니다. 본문의 사회적 맥락에서 그 의미에 대한 몇 가지 단서를 찾을 수 있습니다. 고린도 교회의 구성원들은 당시에 사회적으로 용인되던 관행을 따르고 있습니다. 부유한 교인들이 가난한 교인들과 떨어져서 자기들끼리 의례적인 저녁 식사를 하고 있습니다. 모두 같은 집 안에 있는데도 말입니다! 더욱이, 가난한 교인들 중에는 저녁 식사를 할 형편이 안 되는 이들도 있습니다!

바울은 오늘 본문에서 드러나는 불의에 대해 이야기합니다. 그는 고린도 교인들이 '다시 지체로 회복되기'(re-member) 위해 기억하기

* 보다 자세한 내용은 다음을 보십시오. Nils A. Dahl, "Anamnesis:Memory and Commemoration in Early Christianity," in *Jesus in the Memory of the Early Church* (Minneapolis:Augsburg, 1976), 11–29.

(remember)를 원합니다. 교인들이 함께 식사를 하면서 그리스도의 말씀을 기억하는 목적은 그리스도의 공동체로서 하나가 되고, 그들 사이의 (사회적으로 용인할 만한 것이든 아니든) 장벽을 허물고, 서로 및 하나님과 맺은 언약 안에서 재결합하는 것입니다. 기념이라는 예전적 행위와 급진적이고 새로운 공동체에서 언약 맺기라는 공동체적 행위는 바울에게 선포의 수단이 됩니다. 선포의 내용은 '주의 죽으심'이라는 기쁜 소식입니다.

십자가에서 처형당하신 예수님의 희생적 죽음은 기독교 신앙의 위대하고도 충격적인 신비입니다. '희생'이라는 단어는 고통의 동의어이자 한 생명을 다른 생명으로 대신하는 것의 동의어가 됐습니다. 마커스 보그(Marcus J. Borg)와 존 도미닉 크로산(John Dominic Crossan)은 이 단어를 경험할 세 번째 방법을 제시하면서 희생(sacrifice)의 어원이 라틴어 문구 *sacrum facere*(신성하게 만들다)라는 데 주목합니다.* 예수님의 죽음은 인간의 불의한 폭력에 맞서 인간의 생명을 신성하게 만들었습니다. 이것이 제자들과 함께 나누신 최후의 만찬인 유월절 식탁에서 예수님이 선포하신 말씀입니다.

유월절 전통과 당시 성전 희생제사의 전통에 따라, 예수님은 제자들과 함께 식사하며 하나님의 신성한 정의의 임재가 임박했음을 선포하십니다.** 하나님께서는 궁극적으로 생명의 식탁을 차리시는 분이고, 그분의 형상대로 창조된 우리 모두를 동등한 지위의 손님으로 초대하십니다. 이 사실을 마음속 깊이 새기는 공동체에서 식사할 때, 우리는 떡을 떼면서 서로를 위해 자신의 삶을 깨뜨려 열도록 초대받습니다. 포도주를 붓고 잔을 나누면서 서로 및 하나님과 맺은 언약에 우리의 삶을 쏟아붓도록 초대받습니다. 우리는 이 식사를 하면서 예수님과 '함께' 죽음과 부활에 참여합니다.

이 밤에 공동체 구성원들을 식탁으로 인도하는 설교자는 그들의 삶 전체를 이 잔치에 가지고 나오라고 초대합니다. 설교자는 바울이 고린도 교인들에게 한 권면을 통해 무엇이 그들의 마음과 공동체의 마음을 분열시키는지 생각해 보라고 초대합니다. 소속 교단에서 분열을 일으키는 것은 무엇입니까? 보편교회를 분열시키는 것은 무엇입니까? 설교자의 임무는 듣는 이로 하여금 기도와 고백을 통해 자신의 약함을 드러내며 분열을 분열이라 부르고 인정해 변화가 일어날 수 있게 하는 것입니다.

설교자는 성목요일 저녁의 중심 이야기를 둘러싸고 있는 다른 이야기들도 고려할 수 있습니다. 여러 이야기를 동시에 들으면 각 이야기가 서로를 조명해 줍니다. 어떤 이야기가 인간의 불의에 맞선 하나님의 공의에 대해 말합니까? 어떤 이야기가 속박된 사람들을 해방으로 이끄시는 하나님의 행하심을 들려줍니까? 어떤 이야기가 빵과 사랑으로 세상을 먹이시는 하나님의 풍요로움에 대해 말합니까? 그런 이야기들은 성서의 구원사, 역사 속 성도들과 성인들의 삶, 교회로 모인 사람들의 삶에서 나올 수 있습니다. 예배 때 그런 이야기들을 들려주면 언약에 충실하고자 하는 공동체의 삶을 나

* Marcus J. Borg and John Dominic Crossan, *The Last Week:What the Gospels Really Teach about Jesus's Final Days*, (San Francisco:HarperSanFrancisco, 2006), 37.

** Ibid, 118.

누고, 공동체의 희망과 꿈을 나누는 데 도움이 될 수 있습니다.

성목요일에 우리가 성만찬 식탁으로 가져오는 주림과 목마름은 하나님 및 서로와 맺은 언약을 기억하기 위한 것입니다. 우리는 성만찬이라는 식사 예식을 통해 우리의 마음이 깨어져 열리고, 쏟아부어지고, 변화되기를 갈망합니다. 우리의 마음이 깨어지고 연약해질 때 비로소 사랑을 통해 진정으로 변화될 수 있습니다. 예수님이 하나님의 사랑과 정의를 위해 자신의 생명을 깨뜨려 내주셨을 때, 그분의 죽음은 부활을 통해 새로운 생명으로 변화됐습니다. 이 식사는 예수님이 십자가에서 행하셨던 것처럼 우리도 스스로를 비울 수 있는 기회입니다. 부활 안에서 하나님의 은혜와 사랑의 능력으로 충만해질 수 있도록 말입니다.

성목요일

요한복음 13:1~17, 31b~35

1 유월절 전에 예수께서 자기가 세상을 떠나 아버지께로 돌아가실 때가 이른 줄 아시고 세상에 있
는 자기 사람들을 사랑하시되 끝까지 사랑하시니라
2 마귀가 벌써 시몬의 아들 가룟 유다의 마음에 예수를 팔려는 생각을 넣었더라
3 저녁 먹는 중 예수는 아버지께서 모든 것을 자기 손에 맡기신 것과 또 자기가 하나님께로부터 오
셨다가 하나님께로 돌아가실 것을 아시고
4 저녁 잡수시던 자리에서 일어나 겉옷을 벗고 수건을 가져다가 허리에 두르시고
5 이에 대야에 물을 떠서 제자들의 발을 씻으시고 그 두르신 수건으로 닦기를 시작하여
6 시몬 베드로에게 이르시니 베드로가 이르되 주여 주께서 내 발을 씻으시나이까
7 예수께서 대답하여 이르시되 내가 하는 것을 네가 지금은 알지 못하나 이후에는 알리라
8 베드로가 이르되 내 발을 절대로 씻지 못하시리이다 예수께서 대답하시되 내가 너를 씻어 주지
아니하면 네가 나와 상관이 없느니라
9 시몬 베드로가 이르되 주여 내 발뿐 아니라 손과 머리도 씻어 주옵소서
10 예수께서 이르시되 이미 목욕한 자는 발밖에 씻을 필요가 없느니라 온몸이 깨끗하니라 너희가
깨끗하나 다는 아니니라 하시니
11 이는 자기를 팔 자가 누구인지 아심이라 그러므로 다는 깨끗하지 아니하다 하시니라
12 그들의 발을 씻으신 후에 옷을 입으시고 다시 앉아 그들에게 이르시되 내가 너희에게 행한 것을
너희가 아느냐
13 너희가 나를 선생이라 또는 주라 하니 너희 말이 옳도다 내가 그러하다
14 내가 주와 또는 선생이 되어 너희 발을 씻었으니 너희도 서로 발을 씻어 주는 것이 옳으니라
15 내가 너희에게 행한 것같이 너희도 행하게 하려 하여 본을 보였노라
16 내가 진실로 진실로 너희에게 이르노니 종이 주인보다 크지 못하고 보냄을 받은 자가 보낸 자보
다 크지 못하나니
17 너희가 이것을 알고 행하면 복이 있으리라
31 예수께서 이르시되 지금 인자가 영광을 받았고 하나님도 인자로 말미암아 영광을 받으셨도다
32 만일 하나님이 그로 말미암아 영광을 받으셨으면 하나님도 자기로 말미암아 그에게 영광을 주시
리니 곧 주시리라
33 작은 자들아 내가 아직 잠시 너희와 함께 있겠노라 너희가 나를 찾을 것이나 일찍이 내가
유대인들에게 너희는 내가 가는 곳에 올 수 없다고 말한 것과 같이 지금 너희에게도 이르노라
34 새 계명을 너희에게 주노니 서로 사랑하라 내가 너희를 사랑한 것같이 너희도 서로 사랑하라
35 너희가 서로 사랑하면 이로써 모든 사람이 너희가 내 제자인 줄 알리라

신학적 관점

요한복음은 13장에서 큰 전환이 일어납니다. 예수님이 다가올 '때'(hour)를 염두에 두고 하시던 활동에서 때 자체, 즉 예수님의 십자가에서 처형당해 죽으시는 때의 도래로 넘어갑니다. 12장까지 예수님이 행하시는 모든 표적은 그 '때'의 도래를 가리키고 때가 이르면 성취되기 위한 것들입니다. '때'의 도래가 유월절 직전에 이루어지다 보니, 우리는 예수님이 죽음으로 아버지께로 떠나시는 것을 이스라엘이 애굽에서 구출된 일에 비추어 생각하게 됩니다.

실제로 요한복음에서 예수님의 죽음은 유월절 어린 양이 예루살렘 성전에서 죽임을 당하는 시점에 일어납니다. 예수님은 이스라엘 백성이 약속의 땅 가나안에서 나왔다가 그곳으로 돌아가기 위해 애굽을 떠나는 것처럼, 자신도 하나님께로부터 왔고 하나님께서 계신 집으로 돌아가기 위해 떠난다는 것을 아십니다. 이스라엘 백성이 애굽의 포로 상태에서 구출된 것이 이스라엘에 대한 하나님 사랑의 완벽한 표현인 것처럼, 요한은 예수님이 죽음으로 아버지께로 돌아가시는 것이 '자기 사람들'을 향한 사랑의 온전하고 완전한 표현이라고 말합니다.

요한은 '때'가 된 것을 이런 식으로 구성함으로써, 출애굽에서 하나님의 사랑이 나타난 방식과 예수님의 죽음에서 하나님의 사랑이 온전히 표현된 방식이 얼마나 극적으로 다른지 생각해 보라고 독자들을 초대하는 것 같습니다. 이스라엘에게 하나님의 사랑은 애굽에서 그분 백성의 비참함을 보시고, 그들이 고난 가운데 부르짖을 때 들으시고, 그들의 고통을 아시고, 하늘에서 내려오셔서 그들을 구해 내시고, 약속의 땅으로 데려가시고, 그들이 그곳에서 평화롭게 사는 방식으로 드러납니다(출 3:7-10). 그 과정에서 하나님께서는 그분의 백성을 억압하고 괴롭히는 그들의 원수들을 죽음에 내던지십니다(출 15:21). 이스라엘 백성들은 하나님의 사랑이 이렇게 작용한다는 것을 알기 때문에, 고난 속에서 하나님께 부르짖을 수 있습니다. 하나님께서 자신들의 고난을 보시고, 부르짖음을 들으시고, 자신들의 고통을 아시고, 압제자들을 죽음에 넘겨 자기들을 죽음에서 건져내실 것이라고 확신하기 때문입니다(시 57:3). 신자들은 죽음에서 풀려나고 자신을 억압하던 자들을 의기양양하게 바라볼 때 하나님께서 자신을 사랑하신다는 것을 알게 됩니다(시 59:10).

예수님이 죽음의 때가 이르기 전까지 행하신 일들은 하나님의 사랑을 출애굽의 패턴에 따라 표현하는 것으로 보입니다. 그 정점에 있는 사건이 예수님이 예루살렘에 입성하기 전에 행하신 마지막 표적, 나사로를 사망의 권세에서 일으키신 일입니다. 나사로를 살리신 것은 출애굽 당시 유대인들이 체험했던 하나님의 사랑을 떠올리게 하는 대표적 표현이라 할 수 있습니다. 하지만 예수님이 실제로는 사랑을 이와 근본적으로 다르게 이해하고 계십니다. 이는 제자들에게도 우리에게도 전혀 예상치 못한 놀라움으로 다가옵니다. 자기 사람들을 죽음의 권세에서 구해내지 않는 사랑, 오히려 자신을 자유롭고 자발적이며 온전히 죽음에 내줘 제자들이 그들을 미워하는 사람들의 손에 그대로 죽임을 당할 수밖에 없는 무력한 상태에 처하도록 내버려두는 사랑이라니요. '때가 이르면 무릇 너희를 죽이는 자가 생각하기를 이것이 하나님을 섬기는 일이라 하리라'(요 16:2).

하나님의 사랑을 표현한 것이라 하지만 전혀 사랑처럼 보이지 않고 오히려 이스라엘 자손이 하나님의 진노 아래서 경험했던 바와 비슷해 보입니다. 이렇게 근본적으로 다른 사랑의 개념을 고려한다면, 때가 이르렀을 때 예수님을 가장 가까이 따랐던 이들이 그분을 떠나 버렸다는 것은 놀라운 일이 아닙니다. 그런 결과는 유다가 예수님을 배반할 것이고 베드로가 예수님을 부인할 것이라는 예언에 드러나 있습니다. 제자들이 예수님은 아버지께로부터 오셨고 아버지께로 돌아가신다고 고백할 때조차도, 예수님은 그들이 그 의미를 전혀 이해하지 못한다는 것을 아십니다. 왜냐하면 그들은 예수님이 아버지께 돌아가심이 그분의 죽음으로 구현되는 것을 보는 순간 모두 그분을 버리고 홀로 내버려둘 것이기 때문입니다(요 16:31-32).

예수님은 사랑을 근본적으로 다르게 이해하신 것처럼, 권력과 권위도 근본적으로 다르게 이해하십니다. 독자는 예수님이 '아버지께서 모든 것을 자기 손에 맡기신 것'(3절)을 아신다는 말을 듣습니다. 독자는 이 말이 예수님이 '권세와 영광과 나라'를 받아 '모든 백성과 나라들과 다른 언어를 말하는 모든 자들이 그를 섬기게'(단 7:14) 되는 것을 의미한다고 예상할 것입니다. 하지만 예수님은 이러한 예상을 완전히 저버리고, 식탁에 기대어 누운 제자들의 발을 씻기시며 그들의 종처럼 행동하셨습니다. 베드로는 '내 발을 절대로 씻지 못하시리이다'(8절)라고 말하며 예수님이 노예처럼 섬기시는 행위를 받아들이지 않습니다. 이것은 그가 예수님이 예루살렘으로 가서 고난을 받고 죽으실 것이라는 예언을 거부하던 모습(마 16:22)과 유사합니다. 하나님과 동등하신 분(요 5:18), 자신에 대해 '내가 곧 나'(요 13:19, 새번역)라고 말씀하시는 분이 어떻게 가장 가까운 제자들의 노예처럼 행동하실 수 있을까요? 예수님은 그분을 따른다고 자처하는 사람들이 이 모든 것을 이해할 수 없고, 오직 그렇게 살아낼 수밖에 없다는 것을 아십니다. 그래서 예수님은 권력과 권위가 어떻게 그렇듯 겸손해질 수 있는지 우리에게 설명하시지 않습니다. 대신 서로 발을 씻겨 주라고 명령하십니다. 우리도 그분처럼 자발적인 겸손과 섬김의 힘을 경험할 수 있게 하시려는 것이지요(15절). 예수님은 그분의 생명을 죽음에 내줌으로써 어떻게 하나님의 사랑이 온전히 표현될 수 있는지 구구절절 설명하시지 않습니다. 대신에 그분이 우리를 사랑하신 것처럼 우리도 서로 사랑하라고 명령하십니다(34절). 하지만 우리는 이것이 어떻게 사랑이라는 것인지 결코 이해하지 못할 것이며, 베드로처럼 우리를 미워하는 자들에게 사로잡히고 외로이 끌려가 죽음에 이르게 될 때 비로소 이것을 믿게 될 것입니다(요 21:18-19).

목회적 관점

세족식은 민망하고 낯선 일입니다. 성도 대부분의 입장에서는 다행히도 선택 사항입니다. 왜인지는 모르나, 일부 예전 전통에서는 예수님이 공관복음에서 "이것을 행하여 나를 기념하라"라고 말씀하신 대목의 '이것'이 그날 저녁 전체와 제4 복음서까지 아우른다고 봤습니다. 우리는 세족식을 할 때 우리가 정확히 무엇을 하고 있다고 생각할까요? 주님은 우리가 세족식의 방법을 놓고 고민하는 데 많은 시간을 보낸다는 것을 아십니다. 전례를 수행할 때는 왜, 어떻게 하는지 철저하게 이해하지 못한 상태로 진행해서는 안 됩니다. 그러나 우리는 뭘 하고 있나요?

요한복음은 으레 그렇듯 당혹스러움과 도전과 경이로움이 뒤섞인 메시지를 전합니다. 기독교인들에게 '가장 좋아하는' 복음서가 무엇인지 물어보면 절반 넘게 '요한복음'이라고 답할 것입니다. 그렇다면 저는 최근에 요한복음을 읽어 보셨는지 묻고 싶습니다. '하나님이 세상을 이처럼 사랑하사' 등의 유명한 구절들이 있다 보니 요한복음을 일부분만 읽기 쉽지만 요한복음 전체를 읽으면, 미처 예상하지 못했던 내용을 발견하게 될 것입니다.

제4 복음서에서는 예수님이 세례를 받으시고 성만찬을 제정하시는 장면이 나오지 않습니다. 매 순간 상황을 완전히 장악한 상태로 때가 오기까지 기다리시고, 겟세마네에서 고뇌하며 기도드리는 대신 고별설교를 하시고 당당히 나아가 자신을 배신하고 잡으러 올 자들을 맞이하십니다. 재판을 받고 고문과 처형을 당하실 때도 매 순간 아이러니하게 느껴질 만큼 상황을 장악하고 계십니다. 어느 정도인가 하면 제4 복음서에서 예수님은 처형돼 죽으시는 것이 아니라 다 이루었다고 선언하신 뒤 머리를 숙이고 목숨을 버리십니다. 누구도 그분에게 빼앗아 갈 수 없는 목숨, 그분의 아버지께서 우리 모두에게 주실 목숨입니다.

이 거룩한 밤에 우리가 읽는 장면은 요한복음에만 나옵니다. 다른 복음서에서 예수님은 먹이고 고치고 쫓아내시는 등 섬김을 베푸십니다. 요한복음에서 예수님은 옷을 벗고 무릎을 꿇고 제자들을 씻기시며 그들에게 서로를 위해 똑같이 하라고 말씀하십니다. 여기서 예수님은 우리가 사랑하는 빌립보서 2장의 그리스도 찬가 내용대로 행하시어 종의 모습을 취하십니다. 그 모습은 약 350년 전 제러미 테일러(Jeremy Taylor)가 예수님에 대해 썼던 그대로입니다.

> 예수님은 그들의 머리가 아니라 발을 씻겨 주기로 하셨습니다. 보다 낮은 자세를 취하고 자신의 사랑을 더 적절하게 보여 주기 위한 선택이었습니다. 하나님께서는 이처럼 그분의 종들을 섬기시고자 모든 것을 내려놓으십니다. 하늘이 땅을 향해 몸을 굽히고 깊은 바다가 서로 부르며 (인류의) 불행이 무한하게 느껴질 만큼 크다고 해도 하나님의 광대하심만큼 큰 그분의 자비는 그것을 초월합니다.*

오늘 밤 많은 사람의 머리에는 우리가 무엇을 하고 있다고 생각하느냐는 질문과 유사한 두 번째 질문이 들어앉습니다. 그것은 예수님이 하신 질문입니다. "내가 너희에게 한 일을 알겠느냐?"(12절, 새번역). 이번에 제자들은 현명하게도 대답하지 않습니다. 예수님이 까다로운 질문을 하신다는 것을 그동안 겪어서 잘 알기 때문입니다.

'내가 너희에게 한 일을 알겠느냐?' 이 질문에

* *The Whole Works of Jeremy Taylor* (London: Longman, Brown, 1856), 2:628–29.

대답할 수 없다면, 대답하려는 노력이라도 하지 않는다면, 예수님이 대야와 수건, 빵과 포도주로 무엇을 하고 계시는지 어떻게 알 수 있겠습니까? 예수님은 제자들에게 '내가 너희에게 행한 것같이 너희도 행하라'(15절)라고 권고하십니다. 그것이 무엇인지 이해하지 못한다면 어떻게 그것을 본받을 수 있겠습니까?

'내가 너희에게 한 일을 알겠느냐?' 이것이 오늘 밤, 내일, 토요일에 생각해야 할 질문입니다. 매일 고민해야 할 질문입니다. 우리를 위해 행하셨고, 항상 행하시는 그리스도의 '구원' 사역은 십자가에만 국한된 것이 아닙니다. 그것은 탄생과 세례, 가르침과 치유, 몸과 피, 대야와 수건, 삶과 죽음을 아우릅니다.

그래서 다시 묻습니다. 예수님이 우리를 위해 하신 일을 알고 있습니까? 우리가 지금 행하고 있는 이 일이 정말 무엇을 의미하는지 제대로 알고 있습니까? 우리가 발을 씻고 먹고 마시는 행위가 의미 있으려면, 그것이 예수님의 질문과 명령에 대한 응답이 되어야 합니다. 서로의 발을 씻어 주라는 명령뿐 아니라 예수님이 우리를 사랑하신 것처럼 서로 사랑하라는 명령에 대한 응답이어야 합니다.

우리는 이 사랑의 섬김이 어떤 모습으로 나타나고 어떤 의미가 있는지 혼란스러워하며 경건한 모방을 제자도로 착각합니다. 제4 복음서는 이런 우리에게 도움을 줍니다. 저자는 도발적 저의가 담긴 용어를 선택해 예수님의 행동을 묘사합니다. 지금 예수님과 제자들이 그들만의 고별 만찬을 위해 식탁에 앉았는데 발을 씻겨 줄 하인이 안 보입니다. 제자들이 서로 눈치를 보면서 이렇게 생각하는 것을 상상하기는 어렵지 않습니다. '너희 중 누군가가 해야지. 나는 안 할 거야.'

그래서 예수님이 말 그대로 '저녁 잡수시던 자리에서 일어나셨습니다.' 헬라어로 보면 '일어섰다'라는 단어는 예수님이 마비 환자에게 명령을 내리시는 대목(요 5:8)과 자신의 부활을 예기적으로 묘사하시는 대목(요 2:20)에 등장하는 단어와 같습니다. 누가도 수난 예언과 부활절 기록(눅 24:6)에서 예수님의 부활을 묘사하기 위해 이 용어를 사용했습니다. 예수님이 배반의 밤에 이렇게 식탁에서 일어나 대야와 수건을 잡으신 것은 나약한 행동이 아니라 강력하고 힘을 부여하는 섬김의 행위였고, 다름 아닌 부활의 맛보기였습니다.

"그러므로 여러분이 이 빵을 먹고 이 잔을 마실 때마다, 주님의 죽으심을 그가 오실 때까지 선포하는 것입니다"(고전 11:26, 새번역). 비틀거리면서 또는 발을 끌면서 대야와 수건을 가지러 갈 때마다 우리는 사랑으로 섬길 수 있는 능력을 갖게 됩니다. 그것은 서로 사랑하는 것이 무엇을 의미하는지 확실히 미리 맛보는 일입니다. 성찬의 떡과 포도주가 천국의 맛보기인 것처럼 말입니다.

오늘 밤 교회에는 슬픔, 상실감, 후회, 심지어 두려움과 같은 강력한 감정들이 퍼져 있을 것입니다. 그러나 예수님이 퍼뜨리신 강력한 감정들인 헌신, 확신, 결심도 함께 있을 것입니다. 테일러의 말처럼, 하나님께서는 오늘 밤 '모든 것을 내려놓으십니다.' 여기 모인 성도들이 자기는 무엇을 내려놓을 수 있을지, 무엇을 들어 올릴 수 있을지 생각해 보는 것도 나쁘지 않을 것입니다.

주석적 관점

십자가 처형 전날 밤, 제자들은 예수님과 함께 저녁 식사를 하기 위해 모였습니다. 공관복음은 이 모임을 유월절을 기념하는 자리로 기억하지만, 요한은 이 식사가 '유월절 전에'(1절) 있었음을 밝힙니다. 공관복음과 요한복음 모두 예수님의 죽음을 유월절과 연결하지만, 요한의 방식은 좀 다릅니다. 그는 예수님이 십자가에 못 박히도록 넘겨지는 순간에 유월절의 시작을 서술합니다(19:14). 요한에게 최후의 만찬의 초점은 식사가 아니라 발을 씻는 행위에 있습니다.

오늘 본문의 도입부는 예수님의 '때'가 이르렀음을 선언합니다(1절). 요한은 예수님의 때가 '아직 이르지 않았다'(2:4, 7:30, 8:20)라고 말함으로써 그분의 때가 도래할 것을 기대하게 했습니다. 요한복음에서 예수님의 때는 십자가 처형의 순간뿐 아니라 부활과 승천도 포함합니다. 예수님의 때가 이르렀음을 알리는 1절은 예수님이 발을 씻기시는 장면을 그분의 사역의 정점을 이루는 다른 사건들과 연결합니다.

본문의 도입부는 발을 씻기는 장면을 예수님 사랑의 모범적 사례로 제시합니다. 예수님은 자기 사람들을 '끝까지'(헬라어 '에이스 텔로스') 사랑하십니다. 이 표현은 '극진히'라고도 번역할 수 있습니다. 두 경우 모두, 예수님이 십자가에서 목숨을 버리실 것을 암시합니다. 하지만 이 문구 이후에 발을 씻기는 이야기가 진행되고, 그로 인해 발을 씻기는 일을 예수님의 사랑의 행위로 바라보게 됩니다. (성서정과는 34절의 사랑하라는 명령으로 오늘 본문을 마무리함으로써 이런 효과를 강화시킵니다.)

여기서 사랑을 뜻하는 헬라어는 아가파오입니다. 이 사랑을 우정의 사랑인 필레오와 명백히 구분되는 것으로 규정하는 일은 흔한 실수입니다. 요한은 이 두 용어를 동의어로 사용합니다. 예를 들어, 두 동사 모두 예수님에 대한 하나님의 사랑을 말하는 데 사용합니다(예. 3:35, 5:20). 요한에게는 어휘적 구분이 중요하지 않습니다. 오늘 본문에서 예수님 사랑의 본질을 밝혀 주는 일은 제자들의 발을 씻기는 행위입니다.

1세기 사람들은 제자들의 발을 씻기는 예수님의 행위를 겸손과 섬김의 행위로 이해했을 것입니다. 4~5절은 예수님의 행동을 자세히 설명하고 있고 예수님이 맡으신 종의 역할을 주목하게 합니다. 예수님과 베드로의 대화도 이와 비슷한 효과를 만들어 냅니다(6-10절). 베드로는 예수님의 행동이 부적절하다고 생각하는 것 같습니다. 그는 두 번이나 씻기기를 거부하고(6, 8절), 예수님이 너가 너를 씻기지 않으면 너는 나와 '아무 상관이 없다'(8절)고 말씀하시자 비로소 물러섭니다. 여기 나오는 '상관'(몫, 헬라어 '메로스')이라는 단어는 요한복음에 자주 등장하지 않습니다. 이 단어는 고별설교 후반부에 예수님이 쓰신 단어들과 맞닿아 있습니다. 예수님은 제자들을 위해 '거처'를 마련하러 아버지 집에 가신다고 말씀하셨고(14:2-3) 예수님 안에 '거하라'고 더 자주 가르치셨습니다(예. 15:4-7). 베드로가 예수님의 제자로 남으려면 그분의 사랑과 섬김을 받아야 합니다.

예수님의 행동의 의미는 발을 씻기는 대상에 유다가 포함되면서 더욱 분명해집니다. 요한은 유다가 이 무리에 포함돼 있다고 처음부터 지적합니다(2절). 그리고 11절에는 예수님이 유다가 배신할 줄 미리 아셨다고 명시적으로 기록돼 있습니다. 예수님은 다가올 사건을 다 아셨고, 자신의 '때'가 이른 순간에 배신자의 발을 씻겨 주십니다. 이 행위를 통해 드러나는 예수님의 사랑은 그분의 생명을 위협하는 사람까지 아우릅니다.

제자들은 예수님의 본을 따라야 합니다. 예수님은 제자들이 서로의 발을 씻겨야 한다고 분명히 말씀하십니다(15절). 또한 '서로 사랑하라'라고 명하시면서 '내가 너희를 사랑한 것 같이'라는 지침을 제시하십니다(34절). 기독교인의 사랑은 예수님의 사랑을 본받는 것이며, 요한복음 13장에서는 그 사랑을 발을 씻기는 일을 중심으로 제시됩니다. 일부 해석자들은 '서로 사랑하라'(34-35절)라는 명령을 기독교인들 사이에만 해당하는 교회 내부를 향한 명령으로 이해했습니다. 물론 예수님의 모범적인 사랑의 행위는 제자들을 향한 것이지만, 그 사랑에 유다가 포함됐다는 사실은 '서로'를 향한 사랑이 신자들에게만 국한될 수 없음을 알려 줍니다. 문맥상 34~35절은 예수님을 따르는 사람들의 대표적 특성이 사랑이라고 규정하고, 그 사랑을 받는 대상에는 제한을 두지 않습니다.

오늘 본문의 언어는 예수님이 보여주신 사랑의 본을 따르는 것이 곧 하나님과 예수님을 섬기는 행위임을 시사합니다. 16절의 '종이 주인보다 크지 못하고'는 '노예는 주인보다 크지 않다'로도 번역할 수 있습니다. 하나님의 노예라는 표현은 전통적 은유입니다(예. 롬 1:1). '하나님의 노예'는 하나님의 소유가 되어 그분을 섬기는 일에 전적으로 헌신하는 사람입니다. 발을 씻기는 예수님의 행위를 따르는 제자들도 자신이 씻겨 주는 사람과의 관계에서 노예의 역할을 맡게 되지만, 예수님의 말씀에 따르면 그 행위는 하나님을 섬기는 일입니다.

발을 씻기는 것은 사랑의 행위일 뿐만 아니라 제자들의 '정결'과도 관련이 있습니다. 베드로는 예수님이 자기 발을 씻기는 것을 세 번째로 반대할 때 전략을 바꿉니다. 그는 예수님이 발을 씻기시는 것을 더 이상 거부하지 않고 자기 발뿐만 아니라 손과 머리까지 모두 씻겨 달라고 말합니다(9절). 예수님은 이렇게 대답하십니다. "이미 목욕한 자는 발밖에 씻을 필요가 없느니라 온몸이 깨끗하니라 너희가 깨끗하나 다는 아니니라"(10절).

이 말씀에는 두 가지 잠재적 의미가 있습니다. 먼저, 오늘 말씀에서 베드로는 예수님이 자신에게 발은 더럽지만 나머지 부위는 깨끗하다고 말씀하시는 것으로 이해했을 것입니다. 그렇다면 예수님이 베드로의 발만 씻기신 일이 이해가 됩니다. 그런데 내레이터의 부연설명(11절)은 두 번째 의미, 즉 유다를 제외한 제자들이 '깨끗하다'라는 뜻을 암시합니다. 어느 경우든, 발 씻기기의 목적은 사람을 깨끗하게 만드는 데 있지 않습니다. (만약 그렇다면 유다에게도 같은 효과가 있어야 했을 것입니다.) 이것은 발을 씻기는 일이 예수님의 제자들이 받아들이고 수행해야 하는 겸손한 섬김과 사랑의 행위임을 다시 한번 알려 줍니다.

설교적 관점

고난주간 설교는 성서의 힘을 신뢰하고 그 서사 안에 머물도록 초대합니다. 모든 드라마와 긴장감, 결말이 성서의 서사 안에 이미 들어있기 때문입니다. 과장은 필요하지 않습니다.

성목요일, 성금요일, 성토요일에 설교를 들으러 오는 사람들은 우리 신앙의 신비에 푹 잠기기 위해 오는 것입니다. 그러니 이 신비의 드라마가 펼쳐질 수 있도록 이야기를 그냥 다시 풀어내는 설교 형식을 고수하되, 적절한 때에 몇 가지 핵심 주제를 꺼내어 숨 돌릴 여유를 주십시오. 이를 위해 예배에 참석한 사람들에게 숨 돌릴 여유를 주는 데 도움이 될 만한 세 가지 주제를 살펴보겠습니다.

첫 번째 주제는 시간 자체입니다. 오늘 본문의 이야기는 예수님이 자신의 '때'가 이른 것을 아셨다는 요한의 말로 시작됩니다. 이 '때'와 함께 예수님의 공적 사역이 끝나고 제자들만을 위한 예수님의 사역이 시작됩니다. 이때부터 예수님은 사랑하는 제자들이 영광의 때를 맞이하도록 준비시키십니다. 요한의 기록에서 이 '때'는 공관복음처럼 유월절 절기와 함께 시작되는 게 아니라 유월절 전날, 하루를 마무리하는 평범한 식사에서 시작된다는 점에 주목하십시오. 다시 말해, 이 '때'는 평범한 날, 평범한 시간에 평범한 식사로 시작됩니다. 이 본문으로 설교를 준비할 때는 성목요일 예배에 참석하는 많은 사람이 예배 시간에 따라서 점심 식사에 쓸 '한 시간'을 빼거나 퇴근 후 한 시간을 내어 교회에 왔을 수 있다는 점을 고려하십시오. 많은 사람에게 이날은 전형적인 목요일일 것입니다. 직장이나 사회는 이날의 예배를 위해 그 어떤 조정도 배려도 하지 않습니다. 일상만 놓고 보면 평범한 날이지만 사람들은 그래도 올 것입니다. 그들은 해야 할 일들, 직장에서의 압박감, 집에서의 산만함에 눌려 있지만, 기도나 찬양이나 설교가 그들의 평범한 '때'를 비범한 계시의 사건으로 채워 줄 수 있으리라는 소망을 품고 올 것입니다.

이날은 설교자가 교인들이 품는 기대와 같은 마음으로 설교단에 설 수 있는 기회입니다. 알든 모르든, 성목요일에 모인 사람들은 예수님이 자신을 사랑하는 모든 이에게 세상을 향한 교회의 사랑이라는 사명과 전략을 보여주시는 시간 속으로 걸어 들어갑니다.

따라서 두 번째 주제는 예수님이 제자들의 발을 씻기신 일이 상징하는 그분의 사명과 전략을 살펴보는 것이 되겠습니다. 예수님은 하나님 나라의 영광이 어떤 모습인지 제자들에게 보여주심으로써 그들이 그분의 '때'를 맞이할 수 있게 준비시키십니다. 하나님의 아들이신 예수님이 제자들의 발을 씻기신 일에 담긴 교훈과 의미는 그분을 따라가려는 모든 이의 사명을 요약해서 보여줍니다. 동시에 이 행위는 선교의 전략을 보여줍니다. "주이며 선생인 내가 너희의 발을 씻겨 주었으니, 너희도 서로 남의 발을 씻겨 주어야 한다"(14절, 새번역).

발을 씻기는 일에서는 성육신에서처럼 방법이 곧 메시지입니다. 예수님은 제자들의 발을 씻기는 일을 통해 자신을 높이기보다 비우는 쪽을 선택하십니다. 이 겸손한 섬김과 복종의 행위는 세상으로 들어가는 교회의 선교 모델이며, 예수님이 아버지께로 가신 후 그분을 따라가려는 모든 사람이 하나님의 '영광'을 경험하게 해 줄 수단입니다. 이 전략의 탁월함은 누구라도 따라할 수 있다는 데 있습니다. 지위, 직책, 성별, 인종에 관계없이 누구나 다른 사람을 섬길 수 있습니다. 우리가 그렇게 한다면, 이 전략은 하나님의 영광이 모든 삶에 빛날 수 있게 해 줄 것입니다. 그러므로 발을 씻기는 일은 겸손하게 상대를 높이는 행위일 뿐만 아니라 세상을 향해 어떻게 사랑해야 하는지 알리는 설교이기도 합니다. 제자들은 예수님의 이 말 없는 설교의 중요성을 놓치지 않았습니다.

이어서 세 번째로 살펴볼 만한 주제는 베드로의 항의가 담긴 답변입니다. '내 발을 절대로 씻지 못하시리이다'(8절). 우리는 예수님이 의기양양하게 예루살렘에 입성하실 때(요 12:12-19) 베드로가 느꼈던 흥분이 아직 가라앉지 않았다는 점을 기억해야 합니다. 그 자리에 있었던 '전우들'은 예수님이 '그리스도시요 세상에 오시는 하나님의 아들'(요 11:27)이심을 나타내는 일곱 가지 표적을 직접 목격했습니다. 예수님이 세상을 바로잡고 이스라엘을 잿더미에서 일으켜 세워 자신의 정체성을 온전히 증명하실 거라는 그들의 기대는 뜨겁습니다. 유월절을 맞아 예루살렘에 들어갈 때, 제자들은 군중이 정복자 영웅에게 걸맞은 에너지와 열광과 환희로 그분을 맞이하는 것을 봅니다. 하지만 그들의 발을 씻기시는 예수님은 일반적인 왕의 모습과는 전혀 다릅니다. 이것은 카이사르나 헤롯이 보여준 영광이 아니며, 베드로가 오랫동안 기다려온 메시야에게 기대했던 영광은 더욱 아닙니다!

베드로의 반응은 그에게 예수님이 어떤 일을 하시고 어떤 존재가 되셔야 하는지에 대한 나름의 환상이나 꿍꿍이가 있음을 알려줍니다. 베드로의 미래는 예수님이 가시는 길과 이어져 있으니까요. 3년 동안 예수님께 가르침을 받고 점검과 시험을 거친 끝에, 영광의 보상이 바로 눈앞에 다가왔습니다. 예수님의 승리의 때는 베드로가 자신의 지위 상승을 기대하는 때이기도 합니다. 베드로의 항변은 우리 기대에 부응하시지 않거나 우리 욕망을 채워주시지 않는 예수님을 마주할 때의 우리 모습과 닮았습니다. 베드로의 항변은 배반의 마음으로 자라날 씨앗이었습니다. 그래서 예수님은 그에게 '내가 너를 씻어 주지 아니하면 네가 나와 상관이 없느니라'(8절)라고 말씀하십니다. 베드로를 향한 예수님의 응답은 베드로뿐만 아니라 어둠 속에서 빛나는 하나님의 계시를 무시하고 싶은 유혹을 받는 모든 사람을 위한 것일지도 모릅니다.

예수님의 증언은 권력과 특권을 추구하는 본능을 전복하는 것인 만큼 우리의 직관에 어긋납니다. 하지만 이런 전복은 사랑의 방식이자 참된 제자의 표지입니다. "새 계명을 너희에게 주노니 서로 사랑하라 내가 너희를 사랑한 것같이 너희도 서로 사랑하라 너희가 서로 사랑하면 이로써 모든 사람이 너희가 내 제자인 줄 알리라"(요 13:34-35).

이것은 예수님의 '때'에 그분을 따르고자 모인 모든 사람이 마주하는 선택입니다.

GOOD FRIDAY

성금요일

이사야 52:13~53:12

시편 22편

히브리서 4:14~16, 5:7~9

요한복음 18:1~19:42

성금요일

이사야 52:13~53:12

52:13 보라 내 종이 형통하리니 받들어 높이 들려서 지극히 존귀하게 되리라
14 전에는 그의 모양이 타인보다 상하였고 그의 모습이 사람들보다 상하
였으므로 많은 사람이 그에 대하여 놀랐거니와
15 그가 나라들을 놀라게 할 것이며 왕들은 그로 말미암아 그들의 입을 봉
하리니 이는 그들이 아직 그들에게 전파되지 아니한 것을 볼 것이요 아
직 듣지 못한 것을 깨달을 것임이라
53:1 우리가 전한 것을 누가 믿었느냐 여호와의 팔이 누구에게 나타났느냐
2 그는 주 앞에서 자라나기를 연한 순 같고 마른 땅에서 나온 뿌리 같아서
고운 모양도 없고 풍채도 없은즉 우리가 보기에 흠모할 만한 아름다운
것이 없도다
3 그는 멸시를 받아 사람들에게 버림받았으며 간고를 많이 겪었으며 질고
를 아는 자라 마치 사람들이 그에게서 얼굴을 가리는 것 같이 멸시를 당
하였고 우리도 그를 귀히 여기지 아니하였도다
4 그는 실로 우리의 질고를 지고 우리의 슬픔을 당하였거늘 우리는 생각
하기를 그는 징벌을 받아 하나님께 맞으며 고난을 당한다 하였노라
5 그가 찔림은 우리의 허물 때문이요 그가 상함은 우리의 죄악 때문이라
그가 징계를 받으므로 우리는 평화를 누리고 그가 채찍에 맞으므로 우
리는 나음을 받았도다
6 우리는 다 양 같아서 그릇 행하여 각기 제 길로 갔거늘 여호와께서는 우
리 모두의 죄악을 그에게 담당시키셨도다

7 그가 곤욕을 당하여 괴로울 때에도 그의 입을 열지 아니하였음이여 마
치 도수장으로 끌려가는 어린 양과 털 깎는 자 앞에서 잠잠한 양같이 그
의 입을 열지 아니하였도다
8 그는 곤욕과 심문을 당하고 끌려갔으나 그 세대 중에 누가 생각하기를
그가 살아 있는 자들의 땅에서 끊어짐은 마땅히 형벌 받을 내 백성의 허
물 때문이라 하였으리요
9 그는 강포를 행하지 아니하였고 그의 입에 거짓이 없었으나 그의 무덤
이 악인들과 함께 있었으며 그가 죽은 후에 부자와 함께 있었도다
10 여호와께서 그에게 상함을 받게 하시기를 원하사 질고를 당하게 하셨
은즉 그의 영혼을 속건제물로 드리기에 이르면 그가 씨를 보게 되며 그
의 날은 길 것이요 또 그의 손으로 여호와께서 기뻐하시는 뜻을 성취하
리로다
11 그가 자기 영혼의 수고한 것을 보고 만족하게 여길 것이라 나의 의로운
종이 자기 지식으로 많은 사람을 의롭게 하며 또 그들의 죄악을 친히 담
당하리로다
12 그러므로 내가 그에게 존귀한 자와 함께 몫을 받게 하며 강한 자와 함께
탈취한 것을 나누게 하리니 이는 그가 자기 영혼을 버려 사망에 이르게
하며 범죄자 중 하나로 헤아림을 받았음이니라 그러나 그가 많은 사람
의 죄를 담당하며 범죄자를 위하여 기도하였느니라

신학적 관점

이사야 53장은 "구약성경에서 가장 논란이 많은 장일 것"*이라는 평을 받습니다. 이 본문은 제2 이사야에 등장하는 네 편의 '종의 노래'(42:1-4, 49:1-6, 50:4-9, 52:13-53:12) 중 하나로 '나의 종'(49:3)의 낮아짐과 높아짐을 묘사하고 있습니다. 이사야 40~55장에는 '종'이 20번 나오는데, 그중 13번은 '여호와의 종'을 이스라엘과 아주 분명하게 동일시합니다. '종의 노래'들에 나오는 나머지 일곱 번은 본문 안에서 '종'이 누구를 의미하는지 해석상의 논란이 있습니다.

논란의 원인이 되는 두 축은 종을 집단으로 보는 해석과 개인으로 보는 해석입니다. 이스라엘은 '나의 종'(41:8-9, 49:3)으로 불립니다. 따라서 이 인물은 이스라엘을 나타낼 수 있습니다. 백성을 대표하는 왕이나 회사를 대표하는 '법인'의 개념을 생각하면 되겠습니다.

그러나 이 본문에서 종은 이스라엘에 대한 사명을 가지고 있기 때문에, 왕이나 선지자를 가리킬 수 있습니다. 모세, 선지자, 심지어 바사의 고레스왕이나 제2 이사야 저자 등 많은 성서 인물이 후보로 거론됐습니다. 이 종이 개인이라면 역사적 인물일까요, 아니면 아직 오지 않은 인물일까요? 저자는 이 인물의 개인적 특성을 부각함으로써 주님의 종의 진정한 모습을 좀 더 온전히 구현할 사람을 찾으려는 것일까요? 이렇게 오늘 본문에 나오는 종의 정체에 대한 질문이 쇄도합니다.

* Brevard S. Childs, *Isaiah*, Old Testament Library (Louisville, KY:Westminster John Knox Press, 2001), 410.

전통적으로 교회는 오늘 본문의 종이 예수 그리스도로 나타났다고 봤습니다. 그렇기 때문에 이 본문은 성금요일의 성구로 특히 적절합니다. 학자들은 '예수님이' 이 종의 모습을 '염두에 두셨는지', 종의 모습이 예수님의 사역에 영향을 줬는지를 두고 논쟁을 벌여 왔습니다. 이사야의 '종의 노래'에 나오는 여러 이미지는 신약성서 곳곳에서 발견되며(예. 요 12:37-40), 신약 시대의 초기 교회도 '고난받는 종'의 개념을 가져와 비유하고 있습니다(벧전 2:18-24). 에티오피아 내시가 빌립에게 이사야 본문에 나오는 종이 누구냐고 물었을 때(53:7, 행 8:26-40), 빌립은 '입을 열어서, 이 성경 말씀에서부터 시작하여, 예수에 관한 기쁜 소식을 전하였습니다'(행 8:35, 새번역).

신학적으로 초대 교회와 지금까지의 교회는 제2 이사야의 마음속에 무엇이 있었든, 종의 정체에 대해 다른 어떤 이론이 제시되든 상관없이 '종의 노래'가 묘사하는 인물이 예수 그리스도라고 봅니다. 제2 이사야의 시적 표현에는 저자가 알고 있던 내용 또는 저자가 원래 의도했던 인물이 누구이건 그가(저자의 의도가 집합적 이스라엘이었다면 그들이) 감당했던 역할보다 '더 온전한 의미'가 담겨 있습니다. 기독교회는 이 본문을 이렇게 수용하면서 그 안에서 묘사된 나사렛 예수의 생애와 사역과 성취야말로 교회가 '고난받는 하나님의 종'으로 고백하는 예수 그리스도의 모습이라고 이해해 왔습니다.

종의 노래들 중에서 이 본문만의 독특함은 우리가 다 '양 같아서 그릇 행하였을' 때 '우리 모두의 죄악'을 종이 담당하거나 짊어진다는 내용에 있습니다(53:6). '그가 찔림은 우리의 허물 때문'이고 '그가 상함은 우리의 죄악 때문'이며 '그가 징계를 받으므로 … 우리는 나음을 받았습니다'(53:5). 그는 '많은 사람의 죄를 담당하며 범죄자를 위하여 기도했습니다'(53:12). 어느 학자의 말처럼, 종은 '사역의 과정에서 고난을 만나고 그것을 받아들였을 뿐만 아니라 마지막 단계에서는 고난이야말로 그가 사역을 완수하고 다른 사람들을 구원하는 효과적인 수단이 됐습니다.'*

오늘 본문에는 종의 사역에 대한 이미지가 풍부하지만, 성금요일을 맞아 종을 예수 그리스도로 묘사하는 것과 관련해서는 세 가지 신학적 초점이 두드러집니다.

우리의 고통을 짊어지십니다 우리는 이 구절에 익숙합니다. '그는 실로 우리의 질고를 지고 우리의 슬픔을 당하였거늘'(4절). 여기서 '질고', '슬픔'으로 번역된 히브리어 용어는 질병, 연약함, 고통, 고난 등 다양한 의미를 전달합니다. 이는 종이 백성과 자신을, 우리와 자신을 온전히 동일시함을 가리킵니다. 우리 삶의 암울한 현실을 고난받는 분이 흡수하고 대신 짊어지십니다. 이것이야말로 '기적'이고, 우리 존재의 가장 깊은 곳에서 우리에게 감동을 주는 놀라운 주장입니다. 우리를 위해, 우리와 함께 고난받으시는 분이 우리의 모든 문제를 짊어지십니다. 신학적으로 이것은 하나님께서 예수 그리스도 안에서 인간이 되신 성육신 사건입니다. 성금요일에 하나님과 인간이 너무나 완전하고 인격적으로 동일시됐고, 그로 인해 우리의 모든 질고와 슬픔, 고통과 아픔을 하나님도 느끼시게 됐습니다. 그분이 우리의 고통을 짊어지십니다. 이제 우리는 홀로 고통을 짊어지지 않아도 됩니다. 종은 우리의 것을 가져다 자신의 것으로 만드십니다.

우리의 범죄로 인해 상처를 입으십니다 '그가 (종이) 찔림은 우리의 허물 때문이요 그가 상함은 우리의 죄악 때문'입니다(5절). 우리의 고난 너머에는 우리의 가장 심각한 문제인 죄가 도사리고 있습니다. 우리를 하나님과 분리시키는 것, 우리 삶에서 하나님을 거역하는 모든 방식, 이것이 우리의 죄입니다. 죄는 고난받는 종을 찌르고 상하게 하고 으스러뜨리고 찢어 놓습니다. 유진 피터슨은 이렇게 옮겼습니다. "그러나 실은, 우리의 죄 때문이었다. 그가 찢기고, 깨지고, 밟힌 것은, 우리의 죄 때문이었다!"(메시지). 종은 우리가 스스로 해결할 수 없는 일을 우리를 위해 행하십니다. 우리를 사랑하시는 하나님을 거스르는 최악의 상황에서 종은 우리의 죄로 상처입으시는 방법으로 우리를 구원하십니다. 이스라엘은 하나님의 뜻에 부합하는 삶과 사회를 요구하는 선지자의 목소리를 들었습니다. 우리도 같은 목소리를 듣습니다. 그리고 우리는 고난받는 종을 통해, 그런 삶이 가능하다는 것을 알게 됩니다. 고난받는 종은 '우리를 위해' 찔리고 상하십니다.

그분의 상처로 우리가 치유받습니다 고난받는 종이 상처 입음으로 '우리는 나음을 받습니다.' 이 치유는 우리 삶에 바로 지금 필요합니다. 죄를 용서받은 우리는 이 치유로 인해 온전한 삶을 살 수 있습니다. 고난받는 종의 사역은 현재진행형입니다. 하나님과 우리의 화해는 우리에게 필요한 '약'입니다. 그 효과는 '치유' 또는 '구원', 곧 하나님께서 우리가 그

* *Interpreter's Dictionary of the Bible*, ed. George A. Buttrick (Nashville:Abingdon Press, 1962), 4:294.

분 및 다른 사람들과 누리기 원하시는 충만한 삶으로 나타납니다. 고난받는 종은 친히 상처 입으심으로 죄가 만든 우리의 상처를 치유하시고 우리를 새 사람으로 만들어 온전히 살게 하십니다. 그분이 '채찍에 맞음으로' 우리는 나음을 받을 수 있습니다.

목회적 관점

성금요일에는 복음서 본문으로 설교하는 것이 관례이지만(요한복음 19장에는 선택 가능한 본문들이 넘쳐납니다), 수난 서사의 전개 방식을 이사야의 네 번째 '종의 노래'보다 더 잘 보여주는 것을 찾을 수 없습니다.

우리는 이사야에 나오는 가슴 저미도록 아름다운 시를 설교 본문으로 삼음으로써, 오랜 세월 동안, 특히 고난주간에 우리에게 쏟아진 반유대주의라는 비난을 허물기 시작할 수 있습니다. 그동안 반유대주의라는 압박이 너무나 거세서 복음서 본문을 강단에서 한 번 읽는 데조차도 지금 유대인을 비판하거나 적대시하는 것이 아니라는 단서를 백 번은 달아야 할 것 같은 부담을 종종 느꼈습니다. 그래도 방심하지 말고 주의해야 합니다. 이 이사야 본문을 사용함으로써 얻는 혜택은 암묵적인 것이지 명시적인 것은 아니기 때문입니다.

오늘 본문은 우리가 간과해서는 안 될 목회적 기회라고 할 수 있습니다. 예수님의 십자가 처형 이야기에는 이 종을 묘사한 내용들이 들어있습니다. "그는 멸시를 받아 사람들에게 버림 받았으며 간고를 많이 겪었으며 … 그가 곤욕을 당하여 괴로울 때에도 그의 입을 열지 아니하였음이여 … 그는 강포를 행하지 아니하였고 그의 입에 거짓이 없었으나 그의 무덤이 악인들과 함께 있었으며 그가 죽은 후에 부자와 함께 있었도다"(53:3, 7, 9). 내용이 딱 들어맞아서 우리는 복음서 기자들이 서사를 구성할 때 '종의 노래'들을 곁에 두고 있었다고 주장할 수 있습니다. 그것은 우리의 성서이기도 하지만 그들의 성서였습니다. 이 저자들은 유대인이었기 때문입니다. 그들은 한 유대인의 비범한 삶과 죽음, 부활에 대해 글을 쓰고 있었습니다. 성금요일과 부활절의 경외감을 불러일으키고, 굴욕적이고 기적적인 사건들을 묘사하는 데 그들의 성서를 펼쳐 도움을 받는 것보다 더 자연스럽고 신실하고 영감 넘치는 방법이 있었을까요?

이 '종의 노래'는 우리가 신약신학이라고 부를 만한 내용 또한 떠올리게 만듭니다. 적어도 예수님의 십자가와 부활에 대한 신약의 이해를 뒷받침하는 신학과 해석이라고 부를 만한 내용 말입니다. 본문의 첫 절은 종의 고난과 대속, 죽음과 장례를 묘사하기 전에, 이 종이 형통하고 받들어 높이 들릴 거라고 말합니다. 이 말은 바울이 빌립보의 기독교인들에게 보낸 편지에서 예수님의 고난과 자기비움을 다룬 그의 '종의 노래'를 끝맺으면서 이렇게 말한 것을 상기시킵니다. "이러므로 하나님이 그를 지극히 높여 모든 이름 위에 뛰어난 이름을 주사"(빌 2:9).

또, 바울이 고린도 교회에 보낸 편지를 떠올릴 수 있습니다. 이 편지에서 바울은 지혜와 능력에 대해 이렇게 선언합니다. "하나님께서 세상의 미련한 것들을 택하사 지혜 있는 자들을 부끄럽게 하려 하시고 세상의 약한 것들을 택하사 강한 것들을 부끄럽게 하려 하시며 하나님께서 세상의 천한 것들과 멸시받는 것들…을 택하사 있는 것들을 폐하려 하시나니 이는 아무 육체도 하나님 앞에서 자랑하지 못하게 하려 하심이라"(고전 1:27-29). 이사야의 종은 '많은 이방 나라를 놀라게 할 것이며, 왕들은 그 앞에서 입을 다물 것'(사 52:15, 새번역)입니다.

마지막으로 오늘 본문에는 가장 핵심적인 주장이 두 번에 걸쳐 나옵니다. 두 주장은 '우리는 생각하기를 그는 징벌을 받아 하나님께 맞으며 고난을 당한다 하였노라'(53:4)와 '여호와께서 그에게 상함을 받게 하시기를 원하사'(53:10)입니다. 이 주장들은 이 종이 피해자로 가득한 세상에서 그저 또 다른 피해자에 머물지 않도록 막아 줍니다. 폴 핸슨(Paul Hanson)은 이 점을 강조하며 이렇게 씁니다.

> 종은 제멋대로인 신의 손아귀에 놓인 장기말이 아니라 의도적인 행동 방침에 자신을 자유롭게 내준 사람이다. 그는 상황의 희생자가 아니고, 언제나 인간 존재 방식의 일부였던 무자비한 잔학 행위의 처량한 피해자도 아니다. 모든 세속적 지혜와 인간의 비겁함에 맞서 하나님의 의로운 질서의 비전에 기꺼이 순종하며 따른 사람이다. 그는 자신의 삶을 하나님의 치유를 위한 도구로 삼기로 선택한 하나님의 종이다.*

그를 상하게 하신 것은 주님의 뜻이었을지 모르지만(옛날 번역), 종이 자신을 기꺼이 죽음으로 내던졌다는 것은 왕들뿐 아니라 우리에게도 놀라움을 선사합니다. 그래서 성금요일은 이 네 번째 '종의 노래'에 담긴 실재에 대한 주장으로 권력자들을 놀라게 하는 날입니다. 바로 이 실재가 바로 메시야 예수가 됐습니다. 다른 모든 아이처럼 여자에게서 태어났지만 다른 어떤 아이와도 달리 하나님의 영으로 태어났다고 우리가 고백하는 바로 그분 말입니다.**

그분은 장성하여 병자들을 치유하시고, 회개와 용서를 통해 하나님 나라를 전하셨으며, 폭풍을 잔잔하게 하셨고, 군대처럼 강한 귀신을 쫓아내셨습니다. 하지만 원수들에게 자신을 내주고 넘겨져야 할 때가 이르렀을 때, 예수님은 자신을 지키기 위해 칼을 들거나 천군 천사들을 부르시지 않았습니다. 오히려 십자가에 달려 죽어 가시면서 '아버지, 저들을 사하여 주옵소서. 자기들이 하는 것을 알지 못함이니이다"(눅 23:34)라고 담담하게 말씀하셨습니다. 구경꾼들은 그분을 향해 저주하고 조롱하고 침 뱉었습니다. 그래서 하나님께서는 모든 무릎을 예수의 이름 앞에 꿇고 모든 입이 '(가이사가 아니라) 예수를 주라 시인하여 하나님 아버지께 영광을 돌리게 하라고' 선언하셨습니다(빌 2:11).

이것이 성금요일의 좋은 소식입니다. 하나님께서 친히 육신을 입고 오셨습니다. 힘이 정의이고 칼을 써야 비로소 살아남을 것이라고 말하는 세상의 낡고 오래된 서사에 맞서는 대항 서사가 여기 있습니다. 세상의 서사는 틀렸다고 만군의 주께서 말씀하십니다. 야웨께서 그

* Paul D. Hanson, *Isaiah 40–66* (Louisville, KY:John Knox Press, 1995), 160.

** *A Declaration of Faith* (Presbyterian Church in the United States, 1977), 6.

렇게 말씀하십니다. 예수님도 그렇게 말씀하시되, 예언의 말이 아니라 예언의 행동으로 말씀하십니다. 그 이후로 왕들의 입은 놀라움으로 (그리고 종종 분노로) 닫혔습니다.

주석적 관점

네 번째 '종의 노래'로 알려진 이 열다섯 절은 히브리 성서에서 가장 강한 인상을 주면서도 논란이 많은 구절 중 하나입니다. 기독교인들은 오랫동안 이 구절을 메시야 예수님의 오심을 예언하는 것으로 이해했고, 그 결과 우리는 성금요일에 이 본문을 예수님의 고난과 십자가 처형을 가리키는 말씀으로 읽습니다. 본문을 이렇게 이해하는 것은 수난 서사의 맥락에서 합당하지만, 우리의 목적은 이 이사야 본문을 기록한 저자와 당시 문화의 관점을 파악하는 것입니다. 그렇게 하면 이사야 52:13~53:12에 대한 우리의 이해뿐 아니라 이 본문과 성금요일의 관계에 대한 이해도 풍성해질 것입니다.

오늘 본문의 '고난받는 종'은 제2 이사야의 다른 부분들에 나오는 종(에베드)의 모습과 연관돼 있다는 점을 먼저 밝혀 둡니다. 학자들은 이사야 본문을 서로 다른 역사적 시기에 해당하는 두 부분, 어쩌면 세 부분으로 나눌 수 있다는 데 대체로 동의합니다. 제1 이사야(1-39장)는 주로 이사야 선지자가 쓴 것으로 여겨지며, 저작 시기를 기원전 8세기 후반으로 볼 수 있습니다.

이사야 40~66장은 제2 이사야에 해당하며, 바벨론 유배기 말엽과 포로 귀환 후 초기(기원전 550-500년경)에 기록됐을 가능성이 높습니다. 일부 학자들은 56~66장을 제3 이사야로 보기도 합니다. 유배기와 포로 귀환 후 초기의 시대적 배경은 성금요일 본문의 내용과 초점을 설명하는 데 도움이 됩니다. 바벨론 유배와 그에 따른 트라우마 및 실망이라는 도가니 속에서 형성된 문헌인 제2 이사야는 끝난 지 얼마 되지 않은 과거의 비극을 이해하기 위해 고군분투합니다.

바벨론이 침공해 예루살렘과 성전을 파괴한 이후의 시기(기원전 586년경)는 이스라엘 역사상 가장 충격적인 시기이자 개인과 공동체 모두 자기를 강렬하게 성찰한 시기였습니다. 유다의 남은 백성 중 다수가 그들에게 벌어진 일을 놓고 생각하다 그 재앙의 원인에 대한 의문을 바로 품게 됐습니다. 생존자들은 이루 말할 수 없는 참상을 목격했고, 예루살렘 멸망을 둘러싼 사건들이 하나님께서 다윗 왕조 및 하나님의 자녀들과 맺은 언약을 파기하신 것처럼 보였기 때문에 그들의 공포가 더욱 심해졌습니다. 예루살렘의 멸망이 안겨준 고통스러운 질문에 대한 답변 중에는 그 주민들이 의롭지 않았기 때문이라는 것도 있었습니다. 하나님의 신실하심에 의문을 제기하는 답변도 있었고, 오늘 본문처럼 예루살렘과 그 백성의 고난에서 뭔가 좋은 점을 찾아내려고 노력한 답변도 있었습니다.

오늘 본문에서 '고난받는 종'의 정체는 불분명해서 규명하기 어렵습니다. 유대교 학자들 중에는 '그'(에베드는 문법적으로 남성명사입니다)가 모든 유대인을 대표한다고 여기는 이들이 있는가 하면, 종을 유대 민족 안의 의로운 소수로 보는 이들도 있습니다. 이와는 대조적으로, 일부 유대교 전통에서는 종을 예레미야, 모세, 메시야 등의 개인이라고 주장하기도 했습니다. 실제로 오늘 본문은 종이 누구인지 특정하지 않는데, 기독교 전통은 종의 고난을 예수님 고난의 예시로 봤습니다.

하나님께서는 말씀을 시작하시면서 종의 삶이 반전되는 것을 강조하십니다. 52:13에서 하나님께서는 종의 굴욕에 뒤이어 찾아올 종의 환희를 선포하십니다. 이 선포에는 받들림(야룸), 높이 들림(니싸), 존귀함(가바)이라는 세 용어가 쓰입니다. 이런 반복은 종의 높아짐을 부각하고 그의 삶이 완전히 바뀌었음을 강조합니다. 기독교인 독자들에게 이 삼중의 환희는 삼위일체 교리와 공명하며, 굴욕 뒤에 오는 종의 환희라는 아이러니가 친숙하게 느껴질 것입니다. 바벨론 유배기와 귀환 이후 시대의 유대인들은 그들의 삶이 그렇게 반전되기를 바랐을 것입니다. 15절은 종이 높아진 것에 온 세상이 충격을 받을 것이라고 말합니다. 고대 유대인들의 유배기와 그 이후의 경험에 비추어 볼 때, 종이 이렇게 높아지는 것은 외국인들뿐 아니라 그들에게도 놀라운 일이었을 것입니다.

53:1~11a에서 우리는 놀란 목격자가 종에 대해 성찰한 내용을 읽습니다. 목격자는 자신이 본 사건이 믿기 어려울 정도라고 선언합니다. 3절에서 그는 종이 '멸시를 받고 버림을 받고 고통을 많이 겪었다'라고 말합니다. 4~6절에 나오는 내용은 오늘 본문에서 가장 주목할 만한 부분입니다. 저자는 종의 고난이 긍정적인 목적에 기여한다고 말합니다. 현대인과 기독교인들에게는 이 개념이 그리 특이하게 들리지 않지만, 성경의 언어와 당시 사고방식을 고려하면 새로운 개념입니다. 저자는 여러 방식으로 이 주장을 펼치는데, 5절이 가장 감동적입니다. "그가 찔림은 우리의 허물 때문이요 그가 상함은 우리의 죄악 때문이라 그가 징계를 받으므로 우리는 평화를 누리고 그가 채찍에 맞으므로 우리는 나음을 받았도다."

다시 말하자면, 현대인에게 4~6절은 분명히 종의 대리적 고난과 그로 인한 공동체의 회복이라는 개념을 암시하는 것처럼 보입니다. 하지만 히브리 성서의 맥락에서는 이 개념을 종이 혼자 고난을 받는 것이 아니라 공동체와 함께 무고하게 고난을 받는다는 의미로 이해해야 할 것입니다. 후자의 개념은 고대 이스라엘의 집단적 죄책과 형벌에 대한 이해에 더 부합합니다. 물론 기독교 전통에서는 분명히 종의 고난을 대속적인 것으로 이해합니다.

'도살장으로 끌려가는 어린 양처럼'(7절, 새번역)이라는 표현이 예레미야 11:19을 강하게 떠올리게 하다 보니 몇몇 사람들은 종을 예레미야 선지자라고 생각하게 됐습니다. 더 중요한 것은 오늘 본문 7~10절에서 죽음이 여러 차례 다양하게 언급된다는 점입니다. 히브리 성서는 종종 죽음이라는 수사적 이미지를 활용해 고통을 과장해서 표현하곤 합니다(예. 시 18:5-6, 욘 2:2). 7~10절 단락의 마지막 부분에서 종은 고난에서 구출됩니다. 그러므로 그가 실제로 죽었다고 보는 관점은 히브리 성서의 맥락에서는 상당히 독특한 부분입니다.

네 번째 '종의 노래'가 끝날 때, 우리는 종의 공로가 자신을 죽음에 내어놓고, 많은 사람의 죄를 짊어지고, 죄인을 위해 기도한 일임을 알게 됩니다. 이 종의 노래가 기록된 맥락에서 이해해 보면, 이 노래는 죽은 것이나 다름없었던 종, 집단, 또는 공동체의 비극과 구원을 감동적으로 들려줍니다. 이후 500년 동안 이어진 지배와 억압에 좌절을 거듭하던 끝에 유대인 기독교인들은 이사야 52:13~53:11을 다시 바라보면서 새롭고 똑같이 놀라운 부활을 이해하고자 했습니다. 죽음과 재앙의 오랜 역사에서 최후의 승리가 될 부활을 말입니다.

설교적 관점

성금요일에 만나는 이사야의 '고난받는 종'은 예수님 외 다른 누구도 될 수 없습니다. 오늘 본문은 십자가 사건에 대한 요한복음의 기록을 중요한 방식으로 보완해 줍니다. 그러나 성금요일에 교회에 오는 어떤 이들은 겟세마네 동산에서의 고뇌가 전혀 나오지 않고 원수들이 예수님께 가한 온갖 모욕도 의도적으로 최소화한 채, 그리스도의 십자가 처형을 승리로만 선포하는 요한의 발언을 받아들이기 쉽지 않습니다. 심지어 고통스럽다고 느끼기도 합니다. 이렇게 묘사된 예수님은 예배자들의 실제 경험과 너무나 동떨어져 보이기 때문입니다. 어떤 해에는 이런 혼란이 개인적 경험을 넘어 집단적 경험이 되기도 합니다. 신앙 공동체 내에서든 세상에서든, 성금요일 예배를 둘러싼 주변 상황은 요한의 주장대로 세상이 그리스도의 십자가 처형을 하나님의 궁극적 승리로 볼 수 없다는 사실을 너무도 명백하게 보여주기 때문입니다. 이런 상황에서 승리를 선포하는 것은 공허하고 무의미하며 진정성 없고 심지어 부적절한 일 같습니다.

그럴 때 우리에게 필요한 분은 겟세마네 동산에서 십자가에 이르는 모든 사건을 통제하시고 빌라도 앞에서 이 세상에 대한 자신의 우월성을 주장하시고, 자신의 영혼을 넘겨주시고 사역을 다 이루었다고 선언하시는 그리스도가 아닙니다. 오히려 우리에게 필요한 분은 이사야의 말대로 '멸시를 받아 사람들에게 버림받았으며 간고를 많이 겪었으며 질고를 아는 자 … 실로 우리의 질고를 지고 우리의 슬픔을 당하신'(53:3-4) 예수님입니다. 이 예수님은 죄 없는 삶과 하나님을 향한 온전한 섬김에서는 우리와 구별되지만, 고통과 슬픔에서는 모든 사람과 하나이신 분입니다.

어떤 사람들은 이사야의 '종의 노래'에 묘사된 예수님을 선포하는 가장 좋은 방법이 반드시 설교일 필요는 없다고 말할 것입니다. 오히려 해당 본문을 잘 낭독해 회중이 소리와 균형과 대비의 비범한 힘을 경험하게 해 주는 것이 더 좋다는 것이지요. 그렇게 되면 낭독이 곧 설교가 됩니다. 종이 우리의 고통과 슬픔에 동참한다는 사실이 생생하게 느껴지고, 그리스도의 수난을 암시하는 말씀들이 예배당에 울려 퍼져 들을 귀가 있는 사람들에게 전해질 것입니다.

일반적인 설교 대신에 시도해 볼 수 있는 또 다른 효과적인 성금요일 설교는 그리스도께서 어떤 식으로 우리의 질고를 지시고, 우리의 슬픔을 대신 겪으시고, 채찍에 맞아 우리를 낫게 하시는지 언급하는 것입니다. 다시 말해, 속죄에 대한 신학적 설명에서 벗어나, 그리스도께서 사람들의 구체적 고난과 극심한 슬픔에 동참하심을 다루는 것입니다.

세 번째 접근 방식은 그리스도의 수난을 암시하는 내용을 명시적으로 밝히는 것입니다. 이런 설교를 준비하려면 틀을 갖춘 연구보다는 기도와 함께 본문을 거듭거듭 읽으면서 성경적 상상력으로 파악할 수 있는 그리스도의 생애, 특히 수난에 대한 세부 사항에 주의를 기울이는 일이 필요합니다. 이런 설교는 묵상적 주해의 형식을 띠게 되고, 예수님의 수난을 묘사하는 글들로 이사야의 종의 노래 구절들을 설명해 줄 것입니다.

예를 들어, 연한 순과 뿌리(53:2)에 대한 언급은 이새의 줄기에서 나올 약속된 싹을 떠올리게 합니다. 주님의 영이 그에게 임할 거라고 했던 싹 말입니다(사 11:1-2). 이 싹은 약하고 눈에 띄지 않을 것입니다. 구유에 누인 아기, 십자가에서 죽어 가는 범죄자, 세상에서 하나님의 뜻을 행하고자 하는 수많은 신자처럼 말입니다. 이 설교를 듣는 많은 사람처럼, 종은 자기 사람들에게 거부당하는 감당하기 어려운 고통을 경험합니다. 예수님이 고향에 계실 때 그런 일을 당하셨고, 심지어 구원받을 사람들이 그분을 가리키며 "십자가에 못 박으라!"라고 외쳤을 때 또다시 같은 일을 당하셨습니다. 종이 '입을 열지 아니하였도다'라는 구절은 대제사장 앞에 서신 예수님에 대한 공관복음 말씀을 떠올리게 합니다. 또한 자기 목소리를 내지 못하는 수많은 불의의 희생자들도 생각나게 합니다.

도살장으로 끌려가는 어린 양의 비유(53:7)는 유월절과 관련된 표현입니다. '그가 억울한 재판을 받고 처형당했다'(53:8, 공동번역)라는 표현은 예수님의 재판과 전 세계 사람들에게 너무나 자주 일어나는 부조리를 적확히 묘사합니다. 일부 번역본에서는 53:5을 '그가 찔림은 우리의 허물 때문'이라고 번역해 "그중 한 군인이 창으로 옆구리를 찌르니 곧 피와 물이 나오더라"(요 19:34)라는 구절을 떠올리게 만듭니다. '여호와께서는 우리 모두의 죄악을 그에게 담당시키셨도다'(53:6)라는 말은 예수님이 지신 십자가를 시사하며, 사실상 하나님께서 그 아들을 죽음에 넘기셨다는 기독교의 케리그마입니다(마 17:22. 요 18:30, 35). '그의 무덤이 악인들과 함께 있었으며'(53:9)라는 구절은 십자가 처형 장소 및 예수님의 양쪽에서 십자가에 못 박힌 범죄자들을 암시합니다. '그 묘실이 부자와 함께 되었도다'(53:9, 개역한글)라는 대목은 예수님의 시신을 가져다가 깨끗한 세마포에 싸서 자신의 새 무덤에 안치한 부자 아리마대 사람 요셉을 떠오르게 합니다(마 27:57-60). 이사야의 '고난받는 종'이 연상시키는 예수님은 그때나 지금이나 인류의 고통과 슬픔에 동참하십니다.

이사야의 '종의 노래'가 이토록 강력하고 감동적인 이유가 꼭 그리스도의 수난을 암시하거나 우리의 고통과 슬픔을 함께 나누는 종을 선포하기 때문만은 아닐 것입니다. 이 노래가 그토록 심오한 이유는 이사야가 우리에게 예수님의 십자가와 죽음에 대해 적절하게 응답할 수 있는 언어와 목소리를 제공하기 때문일 것입니다. 오늘 본문의 도입부(52:13-15)에서는 하나님께서 그분의 지혜로운 구원 계획에 순종한 종의 승리를 선포하십니다. 하지만 다음 절에서 화자가 갑자기 하나님에서 예언자로 바뀌고 종에게 닥칠 일에 대한 놀라움을 표현합니다(53:1).

여기서 성서는 우리가 그리스도의 수난을 다룬 본문을 읽거나 '십자가 경배' 같은 예식에 참여할 때 종종 경험하는 충격, 당혹감, 불신, 수치심, 소망을 표현할 목소리를 들려줍니다. 게다가 이사야 53:4~6 말씀을 들으면서, 달아나는 제자들과 부인하는 베드로, 그리고 우리가 예수님의 죽음에 공모한 죄인이라는 것을 떠올리지 않을 사람이 누가 있겠습니까? 우리는 예수님의 고난과 슬픔이 우리 탓임을 고백합니다. 그리고 예수님이 우리의 고난을 짊어지셨고 그분의 순종이 우리에게 새 생명을 주셨음을 고백합니다. 우리는 저자와 마찬가지로 십자가를 외면할 수 없고, 그렇다고 종의 엄청난 고통과 슬픔을 마주할 수도 없습니다. 우리는 거듭거듭 십자가를 다시 바라보며 이사야 구절들을 되풀이할 수밖에 없습니다. 궁극적으로, 우리는 오늘 본문의 마지막 선포(53:10-11)를 다시 한번 붙듭니다. 여기서 다시금 화자로 나서신 하나님께서 부활과 전 세계의 갱신을 선언하시고, 종이 그의 좋은 것을 고통받는 죄인들이자 하나님의 백성인 우리와 함께 나눠 줄 것이라고 선언하십니다.

성금요일

시편 22편

1 내 하나님이여 내 하나님이여 어찌 나를 버리셨나이까 어찌 나를 멀리
하여 돕지 아니하시오며 내 신음 소리를 듣지 아니하시나이까
2 내 하나님이여 내가 낮에도 부르짖고 밤에도 잠잠하지 아니하오나 응답
하지 아니하시나이다
3 이스라엘의 찬송 중에 계시는 주여 주는 거룩하시니이다
4 우리 조상들이 주께 의뢰하고 의뢰하였으므로 그들을 건지셨나이다
5 그들이 주께 부르짖어 구원을 얻고 주께 의뢰하여 수치를 당하지 아니
하였나이다
6 나는 벌레요 사람이 아니라 사람의 비방거리요 백성의 조롱거리니이다
7 나를 보는 자는 다 나를 비웃으며 입술을 비쭉거리고 머리를 흔들며 말
하되
8 그가 여호와께 의탁하니 구원하실 걸, 그를 기뻐하시니 건지실 걸 하나
이다
9 오직 주께서 나를 모태에서 나오게 하시고 내 어머니의 젖을 먹을 때에
의지하게 하셨나이다
10 내가 날 때부터 주께 맡긴 바 되었고 모태에서 나올 때부터 주는 나의
하나님이 되셨나이다
11 나를 멀리하지 마옵소서 환난이 가까우나 도울 자 없나이다
12 많은 황소가 나를 에워싸며 바산의 힘센 소들이 나를 둘러쌌으며
13 내게 그 입을 벌림이 찢으며 부르짖는 사자 같으니이다
14 나는 물같이 쏟아졌으며 내 모든 뼈는 어그러졌으며 내 마음은 밀랍 같
아서 내 속에서 녹았으며
15 내 힘이 말라 질그릇 조각 같고 내 혀가 입천장에 붙었나이다 주께서
또 나를 죽음의 진토 속에 두셨나이다
16 개들이 나를 에워쌌으며 악한 무리가 나를 둘러 내 수족을 찔렀나이다

17 내가 내 모든 뼈를 셀 수 있나이다 그들이 나를 주목하여 보고
18 내 겉옷을 나누며 속옷을 제비 뽑나이다
19 여호와여 멀리하지 마옵소서 나의 힘이시여 속히 나를 도우소서
20 내 생명을 칼에서 건지시며 내 유일한 것을 개의 세력에서 구하소서
21 나를 사자의 입에서 구하소서 주께서 내게 응답하시고 들소의 뿔에서
구원하셨나이다
22 내가 주의 이름을 형제에게 선포하고 회중 가운데에서 주를 찬송하리
이다
23 여호와를 두려워하는 너희여 그를 찬송할지어다 야곱의 모든 자손이
여 그에게 영광을 돌릴지어다 너희 이스라엘 모든 자손이여 그를 경외
할지어다
24 그는 곤고한 자의 곤고를 멸시하거나 싫어하지 아니하시며 그의 얼굴
을 그에게서 숨기지 아니하시고 그가 울부짖을 때에 들으셨도다
25 큰 회중 가운데에서 나의 찬송은 주께로부터 온 것이니 주를 경외하는
자 앞에서 나의 서원을 갚으리이다
26 겸손한 자는 먹고 배부를 것이며 여호와를 찾는 자는 그를 찬송할 것이
라 너희 마음은 영원히 살지어다
27 땅의 모든 끝이 여호와를 기억하고 돌아오며 모든 나라의 모든 족속이
주의 앞에 예배하리니
28 나라는 여호와의 것이요 여호와는 모든 나라의 주재심이로다
29 세상의 모든 풍성한 자가 먹고 경배할 것이요 진토 속으로 내려가는 자
곧 자기 영혼을 살리지 못할 자도 다 그 앞에 절하리로다
30 후손이 그를 섬길 것이요 대대에 주를 전할 것이며
31 와서 그의 공의를 태어날 백성에게 전함이여 주께서 이를 행하셨다 할
것이로다

신학적 관점

초기 교회는 "내 하나님이여 내 하나님이여 어찌 나를 버리셨나이까"라는 시편 기자의 말에서 고난당하시는 그리스도의 목소리를 들었습니다. 마가와 마태가 이 시편에 비추어 수난을 해석해 복음서를 기록한 것은 분명합니다. 심지어 이 말씀을 예수님 자신의 말씀으로 제시하기까지 합니다(막 15:34, 마 27:46). 그렇다면 이 시편이 오랫동안 성금요일을 기념하는 교회 예식의 일부였던 것은 그리 놀랄 일이 아닙니다.

본문의 고난받는 사람은 버림받았고 아무도 그의 말에 귀 기울이지 않습니다. 마치 하나님께서 귀를 막으시고, 모든 것을 보는 그 눈을 돌려버리신 것만 같습니다. 하지만 버림받은 것 같고 하나님께서 부재하시는 것 같은 그 순간, 고난에 따라오는 고립감과 외로움 속에서도 하나님의 임재는 여전히 강하게 실재합니다. 고난받는 사람은 굴욕을 당하고 낮아져서 참으로 연약하지만, 부재 가운데 있는 하나님의 임재를 이해할 수 있는 열린 상태에 있습니다.

고통을 직접 경험한 노리치의 줄리안(Julian of Norwich)은 고통을 통해 하나님과 '하나 될' 기회 또는 연합할 기회를 봅니다. *Showings or Revelations of Divine Love*(사랑의 계시)에서 그녀는 고난받는 그리스도를 통해 하나님께서 인간의 고통이든 다른 어떤 고통이든, 모든 고통과 자신을 동일시하신다고 말합니다. 그녀는 이렇게 적고 있습니다.

> 여기서 나는 그리스도와 우리의 위대한 연합(하나 됨)을 진정으로 보았다. 그분이 고통을 당하실 때 우리도 고통당했고, 고통을 겪을 수 있는 모든 피조물이 함께 고통스러워했기 때문이다. 하나님께서 우리를 섬기도록 창조하신 모든 피조물, 하늘과 땅까지도 그리스도께서 죽으신 시간에 본성적 기능을 수행하지 않았다. 그분을 주님으로 인정하는 것이 그것들의 본성적 특성이기 때문이다. 그것들이 가진 힘은 그분으로부터 나온다. 그래서 그분이 쓰러지시자 피조물들은 그분의 고난을 슬퍼하며 본성의 제약을 받고 함께 스러져 갔다. 그분의 친구였던 사람들은 사랑 때문에 고통을 겪었고, 모든 피조물 역시 전체가 두루 고통받았다. 즉, 그분을 인정하지 않는 사람들마저도 모든 피조 세계의 위로가 그들을 저버렸기 때문에 고통을 겪었다. 그들이 그나마 버틴 것은 오로지 하나님의 강력하고 은밀한 보존의 역사 덕분이었다.*

케리 하이드(Kerrie Hide)는 이 대목에 대해 이렇게 주석합니다. "게다가, 창조가 그리스도 안에서 이루어졌기에 인류는 모든 피조물과 하나로 묶여 있다. 이 유대는 너무나 강력한 하나 됨이기 때문에 그리스도께서 수난의 고통을 경험하실 때 그 고통이 온 우주에 울려 퍼졌다." 27절에서 시편 기자도 같은 맥락으로 이야기합니다. "땅의 모든 끝이 여호와를 기억하고 돌아오며 모든 나라의 모든 족속이 주의 앞에 예배하리니."

* 다음 책에서 인용. Kerrie Hide, *Gifted Origins to Graced Fulfillment:The Soteriology of Julian of Norwich* (Collegeville, MN:Liturgical Press, 2001), 100.

본문의 무죄한 사람은 고난을 겪으면서 그것을 파괴에서 구원으로 변화시키는 '온전하게 기억함'을 보여줍니다. 이렇게 할 수 있는 사람은 인간의 상상을 뛰어넘는 자유를 누립니다. "나는 물같이 쏟아졌으며 내 모든 뼈는 어그러졌으며 내 마음은 밀랍 같아서 내 속에서 녹았으며"(14절). 무죄한 사람의 이 선언은 빌립보서에서 그리스도의 케노시스(자기 비움)을 묘사한 바울의 말을 떠올리게 합니다.

한스 우르스 폰 발타자르(Hans Urs von Balthasar)는 하나님께서 그리스도 안에서 인간성과 인간의 몸을 취함으로써 피조물이 되셨을 뿐 아니라 인류의 '구체적인 삶의 여정'도 자기 것으로 삼으셨다며 이렇게 주장합니다. "따라서 성육신의 궁극적 목적은 다름 아닌 십자가다. '그분이 하늘에서 내려와 우리의 것 안으로 들어오셨다. 이는 그분이 우리 본성의 실체뿐 아니라 죄로 가득한 본성까지 취하시기 위함이며, 하나님의 아들이 태어나신 유일한 이유는 십자가에 달릴 수 있게 하시려는 것이었다'"(대교황 레오).* 그리스도께서는 탄생의 순간부터 십자가를 지셨습니다. 폰 발타자르는 클레르보의 베르나르(Bernard de Clairvaux)의 통렬한 설교 한 구절을 인용합니다. "그리스도께서 매달리신 십자가는 어쩌면 우리 자신일지도 모릅니다."

따라서 교회는 시편 기자의 이 말을 되풀이할 수 있습니다. "여호와를 두려워하는 너희여 그를 찬송할지어다 야곱의 모든 자손이여 그에게 영광을 돌릴지어다 너희 이스라엘 모든 자손이여 그를 경외할지어다 그는 곤고한 자의 곤고를 멸시하거나 싫어하지 아니하시며 그의 얼굴을 그에게서 숨기지 아니하시고 그가 울부짖을 때에 들으셨도다"(23-24절).

그렇다면 교회는 하나님께서 그리스도의 고난을 통해 존재하게 만드신 공동체입니다. 교회의 임무와 소명은 하나님께서 행하신 일을 기억하는 것입니다. 그분의 이야기를 전하고, 전하면서 그대로 사는 것입니다. 하나님의 백성은 '새 이스라엘'로서 받은 소명을 예배를 통해 완수합니다. 시편 기자는 "이스라엘의 찬송 위에 좌정하시는 주여, 주는 거룩하시니이다"(3절, 사역)라고 말합니다.

성전에는 어떤 형상도 없었고, 하나님의 백성이 주님의 구원 행위를 찬양하는 것으로 충분했습니다. 기억하는 행위와 그에 따른 예배 가운데 하나님의 보좌와 임재가 가시화됐습니다. 하나님께서 예수 그리스도 안에서 육신을 입으심으로 하나님의 형상과 그분을 본받아 만들어진 우리의 모양을 재결합하셨기에 공동체 자체가 이콘이 돼 예배와 봉사와 고난을 통해 성육신을 이어갑니다. 이 일은 결코 헛되지 않습니다. 바울은 골로새 교회에 이렇게 말합니다. "나는 이제 너희를 위하여 받는 괴로움을 기뻐하고 그리스도의 남은 고난을 그의 몸 된 교회를 위하여 내 육체에 채우노라"(골 1:24).

모든 무고한 고난은 죄 없는 그분의 고난으로 여겨집니다. 고난받는 종이신 그리스도 안에서 우리 고난을 짊어지심으로써 하나님의 마음이 인류를 향해 열립니다.

성금요일마다 교회는 고난받으신 하나님의

* Hans Urs von Balthasar, *The Glory of the Lord:A Theological Aesthetics*, vol. 7: *Theology:The New Covenant*, trans. Brian McNeil (San Francisco:Ignatius Press, 1989), 212

이야기를 다시 들려주고, 그 부름에 응답하며 시편 기자의 다음 말이 성취되기를 기도합니다. "후손이 그를 섬길 것이요 대대에 주를 전할 것이며 와서 그의 공의를 태어날 백성에게 전함이여 '주께서 이를 행하셨다' 할 것이로다"(30-31절).

목회적 관점

제가 섬기는 교회에서는 성금요일 저녁 예배 때 관례적으로 마가복음에 나오는 수난 이야기를 읽습니다. 매번 우리는 나무 십자가에 달린 촛불을 하나씩 끕니다. 바깥 황혼의 빛이 옅어지면서 예배당이 서서히 어두워지다 마침내 밤이 오고 평소 밝게 진행되던 예배를 짙은 먹구름처럼 덮어버립니다. 마가복음 15:34에 다다를 때마다 많은 사람이 이 히브리어 문구의 아람어 음역을 더듬더듬 발음합니다. "엘리, 엘리, 라마 사박다니?"

기독교인에게 '나의 하나님, 나의 하나님, 어찌하여 나를 버리셨나이까?'라는 말은 해서는 안 될 말 같습니다. 우리는 인생의 어려운 질문에 직면할 때 정해진 답변을 내놓으라고 배웠고, 위의 말은 그런 정해진 답변에 포함되지 않습니다. 하지만 예수님은 자신이 무슨 말을 하는지 알고 계셨습니다. 그분은 시편 22:1의 이 말씀을 하심으로써 우리가 애써 마주하고 싶지 않은 것들, 즉 고난과 영광의 불가분리성, 성육신, 죽음의 잿빛 벼랑 끝에서 피어나는 종말론적 소망 같은 숭고한 개념들을 생각해 보라고 대담하게 도전하십니다.

우리 문화의 한 가지 문제는 점점 더 죽음과 함께하지 못하고, 죽음을 통해 배울 줄을 모른다는 것입니다. 우리는 죽어 가는 사람과 함께 앉아 있는 데 익숙하지 않고, 다른 사람들에게 돈을 주고 우리 대신 그 일을 하게 합니다. 죽음의 시간이 다가와 시신을 준비하고 처리해야 할 때에도 다른 누군가에게 돈을 주고 그 일을 맡깁니다.

우리는 빈 무덤을 거북해하지 않고, 부활하신 예수님이 해변에서 친구들과 함께 생선을 요리하여 아침 식사를 하시는 모습도 괜찮다고 생각합니다(요 21장). 그 달콤한 부활의 아침과 그 이후는 다 괜찮습니다. 하지만 십자가 처형이나 죽어가는 외침은 다릅니다. 우리는 카라바조의 그림 〈그리스도의 매장〉(1604년)에 나오는 처진 몸, 너무 창백해서 죽은 게 확실해 보이는 그 몸이 추한 십자가에서 어색하게 내려지는 모습이 달갑지 않습니다.

우리는 성금요일이나 그 예배가 달갑지 않습니다. 그래서 대부분은 참석하지 않습니다. 우리는 고통에서 뭔가를 배울 수 있을 만큼 충분히 오랫동안 고통과 함께 앉아 있지 못합니다. 그래서 많은 것을 잃고 맙니다.

서양의 장례 전통이 이를 뒷받침합니다. 미시간주의 시인이자 장례지도사인 토마스 린치(Thomas Lynch)는 망자의 시신이 없는 추모식에 대한 선호도가 높아지는 것은 우리가 상실을 슬퍼하고 치유하는 방식이 잘못된 방향으로 나아가고 있다는 뜻이라고 말합니다. "시신 없는 장례식이 갖는 종교적 의미는 상처와 종기가 없는 욥기의 종교적 의미와 같습니다."*

너무 고통스럽다는 이유로 고인의 시신을 보

* Thomas Lynch "An Undertaker's Reflections:Good Grief," *Christian Century*, July 26, 2003.

기를 꺼려한다면, 슬픔을 정면으로 마주하며 극복하는 대신 이를 회피하려 들 위험이 있습니다. 린치는 이렇게 덧붙입니다. "우리 기독교의 결정적 진리인 빈 무덤은 모두가 무덤에 들어간다는 인류의 결정적 진실에서 비롯됩니다." 죽음을 한정 없이 곱씹는 것은 옳지 않지만, 우리는 죽음의 그늘에서 삶을 가장 잘 이해할 수 있습니다. 예전적으로 볼 때, 성금요일 없이는 부활절도 없습니다.

'장례업'에 종사하는 사람이 모두 린치만큼 신학적으로 예리한 것은 아닙니다. 한 목사 친구는 설교 도중에 그가 교회에 부임해 이사 왔을 때 그 지역의 장례지도사를 만난 이야기를 했습니다. 장례지도사는 목사에게 점심 식사를 대접한 후 새 교구의 교인들이 땅에 묻히기 전에 상당수 이용하게 될 장례식장을 안내하고 함께 둘러보았습니다. 관 전시실에서 제 친구는 왜 검은색 관은 보이지 않느냐고 물었고, 장의사는 더없이 진지한 표정으로 이렇게 대답했습니다. "검은색은 죽음을 노골적으로 암시하거든요."

우리가 장례식에서 죽음을 은폐하는 이유와, 많은 이가 성금요일의 테네브레에 참석하지 않는 이유는 같습니다. 어둠 속에 발을 들였다가 다시는 빠져나오지 못할까 두렵기 때문입니다. 하나님의 신실하심과 그분을 부인하는 우리 성향을 밝히는 전례 성가 〈비탄의 노래〉(Improperia)는 그 가공할 어둠 속에서 너무나 설득력 있게 들릴 것입니다. 우리가 감히 그 어둠으로 간다면 부활주일의 이야기는 물론이고 다시는 좋은 소식을 듣지 못할지도 모릅니다.

그러나 시편 기자는 그렇지 않다고 조언합니다. 사실, 우리가 고난을 견딜 수 있는 이유는 하나님이 우리의 구원자로 신뢰할 만한 분이기 때문입니다. 엘런 데이비스(Ellen Davis)의 표현을 빌리면, '시편 22편 속 탄원(어찌, 1절)과 찬양 및 신뢰(울부짖을 때에 들으셨도다, 24절)를 오가는 엄청난 밀물과 썰물'로 하나님, 세상, 삶과 죽음에 대한 우리 전통적 이해의 '한계가 폭파'됐습니다.*

시편 기자는 하나님께서 자신을 버리신 것 같다고 탄원하지만 누구를 향해 탄원하고 있습니까? 그는 우리를 버리시지 않는 하나님께 탄원합니다. 예수님이 십자가 위에서 부르짖으셨을 때, 그분은 실존적 무(無)를 향해 말씀하신 것이 아니라 고난받는 자의 소리를 들으시고 구해 주시는 하나님께 말씀하신 것입니다. 예수님의 부르짖음은 믿음의 결핍이 표현된 것이 아니라 자신과 우리를 위로하실 수 있는 유일한 분에 대한 신뢰를 담아낸 혁명적 신앙고백이었습니다.

시편 22편은 안전한 다리 위에서 아래 심연을 바라보는 멋진 경치를 제공합니다. 협곡 이쪽에서 건너편으로 넘어가는 일은 무섭지만 다리는 튼튼합니다. 시편 기자가 하나님을 추구하던 자리에서 하나님을 발견하는 자리로 나아간 것은 하나님께서 모든 피조물에게 원하시는 바를 보여주며, 겉보기에는 어떨지 몰라도 그런 변화는 하나님의 영원한 주권을 긍정합니다. 작가 노아 벤샤(Noah benShea)가 만들어 낸 정감 있는 캐릭터인 빵장수 야곱**은 이

* J. McCann, *The New Interpreter's Bible* (Nashville:Abingdon Press, 1996) 4:762.

** Noah benShea, *Jacob the Baker* (New

것을 짧은 말로 잘 표현했습니다. "어르신은 등불을 들고 빛을 찾으러 가는 사람이군요." 하나님께서는 가장 끔찍한 통로에도 빛을 비추십니다. 이 어두운 금요일 밤에 우리가 걸어가는 이 길도 비추십니다.

주석적 관점

이 시의 히브리어 제목 '새벽의 암사슴에 관하여'(사역)는 다섯 권의 시편을 통틀어 아주 독특한 제목입니다. 시편 전체에서 '새벽'이라는 단어는 자주 등장하지만, 암사슴(아얄라)에 대한 언급은 비교적 드뭅니다. 젊어서 맞은 아내를 '사랑스러운 암사슴'에 비유한 잠언 5:19의 용례와 '들녘의 암사슴마저도 풀이 없어서 갓 낳은 새끼를 내버린다'(사역)라는 예레미야 14:5의 용례는 아얄라의 의미를 파악하는 데 도움이 될 수 있습니다. 암사슴을 뜻하는 이 단어에 대한 두 가지 언급은 모두 이 암컷 동물의 사랑스러운 특성을 전달합니다. 시편 22편 제목의 정확한 의미는 그 내용을 자세히 읽어봐야 알 수 있을 것입니다.

이 시편은 시인이 하나님을 대면하는 것으로 시작됩니다. 시인은 이렇게 이의를 제기합니다. "내 하나님이여 내 하나님이여 어찌 나를 버리셨나이까?" 여기서 시편 기자는 예상대로 하나님을 함부로 발음할 수 없는 인격적 이름 야웨가 아니라 이스라엘 민족이 기존의 가나안 민족들로부터 차용한, 모든 신을 가리키는 아주 오래된 이름인 '엘'로 부릅니다.

시편의 화자는 '나의 부르짖는 말이 나의 구원으로부터 멀리 있나이다'(1b절, 사역)라며 하나님을 재촉합니다. 흔히 '신음(하다)'으로 번역되는 히브리어 '셰아가'는 문자 그대로 '으르렁거림'을 뜻하기에 히브리 성서에서 사자(삿 14:5, 시 104:21, 암 3:4 8)나 침략군(사 5:29, 겔 19:7)의 당당한 자기 과시를 묘사할 때 자주 사용됩니다. 화자가 크게 부르짖어야 했던 이유가 2절에서 분명히 드러나는데, 거기서 그는 밤낮으로 계속 부르짖어도 뚜렷한 응답이 없었다고 선언합니다.

3~5절의 히브리어 본문에 나오는 접속사 '웨'(we)는 하나님께 버림받았다고 주장한 시편 기자가 이제 어디로 나갈지에 대해 적어도 두 가지 선택지를 제공합니다. 이 접속사는 '그러나'를 의미할 수 있으며, 그렇게 이해할 경우 하나님의 궁극적 주권에 순복한다는 뜻이 될 것입니다. 그 주권은 누구든 하나님께서 원하시는 사람, 이 대목의 경우에는 화자의 조상들을 돕기로 선택하시는 결과로 이어졌습니다. 이 해석을 따르면, 시편 기자는 하나님의 하나님 되심을 인정하고 자신의 현재 위기에서 하나님을 붙잡고 늘어지지 않을 것입니다.

그러나 여기서 시편 기자는 이 히브리어 접속사의 기능 중 강한 긍정을 나타내는 부분을 사용했을 가능성이 더 큽니다. '정말로', 또는 '참으로 그렇습니다' 같은 느낌을 표현해 과거 이스라엘 백성에게 구원을 베푸신 하나님의 의지를 강조하는 것이지요. 그렇다고 그가 하나님을 순순히 놓아드리는 것은 아닙니다. 화자는 자신의 시련에 무관심해 보이는 하나님의 태도에 대한 불평을 그치기보다는 사실 더 강하게 드러내기 때문입니다. 시편 기자는 이어서 '그들', 즉 '우리 조상들'(4절)이 '주를 의뢰하여 수치를 당하지 않았음'(5절)을 명백히

York:Ballantine Books, 1989), 51.

긍정함으로써 그의 첫 번째 주장을 마무리합니다.

그러나 조상들과 달리, 시편 22편의 화자는 수치를 당했습니다. 시편 기자는 4~5절의 조상들과는 달리 위험에서 '빠져나가지'(사역) 못한 채, '벌레! 정말이지 사람 취급도 못 받고, 사람들의 비방거리, 백성의 모욕거리'(6절, 사역)인 상태에 있습니다. 화자는 조상들에 대한 하나님의 보살핌과 거의 인간 이하의 상태라고 할 만한 자신의 처지를 암울하게 비교하면서 경멸과 고립의 세 가지 영역을 활용합니다. 남성인 듯한 시편 기자는 성별을 빼앗기고 인간의 형상을 박탈당합니다. 남녀를 아울러 '사람'을 가리키는 '아다마'(문자적으로 '땅에 속한 존재')는 그가 사람들 사이에서 고립을 점점 더 크게 경험하고 있음을 나타내는 것 같습니다. 그리고 '백성'이 그를 모욕한다는 화자의 선언은 친족과의 교제 상실을 표현합니다. 그의 삶에서 관계적이고 공동체적인 측면마저 사라지고 있습니다.

7~8절은 화자의 주장을 절정으로 끌어올립니다. 화자는 자신의 흉한 몰골을 보고 사람들이 비웃고 조롱하고 '고개를 절레절레 흔드는'(사역) 모습이 하나님을 모욕하는 지경까지 이르렀다며 그 모습을 하나님께 호소합니다. 이 대목에서 '야웨'라는 호칭이 처음 등장합니다. 시인은 그 이름을 부르면서 한결 누그러진 어조로 9~11절에서 호소를 이어 갑니다. 10절에서 그는 야웨께 부드럽게 상기시켜 드립니다. "나는 태어날 때부터 주님께 맡겨진 몸, 어머니가 나를 낳을 때부터 주님은 나의 하나님이셨습니다." 이제 시인은 최대한 솔직하게 하나님께 다가서며 이렇게 인정합니다. "나를 멀리하지 마옵소서. 어려움이 닥쳐왔으나 도와줄 사람이 없나이다"(사역).

21절의 마지막 구절에는 경이로운 일이 기록되어 있습니다. 시편 기자는 놀랍게도 이렇게 선언합니다. "주께서 내게 응답하셨나이다"(사역). 본문의 나머지 부분에서는 하나님께 감사하는 화자의 말이 당당하게 울려 퍼집니다. 그의 말은 회중에게 감동을 줄 것입니다. 그는 야곱의 모든 자손을 향해 '곤고한 자의 곤고를 멸시하거나 싫어하지 아니하시는'(24절) 야웨를 찬송하고 그분께 영광을 돌리라고 명령할 것입니다.

화자는 모든 민족에 대한 하나님의 주권을 힘차게 선포하며 '모든 나라의 모든 족속'이 야웨를 기억하고 그분께로 돌아올 것이고(27절), 참으로 세상의 모든 교만한 자들이 그분께 무릎을 꿇을 것이라고(29절, RSV) 담대하게 증언합니다. 또 29~31절에서는 '흙먼지로 내려가는 모든 사람', 즉 모든 인류가 '자기 영혼을 보존할 힘도 없다'(사역)고 당당하게 말합니다. 하지만 후손들은 주님을 섬기며 '아직 태어나지 않은 세대에' 야웨의 의를 전할 것입니다(31절). 화자는 경외감으로 시편을 마무리하며 '그분이 행하셨기 때문이라'(사역)라고 선언합니다('그분'에다 '새벽의 연인께서'라는 말을 덧붙일 수도 있을 것입니다).

설교적 관점

성금요일에는 아무리 신중한 설교자라도 걸려들기 쉬운 덫이 놓입니다. 수난 이야기는 사람들을 압도하는 동시에 너무나 잘 알려져 있습니다. 설교자는 그 끔찍한 공포를 정면으로 마주하면 사람들이 교회 밖으로 뛰쳐나가지 않을까 우려할 수 있습니다. 그래서 성금요일 설교에서 부활을 언급하는, 지금도 널리 퍼진 습관이 생겨난 것입니다. 마치 두 번째 삶이 첫 번째 삶보다 앞선 것처럼 말이지요.

시편 22편을 설교하면 이 덫에서 벗어날 수 있습니다. 성금요일 성서정과 성구 중에서 복음서 본문 대신 시편 본문으로 설교하는 것은 덜 일반적이므로 설교자와 듣는 사람 모두에게 신선한 관점을 선사할 가능성이 높습니다. 시편 22편 말씀도 잘 알려져 있지만 복음서 이야기들만큼 유명하지는 않습니다. 더욱이, 시편을 가르치면 회중이 졸지 않을 수도 있습니다. 다윗왕이 쓴 것으로 추정되는 이 시편은 찬송가처럼 성전에서 부르기 위한 용도였기 때문입니다.

하지만 그런 실용적인 이유들과는 별개로 설교자는 이 시편을 정면으로 마주하고 들여다봐야 합니다. 시편 22편은 슬프고 비극적이며 무자비한 시입니다. 다윗은 모종의 끔찍한 진실을 이해하고 모종의 지독한 사건을 겪었음에 틀림없습니다. 그러니 고문, 고통, 육체적 괴로움, 무엇보다도 버림받음에 대해 그토록 훌륭하게 쓸 수 있었을 것입니다.

성금요일에 우리에게 제시된 인간의 주요 주제는 적어도 두 가지, 즉 무력함과 버림받음입니다. 이보다 더 힘든 상황은 상상하기 힘듭니다. 성금요일 설교자의 임무는 안전한 부활절로 올라가지 않고 이 둘을 묵상하는 것입니다. 이 작업에는 몇 가지 식별 가능한 위험이 있습니다.

첫째, 설교자는 수난 드라마에 매료된 나머지 십자가의 참혹함, 피, 십자가를 지는 고통을 너무 자세히 설명할 수 있습니다. 그러나 많은 피와 참혹함은 회중을 무감각하게 만들 뿐입니다.

둘째, 설교자는 희생을 일반적 교리로 취급해 우리는 죄인이고 예수님이 우리를 위해 죽으셨다는 익숙한 소식을 진부한 언어로 반복할 수 있습니다. 물론 희생은 시편 22편과 성금요일 이야기 안에 모두 존재하지만, 희생은 대단히 복잡한 개념입니다. 오늘 설교에서 이 주제를 다루기로 결정한 설교자라면 시간을 들여서 이에 대한 새로운 관점을 찾아야 할 것입니다. 그렇지 못하면 성금요일이 너무나 많은 교인이 그들의 다음에 자리 잡은 죄책감과 혼란을 그대로 안고 교회 문을 나서게 될 위험이 높습니다.

설교 시간에 누군가가 다른 사람을 구하고 목숨을 잃은 최근의 사건을 이야기하기로 결정한 설교자라면 세 번째 위험을 조심해야 합니다. 그런 이야기는 설교에 힘을 보태는 중요한 역할을 할 수도 있지만, 그렇게 되려면 성금요일 이야기의 포괄성과 중대성을 공유해야 합니다. 그것이 아니라면 추상적인 뉴스 기사를 되풀이하느라 설교의 초점이 흐려지거나 심지어 설교가 정치적 연설로 변질될 수도 있습니다.

마지막이자 아마도 가장 심각한 위험은 예수님에게 일어난 일에 대해 유대인을 탓하는 설교를 하는 것입니다. 이 부분은 아무리 반복해서 말해도 과하지 않습니다. 유대인 당국은 예수님을 죽이지 않았습니다. 성서 본문과 기독교의 증언에 충실하려면 성금요일 이야기를 좀 더 정교하게 다룰 필요가 있습니다.

중요한 점은 성금요일 설교에는 함정도 많지만, 잠재적인 보상도 그만큼 크다는 것입니다.

성금요일의 사건들을 역사적 맥락 안에서 제시해 청중에게 당시의 정치적 현실을 상기시키는 것도 도움이 될 수 있습니다. 로마 제국이 무엇을 용인했고 무엇을 용인하지 않았는지, 제국이 부과하는 질서를 위협하는 이들을 어떻게 처벌했는지, 예수라는 인물이 왜 실질적인 문제가 됐을지 설명하면 장의자에 앉은 교인들이 귀를 쫑긋 세우고 들을지도 모릅니다. 시편 22편은 인간의 악에 대한 탄원이기 때문에 이런 문제들을 살펴보는 데 도움이 됩니다.

예수님은 점령지역에서 사셨고, 이스라엘은 대제국 로마의 식민지였습니다. 수도 시설을 건설했고, 세계에서 가장 크고 효율적인 군대를 보유했으며, 십자가라는 독특한 처형 방식을 만들어낸 로마가 그들의 지배자였습니다.

신학자 월터 브루그만(Walter Brueggemann)은 자신의 글에서 이렇게 말합니다. "제국은 결코 긍휼을 바탕으로 건설되지 않고 긍휼로 유지되지도 않는다."* 로마의 통치자들은 시민들이 전쟁의 인적 비용에 대해 침묵하고 탐욕의 인적 비용 앞에서도 입을 다물기를 기대했습니다. 그들은 체계적으로 공포를 심어 식민지를 통제했습니다. 그런 상황에서 예언자적 증언의 대가는 곧 죽음이었습니다.

예수님은 소리 높여 말씀하시고 행동하십니다. 병든 사람을 고치시고 눈먼 사람의 시력을 회복시키십니다. 가난하고 버림받은 사람들과 함께 식사를 하십니다. 브루그만의 말처럼 예수님은 비정상이 정상처럼 자리 잡은 현실을 폭로하는 첫걸음을 긍휼에 의해, 긍휼을 통해 내딛으십니다. 그 길을 따라가다 마침내 거침없이 십자가에 이르십니다. 십자가는 권력과 연약함이 교차하는, 더 정확히 말하면 충돌하는 지점입니다. 이런 맥락을 고려한 성금요일 설교는 예수님의 여러 선택을 조명하고 그런 선택을 하는 법을 우리에게 보여줄 수 있습니다.

우리는 시편 22편을 본문으로 해서 '버림받음'이라는 주제를 전개해 볼 수도 있습니다. 이 시는 무력한 상태로 홀로 남겨져 막강한 권력에 상대하다가 결국 마음이 밀랍처럼 녹아 깊은 곳으로 떨어져 내릴 지경이 되는 상태를 이야기합니다. 더 처참한 부분은, 이 시인이 하나님께 버림받았다고 느낀다는 것입니다. 이 설교를 준비하는 한 가지 방법은 설교자 본인이 버림받았던 때를 돌아보는 것입니다. 그 이야기를 설교에서 들려주기 위해서가 아니라, 버림받는다는 것이 실제로 어떤 느낌인지 설교자 스스로가 상기할 필요가 있기 때문입니다.

버림받은 심정을 알려면 나를 사랑하던 친구들과 가족이 어느 날 내 곁을 떠나버리는 일을 겪어 봐야 합니다. 칼을 든 로마 병사 앞에 서자, 예수님의 어머니(그날 그녀가 보여준 용기를 다루는 설교 한 편을 준비할 수 있을 것입니다)를 제외한 거의 모든 사람이 예수님을 버렸습니다. 그분은 결국 전적으로 혼자셨고, 이것이 바로 우리가 숙고하는 냉혹한 현실입니다.

* Walter Brueggemann, *The Prophetic Imagination* (Minneapolis:Augsburg Fortress Publishers, 1978), 85.

성금요일

히브리서 4:14~16, 5:7~9

4:14 그러므로 우리에게 큰 대제사장이 계시니 승천하신 이 곧 하나님의
아들 예수시라 우리가 믿는 도리를 굳게 잡을지어다
15 우리에게 있는 대제사장은 우리의 연약함을 동정하지 못하실 이가 아
니요 모든 일에 우리와 똑같이 시험을 받으신 이로되 죄는 없으시니라
16 그러므로 우리는 긍휼하심을 받고 때를 따라 돕는 은혜를 얻기 위하여
은혜의 보좌 앞에 담대히 나아갈 것이니라
5:7 그는 육체에 계실 때에 자기를 죽음에서 능히 구원하실 이에게 심한 통
곡과 눈물로 간구와 소원을 올렸고 그의 경건하심으로 말미암아 들으
심을 얻었느니라
8 그가 아들이시면서도 받으신 고난으로 순종함을 배워서
9 온전하게 되셨은즉 자기에게 순종하는 모든 자에게 영원한 구원의 근원
이 되시고

신학적 관점

신학은 단어, 문구, 개념을 사용해 성서의 복잡한 증언을 조명하고자 합니다. 성서가 이렇게 복잡한 것은 하나님 및 그분이 세상 안에서 세상과 함께하시는 방식을 다양한 방법으로 말하고 있기 때문입니다. 신학은 현실에 대한 서사적 설명을 제시하려 합니다. 성서의 광범위한 증언에 가능한 한 충실한 설명을 제시하는 것, 이것이 우리의 신학적 책임입니다. 삶의 다른 영역에서처럼 신학에서도 완벽한 충실함은 불가능하지만, 우리는 한 측면이 다른 모든 측면을 압도하게 내버려두지 않도록 주의해야 합니다. 이러한 위험은 나사렛 예수의 삶과 죽음이 하나님의 구원 사역과 어떻게 연결되는지를 묻는 영원한 질문에 답변을 내놓을 때 가장 두드러지게 나타납니다. 따라서 성금요일은 우리가 각별히 주의해야 하는 날입니다. 그날의 사건들을 말할 때와 그것들이 어떻게 '우리와 우리의 구원을 위해' 일어난 일의 일부가 되는지 말할 때 빠지기 쉬운 함정이 많습니다.

오늘 성서정과 네 본문 모두 우리에게 예수님의 고난을 유념하라고 촉구합니다. 우리는 그분이 대단히 잔인하고 고통스럽게 죽으셨다는 사실과 그분이 다른 사람들을 위해 그 죽음을 견뎌내셨다는 사실을 피하거나 축소할 수 없습니다. 성서는 정말로 그렇다고 증언하고 있고, 여러 가지 모델과 은유를 사용해 어떻게 해서 그렇게 되는지 조명합니다. 그러나 성서는 그중 어떤 것에도 우선권을 주지 않습니다. 니케아 공의회에서 삼위일체 교리를 정하고 칼케돈 공의회에서 기독론을 확정했던 교회도 구원에 대해서는 교리적으로 규정하지 않았습니다. 그런데 구원이 어떻게 이루어졌는지에 대한 특정 설명을 받아들이면서 그것을 변경할 수 없는 교리적 공식처럼 생각하는 사람이 적지 않습니다.

그 설명과 그에 대한 비판 모두 역사가 오래됐습니다. 대체로 그 설명은 예수님의 고난이 하나님께서 용서를 베풀 조건으로 요구하신 사항이라고 주장하는데, 그것을 '형벌적 고난'이라고 부릅니다. 이 설명을 지지하는 사람들은 인간의 죄가 하나님께는 너무나 불쾌한 것이라서 하나님의 진노가 완전히 발산되고 하나님의 형벌이 내려져야만 상황을 바로잡을 수 있다고 강조합니다. 정의가 먼저 실현된 후에야 하나님과 인간의 관계가 회복될 수 있다는 것입니다.

뿐만 아니라 이 형벌을 받는 사람은 죄가 없어야 합니다. 다른 사람의 죄를 짊어지는 것이 그의 역할이기 때문입니다. 예수님은 죄 없는 희생자셨고, 우리의 죄 사함을 위해 하나님의 위엄을 훼손한 범죄에 상응하는 형벌을 받으셨습니다. 이러한 해석에 영향을 주고 근거를 제시하는 성경 구절을 떠올리는 것은 어렵지 않기 때문에 이러한 해석을 받아들이는 사람들이 많다는 것은 이해할 만한 일입니다. 하지만 형벌적 고난의 서사에는 한계가 있어서 더 광범위한 성서의 증언을 이해하기 어렵게 만듭니다. 그래서 여러 가지 이유로 이 설명은 만족스럽지 않습니다.

우선, 이 설명은 성서에 따르면 '사랑이신'(요일 4:8) 하나님의 성품에 비추어 정의를 이해하기보다는 단일하고 제한된 정의관을 하나님께 강요합니다. 그리고 이 설명은 구속받은 인생의 윤리적인 모습을 제대로 조명하지 못합니다. 우리의 목적과 좀 더 밀접한 관련이 있는 내용을 이야기해 보자면, 예수님에 대한 성서의 증언에 대속의 언어가 존재하긴 하지만, 이 설명은 예수님을 대속물에 불과한 존재로 축소해 버립니다. 이것이 이른바 속죄에 대한 '형벌 대속론'입니다. 그 결과, 수난을 제외하면 예수님의 생애는 우리의 구원에 덜 중요해집니다. 그분의 선지자적 언행은 기껏해야 그분 죽음의 효력을 입증하는 증언에 불과해집니다. 복음서에서는 무엇이 자신을 기다리는지 감지하면서도 예루살렘으로 가기로 하시는 그분의 결심에 대해 말하는데, 이 설명에서 그분의 목적은 대중적 경건이 담긴 익숙한 문구 '그분은 죽기 위해 오셨다'로 요약할 수 있습니다.

오늘 본문은 기원후 2세기로 거슬러 올라가는 유서 깊은 또 다른 설명을 가리킴으로써 우리의 시각을 넓히는 데 도움이 될 수 있습니다. 이 설명에서 우리의 구원은 예수님의 생애 전체와 단단히 결합돼 있습니다. 구속주 그리스도에 대한 장 칼뱅의 논의는 십자가를 중심에 두는 그의 이해에 따라 형벌 대속론에 훨씬 더 큰 비중을 두지만, 그 논의의 앞부분에서는 다른 설명에 더 중점을 두고 있었습니다. 칼뱅은 그리스도의 사명이 하나님 사랑의 한 측면임을 먼저 확언한 후, 그리스도께서 죄를 폐하시고 사람들을 하나님과 화목하게 하셨으며 의를 획득하시되 '순종의 전 과정에 의해'* 확보해 주셨다고 선언했습니다.

* John Calvin, *Institutes of the Christian Religion*, ed. John T. McNeill, trans. Ford Lewis Battles, LCC (Philadelphia:Westminster Press, 1960), 2.16.5, p. 507.

오늘 본문도 마찬가지입니다. 오늘 성서정과 본문은 예수님의 제사장직과 멜기세덱의 제사장직의 수수께끼 같은 연관성을 생략하고, 히브리서에 울려 퍼지는 격려의 후렴구를 예수님이 '온전하게 되심'(5:9)을 통해 확보하신 구원과 나란히 놓습니다. 그분의 온전함은 고난으로 순종함을 배워서 이루어진 것입니다. 그분의 수난 사건들이 암묵적으로 이 고난의 최고 사례이긴 하지만(저자의 의도 여부와 관계없이 예전적으로는 분명히 그렇습니다), 이 고난은 더 광범위한 고난들을 가리킵니다.

오늘 본문과 그리스도께서 순종의 전 과정으로 구원을 이루셨다는 이 대안적 구원론에서 가장 중요한 것은 예수님이 우리와 인성을 온전히 공유하셨음을 확고히 내세운다는 점입니다. 여기에서 출발해 우리는 예수님이 하나님의 진노를 받는 자로서만 우리의 대속물이 되신다고 보는 대신, 대속에 대해 더 나은 방식으로 다르게 말할 수 있습니다. 인류가 처음부터 하나님 및 모든 피조물과 신실하게 교제하는 데 실패한 반면, 예수님은 무려 죽기까지 신실하셨습니다. 이 대목에서 우리는 구원을 숙고할 때 빠뜨릴 수 없는 진노와 고난을 숙고하게 됩니다. 예수님은 공생애 사역 기간 내내 하나님의 의로운 통치를 선포하셨는데, 그 의로운 통치는 로마로 대표되는 지상 나라들의 폭력 정치와 대조를 이룹니다. 하나님의 나라와 세상 나라들이 이렇게 충돌하는 가운데, 우리는 예수님이 참여하고 겪으신 진노와 고난을 논의할 자리를 발견합니다. 그분은 전 인류의 공통된 시험을 그렇게 겪으셨지만 죄는 없으셨습니다(4:15). 그분이 여기서 승리하고 구원을 이루신 것은 그분의 신성 때문이 아니었습니다. 그렇지 않다면 신성이 없는 우리에게는 별 위로가 되지 않을 것입니다. 그분의 승리는 '육신으로 세상에 계실 때'(5:7, 새번역) 이루어졌습니다. 예수님이 전 생애를 통해 인류를 하나님의 생명에 동참하게 하신 일은 위대한 구원의 신비입니다. 따라서 우리는 그분을 우리의 대제사장이라고 부를 수 있습니다.

목회적 관점

대제사장 예수 그리스도라는 개념은 21세기 사람들에게 낯설 것입니다. 이 개념이 너무 생소해서 성금요일에는 희생, 죽음, 피처럼 대제사장을 생각할 때 떠오르는 이미지에 집중하거나 대제사장 예수님이 정말 '모든 점에서 우리와 마찬가지로' 시험을 받으셨지만 '죄는 없으신'(4:15, 새번역) 분인지를 밝히기 위한 심리 분석을 진행하고 싶은 유혹을 받기도 합니다. 프로이트 혁명 이후에 태어나고 교육받은 사람들에게 이런 예수님의 특성은 그저 모순일 뿐이니까요.

히브리서 저자의 중심 주제는 대제사장이신 예수님의 희생적 속죄도 아니고 예수님의 심리적 경험도 아닙니다. 그는 그리스도를 죄가 있는 분으로 생각할 수 없었습니다. 이것은 역사적 분석에 따른 결론이 아니라 받아들이고 시작하는 신학적 입장입니다. 예수님의 희생적 속죄나 그분에 대한 심리 분석을 따라가면 오늘 본문이 우리의 신앙생활에 어떤 의미가 있는가 하는 논의와는 다른 방향으로 나 빠지게 됩니다. 우리의 신앙생활이야말로 히브리서 저자의 관심사이며, 목회적 관점을 다루는 이 글의 주제이기도 합니다.

이번 교회력의 여정은 '임마누엘'(하나님께서 우리와 함께 계시다, 마 1:23)의 탄생에 대한 기대와 함께 시작됐습니다. 그리고 그 탄생의 이야기는 십자가에서 성취됐습니다. 오직 십자가에서만 하나님께서 우리와 얼마나 온전히 함께하시는지 깨닫게 됩니다. 히브리서가 예수님의 완전한 인성에 초점을 맞추는 것을 보면서 우리는 성육신의 완전한 실재에 주목하게 됩니다. 대림절이 시작된 이래로 성서정과의 복음서 본문들은 예수님을 중심에 두고 있지만, 자칫 우리는 그분의 삶이 우리의 신앙생활에 어떤 의미가 있는지 가늠하지 않은 채 그 본문들을 읽고 설교할 수가 있습니다.

히브리서 저자는 4장에서 예수님 생애의 의미에 초점을 맞추고 있습니다. 예수님은 우리의 중보자이십니다. 우리와 같은 삶을 경험하셨고 우리의 어려움을 이해하고 공감하시기 때문입니다. 그분은 또한 하나님께 순종하는 신실한 삶의 모범이십니다. 중보자이자 모범이신 예수님께 초점을 맞출 때 우리는 오늘날 회중에게 쉽게 다가갈 수 있으며, 우리 시대를 향한 히브리서 저자의 메시지를 알아볼 수 있는 길이 열립니다.

중보자 예수님은 우리의 고통과 분투에 관심을 가지시고 정의를 위한 우리의 노력과 평화를 위한 수고를 긍휼히 여기십니다. 우리가 '은혜의 보좌 앞에 담대히 나아가'(4:16) 하나님의 도움을 구할 수 있는 이유는 예수님 안에서 하나님께서 우리의 연약함을 동정하시기 때문이고 예수님 또한 시험을 받으셨기 때문입니다. 히브리서의 예수님은 요한복음에서와 마찬가지로 참으로 영광스럽게 높임을 받으시지만, (요한복음에서와는 달리) 우리와 마찬가지로 모든 면에서 약함과 싸우고 시험과 유혹을 받으십니다.

우리의 시험과 유혹은 죽음의 위협 아래서 순교할 것이냐 신앙을 저버릴 것이냐를 선택하는 문제(이것이 히브리서가 쓰인 맥락이자 저자가 염두에 두는 내용입니다)가 아닙니다. 고문, 대량 학살, 테러가 우리 세계에 여전히 발생하지만, 오늘날 이에 비길 만한 수준의 시험을 당하는 사람은 많지 않습니다. 그만큼 우리의 시련이 대체로 더 평범한 경우가 많습니다. 하지만 그렇다고 덜 고통스럽지는 않습니다.

비행기 좌석 앞 그물망에 있는 카탈로그를 읽어 보십시오. 한 쪽씩 휙 넘기다 보면 도대체 인간에게 이런 제품들이 왜 필요한 건지 궁금해집니다. 정말 왜 필요할까요? 우리 세상의 유혹은 아주 실질적인데, 그중에 탐욕과 재산이 있습니다. 또한 우리는 억압받는 사람, 권리를 박탈당한 사람, 실직자, 노숙자, 가난한 사람들 편에 신실하게 서고자 할 때 자신의 '신앙 고백을 굳게 지키는'(4:14, 새번역) 시험대 위에 서게 됩니다. 이런 사람들을 비난하는 모욕적인 공격은 도처에서 일어납니다. 이주민들에 대한 악의적인 공격과 조롱을 보십시오. 신체적, 정신적 장애가 있는 사람들이나 인종, 연령, 종교가 다른 이들을 대상으로 뒤에서 농담을 주고받거나 길거리에서 조롱을 퍼붓는 모습을 주변 어디서나 흔히 볼 수 있습니다. 우리는 우리의 믿음을 굳게 지키며 스스로를 변호할 수 없는 이들을 변호할 수 있을까요?

우리의 희생이 대체로 1세기 후반 기독교인들이 직면했던 유형은 아니지만, 우리는 필요한 희생을 기꺼이 감수할 수 있을까요? 예를 들면 하나님의 창조세계를 보존하고 보호하기 위한 희생 말입니다. 자동차 사용을 최대한 줄이고, 겨울에 난방 온도를 낮추고, 여름에 냉방 온도를 높이고, 재활용을 실천하고, 어떤 식으로든 탄소 발자국을 줄이기 위해 기꺼이 희생할 의향이 얼마나 있습니까? 미래 세대가 폭풍, 홍수, 가뭄, 질병의 위험 없이 창조세계 안에서 우리와 동일한 기쁨과 즐거움을 누릴 수 있도록 말이지요.

히브리서는 우리가 예수님 안에서 자비와 은혜 모두를 발견한다고 말합니다. 믿음의 시험을 통과하지 못한 우리에게 베푸시는 자비와 하나님께서 우리에게 명하시는 선을 행할 소명을 완수할 힘을 주는 은혜를 모두 발견한다고 말입니다. 이것이 히브리서가 묘사하는 믿음의 역설입니다.

영국의 소설가이자 철학자 아이리스 머독(Iris Murdoch)은 점점 더 미쳐 가는 것 같은 세상에서 선해지고 선을 행하는 것이 얼마나 어려운 일인지, 그럼에도 얼마나 중요한 일인지 지적했습니다. *The Sovereignty of Good*(선의 군림)에서 그녀는 묻습니다. "선이 정말로 중요하다는 것을 … 우리는 확신하지 못하는가?"*

정리하자면, 머독의 관점에서 볼 때 우리가 선을 행하고자 하는 이유는 영원한 보상을 추구하거나 영원한 형벌을 피하기 위해서가 아니라 도덕적이고 선해야 한다고 촉구하는 독립적 명령 때문입니다. "선해지는 유일한 진짜 방법은 '아무런 대가를 바라지 않고' 선해지는 것이다."**

대 바실리우스도 비슷하게 말했습니다. "처벌

* Iris Murdoch *The Sovereignty of Good* (London: Routledge & Kegan Paul, 1970), 60.

** Ibid, 71.

이 두려워서 악을 거부한다면 노예의 자리에 있는 것이다. 삯의 유혹을 쫓는다면 … 용병과 다를 바 없다. 그러나 선이 선이기 때문에, 그리고 명령하시는 분에 대한 사랑으로 순종한다면 … 자녀의 지위에 있게 된다."* 우리가 '은혜의 보좌 앞에 담대히 나아갈'(4:16) 때, 하나님의 자녀로 순종함으로써 예수 그리스도의 모범을 따르게 되길 바랍니다. 그리고 믿음의 시험을 이겨 내고 하나님께서 요구하시는 선을 행하도록 돕는 은혜를 발견하게 되기를 바랍니다.

주석적 관점

성서정과에는 오늘 본문의 핵심이 되는 단락(5:1-6)이 생략돼 있지만, 설교자는 이 부분을 생략하고 설교해서는 안 됩니다. 예수님이 대제사장이시면서 동시에 하나님의 아들이라는 사실 사이에는 자명해 보이지 않는 논리적 관계가 있는데, 히브리서 저자는 시편 2:7(너는 내 아들이라 오늘 내가 너를 낳았도다)과 시편 110:4(너는 멜기세덱의 서열을 따라 영원한 제사장이라)를 주해하며 그 연결고리를 제시합니다. 현대 해석자에게는 분명해 보이지 않을 수도 있는 이 주석상의 연관은 두 구절 모두에 등장하는 '너는 …이라'라는 표현에 기초합니다. 바로 이 공통된 문구가 히브리서 저자로 하여금 두 구절을 연결해 해석하도록 이끕니다. 성금요일의 맥락에서 볼 때 이 본문은 예수님 죽음의 제사장적 기능뿐만 아니라 목회적 기능도 강조하는 역할을 합니다.

히브리서 4:14은 (한 편의 설교라고 보는 것이 더 적절한) 이 서신의 새로운 대목을 시작합니다. 여기서 제사장이신 예수님의 정체를 좀 더 깊이 숙고합니다(3:1에서 이미 예수님을 제사장이라고 부른 바 있습니다). 그분은 '하늘에 올라가' 하나님의 존전에 계시므로 그분의 백성이 하나님께 나아갈 수 있게 해 주십니다. 물론 예수님은 창조 이전부터 하나님의 존전에 계셨으니(1:10), 4:14 말씀은 예수님이 이 세상에 '잠시 동안'(2:7) 내려오셨다는 그림을 한층 선명하게 보여줍니다. 이 제사장은 죄로 인해 희생제사를 드릴 뿐만 아니라 그 자신이 희생제물이 되십니다(참조. 7:26-28).

하지만 히브리서 4장은 예수님이 죄인들을 동정하심을 강조합니다. 그분은 '모든 일에 우리와 똑같이 시험을 받으신 이로되 죄는 없으시기' 때문입니다(15절). 예수님이 죄인에게 공감하시므로 우리는 죄인이지만 담대하게 하나님께 나아가야 합니다. 그분께 나아가면 자비하심을 얻고 '필요할 때 도우시는 은혜'를 얻을 줄 알게 되기 때문입니다. 여기서 '필요할 때'란 유혹을 받을 때를 뜻합니다(16절, 같은 헬라어 단어를 '시험'으로도 '유혹'으로도 번역할 수 있습니다). 이 제사장은 죽음을 포함한 모든 면에서 사람들의 삶에 함께하셨기에 '그릇된 길을 가는 무지한 사람들을 너그러이 대하실 수 있습니다'(5:2, 새번역). 본인 또한 시험을 받았기 때문입니다. 이렇게 해서 처벌이나 복수로 이루어지는 심판의 이미지가 공감 어린 진실의 선포, 곧 하나님께서 죄의 실체를 밝히시고 예수님의 죽음을 통해 죄를 구속하시는 것으로 바뀝니다.

* Basil the Great, *Regulae fusius tractatae, prol.* 3:PG 31, 896 B, quoted in *Catechism of the Catholic Church*, 2nd ed. (Vatican City:Libreria Editrice Vaticana, 1997), 450, no. 1828.

예수님은 자신을 위해 제사를 드릴 필요가 없는 (하나님의 아들이시고 순종하며 십자가를 받아들이시기 때문에) 이상적인 제사장이십니다. 다른 모든 제사장이 그분을 본뜬다는 의미에서 말 그대로 이상적입니다. 그리고 그분의 사역이 완성되고 다 이루어졌다는 의미에서 완전한 제사장(5:9)이기도 하십니다.* 예수님은 인간 제사장들이 자신과 백성을 위해 반복적으로 해야 하는 일을 십자가에서 죽으심으로 단번에 성취하셨습니다.

그리고 저자는 5:5~6에서 시편 110:4을 인용하며 왕이신, 따라서 하나님의 아들이신 예수님의 정체성과 제사장이신 그분의 정체성을 연결합니다. 제사장직은 자원해서 맡는 것이 아니라 하나님의 부르심을 받아야 하므로(5:4), 하나님께서 예수님을 아들이라고 부르셨듯이 제사장으로도 부르셨음을 보여준 것입니다. '영원히'라는 부사는 예수님의 제사장직이 육신으로 세상에 계실 때(5:7)뿐만 아니라 부활 후에도 임기가 지속되는 전례 없는 역할임을 더욱 분명하게 드러냅니다.

시편 110:4는 히브리서 7:1에 다시 등장하는데, 거기서 저자는 뜬금없이 창세기 14:17~24의 이야기를 언급합니다. 그 이야기에서는 아브람이 '지극히 높으신 하나님의 제사장'(창 14:18)인 살렘 왕 멜기세덱을 만납니다. 그 가나안의 왕은 아브람을 축복하고 아브람의 하나님을 찬양한 다음, 아브람이 자신의 재산과 거느린 사람들 중에서 바친 십일조를 받습니다. 창세기와 시편 110편을 제외하면 성경에서 멜기세덱이 등장하는 곳은 히브리서의 이 두 구절뿐입니다.

멜기세덱은 (이후 예루살렘이 될 지역의) 왕이자 제사장이기 때문에, 제사장이신 예수님의 진정한 원형이라고 할 수 있습니다. 예수님은 메시야를(즉, 왕을) 사칭한 자로 처형되셨지만 하나님께서 죽음에서 일으키심으로써 그분이 왕이심을 입증하셨습니다. 멜기세덱이 '떡과 포도주'를 아브람에게 준 것(창 14:18)도 교회의 성찬식을 연상시키는 동시에 히브리서 저자가 (다른 제사장의 계통이 아니라) 멜기세덱의 계통에서 예수님의 제사장 계보를 찾는 것이 적절하겠다는 생각을 하게 만든 것 같습니다.

시편 110:1은 초기 기독교가 가장 사랑한 성서 구절로, 다른 어떤 구절보다 더 자주 인용됐습니다.** "여호와께서 내 주에게 말씀하시기를 '내가 네 원수들로 네 발판이 되게 하기까지 너는 내 오른쪽에 앉아 있으라 하셨도다.'" 이 구절은 죽고 부활하신(기록 당시 시점으로도 과거의 사건) 예수님이 미래에 영광에 싸여 오실 때까지 어디에 계시고 무슨 일을 하실지에 대한 그림을 초대 기독교인들에게 제시했습니다. 이 그림에서 하나님께서는 부활하신 예수님이 부활절과 파루시아(재림) 사이 기간 동안 하늘에서 가장 영광스러운 자리에 있게

* 예수님이 죽으실 때 '완성되다'를 뜻하는 같은 헬라어 동사가 두 번 사용된 것을 참고하십시오. '모든 일이 이미 이루어진'(요 19:28)과 '다 이루었다'(요 19:30).

** 마 22:44, 26:64, 막 12:36, 14:62, 눅 20:42, 22:69, 행 2:34-35, 5:31, 7:55-56(예수님이 스데반의 증언을 존중하며 서 계신 대목), 롬 8:34, 엡 1:20, 골 3:1, 히 1:3, 13, 8:1, 10:12, 12:2, 벧전 3:22. David M. Hay, *Glory at the Right Hand:Psalm 110 in Early Christianity*, Society of Biblical Literature Monograph Series 18 (Nashville:Abingdon Press, 1973)를 보라.

해 주십니다. 이때 예수님의 적들은 패배하고 하나님의 통치가 완성됩니다. 히브리서 저자만이 시편 110:1에서 더 나아가 제사장인 왕(시 110:4) 의 두 번째 이미지를 담아내고 있습니다.

예수님은 지상에서 사역하시는 동안 '자기를 죽음에서 능히 구원하실 이에게 심한 통곡과 눈물로 간구와 소원을 올렸고 그의 경건하심으로 말미암아 들으심을 얻었'습니다(5:7). 여기서 히브리서 저자는 겟세마네 동산에서 고뇌하신 예수님(막 14:32-42과 그 평행본문들)을 염두에 뒀을 수도 있지만, 그보다는 고난받는 의인의 시편들(시 22:1-2, 116:8-11)을 생각하고 썼을 가능성이 더 높습니다. 특히 그 시편에는 예수님처럼 고난 속에서도 하나님께 한결같이 순종한 사람들의 목소리가 담겨 있기 때문입니다. 이처럼 예수님은 자기 백성을 위해 중보하고, 그들의 죄를 위해 완벽한 희생제물을 드리고, 그들의 연약함을 이해하는 제사장이실 뿐 아니라 그들의 삶에 모범이 되시는 분입니다.

설교적 관점

왜 성금요일을 영어로 '좋은'(Good) 금요일이라고 부를까요? 영어에서만 볼 수 있는 이 이름은 이날의 이야기와 직관적으로 맞지 않습니다. 다른 서양 언어에서는 '검은' 금요일, '애도의' 금요일 또는 '성스러운' 금요일이라 부르는데, 이런 이름들이 더 적절해 보입니다. 좋은 금요일이라는 이름은 오래된 영어 명칭인 '하나님의 금요일'(God's Friday)에서 유래했을 것이라는 추측이 있습니다. 그래서 '하나님의 금요일'로 계속 부르고자 합니다. 오늘 우리는 십자가에 못 박히신 분, 사랑을 주시고 슬퍼하시는 창조주, 그리고 이 모든 사건을 하나로 묶으시는 위로와 도전의 영이신 하나님을 발견합니다. 십자가에 못 박히신 분이 무대 중앙에 서십니다. 히브리서는 삼위일체의 제2위의 신비로운 모습을 위대한 대제사장이신 예수님의 이미지로 제시합니다.

대제사장이신 예수님은 '하나님의 금요일'의 설교자에게 특히 사무치게 다가옵니다. 교회력의 다른 어느 날보다 바로 이날, 설교자는 교인들을 위한 대제사장으로 부름을 받습니다. 그는 일 년 내내 정경에서 더 어려운 본문을 다룰지 말지 선택할 수 있지만, 이날은 그렇지 않습니다. 다시 한번 기독교의 핵심 이야기를 해석할 때가 왔습니다. 십자가 처형이 없다면 부활은 얄팍한 승리주의에 불과하기 때문입니다.

이날 설교자는 설교하고 이야기를 들려주고 기도하면서 하나님과 사람들 사이의 거룩한 틈에 서도록 부름받습니다. 하나님의 금요일에 설교자는 함께 예배하는 사람들의 슬픔과 고통, 갈망과 소망을 담아 하나님께 바치는 헌금 바구니가 되도록 부름받습니다. 또한 설교자는 그들 가운데 계신 하나님의 신비한 성품과 본성, 행동을 선포하는 통로이자 대언자로 부름받습니다. 대제사장으로서 거룩한 틈에 서 있는 설교자는 자신이 벅차고 외로운 자리에 서 있음을 깨달을 수 있습니다.

교인들을 대상으로 목회하고 설교하는 설교자도 그 일을 잘 감당하기 위해 때로는 목회적 말씀이 필요합니다. 1세기의 설교자인 히브리서 저자는 오늘 본문을 통해 21세기의 설교자에게 바로 그런 말씀을 전합니다. 하나님과 사람들 사이의 거룩한 틈에 서 있는 설교자는 혼자가 아닙니다. 십자가에 못 박히신 예수님이 먼저 그 자리에 서셨고 지금도 거기 서 계시기 때문입니다.

히브리서는 설교자가 기도하면서 대제사장이신 예수님의 모범에 의지하는 것이 하나님의 금요일 설교를 여는 관문임을 상기시킵니다. 히브리서 5:8~9a은 예수님이 하나님께 끈질기게 순종하심으로 '온전하게' 되셨다고 말합니다. 순종(obedience)의 어원인 라틴어 oedire는 '경청하다'라는 뜻입니다. 예수님은 고통과 죽음 속에서도 하나님의 말씀을 경청해 온전해지셨고 만물의 대제사장, '영원한 구원의 근원'이 되셨습니다(9절).

예수님의 이러한 순종과 경청은 설교자가 하나님과 매우 친밀한 기도의 관계를 실천할 수 있는 본이 됩니다. 예수님은 영혼 깊은 곳에서 우러나오는 기도를 드리는 법을 아셨습니다. 죽음의 순간에 그분의 입술에서는 강렬한 표현이 나옵니다. "나의 하나님, 나의 하나님, 어찌하여 나를 버리셨나이까?" 설교자가 설교를 준비하고 전하는 과정에서 본문과 회중을 단순히 지적으로만 해석하는 것을 넘어설 때 말씀 선포가 달라집니다. 설교자가 하나님과 마음의 중심에서 경험하는 기도의 관계를 지성으로 표현해 낼 때, 설교는 열정적으로 살아납니다.

이것은 굳이 언급할 필요가 없는 너무나 단순한 교훈처럼 보일 수 있습니다. 기도는 항상 설교의 전 과정에서 한 부분을 차지하지 않습니까? 그러기를 바라야겠지요. 사실 많은 목회자가 목회 사역의 갖가지 요구로 인해 개인적으로 기도하고 묵상하고 공부할 시간이 별로 없다는 것을 체감하고 있습니다. 이 모두가 자신이 설교를 통해 교인들에게 권면하는 내용들인데도 말입니다. 히브리서 4:14~16은 설교자가 하나님과의 관계라는 신비로 더 깊이 들어가도록 초대합니다. 히브리서 저자는 '우리의 신앙고백을 굳게 지킵시다'라고 말합니다. 우리가 누구의 소유인지 기억합시다.

오늘 본문은 설교자에게 정체성의 핵심으로 돌아가라고 권유합니다. 먼저는 특정한 은사와 은혜를 받은 하나님의 세례받은 자녀라는 정체성으로, 그다음은 설교자 · 목사 · 대제사장으로 부름받은 사람이라는 정체성으로 말입니다. 우리는 우리와 하나님의 관계를 가능하게 만드는 분이 있음을 고백합니다. 그분은 고난과 연약함, 한계라는 가장 큰 시험 속에서 하나님께서 은혜와 자비로 베푸신 능력을 굳게 붙잡으셨습니다. 그 과정에서 '인간성을 잃지 않으셨고, 인간으로서 맡은 소명에서 벗어나지 않으셨습니다.'* 그렇게 해서 그분은 우리의 위대한 대제사장이 되셨습니다. 대제사장이신 예수님은 인간의 조건 전체를 하나님께 바치십니다.**

기도로 누리는 하나님과의 관계를 통해 하나님께 받은 본성, 하나님으로 충만한 자신의 본성을 기억하는 설교자는 선포할 때 힘을 얻습니다. 그는 자신의 인간성을 온전히 인지하면서 '하나님의 금요일'에 대제사장으로서 거룩한 틈을 채우고, 교인들의 가장 깊은 필요를 고백으로 쏟아내고 그것을 하나님께 올려드

* Thomas G. Long, *Hebrews*, Interpretation series (Louisville, KY:John Knox Press, 1997), 64.

** 위의 책, 65.

립니다. 예수님이 십자가에서 자신의 생명을 쏟아부으신 것처럼 말입니다. 또한 설교자는 이날 하나님의 온전한 성품, 본성, 행위 전체를 회중 앞에서 대언합니다.

폭력과 억압, 자기파괴가 가득하면서도 동시에 긍휼, 하나님의 힘주심, 사랑이 가득한 역설적인 이 세상 속에서 교인들은 삶에 능력을 주시는 하나님의 신비를 체험하길 갈망합니다. 하나님의 금요일에 우리는 십자가에 못 박히신 위대한 대제사장을 만나지만, 우주의 창조주이신 하나님도 만납니다. 그분은 거미줄처럼 엮인 모든 생명을 크신 사랑으로 단단히 붙드십니다. 우리는 성령 하나님도 만납니다. 그분은 일치와 화해의 소망 가운데 억압받고 핍박받고 말살된 자들과, 압제하고 박해하고 처형을 집행한 자들을 사랑 안에서 하나로 묶으십니다.

우리는 '위대한 대제사장'이신 예수님 덕분에 삼위일체 하나님께 나아갈 수 있습니다. 우리가 처한 상황 한복판에서 '긍휼하심을 받고 … 은혜를 얻기 위하여 은혜의 보좌 앞에 담대히 나아갈' 수 있습니다(4:16). 하나님의 말씀을 경청하고 기도로 하나님과 관계를 돈독히 하는 일에 자신의 온 인격을 바치는 설교자 · 목회자는 대제사장으로 담대히 서서 하나님의 좋은 금요일의 심오한 신비를 선포할 것입니다.

성금요일

요한복음 18:1~19:42

18:1 예수께서 이 말씀을 하시고 제자들과 함께 기드론 시내 건너편으로
나가시니 그곳에 동산이 있는데 제자들과 함께 들어가시니라
2 그곳은 가끔 예수께서 제자들과 모이시는 곳이므로 예수를 파는 유다
도 그곳을 알더라
3 유다가 군대와 대제사장들과 바리새인들에게서 얻은 아랫사람들을 데
리고 등과 횃불과 무기를 가지고 그리로 오는지라
4 예수께서 그 당할 일을 다 아시고 나아가 이르시되 너희가 누구를 찾느냐
5 대답하되 나사렛 예수라 하거늘 이르시되 내가 그니라 하시니라 그를
파는 유다도 그들과 함께 섰더라
6 예수께서 그들에게 내가 그니라 하실 때에 그들이 물러가서 땅에 엎드
러지는지라
7 이에 다시 누구를 찾느냐고 물으신대 그들이 말하되 나사렛 예수라 하
거늘
8 예수께서 대답하시되 너희에게 내가 그니라 하였으니 나를 찾거든 이
사람들이 가는 것은 용납하라 하시니
9 이는 아버지께서 내게 주신 자 중에서 하나도 잃지 아니하였사옵나이
다 하신 말씀을 응하게 하려 함이러라
10 이에 시몬 베드로가 칼을 가졌는데 그것을 빼어 대제사장의 종을 쳐서
오른편 귀를 베어 버리니 그 종의 이름은 말고라
11 예수께서 베드로더러 이르시되 칼을 칼집에 꽂으라 아버지께서 주신
잔을 내가 마시지 아니하겠느냐 하시니라
12 이에 군대와 천부장과 유대인의 아랫사람들이 예수를 잡아 결박하여
13 먼저 안나스에게로 끌고 가니 안나스는 그 해의 대제사장인 가야바의
장인이라
14 가야바는 유대인들에게 한 사람이 백성을 위하여 죽는 것이 유익하다
고 권고하던 자러라
15 시몬 베드로와 또 다른 제자 한 사람이 예수를 따르니 이 제자는 대제

사장과 아는 사람이라 예수와 함께 대제사장의 집 뜰에 들어가고
16 베드로는 문밖에 서 있는지라 대제사장을 아는 그 다른 제자가 나가서
문 지키는 여자에게 말하여 베드로를 데리고 들어오니
17 문 지키는 여종이 베드로에게 말하되 너도 이 사람의 제자 중 하나가
아니냐 하니 그가 말하되 나는 아니라 하고
18 그때가 추운 고로 종과 아랫사람들이 불을 피우고 서서 쬐니 베드로도
함께 서서 쬐더라
19 대제사장이 예수에게 그의 제자들과 그의 교훈에 대하여 물으니
20 예수께서 대답하시되 내가 드러내 놓고 세상에 말하였노라 모든 유대
인들이 모이는 회당과 성전에서 항상 가르쳤고 은밀하게는 아무것도
말하지 아니하였거늘
21 어찌하여 내게 묻느냐 내가 무슨 말을 하였는지 들은 자들에게 물어보
라 그들이 내가 하던 말을 아느니라
22 이 말씀을 하시매 곁에 섰던 아랫사람 하나가 손으로 예수를 쳐 이르되
네가 대제사장에게 이같이 대답하느냐 하니
23 예수께서 대답하시되 내가 말을 잘못하였으면 그 잘못한 것을 증언하
라 바른말을 하였으면 네가 어찌하여 나를 치느냐 하시더라
24 안나스가 예수를 결박한 그대로 대제사장 가야바에게 보내니라
25 시몬 베드로가 서서 불을 쬐더니 사람들이 묻되 너도 그 제자 중 하나
가 아니냐 베드로가 부인하여 이르되 나는 아니라 하니
26 대제사장의 종 하나는 베드로에게 귀를 잘린 사람의 친척이라 이르되
네가 그 사람과 함께 동산에 있는 것을 내가 보지 아니하였느냐
27 이에 베드로가 또 부인하니 곧 닭이 울더라
28 그들이 예수를 가야바에게서 관정으로 끌고 가니 새벽이라 그들은 더
럽힘을 받지 아니하고 유월절 잔치를 먹고자 하여 관정에 들어가지 아
니하더라
29 그러므로 빌라도가 밖으로 나가서 그들에게 말하되 너희가 무슨 일로

이 사람을 고발하느냐
30 대답하여 이르되 이 사람이 행악자가 아니었더라면 우리가 당신에게
넘기지 아니하였겠나이다
31 빌라도가 이르되 너희가 그를 데려다가 너희 법대로 재판하라 유대인
들이 이르되 우리에게는 사람을 죽이는 권한이 없나이다 하니
32 이는 예수께서 자기가 어떠한 죽음으로 죽을 것을 가리켜 하신 말씀을
응하게 하려 함이러라
33 이에 빌라도가 다시 관정에 들어가 예수를 불러 이르되 네가 유대인의
왕이냐
34 예수께서 대답하시되 이는 네가 스스로 하는 말이냐 다른 사람들이 나
에 대하여 네게 한 말이냐
35 빌라도가 대답하되 내가 유대인이냐 네 나라 사람과 대제사장들이 너
를 내게 넘겼으니 네가 무엇을 하였느냐
36 예수께서 대답하시되 내 나라는 이 세상에 속한 것이 아니니라 만일 내
나라가 이 세상에 속한 것이었더라면 내 종들이 싸워 나로 유대인들에게
넘겨지지 않게 하였으리라 이제 내 나라는 여기에 속한 것이 아니니라
37 빌라도가 이르되 그러면 네가 왕이 아니냐 예수께서 대답하시되 네 말
과 같이 내가 왕이니라 내가 이를 위하여 태어났으며 이를 위하여 세상
에 왔나니 곧 진리에 대하여 증언하려 함이로라 무릇 진리에 속한 자는
내 음성을 듣느니라 하신대
38 빌라도가 이르되 진리가 무엇이냐 하더라 이 말을 하고 다시 유대인들
에게 나가서 이르되 나는 그에게서 아무 죄도 찾지 못하였노라
39 유월절이면 내가 너희에게 한 사람을 놓아주는 전례가 있으니 그러면
너희는 내가 유대인의 왕을 너희에게 놓아주기를 원하느냐 하니
40 그들이 또 소리 질러 이르되 이 사람이 아니라 바라바라 하니 바라바는
강도였더라
19:1 이에 빌라도가 예수를 데려다가 채찍질하더라

2 군인들이 가시나무로 관을 엮어 그의 머리에 씌우고 자색 옷을 입히고
3 앞에 가서 이르되 유대인의 왕이여 평안할지어다 하며 손으로 때리더라
4 빌라도가 다시 밖에 나가 말하되 보라 이 사람을 데리고 너희에게 나오
나니 이는 내가 그에게서 아무 죄도 찾지 못한 것을 너희로 알게 하려 함
이로라 하더라
5 이에 예수께서 가시관을 쓰고 자색 옷을 입고 나오시니 빌라도가 그들
에게 말하되 보라 이 사람이로다 하매
6 대제사장들과 아랫사람들이 예수를 보고 소리 질러 이르되 십자가에 못
박으소서 십자가에 못 박으소서 하는지라 빌라도가 이르되 너희가 친히
데려다가 십자가에 못 박으라 나는 그에게서 죄를 찾지 못하였노라
7 유대인들이 대답하되 우리에게 법이 있으니 그 법대로 하면 그가 당연
히 죽을 것은 그가 자기를 하나님의 아들이라 함이니이다
8 빌라도가 이 말을 듣고 더욱 두려워하여
9 다시 관정에 들어가서 예수께 말하되 너는 어디로부터냐 하되 예수께서
대답하여 주지 아니하시는지라
10 빌라도가 이르되 내게 말하지 아니하느냐 내가 너를 놓을 권한도 있고
십자가에 못 박을 권한도 있는 줄 알지 못하느냐
11 예수께서 대답하시되 위에서 주지 아니하셨더라면 나를 해할 권한이
없었으리니 그러므로 나를 네게 넘겨 준 자의 죄는 더 크다 하시니라
12 이러하므로 빌라도가 예수를 놓으려고 힘썼으나 유대인들이 소리 질
러 이르되 이 사람을 놓으면 가이사의 충신이 아니니이다 무릇 자기를
왕이라 하는 자는 가이사를 반역하는 것이니이다
13 빌라도가 이 말을 듣고 예수를 끌고 나가서 돌을 깐 뜰(히브리 말로 가
바다)에 있는 재판석에 앉아 있더라
14 이날은 유월절의 준비일이요 때는 제육시라 빌라도가 유대인들에게
이르되 보라 너희 왕이로다
15 그들이 소리 지르되 없이하소서 없이하소서 그를 십자가에 못 박게 하

소서 빌라도가 이르되 내가 너희 왕을 십자가에 못 박으랴 대제사장들
이 대답하되 가이사 외에는 우리에게 왕이 없나이다 하니
16 이에 예수를 십자가에 못 박도록 그들에게 넘겨주니라
17 그들이 예수를 맡으매 예수께서 자기의 십자가를 지시고 해골(히브리
말로 골고다)이라 하는 곳에 나가시니
18 그들이 거기서 예수를 십자가에 못 박을새 다른 두 사람도 그와 함께
좌우편에 못 박으니 예수는 가운데 있더라
19 빌라도가 패를 써서 십자가 위에 붙이니 나사렛 예수 유대인의 왕이라
기록되었더라
20 예수께서 못 박히신 곳이 성에서 가까운 고로 많은 유대인이 이 패를
읽는데 히브리와 로마와 헬라 말로 기록되었더라
21 유대인의 대제사장들이 빌라도에게 이르되 유대인의 왕이라 쓰지 말
고 자칭 유대인의 왕이라 쓰라 하니
22 빌라도가 대답하되 내가 쓸 것을 썼다 하니라
23 군인들이 예수를 십자가에 못 박고 그의 옷을 취하여 네 깃에 나눠 각
각 한 깃씩 얻고 속옷도 취하니 이 속옷은 호지 아니하고 위에서부터
통으로 짠 것이라
24 군인들이 서로 말하되 이것을 찢지 말고 누가 얻나 제비 뽑자 하니 이
는 성경에 그들이 내 옷을 나누고 내 옷을 제비 뽑나이다 한 것을 응하
게 하려 함이러라 군인들은 이런 일을 하고
25 예수의 십자가 곁에는 그 어머니와 이모와 글로바의 아내 마리아와 막
달라 마리아가 섰는지라
26 예수께서 자기의 어머니와 사랑하시는 제자가 곁에 서 있는 것을 보시
고 자기 어머니께 말씀하시되 여자여 보소서 아들이니이다 하시고
27 또 그 제자에게 이르시되 보라 네 어머니라 하신대 그때부터 그 제자가
자기 집에 모시니라
28 그 후에 예수께서 모든 일이 이미 이루어진 줄 아시고 성경을 응하게

하려 하사 이르시되 내가 목마르다 하시니
29 거기 신 포도주가 가득히 담긴 그릇이 있는지라 사람들이 신 포도주를
적신 해면을 우슬초에 매어 예수의 입에 대니
30 예수께서 신 포도주를 받으신 후에 이르시되 다 이루었다 하시고 머리
를 숙이니 영혼이 떠나가시니라
31 이날은 준비일이라 유대인들은 그 안식일이 큰 날이므로 그 안식일에
시체들을 십자가에 두지 아니하려 하여 빌라도에게 그들의 다리를 꺾
어 시체를 치워 달라 하니
32 군인들이 가서 예수와 함께 못 박힌 첫째 사람과 또 그 다른 사람의 다
리를 꺾고
33 예수께 이르러서는 이미 죽으신 것을 보고 다리를 꺾지 아니하고
34 그중 한 군인이 창으로 옆구리를 찌르니 곧 피와 물이 나오더라
35 이를 본 자가 증언하였으니 그 증언이 참이라 그가 자기의 말하는 것이
참인 줄 알고 너희로 믿게 하려 함이니라
36 이 일이 일어난 것은 그 뼈가 하나도 꺾이지 아니하리라 한 성경을 응
하게 하려 함이라
37 또 다른 성경에 그들이 그 찌른 자를 보리라 하였느니라
38 아리마대 사람 요셉은 예수의 제자이나 유대인이 두려워 그것을 숨기
더니 이 일 후에 빌라도에게 예수의 시체를 가져가기를 구하매 빌라도
가 허락하는지라 이에 가서 예수의 시체를 가져가니라
39 일찍이 예수께 밤에 찾아왔던 니고데모도 몰약과 침향 섞은 것을 백 리
트라쯤 가지고 온지라
40 이에 예수의 시체를 가져다가 유대인의 장례 법대로 그 향품과 함께 세
마포로 쌌더라
41 예수께서 십자가에 못 박히신 곳에 동산이 있고 동산 안에 아직 사람을
장사한 일이 없는 새 무덤이 있는지라
42 이날은 유대인의 준비일이요 또 무덤이 가까운 고로 예수를 거기 두니라

신학적 관점

예수님의 유죄판결, 처형, 매장에 대한 요한복음의 서술은 예수님이 자신에 대해 내세운 두 주장에 초점을 맞춥니다. 첫 번째 주장은 하나님의 이름을 자신에게 적용하신 것과 관련돼 있고, 두 번째 주장은 하나님의 아들, 유대인의 왕이라는 그분의 정체성과 관련됩니다. 이 두 주장 모두 요한복음의 절정에 해당하는 오늘 본문의 장면 이전에 이루어졌습니다.

유대인들이 예수님께 아브라함이 어떻게 당신의 날을 보게 될 것을 기대하며 기뻐했느냐고 묻자, 예수님은 '아브라함이 나기 전부터 내가 있느니라(I AM)'라고 대답하십니다(요 8:58). 예수님이 예루살렘에 입성하실 때, 큰 무리가 예수님을 환영하며 이렇게 외칩니다. "찬송하리로다 주의 이름으로 오시는 이 곧 이스라엘의 왕이시여"(요 12:13). 18~19장에 나오는 예수님 생애의 결말을 통해 독자는 그분이 자신에 대한 이 두 주장을 충격적인 방식으로 이해하신다는 것을 알게 됩니다. 왜냐하면 예수님의 이해 방식은 유대인들이 역사적으로 두 칭호에 부여해 온 의미를 완전히 부정하는 것처럼 보이기 때문입니다.

인간이 '스스로 있는 자(I AM), 야웨'라는 신명(神名)을 사용하는 것은 독자에게 큰 충격과 불쾌감을 줄 수 있습니다. 복음서의 유대인들이 그렇게 느꼈던 것처럼 말입니다. 그러나 예수님의 제자들처럼 이 주장을 믿음으로 받아들이게 되면, 당연히 예수님을 모세에게 자신을 계시하신 하나님과 연관시킬 것입니다. 그분은 바로 치하의 애굽에서 노예로 압제에 시달리던 이스라엘 백성을 구해낼 존재로 자신을 계시하셨습니다.

하나님께서는 이 이름을 계시하실 때 모세에게 이렇게 말씀하십니다. "나는 여호와라 내가 애굽 사람의 무거운 짐 밑에서 너희를 빼내며 그들의 노역에서 너희를 건지며"(출 6:6). 애굽인들과 이스라엘 백성 모두 하나님께서 이스라엘을 종살이와 확실한 죽음에서 건져 내시고 바로와 그의 군대를 죽음과 멸망에 넘기시는 과정을 통해 '스스로 있는 자'라는 이름을 가진 신의 참된 정체를 알게 됩니다(출 14:4). 예수님은 진정한 종살이와 자유를 논하시는 맥락에서 처음 이 이름으로 자신을 부르셨고, 따라서 독자들은 출애굽과 그분을 긴밀히 연관시키게 됐습니다(요 8:31-59).

오늘 본문에서 예수님은 이 신명을 자신과 연결시키며 다시 한번 사용하십니다. '스스로 있는 자, 야웨'께서 출애굽을 통해 이루신 구원을 기념하는 유월절을 앞두고서 말입니다(요 18:4-8). 이 이름의 힘은 이름을 말하는 것만으로도 예수님을 잡으러 온 군인들과 경비병들이 쓰러지는 데서 드러납니다. 그러므로 베드로가 칼을 꺼내어 싸운 것은 당연한 일입니다(요 18:10). 그는 유대인들을 모든 원수로부터 구해 내신 하나님께서 예수님 안에 인격적으로 임재하신다고 믿기 때문입니다.

예수님은 이스라엘의 왕이 오심을 환영하는 군중들의 함성을 들으며 예루살렘에 입성하십니다(요 12:13). 그래서 빌라도가 예수님을 심문할 때 이 주장에 초점을 맞추는 것은 놀랄 일이 아닙니다. 예수님이 이스라엘의 왕이라는 주장은 로마의 즉각적이고 치명적 대응을 유발할 수 있는 것이었기에 빌라도는 이렇게 묻습니다. "네가 유대인의 왕이냐"(요 18:33). 유대인의 왕이라는 명칭은 하나님의 이름이 그렇듯 이스라엘의 적들을 물리칠 수 있는 힘과 연관돼 있습니다. 하나님께서는 다윗에 대해 이렇게 말씀하십니다. "내가 오히려 그의 대적들을 그의 앞에서 격파하고, 그를 미워하는 자들을 쳐부수겠다"(시 89:23, 새번역). 예수님이 예루살렘에 입성하실 때 군중이 인용한 시편 118편은 왕을 보호하시는 하나님의 능력을 기립니다. "뭇 나라가 나를 에워쌌지만, 나는 주님의 이름을 힘입어서 그들을 물리쳤다"(시 118:10, 새번역). 그 왕은 하나님께 아들이 될 것이고 하나님께서는 왕의 아버지가 되실 것입니다(삼하 7:14).

"나와 아버지는 하나이니라"(요 10:30). 예수님은 하나님의 이름을 자신에게 부여하시는 것처럼 이렇게 자신이 아버지와 동등하다고 말씀하십니다. 그렇게 하심으로써 하나님의 아들로서 왕이신 자신과 아버지이신 하나님의 관계를 더욱 분명하게 드러내십니다. 이처럼 예수님은 자신이 하나님의 이름이 거할 더 영광스러운 성전을 건축할 솔로몬 같은 왕이라고 주장하실 뿐 아니라(학 2:9), 친히 그 이름이 거하는 성전이 되시는 왕이라고 주장하십니다(요 1:14, 2:19). 하나님께서 성전에 계시므로 예루살렘은 모든 적으로부터 안전하다는 확신을 갖게 됐습니다(시 46:5). 예수님은 왕이자 성전이시니 그분을 이길 적이 하나도 없을 것입니다. 적들은 예루살렘을 보기만 해도 겁에 질려 달아났기 때문입니다(시 48:4-8). 예수가 자신을 하나님의 아들로 내세우며 신성모독적 주장을 했다는 유대인들의 말을 듣고 빌라도가 어느 때보다도 두려워했던 이유는 바로 여기에 있을지 모릅니다(요 19:7-8).

한 인간이 자신을 신의 이름으로 부르며 하나님과 동등한 하나님의 아들이라고 주장하는 것(요 5:18)이 주는 불쾌감을 극복할 수 있다고 해도, 하나님과의 이 동등함이 예수님께 무엇을 의미하는지 알면 또다시 더 크게 기분이 상할 것입니다. 무엇보다 예수님이 이 동등함을 내세웠기 때문에 유대인들이 그분을 죽이고 싶어 했고(요 10:33), 예수님은 이 동등함이 주는 능력을 사용해 자신이 죽임을 당하도록 허용하십니다(요 10:18). 예수님은 '스스로 있는 자, 야웨'로서의 능력을 사용해 그분의 사람들을 압제자로부터 해방하시는 대신 오히려 군인들과 경비병들에게 잡히고 결박당하십니다. 그분은 하나님의 아들로서의 권능을 사용해 빌라도에게 그분을 정죄하고 십자가에 못 박을 권세를 주십니다(요 19:11).

예수님은 적들을 쓸어버리시기는커녕 빌라도가 그의 군인들과 유대인들 앞에서 예수님을 조롱하고 경멸하는 것을 허용하십니다. 우리는 예수님이 신적 능력을 사용해 죽으려 하신다는 것을 깨달은 제자들이 그분을 배신하고 부인하는 것에 놀라서는 안 됩니다. 자신이 하나님과 동등하다는 신성모독적 주장을 내세운 이 무력한 교사를 유대인들이 왕으로 인정하지 않는 것은 더더욱 놀랄 일이 아닙니다. 체포당하고 결박당하는 상황을 허용한 이 사람이 어떻게 출애굽의 하나님일 수 있겠습니까? 로마 당국의 조롱과 채찍질을 당하고 유죄 판결을 받고 처형당하는 것까지 기꺼이 허용한 이 사람이 어떻게 유대인의 왕일 수 있겠습니까?

목회적 관점

모두가 "참 반가운 성도여"(찬송가 122장)를 부

르지만, "오 거룩하신 주님"(찬송가 145장)은 신실한 사람들만 노래합니다. 이번 주에는 좋든 싫든 우리뿐입니다. 성탄절과 고난주간의 문화적 차이가 이렇게 큽니다. 그런데 왜 신실한 성도들뿐만 아니라 신앙에 의문을 품는 이들, 진리를 찾고자 하는 사람들, 그리고 신앙에 확신이 전혀 없는 이들까지도 성금요일 예배에 참석할까요?

교회에 훌륭한 찬양대가 있다면 바흐의 작품들을 듣기 위해서일 수 있습니다. 하지만 이제 그런 전통을 지키는 교회는 거의 남아 있지 않습니다. 대림절에 〈메시야〉를 연주하고 '말씀과 찬송의 예배'(Lessons and Carols) 전통을 이어가는 교회라 해도, 이번 성금요일에 〈요한 수난곡〉을 부르지는 않을 것입니다. 하지만 그 이유가 음악 때문은 아닙니다. 음악이 훌륭하지 않고 중요하지 않아서가 아니라, 성금요일에는 그보다 더 포착하기 어렵고 형언하기 힘든 무언가가 있기 때문에 부르지 않습니다. 성금요일에는 오직 이때만 느낄 수 있는 특별한 갈망이 있습니다. 만약 설교자가 이 갈망의 정체에 대해 말해 줄 수 있다면, 설교자는 물론이고 교인들에게도 복된 일일 것입니다.

존 도미닉 크로산(John Dominic Crossan)과 마커스 보그(Marcus Borg)는 많은 교회 전통에서 '종려주일'을 '고난주일'로 지키는데, 그 이유가 단지 고난주간에 아무도 교회에 나오지 않기 때문이라고 제대로 지적했습니다.* 상황이 이러하니 주일예배에 모인 사람들이 부활 이야기를 듣기 전에 수난 이야기를 들을 방법은 종려주일을 고난주일로 대체하는 것뿐입니다. 더욱 애석한 부분은, 고난주간 전통에 익숙한 분들은 아시겠지만, '호산나'라고 외치던 사람들이 15분 후에 '십자가에 못 박으소서'라고 외치며 돌변하는 모습은 고난주일 설교로 이 어려움을 해소하는 데 집중한다고 해도 교인들로서는 받아들이고 이해하기가 아주 힘듭니다. 어쩌면 금요일 예배에 오겠다고 약속한 이들에게는, 종려나무 가지를 당장 십자가 모양으로 비틀기 전에 조금 더 흔들 수 있도록 여유를 줘도 좋겠습니다.

어쩌면, 정말 어쩌면, 이번 성금요일에는 정오 예배에 올 사람도 있고 저녁 예배에 올 사람도 있을지도 모릅니다. 왜일까요? 그들은 무엇을 위해 오는 것이며, 설교자는 그들이 원하는 것을 찾도록 어떻게 도울까요? 그들을 대신해서가 아니라 그들과 함께 바라보는 것이 핵심입니다. 그들에겐 두 가지 질문이 있습니다. 예수님은 왜 죽으셨는가, 왜 죽으셔야만 했는가? 이 죽음이 내 삶에 어떤 의미가 있는가? 아주 쉬운 질문은 아니지만, 설교자는 이런 까다로운 질문에 답하기 위해 존재합니다. 그런데 가끔은 설교자가 한발 물러나 본문과 예전이 스스로 말하게 해야 할 때가 있습니다. 그러나 성금요일은 그런 때가 아닙니다.

> 그래서 목사님, 예수님은 왜 죽으셨나요? 왜 죽으셔야만 했나요? 제가 새롭게 알게 된 하나님의 사랑과 은혜의 신학이 오늘 성서 본문 뒤에 피할 수 없게 도사리고 있는 피투성이 희생의 속죄와 어떻게 연결되는지 이해하게 도와주세요. 이것이 하나님께서

* Marcus J. Borg and John Dominic Crossan, *The Last Week* (San Francisco:HarperSanFrancisco, 2007).

내놓으실 수 있었던 최선의 계획인가요? 혹시 이것은 실제 일어난 일과 희망사항을 끼워 맞추는 전통적인 방식인가요? 로마 제국의 잔인함, 고대 지중해 사회 속 하층민들의 취약한 삶, 1세기 유다를 지배했던 종교 엘리트들이 로마에 협력하고자 했던 본능적인 욕구는 저도 이해합니다. 하지만 하나님이 바로를 제압하셨던 것처럼 이런 상황도 제압하실 수 없었을까요? 제압하실 수 없었다면 그 이유는 무엇이었을까요?

목사님, 말씀하시는 김에 제가 현재 처한 압도적인 상황에 '험한 십자가'가 도대체 무슨 의미가 있는지 설명해 주셨으면 합니다. 목에 십자가를 걸고 있어도 그 의미를 이해하는 데 도움이 되지 않는 것 같습니다. 저는 예수님이 '내 죄를 위해 죽으셨다'는 것과 '예수 그리스도가 주님이심'을 믿습니다. 그런데 왜 저는 여전히 매일 제 안에 갇혀 있고 영혼이 소진돼 텅 빈 것 같은 느낌이 들까요? 십자가의 사역이 점점 더 형편없고 절박해지는 내 삶의 현실에 어떤 영향을 미칠까요?

성금요일에 교회에 나올 만큼 진지한 의문을 품는 사람들은 위와 같은 질문들을 가지고 옵니다. 이런 질문들만 있는 것은 아니고 모든 질문이 이렇게 부정적이거나 대답하기 어려운 것도 아닙니다. 하지만 일단 설교에서 '예수님은 왜 죽으셨는가, 죽으셔야만 했는가?'와 '그분의 죽음이 내 삶에 어떤 의미가 있는가?'라는 두 질문에 답하려고 노력해 보십시오. 그리고 다른 질문을 가진 사람들이 이 두 질문에 대한 여러분의 대답에 진지한 관심을 보인다고 해도 놀라지 마십시오. 대부분의 설교자들처럼 여러분도 성경적, 신학적, 영적, 목회적 측면이 혼합된 이 중요한 두 질문에 답하기 위해 오랫동안 고심했을 것입니다. 다시 말해, 여러분은 오늘 여러분 앞에 놓인 이 주제를 다룰 준비가 돼 있습니다.

두 질문이 서로 밀접하게 연관돼 있지만, 목회적으로는 두 번째 질문(예수님의 죽음이 내 삶에 어떤 의미가 있는가)이 첫 번째보다 더 중요할 수 있습니다. 그렇다면 건전한 목회적 접근 방식은 두 번째 질문에서 출발해 자연스럽게 첫 번째 질문(예수님은 왜 죽으셨는가, 왜 죽으셔야만 했는가)을 다루는 것일 것입니다. 모든 죽음은 우리 자신의 죽음에 대한 불안을 우리의 감정, 생각, 질문들에 종종 무의식적으로 불어넣습니다. 죽음이 가까이 다가올수록 더 많은 걱정과 불안이 생겨납니다. 이를 확장해서 생각하면, 예수님을 가깝게 느끼는 사람일수록 그분의 죽음을 더 깊이 경험할 것이고, 그분의 죽음이 자신의 삶에 어떤 의미가 있는지 이해할 수 있게 안내를 받기 원할 것입니다.

이 맥락에서 한 걸음 더 나아가면, 두 번째 질문과 첫 번째 질문이 마침내 합쳐질 수 있지 않을까요? '예수님은 왜 죽으셨나요, 왜 죽으셔야만 했나요?'라고 묻는 데 그치지 말고, '나는 왜 죽나요, 왜 죽어야 하나요?'라고 묻자는 것입니다. 그렇다면 '죽는다'와 '죽어야 한다'를 구분하는 것은 사실상 환상에 가깝습니다. 예수님을 포함해 이 세상에 태어나는 이들은 누구나 태어나는 순간부터 죽음을 내재하고 있기 때문입니다. 우리에게 목회적으로나 신학적으로 필요한 것은 십자가에 대한 근본적으로 성육신적인 이해, 즉 십자가를 수태고지부터 십자가 처형에 이르는 예수님의 전 생애와 연관시키는 이해입니다. 설교자는 이것을 제공함으로써 회중이 자신의 삶 전체를 그리스도의 삶 전체와 연관시키도록 돕게 됩니다. 그러면 그리스도의 죽음이 그들의 죽음에만 의미가 있는 것이 아니라 그들의 삶에도 깊은 의미가 있음이 드러날 것입니다.

주석적 관점

요한복음에 나오는 예수님의 재판과 십자가 처형 장면은 그분의 신적 능력과 재판관, 왕, 유월절 제물이신 그분의 정체성을 강조하기 위해 구성됐습니다. 예수님을 거부한 사람들이 오히려 독자들이 예수님의 정체성을 이해하는 데 기여한다는 점에서 이 서사는 아이러니합니다.

예수님의 신적 능력 체포 장면(18:1-11)에서 예수님은 '에고 에이미'라는 헬라어 표현을 쓰시는데, 이 표현은 '내가 그 사람이다'로도, '내가 있다'(I am)로도 번역할 수 있습니다. 문맥상 '내가 그 사람이다'는 병사들이 찾고 있는 사람이 예수님임을 나타냅니다. 이 문구는 '스스로 있는 자'(I AM, 출 3:14)라는 하나님의 이름도 함축하고 있습니다. 군인들은 예수님 안에서 역사하는 능력을 알아본 것 같은 반응을 보입니다. 그들은 '뒤로 물러나 땅에 엎드러졌는데'(18:6), 이것은 하나님의 나타나심을 본 사람들의 전형적인 반응입니다. 이어서 군인들이 예수님을 체포하기는 하지만, 이 장면은 군인들이 이 사건들을 통제하고 있지 않음을 시사합니다.

빌라도는 예수님을 심문할 때 유대인들과 세력 다툼을 벌입니다. 빌라도는 이 기회를 이용해 유대인들의 자치 열망을 조롱합니다. 유대인들은 예수님의 죽음을 보고 싶은 나머지 로마에 대한 충성을 선언하게 됩니다. 이 와중에 예수님은 상황을 장악한 존재로 등장하십니다. 빌라도에게 "위에서 주지 않으셨더라면 나를 해할 권한이 없었으리니"(19:11)라고 하신 예수님의 말씀은 빌라도의 권력 행사가 하나님께 봉사하는 한도 내에서 이루어짐을 강조합니다.

요한은 예수님을 돌아가시는 순간에도 통제권을 행사하시는 모습으로 묘사합니다. 예수님은 자신의 십자가를 지고 가십니다(19:17). 자신의 사역이 완성된 것을 아시고(19:28) "다 이루었다"(19:30)라고 선언하십니다. 30절에 사용된 능동형 동사는 예수님이 자신의 죽음을 통제하셨음을 보여줍니다('머리를 떨구시고는 숨을 넘기셨다', 새한글). '넘기셨다'로 번역된 동사는 유다의 배신(18:2, 5), 유대인들이 예수님을 빌라도에게 넘기는 행동(18:30, 35), 십자가에 못 박히도록 '예수를 넘겨주는' 빌라도의 행동(19:16)을 묘사하는 데 사용된 동사와 같습니다. 19:30에서 이 동사가 나온 것은 결국 예수님만이 자신의 영을 '넘기실' 수 있음을 독자들에게 상기시킵니다(참조. 요 10:18).

재판관이신 예수님 이와 비슷하게, 예수님은 그분의 재판에서 오히려 재판관으로 묘사됩니다. 예수님은 재판의 일반적인 절차를 뒤집어 고발자들에게 질문하시고(18:23, 34), 빌라도는 예수님을 진리의 결정권자로 여기고 진리가 무엇인지 답을 구합니다(18:38). 또한 19:13은 이 절차에서 누가 권한을 가지고 있는지 묻게 합니다. 빌라도는 '예수를 데리고 나와서 … 재판석에 앉았습니다.' 이 절에서

'앉았다'에 해당하는 헬라어 단어 '에카티센'은 두 가지로 번역할 수 있습니다. 직접목적어 없이 '빌라도가 앉았다'로 번역할 수도 있고, 목적어와 함께 '빌라도가 예수님을 앉혔다'로 번역할 수도 있습니다. 이 표현은 '재판석에 누가 앉았는가'를 열린 문제로 만듭니다. 재판은 빌라도의 특권이지만, 요한은 예수님을 재판의 권한을 가진 분으로 묘사합니다.

왕이신 예수님 '네가 유대인의 왕이냐?'(18:33, 37)라는 빌라도의 질문은 재판의 초점이 됩니다. 빌라도는 자신이 왕이라는 예수님의 주장을 가지고 유대인들을 조롱합니다. 그들의 왕이 로마에게 어떤 꼴을 당하는지 보라는 것입니다. 유대인들은 예수가 자신들의 왕이 아니라고 말합니다(19:14-15). 요한은 그들을 '유대인들'이라고 부름으로써 예수님이 자기 백성에게 거부당하시는 아이러니를 강조합니다(참조. 1:11). '유대인들'은 '유대인의 왕'을 십자가에 못 박으려 합니다.

요한이 볼 때 예수님의 왕권은 십자가 처형에서 드러납니다. 네 복음서 모두 십자가 위에 명패를 붙인 것을 기록하고 있습니다. '나사렛 예수 유대인의 왕'(마 27:37, 막 15:26, 눅 23:38, 요 19:19). 요한은 명패와 관련된 세부 사항에 주목합니다(19:19-22). 명패의 문구는 히브리어, 라틴어, 헬라어 세 언어로 적혀 있어(19:20) 공식적인 선포처럼 보입니다. "내가 쓸 것을 썼다"(19:22)라는 빌라도의 엄숙한 말이 이를 더욱 뒷받침합니다. 이 명패로 유대 민족을 더욱 모욕하는 것이 빌라도의 의도이지만, 요한은 독자가 십자가 처형을 예수님의 왕 즉위식으로 이해하도록 이야기를 구성합니다.

예수님의 장례도 왕이신 그분의 정체성에 대해 생각할 기회를 추가로 제공합니다. 니고데모와 아리마대 요셉은 예수님을 위해 왕에 걸맞은 장례를 치릅니다(참조. 성토요일 복음서 주석적 관점, 564-566쪽). 그들의 행동은 예수님의 왕권이 십자가 너머까지 확장되었음을 증언합니다.

유월절 제물이신 예수님 요한의 언어는 예수님의 죽음을 유월절 희생제사로 봐야 함을 시사합니다. 이 서사는 유월절 축제를 향해 착착 고조돼 왔습니다(11:55, 12:1, 13:1, 18:28, 18:39). 요한복음의 시간표는 공관복음의 시간표와 다릅니다. 공관복음에서는 예수님의 십자가 처형 전날에 유월절 축제가 시작됐습니다(마 26:17, 막 14:12, 눅 22:7). 요한복음에서는 예수님께 사형 선고가 내려지는 순간에 축제가 시작됩니다(19:14). 정오는 유월절 양이 도축되기 시작하는 시간이었습니다. 예수님의 십자가 처형은 바로 그 시간에 결정됩니다(19:16).

우슬초가 이상하게 등장하는 것(19:29)도 요한이 예수님을 유월절과 관련지어 이해하는 것과 관계가 있을 수 있습니다. 우슬초는 젖은 해면을 예수님의 입술에 올리는 용도로는 썩 적합하지 않은 가느다란 식물이지만, 이스라엘 백성들이 유월절 어린 양의 피를 찍어 문에 표시하는 데 사용한 식물입니다(출 12:22). 우슬초가 유월절을 연상시키는 용도로 사용된 것이라면, 하나님의 소유로 '표시된' 예수님이 궁극적으로 죽음의 재앙에서 구원받게 될 것임을 암시한다고 할 수 있습니다. 예수님의 유월절 제사에 참여하는 사람들도 이와 마찬가지로 마지막 재앙에서 구원받을 것입니다.

요한은 출애굽기 12:46을 인용해 예수님의 죽음을 해석하는데(요 19:36), 이것은 유월절과 예수님의 관련성을 더욱 분명히 보여줍니다. 십자가에 못 박힌 사람의 다리를 꺾는 것은 사형수의 죽음을 앞당기기 위한 일반적인 조치였습니다. 예수님의 다리는 꺾이지 않았는데(19:33), 요한은 이를 유월절 희생제물의 다리를 꺾지 말라는 명령이 성취된 것으로 파악합니다.

요한은 예수님과 유월절의 관계를 명시적으로 설명하지 않습니다. 이야기가 서술되는 방식을 보고 결론을 도출하는 것은 독자의 몫으로 남겨져 있습니다. 하지만 요한이 성경의 다른 곳에서 말한 내용을 보면, 그는 독자가 예수님의 죽음을 유월절 제물의 기능과 연관 짓기를 기대하는 것 같습니다. 그분이 생명을 주는 양식(참조. 6:52-58)이자 죄의 노예 상태에서 자유롭게 하시는 분(8:34-36)이심을 알아보라는 것입니다.

설교적 관점

성금요일 본문은 예수님의 체포, 재판, 채찍질, 죽음, 장례 이야기가 모두 담겨 있을 만큼 내용이 풍성합니다. 이날에는 이야기를 그냥 소리 내어 읽는 것이 메시지의 90%를 차지한다고 해도 과언이 아닙니다. 성금요일 예배를 위해 모이는 이들은 예수님의 마지막 시간 이야기에 푹 잠기려 오기 때문입니다. 설교의 의미는 성금요일이라는 특별한 장면에서 비롯됩니다. 따라서 많은 해설을 덧붙이지 않아도 괜찮습니다. 그렇지만 본문을 낭독한 후에 설교해야 하긴 합니다. 다룰 분량이 많은데 간략하게 설교하려면 어디에 관심을 집중해야 할까요?

본문에 담긴 이야기의 한 절이나 하나의 대화, 한 인물에 집중하는 것도 추천할 수 있습니다. 이렇게 하면 본문과 밀접한 관계가 있는 설교의 틀이 만들어집니다. 긴 본문의 낭독을 듣고 난 회중이 하나의 초점으로 돌아갈 수 있는 효과도 따라옵니다. 다시 말해, 이 방법은 성서의 작은 조각을 곱씹어 성금요일의 의미를 음미하게 해 줍니다.

우리는 베드로의 부인(요 18:15-18, 25-27), 가야바의 예수님 심문(요 18:19-24), 빌라도가 예수님께 했던 질문 '진리가 무엇이냐?'(요 18:38)에 집중해 볼 수 있습니다. 이 중 어느 것이든 성금요일의 광범위한 의미를 들여다보게 하는 작은 창이 될 수 있습니다. 이런 설교 스타일의 핵심은 이야기의 앞뒤를 모두 살펴볼 수 있는 특정 지점을 찾는 것입니다. 성금요일 설교는 성도들이 이날 일어나는 일의 참상을 충분히 느끼게 하는 동시에 아직 드러나지 않은 영광을 소망을 품고 바라볼 수 있게 해야 합니다.

예수님이 십자가 위에서 하신 마지막 말씀인 '다 이루었다'(요 19:30)를 중심으로 설교를 구성하는 것도 가능합니다. 성금요일은 예배자들이 예수님의 어머니와 이모, 막달라 마리아, 그리고 그분이 사랑하시는 제자와 함께 십자가 아래 모여 이 묵직한 마지막 말씀을 온전히 듣는 날입니다. 우리는 모여서 예수님이 헐떡이며 마지막 숨을 내쉬는 모습을 지켜봅니다. 유월절을 조명하는 설교를 만들면 이 마지막 말씀이 어떤 배경에서 나왔는지 드러낼 수 있습니다.

유월절은 이스라엘이 애굽에서 구출된 날을 상기시키는 절기입니다. 그때 유대인의 장자들은 집 문설주에 피를 바른 후 죽음의 천사로부터 목숨을 건졌습니다. 설교자가 유월절이라는 큰 언약의 이야기 안에서 예수님의 마지막 말씀을 전할 때, 회중은 이스라엘의 성공적 해방에 대한 소망과 하나님의 외아들이 십자가에서 피 흘리신 희생을 연결해 보라는 격려를 받습니다.

이스라엘은 어린 양의 피 덕분에 하나님의 심판을 피하고 애굽의 종살이에서 해방됐습니다. 십자가에서 하나님의 어린 양이라는 또 다른 피를 흘린 것도 사람들을 죽음에서 보호하고 죽음의 속박에서 해방하는 동일한 목적을 위해서였습니다. 이런 방식으로 예수님의 마지막 말씀은 절망 속에서도 소망으로 울려 퍼집니다. 이런 식으로 설교의 초점을 명확하게 잡아 주면 회중은 예수님을 대상으로 한 엉터리 재판, 매질, 사형 선고와 십자가 처형을 세례 요한의 눈으로 해석할 수 있게 됩니다. 십자가 사건 훨씬 이전에 예수님을 보고 "보라 세상 죄를 지고 가는 하나님의 어린 양이로다"(요 1:29)라고 외쳤던 그의 눈으로 말입니다.

성금요일은 예수님이 요한의 예언적 외침을 자신의 외침으로 성취하신 날입니다. 우리는 어둠이 빛을 삼키는 것 같은 광경을 무력하게 지켜봅니다. 빛이 꺼지기 직전, 예수님은 마지막 숨과 마지막 힘을 다해 복음 전체의 실체와 위력을 담아낸 마지막 설교를 세상에 이렇게 전하십니다. "다 이루었다."

이 문장의 끝에 찍힌 것은 마침표일까요, 아니면 쉼표일까요? 예수님은 이 시점에서 뒤를 돌아보시는 걸까요, 아니면 앞을 내다보시는 걸까요? 예수님의 이 마지막 말씀은 패배의 말일까요, 복음의 새 시대를 알리는 승리의 외침일까요?

십자가 밑에 모인 사람들에게 '다 이루었다'라는 말은 이 죽음이 끝이 아니라 새로운 시작임을 알립니다. '이루었다'에 해당하는 헬라어 '테텔레스타이'는 '텔레오'에서 유래한 것으로, 어떤 일이 완성됐거나 끝났음을 말합니다. 다 이루었다는 예수님의 마지막 말씀은 '완성됐다'라는 뜻이고, 그분의 생애가 지상에서 끝났다는 것만을 의미하지 않습니다. 상상도 못할 고난과 십자가에서의 순종이 끝났다는 데 그치지 않습니다. '다 이루었다'는 최종 결과를 알리는 선언입니다! 이전에는 가능하지 않았던 일이 이제 가능해졌습니다.

이와 같이 한 구절을 중심으로 설교를 구성하면 회중에게 뭔가 새로운 일이 시작됐다는 큰 선포를 이해할 작은 실마리를 줄 수 있습니다. 새롭게 시작된 것은 다름 아닌 새로운 세상입니다. 하나님과의 화해와 구원을 위한 수단이 모든 사람을 위해 성취된 새로운 세상 말입니다. 유월절 준비일에 하나님께서는 독생자 예수님을 흠도 없고 뼈도 꺾이지 않은 하나님의 어린 양으로, 완전한 순종의 제물로 내놓으십니다. '해골의 곳'에서 피투성이가 된 예수님의 얼굴에 우슬초가 닿았을 때, 그분은 온 세상의 죄를 위해 자신을 십자가에 온전한 희생제물로 바치시며 말로 다 할 수 없는 깊은 영혼의 울부짖음으로 외치셨습니다. "다 이루었다."

예수님이 그렇게 외치시고 무죄한 하나님의 어린 양에게 칼이 떨어진 그 순간부터 인류가 모든 시대에 바쳤던 모든 희생제물이 몽땅 영원히 쓸모없게 됐습니다. 다시는 죄를 위한 희생제물이 필요하지 않을 것입니다. 다시는 무죄한 사람이 피를 흘릴 필요가 없을 것입니다. 다시는 우리의 구원을 위해 빚을 갚을 필요가 없을 것입니다. 하나님께서 완성하셨습니다. 영원히 다 이루셨습니다!

이런 식으로 한 구절로 설교하면 설교의 긴장과 초점을 유지하면서 동시에 설교자가 더 큰 드라마를 다른 식으로 또다시 이야기할 수 있습니다. 이 구절이 여러분의 설교에 적합하지 않을 수도 있지만, 요점은 본문 안에서 구체적인 요소를 찾아내 설교에 분명한 초점을 부여하라는 것입니다. 그렇게 하면 설교가 수난 이야기에 밀착되는 동시에 예배자가 전체 드라마를 경험할 수 있습니다.

HOLY SATURDAY

성토요일

예레미야애가 3:1~9, 19~24

시편 31:1~4, 15~16

베드로전서 4:1~8

요한복음 19:38~42

성토요일

예레미야애가 3:1~9, 19~24

1 여호와의 분노의 매로 말미암아 고난당한 자는 나로다
2 나를 이끌어 어둠 안에서 걸어가게 하시고 빛 안에서 걸어가지 못하게
하셨으며
3 종일토록 손을 들어 자주자주 나를 치시는도다
4 나의 살과 가죽을 쇠하게 하시며 나의 뼈들을 꺾으셨고
5 고통과 수고를 쌓아 나를 에우셨으며
6 나를 어둠 속에 살게 하시기를 죽은 지 오랜 자 같게 하셨도다
7 나를 둘러싸서 나가지 못하게 하시고 내 사슬을 무겁게 하셨으며
8 내가 부르짖어 도움을 구하나 내 기도를 물리치시며
9 다듬은 돌을 쌓아 내 길들을 막으사 내 길들을 굽게 하셨도다
19 내 고초와 재난 곧 쑥과 담즙을 기억하소서
20 내 마음이 그것을 기억하고 내가 낙심이 되오나
21 이것을 내가 내 마음에 담아 두었더니 그것이 오히려 나의 소망이 되었
사옴은
22 여호와의 인자와 긍휼이 무궁하시므로 우리가 진멸되지 아니함이니
이다
23 이것들이 아침마다 새로우니 주의 성실하심이 크시도소이다
24 내 심령에 이르기를 여호와는 나의 기업이시니 그러므로 내가 그를 바
라리라 하도다

신학적 관점

'거룩한' 또는 '고요한' 토요일은 교회력에서 엄숙한 날들 중 하나입니다. 그럴 수밖에 없습니다. 이날은 바로 그리스도이신 예수님이 십자가에 못 박혀 돌아가신 성금요일 다음 날이기 때문입니다. 성경 이야기에서 이 참담한 사건은 예수님을 따르는 사람들을 철저하게 절망적이고 애처로운 상태에 빠지게 합니다. 성육신하신 예수님을 통해 발견할 수 있었던 하나님의 존재감은 이제 덤덤한 '부재'로 체감됩니다. 예수님을 따르는 이들이 봐 왔던 가장 멋진 인생이 이제 고난 가운데 사멸했습니다. 예수님은 "나의 하나님, 나의 하나님, 어찌하여 나를 버리셨나이까"(마 27:46)라고 울부짖으셨습니다. 하나님께서 이제 그들마저 버린 것처럼 보입니다. '토요일'은 성금요일 이후 찾아올 수 있는 가장 가혹한 여운입니다.

교회는 이날 예레미야애가 본문을 읽습니다. 여기 하나님의 장중한 '손'을 체감하는(3절) 고독한 인물의 '애가'가 있습니다. 그는 하나님을 '엎드려 기다리는 곰과 은밀한 곳에 있는 사자'처럼 여깁니다(10절). 이미지들은 생생한 동시에 고통스럽습니다. 하나님께서 그를 거부하십니다. "나의 살과 가죽을 쇠하게 하시며 나의 뼈들을 꺾으셨고"(4절), '고통'과 '수고'만 남았습니다(5절). 하나님께서 '화살통의 화살들로 내 허리를 맞추셨기에'(13절), 저자는 자신의 '모든 백성에게 조롱거리'가 됐습니다(14절). 하나님께서 '나를 쓴 것들로 배불리시고 쑥으로 취하게' 하셨기에(15절), '조약돌로 내 이들을 꺾으시고 재로 나를' 덮으셨습니다(16절). 결국 '내 심령이 평강에서 멀리 떠나게' 됐고, 평화를 잃었으며, 불행해졌습니다(17절). 그래서 '나의 힘과 여호와께 대한 내 소망이 끊어졌다'라고 말할 수밖에 없습니다(18절). 이 애틋하는 사람은 칼뱅이 말한 것과 같이 하나님께서 자신에게 '모든 악의 극치'를 가져오셨다고 분명한 어조로 말합니다.

그가 가혹한 처지를 드러내며 자기의 영혼을 토로했지만 이내 분위기가 반전됩니다. '고초'와 '집 없는 신세'가 여전히 떠오르지만 그럼에도 불구하고 '이것을 내가 내 마음에 담아 두었더니 그것이 오히려 나의 소망이 됩니다'(21절)라는 다른 생각도 스칩니다. 죽음의 압제 한복판에서도 '대안적 현실'을 기억해 냄으로써 새로운 시선과 확신을 갖게 됩니다.

이 새로운 기억은 하나님의 성품에 속합니다. 자기에게 닥친 모든 고통의 근원처럼 보였던 하나님께서 놀랍게도 이제 새로운 미래와 생명의 근원이 되셨습니다. 욥기와 마찬가지로 이 본문에서 '하나님의 참된 본성을 아는 것이 고통받는 자에게 위안과 희망이 될 것'이라는 생각이 드러납니다.* 이어지는 세 구절은 고통을 쏟아내는 한 사람을 향한 하나님의 본성을 알리는 심오한 신학적인 설명입니다.

한결같은 사랑(22절) 히브리 성경에 나타난 심오한 단어 중 하나는 바로 '헤세드'입니다. 오늘 본문에서는 '한결같은 사랑'(새번역, 새한글)으로 번역됐습니다. 이 단어는 언약이라는 의미를 담고 있어 '언약적 신실함'으로 바꿔 말할 수도 있습니다. 깊은 감정적인 측면 외에도 이 단어는 '의무나 충성으로 말미암는 은혜'를

* Adele Berlin, *Lamentations*, Old Testament Library (Louisville, KY:Westminster John Knox Press, 2002), 92.

의미하기도 합니다.* 하나님께서는 겉으로 드러나는 일과 상황들이 마치 하나님께서 고통당하는 사람을 외면하시는 것처럼 보일 때에도 여전히 자비와 사랑을 베푸실 것입니다. 우리가 하나님을 사랑과 자비를 베푸시는 분이라고 기억하는 한 이 확신은 되살아납니다. 하나님의 사랑과 자비는 인생이 극단적으로 비참해질 때에도 결코 멈추거나 사라지지 않을 것입니다. 언약의 하나님께서는 눈앞의 현실이 누가 보기에도 믿지 못할 정도로 전개될 때에도 언약의 백성들을 버리지 않으실 것이고, 그 신성한 본성을 드러내실 것입니다. 인간적인 관점에서는 하나님께서 일하시지 않는 것처럼 보여도, 한없는 자비와 사랑으로 우리를 품으시는 언약의 하나님께서 지금도 일하신다고 믿는 것, 그것이 바로 신앙의 관점입니다.

모든 희망이 사라진 것처럼 보이고 나사렛 예수 안에 깃든 사랑이 마침내 끝나 버린 것처럼 느껴지는 성토요일에 성도들은 바로 이것을 기억합니다. 이날 교회는 오래전에 고난당한 그분이 바로 공동체에 자신의 생명을 주시기로 결심한 하나님인 것을 떠올리면서, 비록 지금 죽음의 고통 가운데 숨죽이며 지낼지라도 분명한 사랑과 자비가 존재함을 알고 견뎌 냅니다.

크신 성실하심(23절) 하나님의 성실하심을 확신하는 것은 '아침마다' 새롭고, '성실하심이 크시도소이다'라는 구절에서 분명하게 드러납니다. 하나님의 언약적 사랑은 하나님의 언약적 신실하심으로 완성됩니다. 고난당하는 사람은 하나님께서 이스라엘에 성실하시다고 믿습니다. 예레미야애가는 포로기를 배경으로 하고 있으며, 예루살렘과 성전 파괴에 대한 애가입니다. 개인적이고 집단적인 재앙은 고통으로 귀결됩니다. 그러나 하나님께서 '아침마다' 새롭게 언약에 충실하신다는 기억은 고통받는 사람들이 찬양을 부르도록 이끕니다. 하나님의 자비, 긍휼, 그리고 성실하심은 결국에는 이루어집니다. 이것들은 그 자체로 하나님께서 하나님 되게 하는 속성이기 때문에 실패하지 않습니다. 하나님께서는 자신의 본성에 충실하십니다. 그분은 자기 사람들에게 하나님의 백성이 되면 그들의 하나님이 되겠다고 하신 약속에 충실하십니다(출 19:1-9). 언약의 하나님께서는 광야에서 백성들의 필요에 따라 매일 만나를 공급해 주셨을 때처럼 지금도 신실하셔서 변함없는 사랑과 자비를 공급하심으로 매일 아침을 새롭게 하십니다. 이 엄중한 토요일에 '하나님의 성실하심'이 시험을 당하는 것처럼 보이지만 결코 깨지지 않습니다.

항상 바람(24절) 언약의 하나님께서 희망을 가져오시기에 고통받는 사람은 '여호와는 나의 기업이신' 것을 기억해야 합니다. 그는 하나님께서 세우신 언약에 참여하고, 언약으로 맺어진 관계로 말미암는 혜택을 누립니다. 이것이 그의 신앙입니다. 그는 '인내와 소망의 유일하고 참된 기초는 하나님만을 신뢰하는 것'임을 깨닫습니다.** 고통 중에 있는 사람이 신실하신 하나님의 사랑을 신뢰하는 것이 곧 희망의 근원입니다. 성실하셔서 여전히 사랑으로 자비를 베푸시는 언약의 하나님의 생명에 참여

* Ibid, 93.

** John Calvin, *Commentary on Lamentations* 3:24.

하는 것 외에 다른 궁극적인 만족은 없습니다. 성토요일에 교회가 기다립니다. 그 밤, 깊은 어둠 가운데 기다립니다. 희망의 말씀이 다가올 것입니다. 왜냐하면 주님께서 우리의 기업이시기 때문입니다. 그리하여 우리는 하나님을 신뢰할 것입니다!

목회적 관점

이 본문을 묵상할 때면 T. S. 엘리엇의 〈바위로부터의 합창〉(Choruses from 'The Rock')에서 화자가 외치는 한 구절이 떠오릅니다.

> 박해를 당해 보지 않은 사람들은,
> 그리스도인을 알지 못하는 사람들은,
> 기독교 박해에 대한 이야기를 믿기 어렵다….
>
> 경찰서 옆에 사는 사람들은,
> 폭력이 승승장구한다고 믿기 어렵다.*

마찬가지로 침략과 피난의 참혹함, 도시와 마을이 무너지고 정복자들의 잔인함을 경험하지 못한 사람이 애가의 시적 언어가 내포하는 역사적 맥락들을 읽어 내기는 어렵습니다.

대다수는 이런 약탈을 경험하지 못했지만 시인과 함께 "여호와의 분노의 매로 말미암아 고난당한 자는 나로다"(1절)라는 구슬픈 가락을 따라 슬픔을 노래할 연약한 사람들을 여전히 찾아볼 수 있습니다. 이들은 공권력의 폭력, 집단 보복, 법률의 이름으로 자행된 억압을 온몸으로 받아낸 약자들입니다. 이들은 자신들의 권리를 빼앗기고 강제로 이주된 아픔을 참아낸 시민들입니다. 이들은 그다지 지킬 가치도 없던 대의를 위해 살던 도시가 불타고 삶과 재산, 고귀했던 명예를 잃은 시민들입니다. 이들을 통해 우리 귓가에는 "(하나님께서) 나를 이끌어 어둠 안에서 걸어가게 하시고 빛 안에서 걸어가지 못하게 하셨으며 종일토록 손을 들어 자주자주 나를 치시는도다"(2-3절)라는 애가가 맴돌게 됩니다.

애가의 메시지가 주는 힘을 단지 개인적 고통에 대한 어둠 속의 외침으로 소진시켜 버리지 않으려면, 적어도 이런 역사적인 기억들에 대해 언급하는 것이 중요합니다. 성경은 개인적인 고통에 대해 자주 이야기합니다. 그러나 여기, 짧아서 눈에 잘 띄지도 않고 잘 인용되지도 않는 본문에서는 그렇지 않습니다. 예레미야애가가 잘 알려지지 않고 언급되지 않는 이유는, 저를 포함해서 이 책과 같은 주석서를 쓰거나 출판하는 사람들이 본문 대부분을 마치 20세기 홀로코스트의 참상을 박물관에서 구경하듯 보거나 우리 조상들이 당한 폭력과 고통을 그저 남의 이야기처럼 곁눈질로 보기 때문입니다.

아마도 누군가는 산불로 삶의 터전과 교회가 불타 버린 성도들이나, 세월호 참사로 어린 성도의 장례를 치른 안산 지역 교회의 성도들에게 이 본문으로 설교하는 소리를 듣고 싶어할지도 모릅니다. 실제로 그 상황에 설교한다면 "(하나님께서) 나의 살과 가죽을 쇠하게 하시며 나의 뼈들을 꺾으셨고 … 나를 어둠 속에 살게 하시기를 죽은 지 오랜 자 같게 하셨도다"(4, 6절)라고 제대로 목 놓아 울부짖으며 외쳤을 것

* T. S. Eliot, *The Complete Poems and Plays* (New York:Harcourt, Brace & World, 1952), 105.

입니다.

애가의 언어들은 근본적으로 21세기를 사는 기독교인들이 경험하는 것과 궤가 다릅니다. 그래서 우리는 이 고통들을 가볍게 여기거나 고통을 단순히 치유적 접근으로 쉽게 다루려 해서는 안됩니다. 제가 모든 육신이 겪는 고통을 별것 아닌 것으로 보자는 말이 아닙니다. 오히려 약탈하는 민병대와 무자비한 군대의 행군 또는 하늘에서 쏟아지는 폭탄 같은 보편적인 악행이 불러온 개인적인 고통과, 우리가 일상에서 흔히 겪는 개인적 고통을 구분해야 한다는 이야기입니다. 이런 구별을 이해하고, 애가의 정황을 파악하려면 영화 〈호텔 르완다〉를 보시면 됩니다.

우리는 이 본문을 성토요일에 읽습니다. 그리고 이 구절은 아침마다, 세대를 걸쳐 한결같은 하나님의 사랑과 자비를 기억하려는 열은 희망으로 끝을 맺습니다(참조. 찬송가 393장 "오 신실하신 주"). 비록 바벨론 침공 이후 그 이름과 구성원은 바뀌었지만 인간의 역사는 본질적으로 변한 것이 없습니다. 하지만 우리는 예수님이 무덤에 계실 때도, 세상이 어둠에 싸여 제자들과 여성들이 두려워할 때도, 그래서 "나를 둘러싸서 나가지 못하게 하시고 … 내가 부르짖어 도움을 구하나 내 기도를 물리치시며"(7-8절)라고 말할 수밖에 없을 때도, 우리는 여전히 하나님께서 신실하시고 하나님의 약속은 믿을 수 있다고 선포합니다.

우리는 예레미야애가 3장 본문에서 인간의 고통과 하나님의 신실하심이 교차하며 십자가와 부활을 예표하는 궤적을 봅니다. 이를테면 바울이 빌립보 그리스도인들에게 말했듯, 예수님이 스스로 자기를 비워 종의 형체를 갖기까지 영광을 버리고 사람의 육신을 입으셨으며 십자가에 못 박히셨지만, 하나님께서 한없는 자비로 영광 중에 다시 살리셨습니다. 결국 우리는 손쉽게 얻을 수 있는 것 대신 큰 고통과 고난 가운데 얻게 되는 희망을 온전히 발견할 수 있습니다.*

이것이 바로 성경이 끊임없이 우리의 마음을 새롭게 하고, 고난이 어떤 모습으로 오든 그것에 대해 생각하는 우리의 방식을 바꾸려고 하는 이유가 아닐까요? 성경은 우리가 절망에 빠지는 것을 허락하지 않기 때문입니다. 성경은 우리 행동이 무의미하다는 값싸고 영양가 없는 억측들도 받아들이지 않습니다. 오히려 우리의 창조자인 동시에 구원자인 분으로 말미암아 우리가 중요하게 됐음을 말하지 않던가요? 맞습니다! 우리 존재를 구성하는 사건들과 경험들을 하나님의 영원하신 팔 아래 있는 것으로 이해하느냐, 아니면 그저 우연의 결과에 불과한 것으로 보느냐 하는 것은 궁극적으로, 영원히, 그리고 우리 개인에게 매우 중요한 문제입니다.

무덤의 깊은 어두움 가운데에 있거나, 구원도, 고통을 덜어줄 것도, 죽음이나 전쟁, 혹은 시간이나 환경에 대한 파괴를 치유할 것도 없는 냉혹한 역사 한가운데로 우리를 불러내는 와중에도, 하나님께서는 그저 어두운 그림자에 숨어서 지켜보기만 하시지 않습니다. 하나님께서는 지금 여기서 고발자로, 또 구원자로 우리의 비참한 형편에 뛰어드셔서, 우리뿐만 아

* F. W. Dobbs-Allsopp, *Lamentations*, Interpretation series (Louisville, KY:John Knox Press, 2002), 117.

니라 이 세계 자체를 우리 스스로의 실패로부터 건져 내십니다.

이것이 복음입니다. 이것이 구원의 기쁜 소식입니다. 비록 예수님이 돌아가셔서 어두운 무덤 가운데 계시지만, 그럼에도 불구하고 여전히 교회가 이날을 거룩하다고 하는 이유도 이 복된 소식 때문입니다.

주석적 관점

예레미야애가는 고대 이스라엘이 큰 비극을 맞았을 때 저술됐습니다. 기원전 586년 제1성전이 바벨론에 의해 파괴되고, 50년간 포로 생활을 했을 때의 기억을 담고 있습니다. 역사상 가장 어두운 때에 이 책은 예루살렘의 철저한 파괴와 백성들의 참을 수 없는 고통을 눈 하나 깜짝하지 않고 외칩니다. 한 민족의 밑바닥과 그들의 희망들을 이보다 더 명백하게 드러내는 문화 유물은 찾기 어려울 것입니다. 상황은 최악으로 치닫습니다!

이 애가는 화자가 하나님의 중요한 언약이 폐기된 것처럼 보인다고 깨닫는다는 점이 흥미롭습니다. 하나님께서 택하신 도성과 하나님의 거처인 성전이 무너졌다는 사실만으로도 흉흉한 일입니다. 그런데 이에 더해 하나님께서 다윗과 맺으신 영원한 왕조에 대한 약속(삼하 7:14-16)이 깨졌다는 사실을 깨닫기 시작했습니다.

이스라엘 역사에서 이 비극적 순간을 기념하는 일은 기독교에서 예수님의 무덤을 이해하는 방식과 비슷합니다. 예레미야애가에서 화자는 하나님께서 약속에 신실하셔서 모든 것을 다시 바로잡으실지 두려워합니다. 기독교는 전통적으로 성토요일에 오늘 본문을 읽으며 하나님의 약속에 대한 희미한 전망을 강조합니다. 동시에 다윗에게 하신 옛 언약을 비록 수정된 형태이지만 부활이라는 방법으로 예수님 안에서 성취하실 것을 기억하라고 합니다.

본문을 자세하게 분석하기 전에 유대인의 전례 독서 주기를 살펴볼 필요가 있습니다. 유대인들은 매년 특정한 명절마다 메길롯(Megilloth) 혹은 두루마리라고 불리는 다섯 책을 읽습니다. 유월절(4월)에는 아가를 읽는데, 이는 출애굽 이후 하나님과 이스라엘의 신혼기를 연상하게 합니다. 히브리 성경에서 농업 축제 기간인 오순절(5-6월)에는 수확과 풍성함과 풍요를 노래하는 룻기를 읽습니다. 아브월 9일(7-8월)에는 예레미야애가를 읽습니다. 이날은 이스라엘과 유대인의 역사에서 가장 슬픈 일을 기억하는 날입니다. 초막절(9-10월)에는 전도서를, 부림절(3월)에는 에스더를 읽습니다. 이 전례 독서 주기는 출애굽과 충만함을 기념하는 것(룻기)으로부터 시작해서 예레미야애가에 기록된 재앙으로 진행됐다가 유대인이 적들을 이긴 에스더의 궁극적이고 믿기 힘든 승리로 이어집니다.

다시 말해 메길롯을 읽는 주기는 역사를 V자로 이해하는 히브리 성경의 패턴을 그대로 따릅니다. 과거는 승리와 영광의 기반, 즉 V자의 왼쪽을 의미합니다. 현재는 일반적으로 V자의 중간이며 가장 낮은 지점을 말합니다. 그리고 미래는 많은 경우에 과거의 반복을 이룹니다. 의심의 여지없이 예레미야애가는 이스라엘과 유대 역사의 최저점이지만 영광스러운 과거로 돌아가기 전의 전조로 간주됩니다. 이것이 역사를 통해 부활이라는 개념을 갖게 되는 과정을 보여줍니다.

유대인들의 시각에서, 잿더미가 된 예루살렘은 에스겔의 비전(겔 37장)에 걸맞은 부활한 공동체로 이어져야 합니다. 성토요일에 예레미야애가를 읽는다는 것은 예수님이 영광 중에 다시 오신다는 것과 맞닿아 있습니다. 마치 그것을 강조하려는 것처럼 우리가 보고 있는 이 애가의 구절들은 전체 본문 중에서 유일하게 긍정적인 형태를 취하고 있습니다. 게다가 오늘 본문이 희망적인 논조로 마무리되는 것도 결코 우연이 아닙니다.

3장의 첫 부분인 1~9절은 일인칭으로 된 개인적인 탄식입니다. 이 부분은 여러 면에서 예레미야의 애가와 욥의 불평이 유사하다는 것을 보여줍니다. 저자는 하나님께서 자신을 '어둠 안에서 걸어가게 하시고 빛 안에서 걸어가지 못하게'(ḥoshek velo'-'or)하셨다고 항의합니다. 이 표현이 창세기 1장과 직접적으로 연결되기는 어렵지만, 창세기 1:4~5에 드러난 빛과 어둠의 관계와는 유사합니다. 이 상황에서 창조 질서의 공고함이 뒤집히는 것을 눈치챌 수 있게 된다면, 이 내용은 분명히 무덤에 대한 언급으로 이해될 수 있습니다!

4절에서 살(basar)과 가죽('or)이 쇠하여졌고 뼈('etsem)가 부러졌다고 합니다. 같은 용어들이 에스겔 37장에서는 이스라엘의 몰락 이후 부활을 설명할 때 사용됩니다. 이 구절들은 에스겔에게 상실과 부활을 알리는 동일한 관용구를 담고 있는데, 동시에 기독교인들에게 예수님의 죽음과 부활이라는 개념을 알게 하는 배경이 되기도 합니다. 첫 부분의 나머지 대부분은 상황의 암울함과 저자의 절망을 더해 갑니다. 이런 불안을 8절에서 잘 찾아볼 수 있습니다. "내가 부르짖어 도움을 구하나 내 기도를 물리치시며." 이것이 히브리 성경의 전형적인 애가이고, 예수님과 연관이 있다는 사실은 예수님 자신이 이 깊은 전통의 일부라는 점을 보여줍니다.

오늘 본문의 어조는 두 번째 부분에서 바뀝니다. 이 책에서 유일하게 희망적인 부분인 데다 다른 애가들이 이어지기 때문에 더욱 눈길을 끕니다. 긍정적인 형태로 끝맺는 것을 통해서 기독교 전통은 예수님의 승리가 유대인들의 오랜 수난의 역사를 이겨내는 것임을 강조하는 동시에 미묘하게 그 역사를 무시하기도 합니다. 본문은 지금 견딜 수 없을 만큼 고통스럽더라도(19-20절), 저자가 '여호와의 인자와 긍휼이 무궁하시므로 우리가 진멸되지 않음'을 기억하라는 점을 부각합니다(22절). 이 부분은 24절에서 하나님의 회복하시는 힘이 저자 자신의 희망임을 선언하면서 끝을 맺습니다.

예레미야애가와 예루살렘 파괴 직후라는 상황을 고려하면, 이 희망은 그 대담함으로 인해 감동을 줍니다. 애가의 나머지 부분들이 현재의 상황을 철저하게 별것 아닌 것으로 만들어 버릴 정도로 이 희망은 담대합니다. 성토요일에 이 구절을 읽는 것을 통해 기독교 전통은 예레미야애가의 무기력함에 참여하는 동시에 예수님 안에서 하나님께서 마침내 모든 것을 바로잡으시고 예레미야애가에서 집중하는 오랜 영원한 약속들을 성취하신다고 선언합니다.

설교적 관점

부활절 성야와는 달리, 성토요일에는 예수님

이 죽음이라는 밧줄에 매여 감옥 같은 무덤에 갇혀 계십니다. 우리는 예수님이 말씀하시는 것을 제대로 들을 수 없습니다. "(하나님께서) 나를 어둠 속에 살게 하시기를 죽은 지 오랜 자 같게 하셨도다 (하나님께서) 나를 둘러싸서 나가지 못하게 하시고 내 사슬을 무겁게 하셨으며"(6-7절). 반면 복음서 본문에는 예수님이 아리마대 사람 요셉에 의해 평안하게 누워 계신다고 기록돼 있습니다. 또 베드로전서에서는 죽은 자들이 영으로 하나님을 따라 살게 하려고 예수님이 그들에게 복음을 전하셨다고 묘사합니다(벧전 3:19, 4:6). 그러나 예레미야애가는 완전히 다른 내용을 보여주고 있으며 심지어 충격적이기까지 합니다. 성서정과의 본문을 보면 어떤 일반인이 확신도 없이 그저 비통하게 내뱉는 말이 마치 예수님이 하시는 것같이 느껴집니다. 이 사람은 다른 사람을 위해서 울부짖지 않고 자기 자신의 끔찍한 고통에 대해서 일인칭으로 말합니다. 하나님께서 특별히 자신을 고의로 부서뜨리시는 것에 대해서 자기 관점에서 말합니다. 만약 우리가 이 화자를 그리스도라고 생각한다면, 이 예수님은 불평하는 예수님입니다. '나의 하나님, 나의 하나님, 어찌하여 나를 버리셨나이까'(마 27:46, 막 15:34)라는 말씀이 최후의 진술이 아니라 첫 말씀이었던 것처럼 느껴집니다.

만약 우리가 마음먹고 예레미야애가 3장을 예수님의 말씀으로 들으려고 한다면 이 애가는 그리스도께서 겪으신 고통에 대한 그분의 개인적인 성찰로도 읽힙니다. 화자가 겪는 고통은 '친밀하며, 개인적이고 고뇌에 찬 목소리'* 와 자신을 향한 하나님의 파괴적인 행동을 묘사하는 동사들을 나열하는 방식 모두에서 강하게 드러납니다. 그것들은 내쫓고, 부수고, 둘러싸고, 포위하고, 투옥하고, 막아서며 봉쇄하고 틀어막는 것으로 묘사됩니다. 그의 고난에는 육체적 고통뿐만 아니라 완전한 무력감과 외부로부터 침해받는다는 경험까지도 있습니다. 그는 고립되고 버려지고 포위돼 해방 외에는 여기서 풀려날 방법이 없다는 것을 압니다. "간수에게 간청하는 것만이 화자에게 가능한 유일한 방법입니다."** 이것은 분명히 예수님께서 견뎌 내셔야 했던 고문과 모욕과 십자가에 못 박히심과 무덤에 묻히심을 연상하게 합니다. 그리고 예수님이 겟세마네에서 하신 기도에 대해 확실하지는 않지만 통찰력 있는 관점을 제공합니다(마 26:39, 막 14:36).

가장 놀라운 사실은, 화자가 고통의 원인으로 하나님을 지목한다는 점입니다. 그가 체험한 것들은 모두 하나님께서 하신 것이라 말합니다. 예레미야애가에 나타난 하나님은 우리가 익히 기대하던 하나님과는 다릅니다. 이분은 빛이 아니라 어둠을 가져오십니다. 신성한 손을 구원하기보다는 오히려 심판하려고 내미십니다. 이분은 푸른 풀밭에 누이시며 쉴만한 물가로 인도하실 것을 기대하는 목자의 지팡이를 진노 가운데 휘두르셔서 우리를 가둬버리십니다.

이 하나님께서는 기도를 들어주시지 않습니

* F. W. Dobbs-Alsopp, quoting Kathleen O'Connor, in *Lamentations*, Interpretation series (Louisville, KY:John Knox Press, 2002), 109.

** Paul R. House, *Word Biblical Commentary*, vol. 23B (Nashville:Thomas Nelson Publishers, 2004), 411

다. 우리는 이 하나님께서 공격적이고 무서우며 상상조차 할 수 없는 분이신 것을 깨닫습니다. 이런 말들이 예수님이 하신 말씀이라면, 우리는 예수님께 고난과 죽음을 요구하는 피에 굶주린 하나님과 맞서고, 심지어 분노를 표출할 수밖에 없을 것입니다. 그럼에도 불구하고 많은 교인이 우리의 기대에서 벗어나는 이런 하나님을 직접 만나고 경험해 알고 있습니다. 그래서 그들은 하나님께 그토록 격렬하게 항의합니다. 뿐만 아니라 하나님께서 그렇게 대하시는 데 어떤 이유가 있는지, 자신들이 무엇을 바꾸거나 행함으로써 하나님께서 더 이상 자신들을 적대시하지 않게 할 수는 없는지 알고 싶어 합니다. 교회가 자신들의 고통스런 체험에 대해 정직하게 말해 주지 않으므로, 이들 역시 정직하게 탄식하기를 두려워합니다.

그럼에도 불구하고 화자는 자신의 경험을 부정하거나 외면하지 않습니다. 오히려 역설적으로 비틀어버리는 방법으로 하나님에 대한 자기의 바람을 말합니다. 이 사람은 자신을 짓누른 하나님의 그 손이 이제는 적들로부터 자신을 구원할 것이라 기대합니다. 화자는 인자와 긍휼이 무궁하시고 성실하심이 크신 하나님께 과감하게 소망을 둡니다(22-23절). 그의 희망은 경험에서 나오는 것이 아니라 약속에 의한 것입니다.

이것은 손쉽게 품는 희망이 아닙니다. 해결해야만 하는 고통에서 시작된 희망입니다. 하나님의 언약이 보여주는 사랑을 기억함으로써, 화자는 하나님께서 자신의 고통을 덜어 주기 위해 개입해 행하셨다는 증거가 없을지라도, 그 현실을 깨닫고 절망에서 희망으로 나아가게 됩니다. 이런 종류의 희망은 예수님이 '나의 원대로 마시옵고 아버지의 원대로 하옵소서'(마 26:39, 막 14:36, 눅 22:42)라고 기도하실 수 있게 했고, 예수님이 기꺼이 동산에서 일어나 무덤으로 향하도록 했습니다.

담대한 설교는 회중이 이런 예수님을 만날 수 있도록 돕습니다. 예수님은 무덤에 평화롭게 계시다가 천사가 와서 일어나실 때라고 알려 줄 때까지 기다리시는 잠자는 숲속의 공주 같은 분이 아닙니다. 복음을 선포하고 사람들을 구원할 기회로 여기고 죽은 자들에게로 내려가시는 거침없는 영웅 같은 분도 아닙니다.

예수님은 무덤에 갇혀서 하나님께 자신의 운명을 한탄하면서 불평을 쏟아붓고 계십니다. 이 예수님은 '여호와의 분노의 매로 말미암아 고난당한 자'입니다(1절). 고난과 슬픔을 그저 바라보는 것을 뛰어넘어 직접적으로 알고 경험하셨습니다. 하나님을 적으로, 심지어 학대하는 분으로 경험한다는 것이 무엇인지를 생생하고 인격적으로 아십니다. 그분은 우리가 알고 싶지 않지만 많은 사람이 흔히 만나는 하나님을 드러내십니다. 이 예수님은 많은 이가 느끼듯 하나님께서 나를 하나하나 공격하신다고 경험하고 묘사한 것을 공유하십니다. 그래서 육신의 죽음보다 더 끔찍한 상황에 목소리를 내며 저항하십니다. 그리고 하나님께 도움과 해방과 보호를 절박하게 요청하십니다. 이와 동시에 새벽이 올 것이고 하나님께서 움직이실 것이며 부활이 있을 것이라는 희망도 포기하지 않으십니다. 왜냐하면 바로 그것을 약속하셨기 때문입니다.

성토요일 설교를 통해 이 예수님을 무덤에 계신 분으로 알게 될 때, 예수님은 심각한 고난을 겪고 있는 모든 사람과 함께하시는 분이 됩니다. 하나님께서 자신을 적대시하는 것처럼 느끼기에 예수님은 무기력과 절망과 고통과 낙담 가운데 있는 모두와 함께하시는 분이 됩니다. 무덤 안에서 예수님은 우리의 경험을 있는 그대로 말씀하시고, 우리에게 탄식할 자유를 주십니다. 그리고 나서야 비로소 예수님은 하나님의 약속을 기억나게 하시고 희망을 품게 하십니다. 예수님이 절망에 빠진 우리와 하나가 되실 수 있기 때문에 환난 가운데 인내하게 하시고, 확고한 소망으로 인도하실 수 있습니다. 바로 이것이 우리 모두에게 필요한 부활입니다.

성토요일

시편 31:1~4, 15~16

[1] 여호와여 내가 주께 피하오니 나를 영원히 부끄럽게 하지 마시고 주의
공의로 나를 건지소서
[2] 내게 귀를 기울여 속히 건지시고 내게 견고한 바위와 구원하는 산성이
되소서
[3] 주는 나의 반석과 산성이시니 그러므로 주의 이름을 생각하셔서 나를
인도하시고 지도하소서
[4] 그들이 나를 위하여 비밀히 친 그물에서 빼내소서 주는 나의 산성이시
니이다
[15] 나의 앞날이 주의 손에 있사오니 내 원수들과 나를 핍박하는 자들의 손
에서 나를 건져 주소서
[16] 주의 얼굴을 주의 종에게 비추시고 주의 사랑하심으로 나를 구원하소
서

신학적 관점

성토요일이 되면 종려주일에 있었던 승리의 예루살렘 입성 기억은 거의 희미해집니다. '스파이의 수요일'에 있었던 배신의 여파가 여전합니다. 성목요일에는 다락방에서 새로운 계명을 받았고, 겟세마네 동산과 성금요일 십자가를 지나왔습니다. 성토요일은 예수님이 장사되신 날입니다(sepultus est). 이날은 안식하는 날인데 하나님께서 세상을 새롭게 창조하셨기 때문에 창조 후 '두 번째 안식일'*이 됩니다. 하나님께서는 형상을 모양대로 다시 빚으셨고 새로운 날, 즉 창조의 여덟 번째 날이 오게 하십니다.

우리는 사도신경에서 '십자가에 못 박혀 죽으시고 장사되셨다'라고 고백할 때 거의 주저하지 않습니다. 그것이 오늘의 핵심입니다. 성토요일은 예수님이 나사로가 나흘간 맛봤던 바로 그것을 경험했던 날입니다. 그분은 옷을 다시 입으셨지만 신생아 때와는 다릅니다. 오히려 어떻게 보면 예수님이 다시 사신 주님으로 새롭게 태어나기 위해서 땅속 깊이 내려가셨다고 말할 수도 있습니다. 결국 "내가 진실로 진실로 너희에게 이르노니 한 알의 밀이 땅에 떨어져 죽지 아니하면 한 알 그대로 있고 죽으면 많은 열매를 맺느니라"(요 12:24)라는 말씀을 행동으로 설교하신 것 아니겠습니까?

바울은 예수님이 선포하시고 몸소 실천하셨던 것을 그리스도인이 삶에서 이뤄야 하는 것으로 여겼습니다. "우리가 흙에 속한 자의 형상을 입은 것같이 또한 하늘에 속한 이의 형상을 입으리라 … 이 썩을 것이 반드시 썩지 아니할 것을 입겠고 이 죽을 것이 죽지 아니함을 입으리로다 이 썩을 것이 썩지 아니함을 입고 이 죽을 것이 죽지 아니함을 입을 때에는 사망을 삼키고 이기리라고 기록된 말씀이 이루어지리라"(고전 15:49, 53-54).

지금은 예수께서 '(지옥에 내려가셔서) 옥에 있는 영들에게 선포하신' 때입니다(벧전 3:19). 로마교회 '성무일도'의 성토요일 독서기도에서 전해지는 고대 강론이 이를 아름답게 묘사합니다.

> 이상한 일이 일어나고 있습니다. 오늘 큰 침묵과 정적만이 온 땅에 가득합니다. 왕께서 영면하셨기에 온 세상이 침묵을 지킵니다. 하나님께서 육신 가운데 잠들어 계시기에 요동쳤던 땅이 지금은 고요합니다. 그리고 그분은 창조 이래로 잠들어 있는 모든 이를 일으켜 세우셨습니다. 하나님께서는 육신을 입고 죽으셨고 지옥은 두려워 떨고 있습니다.
>
> 그분은 잃어버린 양을 찾듯 우리의 첫 조상을 찾아 떠나셨습니다. 어둠 가운데 살고 죽음의 그림자에 가려진 이들을 만나려는 열망으로 그는 슬픔에 갇혀 있는 아담과 하와를 풀어 주기 위해 가셨습니다. 그는 하나님이신 동시에 여인의 아들이십니다. … 일어나십시오. 이곳을 떠납시다. 원수가 지상의 낙원에서 당신을 쫓아냈습니다. 나는 당신을 낙원으로 돌려보내지 않을 것입니다. 대신 하늘 보좌에 앉힐 것입니다. … 하나님 나라는 영원 전부터 당신을 위해 준비돼 있습

* Pius Parsch, *The Church's Year of Grace*, vol. 2 (Collegeville, MN:Liturgical Press, 1953), 337.

니다.*

바로 여기서 원래의 안식일이 새롭게 갱신됩니다. 시편 기자가 "나의 앞날이 주의 손에 있사오니 내 원수들과 나를 핍박하는 자들의 손에서 나를 건져 주소서"(15절)라고 기도한 결과가 여기에 있습니다.

'나의 영을 주의 손에 부탁하나이다'(시 31:5)는 예수님이 십자가에서 숨을 거두실 때 입에 담으신 말씀입니다. 화자가 어째서 그렇게 자신만만하게 자신을 희생할 수 있었는지를 이해하려면 먼저 앞 구절들을 읽는 것이 좋습니다. 기도하는 이는 지금 자신에 차 있어서 주님께서 들으실 것을 압니다. 이 자신감은 그가 신뢰하는 이들을 묘사한 강력하고 생생한 이미지들에 드러납니다. 시편 기자에게 주님은 '반석', '바위', '산성'이십니다. 그리고 '요새'이며 '성채'이십니다. 이곳은 누군가 거기로 도망칠 때 피난처가 되는 곳입니다. 위험을 맞았을 때 그곳으로 피하면 안위와 안전을 기대할 수 있습니다. 이 피할 곳은 그림의 떡과 같이 헛된 희망을 의미하지 않습니다. 오히려 피할 곳을 알고 신뢰하는 사람의 확신이 됩니다.

이런 피난처를 찾고, '나의 앞날이 주의 손에 있음'을 안다는 것은 이미 하나님을 알고 하나님의 선한 섭리를 체험했음을 의미합니다. 우리가 오늘 무덤에 계신 주님의 관점에서 시편을 읽고 있지만 이런 확신들은 살아 있는 사람들에게도 똑같이 적용됩니다. 우리의 앞날은 하나님의 손에 있습니다. 그리고 하나님께서는 지난 며칠간 처음부터 끝까지 우리와 함께 하시면서 얼마나 의도적으로 우리와 같이 걸으셨는지 보여주셨습니다.

제임스 루서 메이즈(James Luther Mays)는 이렇게 지적합니다. "사실 이런 고백이 인생 전 과정에서 우리의 고백이 되지 않는다면 마지막에 진정성 있게 말할 수 있을지 의문입니다. 예수님이 입으로 하신 이 말씀들은 그분의 모든 생애를 근원적으로 해석하신 것입니다. 칼뱅은 사람이 하나님의 섭리에 의지하지 않고 산다면, '아직 살아가는 법을 제대로 배우지 못한 것'이라 말했습니다"(칼뱅, 1:503).** 우리의 앞날이 하나님의 손에 있음을 깨닫고 그에 합당하게 살아간다는 것은 바로 올바르고 당당하게 사는 것이 됩니다.

성토요일의 목적은 부활절 성야에 우리의 구속 이야기가 펼쳐지고 부활절의 기쁨이 넘쳐흐르기 전의 그저 조용한 막간에 그치지 않을 것입니다. 이날은 십자가에 못 박히신 주님께서 그분과 영원히 함께할 사람들을 찾아 나서신 날입니다. 이날은 새로운 피조물이 잉태돼 태어날 준비를 하는 날입니다. 이날은 우리가 다음의 선언이 갖는 충만함과 아찔함을 기다리는 동안 우리 앞날이 하나님의 손안에 있음을 참으로 깨닫게 되는 날입니다. "이날은 여호와께서 정하신 것이라 이날에 우리가 즐거워하고 기뻐하리로다"(시 118:24).

* "An Ancient Homily for Holy Saturday," in *The Liturgy of the Hours:According to the Roman Rite*, vol. 2, *Lent and Easter Season*, ICEL (New York:Catholic Book Publishing Co., 1976), 496-98.

** Calvin, *Commentary on Psalm 31:5*, quoted in James Luther Mays, *Psalms*, Interpretation series (Louisville, KY:John Knox Press, 1994), 144.

사순절이 '밝은 어두움'인 것처럼 어쩌면 성토요일은 일하는 안식일일지도 모르겠습니다.

목회적 관점

성토요일은 길고도 애달픈 날입니다. 교회에게는 방황하는 날입니다. 왜냐하면 십자가와 부활 사이, 즉 교회가 존재하지 않는 시점에 있기 때문입니다. 예수님은 무덤에 홀로 누워 계십니다. 우리가 흙에서 와서 흙으로 돌아가는 것처럼, 그분도 흙으로 돌아가셨습니다. 이 날에는 교회 주방도, 복음을 열심히 전할 설교단도, 교회 예배당도, 종도, 첨탑도 없습니다.

재의 수요일의 재는 전날의 용암처럼 분출했던 죄악으로 달궈진 채로 잿빛 하늘을 가로질러 끝없이 퍼집니다. 세상은 미쳐 돌았고 우리는 미약하게나마 브레이크를 밟습니다. 그러나 너무 늦었습니다. 광기는 경련을 일으키다 마침내 제동이 걸렸지만, 너무 늦었습니다. 쇠와 쇠가 맞닿아 마찰을 일으켜 뜨거워지며 갈려 나갑니다. 그러나 너무 미미하고 너무 늦었습니다. 도대체 우리가 무엇을 할 수 있습니까? 노력해 봐야 누워서 침 뱉는 것보다 조금 더 나을 뻔했을 뿐입니다.

이제는 바람마저 없습니다. 정오의 폭풍은 우리를 뒤흔들며 적셨지만 발원한 그곳, 아무것도 없는 그곳으로 쏜살같이 사라졌습니다. 오늘은 공기조차 정지한 듯 고요하며 숨이 턱 막힐 만큼 후덥지근합니다. 성토요일이 바로 그렇습니다. 우리는 뼈저린 슬픔에 지쳐 있고, 예수님을 그저 안다는 이유 하나로 우리를 순식간에 붙잡아 죽여 버릴 수 있다는 사실을 더 두려워합니다. 그분을 사랑했지만 우리 사랑은 쓸모없는 것으로 결론 났습니다. 그러면 하나님의 사랑은 어떻게 된 것인가요? 하나님께서는 아마 다른 식으로 생각하고 계셨을 것입니다.

이날이 하루 종일, 영원히 지속될 것만 같습니다. 우리는 망연자실했고 목이 다 쉬어 더 이상 울 수조차 없습니다. 그저 터덜터덜 걸어갑니다.

이날 설교하려면 금요일의 십자가와 부활절 사이에 끼어 있는 것들을 다뤄야 합니다. 부활절이 다가올 때 비로소 이전의 검은 금요일이 진정 '좋은'(Good) 금요일로 불릴 자격을 얻습니다. 오직 부활절 때문에 성토요일의 기다림을 견딜 수 있게 됩니다.

위대한 시인이자 설교자인 조지 맥도널드(George MacDonald)는 이렇게 물었습니다. "그리스도께서는 모든 악을 막아 내고 무찌르지 않으셨습니다. 자신에게 쏟아지는 그 무서운 바다의 모든 파도를 피하지 않고 그대로 뒤집어 쓰셨으며 튕겨내지도 않으셔서 결국 돌아가시지 않았습니까? 그들의 분노가 잔잔해졌고, 패배했으며, 마침내 그쳤습니다."*

첫 번째 성토요일에는 악이 아직 패하거나 제거되지 않았습니다. 첫 제자들과 친구들은 분명히 전투가 끝났다고 여겼을 것입니다. 예수님이 무덤에 계시기 때문에 이뤘다고 할 만한 것은 아무것도 없습니다. 어둡고 분노에 찬 감정들이 예수님께 쏟아져 내렸지만 그 물결은 이 첫 성토요일에 아직 가라앉지 않았습니다. 결국 그때 이후로 매 성토요일마다 신앙은 우리로 하여금 이 황량한 자리에 앉아 말라붙은

* George MacDonald, *Unspoken Sermons* (Charleston, SC:BilbeoBazaar, 2006), 359.

눈물을 흘리며 머물게 합니다. 대체 로마 제국, 당시 종교 지도자들, 저와 여러분 같은 사람들, 결국 우리 모두가 어떻게 이런 일들을 저지를 수 있었을까요?

그러니 이날이 이렇게 더디게 지나가는 것이 당연합니다.

누군가가 목사님에게 "우선 죄의 고백이 왜 필요한가요? 매주 기도하는 죄에 대해서 거의 나의 죄라는 생각을 하지 않는데요?"라고 물을 때, 그 목사님은 이날을 가리키기만 하면 됩니다. 우리 죄는 바로 이런 일을 하게 합니다. 성토요일에 우리가 기다리고 설교해야 하는 이유는 필연적으로 이 모진 진실을 깊이 들여다봐야 하기 때문입니다.

성토요일에 여인들이 떨며 울고 있습니다. 이해할 수 없는 슬픔을 가득 안고 향료를 들고 무덤으로 향할 것입니다. 내일이 되면, 악취가 진동하기 전에 무덤으로 터덜터덜 걸어갈 것입니다. 나머지 우리는 예수님 없는 그저 그런 똑같은 하루를 또 맞게 될 것입니다. 우리는 마리아를 다시 집으로 데려다줍니다. 그녀는 마치 주먹만큼 작아진 듯 보입니다. 반항적이면서도 믿지 못한 채 그저 멍해 있습니다. 우리 모두가 가슴을 후벼 파며 말한 모욕적인 말에 돌을 맞은 듯한 모습입니다. 우리는 그녀에게 가볍게 작별 인사를 하고 다시 먼지를 풍기며 떠날 것입니다.

한동안 예수님이 하신 말씀은 시편 기자가 노래한 것들과 선지자들의 외침, 그리고 하나님의 미래에 대한 오래된 약속에 잘 녹아들어 들렸습니다. 정의, 희망, 자유 그리고 사랑이라는 생각들로 인해 우리도 희망을 갖기 시작했습니다. 모든 것이 참 아름답게 보였습니다.

십자가에서 마지막 숨을 거두시던 순간, 예수님은 (역설적이게도 오늘 성서정과에 빠져 있는) 시편 31:5를 인용하셨습니다. '내가 나의 영을 주의 손에 부탁하나이다.' 이것은 하나님께서 자신을 부끄럽게 하지 않으실 것임을 완전히 믿고 확인하는 것이었습니다. 예수님은 자신의 미래가 스스로에게는 불확실해 보이고 제자들에게는 완전히 암울해 보였을지라도, 하나님의 자비로운 보살핌으로 인해 그 미래를 신뢰할 수 있음을 아셨습니다.

"나의 앞날이 주의 손에 있사오니 내 원수들과 나를 핍박하는 자들의 손에서 나를 건져 주소서 주의 얼굴을 주의 종에게 비추시고 주의 사랑하심으로 나를 구원하소서"(15-16절). 예수님은 자신의 삶을 통해 하나님을 신뢰했습니다.

성토요일에 우리는 밤을 지새웁니다. 우리가 세상을 아프게 하는 날카로운 혼돈의 일부임을 알기에 비탄에 빠집니다. 수치심, 우상숭배, 변덕스러운 자아, 그리고 우리의 최선의 노력들을 망가뜨리는 다른 죄들도 우리 때문이라는 사실을 비통해합니다. 우리에게는 지치고 낙담해서 얼굴을 감싸 쥘 일들이 많습니다. 동시에 기뻐할 일들도 많습니다. 하나님께서 모욕당하시거나 수의에 감겨 있지 않고 자유로우실 것이라고 믿기 때문에 희망을 갖습니다.

"예수님이 십자가 위에서 하신 말씀은 단순히 예수님이 어떻게 돌아가셨는가를 말하지 않습니다. 오히려 예수님이 어떻게 자신의 삶 가운데 하나님을 신뢰하고 하나님의 통치를 말과 행동으로 선포하고 드러내셨는지를 보여줍니다."*

우리는 성토요일에 절망에서 벗어나 자유롭게 살기 위해서 부름을 받았습니다. 우리는 긴 철야를 마치고 그분이 새벽에 일어나신 것에서 위로를 받습니다. 우리는 죽은 영웅을 기리지 않습니다. 살아 계신 주님을 섬깁니다.

부활절 새벽이 이른 시간 밝아옵니다. 성토요일에 우리는 구원하시는 새벽을 기다립니다.

주석적 관점

오늘 시편 본문의 표제는 특별히 다윗과 연관돼 있습니다. 히브리어 전치사 레(le)는 시편 31편이 어떻게 특별히 이스라엘의 특정 왕과 관련이 있는지에 대해 세 가지 가능성을 제시합니다. 첫째, 시편이 다윗왕을 '위해서' 기록됐다고 볼 수 있습니다. 둘째, 이 시편이 그에게 '속해' 있었다, 다시 말해 다윗왕의 작품 중 하나였다고 볼 수 있습니다. 셋째, 역사적 인물인 다윗에 '관해' 혹은 '관련된' 내용을 전달하는 것으로 볼 수 있습니다.

번역하는 사람이 전치사가 어떤 역할을 하는지까지 고려하는 것은 불가능합니다. 그러나 해석의 선택은 시편의 표제를 통해 독자가 시편을 이해하는 데 영향을 끼치기 때문에 매우 중요합니다. 그러므로 히브리어 전치사의 세 가지 의미를 드러내 놓고 탐구하는 것이 매우 중요합니다. 여기서 본문은 시편 31편이 최종적으로 다윗왕에 '관한' 어떤 것과 연관되어 있다는 것을 뒷받침하는 듯합니다.

화자는 자신이 이스라엘의 하나님 여호와를 피난처로 삼았음을 고백하면서 시편을 시작합니다. 시작하는 말을 이렇게 선언하는 것은 본문의 수사가 전개되는 방식에 크게 영향을 미칩니다. 게다가 하나님의 인격적이고 체험적인 이름이 사용되기 때문에 화자가 하나님의 택한 백성인 이스라엘 가운데 속해 있음이 분명해집니다.

'피하오니'로 번역된 히브리어 하사(ḥasah)는 문자 그대로 보호 또는 그늘을 뜻하고, 구약에서 종종 주의 날개 아래 쉬는 곳으로 묘사됩니다(예. 시 36:7, 57:1, 91:4, 룻 2:12). 시인은 여기에서 하나님의 안전한 품을 의지하고 있음을 드러냅니다. 여호와께 충성을 선언했기 때문에 시인은 "다시는 부끄럽게 하지 마세요"(1절, 사역)라고 명령조로 말합니다. 이어서 주님의 의로운 성품에 더 강력하게 호소하면서 "오히려 나를 도망치게 해 주세요!"(사역)라고 직접 요구합니다.

시편 기자가 아주 연약한 상태에서 위협을 받고 있다는 것이 2절에서 분명해집니다. 여호와께 귀 기울여 달라고, 즉시 구원해 달라고 간청합니다. 여기에서 화자는 요새나 지켜 주는 보루를 상징하는 거의 모든 히브리어 어휘를 정교하고 설득력 있게 사용해 여호와를 의지하는 자신의 처지를 더욱 강조합니다(2-4절).

여호와는 시인이 상상할 수 있는 최선의 안전망이 돼 주셨습니다. 절벽이나 바위같이 자연적인 방어물들에 더해 훌륭하게 구축된 참호와 방어 시설을 상징하는 용어들이 이를 확증합니다. 주님의 보호하심이 자신에게 미치는 위상이 얼마나 대단한지 찬양한 후 시인은 여호와께서 그분의 이름을 위해서 행동해 달라

*J. McCann, *The New Interpreter's Bible* (Nashville:Abingdon Press, 1996), 4:802.

고 간절히 요청합니다(3절).
시인이 자신이 구원받아야 한다고 주장하며 주님의 이름을 논거로 끌어들이는 것은 설득력이 있습니다. 고대 셈족 문화에서 일반적으로 누군가의 이름은 그의 인격과 성품을 드러냅니다. 예를 들어 야곱(ya'aqob)은 '싸우는 자' 혹은 '속이는 자'라는 뜻입니다. 1절에서 하나님의 의로우신 속성에 대해서 강조한 다음, 화자는 여호와라는 이름 혹은 명성 자체가 주는 의미, 즉 하나님께서 어떤 분이신지에 대해 덧붙입니다.
5절에서 화자는 "오 여호와여, 오 굳건하신 하나님이시여, 당신이 나를 속량하셨습니다"(사역)라고 확언합니다. '속량하다'를 뜻하는 히브리어 단어 파다(padah)를 사용함으로써 하나님의 우주적인 구원 행위를 기억나게 하는데, 이를테면 '(내가) 너희를 이집트 땅에서 인도해 냈고 종살이하던 집에서 속량한 너희의 하나님'(신 13:5, 사역)이심을 반복적으로 강조하는 식입니다. 하나님께 굳건하거나 믿을 만하시다는 속성을 부여함으로써 화자는 또 다른 구원의 행위를 요청하고 있습니다.
이어서 하나님의 즉각적인 관심과 지원을 구하는 논거를 더 쌓으려는 듯, 시인은 우상을 숭배하는 이들을 비난해 왔음을 제시합니다(6절). 그리고 7절에서는 여호와께서 화자의 현 상태가 비참하고 초라하다는 것을 인정하고 해방해 주시면 자신이 '주의 인자하심을 기뻐하며 즐거워할' 것이라고 합니다.
'인자하심'으로 번역된 히브리어 헤세드(hesed)는 많은 경우 문자 그대로 '적합한 행동', '헌신', '충성', 혹은 '신실함'을 뜻합니다. 헤세드가 히브리 성경에서는 거의 자신의 백성들을 향한 주님의 반응과 관계를 구체적으로 묘사할 때 특별히 등장하기 때문에, 이 단어에 '하나님께서 반드시 행하셔야만 한다'라는 의무가 깃들어 있음을 인식하는 것이 매우 중요합니다. 이것은 하나님께서 외부에 드러내신 자신의 성품에 충실하시려는 궁극적인 의지를 보여줍니다. 이런 방법으로 여호와께서는 자신의 백성들에게 합당한 헌신과 충성을 드러내십니다. 시편 기자는 자신의 곤궁한 상황에 대해 다시 한번 하나님께 즉시 구원해 주시기를 요청함으로써 하나님의 고유하신 성품을 보여줍니다.
시편 31:10~12에는 또 하나의 언어적 콜라주가 등장하는데, 이번에는 하나님께서 보호하시는(2-4절) 울타리에 안주하는 것을 기술하지 않습니다. 반대로 하나님의 개입이 없을 때 영과 육이 쇠약해지는 현상을 묘사합니다. 시인은 고뇌, 탄식 그리고 소외를 묘사하는 단어와 이미지들을 쌓아 올립니다. 비방을 듣고, 혐오스럽다는 소리를 듣고, 좀먹고, 버림당했다고 말합니다. 12절에서 시인은 "내가 잊어버린 바 됨이 죽은 사람 취급당하는 것 같습니다. 심정적으로만 그런 것이 아니라 장기가 망가져 버린 것 같습니다"(사역)라고 대놓고 말합니다.
무방비 상태의 죽음에 가까운 침묵 속에서 화자는 이제 주위에 있는 악인들의 속삭임과 음모를 듣습니다(13절). 시인은 어쩌면 마지막이 될지도 모르는 숨을 내쉬며 왜 '교만하고 완악한 말로 무례히 의인을 치는'(18절) 거짓 입술은 용서하시면서 반대로 '오 여호와여 내가 당신을 신뢰합니다'(14절, 사역)라고 탄원하는 종은 쇠약해지게 하시는지 주님께 묻습니다. 화자는 과감하게 '악인들을 부끄럽게 하사 스올에서 잠잠하게 하소서'(17절)라고 요청합니다. 모든 조건에도 불구하고 심지어 마지막 순간에도 시인은 '나의 앞날이 주의 손에 있사오니'(15절)라고 확고하게 말합니다.

21~24절에서 시인은 뜻밖에도 주님을 피난처 삼는 사람들 모두에게 선을 넘치도록 베푸시는 주님을 찬양합니다. 여호와께서는 '놀라운 방식으로' 변함없는 사랑을 보이셨습니다(21절). 22절에서 화자는 "내가 당신에게 도움을 간청할 때에 참으로 당신은 내 간구하는 소리를 들으셨습니다"(사역)라고 기쁨으로 선포합니다. 그리고 확신에 찬 감사로 모든 회중과 독자에게 "여호와를 바라는 너희들아 강하고 담대하라"(24절)라고 명합니다.

설교적 관점

성금요일과 부활절 사이, 오늘은 아무 일도 일어나지 않습니다. 예수님이 돌아가셨습니다. 모든 움직임이 멈췄습니다. 사건들은 그저 예정된 대로 흘러갑니다. 성토요일에는 이도 저도 아닌 일종의 림보(중간 지대) 같은 분위기가 감돕니다. 이것을 견뎌 내는 건 어렵습니다.

전 예수회 사제이자 상담가인 데이비드 리코(David Richo)는 한 모임에서 우리의 부서진 삶에 대해, 슬픔과 우울에 대해, 그리고 이런 상태를 그대로 안아 줄 필요에 대해 말한 적이 있습니다. 리코는 그날이 마리아가 예수님의 시신을 안고 있는 '피에타' 같다고 했습니다. 그 조각상을 바라보면서 마리아가 예수님을 안은 순간 심지어 그렇게 부서지고 산산조각이 난 상황에서도 그녀가 예수님을 사랑했고, 이 사랑이 예수님의 부활을 준비한 것임을 알게 됐다고 말했습니다.*

오늘의 설교 작업은 즉각적으로 해결책을 제시하는 대신 부서진 상태를 유지하고 버틴다는 개념에서부터 풀어 나가면 됩니다. 시편 31편은 다윗의 시편 중 하나입니다. 오늘 본문은 가슴 아프게 하는 것들이지만 그 안의 이미지들은 바위, 집, 요새, 하나님의 귀, 하나님의 얼굴과 같이 우리를 버티게 하는 것들입니다. 성토요일 설교자는 부활절이 아직 오지 않았음을 염두에 두고 이러한 이미지를 참조하는 데 신중해야 합니다.

오늘 설교에서 가장 까다로운 점은 '모든 것이 괜찮아질 거야'라는 식의 안일한 말로 상처와 깨짐을 덮어버리지 않고, 오히려 그 깨진 상태에 집중하고 수용하는 방법을 모색하는 데 있습니다. 마리아가 십자가 아래에서 예수님을 안았을 때 '모든 것이 괜찮다'라고 생각했을 리 없습니다. 누군가 숨을 거두면 우리는 곧바로 모든 것이 괜찮아질 거라고 생각하지 않습니다. 이것이 먼저 떠오르는 생각은 아니기 때문입니다.

우리가 실제로 경험하는 것은 따분한 일상에서 벗어나 느리면서도 충만한 깊은 현실에 들어가는 것입니다. 마치 켈트족이 말하는 하늘과 땅이 만나는 '얇은 공간'이 들어간 것과 같은 느낌이라고도 할 수 있습니다. 제자들과 예수님의 가족은 성금요일의 공포 이후 이런 경험을 했을 것입니다. 공포와 충격에 휩싸여 있었지만 동시에 그들은 함께 슬퍼했습니다. 만

* David Richo, "The Void," retreat at Trinity Episcopal Church, Santa Barbara, CA, May 10, 1997.

약 할 수만 있었다면 그들은 마치 마리아가 예수님의 몸을 안고 위로했던 것처럼 서로를 안아 주고 위로했을 것입니다.

자연은 이런 상태에 놓인 많은 사람에게 위안을 줍니다. 바위는 그 자리에서 오래 버티며 인내했습니다. 또 어떤 이들은 집의 이미지에서 안락함을 찾게 됩니다. 사랑하는 이들의 흔적과 추억이 깃들어 있고 온기가 스며 있는 장소이기 때문입니다. 또 다른 이들에게는 요새가 가장 설득력이 있게 다가올 것입니다. 적들을 멀리할 수 있고 성벽에 둘러싸여 안전을 보장받을 수 있으니까요. 그러나 설교자가 이런 이미지들을 사용할 때는 주의해야 합니다. 왜냐하면 사람들은 바위와 집과 요새를 서로 다른 방법으로 경험하기 때문입니다. 능숙한 설교자라면 회중이 어떤 이미지를 선택하든, 그 이미지에 대해 특정 감정을 갖도록 과도하게 유도하지 않고 자연스럽게 받아들일 수 있게끔 할 것입니다.

만일 부활절 전야에 설교해야 한다면 이 설교가 적합합니다. 부활절 철야는 어둠과 함께 시작하기에 많은 경우 깨짐과 분열과 슬픔을 조용하고 위안되는 방식으로 체험하기에 좋은 환경을 제공합니다. 교회 뒤편에서 누군가 라이터로 접시 위 숯에 불을 붙일 수 있습니다. 집사가 "그리스도의 빛"을 노래하면서 불을 부활초(paschal candle)에 옮겨 붙입니다.

모든 삶은 다시 이야기돼야 하고, 새롭게 빚어져 다시 살아 내야 합니다. 부활절 철야는 창세기로부터 출애굽기까지, 그리고 막달라 마리아가 무덤에 갔을 때 천사가 '너희는 무서워하지 말라 십자가에 못 박히신 예수를 너희가 찾는 줄을 내가 아노라 그가 여기 계시지 않고'(마 28:5-6a)라고 말한 것을 듣는 이야기까지의 기독교 역사를 되짚는 시간입니다. 이는 시몬 베유(Simone Weil)가 말한 '다른 질서'이자, 이 세상이 아닌 또 다른 세계의 역사이기도 합니다.* 어둠 가운데 우리의 작은 촛불만 빛나고, 우리는 앉아서 성령님이 어떻게 수면 위에 '운행하셨는지' 듣습니다. 어떻게 비둘기가 노아에게 올리브 가지를 물고 왔는지, 어떻게 아브라함이 자기 아들에게 칼을 들었는지, 어떻게 모세가 바다 위에 지팡이를 뻗었는지 듣습니다.

영어를 제외한 다른 많은 언어권에서는 유대인의 유월절과 기독교의 부활절을 동일하게 파스카(pascha) 혹은 페사흐(pesach)로 부릅니다. 이 밤은 예수님이 죽음에서 생명으로 넘어가시는 밤이며, 전통적으로 세례를 받는 시간입니다. 옛 생활, 무감각, 무관심을 가지고 물에 잠겼다가 자비, 가능성, 풍성함이라는 새로운 생명을 가지고 일으켜 세워집니다.

샌타바버라 트리니티 성공회 교회에서 고(故) 조지 배럿(George Barrett) 주교는 "오늘 밤 우리는 과거를 뒤돌아봅니다. 예수님과 우리가 있었던 그곳을 뒤돌아봅니다"라고 설교했습니다. 세례를 받기 위해 기다리는 사람들에게 배럿 주교는 "이제 여러분의 역사는 하나님의 역사와 연결됩니다"라고 말했습니다.**

성토요일에 우리는 예수님의 역사, 하나님의

* Simone Weil, "Spiritual Autobiography," *Waiting for God* (New York:Perennial Library, Harper & Row, 1951), 63.

** Bishop George Barrett, Easter Virgil sermon, at Trinity Episcopal Church, Santa Barbara, CA, 1995.

역사에 우리 자신의 역사를 연결하기로 결심합니다. 우리는 하나님과 연결된 인간 이상인 분이 깨어진 것을 경험합니다. 이날에 기독교는 영광스럽지 않고, 승리를 거두지도 않습니다. 오히려 이날은 엄청난 고통을 받아들이며 조용히 따르는 시간입니다. 우리가 주고받을 수 있는 얼마 안 되는 선물 중 하나가 바로 인간적 연민이기 때문입니다.

설교자의 임무는 시편 31편에 등장하는 이미지에서 솟아나는 단어들을 찾아내고 이 시편에 합당한 해석을 제시하되 스스로를 절제하고 공감하며 잠잠해지는 것입니다. 말씀은 설교자의 몸과 마음과 영혼에서 나와야 합니다. 이날은 훌륭한 웅변이나 재밌는 말을 늘어놓는 날이 아니라 자신의 진심을 드러내는 날입니다.

성토요일

베드로전서 4:1~8

1 그리스도께서 이미 육체의 고난을 받으셨으니 너희도 같은 마음으로 갑
옷을 삼으라 이는 육체의 고난을 받은 자는 죄를 그쳤음이니
2 그 후로는 다시 사람의 정욕을 따르지 않고 하나님의 뜻을 따라 육체의
남은 때를 살게 하려 함이라
3 너희가 음란과 정욕과 술 취함과 방탕과 향락과 무법한 우상숭배를 하
여 이방인의 뜻을 따라 행한 것은 지나간 때로 족하도다
4 이러므로 너희가 그들과 함께 그런 극한 방탕에 달음질하지 아니하는
것을 그들이 이상히 여겨 비방하나
5 그들이 산 자와 죽은 자를 심판하기로 예비하신 이에게 사실대로 고하
리라
6 이를 위하여 죽은 자들에게도 복음이 전파되었으니 이는 육체로는 사람
으로 심판을 받으나 영으로는 하나님을 따라 살게 하려 함이라
7 만물의 마지막이 가까이 왔으니 그러므로 너희는 정신을 차리고 근신하
여 기도하라
8 무엇보다도 뜨겁게 서로 사랑할지니 사랑은 허다한 죄를 덮느니라

신학적 관점

많은 교회가 성토요일 혹은 대안식일로 알려진 이날에 공식적인 예배를 드리지 않습니다. 해가 지면서 시작되는 대철야(Great Vigil)와는 확연히 구분되는데, 낮 시간은 고난 가운데 지내며 정확하게 무엇을 해야 할지 잘 모른 채 어정쩡하게 지나가기 일쑤입니다. 지난 이틀간 슬픔 가득한 두 번의 사건들은 일단락됐습니다. 부활은 아직입니다. 초대교회의 한 설교자는 "오늘 위대한 침묵이 온 땅을 뒤덮었습니다. 깊은 침묵이고 고요입니다"라고 선포했습니다.* 오늘 우리는 예수님의 친구와 동료들을 그저 기다립니다.

그러나 우리는 그 시대의 제자들이 할 수 없었던 방법으로 이 힘든 날을 지낼 수 있습니다. 예수님의 생애 마지막 주간을 함께했던 사람들은 그다음에 무슨 일이 일어날지 전혀 몰랐습니다. 그들은 슬픔에 치여 무감각해졌고 마치 시간마저 멈춘 듯한 기분이 들었습니다. 슬픔이라는 것이 원래 그런 법이지요. 그들과 다르게 우리는 희망이 있음을 압니다. 하지만 그것만으로도 이날이 애매한 것을 알게 됩니다.

실제로 이날은 모호함으로 가득합니다. 공동기도서는 성찬을 베풀지 말라고 지시합니다. 이틀간 서신서 본문을 통해 비교적 합리적이고 관찰 가능한 현실을 마주했는데, 베드로전서 말씀은 죽은 이들에게 복음이 전파된 것을 언급하며 우리를 전혀 손이 잡히지 않는 영역으로 인도합니다. 이 말들은 해석의 여지가 있고 주의를 기울여야 하는 내용으로, 공공연하게 '사실'을 전달하고 있다고 보기는 어렵습니다. 만일 우리가 성금요일이 마지막이 아니라는 것을 알고 새 창조의 시작을 기다린다면, 우리가 왜 이 중간 단계에 관심을 기울여야 할까요? 이날을 그저 지나가는 대신 머물기 원한다면 성금요일에서 부활주일로 성급하게 달려가려는 건 자제하는 게 좋습니다. 그 과정이 어렵고 명확하지 않긴 해도 베드로전서 말씀은 성토요일에 중요한 깨달음을 주기 때문입니다. 특히 오늘 본문은 목회적, 기독교윤리적 쟁점을 다루고 있습니다.

십자가와 빈 무덤 사이에 위치한 성토요일에 경험하는 정적인 멈춤은 우리 인생이 기다림으로 점철돼 있음을 인정하게 합니다. 우리는 흔히 이 점을 간과합니다. 예를 들면, 우리는 어떤 일을 계획하고 나서 그것이 완료될 때까지 기다립니다. 그 기다림은 어려운 일이 아닙니다. 그동안 바쁘게 목표를 향해 나아가는 자신을 발견하기 때문입니다. 그러나 검사하고 나서 진단을 듣기까지, 또 관계가 끊어진 후 다시금 연락하기까지와 같이 정지된 것 같은 느낌을 주는 기다림도 있습니다. 이런 시간은 우리 삶에서 가장 근본적인 현실이 기다림이라는 것을 깨닫게 합니다. 우리는 계획과 완성이라는 주기를 반복하며 시간을 채우고 그것이 잘될 때 만족하기도 합니다. 그러나 우리 삶의 더 깊은 신비는 천천히 펼쳐집니다. 신비는 우리가 기다리기는 하지만 적절한 말로는 완전히 표현하기 힘든 무언가입니다.

예배학자 제임스 파웰은 "성토요일은 우리 삶의 솔직한 도습을 담고 있고, 부활절 전례의 핵심을 이루는 동시에 신과 인간이 만난다는

* "Ancient Homily for Holy Saturday," quoted in *Catechism of the Catholic Church: With Modifications from the Editio Typica* (New York: Doubleday, 1997), 181.

특징 때문에 우리가 처해 있는 현실에 가까운 것은 사실이지만, 여전히 전례의 힘으로도 다 풀어내지는 못하는 신비이다"라고 언급했습니다.* 우리는 존재의 신비를 받아들일 뿐, 붙들거나 장악할 수 없습니다. 그래서 결과적으로 우리가 할 수 있는 일도, 해야 할 일도 거의 없습니다.

신학적으로도, 목회 현장에서도 우리는 그저 막연한 희망에 기대서 기다려서는 안됩니다. 확실히 그렇습니다. 그리스도 안에서 하나님께서는 스스로 절망을 자초하셨습니다. 그리고 인간 존재와 그들이 경험하는 모든 것들을 하나님의 무한한 생명으로 인도하셨습니다. 부활은 비극으로 중단된 이야기를 단순하게 다시 이어가는 것이 아닙니다. 부활은 고통과 외로움으로부터 동떨어졌을 때가 아니라 오히려 그 한가운데서 일어납니다. 그리고 우리의 모든 기다림 가운데 일어납니다.

예수님의 완전한 인성에 대한 아폴리나리우스주의와의 논쟁에서 나지안주스의 그레고리가 한 말은 여기에서도 똑같이 적용됩니다. "그가 취해지지 않은 것은 고침을 받은 것이 아니다."** 오늘 본문은 죽음의 황폐함조차도 신성한 생명으로부터 배제되지 않음을 증언합니다. 따라서 멈춰 있는 상태와 기다림은 하나님과 분리돼 있지 않습니다. 오히려 그것은 하나님께서 완전히 숨겨진 방식으로도 현존하셔서 부활을 일으키시는 순간이 됩니다.

본문에서 알게 되는 또 다른 통찰은 기독교윤리와 관련해서 얻을 수 있습니다. 기독교인의 삶은 달라져야만 합니다. 그리스도께서 죽은 자들을 찾으신 것을 통해 우리는 옛 시대가 끝나고 새로운 세상이 온다는 드라마의 결말을 볼 수 있게 됐기 때문입니다. 바울은 이를 반영해서 기독교인은 '말세를 만난' 사람들이라고 했습니다(고전 10:11). 이런 관점은 베드로전서에서 '거듭나게 하사 산 소망이 있게' 하신 사람들이 언급될 때도 드러납니다(벧전 1:3). 이것은 신약성경의 윤리적인 비전 뒤에 깔려 있는 극적인 신비이고, 다가올 시대의 개막을 알리는 불가사의한 드라마입니다. 여기에 그리스도 안에서 어떻게 살아야 하는지 알려 주는 종말론적인 양상이 제시돼 있습니다. 기독교의 윤리는 새로운 시대가 이미 도래했으며 완성될 것이라는 확신을 반영합니다.

옛 시대와 새 시대에는 모두 고유한 정치가 있습니다. '정치'는 삶이 진정으로 인간다운 것이 되려면 어떠해야 하는지를 보여주는 비전을 따라 인간의 삶에 질서를 부여하는 것을 의미합니다. 여전히 존재하는 옛 시대는 기세등등하고 위력을 행사하며 폭력적인 질서를 따릅니다. 옛 시대가 품고 있는 인간 삶의 목적에 대한 비전은 하나님의 뜻에서 벗어나 있고, 결국 파괴적인 행동으로 이어집니다. 그러나 기독교인의 삶은 다른 방식, 즉 사랑하고 용서하라는 명령을 따르며 사는 것입니다. 그것은 세상 한복판에서 그리스도의 삶을 이어가는 것입니다. 이런 방식으로 사랑은 허다한 죄를 덮습니다.

* James Farwell, *This Is the Night:Suffering, Salvation, and the Liturgies of Holy Week* (New York:T. & T. Clark, 2005), 69.

** Gregory Nazianzen, "Epistle 101," in *Christology of the Later Fathers*, ed. Edward R. Hardy, Library of Christian Classics (Philadelphia:Westminster Press, 1954), 218.

목회적 관점

요즘에는 3절에 나열된 것과 같은 '사람의 정욕'(2절)에 대해 설교하는 것이 인기가 없는데 특별히 성토요일에 더욱 그렇습니다. 그러나 설교자들은 특정한 상황에서 그러한 욕망에 대한 베드로전서 4:1~8 주석으로부터 강력하고 유용한 도움을 얻을 수 있습니다. 이러한 환경에 처한 사람들은 많은 경우에 음주, 도박, 마약, 음란물, 섹스와 같은 다양한 과용과 중독 문제로 씨름하기 때문입니다. 베드로전서 저자가 제시하는 이런 도전에 대응하는 기독교인의 희망은 그리스도 역시 고난을 받으셨다고 주의를 환기하는 첫 문장에서 발견됩니다.

그리스도 안에서 하나님께서 우리와 함께 고난당하십니다. 하나님의 사랑은 모든 중독 가운데서도 여전합니다. 예수 그리스도는 모든 고난 가운데서도 우리와 함께하십니다. 다른 이들과의 교제는 고난받을 때 지지하는 힘이 됩니다. 타인을 사랑하는 것은 이런 상황에서 사람들을 세워 나갈 뿐만 아니라 '허다한 죄를' 덮습니다(8절). 이 구절이 정확히 무엇을 의미하는지 분명하지는 않지만 한 가지 가능한 해석은 사랑이 '용서와 화해가 (공동체 구성원과 하나님의 시선에서) 풍성해지게 만들고, 그에 따라서 다른 작은 잘못에 대한 하나님의 심판은 누그러들게' 한다는 것입니다.*

위의 논의는 기독교 공동체의 다른 사람들이 중독 문제에서 자유롭다고 주장하는 것이 아닙니다. 열거된 중독 외에도 컴퓨터, 비디오 게임, 인터넷, 텔레비전 등도 과도하게 사용할 수도 있겠지만, 성토요일에는 이런 것들에 초점을 맞추는 것이 적절하지 않습니다. 오늘 본문에서는 신앙이 공동체 안에서 가장 잘 길러진다는 점을 주목하는 것이 보다 바람직합니다.

베드로전서의 저자는 기독교인을 이 땅에 거주하는 이주민으로 봅니다. 베드로전서의 다른 곳에서 '나그네'와 '거류민'(1:1, 2:11)이라는 단어가 분명히 의도적으로 사용되기는 했지만, 이와 관련해 베드로전서 4:1~8에서 말하고자 하는 바는 아주 분명합니다. 이 구절은 '사람의 정욕'을 따라 사는 삶과 '하나님의 뜻'을 따라 사는 삶을 구분합니다(2절). 그리고 다시 한번 '육체로는 사람으로 심판을 받는' 것과 '영으로 사는 삶'을 대조합니다(6절). 이 구분은 기독교인을 비기독교인과 분리합니다. 유대인이 아닌 비기독교인이거나 이교도를 의미하는 '이방인'은 '무법한(거룩하지 않은) 우상숭배'에서 말미암는 인간의 욕망과 욕심을 따라서 삽니다(3절). 따라서 기독교인은 이 세상에 살고 있지만 여기에 속해서 살아서는 안 됩니다.

기독교인과 비기독교인의 뚜렷한 대비를 오늘날 삶에 그대로 적용하기는 쉽지 않습니다. 아프리카나 아시아 일부 지역처럼 소수로 존재하며 고립되거나 배척받거나 위협을 받는 기독교인들을 제외하면, 대부분의 기독교인에게 이런 대비는 훨씬 더 미묘하고 복합적이며, 노골적인 적대감은 덜합니다. 대신 유럽과 북미의 기독교인 사이에서는 정기적으로 예배에 적극 참여하는 사람들과, 교회에 가는 사

* Donald P. Senior, CP, and Daniel J. Harrington, SJ, *1 Peter, Jude, and 2 Peter*, vol. 15, Sacra pagina (Collegeville, MN:Liturgical Press, 2003), 124.

람들에 대해 적대적이지는 않지만 제도화된 종교를 경멸하는 사람들 사이의 차이를 볼 수 있습니다.

이런 사람들은 스스로를 종교적이라거나 심지어 기독교인이라 부를 수도 있습니다. 다만 여전히 조직적인 신앙의 덫에서 벗어난 독립적인 삶을 추구합니다. 이들은 자신들을 구도자로 규정하거나 '종교적'이기보다는 '영적'인 사람으로 규정하는 사람들입니다. 이들은 요가나 명상 같은 영적인 수행들을 탐구하고 실행할 뿐만 아니라 다이어트, 운동, 적절한 수면, 웨이트 트레이닝과 같은 개인적인 건강에 초점을 두기도 합니다. 이런 수행 중 많은 것들이 분명 권할 만합니다.

또 다른 사람들은 기존의 제도화된 교회 생활이 주는 번잡함 대신 개인적 신앙생활을 지향하고 싶어 합니다. 그들이 그리스도의 모범을 따라 신실하게 삶을 사는 경건한 사람일 수는 있습니다. 가난한 이들을 돌보고, 환경을 보호하며 정의와 평화를 위해서 일합니다. 그들은 독자적으로, 혹은 뜻이 맞는 친구들과 함께 그 일들을 합니다. 이 모든 모습이 모범적이고 존경할 만합니다.

그러나 베드로전서 4:1~8에서 강조하는 바는 신앙이 공동체 안에서 가장 잘 성장한다는 점입니다. 따라서 저자는 종교와 삶이 매우 이질적이고 심지어 위협적이기까지 한 사람들 사이에서 기독교인으로 살아가는 방법에 대한 논의들을 '무엇보다도 뜨겁게 서로 사랑하라'(8절)는 교훈으로 마무리합니다. 이어지는 9~11절에서는 공동체를 세워 나가는 것을 분명하게 강조하고, '서로 끊임없이 사랑하는' 모습을 어떻게 드러내야 하는지에 대한 강력한 비전을 제시합니다. 그리스도인은 '대접하기를 원망 없이 하고'(9절), 하나님께서 주신 은사를 맡은 '선한 청지기'로서 은사를 다른 사람을 섬기는 데 사용합니다(10절). 이 섬김은 겸손하고 티를 내지 않으며 그리스도를 닮은 것이며, 공동선을 위한 섬김입니다.

기독교 신앙에 이런 공동체적 삶이 왜 필요할까요? 무엇보다도 우리 자신의 개인적인 관점을 넘어서는 데 도움을 주기 때문입니다. 개인적인 영적 수행은 자기 자신에게만 과도하게 집중하게 될 위험이 있습니다. 우리를 자기중심성에서 벗어나게 하는 데는 공동체가 주는 도전만 한 것이 없습니다. 우리를 정직하고 열려 있게 유지하려면 서로가 필요합니다. 동시에 비극과 상실을 겪을 때 얻게 되는 위로 말고도 공동체가 줄 수 있는 다른 중요한 역할이 있는데, 그것은 개인이 해결하기에는 너무나 큰 국가 단위나 전 세계적인 이슈들을 대하기 위해 더 큰 규모의 공동체 안에서 다른 사람들과 연합하는 것입니다.

로버트 퍼트넘(Robert Putnam)은 자신의 책 *Bowling Alone*(나 홀로 볼링)*에서 미국인들이 어떻게 다른 사람들과의 관계가 단절되고 사회구조가 해체됐는지를 설명하면서 이를 '미국 공동체의 붕괴'라고 불렀습니다. 그는 우리 자신을 재창조할 필요가 있다고 믿었습니다. 그런데 이런 재창조가 일어나는 데 교회 공동체보다 더 적합한 곳을 찾기 어렵습니다. 왜냐하면 '교회가 그 어떤 기관들보다 더 많은 사

* Robert D. Putnam, *Bowling Alone:The Collapse and Revival of American Community* (New York:Simon & Schuster, 2000).

회적인 자본을 훨씬 더 다양한 형태로 구축하고 유지하고 있기 때문'입니다.*

주석적 관점

성서정과 본문은 베드로전서 4:7~8이 1~6절에 이어서 제시됩니다. 첫 번째 단락(1-6절)은 기독교인들이 불신자들 사이에서 어떻게 살아야 하는지를 말합니다. 반면 7절부터는 이를테면 '무엇보다도 뜨겁게 사랑할지니'(8절)와 같이 교회에서 함께 사는 삶에 대한 내용으로 새 단락(7-11절)이 시작됩니다.** 부활절 전날 밤은 찾아올 사람이 부활절 아침보다 눈에 띄게 적을 가능성이 높지만, 우리는 예수님의 죽음을 돌아보고 부활을 기다리면서 복음에 대한 세상의 반응을 염두에 두고 있어야 합니다.

베드로전서는 비기독교 가정에 속하고, 비기독교인 이웃에 둘러싸여 살아가는 소아시아의 이방인 기독교인들에게 말합니다. 저자는 독자들이 '더 이상' 그 지역의 문화를 따르지 않아서 가족과 이웃으로부터 지속적인 적대감에 직면하게 됐다고 기록합니다(4절).

이교도 신앙은 당시 소아시아에서 열광적이었는데, 신약성경은 몇 가지 예를 보여줍니다. 은장색 데메드리오가 선동한 군중은 바울이 설교를 통해 우상 비즈니스를 방해하자, '크다 에베소 사람의 아데미여'(행 19:28)라고 외치며 항의합니다. 바울 자신도 '에베소에서 맹수(마법사)와 더불어 싸웠다'(고전 15:32)라고 회상합니다. 요한계시록은 '아시아에 있는 일곱 교회'(계 1:4)에게 보낸 편지입니다. 여기에 황제 숭배를 강제하는 지역의 종교 관원이 언급돼 있지만(계 13:11-18의 두 번째 짐승), 이것은 교회를 향한 제국의 계획적인 박해라기보다는 이질감이 느껴지거나 반사회적인 사람 혹은 무신론자로 보이는 사람들에 대한 지속적인 문화적 적대감을 담은 반응입니다. 유대인들과 마찬가지로 기독교인들은 조상의 신들을 공경하지 않거나, 가정이 가장의 종교적 신념을 따르도록 강제하는 제국의 (대략 '가족 가치'라고 할 수 있는) 피에타스에 동조하지 않아서 이교도들로부터 공공의 복지를 위태롭게 하는 사람들로 여겨졌습니다.

베드로전서에 언급된 기독교인 여성과 종들은 바로 그런 비판과 배척을 당했습니다. 저자는 이것을 고난이라고 부릅니다. 오늘날 기독교에 대한 대중적인 상상력으로는 고난을 순교라고 생각하기 마련이지만, 당시 기독교인들은 날마다, 매시간 친척 및 이웃의 비웃음과 상위 계층 사람들의 모욕을 견뎌야 했습니다. 장기적으로는 오히려 사자 우리에 한 번 던져지는 것보다 하루하루를 외면당하고 웃음거리가 되며 사는 데 용기가 더 많이 필요할 수 있습니다.

오늘 본문 앞 단락에는 세례에 대한 말씀이 있는데, 이 세례를 통해 기독교인들은 예수님의 죽음과 부활로 말미암아 하나님께 나아갈 수 있게 됩니다. 그 예수님은 '하늘에 오르사 하나님 우편에 계시니 천사들과 권세들과 능

* Saguaro Seminar, John F. Kennedy School of Government, Harvard University, *Better Together*, 2nd ed., 2001, 66 ; http://bettertogether.org/thereport.htm.

** Paul J. Achtemeier, *1 Peter*, Hermeneia (Minneapolis:Fortress Press, 1996), 276. 4장의 구조에 관한 논의를 보라.

력들이 그에게 복종'하는 분이십니다(3:22, 참조. 시편 110편, 성금요일 서신서 본문인 히 4:14-16, 5:7-9). 그리스도께서 우리를 위해 '육체의' 고난을 받으셨다는 것은 '육체의 고난을 받은 자는 죄를 그쳤기' 때문에(4:1) 우리 역시 고난을 받음을 의미합니다. 이는 2:18~25에 등장한 주제를 반복하는데, 여기서 베드로전서의 저자는 주의 종이신 예수님을 깊이 묵상합니다(사 52:13-53:12). 이 예수님은 부당한 학대로 고통받으시고 그 결과로 그분을 따르다가 고난받는 이들을 구원하십니다(2:21).

이 본문을 구성하는 네 가지 명령어가 있습니다. '갑옷을 삼으라'(1절), '정신을 차리고', '근신하라'(이상 7절), '서로 끊임없이 사랑하라'(8절, 새한글). 이 훈계는 신앙인과 베드로전서에서 비기독교인을 지칭하는 '이방인'(3절) 사이의 차이를 드러냅니다. 이 이방인들은 하나님의 뜻이 아닌 '사람의 정욕'에 따라 '음란과 정욕과 술 취함과 방탕과 향락과 무법한 우상숭배'로 사는 것을 일반적으로 여깁니다(2절).

4절의 '달음질하지 아니하는'은 세례를 받을 때 일어나게 되는 그들의 삶의 변화를 상기시킵니다. 근원적으로 변화된 그들의 충성심은 근원적으로 변화된 삶에서 문제를 일으킵니다. 그들은 더 이상 그리스 · 로마의 유산을 따라 형성된 가정과 시민사회의 제의(祭儀)에 참여하지 않습니다. 그들의 윤리적 기준 역시 공동체의 일반적인 생활방식과 상충합니다. 폴 악트마이어(Paul J. Achtemeier)는 다음과 같이 말합니다.

> 그리스도를 따르는 사람이기에 기독교인들은 사회적으로 통합과 순응을 최고의 가치로 여겼던 시대에 어쩔 수 없이 순응하지 못했다. 따라서 동시대 비기독교인들로부터 받은 고난은 그리스도 자신이 받으신 고난만큼 피할 수 없는 필연적인 것이었다.*

역사적으로 이 본문이 성토요일 예전의 말씀으로 자리 잡은 이유는 이교 문화에 순응하지 않고 살아가는 기독교인의 삶에 대한 권면이기 때문이 아니라 '죽은 자들에게도 복음이 전파되었다'라는 주장(6절) 때문입니다. 알렉산드리아의 클레멘트 또는 아우구스티누스 같은 고대 교회 주석가들은 4장의 이 독특한 문장을 못지 않게 특이한 베드로전서 3:19, 즉 노아 시대의 '옥에 있는 영들에게' 예수님이 선포하셨다는 구절과 연결합니다. 이것은 그리스도께서 성금요일과 부활주일 사이, 죽으셨을 때 죽은 자들 사이에 머무시며 주님께서 성육신하시기 전에는 그들이 들을 도리가 없었던 구원의 복음을 전하셨다는 가정에 근거합니다.

그러나 이런 해석에는 많은 문제가 따릅니다. 우선 눈에 띄는 것은 '육체로는 사람으로 심판을 받으나 영으로는 하나님을 따라 살게'(6절) 하는 것이 죽은 이들을 위한 선포의 목적이라는 점입니다. 베드로전서의 종말론적 심판에 대한 약속(5절)의 관점에서 볼 때 '육체'의 심판을 이렇게 이해하는 것은 참으로 이상해 보입니다. 베드로전서 4:6은 죽은 사람에게 복음을 전하시는 분이 예수님이라고 직접적으로 언급하지 않습니다. 동사 euēngelisthē(선포됐다)는 수동태입니다. 그리고 누가 전파하

* Ibid, 276.

는지에 대한 언급이 없습니다. 또한 '죽은 자'들이 누구인지도 불분명합니다. 그들은 지금까지 죽은 모든 사람입니까, 아니면 주님이 영광 중에 오시기 전에 죽는 기독교인 모두를 말합니까? 만약 후자라면 이 이미지는 자신의 복음을 지키기 위해서 평생 동안 고난을 받았고 그리스도 안에서 약속된 구원을 받기 전에 죽은 기독교인들을 위로하기 위해 고안된 것입니다.

설교적 관점

성토요일은 고난주간 여정에서 잠깐 멈추는 날입니다. 성목요일과 성금요일의 강렬한 경험 이후 우리는 성찰하고 새롭게 되며 기뻐할 시간이 필요합니다. 성토요일에 하나님의 사람들은 더 큰 그림을 그려 봅니다. '하나님께서 어떻게 모든 구원 역사 가운데 일하셨는가? 내 신앙 공동체에 이 역사는 어떤 의미가 있는가? 내 신앙에는 어떠한가?' 구원 역사의 증언 중 하나인 베드로전서 4:1~8은 설교자가 자신의 공동체와 함께 이 세상에서 현재와 미래에 구현될 그리스도를 상상하도록 요청합니다.

그러나 이 초대는 21세기 감수성을 고려할 때 까다로운 요구이기도 합니다. 그리스도를 위해 고난받고 인간의 욕망은 뒤로하라는 표현들은 기독교 역사에서 금욕주의가 남용 및 지배의 수단으로 쓰인 일들을 떠올리게 합니다. 21세기 기독교인들이 이 구절들을 읽게 되면 일차적으로 '당신보다 더 거룩하다'라는 느낌을 갖게 될 것입니다. 하나님께서 고난을 요구하신다는 것과, 예수님의 삶과 죽음과 부활에서 하나님께서 행하시는 것들의 본질이 그분의 육체적 고난으로 말미암아 가능하다는 개념에 대해서 거부감을 느낄 수도 있습니다.

성토요일에 우리는 잠시 멈춰서 구원 역사에 비추어 그리스도 이야기의 광대함을 느끼게 되는데, 이때 회중의 시야를 넓혀 한계를 넘어서게 하는 것이 설교자의 권리이자 임무입니다. 그리스도인이 된다는 것은 '착하고 좋은 사람'이 되거나 '사회의 정직한 구성원'이 되는 것이 아닙니다. 그리스도의 메시지에는 하나님과의 관계에서 그리고 그에 따른 그리스도의 몸인 공동체와의 관계에서 누군가가 그리스도의 친밀함이라는 모범을 따르려 할 때, 그것을 방해하는 것들을 제거해 내게 하는 근원적인 위력이 있습니다. 이 제거 과정에는 본문에서 지적한 행동들을 중단하는 것이 당연히 포함될 수 있습니다.

하지만 더 중요한 것은 본문에 열거된 행동들을 심화하도록 동력을 제공하는 거짓 자아의 태도가 무엇인지 아는 것 아닐까요? 구원 역사를 통해 드러난 하나님의 뜻을 구원의 은혜와 사랑의 관점에서 이해한다면, 회중이 이 열거된 것들을 뛰어넘어 더 깊이 신성함을 체험하는 단계로 나아가게 도울 수 있지 않을까요? 만약 개인이나 공동체가 문화의 분주함과 세속적인 유혹에서 벗어나 유랑하는 순례길을 떠난다면, 죄를 끊고 하나님으로부터 분리되는 것을 멈추기 위해 무엇을 버려야 할까요? 21세기에 그리스도의 몸인 교회가 이 세상에 그리스도를 참으로, 온전히 구현하려면 무엇을 버려야 할까요?

어쩌면 21세기의 구원 역사를 담은 아래의 이야기가 우리를 하나님의 백성을 위한 이 본문의 비전으로 인도할 수 있을 것입니다. 이 이야기는 최근의 성토요일에 시작됐습니다. 부활절 철야 예배를 위해 사람들이 오래된 석조 예배당에 모여들자 장작 타는 냄새와 아프리카 타악기 소리가 그들을 맞았습니다. 정면 계단에는 작은 모닥불이 불타오르고 연주자는 들어서는 사람들을 미소로 맞이했습니다. 내부는 무엇을 만들어 내려는 열기로 분주했습니다. 구원 역사의 이야기를 재연하기 위한 준비가 한창이었습니다. 골판지로 만든 방주 안에 배치할 손가락 인형들이 준비됩니다. 에스겔의 마른 뼈를 최신 기술로 보여주기 위해서 파워포인트 자료가 준비됩니다. 향이 타오르고 오래된 대리석 세례반에 세례수를 채웁니다. 그리고 직접 만든 부활절 빵이 테이블 위에 놓이며 성찬식이 준비됩니다.

찬양과 기도, 시편 챈트가 섞인 철야 순례가 유쾌하면서도 경건한 방식으로 믿음의 이야기를 표현하며 시작됐습니다. 계단 모닥불에서 부활절 초에 불을 붙이자 오래된 전례 노래를 따라 예배당 안에 기쁨의 빛이 환하게 퍼졌습니다. 사람들은 초가 꺼지지 않게 손으로 가린 채로 교회 주변의 길들을 오르내렸고 읊조리며 기도했습니다. 한 젊은이가 세례를 받은 후 물을 떨구며 다가오자, 수백 년 된 신조를 읽으면서 자신들의 신앙을 고백하는 이들은 감사의 눈물을 흘렸습니다. 최근에 안수받아 소박한 복장 위에 예복을 착용한 목회자가 집례하는 성찬을 받을 때, 잘 모르는 사람과 이미 낯익은 사람들이 함께 그리스도의 몸인 공동체를 이루었습니다.

이 부활절 철야 집회를 주최한 공동체는 이머전트 교회(emergent church) 중 하나이고 스스로를 모든 죄인과 성도들을 위한 집(House for All Sinners and Saints)이라고 부릅니다. 이들은 몇몇 부분에서 1세기 베드로전서 공동체를 21세기 식으로 재현해 내고 있습니다. 20대와 30대 전문직 종사자, 대학생, 노숙인, 독신이거나 배우자가 있는 도시 근로자들 등이 토요일 밤에 모였습니다. 그리스도 중심의 공동체라는 급진적인 가치들을 따르는 인생을 살기 위해서 자신들의 도시 문화를 뒤로 한 채 이 토요일 밤 집회에 참석했습니다. 그들이 세속적인 미국 문화에 젖어 사는 자신들을 부정하기 위해서 모인 것은 아닙니다. 오히려 예배를 통해 하나님을 경험하는 단계로 나아가기 위해서 일부러 모였습니다. 그들은 지성적으로, 감정적으로, 성적으로, 감각적으로, 육체적으로, 영적으로 온전한 인간이자 완전한 기독교인이 되고자 했습니다.

이 공동체는 베드로전서의 핵심을 온전히 살아 내고 있습니다. 그리스도의 고난을 이해하기 위해서 옛 습관을 떨쳐 버린다는 것은 하나님과 이웃을 사랑하고, 하나님의 형상을 따라 지음받은 자기 자신을 사랑하는, 그런 지속적인 사랑을 의미합니다. 그래서 이런 사랑을 하지 못한다면 공허하게 경건한 척만 하게 될 것입니다. 그들은 때때로 머뭇거리기는 하지만 여전히 "무엇보다도 뜨겁게 서로 사랑할지니 사랑은 허다한 죄를 덮느니라"(8절)라는 베드로전서 말씀을 상징적으로 살아가는 사람들입니다. 그들은 그리스도의 가장 중요하고 근원적인 가르침을 따르지 못하게 하는 자신들의 문화나 거짓된 기독교적 도덕을 비아냥거릴 수 있는 하나의 공동체를 이룬 진지한 구도자들입니다. 참된 인생, 예배와 기도가 한 몸이 된 삶, 공부하고 봉사하며 웃고 즐기는 삶을 추구하는 신앙의 순례자들입니다. 이런 공동체의 리더십을 통해 21세기 교회와 21세기 설교자는 구원 역사의 관점에서 신앙의 정수가 무엇인지를 스스로에게 물어야 합니다. 우리 시대에 하나님께서 드러나시고 기독교가 계시되기 위해서 우리 공동체와 선포 가운데 무엇이 제시돼야 합니까?

성토요일

요한복음 19:38~42

38 아리마대 사람 요셉은 예수의 제자이나 유대인이 두려워 그것을 숨기
더니 이 일 후에 빌라도에게 예수의 시체를 가져가기를 구하매 빌라도
가 허락하는지라 이에 가서 예수의 시체를 가져가니라
39 일찍이 예수께 밤에 찾아왔던 니고데모도 몰약과 침향 섞은 것을 백 리
트라쯤 가지고 온지라
40 이에 예수의 시체를 가져다가 유대인의 장례 법대로 그 향품과 함께 세
마포로 쌌더라
41 예수께서 십자가에 못 박히신 곳에 동산이 있고 동산 안에 아직 사람을
장사한 일이 없는 새 무덤이 있는지라
42 이날은 유대인의 준비일이요 또 무덤이 가까운 고로 예수를 거기 두니라

신학적 관점

요한복음은 예수님의 삶과 사역 전부를 십자가 죽음을 중심에 두고 풀이합니다. 이 죽음은 마가복음이나 마태복음과는 달리 하나님께서 정말로 예수님을 버리셨는지를 물을 수밖에 없는 비극이 아닙니다. 오히려 자신을 보내신 아버지의 뜻에 순종하기 위해 스스로가 한결같이 확신 가운데 선택한 삶입니다. 예수님은 자신의 신적인 능력으로 인해 어느 누구도 생명을 빼앗을 수 없습니다. 그러나 그런 능력이 있기 때문에 자신이 원하는 때에 자신의 목숨을 내려놓으실 수 있습니다. '이를 내게서 빼앗는 자가 있는 것이 아니라 내가 스스로 버리노라'(요 10:18).

예수님은 아버지의 이 명령을 따르는 데에 흔들림이 없었습니다. 그리고 다른 복음서와는 달리 아버지께 그 잔을 치워달라고 간청하시지 않았습니다. 오히려 '무슨 말을 하리요 아버지여 나를 구원하여 이때를 면하게 하여 주옵소서 그러나 내가 이를 위하여 이때에 왔나이다'(요 12:27)라고 말씀하셨습니다. 예수님은 동산에서 베드로가 자신을 위해 싸우려고 했을 때 이 순종을 상기시키십니다. '아버지께서 주신 잔을 내가 마시지 아니하겠느냐'(요 18:11). 예수님은 자신의 목숨을 자발적으로 십자가에 내려놓으심으로써 결국 자신의 죽음을 가장 큰 영광의 순간으로 만드셨고, 동시에 구원의 정점을 이루셨습니다. "내가 땅에서 들리면 모든 사람을 내게로 이끌겠노라 하시니"(요 12:32).

그래서 예수님은 숨을 거두실 때 '나의 하나님, 나의 하나님 어찌하여 나를 버리셨나이까' 라고 울부짖으시거나 큰 소리를 지르고 돌아가시지 않습니다(막 15:34, 37). 오히려 아버지께서 맡기신 일을 다 이루었다는 사실을 아셨고, 그때 조용히 '다 이루었다' 하시고 머리를 숙이십니다. 그렇게 영혼이 떠나가십니다(요 19:30).

요한은 예수님이 진짜로 돌아가셨음을 보이기 위해서 다른 복음서보다 더 많은 양을 할애합니다. 병사들은 안식일이 시작되기 전에 예수님을 빨리 죽게 하려고 다리를 부러뜨리려 하지만 이미 돌아가셨음을 확인하고는 실행하지 않습니다. 그러나 확실히 확인하려고 옆구리를 창으로 찌릅니다. 그러자 물과 피가 한꺼번에 쏟아집니다. 이런 것들이 모두 예수님이 참으로 돌아가신 것임을 브여줬고, 거기에 이런 일들을 직접 목격했다는 증언까지 기록합니다(요 19:34-35). 이 모든 기록은 요한이 세상에서 무엇을 가장 중요하게 여기는지 보여줍니다. 그는 예수님이 돌아가시는 과정뿐만 아니라 완전히 죽으셨다는 사실을 강조합니다. 예수님의 죽음은 유대인과 로마 병사들 그리고 이름 없는 목격자들에 의해 확인이 된 의문의 여지가 없는 사망입니다.

요한복음에는 자신의 죽음으로 다른 사람을 구원한다는 역설적인 능력이 입증됩니다. 그 능력은 아리마대 사람 요셉과 니고데모가 예수님을 장사하기 위해서 십자가 아래에 왔을 때 드러납니다. 요셉은 예수님의 제자이지만 '유대인이 두려워 그것을 숨기는' 사람이었습니다(38절). 마가와 누가는 요셉이 예수님을 정죄한 공회의 일원이라는 말을 덧붙입니다. 두 복음서에 의하면 요셉은 예수님이 추종자를 얻지 못했던 예루살렘의 유대인 공동체에서 힘이 있는 사람이었습니다.

이와 유사하게 요한은 니고데모를 바리새인이자 예루살렘 유대인의 지도자라고 묘사합니다(요 3:1). 처음에 니고데모가 예수님을 밤에 찾아온 이유는 그 역시 제자이기는 하지만 유대인 동료들이 알게 될까 두려워 제자 신분을 숨기고 싶었기 때문입니다. 그렇다면 의문이 생깁니다. 평소 박해가 무서워 예수님과의 관계를 숨겼던 이 두 사람이, 예수님이 유대인에 의해 고발당하고 로마에 의해 처형당한 이후 그분과의 관계를 어떻게 용기 내어 대놓고 드러낼 수 있었을까요? 요한이 전하는 답은 예수님의 구원 능력이 살아 계실 때보다 오히려 돌아가신 이후에 더욱 강력하게 발휘된다는 것입니다. 이는 예수님이 니고데모를 만나셨던 그 밤에 그에게 직접 하셨던 "모세가 광야에서 뱀을 든 것같이 인자도 들려야 하리니 이는 그를 믿는 자마다 영생을 얻게 하려 하심이니라"(요 3:14-15)라는 말씀에서 드러납니다. 예수님의 죽음은 저명한 두 유대인까지도 그분 앞으로 이끌 만큼 강력한 힘이 있었습니다. 그들은 로마인들과 자신들의 동족이 예수를 따르는 사람이라면 누구든지 죽이려 했으며, 심지어 그런 행위가 '하나님을 섬기는 일'(요 16:2)을 행하는 것이라고 착각하는 모습을 직접 목격한 사람들이었습니다.

그러므로 이 이야기는 불트만이 제기한 질문, 즉 부활 내러티브가 요한복음에 원래 포함된 이야기였는지에 대해 의문을 품게 합니다. 결국 요셉과 니고데모가 공개적으로 자신들의 신앙과 제자 됨을 드러내기로 한 결정은 예수님이 죽은 자들 가운데서 다시 사셨음이 확인된 다음에 내린 것이 아니었습니다. 요셉과 니고데모는 예수님이 돌아가셨다는 사실만 파악할 수 있었고, 동족과 로마인 모두가 예수님을 믿는 사람들을 죽이려 한다는 사실을 이미 알고 있었습니다. 그들은 신앙하는 모험이 예수님의 부활로 인해 확실히 성공한다는 보장이 생길 때까지 기다리지 않았습니다. 오히려 그의 이름 때문에 자기 목숨을 잃을 수도 있는 현실에도 불구하고, 그분이 영원한 생명을 주시려고 오셔서 십자가에 높이 달리실 때 가장 강한 힘을 발할 것이라는 그분의 메시지를 믿었습니다.

하나님께 사랑받으신 예수님이 자발적으로 자기 생명을 내려놓으시는 그 순간에 세상을 향한 사랑을 온전히 드러내셨다면, 그분의 제자들 역시 주님의 이름을 위해 자신의 생명을 내어줌으로써 예수님과 서로에 대한 사랑을 보여주는 것이 당연하지 않겠습니까?

목회적 관점

예수님의 장례에 대한 기록처럼 사복음서가 세밀한 부분까지 서로 일치하는 경우는 드뭅니다. 그러나 이마저도 완전히 일치하지는 않습니다. 공관복음은 '바위를 깎아서' 무덤을 만들었다고 합니다. 마태, 누가, 요한은 그 무덤이 '새로운' 혹은 '아직 사람을 장사한 일이 없는 무덤'이라고 합니다. 사복음서 모두 예수님의 시신을 베로 싸거나 감았다고 하지만 각기 다른 동사와 명사를 사용합니다. 토리노의 수의가 진품일 가능성이 희박하게 남아 있지만 하지만 역사적으로 진품이라고 보기는 쉽지 않습니다.

요한은 니고데모도 와서 예수님의 시신에 향유 백 리트라를 부었다는 기록을 추가합니다(요 20:1에는 막달라 마리아가 혼자 옵니다). 이 사건에 대해 사복음서 모두 (역사적으로도, 고고학적으로도 확실하게 알려진 바가 없는 마을인) 아리마대 사람 요셉이 장례를 주관했다고 증언합니다. 요셉은 자기를 위해 준비했던 무덤을 예수님께 드렸습니다.

아리마대에 대해서 우리가 잘 모르는 것처럼 요셉에 대해서도 알려진 바가 없습니다. 그저 그가 부유했다고 추정할 뿐이고, 마가복음 15:43이 알려주는 바와 같이 그는 '존경받는 공회원이요 하나님의 나라를 기다리는 자'였습니다. 그는 빌라도에게 '담대히 가서' 시신을 요구할 정도로 예수님께 헌신적인 사람이었습니다. 공동체 안에서 요셉의 위치를 고려할 때 범죄자로 처형된 사람의 시신을 요구하는 것은 참으로 용감한 일이었는데, 이는 빌라도 면전에 선 것보다도 공동체 앞에서 대담한 태도였습니다. 요셉은 예수님의 시신에 대해 예를 갖췄기 때문에 자기 자신에게 불명예가 닥칠 위험도 감내해야만 했습니다. 물론 용기만이 그를 움직인 유일한 덕목이나 감정은 아니었습니다. 슬픔, 존경, 또 조금 약하기는 하지만 희망까지도 모두 섞여 있었습니다. 요셉이라고 사랑하는 사람을 잃고 실의에 빠진 다른 사람들과 달랐을까요?

요셉은 자기를 위해 준비했던 무덤을 예수님께 드렸습니다. 그 무덤은 어디에 있습니까? 예루살렘에 가면 4세기 초반에 세워진 성묘교회와 한 세기쯤 전에 발견된 '정원 무덤' 중 하나를 선택해야 합니다. 서로 1마일도 안 되는 거리에 있지만, 그 모습은 매우 다릅니다. 성묘교회에는 사람들이 붐비고 경쟁적으로 성찬을 하느라 무너질 지경인 반면, 정원 무덤은 삼면은 버스 정류장이고 다른 한 면은 '해골'처럼 생긴 불길한 느낌의 바위에 둘러싸여 있습니다. 같은 날 두 곳을 방문하는 순례자들이 역사적 주장과 교단 신학의 차이로 충돌하는 걸 어떻게 이해할 수 있을지 의문입니다.

어느 것이 '진짜' 무덤인지가 중요할까요? 아닙니다. 성지 순례자들에게 그를 수 있는 무덤이 단지 두 곳밖에 없다는 것이 더 놀라울지도 모릅니다. 설교자들이 고려해야 할 더 큰 차이는 '영성의 지리'와 '신앙의 지리' 사이에 있습니다. 경건실천, 찬송, 전례와 같은 차이와 마찬가지로 성지가 서로 비교가 된다는 것은 신앙의 문제라기보다 영성의 문제입니다. 루터교인이 오순절 교회 성도와 다른 찬송을 부르거나 다른 자세로 서 있을 수 있지만 여전히 같은 주님을 섬깁니다. 우리는 하나의 참된 신앙을 다양한 방식으로 표현하고, 형성하며, 성장시켜 나갑니다. 중요한 것은 무덤이 어디에 있는지를 아는 것이 아니라 무덤이 있었다는 것을 아는 것입니다. 오늘은 그것을 깨닫는 날입니다. 다소 불편할지 모르지만 그래도 그것을 알아야 합니다.

요셉은 자기를 위해 준비했던 무덤을 예수님께 드렸습니다. 성토요일에 모인 사람들에게 궁극적인 문제는 비슷비슷합니다. 바로 예수님의 이름으로 내게 약속된 새로운 날을 준비하기 위해 나는 무엇을 묻어야 하는가입니다. 성토요일에는 강력한 목회적 현실이 있습니다. 그것은 무덤이 내포한 신비와 모순에 기인한 부재라는 현실입니다. 적은 교단만이 성토요일 전례를 가지고 있고 더 적은 숫자가 예배로 모이고 있습니다. 부활절 달걀 찾기는 많이들 합니다. 그러나 좋은 예배는 그에 비해 많지 않습니다. 제가 소속된 교단의 성토요일 예배는 한 페이지에 불과하고 그마저도 반은 지시문이 차지합니다. 처음 지침은 다음과 같이 시작합니다. "성토요일에 성체성사는 거행하지 않습니다."* 성토요일은 성찬이 베풀어지지 않는 유일하고 특별한 날로, 성목요일부터 성금요일까지 사용된 '예비 성체'가 남아 있는 날입니다.

이 토요일에는 죽음과 무덤만 있습니다. 그런 절망적인 현실 앞에서 예배하러 오는 이들은 누구입니까? 신자들입니다. 이들은 성주간의 중요한 성삼일을 철저히 지키기 위해서 나아올 수 있습니다. 그래서 비록 그 숫자가 적더라도 만일 당신이 그들에게 설교해야 한다면 설교자가 해야 할 일은 그들의 헌신과 그들을 축복하는 방법을 찾는 것입니다. 다른 무엇보다 피해야 할 유혹은 긴장을 없애려는 시도와, 이 특별하고 독특한 날이 갖는 비어 있음을 무엇인가로 덮어씌우려는 시도입니다. 이 토요일에는 죽음과 무덤 외에 다른 것은 없습니다. 돌을 굴리지도 마십시오. 오늘은 애초에 편할 수 없는 날이고, 요한이 "예수께서 십자가에 못 박히신 곳에 동산이 있고 동산 안에 아직 사람을 장사한 일이 없는 새 무덤이 있는지라 이 날은 유대인의 준비일이요 또 무덤이 가까운 고로 예수를 거기 두니라"(41-42절)라고 뒤늦게 언급할 정도로 이 이야기를 전하기 어려운 날입니다.

요셉은 자기를 위해 준비했던 무덤을 예수님께 드렸고, 우리에게는 성토요일에 무엇을 묻어야 할지 스스로 물어보라고 초대합니다. 죽음과 무덤과 돌에 대해 쉬운 것은 없습니다. 그저 기다림만이 있을 뿐입니다.

> 하늘과 땅의 창조주이신 하나님, 당신의 사랑하는 아들의 거룩한 안식일에 십자가에 못 박힌 몸이 무덤에 누워 있습니다. 우리도 그와 함께 제삼일을 기다릴 수 있도록 해 주시고, 새롭게 하시는 생명으로 그분과 함께 부활하게 하소서. 그분은 당신과 성령님과 함께하신 하나님으로 영원무궁토록 살아 계시고 다스리시나이다. 아멘.**

주석적 관점

예수님의 장례에 대한 요한의 기록은 어휘와 세부 내용에서 공관복음과 확연히 다릅니다. 네 복음서 모두 아리마대 요셉이 빌라도에게 예수님의 시신을 달라고 해서 장사를 지냈다고 합니다. 오직 요한만이 요셉이 제자였지만 그 사실을 숨겼다고 말합니다(19:38). 마태는 그를 '예수의 제자'라고 부릅니다(마 27:57). 반면 마가와 누가는 그저 그를 '하나님의 나라를 기다리는 자'(막 15:43, 눅 23:50-51)라고 합니다. 또 누가와 마가는 요셉이 '공회원'(산헤드린의 구성원)이었다는 데 의견을 같이합니다. 마태는 '부자'로 봅니다. 이와 달리 요한은 니고데모와의 관계를 고려하여 그를 지도자로 추정할 수 있었음에도 불구하고 위의 어떤 관점도 받아들이지 않습니다(니고데모에 대한 설명은 3:1과 7:50을 참조하십시오).

요한복음의 장례 기록에서 공관복음과 가장

* *The Book of Common Prayer* (New York:The Church Hymnal Corp., 1986), 283.

** Ibid.

두드러지게 차이나는 점은 니고데모의 등장 여부입니다. 니고데모는 요한복음에만 등장하는 인물입니다(3:1-10, 7:45-52). 그는 요셉과 함께 예수님의 시신을 매장했고 많은 양의 향품을 제공했습니다. 반면 마가복음과 누가복음에서는 일요일 아침에 여인들이 향품을 가지고 옵니다(막 16:1, 눅 23:56-24:1). 이렇듯 네 복음서의 기록을 완전히 일치시키기는 어렵습니다. 그러나 더 중요한 것은 어떻게 요한이 예수님의 장례 이야기를 재판과 십자가에 처형당하신 이야기에 적합하게 결론을 맺는가를 살펴보는 것입니다. 오늘 본문에서 니고데모의 등장은 이 인물과 예수님의 이전 만남을 되돌아보게 하고, 그의 현재 행동이 갖는 의미를 생각해 보게 합니다.

본문의 첫 단어인 '이 일 후에'(meta tauta, 38절)는 장례 이야기를 앞의 내러티브와 연결해 줍니다. 니고데모는 많은 양의 향료를 가지고 옵니다. "몰약과 침향 섞은 것을 백 리트라쯤 가지고 온지라"(39절, 오늘날 단위로 약 33킬로그램). 보통 장례식에서 향료가 사용되기는 했지만 이렇게 많은 양이 사용됐다는 것은 예수님의 중요성이나 사회적인 위상을 드러냅니다(장례식에서 향료 사용의 예는 대하 16:14, 렘 34:5, 요세푸스 *Ant*. 17.8.3.을 보십시오).

요한은 독자들이 니고데모의 행동을 어떻게 해석해야 할지 명시적으로 설명하지는 않습니다. 그러나 재판과 십자가 내러티브의 결론으로 읽게 되면 많은 향료는 요한이 전개하고 있는 예수님의 왕권이라는 주제에 들어맞습니다. 예수님은 '유대인의 왕'이십니다(19:19, 참조. 성금요일 복음서 주석적 관점). 이것은 십자가 처형과 매장에서도 마찬가지입니다.

'이 일 후에'는 이 이야기를 바로 앞 문단과도 연결합니다. 거기에서도 유대인들은 빌라도에게 '그들의 다리를 꺾어 시체를 치워 달라'(19:31) 말합니다. 군인들은 해야 할 일들을 수행하던 중 예수님이 이미 돌아가신 것을 보고 그들의 청대로 하지 않았습니다. 요한은 예수님의 뼈가 부러지지 않은 것을 유월절을 지키라는 규례가 성취된 것으로 보며(19:36) 예수님이 유월절 제물인 것을 강조합니다.

유대인들의 요청과 마찬가지로 아리마대 요셉이 빌라도에게 청한 것과 그 후 행동한 것들은 궁극적으로 예수님의 정체성을 확증하는데, 특별히 장례식은 유대인의 왕이 바로 예수님이심을 보여줍니다. 요한은 아리마대 요셉과 니고데모가 이 증언을 직접 했는지, 아니면 빌라도가 예수님의 십자가 명패에 새겼던 것처럼 의식하지 못하고 증언한 것인지 이 본문에서 명확하게 밝히지는 않습니다(19:19-22).

이 이야기에는 등장인물들의 의도가 분명하게 드러나지는 않습니다. 요한은 요셉이 '예수의 제자이나 유대인이 두려워 그것을 숨겼다'(38절)라고 합니다. 복음서에서 숨기는 것은 부정적인 뜻을 담고 있습니다. 요한은 다른 곳에서 두려움 때문에 예수님에 대한 믿음을 고백하지 못하는 다른 사람들을 비판합니다(12:42-43). 이런 은폐는 예수님이 자신에 대해서 드러내 놓고 말하신 것과 대조됩니다(18:20). 그러나 예수님을 매장하기 위해서 요셉은 빌라도에게 요청하고, 십자가에서 예수님의 시신을 가지고 오기도 하는 등 은밀함과는 거리가 먼 행동을 합니다. 이렇게 공개적인 행동들은 요셉의 비밀이라는 개념과 궤를 달리하지만 요한은 요셉의 행동이 예수님에 대한 자신의 신앙을 대놓고 드러내는 것으로 이해해야 한다고 못 박지 않습니다.

게다가 요한복음 기자는 니고데모의 이해나 의도를 분명하게 드러내지 않습니다. 니고데모는 요한복음에 세 번 등장하는데(3:2, 7:50, 19:39), 그중 두 번은 '밤에 예수께 와서'라는 설명과 함께 등장합니다(3:2, 19:39). 이 문구의 반복이 독자들로 하여금 니고데모에 대해서 어떤 결론을 내리게 할 것인지는 그 의도가 불분명하지만 이렇게 집어서 말하는 것 자체는 확실히 중요합니다. 한편으로는 '밤'이 니고데모를 빛에 맞서는 어둠과 연관시키는 의미일 수도 있습니다(1:5, 3:19-21, 12:46). 그러나 니고데모 역시 예수님께 '찾아갔'는데, 요한복음 다른 곳에서는 이 말이 예수님을 믿는다는 것을 표현하기 위해 사용됐습니다(예. 5:40, 6:35). 니고데모가 어느 정도 이해하고 있고 믿음을 가졌는지에 대한 판단은 독자들 손에 달렸습니다. 그의 행동은 단순히 예수님의 죽음을 강조하는 것일 수 있습니다. 이 경우라면 니고데모가 예수님의 부활을 기대하지 않는다는 뜻입니다. 그러나 이런 행동들이 독자가 재판 이야기를 통해 예수님이 왕이심을 이미 이해하고 있는 것처럼 니고데모 역시 그렇게 이해하고 있음을 시사하고 있을 수도 있습니다. 등장인물의 의도와 이해 정도에 대해서는 여전히 불분명하지만, 그 구절들은 예수님이 죽음에서도 여전히 왕이심을 지속적으로 가리키고 있습니다.

복음서를 읽는 사람들에게 많은 양의 향료는 마리아가 예수님에게 향유를 부은 사건(12:1-8)을 떠올리게 할 수 있습니다. 마리아는 온 집안에 향이 가득할 정도인 '지극히 비싼 향유 곧 순전한 나드 한 근을'(12:3) 예수님의 발에 부었습니다. 많은 주석가들은 그녀의 행동을 예수님에 대한 사랑을 쏟아부은 것으로 이해합니다. 예수님은 이 행위를 '장례할 날을 위하여'(12:7) 부은 것으로 이해하십니다. 이제 예수님의 장례가 거행됩니다. 니고데모가 가져온 놀랄 만큼 많은 향료는 마리아가 예수님께 부었던 것과 유사한 것임을 보여줍니다. 요한은 마리아나 니고데모 그 누구도 예수님에 대해서 어떤 것을 믿고 있었는지를 명확하게 알려주지 않습니다. 그러나 요한복음의 맥락에서 독자는 두 인물의 행동이 '나의 사랑 안에 거하라'(15:9)라는 예수님의 가르침을 따른 것임을 알 수 있습니다.

설교적 관점

라틴어로 Sabbatum Sanctum이라 부르는 성토요일은 '그리스도께서 무덤에 모셔진 날'이자 주님의 안식일입니다. 이날은 예수님의 제자들이 주님의 시신을 놓을 때 느꼈을 슬픔이 잦아들 공간이 주어지는 날입니다. 따라서 설교의 어조는 요한복음의 본문처럼 사려 깊은 슬픔과 절제된 비통함이 깃들어야 합니다. 이렇게 자중할 수 있는 이유는 이날이 어둠과 빛, 죽음과 부활이라는 상반되는 두 세계 사이에 걸쳐 있기 때문입니다. 그러므로 성금요일과 부활절 사이에 선포되는 설교는 그리스도의 부활로 시작될 새 시대를 기다림과 동시에 죽음의 결말도 드러내는 내용이 돼야 합니다.

성토요일은 그 자체로 주제와 주안점을 제공하기 때문에 구체적인 설교를 위한 아이디어를 찾기 전에 피해야 할 점 몇 가지를 먼저 짚어 봐야 합니다.

첫째, 희망을 설교하지 마십시오. 이날은 교회가 애도할 수 있도록 허락된 특별한 날입니다. 무덤에서 기다리는 것은 우울한 일입니다. 우리 문화는 이런 분위기를 쉽게 떨쳐내지 못합니다. 우리는 무슨 대가를 치르든 죽음에 저항하며 막으려 노력합니다. 불가피하게 죽음이 닥치면 우리는 뭐를 해야 할지, 어떻게 반응해야 할지 모른 채 서둘러 지나치려 합니다.

설교에 이런 싫은 기색을 담지 않도록 하십시오. 그리스도께서 돌아가셨습니다. 요한복음 본문은 어떠한 희망도 보여주지 않고 예수님의 죽음이라는 현실을 거짓된 감상적인 말로 감추려 하지도 않습니다. 이날의 설교는 요한의 증인들이 그렇게 했던 것처럼 무덤 가까이에 머물게 해야 합니다.

둘째, 죽음이라는 문제를 해결하려는 시도를 하지 마십시오. 요한복음 본문을 쭉 읽다 보면 제자들이 깊은 슬픔 속에서도 진지하게 예수님의 시신을 수습한 것을 볼 수 있습니다. 본문은 예수님이 왜 돌아가셨는지를 묻는 호사를 부리지 않습니다. 성토요일은 음표와 음표 사이의 묵음입니다. 죽음과 부활 사이에 위치한 이 순간에는 해결책을 찾으려는 유혹을 거부하십시오. 이날은 답을 찾는 날이 아닙니다. 그리스도께서 인간으로서 죽을 수밖에 없다는 현실을 죽음의 문제에 대한 해답을 찾으려는 노력 없이 있는 그대로 심각하게 받아들여야 합니다.

셋째, 설교 중 너무 많이 말하지 마십시오. 성토요일 예배는 교회력 중 가장 조용한 예배여야 바람직합니다. 설교 시간에는 말씀을 전해야 하지만, 이날에는 번잡하거나 수다스럽게 설교하지 말아야 합니다. 이때의 설교는 엄숙한 분위기와 정서를 반영하고 존중해야 합니다. 친구를 잃었을 때처럼 말을 적게 하고 조용히 자리를 지키고 있는 것이 좋습니다. 성토요일 설교의 기본적인 원칙은 적을수록 좋다는 것입니다. 따라서 성토요일 설교는 회중에게 죽음이 최종적인 것처럼 보이는 오늘 이 시대를 관조하는 것이어야 하고, 침묵 속에서 포용할 수 있는 것이 되어야 합니다.

이제 하지 말아야 할 위의 제안들을 염두에 두면서 설교를 구성하는 데 도움이 될 만한 몇 가지 구체적인 아이디어를 살펴봅시다.

첫째, 설교에서 세상의 슬픔에 대해 언급해야 합니다. 다른 리더십과 마찬가지로 설교는 현실에 이름을 붙이는 작업입니다. 이날은 죽음이라는 현실에 이름을 붙이는 날입니다. 이날은 슬픔을 피해 숨는 날이 아니라 그 얼굴을 직시하는 날입니다. 아리마대 요셉이나 니고데모와 같은 한 인물을 (아니면 빌라도라도) 택해서 회중이 그 이야기를 따라가면서 귀로 들을 수 있도록 그를 추적하십시오.

누구나 언젠가는 무덤에 갈 것이기에 이와 관련된 감정은 보편적인 것이고 그만큼 현실적입니다. 성토요일은 모든 사람의 마음을 울리는 보편적인 슬픔을 이야기할 기회를 설교자에게 제공합니다. 예수님은 돌아가셨습니다. 마지막 예식을 진행하는 사람들은 이 이야기가 끝났다고 믿으며 그 일을 합니다. 예수님의 장례에 대한 요한의 증언은 날카롭게 사실적이고 감정적인 멜로드라마로 흐르지는 않지만, 본문 이면에는 깊은 슬픔이 감지됩니다. 설교도 마찬가지여야 합니다.

둘째, 예수님의 장례 예식의 깊은 의미를 묵상하는 것이 지혜로운 방법일 수 있습니다. 이를 통해 회중은 자신의 습관들을 들여다보게 될 것입니다. 우리 중 많은 이가, 심지어 교인들까지도 죽은 사람에 대한 적절한 의례를 갖추는 일에 무관심해졌습니다. 예수님의 시신을 무덤에 매장하기 위한 준비를 묘사하는 요한의 기록에는 체계적인 면이 있습니다. 요셉과 니고데모는 유대인의 관습에 따라 예수님을 영예롭게 장사 지냈습니다. 여기에 돈을 아끼지 않았습니다. 그들은 방부처리를 위해 왕에게나 어울릴 듯한 엄청난 양의 향료를 가지고 왔습니다(참조. 대하 16:14). 이 선한 일은 안식일이 시작되기 전에 반드시 끝내야 합니다.

여러분의 교회에서는 누군가 세상을 떠났을 때 어떤 예식과 관습을 따르고 있습니까? 당신에게 지난 한 해 동안 돌아가신 분들을 회중과 함께 슬픔을 염두에 두고 되돌아볼 방법이 있습니까? 예수님이 장사되신 방식으로부터 우리 교회가 배울 점은 무엇일까요?

셋째, 설교의 형식과 언어에 이 예배의 미적 분위기가 반영되게 하십시오. 성토요일 예배는 교회력 중에서 가장 조용히 묵상하는 예배로 기획돼야 합니다. 미학적인 관점에서 이 예배는 엄숙하고 절제된 분위기가 두드러집니다. 꽃이나 현수막, 심지어 악기도 없습니다. 원고는 서두르지 말고 길게 멈춰 가며 천천히 읽어야 합니다.

설교의 어조와 방향에도 같은 분위기가 반영돼야만 합니다. 바로 이날 다른 어느 때와 같이 우리는 아들이신 예수님을 무덤에 장사 지내신 하나님의 깊고 깊은 침묵으로 초청받습니다. 이것이 부활절 이전의 시간에 우리가 직면하는 현실입니다.

EASTER VIGIL

부활절 철야

출애굽기 14:10~31, 15:20~21

시편 114편

로마서 6:3~11

마태복음 28:1~10

부활절 철야

출애굽기 14:10~31, 15:20~21

14:10 바로가 가까이 올 때에 이스라엘 자손이 눈을 들어 본즉 애굽 사람들
이 자기들 뒤에 이른지라 이스라엘 자손이 심히 두려워하여 여호와
께 부르짖고
11 그들이 또 모세에게 이르되 애굽에 매장지가 없어서 당신이 우리를 이
끌어 내어 이 광야에서 죽게 하느냐 어찌하여 당신이 우리를 애굽에서
이끌어 내어 우리에게 이같이 하느냐
12 우리가 애굽에서 당신에게 이른 말이 이것이 아니냐 이르기를 우리를
내버려두라 우리가 애굽 사람을 섬길 것이라 하지 아니하더냐 애굽 사
람을 섬기는 것이 광야에서 죽는 것보다 낫겠노라
13 모세가 백성에게 이르되 너희는 두려워하지 말고 가만히 서서 여호와
께서 오늘 너희를 위하여 행하시는 구원을 보라 너희가 오늘 본 애굽
사람을 영원히 다시 보지 아니하리라
14 여호와께서 너희를 위하여 싸우시리니 너희는 가만히 있을지니라
15 여호와께서 모세에게 이르시되 너는 어찌하여 내게 부르짖느냐 이스
라엘 자손에게 명령하여 앞으로 나아가게 하고
16 지팡이를 들고 손을 바다 위로 내밀어 그것이 갈라지게 하라 이스라엘
자손이 바다 가운데서 마른 땅으로 행하리라
17 내가 애굽 사람들의 마음을 완악하게 할 것인즉 그들이 그 뒤를 따라
들어갈 것이라 내가 바로와 그의 모든 군대와 그의 병거와 마병으로 말
미암아 영광을 얻으리니
18 내가 바로와 그의 병거와 마병으로 말미암아 영광을 얻을 때에야 애굽
사람들이 나를 여호와인 줄 알리라 하시더니
19 이스라엘 진 앞에 가던 하나님의 사자가 그들의 뒤로 옮겨 가매 구름
기둥도 앞에서 그 뒤로 옮겨
20 애굽 진과 이스라엘 진 사이에 이르러 서니 저쪽에는 구름과 흑암이
있고 이쪽에는 밤이 밝으므로 밤새도록 저쪽이 이쪽에 가까이 못하였
더라
21 모세가 바다 위로 손을 내밀매 여호와께서 큰 동풍이 밤새도록 바닷물

을 물러가게 하시니 물이 갈라져 바다가 마른 땅이 된지라
22 이스라엘 자손이 바다 가운데를 육지로 걸어가고 물은 그들의 좌우에
벽이 되니
23 애굽 사람들과 바로의 말들, 병거들과 그 마병들이 다 그들의 뒤를 추
격하여 바다 가운데로 들어오는지라
24 새벽에 여호와께서 불과 구름 기둥 가운데서 애굽 군대를 보시고 애굽
군대를 어지럽게 하시며
25 그들의 병거 바퀴를 벗겨서 달리기가 어렵게 하시니 애굽 사람들이 이
르되 이스라엘 앞에서 우리가 도망하자 여호와가 그들을 위하여 싸워
애굽 사람들을 치는도다
26 여호와께서 모세에게 이르시되 네 손을 바다 위로 내밀어 물이 애굽 사
람들과 그들의 병거들과 마병들 위에 다시 흐르게 하라 하시니
27 모세가 곧 손을 바다 위로 내밀매 새벽이 되어 바다의 힘이 회복된지라
애굽 사람들이 물을 거슬러 도망하나 여호와께서 애굽 사람들을 바다
가운데 엎으시니
28 물이 다시 흘러 병거들과 기병들을 덮되 그들의 뒤를 따라 바다에 들어
간 바로의 군대를 다 덮으니 하나도 남지 아니하였더라
29 그러나 이스라엘 자손은 바다 가운데를 육지로 행하였고 물이 좌우에
벽이 되었더라
30 그날에 여호와께서 이같이 이스라엘을 애굽 사람의 손에서 구원하시
매 이스라엘이 바닷가에서 애굽 사람들이 죽어 있는 것을 보았더라
31 이스라엘이 여호와께서 애굽 사람들에게 행하신 그 큰 능력을 보았으
므로 백성이 여호와를 경외하며 여호와와 그의 종 모세를 믿었더라
15:20 아론의 누이 선지자 미리암이 손에 소고를 잡으매 모든 여인도 그를
따라 나오며 소고를 잡고 춤추니
21 미리암이 그들에게 화답하여 이르되 너희는 여호와를 찬송하라 그는 높
고 영화로우심이요 말과 그 탄 자를 바다에 던지셨음이로다 하였더라

신학적 관점

여호와가 누구이기에(출 5:2) 파라오의 질문은 이집트인과 이스라엘인뿐만 아니라 모든 인류의 머리에서 떠나지 않습니다. 홍해는 이 이야기의 열한 번째 질문에 답하기 위해 눈앞에 제시된 '재앙'입니다. 이집트인들은 다시 한 번 힘든 방식으로 주님을 알아 갑니다. 이스라엘인들은 다시 한번 불신앙에서 평안으로 나아갑니다. 모세와 미리암의 인도 아래 구원받은 히브리인들은 주님이 누구신지 선언하는 찬양을 부릅니다.

부활절 철야는 이스라엘의 구원 경험에 성도들을 몰입하게 합니다. 하나님께서 행하셨고 아직도 행하고 계신 일을 통해 우리로 하여금 그분이 누구신지 기억나게 해 줍니다. 바울은 홍해를 건넌 사건을 기독교인이 세례를 받고 하나님의 백성이 된 것과 연결했습니다(고전 10:2). 이스라엘은 개개인이 하나님의 백성이 되고 그 결과로 교회 자체가 되는 여정을 예표했습니다. 철야 예전은 신자들로 하여금 세례수를 통해 (어떤 이들은 문자 그대로, 다른 이들은 상징적으로) 죽음과 부활로 드러난 주 예수 그리스도를 영화롭게 하는 일에 동참하게 합니다.

주님을 안다는 것은 단순히 하나님의 존재를 인지하는 것 이상을 포괄합니다. 이집트와 이스라엘이 그분을 아직도 모르고 있다는 것을 인지하셨기에 주님은 일련의 재앙을 통해 세워 놓으신 패턴을 반복하십니다. 이집트인들은 주님께 경배하기를 거부했습니다(14:5). 따라서 주님은 그들을 완악하게 만드셨습니다(14:8, 17). 결국 '애굽 사람들이 나를 여호와인 줄 알게 하리라'(14:4, 18)라고 하십니다. 이스라엘과 이집트는 주님만이 홀로 승리하신다는 사실을 인정해야 합니다.

구름 기둥으로 인해 움직이지 못하는 이집트 군대는 이스라엘과 똑같이 제한된 시야로 볼 수밖에 없습니다. 그들은 언약 백성을 구원하심으로 영광 받으시는 주님을 함께 목도합니다(14:17-18). 각 단계별로 하나님께서 구원을 주도하시며, 각 이적마다 주님이 누구이신지 더욱 선명하게 드러납니다.

건너감의 위기 이집트는 비록 깨닫지 못했지만, 홍해를 건너는 일은 주님을 알아 가는 과정에서는 위기입니다. 이스라엘 백성과 모세는 이집트인들에게 둘러싸이자 하나님께서 과연 무엇을 하시려는지 의심하며 부르짖습니다(14:10, 15). 그들은 여전히 주님께서 연약한 자들의 울부짖음에 일관되게 응답하신다는 사실을 학습하지 못했습니다.

4세기 시리아의 에프렘은 이집트인들에게 미친 하나님의 구원에 대해 성찰했습니다.* 흑암 재앙을 상기시키는 구름 기둥을 옮기시면서 하나님께서는 이집트인들이 이를 두려워하고 말 그대로 회개하여 생명을 구하기를 바라셨습니다. 나아가 전능하신 주님은 이집트인들이 밤새 돌이킬 수 있도록 천천히 바다를 가르셨습니다. 슬프게도 이집트인들이 추격하기로 결심하자 주님은 기둥 가운데 얼굴을 드러내셨습니다(14:24). 당황한 이집트인들은 마침내 주님을 알게 된 동시에 자신들이 망했음을 알아챘습니다(14:25). 에프렘의 성찰은 두 가지를 알게 합니다. 첫째, 인간은 하나님께

* Commentary on Exodus XIV.4-5, in *St. Ephrem the Syrian. Selected Prose Works*, trans. E. G. Matthews Jr. and J. P. Amar (Washington, DC:Catholic University of America, 1994), 221-65.

복종하기를 좋아하기보다는 죽음을 추구하는 놀라운 능력을 갖습니다. 둘째, 하나님께서는 심지어 원수에게도 계속해서 회개할 기회를 제공하십니다.

교회의 문턱을 넘어 들어가는 것 역시 그 자체로 위기를 동반합니다. 회심자들은 불안한 상태에 놓입니다. 파괴적이면서도 친숙한 과거라는 '군대'의 추격과 앞으로 맞닥뜨릴 것이 확실해 보이는 죽음 사이에서 세례교육을 받는 이는 두려워서 울부짖습니다. 과거의 주인들이 내뿜는 분노나, 하나님 안에서 새로운 삶에 참여하는 데 뒤따르는 익숙한 자아의 죽음보다 차라리 이전 삶이 더 나은 선택지처럼 보이기도 하기 때문입니다.

기독교 전통은 하나님께서 세례받은 사람과 약속된 땅까지 함께하시며 계속되는 고통스러운 여정을 이기도록 준비시켜 주신다고 설명합니다. 그러나 뼈아픈 현실은 세례자들이 이 거룩한 은사들을 변덕스럽게 사용하고 있다는 점입니다. 4세기 니사의 그레고리는 어떤 이들이 '이집트인'에게 억지로 구원의 물을 뿌렸다고 말했습니다. 그들은 과거와 결별하기를 거부하면서 겉으로만 하나님께서 새로운 주인이라고 주장할 뿐, 죄의 습관과 욕망에 젖어 과거의 노예로 머무릅니다. 그레고리는 "만약 누군가 여전히 ('이집트인'들을) 섬겨야 한다면, 내 생각에는 누군가 어쩌다 그 물을 지났다고 하더라도 그는 폭군을 파괴하는 기능을 가진 신비한 물에 전혀 닿지도 않았다"라고 말했습니다.

유사하게 바울도 기독교인들에게 세례를 당연한 것으로 치부하지 말라고 경고했습니다. 이스라엘 백성들이 홍해에서 받은 '세례'가 하나님과의 관계를 보장하지 않았습니다. '그들의 다수를 하나님이 기뻐하지 아니하셨으므로 그들이 … 멸망을 받았느니라'(고전 10:5). 4세기 후반의 요하네스 크리소스토무스는 신자들이 '가서 이 은혜에 합당한 삶을 계속 살지 않는 한' 세례의 유익을 잃을 수 있다고 설명했습니다.*

하나님을 경배함 부활절 철야는 홍해를 건너는 것과 같이 어둠에서 빛으로, 죽음에서 생명으로 나아갑니다. 새벽은 죽음에 대한 하나님의 승리를 드러냅니다. 동틀 때 '이스라엘이 바닷가에서 애굽 사람들이 죽어 있는 것을 본'(14:30) 것과 같이, 부활의 첫 증인들은 빈 무덤에서 '죽은 사람과 같이' 쓰러져 있는 군병들을 봤습니다(마 28:4). 미리암은 히브리 여인들을 인도해 승리의 노래를 불렀고(15:20-21), 무덤에 있던 여인들은 두려움 속에서 처음으로 기쁜 소식을 선포했습니다. 기쁜 소식은 '여호와가 누구이기에'(출 5:2)라는 질문에 대한 답변으로 요약됩니다. 주님은 '영광스럽게 승리하신' 바로 그 분입니다.

사룩의 야곱(521년 사망)은 미리암과 히브리 여인들을 마리아와 기독교 여인들과 연결하며(미리암=마리아) 고향 시리아의 전통을 찬양했습니다. 세례는 하와의 딸들이 하나님을 선포하는 자신들의 역할을 되찾음으로 하나의 민족을 이루게 합니다. 시리아인들은 언약의

* Gregory of Nyssa, *The Life of Moses*, trans. A. J. Malherbe and E. Ferguson (New York:Paulist Press, 1978), 129 ; John Chrysostom, *Homily 23 on 1 Corinthians*, in *Nicene and Post-Nicene Fathers*, Series 1 (New York:The Christian Literature Co., 1889), 12:133.

아들과 딸들로 서원한 남성과 여성 합창단을 통해 공예배에서 구원의 성별 차이를 주기적으로 목도했습니다.* 시리아 찬송은 노래로 된 설교의 역할을 했기 때문에 야곱은 여성이 '교사들'로 정당하게 불릴 수 있었던 것을 기뻐했습니다. 정복하시는 주님을 낳은 마리아와 함께 거룩한 여성들은 복음을 음악적으로 선포하면서 사탄과 거짓 가르침에 맞서는 싸움에 동참했습니다.

따라서 예수님이 '높고 영화로우시기에'(15:21) 부활절에 모든 기독교인이 '여호와를 찬송합니다.' 주님은 다시 사셨고, 물을 건넜으며, 하나님의 순례자들은 광야를 지나 하나님 나라를 향해 승리를 안고 나아갑니다.

목회적 관점

한 여성이 40년 넘게 두 명의 식사를 준비하다가 이제 한 쪽에만 상을 차립니다. 의례적이었던 이 일이 바뀐 지 8개월이나 지났지만 그녀의 가슴은 여전히 아픕니다. 그녀가 다시 기쁨을 느낄 수 있을까요?

큰 희망에 들떠 봉투를 열었습니다. 입학처장이 좋은 소식을 담았을 것이라고 믿었습니다. 그러나 이 편지는 '유감스럽게도…'로 시작합니다. 앞으로 어떤 앞날이 전개될까요?

그는 모든 면에서 충실한 남편이 되겠다고 서약하며 결혼했습니다. 신실함의 한계를 넘어가 버린 지금 그는 자신의 부인과 한때 신성하게 여겼던 신뢰 관계를 회복할 수 있을까요?

우리의 신앙을 형성하는 성경 이야기들은 우리 인간에게 해방, 구원, 부활이 필요함을 설파합니다. 히브리 노예들이 이집트에서 자유를 갈망하듯, 우리도 슬픔과 분노, 굴종을 강요하는 위협으로부터 구원을 갈구합니다. 하나님께서는 그들의 울부짖음을 들으셔서 예속에서 자유로 부르셨습니다. 하나님께서 우리의 울부짖음도 들으시고 우리 역시 속박에서 건져 내실 것입니다. 히브리인들처럼 우리는 우리가 있던 자리로 되돌아가지 않고 앞으로 나아가는 길을 선택해야만 합니다.

출애굽기 본문은 부활절 철야 때 읽도록 돼 있는 많은 구절 중 하나님과 하나님의 백성들의 이야기를 부활절 전야에 전례적으로 다시 들려주는 본문입니다. 프린스턴 신학교와 더뷰크 신학교에서 예배학 교수를 역임한 아를로 두바(Arlo Duba)는 이 철야에 대해 다음과 같이 설명합니다.

> 먼저 이 철야는 우리를 옛 언약과 연결한다. 유대인들은 '이 밤'을 구속과 굴종으로부터 해방되는 날로, 해방의 언약이 기념되고 재연되는 밤으로 봤다(참조. 출 12장). … 이 구원의 주제는 신약성경에도 명백하게 이어진다. 학자들은 첫 번째 성주간의 실제 날짜에 대해서는 의견이 다를 수 있지만 예수님이 자신의 수난과 성만찬을 유월절에 연결하셨다는 데는 의문을 제기하지 않는다. 초기 기독교인들은 이스라엘 자녀들의 출애굽과 예루살렘에서 성취하신 예수님의 출애굽(눅 9:31)을 자신들의 부활절(파스카) 축일의 핵심으로 삼는 방법으로 예수님의 모

* Susan Ashbrook Harvey, "Revisiting the Daughters of the Covenant:Women's Choirs and Sacred Song in Ancient Syriac Christianity," *Hugoye:Journal of Syriac Studies* [http://syrcom.cua.edu/syrcom/Hugoye] vol. 8, no. 2 (July 2005).

범을 따랐다.*

히브리인들이 이집트의 노예 생활에서 해방된 이야기는 하나님께서 자신들의 백성과 어떻게 관계를 맺으시는지 그 패턴을 보여줍니다. 하나님께서는 자신의 백성들을 자유롭게 할 길을 찾으십니다. 개인과 문화를 과거에 얽매이게 하는 죄로부터 벗어나게 하시고, 개인과 사회를 억압하는 권력으로부터 자유롭게 하십니다. 이 패턴은 제사장과 선지자들 사이에서 드러나는 하나님의 일 가운데, 예수님이 사람들과 인격적으로 교제하시는 가운데, 그리고 가장 강력하게는 십자가와 부활로 이루시는 그리스도의 구속 사역 가운데 발견됩니다. 하나님의 은혜는 우리에게 올바른 방향으로 나아갈 힘이 됩니다.

모세는 히브리인들을 이집트의 압제자들로부터 인도해 냈고, 파라오의 군인들은 맹렬하게 추격합니다. 자유의 신선한 바람이 그들의 이마에 흐른 땀을 채 식히기도 전에 백성들은 두려움에 휩싸입니다. "옛날이 더 좋았어요"라며 모세에게 불평을 터뜨립니다. 삶을 새롭게 바꿀 기회를 잡는 것보다 변화하는 것이 더 두렵습니다. 약물 남용자가 깨끗한 생활을 시작하려고 할 때, 비록 파괴적이더라도 이전의 익숙한 패턴으로 돌아가려는 유혹이 더욱 강렬해지는 것과 같습니다.

모세는 선지자와 천사들의 말로 백성에게 답했습니다. "너희는 두려워하지 말고 가만히 서서 여호와께서 오늘 너희를 위하여 행하시는 구원을 보라"(출 14:13). 하나님께서는 당신을 잊지 않으셨습니다! 참으로 하나님께서 그 길을 인도하시는 중입니다. 하나님께서 말씀하십니다. "계속해서 나아가라. 뒤돌아보지 마라. 내가 너희를 구원할 것이다. 그러나 약속된 땅에 들어가려면 네 발을 내디뎌야만 한다."

백성들을 위하서 '큰 동풍'이 물을 밀어내 좌우에 벽을 세웁니다. 하나님께서 우리가 위협을 받을 때 얼마나 자주 양쪽에 벽을 세워서 남은 길을 가게 하십니까?

남편을 잃은 여인이 친구를 식사 자리에 초대하는 것은 남편에 대한 기억을 대신하기 위해서가 아니라 자신의 삶을 온전히 살아 내기 위해서입니다. 꿈에 그리던 대학에 합격하지 못한 학생은 자신의 열정을 펼칠 수 있는 곳이 그곳만이 아니라는 사실을 발견합니다. 충실하지 않았던 배우자는 자신의 에너지를 결혼생활에 다시 쏟기로 하고 상처받은 배우자는 '바꿀 수 없는 과거의 상처를 치유할 수 있는 유일한 방법'인 용서를 택합니다.** 여기에 출애굽기의 메시지와 성경을 흐르는 주제가 있습니다. 바로 하나님께서 사람들을 구원하신다는 것입니다. 하나님께서 문을 열어 주시고, 새로운 생명에 대한 소망을 주십니다. 그것은 오직 하나님만이 주실 수 있는 새로운 생명입니다.

히브리인들은 물로 된 벽이 무너져 내리기 전에 홍해의 진흙투성이 바닥을 걸어서 빠져나왔습니다. 그들을 억압하던 자들은 모두 휩쓸려 사라지고 이제 그들 앞에는 새로운 시작점

* Arlo Duba, "Keeping Vigil" "*Reformed Worship*" 6 (Dec. 1987):11.

** Lewis Smedes, *The Art of Forgiveness* (New York:Ballantine Books, 1996), 176.

이 풍경으로 펼쳐집니다. 모세는 노래를 부릅니다. 미리암은 기쁨에 겨워 여인들을 이끌고 춤을 춥니다. 긴 철야가 끝나고 부활의 멈출 수 없는 기쁨이 새벽과 함께 솟구칩니다. 하나님께서는 우리가 다시 살아나기를 기대하십니다!

2008년 미국 대선에서 버락 오바마(Barack Obama)가 아프리카계 미국인으로는 최초로 대통령으로 당선됐습니다. 흑인 하원의원이자 인권운동 베테랑인 존 루이스(John Lewis)는 아래와 같이 외쳤습니다.

> 어제 저녁 펜실베이니아가 버락 오바마 편에 섰다는 소식을 들었을 때 나는 혼이 몸에서 쑥 빠져나가는 듯한 느낌을 받았습니다. 기뻐 뛰며 소리를 질렀습니다. 발이 바닥에 닿을 틈도 없이 계속 뛰어다녔습니다. 무언가가 나를 일으켜 세웠고 눈물이 흘렀습니다. 몇 시간 동안 계속 울어서 더 이상 눈물이 남아나지 않을 지경입니다.*

우리가 패배와 이혼과 절망과 심지어 죽음까지도 이겨 내고 살아 있음을 발견한다면 우리의 심장은 기뻐서 노래할 것이고 우리 영혼은 춤을 출 것입니다. 이 춤은 하나님께서 자유롭게 하신 모든 이가 함께하는 춤입니다. 이 춤은 우리를 노예 상태에서 벗어나게 하고 빈 무덤에서 멀어지게 하며 새로운 생명으로 인도하는 춤입니다.

*John Lewis, on "Voice of America," www.voanews.com, November 5, 2008.

주석적 관점

이 본문은 '여호와께서 이같이 이스라엘을 애굽 사람의 손에서 구원하시매'(14:30)라는 이스라엘 신앙의 기초를 담고 있습니다. 이 이야기는 두려움에서 믿음으로, 속박에서 자유로, 죽음에서 생명으로 움직이므로 부활절 대철야 '새벽'(24절, 참조. 12:42)에 적당한 본문입니다. 이때 "Come, You Faith, Raise the Strain"(신실하신 주여, 오소서)라는 찬송을 부르게 됩니다. 전통적으로는 15:1b~13, 17~18도 본문에 포함됩니다.

출애굽기 14장은 여러 문학적 자료들이 결합된 본문이라 내용상 불일치가 많이 발견됩니다. 한 자료에서는 하나님께서 바람으로 바다의 바닥을 말리십니다. 그리고 이스라엘인과 이집트인들 사이를 구름 가운데 다니십니다. 그들을 반대쪽으로 인도하신 후 바다로 돌아와서 모래에 전차가 박힌 이집트인들을 물에 빠뜨리십니다. 다른 자료에서는 바다가 갈라져 양쪽 벽을 이루어 통로를 만듭니다. 거기를 이스라엘과 이집트인들이 지나가는데 군대가 지나갈 때는 벽이 무너집니다. 우리는 '실제로 무슨 일이 일어났는지' 알 길이 없습니다. 오히려 이 이야기를 역사적 사실에 대한 기록이라기보다 일어난 일에 대한 해석, 즉 역사적 허구로 읽어야 합니다.

두려움이 믿음으로 전환되는 과정은 아이러니합니다. 이스라엘 백성들은 이집트 군대가 자신들을 추격하는 것을 보고 모세에게 불평합니다. '애굽에 매장지가 없어서 당신이 우리를 이끌어 내어 이 광야에서 죽게 하느냐'(14:11). 그런데 이스라엘은 얼마 전까지 '담대히 나갔습니다'(14:8). 심지어 '싸울 수 있게 줄지어' 나왔습니다(13:18, 새한글, 참조. 13:17). 그러나 구원의 순간에 용기가 비겁함으로 바뀌었습니다! 그들은 자유를 쟁취하기 위해 모험하기보다는 차라리 노예로 돌아가길 원했습니다. '애굽 사람을 섬기는 것이 광야에서 죽는 것보다 낫겠노라'(14:12). 죽음에 대한 두려움이 자유에 대한 갈망을 짓눌렀습니다(2:23). 그들은 발길질하고 소리를 질러대면서도 하나님의 구원의 은혜 안으로 질질 끌려 들어갑니다. 그런 뒤에는 오히려 상황이 반전돼 이집트인들이 두려움을 느끼면게 됩니다(14:25). 유대인 전승은 물로 이루어진 벽 사이에 처음으로 발을 디딘 소년인 나손 벤 암미나답(Nachshon ben Amminadab, 출 6:23)을 찬양합니다.

'애굽 사람을 섬길 것'(14:12)이라는 말은 이 이야기의 기저에 흐르는 정치적인 면을 보여줍니다. 영적인 움직임은 죽음을 두려워하는 것에서 주님을 경외하는 것으로 진행됩니다(두려움과 경외는 히브리어로 같은 단어). 결국 이스라엘은 '여호와와 그의 종 모세를 믿었습니다'(히브리어로 '아멘', 14:31). 그런데 이 이야기에서 이스라엘은 파라오로부터 구원받은 것이지 죄에서 구원받은 것이 아닙니다. 출애굽 이야기는 우리가 '해방신학'이라고 부르는 것의 기초가 됩니다. 이스라엘은 '죄에 얽매여' 산 것이 아니라 압제와 학살이라는 악을 영속시키는 무자비한 정치 체제의 속박에 매여 있었습니다(1:16, 오직 용감한 두 여인에 의해서만 보호됐습니다). 파라오를 '섬길 것'이라는 그들의 요구는 1940년에 유대인들이 히틀러를 자신들의 지도자로 원했던 것과 유사합니다.

'섬김'은 순종과 충성을 의미합니다. 정치적인 직책이 무엇이든, 누군가를 섬긴다면 그 사람이 자신의 '주님'이 됩니다. 이스라엘 신앙의 가장 깊은 진면목이자 정치적으로 체제를 뒤흔드는 가장 위험한 주장은 바로 다른 어떤 것도 아닌 하나님께서 이스라엘의 주인이시라는 주장입니다(출 20:2, 5 신 6:4). 마지막에 나타난 하나님에 대한 이스라엘의 신앙은 '이 산에서 하나님을 섬기라'라는 소집에서부터 시작된 기나긴 여정의 한 단계일 뿐입니다(3:12). 이윽고 하나님께서는 이스라엘이 자신을 섬길 수 있도록 파라오에게 그들을 놓아주라고 요구하셨습니다(4 23 등). 이 운동은 시내산으로 이어졌고, 그곳에서 이스라엘이 '너를 애굽 땅, 종 되었던 집에서 인도해 내신' 하나님께 언약에 매인 종의 지위를 공식적으로 받아들입니다(20:2, 사역).

이 이야기의 폭력성은 우리를 불편하게 합니다. 악의 패망이 평화로운 외교가 아닌 전쟁으로 이뤄졌습니다. 하나님께서는 전사이시고 이스라엘은 수동적인 수혜자입니다(14:14, 참조. 15:3). 하나님은 '바로와 그의 모든 군대와 그의 병거와 마병'을 반복적으로 제시하며 군사적인 세력과 싸웁니다(14:17, 18, 23, 26, 28). 종국에는 '바로의 모든 군대'(14:28, 새번역)의 시신이 해변을 어지럽힙니다.

분명히 전사로 그려진 하나님의 모습은 깊은 신학적인 질문을 제기합니다. 유대교 전승이 이것을 잘 보여줍니다. 천사들이 기뻐하기 시작할 때 하나님께서 그들을 조용히 시키고 말씀하십니다. "나의 자녀들이 그 바다에 죽어 누워있는데 어떻게 너희는 노래할 수가 있느냐?" 이 이야기는 독재정권이 무너진 것과 관련된 역사적 비극을 드러냅니다. 파라오의 굳어진 마음이라는 모티브는 악의 무자비함을 강조합니다. 파라오의 '마음'이 바뀌지만(14:5), 저자에게 파라오의 저항은 궁극적으로 하나님의 영광을 드러내기 위한 그분의 행동의 일부입니다(14:4). 다시 말해 이 언어는 정치적입니다. 이전에 파라오가 하나님 '알기'를 거부한 것은 하나님 주권을 인정한다는 뜻입니다(5:2). 하나님의 승리는 주권을 나타내고 하나님의 정체성을 드러냅니다(참조. 20:2).

기독교인들은 이 이야기와 부활절 이야기에서 정치적인 해방을 종종 무시하지만(예. 오늘 성서정과에 15:14-16 빠짐), 두 이야기 모두 하나님께서 악한 제국의 권력을 정복하셨습니다. 전사 하나님의 이미지 때문에 우리가 불편할 수는 있지만 억압받는 이들의 해방을 영적인 어떤 것으로 해석해서도 안 됩니다.

마지막으로 갈라진 바다의 모티브는 신이 혼돈을 대표하는 괴물인 바다를 물리치고 그 몸을 갈라 온 우주에 질서를 가져온다는 신화적인 전승을 반영합니다. 이 이야기는 메소포타미아와 가나안 신화, 그리고 많은 성경 전승(예를 들어 시 74:12-17, 77:16-20)에서 뚜렷하게 나타납니다. 15:1~18 또한 이 신화를 암시하는데(15:5, 8, 10), 하나님의 주권을 선언하는 것으로 마무리 합니다(18절). 유사하게 창조 때에 하나님께서는 '마른 땅'이 나타나게 하기 위해 '물'을 나누셨습니다(참조. 창 1:6-9, 출 14:21-22). 그러므로 바다를 이기신 신적 승리를 묘사하는 우주적 언어는 바다에 대한 하나님의 승리를 묘사합니다. 하나님께서는 이스라엘 백성을 창조하실 때 이집트 제국에 대항하는 무기로 사용하시기 위해서 바다를 나누십니다(15:16). 이스라엘의 구속자는 모든 다른 신들을 정복하신 세상의 창조자이십니다(12:12, 15:11). '출애굽'은 이사야 51:9~11에서 포로 귀환을 출애굽 이미지로 묘사한 것에서부터, 미국의 흑인 노예들이 영가 "Go Down, Moses"(모세여 내려가라)를 부르며 자신들의 해방을 염원한 것에 이르기까지 시대를 초월한 신화적 패러다임이 됩니다.

본문은 미리암과 여인들이 탬버린을 들고 노래하며 춤추며 기뻐하는 장면으로 마무리됩니다. 이것은 이스라엘 신앙과 부활절의 기쁨을 가장 깊게 표현하는 모습입니다(참조. 부활주일 렘 31:4 주석적 관점).

설교적 관점

구원 역사 전체와 온 우주를 구속하시는 그리스도의 사역을 기념하는 역사적인 잔치인 부활절 철야에 우리는 속박에서 자유로, 죄에서 구원으로, 죽음에서 생명으로 전환되는 과정을 경험합니다. 이 위대한 이야기에서 중요한 성경 본문은 갈대 바다에서 하나님의 능력으로 이스라엘이 구원받는 내러티브입니다. 이 야기는 출애굽기 14장에서 매우 복잡하게 전개된 후 출애굽기 15장에서 하나님을 찬양하는 시의 형태로 전개됩니다. 이 이야기가 아주 익숙하게 들리긴 하지만 현대 회중에게는 여러 문제를 안겨 줍니다.

가장 분명한 어려움은 이야기 자체가 잔인하다는 점입니다. 하나님의 능력으로 이스라엘이 승리한 것은 이집트인들이 바다에 둥둥 떠다니게 될 정도로 죽은 대가를 치렀기 때문입니다. 선민을 구원하기 위해서 이집트인들을 죽인 하나님은 오랫동안 문제가 돼 왔습니다. 이는 결국 현대인들에게 신앙적으로 받아들이기 어려운 문제로 이어집니다. 왜냐하면 그 바다의 하나님께서 곧 모세에게 '노하기를 더디 하고 인자와 진실이 많은 하나님'(출 34:6)으로 나타나실 것이기 때문입니다. 설교자가 이 훌륭하고 포용하시는 하나님을 어떻게 출애굽기 14장의 이집트인을 죽이시는 하나님과 조화시킬 수 있겠습니까?

이 이야기는 현대인들이 스스로 하나님께 선택받은 자로 여기고, 자신의 적으로 간주하는 사람들에게 하나님의 저주를 불러일으킬 권리가 있다고 생각할 때도 위험합니다. 2001년 9월 11일 뉴욕과 워싱턴에 끔찍한 사건이 있고 난 후, 많은 미국인이 범인들을 '악'으로 규정하고 가능한 모든 수단을 동원해서 없애야 할 대상으로 여겨 그들에게 분노로 대응하기가 훨씬 쉬워졌습니다. 심지어 출애굽기 15장에서 미리암과 이스라엘 찬양대가 큰 소리로 찬양하는 것마저도 근처 물에 떠 있는 시신의 얼굴 앞에서 공허하게 들립니다.

이런 문제들은 유대교 신학에서 이미 오래전부터 제기돼 왔습니다. 현대 설교자들은 이 문헌들을 읽음으로써 많은 교훈을 얻을 수 있습니다. 신명기 28장에 대한 탈무드 주석을 들어 보십시오.

> 이제 거룩하신 분이 (그분에게 복이 있으라) 악인의 멸망을 기뻐하시는가? 그들이 군대 앞에 나서서 말하기를 '여호와께 감사하세 그의 인자하심이 영원하도다'(대하 20:21)라고 하지 않았는가? 그리고 랍비 요하난이 덧붙이기를, 이 감사에서 '그가 선하시므로'라는 말이 왜 생략됐는가? 거룩하신 분 (그분에게 복이 있으라) 그분이 악인의 멸망을 기뻐하시지 않기(겔 18:23, 32를 암시) 때문이 아닌가? 랍비 요하난이 더 말하기를, '밤새도록 저쪽이 이쪽에 가까이 못하였더라'(출 14:20)라는 구절의 뜻은 무엇인가? 수종 드는 천사들은 자신들의 노래로 찬양하기 원했지만 거룩하신 분이 (그분에게 복이 있으라) 말씀하시기를, 내 손의 일이 바다에 빠져 있는데 너희는 찬양을 불러야 하겠느냐?*

랍비들도 우리처럼 전쟁의 하나님이라는 면모에 대해 고심했습니다. 그러나 이 장면을 침묵으로 외면하며 지나치거나, 미리암처럼 아무 의심 없이 찬양만 하지는 않았습니다. 오히려 하나님께 찬양하기를 갈망하는 천사들에게 죽어 가는 그분의 자녀들의 면전에서 침묵을 지키라고 경령하시는 하나님의 다른 모습을 유쾌하고 도전적인 상상으로 제기했습니다. 본문에 대한 이런 식의 접근이 전쟁의 하나님에 대한 신학적인 문제를 '해결'하지는 못합니다. 그러나 이런 허석은 전통적으로 드러난 하나님의 다양한 모습 속에 있는 역설적인 면들을 훌륭하게 제공할 뿐만 아니라 단순하고 천편일률적인 모습에 안주하지도 않습니다. 우리 기독교인들이 모호한 것들에 대해서 너무나 관용하지 못한다는 말은 적절한 지적입니다.

이 이야기를 부활절 철야에 선포할 때 당연히 우리는 이것을 죄와 죽음에 대한 그리스도의 승리가 그분의 부활 안에서 우리에게 가져다 준 자유와 연결할 것입니다. 초기 교회는 오랫동안 바다에서 경험한 이스라엘의 승리를 죄

* 바빌로니아 탈무드 메길라 10b

와 죽음에 대한 기독교인의 승리와 연결했습니다. 초기 기독교인들 또한 출애굽기 내러티브가 제시하는 풍부한 알레고리적인 의미에 세례의 의미를 더했습니다. 즉 이스라엘이 바다에 들어가 자유를 얻고 하나님의 백성이 된 것과 같이 세례받은 사람들은 물에 들어가 죄에서 자유를 얻고 하나님의 새 백성이 되었다는 것입니다. 부활절 철야는 공동체에서 신앙 여정을 시작하려는 기독교인들이 세례를 받기에 완벽한 시간으로 여겨졌습니다. 철야를 위한 설교는 하나님의 지속적인 창조 사역을 요약하는 그 바다의 이야기에 머무는 방식을 취하면서, 우주를 위한 하나님의 구원 역사를 회상하는 세례 예전의 순서를 준비된 대로 따를 수 있었습니다.

출애굽기 이야기에서 찾을 수 있는 또 다른 중요한 통찰은 오직 하나님의 행동에 의해서만 안전과 자유가 온다는 것입니다. 우리는 스스로 구원을 이룰 수 없는 존재입니다. 우리 자신의 어떤 위대한 점 때문에 하나님의 선물을 받을 대상으로 선택된 것도 아닙니다. 이스라엘을 바다에서 구원하신 분이 하나님이셨던 것처럼 무덤에서 예수님을 일으켜 세우신 분도 하나님이셨습니다. 오늘날 교회의 회중들 사이에서 이것이 가장 듣기 어려운 소식입니다. 평신도든 성직자든 우리는 어려서부터 우리가 원하는 것은 무엇이든지 될 수 있다고 배웠습니다. 우리가 스스로 노력하고, 열심히 일하며, 좋은 학교에 가고, 적절한 배우자를 선택하면 모든 것이 우리에게 유리하게 이루어질 것이라고 믿어 왔습니다. 하지만 "여호와께서 너희를 위하여 싸우시리니 너희는 가만히 있을지니라"(출 14:14)라는 모세의 말은 우리의 발걸음을 멈추게 합니다. 이 요구는 우리가 그동안 몸소 배워 온 많은 가치관과 정면으로 충돌합니다.

그러므로 이 본문이 제기하는 신학적인 문제들과 함께 우리는 매우 인간적인 문제도 마주할 수 있습니다. 우리가 삶에서 체험할 수 있는 모든 승리는 결국 우리 노력의 결과가 전혀 아니라, 우리가 자유롭기를 바라시는 하나님께서 주신 선물입니다. 우리는 그저 가만히 서서 우리를 위해 일하신 하나님의 능력을 찬양해야 합니다. 그러나 하나님의 선하신 뜻이 단지 우리만을 위한 것이 아니라 하나님의 모든 자녀를 위한 것이라는 점을 항상 기억해야만 합니다. 오늘 출애굽기 본문은 중요한 통찰들로 가득합니다. 그중 어떤 것이라도 부활절의 아름다움과 영광을 기념하고 예배할 준비를 하는 회중에게 도전과 놀라움을 줄 수 있습니다.

부활절 철야

시편 114편

1 이스라엘이 애굽에서 나오며 야곱의 집안이 언어가 다른 민족에게서 나
올 때에
2 유다는 여호와의 성소가 되고 이스라엘은 그의 영토가 되었도다
3 바다가 보고 도망하며 요단은 물러갔으니
4 산들은 숫양들같이 뛰놀며 작은 산들은 어린 양들 같이 뛰었도다
5 바다야 네가 도망함은 어찌함이며 요단아 네가 물러감은 어찌함인가
6 너희 산들아 숫양들같이 뛰놀며 작은 산들아 어린 양들 같이 뛰놂은 어
찌함인가
7 땅이여 너는 주 앞 곧 야곱의 하나님 앞에서 떨지어다
8 그가 반석을 쳐서 못물이 되게 하시며 차돌로 샘물이 되게 하셨도다

신학적 관점

이 시편은 간결하게 몇 구절로 고대 이스라엘 종교의 출애굽-정복 전통의 중심 사건들 전체를 생생한 언어와 인상적인 이미지로 담아냅니다. 1~2절에 나타나는 '이스라엘'과 '야곱의 집안'이라는 이름들은 하나님의 택함을 받은 이후에 이집트에서 노예 생활이라는 시험을 당하고 마침내 자유를 찾아 바다를 건너 탈출하는 서사를 기억나게 합니다. 이야기는 약속의 땅에 들어가고, 그 땅이 유다의 성소에서 다스리시는 하나님의 영역으로 굳건해지는 데서 절정을 이룹니다.

하나님의 인도 아래 이뤄진 이 역사적인 사건들의 강력함과 놀라운 성격들은 3~6절에 드러난 바다(홍해와 요단강)와 산에 대한 수사적인 표현에서 드러납니다. 바다를 향해서는 모세, 그리고 후에 여호수아에 의해서 백성들이 인도될 때 어떤 이유로 발이 젖지 않고 건널 수 있도록 끊어졌거나 갈라졌는지 질문이 제기됩니다. 산을 향해서는 하나님께서 모세에게 율법을 주실 때 시내산에서 현현하신 것을 암시하며 어떤 이유로 뛰놀았고, 6절에서처럼 '숫양들같이' 뛰놀았는지 질문이 제기됩니다. 시편은 이런 질문들에 대한 반응으로 절정을 이루는데, 그 반응은 바다와 산을 뒤흔드는 조용한 힘으로 나타나고, 그분의 백성들과 함께 하시는 하나님의 강력하고 신비롭고 지속적인 임재가 이 모든 사건의 궁극적 원인이 됨을 선포합니다.

이것이 시편의 중심에 있는 궁극적인 진리입니다. 신적 임재는 이스라엘 역사에서 다양한 방식으로 이뤄지는 하나님의 현현으로 목격됩니다. 이를테면 시편이 제시하는 바와 같은 이스라엘 조상들의 부름, 출애굽, 율법의 수여, 정복, 성전, 하나님의 모든 행위와 기적 같은 방식으로 목격할 수 있습니다. 이어서 마치 이스라엘을 세우시고 붙들어 주시는 하나님에 대한 신앙을 확증하기 위해서인 듯, 시편은 어떻게 하나님께서 광야의 반석에서 물이 터지는 기적을 통해 생명 없는 돌로부터 생명을 넣으셨는지 끝내 기억하게 합니다.

간결하고 축약돼 있으며 상상력을 자극하는 시편의 언어는 기술된 사건들과 시편으로 기도하는 사람들 사이를 생생하게 연결합니다. 일어난 일들은 말하자면 현재로 끌어당겨져 있습니다. 다르게 표현하면 이 시편으로 기도하는 사람들은 이 사건들이 일어난 현장으로 가게 됩니다. 우리의 반응은 무엇입니까? 이 시편은 답을 구합니다. "바다야 네가 도망함은 어찌함이며 요단아… 너희 산들아…"(5-6절).

바다와 산에게 던져진 질문은 우리를 향한 질문으로 바뀝니다. 이 모든 성취된 일들이 누구로 말미암아 일어났는지 우리가 증언할 수 있습니까? 우리는 바다가 하나님을 두려워해서 그분 앞에서 갈라지며 물러난 것처럼 그분을 경외하고 있습니까? 시편이 여기서 강조하는 바는 중요합니다. 하나님의 현현은 이 고대 사건들에서 드러났고, 이 일들에 대해 경건하고 기도하는 마음으로 이야기할 때 다시 드러납니다. 이런 일들은 비록 과거에 발생했지만 이후 세대들의 삶에 영향을 미칩니다. 각 세대는 이런 사건들을 통해 여전히 우리를 구원하시는 하나님에 대한 신앙을 확인해야만 합니다. 믿음을 통해서라면 과거에 일어난 거룩한 행동들도 우리의 삶을 바꿀 수 있습니다.

시편에 언급된 모든 역사적 사건은 원래는 독립된 사건으로, 각각 다른 지도자들 아래서 일어난 사건입니다. 그러나 이 사건들이 오늘날에는 마치 하나의 통일된 사건처럼 제시돼, 하나님의 구원하시는 능력이 지금 이 자리에 현존하며 그분의 구원 계획을 나타내고 있음을 드러냅니다. 독립적이고 별개였던 역사적 사건들은 이야기를 다시 전할 때 '전례적 즉시성'으로 병치됩니다. 왜냐하면 하나님의 감동 아래서 이스라엘의 역사를 되돌아보는 신앙이 이러한 새로운 시각을 갖게 하기 때문입니다.

바로 이것이 신적 은혜로 알게 하시는 기억의 힘입니다. 이 힘은 당시에는 사소해 보였던 일들도 알고 보면 서로 긴밀히 연결돼 있고, 사람들의 삶에 얼마나 궁극적으로 중요한지 알게 합니다. 정기적인 전례와 절기를 통해 회상되고 기념하는 이런 사건들은 신앙을 지식과 이해의 측면에서 성장하고 깊어지게 합니다. 결국 이 시편은 신앙에 생명을 불어넣고 풍성하게 하는 다양한 사건들에 대한 기억과 기념의 중요성을 알려 주는 것이기도 합니다.

마지막으로 이 시는 하나님과 맞서고 하나님의 계획에 반대하는 모든 세력을 대표하는 자연의 힘이 어떻게 신성한 능력 아래 있는지 매우 생생하게 그리고 있습니다. 피조물 중 가장 굳건한 구조물인 산이 하나님의 명령에 의해 그 자리에서 떠밀립니다. 딱딱한 바위가 생명을 주는 물의 근원으로 바뀝니다. 자연의 가장 강력한 힘을 상징하는 홍해와 요단강이 하나님의 현현 앞에서 물러섭니다. 물은 또한 창세기의 창조 이야기를 생각나게 합니다. 혼돈 가운데 있던 물이 하나님의 창조 행위로 정복되고 통제되고 정돈돼 생명이 시작됩니다. 생명과 선함에 맞서는 모든 세력은 무기력해집니다. 이 시편은 이스라엘의 역사 속에서 이런 주제를 다시금 끄집어내며, 하나님께서 어떤 어려움과 반대에도 굴하지 않고 계속 생명을 일으키신다는 사실을 깨닫게 합니다.

부활절에 왜 이 시편을 읽을까요? 본문의 시는 인류 역사 속 하나님의 구원의 임재를 기념합니다. 그렇다면 이제 예수 그리스도 안에서 나타난 하나님의 결정적인 현현과, 죽음을 이기시며 우리의 구원을 방해하는 모든 것들을 이겨 내시는 하나님의 능력이 가장 분명하게 드러나는 일을 바로 지금 기념하는 것이 얼마나 적절합니까! 부활은 하나님께서 세상 끝 날까지 모든 시험 내내 우리와 함께하심을 나타냅니다. 하나님께서는 우리와 언제나 함께하시기 위해서 우리와 같은 사람이 되셨습니다. 죽음조차도 하나님 앞에서 무기력합니다. 그리고 하나님과 하나가 된 우리 앞에서도 그러합니다.

그러나 부활은 단순히 과거에 일어난 일에 불과한 것이 아닙니다. 부활하신 예수님의 능력은 시간과 공간을 초월해 모든 시대와 모든 장소에 사는 사람들에게 영향을 끼칩니다. 우리가 이 사건을 기념할 때 예수님의 부활은 지금 우리에게 다가와 선물이 됩니다. 우리는 반드시 살아 계신 예수님 안에서 적극적으로 우리의 신앙을 새롭게 해야 합니다. 그렇게 함으로써 우리는 그분의 생명에 참여할 수 있습니다. 우리가 부활절을 해마다 기념할 때 우리의 믿음과 그분의 지속적인 구원의 현존에 대한 확신이 우리의 삶에서 점점 깊어질 것입니다.

목회적 관점

부활절 철야 전통을 받아들이는 회중은 이 시간 예배가 말씀과 성찬이 있는 독특한 예배라는 것을 알게 됩니다. 많은 독서와 두 성례는 공동 예배서가 '하나님께서 인류를 위해 행하신 일을 파노라마처럼 보여주는 것'이라고 칭한 구원의 드라마를 연습하는 것입니다.* 성금요일 이후 어둡고 조용했던 예배당에 빛이 가득 찰 때 봉독되는 성경 말씀이 옛 창조로부터 새 창조로 향하는 거룩한 이야기를 조명합니다.

부활절 대철야는 밀도 있고 길게 진행됩니다. 한 시간 예배에 익숙한 예배자들은 이날 진행되는 열한 번의 독서가 부담스러울 수 있습니다. 그러나 이 철야를 고난주간 여정의 일부로 받아들이는 사람들은 침묵 가운데 관조하며 전체 이야기를 듣고 잘 읽는 것이 얼마나 중요한지 주저함 없이 증언합니다. 이 특별한 밤의 예배는 일상적인 예배가 아닙니다!

예배 순서상 각각의 독서가 끝난 후에는 시편 찬송을 부릅니다. 이 저녁 예배의 독서에는 아홉 번의 시편 봉독이 있고, 독서 본문은 성서정과의 주기와 관계없이 동일합니다. 이 시편 찬송들은 감사 · 신뢰 · 찬양을 표현하고 희망 · 구원 · 승리를 구하는 기도문입니다. 시편 114편은 이 세트를 마무리하는 찬양으로, 앞의 주제들을 반복하면서 하나님의 구속하시는 능력을 집약합니다. 만약 예배를 기획하는 이가 독서와 시편을 줄이거나 바꾸기를 원한다면 시편 114편은 로마서 6:3~11 다음에 배치해 노래로 부르거나 봉독해야 합니다. 바다와 웅덩이와 샘물의 이미지는 바울이 세례 가운데 그리스도와 함께 죽고 다시 일으켜진다고 묘사한 것을 반영한 결과물인데, 성경 봉독 후에 그 세례가 이어집니다. 이 찬란한 울림은 부활절 복음서 봉독의 전주곡입니다.

유대교와 기독교의 교회력이 일치하는 해에는 고난주간과 부활절이 유월절과 겹치게 됩니다. 시편 114편은 할렐 시편(시 113-118편) 중 하나로, 유월절 축제의 핵심이 되는 동시에, 세상 속에서 하나님의 능력을 고백하는 두 전통의 공통 기반이 됩니다. 예배 인도자는 유월절 이미지를 강조하기 위해 철야에 대한 전례 본문('이것이 우리의 유월절 제전', '그리스도, 참 어린양')을 선택할 수도 있습니다. 이때는 특히 수난에 대한 반유대주의적인 해석에 유의해야 합니다.

부활절 철야의 맥락에서 시편 114편은 출애굽해 노예 상태에서 해방된 것을 회상하게 하고, '무덤이라는 감옥으로부터 와서… 죽었으나 이제는 살아나서… 보좌에 계신 어린양'이신 예수님이 주시는 자유를 가리킵니다.** 유월절 어린양은 살아 계십니다. 그리고 하나님께서 이루신 변화를 기뻐하고 계십니다(114:4, 6). 어린양 이미지는 떡을 떼며 아뉴스 데이(Agnus Dei, 하나님의 어린양)를 부르던 고대 기독교의 관습을 반영합니다. "세상 죄를 지고 가는 하나님의 어린양, 우리에게 자비를 베푸소서." 하나님의 어린양은 자비와 평화로 이 세상에서 상한 이들을 고치기 위해 자기 목숨을 내어놓습니다. 어린양은 부활의 생명을 즐

* *The Book of Common Worship* (Louisville, KY:Westminster/John Knox Press, 1993), 294.

** Great Thanksgiving, in ibid., 319.

거워하고, 식탁에서 나눈 떡을 먹는 양들도 그 용서를 기뻐합니다.

부활절 철야는 목회 현실을 예전으로 구체화한 것인데, 이 시들 안에서 절망에서 희망으로, 탄식에서 기쁨으로, 상처에서 회복으로, 비극에서 치유로 이어지는 여정을 따라갈 수 있게 됩니다. 영적인 황폐함, 사회적 따돌림, 공동체 전체의 방황, 상충된 목표, 깨져 버린 신뢰 등에서 벗어나는 출애굽 경험이 이 철야를 지키는 사람들에게 아로새겨집니다. 시편 114편은 양들인 우리가 하나님의 목초지에서 '뛰놀기'보다는 절뚝거리고 넘어질 수 있지만, 부활의 약속은 모든 피조물이 하나님의 부재가 아니라 오히려 생명을 주시는 하나님의 임재 앞에 떨게 될 것이라고 확언합니다.

왕성하게 활동하는 영국 작곡가이자 케임브리지 클레어 채플 합창단의 지휘자인 존 루터(John Rutter)의 합창곡을 많은 교인이 잘 알고 있을 것입니다. 루터의 장남인 크리스토퍼는 그 합창단에서 노래했습니다. 어느 이른 봄날 밤, 크리스토퍼는 합창단 연습을 마치고 나오는 길에 차에 치여 목숨을 잃었습니다. 일주일 후 그의 장례식은 어려서부터 청소년기까지 노래했고 세례까지 받았던 곳, 클레어 채플에서 거행됐습니다.

2년 후 루터의 〈어린이를 위한 미사〉(Mass of the Children)가 카네기 홀에서 초연됐습니다. 아들의 죽음 이후 그가 처음으로 할 수 있었던 일은 바로 이 곡을 만드는 일이었는데, 아들 크리스토퍼를 위한 헌정인 동시에 자신의 정화(catharsis)를 위한 곡이었습니다. 이 곡은 전례 용어로 미사 브레비스(missa brevis), 즉 '짧은 미사'로 신조가 포함되지 않은 미사곡입니다. 어쩌면 작곡자인 동시에 아들을 잃은 아버지에게는 짧은 미사가 짧은 인생에 대한 고백이었을 것입니다. 비록 신조는 없지만 이것은 신앙을 진술하고 있습니다. 하나님의 임재가 반석을 못물로 바꾸신 것과 똑같습니다(8절). 이렇게 하나님의 임재는 고통스럽고 괴로운 자리를 생명과 신앙을 포용하는 치유의 터전으로 바꿉니다.

루터는 한 인터뷰에서 이렇게 밝혔습니다. "물론 슬픔이 사라진 것은 아닙니다. 우리 가족이 겪은 일에 대해 아는 사람이라면 누구나 그 사건이 서로를 더 가깝게 만들었고, 그런 친밀함에서 영감을 얻게 된다는 것을 알 것입니다."* 작곡가들은 상상력에 불이 붙어 새로운 예술 창작이 시작될 때 '영감'이라는 말을 씁니다. 하지만 영감은 우리가 숨 쉬고 우리 안에 다시 생명을 불어넣는 것을 느끼면서 인간의 정신을 다시 일깨우는 것이기도 합니다. '영감이라는 감각'은 심지어 우리가 사망의 음침한 골짜기를 걸을 때조차도 산을 뛰어넘게 합니다. 세상의 깊은 어둠과 절망과 고통 가운데서도 예수 그리스도의 부활로 우리에게 생기를 불어넣으시는 분은 바로 하나님이십니다. 하나님의 어린양이 빛과 희망과 생명을 가져오십니다.

루터의 〈어린이를 위한 미사〉는 옛 영국 아침 찬송으로 시작해서 하루를 완성하는 옛 영국 저녁 찬송으로 끝을 맺습니다. 한 어린이의 목소리가 그날 받은 은총에 대해 하나님께 감사하고, 어둠 가운데서도 안전하게 지켜 주시기

* Interview by Vicki Mabrey, CBS News, December 17, 2003.

를 기원합니다. "지켜 주소서, 오 지켜 주소서, 왕의 왕이시여, 주님의 전능하신 날개 아래 숨기소서." 부활절 철야에서 성숙한 신앙인들은 밤에 일하시는 하나님을 신뢰합니다. 그리스도이신 예수님이 밤에 태어나시고, 밤에 부활하신 것은 결코 우연이 아닙니다. 여기에는 그 시간에 우리를 만나시려는 하나님의 의도가 담겨 있습니다. "떨지어다." 시편 기자가 외칩니다. 하나님께서 여기에 계십니다.

주석적 관점

바벨론 유배 전 이스라엘 사람들은 매년 가을에 모여서 새해를 축하했습니다. 이 시간은 하나님의 구원 행위에 대한 이야기를 듣고 하나님께서 백성의 역사 가운데 행하신 모든 일을 기리는 찬송을 부르며 기억하는 시간이었습니다. 바벨론 점령과 유배 이후에는 바벨론 달력에 맞추기 위해 새해가 봄으로 옮겨졌지만, 가을 축제는 이스라엘의 순례와 갱신을 위한 시간으로 유지됐습니다.

시편 114편은 바로 이 제전에서 불린 노래 중 하나였는데 기념시이자 찬송시라는 두 가지 역할을 했습니다. 이 시가 표현하는 연합의 일체감은 후대 역사에 비추어 볼 때도 거의 도전적인 것에 가깝습니다. 이 노래를 부른 백성들은 자신들의 땅이 남과 북으로 갈라진 것을 목격했습니다. 나중에는 더 강력한 외세가 뛰어나고 영민한 사람들을 바벨론으로 데리고 가는 방법으로 서로를 갈라놓았습니다.

이스라엘은 그들 자신의 불순종과 불신앙에서 비롯된 문제로 인해 분열됐습니다. 그럼에도 불구하고 그들은 새해 축하와 가을 순례 중 어떤 것이 목적이든 가을 제전에서 자신들이 진짜로 어떤 사람인지에 대한 이야기를 큰 소리로 노래했습니다. 그들은 스스로 갈라지지 않았고 패배하지 않았다고 여겼습니다. 뿐만 아니라 스스로를 하나님 안에 있는 민족, 자신들의 역사에 개입하신 하나님의 행적을 체험한 민족이라고 여겼습니다.

그들은 애통하기보다는 찬양했습니다. 분열되고 정복당한 현실에 대해 실망하고 슬퍼하는 마음을 표현한 애가 시편들이 있지만, 시편 114편은 다른 접근법을 취합니다.

오늘 시편은 1~2절에서 이스라엘을 위해서 하나님께서 구원하시고 하나로 연합하게 하신 이야기로 시작합니다. 하나님께서는 그들을 '애굽에서… 언어가 다른 민족에게서' 나오게 부르십니다. 시인은 이집트로부터의 구원을 선포할 뿐만 아니라 하나님께서 이스라엘을 자신의 백성으로 삼으시고 거기에 거하려 하신다고 동시에 선포합니다. "유다는 여호와의 성소가 되고 이스라엘은 그의 영토가 되었도다." '영토'는 하나님께서 이스라엘 백성에게 최고의 통치자가 되심을 말합니다.

이어지는 구절은 이집트에서 구출돼 약속의 땅으로 승리의 입성을 하는 기적을 설명하며 이야기를 이어 갑니다. 시인은 어떻게 '바다가 보고 도망하며 요단이 물러갔는지'(3절) 기억해 내며 바다와 요단강 양쪽을 모두 의인화합니다.

물론 이 부분은 모세의 명령에 갈라진 홍해가 복수심에 불타 돌아와 추격하던 적들을 집어삼켜 버린 것을 가리키고 있습니다. 요단강 또한 여호수아가 히브리인들을 가나안으로 인도할 때 명령을 따라 갈라졌는데, 이는 이스라엘 자손들이 새로운 고향으로 들어갈 수 있게 하나님께서 능력을 행하신 일을 다시 생각나게 합니다.

마찬가지로 4절도 이집트에서 탈출한 이후 일어났던 일을 기억나게 합니다. 이스라엘 백성들은 모세의 인도로 구출된 이후 시내산에서 예배드리기 위해서(출 3:12, 하나님께서 모세를 처음 부르셨을 때 그에게 약속하신 증거) 광야로 들어갔습니다. 그때 주님은 스스로를 드러내시기 위해서 모세에게 백성들이 3일간 자신을 정결하게 하도록 명령하셨습니다. 셋째 날 아침 지진과 천상의 나팔 소리와 천둥을 포함한 큰 소리가 났고(출 19:16-20) 이때 산만 흔들렸던 것이 아니라 주님께 가까이 있던 사람들이 주님이 가까이 오시는 것을 보기도 했습니다.

이 사건은 4절에서 시인이 산들이 숫양처럼 뛰놀고 작은 산들이 어린 양처럼 뛴다고 묘사하며 예술적으로 재현됩니다. 시편 기자는 '흔들리며', '떨리며', '굉음을 내며' 대신 '뛰놀며'라고 표현함으로써 이스라엘 백성들이 모여서 이 시를 노래로 부를 때 기뻐하고 경축했음을 상기시킵니다.

뛰노는 숫양과 어린 양들의 이미지가 그려낸 즐거운 분위기는 5~6절에서도 이어지는데, 시인이 주님의 임재 앞에서 도망친 대상들을 향해 조소하는 것처럼 보입니다.

> 바다야, 너는 어찌하여 도망을 쳤느냐?
> 요단강아, 너는 어찌하여 뒤로 물러났느냐?
> 산들아, 너희는 어찌하여 숫양처럼 뛰놀았느냐?
> 언덕들아, 너희는 어찌하여 새끼 양처럼 뛰놀았느냐?

본문은 마치 시인이 백성들과 함께 시내산 기슭이나 홍해 물가에 서 있는 것처럼 과거형에서 현재형으르 바뀌었습니다.

물론 유대인의 신년 축제와 같은 종교적 제전들이 아주 오래전에 일어났던 일들을 기억하는 것 이상의 의미를 갖는다는 점은 분명합니다. 제의적으로 재연하는 방법을 통해 이 사건에 실제로 참여하게 되기 때문입니다. 시편 기자도 동일하게 구원받고 기뻐하는 백성의 일원이기에 해당 사건에 대해 마치 바로 그 순간에 일어난 것처럼 이야기할 자격이 있습니다.

시인은 과거 이야기를 다시 들려주고 재연한 후, 지금 이 시를 함께 부르고 있는 자기 시대 사람들에게 직접 말을 건넵니다. 마치 그가 땅을 향해 말하는 것처럼 보이지만, 사실은 여러분에게도 이 일을 묘사된 그대로 행하신 '야곱의 하나님의 임재 앞에서' (다시) 떨라고 촉구하고 있는 것입니다(7절).

시편 기자는 동시에 자신의 이야기를 들려주시는 하나님을 찬양할 새로운 기회를 그 백성들에게 제공합니다. 시인은 '~하신 하나님을 찬양하라'라는 일반적인 표현을 사용하면서 온 땅에게 촉구합니다. 사막에서 물을 주심으로써 그들을 끊임없이 구원하시는 야곱의 하나님의 임재 앞에 떨라고 말이죠(8절).

마침내 오늘 시편은 홍해에서 그리고 다시 시온산 기슭에서 떨었던 이스라엘 백성에게 훈계하는 역할을 담당합니다. 기쁨과 경축이 이 시의 주된 주제이기는 하지만 주님 앞에서 떨리는 것도 여전히 어울립니다.

설교적 관점

시편 114편은 부활절 철야의 맥락을 고려하면

설교 본문으로는 어울리지 않지만 부활절 철야 예배의 독서 순서에서 차지하는 위치 자체가 이 밤에 전해지는 말씀에 통찰력을 줍니다. 부활절 철야는 어둠과 빛, 불과 물, 신비와 계시의 밤입니다. 교회력의 정점을 이루는 오늘, 우리는 예수님의 부활이라는 놀라운 선포를 이해하기 위해서 하나님과 그분의 백성의 모든 이야기를 말합니다. 창세기의 첫 단어부터 출애굽과 예언자들의 약속에 이르기까지 우리는 하나님께서 어떻게 죽음에서 생명으로 이끌어 내셨는지 계속해서 듣습니다. 이 시편은 예배자들이 생명의 하나님을 찬양하며 옛 이스라엘의 시를 노래할 때 낭송하는 과정에서 명확하게 두드러집니다.

여덟 절에 불과한 오늘 본문은 백성들과 함께 하시는 하나님의 임재를 찬양하는 짧은 시입니다. 히브리인들이 이집트를 떠나 광야로 탈출할 때 하나님께서 그들의 집이 돼 주셨음을 시인이 찬양합니다. 하나님께서는 바다가 물러서게 하고, 산들이 뛰놀게 하는 능력의 주님이십니다! 또한 백성들이 광야에서 목말라 헤맬 때 바위에서 물이 솟아나게 하실 정도로 자비가 넘치는 하나님이십니다.

짧은 몇 줄 안에서도 우리는 거룩하신 분의 깊은 신비를 볼 수 있습니다. 산이 움츠러들고 물이 물러가게 하시는 하나님께서는 이스라엘을 보호하시고 사막에서 샘이 솟게 하시며, 백성들 한가운데 거하십니다. 시편 기자는 "땅이여 너는 주 앞 곧 야곱의 하나님 앞에서 떨지어다"라고 촉구합니다(7절). 하나님께서 불가능을 가능하게 하시며 하나님의 임재와 권능을 드러내실 때 그 위대함이 시편 기자는 물론 우리에게 경외심을 불러일으킵니다.

출애굽 이야기와 바다가 갈라진 사건을 회상하면서 이 시편은 하나님의 능력과 자비하심이 물이라는 실체를 통해 어떻게 드러나는지 보여줍니다. 바닷물은 하나님의 백성이 무사히 통과할 수 있도록 뒤로 물러났다가 뒤따라오는 적에게는 죽음을 가져옵니다. 물은 죽이고 파괴하는 힘이 있지만 생명을 위해 반드시 필요한 것이기도 합니다. 신학자 장 다니엘루(Jean Daniélou)는 이에 대해 "물은 한편으로는 파괴의 원리이고 죄로 가득한 세상을 부수는 심판의 도구이다. 그러나 다른 한편으로는 창조의 원리이고 새로운 피조물이 살 수 있게 하는 생명의 요소이다"라고 말합니다.*

부활절 철야 동안 회중은 사도 바울이 기독교 세례를 그리스도와 함께 죽었다가 다시 살아나는 것으로 비유한 로마서 6:3~11 말씀을 들은 다음에, 시편 114편을 노래하거나 낭독합니다. 바울은 우리가 세례받음으로 그리스도의 죽음에 합해지고, 그로 말미암아 우리가 다시 그분과 함께 살아날 수 있다고 합니다. 따라서 우리는 홍해를 지나 백성을 구원하시고 노예 신분에서 자유롭게 하신 하나님의 위대하심을 노래합니다.

이 하나님께서는 세례라는 구원의 물을 통해 우리를 건져 내서 죽음에서 생명으로 옮기신 바로 그 하나님이십니다. 여기서 우리는 살리기도 하고 죽이기도 하는 물의 능력을 다시 한 번 기억해 봅니다. 우리는 어머니의 자궁에서 물이 터져 나오며 태어났듯이, 세례의 물에서

* Jean Daniélou, SJ, *The Bible and the Liturgy* (Notre Dame, IN:University of Notre Dame Press, 1956), 71.

우리가 새롭게 살게 됨을 기억합니다. (몇몇 오래된 세례반은 이 자궁을 상징하기 위해 원형으로 만들어졌습니다.) 점점 커지는 이 노래를 듣는 설교자는 이 밤의 경외와 놀라움과 기쁨을 반영한 복음을 노래할 것입니다.

결국 시편 114편은 이 철야를 위한 설교 해석의 열쇠를 쥐고 있습니다. 세례(혹은 세례 언약의 재확인, 혹은 세례에 대한 감사)는 부활절 철야의 중심이고, 창조와 출애굽과 로마서 6장, 시편 114편을 관통하는 주제는 바로 물입니다. 이 시편 말씀 다음에 부활이 선포되는 복음서 본문이 뒤따릅니다. 그리고 회중은 찬양이 점점 고조되는 것을 듣습니다. 우리는 하나님께서 그분의 백성을 구원하신 이야기를 들었고, 찬양의 노래를 불렀습니다. 이제는 죽음을 이기고 솟아오른 생명의 선포를 듣습니다. 천사가 선포합니다. "그가 여기 계시지 않고 그가 말씀하시던 대로 살아나셨느니라"(마 28:6). 하나님께서 바닷물로 폭군을 무찌르신 것처럼, 세례의 물로 죽음을 멸하십니다. 예수 그리스도의 세례에 참여함으로써 우리는 그분의 죽음과 부활에 동참합니다. 오늘 밤 우리는 하나님의 새 창조를 함께 기뻐합니다.

심지어 이 밤을 위해 지정된 성서정과 복음서 말씀조차 우리를 물로 인도합니다. 부활하신 주님이 말씀하십니다. "무서워하지 말라 가서 내 형제들에게 갈릴리로 가라 하라 거기서 나를 보리라"(마 28:10). 말할 것도 없이 갈릴리는 이 모든 일이 일어난 장소입니다. 예수님이 요단강에서 세례를 받으신 곳, 물 위를 걸으셨으며 풍랑을 잠잠하게 하신 곳, 물가에서 가르치신 곳, 제자들에게 이제까지 본 것 중 가장 많은 고기를 보여주신 곳, 그리고 해변에서 아침 식사를 차려 주신 곳입니다. 그리스도의 삶은 물 안에서, 물 위에서, 그리고 물가에서 펼쳐졌습니다. 그리스도인이라 불리는 우리는 물과 성령으로 태어나고 우리의 인생은 세례의 물로 정의됩니다.

2세기 말 테르툴리아누스는 다음과 같이 썼습니다. "작은 물고기인 우리는 익투스(큰 물고기) 예수 그리스도의 모범을 따라 물에서 태어난다. 물속에 영원히 거하는 것 외에 다른 어떤 방법으로도 안전할 수는 없다."* 다른 말로 죽음을 물리치고 생명을 주는 물 안에서 그리스도와 함께 거하는 세례 소명을 실천하는 것만이 참된 삶입니다. 이는 우리 자신만을 위해서가 아닙니다. 마실 수 있는 깨끗한 물, 경작을 위해 확보된 물, 그리고 모든 이에게 정의와 자비를 가져다주시는 예수 그리스도라는 생명의 물을 필요로 하는 이 세상을 위해서이기도 합니다.

* Tertullian, *De baptismo*, c. 1, as quoted in Maxwell E. Johnson, *The Rites of Christian Initiation:Their Evolution and Interpretation*, rev. and expanded ed. (Collegeville, MN:Liturgical Press, 2007), 84.

부활절 철야

로마서 6:3~11

3 무릇 그리스도 예수와 합하여 세례를 받은 우리는 그의 죽으심과 합하
여 세례를 받은 줄을 알지 못하느냐
4 그러므로 우리가 그의 죽으심과 합하여 세례를 받음으로 그와 함께 장
사되었나니 이는 아버지의 영광으로 말미암아 그리스도를 죽은 자 가운
데서 살리심과 같이 우리로 또한 새 생명 가운데서 행하게 하려 함이라
5 만일 우리가 그의 죽으심과 같은 모양으로 연합한 자가 되었으면 또한
그의 부활과 같은 모양으로 연합한 자도 되리라
6 우리가 알거니와 우리의 옛 사람이 예수와 함께 십자가에 못 박힌 것은
죄의 몸이 죽어 다시는 우리가 죄에게 종노릇하지 아니하려 함이니
7 이는 죽은 자가 죄에서 벗어나 의롭다 하심을 얻었음이라
8 만일 우리가 그리스도와 함께 죽었으면 또한 그와 함께 살 줄을 믿노니
9 이는 그리스도께서 죽은 자 가운데서 살아나셨으매 다시 죽지 아니하시
고 사망이 다시 그를 주장하지 못할 줄을 앎이로라
10 그가 죽으심은 죄에 대하여 단번에 죽으심이요 그가 살아 계심은 하나
님께 대하여 살아 계심이니
11 이와 같이 너희도 너희 자신을 죄에 대하여는 죽은 자요 그리스도 예수
안에서 하나님께 대하여는 살아 있는 자로 여길지어다

신학적 관점

바울은 이 본문에서 세례를 기독교인들이 예수님의 죽음과 부활에 참여하는 사건으로 해석합니다. 세례를 파스카 신비로 이해하는 전통은 4세기 이후 서방교회에서 지배적인 해석이 됐습니다. 예를 들어 몹수에스티아의 테오도르는 4세기 후반 세례 설교에서 "내가 물 아래 머리가 담기며 세례를 받을 때, 우리 주 그리스도의 죽음과 장사를 받기 원합니다. 그리고 엄숙하게 그분의 부활을 고백합니다. 내가 물 위로 나올 때 이것은 내가 이미 부활했음을 믿는다는 표징입니다"라고 말했습니다. 학자들은 로마서 6장이 서방교회에서 세례를 이해하는 주요 근거로 대두된 몇 가지 이유를 제시했습니다.

- 4세기 초반 순교 시대가 끝나면서 그리스도의 죽음과 부활에 참여하는 이미지가 순교자에 국한되지 않고 기독교인 모두에게 명확하게 확대될 수 있었기 때문입니다.
- 그리스도의 수난과 죽음과 연관된 성지에 대한 관심이 높아졌는데, 역사적 예수의 길, 특별히 그의 수난과 죽음을 제의적으로 재연하는 것에 대한 관심이 증가했기 때문입니다.
- 많은 동방교회가 세례를 주로 예수님이 요단강에서 받으신 세례에 참여하는 것으로 해석했는데, 이런 관점은 몇몇 지역에서 양자론(adoptionist Christology)을 촉발했습니다. 이에 반해 그리스도의 죽음과 부활에 참여하는 세례를 강조한 바울의 관점은 이런 '정통 교리에 어긋나는' 기독론의 영향을 받지 않았습니다.*

이유가 무엇이든 로마서 6장이 세례의 의미를 알게 하는 중요한 본문으로 부상된 것은 4세기에 부활절이 세례를 거행하기에 가장 적당한 날이라고 강조한 것과 연관이 있습니다. 이 강조는 최근의 예전 갱신에서 되살아나고 있습니다. 부활절 철야에 세례를 베푸는 예전은 기독교의 핵심적인 상징을 그리스도의 죽음 및 부활 사건과 분명하게 연결합니다.

부활절에 설교하든 교회력상 다른 시기에 설교하든, 이 본문과 씨름하는 오늘날 설교자들은 세례 자체와 기독교인의 삶 전체가 여기에 연결돼 있다는 사실을 회중이 더 깊이 깨닫도록 도울 수 있는 기회를 얻게 됩니다. 이 묵상은 다음 세 가지 질문으로부터 시작됩니다. 그리스도와 함께 묻히는 것은 무엇을 의미합니까? 그리스도와 함께 살아난다는 것은 무엇을 의미합니까? 세례는 정확히 어떻게 이 죽음과 부활을 이뤄 냅니까?

세례로 그와 함께 장사돼 죽음에 이릅니다 이 놀라운 주장을 통해 바울은 세례로 무언가가 진짜로 죽는다고 단언합니다. 기독교인의 삶은 무언가의 종말을 의미합니다. 여기서 그 무엇은 어떤 것입니까? 루터는 이를 열정적으로 설명합니다.

> 여러분의 세례는 은혜가 여러분의 목을 부여잡는 것과 다름없습니다. 여러분이 은혜

* Theodore of Mopsuestia, "Baptismal Homily III," in *The Awe-Inspiring Rites of Initiation*, ed. Edward Yarnold, 2nd ed. (Collegeville, MN:Liturgical Press, 1994), 183.

> 안에 살 수 있도록 충만한 은혜로 목을 조여 죄를 죽이는 것과 같습니다. 그러므로 여러분, 이와 같은 태도로 세례를 받으십시오. "주님, 나를 빠뜨리시고 목을 조여서 지금부터 내가 당신의 아들과 함께 죄에 대해서 기꺼이 죽겠나이다"라고 말하며 스스로 세례에 잠기고 하나님의 자비로 죽기를 자청하십시오.*

루터는 세례를 믿음을 통한 은혜로 의롭게 된다는 복음을 결정적으로 드러내는 행위로 이해했습니다. 죄에 대해 죽는 세례는 우리가 더 이상 죄의 노예가 아니고, 오히려 그리스도 안에서 하나님의 절대적인 은혜로 인해 자유를 얻었음을 의미합니다. 이런 이유로 루터는 위기의 순간에 "나는 세례를 받았다!"라고 외쳤습니다. 그 어떤 것도 그를 하나님의 자비로부터 떼어낼 수 없었습니다.

그래서 우리 역시 새로운 생명으로 걸을 수 있습니다 세례로 인해 무언가가 죽기도 하지만 새로운 생명도 태어납니다. 흥미롭게도 바울은 이 새로운 생명에 대해 미래형과 현재형을 모두 사용하며 언급합니다. "그의 부활과 같은 모양으로 연합한 자도 '되리라'"(5b절), "이와 같이 너희도 너희 자신을 죄에 대하여는 죽은 자요 그리스도 예수 안에서 하나님께 대하여는 살아 있는 자로 '여길지어다'"(11절). 미래의 부활과 현재의 중생 사이의 관계를 어떻게 이해해야 합니까? 우리가 지금 사는 삶은 그리스도의 부활로부터 힘을 얻습니다. 나무에 접붙은 가지처럼 우리는 부활하신 그리스도와 연합해 새 생명을 얻습니다. 오늘의 삶은 미래로부터, 즉 부활하신 그리스도와 연합할 것이라는 지식으로부터도 힘을 얻습니다. 우리의 참된 삶은 이미 부활하신 그리스도와 묶여 있습니다. 이것이 오늘도 우리가 살아갈 힘을 얻는 새로운 생명입니다.

세례로? 세례 자체는 어떻게 우리를 그리스도의 죽음 및 부활과 연합하게 할까요? 이 질문은 수 세기 동안 신학자들을 당혹스럽게 했고 갈라지게 했습니다. 한쪽에서는 성례전을 은혜의 참된 방편으로 강조한 사람들이 있습니다. 그들에 따르면 세례는 우리를 십자가에 못 박히시고 살아나신 그리스도와 실질적으로 연합하게 합니다. 다른 한편에는 표징에 구애되지 않고 하나님의 자유로운 활동을 강조하는 이들이 있습니다. 그들에 따르면 세례는 그리스도의 죽음과 부활을 상징하기는 하지만 우리를 그리스도와 실질적으로 연합하게 하지는 않습니다. 칼 바르트는 그의 로마서 주석 초판에서 이런 양분법을 극복하는 방식을 제안합니다. 세례는 하나님의 말씀을 참으로 선포하는 표징이고, 하나님의 행동에 '둘러싸인' 인간의 행위입니다. 믿음을 가지고 있는 사람에게 세례는 '죽음을 말하는' 것인데 특별히 그리스도의 죽음에 대해 말하고, 그 죽음 너머에서 오는 새로운 생명에 대해 말하는 것입니다.**

비록 바르트가 정확히 이런 식으로 표현하지는 않았지만, 그는 세례를 인간의 삶에 대한

* Martin Luther, quoted by Karl Barth in *The Epistle to the Romans*, trans. from 6th ed. by Edwyn C. Hoskyns (Oxford:Oxford University Press, 1968), 194.

** Barth, *The Epistle to the Romans*, 192-94를 보라.

하나님의 심판, 부활과 함께 드러난 자유를 모두 전하는 살아 있는 말씀으로 묘사합니다. 그러므로 세례는 모든 선포된 말씀이 할 수 있는 것과 똑같은 방법으로 그리스도의 죽음과 부활을 우리에게 연합하게 합니다. 다만 이 연합은 세례 자체에 내재된 힘에 의해 자동으로 이루어지지 않고, 오히려 하나님의 은혜와 그 은혜를 받아들이는 믿음으로 이루어집니다.

목회적 관점

기독교인들이 장례식을 위해 모일 때 설교자가 고인에 대해 잘 알고 있는 만큼 깊은 의미가 담긴 위로의 말씀을 충분히 나눌 것이라는 기대를 항상 품기 마련입니다. 어쩌면 예배를 인도하는 사람은 참석한 모든 사람이 삶과 죽음에 대해서 새롭게 인식하도록 모임에 감동을 더할 수도 있을 것입니다. 예배자들은 그런 기대를 가지고 예배가 시작되기를 기다립니다.

이윽고 사도 바울의 목소리가 갑자기 침묵을 깨고 예배당 안에 울려 퍼집니다. 이 소리는 많은 예배 전통에서 공통적으로 낭독되는 말씀으로, 신약성경 전체를 통틀어 가장 강력한 내용을 담고 있습니다. "무릇 그리스도 예수와 합하여 세례를 받은 우리는 그의 죽으심과 합하여 세례를 받은 줄을 알지 못하느냐 그러므로 우리가 그의 죽으심과 합하여 세례를 받음으로 그와 함께 장사되었나니 이는 아버지의 영광으로 말미암아 그리스도를 죽은 자 가운데서 살리심과 같이 우리로 또한 새 생명 가운데서 행하게 하려 함이라"(롬 6:3-4).

예배가 시작됐음을 알리는 바울의 목소리는 애처로운 톤이 아니라 폭발하는 듯한 소리로 예배당 벽을 울립니다. 로마서 6장에는 부드럽거나 감상적인 것이 없습니다. 인생의 많은 부분을 기독교인답게 살고자 노력했던 장례식 참석자들은 깜짝 놀라서 자신을 되돌아봅니다. '아이고! 내가 받았던 세례는 내가 생각했던 것보다 의미가 컸구나. 그날 많은 친구가 왔었지. 교회 사진에서 봤었던 기억이 나네. 세례식 이후 있었던 축하 모임은 기가 막혔지. 케이크가 예쁘긴 했지만, 그날 진짜 있었던 사실은 내가 죽었다는 거야. 내가 죽었다고? 그래, 정말 내가 죽었어.'

세례의 언어는 기독교인의 삶의 시작과 끝을 장식합니다. 누군가의 신앙 여정에서 세례는 시작과 끝 모두에 표시됩니다. 시작과 끝이 일관되도록 도와주는 또 다른 요소는 바로 많은 교회 내부에 있는 거룩한 전례 도구들입니다. 파스카 촛불은 누군가의 세례식을 위해 한번 불붙었다가 같은 사람의 장례식 때 다시 불타오릅니다. 이 초는 '삶'과 '죽음'이 서로 연결된 하나임을 강조하기 위해 타오릅니다.

부활절 철야 예배를 지키는 전례 전통에서 예배가 진행되는 어느 한 지점에 지정된 예배자가 파스카 초에 만들어진 작은 못 구멍에 왁스로 된 못 다섯 개를 눌러서 넣는 것이 하나의 관습이 됐습니다. 이때는 언제나 깊은 성찰의 순간입니다. 못은 초의 옆면을 장식하는 십자가의 외곽선을 따라 밀어 넣습니다. 이 일이 진행될 때 다른 예배자들은 부활절의 은혜를 묵상하며 조용히 어둠 가운데 앉아 있습니다. 이제 파스카 초의 영구적인 특징이 된 다섯 개의 붉은 못을 보며 그리스도의 다섯 상처를 떠올립니다.

'여러분은 알지 못합니까?' 바울은 본문에서 죽음과 부활에 대해 이렇게 말하면서 권면을 시작합니다. 그의 말에는 확고함이 느껴지는데, 이 세상 사람 모두가 지금 당신만 알아채지 못하고 있는 것을 이미 알고 있다는 듯 말합니다. 바울의 생각대로라면 세례는 죽음과 떨어질 수 없이 연결돼 있습니다. 그는 세례를 종교적 행복을 가져다주는 거짓된 의식 정도로 축소시키는 사람들이 갖는 모든 환상을 단박에 깨뜨립니다. 바울은 죽음을 함께 고려하지 않는다면 세례가 기독교인의 삶에서 아무 가치도 없다고 주장합니다. 동전의 양면과 같은 죽음과 부활은 그리스도와의 연합을 바르게 이해하는 신실한 틀이 됩니다.

매장하는 행동을 생각해 보십시오. 장지에 도착해서 치르는 장례 절차 중 상당수는 다양한 나이대의 사람들이 모였을 때 이루어집니다. 나이 든 친척이나 친구들은 차에서 나와 고르지 않은 땅을 비틀거리며 걸어서 녹색 천막 아래에 있는 덜컹거리는 의자로 이동합니다. 청년들은 죽음과 하관식에 대해 불편해하는 마음에 스스로 당황해서 선글라스로 자기 감정을 숨깁니다. 아이들은 야외에 나온 김에 주위에 있는 묘비 사이에서 술래잡기를 하며 뛰어다닙니다. 이렇게 다양한 사람들과 함께 장지에서 드리는 예배는 특별히 기억에 남는 하루를 만들어 줍니다. 근심거리 없는 아이들이 뛰어다니고, 청년들이 하관할 구덩이를 응시하고, 노년들이 '다음은 내 차례인가?'라는 생각에 잠겨 있는 모습을 보면서 누구나 삶의 리듬을 생각하지 않을 수 없을 것입니다. 두 살짜리 아이가 하관 전에 관을 쓰다듬는 모습을 볼 때 죽음과 부활이 눈에 확 들어옵니다.

어떤 묘지에서는 관이 내려가는 전 과정을 보기 원하는 가족들에게 추가 요금을 받기도 하지만, 많은 사람이 기꺼이 그 비용을 지불합니다. 시신이 땅으로 들어가는 것을 보는 일에는 매우 강력하고 결정적인 무언가가 있습니다. 강가에 내려가서 거룩한 세례를 받는 것 역시 마찬가지입니다. 세례를 받는 사람이 어떤 옷을 입고 물 안에 잠길 때 마치 물에 빠지는 것처럼 보이는데 이것은 보는 다른 사람에게 여운이 남는 인상을 줍니다. 죄에 대하여 죽고(2절) '세례를 받아 그분의 죽음 안으로 들어갔다는 것'(3절, 새한글)은 이제 그들에게 더 이상 추상적인 성경의 말씀에 머물지 않습니다.

바울은 죽음과 부활을 이해하는 방법이 언제나 우리의 삶을 그리스도와 연결하는 것임을 분명히 합니다. 우리는 혼자서 죽지 않고, 혼자서 부활하지도 않습니다. 죽음 및 생명과 합하여 받는 세례는 그리스도의 죽으심 및 부활과 합하여 받는 세례를 의미합니다.

로마서 6장 본문에서 '함께'를 찾아 굵은 글씨 등으로 강조하며 읽는 것도 아주 좋은 방법입니다. 예배 가운데 봉독할 때 특별히 이 단어만 강조해서 읽는 방법도 시도할 만합니다. 바울은 우리의 삶이 그리스도와 함께 연결된다고 여섯 번이나 말합니다. 그리스도께서 누리시거나 고통받으시는 모든 것을 우리 역시 누리고 고통받을 것으로 기대해야만 합니다.

그리스도와 함께 묶여 있다는 이 확신은 바울에게 모든 신자가 열망하는 초월적인 믿음의 척도를 제공합니다. 바울은 '우리는 알거니와 우리 옛 사람이… 십자가에 못 박혔다'라고 말합니다(6절). 그리고 불과 세 절 뒤에 똑같이 자신감 있게 '(우리가) 앎이로라'라고 합니다. "이는 그리스도께서 죽은 자 가운데서 살아나셨으매 다시 죽지 아니하시고… 앎이로라"(9절).

이 확신하는 믿음은 모든 설교자와 회중이 새 생명으로 나아가겠다는 갱신에 대한 헌신이 없다면 죽음이 일어난다는 것에 대해 알리지도 말고 언급하지도 말아야 한다는 것을 상기시켜 주고 있습니다.

주석적 관점

오늘 로마서 본문을 볼 때 전체 단락 중 왜 첫 두 절과 마지막 세 절이 성서정과에서 생략됐는지 이해하기가 어렵습니다. 그 구절들이 없으면 바울이 말하고자 하는 의미가 제대로 전달이 되지 않기 때문에 설교자는 이를 다 포함해서 연구해야 합니다. 1절에서 바울은 "그런즉 우리가 무슨 말을 하리요 은혜를 더하게 하려고 죄에 거하겠느냐"라고 묻습니다. 이 질문은 5:12~21의 논의에 이어 문제를 제기한 것입니다. 해당 부분에서 바울은 범죄가 일어난 원인이 바로 죄라는 것을 드러내기 위해서 죄를 더욱 치명적으로 만들어야 했고, 그것을 위해서 율법이 '옆으로 슬쩍 끼어들었다'(5:20, 사역)라고 합니다. 그 결과 예수 그리스도 안에 있는 하나님의 은혜가 죄책감과 노예로 복종하게 하는 능력 모두를 다루고 있기 때문에 은혜가 죄보다 더욱 풍성합니다.

만약 죄와 은혜 사이의 인과관계가 실제로 존재하지 않는 단순한 가설에 불과하다면, 더 많은 은혜를 경험하기 위해 우리가 더욱 많은 죄를 지어야 한다고 생각할 수도 있습니다. 그러나 인간의 곤궁함은 매우 현실적입니다. 우리는 죄의 힘과 그 동맹인 죽음에 의해서 치명적인 상처를 받을 뿐만 아니라, 우리 자신의 상처로 인해서도 유죄가 됩니다. 우리가 이것을 피할 수도 없음에도 불구하고 율법이 우리의 행동에 책임을 묻기 때문입니다. 우리에게는 병원과 감옥이 모두 필요하고, 예수님의 죽음과 부활은 이 두 가지를 모두 해결합니다. 이런 이유로 바울은 자신의 질문에 스스로 답합니다. "그럴 수 없느니라 죄에 대하여 죽은 우리가 어찌 그 가운데 더 살리요"(2절).

그리스도께서 죄에 대해 죽으셨기 때문에 우리도 죄에 대해 죽었습니다. 그리고 우리가 세례를 받음으로 인해 그리스도와 함께 죽습니다. 3절에서 바울이 묻습니다. "무릇 그리스도 예수와 합하여 세례를 받은 우리는 그의 죽으심과 합하여 세례를 받은 줄을 알지 못하느냐." (바울이 알지 못하냐고 묻지만, 사실 그는 우리가 이미 알고 있다고 가정했을 수 있습니다.) 노예라는 은유는 죄가 갖는 우주적 힘을 주인으로, 인간을 종으로 연결합니다. 죄는 바울이 '불법' 또는 '범법'이라고 부르는 단순한 인간의 실수가 아닙니다. 그것은 우리를 인질로 삼고 자기 목적을 위해 우리를 착취하는 우주적인 세력입니다.

베벌리 가벤타(Beverly R. Gaventa)는 죄에 대해 "죄는 자잘한 범죄가 아니고, 심지어 인간 기질이나 결함도 아니다. 인류를 노예로 만들며 하나님을 대적하는 강력한 권세이다"라고 묘사합니다.* 바울에게 '죄'는 거의 모든 경우에 단수이고, 그 반대말은 용서가 아니라 예수 그리스도 안에 있는 하나님의 은혜입니다. 하나님께서는 예수님의 죽음을 통해 죄와 죽음의 권세를 물리치셨고, 우리는 세례를 통해 하나

* Beverly Roberts Gaventa, "The Cosmic Power of Sin in Paul's Letter to the Romans:Toward a Widescreen Edition," *Interpretation* 58 (2004):231.

님의 승리의 수혜자가 됩니다. 종의 죽음은 주인의 권세를 끝장냅니다. 그래서 죄에 대해 죽은 우리는 그 죄에서 해방됩니다.

때때로 전치사는 바울의 문장에서 가장 중요한 단어들입니다. 본문 중 전치사 '함께'(with)와 '안에'(in)는 사도의 논리를 따라가는 데 결정적으로 중요합니다. 우리는 세례로 그리스도와 '함께' 죽습니다. 그리고 그리스도께서 영광 중에 오실 때 그리스도와 '함께' 살아날 것입니다. 그러나 지금부터 그때까지 우리는 새 생명 '안에' 걷습니다(4절). 이것은 바울의 보다 일반적인 표현인 '그리스도 안에서' 및 '성령 안에서'와 큰 틀에서 동의어나 마찬가지입니다(예를 들어 3:24, 6:11, 23, 8:1-2, 9:1). 하나님의 주권 아래에서, 예수님의 사랑에 사로잡혀, 성령님의 영역 안에 거하는 것이 기독교인의 삶의 자리입니다. 이 삶은 분명히 아직 부활한 삶은 아니지만(5절과 8절에 미래형으로 표현된 '우리가 연합한 자가 되었으면'과 '우리가 살 줄을'에 주목하십시오) 그리스도의 죽음과 부활, 그리고 하나님의 영에 힘입어 가능해진 새로운 삶입니다.

바울은 인간 경험 안에 여전히 남아 있는 죄의 현실을 어리숙하게 지나치지 않습니다. 심지어 세례받은 사람들 역시 악의 존재에 익숙하고, 죄와 죽음 그리고 우리 인생의 연약함과 필연적으로 죽을 수밖에 없다는 사실도 잘 알고 있습니다. 특히 부활절 철야에 우리는 이 세상에서 아직 참이 아닌 것이 무엇인지를 예리하게 알아차리게 됩니다. 우리 자신은 비록 전혀 그렇지 못하지만 오늘 한밤중이나 내일 아침에 그리스도께서 참으로 부활하셨다고 외치게 될 것입니다. 우리는 여전히 하나님의 세상을 계속해서 괴롭히는 악의 세력과 싸우고 있습니다. 우리는 여전히 우리 자신의 죽음이라는 현실과 마주하고 있습니다. 그런데 그리스도의 십자가와 부활로 인해 우리의 세례를 통해서도 능력을 발휘할 수 있게 됐습니다. 이 능력은 죄와 죽음의 실체를 없애지는 않지만 그 둘이 더 이상 우리를 필연적으로, 치명적으로 붙들고 늘어지지 못하게 합니다.

예수님이 주인이시기 때문에 더 이상 죄는 주인이 아닙니다. 하나님께서는 죄의 노예였던 우리를 의의 종으로 바꾸셨습니다(6:15-23). 따라서 진정한 의미에서 우리는 예전의 우리가 아닙니다. "우리가 알거니와 우리의 옛 사람(과거의 '인간성' 혹은 '인간 본성')이 예수와 함께 십자가에 못 박힌 것은 죄의 몸이 죽어 다시는 우리가 죄에게 종노릇하지 아니하려 함이니"(6절).

바울은 다음 단락에서 이 주권 전환의 성격과 기독교적 윤리의 결과들에 대해 보다 더 자세하게 설명할 것입니다. 여기에서는 그런 변화가 일어났다는 것만 말하는 것으로도 충분합니다. 왜냐하면 그리스도의 죄에 대한 죽음은 '단번에' 죽으심이고(10절), 우리는 세례를 통해 그분의 죽음에 참여해 '죄 가운데 사는 것', 다시 말해 죽음의 권세에 사로잡혀 사는 것을 멈추게 되기 때문입니다. 이것이 바울이 '너희 자신을 죄에 대하여는 죽은 자요 그리스도 예수 안에서 하나님께 대하여는 살아 있는 자로 여길지어다'(11절)라고 우리에게 강조한 이유입니다. 이런 주권의 이양, 즉 한 주인으로부터 해방돼 다른 주인에게 속하게 된 변화는 그리스도인의 경험에서 구체적으로 발견됩니다.

12절에서 비유는 종에서 왕으로 전환됩니다.

그가 '죄가 왕 노릇하지 않게 하라'(12절, 사역) 라고 말하는데, 이는 하나님만이 참된 왕이시기 때문입니다. "너희 지체를(즉 너희 몸을) 불의의 무기로 죄에게 내주지 말아라 … 의의 무기로 하나님께 드리라"(13절, 사역). 왜냐하면 우리가 '죽은 자 가운데서 다시 살아난 자'(13절)이며, 죄가 아닌 하나님께서 왕이시기 때문입니다. 한때 율법의 권세 아래 있던 우리가 이제 은혜의 능력 아래에서 의로운 삶을 살 능력을 얻었습니다(14절).

설교적 관점

설교자들 중 바울에게서 설교학적 체계를 찾는 데 어려움을 겪는 사람이 적지 않습니다. (진본이거나 진본으로 추정되는) 바울서신에 신학이 가득함에도 다수의 지금 세대 설교자들이 신학적인 설교를 완전히 포기해 버렸기 때문입니다. 어쩌면 설교자들이 스스로 지쳐서 회중들이 '교리'에 익숙하지도 않고 관심도 없다는 확신에 빠진 것인지도 모르겠습니다. 한편 다른 설교자들은 설교적 바리새인이 돼 회중들의 어깨에 주석과 개념 분석이라는 '무거운 짐'을 쌓아 놓았습니다.

어느 경우든지 설교자들은 본문 자체를 신뢰하지 않는 듯 보입니다. 다시 말해 성경이 스스로 일하도록 내버려두지 않는다는 말입니다. 마취제와 수술칼이 하나의 의학적 사실을 밝혀 줄 수는 있어도 생명을 통하지 않고는 그 사실을 알 수 없습니다. 하지만 성경 본문을 해부하듯 다루는 사람들은 본문의 일부가 전체보다 클 수 없으며, 더 깊은 진리는 오직 살아 계신 하나님의 말씀 안에서만 얻을 수 있다는 사실을 잊어버립니다. 유사한 사례로 근사한 이야깃거리나 교훈, 혹은 다른 수사적 수단을 통해 '만남'을 촉진하려는 의도를 가지고 본문의 신학적인 핵심들을 무시하는 사람들이 있습니다. 그들은 신학이 신과 인간의 만남을 문서로 기록했고, 교회가 이미 그 만남을 정례화하고 재적용할 수 있는 성례라는 수단을 우리에게 허락한 것을 잊고 있습니다.

'성례'는 (역사적으로 이미 그렇게 해 왔듯이) 다양한 방식으로 정의할 수 있습니다. 그러나 이런 다양한 정의들은 하나의 공통된 의미를 지향합니다. 이것은 우리가 성례라고 인식하는 특정한 예전적 행위와 예식의 내용을 채우는 것들이 '더 많을수록' 더 '의미가 넘치는' 상태가 되고 그것을 목표로 삼는다는 것을 말합니다. 물론 다양한 전통들은 저마다 어느 것을 성례로 인정하는지, 성례를 어떻게 분류하는지 방식이 다릅니다. 그러나 여전히 이런 예전적 행위들은 예수님의 명령에 순종하는 행위이며 (그래서 '의식'이라는 용어로 부르기도 합니다), 깊은 신뢰의 기도입니다. 이런 성스러운 순간은 하나님의 생명과 지금도 계속되고 있는 하나님의 사역으로부터 흘러나오는 동시에 그 안을 채우고 있습니다. 인간의 행위인 것은 분명하지만 그럼에도 불구하고 신앙인들은 이런 현세적인 순종이 하나님의 은혜에 뿌리를 둔 각각의 특별한 순종이고 신성한 활동이라고 믿습니다.

따라서 성례는 기억과 희망을 모두 담은 예전적 행동이며 아남네시스(anamnesis), 즉 '소환'(summons)을 통해 능력을 부여받습니다. 사람들의 기도는 과거의 신앙적 역사와 하나님의 임재를 예배의 순간과 그때 사용되는 모든 성례전 요소들 안으로 불러들입니다. 성례전 참여는 신자들로 하여금 하나님의 언약적 목적에 접붙이는 것이고, 그들의 신앙과 소명을 지탱하게 하며, 공동체를 증언이 행해지는 곳으로 재구성합니다.

이런 성례전적이고 신학적인 관찰들은 부활절 철야 예전에서 설교학적으로 적어도 두 가지 면에서 중요합니다. 첫 번째는 경고인데, 지혜롭지 못한 설교자들이 상징에서 주해로 너무 빨리 넘어가서 특히 부활절에 기독교 신학의 핵심을 선포하는 성례전의 능력을 간과한다는 점입니다. 성례전이 만약 우리가 말로만 설명할 수 있는 것들을 실제로 전달할 수 있다면, 그 예전을 통해 말만으로는 다 못 담는 신학적 콘텐츠와 체험적 요소를 느낄 수 있을 것입니다. 신앙이 있는 삶 전체, 신학의 모든 내용, 교회의 역사가 이런 거룩한 제스처에, 또 예전화한 기억의 행위에 농축돼 있다고 하는 것은 과장된 표현이 아닙니다. 성례전이라는 수단에 의해서 언제나, 어디에서나 그리고 지금 전달됩니다.

이것이 두 번째로 중요한 관찰로 이어집니다. 오늘 밤 성서정과에서 바울 자신은 자기 신학의 정수를 전달하기 위해서 실제 세례식의 구체적인 상징을 사용합니다. 바울은 기꺼이 물이 말하도록 합니다. 이와 같이 우리도 그의 모범을 따라 물과 빛과 성경 자체와 모인 공동체가 때때로 번역 과정에서 잃어버리곤 하는 깊은 진리에 대해 증언하도록 해야 할 것입니다.

부활절 철야는 예수님을 따르던 사람들에 대한 아주 오래됐지만 여전히 새로운 이야기로부터 시작됩니다. 아직 어두울 때 한 명 또는 몇 명의 여인들이 (그리고 나중에는 남성들이 마지못해 어쩔 수 없이) 정원 무덤을 향해 갑니다. 아주 오랫동안 이 코미디에 가까운 의례가 사라지지 않고 이어졌습니다. 기독교가 태동하던 시절, 신앙에 회의적이었던 사람들은 연례행사로 진행된 한밤중의 의례를 보고 어리둥절했습니다. 기독교인들이 묘지로 가서 초를 켜고 노래하며 기도했기 때문입니다. 심지어 오늘날의 신자들조차 이 밤과 새벽 시간에 여기에서 뭐를 하고 있는 것인가 궁금해하기도 합니다.

이해를 돕기 위해 한 장면을 상상해 봅시다. 교회에서 멀지 않은 큰 공동묘지에 우리가 몇 안 되는 사람들과 모여 있습니다. 그들은 옷깃을 여미고 꾸벅꾸벅 졸면서 떨고 있습니다. 외로운 촛불은 어둠에 눌려 있고, 죽은 사람이 살아 있는 사람보다 훨씬 많습니다. 이른 봄바람이 거룩한 땅을 지키고 있는 나무의 앙상한 가지 사이로 불어서 촛불이 춤을 추게 하거나 뒤틀리게 합니다. 거기 있는 작은 불빛은 깜빡이다 결국 모두 사라져 버렸습니다. 곧 우리는 무덤에서 예배당까지 이어지는 콘크리트 산책로를 따라서 어둠에서 빛으로, 죽음의 기억에서 새로운 삶에 대한 희망으로 찾아 나서는 순례길을 떠날 것입니다.

그 자리에 모인 적은 사람들은 지금은 자리에 없는 다수를 대표하고, 우리 모두는 어제에 붙잡혀 있으면서도 내일을 향해 나아갑니다. '밤'은 단지 하루의 시간뿐만 아니라 우리 영혼의 상태를 묘사합니다(요 13:30). 우리 중 반은 습관적으로, 나머지 반은 간절한 희망으로 이 자리에 섰습니다. 그 희망이라는 것도 우리가 고백하기는커녕 제대로 알아차리지도 못하는 경우가 대부분입니다. 그래서 주님께 우리의 믿음 없음을 불쌍히 여겨 달라고 할 뿐입니다. 이 시간 선포하려고 하는 바로 그 말, "알렐루야! 그리스도께서 부활하셨습니다! 주님은 참으로 부활하셨습니다!"는 우리가 믿는 고백이자, 그동안 수없이 반복해 온 선포입니다. 이 말을 우리는 오늘 또다시 선포합니다. 우리는 이 선포로 모든 것이 바뀌었다고 믿고 싶어 합니다. 그러나 우리는 모이기 전보다 더 짙어진 어둠 속으로 돌아갈 것입니다. 무엇보다 여전히 아무것도 달라진 게 없어 보입니다. 그러나 오직 부활만이 죽음의 어둠에 답할 수 있습니다. 부활은 하나님의 최후의 말씀이자 복음의 첫 말씀, 즉 생명입니다. 부활절에 외치는 선포는 물론이고 부활절 철야 예배 때 읽는 이 본문도 마찬가지로 죽음과 생명, 어둠과 빛 모두를 붙잡고 있습니다. 다양한 시도를 하고 있지만 그 어느 것도 부정할 수 없습니다.

세례가 죽음과 부활 모두의 상징인 것처럼 부활절 철야와 모든 부활 설교도 마찬가지입니다. 묘지에서 추위 가운데 덜덜 떨며 설교하든, 아니면 헨델의 반주에 맞춰 환호하든 부활절은 죽음의 실체를 인정하면서도 더 위대한 생명의 현실을 선포합니다. 이 순간에 우리가 보고 행동하는 것보다, 우리가 말하거나 설명하는 것보다 더 많은 것들이 있습니다.

이것이 바로 성례전의 진리입니다. 이것이 바로 성례전적 만남의 신학입니다. 이것이 바로 부활절 첫 번째 예배인 철야의 희망과 용기입니다.

부활절 철야

마태복음 28:1~10

1 안식일이 다 지나고 안식 후 첫날이 되려는 새벽에 막달라 마리아와 다
른 마리아가 무덤을 보려고 갔더니
2 큰 지진이 나며 주의 천사가 하늘로부터 내려와 돌을 굴려 내고 그 위에
앉았는데
3 그 형상이 번개 같고 그 옷은 눈같이 희거늘
4 지키던 자들이 그를 무서워하여 떨며 죽은 사람과 같이 되었더라
5 천사가 여자들에게 말하여 이르되 너희는 무서워하지 말라 십자가에 못
박히신 예수를 너희가 찾는 줄을 내가 아노라
6 그가 여기 계시지 않고 그가 말씀하시던 대로 살아나셨느니라 와서 그
가 누우셨던 곳을 보라
7 또 빨리 가서 그의 제자들에게 이르되 그가 죽은 자 가운데서 살아나셨
고 너희보다 먼저 갈릴리로 가시나니 거기서 너희가 뵈오리라 하라 보
라 내가 너희에게 일렀느니라 하거늘
8 그 여자들이 무서움과 큰 기쁨으로 빨리 무덤을 떠나 제자들에게 알리
려고 달음질할새
9 예수께서 그들을 만나 이르시되 평안하냐 하시거늘 여자들이 나아가 그
발을 붙잡고 경배하니
10 이에 예수께서 이르시되 무서워하지 말라 가서 내 형제들에게 갈릴리
로 가라 하라 거기서 나를 보리라 하시니라

신학적 관점

마태의 복음은 하늘과 땅이 교차하는 시점에 천사와 징조들을 눈에 띄게 배치합니다. 칼 바르트는 탄생과 유혹 내러티브 이후에 보이지 않았던 천사들이 이 이야기에 돌아왔음에 주목합니다.* 대체로 바르트가 맞게 지적했습니다. 그렇지만 마태복음 17장에서 엘리야와 모세가 예수님과 함께 변화산에서 이야기할 때 천상의 인물들이 잠시 등장하기도 합니다. 이처럼 마태복음에서 성육신, 변모, 부활과 같이 하나님께서 이 세상에 특별히 임하시는 결정적인 순간에는 이야기에 비범한 인물과 행동이 필연적으로 등장합니다.

이 본문도 예외는 아닙니다. 두 마리아가 봉인된 무덤에 다가갈 때 모든 하늘이 열리는 것처럼 보입니다. 지진이 발생했지만 무덤이 열리는 계기가 되지는 못했습니다. 오히려 천사가 그 장면에 등장해서 지진이 발생했습니다. 그 천사는 예수님과 그분의 생애를 완전히 분리하는 것처럼 보였던 돌을 굴렸고, 그 위에 앉아 하나님의 승리를 분명히 보여줬습니다. 이 천사의 등장은 다니엘 10:5~6과 요한계시록 1:14에 눈보다 더 하얀 옷을 입고 번개처럼 보이는 모습으로 묘사돼 있습니다. 마태는 천사의 행동과 표적과 징조를 통해 하나님께서 새롭고 결정적인 방법으로 이 세상에 개입하신다고 주장합니다. 하나님께서 새롭게 하시는 통치는 이런 상징적 어휘와 이미지를 통해 실제로 전달됩니다. 결국 무덤을 지키도록 배치된 병사들은 어쩔 수 없는 상황으로 인해 거의 죽을 듯이 충격을 받습니다.

마태의 핵심적인 신학적 관심은 부활이 결코 단순하게 자연적인 방법으로 일어났다고 말할 수 없다는 점입니다. 이 사건은 인간의 능력이나 가능성으로 되는 일이 아닙니다. 전적으로 하나님의 능력과 결단에 달린 문제입니다. 만약 선과 자비가 종교적인 자기 의와 절제라는 맹공을 견뎌낼 수 있다면, 그것은 선한 사람이 그저 열심히 노력했기 때문이 아닙니다. 만약 가장 훌륭한 삶을 살아 낸 사람의 목숨까지 끝장내는 그 죽음을 초월할 수 있다면, 그것은 그런 선한 사람이 그저 자연스럽게 그렇게 살았기 때문이 아닙니다. 오히려 우리가 죽음이라고 부르는 삶의 경계에서 하나님께서 행동하셨고, 모든 것을 새롭게 하시는 무엇인가를 하셨기 때문입니다. 천사와 지진은 부활 서사에서 뺄 수 없는 요소입니다. 왜냐하면 마태에게는 그것이 우리가 우리 자신의 것이 아닌 하나님의 가능성에 직면하고 있음을 명백하게 보여줄 수 있었던 유일한 방법이었기 때문입니다.

압도적인 두려움으로 병사들을 쫓아낸 천사는 다시 여인에게 안심시키며 말합니다. "무서워하지 말라"(5절). 천사는 이 위안을 주는 말에 여인들의 목적을 확인하는 말을 더합니다. "십자가에 못 박히신 예수를 너희가 찾는 줄을 내가 아노라." 그들은 쓰러진 지도자를 찾고 있었습니다. 그들이 천사라는 극적이고 강력한 존재를 두려워할 필요가 없었던 이유는 그들의 사망한 지도자가 '여기 계시지 않고 그가 말씀하시던 대로 살아나셨기' 때문입니다(6절). 핵심을 이해시키기 위해서 천사는 거의 당연하다는 듯 말합니다. "와서 그가 누우

* Karl Barth, *Church Dogmatics*, III/2, *The Doctrine of Creation* (Edinburgh:T. & T. Clark, 1960), 453.

셨던 곳을 보라"(6절). 시제가 과거입니다. 그가 누워 계셨던 곳이지만 이제는 더 이상 누워 계시지 않는 빈 곳, 즉 빈 무덤에 와서 보라는 것입니다.

마태에게 빈 무덤은 신학적으로 생략할 수 있는 부차적인 요소가 아닙니다. 핵심이 아닐지라도 결코 빼놓을 수 없습니다. 빈 무덤이 없다면 부활 신학은 자칫 선이 어떻게든 견디고 견뎌서 악을 이겨 내는 정도의 일반적인 도덕론 정도로 축소됩니다. 그러나 부활의 희망은 선이 악에 맞서 버텨 낸 최근 경험만큼 강력할 것입니다. 인류 역사의 장대한 흐름을 보면, 우리 대부분이 희망을 품기에는 그런 희망을 꺾는 현실이 너무나 많습니다.

무덤이 비었다는 주장은 일반적인 희망의 선언과는 다릅니다. 그것은 상처와 악이 치유와 온전함을 압도하는 인류의 현실에도 불구하고 하나님께서 예수님이 겪은 고난과 상처를 극복하기 위해 이 일을 행하셨다는 점을 말합니다. 이 사건은 하나님의 통치가 완전히 실현되면 우리 모두에게도 동일한 일이 실현될 것이라는 약속의 표지입니다. '그가 여기에 계시지 않고'는 없어서는 안 될 선언입니다. 그러므로 이 세상에 깊은 희망이 있습니다.

마태가 여기서 더욱 강조하고자 하는 것은 예수님이 제자들보다 앞서서 갈릴리로 가실 것이고, 거기에서 그들을 만나실 것이라는 점입니다. 이것은 제자들에게 26:32에서 맺으신 언약, 즉 양이 흩어질지라도 갈릴리에서 다시 모으실 것이라는 약속을 성취하신 것입니다.

예수님이 십자가에 달리셨을 때, 제자들은 안전한 곳을 찾아 급하게 흩어졌고 베드로는 예수님과 관련이 없다고 명백히 부인했습니다. 그들은 예수님이 반복해서 말씀하셨던 고난받는 메시야의 비전을 받아들이지 못했습니다. 메시야가 제자들에게 자신처럼 고통과 희생을 감수하며 섬김의 길을 걸으라고 부르셨기 때문입니다. 예수님이 이 비전을 죽음으로 성취하셨을 때 그들은 뿔뿔이 흩어졌습니다. 이제 부활에 대한 천사의 본격적인 메시지가 들립니다. "십자가에 달리신 그분이 살아나셨습니다. 그리고 여러분보다 먼저 갈릴리로 가십니다. 그곳에서 여러분을 부르셔서 용서하시고 사명을 새롭게 부여하실 것입니다."

갈릴리는 예수님이 흩어졌던 양들을 다시 모으겠다고 약속하셨던 장소일 뿐 아니라 하나님의 통치를 본격화하는 자신의 사역을 시작하신 곳이기도 합니다. 그곳에서 예수님은 제자들을 부르셨고, 군중을 가르치셨으며, 병든 자를 고치셨습니다. 열두 제자를 부르셨고, 고통받는 이를 긍휼히 여기셨습니다. 지친 자에게 휴식을 주셨고 비유로 말씀하셨으며 군중을 먹이셨습니다. 아이들을 축복하셨고 부자에게 도전하셨으며 고난받을 메시야에 대해 가르치셨습니다. 따라서 예수님이 제자들에게 갈릴리에서 만나자고 하신 신학적인 의미는 아주 명확합니다. 부활하신 예수님은 과거뿐만 아니라 앞으로 사역이 펼쳐질 장소에서 만날 수 있다는 것입니다. 은혜로 가득한 모든 사역의 장소에서 그의 사람들과 함께 고치시고 먹이시며 가르치시고 심지어 고통까지 당하셨습니다.

부활하신 예수님과의 만남은 혼자만의 고립된 영적 체험으로는 불가능합니다. 그 만남은 지금도 그분이 지속하시는 사명의 한가운데서 이루어집니다. 예수님은 그 사명에 동참하도록 우리를 초대하십니다.

목회적 관점

예수님의 탄생을 전하는 누가의 기록과 예수님의 부활을 전하는 마태의 기록을 같이 읽으면 '무서워하지 말라'라는 위안의 말씀을 동일하게 발견할 수 있습니다. 이 어구는 복음서 전체를 감싸고 있는 것처럼 보입니다. 누가에 따르면 이 말은 천사 가브리엘이 마리아가 하나님의 은혜를 입어 예수라는 아들을 잉태할 것이라는 소식을 전하기 위해 나타났을 때 마리아에게 처음 한 말 중 하나입니다(눅 1:30). 후에 아기 예수님이 태어났을 때 들판에 있던 목동들에게 가장 먼저 전해진 말도 '무서워하지 말라'였습니다(눅 2:10).

마태에 따르면 막달라 마리아와 다른 마리아가 예수님의 빈 무덤과 지진을 보면서 경이로움에 떨고 있을 때 천사가 똑같은 말로 안심시킵니다. '무서워하지 말라'(5절).

여인들이 제자들에게 이 일을 말하기 위해 떠났을 때 예수님이 그들 앞에 나타나셨습니다. 예수님은 '평안하냐'라고 짧게 인사하신 후 바로 전과 똑같이 '무서워하지 말라'라고 말씀하셨습니다(9-10절).

여러분에게 누군가 이와 비슷한 말씀을 했던 게 언제입니까? 그리고 그분은 어떤 위치에서 말씀하셨습니까? 누군가 그런 이야기를 했을 때 당신은 그것을 믿으셨습니까?

제가 어렸을 때 두려움에 사로잡힐 때면 엄마나 아빠가 꼭 안고 눈물도 닦아 주고 머리를 쓰다듬으며 "이젠 무서워할 필요가 없단다. 두려워할 것이 아무것도 없어"라고 말씀하셨습니다. 그러면 저는 그 말을 믿었습니다. 그게 큰 위안이 됐는데, 그런 경험도 벌써 꽤 오래전의 일이 돼 버렸습니다.

어른들에게 두려움은 훨씬 복잡해지고 안심을 주는 말은 더 듣기 어려워집니다. 나이가 들수록 '인생이 모든 사람을 망가뜨린다'라는 어니스트 헤밍웨이(Ernest Hemingway)의 경구가 언젠가는 실현될 것이고, 그렇지 않더라도 최소한 끊임없이 지치게 만든다는 현실에서 벗어날 수 없습니다. 어른이 될수록 우리는 죽음이 얼마나 탐욕스러운지 점점 실감합니다. 결국 우리가 사랑하는 모든 사람을 데려가기 때문입니다. 나이 든 사람들이 이런 거대한 현실의 벽 앞에서 흔들리며 두려움에 빠질 때 안심할 수 있는 말은 그 어디에서도 찾을 수 없는 것처럼 보이기도 합니다.

사실 우리는 이 세상이 어떻게 돌아가는지 충분히 알고 있기 때문에 만약 누군가가 무서워하지 말라고 하면 오히려 의심부터 하게 됩니다. 예를 들어 비행기에서 이런 방송이 나온다고 생각해 보십시오. "신사 숙녀 여러분, 오늘 밤 비행 중에 예기치 못한 난기류를 만날 수 있습니다. 하지만 걱정할 거리가 되지 않으니 안심하십시오." 그러면 대개 이런 생각이 들 것입니다. '어라? 원래는 별로 걱정 안 했는데… 기장이 왜 저런 말을 했을까?'

목회자로서 저는 질병과 죽음을 가까이에서 보는 경우가 많았습니다. 이런 경우에 두려움과 상실감에 사로잡혀서 뭐라고 위로의 말을 전해야 할까 고심을 많이 했습니다. 하지만 결국 저는 아무 말도 하지 못했습니다. 제 입에서 나올 수 있는 말 중에서 진짜 위로가 되는 말은 없기 때문입니다. 물론 저만 그런 것은 아닙니다. 의사들도 마찬가지입니다. 결론적으로 의사들은 "무서워하지 말라"라고 말할 권한이 없습니다. 그들은 미래를 알지 못하기 때문입니다. 그들은 불확실한 상황을 해결할 방법이 없습니다. 의사가 환자와 모든 길을 동행하지는 못하기 때문입니다. 의사뿐만 아니라 우리 모두도 마찬가지입니다.

그럼에도 천사들은 성경에서, 그리고 때로는 우리 삶 속에도 다가와 "두려워하지 말라"라고 말합니다. 이는 천사의 단골 인사와도 같습니다. 그래서 우리는 이 말을 들으면 천사가 왔다는 것을 알아차립니다. 천사가 아니라면 누가 감히 이 말을 권위 있게 전할 수 있을까요?

곰곰이 생각해 보면 예수님은 그렇게 하실 수 있고, 지금도 그렇게 하십니다. 예수님은 복음서에서 여러 차례 "두려워하지 말라"라고 말씀하셨습니다. 이 말씀은 또 다른 방식의 임재였습니다.

천사가 "무서워하지 말라"라고 한 말과 예수님이 "두려워하지 말라"라고 하신 말씀은 아무 문제도 일어나지 않을 것이라는 보장을 뜻하지는 않습니다. 종종 많은 문제가 일어나기 때문입니다. 그렇다고 모든 일이 결국 잘 풀린다는 뜻도 아닙니다. 솔직히 거의 그렇지 않은 경우가 많으니까요. 오히려 그 말씀은 우리에게 다른 종류의 확신을 줍니다. 어떤 일이 우리에게 일어나든, 어떤 하루를 보내든, 하나님께서 우리를 강하게 하시고 붙들어 줄 능력을 가지고 계시다는 확신을 줍니다. 우리가 만날 그 어떤 것보다 하나님께서 강하시다는 확신을 줍니다. 하나님께서 끝까지 이기신다는 확신, 심지어 끝나기 전이라도 하나님의 사랑이 승리한다는 확신을 줍니다. 오직 하나님만이 그런 확신을 주실 수 있고 종국에는 오직 하나님 혹은 하나님의 사자 중 하나만이 '무서워하지 말라'라고 권위 있게 말할 수 있습니다.

중요한 것은 그 내용을 이루는 단어가 아닙니다. 누구로부터 말이 나왔는가입니다. 쇠렌 키르케고르(Søren Kierkegaard)는 신학생과 하나님의 아들이 "영생이 있다"라고 똑같이 참된 말을 할 수는 있지만, 여기서 생기는 결정적인 차이가 있음에 주목했습니다. 진정한 확신은 오직 한 분에게서만 권위 있게 선포된다는 점입니다.

'무서워하지 말라'라는 말은 오늘 복음서 이야기에서 등장인물의 마음속에 뿌리내리고 있는데, 그 이유는 이 말씀이 그런 확신을 주는 권위가 있는 유일한 분으로부터 나왔다는 사실을 받아들였기 때문입니다. 불확실한 인생과 확실한 죽음 앞에서 대놓고 권위 있게 이런 말을 할 수 있는 분은 오직 한 분이십니다. 따라서 만일 우리가 힘과 위로를 주고 확신에 찬 말을 전하고 싶다면 하나님의 말씀을 대언하는 메신저로서 말해야 합니다.

그러나 이 오래된 이야기에서 이런 말들이 자신들의 영혼 깊숙이 확신하며 새겨져 있는 사람들은 결국 찬양할 것이고 다른 이에게 복을 흘려보낼 것입니다. 이런 인생들 가운데 이미 성취된 약속으로서 오래된 축도가 울림으로 남아 있습니다. "하나님을 너무나 두려워하여 다른 모든 것들은 전혀 두려워하지 않게 되기를 기원합니다."

주석적 관점

부활절 아침, 한 주의 첫날 이른 아침부터 예수님의 무덤을 찾아온 여인들의 입장이 돼 보는 것은 어려운 일입니다. 우리가 부활절에 대해 모르기 때문이 아니라 오히려 너무 잘 알고 있기 때문입니다. 그런데 우리와 달리 여인들은 전혀 모르고 있었습니다. 하지만 여전히 이 이야기를 그들의 관점에서 볼 수 있습니다. 마태가 그들이 말하고 행동한 것뿐만 아니라 어떻게 느꼈는지까지 우리에게 말해 주고 있기 때문입니다. 마태는 이 이야기를 그들의 관점에서 전합니다.

이 일은 한 주의 첫날 동이 터올 때 조용히 시작됩니다. 막달라 마리아와 다른 마리아가 무덤을 보러 갑니다. 우리는 이 '다른 마리아'가 누구인지 모릅니다. 예수님의 어머니를 일컫기에는 이상한 말입니다. 마가는 '야고보의 어머니 마리아'라고 합니다. 어느 경우에도 이 이야기에서 '보는 것'이 중요한 주제임을 알게 됩니다.

두 마리아가 무덤을 보러 갑니다(2절). 경비병들은 천사를 보자 두려움에 사로잡혀 기절합니다(4절). 그러나 천사는 여인들에게 예수님이 누워 계신 곳을 보라고 하면서(6절) 갈릴리에서 예수님을 보게 될 것이라고 덧붙입니다(7절). 사실 그보다는 더 빨리 예수님을 보게 될 것입니다.

'보라'(9절, 새한글, 아래 이어지는 논의도 참고하십시오), 예수님이 그들을 만나셨습니다.

조용히 시작된 것에 비해 이야기가 급격히 설명하기 난해하고 무서운 쪽으로 소란스럽게 전개됩니다. 큰 지진이 일어납니다. 사람이라면 작은 지진만으로도 긴장하기 마련입니다. 찬장 안 접시들이 덜컹거리고, 서랍 안의 수저와 젓가락이 튀어나오려고 합니다. 집의 기초가 갈라지고 무너질 것만 같습니다. 이에 밖으로 피하라고 전문가들이 조언합니다.

새벽의 고요함은 지진 발생과 천사의 등장이라는 서로 모순되는 이미지로 인해 깨집니다. 천사는 번개처럼 번쩍이면서 흰옷을 입고 지진의 진동에 올라타 있습니다! 천사는 무덤 앞의 돌을 굴려 버릴 수 있을 정도로 힘이 셉니다. 그리고 고요하게 그 위에 앉아 있습니다. 천사를 보자 지키던 자들이 마치 죽는 것처럼 몸을 떨고 쓰러지는 것이 전혀 이상하지 않습니다. 사실 군병들은 두려움에 떨었습니다. '떨며'(4절)와 '지진'(2절)은 헬라어로 보면 어근이 같습니다. 경비병들은 두려움에 떨고 또 떨다가 기절합니다.

반면 천사는 여인들을 향해 "무서워하지 말라"라고 말합니다. 과연 얼마나 안심이 됐을까요? 땅이 흔들릴 뿐 아니라 죽은 자들도 다시 살아났으니 얼마나 놀랐겠습니까? 마가복음은 천사와 빈 무덤을 목격한 여인들이 '놀라 떨며' 도망친 것으로 끝을 맺지만, 마태복음은 다릅니다.

마태의 이야기에서도 여인들이 천사와 무덤으로부터 도망가기는 합니다. 그러나 '빨리 가서 제자들에게 이르라'라는 천사의 지시에 따라 제자들을 향해 달리기 시작합니다. 지금 지진이나 천사, 굴린 돌이나 빈 무덤과 같이 이야기의 흥미를 돋우는 요소에 너무 빠져들지 않는 것이 중요합니다. 그 긴박함을 간과할 수 있기 때문입니다. NRSV는 2절의 '보라'(idou)를 급박함에 집중해서 '갑자기'(새번역)로 번역했는데 그 시각적인 느낌은 살리지 못했습니다. '여기를 보시오!'가 더 나은 번역일 것입니다. 또한 7절과 8절에서 여인들이 예수님의 제자들에게 자신들이 본 것을 알리기 위해 무덤을 떠나 뛰기 시작하는데, '빨리'가 반복되는 것에 주목해야 합니다. 이때 다시 갑자기(idou) 예수님이 그들을 만나 주십니다.

이 첫 부활절은 흥분과 긴박감으로 터질 것만 같습니다. 이건 마치 다섯 살짜리 아이가 넘어지든지 말든지 신경 쓰지 않으며 내달리는 것과 같습니다. 설혹 넘어진다고 해도 몇 번 구른 뒤 다시 일어나서 전속력으로 다시 달리려고 하는 것만 같습니다. 여인들은 예수님이 제자들보다 먼저 갈릴리로 가시고 그곳에서 다시 그들을 만나실 것이라는 소식을 전하기 위해서 달립니다.

그들은 두려움과 기쁨 모두를 마음에 품고 달립니다(8절). 복음서 기자는 여인들의 놀라움을 묘사하기 위해서 다시 한번 상반된 표현을 해야 합니다. 그들은 기쁘기 때문에 두려운 마음으로 가득 차 있습니다. 이것은 우리가 사랑에 빠졌을 때, 아이가 새로 태어났을 때, 그랜드캐니언의 끄트머리에서 몸을 기울여 안을 내려다볼 때 기쁘고 즐거우면서도 두려운 감정이 동시에 솟는 것과 같습니다. 여인들이 기쁨에 겨워 두려워하며 제자들이 있는 곳으로 달리는 중에 예수님을 만납니다. "안녕하십니까"(평안하냐). 예수님이 말씀하십니다. 복음서 기자는 예수님이 '카이레테'(chairete)라고 말씀하셨다고 기록합니다. 이 말은 기본적인 그리스 인사말인데, '안녕하십니까'뿐만 아니라 '기뻐하라'라는 뜻을 담고 있습니다.

따라서 여인들은 그대로 합니다. 그들은 예수님에게 다가가 발을 붙잡습니다. 그리고 엎드려 경배합니다. 이윽고 예수님이 천사가 했던 말을 반복하시며 무서워하지 말라고 하십니다. 그리고 '가서 내 형제들에게 말하라' 하십니다(10절).

마지막으로 이 이야기에서 부활 소식이 어떻게 전달되고 이어지는지 주목하십시오. 천사는 여인들을 향해 제자들에게 가서 말하라고 합니다. 그들은 제자들에게 달려갑니다. 그들은 '내 형제들에게' 말하라고 하시는 예수님에게 달려갑니다. 여인들은 그 소식을 가지고 다시 달립니다. 이 이야기는 또 메신저에게 초점을 맞춥니다. 여인들이 천사와 빈 무덤, 그리고 예수님을 본 것에 초점을 두며 여인들이 어떻게 느꼈는지를 주의 깊게 봅니다. 그리고 다시 천사의 부탁에 따라 여인들은 '무서움과 큰 기쁨으로 빨리' 제자들에게 말하려고 달립니다(8절). 그다음 '무서워하지 말라' 말씀하시며 그들보다 앞서 갈릴리로 가시는 예수님을 두 번째로 만납니다. 만약 여인들이 그분의 말씀을 듣고 귀를 기울인다면 무엇이 남겠습니까? 여인들에게 두려움이 사라졌을 때 무엇이 남았을까요? 바로 큰 기쁨입니다!

설교적 관점

부활절 철야는 많은 기독교 교회가 무시하고 있지만 실제로는 큰 경축일입니다. 아우구스티누스는 이날을 모든 철야의 어머니라고 불렀습니다. 부활절 철야 예전에는 독서가 많은 편인데 (보통 7편, 전통에 따라서 많으면 12편까지), 각각의 독서 후에 시편을 읽습니다. 이 예배는 어둠 속에서 시작해 점차 밝아지면서 성경의 구원 역사 전체를 하나하나 읽어 갑니다.

마태의 부활 이야기는 오늘 경축을 위한 마지막 봉독에 어울립니다. 마태복음은 구약성경의 역사와 하나님의 은혜가 전개되는 이야기에 가장 적절하게 연결되는 복음서입니다. 동시에 어둠에서 빛으로 나아가는 철야의 주제와도 서사적으로 유사합니다. 사람들이 어둠 가운데 철야예배를 시작하고 빛을 향해 나아가듯이, 마태의 이야기에서도 '막달라 마리아와 다른 마리아가'(1절) 새벽 어둠 가운데 와서 동틀 때 부활에 대해 알아챕니다.

마태의 부활 이야기로 설교하면 내용이 풍성한 마태복음의 이점을 활용할 수 있습니다. 마가의 이야기(막 16:1-8)는 지면을 아끼다 급작스럽게 끝납니다. 누가의 부활 보도(눅 24:1-12)는 천사들이 부활을 예수님이 예고하신 것들과 연결하면서 자세하게 기술합니다. 그러나 여전히 독자들은 무엇이 일어났는지에 대해 궁금할 수밖에 없습니다. 요한의 부활 이야기(요 20:1-18)에는 공관복음과는 달리 예수님이 막달라 마리아에게 홀로 나타나셔서 자신을 만지지 말라고 신비스럽게 말씀하시는 모습이 그려집니다. 여기서 친밀함이 느껴지지만 세밀하게 묘사되지는 않습니다.

이와 달리 마태는 많은 정보를 제공합니다. 무덤에 경비병을 두고 무덤을 큰 돌로 막은 이유에 대해 말합니다(27:62-66). 그는 무덤에 아침 일찍 찾아온 두 방문객에 대해 말합니다. 마태는 그들이 지진을 경험하고, 천사가 무덤의 돌을 옮기는 것을 봤다고 기록합니다. 그들은 또한 '떨며 죽은 사람과 같이 되었던' 군병들의 무기력한 모습도 봅니다(4절). 마태의 이야기에서 천사는 여인들이 빈 무덤을 보도록 하고, 예수님의 부재에 대해 '그가 여기 계시지 않고 그가 말씀하시던 대로 살아나셨느니라'라며 설명도 덧붙입니다(6절).

마가복음에서는 오직 두려움과 침묵만이 존재합니다. 마태복음의 여인들은 두려움 속에서도 깨달음과 기쁨을 함께 경험합니다. 마침내 예수님이 그들에게 나타나셔서 말씀하십니다. 그들은 그 발 앞에 엎드려 그분을 주님으로 고백하며 경배합니다. 이후 마태는 돌아온 경비들로부터 부활 소식을 들은 대제사장의 반응까지도 전합니다. 그는 대제사장들이 어떻게 거짓말을 퍼뜨려 메시야의 영향력을 막고 상황을 정리하려 하는지 보여줍니다. "이르되 너희는 말하기를 그의 제자들이 밤에 와서 우리가 잘 때에 그를 도둑질하여 갔다 하라"(13절). 설교자는 마태가 전하는 이 이야기의 구체적인 서사를 드러낼 수 있습니다.

마태는 타고난 이야기꾼입니다. 그는 독자와 청자의 상상력을 자극하는 생생한 이미지를 사용할 줄 압니다. 부활절 사건의 근거를 제시하고 다양한 등장인물들의 동기들에 대해서 설명합니다. 이런 정보들이 이 이야기를 잘 모르는 사람들의 이해를 돕습니다. 이 이야기를 잘 아는 사람들에게는 이야기의 세부 장면들이 상상력을 불러일으켜 사건들을 생생하고 새롭게 합니다.

이 본문으로 설교할 때는 마치 르네상스 시대의 화려한 그림을 보는 듯한 생생한 색감과 역동적인 움직임을 담아 이야기하는 것이 좋겠습니다. 미묘한 암시나 함축적인 표현은 마가의 이야기로 설교할 때 시도하는 것이 좋겠습니다. 마태는 설교자가 시인의 기교와 방법을 쓸 수 있도록 도구를 제공해 줍니다. 강렬한 이미지, 인물 묘사, 대화, 그리고 명확한 감정 표현 등을 통해 말입니다.

설교자는 생생하고 장엄한 그 이야기를 다시 들려주는 데 그치지 않고, 본문이 담고 있는 강렬한 이미지들을 활용해 오늘날 회중이 경이로움, 불확실함, 기쁨이라는 감정에 다가가는 열쇠로 사용할 수 있습니다. 우리가 지진을 직접 경험하면 여인들과 지키는 자들의 두려움에 공감할 수 있습니다. 우리가 하늘에서 내려온 빛나는 천사가 손쉽게 돌문을 굴려 버리는 것을 볼 때면 하나님의 손이 무엇을 행하실 수 있는지 경외심에 사로잡히게 됩니다. 우리가 천사의 선포를 들으면 믿기 어려운 일이 어떻게든 이루어질 거라는 희망이 불타오르게 됩니다. 예수님이 갑작스레 나타나는 장면과 그분이 격려하시는 말씀을 떠올리면, 오랫동안 품어온 희망이 성취되는 기쁨이 넘치게 됩니다.

이 밝은 이미지의 태피스트리에는 따라가야 하는 실 한 가닥이 있습니다. 부활절 철야는 세례를 축하하고 기념하는 전통적인 시간입니다. 초기의 전통에 따르면 새 신자는 사순절 기간에 신앙 교육을 받고 성토요일 밤에 세례를 받았습니다. (이 전통은 어른을 위한 기독교 입회 예전을 지키는 로마 가톨릭교회와 같은 다수의 교회에서 이어지고 있습니다.)

역사적으로 교회는 예수님이 무덤에 내려가셨다가 부활절 아침 빛 가운데 살아나신 사건의 상징성을 인식해 왔습니다. 이 상징은 초신자들이 어둠이 물러가고 동이 틀 무렵 세례를 받기 위해 밤중에 어둠 가운데로 나아오게 되는 부활절 철야와 유사성을 보입니다. 이러한 세례식 설교는 마태의 이미지 사용으로부터 도움을 받을 수 있습니다. 이미 다양하고 풍성한 의미가 담겨 있는 세례를 부활절 이야기의 희망 가득한 이미지보다 더 적절하게 표현할 수 있는 방법이 어디 있겠습니까?

죽음을 이겨냈습니다. 물로 가득한 무덤에 내려가는 것은 하나님의 통치라는 상승으로 이어집니다. 어둠 가운데 살던 사람들이 큰 빛을 보기 위해 일어납니다. 세례의 물과 함께 사라지고 씻겨 내려간 것들은 모두 생명의 아침에 그리스도의 인사로 다시 채워집니다. 예수님이 우리보다 앞서가시지만 우리는 마침내 그분을 보게 될 것입니다. 이것이 바로 예수님의 약속입니다.

세례의 철야에 설교자는 마태복음의 부활절 이야기와 짝을 이루는 골로새서 3:1~4(부활주일 서신서 본문)에서 하나의 이미지를 얻을 수도 있습니다. 세례를 받은 사람들은 그리스도와 함께 부활한 사람들입니다. 예수님의 부활은 우리의 부활이고, 예수님의 영광은 우리의 영광입니다. 생생한 이미지를 선호하는 마태(와 바울)는 설교자에게 울림과 공감을 안기는 희망의 메시지를 전하기 위한 풍부한 자료를 제공합니다.

EASTER DAY

부활주일

예레미야 31:1~6

시편 118:1~2, 14~24

골로새서 3:1~4

요한복음 20:1~18

부활주일

예레미야 31:1~6

1 여호와의 말씀이니라 그때에 내가 이스라엘 모든 종족의 하나님이 되고
그들은 내 백성이 되리라
2 여호와께서 이같이 말씀하시니라 칼에서 벗어난 백성이 광야에서 은혜
를 입었나니 곧 내가 이스라엘로 안식을 얻게 하러 갈 때에라
3 옛적에 여호와께서 나에게 나타나사 내가 영원한 사랑으로 너를 사랑하
기에 인자함으로 너를 이끌었다 하였노라
4 처녀 이스라엘아 내가 다시 너를 세우리니 네가 세움을 입을 것이요 네
가 다시 소고를 들고 즐거워하는 자들과 함께 춤추며 나오리라
5 네가 다시 사마리아 산들에 포도나무들을 심되 심는 자가 그 열매를 따
기 시작하리라
6 에브라임산 위에서 파수꾼이 외치는 날이 있을 것이라 이르기를 너희는
일어나라 우리가 시온에 올라가서 우리 하나님 여호와께로 나아가자 하
리라

신학적 관점

선지자가 '칼에서 벗어난 백성이 광야에서 은혜를 입었나니'(2절)라고 말합니다. 이 시를 처음 듣는 분들을 위해 덧붙이자면 이 구절의 '광야'는 비유적인 의미와 문자 그대로의 의미를 모두 가지고 있습니다. 비유적인 의미로 보면 광야는 하나님께서 이집트인의 칼로부터 그 백성을 구출한 다음 하나님의 백성으로 부르신 곳입니다. 심지어 시내산에서 범죄한 후에도, 이어서 바란 광야 가데스에서 범죄한 후에도, 하나님께서는 그들이 자신 앞에 거룩한 백성이 되도록 은혜로 끝까지 부르셨습니다.

문자적인 의미로 보면 광야는 바벨론의 칼에도 살아남아 포로 생활을 하던 장소를 가리킵니다. 그들은 광야에서 다시 한번 은혜를 경험합니다. 하나님께서 그들을 부르시며, 그들이 다시 건설할 뿐만 아니라 하나님에 의해 건설될 것이라고 약속하시기 때문입니다(4절).

하나님께서는 영원한 사랑으로 사랑하십니다(3절). 그 사랑은 우리가 존재하기 이전부터 있었고, 우리의 존재 자체를 뛰어넘는 사랑입니다. 이 사랑은 우리를 전제로 하지 않습니다. 그것은 하나님의 본성 안에 내재돼 있는 것입니다. 이 사랑은 신명기 7:9의 천 대까지 이어지는 사랑을 뛰어넘는 사랑으로, '세대 간에 다리를 놓고 회복을 가능하게 하는' 사랑으로 나아갑니다.* 이 사랑은 이스라엘과 우리의 존재 이유인 동시에 우리의 존재를 지탱해 주는 힘입니다. 하나님의 영원한 사랑이 존재하는 모든 것들의 근원입니다.

여기에 해소되지 않는 긴장이 있습니다. 그 긴장은 하나님의 영원하신 사랑과 죄에 대한 분노 및 형벌 사이에 형성됩니다. 영원한 사랑에 대한 고백은 진노하고 내쳐 버리는 상황에서 나옵니다. 이스라엘의 죄는 바벨론이라는 칼을 통한 하나님의 진노와 버림을 초래했습니다. 그러나 하나님께서는 여전히 그분의 백성을 사랑하시고 광야로 불러내십니다. 이 긴장은 해소될 수 없습니다. 사랑과 진노 모두 여호와께 있는 것이기 때문입니다.**

하나님의 사랑은 영원하면서 존재의 근원이 됨에도 불구하고 인간에게 부어질 때는 종종 짝사랑이 되기도 합니다. 하나님의 사랑은 무조건적이지만 인간의 사랑에는 조건이 수반됩니다. 하나님의 사랑은 자발적이고 동기가 따로 없지만 인간의 사랑은 의도적입니다. 하나님의 사랑은 대가나 가치에 무관심하지만 인간의 사랑은 가치에 기초합니다.*** 하나님의 사랑은 인간의 사랑과 비슷하지도 않고 멀리 떨어져 있기도 하기에 우리는 하나님의 사랑에 적절하게 반응할 능력이 없습니다. 그래서 하나님의 사랑은 종종 돌려받을 길이 없는 짝사랑으로 끝나곤 합니다. 하나님께서는 사랑으로 우리를 지으셨고 인격적인 교제와 깊은 관계를 위해 우리를 부르고 초대하시지만, 우리는 종종 하나님의 사랑을 거부합니다.

* Gerald L. Keown, Pamela J. Scalise, Thomas G. Smothers, *Jeremiah 26-52*, Word Biblical Commentary 27 (Dallas:Word Books, 1995), 108.

** Walter Brueggemann, *A Commentary on Jeremiah:Exile and Homecoming* (Grand Rapids:Eerdmans, 1998), 283을 보라.

*** Anders Nygren, *Agape and Eros*, trans. Philip S. Watson (Chicago:University of Chicago Press, 1982).

그러나 그게 때로는 단순한 거부가 아니라 참 사랑을 인식하지도 못하고 받아들이지도 못하는 우리의 무능력일 수 있습니다. 사랑에는 거의 언제나 조건이 따릅니다. 드물게 누군가 우리를 그 자체로 그리고 우리 자신만으로 사랑하기도 하지만, 보다 많은 경우에 그들은 우리가 할 수 있는 일들이나 관계에 가져올 수 있는 것 때문에 우리를 사랑합니다. 대가를 바라지 않는 사랑을 마침내 경험하게 되면 다시 상처받느니 차라리 거부를 해 버리고 맙니다.

시내산에서 딱 이런 거부가 일어났습니다. 하나님께서 관계의 조건들을 세우시는 동안 백성들은 금송아지를 빚었습니다. 가데스에서도 일어났습니다. 하나님께서 백성들을 약속의 땅으로 보내셨을 때 그들은 그 땅을 차지할 수 없다며 거부했습니다. 라마에서도 일어났습니다. 하나님께서 백성의 유일한 통치자가 되려 하셨지만 백성들은 사무엘에게 왕을 달라고 애원했습니다. 솔로몬이 하나님을 뒤로 하고 많은 부인을 선택했을 때도 비슷한 일이 일어났습니다. 그때 왕국이 분열됐습니다. 북왕국과 남왕국 모두 백성들이 하나님의 계명을 지키지 않고 하나님 대신 바알을 숭배했을 때도 마찬가지였습니다. 이런 거부는 반복해서 일어납니다. 하나님께서 사랑을 베푸셨지만, 이스라엘이 거부했습니다.

이는 개인의 삶에서도 마찬가지입니다. 하나님께서는 우리를 사랑, 교제, 관계가 있는 삶으로 부르십니다. 처음에는 받아들입니다. 하지만 우리는 자신의 욕망과 야망, 만족을 추구하느라 점점 방황합니다. 잠깐 돌아올 수는 있지만, 우리의 욕망이라는 유혹이 저항하기에는 너무나 강합니다. 그래서 하나님을 다시 거부합니다. 이런 거부는 의도적인 경우가 적고 슬픔과 후회로 가득 차 있기 쉽습니다. 그래서 자책을 하지만 그럼에도 우리는 하나님을 거부합니다.

거부당하는 것은 고통스럽습니다. 누구도 거절당하기를 원하지 않습니다. 거듭해서 거부당한다면 도저히 견딜 수 없을 것입니다. 자신을 내어주고 사랑을 베풀었는데 자신도, 그 사랑도 모두 거부당하고, 다른 사람이나 다른 무언가를 사랑한다는 이유로 냉대받는 일이 계속 일어난다면 얼마나 참담할까요? 생각하거나 상상하기조차 어렵습니다.

보통 우리는 이런 일이 두 번 이상 일어나지 않게 합니다. 처음에는 완전히 방심했거나 몰라서 그럴 수 있습니다. 두 번째에는 보다 주의를 기울이고, 방어적으로 경계합니다. 최선을 다해 우리를 보호하고, 천천히 신중하게 우리를 내어주려고 노력하지만, 그렇게 할 때마다 우리는 또 부서집니다. 많은 경우에 사랑이나 관계 형성 모두를 포기하는 것이 그다지 놀랍지도 않습니다. 우리는 결코 자신을 반복해서 거절당하게 두지 않을 것입니다. 그런 고통을 경험하느니 오히려 관계를 맺는 일 없이 혼자 지내는 편을 택할 것입니다.

그런데 놀랍게도 이것이 바로 하나님께서 우리를 상대로 겪고 계신 일입니다. 우리가 하나님의 사랑을 헤아릴 수 없는 것은 당연합니다. 하나님께서 끊임없이 사랑으로 자신을 내어주시는데, 우리는 계속해서 거부합니다. 하나님께서 반복해서 자신을 내어주셔서 우리와 관계를 형성하려 하시지만, 우리는 그 제안된 관계를 거부합니다. 이런 거부는 불순종이 가져오는 결과들을 자주 초래합니다. 불순

좋은 죄에 대한 형벌을 가지고 옵니다. 그러나 죄에 대한 벌은 그 자체로 하나님의 사랑입니다(히 12:5-6). 하나님의 벌은 우리로 하여금 광야 경험 속에서 방황하게 만들 수 있습니다. 그러나 이 벌은 우리를 사랑의 관계 안으로 돌아오게 하고, 다시 떠나지 않게 막으려고 설계돼 있습니다. 광야 한가운데서 하나님께서는 우리를 찾으시고, 부르시며, 사랑과 관계의 팔을 다시 내미십니다. 이 긴장은 결코 해결되지 않습니다.

목회적 관점

두 번째 기회에 대해 말할 것이 있습니다.

신부와 신랑이 교회에서 서로를 향해 서약합니다. 기쁠 때나 슬플 때나, 부요할 때나 궁핍할 때나, 아플 때나 건강할 때나 평생 사랑하고 신실한 배우자가 되겠다고 약속합니다.

이런 약속을 하는 것은 언제나 위험을 담보로 하지만 신랑이나 신부에게 이 서약이 처음이 아니라면 당사자들은 서약을 더 분명하게 하려고 할 것입니다. 양쪽 중 한 명 혹은 모두에게 이전의 결혼이 끝나 버렸기 때문입니다. 이 새로운 결혼은 사랑하고 사랑받는 것이 가능하다고 상상조차 할 수 없을 만큼 멀게 느껴졌던 때에 찾아온 사랑의 기회입니다.

두 번째 기회에 대해 말할 것이 있습니다.

신랑과 신부는 파경을 바라거나 계획하지는 않지만 이 결혼 역시 실패할 가능성이 있음을 알고 있습니다. 이건 현실적인 입장에 가깝지 숙명론적인 자세는 아닙니다. 사람들은 좋은 의도에서 결혼합니다. 그러나 앞으로 맞이하게 될 것이 빤히 예견되는 모든 것들과 알 수 없는 스트레스까지 견뎌 내면서 결혼을 유지하기에는 의지만으로는 충분하지가 않습니다. 때로는 '결혼이 마음속에서 죽어 버리는' 경우가 있습니다.* 말 그대로 죽음이 찾아와 남편이나 아내가 '미망인'이라는 달갑지 않은 호칭을 짊어지고 남은 생애 내내 긴 시간 홀로 남아 있어야만 하는 경우도 있습니다.

이 모든 것을 알면서도 위험을 다시 한번 감수하고 다른 사람을 신뢰하며 사랑을 주고받기 위해 몸과 마음, 영혼까지도 기꺼이 다 주는 신랑과 신부의 결정은 참으로 아름답고 멋진 일입니다.

이혼했던 배우자와 다시 결혼해 완전히 새로운 결혼을 시작하는 경우가 전혀 없지는 않지만, 이는 결코 쉬운 길이 아닙니다. 마음속에 너무 많은 짐과 상처의 물결, 이미 격렬하게 흘러가 버린 세월과 감정의 물결이 그 길을 가로막기 때문입니다. 재결합이 가능할 뿐만 아니라 옳은 길이라고 여겨질 때, 우리의 마음은 다시 기쁨으로 춤을 춥니다.

이것이 바로 선지자 예레미야가 바벨론 유배지에서 외롭게 애통해하던 이스라엘 백성에게 선포한 것입니다. 그는 무슨 수를 써서라도 백성들이 이런 유배를 다시 겪지 않도록 경고했습니다. 이제 예레미야는 하나님과의 서약을 새롭게 할 기회에 대해서 말하고 있습니다. 백성들은 여러 세대 전에 하나님과 맺은 언약을 깨뜨렸습니다. 신앙을 회복하라는 예레미야의 경고를 듣기는커녕 거짓 신들을 예배하며 우상을 숭배했습니다. 십계명 중 하나에 어

* The Westminster Confession of Faith, in *The Book of Confessions* (Louisville, KY:Presbyterian Church (USA), Office of the General Assembly, 1999), 6.137.5, p. 151.

긋나 받아들일 수 없는 이 행동은 간음 행위에 견줄 수 있습니다. 하나님께서 변함없이 신뢰하셨던 사람들에게 배신을 당하신 것입니다.
하나님께서는 우리의 죄와 실패를 깨끗이 씻으시고, 다시 새롭게 출발할 기회를 제공하십니다. 온 나라가 간음에 빠지고 하나님과의 언약이 돌이킬 수 없을 정도로 깨진 상황에도 불구하고 하나님께서는 그들을 영원히 버리지 않으십니다. 대신 똑같은 백성들과 새로운 언약을 체결하십니다. 하나님께서 그들을 사랑하십니다! 하나님께서는 절대 포기하지 않으십니다.
하지만 하나님께서 참아 넘기시고, 아무 일도 없었다는 듯 행동하신다는 식으로는 해결되지 않습니다. 하나님께서는 백성들의 죄를 하늘의 양탄자 밑으로 대충 숨겨 두고 외면하시지 않습니다. 오히려 그 양탄자를 탁 트인 밖으로 가져와 털어 내시고 깨끗하게 다시 펼쳐 놓으십니다.
하나님께서는 무한한 지혜로 백성들이 또다시 타락할 것을 아시지만, 언약을 새롭게 하시는 일을 멈추지 않으십니다.
1절은 요한계시록 21:3에 다시 나타납니다.

> 보라 하나님의 장막이 사람들과 함께 있으매
> 하나님이 그들과 함께 계시리니
> 그들은 하나님의 백성이 되고
> 하나님은 친히 그들과 함께 계셔서

언약을 새롭게 하겠다 하시는 하나님의 약속은 예레미야와 또 다른 선지자들을 통해 맺어집니다. 그 약속은 예수 그리스도 안에서 완전히 성취됩니다. 세상 끝 날에 그리스도께서 영광 중에 돌아오실 때 하나님과 함께 누릴 영원한 삶이 완전히 보장됩니다.
하나님께서는 신실하시고 모든 위험을 감내하십니다. 우리는 버림받을 만한다 할지라도 하나님께서는 우리를 버리지 않으십니다. '우리는 다 양 같아서 그릇 행하여'(사 53:6) 잘못된 길로 갈 때라도 하나님께서 우리를 품 안에 안으십니다. 하나님께서는 우리를 마지못해서 혹은 주저하면서 사랑하시지 않습니다. 당신의 백성과 관계를 회복하기를 정말 간절히 원하십니다. 예레미야가 말합니다.

> 내가 그들을 내게 범한 그 모든 죄악에서 정하게 하며 그들이 내게 범하며 행한 모든 죄악을 사할 것이라 … 즐거워하는 소리, 기뻐하는 소리, 신랑의 소리, 신부의 소리와 … 여호와의 성전에 감사제를 드리는 자들의 소리가 다시 들리리니 '만군의 여호와께 감사하라, 여호와는 선하시니 그 인자하심이 영원하다'(렘 33:8, 10-11).

우리는 이 결혼식에 초대받았습니다. 하나님의 언약이 갱신되는 것을 멀리서 지켜보는 하객으로 초대되지 않았습니다. 교회로서, 신자의 가족으로서 우리는 하나님과 모든 영원한 증인들 앞에 서서 영원히 또 그 이후까지 하나님과의 서약을 갱신하는 신부가 됩니다. 우리의 서약은 이렇습니다. "사망이나 생명이나 천사들이나 권세자들이나 현재 일이나 장래 일이나 능력이나 높음이나 깊음이나 다른 어떤 피조물이라도 우리를 우리 주 그리스도 예수 안에 있는 하나님의 사랑에서 끊을 수 없으리라"(롬 8:38-39).

이토록 강력한 사랑으로 사랑받는다는 것은 참으로 우리가 이해할 수 있는 범위를 뛰어넘습니다. 그런 사랑이 우리의 이해에 근거하지 않는다는 사실에 감사하게 됩니다. 그 사랑은 우리의 구원자 예수 그리스도를 통해 받는 구원의 은혜에 기반합니다. 이것이 부활절의 메시지입니다. 이것이 우리를 자유롭게 하는 진리입니다.

그렇습니다. 두 번째 기회에 대해 말할 것이 있습니다. 기뻐하고 감사하며 "할렐루야!"를 외칩시다.

주석적 관점

예레미야 31:1~6은 위로의 책(Book of Consolation)의 초반부입니다(도입부인 30:1-3 참조). 위로의 책은 이스라엘의 미래에 대한 희망을 선포하는 예레미야의 모음집(30-31장)인데 아마 유배 기간에 기록된 것으로 보입니다. 이 본문은 하나님의 언약 백성을 향한 하나님의 영원하신 사랑에 근거해 이스라엘이 자신들의 고향으로 돌아가 회복되는 것을 서술합니다.

'그때에'는 많은 경우 미래의 일(예를 들어 3:17, 4:11, 33:15)을 가리키는데, 종말론적 차원을 의미합니다. 1절의 나머지는 이스라엘과 하나님의 관계를 정의하는 표준적인 언약 공식입니다(7:23, 11:4, 24:7, 30:22, 참조. 창 17:7-8, 출 6:7, 신 26:17-18). 사실 이 공식은 31:31~34의 하나님의 언약 갱신을 예고하는데, 오늘 본문에서는 '가족'과 '친족' 모두에게로 확장됩니다. 어쩌면 그런 확장성은 5~6절(혹은 더 넓게 봐서 디아스포라 유대인)이 담고 있는 북왕국과 남왕국의 화합과 재결합을 기대하게 합니다.

첫 신탁은 예언자적 메신저 공식(2a절)과 이스라엘의 광야 전통에 대한 언급(2b-3절)으로 이어집니다. '칼'은 이집트로부터 이스라엘이 탈출한 사건(출 18:4 참조) 혹은 이집트에서 가나안까지 가는 길에 있었던 공격(아말렉과 그의 군대로 추정, 출 17:8-16)을 암시합니다. 예레미야는 여기서 하나님께서 광야에서 물과 빵과 고기를 공급하신 일을 언급할 수도 있었을 것입니다. 그러나 기원전 587년에 유다와 예루살렘을 멸망시킨 바벨론의 군사적 침략이라는 아픈 기억이 떠오르기 때문에 칼로부터의 생존을 선택한 것으로 보입니다(아시리아의 북이스라엘 정복은 기원전 721년). 2절은 문자 그대로 '백성이 광야에서 은혜를 입었나니 곧 내가 이스라엘로 안식을 얻게 하러 갈 때에라'라고 말합니다. 이 구절에서는 문자적으로도, 신학적으로도 은혜가 칼보다 앞섭니다. 하나님의 '나타나심', 즉 신적인 현현은 광야 전통에서도 매우 중요합니다(출 16:10, 민 14:10, 16:19, 참조. 출 24:15, 18 등).

이스라엘의 과거에 나타난 은혜롭고 구원하시는 하나님의 현존은 영원한 사랑을 예증하는데, 이는 미래에도 이스라엘을 향한 하나님의 신실하심이 계속된다는 근거가 됐습니다(3b절. 참조, 31:35-37에 나타난 자연 비유). 하나님의 언약은 이 조건 없고 과분한 사랑에 뿌리를 두고 있는데, 그것은 '거친 사랑'으로 이스라엘의 불신앙을 벌하는 사랑입니다. 예레미야는 플래너리 오코너(Flannery O'Connor)가 "(은혜는) 치유하기 전에, 먼저 그리스도께서 주러 왔다고 말씀하신 그 검으로 베어 냅니다"라고 한 말에 동의할 것입니다.* 이것이 30:12~17

* *The Habit of Being:Letters of Flannery O'Connor,*

의 메시지입니다.

물론 전쟁의 엄청난 고통을 인간의 죄 탓으로 돌리는 것은 신학적으로 깊은 질문을 불러일으키지만, 이것은 오늘 본문의 주제가 아닙니다. 하나님께서는 이스라엘이 다른 '연인'(정치적 동맹국들 또는 신들, 30:14, 3:1-2)을 선택했음에도 불구하고 이스라엘에 대한 사랑을 이어 나가십니다. 패배도 끝나고 유배도 지난 지금, 하나님의 사랑은 '다시'라는 단어가 두드러지는 행동들로 이어질 것입니다. 하나님께서는 다시, 그리고 다시, 그리고 또다시 사랑하십니다(참조. 신 7:8, 10:15, 사 41:8, 43:4. 사 41:8의 '벗'은 '나의 사랑').

이스라엘의 언약 전통을 반영하는 두 약속이 경축의 약속을 구성합니다. 그 두 약속은 '내가 다시 너를 세우리니'(4절)와 '네가 다시 … 심되'(5절)입니다. 사실 각각의 약속은 언약의 저주를 정반대로 뒤집습니다. "네가 … 집을 건축하였으나 거기에 거주하지 못할 것이요 포도원을 심었으나 네가 그 열매를 따지 못할 것이며"(신 28:30. 참조. 신 28:39, 42). 실제로 예레미야의 예언은 부수는 데서 세우는 것으로, 뿌리 뽑는 것에서 심는 것으로 요약할 수 있습니다(1:10, 24:6, 29:5, 28, 42:10). 이스라엘은 다시 피난처와 양식이라는 두 가지 복을 누리게 될 것입니다. ('누리다'는 문자 그대로 '불경스럽게 대우하다'라는 뜻으로, 한때 특별해 보였던 것이 평범해지고 희귀했던 것이 흔해지는 것을 암시합니다.)

건축하고 심는다는 틀 안에는 경축이 있습니다. 그러므로 부활주일 설교의 초점은 당연히 '네가 다시 탬버린을 흔들고 즐겁게 춤출 것이다'(31:4, 사역)라는 경축에 맞춰져야 할 것입니다. 여기에 또 하나의 반전이 있습니다. 하나님께서 슬픔을 춤으로 바꾸실 것입니다(참조. 13절, 시 30:11). '들고'(4절)라는 단어에는 '스스로 꾸미다' 혹은 '자랑하다'라는 뜻이 있습니다. 두 가지 암시가 더욱 큰 반전을 가져옵니다. 기쁨의 탬버린은 이제 이스라엘이 자신의 연인에게 과시했던 화려한 장신구를 대신합니다(4:30). 게다가 미리암의 탬버린 춤이 이집트인들을 조롱했던 것처럼(출 15:20), 이스라엘의 춤은 대적들에 대한 이스라엘의 승리를 과시합니다(16절). 이제 2절이 함축하는 바와 같이 새로운 출애굽을 경축하게 될 것입니다(참조. 사 40:3, 43:14-20 등). 이스라엘은 "Lord of the Dance"(부활절 찬송으로 가장 적절합니다. 전례 무용에 이보다 더 좋은 때가 있을까요?)를 부르며 기쁨으로 나올 것입니다. 보다 더 적절한 정과 본문을 시편 중에서 꼽자면 아마도 시편 150편일 것입니다(시 150:4, 149:3을 보십시오).

새 포도원은 '사마리아 산들'(5절)에 있게 될 것입니다. 그곳은 예전 북왕국 이스라엘의 수도이며 에브라임으로도 불립니다. 신탁은 예배로 부르는 파수꾼의 이미지로 옮겨갑니다. '일어나라 우리가 시온에 올라가서 우리 하나님 여호와께로 나아가자'(6절, 참조. 사 52:8). 여기에 모든 것을 뒤엎는 큰 반전이 있습니다. 북쪽(이스라엘/에브라임)과 남쪽(유다)은 다시 하나가 될 것입니다. 무너진 예루살렘이 재건될 것입니다(참조. 31:38-40). 무엇보다 언약을 새롭게 하시는 하나님의 은혜가 여호와를 향한 백성들의 충성을 새롭게 하도록 촉구하는

ed. Sally Fitzgerald (New York:Vintage, 1979), 411.

쪽으로 움직일 것입니다. 하나님께서 그들을 다시 '나의 백성'으로 지정하신 것은 여호와께서 '우리 하나님'이신 것을 이스라엘이 재확인하는 것으로 연결됩니다. 다시 말해 유배가 이스라엘 이야기의 끝이 아니라 돌아오는 것이 끝이고, 바벨론에서 예루살렘으로 돌아오는 순례가 끝입니다(사 2:3, 35:10, 51:11, 참조. 시 126편).

교회력은 "곧 오소서 임마누엘 오 구하소서 이스라엘 그 포로 생활 고달파"(찬송가 104장)라고 부르는 대림절로 시작합니다.* 교회력은 "하나님께서 온 이스라엘을 슬픔에서 기쁨으로 인도하셨다"라고 부를 때 부활주일을 맞습니다.** 바로 그때가 탬버린을 들고 지그(jig)나 릴(reel), 타란텔라(tarantella) 춤을 출 때입니다.

설교적 관점

설교자가 교회력에서 가장 거룩한 날에 도대체 왜 기원전 7세기 예언자 예레미야의 본문에 관심을 가져야 할까요? 성도들은 2,700년 전 케케묵은 소리를 들으려고 나온 것이 아니라, 우주의 구원자이신 우리 주님의 부활을 기념하기 위해서 제일 좋은 옷으로 차려입고 나왔습니다. 나팔과 플래카드가 등장하고 여러분이 잘 아는 헨델의 "할렐루야 합창"이 대미를 장식합니다.

그러나 아주 어렸을 때 하나님의 부름을 받고 마지못해 그 소명을 받아들였던 선지자가 있었습니다. 그는 거의 평생을 쇠퇴하고 멸망해 유배당하는 큰 위기를 겪던 이스라엘 백성들에게 도전과 희망이 되는 여호와의 말씀을 전달하기 위해서 노력했습니다. 예레미야는 40년에 달하는 사역 기간 동안 바벨론의 무자비한 맹공에 성전이 무너져 내리고, 시드기야왕의 아들들이 살해당하고, 슬픔에 잠긴 시드기야왕이 시력을 잃는 모습을 모두 목격했습니다. 누가 이렇게 참혹한 사건들을 겪으면서 하나님의 미래를 향해 희망을 유지할 수가 있겠습니까? 우리가 어떻게 하면 이 불확실성으로 가득 찬 공포의 시대, 경제적 · 사회적 · 정치적으로 격변해 혼란이 극심한 상황에도 여전히 부활하신 그리스도를 기념하고 그분 안에서 희망을 발견할 수 있을까요? 아마도 예레미야는 현대 설교자들에게 가르쳐 줄 무엇인가를 가지고 있는 것 같습니다.

예레미야 31장에서 일반적으로 읽게 되는 내용은 후반부에 나오는 아주 유명한 새 언약에 대한 구절(31-34절)이지만, 이 장의 시작 부분은 부활절을 적절하게 이해하고 적용하는 데 얼마나 중요한 연관성이 있는지 보여줍니다. 부활절은 하나님께서 되살리시지 못하는 죽음은 없다는 아주 터무니없어 보이는 선언에 관한 것입니다. 부활절은 마술과 같은 것이 아닙니다. 예수님은 이 천상의 쇼 중 절정의 순간에 하나님의 마술 모자에서 튀어 오르시는 분이 아닙니다. 부활절은 우리가 예배하는 하나님, 죽음이라는 지긋지긋한 적수 앞에서 최후에 웃으시는 하나님에 관한 날입니다.

이것은 부활절이 처음으로 내보인 진리는 아닙니다. 하나님께서는 오랫동안 죽어가는 당신의 피조물에게 생명을 불어넣는 일을 하셨

* Anonymous ancient antiphons, "O Come, O Come, Emmanuel."

** John of Damascus, ca. 696-754, "Come, You Faithful, Raise the Strain."

습니다. 예레미야 31장은 바로 그것에 대한 증언입니다. 이스라엘이 유배로 인해 산산이 흩어지고 지도자들이 바벨론으로 줄지어 끌려가는 와중에도 예레미야는 말도 안 되는 것처럼 들리는 설교를 했습니다. 선지자는 하나님께서 그때에 '이스라엘 모든 종족의 하나님이' 될 것이라고 외칩니다(1절). 그때가 언제입니까? 성전이 무너지고, 왕은 눈이 멀어 자신의 파멸을 향해 비틀거리고, 제사장들의 희생 제의를 위한 불은 잦아들고, 아브라함의 자손들에게 약속된 땅은 이제 없는 것이나 다름없습니다. 이럴 때 바보가 아니고서는 온 이스라엘의 하나님에 대해서 말할 수 없습니다. 바보가 아니고서는 모든 기대와 희망과 꿈이 죽어버린 상황에서 "우리가 하나님의 백성이 되리라"라고 선포할 수 없습니다. 바보가 아니고서는 20억 명이 하루에 단 2달러로 사는 세상, 군국주의와 전쟁이 수많은 나라의 남성과 여성을 수탈하고 세상, 살아가기를 갈망하는 사람들로부터 사람을 죽이는 데 사용되는 돈을 갈취하는 세상에서 그리스도의 부활을 선포할 수는 없습니다.

예레미야는 이스라엘의 유배와 죽음이라는 절망 가운데서 도대체 무엇을 볼 수 있었습니까? 오늘의 설교자들은 수많은 형제자매가 에이즈, 기아, 예방 가능한 질병으로 죽어 가는 상황에서 어떻게 용감하게 부활하신 어린양께 할렐루야를 외칠 수 있겠습니까? 그런 찬양이 결국 부적절한 것 아닌가요? 아닙니다! 우리는 하나님의 이 어리석음을 찬양해야만 합니다. 특별히 그 경축이 심히 잘못된 것처럼 보일수록 더욱 그래야 합니다. 왜냐하면 예레미야가 말하듯이 우리는 아주 오래전 이집트로부터 탈출할 때 칼에서 살아남은 백성이고, 이집트인들로부터 승리를 경험한 사람들이며, 마침내 '광야에서 은혜'를 입은 백성이기 때문입니다(2절). 우리가 하나님의 은혜를 가장 분명하게 발견할 수 있었던 곳은 우리가 광야에 있었을 때입니다. 이유가 무엇입니까? 부활절에 하나님께서 우리에게 '내가 영원한 사랑으로 너를 사랑하기에 인자함으로 너를 이끌었다'라고 말씀하셨기 때문입니다(3절). 부활절은 그저 시신이 다시 살아난 날이 아닙니다. 이날은 우리의 모든 날 가운데 영원하신 사랑으로 우리를 사랑해 오신 하나님에 관한 날입니다.

예레미야가 이스라엘의 최후를 목격했을 때, 그의 제자들이 그를 억지로 안전한 이집트로 끌고 갔을 때, 이런 끔찍한 광경을 목격한 결과가 절망은 아니었습니다. 그는 성전이 무너지는 것을 보며 하나님의 음성을 외쳤습니다. "처녀 이스라엘아 내가 다시 너를 세우리니 네가 세움을 입을 것이요"(4a절). 그는 왕과 왕자들의 타락을 보며 외쳤습니다. "네가 다시 소고를 들고 즐거워하는 자들과 함께 춤추며 나오리라"(4b절). 그는 다시 사마리아 언덕에 포도밭이 세워지고 열매가 맺혀 사람들이 즐거워할 것이라고 말했습니다(5절). 백성들이 시온산에서 예배하도록 부름을 받을 것이라고 다시 선포했습니다(6절).

오늘의 설교자가 예레미야의 오래된 예언으로부터 배울 수 있는 것은 부활절의 떠들썩한 현실뿐입니다. 우리는 노래할 의욕이 거의 나지 않고, 노래할 거리도 거의 없는 이 세상 속에서도 할렐루야를 부릅니다. 우리는 죽음이 최후가 아닌 세상, 절망이 최후 승자가 아닌 세상, 인간의 능력과 위계가 불가피하고 불변하는 것으로 여겨지지 않는 세상, 그런 세상으로 다시 돌아가게 할 길이 있다는 것을 알기 때문에 노래합니다. 예레미야와 같이 우리는 이 추하고 공포스럽고 희망 없는 세상을 직시하면서도 '그리스도께서 살아나셨다!'라고 외칠 필요가 있습니다. 왜냐하면 예수님을 죽음으로부터 살리신 하나님께서 영원한 사랑으로 사랑하시고, 언제나 사랑하실 것이며, 우리를 향한 그분의 신실하심을 이어 나가실 것이기 때문입니다. 어찌 됐든 부활절에 예레미야에 주목하는 것은 우리 기독교인들에게 그렇게 무의미한 일은 아닙니다.

시편 118:1~2, 14~24

1 여호와께 감사하라 그는 선하시며 그의 인자하심이 영원함이로다
2 이제 이스라엘은 말하기를 그의 인자하심이 영원하다 할지로다
14 여호와는 나의 능력과 찬송이시요 또 나의 구원이 되셨도다
15 의인들의 장막에는 기쁜 소리, 구원의 소리가 있음이여 여호와의 오른
손이 권능을 베푸시며
16 여호와의 오른손이 높이 들렸으며 여호와의 오른손이 권능을 베푸시
는도다
17 내가 죽지 않고 살아서 여호와께서 하시는 일을 선포하리로다
18 여호와께서 나를 심히 경책하셨어도 죽음에는 넘기지 아니하셨도다
19 내게 의의 문들을 열지어다 내가 그리로 들어가서 여호와께 감사하리
로다
20 이는 여호와의 문이라 의인들이 그리로 들어가리로다
21 주께서 내게 응답하시고 나의 구원이 되셨으니 내가 주께 감사하리이다
22 건축자가 버린 돌이 집 모퉁이의 머릿돌이 되었나니
23 이는 여호와께서 행하신 것이요 우리 눈에 기이한 바로다
24 이날은 여호와께서 정하신 것이라 이날에 우리가 즐거워하고 기뻐하
리로다

신학적 관점

시편 118편 중 열세 구절로 이루어진 오늘 본문은 감사시의 특징을 잘 보여주고 있습니다. 첫 절의 시작 구문 '여호와께 감사하라'는 이 시편의 주제를 알립니다. 즐거운 분위기가 시종일관 지속되다가 마침내 이 경축이 '여호와께서 행하신' 덕분이라고 고백합니다(23절). 중심 구절인 17~18절은 이런 기쁨을 불러일으키는 주님의 행하심이 무엇인지 암시합니다. '내가 죽지 않고 살아서.' 시편 기자가 벌을 받고 고통 가운데 있었지만 주님은 그가 굴복하도록 내버려두지 않으셨습니다. 바로 이런 점에서 이 구절들이 주님의 부활을 경축하기에 꼭 맞는 말씀이라는 것이 분명해집니다. 주님이 다른 이들의 죄 때문에 벌을 받으셨지만 마침내 죽음에서 부활하셨기 때문입니다. 신약은 22절('건축자가 버린 돌이 …')을 예수님의 죽음과 부활에 적용합니다.

도입부 구절은 하나님께 예배하고 감사하며 하나님의 변함없으신 사랑을 고백하라는 부름입니다. 믿는 자들은 주님이 선하시다는 이유만으로도 끊임없이 감사할 의무가 있음을 기억해야 합니다. 시편 기자는 매우 흥미로운 단어들을 사용해 주님이 그저 도우시고 구하시기만 한 것이 아니라 그분이 도움과 구원 그 자체이심을 말합니다. 여호와는 나의 능력과 찬송이시며, 나의 구원이십니다(14절). 하나님으로부터 말미암는 구원은 신적인 행동일 뿐만 아니라 강력하고, 인격적이며, 하나님과의 친밀한 관계이기도 합니다. 이것은 무엇보다 예수님에 의한 결정적인 구원과 새로운 생명으로 그분과 연합하는 것 모두를 선포하는 부활을 통해 완전히 실현됩니다.

시편 기자와 그의 공동체는 '구원의 소리'(15절)로 감사를 드립니다. 그러나 그 찬양은 '여호와의 오른손'(15b-16절)에 속해 있습니다. '오른손'(또는 '손', '강한 손')은 의인을 대신해서 역사하시는 주님의 능력을 나타내는 고대의 상징입니다(예. 시 139:10, 출 13:9, 신 7:8, 시 78:42, 문자 그대로 '그의 손'). 이런 상징을 통해 이 시는 백성을 대신해 행하시는 주님의 행동이 변함없고 확실하기에 미래에도 신뢰할 수 있음을 보여줍니다. 이 시편은 또한 주님의 현존이 고난 가운데도 있었고 그것을 끝내기도 하셨음을 고백합니다(18절). 구원의 행위는 고난인 동시에 해방이기도 합니다. 이 고통의 '신적 차원'은 예수님이 겪으신 것의 핵심입니다. 그러므로 예수님의 부활에 우리가 참여하는 것은 무엇보다도 우리 자신의 고난 가운데서 주님의 임재를 경험하는 것이고, 장차 우리가 부활 생명 안에서 누릴 주님의 임재에 대한 전주곡이자 약속입니다.

본문의 시편은 위험으로부터 구원받는 것에 대해 찬양하는 개인과, 이에 감사로 화답하는 공동체 사이를 오갑니다. 본문의 이런 양상은 기도의 적절한 자리를 이해하는 데 중요한 의미를 제공합니다. 개인의 기도는 특정한 구원의 상황에 대한 그럴듯한 반응일 수 있지만, 결국 공동체의 예전 안에서 적절한 자리를 찾습니다.

다시 말해 우리를 향한 하나님의 은혜는 개인적이고 분리된 상태에서 서로에 대해 아무런 상관도 없는 독립적인 행동으로 표현되지 않습니다. 개개인은 공동체의 일원으로서 구원받게 되고 의롭게 됩니다. 따라서 감사기도가 개인적인 발로에서 일어난다고 해도 여전히 공동체의 한가운데에서 나오는 목소리가 돼야 합니다. 개인적인 구원과 감사는 우리 모두를 구원하시는 하나님의 전체 계획의 일부이자 증거입니다.

이 주제는 부활의 다른 중요한 측면을 이해하는 데 도움을 줍니다. 죽음을 이기신 예수님의 승리는 단지 그분만의 승리가 아닙니다. 그분은 모두를 위해서 죽으시고 부활하셨습니다. 그러므로 그분의 승리는 우리의 승리이기도 합니다. 믿음으로 예수님과 연합함으로써 우리는 우리 자신의 몸에서 죽음에 대한 승리를 이루어 내고 그분의 신적인 생명에 영원토록 참여함을 확신하게 됩니다. 이것이 우리 각자의 감사가 어떻게 신앙 공동체 전체의 노래가 될 수 있는지를 보여주는 가장 탁월한 예입니다. 예수님은 승리하시면서 우리 모두를 당신과 연합하셨습니다. 그래서 우리가 그 승리를 경축하는 것도 공동체 안에서 이루어져야만 합니다. 우리 자신의 노래는 공동체 밖에서는 의미가 없습니다.

이 시편의 중심에 등장하는 개인과 그의 고통은 대표적인 예표라 할 수 있습니다. 이 개인이 체험한 구원은 비극을 승리로 바꾸시는 주님의 능력을 상징합니다. 죽음에서 생명으로 걸어가신 예수님의 행로는 그런 경험에 대한 가장 좋은 예입니다. 그러나 구원의 경험은 그 이상입니다. 그 자체로 끝나지 않고 선포돼야 합니다. 이 시편이 강조하는 구원의 핵심은 주님의 구원 역사를 선포하고 증언하는 것입니다. 주님은 우리가 그분의 구원하시는 사랑을 알게 하시고 다른 이들에게 전하게 하도록 친히 행동하십니다. 주님이 우리를 위해 하신 일들은 주님을 찬양하고 감사하게 만듭니다.

이제 시편 기자는 자기를 구원하신 것에 감사드리기 위해서 성전의 '의의 문들'(19절)로 들어가게 되기를 청합니다. '의'라는 단어는 단순하게 율법을 성취하는 것 이상의 의미를 갖습니다. 그것은 주님의 구원을 개인적으로 경험하고 선포하는 것을 가리킵니다. 부활의 맥락에서 예수님이 통과하신 문은 그분의 죽음과 부활이었습니다. 예수님은 '의인'으로서 고난과 죽음을 포함해 아버지의 뜻에 따른 처벌을 받아들인 분이십니다. 그러므로 그분은 참되고 하늘 높이에 있는 성전에 들어가셨습니다. 그리고 우리도 그와 함께 들어갔습니다. 우리는 이것을 선포해야 합니다!

이 시편은 '나의 구원이 되셨도다'를 후렴구처럼 반복합니다(14b, 21b절). 요점은 분명합니다. 주님은 그저 무언가를 하신 것에 그치지 않으시고 자신의 백성을 위해 무언가가 되셨습니다. 부활하신 예수님은 우리의 구원을 성취하셨을 뿐만 아니라 우리의 구원 그 자체이십니다. 새로운 공동체, 새로운 가족이 생겼고 그분 안에서 영원히 생명을 나누게 될 것입니다. 예수님은 이 땅에서는 버림받은 모퉁잇돌이셨지만 새로운 가족에게는 기초가 되십니다. 시편은 오직 주님만이 이 일을 행하실 수 있다고 결론짓습니다. 이것이 그분이 우리를 위해 만드시는 새로운 창조의 새날입니다. 우리는 기뻐해야 합니다!

목회적 관점

"오늘은 주님이 만드신 날입니다. 함께 즐거워하고 기뻐합시다." 시편 118편은 부활절 아침마다 울려 퍼질 뿐만 아니라 전 주일인 종려주일 예전에서도 반복됩니다. '호산나'(25절)

를 외치며 의의 문으로 들어온 사람은 죽음을 이긴 구원의 감사로 승리의 노래를 부릅니다. 시편 118편은 찬양을 위한 시입니다! 아이작 와츠(Isaac Watts)는 바로 그런 생각에서 이것을 의역해 부활절에 부를 찬송으로 만들었습니다. "오늘은 주님이 만드신 날. 모든 때는 주님의 것. 하늘아 즐거워하라, 땅아 기뻐하라. 그 찬양이 보좌를 감싸네"(찬송가 46장 1절 직역). 오늘은 주님이 만드신 날입니다. 그리고 그것은 놀라운 일입니다!

부활절 아침 회중은 설교하기에 어려운 상대입니다. 가끔 예배드리러 오는 사람들과 겉도는 기독교인들은 시편 기자나 복음서 기자의 말을 놀랍게 듣기보다는 놀면서 듣기 마련이고, '기적적인 일로' 듣기보다는 기존에 있던 평범한 것으로 듣기 마련입니다. 부활절 아침 회중은 이날을 부활이 급진적으로 세상으로 돌파해 들어온 날로 받아들이기보다는 절기가 바뀌는 것을 즐기는 정도로, 또 변화를 체험하기보다는 전통을 긍정하며 고개를 끄덕이는 정도의 문화 속에 살고 있습니다. 예배 인도자들은 사소한 일에도 '굉장하다' 혹은 '놀랍다'라는 멘트를 달고 사는 문화 속에서 적절한 말을 찾으려 애씁니다. 오늘을 위한 찬양 선곡은 이날의 심오한 의미를 표현하는 데 도움을 줄 수 있을 것입니다.

시편 118편을 현대적으로 표현한 작품으로는 에드워드 에스틀린 커밍스(e. e. cummings)의 시가 있는데, 그의 시는 여러 합창곡으로 만들어지기도 했습니다. 부활절 아침 예배에서 새롭고 신선한 찬송가를 부르는 것은 부활절의 참된 '놀라움'을 되살리는 데 도움이 될 것입니다. "i thank You God for most this amazing day"(나는 신 그대에게 감사한다 이렇게 가장 놀라운 날을)라는 시는 개인적인 변화의 경험을 반영하고 있고 기독교인의 눈과 귀에 예수님의 부활이라는 기쁜 소식을 일깨웁니다. 작곡가 엘리엇 레빈(Elliott Levine)은 부활절의 맥락에서 남성 솔로가 '죽었던 내가 오늘 다시 살아났네'라고 노래하게 합니다.

> 하나님 감사합니다. 너무나 놀라운
> 이날을 주셔서: 나무의 뛰어오르는 초록빛 영혼들
> 그리고 하늘의 푸르고 진실한 꿈을 주셔서;
> 그리고 모든 것들
> 자연스럽고 무한하며 긍정적인 것들을 주셔서
>
> (죽었던 작은 내가 오늘 다시 살아났고,
> 그리고 오늘은 태양이 태어난 날; 생명과 사랑과 날개들이
> 태어난 날:그리고 즐겁고
> 위대한 일들이 한없이 일어나는 지구가 태어난 날)
>
> 어찌 맛보고 맞대고 듣고 보고
> 숨 쉬는데 — 모든 무의
> 무에서 건져진 — 그저 미약한 인간이
> 상상할 수 없는 당신을 의심할까요?
>
> (이제 내 귀의 귀가 열리고
> 이제 내 눈의 눈이 열렸습니다)*

* e. e. cummings, "I thank You God for most this amazing day," in *Complete Poems: 1904-1962*,

커밍스는 제1차 세계대전 당시 구급차 운전병으로 복무하다 반역 혐의로 의심받아 세 달 동안 프랑스 포로수용소에 수감됐습니다. 이 시는 1918년 그가 풀려날 당시 썼던 시들 중 하나입니다. 배경은 전쟁, 죽음, 상실감이라는 어두운 밤이었습니다. 녹음과 푸른 하늘이라는 단순한 복에 대해 포로로서 갖는 감사와 더불어, 죽음으로부터 풀려나서 갖게 되는 삶에 대한 긍정, 그리고 다가올 평화가 시어 중에 담겨 있습니다. 이 시는 의심을 정면으로 마주하지만 그 의심을 일축해 버립니다. 이 놀라운 날에 누가 감히 이 생명을, 이 사랑을, 우리를 어둠에서 건져 빛으로 이끄시고 죽음에서 일으키신 하나님을 의심할 수 있겠습니까?

시편 118편은 하나님의 구원 역사를 노래하고 있습니다. "건축자가 버린 돌이 집 모퉁이의 머릿돌이 되었나니 이는 여호와께서 행하신 것이요 우리 눈에 기이한 바로다"(22-23절). 복음서에서 '놀랍다'(amazing)라는 단어를 추적해 보면 예수님의 삶 가운데 하나님께서 어떤 일들을 행하셨는지 상당히 자세히 알 수 있습니다. '놀랍다'(amazed)라는 반응과 응답을 따라가 보면 하나님께서 언제 여기에 계셨는지 알 수 있습니다. 예수님이 폭풍을 잠잠하게 하셨을 때, 제자들은 두려움을 이겨 내고 곧이어 "이이가 어떠한 사람이기에"(마 8 : 27) 하며 놀랐습니다. 예수님이 죄를 용서하셨을 때, 그들이 다 '놀랐'습니다(막 2:12, 눅 5:26). 예수님이 한 남성에게서 귀신을 쫓아내셨을 때, 무리가 '놀랍게' 여겨 "이스라엘 가운데서 이런 일을 본 적이 없다"(마 9:33)라고 말했습니다. 예수님이 시각장애인과 청각장애인을 고쳐 주셨을 때 무리가 말했습니다. "무리가 다 '놀라' 이르되 이는 다윗의 자손이 아니냐"(마 12:23). 예수님은 '다리 저는 사람과 장애인과 맹인과 말 못하는 사람과 기타 여럿'이 예수님 앞에 왔을 때 이들을 고치셨습니다. "말 못하는 사람이 말하고 장애인이 온전하게 되고 다리 저는 사람이 걸으며 맹인이 보는 것을 무리가 보고 '놀랍게 여겨' 이스라엘의 하나님께 영광을 돌리니라"(마 15:31). 예수님이 시편 118편을 인용해 대제사장들과 바리새인들에게 물으셨습니다. "너희가 성경에 건축자들이 버린 돌이 모퉁이의 머릿돌이 되었나니 이것은 주로 말미암아 된 것이요 우리 눈에 기이하도다 함을 읽어 본 일이 없느냐"(마 21:42). 그러나 그들은 '놀라지 않았습니다.' 이와 달리 빌라도는 예수님이 자신에 대해 추궁하는 물음에 대답하기를 거부하시자 '크게 놀라워'했습니다(마 27:14). 베드로는 예수님의 무덤에서 빈 수의를 보고 나서, "그 된 일을 '놀랍게'" 여겼습니다(눅 24:12).

"이는 여호와께서 행하신 것이요 우리 눈에 기이한* 바로다." 부활절 아침의 첫 단어는 '알렐루야!'일 수 있지만 이날을 집약적으로 설명하기 가장 적합한 단어는 '놀랍다'(amazing)입니다. 히브리어 주석도 깊은 통찰을 주지만, 이 단어의 노르웨이어와 스웨덴어 어원은 목회적 의미를 내포합니다. 그것은 잠들지 않고 깨어 눈을 뜨고 있다는 뜻입니다. 임박한 하나

ed. George J. Firmage (New York: Liveright Publishing Corp., 1992).

* NRSV는 "기이하다"(marvelous)로 번역했다. 한편 REB와 NAB는 "굉장하다"(wonderful)로 번역했다.

님의 구원 사역(이 '행하신' 것, 이날)에 대해 즐겁게 깨어나라는 시편 기자의 외침은 "와서 … 보라 … 그가 살아나셨고 … 너희가 뵈오리라 … 나를 보리라"(마 28:6-10)라고 예수님을 찾는 사람들을 위로하는 복음서 기자의 확신과 위로의 말씀과 합해집니다.

부활절 아침 성도들을 바라보는 설교자라면 기나긴 밤, 사라져 버린 희망, 의미를 찾아 방황하는 이야기를 알고 있을 것입니다. 그는 새로운 변화에 무감각한 신앙과, 하나님을 바라보지 못하고 하나님께 마음을 닫은 사람들을 지켜봐 왔습니다. 그러나 그는 평범하고 고단한 일상 속에서도 하나님께서 놀랍도록 일하고 계심을 분명하게 깨달았습니다. 시편 기자의 고백을 우리의 입술로 다시 고백할 때, 오늘 놀랍고 새 생명을 일으키는 복음이 더 깊고 진실하게 우리 삶에 다가옵니다. 이 복음은 단지 하루만 기쁜 소식이 아니라, 우리의 모든 삶을 위한 약속입니다.

주석적 관점

시편 118편은 몇 가지 서로 다른 역할이 등장하는 전례를 다루고 있다는 점에서 복잡한 시입니다. 동시에 하나님의 능력으로 성취된 이스라엘의 승리 이야기를 직접적으로 말하고 있기에 아름다울 정도로 정갈합니다. 본문은 전례 행렬에 대해 말하고 있기 때문에 한 주 전인 종려주일 본문으로 등장하기도 합니다. 그러나 고난과 죽음을 이기신 왕의 승리를 선포하고 있기에 부활주일에도 매우 적절합니다.

시편 118편은 왕이 전투에서 승리하고 돌아오는 장면을 전례적으로 재현하며 부른 승리의 시입니다. 과거에 이스라엘 왕이 군대를 이끌고 나가 승리한 후 예루살렘으로 돌아오면, 제사장들과 함께 즉시 성전에 들어갔고 백성들은 하나님께 감사하며 찬양했습니다. 이 시가 부활절에 적절한 특별한 이유는 왕이 승리에 이르는 과정에서 겪은 고통을 잊지 않았고, 그 승리를 얻기 위해 고통을 허락하신 분이 바로 하나님이시라는 사실도 잊지 않았기 때문입니다.

시편 118편을 기반으로 한 예전은 제사장, 왕, 백성 사이의 대화로 이루어집니다. 각 예전의 부분은 아래와 같이 나누어집니다.

- 제사장은 1~4절에서 이스라엘 백성들로 하여금 주님께 감사하게 하는 동시에 '그의 인자하심이 영원하다'(1b, 2b, 3b, 4b절)라고 외치도록 권면합니다.
- 왕은 5~19절에 그 부름을 수용합니다. 주님을 자기편으로 둔 사람은 두려워할 필요가 없음을 상기시키면서 모든 백성에게 선포된 변함없으신 사랑 이야기를 전합니다. 왕은 자기가 당한 고난과 시련에 대한 이야기를 전하다가 그다음으로 주님이 이 모든 고통 가운데 이끄신 승리, 그리고 그 과정에서 드러난 주님의 신실하심에 대한 이야기로 돌아갑니다. 이윽고 왕은 성전에 들어갈 수 있게 해 달라고 요청합니다.
- 제사장들은 20절에서 왕의 요청에 응답합니다.
- 왕은 21~22절에서 자신이 들어갈 수 있게 해 주신 하나님께 감사합니다.
- 백성은 23~24절에서 확신에 찬 큰 소리로 화답합니다.

- 25절은 하나님께 지속적인 구원을 구하는 짧은 기도인데, 제사장들만 하거나 온 백성이 할 수도 있습니다. 이후 26~27절에는 왕에게 베풀어지는 축복이 이어집니다.
- 왕은 28절에서 주님을 바라보고, 다시 한 번 감사를 드립니다.
- 제사장들은 '그의 인자하심이 영원하다'라는 처음 네 구절의 후렴을 반복하면서 참석한 이들도 감사드릴 것을 권합니다.

위에서 설명한 대로 1~2절은 이스라엘 왕과 군대가 이룬 승리에 대해 주님께 감사드리기 위해 왕과 제사장에게 동참할 것을 온 공동체에 요청합니다. 이 초청에는 이스라엘 집(온 공동체의 신실한 사람들을 의미), 아론의 집(모든 제사장과 전문 종교인들을 의미), 주님을 경외하는 모든 사람(공동체 구성원만을 의미하지 않고 이방인, 외국인 노예, 개종자까지 포함)까지 포괄합니다.

시편 기자는 왕이 전쟁에서 겪은 어려움을 나열합니다. 그러나 이어서 심지어 왕이 참아낸 고통(14절)을 통해 하나님께서 승리와 구원을 주셨다는 사실에 대해 찬양을 시작합니다. 이 시편을 부활절에 읽을 때는, 죽음의 손길로부터 구해 내시는 하나님의 구원 사역과 패배의 한복판에서 거둔 승리에 대해 강조합니다.

15~16절에서 왕은 하나님께서 패배의 위기에서 처음 구출하셨을 때 군대가 어떻게 하나님을 찬양했는지, 그리고 어떻게 모든 '의인', 즉 이스라엘 자녀들 모두가 '여호와의 오른손'이 행하신 일들을 함께 선포했는지를 말합니다. 주님의 오른손은 하나님의 능력과 힘을 상징합니다. 오른팔은 칼을 쥐는 손이며 주님은 어떤 적도 상대할 수 없는 가장 강한 전사로 찬양됩니다.

17~18절에서 왕은 주님의 개입으로 여전히 살아있다고 선포합니다. 물론 그는 고통당했습니다. '여호와께서 심히 경책'하셨기 때문입니다. 하지만 '죽음에는 넘기지' 않으셨습니다. 이 구절들이 지상의 왕을 염두에 두고 기록됐고 메시아 예언으로 여겨지지는 않지만, 극심한 고난을 당하셨으나 회복되신 예수님을 떠오르게 합니다.

19절에서 왕은 이제 제사장들에게 자신이 성전 문으로 들어가게 해서 주님께 감사할 수 있게 해 달라고 요청합니다. 20절에서 제사장들이 오직 의인만이 성전에 들어갈 수 있다고 응답하자, 왕은 의인의 행동을 갖춰 구원자 되신 주님께 감사의 기도를 드립니다(21-22절).

왕은 자신이 버림받은 돌이었다고 선언합니다. 아마도 임박한 전투에서 패배할 위험에 처한 것을 암시하는 듯합니다. 그러나 이제 그는 그들의 모퉁잇돌이며 강한 왕국의 기초를 놓을 승리한 통치자가 됩니다. 물론 기독교인들은 이 버림받은 돌을 기독교 공동체의 주춧돌이 되신 예수님으로 해석합니다.

이 본문은 승리의 날을 주님의 창조라고 이름 짓고, 그날을 기뻐하도록 다른 이들도 초청하는 감탄의 찬양으로 끝맺습니다. 주님의 행하심으로 성취된 승리의 날은 당시 하나님의 자녀들에게 그러했던 것처럼 오늘날 하나님의 자녀들에게도 동일하게 중요한 날입니다.

설교적 관점

학자들이 시편 118편을 예전 행렬에 사용했다고 믿는 것이 그렇게 놀랍지는 않습니다. 처음 네 구절에 대해서는 선창하고 화답하는 형식에 맞춰서 노래하거나 선포하는 것을 들을 수 있습니다. '여호와께 감사하라 그는 선하시며'라고 인도자가 선창하면, '그의 인자하심이 영원함이로다'라고 응답합니다. 그다음 선창자는 이스라엘, 아론의 집, 모든 백성에게 하나님의 선하심을 선포하라고 명령합니다. 백성들은 이를 이어받아 '그의 인자하심이 영원하다'라고 외칩니다.

이 시편으로 설교할 수 있는 몇 가지 방법이 있습니다. 학자들은 113편부터 118편까지를 유월절에 사용된 노래 묶음으로 분류합니다.* 유월절은 이스라엘이 출애굽한 것을 기념하는 절기이므로 이 시편은 종려주일/수난주일과 부활절 모두에 적절합니다. 파스카는 유월절을 일컫는 말이었지만, 기독교 전통에서는 유월절뿐만 아니라 부활절까지도 가리키게 됐습니다. 전체적으로 볼 때 이 시편은 과거에 히브리 노예들을 구원하신 하나님의 승리를 기념합니다. 그리고 현재의 위협을 인지하며, 미래의 구원에 대한 희망까지를 표현하고 있습니다.

오늘 성서정과 본문에는 1~2절과 14~24절만 포함돼 있지만, 설교자는 부활의 놀라운 복음을 선포하기 위해 이 과거-현재-미래의 전망을 활용할 수 있습니다. 우리는 하나님께서 그리스도 사건을 통해 행하신 것을 기뻐하고, 지금 여기에 주어진 새로운 생명에 감사하며, 그리스도께서 다시 오실 때 하나님께서 행하실 일에 대해 확신하고 있음을 드러냅니다. 이 시편은 부활을 통해서 우리가 개인적으로 얻게 되는 이익뿐만 아니라 온 공동체가 구속되고 회복되는 것까지를 노래하는 방향으로 우리를 이끕니다. 하나님께서는 우리도 새로운 생명을 누리도록 이 예수님을 살리셨습니다. 가장 사소한 것부터 가장 비극적인 것까지, 오늘 우리가 직면하는 어떤 위협이나 도전, 시련이 있더라도 우리는 이미 구속됐으며, 부활한 생명의 영광으로 들어 올려졌음을 이미 알고 있습니다. 심지어 이에 더해 우리는 영원한 생명의 약속을 상속받았습니다.

시편 118편은 설교의 두 번째 방향을 제안합니다. 통찰력 있는 설교자라면 "이날은 여호와께서 정하신 것이라 이날에 우리가 즐거워하고 기뻐하리로다"(24절)가 예배를 여는 첫 문장으로 자주 사용되고 있음을 알아챌 것입니다. 이 구절은 본 시편의 절정을 이루고 있고, 바로 앞 구절(13-23절)에서는 찬양해야 할 이유를 점점 고조시키며 회중을 이끌어 갑니다. 분명히 이 말씀들은 교회력상 중심이 되는 그날에 꼭 들어맞을 것입니다. 그날은 그리스도 안에서 하나님께서 누구이신지, 그리스도인으로서 우리가 누구인지가 정의되는 날입니다.

그러나 우리는 이 말씀을 부활주일 하루만을 위해 아껴두지 않습니다. 일 년 내내, 비절기 주일에도 이 구절들로 말씀을 선포합니다. 그리고 매 주일이 부활하신 그리스도를 기념하는 날이라는 것과 우리가 부활의 빛 가운데 걸어가고 있음을 기억합니다. 종종 예배를 드리거나 기도하는 다른 날에도 우리는 '우리가 즐거워하고 기뻐하리로다'라고 선포합니다. 사실상 매일이 '여호와께서 정하신' 날이기 때문

* J. Clinton McCann, Jr., "Psalms," in *The New Interpreter's Bible* (Nashville:Abingdon Press, 1996), 4:1153.

입니다. 우리는 매일 부활의 사람으로 삶을 살아갑니다.

이 시편에서 세 번째 설교 주제도 찾을 수 있습니다. 예수님 자신의 탄생 사건을 포함한 예수님 사역의 모든 경이로운 일 중에서도 부활하셨다는 사실이야말로 가장 놀라운 기적입니다. 회중이 부활 이야기를 마태복음이든 요한복음이든 어디에서 듣든지 간에 부활은 그 누구도 설명할 수 없는 기적적인 사건입니다. 부활절 메시지를 선포할 때 이성은 그다지 도움이 되지 않습니다. 오히려 시편 118편은 이것이 완전히 믿을 수 없는 것은 아님을 상기시킵니다. 이스라엘이 노래할 때 우리가 출애굽을 기억하고, 하나님께서 그 백성을 다시 구원하실 것이라는 이스라엘의 확신을 듣습니다. 우리는 바로 그 하나님을 알고 있습니다. 예수님을 살리신 하나님께서는 아주 오래전에 백성들을 죽음과 압제로부터 구해 내신 하나님이셨습니다. 그분은 그들이 위험에 처했을 때 구해 주실 하나님이십니다. 예수 그리스도의 부활로 이 구원하시는 하나님께서는 궁극적인 적, 죽음 그 자체로부터 자신의 백성을 단번에 구하셨습니다. 이스라엘이 기대했던 미래의 구원은 예수 그리스도로 인해 이미 도래했습니다. 그리고 예수님이 그날에 다시 오셔서 우리 모두를 영광으로 인도하시는 것으로 이뤄내실 것입니다.

예수 마파(Jesus Mafa)로 알려진 그림들은 그리스도의 생애를 아프리카 방식으로 묘사합니다. 그림들은 단순하고 명확하며 아프리카의 기독교 영성이 갖는 기쁨과 은혜를 표현하고 있습니다. '부활절'이라는 그림에서 마리아는 무릎을 꿇고 팔을 벌려 부활하신 그리스도, 즉 동산지기가 아니라고 판명된 분을 맞습니다.* 그녀는 가지고 온 향품을 떨어뜨렸습니다. 이제 더 이상 필요하지 않기 때문입니다. 그녀의 팔은 찬양이라고밖에 볼 수 없는 형태로 뻗고 있습니다. 자기 앞의 남자를 알아볼 수 있게 되자 그녀의 얼굴은 기쁨으로 빛이 납니다. 그녀는 기쁨을 상징하는 분홍색 옷을 입었고 비치는 머리 스카프를 뒤로 넘겼기에 무릎을 꿇고 있음에도 불구하고 마치 춤을 추고 있는 듯이 보입니다. 이 순간 그녀는 두려워하지도, 궁금해하지도 않습니다. 그저 경이로움과 기쁨에 차 있습니다.

훗날 그녀가 이 이야기를 하게 된다면 설명할 길이 없을 것입니다. 그저 시편 기자가 "이날은 여호와께서 정하신 것이라 이날에 우리가 즐거워하고 기뻐하리로다"라고 한 말을 반복할 수밖에 없을 것입니다. 해방의 하나님, 건지시는 하나님, 구원의 하나님 외에 그 누가 이런 일을 하실 수 있다는 말입니까? 그다음 그녀는 자기 제자들에게 이 노래를 함께 부르자고 할 것입니다. '우리가 즐거워하고 기뻐하리로다.' 참으로 이 시편의 말씀들은 우리 모두로 하여금 신비 앞에서 경외하며 바라보면서 기쁨으로 경탄하게 합니다.

* 그림은 다음 사이트에서 볼 수 있다. http://www.jesusmafa.com/anglais/pagetprod2.htm

부활주일

골로새서 3:1~4

1 그러므로 너희가 그리스도와 함께 다시 살리심을 받았으면 위의 것을
찾으라 거기는 그리스도께서 하나님 우편에 앉아 계시느니라
2 위의 것을 생각하고 땅의 것을 생각하지 말라
3 이는 너희가 죽었고 너희 생명이 그리스도와 함께 하나님 안에 감추어
졌음이라
4 우리 생명이신 그리스도께서 나타나실 그때에 너희도 그와 함께 영광
중에 나타나리라

신학적 관점

본문에서 골로새서 저자는 그리스도인이 어떻게 살아야 하는지에 대한 오해를 불식시키기 위해 반박하고 있습니다. 그 과정에서 저자는 수신자에게 그리스도와 함께 죽었고 살아났다는 사실을 기억하라고 합니다. 여기서 사용된 세례 언어는 공간적 이미지를 담고 있어 현대 독자들에게 당혹스러운 질문을 던집니다. 예수님은 어디에 계십니까? 우리는 어디에 있습니까? 그렇다면 우리는 어떻게 살아야 합니까?

예수님은 어디에 계십니까? 저자는 독자들에게 '위의 것을 찾으라 거기는 그리스도께서 하나님 우편에 앉아 계시느니라'라고 강력히 권면합니다. 교회는 이 이미지를 사도신경을 암송하면서 되풀이합니다. '하늘에 오르시어 전능하신 아버지 하나님 우편에 앉아 계시다가'라고 고백하면서 말입니다. 누가가 부활과 승천을 구분하고 있는 것과는 달리 골로새서 저자는 둘을 구분하지 않습니다. 그는 예수 그리스도께서 단순히 우리 위에서 '일으킴'(raised)을 받으셨다고 표현합니다. 그렇다면 그리스도께서 승천하셔서 하나님의 우편에 앉으셨다는 표현은 무엇을 의미하는 것일까요?

이 다소 낯선 공간적 표현은 두 가지 기본적인 기독론을 확증합니다. 첫째, '하나님 우편에 앉아' 계신 그리스도의 이미지는 예수님 자신이 '아버지'라 부르시는 하나님과 연합돼 있음을 보여줍니다. 이 말은 시편 110:1에서 유래했으며, 신약성경 저자들과 초기 교회 신학자들이 예수님의 정체성을 표현할 때 자주 사용했습니다. 예수 그리스도는 시편 기자가 "여호와께서 내 주에게 말씀하시기를 내가 네 원수들로 네 발판이 되게 하기까지 너는 내 오른쪽에 앉아 있으라 하셨도다"라고 말한 그분입니다. 그리스도께서는 하나님 우편에 앉으셔서 하나님의 사랑과 목적과 능력에 동참하십니다.

둘째, 부활하셔서 하나님과 함께 앉으신 그리스도의 이미지는 그리스도께서 더 이상 죽음에 좌우되지 않음을 선언합니다. '위'에 있다는 것은 '쓰다가 없어지는'(골 2:22) 영역을 벗어나서 초월해 계시다는 뜻입니다. 회중이 우주를 더 이상 삼층천 같은 우주관으로 생각하지 않기 때문에 '위'와 '아래'라는 헷갈리는 공간적인 표현 대신 '저 너머'(beyond)와 같은 용어를 쓰는 것이 도움이 될 수 있습니다. 그렇게 표현하면 그리스도께서 죽음 저 너머에 계신다는 것을 더 잘 전달할 수 있습니다.

따라서 골로새서 저자가 예수님이 어디에 계신지 고대 세계관에 따라 주장하는 것처럼 보이지만 실제로는 예수님이 누구신지 분명히 밝히고 있습니다. 즉 하나님과 함께 계신 분으로 이 세상에 편만한 죽음의 위협 너머에 계신 분이라는 것을 실제로 확증하고 있습니다.

우리는 어디에 있습니까? 저자는 우리가 어디에 있는지를 설명하기 위해서 공간적인 은유도 사용합니다. '그리스도와 함께 다시 살리심을 받았으면'(3:1)이라 하고 우리 생명이 '하나님 안에 감추어졌음'(3:3)이라고 말함으로써 '바울'은 우리가 안전하다고 여기며 의지하던 확실한 기반을 뒤흔듭니다. 우리는 더 이상 '썩어질 것들'의 세계에 안주하며 살지 않습니다. 우리는 하나님의 우편에 계신 그리스도께 묶여 있습니다. 우리가 그리스도와 함께 살아났고 숨겨졌다는 이 주장은 두 가지 문제를 제기합니다. 어떤 사람들은 상하 공간 구분을 시대착오적이라며 무시해 버릴 수 있습니다. 반면에 다른 사람들은 물질세계가 부패할 뿐만 아니라 처음부터 악했다고 하며 멀리하는 이원론으로 해석할 수도 있습니다.

첫 번째 오해를 풀기 위해서 '살아났다'와 '위'라는 용어를 다시 번역하는 것이 도움이 될 수 있습니다. 핵심은 우리가 특정한 공간적 위치에 얽매이지 않는다는 것입니다. 우리 정체성은 더 이상 피조물과 사람이 죽어 나가는 이 세상에 의해 정의되지 않습니다. 그리스도의 부활에 우리의 신앙을 두는 우리는 죽음이 마지막 단어가 아니라는 것을 압니다. 우리는 신앙을 이 세상을 초월한 곳에 둡니다. 그래서 말 그대로 죽음을 뛰어넘으신 그리스도로부터 우리의 삶과 정체성을 이끌어 냅니다.

두 번째 오해는 '땅의 것'과 '위의 것'을 구분하는 이원론에서 비롯됩니다. 이를 풀기 위해서 '땅의 것을 생각하지 말라'가 아니라 "위의 것을 생각하고 땅의 것을 생각하지 말라"(2절)라고 말한다는 점에 주의해야 합니다. 이 구절은 육체를 거부하고 천사를 경배하는(참조. 2:18) 것을 포함한 이원론에 끌려가는 공동체를 향한 말씀 같습니다. 하지만 이 구절은 그런 극명한 이원론을 거부합니다. 저자는 지상의 것들이 무가치해서가 아니라 부패하기 쉽기 때문에 궁극적으로 충성을 다할 가치가 없다고 가르칩니다. 이어지는 3:12~13에서는 현재 세상을 완전히 무가치한 것으로 여기는 그 누군가가 남긴 흔적이 아니라, 공동체의 실제적인 삶에 대한 관심을 명백하게 보여줍니다. 즉, '위의 것을 찾으라'라는 표현은 세상을 부정하는 금욕주의를 의미하지 않습니다. 오히려 죽음을 두려워하지 않고 이 세상을 자유롭게 살아가며, 멸망할 것들에 궁극적 가치를 두지 말라는 뜻입니다.

전통적인 대감사기도 시작 부분에서는 "마음을 드높이라"라고 선창하면 회중이 "주님께 올려드립니다"라고 응답합니다. 이와 비슷하게 본문의 저자는 독자들에게 자신들의 마음을 들어 올리라고 합니다. 현세를 포기하는 것이 아닙니다. 영광의 그리스도의 관점으로부터 현세를 올바로 바라볼 것을 촉구합니다.

그렇다면 우리는 어떻게 살아야 합니까? 그리스도께서 '위에' 계시기 때문에, 또 우리가 그리스도 안에서 살아나고 감추어졌기 때문에, 우리는 새로운 생명을 살도록 해방됐습니다. 앞 장에서 저자는 독자들에게 무엇을 다루고, 맛보고, 만져볼지에 대해 세상의 규율에 매이지 말라고 권면합니다(2:20-23). 분명히 당시 교회 안에는 하늘로 승천하려는 금욕적인 엄격함을 장려하는 철학이 영향을 미치고 있었습니다. 하지만 오늘 본문은 기독교인의 '상승'이 우리의 그 어떤 노력으로부터도 오지 않고 이미 성취된 그리스도의 부활로부터 말미암는다고 강조합니다. 우리는 스스로 일어날 수 없습니다. 그리스도와 연합함으로써 일으켜집니다. 이때 우리 자신의 추구는 우리의 진정한 자아가 그리스도의 품 안에 있다는 진술에 달려 있게 됩니다.

루돌프 불트만은 그리스도와 함께 살아났다면(직설법) 이제 위의 것을 추구해야 한다(명령법)고 강조합니다. 그는 골로새서에 대해 이렇게 말합니다.

현재는 그리스도 안에서 하나님께서 행하

> 신 사건으로 인해 구원의 시간으로 여겨진다 … 신자는 세례를 통해 이 사건을 자신의 것으로 만든다. 그렇게 권세의 지배로부터 풀려난다 … 신자들은 그리스도와 함께 죽고, 묻혔다가 그와 함께 살아난 존재들이다. 이와 같은 사실 진술(직설법) 위에 명령(명령법)이 세워진다.*

이것이 해방의 소식입니다! 죽음은 우리 뒤에 있습니다. 그리고 우리의 삶은 세상을 지배하는 권세에 의해서도, 혹은 심지어 위대한 것을 성취하려는 우리 자신의 노력으로도 정의되지 않습니다. 오히려 우리의 생명은 죽음의 권세를 넘어 부활하신 그리스도 안에 숨겨져 안전하게 보호받습니다.

목회적 관점

앨런 티벨스는 볼티모어 서쪽 저소득층 지역인 샌드타운 주민입니다. 샌드타운은 72만 제곱미터 정도 크기의 지역으로, 공공연한 마약 거래와 높은 범죄율, 최근까지 버려진 주택 문제까지 안고 있었던 악명 높은 동네입니다. 1987년에 티벨스와 그의 백인 가족은 이 아프리카계 미국인 지역사회로 이사 왔습니다. 그의 목적은 도움이 필요한 사람들의 영원한 이웃이 되는 긴 여정을 시작하고, 지역사회를 개발하는 프로젝트를 출범시키려는 것이었습니다. 그는 황폐해진 주택을 다시 세우고, 안전한 탁아 프로그램을 만들며 주민들에게 기본적인 의료 시설을 제공하려 했습니다.

* Rudolf Bultmann, *Theology of the New Testament* (New York:Charles Scribner's Sons, 1955), 2:176.

티벨스가 샌드타운에서 연속적으로 성공한 지역사회 개발이 특별한 이유는 사실 그가 청년 시절 농구를 하다가 불의의 사고로 사지가 마비됐기 때문입니다. 인터뷰 중 장애로 제약이 많은 상황에서 어떻게 자신의 목적을 유지하고 삶을 주도할 수 있었느냐는 질문에 티벨스는 바로 신약성경에서 가장 좋아하는 말씀을 말했습니다. 사도 바울이 고린도전서 15장 마지막에 부활의 진리에 대해 말한 직후 말한 내용이었습니다. "그러므로 내 사랑하는 형제들아 견실하며 흔들리지 말고 항상 주의 일에 더욱 힘쓰는 자들이 되라 이는 너희 수고가 주 안에서 헛되지 않은 줄 앎이라"(고전 15:58).

티벨스가 신약에서 가장 좋아한다는 단어는 바울의 '그러므로'였습니다. 이유가 무엇일까요? 그리스도의 부활 덕분에 우리에게 주어진 새로운 능력과 조건을 알려주기 때문입니다. 티벨스에게는 이 '그러므로'가 신체적 역경에도 불구하고 모든 종류의 도전에 맞설 수 있도록 영감을 줬습니다. 그리스도께서 실제로 죽음에서 살아나셨다면, 그러므로 새로운 기대가 생깁니다. 그러므로 우리가 새로운 가능성에 도전할 수 있게 됩니다. 그러므로 우리에게 새로운 능력이 주어집니다.

똑같은 맥락에 있는 '그러므로'로 오늘 본문 골로새서 3장이 시작됩니다. 이 편지를 바울이 직접 썼든 그의 가까운 제자들이 썼든 골로새서에서 '그러므로'의 의미와 중요성은 고린도전서 15장 끝부분과 본질적으로 같습니다. "그러므로 너희가 그리스도와 함께 다시 살리심을 받았으면 위의 것을 찾으라 거기는 그리스도께서 하나님 우편에 앉아 계시느니라." 골로새서는 그리스도께서 죽음을 이기고 부활하셨듯이 우리도 세례를 통해 '이미' 그분과 함께 부활했다는 것을 전제합니다. 그리스도의 부활 가운데 있는 우리의 세례는 특별한 윤리적인 기대를 일으킵니다. 그리스도와 연합하는 세례는 부활의 능력으로 살아갈 능력을 부여받았음을 의미하기 때문입니다.

오늘 골로새서 본문은 세례를 구체적으로 언급하지는 않습니다. 그러나 본문에서 암시하는 모든 것들은 세례라는 선물을 통해 그리스도의 부활 능력을 나눠 갖는 것과 관계가 있습니다. 따라서 골로새서 3장 중반부에서 특정 성품들로 '옷 입고' 그리스도 안에서 새 사람을 '입는' 것(3:8-14)은 분명히 세례 행위를 가리킵니다.

부활절의 하이라이트는 세례식을 거행하는 것입니다. 목회자는 교인들에게 세례를 받기에 부활절보다 더 영광스러운 날은 없다고 자주 말합니다. 그 말이 맞습니다. 역사적으로 교회는 그리스도의 새로운 생명에 초점을 두고 세례 성례전을 통해 새로운 기독교인을 탄생시키는 일을 해 왔습니다. 한 사람이 새롭게 태어났다는 것을 알게 되는 데 세례보다 더 좋은 방법이 어디 있겠습니까?

한번 상상해 봅시다. 당신이 부활절에 세례를 받기로 했습니다. 당신이 잘 알던 곳이든 잘 모르는 곳이든, 어쨌든 주저주저하면서 교회에 갑니다. 대부분 깨어 있는 상태에서 부활절을 맞아 가장 좋은 옷을 입고 갑니다. 가득 찬 사람들 앞에서 이전에 세례를 받겠다고 "예"라고 했던 일을 갑자기 후회합니다. 그러나 그냥 하자는 대로 합니다. 계획대로 세례식을 진행합니다. 잠시 후, 세례 예식이 끝났을 때 자리로 돌아와 이 골로새서의 장엄한 말씀이 회중 가운데 울려 퍼지는 것을 듣습니다.

머리나 몸에 있는 물이 아직 마르지도 않았는데, 여러분도 이미 '그러므로'라는 말로 주의를 끌려고 하는 웅장한 말씀을 마주하게 됩니다. "그러므로 너희가 그리스도와 함께 다시 살리심을 받았으면 위의 것을 찾으라 … 위의 것을 생각하고 … 그리스도와 함께 하나님 안에 감추어졌음이라." 얼마나 강력한 권면입니까! 여러분의 어머니가 여러분에게 가르쳤던 것보다 더 명확한 윤리적 가르침이 여기 있습니다. 부활하신 주님께 희망을 둔 사람이라면 누구나 그 연합에 모종의 기대를 하게 됩니다. 바로 부활 사건의 빛 안에서 자신을 적절히 다스리는 분명한 방법에 대한 기대입니다.

만약 여러분이 그리스도와 함께 세례를 받는 단계에 이르렀다면, 그분과 함께하는 부활의 삶을 살아가는 것도 진지하게 고민해야 합니다. 이것은 여러분이 특별히 행동해야 할 바를 마음에 두고 하루하루를 잘 경영해야 한다는 뜻입니다. 마치 여러분이 예수 그리스도의 도덕적 정체성을 중심으로 일상의 결정들을 내리는 것처럼 말입니다. 결국 여러분의 삶 전체를 그리스도께서 중요하게 여기시는 바로 그 일들을 중심으로 재정립해야 합니다. 만지고, 붙잡고, 맛보는 것과 관련된 사소한 율법적인 의례(2:20)는 '그러므로'라는 단어를 마음에 두고 사는 사람의 삶에서 설 자리를 찾지 못합니다. 그런 것들은 허락되지 않습니다. 동일한 제약이 '음란과 부정과 사욕과 악한 정욕과 탐심'이나 '분함과 노여움과 악의와 비방과 너희 입의 부끄러운 말'(3:5, 8)과 같은 세상의 유혹에도 적용됩니다. 이런 것들은 '그리스도와 함께 살리심'을 받은 사람들에게 가당치 않습니다.

오늘 골로새서 말씀을 더 깊이 살피다 보면, 세례를 받으면서 "포기합니다"라고 되풀이했던 그 말에는 처음 이해했던 것보다 더 깊은 윤리적 의미가 담겨 있었다는 사실을 깨닫게 됩니다. 그때 이런 고백을 했기 때문입니다. "마귀와 하나님을 거역하는 모든 권세를 포기합니다. 나를 하나님에게서 멀어지게 하는 죄의 길들을 포기합니다." 부활의 행동 원리는 전 세계 세례받은 사람들로 하여금 그리스도의 모습을 본받지 않은 모든 형태의 삶을 말로써 단호하게 거부하도록 이끌었습니다.

오늘 설교자의 임무는 성도들이 더 나은 길을 갈망하는 방법을 알도록 돕는 것입니다. 우리가 소극적으로 "포기합니다"라고 해 버리면, 그리스도께서 가장 중요하게 여기시는 삶의 방식들을 어떻게 적극적으로 추구할 수 있겠습니까?

주석적 관점

부활주일 서신서 본문은 더 큰 단락(2:20-3:17)의 일부입니다. 본문은 골로새 교회를 교란시키며 위협하던 종교적 선동가들의 잘못된 가르침에 맞서기 위해 초기 기독교인의 일반적인 세례 이해를 고려해 논증합니다.* 여러 가지 면에서 본문은 그리스도와 함께 죽었다 다시 산다고 증언하는 로마서 6:1~14(부활절 철야 서신서 본문)에 드러난 세례 전통을 반영합니다. 신자들은 세례의 물에 잠기면서 그리스도와 함께 장사됩니다(롬 6:4, 골 2:20). 결과적으로 골로새서의 표현처럼 기독교인들은 '그리스도와 함께 살리심을' 받은 자로서 물에서 올라옵니다(3:1). 바울이 기독교인이 미래에 부활할 것이라고 주장하지만(롬 6:5), 골로새서는 부활을 이미 우리의 현재 경험의 일부로 묘사합니다.

이 둘의 차이를 어떻게 이해해야 할까요? 부활절 철야에는 그리스도인의 부활이 '아직' 일어나지 않았고, 부활절 아침에는 '이미' 일어난 것일까요? 바울은 실현된 종말론(Realized Eschatology)을 받아들인 고린도 교인들을 꾸짖었는데(고전 15장), 골로새서 저자도 이 종말론을 받아들인 것일까요? 그게 아니면 골로새 교인들에게 보낸 편지가 세례에 대한 이해는 기본적으로 동일하지만 현저히 다른 상황을 다루고 있는 것일까요?

2:6~19에서 저자는 골로새 교회에 침입한 다른 교사들이 말한 내용을 이야기합니다. 그들의 '철학과 헛된 속임수'(2:8)는 유대교 신비주의에 영향을 받은 종교적 가르침과 실천을 가리키는 듯합니다. 그들은 분명히 할례(2:11), 안식일과 다른 절기 준수(2:16), 그리고 금욕주의적 실천(2:16-19)만을 고집하지는 않았습니다. 거기에 더해서 환상과 천사의 관습을 따르는 예배(2:18의 '천사 숭배'는 '천사들과 함께하는 예배'로 표현하는 것이 더 적절할 수 있음)를 포함한 '통치자들이나 권세들'의 요구에 순종할 것도 강조했습니다. 이들이 제시한 우주 이미지는 매우 적대적입니다. 사람과 하나님 사이에서서 (어쩌면 그들은 그리스도가 고귀한 존재 중 하나라고 생각했을 것입니다) 인간들이 신의 수호자들에게 적절한 경의를 표할 때만 그 길을 열

* E. Elizabeth Johnson, "Colossians," in *HarperCollins Bible Commentary*, rev. ed., ed. James L. Mays (San Francisco:HarperSanFrancisco, 2000), 1126-30.

어 주는 엄격한 중간자들의 세계관을 제시합니다.

하지만 본문 저자는 이 모든 것이 '사람의 전통'이고 참 기독교 신앙과는 관계가 없다는 것을 교회에 알려 안심시키고자 합니다. 그리스도는 그저 통치자나 권력자 중 하나가 아니라 '신성의 모든 충만이' 육체에 거하신 분이십니다(2:9). 그분은 이미 십자가에서 권세들을 물리치셨습니다('십자가로 그들을 이기셨느니라', 2:15). 그리고 영광 중에 하나님의 오른편에 앉아 계십니다(3:1).

믿는 사람은 세례로 그리스도와 함께 죽었기 때문에 그리스도의 자리에 함께합니다. 권력자들은 그들을 더 이상 다스릴 권위가 없습니다. 그리스도가 하나님의 우편에 앉아 계신 것처럼(초기 교회가 좋아하는 한 구절인 시편 110:1 참조*) 기독교인의 삶 역시 '그리스도와 함께 하나님 안에 감춰졌습니다'(3:3). 이것이 그 누구라도 그들을 '비판'하거나 '정죄'해서는 안 되는 이유입니다(2:16, 18). 그들은 문자 그대로 살아나신 그리스도의 현존 안에 있습니다. 그리고 어떤 신학적인 가르침으로 위협한다고 해도 아무도 그것을 바꾸지 못합니다.

세례받은 성도의 지위는 교리적인 결과를 넘어섭니다. 신약성경에서 세례를 언급하는 거의 모든 본문이 그렇듯 오늘 본문도 그리스도와 함께 죽고 살아나는 것의 윤리적 파급효과에 대해 말합니다. 오늘 본문을 포함한 전체 단락의 초반부는 조건문(if-then 구조) 두 개가 평행을 이룹니다. 조건절 부분은 '그리스도와 함께 죽었거든'(2:20)과 '너희가 그리스도와 함께 다시 살리심을 받았으면'(3:1)입니다. 각각의 조건(if)은 기독교적 삶을 지향하는 결과절(then)로 이어집니다. 전자는 '어찌하여 세상에 사는 것과 같이 규례에 순종하느냐'(2:20)로 이어지고 후자는 '위의 것을 찾으라 거기는 그리스도께서 … 앉아 계시느니라'(3:1)로 이어집니다. 그다음 긴 명령이 이어집니다. '위의 것을 생각하고'(3:2), '죽이라 곧 음란과 부정과 사욕과 악한 정욕과 탐심이니'(3:5), '벗어 버리라 곧 분함과 노여움과 악의와 비방과 너희 입의 부끄러운 말이라'(3:8), '서로 거짓말을 하지 말라'(3:9). 3:9~10의 '벗어 버리고'와 '입었으니'라는 동사에서 세례에 대한 추가 언급이 나옵니다. 이는 나체로 세례를 받은 다음 새로운 옷을 입었던 초기 기독교 관행을 암시합니다.

신자들이 기독교인이 되기 전에 입었던 낡은 옷을 벗어 버리고 그리스도 안에서 새 옷을 받는 것처럼, 그들은 옛 삶의 행동 방식을 벗어 버리고 새로운 삶으로 바꾸라고 부름받습니다. 이 새 삶은 세 가지로 나타납니다. 첫째, 하나가 됩니다(3:11, '거기에는 … 차별이 있을 수 없나니'). 둘째, 삶에서 '긍휼과 자비와 겸손과 온유와 오래 참음'과 같은 성품들과 '용서'가 드러납니다(3:12-13). 셋째, 구체적으로 "사랑을 더하라 … 그리스도의 평강이 너희 마음을 주장하게 하라 … 감사하는 자가 되라 … 피차 가르치며 권면하고 … 시와 찬송과 신령한 노래를 부르며…"와 같은 변화가 일어납니다(3:14-16). 모든 실천의 동기는 마지막 권면에 요약돼 있습니다. "또 무엇을 하든지 말에나

* David M. Hay, *Glory at the Right Hand: Psalm 110 in Early Christianity*, Society of Biblical Literature Monograph Series 18 (Nashville:Abingdon Press, 1973).

일에나 다 주 예수의 이름으로 하고 그를 힘입어 하나님 아버지께 감사하라"(3:17).

로마서 6장과 골로새서 3장에 나오는 세례 전통의 두 가지 사용, 즉 부활절 철야와 부활주일에 나오는 교훈은 유사하면서도 다릅니다. 바울과 그 이름으로 저술한 골로새서 저자 모두 그리스도인들이 새로운 백성으로 살도록 권하기 위해 그리스도와 함께하는 기독교인의 죽음과 부활을 가리킵니다. 바울은 그들이 '새 생명 가운데' 행한다고 말하고(롬 6:4), 골로새서 저자는 그들이 '새 사람'을 입었다고 말합니다(3:10). 양쪽 모두 새로움의 결과로 일어나는 올곧은 윤리적 행동을 보여줍니다. 바울은 "죄에 대하여 죽은 우리가 어찌 그 가운데 더 살리요"(롬 6:2)라고 묻고, 골로새서는 독자들에게 사랑과 자기희생의 삶을 살도록 촉구합니다.

한편, 기독교인의 부활에 대한 두 저자의 해석은 매우 다른 상황을 다루고 있습니다. 바울은 죄의 영속성과 윤리적 경계의 필요를 심각하게 받아들여, 기독교인의 부활의 실재를 종말론적 미래로 남겨 둡니다("너희 지체를 죄에 불의의 무기로 내주지 말고 반대로 … 하나님께 의의 무기로 드리라." 롬 6:13, 사역). 이에 반해 골로새서 저자는 그리스도의 부활에 참여할 자격이 없는 것은 아닌지 두려워하던 기독교인들에게 말하며, 예수님의 죽음과 부활을 통해 하나님의 능력이 이미 그들도 그리스도의 부활에 참여할 수 있게 하셨다고 확언합니다.

설교적 관점

요크셔에 있는 파운틴스 수도원은 1132년에 설립된 시토회 수도원입니다. 1539년 이후 운영을 중단했지만 여전히 관광지로 인기 있습니다. 수도원 총회의 공식 가이드는 "매 주일마다 수도사들이 수도원장의 설교를 듣기 위해 여기 모입니다. 다만 삼위일체주일은 주제가 어렵기 때문에 예외적으로 모이지 않습니다"라고 알리고 있습니다.*

우리는 수도원장이 부활절에 어떤 좋은 설교를 했는지 궁금해할 만합니다. 왜냐하면 부활이라는 주제가 삼위일체 못지않게 어려운 주제이기 때문입니다. 사실 적어도 우리에게는 부활이라는 주제가 훨씬 더 어려울 수 있습니다. 수도원장의 삼위일체 설교가 해당 주제나 연관성 측면에서 상대적으로 생소해서 기도하는 수도자들마저도 심각한 방해를 받았을 수도 있겠지만, 우리 상황은 오히려 반대입니다. 그래서 더 극단적으로 흘러갑니다. 우리 부활절 설교는 우선 해당 주제가 너무 친숙해서 많은 경우 어찌 해볼 수 없을 정도로 방해받습니다. 심지어 기도하지도, 믿지도 않는 사람들 사이에서도 그렇습니다. 그저 등록만 한 성도들, 2년에 한 번씩 오는 사람들, 심지어 대놓고 회의적인 사람들까지도 설교자가 부활절 아침에 뭐라고 설교할지 잘 알고 있고 똑같은 생각을 합니다. "그리스도께서 부활하셨습니다! 주님이 참으로 살아나셨습니다!"

그런데 작년에도 똑같은 설교를 들었습니다. 키르케고르의 말대로 '이 땅에는 정보가 부족하지 않습니다.' 우리 시대가 기독교가 주장하는 내용에 대해 점점 더 무지해지고 있다고 누

* Lesslie Newbigin, "The Trinity as Public Truth," in *The Trinity in a Pluralistic Age:Theological Essays on Culture and Religion* (Grand Rapids:Eerdmans, 1997), 2.

군가가 그럴싸하게 주장할 수 있다고 해도, 부활절 아침에는 거의 모든 사람이 부활에 대해 거의 기본적인 감각은 가지고 예배당에 들어갑니다. 그날 모인 사람 중 일부에게는 그 설교가 들어 본 유일한 복음일 수도 있기 때문입니다.

삼위일체주일에 수도원장은 침묵으로 설교를 대신합니다. 어떨 때는 그게 나쁜 생각이 아닐 수 있지만 부활절은 그렇지 않습니다. 침묵으로는 부활절 아침에 전해야 할 것을 모두 담지 못합니다. 수도자들이 삼위일체에 대해 의심하는 것만큼, 회의적인 사람들과 성도들도 부활절의 의미에 대해 의심할 수 있습니다. 그래서 침묵으로는 충분하지 않습니다. 하나님의 내적 삶에 대한 교리는 항상 개념적이고 난해해 보일 수 있는 데다가 일상의 다양한 문제들과 거리가 멉니다. 하지만 부활절 설교가 그래서는 안 됩니다. 무엇인가 의미가 있어야만 합니다. 슬프게도 설교자도 그 의미가 무엇인지 분명하게 알지 못할 때가 있습니다. 그러다 보니 부활절 설교가 듣기에는 그럴싸해 보이지만 부활과 전혀 상관없는 소리가 되기 쉽습니다. 동화 같기도 하고, 그다지 놀랍지 않은 결론과 진부한 격려의 말처럼 들리기도 합니다. 즐거운 마음으로 들을 수는 있지만 메시지가 날카롭지는 않습니다.

이런 친숙함, 회의적인 생각, 당혹감 혹은 단순한 무관심에 직면한 설교자는 설교할 때 세 가지 치명적인 오류를 범할 수 있습니다. 첫째, 가장 일반적으로 범할 수 있는 오류는 설교자들이 부활을 자연이나 인간의 정신 속에서도 발견할 수 있는 '보편적 진리'로 만들어 버리는 것입니다. 둘째, 부활을 설명하려고 시도하는 오류입니다. 복음서의 진실을 어떤 방법으로든 옹호하려 하며, 정경으로 안 되면 다른 것도 동원해 부활의 가능성(심지어 어떤 과학자들은 충분히 가능하다고 말합니다!)을 옹호하려 합니다. 그리하여 예수님의 부활 사건과 제자들의 예수 체험이 진짜 일어난 일이라는 개연성을 주장하려 합니다.

이런 전략은 절대로 통하지 않습니다. 부활은 감정적인 것이 아니고, 결국 특정한 절기에만 해당하는 것도 아니기 때문입니다. 나아가 아우구스티누스가 지적하듯 참된 신비는 발견될 수 있는 것이 아닙니다. 오직 계시될 뿐입니다. 그리고 계시된 후에도 그것을 다른 사람에게 설명할 수 없습니다. 설령 부활이 물리적으로 가능하다는 것을 입증한다고 해도 여전히 부활의 의미에 대해서는 의문을 제기할 수밖에 없습니다. 그래서 어쩌자는 거냐고 되물을 것입니다.

안타깝지만 역설적으로 부활에 대한 복음의 진리는 재치 있는 설교로 연결되기가 어렵습니다. 설교자도, 다른 어떤 사람도 부활에 대해서는 진정성 있는 찬양이나 간증을 하기 어렵습니다. 그러나 우리는 무엇인가를 말하도록 부름받았습니다. 우리가 할 수 있는 방법이 여전히 값싼 감정 호소나 변명조로 부활을 이야기하는 것뿐이라면, 그런 담론이나 설교가 세 번째 오류일 것입니다. 이는 그날 이야기를 확신과 감동 없이 앵무새처럼 반복하고 텍스트 음성 변환 시스템처럼 기계적으로 읊조리는 것과 다르지 않기 때문입니다. 그렇게 할 거면 차라리 수도원장처럼 조용히 하고 있는 것이 낫습니다(제 설교학 교수는 성경에서 출발해서 성경에 머무는 설교는 설교 자체를 비성경적으로 만든다고 말했습니다).

스탠리 하우어워스는 기독교인의 삶과 사역에서 변화가 일어나려면 올바른 이미지가 반드시 필요하다고 지적했습니다.* 그것이 우리가 스스로를 어떤 존재로 인식하느냐에 결정적인 영향을 주기 때문입니다(롬 6:11). 어쩌면 부활절에 가장 특별해야 하는 진짜 설교를 위해서도 마찬가지입니다. 부활절 철야에 살펴본 로마서 본문과 마찬가지로 바울은 오늘 본문에서 세례의 이미지를 택합니다. 이는 그리스도와 함께 죽고 사는 것으로, 죽음과 삶 모두에 관한 것입니다. 세례는 우리가 공동체에 들어간다는 표식이고 거룩한 삶에 의식적으로 참여하기 시작하는 지점입니다.

잘 알려진 바와 같이 1절의 헬라어 문장은 '그러므로 너희가 그리스도와 함께 살아났으니'라는 강렬한 인상을 줍니다. 바울의 직설법 문장은 이에 상응하는 명령 '위에 있는 것을 찾으라'로 이어집니다. 이 명령 자체나 이에 순종하는 것은 도피적인 것이기에 소소한 것으로 여겨질 수 있습니다. 그러나 5절부터 17절까지 이어지는 일련의 계명들은 (오늘 성서정과 본문 밖에 있지만) 이런 삶이 순진한 사람들을 위한 것이 아님을 분명히 합니다. 실제로 그리스도께서 '그리스도와 함께 감추어진' 삶을 어떻게든 사는 사람들에게만 '(그들의) 생명'이 되시는데(4a절), 그들만이 우선적인 명령과 그 부수적인 명령들에 온전히 순종할 수 있습니다. 베드로, 야고보 그리고 요한이 변화산에 있다가 예수님에 의해 다툼과 질병이 있는 상황 가운데 다시 인도돼 온 것처럼 '위'에 계신 그리스도를 찾는 사람들은 어쩔 수 없이 지상의 환경과 상황으로 이끌려 올 수밖에 없습니다.

결국 부활절 선포는 죽음과 생명 모두를 빠짐없이 담아야 합니다. 바울은 그리스도의 부활과 승천으로 인해 가능해진 기독교인의 삶에 대한 신학적 평가라는 관점에서 '죽음과 부활'의 세례 이미지를 사용합니다.

많은 사람이 교회가 복음을 전하지만 막상 그 복음을 살아내지 못한 것이 복음주의가 실패한 핵심적인 이유라고 비판해 왔습니다. 거룩함보다는 도덕에 더 집착했던 것과, 복음의 약속에 도취돼 윤리적인 명령에 무감각해진 것이 복음을 성육신하지 못한 것의 예라 할 수 있을 것입니다. 하지만 부활절은 피할 수 없이 그리스도 안에서 우리 자신을 보게 하고, 우리 안에 있는 그리스도를 보게 합니다. 그렇게 다른 이들과의 관계 속에서 그리스도를 본받아 살도록 만듭니다.

* Stanley Hauerwas, *Vision and Virtue* (Notre Dame, IN:University of Notre Dame, 1981), 2, cited in Eugene Peterson, *Under the Unpredictable Plant: An Exploration in Vocational Holiness* (Grand Rapids:Eerdmans, 1992), 6.

부활주일

요한복음 20:1~18

1 안식 후 첫날 일찍이 아직 어두울 때에 막달라 마리아가 무덤에 와서 돌
이 무덤에서 옮겨진 것을 보고
2 시몬 베드로와 예수께서 사랑하시던 그 다른 제자에게 달려가서 말하되
사람들이 주님을 무덤에서 가져다가 어디 두었는지 우리가 알지 못하겠
다 하니
3 베드로와 그 다른 제자가 나가서 무덤으로 갈새
4 둘이 같이 달음질하더니 그 다른 제자가 베드로보다 더 빨리 달려가서
먼저 무덤에 이르러
5 구부려 세마포 놓인 것을 보았으나 들어가지는 아니하였더니
6 시몬 베드로는 따라와서 무덤에 들어가 보니 세마포가 놓였고
7 또 머리를 쌌던 수건은 세마포와 함께 놓이지 않고 딴 곳에 쌌던 대로 놓
여 있더라
8 그때에야 무덤에 먼저 갔던 그 다른 제자도 들어가 보고 믿더라
9 (그들은 성경에 그가 죽은 자 가운데서 다시 살아나야 하리라 하신 말씀
을 아직 알지 못하더라)
10 이에 두 제자가 자기들의 집으로 돌아가니라
11 마리아는 무덤 밖에 서서 울고 있더니 울면서 구부려 무덤 안을 들여
다보니
12 흰옷 입은 두 천사가 예수의 시체 뉘었던 곳에 하나는 머리 편에, 하나
는 발 편에 앉았더라

13 천사들이 이르되 여자여 어찌하여 우느냐 이르되 사람들이 내 주님을
옮겨다가 어디 두었는지 내가 알지 못함이니이다
14 이 말을 하고 뒤로 돌이켜 예수께서 서 계신 것을 보았으나 예수이신
줄은 알지 못하더라
15 예수께서 이르시되 여자여 어찌하여 울며 누구를 찾느냐 하시니 마리
아는 그가 동산지기인 줄 알고 이르되 주여 당신이 옮겼거든 어디 두었
는지 내게 이르소서 그리하면 내가 가져가리이다
16 예수께서 마리아야 하시거늘 마리아가 돌이켜 히브리 말로 랍오니 하
니 (이는 선생님이라는 말이라)
17 예수께서 이르시되 나를 붙들지 말라 내가 아직 아버지께로 올라가지
아니하였노라 너는 내 형제들에게 가서 이르되 내가 내 아버지 곧 너희
아버지, 내 하나님 곧 너희 하나님께로 올라간다 하라 하시니
18 막달라 마리아가 가서 제자들에게 내가 주를 보았다 하고 또 주께서 자
기에게 이렇게 말씀하셨다 이르니라

신학적 관점

부활절 아침에 대한 요한의 기록은 공관복음과 두드러지게 다릅니다. '안식 후 첫날 일찍이 아직 어두울 때'(1절) 일어난 일에 대한 요한의 증언에서 승천이라는 주제는 부활이라는 주제보다 시간적으로도 실질적으로도 우선시됩니다. 베드로와 '다른 제자'가 막달라 마리아가 시신이 무덤에서 도난당했다고 보고한 것을 듣고 달려갔다는 이야기는 익숙하지만, 요한은 그 이후에 각자가 무덤에 들어가서 겪은 바를 우리에게 들려줍니다.

요한은 베드로가 수의가 한쪽에 놓여 있던 것을 봤다고 기록합니다(6절). 그리고 '머리를 쌌던 수건은 세마포와 함께 놓이지 않고 딴 곳에 쌌던 대로 놓여' 있었다고 증언합니다(7절). 이와 대조적으로 우리는 요한의 증언을 통해 다른 제자가 거기에 들어가서 (추측건대 베드로가 본 것과 같은 것을) 봤을 뿐만 아니라 '믿더라'(8절)라는 말까지 듣습니다.

이 보고의 두 요소는 당혹스럽게 하는 면이 있습니다. 베드로의 관점에서 세마포가 한쪽에 놓여 있고, 예수님의 머리에 있던 천은 '쌌던 대로' 딴 곳에 있었다는 것이 무엇을 의미하는지를 살펴보는 것은 흥미로운 일입니다. 수의가 언급되는 이유는 예수님이 그 수의를 필요로 하지도 않았고 앞으로도 필요하지 않을 것이라서 치워 버리셨음을 강조하려는 데에 있습니다. 이는 수의를 입은 채로 무덤에서 나왔지만 예수님의 명령에 따라 다른 사람들이 풀어줘야만 했던 나사로와 대조됩니다(11:44). 이는 다른 사람들에 의해 수의가 벗겨질 가능성이 있었던 나사로와 달리 예수님의 경우는 다른 누가 보기도 전에 수의가 이미 완전히 벗겨져서 옆에 아무런 상관도 없다는 듯이 던져져 있음을 암시합니다.

머리 수건에 특별한 관심을 갖는 이유는, 모세처럼 예수님도 하나님의 현존 앞에서 얼굴을 천으로 가릴 필요가 없다는 것을 묘사하는 내러티브 기법 때문일 것입니다(출 34:33-35). 모세가 하나님의 현존에 들어갈 때에 천을 걷어 버려야 했던 것과 같이 그렇게 예수님도 지금 하나님의 임재에 직접 들어가시기 때문에 머리를 덮은 것을 치워 버리셨습니다. 이것이 베드로가 본 것과 다른 제자가 경험한 것 사이를 서로 잇는 연결고리가 됩니다.

다른 제자에 대한 기록은 그 자체로 우리를 혼란스럽게 합니다. 8절이 그가 같은 장면을 보고 '믿었다'고 기록돼 있어서 예수님이 죽음을 이기고 부활하셨다는 것을 믿었다고 생각하기 쉽습니다. 하지만 바로 이어지는 9절 말씀은 그런 추정을 무색하게 합니다. "그들은 성경에 그가 죽은 자 가운데서 다시 살아나야 하리라 하신 말씀을 아직 알지 못하더라"라고 말하기 때문입니다. 만약 이 (베드로와 함께한) 제자가 부활에 대해 아직 이해하지 못하고 있다면 그는 무엇을 '믿는' 것입니까? 그가 가졌을 만한 유일한 단서는 수의, 특별히 머리를 쌌던 수건입니다. 프랜시스 테일러 겐치(Frances Taylor Gench)는 샌드라 슈나이더(Sandra Schneider)의 의견을 인용하며 설명합니다. 이 단서들이 그 다른 제자로 하여금 십자가가 예수님의 생명을 없애 버린 것이 아니라 얼굴에 천을 감쌀 필요 없이 하나님께로 돌아가시는 예수님의 영화였다고 믿게 만들었다는 것입니다.*

따라서 요한의 부활절 선포에서 가장 대담한 요소는 예수님이 다시 사셨다는 것이 아니라 승천하셨다는 것입니다. 하나님의 생명 안으로 들어가시고, 그 생명으로부터 나오는 새로운 존재 방식으로 나아가는 승천의 여정에 계시다는 것입니다. 실제로 이것은 마리아가 무덤 밖에서 울고 있는 다음 장면(11-18절)에서 더욱 명확해집니다. 그녀는 왜 우는지를 묻는 말에 천사와 예수님에게 순서대로 대답합니다. 마리아는 예수님의 시신을 어디로 가져갔는지 말해 줘서 품위를 갖춰 장사하게 해달라고 양쪽 모두에게 간청합니다. 예수님이 '마리아야' 하고 그녀의 이름을 부르실 때 그 양은 목자의 음성을 듣고 '랍오니'라고 답합니다. 이어서 예수님은 자신의 새로운 정체를 그녀에게 분명하게 선언하십니다. "나를 붙들지 말라 내가 아직 아버지께로 올라가지 아니하였노라 너는 내 형제들에게 가서 이르되 내가 내 아버지 곧 너희 아버지, 내 하나님 곧 너희 하나님께로 올라간다 하라"(17절).

'내가 내 아버지 곧 너희 아버지, 내 하나님 곧 너희 하나님께로 올라간다'라는 부활절 메시지에는 예수님의 승천에 대한 강력한 의미가 잘 녹아들어 있습니다. 여기에서 우리는 요한복음 첫 장에서 '말씀이 육신이'(1:14) 되는데 그를 영접하고 그 이름을 믿는 사람은 '하나님의 자녀가 되는 권세'(1:12)를 받는다는 주장이 성취됨을 발견합니다. 하나님의 생명 안으로 들어가고 그 생명으로 살아가심으로써, 승천하신 예수님은 그분 안에서 자매요 형제로 연합한 모든 사람을 위해서 하나님의 자녀가 되는 관계를 넓히셨습니다.

물론 넓은 의미에서 승천과 부활은 언제나 신학적으로 연속성을 갖습니다. 두 가지 모두 예수님이 시작하신 웅장하고 고결한 프로젝트, 즉 그리스도 안에서 하나님의 자비와 은혜가 그것을 대적하는 모든 것을 이겨낸다는 계획을 죽음이 무너뜨리지 못했다고 주장합니다. 더욱이 승천은 전형적으로 부활의 약속을 이어 나가야 한다는 주장으로 제기됩니다. 승천은 부활로 드러나는 생명이 하나님의 마음에 영원히 자리 잡고 있다고 단언함으로써 그렇게 합니다. 새 생명은 언젠가 그저 죽기 위해 사는 것이 아닙니다. 오히려 하나님과 영원히 함께 머무는 것이 새 생명입니다.

이런 면들을 볼 때 요한의 두드러지는 특징은 전통적인 순서를 뒤집는 것입니다. 그는 하나님의 영원히 창조적인 생명 안에서 새로운 삶이 머무를 자리에 대해 먼저 말합니다. 그는 제자들이 무엇보다도 예수님이 지금 하나님의 바로 그 생명에 살고 계시다는 것을 알기 원합니다. 뿐만 아니라 예수님이 그들과 함께, 그들을 위해 살기 원하신다는 것도 깨닫게 되기를 원합니다. 한편, 요한은 자신의 복음서 시작 부분에 '이 말씀이 하나님과 함께 계셨으니'(1:1)라고 선언한 것을 부활절의 절정에 이르러서 다시 반복합니다. 이제 그는 말씀이 하나님과 함께 계시고, 그러므로 말씀의 제자들이 하나님의 자녀가 되는 권세를 갖는다고 선포합니다.

* Frances Taylor Gench, *Encounters with Jesus:Studies in the Gospel of John* (Louisville, KY:Westminster John Knox Press, 2007), 130.

목회적 관점

요한의 부활절 기록은 많은 달리기로 시작합니다. 막달라 마리아가 무덤이 빈 것을 발견했을 때, 시몬 베드로와 사랑하는 제자에게 알리기 위해서 달립니다. 그녀의 증언은 경주의 출발을 알리는 총소리처럼 두 제자로 하여금 직접 그것을 확인하러 달려가게 만듭니다.

부활절 아침에 회중들을 봤을 때 숨을 헐떡이는 사람이 많지는 않았을 것입니다. 예배당이 평소보다 일찍 차기 때문에 자리를 차지하기 위해 서두르는 사람이 있었을 수는 있지만 진짜 뛰어서 오는 사람은 없었을 것입니다. 사람들은 왜 왔을까요? 뭔가 새로운 이야기를 들으러 왔을까요, 아니면 옛날 옛적 오래된 이야기를 다시 한번 듣기 위해 왔을까요? 습관 외에 다른 동기가 있을까요?

스위스의 위대한 신학자 칼 바르트는 사람들이 단지 부활절뿐만 아니라 그 어떤 날에도 예배드리러 나오는 이유는 말로 다 표현할 수 없는 간단한 질문 하나가 마음과 생각 속에 맴돌기 때문이라고 했습니다. 그 질문은 "이게 정말 진짜인가요?"입니다. 예를 들면 이렇게 질문할 수 있습니다.

> 하나님께서 살아 계시고 우리에게 생명을 주시는 것이 사실인가요? 하나님께서 우리가 자연법칙이라고 부르는 질서를 주셨을 뿐만 아니라, 어느 날 갑자기 하나님께서 그 질서를 깨시고 어떻게든 예수님을 죽음에서 살리셨다는 것이 사실인가요? 그 아침에 아주 특별한 일이 일어나서 우리가 오직 그 토대 위에서만 삶을 다시 세울 수 있다는 게 사실인가요? 그것이 정말 사실인가요?

이런 질문들은 매우 강력하고, 오늘 같은 날에는 회피할 수가 없습니다. 때때로 저는 부활절이 초신자를 위한 날이 아니라는 결론을 내리고 싶은 유혹을 받습니다. 오히려 부활절은 예수님의 삶과 가르침을 다루는 입문 과정을 마치고 난 후에만 들을 수 있는 기독교인의 상급 코스인 것처럼 보일 수 있습니다. 산상수훈부터 시작해서 예수님의 지혜에 감탄하고, 그분께 배우며, 그분의 삶에 매료돼 그분의 인격에 집중해야 할 것만 같습니다. 거기서부터 시작한다면 예수님이 죽음에서 살아나신 신비한 이야기에 대해서 아마 더 잘 듣게 될 것처럼 보입니다.

우리가 가장 믿기 어려운 것을 선포하는 바로 이날 부활절에, 다른 닭은 날도 아닌 바로 이 날에 사람들이 예배하려고 무리 지어 모이는 것은 이상해 보일 만합니다. 그러나 예수님을 알았던 사람들이나 초기 교회의 사도들, 그리고 신약성경 저자들에게는 부활절이 그 이야기를 끝까지 다라갈 수 있는 사람들을 위한 극적인 결말이 아니었던 것이 분명합니다. 부활절은 끝이 아니라 오히려 시작입니다.

사도행전에 기록된 초기 교회의 최초 설교들을 들어 보십시오. 무엇으로 시작합니까? 예수님의 가르침에 대해서는 말하지 않습니다. 예수님의 지상에서의 생애에 대해서는 그다지 관심을 두지 않습니다. 마치 그분의 삶에 관한 이야기가 부활절이라는 정점에서 볼 때에만 흥미로워진다는 것처럼 보입니다. 심지어 예수님의 가르침조차도 그것만으로는 그다지 중요하다고 생각하지 않는 것 같습니다. 왜냐하면 그 안에 완전히 새로운 것이 그다지 많지 않기 때문입니다. 오히려 그 가르침은 예수님이 어떤 분이셨는지, 즉 하나님께 선택받아 죽었다가 다시 살아나신 분이라는 것을 충분히 고려할 때만 의미를 갖게 됩니다.

이것이 바로 복음서들을 서문이 긴 부활절 기록이라고 부르는 이유입니다. 초기에 예수님을 따르던 이들에게 설교의 시작점은 부활절 사건이었습니다. 마치 부활절이 유일한 출발점이라도 되는 듯이 제자들은 계속해서 부활에 대한 선포로 시작했습니다. 수 세기에 걸쳐 기독교인들은 신앙의 여정을 빈 무덤으로 달려가는 것으로부터 시작했습니다. 우리는 현대인이라 스스로 그다지 순진하지 않다고 생각하곤 합니다. 그래서 때때로 고대인들도 우리만큼이나 하나님께서 누군가를 죽음에서 다시 살려 내신다는 생각을 믿기 어려워했음을 간과합니다. 옛날 사람들도 바보가 아니었습니다. 그들도 많은 사람이 죽는 것을 봤지만, 그중 단 한 사람도 다시 살아 돌아오는 것을 보지 못했습니다.

그렇습니다. 이 이야기에는 의심할 만한 부분이 있습니다. 그러나 이렇게도 말할 수 있습니다. 이 이야기는 우리의 마음과 정신의 깊은 곳, 의심과 믿음이 공존하는 바로 그 자리를 건드리는 이야기입니다. 하나님께서 부활을 통해 우리에게 사랑과 용서라는 기적을 주셨습니다. 그것은 믿을 만한 가치가 있고, 동시에 의심에도 열려 있습니다. 우리가 품을 수 있는 그 의심이 바로 우리가 선포하는 것의 규모와 힘을 입증합니다. 그러므로 신앙의 삶을 우리가 결코 의심하지 않는 것들에서 시작해야만 할 필요는 없습니다.

오히려 우리가 의심하지 않는 사실들은 하나님을 드러내기에 너무 작을 수도 있습니다. 그래서 우리는 거리낌 없이 말합니다. 우리가 부활절에 선포하는 것은 확신이라는 그릇에 담기에는 너무나 거대하고, 우리 상상력의 범주 안에서만 발견하기에는 너무나 아름다운 것입니다.

그래서 어쩌면 부활절은 바로 초신자를 위한 날일지도 모릅니다. 신앙의 시작은 의심을 넘어선 영역이 아니라 의심을 마주한 자리에서도 시작될 수 있습니다. 오히려 어쩌면 우리는 초기 교회가 시작했던 바로 그곳에서 시작해야 할 것입니다. 의심에 대해 열려 있지만 동시에 하나님의 무엇인가를 드러내기에 충분할 만큼 넓은 실재와 깊은 신비에서 말입니다. 이것이 바로 오늘 우리에게 주어진 약속, 부활절의 약속입니다. 이 약속은 역사를 통틀어 가장 큰 의심의 계기이자 가장 심오한 신앙의 근원이었습니다. 어쩌면 우리는 초기 교회가 더 큰 믿음을 얻기 위해 의심을 무릅쓰고 위험이 가장 큰 곳, 부활절에서 시작한 것이 옳았음을 발견하게 될 것입니다. 이런 날 교회가 가득 차는 이유 중 하나가 바로 우리가 하나님을 드러내기에 충분히 큰 현실의 깊은 곳, 위험과 약속이 모두 그만큼 더 큰 그곳에서 헤엄치기를 갈망하기 때문 아닐까요?

목회자로서 우리는 교인들이 부활주일 예배를 마치고 나가면서 물음표를 느낌표로 바꾸기를 원할 수 있습니다. 그러나 물음표야말로 시작하기에 좋고 적절한 출발점입니다.

주석적 관점

간단하게 말해서 모든 이야기는 등장인물과 플롯(plot)으로 구성됩니다. 즉 이야기는 등장인물이 무엇을 하는지, 그들이 그 일들을 어떤 순서로 행하는지를 보여줍니다(이야기 속에서 드러난 순서와 같지는 않을 수 있습니다). 본문에는 막달라 마리아, 베드로, 예수님이 사랑하셨던 다른 제자, 두 천사, 그리고 예수님이 등장인물로 나타나는데, 예수님은 이야기의 마지막에 등장합니다. 예수님을 제외한 등장인물들은 보기 위해 왔다 갔다 하다 달려갑니다. 허리를 숙이고 안으로 들어가 들여다봅니다. 기대를 품기도 하고, 혼란스러워하기도 하며 눈물을 흘립니다. 그러나 마침내 다시 봅니다.

이 이야기는 등장인물과 플롯 모두에 고전 희극의 전형적인 요소가 많이 담겨 있습니다. 주요 등장인물은 특별할 것 없는 여인, 어부, 무명의 또 다른 한 사람으로 평범한 사람들입니다. 천사는 별개의 존재입니다. 천사들은 플롯을 타당하게 하는 조력자로서 서술자(narrator)가 직접 언급하지 않는 부분에 대해 독자에게 정보를 제공하는 역할을 합니다. 시신을 잃어버리고, 무대를 위를 뛰어다니며 넘나들고, 자기가 누구인지도 잊어버리는 내용을 담은 플롯은 그 자체로 희극의 소재를 이룹니다. 이런 문제들을 해결하기 위해서는 신적인 개입이 필요합니다. 하지만 그렇다고 그런 문제 해결이 이야기를 끝내지는 않습니다. 오히려 다음에 일어날 일들을 향해 이야기를 열어 놓습니다.

거의 모든 희극에는 관객이 자신과 동일시하는 '주인공'이 있습니다. 오늘 본문에서는 막달라 마리아가 이야기를 끌고 나갑니다. 플롯은 그녀가 그 주의 첫날 어둠을 뚫고 무덤으로 나아오는 것으로 시작해 제자들에게 '내가 주를 보았다'(18절)라고 이야기하기 위해 가는 것으로 끝맺습니다. 이야기를 진행시키는 것은 막달라 마리아의 움직임이고, 끝을 맺는 것은 그녀의 말입니다. 최고의 희극들처럼 그 사이에는 많은 일이 벌어집니다.

마리아는 무덤에 왔을 때 돌이 옮겨진 것을 발견합니다. 공관복음에 따르면 '굴려져' 있었거나 '옮겨져' 있었습니다(마 28:2, 막 16:4, 눅 24:2). 그래서 마리아는 달려갑니다. 그녀는 베드로와 이름을 모르는 다른 제자에게 달려가 예수님의 시신이 없어졌다고 말합니다. 우리는 아직 그녀가 이를 어떻게 알았는지 알지 못합니다. 아직 실제로 무덤 안을 들여다보지 않았기 때문입니다.

제자들은 즉시 출발해 달립니다. 경주가 돼 버렸습니다. 다른 제자가 베드로를 앞지릅니다. 그리고 무덤 안을 보니 시신을 쌌던 천이 눈에 보입니다. 베드로는 무슨 일이 일어났는지 확인하기 위해 안으로 들어갑니다. 그러자 다른 제자 역시 더 잘 볼 수 있는 곳으로 들어갑니다. 그리고 뭐를 믿게 됐는지 정확히 알 수는 없지만 안에서 보고 나서 믿습니다. 무덤은 비었는데 이 지점에서 누가 그 이유를 말할 수 있습니까? 등장인물 중 그 누구도 아직 예수님이 부활하셨다는 사실을 알지 못합니다.

마리아는 제자들과 함께 아니면 바로 뒤에서 달렸을 것으로 보입니다. 왜냐하면 제자들이 집으로 돌아갔을 때 무덤에 있었기 때문입니다. 그녀는 울면서 그곳에 남아 있습니다. 이윽고 그녀도 (마침내) 몸을 굽혀 무덤 안을 직접 들여다봅니다. 그러나 희극이 그렇듯 예상하지 못한 일이 벌어집니다. 놀랍게도 무덤은 더 이상 비어 있지 않습니다. 오히려 '예수의 시체 뉘었던 곳에'(12절) 두 천사가 앉아 있었습니다. (플롯은 곧 해결될 것처럼 보입니다.)

천사들은 마리아가 왜 우는지 알고 싶어 합니다. 왜냐하면 그녀가 누군가가 예수님의 시신을 치웠고, 어디에 뒀는지 모른다고 말했기 때문입니다. 그러고는 마리아가 몸을 돌려보는데, 이전까지는 아무것도 없던 그곳에 누군가가 서 있습니다. 분명히 동산지기인 것처럼 보이는 그가 마리아에게 또다시 왜 우느냐고 묻습니다. 그녀는 빈 무덤을 들여다보고 있었습니다. 무엇을 찾고 있는 것일까요?

다시 한번 희극과 인간사의 전형적인 방식으로 등장인물들이 서로 엇갈린 대화를 합니다. 동산지기는 마리아에게 누구를 찾느냐고 묻습니다. 마리아는 사실 그것은 중요하지 않다고 말하면서도, 만일 동산지기가 예수님을 옮겼다면 자신에게 어디로 옮겼는지 알려 줘서 되찾아올 수 있도록 해달라고 합니다.

희극은 반전과 변장으로 전개됩니다. 우리는 관객이기 때문에 예수님의 변장을 알아챕니다. 희극의 전형적인 방식으로 우리는 마리아가 서 있는 그를 본 시점부터 다시 한번 그가 누구인지 알아챕니다. 그가 마리아의 이름을 부르면서 그녀에게 자신을 알리기 전까지 진짜 모습을 숨긴 것도 알고 있습니다. 이제 마리아가 그를 알아봅니다. 그에게 '선생님'(16절)이라고 합니다. 그리고 어떻게든 다시 달아나거나 사라져서 (혹은 다른 변장을 해서) 그를 다시 찾지 못하게 되기 전에 손을 뻗어 그를 잡으려고 합니다.

그러나 그분은 잡지 말라고 말씀하십니다. 그분은 다시 자리를 옮기려 하십니다. 그는 마리아에게 '내가 내 아버지 곧 너희 아버지, 내 하나님 곧 너희 하나님께로 올라간다'(17절)라고 말씀하십니다. 희극의 플롯은 천사들이 온 이후 실종된 몸이 살아 계신 상태로 발견된 다음에야 비로소 해결됩니다. 그러나 그것으로 이 이야기가 끝난 것은 아닙니다. 또다시 전형적인 희극의 방식, 즉 결혼으로 끝나는 형식을 따라 막이 내리면서 새로운 이야기가 시작됩니다(참조. 계 21:2).

'내 아버지 곧 너희 아버지, 내 하나님 곧 너희 하나님'이라는 예수님의 말씀은 예수님이 제자들에게 이전에 하신 말씀을 기억나게 합니다(두 예만 참고. 14:10, 20). 그 대화에서도 예수님은 자신이 사라질 것이지만 영으로 제자들에게 남을 것이라고 약속하셨습니다(예. 14:16-17, 26, 15:26).

따라서 연극적인 행동이 끝나게 될지 몰라도 이야기는 지속될 것입니다. 예수님 역시 이어지는 이야기에서 제자들에게 숨을 불어넣으시면서 성령님을 줄 것이라고 약속하셨습니다(20:19-23). 이 영은 임의로 불 뿐만 아니라 (3:8) 원한다면 예수님의 제자들에게도 불 것입니다. 부활절 신앙은 기다릴 수 없습니다.

그래서 마리아는 예수님을 놓아드립니다. 예수님이 그녀에게 말씀하신 것처럼 그녀는 자신의 소식을 제자들에게 전하기 위해 갑니다. 여러분은 빈 무덤을 봤을지 모르겠지만, 마리아는 이렇게 말합니다. "내가 주님을 봤어요." 그녀는 정말로 봤습니다. 우리도 보고 믿을 것인가요? 이것은 오늘 본문 다음 부분인 요한복음 20:19~31의 중심 주제입니다.

설교적 관점

성경에서 부활절 이야기보다 설교학적으로 내용이 더 풍부한 자료는 없습니다. 이 내용은 첫날부터 선포됐고(막달라 마리아가 가서 제자들에게 … 이르니라, 20:18), 그 후로 지금까지 믿는 교회에서 계속 선포돼 왔습니다. 요한의 기록은 설교자들에게 여러 면에서 가능성을 제시합니다. 오늘 본문은 사실 설교 자료로서는 무궁무진한 보고(寶庫)입니다. 다음은 설교자로서 탐구해 볼 수 있는 내용들입니다.

막달라 마리아가 무덤에 와서 돌이 무덤에서 옮겨진 것을 보고(1절) '와서 보라'는 요한복음에서 일관되게 반복되는 주제 중 하나이며(1:39, 1:46, 4:29, 11:34), 부활절의 강력한 주제이기도 합니다. '와서 보라'는 부활절과 성탄절을 연결해 줍니다(목자들도 가서 봤습니다). 막달라 마리아는 와서 상황이 예상과 전혀 다르다는 것을 발견했습니다. 부활이 모든 것을 뒤집었기 때문입니다. 그것을 이해하는 유일한 방법은 와서 상황이 다르다는 것을 보는 것입니다. 예수님과 관련된 일들은 언제나 예상과 다릅니다. 그러면 그분을 따르는 이들에게도 상황이 다를 수 있지 않을까요? 만약 사람들이 "이 예수님을 좇는 사람들은 다릅니다. 와서 그 사람들이 얼마나 세상을 사랑하는지 보세요"라고 하면 얼마나 좋을까요?

사람들이 주님을 … 가져다가(2절) 이해할 수 없는 일을 마주했을 때 우리는 무엇을 할 수 있을까요? 어떻게든 의미를 부여하려 애씁니다. '누군가가 주님을 데리고 간 게 분명해.' '그분은 살아 계실 리가 없어.' '진짜로 돌아가신 것이 아니라면 살짝 상처만 입은 것이 분명해.' '사람은 그런 일을 할 수 없으니 그분은 인간이 아니라 오직 하나님이신 것이 분명해'(영지주의). '수천 년 동안 세상을 속일 사이비 종교를 만들기 위해서 그분의 추종자들이 예수님의 시신을 숨긴 모의가 있었던 게 분명해.' '그분은 실제로 존재하지 않았어. 랍비거나 일종의 아바타였지, 메시야는 아니야.' 이렇게 우리는 빈칸을 마음대로 채웁니다. 예수님이 친히 주신 한 가지 해답, '나는 부활이요 생명이니'(11:25)만 빼놓고 말입니다. 그러나 진실은 곧 드러났습니다. 그분은 옮겨지지 않았습니다. 죽음으로부터 부활하셨습니다. 마리아에게 나타나셨고 곧이어 다른 이들에게도 보이셨습니다. 다른 모든 설명, 그럴듯한 그 어떤 설명보다 부활절은 우리에게 진리를 전합니다. 그것은 마리아가 말한 것처럼 간단합니다. '내가 주를 보았다'(20:18).

들어가지는 아니하였더니(5절) 증거가 거기에 있었지만 예수님이 사랑하시던 제자는 들어가지 않았습니다. 반면에 실수 많은 베드로는 용감하게 들어가서 진실을 깨달았습니다. 베드로는 와서 복음을 전했습니다. 왜냐하면 그가 증인이었기 때문입니다. 오늘날에도 예수님께 접근하는 유일한 방법은 여전히 담대함입니다. 설교자가 소심해서는 안 됩니다. 설교자들도 증인이기 때문입니다. 그들이 부활을 선포할 때마다 말씀이 그들을 다시금 증인으로 세우십니다.

들어가 보고 믿더라 … 아직 알지 못하더라(8-9절) 믿음은 이해를 앞서갑니다. 믿음은 선물입니다. 역사적으로 개종자는 세례 이후에 신비의 교리강화(the mystagogical catechesis, 개종자에게 신앙의 신비에 대해 가르쳤던 것)를 배웠습니다. 신앙은 선물로 먼저 주어집니다. 그것을 정리하는 것은 그다음의 일입니다. 마치 아이가 어떻게 자랄지 알기 전에 먼저 사랑하는 것과 같습니다.

흰옷 입은 두 천사가(12절) 이런 사자는 흔하지 않습니다(헬라어 angelos는 '사자'라는 뜻). 하나님께서는 다른 방법으로는 분명하게 전할 수 없을 때만 그들을 이용하시는 듯합니다. 수태고지, 요셉을 안심시키신 일, 사가랴에게 통지하신 일, 그리고 목자들에게 알리신 일이 그 예입니다. 우리가 천사의 메시지를 더 원할 수는 있지만 하나님께서는 가장 중요한 메시지를 위해 그들을 아끼십니다. 그런데 지금 그 메시지가 전달됩니다. '그분은 거기 계시지 않습니다.' 예수님은 죽음을 박차 버리고 살아 계십니다. 옛날에 이런 농담이 있었습니다. 어느 목사님이 문을 두드리자 안에서 여인의 목소리가 들렸습니다. "천사이신가요?" 목사님이 답합니다. "아니요. 그런데 같은 부서에서 나왔습니다." 우리 모두는 메시지 전달 부서 소속입니다. 우리의 임무는 똑같습니다. 그 임무는 바로 그리스도께서 참으로 부활하셨다고 소식을 전하는 것입니다.

예수이신 줄은 알지 못하더라(14절) 마리아가 어떻게 예수님인 줄 알 수 있었겠습니까? 그분은 마리아가 예상하던 자리에 계시지 않았습니다. 지인일지라도 예상하지 못한 곳에서 만나면 알아보지 못할 때가 많습니다. 마리아도 마찬가지였습니다. 마리아는 살아 있는 사람을 봤는데, 그분이 예수님이라는 것을 알아채지 못했습니다. 예수님이 이미 돌아가셨다고 생각했기 때문입니다. 우리도 얼마나 자주 예수님을 못 알아봤는지 돌아봅시다. 도움이 필요한 낯선 이들 앞에서, 설교를 들을 때, 빵과 포도주 앞에서마저도 예수님을 알아보지 못했습니다. 그렇다면 어떻게 해야 그분이 진짜 예수님이신지 알 수 있을까요? 예수님이 우리에게 말씀하실 때 우리가 믿으면 됩니다.

내가 가져가리이다(15절) 우리는 어질러진 것들을 잘 정리합니다. 뭔가 잘못돼 있으면 우리가 고칠 겁니다. 예수님이 무덤에서 옮겨지셨다고요? 그렇다면 우리는 그분을 더 안전한 곳에 모셔야 한다고 생각할 수 있습니다. 그러나 하나님께서는 우리가 이 혼란을 수습하려 드는 것을 허락하지 않으실 것입니다. 온 세상이 이 소식에 귀를 기울이고 있습니다. 그리고 부활 이전의 상태로 돌아갈 수 있는 것은 아무것도 없습니다. 모든 것이 새롭고, 똑같은 것은 아무것도 없을 것입니다. 그러니 그 누구도 말끔하게 할 수 없습니다. 우리가 할 수 있는 일이 딱 하나 있습니다. 새로운 세상을 선포하고, 그 세상에서 있게 될 대격변에 동참하는 것입니다.

내 형제들에게 가서 이르되(17절) 부활절 예배에 와서 돌이 굴려진 것을 보고 천사들의 나팔 소리와 보고를 들은 여러분, 다른 사람들에게 가서 전하십시오. 이것이 소식이 퍼지는 방법입니다. 마리아에게 주어졌던 임무가 이제는 우리에게 달려 있습니다.

막달라 마리아가 가서 … '내가 주를 보았다' 하고(18절) 이것이 첫 번째 설교입니다. 한 여인에 의해서 선포됐습니다. 그녀는 봤고 믿었습니다. 그리고 선포했습니다. 안수도 필요 없었고 목회자에게 필수 과목인 설교학 수업을 들을 필요도 없었습니다. 그저 예수님의 말씀 한 마디만 필요했습니다. 그녀는 가서 그리스도께서 부활하셨다고 말했습니다. 이것이 우리에게 주는 메시지입니다. 누군가에게 전하십시오.

이 각각의 주제들과 그 외 더 많은 것들은 설교학적으로 탐구할 가치가 있습니다. 설교자는 어떤 관점을 참고할 것인지 자신의 설교 환경에 따라 정하게 될 것입니다. 무엇보다 오늘의 모든 설교는 미사여구 없이 핵심적인 진리를 말하는 방식으로 선포될 것입니다. 그리스도께서 부활하셨습니다. 그가 참으로 부활하셨습니다.

SECOND SUNDAY OF EASTER

부활절 둘째 주일

사도행전 2:14a, 22~32

시편 16편

베드로전서 1:3~9

요한복음 20:19~31

부활절 둘째 주일

사도행전 2:14a, 22~32

14 베드로가 열한 사도와 함께 서서 소리를 높여 이르되
22 이스라엘 사람들아 이 말을 들으라 너희도 아는 바와 같이 하나님께서
나사렛 예수로 큰 권능과 기사와 표적을 너희 가운데서 베푸사 너희 앞
에서 그를 증언하셨느니라
23 그가 하나님께서 정하신 뜻과 미리 아신 대로 내준 바 되었거늘 너희가
법 없는 자들의 손을 빌려 못 박아 죽였으나
24 하나님께서 그를 사망의 고통에서 풀어 살리셨으니 이는 그가 사망에
매여 있을 수 없었음이라
25 다윗이 그를 가리켜 이르되 내가 항상 내 앞에 계신 주를 뵈었음이여
나로 요동하지 않게 하기 위하여 그가 내 우편에 계시도다
26 그러므로 내 마음이 기뻐하였고 내 혀도 즐거워하였으며 육체도 희망
에 거하리니
27 이는 내 영혼을 음부에 버리지 아니하시며 주의 거룩한 자로 썩음을 당
하지 않게 하실 것임이로다
28 주께서 생명의 길을 내게 보이셨으니 주 앞에서 내게 기쁨이 충만하게
하시리로다 하였으므로
29 형제들아 내가 조상 다윗에 대하여 담대히 말할 수 있노니 다윗이 죽어
장사되어 그 묘가 오늘까지 우리 중에 있도다
30 그는 선지자라 하나님이 이미 맹세하사 그 자손 중에서 한 사람을 그
위에 앉게 하리라 하심을 알고
31 미리 본 고로 그리스도의 부활을 말하되 그가 음부에 버림이 되지 않고
그의 육신이 썩음을 당하지 아니하시리라 하더니
32 이 예수를 하나님이 살리신지라 우리가 다 이 일에 증인이로다

신학적 관점

예수님의 부활은 기독교 신앙의 기초입니다. 바울은 '부활이 없다면 예수님의 말씀 선포와 우리의 믿음은 헛된 것'이라고 말합니다(고전 15:14). 초기 기독교 공동체의 모든 것은 부활에 달려있었습니다. 왜냐하면 부활은 예수님을 메시야요 그리스도로 선포하는 기초였기 때문입니다. 그러므로 바울의 말처럼 만약 예수님이 죽은 자 가운데서 살아나지 않으셨다면 우리의 믿음은 헛것입니다.

여기서 소생(resuscitation)과 부활은 구분되어야 합니다. 예를 들어, 나사로는 소생했습니다. 그의 몸은 일정한 기간 동안 다시 살아났었지만 또 다시 죽었습니다. 그러나 예수님은 부활하셨고 지금도 살아계십니다. 예수님의 부활은 그리스도인들에게 하나님 안에서 새롭게 변화된 삶과 다가올 시대의 삶을 얻을 기회가 됩니다.

복음서는 우리에게 예수님의 몸에 실제로 무슨 일이 일어났는지에 대한 몇 가지 질문이 있었다고 말해줍니다. 어떤 사람들은 예수님의 몸이 도난당했다고 말하기도 합니다(마 28:11-15 참조). 마가복음의 짧은 결말은 전체 이야기를 의문으로 남겨둡니다. 왜냐하면 부활 이후 어떤 일이 일어났는지 알 수 없을 뿐만 아니라 무덤에 있던 사람들이 두려움과 공포에 빠져 달아났기 때문입니다.

베드로는 예수님을 죽은 자 가운데서 살리신 분이 하나님이시라고 주장합니다(24절). 베드로의 이 주장은 기독교 신앙 공동체의 선포와 믿음의 기초가 되었습니다. 예수님은 율법 밖에 있었던 사람들(로마인들)에게 넘겨져 십자가에 못 박히셨습니다. "하나님께서 그를 사망의 고통에서 풀어 살리셨으니 이는 그가 사망에 매여 있을 수 없었음이라"(24절).

하나님께서 예수님을 죽은 자 가운데서 살리셨다는 것은 공동체의 선포에 필수적인 내용입니다. 왜냐하면 그것은 사건의 연속성을 강조하기 때문입니다. 나사렛 출신이시고, 갈릴리 지방에서 사시며, 가르치시며, 예루살렘에서 십자가에 못 박혀 돌아가신 예수님이, 부활하셔서 공동체에 나타나신 바로 그 예수님이십니다. 공동체가 부활절 이전의 갈릴리 예수님과 부활절 이후의 예수님 사이에 연속성이 있다는 것을 보여주는 것은 중요했습니다. 왜냐하면 비난하는 사람들이 있었기 때문입니다. 가현론자들(docetists)과 영지주의자들(gnostics)은 모두 예수님이 육체를 가지고 있지 않았고, 실제로 죽을 수도 없었으며, 그분의 죽음은 단지 겉모습일 뿐, 일종의 1세기 육체적 환상에 불과하다고 주장했습니다.

그러나 복음서는 예수님이 육신을 가진 인간이었다고 분명히 말합니다. 사실, 바로 그의 인성이 바리새인들 사이에 논쟁을 불러일으켰습니다. 누가복음에서 바리새인들은 예수님이 죄인들과 함께 먹고 마셨다고 지속적으로 비난했습니다. 이 외에도 요한은 부활하신 예수님이 공동체에 나타나셨을 뿐 아니라 그들과 함께 먹고 떡을 떼었다고 강조합니다. 이는 부활절 이전에 공동체와 함께 계셨던 예수님이 부활절 이후에 공동체와 함께하신 예수님과 동일하다는 것을 보여줍니다. 이러한 연속성은 공동체의 선포에 필수적인 것입니다. 왜냐하면 예수님을 죽은 자 가운데서 살리신 분이 하나님이시라는 것을 보여주기 때문입니다.

하나님께서 예수님을 죽은 자 가운데서 살리셨기 때문에, 예수님의 부활은 그의 지상에서의 삶을 확증시켜 줍니다. 예수님의 부활을 통해 하나님께서는 예수님의 지상 사역, 즉 그분의 사역과 행위, 가르침과 권위를 확증하셨습니다. 하나님께서는 예수님을 죽은 자 가운데서 살리심으로써 예수님이 기적을 행하시고, 병자를 고치시고, 눈먼 자를 보게 하시고, 죽은 자를 살리시며 권위로 가르치시기 위해 보내심을 받았다는 사실을 확증하셨습니다. 이 확증은 사도행전 4장에서 베드로와 요한이 보여준 것처럼 제자들의 사역에도 확장됩니다. 하나님께서는 예수님의 사역을 확증하셨을 뿐 아니라 그분에 관한 고소에 대해서 무죄를 입증해 주셨습니다. 바리새인들은 예수님이 귀신의 왕을 힘입어 귀신을 쫓아낸다고 말했습니다(마 9:34). 예수님은 신성 모독죄로 재판에 기소되었고 국가 반역죄로 로마인들에 의해 처형당하셨습니다. 하나님께서는 예수님을 죽은 자 가운데서 살리심으로써 판결과 고소들이 거짓임을 증명하셨습니다. 또한 하나님께서는 예수님이 단지 선지자이거나 선한 사람이거나 숭고한 교사가 아니라 참으로 하나님의 기름 부음 받은 그리스도임을 증명하셨습니다.

하나님의 이러한 확증으로 교회의 기독론이 초기에 어떻게 발전했는지 볼 수 있습니다. 왜냐하면 하나님이 예수님을 죽은 자 가운데서 살리셨기 때문에 부활절 이전의 나사렛 예수에서 부활절 이후의 그리스도의 전환을 보게 되기 때문입니다. 십자가 사건 이전에 예수님은 설교하시고, 가르치시고, 기적을 행하셨던 갈릴리 사람이셨습니다. 부활 이후에 그분은 사도행전과 서신서에서 그리스도로 언급됩니다. 초기 공동체는 '예수님 안에서 구약의 약속이 성취되는 것'과 '하나님이 그분의 영원한 통치를 세우도록 이스라엘이 거룩한 백성이 되라는 하나님의 부르심이 성취되는 것'을 보았습니다. 따라서 예수님을 그리스도로 선포하는 것은 예수님이 하나님의 약속된 자요, 이 약속이 성취된 자요, 다가올 새로운 시대에 약속을 가진 자라는 교회의 확신입니다.

우리는 또한 베드로의 이 설교에서 교회 신조의 초기 진술이 될 초기의 공식 문구를 볼 수 있습니다. 베드로는 25절에서 다윗이 예수님에 대해 말했다고 하며, 30절에서는 예수님이 메시야가 다윗의 후손으로 그의 보좌에 앉을 것이라는 약속을 성취하신 분이라고 말합니다. 따라서 예수님의 죽으심과 부활하심은 성경을 이루신 것입니다.

도드(C. H. Dodd)는 바울의 설교와 관련하여 이 점을 보여줍니다. 도드는 그가 바울의 케리그마라고 부른 것을 개괄적으로 설명합니다. 즉 예수님은 다윗의 자손이셨으며 성경대로 죽으시고 부활하셔서 하나님 우편에 앉으셨습니다.* 이 케리그마는 안디옥의 이그나티우스와 순교자 유스티누스의 초기 증언에서도 볼 수 있으며,** 이것은 나중에 우리에게 친숙한 사도신경과 니케아 신조에도 적용됩니다. 이것은 현대 그리스도인들에게 더 친숙한 신조이지만 이 증언은 베드로의 설교와 공동

* C. H. Dodd, *Apostolic Preaching and Its Development* (London:Hodder & Stoughton, 1936)를 보라.

** John H. Leith, ed., *Creeds of the Churches*, 3rd ed. (Louisville, KY:John Knox Press, 1982)을 보라.

체의 초기 선언문에 그 기원을 두고 있습니다. 이것은 현대 그리스도인들에게 더 친숙한 신조이지만 이 증언은 베드로의 설교와 공동체의 초기 선언문에 그 기원을 두고 있습니다.

목회적 관점

"언제 하나님께서 당신에게 하나의 이름 이상이 되셨나요?" 이 질문은 교회에서 참된 교제로 들어가기 위해 어색한 분위기를 깨는 데 종종 사용되었던 질문 중 하나입니다. 그것에 이어지는 다른 질문은 "언제 예수님은 당신에게 하나의 이름 이상이 되었습니까?"가 될 것입니다. 그 이름은 당신이 자라면서 일상생활 속에서 자연스럽게 들었거나 성탄절과 부활절 같은 축제일에서만 들었을 수도 있습니다. 점진적으로 이해가 되었든, 갑작스러운 깨달음으로 이해가 되었든 당신의 삶의 길 어딘가에서 당신의 영은 '예수님'이 수천 년 전에 살았던 어떤 사람들의 이름보다 더 크다는 진리를 깨달았을 것입니다.

대화 중에 하나님과 예수님의 이름이 뒤섞여 나오는 것을 듣는 것과 그 이름들이 단순한 이름 이상의 존재라는 것을 이해하는 것은 전혀 다른 문제입니다. 실제로 모세가 하나님께 이름을 알려 달라고 요청했을 때 하나님께서는 주저하셨습니다. 하나님께서는 작은 한 단어로 압축되기를 원치 않으셨습니다. 진실로 하나님께서는 몇 개의 자음과 모음으로 정의될 수 없는 분이십니다. 하나님께서는 우리 삶의 어떤 시점에서 인격적으로 다가오십니다.

사도행전 2장 후반부에서 베드로는 거룩한 성 예루살렘에 모인 무리에게 말합니다. 예수님이 돌아가시기 전에 약속하신 성령이 불의 혀같이 그리고 모든 무리가 들을 수 있는 모든 언어로 강력하게 임한 날이 오순절이었습니다. 오순절은 순례 절기 중 하나였기 때문에 여러 나라의 유대인들이 1,000마일이나 떨어진 곳에 모여들었습니다. 따라서 베드로의 설교를 들은 많은 유대인은 예수님의 삶과 죽음을 눈으로 목격한 사람들이 아니었습니다. 그들은 나사렛 예수에 대해서 들어본 적도 없었을 것입니다. 어떤 사람들은 예수 그리스도께서 십자가에 못 박혀 죽으시고 부활하셨을 당시에 예루살렘에 있었지만, 그들은 이러한 삶을 변화시키는 사건의 결과에 대해 깊이 고민하지 않았습니다. 그들에게 예수님은 단지 하나의 이름이었을 뿐, 그 이상은 아니었습니다.

"모두 잘 들어 보세요!" 베드로가 말했습니다. "당신들이 못 박아 죽인 이 예수님은 하나의 평범한 이름 그 이상입니다. 그리고 그는 선지자 그 이상이며 또한 선한 사람 그 이상입니다. 그는 다윗과 선지자들이 선포한 거룩한 분이시며 메시야이십니다. 이분은 우리가 대대로 기다려 온 구세주이십니다. 여러분 한 사람 한 사람이 이 진리의 증인입니다. 여러분들이 눈으로 직접 예수님을 보았든, 지금 처음으로 복된 소식을 들었든, 당신은 오늘 내가 당신에게 말한 것의 증인입니다."

베드로는 당신에게 예수님을 단순히 하나의 이름 이상의 존재가 되게 하라고 말합니다. 그리스도를 당신의 구주로 삼으십시오. 귀로만 아니라 마음으로 들으십시오. 그러면 당신은 예수님을 주로 선포할 수 있고 그리스도의 놀라운 구원의 은혜의 기쁨을 알게 될 것입니다. 오순절 군중 속에 모인 무리에게 그것은 마치 처음으로 일출을 보는 것과 같았습니다. 단순히 해가 뜨는 것을 보는 것이 아니라 태양의 따뜻하고 영광스러운 빛이 밤의 차가운 어둠을 뚫고 나오는 것을 느꼈습니다.

사람들은 영혼 깊은 곳까지 감동했습니다. 성경은 '그들이 이 말을 듣고 마음에 찔려'(행 2:37)라고 말합니다. 복음은 언어와 문화, 종교와 사회적 지위의 장벽을 뚫고 복음의 원래 목적대로 사람들의 마음을 찔렀습니다.

그날 3천 명이 세례를 받았습니다. 우리는 무리의 정확한 수를 알지 못하지만 삶이 영원히 변화된 사람들의 수는 엄청났습니다. 새롭게 믿은 사람들의 수로 인해 요단강의 흐름이 늦추어졌고 주변의 모든 사람이 멈춰서서 그들을 주목했습니다.

베드로가 즉석에서 한 설교는 사도행전에 나오는 30번에 달하는 설교 중에 첫 번째입니다. 그것은 배의 첫 운항에서 고급 샴페인 한 병을 배의 선미에서 깨뜨리는 것처럼 교회의 시작을 알렸습니다. '전속력으로 전진하라!' 적어도 이 좋은 소식을 전하지 않고서는 이제 뒤로 돌아갈 수 없습니다. 이집트와 메소포타미아, 그레데와 아라비아, 로마와 기타 여러 먼 곳에서 온 유대인들은 예루살렘을 떠나 집으로 갈 때 그리스도의 메시지를 가지고 떠나게 되었습니다.

그리하여 교회는 한 도시에서만 국한되지 않고 듣는 모든 사람을 놀라게 하는 메시지와 함께 널리 퍼지기 시작했습니다. 그 과정에서 얼마나 많은 사람의 삶이 바뀌었는지 그리고 그 말씀이 퍼진 후 얼마나 더 많은 사람의 삶이 바뀌었는지 누가 알 수 있을까요?

아이들이 우리에게 주는 가장 큰 선물은 새로운 눈으로 세상을 보는 능력입니다. 우리가 오랫동안 당연하게 여겼던 일상의 경이로움이 다시 신선하고 새로워집니다. 민들레는 더 이상 잡초가 아닙니다. 그것은 한 번의 재빠른 호흡으로 산들바람에 춤추게 할 수 있는 요정들입니다. 보도(sidewalk)의 갈라진 틈은 우리를 걸려 넘어지게 하려는 성가신 음모가 아닙니다. 그것은 발견되기를 기다리는 온 세상입니다. 강아지가 혀로 우리를 부드럽게 핥는 것은 역겨운 것이 아닙니다. 그것으로 인해 우리는 낄낄거리며 웃게 됩니다. 아이가 '다시 읽어줘'라는 말을 100번째 반복할 때 많은 부모들이 알고 있듯, 모든 경험의 경이로움과 기쁨은 반복한다고 해서 줄어들지 않습니다.

안타깝게도 우리는 자라면서 그 경이로움과 경외감을 잃어버립니다. 우리의 믿음마저도 시시해질 위험이 있습니다. 사도행전에서 베드로의 설교는 그 무리 속에 있는 사람들에게 '들으라'라는 외침일 뿐 아니라 좋은 소식을 첫 번째로, 열 번째로, 천 번째로 듣는 우리에게 '깨어나라'는 외침일 것입니다. 우리가 예수 그리스도의 복음을 듣고 받아들일 때마다 다시 오순절이 됩니다. 첫 번째 오순절 축제에서 제자들이 성령의 불꽃으로 타올랐던 것처럼 우리도 그 감격으로 불타오릅니다.

그러므로 우리가 던져야 할 질문은 간단하지 않습니다. '언제 하나님께서 당신에게 하나의 이름 이상이 되었습니까?'가 아닙니다. 오히려 '지금, 이 순간 당신의 삶에서 하나님께서 하나의 이름 이상의 의미를 갖는 이유는 무엇입니까?'가 되어야 합니다. 몇번이고 물어봐야 할 시대를 초월한 질문입니다.

주석적 관점

이 성경 구절은 14~21절, 33~36절, 38~39절과 함께 전형적인 누가복음의 담화로 신약의 기자들이 예수님의 생애와 죽음, 부활에서 일어난 일을 해석하기 위해 성경을 어떻게 사용했는지를 보여줍니다. 랍비 그룹과 마찬가지로 누가는 인용된 본문에 미드라쉬를 제시하여 그의 기독론적 주장에 대한 증거 본문을 제공합니다.

이 성경 구절은 오순절 이야기의 맥락과 예수님의 부활이 12절의 '이 어찌 된 일이냐?'라는 질문과 어떻게 연결되어 있는지를 간과합니다. 사실 이 구절은 36절의 '그러므로'를 생략합니다. 이는 이전 구절의 핵심입니다. 즉, 예수님의 부활은 그가 '주'이면서 '메시야'임을 증명한다는 것입니다. 하나님 '우편에' 있는 높아지신 그의 지위에서 예수님은 성령을 보내시는데 이는 오순절 이야기와 다시 연결됩니다. 오순절에 나타난 현상은 예수님에게 일어난 일 때문에 생긴 것입니다. 하나님께서 예수님을 부활시키시고 높이셨습니다.

22절은 청중이 '천하 각국에서'(5절) 온 유대인에서 이스라엘 사람들로 바뀐 것을 나타내고, 예수님의 죽음에 책임이 있는 사람들을 고발며 끝납니다. 첫째, 베드로가 청중에게 '하나님이 그를 통해 행하신 능력과 기사와 표적'을 상기시킴으로써 예수님을 거절한 것이 얼마나 끔찍한 일이었는지를 강조합니다. '기사와 표적'을 행하는 것은 누가가 그의 주인공들의 권위를 보여주기 위해 사용한 가장 선호하는 모티브입니다(43절; 4:30; 5:12; 눅 24:19).

둘째, 베드로는 다윗 시편의 미드라쉬에 등장하는 호칭인 이스라엘의 메시야를 죽인 것이 얼마나 수치스러운지를 강조합니다. 예수님은 오랫동안 기다려 온 다윗의 후손으로 하나님께서 왕좌에 앉히겠다고 약속하신 분입니다(31절; 삼하 7:12). 독자들은 유대인들을 23절에 내재되어 있는 '그리스도의 살해자'로 낙인찍는 것을 피해야 합니다. 누가는 예수님의 십자가 처형이 하나님 계획의 일부라는 점에서 예수님이 죽었을 당시 예루살렘에 있었던 유대인들, 로마 당국(실제 처형 실행자) 그리고 하나님에게까지 그 책임을 전가하고 있습니다. 물론 하나님의 '미리 아심'과 인간의 자유를 어떻게 해석하는가는 고전적인 신학적 수수께끼를 제시하지만 이 구절의 궤적은 예수님의 부활과 승귀(exaltation)를 향하고 있습니다.

베드로는 '하나님이 그를 살리셨다'(24절)라고 선언한 다음 시편 16:8~11의 미드라쉬를 사용하여 예수님의 부활이 성경에 예시되어 있고 예수님의 몸은 일반적인 육체적 분해를 거치지 않는다는 것을 보여줍니다. 누가는 이 시편을 음부에 '버려지거나', '썩음을 당하거나' 하지 않고 그의 '우편'에 계시는 하나님을 찬양하는 예수님의 말씀에 대한 다윗의 예언으로 읽습니다(27절).

베드로는 다윗이 시편에서 자신에 대해서 말할 수 없다고 말합니다. 왜냐하면 모든 사람은 다윗이 오래전에 죽어 장사되었다는 것을 알고 있기 때문입니다(29절) 더 거칠게 말하면 그의 몸은 썩어 없어졌습니다. 부활하신 예수님은 그렇지 않습니다(시편 16:10을 다시 인용하여 13:35~37에서 더욱 분명하게 말함). '부패함'(corruption)이라는 단어는 ('구덩이'에 대한 히브리어 어근을 잘못 이해한) 구약의 그리스어 본문에서 왔으며, 이는 죽음 이후 육체가 분해되는 것을 말합니다. 누가는 31절에서 마지막 구절을 다시 인용하여 3인칭으로 바꾸고 '주의 거룩한 자'를 '그의 육신'으로 바꾸어 육체성을 더욱 강조합니다.

31절의 주장은 몇 가지 까다로운 문제를 제기합니다. 히브리어 본문에는 '스올'(70인역 '하데스〈Hades〉')이라는 단어가 있습니다. 최근 연구에서 알 수 있듯이 스올은 모든 사람이 죽으면 가는 곳이 아니라 '거의 언제나 폭력적으로 또는 부당하게 형벌을 받거나, 상심한 마음으로 죽는 사람들이 가는 곳'이었습니다. 그러므로 시편 기자는 자신이 결코 죽지 않을 것이라고 주장하는 것이 아니라, '당신(하나님)은 당신의 충실한 종을 시기적절하지 않은 악한 죽음으로 내버려 두지 않으실 것이라는 믿음을 표현하고 있는 것입니다.'* 그러나 바로 그것이 정확하게 예수님이 당하신 죽음입니다. 예수님은 '시기적절하지 않고 악하고 폭력적이며 상한 마음으로 고통당하신 것'입니다. 아마도 여기서 누가의 주장은 예수님의 십자가 처형을 반영하고 있을 것입니다. 예수님의 버림받은 외침이 신뢰하는 말로 대체됩니다. "아버지여 내 영혼을 아버지 손에 부탁하나이다"(눅 23:46). 또한 예수님은 십자가 위에서 '오늘' 자신이 '스올이 아닌 낙원'에 있을 것이라고 신뢰합니다.

따라서 누가는 시편 16편을 읽으면서 예수님은 하나님에 의해 버림당하지 않았다고 주장하며 그의 부활하신 몸이 육체적으로 완전하다는 것을 강조하는 것 같습니다(눅 24:39-43). 누가에 따르면 예수님은 죽어서 장사되었지만, 후대의 신조를 인용하면 '지옥에 내려가지' 않으셨습니다. 따라서 여기에서 누가의 입장은 예수님이 십자가에서 고통당하시고 하나님께 버림받은 것은 지옥으로 내려간 것이었다는 기본적인 개혁주의 견해와 다릅니다.

시편 16편을 사용하는 요점은 예수님이 '주와 그리스도'(36절)라는 누가의 주장을 근거로 삼는 것입니다. 누가복음의 미드라쉬가 나아가는 바로 그 결론을 이 구절들이 왜 생략했는지 의문스럽습니다. 다시 말하지만, 베드로의 설교 결론이 12절에서 제기된 질문에 대한 답을 제공함에도 불구하고 오순절의 맥락은 사라집니다. 부활하시고 승귀하신 그리스도는 사람들이 '보고 들은' 것으로 나타난 '성령'을 부어주시는 대리자입니다(33절).

베드로가 예수님을 십자가에 못 박은 사람들을 책망했기 때문에 사람들은 괴로운 죄책감과 '우리가 어찌할꼬?'라고 절박하게 탄원하기 시작했습니다(37절, 눅 3:10 참조). 이어서 베드로는 회개하고 세례를 받으라고 요청했습니다. 사실, 이 설교는 심판에서 죄를 용서받고 성령을 받을 수 있다는 약속으로 이동함으로(38절) 설교의 두 부분을 연결합니다. 그 결과 모든 부흥사가 자랑스러워할 만한 대규모 회심이 일어났습니다(41절). 36절에는 초기의 설익은 삼위일체론이 숨어 있지만(33절과 17절 참조), 교리는 누가의 목적이 아닙니다. 오히려 누가복음과 사도행전의 내러티브를 이끌어가고, 그가 보기에 모든 역사를 이끌어가는 성령의 움직임을 다시 한번 보여주는 것입니다.

* Jon D. Levenson, *Resurrection and the Restoration of Israel* (New Haven, CT:Yale University Press, 2006), 7374, 롯 로젠버그의 말을 인용, 필자의 강조.

설교적 관점

오순절, 베드로의 긴 설교에서 선택된 이 본문은 베드로의 청중이 하나님의 선지자인 예수님을 십자가에 못 박은 사건이 '법 없는 자들'(즉 로마 관리들, 23절)에 의해 행해진 일임에도 불구하고, 하나님의 능력으로 부활하셨다고 알리는 것에 중점을 두고 있습니다. 부활절 둘째 주일, 회중은 여전히 예수님 부활의 경이로움을 기념하는 분위기 속에 있습니다. 앞으로 성령강림절까지 다섯 번의 주일에 우리 모두는 방언의 신비로운 행위에 대해 고심하게 될 수도 있습니다. 비록 방언은 각자가 어떤 언어를 사용하든 현장에 있는 모든 사람이 완벽하고 놀랍게 이해할 수 있다는 것이 오히려 분명해 보이지만 말입니다. 바울이 고린도전서 14장에서 통역의 필요성을 언급하는 것과는 달리 여기서는 통역이 필요하지 않습니다.

현대 설교자들에게 더 큰 문제는 유대 사람인 베드로의 말을 듣고 있는 유대 사람들을 살인혐의로 비난하는 것과 관련이 있습니다. 베드로는 자기 동포들에게 예수님을 '십자가에 못 박아 죽였다'고 비난합니다. 예수님은 그들 모두가 오랫동안 기대했던 다윗의 직계 후손이자 하나님의 메시야였습니다. 이러한 초기의 반유대주의는 기독교가 성장하는 동안 끝없는 공포를 일으켰고 제2차 세계대전 중 나치의 손에 600만 명이 학살당하며 엄청난 홀로코스트로 정점에 달했습니다. 우리의 전통에 깊이 뿌리내린 이 어려움을 우리는 어떻게 해야 할까요?

적어도 기독교가 부상하면서 유대인에 대해 널리 퍼져 있는 악명 높은 중상모략과 노골적인 폭력을 동반하지 않은 척할 수밖에 없었습니다. 1965년 제2차 바티칸 공의회에 와서야 유대인과 관련하여 '그리스도를 죽인 자'라는 표현이 공식 로마 가톨릭 교리에서 삭제되었다는 사실을 결코 잊어서는 안 됩니다. 그리고 많은 성경 번역본이 모든 유대인을 떠오르는 기독교의 적으로 묘사하는 내용을 제공하고 있어서 우리에게 도움이 되지 못했습니다. 예를 들어, 사도행전 4장에는 '제사장들과 성전 맡은 자와 사두개인들'(4:1)이 나오는데, 뒷부분에는 '대제사장 안나스와 가야바와 요한과 알렉산더'(4:5-6)가 이끄는 '그들의 관리들과 장로들과 서기관들'이 나옵니다. 그들은 베드로와 요한에게 거칠게 질문하는 종교 권위자들의 집단으로서 예수님이 부활하신 이스라엘의 메시야라고 확신하는 이 두 명의 유대인에게 화해할 수 없는 적대감을 나타냅니다. 그들은 두 사람을 침묵시키고 심각한 처벌로 위협한 후(4:21) 그들을 놓아주려고 합니다. 그러나 베드로와 요한은 '헤롯과 본디오 빌라도는 이방인과 이스라엘 백성과 합세하여 (하나님께서) 기름 부으신 거룩한 종 예수를 거슬러'(4:27) 그를 죽였다고 계속해서 말했습니다.

'유대인들'(특히 요한복음의 여러 부분을 참조)이 그리스도를 죽였다는 거의 보편화된 주장은 끔찍한 문제입니다. 이 본문을 사용하는 설교자들은 이 이야기에서 묘사되고 있는 인물이 누구인지를 명확히 밝히기 위해 노력해야 합니다. 모든 유대인이 예수님을 죽이려고 공모한 것이 아닙니다. 예수님은 물론이고 그의 초기 추종자들도 거의 유대인이었습니다. 초기 교회의 싸움은 유대인과 '기독교인' 간의 싸움이 아니라 유대인 내부의 싸움이었습니다. 예수님을 따르는 사람들의 초기 공동체에는 '기독교인들'이 없었다고 말할 수 있으며, 예수님이 부활한 이스라엘의 메시야라고 확신하는 메시야주의(Messianist) 유대인들만 있었습니다. 이러한 설명은 교회가 반유대주의적 편견을 넘어 현대 유대교를 일종의 '기독교에 가까운' 이단이라는 생각을 거부하는 방향으로 나아가는 데 도움이 될 수 있습니다. 현대 유대교는 여전히 이스라엘의 메시야를 기대하는 완전한 종교인 반면, 현대 기독교인들은 그들의 메시야가 왔다고 믿습니다.

베드로가 오순절 설교에서 그의 형제자매들에게 확신시키기로 결정한 것은 바로 예수님을 메시야로 믿는 믿음입니다. 그가 제시하는 믿음의 증거는 현대 회중에게 또 다른 문제를 제기합니다. 베드로가 그리스어 번역본인 70인역에 나오는 시편 15편과 시편 109편을 사용한 것은 1세기에 공유된 네 가지 전제를 가정합니다. (1) 시편은 이스라엘의 두 번째 왕인 다윗이 썼습니다. (2) 다윗은 하나님의 '기름 부음 받은 자'(시 2편)입니다. (3) 하나님께서 다윗에게 그의 후손을 통해 영원한 왕조를 약속하셨습니다(삼하 7장). (4) 그래서 시편에 언급된 것들은 다윗 자신이나 그의 후손인 메시야를 가리킵니다. 베드로는 이러한 전제로 다윗이 확실히 죽었고 그의 무덤을 언제든지 방문할 수 있기 때문에(2:29), '음부에 버림이 되지 아니하시며', '하나님의 거룩한 자는 결코 썩음을 당하지 아니하리라'(시 16:10)와 같은 구절은 사실 베드로가 다윗의 후손인 예수님이라고 믿는 '메시야의 부활'에 대한 언급이라고 주장합니다.

2천 년이나 된 이 네 가지 문학적 전제는 현대 성서 비평에 의해 심각한 논쟁을 불러왔습니다. 이것은 더 이상 이러한 주장이 설득력이 없다고 말하는 것이 아닙니다. 많은 현대인이 그것들을 이해하는 데 어려움을 겪을 수 있다는 것을 말합니다. 그럼에도 불구하고 베드로가 예수님의 부활을 선포했을 때 '그들이 이 말을 듣고 마음에 찔려' 예수님 부활에 대한 새로운 정보를 가지고 그들이 이제 무엇을 해야 할지 베드로에게 간청하게 되었습니다(37절). 베드로는 예루살렘 무리들에게 회개하고 세례를 받으라고 요청했고 이에 3천 명이 응답했습니다. 베드로의 설교는 당시의 자료를 사용하여 자신의 주장을 펼치며 큰 회의론에 맞서 부활의 능력을 선포한 성공적인 설교였습니다.

이것이 현대 설교자들을 위한 교훈이 아닐까요? 우리는 우리 시대의 도구를 사용해서 주변의 모든 것을 변화시킨 예수님의 부활 생명 능력과 경이로움을 알려야 합니다. 죽음을 초래하는 폭력, 가진 자와 못 가진 자, 주류와 비주류 그리고 영향력 있는 자와 아무것도 없는 자의 세상에서 우리는 죽음이 더 이상 우리를 지배하지 못한다는 사실을 선포해야 합니다. 이것은 계층 구조가 의미 없으며 다른 사람들을 지배하려는 자들이 힘을 잃었다는 것을 의미합니다. 진실로 예수님 안에서 모든 것이 새롭게 됩니다.

부활절 둘째 주일

시편 16:1~11

1 하나님이여 나를 지켜 주소서 내가 주께 피하나이다
2 내가 여호와께 아뢰되 주는 나의 주님이시오니 주밖에는 나의 복이 없
다 하였나이다
3 땅에 있는 성도들은 존귀한 자들이니 나의 모든 즐거움이 그들에게 있
도다
4 다른 신에게 예물을 드리는 자는 괴로움이 더할 것이라 나는 그들이 드
리는 피의 전제를 드리지 아니하며 내 입술로 그 이름도 부르지 아니하
리로다
5 여호와는 나의 산업과 나의 잔의 소득이시니 나의 분깃을 지키시나이다
6 내게 줄로 재어 준 구역은 아름다운 곳에 있음이여 나의 기업이 실로 아
름답도다
7 나를 훈계하신 여호와를 송축할지라 밤마다 내 양심이 나를 교훈하도다
8 내가 여호와를 항상 내 앞에 모심이여 그가 나의 오른쪽에 계시므로 내
가 흔들리지 아니하리로다
9 이러므로 나의 마음이 기쁘고 나의 영도 즐거워하며 내 육체도 안전히
살리니
10 이는 주께서 내 영혼을 스올에 버리지 아니하시며 주의 거룩한 자를 멸
망시키지 않으실 것임이니이다
11 주께서 생명의 길을 내게 보이시리니 주의 앞에는 충만한 기쁨이 있고
주의 오른쪽에는 영원한 즐거움이 있나이다

신학적 관점

부활절 둘째 주일의 첫 번째 읽기는 베드로가 이 시편을 설교에 인용한(70인역을 따라) 사도행전 2장 14a, 22~32절입니다. 히브리 시편의 그리스어 번역자는 일부 히브리어 본문을 다소 자유롭게 지상의 관점에서 하나님과 함께하는 개인의 불멸에 대한 전망으로 바꾸었습니다. 그럼에도 불구하고 '지상의 삶은 하나님의 임재에 둘러싸여 있으며, 참된 삶은 하나님의 임재 안에서 사는 것'이라는 사실을 강조하는 히브리어 원문은 이 시편을 그러한 변화로 열어줍니다. 부활에 기초한 믿음을 가지고 이 본문을 읽는 사람들에게는 그 변화가 완전히 성취되었습니다. 시편 16편은 우리가 부활절에 기념하는 생명의 신비를 준비하는 데 도움을 줍니다.

3, 4절이 어려운 본문이지만 '하나님에 대한 신뢰'라는 이 시편의 주제는 분명합니다. 보호하심을 위한 시작 기도(1-2절)부터 나머지 구절까지 시편은 다양한 이미지를 사용하여 '주님만이 선하시며, 확실한 복(2, 9절)이시며, 참된 유업(5-6절)이시며, 유일한 지혜로운 모사(7절)이시며, 죽음의 위협에서 확실한 보호(1, 8, 10절)가 되시며, 생명의 인도자(11절)가 되신다'고 주장합니다.

첫 번째 절의 청원 간구는 다음에 나오는 신뢰 고백에 기초를 두고 있습니다. 이 시편을 '기도의 노래'라고 부르는 데는 합당한 이유가 있습니다. 왜냐하면 시편 기자가 시편 전반에 걸쳐 개인의 중대한 필요 사항을 주 앞에 아뢰어야 하는 이유를 고백하고 있기 때문입니다. 기도의 본질은 우리가 알 수 없는 것을 하나님께 알리는 것이 아니라, 신앙 성장의 기초가 되는 하나님의 사랑과 보호하심을 생각하는 것입니다.

보호와 '피난처'에 대해 말하는 첫 번째 청원(1-2절)은 주님께 육체적 안전이나 피난처를 구하는 상황을 나타내는 것처럼 보입니다. 이는 10절에 나오는 죽음('스올'과 '구덩이')에 대한 언급에 의해 뒷받침됩니다. 다음 절에서는 탄원보다 보편적인 감정으로 확장합니다. 즉각적인 필요는 온 백성에 대한 하나님의 지속적이고 보편적인 언약적 신실함과 보호하심을 상기시키는 언어로 표현됩니다. 2절의 '주 밖에는 나의 복이 없다'라는 놀라운 말씀은 두 번째 십계명에서 발견되는 하나님께 속한 보편적인 영역과 배타적인 충성을 표현합니다. 따라서 이 시편의 청원자는 주님의 능력과 통치를 인정하고, 하나님의 도우심에 대한 신뢰를 바탕으로 여호와의 언약에 대한 충성과 신실함에 호소합니다.

다음의 네 구절(3-6절)은 여호와를 신뢰하는 자들, 즉 '거룩한 자들'의 고백과 다른 신들에게 의지하고 그들을 예배하는 자들을 대조하는 것처럼 보입니다. 이것은 단순히 여호와의 우월성에 대한 우회적인 고백 그 이상입니다. 이 시편은 특히 심각한 상황에서 더 가깝고 실제적인 도움을 주는 다른 신들의 도움을 받을 수 있다는 점을 인정하고 있습니다.

시편 기자의 더 넓은 문화권에서는 다양한 신들이 존재하지만, 그들은 거부됩니다. 이것이 반드시 쉬운 선택은 아닙니다. 신을 의지하는 것도 결코 쉬운 일이 아닙니다. 인간의 독창성, 기술 발전, 축적된 학습의 시대는 우리의 '우상'이며, 이는 마침내 다른 세상의 실재 필요성을 지워버린 것처럼 보일 수 있습니다. 인간의 업적 이야기는 하나님의 구원 행위에 관한 기억을 모호하고 신비롭게 만들었습니다. 부활은 인간의 진보를 위한 현대적 상징이 될 수 있습니다. 시편 기자가 예시한 바와 같이 진정한 믿음은 사람이 인간의 능력과 지상의 현실을 뛰어넘을 수 있게 합니다.

5~6절의 특이한 이미지들은 2절에 나오는 고백을 기반으로 합니다. '소득', '분깃', '구역', '기업'이라는 이미지는 정복 후에 땅을 분배받는 언약적 언어입니다. 시편 기자는 자신이 받은 땅을 자랑하지 않고 오히려 여호와가 자신의 기업임을 자랑합니다. 고대 레위 제사장들처럼 시편 기자도 자신의 양식을 여호와로부터 받습니다. '기업'은 레위인처럼 물질적으로 소유하는 것이 아닙니다. 주님의 친밀하심과 보호하심, 자비를 경험하는 것입니다. 믿는 자의 진정한 기업은 주님의 현존 안에서 사는 것입니다(2절). 이에 대한 극적인 성취는 바울이 이제 '내 안에 그리스도께서 사신다'(갈 2:20)고 확언한 것입니다. 시편은 그러한 연합을 암시하지만, 바울은 부활하신 주님과의 연합을 드러냅니다. 주님은 그리스도를 통해 우리를 그분의 기업으로 삼으셨습니다.

이러한 주님과의 연합의 결과는 다음 구절에서 묘사됩니다(7-11절). 주의 훈계와 인도하심이 밤낮으로 함께합니다. 주님은 인생의 여정에서 우리를 인도하시고 보호하시는 동반자입니다. 따라서 우리의 몸과 영혼은 기쁘고 안전합니다. 더욱이 시편 기자는 육체적 죽음 앞에서도 주께서 자신의 생명을 지켜주시리라 확신합니다. 주님은 오직 생명과 기쁨의 길로만 인도하십니다.

주께서 우리를 하나님의 임재로 두르신다고 하는 확신은 하나의 도전입니다. 이 고대 시편은 주님의 자비와 사랑을 너무나 잘 이해하고 있기 때문에 모든 역경 속에서도 생명을 주시는 주님에 대한 믿음을 확신합니다. 주님은 생명으로 인도하는 분이시며, 시편 기자는 이 믿음의 확신 속에 안식합니다. 그리스도인들은 이 믿음을 '주께서 죽음 이후에도 생명을 유지시켜주신다'는 믿음으로 바꿉니다. 이 믿음을 유지하기 위해 주님의 부활이 우리에게 주어졌기 때문에 의심해서는 안 됩니다. 하나님과 함께하는 영원한 생명에 대한 우리의 믿음은 우리에게 주어진 지식을 갖지 못했던 고대 시편 기자의 믿음처럼 여전히 강력하고, 견고하며 확실할까요?

요약하면, 이 시편은 우리 가운데 구원하시는 임재에 대한 믿음을 찬양하는 찬송입니다. 시편 기자는 그러한 믿음이 가져오는 확고한 신뢰와 찬양을 증언합니다. 인생의 진정한 의미는 주님께 속하는 것이고, 하나님의 임재 안에 머무는 것입니다. 그 임재의 선물은 부활을 통해 실현되고 송축됩니다.

목회적 관점

할렐루야! 부활절 다음 주일, 너무나 많은 교회에서 예수님의 부활이라는 심오한 기쁨의 소식이 희미해집니다. 예배에서 '예수 그리스도께서 지난 주일에 부활하셨습니다'라고 설교합니다. 그러나 '할렐루야'는 사라지고, 백합은 시들고 성도들은 줄고, 목사는 휴가를 떠났습니다. '우리의 승리의 성일'은 이제 '백의의 주일'(Low Sunday, 부활절 뒤의 첫째 주일), 즉 일반적인 예배 제도에서도 승인된 주일입니다. 마치 우리 자신의 노력으로 무덤에서 나와 예수님을 설교하고, 기도하고, 노래한 것처럼 우리는 교회에 갇히고 무기력해집니다.

예배 기획자들은 오늘날 축소된 예배로 인해 무심코 전파될 수 있는 메시지를 진지하게 받아들여야 합니다. 부활절 이후 둘째 주일은 2류가 아니라 2라운드가 되어야 합니다. 만약 부활절 다음 주일이 죽었다면, 죽음이 끝이 아니라는 설교, 죽음 이후의 삶에 대한 설교, 끝이 아니라 시작에 관한 설교를 했던 모든 부활절 아침 설교의 진정성은 어디에 있습니까? 모든 성서정과 주기마다 복음에 충실하신 예수님은 살아계셔서 우리 가운데 계시며, 생명을 주는 평화와 용서를 전하십니다(요 20:19-31). 그리스도께서 참으로 부활하셨습니다. 할렐루야! 아직 끝나지 않았습니다.

시편 16편은 부활절 이후의 둘째 주일을 부활시킬 수 있을까요?

오늘의 시편을 건너뛰지 마십시오. 시편은 다른 읽기에서 연주되는 음표일 뿐 아니라, 오늘날 구약에서 유일하게 낭독되는 부분입니다. 시편은 예배 순서에서 여는 기도에 포함될 수 있고, 응답으로 읽거나 한목소리로 읽을 수 있습니다. 시편에 담긴 확신과 신뢰의 표현은 일년 중 어느 주에나 하나님의 임재 안에서 예배하는 경험의 올바른 근거가 됩니다. 특별한 날에 이 시편을 건너뛰지 마세요. 그것의 감사와 기쁨은 예배자의 전 존재(9절의 마음, 영, 육체)를 들어 올려 죽음 너머의 '생명의 길'(11절)을 보게 합니다. 부활절 둘째 주일에 이 시편은 하나님의 손에 붙잡혀 있다는 경험을 말해줍니다. 이는 삶의 모든 상황에서 하나님의 선하심 안에서 안전함을 느끼며, 우리에게 보호와 피난처가 필요함을 끌어냅니다.

시편 16편은 회중이 부를 수 있습니다. '밤에 내가 묵상할 때'라는 찬양은 1912년 시편에 나오는 구절을 개사한 것입니다. 사순절 예배에서 사용하는 이 곡을 아는 교회도 있을 것입니다. '주님, 이 사십 일 동안 함께 하소서'는 성 플라비안 곡조에 맞춰 불리기도 하며, 마지막 대사는 오늘날에도 음악적으로, 예전적으로 사용할 수 있을 것입니다. '우리와 함께 계셔서/이 고통의 삶이 지나가고/끝없는 기쁨의 부활절을/우리가 마침내 얻게 하소서!' 시편 16편은 읽거나 기도하거나 노래할 때, 사도행전 2장과 요한복음 20장을 읽을 때, 주제와 이미지를 제공해 줍니다.

이 시편은 베드로가 오순절 설교에서 인용했을 때 교회 생활에 공식적으로 등장합니다. 1세기와 21세기 신자들은 모두 강력한 기쁜 소식을 듣습니다. 예수님은 '십자가에 못 박혀 죽임을 당하셨습니다 … 그러나 하나님께서 그를 일으키셨습니다 … 그가 (죽음의) 권세에 붙잡혀 있는 것은 불가능합니다'(행 2:23-24). 누가는 시편 16편 말씀이 베드로의 혀끝에 있었다는 것을 확신했고, 하나님께서 예수님을 죽음에서 살리시고 그의 영혼을 음부에 버리거나 그의 육체가 부패하도록 내버려두지 않으셨다는 사실을 의심하는 모든 사람을 위한 해석의 틀을 제시합니다(시 16:10, 행 2:27). 그 설교의 다음 호흡에는 생명, 기쁨 그리고 즐거움의 증거가 있습니다. 다시 시편 기자의 말은 이전까지 말이 없었던 베드로에게 하나의 대본이 됩니다(시 16:11, 행 2:28). "주께서 생명의 길을 내게 보이시리니 주의 앞에는 충만한 기쁨이 있고 주의 오른쪽에는 영원한 즐거움이 있나이다"(시 16:11). 어떤 언어를 빌릴까요?

베드로의 설교에서 시편 기자의 말씀을 듣는 것은 개종자들에게 큰 감동을 주었습니다. 자신의 믿음을 말로 표현할 수 없어 고민하는 초신자나 기존 신자들을 막론하고 나중에 믿는 자들에게는 이 말씀이 위로가 될 수 있을 것입니다. '주는 나의 주님이시오니… 주는 나를 버리지 아니하시며… 주께서 생명의 길을 내게 보이시리니'(2, 10, 11절). 베드로 설교의 의도는 기독론적이지만, 시편 기자 기도의 의도는 좀 더 개인적입니다. 신앙은 관계와 말(address)이라는 단순한 언어에서 시작됩니다. 시편 16편은 인칭대명사, 특히 '나'와 '당신'을 많이 사용하며, 상호 관계적으로 사용합니다. "내가 주께 피하나이다. 내가 여호와께 아뢰되 주는 나의 주님이시오니 주밖에는 나의 복이 없다 하였나이다"(1-2절). 이 신뢰의 노래에는 '신뢰'라는 단어가 전혀 사용되지 않습니다. 신뢰는 관계의 언어로 표현됩니다. 소속감은 믿음을 지탱하고 키워줍니다. 목회자들은 교회와 멀어진 사람들 또는 교회의 믿음에 의문을 가진 사람들로부터, 교회에서 신조와 고백을 말하는 것이 혼란스럽고, 의미가 없으며, 심지어 불성실하다고 듣곤 합니다.

그럼에도 불구하고, 이 목회자는 '살아도 죽어도 우리는 하나님께 속했습니다'라고 말하는 것이 완전히 새로운 경험과 시각을 열어준다고 고백하는 사람들에 대해 듣기도 했습니다. 초신자나 기존 신자들은 미국 장로교의 간략한 신앙고백(the Brief Statement of Faith of the Presbyterian Church, U.S.A.)은 '환영', '확신', '근거', '좋은 소식'이라고 표현합니다. 이 신앙고백은 '신앙은 관념적인 것이 아니라 관계적인 것'이라고 분명히 말합니다. '내가 믿는 것'의 목록에는 없지만 '예수 그리스도, 하나님, 성령님'을 신뢰하는 확신은 하나님에 대한 개인적인 깊은 확신과 '거룩하고 즐거운' 공동체 생활에 대한 헌신을 반영하고 불러일으킵니다.

예배자들은 복음서에서 시편 16편의 언어를 듣습니다. 시편 기자는 '주는 나의 주님이시오니'라고 명백하게 표현함으로써 기도를 시작합니다. 요한은 도마 절정의 고백인 '나의 주요, 나의 하나님!'이라는 고백으로 이 부활 이야기를 마무리합니다. 우리 중 누군가 강한 믿음으로 시작하여 원하지 않는 장소와 어두운 밤을 흔들림 없이 혼자 헤쳐 나가고 있습니까? 우리 중 누군가는 의심으로 시작하여 믿음을 향해 움직이며 기다리고 있습니까? 믿음의 신비는 위대합니다! 도마의 의심과 우리 자신의 의심에 대해 설교의 문을 여는 설교자에게 시편 기자의 '주는 나의 주님이시오니… 주께서 생명의 길을 내게 보이시리니'라는 고백은 우리가 부활절 이후의 여정을 시작하게 합니다. 우리가 볼 수 있는 것은 삶을 변화시키는 하나님의 임재와 '충만한 기쁨'입니다.

시편 16편이 부활절 둘째 주일을 부활시킬 수 있을까요?

주석적 관점

시편 16편은 시련과 고통 속에서도 시편 기자가 하나님께서 자기 백성을 구원하실 것이라는 확신을 고백할 이유를 찾는다는 의미에서 확신의 시입니다. 확신의 시편은 시편 기자가 세상에서 잘못된 것들, 그리고 자신이나 사람들이 홀로 이길 수 없는 것들을 열거하기 때문에 적어도 부분적으로는 탄식의 어조를 취합니다. 시편 기자는 독자나 청중이 어둠의 깊이를 알고 있는지 확인한 후에야 하나님의 빛이 그 경험을 비추도록 허용합니다.

일단 이 빛이 시편으로 들어오면 크고 분명한 언어와 강렬한 이미지로 선포됩니다. 시편 기자는 주님의 구원하시는 능력에 대한 확신을 선언할 때 한 치의 망설임도 없습니다. 기독교 공동체의 부활절 기념 행사에 사용되는 다른 시편들과 마찬가지로, 이 시편도 고통스러운 현실과 주님께서 영원히 도우신다는 것을 모두 인정합니다.

시편 16편은 고통을 인정하고 시편 기자가 고통으로 괴로워하는 순간을 허용한다는 점에서 다른 '확신의 시편' 패턴을 따릅니다. "하나님이여 나를 지켜 주소서 내가 주께 피하나이다"(1절), '내가 흔들리지 아니하리로다'(8절)와 같은 구절은 시편 기자의 삶에서 갈등과 반대가 있다는 것을 암시하지만, 동시에 주님의 임재에 대한 확고하고도 강렬한 신뢰를 나타내기도 합니다. 계속해서 주님에 대한 확신을 나타내지 않는 사람은 주를 알게 되는 보상에서 제외될 것이라고 단언합니다.

고난을 인정하고 주님을 신뢰하지 않는 사람들에 대한 묘사도 있지만 이 시편의 어조는 강렬한 기쁨으로 환희, 안전, 기쁨, 즐거움 등과 같은 감동적이고 생생한 단어를 사용하여 자신이 그토록 신뢰하는 하나님에 대한 경험을 표현합니다.

1~2절은 시편의 분위기를 설정합니다. 확신이 있지만 위험을 인정합니다. 시편 기자는 '내가 주께 피할 때'(1절) 자신이 보호받을 것이라고 확신하며 하나님의 보호를 간구합니다. 그는 하나님께서 신실하시며, 복을 얻을 다른 근원이 없으며, 그의 삶의 주권자이심을 확신합니다.

3~4절은 번역의 어려움으로 다소 문제가 있습니다. 학자들은 일반적으로 '괴로움이 더할 것이라'로 번역되는 구절이 무엇을 의미하는지 완전히 확신하지 못합니다. 그러나 이 구절이 다른 신을 숭배하는 사람들의 경우를 다루고 있다는 것은 분명합니다. 시편 기자는 오직 여호와만을 의뢰하므로 다른 신들에게 향하는 자들의 행위를 배격합니다. 그렇게 해서 얻을 수 있는 유익은 아무것도 없습니다(2절의 '주밖에는 나의 복이 없다'에서 이어지는 개념). 그들은 그들의 괴로움을 더할 뿐입니다. 시편 기자는 이러한 다른 존재들에게 제사를 드리고자 하는 유혹을 받지 않을 것이며('피의 전제를 드리지 아니하며'), 주문과 기도에서 그들의 이름을 사용하지 않을 것입니다('내 입술로 그 이름도 부르지 아니하리로다'). 왜냐하면 그의 신뢰는 오직 주님에게만 있기 때문입니다.

5~6절에서 시편 기자는 '내가 선택한 몫이요 나의 잔'이신 여호와를 선택했다고 강조합니다. 여기서 잔(cup)은 사람의 인생이 가게 될, 운명을 은유적으로 표현한 것입니다. 시편 기자는 여호와와 연결된 운명을 선택했고 그는 그것에 만족합니다. 그는 인생에서 자신의 몫에 만족하며, 여호와께서 그 안에서 자신을 지탱해 주실 것을 확신합니다.

어떤 의미에서 시편 기자는 이것을 신뢰에 대한 보상으로 봅니다. 시편에서는 믿음은 보상받고 죄는 처벌받는다는 것이 전형적인 세계관입니다. 그리고 우리는 이미 앞의 구절에서 주님을 신뢰하지 않는 사람들은 슬픔이 배가 된다는 것을 보았습니다. 그러나 시편 기자에게 이스라엘에 주어진 땅의 유산과 분깃이라는 명백한 보상이 주어집니다.

7~8절은 주님을 신뢰하는 사람들에게 주어지는 가시적인 보상도 있음을 암시합니다. 시편 기자는 기도를 통해 마음으로 여호와를 구할 때 지혜와 분별력을 얻습니다. 그는 히브리인들이 많이 존경하는 자질이며, 하나님으로부터 오는 자질인 견고함을 얻습니다. 시편 기자는 "그가 나의 오른쪽에 계시므로 내가 흔들리지 아니하리로다"(8절)라고 말합니다. 이것은 군사적으로 해석할 수도 있습니다. '오른손'은 종종 칼을 쥔 손을 말하는데, 시편 기자는 여호와에 대한 신뢰가 전투에서 용기와 굳건함을 준다고 말하는 것일 수 있습니다. 그러나 이 말은 견고함이 필요한 은유적인 인생의 전투에도 적용될 수 있습니다. '여호와께서 항상 내 앞에 계신다'라고 고백할 수 있는 사람이라면 견고함이 훨씬 더 수월해집니다.

여호와께서 조언과 교훈과 견고함을 주시기 때문에 시편 기자는 기뻐합니다. 9절에서 그의 영이 즐거워하며 그의 육체도 시편 서두에서 구했던 주의 보호 아래 안전히 거합니다. 10절은 시편 기자가 한때 질병이나 전쟁으로 인해 죽음에 가까웠으며, 주님에 대한 신실함 때문에 이러한 운명에서 구원되었다는 것을 암시하는 듯합니다.

이 구원에 대한 한 가지 해석은 그것이 시편 기자가 신뢰하게 되는 원천이라는 것입니다. 그리고 그는 하나님께서 이미 자신의 구원을 통해 '구원해 주실 수 있는 분'이라는 것을 증명하셨기 때문에 그의 신뢰가 합당하다는 것을 확신할 수 있습니다. 그러나 이 구원은 시편 기자가 이미 보여준 주님에 대한 신뢰의 보상으로 볼 수도 있으며, 주께 신실한 사람들이 받는 수많은 혜택에 포함됩니다.

이 시편은 시편 기자에게 생명의 길을 보여 주심으로써 인도해 주시겠다는 주님의 지속적인 동의에 대한 선포로 끝납니다. 이것은 위의 구원을 언급할 수도 있지만 더 영적인 의미를 내포할 수도 있습니다. 이러한 해석은 주님의 임재에 대해 생생한 감정적 표현, 즉 기쁨과 즐거움이 영원히 충만하다고 말하는 다음 구절에 의해 뒷받침됩니다. 이 시편은 주님의 지속적인 임재에 대한 확신뿐만 아니라 기쁨과 즐거움을 선포합니다.

설교적 관점

부활 선포는 부활절 둘째 주일에도 조금도 누그러지지 않고 계속됩니다. 부활절에 예수님이 부활하셨다는 기쁜 소식을 들은 교회는 하나님께서 행하신 놀라운 일들을 새롭게 증거하기 위해 모입니다. 시편 16편은 죽음을 거부하고 하나님의 백성을 향한 하나님의 변함없는 돌보심에 대한 확신을 선포합니다. 베드로가 유대 사람들에게 한 설교(행 2:25-27)에 이 시편을 포함시킨 것은 오늘날의 설교자들도 이 시편을 주목하게 합니다.

부활절 시즌이 시작되는 지금, 우리는 여전히 부활 생명의 기적에 경탄하고 있지만, 그 이전의 일들도 기억합니다. 시편 기자가 궁핍과 혼란의 시기를 기억하듯, 교회는 부활 전 삼 일 동안의 공포와 폭력, 죽음과 절망을 기억합니다. 죽음이 승리하고 악이 최악을 행한 것처럼 보였지만, 하나님께서는 그리스도를 버리지 않으셨고, 그리스도는 시편 기자와 함께 "주께서 내 영혼을 스올에 버리지 아니하시며 주의 거룩한 자를 멸망시키지 않으실 것임이니이다"(10절)라고 노래했을 것입니다. 마찬가지로 하나님께서는 우리를 버리지 않으십니다. 실제로 우리 중 한 사람으로서 사시고 죽으신 하나님께서는 우리를 죽음에서 구원하셨고, 그리스도의 죽음과 부활로 말미암아 우리를 그리스도와 연결해 주셨습니다.

동방교회의 가장 잘 알려진 도상학적 이미지 중 하나는 부활하신 그리스도께서 아담과 하와를 구하기 위해 무덤 속으로 내려가는 모습입니다. 부서진 지옥문 위에 서서 그분과 함께 그들을 새 생명으로 일으키십니다. 메시지는 분명합니다. 우리를 구원하시는 그리스도를 통해 죽음이 단번에 물러갔습니다. 부활의 기쁜 소식으로 인해 시편 16편을 염두에 두고 설교하는 사람들은 어떤 상황에서도 흔들리지 않는 하나님의 신실하심을 높일 것입니다. 세례를 통해 우리는 이미 그리스도와 함께 죽었고 그것으로 인해 최악의 상황을 맛본 것입니다. 그리고 우리도 그분과 함께 살아났기 때문에 하나님께서 이미 우리를 멸망시킬 모든 것에서 우리를 구원하셨다는 확신을 가지고 살아갈 수 있습니다. 우리가 삶에서 직면하는 수많은 죽음과 두려움과 시련 속에서도 하나님께서는 우리의 피난처로 계속 남아 계십니다.

시편을 설교하는 것은 그리스도인의 삶의 본질에 초점을 맞추는 것일 수 있습니다. 시편 기자는 "여호와는 나의 산업과 나의 잔의 소득이시니"라고 말합니다(5절). 예수님을 따르는 자로서 우리는 계속해서 그분을 선택합니다. 부활절 두 번째 주일에도 우리는 여전히 부활의 기쁨과 하나님에 대한 신뢰를 선포할 수 있지만, 나팔 소리가 사라지고 우리 삶을 살아가다 보면 기쁨의 확신을 잊어버리고 의심이 스며듭니다. 그러나 만약 우리가 시편 기자의 삶처럼 산다면 우리는 지속적으로 그리스도를 선택하고 그분에 대한 신뢰를 재확인하게 됩니다. 교회로서 우리는 서로에게 하나님의 신실하심을 일깨워 줍니다. 심지어 구덩이에 직면했을 때도, 우리는 서로를 격려하며 신실하게 살기 위해 힘씁니다.

오늘 다른 본문을 읽으면서 우리는 그들의 목소리를 듣습니다. 베드로, 바울, 요한은 각자 자신이 보고 들은 것을 증언합니다. 우리는 도마처럼 부활하신 그리스도를 직접 눈으로 보지 못했지만, 많은 증인들의 증언을 받았기에 증언합니다. 그러므로 모든 본문의 맥락에서 시편을 설교한다는 것은, 개인이나 공동체로서 우리 자신의 경험뿐만 아니라 모든 시대와 장소에서 수많은 신실한 사람들의 경험을 통해, 우리가 하나님의 신실하심을 알고 있음을 확증하는 것입니다. 수많은 증인과 함께 서는 것은 모든 일에 기뻐하고, 항상 기뻐하는 것입니다. 왜냐하면 하나님의 견고하고 구원하시는 사랑은 확실하기 때문입니다.

아버지의 장례식이 끝난 후 어머니는 저의 큰 아들에게 딱 맞는 시어서커 스포츠 코트와 흰색 벅스(bucks), 오리올스 모자 컬렉션, 아버지의 영원한 동반자와 함께 스쿠터를 타고 있는 소년 시절의 아버지 사진, 보스턴 불테리어 스키피(Skippy) 등 모든 종류의 기념품들을 나누었습니다. 편지와 메모, 설교문도 있었습니다. 그때 어머니가 타이핑한 몇 페이지의 쪽지를 보여 주셨을 때 나는 숨이 멎을 뻔했고 눈물이 흘렀습니다. 그 페이지에는 사산한(stillborn) 나의 자매의 무덤에서 하신 아버지의 말씀이 적혀있었습니다. 어머니가 무언가 잘못되었다는 것을 알았을 때, 배 속에 있는 쌍둥이는 만삭이었습니다. 우리 가족 안에서 점점 커지던 기쁨의 물결은, 소녀들이 태어나기도 전에 세상을 떠나면서 무너져 내렸습니다. 그 당시에는 장례식도 없었고 가족과 함께 기도하는 시간도 없었습니다. 그러나 부모님은 병원이 시신을 처리하는 것을 거부했고, 아버지는 사산한 딸들을 가족 묘지에 묻었습니다. 단 한 명의 소중한 친구만이 그와 동행했습니다. 단 둘뿐이었지만 꼭 해야 할 말이 있었습니다. 아버지가 할 수 있는 것은 딸들을 집으로 맞아주신 하나님, 우리 생명을 신성한 손에 붙잡아 주신 하나님, 측량할 수 없는 신실하심을 가진 하나님의 선하심에 감사하는 것뿐이었습니다.

부활절의 모든 환희에 대해 시편 16편은 조용한 기쁨을 표현합니다. 이런 종류의 기쁨은 최악을 보고 그것을 통과하면서 살아온 경험에서 오는 종류의 기쁨, 즉 세상과 인생이 우리에게 주는 앎으로 연단된 기쁨입니다. 이 노래는 하나님의 백성을 끝까지 버리지 않으시는 분에 대한 신뢰와 믿음의 노래입니다. 시편 기자가 완벽한 삶을 살았기 때문에 부르는 것이 아니라 인생 최악의 순간에도 하나님께서 신실하셨기 때문에 부르는 사랑의 노래라고 말할 수 있습니다. 변함없으신 분은 하나님이십니다. 우리를 인도하시고 안전한 피난처가 되는 분이십니다. 시편 기자는 "주께서 생명의 길을 내게 보이시리니 주의 앞에는 충만한 기쁨이 있고 주의 오른쪽에는 영원한 즐거움이 있나이다"(11절)라고 노래합니다.

부활절 둘째 주일

베드로전서 1:3~9

3 우리 주 예수 그리스도의 아버지 하나님을 찬송하리로다 그의 많으신
긍휼대로 예수 그리스도를 죽은 자 가운데서 부활하게 하심으로 말미
암아 우리를 거듭나게 하사 산 소망이 있게 하시며
4 썩지 않고 더럽지 않고 쇠하지 아니하는 유업을 잇게 하시나니 곧 너희
를 위하여 하늘에 간직하신 것이라
5 너희는 말세에 나타내기로 예비하신 구원을 얻기 위하여 믿음으로 말
미암아 하나님의 능력으로 보호하심을 받았느니라
6 그러므로 너희가 이제 여러 가지 시험으로 말미암아 잠깐 근심하게 되
지 않을 수 없으나 오히려 크게 기뻐하는도다
7 너희 믿음의 확실함은 불로 연단하여도 없어질 금보다 더 귀하여 예수
그리스도께서 나타나실 때에 칭찬과 영광과 존귀를 얻게 할 것이니라
8 예수를 너희가 보지 못하였으나 사랑하는도다 이제도 보지 못하나 믿
고 말할 수 없는 영광스러운 즐거움으로 기뻐하니
9 믿음의 결국 곧 영혼의 구원을 받음이라

신학적 관점

이 말씀은 계속해서 부활절을 선포합니다. 그의 많으신 긍휼대로 '예수 그리스도를 죽은 자 가운데서 부활하게 하심으로 말미암아 우리를 거듭나게 하사 산 소망이 있게' 하셨습니다(3b절). 첫 문장의 문법은 하나님과 인류의 관계에 대한 부활절의 선언을 강조합니다. 첫 번째 문장은 인간 공동체를 수식어('우리')로 표현하는 찬양의 외침입니다. 두 번째 문장에서 인류 공동체('우리')는 새로운 탄생의 수혜자이며 간접 목적어입니다. 마지막으로 세 번째 문장에서는 인류('너희는')가 주어입니다. 이것은 복음의 축소판입니다. (1) 첫 번째 단어는 찬양입니다. 왜냐하면 (2) 하나님께서 자비로 우리에게 행동하시므로 (3) 우리가 기쁨으로 행할 수 있기 때문입니다.

암시적인 문법적 움직임을 넘어, 이 말씀은 탐구할 만한 몇 가지 신학적 주제를 제시합니다. 저자가 일곱 구절에서 세 번이나 언급한 '믿음'이란 무엇인가요? 기독교 공동체는 고난을 어떻게 해석해야 할까요? '구원'이란 실제로 무엇을 의미할까요?

믿음 개신교 종교개혁에 뿌리를 둔 기독교인들은 오랫동안 '오직 믿음으로' 구원받는다고 선포해 왔지만, 믿음이 무엇을 의미하는지에 대해서는 큰 논쟁이 있어 왔습니다. 16세기에 칼뱅과 초기 개혁 교회의 신앙고백은 '믿음은 지식과 하나님의 자비에 대한 깊은 신뢰로 구성된다'고 강조했습니다. 하이델베르크 요리문답(1563)은 좋은 예를 제공합니다. 참된 믿음은 '하나님께서 계시하신 모든 것을 참된 것으로 받아들이는 어떤 지식일 뿐만 아니라… 성령께서 복음을 통해 내 안에 형성하시는 전적인 신뢰, 즉 다른 사람들뿐만 아니라 나에게도 하나님께서 오로지 그리스도의 구원 사역을 위해 순전한 은혜로 죄 사함과 영원한 의와 구원을 주셨다는 것을 믿는 것입니다.'* 이 정의는 믿음이 하나님의 은혜에 대한 개인적인 신뢰 없이 단순히 교회의 가르침에 동의하는 것이라는 개념에 대항하기 위한 것입니다.

20세기 스위스 신학자 칼 바르트(Karl Barth)는 신앙의 특별한 대상인 삼위일체 하나님을 강조하면서 신앙에 대한 논의를 시작했습니다. 그는 믿음의 주관적인 측면을 무시할 수 없다는 것을 인정했지만, 개인적인 신뢰가 믿음의 주된 측면은 아니라고 주장했습니다. '나는 믿는다'라고 말하는 것이 무엇을 의미하는지를 탐구할 때, 우리는 '나'가 아니라 우리가 믿는 대상에서 시작합니다. 주관적 차원은 믿음의 대상에 의존합니다.

이 말씀은 이 두 가지 차원을 모두 포함합니다. '너희 믿음의 확실함'(7절)은 그 믿음의 진정한 인격적 특성을 암시합니다. 믿음의 대상은 예수님(8절), 더 구체적으로 말하면 '예수 그리스도의 죽음으로부터의 부활'(3절)로 명확히 드러납니다. 특정한 대상에 대한 믿음, 더 나아가 특정한 사람에 대한 믿음은 기쁨과 찬양을 불러일으킵니다. 베드로전서에 따르면 '믿음의 결과'(9절)는 구원이지만, 단기적으로 볼 때 믿음은 고통으로 이어집니다. 이 두 가지를 어떻게 조화시킬까요?

고난 "너희가 이제 여러 가지 시험으로 말미

* Heidelberg Catechism, question 21, in *Book of Confessions:Study Edition* (Louisville, KY:Geneva Press, 1999), 4.021.

암아 잠깐 근심하게 되지 않을 수 없으나"(6절). 저자는 자신이 편지를 쓰고 있는 교회들이 불로 금을 시험하듯 고난을 견뎌왔다는 사실을 인정합니다. 기독교 역사는 인간의 고통에 대한 논쟁으로 가득 차 있습니다. 선하시고 능력 있는 하나님께서 어떻게 고통을 허락하실 수 있느냐는 것입니다. 이에 대해 수 세기에 걸쳐 다양한 반응이 나왔습니다(예. 고통은 죄에 대한 형벌이다. 고통은 인내와 신뢰를 가르치는 하나님의 방법이다. 고통은 이해할 수 없는 신비이다).

이 구절은 일반적인 고난을 묘사하는 것이 아닙니다. 대신, 저자는 핍박받는 기독교 공동체의 고난이라는 특정한 상황을 언급하고 있습니다. 그는 이를 신앙의 진정성을 증명하기 위한 '시험'으로 해석합니다. 이러한 가르침은 위험할 수 있습니다. 기독교 공동체의 모든 고통이 신자들을 '정화'하려는 하나님의 뜻으로 해석된다면, 힘 있는 기독교인들은 힘없는 사람들의 고통을 하나님의 시험으로 정당화할 수 있고, 힘없는 사람들은 진정한 억압의 사례를 인식하고 저항하기보다는 수동적으로 고통을 받아들일 수 있습니다.

이 말이 공동체 외부에 서 있지 않고 그 고통에 대한 깊은 지식에서 나온 말이라는 점이 중요합니다. 안에서 보면, 베드로전서의 고통에 대한 분석은 다음과 같은 기독론적 함의가 담겨 있습니다. 기독교 공동체의 고난은 그 공동체를 십자가와 연결시켜 줍니다. 바르트는 "골고다의 이웃에 살지 않는다면 우리는 믿는 것이 아니다. 그리고 우리는 하나님의 심판의 그림자의 영향을 받지 않고, 이 그림자가 우리에게 내리지 않도록 허용하지 않고는 골고다 동네에서 살 수 없다"고 말합니다. 골고다는 하나님의 심판을 상징하지만, 그리스도인은 그 심판의 그림자 속에 살고 있습니다. 바르트는 이 점을 베드로전서 1:3에 직접 연결시킵니다. "우리가 예수 그리스도의 죽은 자 가운데서 부활하심으로 말미암아 다시 살아 있는 소망으로 거듭난 자가 아니라면 고난을 겪을 필요가 없었을 것입니다."* 기독교 공동체의 고난은 이런 의미에서 우리의 믿음을 '시험'합니다. 고난은 우리에게 지구의 풍경에 드리워진 십자가의 그림자를 가리킵니다.

구원 믿음은 단기적으로는 고난으로 이어질 수 있지만, 베드로전서는 믿음의 궁극적인 목표가 구원이라고 단언합니다. "믿음의 결국 곧 영혼의 구원을 받음이라"(9절). 어떤 사람들은 구원을 '일평생 신실함을 유지하는 사람들에게 주어지는 미래의 보상'으로 이해했습니다. 어떤 사람들은 구원을 현재 삶의 질, 지금 여기에서의 온전함으로 해석하기도 합니다. 폴 틸리히는 균형을 제안합니다. "구원은 '건강한' 또는 '온전한'이라는 뜻의 라틴어 salvus에서 유래한 것으로, 질병의 치유, 귀신들림의 치유, 죄와 죽음의 궁극적인 힘에 대한 종속의 상태에서의 치유 등 모든 치유 행위에 적용될 수 있습니다."**

이 말씀에서 구원은 미래와 현재의 차원을 모두 가지고 있습니다. '말세에 나타내기로 예비하신 구원'(5절)과 '믿음의 결국 곧 영혼의 구

* Karl Barth, *Church Dogmatics*, II/1 (Edinburgh:T. & T. Clark, 1957), 406.

** Paul Tillich, *Systematic Theology*, vol. 1 (Chicago:University of Chicago Press, 1973), 146.

원을 받고 있습니다'(9절). 구원에 대한 이러한 변증법적 관점은 죽음과 심판의 저편에서 그리스도께서 영광 중에 나타나실 때에, 미래에 대한 살아 있는 소망과 현재에 대한 기쁨을 제공합니다.

목회적 관점

상속은 지난 몇 세기 동안 전 세계 부의 기하급수적인 증가로 인해 생겨난 현대적 개념에 불과합니다. 초기부터 사람들은 상속에 대해 이야기하고 논쟁을 벌여왔습니다. 그들은 상속받은 것을 보호하기도 하고 낭비하기도 했습니다. 사실상 모든 사회에는 사망한 사람으로부터 재산을 상속받을 수 있다는 기대감이 존재해 왔습니다. 상속인이 된다는 것은 소중한 것을 받거나 언젠가는 받을 수 있는 사람이 된다는 뜻입니다.

목회자들은 상속 문제를 놓고 교회의 모든 사람이 다투는 것을 알아차릴 정도로 너무 깊이 관여할 필요는 없습니다. 어떤 가족들의 터진 상처, 기대와 다툼, 그리고 파기된 약속은 늘 수면 아래에 감추어져 있습니다. 때때로 유산을 둘러싼 가족 간의 싸움은 관대한 기부나 기부를 약속하지 못하게 하는 저항으로 나타나기도 합니다. 그러나 때로는 그 반대의 경우로, 누군가 상당한 액수의 유산을 물려받음으로써 교회의 선교가 복을 받을 수도 있습니다.

성경에서 상속에 관해 250회 이상 언급하는데, 이는 유산에 관한 일상적인 대화가 고대 생활에서도 일어났다는 것을 분명히 보여줍니다. 그중 일부는 잘 알려진 이야기에서 찾을 수 있습니다. "농부들이 그 아들을 보고 서로 말하되 이는 상속자니 자 죽이고 그의 유산을 차지하자 하고"(마 21:38). "무리 중에 한 사람이 이르되 선생님 내 형을 명하여 유산을 나와 나누게 하소서 하니"(눅 12:13).

우리가 유산을 받을 수 있다는 기대감의 동기를 누가 알 수 있을까요? 상속인에게 갑작스러운 풍요로움, 부유함, 여유로움을 주는 것은 금전적 가치일까요? 아니면 이전 세대와의 감정적 또는 정서적 유대감으로 인해 기분이 좋아지는 것일까요? 아니면 새로운 소유물이 '특권적인 삶'의 문을 열어줄 것이라는 낭만적인 희망일까요? 누가 말할 수 있을까요? 재산을 상속받거나 상속을 고민하는 경험은 모두 다릅니다.

상속은 부유층의 전유물이 아닙니다. 부유한 집에 살지 않더라도 우리는 다른 사람에게 모든 종류의 물건을 물려줄 수 있습니다. 강제수용소 생존자의 비문이 새겨져 있는 조각품인 보스턴의 홀로코스트 기념물에서 가슴 아픈 예를 하나 들어보겠습니다.

> 나의 어린 시절 친구인 일세(Ilse)는 한번은 캠프에서 산딸기(raspberry)를 발견하고 하루 종일 주머니에 넣고 그날 밤 나뭇잎에 담아 나에게 선물했습니다. 당신의 소유물 전체가 라즈베리 하나이고 그것을 친구에게 주는 세상을 상상해 보세요(게르다 와이즈만 클라인〈Gerda Weissman Klein〉).

가스실로 끌려가기 전에 인생의 마지막 친절 행위로 가장 친한 친구에게 산딸기 한 개를 준다고 상상해 보십시오. 그것은 관대함입니다. '유별나다'라고 할 수밖에 없는 또 다른 극단적인 선물을 생각해 봅시다. 호텔 재벌 레오나

헴슬리(Leona Helmsley)는 사망하면서 자신의 말티즈 개에게 1,200만 달러를 유산으로 남겼고 이것이 논란이 되어 뉴스거리가 되었습니다. 그 개는 여전히 유산을 어떻게 처리할지 고민하고 있을지도 모르겠습니다.

후손에게 물려주는 모든 재산, 지상의 모든 유산에는 한 가지 공통점이 있습니다. 모두 영속성이 없다는 것입니다. 상속 재산의 추정 가치가 높든 낮든, 이사야 선지자가 말한 풀과 꽃처럼 언제든 시들고 사라집니다. 한평생의 관대함이 깃든 귀한 산딸기조차도 일시적입니다.

베드로전서의 저자는 믿는 자들이 '썩지 않고 더럽지 않고 쇠하지 아니하는'(4절) 유산을 받았다고 말할 때, 독자들은 자연스레 고개를 끄덕이게 됩니다. 썩지 않는 것이 우리에게 주어질 수 있을까요? 고대 히브리인들에게 소중한 유산이었던 주님이 소유로 주신 땅(신 15:4)조차 침식, 가뭄, 침입, 점령으로 인해 소멸될 수 있습니다.

베드로전서의 저자는 하나의 유업이 다른 모든 하찮은 유업을 무색하게 만들 것이라고 말합니다. 이 유업은 하나님의 자비로 주어지고, 예수 그리스도의 부활로 가능해졌으며, 하늘에 보장된 것입니다. 그것은 선물로 받는 것이며 진정한 믿음의 삶을 통해 가장 잘 알려질 것입니다. 설교자가 '진정한 믿음이란 무엇인가' 하는 질문은 말씀 위에서 의미 있는 설교를 세울 수 있는 토대가 됩니다.

진정한 믿음은 상황에 관계없이 항상 기뻐할 수 있는 원동력이 됩니다. 이것은 기독교인들이 받아들이기 가장 어려운 현실 중 하나일 수 있습니다. 입술로는 기쁨을 고백하지만, 삶의 고비가 닥쳤을 때 우리 존재의 중심에서 기뻐할 수 있을까요? 인생의 가장 어두운 순간에도 찬양을 끌어낼 방법을 찾을 수 있을까요? 참된 기쁨은 그리스도인의 삶의 일부분이나 부록이 아니라 그리스도인의 삶의 모든 면에 스며들어 있습니다.

베드로전서의 저자는 기쁨에 대해 여러 번 언급합니다. 그는 '말할 수 없는 영광스러운 즐거움'(8절)을 '여러 가지 시험'(6절)의 고통과 연결시킵니다. 진정한 신앙에는 기쁨과 고통이 함께합니다. 성경에서 대부분의 경우, 기쁨은 실제로 슬픔이나 고통에서 비롯됩니다. 기쁨은 패배의 결과일 수도 있습니다. 모든 것이 순조롭게 돌아가는 인생의 평온함에서 비롯될 필요는 없습니다. 바울은 기쁨과 슬픔이 하나님 앞에서 결코 분리된 실체가 아니라는 것을 아는 사람들의 대표적인 인물입니다. 실제로 그는 감옥에서 기쁨에 관한 가장 주목할 만한 글을 썼습니다.

베드로전서 본문을 목회적으로 접근하여 설교하면 청중이 고난을 헤쳐 나가면서도 여전히 찬양에 감동하도록 도울 방법을 찾을 수 있습니다. 예배자들은 자신이 기쁨을 위해 만들어졌다는 사실을 상기시킬 수 있습니다. 세상의 모든 아픔, 슬픔, 실망 등 모든 상처를 없앨 수만 있다면 얼마나 좋을까요? 그러나 누구도 그렇게 약속하지 않았고, 진정한 신앙을 추구하는 그리스도인들은 종종 기쁨은 눈물 속에 뿌려진다는 것을 발견합니다.

예수님은 우리에게 '썩지 않고 더럽지 않고 쇠하지 않는' 유산을 남겨 주셨습니다. 설교자는 이 유산의 내용을 살펴봐야 합니다. 예수님은 떠나시기 전에 제자들에게 평화와 기쁨이라는 두 가지 유산을 남기셨음을 기억하십시오. 그분은 평화로 숨 쉬었고 기쁨으로 사셨습니다. "내가 이것을 너희에게 이름은 내 기쁨이 너희 안에 있어 너희 기쁨을 충만하게 하려 함이라"(요 15:11).

주석적 관점

베드로전서는 소아시아 공동체(벧전 1:1)에 대해 언급합니다. 그 공동체는 이방인(1:14, 18, 4:3-4), 기독교인(1:2), 종(2:18-25), 비기독교인 남성이 소유하거나 그와 결혼한 여성(3:1-6)들로 구성되어 있는 것으로 보입니다.* 이들은 그들이 거주하는 사회 피라미드에서 가장 밑바닥에 있는 사람들입니다. 노예와 여성으로서 그들은 처음부터 지위가 낮았습니다. 그들은 가족의 신을 공경하기를 거부한 이래로 가장의 종교적 관습을 존중해야 한다는 가장 중요한 덕목을 위반하기 때문에 친구, 이웃, 가족 구성원들은 그들을 반사회적이고 반항적이라고 여기고, 심지어 '무신론자'로 간주했습니다. 그들은 가장에게 복종하지 않음으로써 전통적인 가족 가치를 무시하고, 시민 종교를 모욕함으로써 공동체 복지를 위태롭게 합니다.

그레코-로마 이교도들은 비관용을 제외한 그 어떤 것에 대해서도 관용할 수 있지만, 기독교인(그리고 유대인)에 대해서는 지극히 비관용적으로 대했습니다. 기독교 신앙고백으로 인해 주변 사람들과 갈등을 빚고, 예수님을 믿는다는 이유만으로 끊임없는 경멸과 멸시를 받습니다. 베드로전서의 저자는 4:12~19에서 그리스도께서 그들보다 먼저 고난을 받으셨고 그분과 연합하여 그분의 고난을 나누었기 때문에 이렇게 취급받는 것은 예상되는 일이라고 말합니다. 저자는 이 이방인 그리스도인들을 묘사하기 위해 구약성경의 개념을 놀라울 정도로 많이 사용합니다. 그들은 '흩어진 자들'(1:1; 렘 24:5; 29:1, 4), '하나님께서 예정하시고 선택하신 자'(벧전 1:2; 렘 15:2), '하나님의 능력으로 보호받음'(벧전 1:5; 24:17), 하나님의 '거룩한 제사장'(벧전 2:5), '하나님께서 거룩하니 너희도 거룩하라'(벧전 1:16; 레 19:2), '택하신 족속, 왕 같은 제사장, 거룩한 나라, 그의 소유된 백성'(벧전 2:9; 출 19:5; 사 43:20-21; 호 1:2; 2:23)입니다. 이스라엘에 대한 풍부한 성경적 언어가 이방 기독교 여자들과 종들에게 적용되었고, 이것을 스티븐 벡틀러(Steven R. Bechtler)는 베드로전서에서 소아시아 기독교인들의 수치스러운 지위를 하나님 백성의 존귀한 지위로 변화시킨 '수치의 재가치화'라고 불렀습니다.** 따라서 이 서신은 그들의 이웃이 비난하더라도, 하나님께서는 그리스도인들이 신앙고백을 굳게 붙드는 것이 옳다고 말씀하시며, 하나님께서 예수님을 죽은 자 가운데서 살리신 것과 같은 신원(vindication)을 기대할 수 있다는 것을 확신시키기 위한 위로의 편지입니다.

이 서신은 그리스도의 부활을 통해 그리스도인들이 받은 자비에 대해 하나님께 감사하는

* 저자는 '종'일 수도 있는 그리스도인 남편들에 대해 언급합니다(3:7).

** Stephen R. Bechtler, *Following in His Steps:Suffering, Community, and Christology in 1 Peter*, Society of Biblical Literature Dissertation Series 162 (Atlanta:Scholars Press, 1998).

축도로 시작됩니다(3절). 이 자비는 신자들의 유산을 하나님의 이름을 상속받은 것과 하나님의 백성의 정체성을 상속받는 것으로 더 자세히 정의됩니다. 비록 적대적인 가족과 친구들에게 괴롭힘을 당하고 열광적인 이교도 종교 관습에 둘러싸여 있지만, 하늘에 있는 그들의 유산은 '썩지 않고 더럽지 않고 쇠하지 않는'(4절) 것이며, 그리스도께서 영광 중에 재림하실 때 모든 사람에게 드러날 것입니다. 현재의 굴욕에도 불구하고 그들은 '마지막 때에'(5절) 높아질 것입니다.

신약의 다른 서신서와 마찬가지로 첫 단락은 이어서 나오는 구절들에 대한 분위기를 만들어 줍니다. 수신자를 '예수 그리스도의 피를 뿌림을 얻기 위하여 택하심을 받은 자'(2절)로 묘사하므로 1장 전체를 관통하는 주제인 세례를 상기시키며, 그리스도인을 거듭난 자로 묘사하는 것으로 마무리됩니다(23절).

그런 다음 베드로 사도는 이 그리스도인들이 친구와 가족들의 멸시를 받는 이유를 설명합니다. 첫 번째, 그것은 '예수 그리스도께서 나타나실 때에 칭찬과 영광과 존귀를 얻게 하려는 것'(7절)입니다. 어려운 상황 속에서도 그리스도에 대한 그들의 신실함은 케리그마적(kerygmatic)입니다. 그것으로 인해 복음이 선포됩니다. 그 신실함은 그리스도가 재림하실 때 확인되며 온 세상이 그것을 보고 하나님을 찬양할 것입니다.

기독교인들이 배제와 적대감을 경험하는 두 번째 이유는 고통을 미덕을 위한 시험이나 훈련으로 보는 다소 전통적인 관점 때문입니다.* 1세기 유대인과 이교도들은 모두 인간의 고통을 교육적 가치의 측면에서 바라보았습니다. 자신의 악함이나 실수 때문이 아니라 의롭게 고난을 받는 것은 더 강해질 수 있는 기회가 됩니다. 베드로 사도는 기독교 신앙이 '불로 연단하여도 없어질 금보다 귀한'(7절) 귀금속이라고 말합니다. 또한 기독교 신앙은 고난을 통해 정화됩니다.

이 말은 때때로 현대 신자들, 특히 우리의 믿음이 시험받을 일이 거의 없을 뿐 아니라, 우리의 믿음에 대해 외부인들이 거의 관심 가지지 않는 사회에서는 가학적(masochistic)으로 들릴 수 있습니다. 우리는 스스로를 최소한 호의적이고 우리의 고백을 가장 잘 지지하는 문화에 둘러싸여 있다고 생각하는 경향이 있습니다. 그러므로 우리는 베드로전서가 말하는 고통의 종류를 알기 위해 비기독교적 상황에 처한 기독교인들을 살펴봐야 한다고 생각합니다. 우리는 감옥에 갇힌 한국 목회자나 집에서 쫓겨난 이라크 기독교인, 중국 지하교회 교인들을 예로 들 수 있습니다. 물론 이러한 공동체들은 베드로전서가 주는 위로를 우리보다 더 잘 이해할 수 있습니다. 그러나 비유를 찾기 위해 멀리 떨어진 곳만 바라볼 필요는 없습니다.

서구 기독교인들도 때때로 문화, 이웃 및 가족과 갈등을 겪습니다. 소위 주류 교회가 소외되었다는 것은 이제 우리가 불과 얼마 전까지만 해도 있었던 권력의 범위 밖에 서 있다는 것을

* Charles H. Talbert, *Learning through Suffering: The Educational Value of Suffering in the New Testament and in Its Milieu*, Zacchaeus Studies (Collegeville, MN: Liturgical Press, 1991).

의미합니다. 사형 제도, 공정한 주택 거래, 빈곤층을 위한 생활 임금, 이민 개혁, 외교 정책에 대한 일부 기독교인의 신념으로 인해 그들은 대중적인 사회와 정치적 경향의 반대자가 됩니다. 기독교인들의 다양한 신앙 경험으로 인해 일부 기독교인들은 다른 기독교인들에게는 인기가 없는 교회 내 정의 실현을 위한 운동을 받아들이기도 합니다. 이러한 상황 역시 베드로전서의 확신으로 위로받을 수 있는 상황이라고 볼 수 있습니다. "예수를 너희가 보지 못하였으나 사랑하는도다 이제도 보지 못하나 믿고 말할 수 없는 영광스러운 즐거움으로 기뻐하니 믿음의 결국 곧 영혼의 구원을 받음이라"(8-9절).

설교적 관점

성경에서 가장 공감을 불러일으키는 문장 중 하나는 오늘 서신서 본문 8절에 나오는 구절입니다. '예수를 너희가 보지 못하였으나 사랑하는도다.' 바울은 부활하신 그리스도를 본 사람이 약 500명에 불과하다고 말하고 있으며(고전 15:5-8), 마태는 제자들조차도 부활하신 그리스도를 본 후 완전히 확신하지 못했다고 기록합니다(마 28:17). 의심과 사랑은 대부분 상호 배타적이기 때문에 누가는 오순절 전에 다락방에 모인 사람들의 수가 120명 정도였다고 이야기합니다.

극소수의 사람들만이 직접 보고 믿는 복을 받았지만 이후의 개종자들은 믿는 자들의 찬양과 선포 그리고 공동체 삶을 통해 믿게 되었습니다. 진정한 찬양인 송영(Doxology)은 우리가 기독교 신앙을 경험하고 표현할 수 있도록 도와줍니다.

도널드 밀러(Donald Miller)는 『재즈처럼 하나님은』에서 "저즈 음악은 정확한 화음을 이루지 않기 때문에 저는 재즈 음악을 좋아하지 않았습니다. 그런데 어느 날 밤 포틀랜드의 바그다드 극장 밖에서 색소폰을 연주하는 한 남자를 보았습니다. 15분 동안 거기 서 있었는데 그는 눈을 뜨지 않았어요. 그 이후로 저는 재즈 음악을 좋아하게 되었어요. 때로는 자신이 무언가를 사랑하기 전에 누군가가 그것을 사랑하는 것을 지켜봐야 할 때가 있습니다. 마치 그들이 길을 알려주는 것 같아요"*라고 말했습니다.

초대교회는 찬양을 통해 우리에게 길을 보여 주지만, 우리에게는 이 '백의의 주일'(Low Sunday, 부활절 뒤의 첫째 주일) 뿐만 아니라 송영이 특히 어렵게 느껴질 수 있습니다.

'백의의 주일'은 흥미로운 용어입니다. 물론 첫 번째 기준은 출석률입니다. 7일 전 그들의 참석에 대한 이유가 무엇이든 간에 성도들은 자리를 비웠습니다. 또한, 오늘날 설교자와 일반인처럼 많은 성도가 자리를 비우고 있으며, 그들 중 일부는 사순절 금식과 부활절 철야 그리고 새벽 예배와 특별 성가제로 인해 지쳐 있습니다. 성탄 후 첫째 주일이 교회에서 일종의 '산후 우울증'을 나타내는 것처럼, '백의의 주일'(Low Sunday) 역시 이날의 이름에 대한 또 다른 의미의 은근한 우울함을 가지고 있습니다.

일시적인 피르감과 낮은 출석률(본당뿐만 아니

* Donald Miller, *Blue Like Jazz:Non-Religious Thoughts on Christian Spirituality* (Nashville:Thomas Nelson, 2003), ix.

라 성가대에서도)과 같은 우리가 직면할 수 있는 어려움이 무엇이든, 성구 본문은 이를 더욱 복잡하게 만듭니다. 베드로전서의 본문 문제, 구성과 청중의 문제를 제쳐두고 설교자는 여러 가지 다른 문제들에 직면하게 되는데, 그중에서도 가장 주목할 만한 것은 봉독 본문이 송영으로 구성되어 있다는 사실입니다. 찬양은 첫 단어이자 마지막 단어이며 (적어도 사도의 마음 속에서는) 복음에 대한 인간의 진정한 반응을 보여주는 거울처럼 보입니다.

찬양과 송영으로 특징지어지는 믿음은 복음의 전달과 수용의 핵심에 가깝습니다. '믿음의 노래'는 부활의 진리에 대한 초대교회의 간증이자 부활을 알지 못하는 이들에게 부활 합창단의 일원이 되라는 초대이기도 합니다. 요컨대, 초대교회 신자들의 찬양은 하나님을 향한 사랑의 노래이며, 교회의 노래는 모든 피조물에 대한 하나님의 사랑을 반영합니다. 송영은 이 복음을 증거합니다.

그러나 요즘에는 우리가 얼마나 복음(good news)을 자주 듣고 설교했는지를 고려할 때 복음은 전혀 '새로운 소식'이 아니라고 결론을 내릴 수 있습니다. 또한 베드로의 격려에도 불구하고 '우리와 같은' 사람들은(folk) 더 이상 찬송에 별 관심이 없다는 사실을 지적할 수 있습니다. 지나치게 분석적인 사람들에게 송영은 어렵습니다. 그들에게는 좋은 마음으로 노래하는 것도 실제로는 어려울 수 있습니다. 심지어 경미한 회의론자인 경우라도 그 회의론은 성대에 영향을 미치고 찬양의 신경을 옥죄어 서서 찬양하는 것을 어렵게 만듭니다.

우리는 다른 사람들의 경험을 성찰하는 것이 더 안전하며, 성경에 나오는 찬양을 그 맥락에서 해석하기가 더 쉽고, 이스라엘 예배의 역사적, 사회정치적 측면을 탐구하고 그리스도에 대한 확신을 발전시키는 것이 더 만족스럽다는 것을 알게 됩니다. 공식적이든 비공식적이든 이러한 의심의 해석학은 홍해에서의 미리암이나 시내산의 이스라엘처럼 최초의 기독교 신자들이 (죄와 죽음으로부터의) 해방과 (백성으로서의) 구원을 위해 하나님을 찬양한 방법을 이해할 수 있게 해줍니다. 초대교회가 '썩지 않고 더럽지 않고 쇠하지 않는'(4절) 산 소망을 낳게 된 것을 찬양한 것이 우리에게 너무나 잘 이해됩니다. 그러나 사실 우리 자신의 찬양은 옛 노래든 새 노래든, 하나님을 주제로 삼고 하나님의 행하심을 대상으로 삼는 모든 노래에서 퇴색하고 있습니다.

그렇습니다. 우리는 베드로가 말한 것을 이해합니다. 그러나 그것은 우리가 얻지 못하리라는 것을 의미할 뿐입니다. 어느 정도는 흥미롭고, 더 많은 생각과 충분한 고려를 할 가치가 있지만, 그것에 대해 노래하는 것은 천박하다는 느낌이 듭니다.

설교자들이 오늘의 설교를 어렵게 느끼는 것은 당연합니다. 우리는 찬양을 선포하고, 찬양을 가능하게 하고, 지극한 기쁨에 대한 이유와 목소리를 내도록 부름을 받았습니다. 우리 중 많은 사람은 이러한 열광적인 찬양이 시대착오적인 시대정신의 잔재라는 주장에 반대하며 스스로 만족합니다.

우리는 이런 종류의 내용에 대해 거부감을 가질 수 있지만, 베드로는 진정한 믿음이 진정한 찬양을 낳는다고 주장합니다. 그는 이러한 삶에 대해 환상을 품지 않습니다. 번영신학과 대조적으로, 베드로는 신자들과 함께하는 고난이 바로 그들의 신실함 때문에 있을 것이라고 말합니다. 그렇다면 십자가형 신앙만을 믿는 사람들과 반대로, 고난은 전혀 마지막 말이 아니며, 사실 첫 번째 말도 아니고 창조와 재창조라는 위대한 말씀 사이의 연약한 중간 말일 뿐이라는 주장이 있습니다.

부활은 우리에게 어떤 의미일까요? 그것은 구원의 충만함이 '아직' 오지 않은 것이 아니라 '지금' 그 충만함에 대한 기대와 기쁨'이 있다는 것을 의미합니다. 그것만으로도 충분히 노래할 이유가 있습니다. 따라서 성경 전체에서 가장 가슴을 울리는 문장 중 하나가 8절에 등장합니다. "예수를 너희가 보지 못하였으나 사랑하는도다 이제도 보지 못하나 믿고 말할 수 없는 영광스러운 즐거움으로 기뻐하니" 예수님을 믿으시나요? 물론입니다. 형언할 수 없는 고귀한 기쁨으로 기뻐하시나요? 그것은 설교자가 이번 '백의의 주일'에 잘 감당해야 할 또 다른 도전입니다.

부활절 둘째 주일

요한복음 20:19~31

19 이날 곧 안식 후 첫날 저녁때에 제자들이 유대인들을 두려워하여 모인
곳의 문들을 닫았더니 예수께서 오사 가운데 서서 이르시되 너희에게
평강이 있을지어다
20 이 말씀을 하시고 손과 옆구리를 보이시니 제자들이 주를 보고 기뻐하
더라
21 예수께서 또 이르시되 너희에게 평강이 있을지어다 아버지께서 나를
보내신 것같이 나도 너희를 보내노라
22 이 말씀을 하시고 그들을 향하사 숨을 내쉬며 이르시되 성령을 받으라
23 너희가 누구의 죄든지 사하면 사하여질 것이요 누구의 죄든지 그대로
두면 그대로 있으리라 하시니라
24 열두 제자 중의 하나로서 디두모라 불리는 도마는 예수께서 오셨을 때
에 함께 있지 아니한지라
25 다른 제자들이 그에게 이르되 우리가 주를 보았노라 하니 도마가 이르
되 내가 그의 손의 못 자국을 보며 내 손가락을 그 못 자국에 넣으며 내
손을 그 옆구리에 넣어 보지 않고는 믿지 아니하겠노라 하니라
26 여드레를 지나서 제자들이 다시 집 안에 있을 때에 도마도 함께 있고
문들이 닫혔는데 예수께서 오사 가운데 서서 이르시되 너희에게 평강
이 있을지어다 하시고
27 도마에게 이르시되 네 손가락을 이리 내밀어 내 손을 보고 네 손을 내
밀어 내 옆구리에 넣어 보라 그리하여 믿음 없는 자가 되지 말고 믿는
자가 되라
28 도마가 대답하여 이르되 나의 주님이시요 나의 하나님이시니이다
29 예수께서 이르시되 너는 나를 본 고로 믿느냐 보지 못하고 믿는 자들은
복되도다 하시니라
30 예수께서 제자들 앞에서 이 책에 기록되지 아니한 다른 표적도 많이 행
하셨으나
31 오직 이것을 기록함은 너희로 예수께서 하나님의 아들 그리스도이심
을 믿게 하려 함이요 또 너희로 믿고 그 이름을 힘입어 생명을 얻게 하
려 함이니라

신학적 관점

요한은 예수께서 승천하여 하나님께로 돌아가는 것을 본 증인으로서 부활절 아침을 기념하는 반면, 부활절 저녁과 그다음 주는 예수께서 제자들에게 다시 오셔서 사명을 맡기시는 부활의 모습을 서술합니다. 이 구절에서 나오는 신학적 주제에는 부활하신 분의 현존에서 나오는 평화, 부활에 수반되는 사명, 십자가에 못 박히신 분과 부활하신 분 사이의 연속성의 중요성 등이 있습니다.

막달라 마리아가 그날 아침 일찍 제자들에게 그녀가 주를 본 것을 강하게 알렸음에도 불구하고, 그들이 잠긴 문 뒤에서 두려운 마음으로 만나는 장면의 막이 올라갑니다. 이제 요한은 하나님의 생명 안에 예수님의 지속적인 임재에 대한 증거로서 빈 무덤에서 겁에 질린 제자들에게 부활하신 예수님이 나타나신 것으로 초점을 옮깁니다. 아무런 설명도 없이 예수님은 제자들 사이에 오셔서 두려움에 떨고 있는 제자들에게 직접적으로 '너희에게 평강이 있을지어다'라고 말씀하십니다. 예수님은 최후의 만찬에서 말씀하셨던 위로의 말씀을 떠올리며 한 번도 아니고 두 번이나 이 인사를 하십니다(19, 21절). "평안을 너희에게 끼치노니 곧 나의 평안을 너희에게 주노라 내가 너희에게 주는 것은 세상이 주는 것과 같지 아니하니라 너희는 마음에 근심하지도 말고 두려워하지도 말라"(14:27).

14장과 20장에 나오는 평강의 말씀의 차이점은 후자는 위협받는 신실한 자에게서 나오는 것이 아니라 부활한 신실한 자에게서 나온다는 데 있습니다. 세상이 주지 못하는 평강은 세상이 가하는 상처와 해함에도 불구하고 예수님 안에서 구현된 하나님의 긍휼과 돌보심이 그들 가운데 있다는 앎으로부터 오는 평강입니다. 수천 년 동안 기독교인들은 요한복음 14장의 평화의 약속을 장례 예식의 필수 요소로 삼아왔지만, 겁에 질린 제자들에게 이 말씀을 되풀이하는 것은 피할 수 없는 삶의 종말이 아닌 다른 시점에서도 용기를 준다는 것을 분명히 보여줍니다. 이 말씀은 세상의 안녕을 위한 하나님의 선의가, 일상이 주는 혼란과 증오와는 동떨어진 경건한 꿈이 아닐까 두려워하는 모든 지점에 적용됩니다. 평화의 말씀을 전하는 사람은 그 혼돈과 증오를 견뎌내고 이제 그 한가운데에 서 있는, 참으로 부활하신 바로 그분이기 때문입니다.

평화의 말씀이 선포되자마자 제자들을 선교로 보낼 것을 말씀하셨습니다. '아버지께서 나를 보내신 것같이 나도 너희를 보내노라'(21절). 예수께서 제자들에게 숨을 불어넣으시고 성령을 받으라고 말씀하실 때, 요한은 제자들을 지탱해 주실 성령 또는 보혜사의 약속을 독자들이 마음에 떠올릴 수 있게 했습니다(14:26; 15:26-27; 16:7b-11, 12-15).

또한 제자들에게 숨을 불어넣으신 예수님의 행위는 창세기 2:7에서 생명을 불어넣으신 하나님의 창조 숨결과 에스겔 37:9에서 마른 뼈 골짜기에 새 생명을 불어넣으신 것을 상기시킵니다.* 따라서 선교는 제자들에게 부활하신 그리스도의 지속적인 임재를 나타내는 성령의 능력과 항상 피조물에게 생명을 불어넣기

* Gail O'Day and Susan Hylen *John*, Westminster Bible Companion (Louisville, KY:Westminster John Knox Press, 2006), 195.

위해 일하시는 하나님의 창조 능력을 통해 가능해집니다.

이렇게 권한을 부여받은 제자들에게 맡겨진 사명은 그때나 지금이나 거창한 교황적 권위의 의미에서가 아니라, 하나님과 하나님의 길을 세상에 알리는 일을 계속함으로써 죄를 용서하는 일입니다. 교회가 그렇게 함으로써 세상은 예수님에 대한 반응에 따라 심판을 받거나 결단을 내리게 됩니다.*

세상이 믿음으로 그리스도께 응답하고 교만과 나태의 나르시시즘에서 돌이키는 은혜를 받는 만큼 죄는 용서받습니다. 그 반대의 경우, 세상은 스스로를 파멸하는 교만과 나태함 속에서 계속 살아가게 됩니다. 성령께서 불어넣으신 이 사명의 분명한 목적은 부활하신 그리스도께서 약속하시는 새롭게 갱신된 생명을 제공하는 것입니다.

이 본문의 마지막 중요한 신학적 주제는 '의심하는 도마'라는 안타까운 인물에서 드러납니다. 일반적으로 도마는 다른 제자들의 증언을 적절하게 받아들이지 않고 예수님을 직접 봐야만 믿을 수 있는 제자로 부정적으로 해석됩니다. 그러나 본문을 주의 깊게 살펴보면 모든 제자가 도마에게 제시된 것과 같은 본질적으로 동일한 증거를 가지고 있음을 알 수 있습니다.** 예수님은 평강의 첫 축복을 선포하실 때도 '그들에게 손과 옆구리를 보여 주셨습니다'(20절). 도마는 예수님 손의 못 자국에 손가락을 대고 옆구리에 손을 넣어야 된다고 구체적으로 말하면서, 손과 옆구리에 대해 동일한 확신을 원했습니다. 그렇다면 모든 제자는 의심하는 사람이거나 아니면 확인해야 할 다른 무언가가 필요했다는 것입니다.

도마와 모든 제자가 부활하신 예수님과의 만남에서 필요한 것은 확신이었습니다. 즉, 평화의 말씀을 듣고 세상에서 하나님을 대표하도록 위임받은 분이, 십자가에 못 박혀 죽으시고 장사 지낸 바로 그분이라는 확신이 필요했습니다. 오직 그분만이 하나님의 통치가 임박했음을 선포하셨고, 그분의 가르침과 치유와 임재 속에서 동터오는 통치의 실체를 구현하셨습니다. 부활하신 분은 깊은 비극에 직면하여 하나님의 은혜의 승리를 나타내기 위해 못 박힌 자국과 상처 입은 옆구리가 분명히 있었던 것입니다.

따라서 도마가 의심하는 것은 아무것도 없습니다. 그는 단지 다른 제자들과 함께 지금 그들 가운데 계신 분이 그때 그들을 부르신 분이라는 것을 알 필요가 있었습니다. 오늘날 우리는 비록 그 증거를 직접 보지 못했음에도 불구하고 믿는 복을 받았지만, 도마와 다른 제자들이 우리를 대신하여 그 증거를 보았다는 것을 믿기에 더 큰 믿음과 용기를 가질 수 있습니다. 이로써 우리는 부활하신 분이 참으로 십자가에 못 박히신 분이라는 확신을 갖게 됩니다. 그러므로 희망은 지속됩니다.

목회적 관점

일부 기독교 교회에서는 부활절 다음 주일을 공식적으로 '백의의 주일'(Low Sunday)이라고 부릅니다. 예배 인도자나 전통을 따르는 예배

* Ibid.

** Cf. Frances Taylor Gench, *Encounters with Jesus:Studies in the Gospel of John* (Louisville, KY:Westminster John Knox Press, 2007), 137.

자들에게는 매우 적절한 설명처럼 보일 수 있습니다. 이 주일은 부활절 두 번째 주일이라고도 불리며 부활절 축제의 즐거운 연속을 의미하지만, 많은 교회에서는 '백의의 주일'처럼 느껴질 수 있습니다. 부활절 백합은 사라졌고, 팡파르는 지난 주에 방 안에서 즐겁게 울려 퍼졌던 메아리에 불과합니다. 사람들도 적고 떠들썩함도 줄어듭니다. 아마도 목사님이 일요일을 쉬고 계실지도 모르겠습니다. 그런 날 예배에 참석하는 것은 대부분의 손님이 떠난 후 남은 사람들에게 '당신이 너무 늦게 와서 멋진 시간을 놓쳤어요'라는 말을 듣는 느낌일 수 있습니다.

이런 주일에는 교구 성도들과 우리 자신에게 부활절을 불과 2천 년 정도 놓쳤다는 사실을 상기하는 것이 도움이 될 수 있습니다. 우리는 부활절 이후가 아닌 시간에 살아본 적이 없습니다. 우리 대부분에게 매주 일요일은 부활절 다음 주일과 비슷합니다. 우리는 부활의 이야기를 들을 수는 있지만 실제로 그곳에 있지는 않았습니다. 우리는 직접 보고 만지고 경험하지 못했습니다.

보통 도마하면 그의 의심에 초점을 맞춥니다. 마치 도마가 원래 의심하는 사람인 것처럼 '의심하는 도마'라는 비성경적인 별명도 붙입니다. 따라서 막달라 마리아가 빈 무덤을 보았지만 부활하신 그리스도께서 나타나 직접, 개인적으로 말씀하실 때까지 믿지 않았다는 사실을 상기하는 것이 도움이 될 수 있습니다. 그녀가 제자들에게 자신의 만남에 대해 이야기했을 때('나는 주님을 보았습니다'), 그들은 직접 보지 못했기 때문에 그녀의 말을 무시하고 숨기 위해 방에 들어가 문을 닫았습니다. 부활절 저녁에 예수님이 그들이 물러나 있던 어두운 구석에 나타나셔서 그들에게 손과 옆구리를 보여 주셨고 그제야 제자들은 기뻐했습니다. 따라서 예수님이 부활하신 모습에 대해 듣기만 했을 때 의구심을 품은 것은 도마만이 아니었습니다. 그 이야기의 다른 인물들처럼 그도 직접 보고 싶어 했습니다. "내가 그의 손의 못 자국을 보며 내 손가락을 그 못 자국에 넣으며 내 손을 그 옆구리에 넣어 보지 않고는 믿지 아니하겠노라"(25절).

일주일 후 예수님이 도마를 포함한 제자들에게 나타나셨을 때, 제자들의 회의적인 태도와 도마의 요구에 조급해하지 않으셨다는 점에 주목해야 합니다. 대신 예수님은 도마에게 "네 손가락을 이리 내밀어 내 손을 보고 네 손을 내밀어 내 옆구리에 넣어 보라 그리하여 믿음 없는 자가 되지 말고 믿는 자가 되라"(27절)고 말씀하셨습니다. 다른 말로 하면, '너는 나와 간접적으로 만나는 것 이상을 원하는가? 직접 알고 싶은가? 너를 비난하지 않으니 만지고 보고 믿으라'고 말씀하신 것입니다.

도마가 예수님의 존재를 직접적으로 확인해 보라는 그분의 제안을 받아들였는지는 알려지지 않습니다. 우리가 아는 것은 그 제안에 대한 '나의 주님이시요, 나의 하나님이시니이다!'라는 도마의 대답이 신약성경 전체에 기록된 가장 강력한 신앙고백 중 하나라는 사실입니다. 아마도 도마는 예수께서 자신에게 필요한 것을 주실 만큼 충분히 관심을 가지고 계시고, 자신의 의심을 멸시하지 않으신다는 것을 아는 것만으로도 충분했을 것입니다. 아마도 그것만으로도 도마는 부활하신 그리스도를 그분 그대로 보고 경외심과 두려움으로 대할 수 있었을 것입니다.

확실히 예수님은 "보지 못하고 믿는 자들은 복되도다"(29절)라고 말씀하셨습니다. 부활절 축제를 위해 일주일 늦게 예배에 참석하는 사람들에게 특히 적합한 축복처럼 보입니다. 이는 또한 지난주에 드려진 축복에 대해서도 설명합니다. 부활절 아침에 예배를 드리기 위해 모인 많은 사람은 빈 무덤에 가서 부활하신 그리스도를 직접 보지 못했지만, 믿었습니다. 예수님은 그러한 사람들도 축복하셨습니다.

예수께서 도마도 축복하셨다는 것은 참으로 좋은 소식입니다. 우리는 예수님이 제자들에게 불가능해 보이는 믿음의 행위를 요구하며 장애물을 두지 않으셨다는 사실에 감사할 수 있습니다. 예수님은 사람들을 있는 그대로 만나 주시는 분이셨고, 지금도 그렇게 하고 계십니다. 그는 모든 사람에게 똑같은 처방을 내리지 않는다는 점에서 좋은 의사와 같습니다. 그 대신 그는 추종자들에게 다른 방식으로 접근하는데, 이는 결국 우리의 경험이 다르고 삶에 대한 우리의 접근 방식이 다르기 때문입니다. 그는 우리를 축복하는 방법을 찾습니다.

요한에 따르면, 이것이 바로 예수님이 의심을 다루는 방식입니다. 예수님은 우리에게 필요한 것을 주십니다. 요한은 "예수께서 제자들 앞에서 이 책에 기록되지 아니한 다른 표적도 많이 행하셨으나 오직 이것을 기록함은 너희(우리)로 예수께서 하나님의 아들 그리스도이심을 믿게 하려 함이요 또 너희로 믿고 그 이름을 힘입어 생명을 얻게 하려 함이니라"(30-31절)라는 말씀으로 마무리합니다.

우리 대부분은 그렇게 믿게 되었습니다. 우리는 보지도 만지지도 않았고 그곳에 있지도 않았습니다. 우리는 들었습니다. 누군가 우리에게 '예'라고 대답하도록 유도하는 방식으로 이야기를 들려주었습니다. 우리는 누군가 우리의 이름을 깊이 부르는 것처럼 우리에게 말하는 작은 무언가를 들었습니다. 설교로 말씀으로 기도로 우리는 들었습니다.

우리 회중의 사람들에게 단순히 말이나 이야기 전달을 넘어, 실제 삶처럼 보이고 느껴지는 다른 무언가가 필요하다면, 그것도 괜찮다고 요한은 말합니다. 예수님은 여전히 그들에게, 그리고 우리 각자에게 필요한 것을 주실 수 있습니다. 예를 들어, 우리는 주님의 식탁에 와서 빈손을 펴서 직접 만져보고 맛보도록 초대받습니다. 이번 주일을 '백의의 주일'로 경험하든, 부활절 두 번째 주일로 맞이하든, 예수님은 여전히 우리에게 필요한 것을 주시는 능력이 있습니다.

주석적 관점

요한복음에서 흥미로운 점은 시몬 베드로와 야고보와 요한 형제뿐만 아니라 공관복음의 부차적인 인물들이 모두 반복적으로 등장한다는 점입니다. 요한복음에서 빌립과 나다나엘은 이름이 전혀 나오지 않는 요한과 야고보보다 중요한 인물입니다. 빌립은 나다나엘을 부르고(1:43-51), 무리를 어떻게 먹여야 하는지에 대한 예수님의 질문에 대답하며(6:6-7), 하나님 아버지를 보고 싶어 합니다(14:8-11). 빌립은 또한 같은 마을 벳새다 출신인 안드레와 함께 예수님을 만나고자 하는 헬라 사람들을 중재합니다(12:20-26). 안드레는 요한보다 먼저 예수님을 따르지만, 자신이 발견한 메시야를 만나러 오라고 초대하는 동생 시몬 베드로보다 먼저 따라갑니다(1:40-41). 누가 도마를 불렀는지, 왜 도마를 '쌍둥이'라고 부르는지는 알 수 없지만, 요한복음에서 예수님과 그의 제자들에 대한 이야기에서 한 가지 이상의 역할을 하는 또 다른 인물입니다.

20장의 이 이야기와 관련하여 우리는 그를 '의심하는 도마'로 생각하는 경향이 있지만, 그는 단지 그런 사람만은 아닙니다. 11장 초반에 예수님을 따라 베다니로 가기를 꺼려하는 동료 제자들에게 '우리도 주와 함께 죽으러 가자'(11:16)라고 말하는 도마는 '용감한 도마'(또는 '어리석은 도마')일 수도 있습니다. 거기서 누군가 예수님을 돌로 치려고 하지 않았습니까?

도마는 예수님과 함께 죽는다는 것이 무엇을 의미하는지 알지 못했습니다. 14장에서 그는 그 문제와 관련하여 '혼란스러워하는 도마'일 수 있습니다. 예수께서 제자들에게 아버지 집에 거처할 곳이 많고, 그들을 위해 처소를 예비할 것이며, 그곳의 길을 알고 있다고 말씀하시자 도마는 '주여 주께서 어디로 가시는지 우리가 알지 못하거늘 그 길을 어찌 알겠사옵나이까?'(14:5)라고 끼어들었습니다.

요컨대, 요한이 묘사하는 도마는 단순히 의심하는 것 이상입니다. 더욱이, 우리 앞에 있는 본문의 두 가지 이야기(20:19-23, 20:26-29)와 그 중간 이야기(20:24-25)을 보면, 도마가 다른 제자들의 증언을 의심하는 것은 사실이지만 그 이상의 '증거'를 기대하지 않는다는 것을 알 수 있습니다.

두 이야기 사이의 유사점은 매우 비슷합니다. 첫 번째 이야기(20:19-23)에서는 예수님이 (도마 없이) 제자들에게 오시고, 두 번째 이야기(20:26-28)에서는 제자들과 도마에게 오십니다. 두 이야기의 배경은 동일합니다. 예수님은 같은 방식으로 제자들 사이에 오셔서 같은 방식으로 제자들을 맞이하고, 같은 방식으로 자신의 신분을 증명하십니다.

첫 번째 이야기에서 제자들은 문을 잠그고 집에 있는데 예수님이 오셔서 제자들 사이에 서 계십니다. 예수님은 '너희에게 평강이 있을지어다'라고 말씀하신 후 손과 옆구리를 보여주십니다. 그 후 예수님은 '너희에게 평강이 있을지어다'라고 반복하시며 성령을 불어넣으십니다.

두 번째 이야기에서는 도마를 포함한 제자들이 문을 잠그고 집에 있을 때, 예수님이 오셔서 제자들 사이에 서 계십니다. 예수님은 다시 '너희에게 평강이 있을지어다'라고 말씀하시며 도마에게 자신의 손과 옆구리를 보여주면서 손을 넣어 보라고 권유합니다.

성육신이 어둠 속에 빛으로 임하고, 기적이 표적이며(로버트 키사르가 말한 것처럼 '보는 것이 믿는 것'이 되는)*, '보다'라는 단어의 형태가 영어에서와 같은 의미로(물리적으로 보는 것부터 이해하는 것까지) 20회 이상 사용되는 요한복음에서, 보는 것의 중요성을 과대평가하기는 어렵습니다.

그래서 이 이야기에서 예수님은 제자들이 볼 수 있도록 손과 옆구리를 보여 주셨고, 제자들은 그를 보았을 때 ('그분'이라는 것을 알고) 기뻐합니다. 보는 것이 믿는 것이며 곧 기뻐하는

* Title of chapter 3 in Robert Kysar, *John, the Maverick Gospel* (Atlanta: John Knox Press, 1976), 65–83.

것입니다. 중간 이야기에서 도마가 말하는 요점은 그들이 본 것을 보지 못했다는 것입니다. '우리는 주님을 봤습니다'라고 다른 제자들이 그에게 말합니다. 단순히 사실을 보고하는 것일까요, 아니면 조롱하듯이 말하는 것일까요? 우리는 알지 못합니다. 도마는 '나도 그분을 보지 않는 한 믿지 않겠습니다'라고 대답합니다. 그리고 그도 봅니다. 다시 말하지만, 예수님은 그에게 손가락을 내밀어 보라고 초대하십니다. 도마가 본 후, 본문에 도마가 만졌다는 증거도 없고, 만지지 않았다는 증거도 없지만 자신의 믿음을 고백합니다. "나의 주님이시요 나의 하나님이시니이다."

보고 믿는 것이 본문의 유일한 주제는 아니지만, 대부분의 학자는 중간과 결론, 즉 복음의 원래 결론과 이야기를 하나로 묶어 놓았다고 확신합니다. 또 다른 주제는 두려움에 문을 잠갔지만 그럼에도 불구하고 막을 수 없는 하나님의 은혜에 관한 것입니다. 사실, 문도 두려움도 부활하신 그리스도께서 제자들에게 오시는 것을 막을 수 없습니다. 그들은 다른 사람들을 가둘 수는 있어도 그분을 가둘 수는 없습니다. 마태복음에서 천사가 마리아에게 한 말(그리고 예수님도 하신 말) '무서워하지 말라'(마 28:5, 10)를 다른 방식으로 표현한 것이 '너희에게 평강이 있을지어다'입니다.

이 이야기에는 보고 믿는 것만이 유일한 주제가 아닙니다. 두 번째 이야기의 결론에서 알 수 있듯이 보지 않고도 믿을 수 있습니다. 예수님은 도마에게 "너는 나를 본 고로 믿느냐 보지 못하고 믿는 자들은 복되도다"(20:29)라고 말씀하십니다. 따라서 보지 않고도 믿을 수 있습니다. 이 책에 기록된 것(독자가 보아야 읽고, 읽어야 이해할 수 있는)은 예수님의 표적, 알아차릴 수 있는 그분의 임재의 현현, 그분이 누구신지에 대한 가시적인 증거, 즉 어둠 속에 오신 빛, '세상에 오신 모든 사람을 밝히는 참 빛'(1:9 NRSV 주석)이므로 우리도 '그의 영광을 보았습니다'(1:14)라고 할 수 있습니다.

설교적 관점

인간의 마음은 사물을 이해하고, 세상을 이해하고, 우리의 인식에 들어오는 모든 데이터를 정리하려는 질서를 추구합니다. 우리를 과학적 발견으로 이끄는 충동입니다. 이는 법적 논증과 법의학 논쟁의 핵심입니다. 우리가 미스터리한 이야기를 좋아하는 이유이기도 합니다. 우리는 미스터리가 풀릴 때까지 증거를 따라가려는 열망을 가지고 있습니다.

믿음은 마음이 풀고 싶어 하는 핵심적인 신비입니다. 우리가 어떤 것을 믿음으로 받아들인다는 것은 '제한된 상황에서 완벽하게 이해되지 않는 것을 기꺼이 받아들인다'는 것을 인정하는 것입니다. 그럼에도 불구하고 우리는 믿음이 확실한 증거에 의해 뒷받침되어 믿음의 성장(leap)이 우리가 관리할 수 있는 것이 되기를 바랍니다. 부활절 시즌에 우리는 믿음의 가장 큰 신비, 즉 예수님이 세상의 죄를 위해 죽임을 당하시고 무덤에서 부활하셨다는 사실을 기념합니다. 예수님에 대한 다른 모든 환상적인 이야기(치유의 기적, 물 위를 걸으시고, 한 번도 만난 적 없는 사람들을 아시는 것)에 비해 이 믿음의 사실은 인간의 마음이 이해하기 가장 어려운 사실입니다. 인생에서 죽음보다 더 확실한 것은 없습니다. 죽음은 세금처럼 피할 수 없고, 무엇보다도 영구적입니다. 예수님이 죽은 자 가운데서 살아나신 것은 마음의 모든 본능을 무시하는 것입니다. 그것은 일어날 수 없습니다. 더 이상 말이 필요 없습니다.

요한복음은 법적 판결(courtroom)을 위해 쓰인 예수님 이야기입니다. 예수님이 생애에 어떤 일을 하셨는지 알려줄 뿐만 아니라 그 사실 뒤에 숨은 동기까지 알려줍니다. 요한은 명확하고 모호하지 않은 용어로 글을 씁니다. 그는 예수님이 누구이며 우리와 어떤 관계에 있는지 이해하는 데 도움이 되는 간단한 비유를 제공합니다(예수님은 생명의 떡, 포도나무, 선한 목자, 생수 등). 요한은 신비에 빠져 있는 마가와 다릅니다. 마가의 예수님은 기적을 행한 후 사람들에게 '본 것을 아무에게도 이르지 말라'(막 9:9)고 명령합니다. 마가는 사건을 설명하지 않고 오히려 혼란스럽게 만듭니다. "모든 것을 비유로 하나니… 이는 그들로 보기는 보아도 알지 못하며 듣기는 들어도 깨닫지 못하게 하여 돌이켜 죄 사함을 얻지 못하게 하려 함이라"(막 4:11-12). 반면에 요한은 우리가 진리를 알 수 있도록 명확한 메시지를 제공합니다. 그는 증거를 제시하여 사람들로 하여금 확실히 알게 합니다. "오직 이것을 기록함은 너희로 예수께서 하나님의 아들 그리스도이심을 믿게 하려 함이요 또 너희로 믿고 그 이름을 힘입어 생명을 얻게 하려 함이니라"(요 20:31).

의심 많은 도마 이야기는 전형적인 요한의 모습입니다. 예수님은 부활하셔서 제자들에게 나타났습니다. 도마는 이 특별한 사건에 대해 들었을 때 확신을 갖지 못했습니다. 그도 우리와 같습니다. 사실이라고 하기에 너무 좋게 들리는 것은 틀림없이 사실이 아닙니다. 그런 것들은 믿기 어렵습니다. 그들은 증거를 요구합니다. 우리의 마음은 친구들의 증언만으로 믿음으로 도약할 수 없습니다. 더 큰 문제는 그들이 감정적으로 격변하는 상황에서 자신이 상상하는 것, 사실이기를 바라는 것을 말하고 있다는 것입니다. 그러한 증언은 기각되어야 마땅합니다. 오직 한 가지만이 그 경우를 증명할 수 있습니다. 바로 증거입니다.

팔 일 후에 예수님이 나타나셨을 때, 도마는 제자들과 함께 있었습니다. 도마는 증거를 요구했습니다. 그는 명확한 것을 찾고 있었습니다. 예수님은 유능한 증인임을 증명하셨습니다. 그분은 믿음이 증거에 달려있다는 것을 아시고 도마가 자신의 상처를 만져보게 했습니다. 도마는 그의 손가락을 뺐고 그의 손가락 끝에 피가 묻어 있었습니다. 이것은 진짜입니다. 이것은 증거입니다. 이것은 진실입니다. 예수님은 죽임당하셨다가 부활하셨습니다. 그분은 참으로 부활하셨습니다. 오늘날에도 우리가 여전히 놀랍게 사용하는 부활절 외침은 바로 도마 자신의 것이었을 것입니다. 요한은 우리에게 명확하고 상세하며 증거가 되는 증언의 이야기가 필요하다는 것을 알고 있습니다.

부활절 두 번째 주일은 부활절과 오순절 사이의 기간인 '위대한 50일'로 알려진 기간의 일부입니다. 이 절기를 사용하여 부활절 철야 예배(Easter Vigil)에서 세례를 받아 신자가 된 사람들에게 신앙의 신비를 설명하는 것이 설교자들의 관행이었습니다. 그들은 설교(신비주의 교리 교육으로 알려진)를 통해 이해하기 어려운 것들을 가르쳤습니다. 요한복음이 이 시기와 연관된 것은 놀라운 일이 아닙니다.

요한의 의도는 신자들에게 신비를 설명하는

것입니다. 그는 오늘날에도 여전히 이 일을 하고 있으며, 도마의 이야기는 그 어느 때보다 유용하게 다가옵니다. 우리가 수난과 부활의 사건에서 멀어질수록, 이 상상할 수 없는 기쁜 소식을 믿게 해주는 증인이 더욱 절실히 필요합니다. 도마의 증언이 오늘날에도 유효할까요? '나의 주님이시요, 나의 하나님이시니이다!'이라는 그의 외침이 현시대의 우리 신앙에 대해 말할 수 있을까요? 이 놀라운 증거에 의해 확신을 얻은 설교자들이 담대하게 설교한다면, 그것은 그렇게 될 수 있고 실제로 그렇습니다.

그러나 도마의 증언만으로 설득력이 있는 것은 아닙니다. 요한의 목소리를 통해 전해진 도마의 말은 도마의 법률 고문에 의해 해석되어 우리에게 다가옵니다. 예수님은 요한복음(15:26)에서 신비한 믿음의 일들에 대한 우리의 이해를 돕기 위해 상담자인 보혜사를 보내겠다고 약속하셨습니다. 설교자들은 도마와 요한의 증거에 의존하지만, 우리는 성령의 능력으로 판결을 내릴 수 있다는 확신을 가지고 있습니다. 인간의 마음은 증거를 원합니다. 마음에 더 깊은 확신이 필요합니다. 요한은 궁극적으로 증거만으로는 충분하지 않다는 것을 알고 있었습니다. 회의적인 마음을 설득하기 위해서는 성령이 필요합니다. 마지막으로 부활의 신비를 소유하는 것은 은혜의 선물입니다. 증거는 단지 믿음으로 마음에 주어진 확신을 뒷받침할 뿐입니다.

오늘날 설교자들은 이 이야기를 어떻게 해석해야 할까요? 요한이 의도한 대로 훌륭한 증거가 되게 해야 합니다. 우리 배심원단은 도마의 동료들, 회의론과 희망(의심과 믿음) 모두에서 도마와 매우 유사한 사람들로 구성되어 있습니다. 우리는 이 증거를 듣고 선택의 기로에 직면합니다. '예수님이 부활했느냐, 아니면 부활하지 않았느냐'는 겉으로 보기에는 간단한 선택입니다. 우리의 뇌를 이해하도록 만드신 분이 마음의 열쇠도 쥐고 계십니다. 설교자가 복음을 선포할 때, 성령의 설득력이 배심원단을 휩쓸고 지나가 증거로는 증명할 수 없는 판결을 이끌어냅니다. 그는 참으로 부활하셨습니다.

THIRD SUNDAY OF EASTER

부활절 셋째 주일

사도행전 2:14a, 36~41

시편 116:1~4, 12~19

베드로전서 1:17~23

누가복음 24:13~35

사도행전 2:14a, 36~41

14 베드로가 열한 사도와 함께 서서 소리를 높여 이르되
36 그런즉 이스라엘 온 집은 확실히 알지니 너희가 십자가에 못 박은 이
예수를 하나님이 주와 그리스도가 되게 하셨느니라 하니라
37 그들이 이 말을 듣고 마음에 찔려 베드로와 다른 사도들에게 물어 이르
되 형제들아 우리가 어찌할꼬 하거늘
38 베드로가 이르되 너희가 회개하여 각각 예수 그리스도의 이름으로 세
례를 받고 죄 사함을 받으라 그리하면 성령의 선물을 받으리니
39 이 약속은 너희와 너희 자녀와 모든 먼 데 사람 곧 주 우리 하나님이 얼
마든지 부르시는 자들에게 하신 것이라 하고
40 또 여러 말로 확증하며 권하여 이르되 너희가 이 패역한 세대에서 구원
을 받으라 하니
41 그 말을 받은 사람들은 세례를 받으매 이날에 신도의 수가 삼천이나 더
하더라

신학적 관점

이 구절의 '회개, 세례, 성령'은 신학적 주제의 묶음으로, 모두 논쟁의 여지가 있는 신학적 주제들입니다. 이런 주제와 별개로 이 구절은 복음에 담긴 생명에 대한 인간의 갈망을 생생하게 묘사하고 있습니다. 베드로의 첫 설교는 초대가 아닌 고발로 끝났지만, 삼천 명이 새로운 신앙 공동체에 들어가고자 했습니다.

그들은 베드로에게 어떻게 해야 하는지 물었습니다. 그는 구도자들에게 가장 덜 민감한 주제인 '회개', 즉 '회개하고 세례를 받으라'(38절)로 대답을 시작했는데, 더 정확히 말하면 다른 곳에서 볼 수 있는 믿음과 세례의 짝(예. 막 16:16)과 유사한 표현입니다. 이는 믿는 자들에게 세례를 베푸는 전통에서처럼 세례가 주로 새로운 삶으로의 부르심이나 제자임을 확인하는 행위라는 생각을 뒷받침합니다. 세례에는 다음과 같은 소명이 분명히 포함되어 있습니다. 물속으로 잠기는 행위는 옛 삶의 방식에 대한 죽음을, 올라오는 것은 그리스도 안에서 새로운 탄생을, 즉 회개와 변화된 마음을 구현하는 것을 의미합니다(롬 6:3-14). 우리는 단순히 더 나은 윤리적, 도덕적 행동을 하기 위해 태어난 것이 아닙니다. 우리는 그리스도 안에서 새 생명으로 태어나 그리스도의 몸인 교회와 연합되었습니다. 우리는 그리스도의 눈으로 보고, 삶이 변화되어 그리스도의 화해와 정의의 사명에 참여하기 위해 변화된 마음이 필요합니다. 세례가 제시하는 제자도의 대가는 다음 구절에 잘 나타나 있으며, 새롭게 믿게 된 자들은 경제적 재분배와 새로운 영적 훈련을 포함하여 급진적인 생활 방식의 변화로 인도됩니다.

세례에는 부르심이 포함되어 있지만, 여기에는 약속으로서의 세례도 강조되어 있습니다. 이러한 강조로 인해 16세기 루터교 신학자들과 개혁파 신학자들은 유아 세례를 타당한 것으로 여겼습니다. 첫째, 세례의 목적은 죄 사함을 위한 것입니다(38절). 종교개혁자들은 그리스도 안에 있는 용서의 약속을 복음의 핵심으로 보았고, 바울은 이를 믿음에 의한 칭의라고 표현했습니다. 물이 몸을 씻듯이 성찬은 하나님께서 은혜롭게 죄를 씻어주신다는 약속을 선포하는 행위로, 이를 가장 직접적으로 전달합니다.

둘째, 베드로는 '너희 각 사람'에게 세례를 받으라고 요청할 때, 세례를 제자의 응답이 아니라 은혜로운 선물로 강조합니다. 베드로는 그 약속이 '여러분의 자녀들'에게도 주어진다고 말하면서(39절) 이를 확언합니다. 장 칼뱅은 이 구절을 유아 세례에 대한 반대를 잠재우기에 충분한 것으로 받아들여 유아 세례를 하나님의 인치심(seal), 즉 약속에 대한 서명으로 받아들였습니다.* 어린아이는 어른이 분별할 수 있는 방식으로 회개하거나 믿을 수 없으며, 유아는 특정한 죄를 지을 수 없습니다. 반면에 우리는 그리스도를 통해 하나님께 속하고, 그리스도의 몸인 교회의 지체가 되었으며, 그분 안에서 용서를 받았다고 진정으로 말하면서 아기에 대한 하나님의 약속을 확실히 선언할 수 있습니다. 하나님의 사랑은 약속을 말하기 전에 먼저 오기 때문에 그 과정은 세례로 시

* John Calvin, *The Acts of the Apostles 113*, trans. John W. Fraser and W. J. G. McDonald, *Calvin's New Testament Commentaries*, vol. 6 (Grand Rapids:Eerdmans, 1965), 79-83.

작되지 않습니다. 그러나 세례에서 약속은 선포되며 취소될 수 없습니다. 이 약속의 표징은 세상과 아이에게 주어지며, 아이는 나중에 이 약속을 상기하게 될 것입니다. 아이가 성장하여 복음을 듣고 믿음과 회개로 응답해야 하지만, 좋은 소식을 전하는 일은 지금부터 시작됩니다.

베드로가 새 개종자들에게 한 권면에는 약속의 세 번째 측면도 있습니다. '너희는 성령의 선물을 받으리니'(38절). 여기에는 흥미롭지만 모호한 점이 있습니다. 베드로는 그들이 받게 될 선물이 바로 성령의 임재, 즉 우리 안에 거하시며 우리를 그리스도 안에서 새로운 사람으로 만들기 위해 일하시는 하나님의 임재라고 말하는 것일까요?(갈 5:16-25 참조) 아니면 그날 아침 그들이 각자의 언어로 하나님의 권능의 역사에 대해 들었던 '방언'이라는 특별한 은사를 받게 될 것이라고 말하는 것일까요?(행 2:5-13) 바울이 그의 편지에 기록한 봉사의 은사들, 또는 믿음 자체를 받게 될 것이라고 말하는 것일까요?(고전 12:4-12, 27-31; 참조. 엡 2:8) 성령은 세례 전(행 10:44-48)이나 또는 한참 후에(행 19:1-6)도 임할 수 있기 때문에 사도행전의 다른 곳에서도 모호한 부분이 계속됩니다. 지난 한 세기 동안 오순절 운동이 전 세계로 퍼져나가면서, 우리는 이 본문을 읽을 때 베드로가 약속한 것이 '방언의 은사'라고 자연스레 생각하였습니다. 그러나 이천 년 동안 기독교인들은 베드로의 약속이 방언의 은사라는 기대를 갖고 있지 않습니다.

이 문제에 대해 어떻게 생각하든, 이 구절에서 부르심과 약속은 여전히 강력합니다. "너희가 이 패역한 세대에서 구원을 받으라"(40절). 이 부르심의 권면은 그곳에서 복음을 듣고 있는 사람들을 향한 권면이며, 그에 따른 분명한 약속을 내보이십니다. 부르심도 약속도 단순히 개인적인 것이 아닙니다. "이 약속은 너희와 너희 자녀와 모든 먼 데 사람 곧 주 우리 하나님이 얼마든지 부르시는 자들에게 하신 것이라"(39절)라고 말씀하실 때, 그 약속을 다른 사람들에게 전하라고 부르시는 것입니다.

전개되는 이야기를 통해 하나님의 은혜로운 의도는 그리스도의 길을 반대하여 박해자가 되었던 사울을 포함하여 예루살렘에 없는 많은 사람을 복음으로 이끄는 것임을 보여 줍니다(행 22:4-5). 사도행전에서 하나님의 의도는 베드로와 바울이 이방인에게 복음을 전하는 것처럼 국가와 종교의 경계를 넘어 복음을 전하는 것입니다(행 10:9-43, 13:45-47). 이것은 또한 제자들이 "예루살렘과 온 유대와 사마리아와 땅끝까지 이르러"(행 1:8) 예수님의 증인임을 보여주는 누가복음과 사도행전의 계획이기도 합니다. 회개와 세례를 통해 그리스도께 속하는 것은 곧 부르심을 받는 것입니다. 우리는 그리스도의 사명에 참여하여 예수님 안에서의 용서와 성령을 통한 새 생명의 약속을 이웃과 공동체, 국가와 세계에 전해야 합니다.

목회적 관점

사도행전의 이 구절은 오순절 날, 놀란 구경꾼들의 다양한 군중이 사도들 주위에 모인 후 시작됩니다. 사도들 자신도 급하고 강한 바람과 같은 것을 경험했으며, 누가는 '갈라진 방언'(2:3), 즉 불의 혀와 같은 현상이 사도들에게 나타나서 그들 위에 머물렀다고 묘사합니다. 하나님의 성령은 갑자기 긴급하게 사도들에게 자신의 언어가 아닌 다른 언어로 말하고 이해할 수 있는 능력을 주셨습니다. 군중이 모인 것은 이 사건의 마지막 광경입니다. 본문에서는 군중들이 돌풍을 느끼거나 불의 혀를 보지는 못하지만 사도들이 각자의 모국어로 말하는 것을 듣고 깊은 감동을 받습니다. 그들은 갈릴리 그리스도인들이 이해할 수 있는 말로 하나님의 능력을 간증하는 것을 듣고 놀라워합니다.

사도행전 2:14a, 36~41은 이 유쾌한 오순절의 맥락에 의존하고 있지만, 그것과는 분리되어 있습니다. 이 구절은 또한 호기심 많은 군중에게 베드로가 응답하는 마지막 부분을 제외한 모든 부분에서 분리되었습니다. 본문은 베드로가 대답하기 위해 일어서면서 시작되지만, 그가 한마디 말도 하기 전에 14a절에서 빠르게 끊어집니다. 14b~35절에서 베드로의 변증의 힘에 대한 언급 없이 36절에서 다시 시작됩니다. 따라서 수사적 힘에서 두 번 분리된 결과로 나온 이 구절(pericope)은 순진한 독자를 쉽게 오도할 수 있으며 군중 구성원의 회심은 그들이 들은 내용이나 베드로의 완전한 변증과는 무관하게 일어났다는 결론을 내릴 수 있습니다.

이 구절은 예수님의 신성을 선포하는 베드로의 마지막 권면의 말을 제시하며, 예수님의 처형이 베드로의 말을 듣는 사람들의 손에 의해 일어났다는 결론적인 주장으로 이어집니다. "너희가 십자가에 못 박은 이 예수를 하나님께서 주와 그리스도가 되게 하셨느니라"(36절). 이 요약된 이야기에서 누가는 이 이야기를 들은 청중들이 충격을 받았으며, 약 삼천 명이 '그의 메시지를 환영하고 세례를 받았다'(41절)고 말합니다. 이 구절은 문맥에서 벗어나 단독으로 읽으면 현대 기독교인들에게 매우 심각한 종교 딜레마를 제시합니다. 사도행전에서는 사도들에게 주어진 성령의 은사의 놀라운 아름다움과 신비가 예수님의 권위와 능력에 대한 대담한 선언으로 대체되고, 사람들을 하나로 묶는 성령의 능력에 대한 증거는 기소와 죄책감으로 형성된 유대감으로 대체됩니다. 이 구절을 문맥에서 벗어나 위험할 정도로 반유대주의적인 방식으로 읽는 것은 매우 쉽습니다.

따라서 이 구절을 다룰 때, 신중하게 접근하는 것이 매우 중요합니다. 더 큰 이야기와 그 주장에 대한 정교한 이해, 그에 관한 친숙함을 전제로 하고 있기 때문입니다. 베드로가 말하는 바로 그 유대인들(36절에서 '너희')이 그리스도를 십자가에 못 박았다는 베드로의 증언에 근거하여 약 삼천 명이 개종한 것은 종교 간 감수성이나 대화에 큰 걸림돌이 됩니다. 설교자는 회중이 예수님을 십자가에 못 박은 것이 유대인이라는 결론을 내리도록 본문을 해석하고 싶지 않을 것입니다.

이 구절은 무리 가운데서 많은 사람이 바로 그날 세례를 받았다는 압도적인 반응을 묘사하고 있으며, 이것이 이 성서 읽기의 주요 요점인 것 같습니다. 베드로가 다른 어떤 말을 했든, 여기서 그는 예수님의 메시야적 정체성과 그를 비방하는 자들의 손에 죽은 그의 무고한 죽음을 주장하고 사람들은 이에 반응합니다. 그들은 회심하여 그리스도의 이름으로 세례를 받기까지 했습니다. 그들이 예수님의 죽음에 공모했다는 개인적인 죄책감 때문에 세례를 받았다고 가정하지 않는다면, 이야기는 무엇을 전하고 있으며, 오늘날 그 의미를 어떻게 이해할 수 있을까요?

일반적으로 우리는 베드로의 말을 들은 사람들의 회개를 책망에 대한 경건하고 통회하는 적절한 반응으로 여길 수 있습니다. 베드로는 모인 유대인들에게 예수님의 죽음에 대한 그들의 공모를 지적하고, 그의 말에 충격을 받은 사람들은 회개하고 세례를 받습니다. 그러나 이 장 전체를 살펴보면, 사람들이 예수님의 죽음을 공모했다는 주장에 우선적으로 반응한 것이 아니라고 말하는 것이 더 합리적입니다. 하나님의 구원 활동에 대한 베드로의 증언에는 바로 이 청중, 즉 그들의 삶과 성경, 그리고 관심사가 포함되어 있기 때문에 그들이 반응한 것입니다. 이 구절 전체가 새롭고 놀라운 언어의 통일을 전제로 하고 있기 때문에, 이 다양한 민족 모두가 이 낯선 사람들이 자신의 경험을 들었다는 사실은 매우 감동적이었을 것입니다.

베드로가 서서 사람들에게 말할 때, 청중을 향한 그의 책망을 상상하기보다는 그들을 포용하는 힘에 더 설득될 수 있습니다. 이 장 전체를 읽어보면 정죄의 이야기가 아니라 초대의 이야기임을 알 수 있습니다. 사도행전은 공통의 역사와 전통을 공유하는 두 세계 종교가 아직 서로 다른 두 갈래로 분리되지 않은 유대교와 기독교의 중간기를 묘사합니다. 우리는 교회라는 제도, 심지어 기독교 국가에 너무나 익숙해져 있기 때문에 현대의 기독교인들은 사도들을 제도가 아닌 초기 운동, 즉 '진리'(the Way)의 사람들로 상상하기가 불가능합니다.

이것이 누가가 드러내도록 인도된 이야기, 진정한 영적 탐구와 엄청난 다양성 속에서 성장한 기독교의 독특한 메시지에 관한 이야기입니다. 베드로의 변증은 성경과 전통을 공유한다는 공통점에서 시작됩니다. 책임 추궁이 아닌 내러티브, 호소의 형태를 띠고 있습니다. 그가 마지막으로 설교할 때, 그날 경험한 어떤 연합의 감정, 사람들을 끌어당기는 흥미와 초대의 힘은 예수님의 죽음과 함께 표현된 것이 틀림없습니다. 특별히 예수께서 다시 살아나시고 그가 약속하신 성령이 나타나셨기 때문입니다.

주석적 관점

누가에 따르면, 이 사건은 이집트에서 출애굽한 지 50일(그리스어로 pentecoste, '오십')이 지난 후 시내산에서 율법을 받은 것을 기념하는 유대인의 추수 절기 기간인 오순절(2:1)에 일어났습니다. 누가가 묘사한 베드로의 이 첫 설교는, 보고 들은 사건을 '증거'하는 것을 주요 과업으로 여기는 성장하는 기독교 공동체를 위한 무대를 설정합니다. 누가에게 선교의 본부는 '예루살렘'입니다(행 1:12, 눅 24:47-49, 막 16:7-8). 예수님이 떠나시고 제자들은 가룟 유다를 다른 사람으로 대체하여 공동체를 위한 사명를 조직합니다. 이 이상적인 묘사에서 메시지는 분명합니다. 예수님의 제자들은 예수님이 그들에게 정해 놓으신 사명, 곧 '땅끝까지 이르러 증인이 되라'(요 1:8, 참조. 1:22)는 사명을 계속하기 위한 과정에 즉시 참여합니다.

오순절에 예수님을 따르는 제자들은 누가복음 말미에 예수께서 제자들에게 주신 약속(눅 24:49)인 '성령 충만'(행 2:4)을 받게 됩니다. 이러한 능력을 부여받은 즉각적인 결과로 그들은 그날 청중들이 사용하는 다양한 언어로 말하게 되며(2:4-11a), 이는 곧 사도행전 1:8에 제시된 사명을 (문자 그대로) 성취하는 것입니다. 베드로의 연설은 이 현상이 제기하는 질문을 다루고 있습니다. 어떻게 우리는 이 갈릴리 사람들이 우리 모국어로 말하는 것을 듣고 있을까요? 이것은 무엇을 의미할까요? 그들이 취한 것일까요?

베드로의 연설은 일종의 '설교'이거나, 적어도 누가가 베드로의 설교를 이상적으로 요약한 것입니다. 베드로는 더 많은 내용을 말했을 것이 분명하지만 누가는 몇 가지 핵심 요소를 강조합니다(아래 참조). 베드로의 간략한 이스라엘 이야기는 예수님에 대한 이야기를 가리킵니다. 예수님의 오심은 이스라엘과 관련된 하나님의 이야기의 중심 요소입니다. 그분의 오심으로 말미암아 그들 가운데 실현되는 성령의 활동이 시작되었습니다. 이 연설의 수사적 특징은 미드라쉬적 방향, 즉 성경 인용 뒤에 그에 대한 설명(미드라쉬)이 따릅니다. 우리의 성서정과 본문은 이 설교의 결론 부분과 베드로의 주장에 대한 반응을 제공하는데, 거기에서 이스라엘 사람들은 호의적인 반응을 보이고 점점 늘어나는 예수님의 추종자들과 합류하게 됩니다.

성서정과 본문에서 빠진 것은 설교의 핵심, 즉 다음과 같은 주제를 포함하는 연설입니다. (1) 사도행전에서 베드로는 요엘을 인용하여 하나님의 최종 구속의 표징 중 하나인, 아들과 딸과 종들에게 성령이 부어지는 것을 설명합니다(2:16-21). (2) '법 없는 자들의 손에 의해'(2:22-23) 실행된 예수님의 죽음에 대해 이스라엘을 고발하고 (3) 성령께서 말씀하시는 다윗의 시편(누가만이 다윗을 '선지자'로 부른다. 참조. 2:30; 1:16)을 인용하여 다윗의 후손이신 예수님의 부활을 강조합니다(2:24-35).

베드로 연설의 핵심은 예수님이 어떤 종류의 메시야였는지를 정의하는 것입니다. 고대 유대교에서 대부분의 사람은 메시야가 군사력을 가진 정치적인 인물일 것이라고 기대했습니다. 예수님은 당시의 정치적 지배자들을 쫓아내기 위해 현장에 도착할 것이며, 세상에 다윗의 제국을 재건하고 하나님의 제국을 출범시킬 것으로 생각했습니다. 그러나 베드로의 강조점은 다릅니다.

'회개'라는 개념은 사도행전의 핵심 주제입니다. 회개는 베드로가 이스라엘 사람들에게 전하는 메시지(2:38; 3:19; 8:22)와 바울이 이방인들에게 전하는 메시지(17:30; 26:20)의 핵심입니다. 이 용어는 잘못된 생각(2:38, 3:19 참조)과 부적절한 행동(8:22)에 대해 용서를 구하는 것과 관련이 있습니다. 현재 성서 구절에서 회개의 개념은 이스라엘 백성을 위한 '성령의 은사'와 직접적으로 연관되어 있습니다(2:38). 사도행전에서는 이방인을 위한 유사한 장면이 나오는데, 거기에서도 '방언'이 다시 등장합니다(10:44-48; 참조. 11:15-18).

19세기에는 1세기의 발전과 관련된, 특히 '방언'과 관련된 경험에 대한 관심이 '급증'하게 되었습니다. 이러한 일부 카리스마적 그룹에서는 '방언'이 현대 세계에서 실제 '언어'를 말하는 것과 직접적으로 관련이 있다는 개념에 직접적으로 연결되어 있었습니다. 다른 그룹에서는 '방언'을 '천상의 언어', 즉 알려진 인간 언어와 관련이 없는 '미지의 언어'로 정의했습니다.

사도행전에 따르면 베드로는 예수님이 떠난 후 사실상 '예수 운동'의 지도자가 되었습니다. 이 전개는 두 부분으로 구성된 시리즈 중 첫 번째 부분(즉, 누가복음)에는 명확하게 나타나지 않습니다. 세 번째 복음서는 공관복음서 중 예수님을 메시야로 고백하는 베드로의 고백을 포함하지 않은 유일한 복음서입니다. 마태는 베드로의 고백에 대한 예수님의 매우 긍정적인 평가, 즉 '이를 네게 알게 한 이는 혈육이 아니요'(마 16:17)와 함께 베드로의 향후 리더십 역할에 대한 인정을 덧붙입니다(마 16:18-19). 누가복음은 베드로의 지도자로서의 잠재력에 대해 훨씬 더 모호한 입장을 취합니다.

이 기록에서 중요한 것은 다양한 언어를 사용하는 '글로벌' 청중입니다(예. 바대, 메대, 엘람, 메소포타미아, 유대와 갑바도기아, 본도와 아시아, 브루기아와 밤빌리아, 애굽와 구레네에 속한 리비아 일부, 로마에서 온 유대인과 개종자, 그레데인과 아라비아인, 2:9-11). 한 가지 주의할 점이 있습니다. 베드로의 문맥에서 로마(3:13-15)가 아닌 유대 지도부(2:36)를 비난하는 것은 진리(the Way)가 유대교의 한 종파로 간주되는 맥락에서 이해됩니다. 베드로의 비판은 '내부를 향한' 비판입니다. 현대 세계에서도 이야기 속 인물들의 이름을 바꾸기만 하면 내부 분석은 여전히 적절할 수 있습니다. 문자 그대로 해석하는 것은 반유대주의의 위험에 노출될 수 있습니다. 안타깝게도 기독교는 더 이상 유대교와 밀접한 관련이 없습니다.

누가는 이 사건이 오순절에 일어났기 때문에 성령의 부으심을 율법의 새로운 부여로 보았을 수 있습니다. 하나님께서 시내산에서 모세와 이스라엘에게 율법을 주셔서 한 민족의 정체성 형성을 시작하신 것처럼, 누가는 메시야가 성령을 주시므로 이 새로운 민족의 (새로운) 정체성을 형성할 책임이 있다고 보았습니다. 성령의 영감을 받은 초기 예수님을 따르는 이들에게 메시야는, 카리스마 있고 성령을 부여하는 하나님의 대리자였습니다. 그렇다면 오늘날 하나님의 영이 기독교 공동체의 정체성을 고취하고 형성하는 새로운 방식은 무엇일까요?

설교적 관점

베드로의 오순절 설교 결론은 안타깝게도 반유대주의적 의제를 가지고 설교하는 사람들에게 발판이 되어 왔습니다. 베드로는 이스라엘 사람들에게 그리스도의 십자가 승리에 대한 이야기를 들려주면서 이스라엘 사람들에게 그들의 죄악을 분명하게 지적하고 있습니다. "그런즉 이스라엘 온 집은 확실히 알지니 너희가 십자가에 못 박은 이 예수를 하나님이 주와 그리스도가 되게 하셨느니라." 이 36절은 두 번째로 그들의 책임을 지적한 구절입니다(23절 참조).

그럼에도 불구하고 유대인 중 유대인으로서 베드로의 위치를 인식할 필요가 있습니다. 그는 29절에서 그들을 '동료 이스라엘 사람들'(Fellow Israelites)이라고 부릅니다. 여기에는 단순히 종교적, 문화적 친족 관계뿐만 아니라 죄책감의 유사성도 내포되어 있습니다. 우리는 그리스도가 체포된 후 베드로가 예수님을 부인했던 것을 떠올립니다. 베드로는 누가복음 22:33에서 '주여 내가 주와 함께 옥에도, 죽는 데에도 가기를 각오하였나이다!'라고 맹세했습니다. 예수님은 베드로가 자신을 세 번 부인할 것이라고 예언하셨습니다. 그 예언을 경험한 베드로는 죄책감을 누구보다 깊이 느끼고 있었습니다. 그러나 바로 이런 이유로 그는 복음이 얼마나 좋은 것인지도 깊이 알고 있습니다. 인간의 배신과 거절을 극복하기 위한 그리스도 안에서의 하나님의 뜻에 대한 그의 이해는 자신의 배신에 대해 용서받은 경험에 뿌리를 두고 있습니다. 인간의 배신과 거절을 극복하게 하는 그리스도 안에 있는 하나님의 뜻에 대한 그의 이해는 물론 자신의 배신에 대해 용서받은 경험에 뿌리를 두고 있습니다. 그리스도의 죽음에 대한 동료 이스라엘 사람들의 책임을 지적하는 그의 집요함은 한 집단에 책임을 전가하고 다른 사람들에게 면죄부를 주려는 것이 아니라, 죄 많은 사람에게 가장 큰 죄보다 훨씬 더 강한 은혜를 알도록 초대하기 위함입니다.

설교자들이 현재의 관심사를 가진 현대인들에게 은혜의 메시지를 적용하려고 노력할 때, 2009년 '윤리, 경제, 그리고 세계 정의'에 관한 연설에서 로완 윌리엄스(Rowan Williams)의 말은 통찰력을 제공할 것입니다.

"우리가 처한 현재의 위기 상황에서 종교적 믿음이 말해야 할 것은 첫째, 유대교와 기독교 경전 전체에서 매우 중요한 주제인 세상이 파괴되는 것을 애도하고 마음의 변화를 촉구하는 것과 둘째, 인간의 가치가 소유나 성취가 아니라 하나님의 창조적 사랑에 있음을 모호함이나 자격 조건 없이 선언하는 것입니다. 종교적 자아에는 항상 사회악에 대한 공모 의식이 존재할 것이기 때문에 신자들이 희생양을 찾는 데 동참하지 않습니다."*

설교자는 죄인을 꾸짖기 위해서가 아니라, 오순절과 같은 변화와 무엇보다도 하나님의 은혜와 사랑에 뿌리를 둔 인간의 가치에 대한 인식을 장려하기 위해 어떤 상황에서도 죄악에 빠진 우리 인간을 일으켜 세워야 하는 임무를 맡습니다. 사람들이 자신의 성취와 실패에서 가치와 부족함을 발견하는 것과는 반대로, 사랑 안에서 하나님 그분 자신을 부어 주시는 것에서 가치를 찾도록 상기시키는 설교자의 힘은 과대 평가될 수 없습니다

이 성경 구절의 핵심은 베드로가 선포한 대담한 메시지에 대한 군중들의 매우 놀라운 반응과 관련이 있습니다. 군중은 방어적으로 행동하지 않고 오히려 '마음에 찔려' 제자들에게 '우리가 어찌할꼬?'(37절)라고 묻습니다. 어쩌면 사도행전은 그 초창기를 조금 이상적으로 표현한 것일지도 모릅니다. 그럼에도 불구하고 우리가 방어하지 않고 그 무리처럼 성령의 음성을 들을 수 있다면 성령의 움직임을 얼마나 잘 받아들일 수 있을지 상상해 보세요.

베드로는 회개하고 세례를 받아 죄 사함을 받고 성령을 받으라고 대답합니다(38절). 베드로의 의도와 용서의 조건에 대한 논쟁은 여전히 남아있는 질문입니다. '죄인은 회개하고 세례를 받아야만 용서받을 수 있습니까? '성령의 임재'는 이 전제 조건에 달려 있습니까?'라는 흥미로운 질문들이지만, 사도행전은 이 질문들에 크게 신경 쓰지 않는 것 같습니다. 불과 여덟 장 후에 베드로는 성령이 강림한 후 이방인 고넬료와 그의 가족에게 세례를 베풉니

* http://www.archbishopofcanterbury.org/2323

다. 사도행전은 성령 운동의 강력한 힘을 전달하는 데 더 관심이 있습니다. 십자가에 못 박히신 예수님의 부활은 성령의 부으심과 예언의 성취를 낳았습니다(2:17-21, 29-35). 그리스도는 살아 계시고 그의 사역은 성령의 능력을 받은 추종자들의 증언과 선포를 통해 드러납니다. 여기서 중요한 것은 이 운동이 인상적인 힘으로 구축되고 있다는 것입니다. 백이십 명의 신자들로 시작된 이날은 삼천 명의 신자들로 마무리되었습니다.

순서와 관계없이 사람들은 회개하고, 세례를 받고, 용서를 받고, 성령을 경험하고 있습니다. 교회는 예수님 안에서 성육신하시고 성령을 받아들인 사람들의 증언 안에서 무한하신 하나님과 삶이 연결되고 변화되는 공동체로 등장하고 있습니다. 이 구절은 설교자이자 교회의 지도자인 우리에게 교회가 성령에 대한 원래의 경험이라는 맥락에서 교회 활동을 재구성할 수 있는 놀랍고 중요한 기회를 제공합니다. 교회가 이 경험을 공유할 때, 모든 행정 업무, 모임, 재정적 안정을 유지하기 위한 노력 등의 모든 에너지는 교회에 힘을 실어주는 목적과 연결됩니다. 반면에 교회의 초기 경험에 대한 비전이 잊히고 공유되지 않을 때, 회중은 지치고 위축된 자신을 발견하게 됩니다. 오늘의 성경 구절은 설교자들이 그 초기 비전을 되살려서 회중이 그리스도의 교회로서의 존재를 되찾을 기회를 제공합니다.

한 목사님이 교회학교 어린이들에게 용서가 어떤 느낌인지 물은 적이 있습니다. 여섯 살짜리 반 아이들은 멍하니 목사님을 바라보았습니다. 그리고 한 아이의 얼굴에 어떤 표정이 떠올랐습니다. 생각이 떠오른 것이 분명했습니다. 아이는 알았다는 듯이 미소를 지으며 손을 들고 말했습니다. "용서가 어떤 느낌인지 알 것 같아요. 그것은 생일과 같이 새롭게 다시 시작하는 느낌이에요."

베드로는 오순절 설교에서 죄인인 동료들에게 다시 새롭게 시작하라고 권유합니다. 성령께서 하나님의 백성들을 새로운 삶으로 인도하시며 교회라는 거룩한 공동체가 탄생하고 있습니다. 이번 부활절 세 번째 주일은 교회가 자신의 방어를 포기하고 이 운동에 다시 동참하는 시간입니다.

부활절 셋째 주일

시편 116:1~4, 12~19

1 여호와께서 내 음성과 내 간구를 들으시므로 내가 그를 사랑하는도다
2 그의 귀를 내게 기울이셨으므로 내가 평생에 기도하리로다
3 사망의 줄이 나를 두르고 스올의 고통이 내게 이르므로 내가 환난과 슬
픔을 만났을 때에
4 내가 여호와의 이름으로 기도하기를 여호와여 주께 구하오니 나 영혼을
건지소서 하였도다
12 내게 주신 모든 은혜를 내가 여호와께 무엇으로 보답할까
13 내가 구원의 잔을 들고 여호와의 이름을 부르며
14 여호와의 모든 백성 앞에서 나는 나의 서원을 여호와께 갚으리로다
15 그의 경건한 자들의 죽음은 여호와께서 보시기에 귀중한 것이로다
16 여호와여 나는 진실로 주의 종이요 주의 여종의 아들 곧 주의 종이라
주께서 나의 결박을 푸셨나이다
17 내가 주께 감사제를 드리고 여호와의 이름을 부르리이다
18 내가 여호와께 서원한 것을 그의 모든 백성이 보는 앞에서 내가 지키리
로다
19 예루살렘아, 네 한가운데에서 곧 여호와의 성전 뜰에서 지키리로다 할
렐루야

신학적 관점

부활절 세 번째 주일, 우리의 정신을 가다듬는 시점에서 때때로 부활절답지 않게 느껴지는 날들 속에 있을 때, 부활하신 그리스도를 묵상하기가 어렵다는 것은 충분히 이해할 수 있는 일입니다. 이 세상이라는 존재, 죽음 이전 삶의 영역, 형이상학적 사색의 공간을 붙잡으면서 어떻게 부활의 감각을 유지할 수 있을까요? 이 성경 구절은 우리가 하나님의 선하심을 인식하는 구체적인 순간, 즉 주일 사이의 세부적인 시간 속에서 부활의 감각에 접근하고 경험할 수 있도록 상상력을 발휘하라고 우리를 초대합니다. 그것(부활의 감각)이 이것(상상력)과 관련이 있는 것이 아닐까요? 예수님을 죽은 자 가운데서 살리신 놀라운 능력(엡 1:19-22)과 우리가 매주 간구하는 하나님의 살리시는 임재를 연결시키는 감각을 키울 수 있을까요? 동일한 능력이 어떻게든 우리 안에서 역사하고 있다고 믿어야 할까요? 그렇다면 어떻게 그렇게 될까요?

시편 기자의 증언을 살펴보면, 우리는 그 기쁨의 말이 사변적이지도 않고, 어찌 보면 충분히 낙관적이지도 않다는 것에 주목합니다. 시편 기자가 '내가 그를 사랑하는도다'라고 선포하지 않을 수 없는 이유는 구체적으로 구원받았기 때문입니다. 그 증언은 아직 막연하거나 긴장된 의미에서 아직 경험하지 못한 신을 기쁘게 하지 못합니다. 오히려 모든 희망을 잃은 마음이 상한 자가 하나님을 불렀는데, 이 하나님께서 그 부름을 들으시고 응답하셨습니다. 죽음과 무질서로 억압된 삶이 구속되고 새롭게 질서가 잡혔습니다. 이 증언은 고통과 버림의 구체적인 경험을 떠올리고 따라서 시편 기자의 놀라운 사랑 고백을 설명하고 뒷받침하는 확신, 즉 '어둠에서 들으시고 건지셨다'는 주장을 더욱 심화시킵니다.

이런 의미에서 우리 자신의 목소리를 내도록 초대하는 이 기도는 현실주의적 감성을 표현합니다. 버림받은 사실과 박탈감으로부터 하나님의 신실함은 때때로 눈에 띄게 실현됩니다. 이러한 하나님의 신실함을 고려하여 우리는 방향을 전환해야 합니다. 우리가 혼란 속에서 개인의 번영, 안전, 마음의 평화를 누릴 공간을 확보하게 되었을 때를 생각해 봅시다. 우리는 우리의 탁월한 노력과 모범적인 의사 결정 덕분이라는 일반적인 가정을 따르는 것이 아니라, 우리의 부르짖음을 들으려고 귀를 기울이신 주님께 감사와 사랑의 자세를 취해야 합니다. 우리의 번영을 유지하는 능력을 가지신 하나님을 의지할 때, 우리는 우리의 물질적 환경을 다시 한번 돌아보게 되고, 하나님의 능력이 살아서 미세한 부분까지도 우리의 구석구석을 충전하고 비추는 구속의 관심으로 신호를 보내고 있다는 것을 인식하게 됩니다. 우리는 하나님께서 우리 존재에 부여하신, 묵상과 경배를 일으키는 우연성의 감각에 주목하고 다시 연습합니다. 그 감각의 문은 열렸고, 그 안에서 신자들은 살아 있는 한 정직하고 감사하며 기대하는 마음으로 주님을 부르며, 자신을 찾을 것입니다.

이렇게 큰 소리로 부르짖으며 하나님의 신실하심에 모든 것을 두겠다는 결심은 시편의 첫 구절('내가 그를 사랑하는도다')에 잘 표현되어 있습니다. 실제로 이 확언은 시편 기자가 마지막 구절에서 제기한 질문에 대한 응답으로 볼 수 있습니다. "내게 주신 모든 은혜를 내가 여호와께 무엇으로 보답할까?"(12절). 만약 우리가 이 구절을 시편과 끝에 포함한다면, 화자가 받은 복으로 인해 주님을 사랑한다는 생각이 우리에게 덜 이기적으로 느껴질 수 있습니다. 이 시편은 믿음으로 의롭게 된다는 교리에 충실하게, 하나님의 구원 사역에 대한 증언를 제외하고 어떤 물질적인 의미에서 주님께 보답할 수 없다는 것을 당연한 것으로 가정하고 있습니다. 뿌리 뽑혔다가 이제 새롭게 뿌리를 내리고, 잃어버렸다가 이제 찾은 자로서 구원의 잔을 들어 올리는 것(13절)은 장소에 얽매인 시편 기자의 세심한 배려, 즉 하나님의 백성인 대중의 면전에 열린 마음과 진실한 말에 대한 헌신으로 보는 것이 적절할 것입니다(14, 18절). 이 모든 것은 하나님의 선물에 대한 깊은 이해와 맞닿아 있습니다. 우리가 살아가는 삶과 그 삶을 말할 때 사용하는 호흡은 모두 선물입니다. 이런 경우에 기도는 자신이 무엇을 하고 있는지 아는(또는 아는 것을 의미하는) 언어입니다. 유진 피터슨은 이 문제를 이렇게 표현합니다. "기도는 가장 살아 있는 언어입니다. 하나님께서 우리에게 불어넣은 숨을 우리가 다시 하나님께 불어넣는 것입니다. 기도할 때 우리는 언어의 근원에 가장 가까운 언어를 사용합니다… 우리는 산 자의 땅, 구원의 나라(the country of salvation)의 고유한 언어에 길들여집니다."*

하나님의 '구원, 치유, 구속의 사랑'에 대한 응답을 어떻게 실행하고 실천할 수 있을까요? 우선 그러한 삶의 맥락은 우리가 이미 살고 있는 달콤한 옛 세상, 즉 '구원의 나라'(the country of salvation)일 수밖에 없습니다. 우리가 드리는 응답, 즉 우리가 드리는 찬양의 제사는 역설적이게도 감사의 제사일 것입니다(17절). 우리가 순종하려는 노력에 쏟는 에너지는 우리가 모든 좋은 것을 주시는 분이라고 부르며, 우리를 향한 그분의 목적이 엔트로피(entropy)나 부패 또는 썩음으로 끝나지 않을 것이라고 확신하는 하나님께로부터 나옵니다. 한편, 성경의 기록과 부활하신 그리스도에 대한 우리의 경험에 나타난 이 구속의 능력은 주로 우리의 삶, 즉 그리스도의 몸 안에서 나누고 참여하는 우리의 삶의 썰물과 밀물 속에서 실현되어야 합니다. 이런 의미에서 부활은 여기 말고는 어디에서도 일어날 수 없습니다.

목회적 관점

이 시편에 간단한 제독을 붙인다면 "내가 하나님을 사랑하는 이유와 그 사랑을 삶으로 나타내는 방법"이 될 것입니다. 시편 기자는 "여호와께서 내 음성과 내 간구를 들으시므로 내가 그를 사랑하는도다 그의 귀를 내게 기울이셨으므로 내가 평생에 기도하리로다"(1-2절)라고 말합니다. 시편 기자가 부르짖을 때 우주의 주인이신 하나님께서 허리를 굽히시고 귀를 기울여 들으시는 놀라운 이미지가 우리에게 제시됩니다. 하나님을 멀리 떨어져 있고 만날 수 없는 존재로 생각하지 마십시오. 우리 하나님께서는 우주를 운영하는 데 너무 바빠서 하나님의 자녀 중 한 명이 도움을 청할 때 귀를 기울일 시간을 갖지 못하시는 분이 아닙니다.

시편 기자는 무엇 때문에 울고 있을까요? 그

* Eugene Peterson, "Land of the Living," *Ex auditu* 18.1 (2002):176.

는 질병과 임박한 죽음의 압박을 묘사하고 있습니다. 히브리어 본문에서 시편 기자가 묘사한 자신의 곤경은 강렬하며 21세기를 살아가는 우리에게도 너무나 친숙합니다. 3절은 이렇게 번역할 수 있습니다. '사망의 줄이 나를 둘러싸고 스올이 나를 압박했습니다. 나는 고난과 슬픔을 발견했습니다.' 마치 시편 기자가 어둑어둑한 숲속을 헤매다가 거대한 비단뱀에게 붙잡혀 끝없이 자신의 생명을 쥐어짜는 것과 같습니다. 탈출할 수도 없고, 희망도 없습니다.

우리 성도들은 그가 어떻게 느끼는지 알고 있습니다. 많은 사람이 자신이나 사랑하는 사람이 말 그대로 죽음에 직면했던 때를 회상합니다. 엄숙한 표정의 의사가 암울한 예후를 전하자, 그들 중 한 명이 놀란 침묵 속에 앉아 '시간이 얼마나 남았습니까?'라고 묻습니다. 어떤 성도들은 육체적 죽음이 아니라 정서적 또는 영적 죽음, 즉 삶의 기쁨을 누르는 사랑 없는 결혼 생활, 어떤 종류의 자유도 누리지 못하게 하는 재정적 고통, 영혼의 기쁨과 성취감을 짓누르는 고압적이고 보람 없는 직업으로 인해 어려움을 겪고 있습니다. 우리 성도들은 사망의 끈과 스올의 구속에 대해 알고 있습니다.

그리고 시편 기자는 피할 수 없어 보이는 이 사형 선고에서 하나님께서 면제해 주실 것을 선포합니다. "내가 여호와의 이름으로 기도하기를 여호와여 주께 구하오니 내 영혼을 건지소서"(4절). 하나님의 상상할 수 없는 자비로 형이 감형되고 시편 기자는 육체적 죽음뿐만 아니라 영적 죽음에서도 구원을 받습니다(8-9절). 시편의 나머지 구절은 주로 하나님의 놀라운 능력과 사랑에 대한 시편 기자의 응답을 묘사하고 있습니다.

시편 기자는 어떻게 응답할까요? "내가 구원의 잔을 들고 여호와의 이름을 부르며 여호와의 모든 백성 앞에서 나는 나의 서원을 여호와께 갚으리로다 내가 주께 감사제를 드리고 여호와의 이름을 부르리이다"(13-14, 17절). 시편 기자는 하나님에 대한 공개적인 감사와 함께 모인 신앙 공동체 안에서 하나님께 드리는 공적인 책임의 이행으로 응답합니다. 신실한 삶에 대한 놀랍고 도전적인 비전입니다.

안타깝게도 우리는 다음과 같은 진술이 특징인 얄팍하고 개인화된 신앙의 시대에 살고 있습니다. '내가 믿는 것은 하나님과 나 사이의 문제다', '나는 영적이지만 조직화된 종교를 실천하지 않는다', '나는 기독교인이지만 좋은 사람이 되어 스스로 신앙을 실천한다.' 너무 많은 교인에게 신앙은 일종의 마법 공식처럼 '나는 하나님과 예수님을 믿습니다'라는 말을 입에 달고 사는 것에 지나지 않습니다. 감사와 책임에 대한 공적이고 공동체적인 차원이 없습니다. 설교자는 끔찍한 질병, 끔찍한 정서적 외상, 거의 확실한 죽음에 직면했을 때 치유를 위해 기도했던 사례를 떠올릴 수도 있습니다. 치유되었을 때 하나님께 드리는 감사가 거의 없거나, 감사를 드리더라도 예배에 몇 번 형식적으로 참석한 후 감사와 예배를 쓰레기통에 버리는 경우가 많았습니다. 얼마나 슬픈 일입니까?

시편 기자에게는 이런 것이 없습니다. 하나님께서는 그에게 치유를 허락하시고 죽음에서 구해 주셨습니다. 그래서 그의 삶 전체가 변화되었습니다. 그는 공개적으로 하나님께 감사할 것입니다. 그는 공개적으로 하나님께 책임 있는 행동을 하게 될 것입니다. 그는 공개적으로 하나님을 사랑하게 될 것입니다.

세 살 난 아들이 수술이 필요한 큰 뇌종양 진단을 받은 한 가족을 방문한 기억이 납니다. 수술 며칠 전, 그 가족은 저에게 집으로 와서 함께 기도해 달라고 부탁했고, 저는 그렇게 했습니다. 그리고 수술 당일 아침이 되었습니다. 약 12명의 가족 구성원들, 친구들 그리고 저는 세계 최고의 병원의 대기실에 앉아 외과 의료진이 상상할 수 있는 가장 복잡한 수술을 수행하는 동안 기다리고 있었습니다. 수술실에서 실제로 일어나는 일이 아닌 다른 주제에 대해 생각하고 이야기하며 대화를 나누다 보니 시간이 흘렀습니다. 점차 다른 환자들의 진료가 완료되고 가족들이 떠나면서 대기실은 서서히 비워졌습니다. 미소 뒤에는 견딜 수 없는 긴장감이 감돌았습니다.

거의 6시간 후, 마침내 병원 직원은 소년의 어머니와 아버지를 불렀고 아들의 수술을 성공적으로 마쳤다고 말했습니다. 그 부부는 서로의 품에 안겨 쓰러졌고, 물론 우리도 주변의 모든 사람을 안아주며 안도감에 기쁨의 눈물을 흘렸습니다. 저와 가족들은 '사랑하는 하나님, 정말 감사합니다…'라는 말을 간신히 내뱉을 수 있었습니다.

워커 퍼시(Walker Percy)의 소설에 등장하는 한 인물이 "만약 당신이 하나님에게 기적을 구했는데 하나님께서 '예스'라고 답했다고 가정해 봅시다. 남은 인생을 어떻게 살아가시겠습니까?"라고 묻습니다. 시편 기자는 자신의 대답을 분명히 했습니다. 당신은 참으로 어떻게 살겠습니까?

주석적 관점

학자들은 시편이 공동예배에 사용되었는지 개인 기도에 사용되었는지에 대해 논의할 수 있지만, 거의 모든 시편에서 전례적 기반이 드러납니다. 시편 116편도 예외는 아닙니다. 전통적으로 개인적인 감사의 찬송으로 이해되는 이 시편은 다양한 맥락에서 계속 사용되고 있습니다. 할렐(Hallel, 시편 113-118편에 대한 탈무드 이름)의 일부인 이 시편은 유대 전통 축제의 일부로 공개 행사에서 기도문으로 그대로 낭송됩니다. 하누카 축제를 축하하기 위해 쓰인 것으로 추정되는 할렐은 오랫동안 순례자 축제, 유월절, 초막절, 토라 수여 기념 축제(칠칠절) 기간에 낭송되어 왔습니다. 일부 전통에서는 할렐은 정월 초하루(로쉬 호데쉬), 무교절, 오순절 축제 때에도 읽습니다. 현대적 맥락에도 적합한 한 가지 예가 영화 〈설교자의 아내〉(The Preacher's Wife)에서 휘트니 휴스턴이 부른 리처드 스몰우드(Richard Smallwood)의 "I Love the Lord"가 등장하는데, 이는 시편의 첫 절이 노래의 시작이자 제목입니다.

시편 전체의 틀은 수사학적으로 흥미로운 구조를 제공합니다. 적어도 일곱 번 이상 목소리와 어조가 바뀌는 이 시편은 대화적 어조를 설정하며, 아마도 전례에서 리더와 참가자에게 응답하는 읽기를 제공할 수 있습니다. 시편 기자는 개인적인 경험과 신의 초월적이고 내재적인 특성에 대한 이야기 사이에서 균형을 잡습니다. 전체적으로 볼 때, 시편은 다음과 같이 교차대구적 구조(A B C C B A에서와 같이 평행한 두 단어나 구의 순서가 반전되는 것으로 정의됨)를 제공합니다.

1 A 여호와께서 내 목소리를 들으시고
2 B 나는 여호와를 부릅니다
3 C 죽음의 줄이 나를 감쌉니다
4~5 D 나는 여호와의 이름을 부릅니다
6 E 그는 나를 구했습니다
7 F 여호와께서는 풍성하게 다루셨습니다
8 G 주께서 나를 죽음에서 구하셨습니다
9~11 G 주께서 나를 살리셨습니다
12 F 하나님의 모든 은혜
13a E 구원의 잔
13 b~14 D 나는 여호와의 이름을 부릅니다
15~16 C 당신은 나를 죽음의 속박에서 구해 주셨습니다
17 B 나는 여호와의 이름을 부릅니다
18~19 A 주님께 서원을 드립니다 *

문법과 형태(히브리어 단어의 형태)는 오랫동안 시편 번역가들에게 어려움을 안겨주었습니다. 시편 116편도 예외는 아닙니다. 예를 들어, 1절의 일반적인 번역(KJV, NRSB, NASB, ESV)은 '나는 여호와를 사랑합니다'로 시작하지만, 이러한 번역을 제시하려면 주어와 동사 '나는 사랑합니다' 뒤에 히브리어 본문에는 없는 직접 목적어를 추가해야 합니다. 이 구절을 더 문자 그대로 직역하면 '나는 사랑합니다, 여호와께서 나의 자비를 구하는 부르짖음을 들으셨기 때문입니다'가 됩니다. 4절에서 히브리어 네페쉬(nephesh, 흔히 '영혼'으로 번역되는 단어)가 다시 한번 흥미롭게 번역되어 있습니다. 신명기 6:4~6의 쉐마(RSV에서는 '이스라엘아, 들으라. 우리 하나님 여호와는 오직 한 분 여호와이시니, 너는 마음을 다하고 목숨을 다하고 힘을 다하여 네 하나님 여호와를 사랑하라. 내가 오늘 네게 명하는 이 말씀을 네 마음에 새기라'로 번역됨)에서 '영혼'으로 번역되는 네페쉬는 '마음', '힘'과 함께 인간의 세 가지 속성 중 하나로 설정되어 있습니다. '영혼'이 역사와 전통의 어느 시점에서는 적절한 번역으로 사용되었을지 모르지만, 네페쉬의 의미는 종종 육체와 영혼의 이분법에 갇히게 됩니다. 히브리어 단어는 더 완전하고 포괄적인 의미를 지니고 있으며, '전체 자아'와 같은 의미로 존재의 총체를 나타냅니다. 따라서 쉐마 구절에서 5절은 '너는 마음을 다하고, 너의 전 존재로, 힘을 다하여 네 하나님 여호와를 사랑하라'로 번역될 수 있습니다. 시편 116:4은 NRSV에서 '그때 내가 하나님의 이름을 불렀나이다. 주여, 기도하오니 내 생명을 구하소서'로 번역되었으나, 이는 '그때 내가 하나님의 이름을 부르며, 제발-하나님-제발 나의 전 존재를 구원하소서'로 번역할 수 있습니다.

15절은 번역가들에게 오랜 주석적 난제를 제시합니다. 히브리어를 문자 그대로 번역하면 다음과 같습니다. '여호와께서 보시기에 귀중하고/존귀하고/가치 있는 것은/그의/경건하고/착하고/헌신한/사람의/죽음입니다.' '죽음'으로 번역된 단어는 '하팍스 레고메논'(hapax legomenon)으로, 모든 본문에서 단 한 번만 등장하는데 여기 시편 116편에 나옵니다. 어떤 학자들은 하나님께서 헌신한 자의 죽음을 귀하게 여기시는 이유를 설명하기

* Identified by scholar Robert Alden in "Chiastic Psalms (III):A Study in the Mechanics of Semitic Poetry in Psalms 101150," *Journal of the Evangelical Theological Society* 21, no. 3 (Summer 1978):199-210.

위해 다양한 해석을 제시했지만, 다른 학자들은 본문을 수정하는 것이 적합하다고 보았습니다. 히브리어 단어 중간에 한 글자를 추가하면 단어의 의미가 '죽음'에서 '신뢰'로 변경되어 구절이 번역됩니다. '하나님 보시기에 귀한 것은 하나님의 헌신적인 사람들의 신뢰입니다'라는 번역은 신뢰에 대한 시편의 나머지 강조점과 일치입니다. 이러한 수정은 사본의 필사자가 시편 사본을 만들기 위해 필사할 때 글자(한 줄처럼 보이는 문자)를 쉽게 그리고 우연히 실수로 누락할 수 있다는 점을 고려할 때 정당화될 수 있습니다.

오늘 본문(1-4, 12-19절)은 시편 7절에서 시편 기자의 자기 성찰의 요점을 명령의 형태로 제공하는 중요한 부분을 생략하고 있습니다. 이 구절은 명령형으로 '나의 전 존재야, 나의 안식처/안식의 조건으로 돌아가라'라고 말합니다. 쉼표를 생략하고 다른 번역을 하면 '나의 전 존재를 나의 안식처로 돌이키소서'가 됩니다. 다시 말해, 하나님께서 나를 구원해 주셨기 때문에 나는 하나님 안에서 나의 안식처로 향할 수 있고, 향해야만 합니다.

설교적 관점

감사의 기도 하나님께 감사(찬양과 경배)를 드리는 적절한 시기는 언제인가요? 우리는 단지 우리에게 믿을 수 없을 정도로 좋은 일이 일어났기 때문에 하나님께 감사를 드리나요? 아니면, 영적 훈련의 규칙적인 부분이기 때문에 감사를 드리나요? 스포츠에서는 홈런을 쳐서 경기에서 승리하거나 세계 신기록을 세웠을 때, 터치다운 패스를 받아 슈퍼볼에서 승리했을 때, 하늘을 향해 경의를 표하는 선수를 많이 보았습니다. 불치병으로 여긴 질병에서 가족이 회복될 때, 사람들은 하나님을 찬양합니다. 하지만 운동 시합에서 패한 사람이 있다면 어떨까요? 사랑하는 사람이 기대했던 것과 달리 수술, 약물 치료 및 휴식에 반응하지 않을 때 적절한 대응은 무엇일까요? 우리의 희망과 꿈대로 일이 잘 풀리지 않을 때, 우리 하나님께서 우리를 돌보지 않거나 사랑하지 않으신다는 것을 의미할까요? 이것은 우리의 하나님께서 실제로 우리의 기도를 듣지 않았다는 것을 의미합니까? 물론 아닙니다. 감사에 대한 올바른 이해는 감사가 삶의 모든 변덕스러운 상황에 대한 충실하고 적절한 반응이라는 것을 인정하는 것입니다.

시편 기자는 이미 자신의 기도에 응답하신 하나님에 대한 완전한 경태로 시작합니다. "여호와께서 내 음성과 내 간구를 들으시므로 내가 그를 사랑하는도다." 만약 일이 잘 풀리지 않았다면 시편 기자가 지금처럼 사랑과 감사로 가득 차 있었을까라는 질문에 직면하게 됩니다. 그러나 이와 같은 생각에 집착하는 것은 우리 앞에 있는 메시지의 힘을 간과하는 것입니다.

시편 116편은 본질적으로 감사의 기도입니다. 이 시를 쓰게 된 사건의 구체적인 내용은 알려지지 않았습니다. 그러나 시편 기자가 자신이 죽음에 가까웠다고 생각했다는 것은 분명합니다.

> 사망의 줄이 나를 두르고
> 스올의 고통이 내게 이르므로
> 내가 환난과 슬픔을 만났을 때에(3절)

'죽음'에 다가서기 사람들은 죽음의 문턱에서 중요한 결정을 내릴 수 있습니다. 피할 수 없다고 생각하는 죽음에 굴복하거나 신에게 항복할 수 있습니다. 피할 수 없는 상황에 굴복하면 사람은 말 그대로 숨을 헐떡이며 그것이 유한한 끝이라고 생각할 수 있습니다. 그들에게는 우리가 만지고, 보고, 느끼고, 들을 수 있는 것 너머에, 즉 우리가 숨 쉴 수 있는 것 너머에 바람이나 프뉴마(pneuma, 영 또는 바람)가 있다는 사실을 깨닫는 것은 불가능합니다. 신에게 복종하므로 사람들은 몸과 영혼을 치유할 수 있는 권세가 있는 분의 뜻에 자신을 드려야 한다고 이해하게 되고 그분 앞에 무릎을 꿇게 됩니다.

육체적 죽음에는 어떤 최종성이 있지만 그렇다고 해서 다른 유형의 죽음이 마찬가지로 쇠약해질 수 없다는 의미는 아닙니다. 영적 죽음은 하나님과 분리되었다고 느낄 때 생명이 없는 공허함을 나타냅니다. 다른 사람에 대한 사랑과 감정이 모두 사라진 정서적 죽음도 똑같이 고통스러울 수 있습니다(이혼은 이런 상태에 빠지게 할 수 있습니다). 이 시편에는 죽음의 벼랑 끝에 있는 것처럼 느끼는 모든 사람에게 구원의 약속을 전하는 희망이 담겨 있습니다. 이는 4절에서 시편 기자가 '여호와여… 내 영혼을 건지소서'라고 간구할 때 표현됩니다.

감사의 제사 이 시편의 첫 네 구절은 구원을 주신 주님께 감사와 찬양을 드리며, 12~19절은 신자들이 실제로 감사할 수 있는 진정한 방법을 독자들에게 집중시킵니다.

12절의 "내게 주신 모든 은혜를 내가 여호와께 무엇으로 보답할까"라는 말씀은 미가 6:6의 언어를 연상시킵니다. '내가 무엇을 가지고 여호와 앞에 나아가며 높으신 하나님께 경배할까?'

두 글의 문맥은 매우 다릅니다. 미가는 죄(개인과 기업 모두)에 대한 용서를 구할 필요성을 언급하는 반면, 시편 116편은 거의 비극적인 상황에서 구출된 사람의 감사의 이미지를 제시합니다. 그러나 둘 다 현대 독자들에게 진정으로 마음에서 우러나오는 예배의 형태만을 받아들이도록 도전합니다.

감사 행위의 진정한 중심에는 누가 있을까요? 미국과 같이 실제로 '추수감사절'을 공휴일로 지정한 국가에서는 많은 관심이 자기 자신에게 집중되어 있는 것이 분명합니다. 그날을 위해 우리는 특별한 식사를 준비하고 먹어야 합니다. 어디로 갈지, 누구와 함께할지, 어떤 축구 경기를 볼지 고민합니다. 우리에게 필요한 모든 것을 끊임없이 공급하시는 분에게 감사해야 한다는 내용은 일반적으로 긴급 기도가 끝난 다음에 또는 공예배 중에 떠올릴 뿐입니다. 안타깝게도 우리는 자기 자신에 너무 사로잡혀 우리가 해야 할 일이 무엇인지조차 깨닫지 못합니다. 우리의 삶이 이렇게 흘러갈 필요는 없습니다. 시편 기자의 말은 제사(service), 즉, 삶의 예배에 관한 아름다운 이미지를 제시합니다.

> 내가 주께 감사제를 드리고 여호와의 이름을 부르리이다
> 내가 여호와께 서원한 것을 그의 모든 백성이 보는 앞에서 내가 지키리로다
> (17-18절)

애틀랜타는 다른 많은 도시와 마찬가지로 사

람들이 진정한 방식으로 감사를 표할 수 있는 다양한 장소를 제공합니다. 추수감사절, 크리스마스, 부활절과 같은 휴일에는 무료 급식소에서 자원봉사를 하고, 외출이 어려운 이들을 찾아가고, 노숙자를 돕습니다. 물론 이러한 기회는 연중 내내 열려 있습니다. 우리 자신을 바치는 것은 하나님께 감사를 드리는 진정한 활동입니다.

부활절 셋째 주일

베드로전서 1:17~23

17 외모로 보시지 않고 각 사람의 행위대로 심판하시는 이를 너희가 아버
지라 부른즉 너희가 나그네로 있을 때를 두려움으로 지내라
18 너희가 알거니와 너희 조상이 물려 준 헛된 행실에서 대속함을 받은 것
은 은이나 금같이 없어질 것으로 된 것이 아니요
19 오직 흠 없고 점 없는 어린 양 같은 그리스도의 보배로운 피로 된 것이
니라
20 그는 창세 전부터 미리 알린 바 되신 이나 이 말세에 너희를 위하여 나
타내신 바 되었으니
21 너희는 그를 죽은 자 가운데서 살리시고 영광을 주신 하나님을 그리스
도로 말미암아 믿는 자니 너희 믿음과 소망이 하나님께 있게 하셨느니
라
22 너희가 진리를 순종함으로 너희 영혼을 깨끗하게 하여 거짓이 없이 형
제를 사랑하기에 이르렀으니 마음으로 뜨겁게 서로 사랑하라
23 너희가 거듭난 것은 썩어질 씨로 된 것이 아니요 썩지 아니할 씨로 된
것이니 살아 있고 항상 있는 하나님의 말씀으로 되었느니라

신학적 관점

신학에서 가장 복잡하고 풍부한 교차점 중 하나는 기독론과 구원론 사이의 교차점입니다. 그리스도의 사역과 그 효과에 대한 성경의 증거는 다양하며, 신학자들에게 다양한 이미지, 아이디어, 경험을 제공합니다. 동시에, 교회는 그리스도의 위격에 대한 칼케돈의 결정을 제외하고는 이 분야에서 독단적인 결정을 내리지 않았습니다. 따라서 우리는 구원하시는 그리스도의 사역의 온전한 깊이와 넓이와 그 사역 안에서 하나님의 사랑을 구현하기 위해 상호 연결되는 다양한 부분을 자유롭게 탐구할 수 있으며, 심지어 권장됩니다. 예를 들어, 칼뱅은 그리스도의 삼중직과 우리의 칭의와 성화에 대한 교리(rubrics)를 사용하여 '그리스도의 사역과 역사가 우리 삶에 미치는 영향에 대한 놀라운 비전'을 제시합니다.*

베드로전서의 이 구절은 정원을 통과하는 한 가지 길을 탐구합니다. 베드로는 그리스도의 사역이 우리 삶에서 맺는 열매인 구원론에 초점을 맞추고 있지만, 그 구원론은 기독론적 비전에 기초하고 있습니다. 이 구절이 인도하는 끝은 우리의 성화, 즉 서로 사랑하므로 순종하는 사람으로 형성되는 것에 관한 것이지만, 우리를 이곳에 도달하게 하는 것은 기독론적 이유입니다. 베드로의 이해에 따르면, 우리 영혼을 위한 그리스도의 대속은 우리 안에 하나님을 신뢰하고 진리에 순종하며 서로를 사랑하는 마음을 열어줍니다. 기독론에서 흘러나오는 이러한 구원론의 역동성은 첫 장에서 볼 수 있는 깊은 기독론 중심적 세계관을 반영합니다. 여기에서 베드로는 우리의 탄생에서 그리스도의 부활을 통한 희망으로, 이 새로운 탄생에서 우리가 찾은 그리스도에 대한 사랑으로, 우리 안에서 형성된 희망과 사랑의 거룩함으로 이동합니다. 여기서 일관된 움직임은 그리스도의 사역에서 우리의 성화에 이르기까지입니다.

따라서 본문의 중심에는 그리스도께서 우리를 위해 행하신 일에 대한 확고한 이해가 있으며, 이는 그 사역에 대한 객관적 이해와 주관적 이해가 결합하여 놀라운 결과를 낳습니다. 이 편지는 먼저 그리스도께서 그분의 피의 대가로 우리를 속박에서 대속하신 것에 대한 은유를 제공합니다. 대속의 은유는 기독교 신학에서 강력한 은유로, 죄에 속박되었다는 강한 의식, 그리스도의 피의 대가, 그리스도 안에서 찾은 자유를 하나로 묶습니다. 그러나 이 은유는 여러 신학자, 특히 안셀무스(Anselm)가 지적했듯이 문제가 있습니다.** 블라디미르 로스키(Vladimir Lossky)는 나지안주스의 그레고리가 이 은유에 대해 초기에 반대했던 것을 요약하여 그리스도가 누구로부터 우리를 대속했는지 묻습니다.*** 사탄은 거짓말쟁이와 강도로서 우리에 대한 권리를 주장할 수 없으며, 그렇기 때문에 하나님께서는 분명히 사탄으로부터 우리를 대속할 필요가 없으십니다.

* 이 분야에 대한 칼뱅의 업적에 대해서 Stephen Edmondson, *Calvin's Christology* (New York:Cambridge University Press, 2005)을 보라.

** Anselm of Canterbury, *Cur Deus homo?*

*** Vladimir Lossky, *The Mystical Theology of the Eastern Church* (Crestwood, NY:St. Vladimir's Seminary Press, 2002), 152.

그러나 베드로가 이 이미지를 사용한 것은 우리에게 이 이미지를 이해하는 세 번째 방법을 제시합니다. 그는 그리스도께서 우리 자신의 헛된 길에서 우리를 대속하신 것을 증거하고, 이 구절을 통해 그리스도의 대속이 우리를 하나님을 신뢰하고 진리에 순종하며 이웃을 사랑하게 만든다고 주장합니다. 베드로는 그리스도가 우리 자신, 즉 우리 자신의 깨어진 의지에 사로잡힌 것으로부터 우리를 대속한다고 생각하는 것 같습니다. 그리스도께서는 우리를 속박에서 해방시키기 위해 자신을 주시는 구체적인 대가를 지불하시지만, 그의 대가 지불로 말미암아 우리 의지와 마음을 변화시키십니다. 여기서 그리스도의 실제적인 사역은 근본적으로 관계적입니다.

만약에 우리가 이 구절의 기독론적 기초에서 이 구절이 상상하는 구원론적 역동성으로 눈을 돌리면, 베드로전서는 우리의 영적 개혁의 분명한 진전을 묘사한다는 것을 봅니다. 이 발전의 중심은 우리의 거룩함입니다. 이 구절 바로 앞의 구절에서는 하나님께서 거룩하신 것처럼 우리도 거룩해야 한다는 레위기의 하나님 명령을 상기시킵니다(레 11:44-45). 따라서 이 구절의 분명한 목표는 진리에 대한 우리의 순종, 즉 거룩함의 분명한 표식입니다. 거룩함을 향해 노력하라는 앞 구절의 명령과 함께 우리의 거룩함은 예수님 안에 있는 은혜에서 비롯된다는 분명한 인식이 있습니다. 따라서 오늘 본문에서 그리스도의 사랑으로 우리 안에 생겨난 하나님에 대한 신뢰는 순종의 기초가 됩니다. 그리스도의 희생을 통해 우리는 우리의 방식에서 하나님의 방식을 신뢰하도록 근본적인 변화를 경험하게 됩니다. 그때 하나님을 신뢰함으로 생겨난 거룩함은 우리의 마음을 열어 우리의 이웃을 진정으로 사랑하게 됩니다. 루터의 말처럼, 진정한 사랑은 하나님을 우리에게로 향하게 하는 일이 아니라, 예수님 안에 있는 하나님의 사랑에 대한 응답으로 우리가 신뢰함으로 하나님께로 향하는 열매입니다.

이 서신에서 분명한 구원론적 동인인 계시가 논의의 중심을 이루고 있습니다. 한편 베드로전서의 계시는 기독론적 무게를 지니고 있습니다. 즉, 성경에서 그리스도의 계시는 베드로의 청중에게 그분의 임재를 나타내는 주요한 방식입니다. 앞서 편지는 '(예수)를 너희가 보지 못하였으나 사랑하는도다'(1:8)라고 언급하고, 본문에서는 우리가 '살아 있고 항상 있는 하나님의 말씀'(23절)을 통해 이 사랑에 이르렀음을 분명히 밝히고 있습니다. 사실 하나님의 말씀은 그리스도 안에서, 우리 안에 새로운 생명을 탄생시킵니다. 이 경우에 계시는 우리에게 그리스도의 임재를 전달하는 매개체 역할을 합니다. 더 넓은 맥락에서는 하나님의 사랑이 세상에 드러나는 매개체 역할을 합니다. 복음이 우리에게 예수님을 계시하는 것처럼, 예수님은 하나님의 영원한 사랑을 계시하십니다. 실제로 베드로전서는 하나님의 사랑의 영원성(예수님이 영원 전부터 예정되셨다는 점에서)이 우리가 하나님을 신뢰하는 한 가지 근거가 되는 것처럼 보입니다. 베드로전서에서 계시의 개념을 사용한 것은 기독론과 구원론이 서로 얽혀 있음을 다시 한번 볼 수 있게 해줍니다. 계시를 통해 하나님의 영원한 사랑은 하나님의 말씀을 통해 나타난 그리스도 안에서 나타나며, 이 두 가지 계시는 우리를 신뢰,

순종, 사랑으로 이끕니다.

목회적 관점

원예(gardening)의 세계에는 썩어 없어지는 씨앗과 영원히 사라지지 않는 씨앗이 있습니다. 가을에 말라버린 덩굴에서 나팔꽃 씨앗을 털어 본 사람이라면 누구나 이 놀라운 사실을 알고 있습니다. 씨앗은 비처럼 흙으로 떨어지고 난 다음 웅장한 '나팔꽃'(morning glory)의 계절이 거의 확실하게 보장됩니다. 하지만 온실에서 키운 하이브리드 식물(개량 묘목 6개짜리 묶음)은 봄에 심어지고, 첫 서리만 내리면 영원히 사라지고 맙니다.

베드로전서의 저자는 신앙의 일시적인 성격을 예리하게 인식하고 있던 공동체에게 편지를 쓰면서 그리스도인의 장수와 미래 세대를 위한 토대를 마련하려고 시도합니다. 이 공동체가 신앙 때문에 공개적으로 괴롭힘을 당하든, 소외되어 자괴감을 느끼든, 저자는 새 신자들에게 자신감을 불어넣어 줍니다. "너희가 알거니와 너희 조상이 물려 준 헛된 행실에서 대속함을 받은 것은 은이나 금같이 없어질 것으로 된 것이 아니요"(18절). 은과 금은 어떤 맥락에서든 소멸하기 쉬운 것으로 여겨지는 경우는 거의 없지만, 여전히 그 질성(tone)은 정해져 있습니다. 예수님의 죽음과 부활은 여러분이 아는 그 어떤 것과도 비교할 수 없는 영원한 힘을 가집니다. 이런 의미를 담은 언어유희가 말씀 후반에 사용됩니다. 새로 태어나는 것이 실제로 '살아 있고 항상 있는 하나님의 말씀'(23절)이 '썩지 아니할 씨'에 어떻게 완전하게 연결되어 있는지 설명할 것입니다.

끊임없는 박해의 분위기 속에서 신앙을 실천하는 것이 어떤 것인지 알 수는 없지만, 북미인들은 소멸되기 쉬운 것에 대해 확실히 잘 알고 있습니다. 친환경에 대한 인식이 높아지고 있지만, 삶의 '버려지는' 특성은 자연스러운 현상입니다. 생활용품이 고장 나면 고치지 않고 버립니다. 휴대전화가 수명을 다하면 최신 모델로 교체합니다. 토스터기(toaster)가 고장 났을 때, 우리가 골목길로 나가 쓰레기통에 버리는 사이에 또다른 업체가 토스터기를 제공해 줄 것입니다. 건강의 영역으로 확장하면 인간의 몸에는 '버려야 할' 부분도 있을 것입니다. 몸의 부분들이 손상되면 새로운 눈, 새로운 관절, 새로운 심장을 제공받을 것이라고 기대할 수 있습니다. 모든 신체 부위가 손상되지 않고 온전한 채로 죽을 수 있다는 생각은 덧없는 생각입니다. 북미인은 소멸되는 것을 이해합니다.

고대에 '불멸'이라는 단어가 낯설었던 것처럼 포스트모던 시대에도 낯선 단어일 수 있습니다. 1세기 유배 생활을 하던 새로운 기독교인에게 그리스도를 믿는다는 것은 고립에 대한 두려움을 떨쳐버리는 것을 의미했습니다. 예수님을 믿는다고 해서 세상에서 더 나은 존재가 될 수 있을까요? 오히려 믿음은 더 많은 아픔과 절망의 길을 열어줄 뿐이 아닐까요? 그러한 움직임이 시작된다는 것은 무엇을 의미할까요? 모태 신앙인들은 늘 교회 어른들이 앞에 서서 신앙의 첫 고난을 대신 감당해 왔기에, 그런 보호막 없이 걷는 신앙의 길을 쉽게 떠올리지 못합니다.

자녀가 '신앙에 대해 스스로 결정하기를' 바라는 부머(boomer) 세대 부모들에 의해 청년층이 표류하는 교회 공동체의 새로운 구성원이 되면서 신구 세대 간의 연결이 더 깔끔하게 이루어질 수 있습니다. 그들은 아무런 배경도 없이, 가족 때문도 아닌, 주일학교 출석 스티커 수집 때문도 아닌, 스스로 신앙 공동체를 찾아옵니다. 그들은 세례 증서도 없고 성례전에 대한 지식에 굶주린 것처럼 보입니다. '크리스마스가 실제로 무엇인가요?'라는 질문은 특별한 질문이 아닙니다. 단순한 신앙에 만족하지 않는 새 신자들은 글을 처음 배우는 어린아이처럼 정보를 흡수합니다. 포스트모던 시대에는 잘 하지 않는 일, 즉 '기관'에 소속되는 것에 대한 두려움을 극복한다는 것이 어떤 의미일까요? 주변에서 썩어 없어질 것들이 판을 치고 있을 때, 썩지 않고 영원한 하나님의 말씀에 삶의 닻을 내린다는 것은 어떤 의미일까요? 그것은 이미 일어나고 있습니다. 이 가르침은 처음 신앙을 갖게 된 새로운 세대를 위한 시간의 시험을 견뎌내고 있습니다.

모든 시대를 통틀어 하나님의 백성은 삶의 의미와 목적을 찾으며, 이 서신의 저자는 이 구도에 대한 빛을 비추고자 노력합니다. 사람들을 하나님께로 인도하는 신앙의 삶이야말로 그리스도인의 핵심입니다. 그리스도는 믿을 수 있고, 신뢰할 만하며, 위험을 감수할 가치가 있는 하나님 안에 있는 소망의 삶을 살도록 도와줍니다. 이러한 삶은 마음에서부터 우러나오는 사랑을 가능하게 하며 이러한 생각은 대부분의 초신자들에게는 급진적인 것입니다. 사랑은 어쩌면 언제든지 철회할 수 있고 익명성이 보장되는 '온라인 결혼정보회사'에서 비롯될 수 있습니다. 사랑은 평생 헌신에 대한 진정한 기대 없이 잠깐의 사랑을 찾을 수도 있습니다. 사랑은 소년소녀 클럽에서도 표현될 수 있지만 그것은 단지 이력서에 표시되는 항목과 같을 뿐입니다. 마음에서 우러나오는 사랑? 불멸의 사랑? 참 낯선 개념입니다. 거룩한 말씀을 독해할 수 있는 문해력을 갖는 의미는 분명합니다. 살아 있고 항상 있는 하나님의 말씀을 이해하기 위해서는 표면적인 이해보다 더 깊이 들어가야 합니다.

베드로전서는 위험과 보상의 사고방식에 갇혀있는 새 신자들에게 복음의 소식을 전합니다. 불멸하는 것에서 삶의 목적을 찾는 것은 오늘날의 주장만큼이나 반문화적인 주장입니다. 어떤 보장도 벗어날 수 있는 조건도 없이 진심으로 사랑한다는 것은 어떤 기준이나 삶의 조건으로 볼 때도 예언적인 진술입니다. 우리에게 열려 있고 인생에 맛깔나는 양식을 제공해 주는 고대의 텍스트에서 의미를 발견하는 것은 진지하게 받아들여야 할 책임입니다. 썩지 않는 씨(23절의 살아 있고 항상 있는 하나님의 말씀)를 품고 다음 계절에 새로운 탄생을 위해 그것을 털어내는 것은 미래 교회를 향한 발걸음입니다.

부패하기 쉬운 씨앗과 부패하지 않는 씨앗이 있습니다. 온실 잡종은 겨울을 견디지 못합니다. 베드로전서는 먼저 썩지 않는 씨앗을 뿌리고 우리가 감당할 수 있는 모든 나팔꽃(morning glory)을 준비하라고 했습니다.

주석적 관점

17절은 저자가 1장에서 스케치한 네 가지 명령 중 세 번째 명령으로 시작합니다. 첫째, 하나님의 자비(3-12절)로 인해 신자들은 다가오는 은혜에 전적으로 소망을 두어야 합니다(1:13). 둘째, 하나님의 거룩하심으로 인해 신자들은 삶의 모든 면에서 거룩해야 합니다(14-16절). 셋째, 하나님의 공의와 그리스도의 죽음으로 인한 자유로 인해 신자들은 경건한 두려움으로 살아야 합니다(17-21절). 넷째, 신자들은 자신의 구별됨과 거듭남으로 인해 서로를 깊이 사랑해야 합니다(22-23절). 이 마지막 두 명령은 비슷한 용어가 사용된다는 점에서 서로 평행 구절입니다. 이미 하나님을 '아버지'(17절)라고 부르는 신자들은 '거듭남'(3, 23절)을 경험했으며, 이제 가족의 자매와 형제로 인정받습니다. 시련의 시기 맥락에서, 저자는 과거, 현재, 미래를 이해하는 새로운 방법을 제안하며, 전통적인 행동 방식과 현대적인 행동 방식을 거부할 것을 권고합니다. 이는 이스라엘의 이집트 탈출 이야기가 울려 퍼지는 해방으로 인해 가능해진 저항의 반응입니다.

저자에게는 과거의 사건을 묘사하는 두 가지 중요한 이유가 있습니다. 먼저 베드로전서에 나오는 슬로건 '옛것이 더 낫다'를 생각해 보겠습니다. 저자가 그의 청중들의 이전 삶을 '너희 조상이 물려 준 헛된 행실'(18절)이라고 일축한다면, 그는 적어도 동등한 고대의 유산을 제공해야 하는데, 이를 위해 그는 '창세전'(the foundation of the world, 20절)을 언급합니다. 둘째, 저자는 그리스-로마 역사가들을 연상시키는 방식으로, 이스라엘 자신의 역사적 사건과 함께 일상적인 사건의 표면 아래에서 하나님의 인도하심이 작용하고 있다고 촉구합니다. 이는 하나님의 영원한 목적을 담고 있는 전체 내러티브 안에서 이해할 때 의미를 가질 수 있는 끔찍한 고통의 행위인 그리스도의 희생적 죽음에서도 마찬가지입니다. 베드로전서의 청중은 조상의 전통이 아니라 그리스도를 따르므로 고난을 경험한 사람들이기 때문에 이것은 중요합니다. 로마 문화는 대대로 전해 내려오는 것을 소중히 여겼으며, 조상의 종교에서 벗어나는 것은 신의 경멸을 받는 재앙을 불러오는 것이었습니다. 따라서 조상의 전통에서 벗어나는 사람들은 비순응적인 행동을 함으로써 사회 구조를 훼손한다는 이유로 미움을 받았습니다.

저자는 자신의 속죄 신학을 명확히 표현하기 위해 세 가지 이미지를 결합합니다. (1) '해방' 또는 '대속' 하나님께서 이스라엘을 이집트 노예에서 해방하신 데서 유래합니다(예. 출 6:6; 15:13; 신 7:8; 사 43:1). (2) 유월절 희생(출 12장)에서 차용한 '어린양'의 이미지. 매년 기념하는 유월절은 하나님의 백성에게 하나님의 선택과 위대한 구원의 행위를 기념하고 세대에 걸쳐 재적용합니다. (3) '피'와 '결함이나 흠 없는 양'의 조합은 이스라엘의 희생 제사를 상기시킵니다. 중요한 본문인 레위기 17:11~14에서 피를 흘린다는 것은 생명의 실체로 간주해, 희생 제사를 드리는 사람들의 생명을 바치는 것을 의미합니다. 여기서 흠 없는 동물의 생명은 흠 있는 인간의 생명을 대신하여 하나님과의 올바른 관계를 회복시킵니다. 베드로전서 1:18~19에서는 죄와 그 결과보다는 '너희 조상이 물려 준 헛된 행실'이 구원의 초점입니다. 이것은 마치 '물려받은 삶의 방식'과 그 '욕망'이 하나님께서 맞서 싸우시는 세력이 될 수 있는 것처럼 이전 삶의 욕망의 힘을 암시합니다. 미래와 관련하여 베드로전서의 이 부분에서 저자는, 무엇보다 하나님의 성품에 대해 말하기 위해 미래의 심판의 특징만을 언급합니다. 오늘날 하나님의 공정한 심판을 언급하는 것은(17절) 공의 문제에 있어서 하나님의 중립성이나 객관성에 대한 개념을 암시하는 것일 수 있습니다. 반대로 이스라엘 성경에 하나님의 공평성에 대한 언급이 있더라도(예. 대하 19:4-7), 하나님의 공의의 저울은 결코 맹목적이지 않습니다. 결국 이스라엘을 이집트에서 해방하신 하나님께서는 이스라엘이 억압받고 소외된 자들을 배려하도록 이끄시는 하나님이십니다. 저자가 사용하는 관용어는 특히 계급이나 지위와 관련하여 '누군가의 얼굴을 인정하다' 또는 '호의를 보이다'입니다. 그러므로 요점은 하나님께서 베드로전서의 세계에서 널리 퍼져 있는 명성의 척도(예. 성별, 나이, 혈통, 재산, 지인의 지위)에 흔들리지 않으시고, 대신 그 사람의 가장 깊은 충성심과 인격이 어떻게 행실을 통해 드러나는지를 고려하신다는 것입니다.

과거와 가까운 미래에 대한 이러한 관점으로, 우리는 마침내 저자의 진정한 관심의 중심인 현재에 도달하게 됩니다. 현재와 관련하여 저자는 이제 어려운 상황 속에서 신실한 삶의 성격을 설명할 수 있는 위치에 있습니다. 그는 청중을 유배자로 설정합니다(1:1-2; 2:11 참조). 일상적인 비방과 재난에 익숙한 '외부인'(not at home)으로 낙인찍힌 사람들에게는 특히 더 넓은 세상에서 내부인의 가치와 행동을 받아들이고 싶은 유혹이 더 큽니다. 이것이 바로 동화와 변질의 위협입니다. 이에 대한 해독제로 베드로전서는 '경건한 두려움'(17절)과 '진심 어린 사랑'(22절)을 권고합니다. 후자는 억지스러운 행동을 할 필요가 없는, 가족 사랑이라는 틀 안에 있는 사람들입니다. 22~23절의 논증 구조를 주목해야 합니다. 여러분은 가족 사랑을 위해 자신을 헌신했고(22a절), 하나님께서 여러분에게 거듭남을 주셨기 때문에(23절), 서로 사랑해야 합니다(22b절).

17절에서 저자의 메시지가 왜곡될 수 있는 한 가지 가능성은 하나님의 심판 자체가 경건한 삶의 동기가 된다고 생각할 수 있다는 것입니다. 이것은 하나님을 언급함으로써 반박되는데, 이는 하나님의 위협적인 심판보다는 하나님의 충실한 자비에 대한 성경의 이미지를 암시합니다. 당시 사회적 지위에 대한 우려를 염려하여 편파적이지 않은 하나님의 공정한 판단을 언급한다는 점, 그리고 베드로전서의 '두려움'(참조. 1:17; 2:17; 3:2, 14, 16, NRSV는 일부 '경외')은 협박이나 불안함, 공포가 아니라 하나님과의 관계를 최고의 가치로 인정하고, 그 관계가 삶의 모든 방향과 태도를 규정한다는 것입니다.

설교적 관점

이번 주일에 설교자들은 엠마오 길로 들어설 것이고 그러면 베드로전서로 우회하기는 어려울 것입니다. 지난 주일 설교에서는 '흩어진 나그네들'에게 보내는 이 편지의 첫대목보다는 도마와 예수님과의 만남에 초점을 맞추느라 이 편지를 건너뛰었을 가능성이 높습니다. 그러나 앞으로 오는 여러 주일에 걸쳐 베드로전서를 연속해서 설교하는 것을 고려해도 늦지 않습니다. 서신서 설교는 설교자와 회중이 서신서를 잠시만 접하는 것이 아니라 시간을 두고 깊이 있게 파고들 수 있을 때 가장 효과적입니다. 이 서신의 배경은 무엇인가요? 이 서신이 보내진 공동체에 대해 무엇을 알고 있나요? 어떤 중요한 문제가 있었나요? 저자는 왜

이 사람들을 '유배자'라고 부를까요? 지난 주일부터 시작된 주석적 내용은 역사적 배경을 제시하고 이 편지의 맥락을 설정하는 데 특히 도움이 될 것입니다(이러한 통찰은 사람들이 다음 주일에 매질을 당했다는 괴로운 말씀을 들을 때 특히 중요할 것입니다).

베드로전서가 수 세기 전에 살았던 사람들에게 쓰인 부활절 편지일 뿐만 아니라, 부활절 이후 오늘날의 특정 공동체에 전해지는 부활절 편지라고 생각해 봅시다. 회중이 앞으로 몇 주 동안 이 서신에 관한 설교를 들을 때, 설교자는 그 당시 소아시아의 흩어진 자들이 직면했던 어려움과 현재 유배되어 있는 사람들이 연결될 수 있도록 도울 수 있습니다. 이 유배는 공간적일 수 있습니다. '이 도시 또는 마을에서 태어난 교회 구성원은 몇 명인가요? 다른 곳에서 이곳으로 이사 온 사람은 누구인가요? 지난 5년 동안 세 번 이상 이사한 적이 있는 사람은 손을 들어보세요. 어떤 사람들은 자신이 태어난 마을을 떠난 적이 없지만 세상은 계속 변화하고 있는 것 같습니다. 저는 이 새로운 찬송가를 하나도 모릅니다. 이 새로운 사람들은 누구일까요? 왜 그들은 영어를 못하나요?' 유배는 지리적 문제 그 이상입니다.

여러분은 글로바와 이름 없는 제자를 이 서신을 받은 사람들과 연결하는 방법을 찾을 수 있을 것입니다. 마지막으로 두 제자가 예루살렘에 있는 다른 제자들에게 예수님이 나타나신 소식을 전하는 모습을 봅니다. 그들은 엠마오에서 예수님을 알아보았을 때 너무 흥분하여 깜깜한 밤중에 예루살렘으로 달려갔습니다. 그들은 이 소식을 빨리 전하고 싶어서 먹을 빵과 부활의 소식을 가지고 어둠 속을 달렸습니다. 아마도 그들은 다른 제자들과 함께 예루살렘에 머물면서 성령의 은사를 기다렸을 것입니다. 그들이 그곳에서 어디로 갔는지 누가 알고 있었을까요?

그들이 예루살렘을 떠나 북쪽으로 이동하여 이 서신의 서두에 언급된 장소 본도, 갈라디아, 갑바도기아, 아시아와 비두니아로 갔다고 상상해 봅시다. 큰 지도를 펼치거나 화면에 지도를 띄워 사람들이 우리가 그때나 지금이나 실제 장소인 터키에 도착했다는 것을 알 수 있을 것입니다. 글로바와 그의 친구는 그곳까지 가지 못했지만, 다른 사람들에게 그 소식을 전했고, 그 소식은 다른 사람들에게 전해졌습니다. 이 서신이 쓰일 무렵에는 죽음에서 부활하신 예수님에 대한 소식이 예루살렘을 넘어 멀리까지 퍼져 있었습니다. 부활절의 밝은 빛은 무덤 너머 멀리까지 비추고 있었습니다. 우리는 사람들에게 그 빛이 확산되도록 도울 수 있을까요?

내가 아이오와(Iowa)에서 자랄 때는 마가린을 판매하는 것이 불법이었습니다. 그런데 정확하게 말하면 불법은 아니었습니다. 버터처럼 보이지 않는 한, 상점에서 마가린을 판매할 수 있었습니다. 아버지는 버터를 만들기 위한 B등급 우유를 판매했고, 버터인 척하는 제품과의 경쟁을 원하지 않았기 때문에 이를 기뻐하셨습니다. 마가린이 어떻게 판매되었는지 기억하시나요? 비닐봉지에 담겨 있었고 흰색 돼지기름 덩어리처럼 보였지만, 그 봉지 한가운데 밝은 주황색 장식이 있었다는 점이 다릅니다. 아버지는 집에 올레오(oleo) 마가린 두기를 싫어하셨지만, 할머니는 가끔 그것을 사다 주시곤 하셨습니다. 그리고 할머니와 집에 있을 때면, 할머니는 내가 그 봉지를 꽉 쥘 수 있게 해주셨습니다. 그러면 저는 봉지 안쪽의 밝은 오렌지색 점이 터지도록 손가락으로 눌렀습니다. 누르고 또 눌러서 그 밝은 점이 덩어리 전체가 되어 아름다운 노란 버터로 바꾸었습니다.

부활절도 그럴 수 있을까요? 부활의 밝은 빛은 무덤에 머물지 않았습니다. 돌무덤이 예수님의 시신을 담아 둘 수 있었던 것처럼 부활은 그 장소에 담을 수 없었습니다. 엠마오에 앉아 있던 두 제자는 그 빛의 힘을 느꼈습니다. "그들이 서로 말하되 길에서 우리에게 말씀하시고 우리에게 성경을 풀어 주실 때에 우리 속에서 마음이 뜨겁지 아니하더냐 하고"(눅 24:32). 그 생명을 주는 빛은 한곳에 머물지 않고 막달라 마리아와 도마, 글로바에게 퍼져나갔고, 누가가 채우지 않은 빈칸에 우리 자신의 이름도 넣을 수 있을 것입니다. 50일 후, 부활의 붉은 주황색 빛이 예루살렘에서 기다리던 여자와 남자들에게 불의 혀처럼 휩쓸고 지나갔습니다. 부활의 기쁜 소식은 예루살렘에서 유대와 사마리아와 땅끝까지 들불처럼 퍼져 나갔습니다.

이 소식이 퍼지는 곳마다 이 이야기를 중심으로 공동체가 형성되기 시작했습니다. 이 소식은 개인적인 것이 아니라 다수를 위한 것이었습니다. 예수님에 대한 기쁜 소식을 듣고 믿은 사람들은 깊은 변화를 겪었습니다. 그들이 이전에 어떤 사람이었든, 서신의 저자가 그들이 '거듭났다'고 말할 정도로 변화되었습니다. 사실, 그들은 거듭났지만 걷는 법을 배우지 못했습니다. 그들은 아직 믿음에 있어서 어린이입니다. 엠마오로 가던 예수님처럼 이 서신의 저자는 그들에게 성경을 펼쳐 보입니다. 믿음으로 새롭게 태어난 사람들은 당연히 궁금한 점이 많았을 것입니다. 이제 어떻게 살아야 할까요? 대속되었다는 것은 무엇을 의미할까요? 이 편지의 뒷부분에서 저자가 노예들에게 직접 말하는 것으로 보아서 그 사실이 분명해집니다. 베드로전서의 이 부분이 끝날 무렵, 우리는 가장 중요한 질문, 즉 '어떻게 하면 서로 진정으로 사랑'(22절)할 수 있는지에 대한 질문에 도달하게 됩니다. 다음 몇 주일은 설교자와 청중이 이 질문에 대한 답을 찾는 데 도움이 될 수 있을 것입니다.

부활절 셋째 주일

누가복음 24:13~35

13 그날에 그들 중 둘이 예루살렘에서 이십오 리 되는 엠마오라 하는 마을
로 가면서
14 이 모든 된 일을 서로 이야기하더라
15 그들이 서로 이야기하며 문의할 때에 예수께서 가까이 이르러 그들과
동행하시나
16 그들의 눈이 가리어져서 그인 줄 알아보지 못하거늘
17 예수께서 이르시되 너희가 길 가면서 서로 주고받고 하는 이야기가 무
엇이냐 하시니 두 사람이 슬픈 빛을 띠고 머물러 서더라
18 그 한 사람인 글로바라 하는 자가 대답하여 이르되 당신이 예루살렘에
체류하면서도 요즘 거기서 된 일을 혼자만 알지 못하느냐
19 이르시되 무슨 일이냐 이르되 나사렛 예수님의 일이니 그는 하나님과
모든 백성 앞에서 말과 일에 능하신 선지자이거늘
20 우리 대제사장들과 관리들이 사형 판결에 넘겨주어 십자가에 못 박았
느니라
21 우리는 이 사람이 이스라엘을 속량할 자라고 바랐노라 이뿐 아니라 이
일이 일어난 지가 사흘째요
22 또한 우리 중에 어떤 여자들이 우리로 놀라게 하였으니 이는 그들이 새
벽에 무덤에 갔다가
23 그의 시체는 보지 못하고 와서 그가 살아나셨다 하는 천사들의 나타남
을 보았다 함이라

24 또 우리와 함께 한 자 중에 두어 사람이 무덤에 가 과연 여자들이 말한
바와 같음을 보았으나 예수는 보지 못하였느니라 하거늘
25 이르시되 미련하고 선지자들이 말한 모든 것을 마음에 더디 믿는 자들
이여
26 그리스도가 이런 고난을 받고 자기의 영광에 들어가야 할 것이 아니냐
하시고
27 이에 모세와 모든 선지자의 글로 시작하여 모든 성경에 쓴바 자기에 관
한 것을 자세히 설명하시니라
28 그들이 가는 마을에 가까이 가매 예수는 더 가려 하는 것같이 하시니
29 그들이 강권하여 이르되 우리와 함께 유하사이다 때가 저물어가고 날
이 이미 기울었나이다 하니 이에 그들과 함께 유하러 들어가시니라
30 그들과 함께 음식 잡수실 때에 떡을 가지사 축사하시고 떼어 그들에게
주시니
31 그들의 눈이 밝아져 그인 줄 알아 보더니 예수는 그들에게 보이지 아니
하시는지라
32 그들이 서로 말하되 길에서 우리에게 말씀하시고 우리에게 성경을 풀
어 주실 때에 우리 속에서 마음이 [3])뜨겁지 아니하더냐 하고
33 곧 그 때로 일어나 예루살렘에 돌아가 보니 열한 제자 및 그들과 함께
한 자들이 모여 있어
34 말하기를 주께서 과연 살아나시고 시몬에게 보이셨다 하는지라
35 두 사람도 길에서 된 일과 예수께서 떡을 떼심으로 자기들에게 알려지
신 것을 말하더라

신학적 관점

예수님의 십자가 처형 이후의 이야기는 충만한 의미(sensus plenior)로 가득 차 있습니다. 이 이야기는 단순히 시간순으로 놓인 사건 그 이상으로, 신학적 깊이로 가득 차 있어 이 풍부한 본문을 해석하는 사람들에게 계속 영감을 줍니다. 누가복음 24장은 부활과 승천 사이의 40일, 즉 예수께서 '그들의 마음을 열어 성경을 깨닫게 하신'(45절) 기간입니다. 누가-행전의 신학적 연대기는 그리스도와 성령의 상호 관계를 이해하기 위한 해적적 틀을 제공합니다. 또한 그것은 예수님 주위에 모인 '평등한 제자들'이 그 공동체(church)를 더 크게 만들어 나가는 과정과 세례와 성찬을 통해 제자들의 증언이 어떻게 유지되는지 설명합니다.

이 본문은 성전 당국의 공모로 로마에 의해 잔인하게 처형된 갈릴리 출신의 남자를 슬퍼하는 두 제자의 여정에 관한 단순한 이야기가 아니라 그 이상의 것을 의미합니다. 교회 역사에서 예수님과 당황하고 낙담한 순례자들의 만남에 관한 이야기는 부활의 신학, 성령에 의해 지탱되는 신앙의 본질, 환대를 통한 성체성사의 약속, 공동체적 실천의 필요성을 조명해 왔습니다. 교회 역사 전반에 걸쳐 실망하고 낙담한 순례자들이 예수님과 만난 이야기는 부활의 신학, 성령에 의해 유지되는 믿음의 본질, 환대를 통한 성찬의 약속 그리고 공동체적 실천의 필요성을 조명해 주었습니다.

부활하신 예수님을 쉽게 알아차릴 수 없었습니다. 누가복음을 포함한 복음서 전체에서 제자들이 죽음에서 부활하신 예수님을 만날 때, 연속성과 불연속성이 함께 공존합니다. 문제는 제자들이 종말의 도래가 아니라 '마지막 날'에 부활할 것을 기대했다는 점입니다. 제자들이 부활하신 그리스도를 보았을 때, 그들은 친숙함과 신비함, 알아봄과 혼란함을 동시에 느꼈을 것입니다. 그들은 그분이 식탁에서 함께 나누었던 분이라는 것을 느끼고, 소망이 사라진 상황에서도 그분이 계속해서 그들을 가르치고 격려하신다는 것을 인식했습니다. 누가가 완전히 발전된 부활 신학을 표현하지는 않았지만, 독자들은 엠마오로 가는 길에서 이 사람들이 만난 낯선 이가 다름 아닌 지금 그들 가운데 있는 십자가에 못 박힌 예수님이라는 결론을 내릴 수 있습니다. 부활 신학은 '우리를 아신 것같이 알게 될 것'이라고 확언합니다. 용서와 희망에 기반한 깊은 관계는 지속될 것입니다.

예수님과 두 제자의 만남에 대한 이야기는 믿음의 본질에 관한 통찰을 제공해 줍니다. 기억은 희망을 불러일으킬 수 있지만, 믿음은 눈에 보이는 증거를 필요로 하지 않습니다. 그들은 다른 식사를 기억했을 것이고 아마도 다른 제자들과 함께했던 유월절 식사 전통을 알고 있었을 것입니다. "그들의 눈이 가리어져서 그인 줄 알아보지 못하거늘"(16절)이라는 누가의 수수께끼 같은 표현은 더 깊은 지식이 뒤따를 것임을 암시합니다. 두 제자는 예수님에게 함께 머물러 달라고 간청한 후 그리스도의 현현(Christophany)을 경험합니다. 그들은 빵을 떼는 모습에서 예수님을 알아보았습니다. 떡을 취하시고, 축복하시고, 떼시고, 주시는 모습에서 제자들은 그분의 현존을 깨닫고, 이제 그분을 자신을 위해 몸을 내어주신 부활하신 주님으로 알게 되었습니다. 시간이 지나면서 교회의 초기 순교자들도 자신들이 은혜의 성례이며 희생의 상징이 되었다는 것을 이해했을 것입니다.

누가는 하나님의 임재를 '부재'로 이해하는 데 핵심적인 연결고리를 제공합니다. 그리스도께서 '그들의 시야에서 사라지셨다'는 것은 눈에 보이는 이해로는 지속적인 믿음을 유지할 수 없다는 표시였습니다. 거룩한 임재는 남아 있지만 그들이 알고 있던 형태로는 아닙니다. 이 복음의 시작부터 성령의 역할은 선포되었습니다. 세례 요한이 고백한 것처럼 성령으로 잉태된 사람은 성령으로 세례를 베풀 것입니다(3:16). 오순절이 주는 소망은 성령이 그들에게 임하고 성령 안에서 예수님이 더 이상 육체적으로 계시지 않더라도 거룩한 임재를 인식할 수 있다는 것입니다. 누가-행전의 승천 신학은 긴장감을 제공합니다. 예수님이 승천하셨다는 것은 성령이 부어졌다는 것을 의미합니다. 부활하신 그리스도는 높임 받은 위치에서 선물을 주시고, 성령은 예수님의 가르침이 입증되도록 보장합니다. 성령의 임재는 예수님의 부재를 견딜 수 있게 합니다.

누가복음 24장은 새롭게 떠오르는 성찬 신학을 제시합니다. 이 본문은 예수께서 '떡을 떼시는 가운데' 사랑하는 이들을 만나실 것이라는 약속을 줍니다. 함께 순례하는 동반자들의 환대는 은혜의 문이 됩니다. 낯선 사람이 기꺼이 그들의 공간에 들어오도록 하는 것은 신뢰와 희망을 의미하며, 예수님은 그들의 환대의 서곡에 그 이상으로 보답합니다. 환대는 깊은 취약성을 표현합니다. 낯선 사람을 맞이하는 것은 항상 위험하며, 좋은 일이든 나쁜 일이든 전세가 역전될 수 있습니다. 실제로 손님이 누구인지 쉽게 알 수 없습니다. 예수님이 친히 감사를 표현하고 믿음을 깊게 만드는 이 환대의 식사의 주인이십니다. 환대의 성찬은 이 본문에서 묘사된 풍성한 환대를 본으로 삼아야 합니다.

환대는 우리 시대의 '복음 전도 열쇠'라고 합니다. 따라서 이 본문은 포스트모던 시대에 영적 실천을 위한 문을 열어줍니다. 말보다는 행동으로 표현하고 자기만의 공간을 지키는 것이 아니라, 문을 열어 환영하는 것은 다른 사람들이 두려움 없이 자신의 집에 들어와 편안함을 느낄 수 있게 합니다. 함께 식탁을 나누는 것은 경계를 넘게 하고, 주님의 식탁, 즉 기꺼이 내어주는 환대의 식탁마다 우리를 만나주시는 그리스도와의 친교가 가능하게 합니다.

이 본문의 이야기가 고립에서 공동체로 옮겨가는 것은 놀라운 일이 아닙니다. 그리스도는 길을 가던 사람들과 합류하고, 그들은 마을에서 그분을 위한 공간을 마련합니다. 하나님께서는 참된 공동체가 형성될 수 있도록 항상 '타자'를 위한 공간을 만드십니다. 예수님이 그들의 시야에서 사라진 이후에 그들은 자신들의 속마음을 털어놓습니다. '그들이 서로 말하되 길에서 우리에게 말씀하시고 우리에게 성경을 풀어 주실 때에 우리 속에서 마음이 뜨겁지 아니하더냐'(32절). 성경은 공동체 안에서 가장 잘 이해됩니다. 왜냐하면 우리는 우리 혼자만의 고립된 독해에 의문을 제기할 다른 사람들이 필요하기 때문입니다. 실제로 우리는 생각의 편협함에 도전을 주는 다른 사람의 해석이 필요합니다. 서로가 경험한 것들을 공유해야 합니다. 두 제자가 예루살렘으로 돌아간 것은 복음의 외연이 확장된다는 것을 의미합니다. 이 좋은 소식을 반드시 함께 나누어야 하기 때문입니다. 이 혁신적인 소식은 새로운 공동체를 창조합니다. 주 예수 그리스도의 은혜로 빛을 받은 사람들은 다른 사람들에게 떡을 떼며, 그분을 알 수 있도록 증거해야 합니다.

목회적 관점

교회가 50일간의 부활절 축제를 시작한 지 삼 주가 지난 지금, 우리는 부활절 새벽이 단순히 보름달이 뜬 후의 가변적인 날짜가 아니라 카이로스의 순간임을 상기하게 됩니다. 성금요일에는 예수님의 십자가 처형의 수호자로 갇히기 쉽고, 성토요일에는 석관에 봉인된 죽은 희망에 갇히기 쉽습니다. 모든 일에는 고유한 때가 있습니다. 성삼일(triduum) 동안 거룩한 묵상과 기도를 지킨다고 해서 모든 것에서 결실을 맺을 수 있는 것은 아닙니다. 글로바와 이름을 밝히지 않은 다른 일행은 예루살렘을 떠나 7마일 떨어진 엠마오로 향하던 중에 '서로 이야기하고 토론'(15절)하고 있었습니다. 매년 유월절이 이제는 공포의 도시가 되어버린 거룩한 성으로의 순례를 마치고 집으로 돌아가는 그들의 말과 마음은 지고 가는 어떤 짐보다 무거웠습니다. 그들은 유월절 식사를 마치고 집으로 향하고 있지만, 죽음의 천사는 메시야 시대에 대한 희망의 싹을 남겨놓지 않았습니다. 그들은 무덤을 보고 온 여인들로부터 부활이라는 말을 들었으나 아직 영혼의 골수에서부터 그것을 알지 못했습니다.

깨어진 꿈을 안고 돌아가는 실망의 길에서 자신을 숨긴 예수님이 그들의 여정에 합류했습니다. 그들이 기대하는 해방의 구현이신 분이 그들 곁에서 함께 걷고 있습니다. 이야기꾼(raconteur)은 '그들의 눈이 가리어져서 그인 줄 알아보지 못하거늘'(16절)이라고 말하지만, 그렇게 된 원인을 밝히지는 않습니다. 잘 짜인 이야기에서 종종 일어나는 것처럼, 잘 드러나지 않는 세부 사항은 본문이 독자의 거울이 되게 합니다. 허락된 관찰자의 위치에서 독자는 텍스트에 자신의 해석학을 투영하는 것이 허용되거나 심지어 초대받기도 합니다. 상세한 서사의 공백은 상심의 길에서 우리 스스로 성찰하여 어느 위치에 있는지 알 수 있도록 도와줍니다. 하나님께서 그들의 눈을 가리셨을까요? 우리 중에 고통의 순간에 눈이 멀었다고 느끼지 않는 사람이 누가 있으며, 하나님은 다가올 일을 아실까, 궁금하지 않은 사람이 누가 있을까요? 그들 자신만의 해석으로 인해 드라마 속 자신의 역할을 인식하지 못하게 되었나요? 그들은 부활이라는 마지막 행위로 귀결되는 수난극(the passion play)으로 들어가는 입구를 놓친 게 아닐까요? 고통이 그들의 시야를 좁게 만들었나요? 상처받은 마음이 그들의 눈을 멀게 했나요? 의심할 여지 없이, 우리는 이러한 이야기를 통해 우리의 모습을 비추어 볼 수 있습니다. 본문은 우리 자신을 깊이 들여다보라고 말합니다. 거룩한 도시에서 떠나는 길이 바로 우리 자신의 길입니다. 우리의 신발 밑창은 부활을 인식하지 못하고 떠나는 길의 상처 난 발걸음을 알고 있습니다.

혼란, 슬픔, 실망, 배신감, 분노가 뒤섞인 감정적 수렁에서 글로바는 예수님이 갑작스럽게 툭 던지는 질문에 긴 문장으로 대답합니다. 서술자(narrator)는 초기 기독교 공동체의 신조를 삽입하지만 저자(writer)는 이것이 부드럽게 스며들게 합니다. 새로운 도그마에는 감정이 스며들어 있습니다. '우리는 이 사람이 이스라엘을 속량할 자이길 바랐습니다'(21절). '또한 우리 중에 어떤 여자들이 우리를 놀라게 했습니다'(22절). '그러나 우리는 그를 보지 못했습니다'(24절). 이것은 상처받은 이해와 감정에서 나오는 고백입니다. 쓰레기를 뒤지는 천사들(scavenger angels)은 파편들 사이에서 영적 생명의 흔적을 찾기 위해 길을 휩쓸고 지나갑니다. 산산이 부서진 도그마의 쓰레기 속에서 믿음을 찾을 수 있을까요? 마음은 머리보다 더 많은 것을 알고 있습니다.

언뜻 보기에 예수님의 대답은 현학적일 정도로 학식 있는 것처럼 보입니다. 마치 예수님이 주머니에 넣어둔 토라 두루마리와 선지서를 꺼내 메시야에 대해 입체적으로 강의하는 것 같지만, 그의 설명(PowerPoint)은 정서적으로 마음에 와닿지 않았을 것입니다. 이러한 상호소통(exchange)은 누가복음에서 일반적으로 나타나는 다정하고 관계적인 이야기라기보다는 마태복음의 강렬한 설교처럼 읽힙니다. 그러나 잘 만들어진 이야기는 역사를 되돌아보고 미래를 상상하고 나아갈 힘을 얻는 창구 역할을 하기도 합니다. 예수님은 그들의 오래된 신앙 전통이 자신과 연결되어 있다는 것을 보여줍니다. 길을 떠난 두 여행자, 예루살렘에 남겨진 제자들, 그리고 미래의 독자들과 우리는 단지 전통뿐만 아니라 열매 맺기를 갈망하는 소망과도 연결되어 있습니다. 그것은 시계와 달력이 아닌 카이로스의 역사입니다. 모든 꽃은 제철에 피는데, 어떤 꽃은 눈이 아직 땅에 쌓여 있을 때 피고 어떤 꽃은 한여름 더위 속에서 피어납니다. 부활절이 항상 사흘 안에 오는 것은 아닙니다. 돌은 굴러 옆으로 치워졌지만 때때로 우리는 무덤에 머물러 있습니다. 본문은 예수님이 떠나실 것처럼 말씀하신다는 것을 암시합니다. 아마도 엠마오로 가는 두 여행자의 마음은 더 많은 것을 갈망하고 있을 것입니다. 어쩌면 그들은 환대의 의무를 다하고 있을지도 모릅니다. 어느 쪽이든, 그들은 여전히 그리스도가 그들과 동행한다는 사실을 깨닫지 못한 채 그분에게 더 머물도록 초대합니다. 그런 다음 드러나는 이야기가 너무 감동적이라는 것만 제외하면, 다소 우스꽝스러울 수 있는 장면에서 그들은 성찬을 나눕니다. 예수님이 손에 있는 떡을 가지고, 그것을 떼어 축사하시므로 새 생명과 새 눈이 주어집니다. 가면무도회가 끝나고, 마음속에 신성한 기억이 다시 불타고, 희망의 샘이 다시 흐르고, 비밀이 드러납니다. 우리가 본문의 결말을 잘 알지 못했다면, 우리는 제자들이 어떻게 그렇게 우둔할 수 있는지 물어보았을 것입니다. 글로바와 동행한 이름 없는 여행 동반자 자리에 우리의 이름이 있었다면, 우리도 경이로움으로 가득한 놀라움을 경험하게 될 것입니다. 우리 마음의 무덤을 봉인한 돌들도 굴러떨어질 것입니다.

우리 마음의 무덤을 봉인한 돌들도 굴러떨어질 것입니다.

배신의 아픔과 십자가를 포용하는 진정한 사랑의 순간에, 부활절 아침 햇살은 그들의 구석진 방에 봉인되어 있던 희망에 드리워졌습니다. 깨어진 빵은 우리의 부서진 믿음을 보살피고, 우리가 상복을 벗어 던지고 깨어진 꿈으로 가득한 구석진 방을 비울 수 있도록 용기를 북돋아 줍니다. 지친 여행자들은 살아 있음을 느끼고 그들의 마음은 새로워집니다. 빈 무덤에 있었던 여인들의 증언도 이제 그들의 증언이 됩니다. 떡을 뗄 때 부활의 새벽빛이 예루살렘에서 약 7마일 떨어진 곳까지 도달했습니다. 그들의 뜨거운 마음은 그들의 눈을 밝혔고, 그들의 지친 영혼을 깨워 부활절 달빛 아래 7마일 되는 길을 한걸음에 달릴 수 있도록 힘을 북돋아 주었습니다.

주석적 관점

엠마오로 가는 길에 예수님이 나타나신 이야기는 복음서에서 아주 매력적인 이야기 중 하나입니다. 이 이야기는 누가복음만의 독특한 이야기이며, 그 문체와 관점에 있어서 특별한 특징을 나타냅니다(막 16:12-13에서 희미하게나마 그 특징을 발견할 수 있습니다).

이 구절은 빈 무덤에 관한 누가의 기록(1-12절)을 따르고 있으며, 여자들은 '열한 제자'(9절)에게 자신들이 발견한 사실을 알리지만, 불신에 부딪칩니다. 그러나 베드로는 무덤으로 달려가 여자들이 알려준 대로 빈 무덤을 발견하고 놀라서 집으로 돌아갑니다. 엠마오 이야기는 빈 무덤에 대한 모호한 반응과 모든 제자에게 궁극적으로 나타나신 예수님 사이의 전환점 역할을 합니다(36-53절).

이 이야기는 여인들의 '허탄하게 들리는 이야기'(24:11)를 들은 두 제자가 공동체를 떠나 예루살렘에서 '7마일 떨어진' 엠마오 마을로 향하는 것으로 시작됩니다. 그들은 일어난 극적인 사건에 대해 대화하고 있었습니다. 이야기가 전개되면서 두 제자는 사실상 예수님의 사명과 수난의 이야기를 요약하지만, 완전히 이해하지는 못합니다. 엠마오 이야기의 근본적인 목적 중 하나는 부활하신 그리스도가 제자들에게 그의 죽음과 부활의 진정한 의미를 드러내는 것입니다.

이 이야기를 여행의 맥락으로 설정한 것은 누가의 전형적인 특징입니다. 누가는 예수님의 전체 사명이 갈릴리에서 예루살렘으로(예를 들어, 9:51-53 참조), 궁극적으로 승천을 통해 하나님 우편에 이르는 여정의 맥락에 두었습니다. 누가는 초기 공동체의 전개되는 역사를 예루살렘에서 시작하여 '땅끝까지'(행 1:8) 이르는 여정으로 묘사합니다. 공동체 자체를 '여정의 사람들'(행 9:2, 22:4 24:14, 22)이라고 부릅니다. 누가에게 예수님의 여정과 교회의 여정은 이스라엘에서 그 기원을 찾고 성령을 통해 '땅끝까지' 구원을 확장하는 구원의 전개 역사를 표현합니다.

중요한 순간은 부활하신 예수님이 두 제자와 합류하여 그들과 함께 걸으신 순간입니다. 그들은 예수님을 알아보지 못하지만(31절의 계시적 순간을 준비하며), 그들 중 한 명인 글로바는 그들이 숙고하고 있는 사건에 대해 예수님이 물으신 질문에 대답합니다. 우울함으로 가득찬 두 제자는 세상을 바꾼 사건에 대해 이야기합니다. 예수님과 그의 사명을 '하나님과 모든 백성 앞에서 말과 일에 능하신 선지자'(19절)로 묘사하는 누가의 관점은 예수님의 고향 나사렛 회당에서 예언자적 사명을 선포하는 첫 장면(4:16-30)부터 시작하여, 이후에 선지자로 칭송받고(7:16) 하나님의 선지자로서 치유와 축귀에 대한 자신의 열심을 표현하는 (13:31-35) 후속 장면에서 잘 맞아떨어집니다. 사도행전에서도 베드로(3:22)와 스데반(7:37)은 예수님을 하나님께서 보내신 선지자로 언급합니다.

엠마오로 가는 제자들은 '그분이 이스라엘을 구속하실 분이시기를 바랐지만'(21절), 예수님의 죽음으로 그 희망은 산산이 부서졌습니다. 독자들은 복음서의 서두에서 나타난 구원에 대한 갈망을 떠올리게 됩니다. 스가랴는 갈망하던 구원이 이루어질 것을 하나님께 감사하고(1:68), 성전 선지자 시므온과 안나는 이스라엘의 구원의 순간을 기다리고 있습니다(2:30, 38). 공동체의 일부 여인들은 무덤이 비어 있다는 터무니없는 소식을 전하며 천사들이 예수님이 살아 계심을 알리는 환상을 보았다고 주장하면서(22-24절) 제자들의 절망감을 가중시켰습니다.

누가가 마련한 무대에서 예수님은 자신의 고난에 대한 스스로의 해석을 풀어놓습니다. 예수님의 고난과 죽음은 하나님의 목적에 대한 궁극적인 패배가 아니라 새 생명을 위한 필수적인 통로로 이해되어야 합니다. 부활하신 예수님은 '모세와 모든 선지자'의 가르침에 기대고, 실제로 '모든 경전'(27절)의 교훈을 끌어들임으로써 제자들에게 이 사실을 밝혀 주셨습니다. 그 구체적인 본문을 식별하려는 시도는 별로 유익하지 않습니다. 사실 죽음에서 생명이 탄생하는 패턴은 성경 전체 이야기의 기본 패턴입니다. 하나님께서는 원래의 혼돈에서 생명을 창조하십니다. 이집트의 노예 생활에서 자유와 본토로 돌아옵니다. 유배의 멸망에서 새롭게 된 백성이 탄생합니다. 제자들을 위해 풀어주신 예수님의 성경 해석은 제자들에게 예수님의 죽음과 부활의 진정한 의미를 이해하게 합니다. 이제 그들의 마음은 그들 안에서 '뜨거워'졌습니다(32절). 부활하신 그리스도께서 공동체 안에 임재하시므로 제자들은 점차 유월절의 완전한 의미를 이해할 수 있게 됩니다. 이것이 누가 기록의 핵심입니다.

이 이야기는 예수님과 제자들이 함께 식사를 나누는 장면에서 절정에 이릅니다. 저녁이 다가오고 예수님이 가시는 길에 제자들은 예수님에게 함께 있어 달라고 간청합니다. 식사는 누가 이야기의 특징이며, 누가는 이 이야기도 같은 방식으로 마무리합니다. 이러한 식사는 이스라엘이 고대하는 모임을 떠올리며(사 25:6-9), 예수님 사명이 지닌 포용적인 정신을 표현합니다(눅 14:7-14, 15-24; 15:25-32; 16:19-31; 19:1-10). 예수님이 누구시며 그의 죽음과 부활이 무엇을 의미하는지에 대한 완전한 계시가 식사 장면에서 나옵니다(31, 35절). 예수님의 말씀과 몸짓은 무리를 먹이실 때(9:16)와 같으며, 마지막 유월절 식사(22:19)를 연상시킵니다. 의심할 여지 없이, 누가는 독자들을 사도행전에 묘사된 '떡을 떼는' 행사와 연결시키려고 합니다(2:42, 46; 20:7, 11; 27:35).

이야기가 끝날 무렵 부활하신 예수님은 제자들의 시야에서 사라지고, 두 제자는 즉시로 예루살렘의 공동체로 돌아가기 위해 떠납니다. 그곳에서 그들은 부활하신 예수님이 이미 시몬에게 나타나셨다는 것을 알게 되고 (누가는 이것에 대해 언급하지 않음), 그들도 길 가는 중에 그리고 식사하면서 예수님을 만난 것에 대해 간증합니다. 누가는 그의 특징적인 주제를 몇 가지로 요약합니다. '예수님의 죽으심과 부활은 하나님의 구원 계획과 일치, 성경에 대한 묵상과 부활하신 예수님의 영의 감동을 바탕으로 하는 공동체 경험의 이해, 공동체의 삶과 사명의 풍부한 상징으로써 떡을 떼는 행위, 공동체를 떠나지 않고 함께하는 것의 중요성'입니다.

설교적 관점

잘못된 구세주에게 목숨을 걸었던 가련한 두 제자와 함께 길에서 정오의 아침이 시작됩니다. 그들은 어디로 향하고 있을까요? 그들은 어망, 세무서, 놓친 약속 그리고 자유로운 일상으로 돌아갑니다. 그들은 T. S. 엘리엇이 인간의 조건이라고 불렀던 '사람들이 멀리갔지만 …/돌아오는 데 성공하고/자신이 가졌던 비전을 기억하지만 후회하지 않고/평범한 일상으로 자신을 유지하며/과도한 기대를 피하는 법을 배우는'* 상태로 돌아가는 길에 있습니다. '할렐루야'를 외치는 충만한 상태가 가라앉은 후에 오랫동안 지속되는 인간 상태의 불행을 묻지 않는 설교자가 어디 있겠습니까? 죽음이 여전히 지배권을 가지고 있는 것처럼 보이는데 부활하신 구세주가 선포하시는 말씀은 어떤 변화를 불러왔을까요?

길을 가는 중에 이 두 사람이 아직 생각하지 못했던 기간과 장소에서 나온 또 다른 질문이 이 대화에 스며들었습니다. 베드로가 오순절에 모인 군중을 위해 구원의 역사를 시연하고, 이미 진행 중인 줄거리(plot)에 그들의 삶을 동참시킨 후, 그들은 '우리가 어찌할꼬?'라고 물었습니다(행 2:37). 베드로의 대답으로 삼천 명이 회개하고 세례를 받았습니다. 엠마오로 가는 길에 있는 두 사람은 마치 아무 줄거리(plot)도 없는 것처럼 스스로에게 같은 질문을 던졌을 것입니다. 지평선이 내일의 발걸음이 허락하는 한도까지만 뻗어 있을 때, 특히 우리는 어딘지 모르는 곳으로 가는 길에서 어떤 대화를 나눌 수 있을까요? 우리가 할 수 없는 일에 이르렀을 때, 한때 우리가 목숨을 걸 만큼 가치 있다고 생각했던 일이 우리를 감정적으로, 재정적으로, 육체적으로, 영적으로 휩쓸어 버렸을 때 우리는 어떻게 해야 할까요?

엠마오로 가는 길은 7마일의 여정으로, 그 여정은 설교자로 하여금 당시나 지금이나 그리스도의 제자들이 너무도 잘 알고 있는 절망과 무력감에 대해 생각할 수 있는 충분한 시간을 갖게 합니다. 부활절이 지나고 삼 주 후, 텅 빈 예배당은 어디로 가야 할지, 무엇을 해야 할지 모른 채 엠마오로 향하는 사라진 자들을 떠올리게 합니다. 그들은 그들의 상황을 받아들이고 동행하는 분도 알아보지 못할 것입니다. 남아있는 신실한 자들도 마찬가지일 것입니다. 그들은 길을 가면서 일어난 이 모든 일들에 대해, 마치 죽음 외에는 아무 일도 일어나지 않은 것처럼 이야기합니다. 그들은 자신들이 본 문제를 어떻게 처리할지 궁금해합니다. 그들은 소명(destiny)보다는 운명(fate)이 자신들의 몫(lot)인 것처럼 말합니다.** 문화의 도움으로 엮인 꿈 외에는 희망이 없어 슬퍼하는 이들의 시간은 어떻게 채워질까요? 인간 존재의 '의무'가 우리에게 와서 우리의 존재와 적대감을 품고 있을 때, 그 의무는 어디에서 비롯된 것일까요? 누가는 낯선 사람이 합류하기 전 제자들 사이의 대화에 단 한 문장만을 할애하고

* T. S. Eliot, *The Cocktail Party* (New York:Harcourt, Brace & World, 1950), 139.

** Glenn Tinder, Against Fate:*An Essay in Personal Dignity* (South Bend, IN:University of Notre Dame, 1981)을 보라.

있지만, 우리는 이 대화가 평생 지속될 수 있다는 것을 알고 있습니다.

그림자가 길어지고 저녁이 되어, 바쁜 세상이 조용해지자 다른 인물이 그들과 함께 걸어가면서 서로 무슨 이야기를 나누고 있었는지 묻습니다. 이 질문은 그들의 발걸음을 멈추게 합니다. '그들은 가만히 서 있었다'(17절)라는 누가의 말은, 하나님께서 우리가 서로 나누고 있다고 생각하는 대화에 개입하실 때, 즉 인간의 상태에 대한 우리의 수평적 관점이 위에서부터 고려되고 하나님의 말씀이라는 수직적 관점으로 교차될 때, 우리는 가만히 서 있는 자신을 발견할 수밖에 없음을 암시합니다. 우리는 분명 기로에 서 있습니다. 문제는 우리 앞에 놓인 몇 마일이 아니라 바로 지금, 이 순간과 시간을 침범한 영원입니다.

또한 설교자들은 부활하신 그리스도께서 우리에게 일어난 일들의 의미를 묵상하라고 요청하는 교차로에 가만히 서 있어야 합니다. 하나님의 말씀이 교회의 한가로운 대화를 방해하고 우리의 광란의 전진을 효과적으로 멈추게 한 적은 언제였나요? 낯선 사람의 질문으로 우리가 길을 잃었다고 고백하게 되었을 때 우리는 어디로 가고 있었습니까? 경청해 준 사람의 어떤 점이 절망을 간청으로 바꾸게 했을까요?

그때 그 낯선 사람은 묻지도 않았는데 그들에게 마지막 날의 사건들에 대한 하나님의 구원의 목적이 무엇인지를 추적하는 이야기를 들려줍니다. 누가는 제자들의 마음이 뜨거워졌다는 것을 알려주지 않고 시간이 늦었다고만 알려줍니다. 목적지에 가까워지자 예수님은 제자들이 계속 가도록 내버려두셨습니다. 설교자도 이에 대해 언급할 수 있습니다. 그분의 사랑은 우리가 언제나 그분께 등을 돌리고, 그분을 향한 마음의 문을 닫고, 그분을 초대하는 것이 어떤 결과를 초래할지 두려워서 마음을 닫아 버릴 수 있는 자유를 줍니다. 여기서 그분은 요한복음에서처럼 은밀하게 들어오지 않으십니다. 초대를 해야 합니다.

식탁이 이미 차려진 경우, 설교자는 회중에게 그리스도께서 식탁에 함께 하시도록 권면할 수 있을 뿐입니다. 그럼에도 불구하고 초대는 최종적으로 결국 그분의 것이며, 누가의 말씀은 종종 우리가 그분의 이름으로 드리는 초대의 일부입니다. "그들과 함께 음식을 잡수실 때에 떡을 가지사 축사하시고 떼어 그들에게 주시니 그들의 눈이 밝아져 그인 줄 알아보더니"(30-31절). 한마디로 존 리스(John Leith)의 말처럼 "계시는 삶의 이질적인 경험을 의미 있고 일관된 전체로 통합하여 인류 역사에서 패턴과 목적을 볼 수 있게 해주는 단서입니다. 실제 삶이 무엇이고 삶이 어떠해야 하는가 하는 사이의 부조화를 극복하기 위한 것"입니다.*

그리스도께서는 말씀과 성찬으로 그분 안에서 목적지에 도달했다고 기뻐하는 사람들의 눈을 뜨게 하십니다. 그리스도의 교회는 한 주의 첫날 저녁부터 주어진 은혜의 수단을 부지런히 사용하여 집으로 돌아가는 길에 군중 가운데 두 사람이 서로에게 '오늘 아침 성경 말씀이 우리에게 다가와 그 은혜로 우리의 마음이 뜨거워지지 않았는가!'라고 말할 수 있기를 희망합니다.

* John H. Leith, *Basic Christian Doctrine* (Louisville, KY:Westminster/John Knox Press, 1993), 30.

FOURTH SUNDAY OF EASTER

부활절 넷째 주일

사도행전 2:42~47

시편 23편

베드로전서 2:19~25

요한복음 10:1~10

부활절 넷째 주일

사도행전 2:42~47

42 그들이 사도의 가르침을 받아 서로 교제하고 떡을 떼며 오로지 기도하
기를 힘쓰니라
43 사람마다 두려워하는데 사도들로 말미암아 기사와 표적이 많이 나타
나니
44 믿는 사람이 다 함께 있어 모든 물건을 서로 통용하고
45 또 재산과 소유를 팔아 각 사람의 필요를 따라 나눠 주며
46 날마다 마음을 같이하여 성전에 모이기를 힘쓰고 집에서 떡을 떼며 기
쁨과 순전한 마음으로 음식을 먹고
47 하나님을 찬미하며 또 온 백성에게 칭송을 받으니 주께서 구원받는 사
람을 날마다 더하게 하시니라

신학적 관점

교회가 처음으로 꽃을 피우는 모습을 담은 이 본문은 즉각적으로 우리의 관심을 사로잡습니다. 개종자들이 엄청나게 많습니다. 41절에서, 공동체는 사도 그룹에서 삼천 명의 대형 교회로 성장했고, 47절에서는 그 수가 매일 증가하고 있습니다, 주류 목회자들이 부러워할 정도입니다. 새로운 그리스도인들이 공동체적 삶을 받아들이고, 부자들이 기꺼이 재산을 팔아 가난한 사람들과 나누는 등 급진적인 경제적 변화와 같은 '기사와 표적'이 일어나고 있습니다. 정의가 실현될 때 우리도 경이로움으로 가득 차지만, 그때 우리는 절망감으로 우리의 회중을 돌아봅니다. 왜냐하면 그 기준은 우리의 리더십이나 상상의 범위를 넘어서기 때문입니다. 우리는 그런 성경 시대를 동경하고 싶어 합니다. 거기서부터 우리 교회의 더 좋았던 시절에 대한 향수로 가는 걸음이 시작됩니다. 그 시절에는 사람들이 가득 찼고, 프로그램들이 흥미로웠으며, 우리는 더 큰 지역사회에 영향을 미쳤습니다. 사도행전에서도 '모든 것을 공동으로'(44절) 소유하는 것이 교회의 최종 모델이 아니었음에도 불구하고 우리는 이러한 경제적 변화를 이상화합니다. 사도행전에는 바나바의 재산 판 것(행 4:32-37)과 아나니아와 삽비라의 경고적인 이야기(행 5:1-11)를 포함하여 개인의 소유권 없이 살아가는 그리스도인에 대한 추가 설명이 한 번 더 묘사되어 있습니다. 예루살렘 교회를 도우라는 바울의 요청(고후 8:1-15)에서 볼 수 있듯이, 그리스도인의 일치와 사랑의 표현으로 아낌없이 기부하는 것은 여전히 중요한 우선순위였습니다. 그것은 '완전한' 삶(마 19:21)에 대한 예수님의 부르심을 실천하기 위해 지상의 재산을 분배한 수도 공동체의 수많은 그리스도인의 삶에서 구체화되었습니다. 성경이 그것을 표준으로 삼지는 않지만, 공동체의 필요를 위해 희생적으로 기부하는 이러한 모습은 매력적입니다. 이것은 풍요로운 사회, 특히 개인의 자율성과 부의 획득이 지닌 이상적인 사회는 그리스도인에게 도전이 됩니다.

그러나 수적 성장과 희생적인 나눔은 원인이 아니라 결과일 뿐입니다. 그것은 초기 기독교인들의 풍부한 신앙에서 비롯된 결과입니다. 교회에 이러한 효과를 실천하라고 말하기 전에 무엇이 초기 기독교인들의 믿음을 형성시켰는지 살펴보는 것이 현명할 것입니다. 42절은 네 가지 습관이나 우선순위라고 할 수 있는 특정한 관습이 그리스도인으로서 그리고 교회로서 그들의 삶을 양육했음을 암시합니다. 그들은 재산 분배에 대해 논의하기 전에 '사도의 가르침을 받아 서로 교제하고 떡을 떼며 오로지 기도하기에 힘썼습니다.' 이것은 단지 예수님을 주님으로 고백하는 것 이상으로 교회를 교회로 구별하는 특성, 즉 교회의 '표시' 또는 '요소'라고 불리게 된 최초의 목록입니다.

3세기 후 니케아 신조는 교회를 '하나의 거룩하고 보편적이며 사도적인 교회'임을 분명히 선언했습니다. 16세기 종교개혁 당시 개신교도들은 성경의 메시지를 충실히 설교하고, 예수께서 제정하신 성례를 집행하며, 때로는 적절한 권징을 통해 참된 교회를 식별하는 경향이 있었습니다. 진정한 교회를 식별하는 방법에 대한 질문은 특히 사람들이 이 교회 저 교회를 옮겨 다니면서 적극적으로 '소비'(shop)하는 문화에서 좋은 질문입니다. 이 본문에서는 자신의 신앙을 키우고자 하는 그리스도인, 교회에 활력을 불어넣고자 하는 목회자, 교회에서 무엇을 찾아야 할지 고민하는 신도시 거주자 모두에게 다음 네 가지를 실행 가능한 범주로 제시합니다.

우선 그들은 '사도들의 가르침'에 헌신했습니다. 교회의 진정성과 건강함을 나타내는 표식은 초기 기독교 지도자들의 가르침(writings)에 따라 행하는 것이었습니다. 우리는 사도들의 이름으로 우리에게 내려오는 본문을 탐구하도록 부름을 받았습니다. 구체적인 신학적 관점과 해석학적 접근 방식은 명시되어 있지 않지만, 본문을 해석하기 위한 적극적인 노력은 필요합니다. 우리 모두는 성경에 거하도록 부름을 받았습니다. 그러나 대부분의 기독교 역사에서 그랬듯이 많은 사람은 주로, 주일 아침에 낭독하고 설교할 때 성경을 접합니다. 따라서 성경을 배우는 우선순위를 육성할 책임의 대부분은 설교자에게 있으며, 설교자는 성도들이 성경을 듣고 이해하도록 도와야 합니다.

둘째, 그들은 '교제'에 헌신했습니다. 회중의 진정성과 활력은 사람들과의 관계의 질이며 그 관계에 다른 사람들을 포함시키려는 노력입니다. 스스로를 친절하고 환영하는 교회라고 생각하지만, 방문자가 대화에 참여하지 못하는 교회가 있으며, 그 안에서 성도들조차도 조용히 고통받고, 알려지지 않고, 사랑받지 못할 수 있습니다. 교제를 위한 헌신은 환대의 습관을 기르는 것을 의미하며, 이를 위해서는 노력이 필요합니다. 새로 온 사람을 알아보고 옷장이나 소그룹 방을 찾을 수 있도록 도와주는 것은 용기가 필요한 일입니다. 예배 후 점심이나 커피 한 잔에 누군가를 초대하려면, 초기 기독교인들이 집에서 빵을 떼는 것을 즐겼던 것처럼 솔선수범해야 합니다. 소그룹이 서로를 알아가고 돌볼 수 있는 정기적인 모임을 시작하려면 창의적일 필요가 있습니다. 교제에 헌신함으로써 사람들은 집과 같은 편안함을 느끼고 진정한 기쁨과 격려, 지원을 받을 수 있을 만큼 가까워집니다.

셋째, 그들은 '떡을 떼는 것'에 헌신했습니다. 회중의 진실성과 건강함은 그들이 함께 식사하는 방식에서 분명히 드러납니다. 그리고 이것은 교제 그 이상의 의미입니다. 이 '떡을 떼는 것'은 성찬을 통해 공급되는 주의 만찬, 신앙 및 공동체를 암시합니다. 많은 사람이 매주 일요일이든, 일 년에 네 번이든, 성찬식에 담긴 생명을 그리워합니다. 목회자들이 함께 노력해야만 사람들은 그리스도의 깨어지시고 흘리신 피에 담긴 풍요로움을 발견할 수 있습니다. 성찬식에 담긴 복음의 약속은 말로 표현할 수 있는 것 이상으로 우리의 모든 감각을 통해 전달되지만, 헌신하지 않으면 놓치게 됩니다.

넷째, 그들은 '기도'에 헌신했습니다. 회중의 진정성과 활력을 나타내는 표식은 기도에 참여하는 것입니다. 기도는 예배의 일부가 아니라 우리 각자에게 하나님과 교제할 기회입니다. 초기 기독교인들이 주기도문, 시편 또는 다른 형식의 정해진 다수의 기도문을 배우고 있었다는 것으로 보아 분명합니다. 현재 기도하는 방법은 여러 가지가 있지만, 기도에 '헌신'하려면 개인과 공동체가 의도적으로 에너지를 가지고 기도를 추구해야 합니다.

하나님의 은혜는 성장을 일으키는데, 이것은 식물에 영양을 공급하는 방법과 같습니다.

목회적 관점

운동의 약속과 추진력을 어떻게 전달할 수 있을까요? 수많은 책과 영화가 미국 독립 전쟁 당시 식민지 자결권을 위한 투쟁뿐만 아니라 식민지 주민들의 단결, 협력, 동지애의 깊이를 표현하려고 시도했습니다. 다시 말하지만, 책, 영화, 시, 노래는 미국 민권 운동 참가자들이 경험한 경외심, 연대, 결의를 표현할 수 없었으며, 이러한 미디어는 그들의 분투를 적절하게 묘사할 수 없었습니다. 미국 '독립 전쟁'과 '민권 운동'은 작가, 시인, 역사가, 작곡가, 화가, 조각가, 사진가, 영화 제작자 등이 전달하려고 시도한 정신적, 정치적 기반과 목표를 모두 갖춘 역사적인 사회 운동의 두 가지 예일 뿐입니다. 이러한 변화의 시기마다 참가자들은 깊은 내적 씨름, 광범위하고 상충되는 리더십 스타일, 극심한 고난과 억압의 시기를 경험했지만, 그러한 경험을 통해 새로운 인간 공동체에 대한 깊은 감각, 즉 경험하지 않은 사람에게는 설명하기 어려운 일종의 번혁을 얻어냈습니다.

누가는 현대적 의미의 역사가도 언론인도 아니지만 사도행전은 초기 기독교 교회를 탄생시킨 가장 포괄적인 영적, 정치적 운동의 역사입니다. 사도행전은 예수 그리스도의 부활을 시작으로 예루살렘 교회의 고민과 활동, 그리스와 소아시아 전역으로 기독교가 확산되는 과정을 기록하며, 사도 바울이 로마에서 공개적으로 기독교를 전파하는 장면으로 절정을 이룹니다.

사도행전을 살펴보면 우리가 기독교 교회라고 생각하는 것은 모태 신앙에서부터 급진적인 종파를 아우르는 모든 것입니다. 그것은 잠정적인 운동이자 거리 축제이며, 전복적인 활동이자 공론장이며, 유대교 내의 새로운 흐름이자 고유하고 분리된 종교입니다. 이것은 단번에 이루어지거나 차근차근 진행된 것이 아니라 하나님의 은혜, 개인의 믿음, 때로는 매우 혼란스러운 인간의 결정을 통해 일어났습니다. 심지어 이 설명조차도 '은혜로 노력하여 서로 새롭게 영적 교제를 나누는 충실한 사람들이 경험하는 공통적인 경험'으로 정의를 내리지 못합니다. 영적 운동의 운동력을 어떻게 표현할 수 있을까요? 누가가 쓴 사도행전 2:42~47의 짧은 구절은 초기 기독교 공동체의 상징이 되었습니다.

그러나 현대 기독교 고회의 고착화된 현실과 동일하게 고착화된 많은 교단, 종파 및 파벌은 현대 독자들을 사도행전에 묘사된 현실에서 멀어지게 했습니다. 사도행전의 이 초기 구절에서 유대인의 유산과 새로운 방향으로 구체화된 새롭고 분리된 전통이 존재한다고 보고 싶은 유혹이 있지만, 사도행전의 이 구절이 유대인의 관습과 새로운 신앙이 여전히 새로운 삶의 방식으로 통합되고 있던 과도기적 시기를 열정적으로 묘사한 것임에는 의심의 여지가 없습니다. 이 신자들이 성전에서 함께 보낸 시간에 대한 언급만으로도 그들이 여전히 유대 관습에 익숙해 있었다는 것을 알 수 있습니다.

사도행전에서 신생 기독교 공동체는 '도(the Way)의 사람들'(9:2; 19:9, 23; 24:14, 22)로 불립니다. 하지만 누가가 직접 이 이름을 붙였는지, 새로운 신자들이 스스로를 어떻게 지칭했는지, 아니면 외부인이 그들을 이렇게 지칭했는지는 불분명합니다. 적어도 사도행전 9:2에 따르면 그 당시에는 이 이름이 좀 더 널리 통용되었음을 알 수 있습니다. 왜냐하면 사울이 '그 도를 따르는 자들'을 결박하기 위해 다메섹 회당에 공문을 요청한 것으로 알려졌기 때문입니다.

초기 기독교 교회가 유대 관습을 기독교적 경험에 의해 재해석, 수정 및 보강되면서 등장했다는 것은 의심의 여지가 없습니다. 그러나 누가는 초대교회에 대한 설명을 통해 단순히 새로운 이해가 아니라 신앙과 실천의 엄청난 변화를 전달하려고 시도합니다. 이러한 변화가 모두 새롭지만 관련 있는 관습의 일부인지, 아니면 영적 삶에 대한 여러 가지 새로운 해석 방법 중 하나로 열거된 것인지에 대해서는 여전히 상당한 논쟁이 있습니다. 이들이 진정으로 응집력 있는 공동체의 모습을 보여주든 그렇지 않든, 이러한 묘사는 그 공동체의 윤리, 경제, 문화를 발전시키는 과정에서 성숙한 공동체의 모습을 보여주고 있습니다.

무엇보다도 이러한 변화가 얼마나 광범위하고 포괄적인지를 인식하는 것은 매우 흥미롭습니다. 누가는 여섯 구절에서 기독교 신앙이, '사람들이 사는 곳, 재산 소유권을 이해하는 방식, 개인들의 어려움에 대응하는 공동체의 의무감'을 변화시켰다고 말합니다. 또한, 식사와 같은 기본적인 것들의 목적과 의미를 이해하는 방식이 바뀌었습니다. 함께 식사하는 것은 단순히 성만찬 의식이 아니라 영적인 활동이 되었으며, 그것은 누가는 우리가 명시적이고 실제적인 것으로 이해하기를 원하는 감사와 영적 인식의 깊이를 동반합니다. 누가는 성전 예배에 대한 언급, 특히 이 새로운 관습의 규칙성에 대해 두 번 언급하면서('날마다', 46-47절) 이 사람들을 구별하는 새로운 영적 훈련을 묘사하고 있습니다. 누가는 제자들이 새로운 '도'를 따르는 사람들이라는 것을 우리가 알기를 원합니다.

현대 교회에서 우리는 이 새로운 '기독교 윤리, 경제, 문화'를 어떻게 만들 것인지 결정하는 방법에 초점을 맞추어 왔습니다. 우리의 첫 번째 노력은 어떤 면에서는 신뢰성에 중점을 두었습니다. 그들이 '모두 함께'했고 '모든 것을 공통으로 가지고 있었다'는 것은 무엇을 의미할까요? 사람들은 진정으로 자원을 모았거나 필요에 따라 자원을 공유했을까요? 그렇다면 오늘날 우리에게 어떤 의미가 있을까요? 누가는 실제 관행에 대해 보고했을까요, 아니면 어떤 의미에서 그 운동을 표현하기 위해 과장한 것일까요? 이것은 잘못된 질문일 수 있습니다. 현대 교회의 진정한 질문은 오늘날 어떤 추진력, 어떤 새로운 영적, 정치적 운동이 우리의 고착화된 제도적 종교 전통을 새롭게 하고 있는지 이해하기 위한 것일 수 있습니다.

주석적 관점

이 이야기는 초기 기독교 운동의 성장에 관한 이야기입니다. 누가의 기록에 따르면 백이십 명(1:15)에서 삼천 명(2:41)으로 급격히 증가하여 제자 훈련이 집중적으로 이루어지는 시기(2:42-47)로 이어집니다. 이 새 신자들의 영적 성장에 결정적인 역할을 한 것은(2:42 참조) 새로운 공동체에 참여한다는 구체적인 의미, 즉 재산을 팔아 얻은 수익금을 '궁핍한 자'(45절)에게 기부하는 것이었습니다. 누가는 아나니아와 삽비라(5:1-11)의 경우처럼 재정적 헌신에 심각한 어려움이 있었던 사례를 기록하는

데 주저하지 않았습니다. 명시적으로 언급되지는 않았지만, 불우한 사람들과 나누는 전통은 예수님의 가르침에서도 중심적인 특징이었습니다. 누가복음은 '부자와 나사로에 관한 예수님의 이야기'(눅 16:19-31), '세리와 삭개오의 대화'(눅 19:1-10) 등에서 다른 복음서를 뛰어넘는 내용을 담고 있습니다. 따라서 사도행전 2장의 활동은 초기 선교 활동을 보여줍니다.

이 기록의 또 다른 중요한 역사적 특징은 적어도 초기에는 '성전에서 함께 시간을 보내면서'(2:46) 유대교와 연속성을 가진 하나의 운동으로 발전하는 모습을 묘사하고 있다는 점입니다. 기독교 역사 후기에 유대인과 유대인 기독교인 사이의 긴장이 있었음에도 불구하고 이 묘사는 두 그룹 간의 긴밀한 관계를 표현합니다.

이것은 누가가 요약하는 부분 중 하나입니다. 이러한 요약은 사건에 대한 화자의 인식을 이해하는 데 중요합니다. 사건 자체의 묘사나 사건 내 대화 및 연설에서 저자의 이념적 성향을 파악하는 것보다 이러한 요약에서 화자/저자의 의도를 파악하는 것이 더 쉽습니다. 물론 전부는 아니지만 이 자료 중 일부는 이전 전통으로 거슬러 올라갈 수 있습니다. 반면에 요약은 저자 자신의 신학적 관점에 대한 통찰력을 보다 직접적인 방식으로 제공합니다.

요약은 또한 전체 내러티브를 한 상황에서 다른 상황으로 이동시킵니다. 사도행전 2:42~47은 베드로의 첫 번째 설교(2:14-36, 38-40)에서 두 번째 설교(3:12-26)로 전환하는 역할을 합니다. 첫 번째 설교는 다윗의 주로서 메시야의 오심과 예수님의 제자들에게 성령이 부어지는 것을 설명합니다. (오늘 성서정과에서는 이 긴 설교를 생략합니다.) 두 번째 설교는 예수님의 메시야적 역할을 다시 살펴보고(3:12-16), 하나님의 선지자들이 이날을 일찍이 어떻게 예언했는지를 강조합니다(3:18-26). 사도행전 2:42~47에는 베드로의 첫 번째 설교에 대한 긍정적인 반응이 요약되어 있으며, 가까운 장래에 다시 이런 일이 일어날 것이라고 기대하고 있지만, 항상 그런 것은 아닙니다. 베드로의 두 번째 설교는 엇갈린 반응을 불러일으킵니다. 한편으로는 '약 오천 명'(4:4)에 달하는 추종자가 또다시 증가합니다. 누가의 묘사를 문자 그대로 받아들이면(그래서는 안 되지만) 기독교 공동체의 영적 상태를 시험하는 주요 증거로 수적 성장을 강조하게 됩니다. 반면에 베드로의 설교는 성전 지도자들을 불안하게 하여 베드로와 요한을 감옥에 넣습니다(4:1-4). '사도들의 가르침'(2:42)이 무엇인지 여기에서 완전히 설명되지 않았으며, 사도행전의 다른 곳에서도 이 문구가 사용되지 않았습니다. 문학적인 측면에서 '베드로의 설교'(예. 2:14-40; 3:12-25)가 그 가르침의 일부에 대한 구체적인 내용을 제공한다고 가정할 수 있습니다. 1세기 말 또는 2세기 초에 '디다케'(헬라어로 '가르침')로 알려진 익명의 글은 이 '사도들의 가르침'의 공백을 메우기 위해 작성되었을 수 있습니다. 더 긴 제목은 '열두 사도의 가르침'이었지만 사도들과 직접적으로 연관되어 있지는 않습니다. 요컨대, 초대교회를 위한 최초의 문서화된 교리문답입니다.

'떡을 떼는 것'(2:42)은 중의적 표현일 수 있습니다. 일반적인 식사와 성찬식을 모두 가리킬 수 있습니다. 사도행전의 앞 장들은 누가복음 말미에 나오는 주제를 자주 상기시킵니다. 누가복음 24장에서 예수님의 제자 중 두 사람이 예루살렘에서 몇 마일 떨어진 엠마오라는 마을로 가던 중, 부활하신 예수께서 그들을 만나 선지자들이 말한 것을 설명해 주셨습니다. 예수께서 그들과 함께 '떡을 떼시고' 나서야 '그들의 눈이 열려서' 예수님을 알아보았습니다(눅 24:31, 35). 사도행전에서 이 행동은 공식적인 성찬식이든 아니든, 어떤 의미 있는 방식으로든 예수님을 중심으로 식사를 하는 것의 중요성을 상기시킵니다.

이 구절에는 주인공이 등장하지 않습니다. 앞서 베드로가 다른 사도들을 대표하는 대변인으로서 주도적인 역할을 합니다. 여기서 누가는 '사도들'을 집단적으로 '가르치고'(2:42), '기사와 표적'을 행하며(2:43), 불우한 사람들을 돕기 위한 전략에 기여하는(2:44-45) 그룹으로 제시합니다. 우리는 서로 완벽하게 조화를 이루며 발전하는 사람들의 공동체에 대한(이상화된?) 그림을 가지고 있습니다. 누가가 직접 보여 주듯이 이것은 지속되지 않을 것입니다.

누가가 묘사하는 기독교 공동체의 발전에 결정적인 네 가지 요소인 사도들의 가르침, 교제, 떡을 떼는 행위, 기도는 여전히 현대에도 관련성이 있습니다. '가르침'과 '교제'는 새로운 표현을 취할 수 있지만, 이러한 각 구성 요소에서 예수 그리스도의 중심성은 그대로 유지되어야 합니다. 마찬가지로 중요한 것은 현대의 공동체가 서로에 대한 책임감을 지속적으로 실천하는 방법을 모색하는 것을 간과해서는 안 된다는 것입니다. 운동의 초기에만 소유물을 공유했을까요? 예수님을 따르는 사람들이 조직적이고 체계적인 방식으로 다른 사람들을 돌보기 위해 계속해서 '소유물을 팔아야 한다'는 이 독특한 활동에 중요한 기독교적 메시지가 담겨 있습니까? 우리가 여전히 불우한 사람들에게 직접적인 관심을 기울이지 않으면서도 불우한 사람들에게 도움을 주도록 부름을 받은 것일까요? 기독교의 역사를 통틀어 많은 신자가 '필요한 사람에게' 재화를 나눠주려고 노력해 왔습니다. 누가의 이야기 세계에서 이 행동은 하나님께서 날마다 '그 수를 더하게'(2:47) 하셨기 때문에 초대교회에 효과적인 '전도' 수단이 되었습니다.

설교적 관점

복음서를 설교할 때, 우리는 종종 회중석에 있는 사람들을 제자들에 비유합니다. 반면에 사도행전을 설교할 때는 교구민(parishioner)을 급성장하는 교회의 수용적인 신자들과 동일시하는 경향이 있습니다.

오늘 본문을 설교하는 설교자가 취할 수 있는 한 가지 가능성은 복음서에 접근 방식으로 본문을 해석하는 것입니다. 다시 말해, 예배자들이 스스로 경외심을 갖게 된 회심자들의 모임으로 본다면, 설교자가 교구민들을 제자들과 일치시키려는 결단은 교인들이 영적 지도자가 되라는 소명 의식을 갖도록 매우 효과적으로 도전할 수 있습니다. 교구민들이 자신들을 베드로와 다른 제자들과 동일하게 여길 때 자신들도 성령의 능력을 받아 다른 사람들의 삶에 급진적이고 희망적인 변화를 불러일으킬 수 있음을 깨닫게 될 것입니다.

교회 주보에는 종종 눈에 띄는 표어가 있어서, 예배 참석자들에게 목사는 한 사람이지만 교회의 '사역자'는 모두 교인이라는 사실을 상기시켜 줍니다. 오늘의 본문은 이러한 사실을 지지하며, 제자들처럼 성령으로 충만한 리더십이 교회의 삶 안팎에 변화를 불어올 것임을 교인들에게 상기시켜 줍니다.

사도행전은 상호 섬김에 헌신하는 공동체, 즉 한 마음과 한뜻으로 모인 그룹으로 그 누구도 소유물에 대한 사적 소유권을 주장하지 않는 공동체의 놀라운 비전을 제시합니다. 모든 것이 공동으로 소유되었습니다. 또한 현대 교회가 초대교회를 어느 정도 본받아야 하는지를 결정하는 것이 설교자가 이 본문에서 설교하려는 경향이기도 합니다. 교구민들이 이 본문을 듣고 자신의 교회가 '근본적으로 잘못된 것은 아닌가'라고 생각할 수도 있습니다. 물론, 본문에서 묘사된 것과 같은 자원의 공유와 공동체 생활을 실천하는 주류 교회는 거의 없습니다.

본문의 초기 청중들은 개인 소유물의 공유가 주요 특징인 헬레니즘 문학에 널리 퍼져 있던 유토피아적 비전에 익숙했을 것입니다. 사도행전의 교회에 대한 묘사가 이상화된 것처럼 보인다면, 그 묘사는 오해를 불러일으킨다기보다는 예배자들의 마음속에 하나님에 대한 인간의 가장 깊은 갈망과 공동체, 그리고 모든 사람에게 풍성한 공급이 이루어지는 곳으로서의 신생 교회에 대한 비전으로 이해될 가능성이 높습니다.

이 시점에서 사도행전의 주요 과제는 교회의 탄생과 성령의 역사 사이의 연관성을 분명히 하는 것입니다. 이 장 전체에 걸쳐 언급된 사람들의 반응은 경외와 놀라움입니다. 그들의 반응은 이러한 최근의 사건들이 인간의 기본적인 야망에 뿌리를 둔 것이 아니라 하나님께서 주도하신 것임을 보여주는 증거입니다. 이스라엘의 하나님께서는 다시 한번 하나님의 언약의 신실하심을 보여 주시고, 성령의 부으심을 통해 예언의 약속을 성취하고 계십니다. 여기 사도행전에서 나타난 구체적으로 형성되고 있는 교회는 성령에 반응하는 사람들의 올바른 결정(discernment)을 나타냅니다.

오늘날 우리 교회는 동일하게 올바른 결정을 할 수 있도록 부름을 받았습니다. 우리는 이 소명을 너무 쉽게 잊기 때문에, 설교자들은 이 본문에서 성령이 이끄는 공동체로서의 교회의 정체성을 되찾고, 예배자들과 함께 성령께서 현재 그리스도의 교회를 구현하도록 부르시는 방법을 탐구할 기회로 여길 수 있습니다. 우리가 가지고 있는 자원을 청지기 의식을 가지고 사용하는지에 대한 여부는 검토해 봐야 할 중요한 사항입니다. 우리가 모든 소유물을 팔라는 부름을 받지 않았다면, 우리의 자원, 특히 돈을 어떻게 사용하라는 부름을 받았을까요? 설교자들은 우리의 분별력을 돕기 위해 몇 가지 질문을 제시할 수 있습니다. 우리가 헌금하는 이유를 생각해 보십시오.

치유받았기 때문입니까?
희망을 얻었기 때문입니까?
우리의 삶이 재건되었기 때문입니까?
하나님의 변화의 사역에 참여하도록 초대받았기 때문입니까?

물론 이러한 질문은 단순히 돈 사용에 대한 점검에만 국한되지 않습니다. 또한 교회의 우선순위와 사역이 초점을 맞추고 하나님의 뜻에 더 의도적으로 맞추기 위해 이러한 질문들을 사용할 수 있습니다.

43절은 "사람마다 두려워하는데 사도들로 말미암아 기사와 표적이 많이 나타나니"라고 말합니다. 우리의 성찰은 종종 초대교회의 행동에 초점을 맞추지만, 설교자는 사도행전이 감정적 반응에 관심을 둔다는 것을 강조할 수도 있습니다. 그리스도인의 삶은 은혜로우신 하나님의 존재에 우리 자신을 맞추는 것입니다. 사도행전은 이러한 조정이 어떤 모습인지 우리에게 설명해 줍니다. 초대교회의 특징인 두려움과 경이로움에는 현대 신자들에게 하나님과의 진정한 교제에는 인간의 필멸의 삶 속에서도 하나님의 신성과 우리의 평범한 삶으로 침투해 들어오는 하나님의 놀라운 행하심에 대한 겸손한 인식이 포함된다는 사실을 상기시켜 줍니다. 성령에 대한 적절한 감정적 반응은 놀라운 감사입니다.

주일 아침에 설교자가 교구민들에게 영원하신 분에 대한 두려움과 경이로움을 다시금 일깨워 준다면 얼마나 큰 선물이 될까요? 경외심을 불러일으키는 개인적인 경험과 신학적 성찰을 결합하면 사도행전과 일치하는 하나님에 대한 정서적 반응을 끌어낼 수 있습니다. 그랜드 캐니언을 처음 보았던 한 교구민의 경험이 생각납니다. 그녀는 그랜드 캐니언의 장구함과 아름다움, 광활함에 말 그대로 말문이 막히고 눈물을 흘렸다고 합니다. 그녀는 무한한 지혜와 능력을 지닌 신에 대한 두려움과 경이로움을 강렬하게 느꼈습니다. 또한 그녀는 자신을 창조의 위대한 선물에 포함시키기로 선택하신 하나님의 관대한 은혜에 경탄했습니다.

우주 왕복선 발사를 보기 위해 수천 명의 사람과 함께 붐비는 들판에 모인 한 남자가 떠오릅니다. 그는 우주선이 저 너머로 사라지는 모습을 묘사하면서 경외감이 사람들에게 어떻게 스며들었는지 언급했습니다. 왁자지껄하고 참을성이 없는 관중들이 갑자기 방금 목격한 경이로움으로 인해 정중하고 미소를 띤 새로운 관중들로 변했습니다.*

우리가 느끼는 두려움과 경이로움은 우리를 하나님께로 인도합니다. 우리의 일반적인 인식을 넘어 우리를 항상 둘러싸고 있는 아름다움과 신비가 우리를 인도하기 때문입니다. 이 아름다움과 신비에 눈을 뜨게 하는 설교는 초대교회의 경험과 우리를 하나로 묶어주고 성령 충만한 제자도로 인도합니다.

* Rusty Freeman, "Night of Wonder," *Journal for Preachers*, Advent 2000, 11.

부활절 넷째 주일

시편 23편

1 여호와는 나의 목자시니 내게 부족함이 없으리로다
2 그가 나를 푸른 풀밭에 누이시며 쉴 만한 물가로 인도하시는도다
3 내 영혼을 소생시키시고 자기 이름을 위하여 의의 길로 인도하시는도다
4 내가 사망의 음침한 골짜기로 다닐지라도 해를 두려워하지 않을 것은
주께서 나와 함께 하심이라 주의 지팡이와 막대기가 나를 안위하시나
이다
5 주께서 내 원수의 목전에서 내게 상을 차려 주시고 기름을 내 머리에 부
으셨으니 내 잔이 넘치나이다
6 내 평생에 선하심과 인자하심이 반드시 나를 따르리니 내가 여호와의
집에 영원히 살리로다

신학적 관점

부활절 네 번째 주일에, 우리가 예수님의 부활을 통해 드러난 하나님의 승리에 대해 묵상할 때, 성경의 대표적 본문인 시편 23편과 만나게 됩니다. 우리에게 익숙한 인사말 카드와 십자수 패턴을 만드는 것 말고, 이 특별한 기도를 우리 것으로 만드는 즉각적인 방법 중 하나는 첫 번째 고백("여호와는 나의 목자시니 내게 부족함이 없으리로다")이 거짓으로 느껴지는 방식을 주목(또는 고백)하는 것입니다. 우리는 시편의 경제가 온갖 거짓된 약속으로 우리가 필요로 하는 것을 이용하고 구매 충동을 한 번만 더 받아들이면, 만족감과 충만감은 곧 우리의 것이 된다고 약속하는 일반적인 경제와는 완전히 반대된다는 것을 알게 됩니다. 시편 23편은 그러한 나쁜 신학에 대한 살아 있는 신호이며, 우리의 감각 앞에 왜곡되지 않은 통합적인 이미지를 배치합니다. 그리고 시편 23편은 하나님의 회복과 구속의 목적이 너무 광대하여, 하나님의 임재로 인해 우리에게 부족함이 없을 것이라는 확신을 증명하고 있습니다.

이것은 예수께서 짧은 생애 동안 신실하게 증언하셨고, 죽기까지 순종하고 신뢰하셨던 것과 동일한 하나님의 선한 목적입니다. 우리는 시편이 우리의 감각 앞에 놓는 목가적인 이미지를 주목할 필요가 있습니다. 그것은 1세기 팔레스타인의 괴롭힘을 당한 이등 시민들에게도 우리가 살아가는 산만하고 분주한, 이상적이고 실제와 동떨어진 것으로 느껴졌을 수 있다는 점입니다. 로마의 점령 아래서 평화롭고 풍요하며, 하나님의 율법에 충실한 삶을 살려고 했던 유대인 농민들이 그랬던 것처럼, 이 시편은 반대되는 모든 증거에도 불구하고 하나님의 평화는 객관적으로 우리와 함께한다고 주장하는 시적 증언으로, 우리의 상상력에 힘을 불어넣으면서도 강력한 반문화적 소명을 던집니다.

단순한 상업적 세상의 메커니즘이 지시하는 리듬에 대항하여, 우리는 우리 삶의 세부적인 부분까지 관심을 두고 돌보시는, 하나님에 의해 유지되고 인도되는, 상호 의존의 목양 현장에 우리의 삶과 생계를 두도록 초대받습니다. 이 고백, 즉 이러한 사실에 비추어 볼 때 시편 기자는 '악을 두려워하지 않을 것이며', 하나님의 의로운 세계 질서를 의식하면서 영혼의 회복을 지속적으로 경험하고 반복해서 다시 그 회복의 경험을 하면, 모든 것을 제자리에 놓을 수 있는 생동하는 믿음을 갖게 될 것입니다(3-4절). 우리는 다른, 왜곡된 리듬이 시편 기자의 증언에 의해 반복적으로 다뤄져야 함을 이해합니다. 그것은 끝없는 불안의 다른 방식으로 움직이는 신앙에 다시 도전하는 것입니다. 마르샤 릭스(Marcia Y. Riggs)는 이 왜곡된 리듬을 '서로를 인식하는 능력과 우리의 지구적 현실의 온전함을 인식하는 것을 방해하도록 우리 자신의 이미지를 생성하는 상업적인 상상력'*이라고 묘사합니다.

우리가 인식하든 인식하지 못하든, 이것은 우리의 삶을 지원하고 지탱하시는 하나님께서 주신 우주적 완전성입니다. 사도 바울이 주장했듯이, 그 안에서 우리는 살아 움직이고 존재

* Marcia Y. Riggs, "The Globalization of Nothing and *Creatio ex Nihilo*," in *Theology that Matters:Ecology, Economy, and God*, ed. Darby Kathleen Ray (Minneapolis:Fortress Press, 2006), 150.

합니다(행 17:28). 시편에서 발견할 수 있는 이 전복적 인류학에 따르면, 생명 자체는 획득하는 것이 아니라 선물로 이해하는 것이 가장 현명합니다. 항상 제공되고 항상 새로워지는 풍성한 생명('내 잔이 넘치나이다')의 의미에 따라, 선물은 스스로 획득한 것보다 더 영구적으로 지속되는 것으로 이해됩니다(5절). 개인의 자율성과 자급자족에 대한 망상에 맞서 우리는 세심한 수용의 자세를 취해야 합니다. 시편 기자는 지배적인 목소리와 달리, 의지의 행위가 아니라 주로 하나님의 수용(4절, '주께서 나와 함께 하시니')을 통해 우리에게 올 평화와 번영을 기대하며 기도합니다. 우리는 시편을 더욱 우리 자신의 것으로 받아들일 수 있으며, 어떤 의미에서는 우리에게 주어져 있었고 앞으로도 주어질 좋은 삶에 관한 일련의 깨달음으로 해석할 수 있습니다. 우리는 기도문을 연습하고, 우리가 누구이고 무엇인지 말해주는 생명을 깎아내리는 목소리에 맞서기도 하고, 이 기도를 암송합니다. 예수님은 그 목소리에 깊이 친숙하셨던 것을 기억하실 것입니다.

예수님의 삶과 사역은 율법과 선지자의 성취와 일치하며, 동시에 율법과 선지자에 대한 혁신이었으며, 하나님의 의로운 목적을 재조명하고 수정합니다. 예수님은 자신이 아버지라고 부른 분을 대신하여, 그와 그를 따르는 증인 공동체가 마크 하임의 말처럼 '모든 창조물에 대한 변함없는 구원의 뜻'을 가지고 있다고 생각했습니다.* 시편이 시편 기자의 삶의 모든 순간에 필연적으로 동반하고 충만하게 하는 '선하심과 자비'에 대해 말할 때, 우리는 예수님 자신의 화해의 소명에 대한 경험으로 마음을 돌이켜, 화해의 교리를 크게 세속화된 (그리고 더욱 깊이 빈곤한) 세상에 가져오는 신학적 도전을 고려할 수 있습니다. 예수님도 우리와 마찬가지로 이 유혹적이고 오래된 세상에 계시는 것처럼, 그분의 책임은 곧 우리의 책임입니다(요일 4:17). 하나님의 불변의 구원 의지의 절대적인 성취와 실현이 종말을 기다리고 있지만, 그 영광스러운 시간 동안 우리에게는 시편 23편과 같은 시적 이정표가 있습니다. 시편 23편에 나타나 있는 번성함, 청지기, 친절함의 이미지는 우리가 부활하신 그리스도를 선포할 때 우리가 확증하는 하나님의 사랑, 즉 우리 공동체의 소명이자 그것의 이상인 하나님의 사랑을 묵상하는 데 도움이 됩니다.

목회적 관점

시편 23편은 목회적으로 매우 풍부할 뿐만 아니라 수많은 임종자 옆에서, 수많은 장례식장에서 읽힐 정도로 친숙하기 때문에 설교자에게는 부담스러운 말씀입니다. 어떻게 시편의 모나리자를 묵상하고 회중이 이 사랑받는 성구를 새로운 눈으로 보도록 도울 수 있을까요? 아마도 설교자는 자신이 맡고 있는 모든 일에 대해 약간의 스트레스를 느끼고 있으며, 시편 기자도 스트레스를 느끼는 것 같습니다. 이 스트레스에 대한 반응으로 시편 기자는 주님이 누구이신지, 주님이 하시는 일이 무엇인지, 그리고 우리가 실제로 누구인지를 상기시킵니다.

시편 기자는 여기서 어떤 어려움에 직면하고

* S. Mark Heim, *The Depth of the Riches:A Trinitarian Theology of Religious Ends* (Grand Rapids:Eerdmans, 2001), 76.

있었을까요? 우리는 확실히 알 수 없지만 몇 가지 단서가 주어집니다. 그는 "여호와는 나의 목자시니 내게 부족함이 없으리로다"(1절)라고 썼습니다. 아마도 시편 기자는 먹고 마실 것, 살기에 충분한 안전과 쉼터, 필요한 것을 지불할 수 있는 충분한 돈이 부족하다는 압박감에 직면하고 있을 것입니다.

그리고 그는 또한 "내가 사망의 음침한 골짜기를 다닐지라도… "(4절)라고 씁니다. 히브리어로 그 골짜기가 무엇인지는 모호합니다. 깊은 고통, 극심한 위험 또는 심지어 죽은 자의 세계를 가리킬 수 있습니다. 정확한 의미는 불분명하지만, 추론할 수 있는 것은 분명합니다. 아마도 치명적인 고난이 될 수 있는 고통과 위험일 것입니다.

마지막으로 시편 기자는 "주께서 내 원수의 목전에서 내게 상을 차려 주시고"(5절)라고 말합니다. 여기서 '원수'라는 단어는 '적', 즉 난처하게 하거나 괴롭히는 사람이라는 의미를 담고 있습니다. 따라서 시편 기자는 여러 가지 원인으로 인해 스트레스를 받고 있을 수 있습니다.

성도들은 다양한 원인으로 스트레스를 받고 있습니다. 교통 체증에 시달릴 때, 침체된 경제 상황에서 장시간 노동을 할 때, 학업에 시달릴 때, 인간관계에 어려움을 겪을 때, 충분한 돈이 없을 때, 화를 내고 상처를 주는 사람들을 대할 때, 삶의 의미를 찾으려 할 때, 은퇴 생활을 할 때, 죽음 자체를 마주할 때 성도들은 스트레스를 경험합니다. 스트레스는 항상 존재하며 교활한 힘을 발휘합니다. 실제로 대부분의 병원 심방에는 스트레스와 관련된 요소가 있습니다. 우리는 사실상 스트레스에 빠져 있습니다.

이 압력솥과 같은 열기 속에서 시편 기자는 하나님께서 누구시며 우리가 누구인지 알고 찬양할 때 알 수 있는 시원하고 신선한 평화를 제공합니다. "여호와는 나의 목자시니 내게 부족함이 없으리로다 그가 나를 푸른 풀밭에 누이시며 쉴 만한 물가로 인도하시며 내 영혼을 소생시키시는도다" '강인한 개인주의'와 '자수성가'의 신화에 집착하는 우리 문화에서 시편 기자는 우리 중 누구도 '자수성가'한 사람은 없다는 진리를 선포합니다. 우리 중 누구도 강하고 독립적인 존재는 없습니다. 우리는 양이 목자에게 의존하는 것처럼 하나님께서 만드신 존재이며 전적으로 하나님께 의존합니다. 우리는 일하고, 저축하고, 공부하고, 계획을 세우지만 궁극적으로 우리의 필요를 채워주시는 분은 하나님이십니다. 하나님께서는 우리를 쉬게 하시는 분이십니다. 하나님께서는 우리의 속도를 늦추시고 우리의 존재 자체를 회복시키시는 분입니다.

시편 기자는 계속해서 "자기 이름을 위하여 의의 길로 인도하시는도다"(3절)라고 말합니다. 다시 말해, 우리 자신의 선함에 대해 단순히 생각함에도 불구하고, 하나님께서는 우리가 선해지고 어떤 선이든 행할 수 있게 하시는 분이십니다. 이 세상에서 우리가 취하는 모든 올바른 길은 우리의 특별한 지혜가 아니라 하나님의 지혜로운 인도하심에 따른 결과입니다.

"내가 사망의 음침한 골짜기로 다닐지라도 해를 두려워하지 않을 것은 주께서 나와 함께 하심이라 주의 지팡이와 막대기가 나를 안위하시나이다"(4절). 하나님께서는 연약한 하나님,

십자가에 못 박힌 하나님이시지만 시편 기자는 또한 하나님께서 강력한 보호자이심을 상기시킵니다. 하나님께서는 우리의 고통과 슬픔과 상실 속에서, 우리와 함께 고통을 당하시지만, 지팡이와 막대기를 든 목자처럼 우리를 인도하시고 우리를 해치려는 포식자들과도 싸우십니다. 사실, 시편 기자가 "내 원수의 목전에서 내게 상을 차려 주시고 기름을 내 머리에 부으셨으니 내 잔이 넘치나이다"(5절)라고 대담하게 선포할 정도로 하나님의 보호 능력은 위대합니다. 우리가 적들로 가득 찬 방에 들어가는 것을 상상해 봅시다. 하나님께서 우리에게 '이쪽으로 오너라. 내가 너희를 위해 연회 테이블을 준비했다. 자리에 앉거라.' 말씀하십니다. 우리는 자리에 앉아 하나님께서 준비하신 잔치 음식을 먹기 시작하는데, 원수들 바로 앞에서 먹습니다. 그것으로 충분하지 않다면 하나님께서 우리의 머리에 기름을 부으시고 잔이 넘칠 때까지 채우십니다. 육체적, 영적인 적과 마주하는 그리스도인들은 이 이미지를 떠올리며 기뻐할 수 있습니다.

그리고 시편이 끝납니다. "내 평생에 선하심과 인자하심이 반드시 나를 따르리니 내가 여호와의 집에 영원히 살리로다"(6절). 히브리어로는 '정녕 선하심과 인자하심이 내 평생 나를 뒤쫓으리로다'라고 번역할 수 있습니다. 이것을 상상해 봅시다. 삶의 모든 순간, 하나님께서 선하심과 인자하심으로 우리를 좇으시며 우리를 따르고 계십니다. 어떤 하나님이실까요? 시편 기자는 하나님께서 우리의 필요를 채워 주시고, 우리를 쉬게 하시고, 회복하게 하시고, 올바른 삶의 길로 인도하시고, 악으로부터 우리를 보호하시고, 우리를 존귀하게 하시고, 축복하시며, 선과 친절로 우리를 끊임없이 쫓아다니시는 목자라고 말합니다. 우리는 어떤 피조물일까요? 우리는 자급자족하는 슈퍼스타라기보다 궁핍하고 의존적인 양과 같은 존재입니다.

이 시편은 풍부한 전례적 가능성을 제공합니다. 시편 기자는 현대 예배의 특징인 열광적인 속도 대신, 목자에게 우리의 속도를 늦춰 달라고 손짓합니다. 처음 두 구절은 관상 예배에 대한 부름으로 사용될 수 있습니다. 성찬식을 집례하는 동안 설교자는 회중 가운데로 걸어 들어가서 장르들에게 또는 회중 전체에게 시편을 암송하면서 시편을 말할 수 있습니다. 시편은 참가자들이 기름 부음을 받기 위해 앞으로 나아갈 때 치유와 온전함의 예배에 사용될 수 있습니다. 설교자는 설교 시간의 일부를 사용하여 회중에게 '중심 기도', '호흡 기도' 또는 이 소중한 시편이 복된 약속을 갈망하는 백성에게 가져올 평화를 반영하는 다른 고대 형태의 기도를 가르치는 설교를 할 수 있습니다(잠시 앉아서 설교할 수도 있음).

주석적 관점

시편 23편은 우리의 문화적 의식에 뿌리를 내리고 있으며, 우리를 사회화하고 문화적, 예전적, 영적으로 사회화되어 있습니다. 특히 킹제임스성경에서 이 시편은 문화적 가정으로 기능합니다. 그럼에도 불구하고 설교학자들은 주석의 미묘한 차이(nuance)에서 새로운 길을 발견할 수 있습니다.

일반적으로 시편은 양식비평이 해석을 향상시키는 방법을 생각해 보도록 비교적 직접적인 기회를 제공합니다. 물론 시편을 전례적인 노래나 기도문으로 볼 수도 있지만, 시편을 공동 기도서의 맥락에서 보는 것은 고대의 자료에 현대적 구조를 부과하는 시대착오적인 발상입니다. 양식 분석은 시편을 읽는 여러 접근법 중 하나에 불과합니다. 양식비평 분야에서 중요한 업적을 남긴 헤르만 궁켈은 시편 모음집에서 구조적 패턴을 찾아 다음과 같은 유형의 시편을 확인했습니다.*

A 찬송가:일반 찬송가, 시온의 노래, 즉위 노래
B 애가의 노래:공동체 애가, 개인 애가
C 왕실 시편
D 추수감사 시편:개인 추수감사절, 공동 추수감사절
E 지혜 시편
F 기타 시편:순례 노래, 전설, 전례, 혼합물 및 기타

시편 23편은 이러한 범주에 속하지 않으며, 신뢰라는 중요한 주제 때문에 궁켈을 비롯한 대부분의 학자가 '신뢰의 노래'로 간주해 왔습니다. 종종 '개인의 감사의 시'라고도 불리는 이 시편은 축제의 의식에서 중요한 역할을 했을 수 있으며, 아마도 축제로 가는 여정에서 부르거나 낭송했을 것입니다. 학자 마크 스미스(Mark S. Smith)는 시편 23편을 순례자의 노래로 보고 있습니다. 이 시편의 상징적인 성격 때문에 아름다운 킹제임스성경 번역본에 의존하면 본문을 해석하는 데 몇 가지 의문점이 생길 수 있습니다.

구절별로 분석하면 도움이 될 수 있습니다. 시편 23편은 표제에 '다윗의 시'라고만 표시된 성경 시편 여덟 편 중 하나입니다(나머지 시편은 시편 15, 24, 29, 101, 110, 141, 143편). 1절은 하나님을 목자로 묘사합니다. 이 비유는 성경과 고대 근동에서 흔히 사용되는 은유로, 히브리어 성경에서 이 비유를 사용한 예로는 창세기 48:15, 49:24, 시편 28:9, 80:1, 이사야 40:11, 44:28(고레스 참조), 예레미야 31:10, 에스겔 34:11, 12, 15 등이 있습니다. 고대 근동에서는 앗수르의 디글랏-빌레셀(Tiglath-pileser)이 인류의 목자로 묘사되고, 수메르의 신 엔릴(Enlil)은 모든 민족의 주인인 신실한 목자이며, 바벨론의 마르둑(Markuk)도 목자로 묘사됩니다.

킹제임스 버전에서는 목자가 양을 인도하거나 하나님께서 시편 기자를 쉴 만한 물 '옆'으로 인도한다고 말합니다. 이 번역은 시적인 표현으로 보일 수 있지만 히브리어 전치사는 '옆'이 아닌 '~에' 또는 '위에'를 의미하는 경우가 대부분입니다. '하나님께서 나를 쉴 만한 물가로 인도하신다.' '하나님께서 나를 쉴 만한 물가에서 상쾌하게 하신다.' 두 번역 모두 목자의 실제적인 사역을 강조하고 있습니다.

2절은 히브리 성경 전체에서 볼 수 있는 중요한 번역 문제를 제기합니다. '그가 내 영혼을 소생시키시고'라는 전통적인 번역은 아마도 오해의 소지가 있을 수 있습니다. 문제의 단어는 명사 네페쉬(nephesh)에서 나온 히브리어

* Hermann Gunkel, "The Psalms:A Form Critical Introduction," in *Die Religion in Geschichte und Gegenwart*, Handworterbuch in gemeinverstandlicher Darstellung, redigiert von Gunkel, Heitmuller, [u.a.] unter Mitwirkung von Hermann Gunkel und Otto Scheel, herausgegeben von Friedrich Michael Schiele (Tubingen:Mohr, 190-913).

나프시(naphshi)입니다. 신명기 6:4~6의 쉐마(RSV에서는 '이스라엘아, 들으라. 우리 하나님 여호와는 한 분이시니 너는 마음을 다하고 성품을 다하고 힘을 다하여 네 하나님 여호와를 사랑하라 내가 오늘 네게 명하는 이 말씀을 너는 마음에 새기고'), 네페쉬는 '영혼'으로 번역됩니다. 역사와 전통의 어느 시점에서는 '영혼'이 네페쉬의 적절한 번역으로 사용되었을 수 있지만, 종종 그 의미가 몸-혼의 이분법에 갇혀 버립니다.

나프시는 '나의 전 존재'라는 보다 포괄적인 의미를 지니고 있으며, 한 사람의 존재 전체를 나타냅니다. 따라서 5절은 '너는 마음을 다하고 너의 모든 존재로 힘을 다하여 네 하나님 여호와를 사랑하라'로 번역될 수 있습니다. 시편 23:2의 첫 부분은 '내 영혼을 회복시키시며'라고 읽는 대신 '하나님께서 내 전 존재를 회복시키시고/고치셨다'라고 읽으면 하나님의 완전한 보살핌을 나타낼 수 있습니다. 킹제임스성경에서 '그가 그의 이름을 위하여 나를 의의 길로 인도하시나이다'로 번역된 구절의 마지막 부분과 관련하여 약간의 뉘앙스가 필요합니다. 여기서 '나를 인도하신다'로 번역된 히브리어는 '하나님께서 무력한 자인 나를 인도하신다'라는 의미와 함께 신뢰와 의존의 개념이 전적으로 의지한다는, 보다 실질적인 의미를 담고 있습니다.

4절에서 '사망의 음침한 골짜기'로 번역된 히브리어 단어에 대해 간단히 참고해야 할 사항이 있는데, 이 단어는 여러 가지 의미를 내포하고 있으며 아마도 '가장 깊은 어둠/절망의 골짜기'로 더 정확하게 번역할 수 있습니다. 5절에서 주목할 만한 것은 원수의 면전에서 먹는 것에 대한 언급입니다. 양은 거의 항상 적이 있을 때 먹이를 먹으며, 믿을 수 있는 목자와 함께 있을 때만 안전하게 먹습니다. 여기서 무게는 목자의 존재와 준비에 달려 있으며, 다시 한번 절대적인 신뢰의 공간을 만듭니다.

6절의 다양한 버전은 한 단어에 대해 서로 다른 번역을 내놓습니다. 킹제임스성경은 이 구절을 '정녕 나의 평생에 선하심과 인자하심이 나를 따르리니 내가 여호와의 집에 영원히 거하리로다'로 번역하고 있습니다. 전통적으로 '내가 거하리라'로 번역된 문제의 단어는 주석가가 특정 히브리어 사본을 따르는 경우 '내가 하나님의 집으로 돌아갈 것이다'로도 읽을 수 있습니다. 이 단어의 영어 번역은 70인역 본문을 따르는 '거하다'와는 반대로 '돌아가다' 또는 '돌아서다'로 번역할 수 있습니다. 아마도 미첼 다후드(Mitchell Dahooc)의 번역인 '가만히 앉아 있다'가 가장 정확하며, '나는 내 평생 하나님의 집에 가만히 앉아 있을 것이다'라는 구절을 표현한 것 같습니다.

신뢰와 하나님에 대한 완전한 굴복이라는 주제는 이 시편에서 명시적으로 언급되지는 않았지만 이미지와 본문 모두에 스며들어 있습니다.

설교적 관점

끊임없이 흐르는 잔 시편 23편이 가장 친숙한 시편이자 성경 전체에서 가장 인기 있는 구절이라는 것은 의심할 여지가 없습니다. 이 시편은 슬픔에 잠긴 가족에게 위로를 주고 듣는 모든 사람에게 희망을 줄 수 있기 때문에 죽음과 죽어가는 가운데서 자주 읽히고 들리지만, 이 시편을 이런 용도로만 제한하는 것은 메시지의 힘과 범위를 제한하는 것입니다. 물론 이 시편은 신실한 사람들이 가장 어려울 때 힘을 얻게 될 것이라는 생각을 제시하고 있으며, 이런 점에서 저는 4절의 킹제임스성경 구절을 선호합니다. '내가 사망의 음침한 골짜기로 다닐지라도 해를 두려워하지 않을 것은 주께서 나와 함께하심이라.' 그러나 우리는 또한 (4절에서도) 신실한 사람들을 위해 항상 강력하고 위로하시는 목자 하나님께서 계신다는 중요한 메시지를 발견할 수 있습니다. 목자의 이미지는 경계심이 강하고 포식자를 물리칠 수 있을 만큼 강인하며 매우 신뢰할 수 있다는 점에서 의미가 있습니다.

따라서 이 시편은 단순히 죽음의 순간만을 위한 시편이 아닙니다. 먹고 마시고 안위를 구하는 것과 같은 일상적인 활동을 근본적으로 하나님 중심의 관점에서 바라보고 우리의 일반적인 사고방식에 도전하기 때문에 삶에 대한 시편으로 더 중요하게 읽고, 듣고, 이해해야 합니다. 또한 그것은 우리 개인의 안락함을 혼자 생각하지 말고 하나님의 집에서 다른 사람들과 함께 자리하도록 우리를 부릅니다.

소비 지향적인 사회에서 시편 23편의 단순하지만 근본적인 메시지, 즉 하나님만이 삶의 유일한 필수적인 자원이라는 메시지를 듣기는 매우 어렵습니다. 시편은 "여호와는 나의 목자시니 내게 부족함이 없으리로다"로 시작됩니다. 이 말씀은 모든 것을 원하라고 가르치는 문화에서 특히 적절한 말씀입니다. 우리는 필요보다는 탐욕에 이끌리기 때문에 의식주, 보호 등 삶의 필수품만 가지고 산다는 것은 상상하기 어렵습니다. 영리한 광고주들은 이전 세대가 엄청난 사치품으로 여겼던 것들이 이제는 기본적인 필수품이라고 설득하는 데 성공했습니다. 번영하는 우리의 시대에서 하나님만이 삶의 유일한 필수품이라고 말하는 것은 절망적으로 기이하고 순진하게 들립니다. 또한 예수님의 말씀도 순진하게 들릴 수 있습니다. "그러므로 내가 너희에게 이르노니 목숨을 위하여 무엇을 먹을까 무엇을 마실까 몸을 위하여 무엇을 입을까 염려하지 말라 목숨이 음식보다 중하지 아니하며 몸이 의복보다 중하지 아니하냐 그런즉 너희는 먼저 그의 나라와 그의 의를 구하라 그리하면 이 모든 것을 너희에게 더하시리라"(마 6:25, 33).

다시 말해, 시편 23편의 메시지나 예수님의 말씀에 따라 산다는 것은 우리의 삶(또는 죽음)에 대해 걱정하지 않는다는 것을 의미합니다. 하나님께서 공급해 주실 것이며, 하나님의 공급은 하나님의 통치의 현실에 근거를 두고 있습니다. 시편 23편과 예수 그리스도의 단순한 복음에 대한 적절한 반응은 하나님을 신뢰하는 것입니다.

어떤 사람들은 시편 기자의 말을 따른다는 것은 우리가 '겨우' 먹고살 수 있을 만큼만 '만족'하거나 최소한의 것에 만족해야 한다고 생각하지만, 우리 주변에는 우리가 가진 것에 비해 두 배, 세 배, 심지어는 열 배로 금고를 채우는 사람들이 있습니다. 아무것도 진리와 멀어질 수 없습니다. 목자는 우리의 육체적 필요를 채워줄 뿐만 아니라, 더 중요한 것은 우리의 영적 필요를 돌보는 것입니다. 이것은 시작에 불과합니다. 여전히 영적인 필요는 우리 존재의 모든 영역에 스며들어 있습니다.

월터 브루그만(Walter Brueggemann)은 그의 저서 『시편의 메시지:신학적 주석』에서 이렇게 썼습니다.

모든 상황을 변화시키는 것은 하나님의 동행입니다. 죽음의 골짜기나 원수가 없다는 뜻은 아닙니다. 그러나 그것들은 상처를 줄 수 없기 때문에 위협의 상황에서 야훼의 강한 신실하심과 견고함은 정확하게 위로를 줍니다.*

1~3절에서 하나님께서는 자신의 이름을 위해 우리에게 먹을 것(푸른 초장), 마실 것(잔잔한 물), 생명(영혼의 회복)을 제공하고 위험으로부터 우리를 보호(올바른 길로 인도)함으로써 신자들을 돌보시는 선한 목자로 묘사됩니다. 중요한 4절에서는 우리가 모두 직면하는 어려운 순간을 성공적으로 헤쳐나가는 데 꼭 필요한 위로가 제시됩니다. 5절과 6절에는 목자가 양을 위해 하는 것과 똑같이, 손님을 위해 음식(준비된 식탁)과 음료(넘쳐나는 잔)를 제공하는 은혜로운 주인의 비유가 나옵니다.

컵이 넘쳐흐르는 모습을 상상하기란 쉽지 않습니다. 저는 그것이 어떻게 보일지 정확히 상상해 보았습니다. 어쩌면 그것은 땅에서 솟아나는 샘물처럼 컵 안쪽에서 솟아나는 것일 수도 있습니다. 컵이 비어 있거나 반쯤 차 있을 때에도 항상 옆에 있는 주인이 컵을 채워주는 이미지가 본문과 더 일치하는 더 좋은 예시일 수 있습니다. 이와 관련하여 우리는 우물가의 사마리아 여인에게 예수께서 하신 말씀을 떠올리게 됩니다. "예수께서 대답하여 이르시되 이 물을 마시는 자마다 다시 목마르려니와 내가 주는 물을 마시는 자는 영원히 목마르지 아니하리니 내가 주는 물은 그 속에서 영생하도록 솟아나는 샘물이 되리라"(요 4:13-14).

그렇습니다. 우리 주님은 목자이시며 하나님께서는 또한 우리의 주인이십니다. 우리는 평생 우리가 주님의 집에 거한다는 사실을 결코 잊어서는 안 됩니다. 우리는 우리를 돌보아 주시고, 개인과 신자 공동체로서 항상 우리를 돌보아 주실 하나님의 변함없는 임재와 경책(vigilance)을 기뻐해야 합니다.

* Walter Brueggemann, *The Message of the Psalms: A Theological Commentary* (Minneapolis: Augsburg Publishing House, 1984), 156.

부활절 넷째 주일

베드로전서 2:19~25

19 부당하게 고난을 받아도 하나님을 생각함으로 슬픔을 참으면 이는 아
름다우나
20 죄가 있어 매를 맞고 참으면 무슨 칭찬이 있으리요 그러나 선을 행함으
로 고난을 받고 참으면 이는 하나님 앞에 아름다우니라
21 이를 위하여 너희가 부르심을 받았으니 그리스도도 너희를 위하여 고
난을 받으사 너희에게 본을 끼쳐 그 자취를 따라오게 하려 하셨느니라
22 그는 죄를 범하지 아니하시고 그 입에 거짓도 없으시며
23 욕을 당하시되 맞대어 욕하지 아니하시고 고난을 당하시되 위협하지
아니하시고 오직 공의로 심판하시는 이에게 부탁하시며
24 친히 나무에 달려 그 몸으로 우리 죄를 담당하셨으니 이는 우리로 죄에
대하여 죽고 의에 대하여 살게 하려 하심이라 그가 채찍에 맞음으로 너
희는 나음을 얻었나니
25 너희가 전에는 양과 같이 길을 잃었더니 이제는 너희 영혼의 목자와 감
독 되신 이에게 돌아왔느니라

신학적 관점

이 본문은 까다로운 본문입니다. 이 본문의 도입부에 노예가 주인에게 복종해야 한다는 요구가 생략된 것은 이 사실에 대한 간단한 증거를 제공합니다. 이 성경 구절을 만든 사람들은 복종에 대한 요구가 이 구절의 핵심 사상에서 우리를 산만하게 할 것이라고 결론지었지만, 그 요구에서 분명하게 나타나는 역동적인 위험성은 구절 전체에 내재되어 있습니다. 베드로전서 1장은 고통을 가치 있게 여기는 것처럼 보입니다. 이 구절은 무력한 자의 억압을 정당화하는 데 사용될 수 있고, 지나치게 열심인 자들이 고난을 스스로 추구하도록 부추길 수 있습니다. 이런 위험의 현실은 교회 역사를 통해 드러났습니다. 이러한 위험의 현실은 교회 역사를 통해 드러났습니다.

그럼에도 불구하고 교회의 삶 속에서 맺은 심오한 열매를 고려할 때, 이 구절을 무시할 수는 없습니다. 초기의 프란체스코 운동은 이 구절에 대한 성찰로 볼 수 있으며, 이 구절과 프란체스코(Francis)와 클레어(Clare)의 운동을 함께 이해할 때, 그리스도인의 삶에 대한 새로운 시야가 열립니다. 프란체스코의 삶은 13세기 유럽에서 가난과 그 가난이 수반하는 모든 것을 포용하는 삶이었습니다. 프란체스코와 클레어에게 이것은 그리스도의 발자취를 따라 걷는 삶이었습니다(21절 참조, 그들은 베드로전서의 은유를 아주 좋아했습니다.) 그들에게, 구유에 오신 하나님의 성육신에서 드러난 거룩한 가난은 복음의 핵심과 맞닿아 있습니다. 예수님은 자발적인 가난을 통해 하나님께 전적으로 의존하는 삶이 주는 자유와 기쁨을 제자들에게 구현하셨습니다. 프란체스코와 클레어는 인간은 에덴에서 아담과 하와가 아무것도 소유하지 않았을 정도로 가난을 위해 만들어졌기 때문에, 소유에 대한 갈망은 타락의 열매라고 주장했습니다. 초기 프란체스코 수도자들은 이러한 신뢰하는 삶의 본질적인 기쁨에 대한 증언으로서, 그리고 많은 사람을 비자발적 가난으로 몰아넣어 삶과 정신을 파괴하는 상업적 자본주의의 부상에 반대하는 증언으로서 가난의 훈련에 동참했습니다.

클레어는 프라하의 아그네스에게 보낸 네 번째 편지에서 그리스도의 발자취를 따른다는 것이 무엇을 의미하는지에 대한 풍부한 은유를 제시합니다.* 그녀는 그 시대에 유행하던 거울의 은유를 사용하여 아그네스에게 그리스도의 거울을 바라봄으로써 자신을 준비하라고 요청합니다. 그리스도의 겸손과 고난 속에서 자신을 바라보고, 그 안에서 드러난 미덕으로 자신을 단장할 때, 세상에서 그리스도의 사랑과 믿음의 거울이 될 수 있다는 것입니다.

클레어의 편지는 이 본문을 이해하는 데 유용합니다. 이 편지는 이 본문의 의미가 기독론적 요소, 즉 그리스도의 고난에 비추어서만 우리의 고난을 이해하고, 그 고난의 구속적 목적을 깨달을 때에만 그 의미를 파악할 수 있다고 주장합니다. 클레어는 그리스도께서 가난과 그로 인한 고통을 받아들인 것은 자신을 위해서가 아니라 하나님에 대한 신뢰(23절)와 인간에 대한 사랑(24절) 때문이었다는 베드로전서의 증언을 이해하고 있습니다. 그리스도께서는

* *Francis and Clare:The Complete Works*, trans. Regis J. Armstrong, O.F.M. Cap., and Ignatius Brady, O.F.M., Classics of Western Spirituality (New York:Paulist Press, 1982), 2036.

이 고통스러운 가난을 통해 우리에게 믿음으로 충만한 삶의 열매를 보여 주십니다.
프란체스코의 수수께끼 같은 이야기는 초기 프란체스코 운동에 베드로전서의 비전이 진실임을 증언합니다.

어느 날 성모 마리아 대성당에서 프란체스코가 레오 형제를 불러 이렇게 말했습니다.
"레오 형제, 글을 쓰세요."
그는 대답했습니다.
"보세요. 나는 준비가 되어 있습니다."
"진정한 기쁨이 무엇인지 써 보세요."
프란치스코가 말했습니다.
"전령이 도착하여 파리의 모든 석학들(마스터)이 기사단에 합류했다고 말했지만 이것은 진정한 기쁨이 아닙니다. 산 너머의 모든 고위 성직자, 대주교 및 주교는 물론 프랑스 왕과 영국 왕도 기사단에 들어갔다고 해도 이것은 진정한 기쁨이 아닙니다. 내 형제들이 불신자들에게 가서 그들을 모두 믿음으로 개종시켰다 해도 또 내가 하나님께 은혜를 입어 병든 자를 고치고 많은 기적을 행한다 해도 참된 기쁨은 이런 것들에 있지 않습니다."
"그렇다면 진정한 기쁨이란 무엇입니까?"
"페루자에서 돌아와 한밤중에 이곳에 도착했습니다. 겨울이고 길은 진흙탕인 데다 너무 추워서 수도복 가장자리에 맺힌 고드름이 내 다리를 계속 때려 생긴 상처에 피가 계속 흐르고 있었습니다. 진흙과 얼음으로 뒤엉켜 얼어붙은 채로 대문을 두드렸습니다. 한참을 부르자 한 형제가 와서 '누구세요?'라고 물었습니다. 저는 '프란시스 형제입니다'라고 대답했습니다. '저리 가세요!' 그가 말하더군요. '지금은 돌아다니기에 적절한 시간이 아닙니다. 들어올 수 없습니다.' 제가 고집부리자 그가 대답합니다. '돌아가십시오! 당신은 단순하고 어리석습니다. 다시는 오지 마십시오. 우리는 당신이 필요하지 않습니다.' 나는 다시 문 앞에 서서 '제발 오늘 밤에 나를 받아주세요.'라고 말했습니다. 그러자 그는 '안 돼요. 크로지어의 집으로 가서 거기서 물어보세요.'라고 문전박대합니다. 그에게 난 이렇게 말합니다. '내가 인내하고 마음이 상하지 않는다면 참된 기쁨과 참된 미덕 그리고 내 영혼의 구원이 바로 이곳에 있을 것입니다.'"*

프란체스코에게 기쁨은 세상에서 성취한 어떤 것에서도 발견되지 않습니다. 왜냐하면 이러한 성취는 우리가 그 성취를 소유하는 것 이상으로 우리를 소유하는 소유물에 불과하기 때문입니다. 그러한 성공은 우리가 그 성공을 계속 이어가려는 염려를 낳을 뿐이며, 우리가 위태롭게 소유하고 있는 성공에 우리의 영혼을 안주하게 할 뿐입니다. 오히려 우리는 아무것도 우리의 권리라고 주장하지 않는 겸손함을 가질 때, 어떤 특권도 '소유'하지 않을 때, 심지어 우리 자신의 집을 찾지 않고 그저 하나님 안에서 안전하며 세상이 우리에게 제공하는 것을 받아들이고 신뢰로 하나님께 자신을 바칠 때 기쁨을 찾습니다. 프란체스코에게 있

* *See Francis of Assisi: The Saint: Early Documents*, vol. 1, ed. Regis J. Armstrong,William J. Short, and J. A.Wayne Hellman (New York: New York City Press, 2002), 166.

어서 우리가 그리스도 안에서 발견하는 이 자유와 기쁨, 즉 '그분의 상처로 우리는 치유'를 받고, 우리가 그리스도의 발자취를 따라 걷는 한, 우리는 우리의 삶이 닿는 사람들에게도 이와 같은 자유와 기쁨을 선사합니다.

목회적 관점

18절에서 베드로전서 열차를 뛰어내리는 것은 그리 오래 걸리지 않을 것입니다. 승객들이 기차를 계속 타고 궤도에 오를 수 있도록 하기 위한 것, 이것이 이 성경 구절이 18절을 생략한 이유일 것입니다. 그러나 이 구절이 없으면 우리는 중요한 세부 사항을 놓치는 것입니다. 이교도 가정에서 노예로 살던 신생 그리스도인들은 신앙 때문에 괴롭힘을 당하고 있었습니다. 주인의 갑자기 변덕을 부리는 것이 용인되던 세상에서 이 신생 그리스도인들은 삶이 힘든 이유 목록에 자신의 믿음에 대한 모욕을 추가해야 했습니다.

베드로 사도는 이들에게 목회적인 권면을 합니다. 본문은 정당한 이유로 인한 고난과 부당한 이유로 인한 고난을 구분하면서 특정 상황에서의 고난에 대한 정당한 처벌에 대해 이야기합니다. 학대, 강요 또는 억압을 당하는 사람들에게 고통이 정당한 조건이라는 것을 암시하는 내용은 그 어디에도 없습니다. 그 어디에도 다른 사람에게 폭력을 행사는 것에 관용을 베풀라고 말하지 않습니다. 그 어디에도 하나님의 이름으로 손으로 때리거나 허리띠를 풀거나 옷을 벗기라는 내용은 없습니다.

베드로전서는 이 신생 그리스도인들이 속한 이교도 문화에 대한 대안이자 그들 자신의 전통에 대한 대안으로 선호되는 대안 윤리를 제시합니다. 공격받을 때 총을 쏘지 않는 급진적인 선택은 인간이 상상할 수 있는 것 이상이지만, 그리스도께서는 이것에 대한 본을 보여주셨습니다. 학대가 더 많은 학대를 낳지 않았습니다. 고통이 더 많은 고통을 낳지 않았습니다. 상처를 주는 것은 상처받은 것에 대한 자동 반응이 아닙니다. 고난 속에서도 하나님을 신뢰하는 것은 새 신자들이 열망해야 할 높은 소명으로 여겨졌습니다. 어떠한 조건 아래 있더라도 이 어려운 교훈은 노예들에게는 잔인한 교훈이었을 것입니다.

비록 노예제도가 여전히 슬프게도 세계의 일부 지역에 존재하지만, 이곳은 회중석에 앉은 사람들과 대화하기에는 가장 좋은 장소가 아닐 수 있습니다. 설교자/목회자는 대안 윤리의 개념에 대해 관심을 가질 수 있고, 심지어 시급성을 느낄 수도 있습니다. 우리가 알고 있는 대부분의 세상은 바이트와 이진법의 혼합(binary)으로 측정된다는 점을 생각해 봅시다. 1 또는 0을 선택하고, 무수히 많은 조합으로 1 또는 0을 반복해서 선택합니다. 이것이 디지털 세상의 기본 전제입니다. 1과 0의 선택이 전파, 컴퓨터 화면, 휴대전화, 거의 모든 결정을 지배합니다. 우리의 사소한 움직임에도 내재된 이 이론은 우리가 크게 생각하지 않아도 우리의 일상을 움직입니다. 이 이론은 우리가 가능하다고 생각하는 것과 불가능하다고 생각하는 것을 깊은 수준에서 알려줍니다. 선택의 폭이 제한되면 우리는 충동적으로 옳고-그름, 예-아니오, 투쟁-도피의 행동에 빠지게 됩니다.

우리는 삶의 스펙트럼에서 이분법적 사고의 증거를 볼 수 있습니다. 길거리에서는 한 갱단의 사소한 행동이 다른 갱단원에게는 사형 선고가 됩니다. 회의실에서는 한 번의 계약 실패가 규모 축소를 위한 명분이 됩니다. 학교에서는 별난 학생 하나가 금세 문제아로 낙인찍힙니다. 가정에서는 부부 관계에서 한 번의 실망이 이혼의 빌미가 됩니다. 교회에서 1년의 쇠퇴는 교회가 죽었다는 것을 의미합니다. 대체로 우리는 항상 이러한 사고방식의 제약 속에서 일합니다.

그러나 베드로전서 본문에는 항상 두 가지 이상의 선택지가 있다는 미묘한 메시지가 담겨 있습니다. 학대를 받으면서도 학대자가 되지 않을 수 있습니다. 조롱이나 신체적 상해를 당하면서도 끝없는 폭력적 행동의 악순환에 빠지지 않을 수 있습니다. 십자가에서의 예수님의 경험은 우리에게 하나님께서 항상 선택권을 가지고 계신다는 것을 가르쳐 줍니다. 생명을 주는 선택, 즉 가능성을 확장하고 하나님만이 만질 수 있는 우리의 성향(instincts)을 촉발시키는 선택이 있다는 것을 가르쳐 줍니다.

베드로전서 저자는 고군분투하는 그리스도인들에게 그들의 세상이 생각만큼 제한적이고 폐쇄적이지 않을 수 있다고 제안합니다. 주인으로부터 조롱이나 학대를 받는다고 해서 궁극적으로 자신의 가치가 결정되는 것은 아닙니다. 하나님께서는 주인과 노예 모두를 공의롭게 심판하실 것입니다(23절). 위험한 삶의 방식에 대한 해독제로서, 모든 방식에 대한 해독제로서 하나님께서는 한 가지 방법을 제시하십니다. 그것은 광활한 방법입니다.

초대교회의 형제자매에게 공감하면서 우리는 갇힌다는 것, 심지어 노예가 된다는 것이 어떤 의미인지 어느 정도 이해하고 있습니다. 우리는 1세기 노예의 상황에 있지는 않지만, 자유롭지 못하다고 느끼게 하는 많은 것을 가지고 있습니다. 오늘날 우리의 노예화는 이분법적 사고에 얽매인 사고방식에 의한 것일 수 있습니다. 우리가 사는 세상의 두려움과 위험은 우리를 노예로 만들고 그것을 해결하기 위한 창조적인 생각을 제한합니다. 건강과 일 그리고 다음 월급에 대한 걱정은 미래를 희망하는 우리의 본능을 노예로 만들 수 있습니다. 고통 속에서도 믿음을 잃지 않는 초기 신앙인들에게서 우리는 어떻게 배울 수 있을까요?

오늘날의 신실한 그리스도인들은 대안적인 윤리나 하나님을 신뢰하는 것에 전혀 관심이 없는 문화 속에서 한계를 느끼고 있습니다. 지배적인 윤리는 근본적으로 자기중심적이며 '타자'를 세금 신고서의 한 항목으로만 간주합니다. 신뢰는 돈을 가장 안전한 곳에 보관하는 것으로 정의됩니다. 사방으로 둘러싸인 우리는 영적으로 밀실 공포증에 시달리며 스스로 설정한 한계에 갇혀 있습니다. 우리에게 필요한 해독제는 우리를 가두는 무덤을 열어젖히고 하나님께서 주시는 광활한 길로 우리를 해방시킬 것입니다. 우리는 언젠가 실제로 의미 있는 삶을 위해 그 무덤에서 자유로이 걸어 나올 수 있습니다.

본문은 목자의 이미지로 마무리되면서 오늘 성서정과의 다른 구절과 연결됩니다. 목자의 품에서 우리의 영혼은 보호받고 있습니다. 목자는 우리의 이름을 아시고 이 시대와 내세를 통해 우리를 인도하십니다. 선한 목자가 우리의 영혼을 지키고 있을 때, 세상에서 대안적으로 행동할 수 있는 자유의 가능성이 보이기 시작합니다. 어린 조카와 덩치가 훨씬 큰 친구의 대화를 우연히 들었습니다. 친구가 '내가 때려 눕힐 수 있어'라고 말하자 조카는 '그래, 그런데 굳이 그럴 필요가 있어?'라고 대답했습니다. 대화는 그렇게 끝났습니다. 하나님께서는 항상 생명을 살리는 선택을 제시하십니다. 우리는 그 선택지를 찾아서 그 선택지를 가지고 살도록 부름을 받았습니다.

주석적 관점

베드로전서의 가정 규범(2:13-3:12)의 맥락에서, 베드로는 그리스도인 청중(2:13-17)을 향한 일반적인 권면에서 가정 종들(2:18-20)에게 주어지는 구체적인 지침으로 전환됩니다. 3:1~7에서는 아내(및 남편)에 대한 병행 구절이 나타납니다. 그러나 세 가지 관찰을 통해 베드로의 청중은 실제로 모든 신자이며 가정 노예가 아님을 알 수 있습니다. 첫째, 가정 규범은 일반적으로 쌍방을 향해 가르침을 제공하므로 주인과 노예 모두에 대한 의무가 설명되어 있을 것으로 예상할 수 있습니다. 베드로는 주인에 대해 말하지만(2:18), 노예에 대해서는 전혀 언급하지 않습니다. 베드로는 아마도 비기독교인 주인의 가정에 있는 기독교인 노예들을 상상했을 것이며, 이것은 베드로가 이 편지에서 언급하는 더 넓은 상황, 즉 기독교인이 더 넓은 세상에서 주변적인 집단이라는 상황의 축소판일 것입니다. 둘째, 저자는 이미 청중을 '자유인'과 '하나님의 종'(2:16)으로 언급하여 여기서 노예에 대한 그의 지침을 '하나님의 집'을 구성하는 모든 사람을 포함하는 것으로 읽을 수 있는 길을 열어 놓았습니다. 셋째, 21~25절의 기독론적 자료는 예수님의 모범(example)이 노예에게만 적용된다는 힌트를 주지 않습니다. 사실 19~20절의 잠언 같은 성격의 말씀은 이미 베드로의 가르침이 보다 일반적인 범위를 가리키고 있다는 것을 말해줍니다. 이런 식으로 '가정의 노예'는 베드로의 모든 수신자를 지칭하며, 하나님의 집 내의 지위에 대한 일반적인 관심을 거부하고 더 넓은 세상에 대한 모든 신자의 연약함과 소외를 다루고 있습니다.

2:13에서처럼 '복종하다'(18절 NRSV "권위를 받아들이다", NIV "스스로를 복종시키다", RSV "복종하다")는 권력 행사나 반항에 대한 대안이 아니라 '물러나다'의 부정형입니다. 수동적이거나 반성하지 않는 복종이 아니라 사회에서 책임감 있게 자신의 자리를 찾고 차지하는 것이 핵심입니다. '하나님을 의식하기 때문에'(19절 NRSV, '하나님을 알기 때문에')라는 특이한 문구는 베드로가 조언하는 용감함와 견고함 이면에 있는 동기와 동인(muscle)을 드러냅니다. 따라서 저자는 하나님과 그분의 뜻에 대한 공동체의 이해가 하나님의 뜻에 따라 행동하는 삶의 패턴을 받아들이고 그렇게 살도록 권면한다고 말합니다(2:15; 3:17; 4:2, 19 참조).

베드로전서에는 '선을 행함으로 고난받는 것'이 주제이지만(예. 3:17; 4:16; 5:10), 그렇다고 해서 저자가 청중에게 고난받을 기회를 찾으라고 촉구하는 것은 아닙니다. 그는 고난이 많을수록 하나님으로부터 더 많은 칭찬을 받는다는 등식을 지지하지 않습니다. 하나님과 복음에 대한 순종이 관건입니다. 대신 베드로는 인간의 거절이 하나님의 관점의 잣대가 아니며(2:7 참조), 그러한 고난은 마땅치 않다고 촉구합니다. 베드로는 2:21~25에서 세 번째 관점을 추가합니다. 무고한 고난은 그리스도의 발자취를 따르는 것입니다.

2:13~3:12의 구조를 보면 2:21~25이 중심이 되며, 이 기독론적 논증은 모든 그리스도인이 부당한 고난에 직면했을 때 용감하게 굳건히 견뎌야 한다는 것을 뒷받침합니다. 베드로가 그리스도에 대해 아름답게 표현했기 때문에 우리를 이 본문의 주요 관심사에 눈을 멀게 할 수 있습니다. 그는 여기서 기독론적 성찰에 관한 것이 아니라, 세상에서의 신실한 삶과 증거에 관한 그의 가르침을 위해 기독론을 전개하고 있습니다. 그는 신자들이 그리스도의 순종을 본받도록 부르심을 받았으며(21절), 그리스도의 사역을 통해 과거의 죄의 삶에서 변화되어 그리스도가 살았던 것처럼 오늘날도 살 수 있다고 주장합니다(24c-25절). 21~24b절을 구성하는 네 개의 관련 절(KJV에서 가장 명확함)은 제자도에 대한 베드로의 가르침에 대한 근거를 제공하며, 예수님의 고난의 성격과 의미에 뿌리를 두고 있습니다.

역경 속에서 대응하는 태도에 대한 베드로의 비전은 세 가지 확신에 의해 뒷받침됩니다. (1) 고난은 그리스도인의 삶에서 일탈이 아니라 거듭남으로 인한 삶의 변화에서 비롯됩니다. 이 환경에서 고난은 하나님을 대적하는 것이 아니라 하나님을 위한 삶의 결과입니다. (2) '본보기'(example)라는 용어는 신약에서 이곳에서만 발견됩니다. 다른 곳에서는 어린이가 따라서 그림을 그리는 법을 배우기 위한 패턴이나 따라서 쓰도록 설정된 알파벳 글자에 이 용어가 사용됩니다. 여기에 '그의 발자취를 따라'라는 이미지를 추가합니다(막 8:34 참조). 이 문구에서 나타나는 이미지는 신자들이 그리스도의 순종에 나타난 성품을 자신의 삶에서 실천하도록 인도합니다. (3) 마지막으로, 25절에서 베드로는 신자들의 과거와 현재의 삶, 즉 올바른 방향 감각이 없는 삶과 그리스도를 목자이자 보호자로 모신 삶을 대조합니다(겔 34장 참조).

베드로는 예수님의 고난을 (신자들의 삶에서 본보기가 되는) 모범적인 것으로, 그리고 (신실한 삶의 기초를 제공하는 특별한) 속죄로 해석합니다. 그의 주장의 핵심은 이사야 53장에 나오는 여호와의 종과 관련된 내용을 사용하고 그리스도의 고난에 관한 세부 사항을 서신의 구조에 엮은 것입니다.

- 청중의 고난(2:19, 20, 21, 23, 3:14, 17, 18, 4:1[2회], 15, 19, 5:10)은 그리스도의 고난과 유사합니다.
- 고난 앞에서도 보복하지 않으신 그리스도의 모습은 제자들의 본보기입니다(예. 2:19-20, 22-23).
- 베드로는 앞서 하나님을 공평하게 심판하시는 '아버지'로 묘사했습니다(1:17). 이제 그는 예수께서 자신을 공의로운 재판관에게 맡기셨음을 언급하며, 청중들에게 불의한 고난에도 불구하고(2:19, 22-23) 신실한 창조주께 자신을 맡기라고 촉구합니다(2:23, 4:19).
- 베드로는 예수님이 '나무 위에서'(24절, NRSV '십자가 위에서') 처형당하신 것을 언급하면서 예수님의 수치스러운 죽음에 주목합니다(신 21:22-23 참조). 십자가는 그리스도의 속죄의 죽음을 통해 목적을 실현하신 하나님의 표징이기 때문에 베드로는 예수님의 처형에 대한 수치심을 부정하기보다는 실제로 그것을 수용하는 것처럼 보입니다.
- 베드로가 청중에게 '죄'가 아니라 '선을 행하

라'고 인도하는 것처럼(예. 2:15, 20), 예수님은 죄가 없으셨다고 언급합니다(2:22). 또한 그가 '나무에 달린 몸으로 우리 죄를 지고' 죽으셨기 때문에 신자들은 죄에 대해 죽고 의에 대해 살 수 있습니다(2:24; 4:1 참조).

따라서 우리는 베드로의 기독론적 진술이 그리스도인들에 대한 그의 가르침에 얼마나 온전히 내재되어 있는지, 즉 그리스도인들이 그의 기독론적 관점을 공유할 수 있도록 하기 위해서가 아니라(물론 이것이 배제된 것은 아니지만), 그의 기독론적 관점이 그들을 형성할 수 있도록 하기 위해서라는 것을 알 수 있습니다. 역경을 경험하는 그리스도인의 이야기는 성경에 깊이 뿌리를 둔 예수님의 이야기에 참여하는 것과 마찬가지입니다.

설교적 관점

일부 성경 구절은 공공장소에서 소리 내어 읽어서는 안 됩니다. 적어도 성서정과위원회(lectionary committee)에서 그렇게 결정했을 것입니다. 왜냐하면 이 본문은 편지의 이 부분을 시작하는 논제 문장을 생략하고 있기 때문입니다. "사환들아 범사에 두려워함으로 주인들에게 순종하되 선하고 관용하는 자들에게만 아니라 또한 까다로운 자들에게도 그리하라"(벧전 2:18). 이 말씀은 끔찍하지만, 설교자에게 성경 해석의 필요성에 대해 이야기할 수 있는 권한을 주는 구절입니다. 사람들에게 해를 끼치는 데 사용된 본문은 어떻게 해야 할까요? 학대받는 여성들은 고통과 구타를 견뎌야 한다는 말을 어떻게 들을까요? 사도행전 2장의 소유를 나누는 본문이나 요한복음의 선한 목자와 같은 본문은 설교자에게 선호되는 본문이지만, 이 본문은 설교를 위해 설교해야 하는 본문입니다. 실제로 만약 이 본문이 성소의 중앙에 걸려있다면 어떤 사람들은 복음을 듣기 위해 움직이지 않을 것입니다. 이 구절이 생략된 데에는 그럴 만한 이유가 있습니다. 결국, 성경을 공적으로 읽는 것은 개인적인 독서가 아니라 공동의 행사입니다. 하지만 이 구절을 듣지 않으면 우리는 이 구절로 어려움을 겪을 기회를 놓치게 됩니다. 또한 회중들이 본문에 대한 해석의 지속적인 필요성을 이해하도록 도울 기회도 놓칩니다. 1세기 말 폰투스나 비두니아에서 베드로전서의 이 구절을 읽는 것과 미국에서 노예두역이 한창이던 시절에 이 구절은 어떤 의미가 있었을까요? 월터 윙크는 "150년 전 노예제에 대한 논쟁이 격렬했을 때, 성경은 분명히 노예 소유주들의 편에서 있는 것처럼 보였습니다. 노예제 폐지론자들은 성경을 근거로 노예제에 대한 반대를 정당화하기 위해 고군분투했습니다."*라고 말했습니다. 노예제에 반대하는 사람들은 다른 권위의 원천을 찾아야 했습니다. 그 원천의 일부는 노예 자신들, 즉 그들의 노예 생활 경험과 그것이 성경 해석에 어떤 영향을 미쳤는지에서 나왔습니다. 신약학자인 빈센트 윔부시(Vincent Wimbush)는 당혹스러운 질문을 던집니다. "어떻게 한 민족이 책의 민족의 노예가 되어 그 책을 권위 있고 합법적인 것으로 받아들이게 되었을까?" 그런 다음 그는 자신의 질문에 답합니다.

* Walter Wink, ed., *Homosexuality and Christian Faith:Questions of Conscience for the Churches* (Minneapolis:Fortress Press, 1999), 47.

> 가장 타당한 설명은 아프리카계 미국인과 성경의 '세계'의 만남에 있습니다. 약자의 생존과 정복, 그리고 학대받지만 궁극적으로 승리하는 구세주에 대한 매력적인 이야기를 담고 있는 성경이 아프리카계 미국인들에게 받아들여진 것은 당연한 일입니다. … 성경의 남자 주인공과 여자 주인공의 실제 상황은 대부분의 아프리카계 미국인의 역사적 경험과 유사한 것으로 나타났습니다.*

아프리카 노예들에게 성경은 그 자체로 억압적인 텍스트에 대한 증거가 되었습니다. 예수님의 말씀처럼 모든 율법이 하나님과 이웃을 사랑하라는 계명으로 요약된다면, 이웃을 비하하고 깎아내리는 본문은 의심스러워집니다.

18절을 피하는 것은 또한 우리가 중요한 것을 놓치게 된다는 것을 의미합니다. 노예들도 이 신앙 공동체의 일부였습니다. 이 서신을 받은 사람들은 더 큰 문화에서 가장 밑바닥에 있는 사람들이었습니다. 노예들이 노예제라는 억압적인 현실 속에서 어떻게 예수님을 따르는 제자로 살 수 있었을까요? 그들은 고난을 겪었지만 궁극적으로 승리하신 예수님에게서 자신의 삶을 비추어 볼 수 있었을까요?

하워드 서먼(Howard Thurman)은 미국의 노예제 잔재인 인종차별에 맞서 자신과 자녀를 새롭게 정의하는 것이 어떤 의미인지 잘 알고 있었습니다. 그의 자서전에서 그는 어린 딸들을 데리고 자신이 자란 데이토나(Daytona) 비치에 갔던 날을 이렇게 회상합니다.

> 우리는 교회에서 강변까지 긴 길을 걸어 내려갔습니다. 핼리팩스(Halifax) 강에서 세례식을 치르기 위한 행렬이 지나가는 길이었습니다. … 마침 우리는 백인 공립학교 중 한 곳의 운동장을 지나가게 되었습니다. 올리브와 앤은 그네를 보자마자 기뻐서 펄쩍펄쩍 뛰었습니다.
> "보세요, 아빠, 가서 그네 타요!"
> 이것은 미국의 흑인 부모가 직면해야 하는 피할 수 없는 진실의 순간이었습니다. 우리는 자녀에게 뭐라고 말해야 할까요?
> "그네는 타면 안돼."
> "왜요, 아빠?'"
> "집에 가서 시원한 레모네이드를 마시면서 말해 줄게."
> 레모네이드를 다 먹은 후 앤은 말했습니다.
> "이제 집에 왔어요, 아빠. 말해주세요."
> 나는 대답했습니다.
> "공립학교임에도 불구하고 우리가 그네를 이용하는 것은 불법이란다. 백인 아이들만 거기서 놀 수 있어. 너희 흑인 소녀 두 명이 그네 타는 것을 막기 위해서는 주 입법부, 법원, 보안관과 경찰, 백인 교회, 시장, 은행과 기업, 플로리다주의 대다수 백인 등이 힘을 합쳐야 하고 이 모든 것이 필요하단다. 그만큼 너희들은 중요한 존재들이야. 너희의 중요성과 자존감에 대한 평가는 사람들이 너희들에게 부과된 자리에 있게 하기 위해 얼마나 많은 힘을 사용하는지에 따라 판단할

* Vincent Wimbush, "Reading Texts through Worlds, Worlds through Texts," *Semeia* 62 (Atlanta:Scholars Press, 1993), 138.

수 있다는 사실을 잊지 말거라. 너희 둘은 매우 중요한 아이들이란다."*

서먼은 국가와 민족의 불의한 법이 자신과 딸들을 정의하는 것을 거부했습니다. 그에게 이것은 세속적인 개념이 아니라 자신이 하나님의 자녀라는 강한 확신이었습니다. 세상이 뭐라고 말하든 그는 대속을 받고 자유를 얻었습니다. 그는 "나는 내 양을 알고 양도 나를 아는 것이… 또 이 우리에 들지 아니한 다른 양들이 내게 있어 내가 인도하여야 할 터이니"(요 10:14, 16)라는 목자이신 예수님의 음성을 들었습니다. 인종 차별과 배제의 현실에 직면한 서먼은 딸들에게 '너희는 매우 중요한 두 딸이야'라고 말할 수 있었습니다.

* Howard Thurman, *With Head and Heart:The Autobiography of Howard Thurman* (New York:Harcourt, Brace & Co., 1979), 97.

부활절 넷째 주일

요한복음 10:1~10

1 내가 진실로 진실로 너희에게 이르노니 문을 통하여 양의 우리에 들어
가지 아니하고 다른 데로 넘어가는 자는 절도며 강도요
2 문으로 들어가는 이는 양의 목자라
3 문지기는 그를 위하여 문을 열고 양은 그의 음성을 듣나니 그가 자기 양
의 이름을 각각 불러 인도하여 내느니라
4 자기 양을 다 내놓은 후에 앞서 가면 양들이 그의 음성을 아는 고로 따라
오되
5 타인의 음성은 알지 못하는 고로 타인을 따르지 아니하고 도리어 도망
하느니라
6 예수께서 이 비유로 그들에게 말씀하셨으나 그들은 그가 하신 말씀이
무엇인지 알지 못하니라
7 그러므로 예수께서 다시 이르시되 내가 진실로 진실로 너희에게 말하
노니 나는 양의 문이라
8 나보다 먼저 온 자는 다 절도요 강도니 양들이 듣지 아니하였느니라
9 내가 문이니 누구든지 나로 말미암아 들어가면 구원을 받고 또는 들어
가며 나오며 꼴을 얻으리라
10 도둑이 오는 것은 도둑질하고 죽이고 멸망시키려는 것뿐이요 내가 온
것은 양으로 생명을 얻게 하고 더 풍성히 얻게 하려는 것이라

신학적 관점

사복음서에서 사랑받는 예수님의 이미지 중 하나는 '세심한 목자'의 이미지입니다. 목양하시는 구세주에 대한 시각적, 음악적 표현은 오랫동안 예술적 상상력을 사로잡아 왔습니다. 요한은 요한복음 전체에서 하나님에 대한 구약의 은유를 축적하고, 그 은유를 '나는 나다'(I AM)라는 선언을 통해 성육신하신 분에게 귀속시킵니다. 요한복음 10장에서 예수님은 선한 목자를 기다리는 이스라엘의 소망을 성취하십니다. 전통적으로 하나님께서 백성을 친밀하게 목양하신다는 상징적인 이해가 깊이 자리잡고 있습니다. 목자인 다윗 왕을 통해서나, '어린 양을 그의 팔로 모으시고 젖먹이는 암컷들을 온순히 인도하시는'(사 40:11 KJV) 약속의 메시야를 통해서든, 하나님께서는 자신의 백성을 보호하시고 자녀의 신분을 보장하실 것입니다.

이 본문에는 몇 가지 중요한 신학적 쟁점이 존재합니다. 그러므로 해석자는 이 복음서의 묘사 안에서 읽어야 할 뿐 아니라 정경적으로 읽어야 합니다. 예수님이 사용하신 다양한 비유(목자이자 문)는 청중을 당황하게 할 뿐만 아니라 현대적 해석을 어렵게 만듭니다. 이 구절의 핵심은 자신의 생명을 바치는 목자에 대한 기독론적, 구원론적 이해입니다. 목자의 정체성과 구속을 위한 희생의 개념은 우리가 '이 구원의 본질은 무엇입니까?', '이 목자의 사역은 배타적인가요?'라는 질문을 던질 때 해석상의 장애물을 제기합니다. 따라서 해석자는 다른 목자들을 어떻게 간주해야 하는지를 고려해야 합니다. 또한 이 구절에는 요한복음의 독특한 교회론적 강조점, 즉 생명을 주는 공동체의 중요성이 담겨 있습니다.

네 번째 복음서(요한복음)의 기독론은 해석의 역사에서 많은 논의의 대상이 되어 왔습니다. 학자들은 요한복음의 기독론이 성육신 이전에 하나님의 생명 안에 완전히 잠긴 말씀이신 아들의 정체성을 지닌 독특한 관점이라는 데 동의합니다. 어떤 의미에서 요한복음 전체는 '말씀이 육신이 되었다는 것'이 무엇을 의미하는지에 관한 서술입니다. 요한복음의 핵심은 하나님께서 보내신 '위로부터 오신' 분이 로고스 그 자체라는 인식을 점점 더 확산시키는 것입니다.

공관복음 전통에서 예수님은 그의 사역 마지막에 그리스도로 선포되는 반면(막 15:39), 요한복음은 좀 더 그의 신적 기원을 전제로 귀납적 접근 방식을 취합니다. 창세기의 창조 이야기를 연상시키는 웅장한 프롤로그부터 도마가 부활하신 그리스도에게 '나의 주님, 나의 하나님'(20:28)이라는 신성한 이름을 부여하는 복음서의 마지막까지, 요한복음 저자는 그리스도의 신성을 강조하고 있습니다.

이 본문의 구원론적 비전은 예수님이 누구신지에 대한 인식에서 비롯됩니다. 예수님은 양 한 마리 한 마리를 잘 아시고 각각의 이름을 부르는 분이시기 때문에, 양들이 마땅히 따라야 합니다. 그분은 양 떼의 안전을 지키는 것이 유일한 목적이시며, 양 떼의 풍성한 삶을 위해 기꺼이 자신의 목숨을 내어놓는 분이십니다. 그분은 목자일 뿐만 아니라 사람들이 하나님의 백성이 되기 위해 들어가야 할 문이시기도 합니다. 그분은 사람들이 구원을 받는 길이시며, 누구도 이 진입 지점을 우회하려고 해서는 안 됩니다. 여기에서 구원의 배타성이 반향됩니다.

해석의 역사에서 대체주의(supersessionism)의 문제는 계속되어 왔으며, 이 본문은 때때로 '예수님보다 먼저 온 모든 자들'(8절)은 합당하지 않다고 선언하는 데 사용되었습니다. 예수님과 회당 지도자들 사이의 긴장은 9장에 언급되어 있습니다. 이것을 무시해서는 안 되지만, 일부 해석자들은 요한복음 전체에 걸쳐 양극화된 해석을 유지해 왔습니다. 더 나은 해석은 단순히 잘못된 목자를 따르는 것이 위험하다는 점을 강조하는 것입니다. 일부 해석가들은 예수님이 하나님의 양 떼를 잡아먹는 '메시야인 척하는 자들'를 경고하고 있다고 주장합니다. 요세푸스에 따르면 1세기 팔레스타인에는 혁명가들이 많았습니다.

목자의 역할은 양 떼를 인도하고 보호하며, 두려움으로부터 자유롭게 하고, 꼴을 먹이는 것입니다. 예수님은 자신의 추종자들에게 "내가 문이니 누구든지 나로 말미암아 들어가면 구원을 받고 또는 들어가며 나오며 꼴을 얻으리라"(9절)고 확신하십니다. 도둑질하고 죽이고 멸망시키는 자들과는 달리, 이 신뢰할 수 있는 목자는 풍성한 생명을 제공합니다. 풍성한 삶에 대한 현대 신학적 이해에는 공동선을 위한 목적이 있는 소명, 생명 있는 교회 공동체에 대한 참여, 관계를 지속하는 기쁨, 어떤 일이 닥쳐도 그리스도 안에서 안전함을 느끼는 것 등이 포함될 수 있습니다.

공동체의 역할은 요한복음에서 핵심적인 주제이며, 요한복음에는 몇 가지 독특한 묘사가 있습니다. 예수님은 나사로를 공동체로 돌려주는 생명의 수여자이십니다(11:38-44). 예수님과 함께하는 공동체는 포도나무와 가지의 유기적 이미지로 묘사됩니다(15:1-11). 마지막으로, 모든 종류의 물고기를 담을 수 있는 찢어지지 않는 어부의 그물 이미지(21:11)는 이질적인 개체로부터 공동체를 형성하는 예수님의 능력을 말해줍니다. 이 구절에서 목자는 하나의 공동체로 양 떼를 지키려고 합니다. 이것은 요한복음 교회론의 단서입니다. 양 떼를 형성하고 흩어지지 않도록 보호하는 것은 양과 목자 사이에 파괴할 수 없는 관계를 맺으려는 예수님의 의도를 보여줍니다. 마찬가지로 교회는 예수님과의 관계로 알려져야 합니다. 교회 생활에서 기독론적 인식이 약해질 때, 즉 예수님에 대한 이야기를 소홀히 할 때, 교회는 닻을 내리지 못하고 방향타를 잃게 됩니다. 기독론은 하나님께서 우리와 거리를 두지 않길 원하신다고 가르쳐 줍니다. 오히려 하나님의 겸손함 속에서 삼위일체 하나님의 역사가 창조보다 우선한다고 가르칩니다. 요한복음의 서문에서 설명하는 것처럼, 하나님께서 '자신의 형상을 따라' 만드셨을 때 말씀은 육신이 됩니다.

교회가 목자 이미지의 신학적 의미를 회복할 수 있다면 도움이 될 것입니다. 교회의 도상학에서 4세기에 이르러 콘스탄티누스가 교회와 세속 국가를 통합하면서 목자 예수님은 점차 만인 위에 군림하는 통치자, 즉 판토크레이터(Pantocrator) 예수님으로 대체되었습니다. 교회가 제국 권력의 상징이 되면서 목자의 지팡이는 금박을 입힌 주교장(crozier)로 대체되었고, 가시 왕관은 교황의 삼중관(tiara)으로 대체되었습니다. 목자 이미지의 회복은 많은 사람이 길을 잃은 시대에 필요한 단순함, 희생, 연대를 교회에 불러일으킬 수 있습니다.

목회적 관점

좋은 소식을 선포하고 복음의 이야기를 전하는 방법은 다양한 형태로 이루어지며, 요한복음 9~10장에서는 3막의 연극으로 표현됩니다. 1막(9:1-12)의 예수께서 소경으로 태어난 사람을 기적적으로 고치시는 장면은 극적인 행동입니다. 제자들이 실명의 원인으로 '죄'를 소개하는 장면(9:2)은 시력이 은유라는 것을 즉각적으로 상기시켜 줍니다. 요한복음에서 실명 또는 시력은 생물학적 능력이나 제한이 아니라, 예수님 안에서 하나님의 계시에 대한 영적 지향과 개방성을 의미합니다. 요한복음에서 시력은 예수님의 비전을 받아들이는 것을 의미합니다. 2막은 예수님이 있는 장면과 없는 장면으로 구성되어 있으며, 기적을 계기로 촉발된 종교적 논쟁을 보여줍니다. 3막에서는 예수님이 내레이터로 등장하여 선한 목자의 담론을 펼치면서 연극이 마무리됩니다(요 10:1-21).

이 특별한 복음서의 패턴은 기적 이야기를 제시한 다음, 대화나 논쟁을 제시하고 해석적 담론으로 삼부작을 마무리하는 것입니다. 우리 삶의 이야기에서 종종 발생하는 것처럼, 장 표기는 단지 요점을 표시하는 것일 뿐이고 이야기는 전체를 포괄합니다. 모든 목회적 교류의 핵심은 우리가 돌보는 사람들의 환경에 대한 이해입니다. 다시 말해, 맥락이 없는 텍스트는 실체를 갖지 못합니다. 우리가 이야기를 형성하는 만큼 이야기는 우리를 형성하며, 우리는 이야기가 말하는 '진실'에 대한 해석과 적용을 통해 정보를 얻습니다. 우리 삶의 한 사건을 어떻게 이해하느냐에 따라 다음 사건의 초점이 달라집니다.

오순절의 중간 지점인 부활절 네 번째 주일의 본문은 예수님의 부드러운 침으로 치유된 사람과 새롭게 떠오르는 하나님 나라의 은혜로운 비전을 여전히 눈이 먼 바리새인들에 대한 신학적인 해석으로 담고 있습니다. 이 요한 희곡의 세 번째 막은 독백이 아니라 예수님이 '그들'(6절), 즉 바리새인들에게 하시는 말씀입니다. 이 문맥의 청중과 독자는 주의 깊게 들어야 합니다. 선한 목자 담화 중 이 부분은 보고자 하는 사람들에게 시력을 부여하려는 노력의 연속이며, 여전히 어둠 속에 있는 사람들에게 빛을 주시려는 시도입니다. 율법학자들과 지도자들에게 예수님은 비유로 말씀하십니다(6절). 많은 사람에게 예수님은 풀기 어려운 수수께끼와 같은 분이었습니다. 이 교훈이 끝날 때쯤이면, 우리는 모두 우리가 눈먼 자들인지 궁금해할 것입니다. 우리는 예수님이 세상에 가지고 계신 비전을 이해하고 있습니까? 바리새인들이 눈이 멀어 예수님이 말씀하시는 것을 '보지'(알지) 못하는 자를 힐난하는 것은 혼란스러운 일치일 수 있습니다. 예수님의 치유 사역은 그의 메시지에 대한 가시적인 증거입니다. 그의 행동은 말보다 더 크게 말하지만 지금은 그의 말이 약간 혼란스러워 보입니다. 예수님은 자신이 목자라고 말씀하시려는 것일까요, 아니면 문이라고 말씀하시려는 것일까요? 복합적인 은유는 무엇을 의미할까요? 우리가 눈이 멀어 그의 메시지를 이해하지 못하는 것일까요?

예수님의 풀기 어려운 수수께끼와 같은 말씀은 고대 그리스 극작가들의 눈먼 선견자들과 셰익스피어의 현명한 바보들의 지혜로운 방법과 일치합니다. 오이디푸스와 리어왕은 어리석고 눈먼 지혜의 전령을 스스로 무시할 수 있음을 일깨워주는 경고적인 이야기입니다. 예수님은 선승과 함께 코안(Koan)*의 기술을 공부하셨나요? 한 손으로 손뼉을 치면 무슨 소리가 날까요? 코안의 과제는 단순히 '정답'을 맞히는 것이 아니라 그 섬세함을 살리는 것입니다. 좋은 나폴레옹 케이크와 마찬가지로 풍요로움은 층과 층 사이에 있습니다. 당혹감은 우리를 혼란스러운 것들로부터 멀어지게 하고, 너무 명백해서 단순하다고 무시할 수 있는 미묘함 속으로 끌어들이기 위한 것입니다.

요한복음에 있는 예수님의 퍼즐을 푸는 해석학적 열쇠는 10절에 있습니다. "내가 온 것은 양으로 생명을 얻게 하고 더 풍성히 얻게 하려는 것이라"는 구절입니다. 목양극에서 누가 문지기이고 누가 목자인지에 대한 역할을 정의하는 데에 주의를 빼앗기는 것은 떠오르는 하나님 나라에서 풍성한 생명의 이미지를 놓치는 것입니다. 풍성한 삶은 예수님이 모든 사람을 위해 갖고 계신 비전입니다.

선한 목자 담론의 은유에 목회적으로 접근하기 시작하려면, 예수회 고생물학자 테야르 드 샤르댕(Teilhard de Chardin)의 개념을 기억하는 것이 도움이 될 수 있습니다. 그는 우리는 영적 경험을 하는 인간이 아니라 주로 인간적 경험을 하는 영적 존재라고 주장합니다. 미묘하지만 중요한, 해석적 렌즈를 뒤집어 보는 것은 이 복음서의 독보적이고 신비를 포용하는 저자, 즉 예수께서 니고데모에게 하나님 나라를 보려면 '거듭나야 한다'(3:3)는 말씀을 기록한 저자의 관점과 일치합니다.

요한복음 전체에 걸쳐 예수님은 풍요로운 삶의 핵심 요소인 물(4:14), 생명의 떡(6:35), 세상의 빛(9:5), 그리고 여기에서는 양의 우리와 같은 쉼터를 주신다고 말씀하십니다. 어머니의 자궁에 다시 들어가는 방법을 궁금해했던 니고데모는 이제 양 우리 치수를 고려하거나 양 떼를 돌보는 데 드는 비용을 계산하고 있을 수 있습니다. 만약 그가 그렇게 한다면 시편 23편의 목가적인 이미지인 "여호와는 나의 목자시니 내게 부족함이 없으리로다"를 보지 못하게 될 것입니다. 좋은 푸른 풀과 쉴 만한 물이 있지만 그 들판을 안전하고 풍성하게 만드는 것은 목자의 존재입니다.

신앙의 신비이며 이 담론의 수수께끼 중 하나는 양 우리와 좋은 푸른 풀밭에 있는 동안에도 위험이 존재한다는 것입니다. 낯선 사람, 도둑, 산적도 있고 양 떼는 심지어 '사망의 음침한 골짜기'(시 23:4 KJV)를 건너게 됩니다. 게다가 1막의 제자들과 마찬가지로 우리는 누가 죄를 지었는지 물어볼 수도 있습니다(9:2). 때때로 위로하기보다는 비난의 이유를 찾는 것이 더 쉽습니다. 양들은 자신이 누구에게 속해 있는지 알고 있으며, 자신의 이름을 부르면 반응합니다. 양들은 위험과 혼란이 있을 때에도 목자의 음성과 현존에 위로를 받습니다.

부활절 백합의 꽃이 지는 동안, 우리는 목자가 죽음을 통해 풍성한 생명을 제공했다는 믿음의 수수께끼를 계속 품도록 초대받습니다. 때로는 보이지도 않고 이해하기 어려울 때도 있지만, 한 손은 여전히 손뼉을 치고 있습니다.

* 역자주: 선불교에서 초심자를 위한 명상 훈련으로 사용되는 간결한 역설적 진술 또는 질문

주석적 관점

예수님을 선한 목자로 식별하는 내용은 18절까지 계속되지만, 이 본문에서는 처음 10절만 다루고 있습니다. 9장의 바리새인들과의 대결은 소경으로 태어난 사람을 치유하시는 예수님의 행동과 예수님에 대한 소경의 증언을 거부하고 그를 타고난 죄인으로 규정하고 궁극적으로 '몰아내는'(9:34) 종교 지도자들의 행동과 극명하게 대조합니다. 시력을 회복한 사람은 결국 예수님을 '주님'으로 경배하고(9:38), 바리새인들은 스스로 '소경'이라고 판단합니다(9:40-41). 예수님과 믿음이 없는 종교 지도자들 사이의 이러한 대조는 10:1~10에서 계속되지만, 다른 방식으로도 나타납니다.

리더십의 상징인 목자의 이미지는 성경에 뿌리를 두고 있으며, 그리스-로마문학에서도 친숙한 은유였습니다. 하나님께서는 구약의 여러 구절에서 이스라엘의 목자로 묘사되는데, 가장 인상적인 것은 시편 23편("여호와는 나의 목자시니 내게 부족함이 없으리로다")이며, 요한복음 10장에서도 친밀감과 보호에 대한 언급이 나옵니다. 다윗도 이상적인 목자 왕으로 칭송받습니다(삼상 16:6-13 참조). 그러나 에스겔 34:1~31보다 중요한 구절은 없으며, 이 구절은 의심할 여지없이 요한복음 10장에 영향을 미칩니다. 에스겔 34장은 하나님을 이스라엘의 목자라는 개념을 가지고 왔고, 백성을 인도하고 보호해야 할 '양'으로 묘사하며, 지도자들을 양을 해치는 거짓 목자로 신랄하게 비판하고, 다윗을 하나님의 양을 돌볼 참 목자로 찬양하고 있습니다.

이러한 전통적인 이미지는 요한이 예수님을 '도둑과 도적'(1절)인 지도자들과는 대조적으로 보호와 인도, 풍성한 생명을 가져다주는 '선한 목자'(11절)로 묘사하는 데 영감을 줍니다. 1~6절에서는 참된 목자를 양을 해치는 '도둑' 및 '도적'과 대조하고, 7~10절에서는 예수님을 '문'으로 비유하는 것이 주된 내용입니다. 두 경우 모두, 이 목자 담화는 예수님의 반대자들, 아마도 9장의 바리새인들에게 직접적으로 전달되지만, 전체적으로는 복음의 청중을 위한 교훈으로 의도된 것임이 분명합니다.

이 구절은 9장에서 보인 바리새인들의 '눈먼 상태'를 좀 더 반영하는 '내가 진실로'(amen)으로 시작하지만, 이제는 문을 통해 양의 우리로 들어가는 목자와 다른 방식으로 올라가는 '도둑'과 '도적'(1절)이 대조됩니다. 예나 지금이나 전통적인 농경 사회에서 양을 위한 울타리는 집과 인접한 돌담으로 만들어졌으며, 아마도 넘어가는 것을 막기 위해 가시나무 가지로 덮여 있었을 것입니다. 양을 훔치러 들어오는 사람을 막기 위해 대개 문이나 입구가 하나씩 있었으며, 보통은 잠글 수 있었습니다. 양은 식량(고기와 우유)과 의복의 원천이자 다른 필요한 물품의 주요 물물교환 대상이었기 때문에 도둑질은 흔한 일이었고 엄청난 손실을 초래했습니다.

여기서 상상되는 상황은 밤에 입구를 지키는 '문지기'(3절)가 있다는 것입니다. 양 우리에 문지기로 고용된 사람이 있을 만큼 충분히 큰 규모였으며, 여러 가족이 양 떼를 지키던 곳이었을 것입니다. 문지기는 진정한 목자를 알아보고 그를 들여보내 줍니다. 양들 역시 목자의 목소리를 듣고 목자를 알아챕니다. 여기에서도 이 구절은 실제 상황을 반영합니다. 전통 사회의 고대 및 현재 경험에 따르면 목자는 종종 각 양들의 이름을 알고 있으며, 양들은 그의 독특한 부름을 인식합니다. 목자가 양 떼를 따라가는 서양의 관행과 달리, 중동에서는 목자가 양 떼 앞에서 양 떼를 향해 걸어 나가며 반복해서 양 떼를 불러모으는 모습을 볼 수 있습니다. 요한의 장면에서 진정한 목자는 양 떼를 우리 밖으로 이끌고 목초지로 향합니다.

이 부분은 예수님의 반대자들(추정되는 청중)이 예수님이 사용한 '비유'를 '이해하지 못했다'고 언급하면서 마무리됩니다(6절). 요한은 그리스어 '파로이미안'(paroimian)이라는 용어를 사용하는데, 이 문맥에서 NRSV가 번역한 대로 '비유' 또는 확장된 은유라는 용어와 유사합니다. 요한복음에서 예수님의 대담자들은 종종 예수님의 말씀의 의미를 완전히 이해하지 못합니다(예를 들어 니고데모와 빌라도의 혼란을 참조). 그러나 예수님의 말씀에 열린 마음을 가진 사람들에게는 그 의미가 분명합니다. 예수님은 다윗의 정신뿐만 아니라 하나님의 섭리적인 사랑을 반영하는 참된 목자라는 것입니다. 예수님과 제자들의 관계는 친밀감과 신뢰의 관계입니다. 제자들은 그분의 음성을 듣고 그분을 알아봤습니다. 예수님은 제자들을 해치지 않으시고 보호해 주십니다. 그들은 기꺼이 그분을 따르고, 그분은 그들을 생명의 근원으로 인도합니다(10절 참조).

마지막 부분(7-10절)은 다소 다른 방향으로 나아갑니다. 다시 사용된 '내가 진실로'(amen)는 예수님을 '양의 문'(7절)으로 식별하고, 이것은 9절의 '나는 문이다'라는 말에서 강조됩니다. 요한복음 전체에서 요한의 예수님은 신성한 이름(에고 메이미, '나는')과 인간의 갈망 또는 생계를 표현하는 특정한 특성들, 즉 빵(6:35), 생명(11:25), 빛(9:5), 진리(14:6), 길(14:6)을 융합하는 계시적 선언으로 표현됩니다. 요한의 기독론에 의하면, 예수님은 신적 임재를 드러내셔서(1:18), 인간의 갈망을 하나님의 구속적 사랑으로 채우십니다(3:16-17).

양들이 '목초지를 찾으러' 갈 수 있는 '문'의 이미지는 하나님의 구원의 사랑을 세상에 전하시는 예수님의 역할을 표현하는 데 사용됩니다(3:17). 도둑이 '도둑질하고 죽이고 멸망시키려는' 반면, 예수님은 '생명을 얻게 하고 더 풍성히 얻게 하려는'(10:10) 분으로 오십니다. 즉 '생명'의 개념은 요한복음의 근본 개념입니다. 요한복음의 서두에서 '생명'은 말씀을 통해 세상에 가져온 하나님의 본질로 선포되고(1:3), 수난 직전에 말씀하신 예수님의 결정적 담화에서는 생명의 부여가 예수님 선교의 목적 자체로 선언됩니다(17:2, 3). 예수님 자신이 세상을 위한 하나님의 '생명'을 구현하십니다(11:25, 14:6). 그러므로 요한의 용어로 '생명'은 인간을 움직이는 생명력뿐만 아니라 예수님을 믿는 믿음을 통해 하나님의 존재 자체에 참여하는 '영생'으로 이해되어야 합니다(20:31).

설교적 관점

이 비유의 첫 세 구절에는 여러 가지 이미지가 담겨 있습니다. 문은 양의 우리로 들어가는 적절한 입구로 제시됩니다. 목자는 양들이 이미 있는 문으로 들어갑니다. 문에는 목자를 위해 문을 열어주는 문지기가 있습니다. 그런 다음 문으로 들어온 목자의 모습이 자세히 그려집니다. 그의 목소리가 들립니다. 그는 각 양들의 이름을 부릅니다. 목자는 양들을 우리 밖으로 인도합니다. 그분은 그들보다 앞서가십니다. 예수님은 이 은유를 표현하기 위해 어떤 이미지를 자신과 대비시키려고 하셨을까요? 문? 문지기? 목자? 이 성경 구절에서 우리는 후자인 목자라고 볼 수 있습니다.

그러나 바리새인들이 무슨 말씀인지 이해하지 못하니 그에 대한 반응으로, 예수님은 처음에 '나는 문이다'라고 말씀하시면서 우리가 볼 때는 가장 가능성이 낮아 보이는 이미지를 자신에게 적용하십니다. 문은 보호 또는 특권을 목적으로 내부의 사람들과 외부의 사람들을 구분하는 것을 떠올리게 합니다. 2천 년 동안 교회가 예수님을 문으로 선포하는 것은 두 가지 목적을 모두 충족시켜 왔습니다. 요한복음 14장에 나오는 예수님이 제자들에게 하신 말씀은 많은 사람에게 이 비유에 대한 신학적 내용이 되었습니다. "내가 곧 길이요, 진리요, 생명이니 나로 말미암지 않고는 아버지께로 올 자가 없느니라"(요 14:6). 요한 공동체의 경우, 그리스도라는 문으로 들어온 사람들은 회당에 남아있는 양무리의 문을 닫아야 했습니다. 양쪽에서 '누가 신학적으로, 도덕적으로, 윤리적으로 옳고 그르냐'는 배제와 포용의 문제가 격렬하게 벌어졌습니다. 요한에 따르면, 피가 아닌 물이 그리스도라는 문을 통해 들어온 양들을 표시했습니다. 요한 시대 이후, 목자의 목소리가 아닌 삯꾼(stranger)의 목소리에 의해 결정된 수많은 신학적 경계가 신자들을 여러 갈래로 갈라놓았습니다.

이것은 우리 앞에 놓인 본문이 연상시키는 목회 현장과는 거리가 멀어 보일 수 있지만, 특히 영성 안에 삯꾼의 목소리가 숨어 있는 현시대에, 신학적 논쟁(wandering)의 문으로서 예수님을 묵상하는 아침 시간은 도움이 될 수 있습니다. 회중 앞에서 필리오케(filioque, 성자에게서) 논쟁을 설명해 보십시오. 그리고 하나님을 온전히 알 수 있는 유일한 문으로서 아들의 특수성이 오늘날 어떤 의미를 갖는지 생각해 보십시오. 예수님이 사용하신 다른 이미지 안에 거하면서 아들이 음성으로 낯선 이의 음성을 시험해 보십시오. 하루를 마무리하면서 오늘날 양무리의 생명을 훔쳐 가는 도둑과 도적들이 주장하는 진리라는 것을 생각해 보십시오. 삯꾼들이 세미나나 책, DVD를 사면 우리에게 길과 진리, 생명을 보여주겠다고 할 때, 우리는 어떻게 삯꾼의 음성을 분별할 수 있을까요? 교회도 헌신(pledge)의 대가로 같은 일을 하나요? 예배, 성경 연구, 성도와 교제의 훈련이 목자의 음성을 인식하거나 풍성한 생명의 문이신 그를 아는 것과 무슨 관련이 있습니까?

문은 또한 다른 방향으로 회전할 수도 있으며, 수 세기에 걸쳐 도덕적으로 은혜에서 너무 멀리 떨어져 있다고 여겨지는 사람들을 위해 사용되기도 했습니다. 성적 지향에 관한 현재의 논란에서 벗어나 16세기의 성만찬(the Table)에 울타리를 치는 관습으로 돌아가 봅시다. 문에는 반드시 울타리가 있어야 합니다. 여기서 예수님은 성문이고 교회는 도덕적 문지기입니다. 비록 회중이 칼뱅의 신학적 전통을 잘 모른다 할지라도, 제네바 주의 만찬 전례에 나오는 말씀은 그들이 합당하지 않게 성찬에 참여하지 않기 위해 감히 문으로 다가가서 성만찬에 합류하기 전에 회중을 잠시 멈추도록 했습니다. 16세기에는 자유주의자들이 문제가 되었습니다. 20세기에는 고백교회의 일부가 나치 장교들을 성만찬과 세례식 모두에서 차단했습니다. 미하엘 벨커(Michael Welker)는 이러한 관행에 대해 비판적으로 반성하며 다음과 같이 말합니다.

> 이것은 평신도들 사이에 광범위한 도덕적, 종교적 감수성이 전파되는 지점이었으며, 사제, 목사, 장로, 교회 고위 공직자들 사이에는 도덕적으로 종교적으로 통제하기 위해 다소 엄격한 준비가 전파된 지점이었습니다. …도덕적, 종교적 관찰에 따라 성만찬은 더 이상 화해의 잔치로 이해되지 않았습니다. …대신 그것은 도덕적으로 검열하는, 많은 사람에게 불안을 야기시키는 수단으로 다가왔습니다.*

교회는 문지기이고 예수님은 우리(fold) 안에 있는 도덕적으로 약하고 취약한 사람들을 보호하는 문입니까, 아니면 윤리적으로 순수한 공동체에 특권을 주는 문입니까? 교회는 아우구스티누스가 믿었던 것처럼 죄인을 위한 병원입니까, 아니면 펠라기우스가 생각했던 것처럼 도덕적으로 완전한 사람들의 사회입니까? 문이신 그리스도께서 양 떼를 세상의 부패로부터 보호하십니까, 아니면 하나님께서 세상을 너무나 사랑하셔서 특히 잃어버린 양들을 위해 문이 활짝 열리도록 하셨습니까? 예수님만이 문이시기 때문에 결국 모든 이질적인 양들이 그분 안에서 하나가 될 수 있을까요?(요 17:20-21)

마지막으로, 요한복음 10장의 이 열 구절은 그 앞의 이야기는 말할 것도 없고 뒤의 구절과 분리해서 이해할 수 없습니다. 그러나 성경 구절로 분할된 이 본문은 예수님의 '나는 나다'(I AM)라는 말씀 중 하나를 확대하는 렌즈 역할을 할 수도 있습니다. 그리고 이 말씀은 많은 사람이 예수님을 선한 목자로 선포하려는 목가적인 서두름 속에서, 선한 목자 주일을 기념하는 사람들에게 종종 잊힙니다. 이 장의 시작 부분에서 요한이 사용한 이미지의 복잡성에 주의를 기울이지 않는다면, 회중은 문 앞에서 우리에게 '우리는 당신이 우리에게 말하는 것을 이해하지 못했습니다'라고 말하는 바리새인들의 말을 되풀이할 가능성이 높습니다. 마찬가지로 성서정과위원회(lectionary committee)가 첫 다섯 구절에 대한 예수님 자신의 해석에 주의를 기울였다면 시편 118:19~20이 그날과 그 해에 더 좋은 시편이 되었을지도 모릅니다. "내게 의의 문들을 열지어다 내가 그리로 들어가서 여호와께 감사하리로다 이는 여호와의 문이라 의인들이 그리로 들어가리로다"(시118:19-20).

* Michael Welker, *What Happens in Holy Communion?* (Grand Rapids:Eerdmans, 2000), 70.

FIFTH SUNDAY OF EASTER

부활절 다섯째 주일

사도행전 7:55~60

시편 31:1~5, 15~16

베드로전서 2:2~10

요한복음 14:1~14

부활절 다섯째 주일

사도행전 7:55~60

55 스데반이 성령 충만하여 하늘을 우러러 주목하여 하나님의 영광과 및
예수께서 하나님 우편에 서신 것을 보고
56 말하되 보라 하늘이 열리고 인자가 하나님 우편에 서신 것을 보노라 한
대
57 그들이 큰 소리를 지르며 귀를 막고 일제히 그에게 달려들어
58 성 밖으로 내치고 돌로 칠새 증인들이 옷을 벗어 사울이라 하는 청년의
발 앞에 두니라
59 그들이 돌로 스데반을 치니 스데반이 부르짖어 이르되 주 예수여 내 영
혼을 받으시옵소서 하고
60 무릎을 꿇고 크게 불러 이르되 주여 이 죄를 그들에게 돌리지 마옵소서
이 말을 하고 자니라

신학적 관점

사도행전 2장이 누군가의 첫 설교에 대한 최고의 반응을 묘사했다면, 여기서 스데반은 자신의 마지막 설교에 대해 상상할 수 있는 최악의 반응을 받았습니다. 아마도 모든 실패한 설교자들은 여기서 위안을 삼아야 할 것입니다. 회중이 불평만 하거나 해고하더라도 적어도 돌을 던지지는 않으니까요. 스데반의 청중은 그 자리에 있던 사람들보다 더 많은 사람이 포함되어 있습니다. 그는 최초의 '마티어'(martyr, 순교자)로 기억됩니다. 이 단어는 '증인'을 뜻하는 헬라어를 음역한 것으로, 어원적으로 순교자가 된다는 것은 곧 증인이 된다는 것입니다. 부활하신 그리스도께서는 제자들에게 가까이 있는 사람들과 멀리 있는 사람들에게 자신의 증인이 되라고 말씀하셨습니다(행 1:8). 이 구절은 그리스도인 증인의 본질에 대해 가르쳐 줍니다.

법정에서 '전문가 증인'은 연구를 통해 알고 있는 것을 말하도록 요청받을 수 있지만, 우리 대부분은 자신이 보거나 경험한 것을 말하도록 요청받습니다. 예수께서 증인으로 부르실 때도 마찬가지입니다. 우리는 논증을 제시하는 대신 예수님을 보고 경험한 것을 말해야 합니다. 이것이 처음 3세기의 순교자들이 일반적으로 행한 일이었습니다. 관리들은 나이 많고 온화한 서머나의 감독인 폴리캅에게 예수님을 부인하고 향을 피우고 카이사르를 주님으로 선포하면 그를 풀어주겠다고 말했습니다. 폴리캅은 어떤 말도 하지 않았습니다. 다만 그는 자신이 알고 있는 사실만 이야기했습니다. "내가 86년 동안 그를 섬겼지만 그는 나에게 잘못한 적이 없습니다. 어떻게 나를 구원하신 나의 왕을 모독할 수 있겠습니까?"*라고 말했습니다. 다른 초기 순교자들은 단순히 "나는 기독교인입니다"라고 고백했습니다.** 예수님에 대해 개인적으로 알고 있는 진실을 말한 대가는 죽음이었습니다.

앞의 구절에서 스데반은 산헤드린 앞에서 증언하도록 소환되었는데, 어떤 면에서는 그가 제대로 증언을 하지 못한 것처럼 보입니다(행 6:12-7:53). 이것은 그의 유명한 지혜와 은혜를 사용하여 그의 백성의 지도자들에게 복음(좋은 소식)을 전할 이상적인 기회처럼 보일 수 있습니다(행 6:3, 8). 하지만 스데반은 설교 대신 학식 있는 청중들에게 성경 역사를 요약하여 전했고, 그들을 책망하는 것으로 끝을 맺었습니다. 그는 예수님의 이름을 거론하지 않았지만, 예수님을 살해했다고 비난했습니다. 그들이 회심하기는커녕 분노한 것은 그리 놀라운 일이 아니었습니다. 그의 설교는 예언적 말씀(speech), 즉 당국자들 앞으로 소환된 사람들에게 할 말을 주시겠다는 예수님의 약속의 성취였습니다(눅 12:11-12). 그러나 그의 수사적 전략에 문제가 있다는 것을 인정해야 합니다. 본문에서 스데반은 전세를 뒤집고 잘 증언했습니다. 그러나 군중은 이미 그를 반대하고 있었고, 그로 인해 엄청난 대가를 치렀습니다.

* "The Martyrdom of St. Polycarp," 9.3, in *Early Christian Fathers*, trans. and ed. Cyril C. Richardson, Library of Christian Classics, vol. 1 (Philadelphia:Westminster Press, 1953), 152.

** "Letter of the Churches of Vienne and Lyons," 20, in *Some Authentic Acts of the Early Martyrs*, trans. E. C. E. Owen (London:Society for Promoting Christian Knowledge, 1933), 60.

그의 설교가 끝난 후에도 여전히 화가 나 있는 산헤드린 앞에서 그는 영광 가운데 계신 그리스도의 환상을 보았습니다. 그 시점에서 그는 자신이 본 것을 이렇게 말했습니다. "하늘이 열리고 인자가 하나님 우편에 서신 것을 보노라"(행 7:56). 이 말은 그가 본 것에 대한 진실된 그의 증언입니다. 그들이 그를 죽이려고 돌을 들었을 때 그는 자신의 행동으로도 증언했습니다. 그는 예수님이 십자가에서 기도하셨던 것처럼(눅 23:34, 적어도 후기 사본에는) 자신을 죽인 자들을 용서해 달라고 기도하며 예수님의 사랑을 비추는 변화된 삶을 보여주었습니다. 예수께서 아버지께 자신의 영혼을 받아 달라고 기도하셨던 것처럼(눅 23:46), 스데반도 예수님에게 자신의 영혼을 받아 달라고 기도하며 예수님을 신뢰하는 믿음에 따라 변화된 삶을 보여주었습니다. 그는 예수님에 대해 알고 있는 것을 말하고, 예수님으로 인해 자신이 어떤 사람인지 보여주며, 능력과 은혜로 증거했습니다.

예수님을 증거하는 이 주제는 이날에 배정된 다른 본문에서도 나타납니다. 베드로는 우리의 소명이 "이는 너희를 어두운 데서 불러내어 그의 기이한 빛에 들어가게 하신 이의 아름다운 덕을 선포하게 하는 것"(벧전 2:9)이라고 단언하고, 예수님은 우리가 그를 믿으면 그와 같은 일을 하게 될 것이라고 선언합니다(요 14:12). 그러나 증거하는 것이 '예수님의 사역에 대해 우리가 보는 것을 말하는 것'이라면, 우리는 우리 안과 주변에서 그분의 사역을 보도록 주의 깊게 살펴볼 필요가 있습니다. 기독교 신앙을 주로 교리나 행동으로 생각한다면, 우리를 인도하시는 하나님의 섭리의 흔적이나 우리의 삶을 변화시키는 성령의 역사를 찾지 못할 수 있습니다. 부활하신 그리스도께서 우리의 성품과 환경 안에서, 그리고 우리를 넘어 사회와 세상에서 일하시기를 기대한다면, 우리는 은혜의 표징, 즉 심판이나 치유, 정의의 표징을 볼 수 있을 것입니다. 우리가 경험하고 본 예수님의 일을 다른 사람들에게 말함으로써 우리는 증거하고, 우리가 믿음과 신실함으로 살아갈 때 우리의 행동도 그분을 증거할 것입니다.

우리가 예수님의 사역을 경험하고 본 것을 다른 사람들에게 말함으로써 우리는 증거하게 되고, 우리가 믿음과 신실함으로 살아갈 때 우리의 행동도 그분을 증거하게 됩니다.

영광의 그리스도를 향한 스데반의 말이나 자신의 살인자들을 용서한 그의 행동은 교회가 그를 신실한 증인의 원형으로 기억할 만큼 강력했습니다. 그가 돌에 맞아 죽은 것은 너무나 아쉽습니다. 그러한 신실함이 어떤 유익을 가져올까요? 스데반의 증언이 산헤드린을 개종시키지는 못했지만, 적어도 그 증언을 듣고 본 한 사람은 결국 기독교 신앙을 갖게 되었습니다. 우리는 여기서 처음으로 사울이 스데반의 죽음을 지켜보고 승인하는 모습을 봅니다. 박해자가 사도 바울로 변화하려면 하나님의 또 다른 놀라운 개입이 필요하겠지만, 이 장면도 일정 부분의 역할을 했습니다. 아마도 스데반의 증언은 바울이 결국 자신의 삶과 글, 그리고 적어도 전설에 따르면 네로 치하에서 순교할 때 그리스도를 증거한 방식이 영향을 미쳤을 것입니다.

목회적 관점

스데반이 돌에 맞아 죽은 사건은 상당히 명료하고 직설적인 이야기로 전해지지만 그 주제는 풍부하고 복잡합니다. 우리는 이 이야기가 예수님의 십자가 처형에 대한 누가의 이야기와 유사하다는 것을 듣게 됩니다. 기독교 공동체에 대한 긴장과 적대감이 고조되는 것을 즉시 감지합니다. 교회에 대한 박해의 그림자 속에서 미래 교회의 원동력을 볼 수 있습니다. 몇 개의 간결한 구절에서 누가는 최초의 기독교 순교자의 죽음과 기독교적인 죽음의 방식에서부터 기독교 공동체에 대한 박해의 시작과 그럼에도 불구하고 공동체가 번성할 것이라는 징후에 이르기까지 모든 것을 기록합니다.

누가는 스데반의 마지막 순간을 예수님의 마지막 순간과 놀랍도록 유사하게 기록합니다. 스데반은 세 번이나 연설하는데, 그때마다 그의 연설이 그리스도의 말씀과 일치합니다. 체포된 예수님은 대제사장들과 서기관들 앞에 끌려가 신성 모독죄를 범했다고 조롱을 받습니다. 예수님은 그들이 믿지 않을 것이라고 말하는 자신을 그리스도라고 선언하는 대신, '이제부터는 인자가 하나님의 권능의 우편에 앉아 있으리라'(눅 22:69)고 말씀하십니다. 비슷한 방식으로 스데반의 박해자들은 그를 반대하는 거짓 증인을 내세워 하나님을 모독하도록 시도하지만, 대신 성경 구절에 따르면 스데반은 이 환상을 보고 56절에서 다음과 같이 증언합니다. "말하되 보라 하늘이 열리고 인자가 하나님 우편에 서신 것을 보노라" 누가복음에서 예수님이 십자가에서 '아버지, 내 영혼을 아버지 손에 부탁하나이다'(눅 23:46)라고 외치신 것처럼 스데반은 '주 예수여, 내 영혼을 받으시옵소서'(행 7:59)라고 외칩니다. 그리고 스데반은 죽기 직전에 무릎을 꿇고 60절에서 "주여, 이 죄를 그들에게 돌리지 마옵소서"라고 외칩니다. 예수님은 십자가에서 '아버지, 저들을 사하여 주옵소서 자기들이 하는 것을 알지 못함이니이다'(눅 23:34)라고 외치십니다.

그래서 이 새로운 기독교 신앙의 첫 번째 순교자로 기록된 스데반은 자신이 죽는 방식으로 그리스도를 증거합니다. 예수님의 죽음은 우리 자신의 고난과 핍박, 죽음의 모델이 됩니다. 사도 바울은 60년대 초에 해가 지도록 분노를 품지 말라고 썼습니다. 그러나 여기서는 훈계가 영원으로 확장됩니다. 신자는 그리스도의 모범을 통해 자신에게 해를 끼친 사람들을 용서하기 전에 죽음의 '잠'을 자지 말라는 권고를 받습니다. 처음부터 끝까지 신실함을 지킨 섬김의 상징이었던(행 6:5, 8, 15) 스데반은 마지막에 용서의 말을 건넴으로써 영원한 안식으로 그리스도께 안겼습니다.

하지만 다른 주제도 등장합니다. 스데반의 죽음은 예수님의 죽음과 유사합니다. 스데반의 죽음에 대한 반응이 주님의 죽음을 본받았기 때문입니다. 스데반은 예수님과 마찬가지로 동족 사이에서 선지자로 인정받지 못했습니다. 그들이 가져오는 영적 변화는 비방하는 사람들에게 두려움을 가져왔고, 그 두려움으로 인해 죽이는 행동으로 이어졌습니다. 하지만 스데반의 경우에는 다른 부분이 있습니다. 애초부터 합법적인 질서가 없었습니다. 예수님과 달리 스데반은 어떤 치안 판사에게도 끌려가지 않았고, 협상을 통해 사형에 처하지도 않았습니다. 스데반은 성난 종교 지도자 군중에게 끌려가 즉시 돌에 맞아 죽었습니다.

본문은 스데반이 자신이 본 환상, 즉 하나님 우편에 있는 사람의 아들을 증언할 때 공회 회원들이 귀를 막는다고 말합니다. 그의 환상이 너무 불쾌해서일까요, 아니면 자신들이 하기로 결심한 일을 하는 동안 그의 말을 계속 들을 수 없어서 귀를 막은 것일까요? 비인도적인 행위를 저지르는 경우, 그 행위를 수행하기 위해서는 대상자의 인간성을 강제로 차단해야 합니다. 그에 대한 그들의 폭력은 자신의 귀를 막고 그의 목소리로 소리를 지르며 그의 증언을 지우는 것으로 시작됩니다. 스데반을 향해 달려가 소리를 지르며 도시 밖으로 끌고 나가 돌로 쳐 죽인 그들은 성장하면서 점점 더 분리되는 기독교 공동체에 대하여 새로운 긴장과 편협함을 증가시켰습니다.

마지막으로 사울의 발 앞에 놓인 겉옷도 새로운 긴장의 신호입니다. 사울은 나중에 자신을 "히브리인 중의 히브리인이요 율법으로는 바리새인이요 열심으로는 교회를 박해하고, 율법의 의로는 흠이 없는 자"(빌 3:5-6)라고 말하며 종교 지도자로서 자신의 자격을 언급합니다. 누가가 증인들이 그들의 겉옷을 내려놓았다고 언급한 것에 대해 많은 사람이 이야기합니다. 이 이야기에서 예수님의 옷이 벗겨진 것처럼 옷이 벗겨진 사람은 스데반이 아니며, 돌로 쳐 죽이는 육체노동을 하기 위해 옷을 벗는 대제사장도 아닙니다. 목격자들이 옷을 벗을 때, 그것은 마치 첫 번째 성난 군중 주변에 형성되는 두 번째 성난 군중으로 스스로를 준비하는 것처럼 보입니다. 이것은 얼마나 인간의 추악한 행동을 잘 드러내며, 또한 얼마나 심상치 않은 불길한 전조를 예상하게 합니까. 그들은 박해자가 될 것이며, 스데반 순교의 증인이 될 것입니다. 그러나 그들의 겉옷은 사울이 거기에 있었다는 것도 증언합니다. 그들의 겉옷은 스데반의 죽음에도 불구하고 계속 박해하려고 나아가려는 불길한 증거입니다.

종교적 행위가 용인되고 자유로울 뿐만 아니라 상당한 방식으로 지원(예. 성직자에 대한 면세 주택 수당, 예배당에 대한 부동산 세금 면제)을 받는 나라에 사는 현대 기독교인으로서 우리는 희생적인 죽음과 순교를 우리의 영성에 통합하는 것이 어려울 수 있습니다. 특히 2001년 9월 11일 이후 전 세계의 다양한 종교와 민족 간의 폭력적인 충돌 소식에 우리는 두려움과 보복으로 반응할 수 있습니다. 그러나 스데반의 죽음은 우리에게 즉각적으로 일어나는 감정뿐만 아니라 정의와 평화에 대한 우리의 가장 깊은 신념을 되돌아보게 합니다. 그리스도를 모방한 스데반의 순교는 폭력의 악순환을 지속시키는 피해자 사고방식에서 벗어나 새로운 길을 밝혀줍니다.

주석적 관점

스데반의 청중은 그의 말(54절)과 하나님의 오른편에 계신 '인자'로서의 예수님에 대한 환상에 대해 부정적으로 반응합니다(56절). '하나님의 영광'을 본다는 것은 스데반을 매우 좋은 위치에 놓이게 하지만(예. 7:2의 아브라함, 출 33:18-22의 모세, 겔 1:28의 에스겔, 참조. 요 1:14), 사람들을 분노케 한 것은 바로 이 환상, 즉 십자가에 달린 예수님을 하나님과 가까운 관계에 놓는 환상이었습니다.

사도행전에서 스데반의 삶과 선교는 누가의

초대교회 역사 전개에서 과도기적 인물로 등장합니다. 스데반의 죽음과 함께 누가는 독자들에게 이방인을 향한 주요 선교사 사울(바울)의 시작을 소개합니다. 누가의 청중은 사울이 발전하는 기독교 공동체의 주요 박해자 중 한 명이라는 사실을 알게 됩니다(7:58, 8:1, 3). 하지만 곧 상황이 바뀌고 바울은 이방인을 향한 위대한 선교사가 됩니다. 이방인에게 복음을 전하는 것이 베드로의 비전이고(행 10장), 사도행전에서 베드로가 마지막으로 한 말에도 이 사명이 포함되어 있지만(15:7), 누가의 기록에서는 13장부터 이 임무의 대부분이 바울에게 넘어가게 됩니다. 바울은 자신의 글에서 누가복음에 나타난 것과 같은 방식으로 이방인들에게 복음이 전해지기 시작했다고 보지 않습니다(갈 1-2장).

누가의 기록에서 흔히 볼 수 있듯이, 120명(2:4), 베드로(4:8), 바나바(11:24), 바울(13:9), 제자들(13:52) 등 많은 주요 인물이 '성령으로 충만'합니다. 이러한 묘사의 대부분에서 이 '충만함'은 다양한 방언으로 말하거나(2:4) 통치자나 반대자에게 말로 도전하는(4:8; 13:9) 능력과 직접적으로 관련되어 있습니다. 사도행전 7장의 경우가 이에 해당합니다.

누가에 따르면, 성령은 스데반에게 말할 수 있는 권세와 더불어 하늘의 환상을 목격할 수 있는 능력도 주셨습니다. 하늘의 '열리는 것'은 누가복음-사도행전에 나오는 다른 두 가지 환상을 떠올리게 합니다. 누가복음 3:21~22에서 하늘이 열리고 성령이 '비둘기처럼' 예수님 위에 내려오고 하나님께서는 예수님을 '내 사랑하는 아들'로 인정하십니다. 사도행전 10:11에서 베드로는 하늘이 열리고 '부정한 음식'이 담긴 큰 보자기 환상을 봅니다. 베드로의 환상에서 "하나님께서 깨끗하게 하신 것을 네가 속되다 하지 말라"(10:15)고 말씀하시며 환상에 대한 의미를 알려주십니다. 스데반은 분명히 환상을 보았지만, 그에게 말씀하시는 하늘의 음성은 없습니다. 음성이나 어떤 표지가 없기 때문에 주석가들은 예수님이 하나님 우편에 '서 계신다'는 의미에 대해 추측하고 있습니다. 내레이터가 먼저 말한 다음 스데반이 말한(7:55-56), 이 행위의 반복은 그 의미를 암시합니다.

일반적으로 예수님은 하나님의 오른편에 '앉아 계십니다'(2:33-34, 5:31). 이는 더 넓은 신약성경에서도 마찬가지입니다(마 19:28, 막 14:62, 히 8:1, 10:12, 12:2). 일부 학자들은 서 있는 행위가 누군가(예. 스데반)를 대신해 말할 준비가 되어 있음을 의미한다고 주장하고, 다른 학자들은 곧 죽을 순교자를 맞이할 준비를 하는 예수님의 자세를 가리키는 것일 수 있다고 생각합니다. 또한 다가올 미래의 심판을 준비하기 위한 예수님의 첫걸음을 의미할 수도 있습니다. 사도행전 7장의 문맥에 비추어 이 표현의 의미를 확실하게 알기는 어렵습니다. 그 밖의 의미가 무엇이든 예수님의 서 있는 자세는 스데반이 보았던 영향력, 권위와 능력의 위치를 나타냅니다. 반면에 이 환상은 청중을 몹시 불안하게 만들었고, 청중은 그에 따라 반응합니다.

이 성경 구절은(lectionary) 아브라함, 야곱, 요셉, 모세의 이야기를 특히 강조하면서 이스라엘의 역사를 '길게'(신약의 다른 구절에 비해) 다시 이야기하는 스데반의 연설을 생략하고 있습니다. 그런 다음 스데반은 이스라엘이 그들의 지도자, 특히 모세를 거부한 것을 청중이 예수님을 메시야로 거부한 것과 연결합니다. "목이 곧고 마음과 귀에 할례를 받지 못한 사람들아 너희도 너희 조상과 같이 항상 성령을 거스르는도다"(7:51). 성경을 이러한 행태로 활용하는 것은 신약의 사도행전(7:2-53, 13:17-25)에서 두드러지게 나타납니다. 또한 그것은 사람들이 공동체의 정체성을 형성하고 재구성하는 주요 방법 중 하나이기도 합니다. 스데반의 설교를 들려주세요. 스데반은 그의 연설에서 하나님의 종들의 배척과 하나님의 백성 가운데 하나님의 임재를 보장하기 위한 성전이 불필요하다는 것을 강조하고 있습니다. 후자에 대해 스데반은 성전 건축 이전의 광야 시대, 즉 이스라엘이 '거주 이방인'(7:6, 29)이었을 때 하나님께서 어떻게 함께하셨는지를 강조합니다. 이 성경 구절에는 박해하는 사울의 역할이 선명하게 드러나 있지 않습니다. 본문에서 사울은 돌로 치는 자들의 옷을 지키며 수동적으로 지켜보고 있지만, 그보다 더 직접적으로 관여하였습니다. 그는 스데반을 돌로 치는 것을 승인하고(8:1), 교회를 '황폐화'시킵니다(8:3). 이러한 박해로 인해 신자들은 예루살렘을 떠나게 되고, 이는 결과적으로 복음 전파에 도움이 됩니다. 후자는 사울의 계획에 포함되지 않았지만 누가의 주요 메시지였습니다. 즉 박해가 오히려 복음 전파로 이어진 것입니다.

본문 말씀의 주요 인물에 대해서는 이미 많은 이야기가 나왔습니다. 누가는 스데반의 죽음과 마지막 기도를 예수님의 죽음과 유사한 방식으로 묘사하기 때문에, 누가가 묘사하는 스데반은 일종의 '예수님'을 닮은 인물이기도 합니다(눅 23:34-49). 두 사람 모두 순교자로서 억울하게 죽으면서도 책임자들을 용서해 달라고 간청합니다(행 7:60, 눅 23:34). 스데반은 예수님의 정신에 따라 신자들이 원수를 위해 어떻게 기도해야 하는지에 대한 모범을 제시합니다. 누가가 이 이야기를 통해 의도한 바가 무엇이든, 가치 있는 대의를 위한 죽음에 대한 모델이 그중 하나임에는 틀림없습니다. 마틴 루터 킹 주니어(Martin Luther King Jr.) 목사가 자녀들에게 자주 상기시켰듯이, "기꺼이 죽을 수 있는 대의가 없는 사람은… 살 자격이 없다"고 했습니다. 그래서 스데반은 오실 메시야를 위해 기꺼이 죽음을 택했고, 누가는 그를 구세주가 죽었던 방식으로 죽은 사람으로 묘사했습니다.

설교적 관점

이번 부활절 다섯째 주일에는 성경 구절이 사도행전 2장에서 사도행전 7장으로 넘어갑니다. 이러한 도약은 설교자들이 본문의 맥락과 그 경계를 검토하는 것이 좋다는 것을 암시합니다. 지난주 본문과 이번 주 본문 사이에 많은 변화가 있지만, 이 본문에서 특별히 주목해야 할 주제는 교회의 성장과 복음의 확산은 어떤 상황에서도 멈출 수 없는 하나님의 뜻에 따라 추진된다는 점입니다.

스데반의 순교는 이러한 맥락에서 가장 잘 이해됩니다. 성난 군중 앞에서 스데반은 선지자들을 배척하고 성령을 대적하는 사람들을 고발하는 메시지를 전합니다. 스데반은 돌에 맞으면서도 흔들리지 않고 핍박자들을 위해 기도합니다. 스데반의 확신은 거룩한 결단력으로 부상하는 성령 충만한 교회에 대한 사도행전의 이미지를 강화합니다. 본문의 바로 다음 구절을 읽으면 스데반의 죽음이 더 큰 박해를 불러일으키고 기독교인들이 유대와 사마리아 지방 전역으로 흩어지는 과정을 볼 수 있습니다. 여기서도 성령의 역사는 계속됩니다. 흩어짐은 복음을 전하고 이방인들에게 교회의 사명을 소개하는 역할을 할 뿐입니다.

설교자들은 여기서 하나님의 끊임없는 사랑의 본질을 탐구할 기회를 발견할 수 있습니다. 우리는 다시 한번 십자가를 통한 하나님의 부활절 승리를 주장할 기회를 얻습니다. 하나님의 사랑은 파괴될 수 없습니다. 하나님의 사랑은 사도행전에서 교회에 주시는 하나님의 은사가 다함이 없었던 것처럼, 관대하게 부어집니다. 연합감리교회의 제레미아 박(Jeremiah Park) 감독은 결신자들에게 "하나님께서 여러분을 사랑하시며, 그 사랑은 당신이 막을 수 없습니다."라고 자주 말합니다. 이 단순한 고백에는 하나님의 승리의 진리를 인정하는 동시에 우리가 그것을 받아들이도록 인도하기 때문에 커다란 정서적 힘이 있습니다.

스데반의 죽음 이후 교회가 흩어지는 사건에서 얻는 중요한 교훈은 하나님께서 부정적인 상황을 긍정적인 변화를 가져오는 기회로 사용하신다는 점입니다. 비록 신자의 부당한 박해로 인해 흩어졌지만, 하나님께서는 이를 통해 비유대인 지역에 기독교가 처음으로 증거되도록 하셨습니다. 가장 큰 성장은 종종 가장 큰 어려움을 겪는 동안 또는 그에 대한 반응으로 발생합니다. 이러한 성장을 하나님께서 모든 하나님의 백성을 향해 가지고 계시는 끊임없는 구속적 사랑과 연결시키는 것이 설교자들이 할 수 있는 가치 있는 노력일 것입니다. 어둠 속에서도 믿음을 잃지 않았던 스데반의 모습은 고난의 한가운데 있는 사람들에게 하나님의 신실하심을 상기시키는 역할을 할 수 있을 것입니다.

스데반의 죽음은 그리스도의 죽음과 많은 유사점이 있습니다. 가장 분명한 두 가지 유사점은 59절과 60절에 나오는 스데반의 마지막 말에서 찾아볼 수 있습니다. 차이점은 스데반이 주님을 언급할 때, 부활 후의 예수님, 즉 '하나님 우편에' 승리로 서 계신 분에게 말하고 있다는 점입니다. 초대교회의 메시지는 분명합니다. 기독교 운동은 예수님 안에 있는 하나님의 궁극적인 승리와 연결되어 있다는 것입니다. 신자들은 억압적인 상황에서도 궁극적인 승리를 알기 대문에 견딜 수 있습니다. 미래에 대한 확신이 현재를 살아갈 힘을 줍니다.

설교자들은 오늘날의 성도들에게 이와 비슷한 관점을 권장할 수 있습니다. 안타깝게도 기독교는 '내가 죽으면 어떻게 되는가?'라는 질문에 주로 관심을 두는 종교라는 평판이 있습니다. 기독교는 많은 사람에게 '현재 여기의 삶'보다는 '내세'에 더 관심이 있는 인상을 줍니다. 설교자는 성도들이 현재의 삶을 자유와 희망으로 채울 수 있도록 권장하는 방식으로 승리의 메시지를 전하는 것이 유익할 것입니다. 그리스도인은 하나님의 방법이 궁극적이라는 확신이 있기 때문에 우리 주변 사회의 이해관계가 충돌하더라도 하나님의 우선순위를 따르고 구속적인 방식으로 하나님의 사랑을 구현해야 할 것입니다.

성난 군중이 돌을 던질 때 '주여, 이 죄를 그들에게 돌리지 마옵소서'라고 기도한 스데반의 고백은 우리가 용서를 고려할 때 도움이 됩니다. 대부분은 그런 상황에서 스데반의 태도를 취하는 데 어려움을 겪겠지만, 용서는 인간 의지의 힘이 아니라 '하나님의 영광과 하나님 우편에 서 계신 예수님'(55절)에게 뿌리를 둔다는 사실을 알면 도움이 될 것입니다. 용서는 일반적으로 사람들이 직면하는 과제입니다. 모든 성도가 이것에 공감할 것입니다. 만약 성도들이 하나님의 승리하는 사랑 안에서 용서하려고 노력한다면 설교자는 그런 성도들에게 특별한 도움을 줄 수 있을 것입니다. 예를 들어, 성도들은 하나님 사랑의 눈으로 원수를 바라보도록 격려받을 수 있습니다. 그런 다음, 하나님의 마음을 깊이 느낀 성도들은 용서의 다음 단계를 분별하기 위해 기도할 수 있습니다. 용서는 개인의 영웅적 행동이 아닙니다. 그것은 오히려 하나님의 행위입니다. 마지막으로, 성도들은 순교 문제를 자신과 무관하게 느낄 수 있습니다. 전 세계에서 여전히 신앙을 위해 목숨을 바치는 기독교인들이 있지만, 많은 성도는 그런 위협을 겪지 않습니다. 그럼에도 불구하고 이런 사람들에게도 스데반의 이야기는 여전히 귀 기울일 가치가 있습니다. 위에서 언급한 내용 외에도 스데반의 이야기는 기독교인들이 하나님에 대한 신실함이 어떻게 현대 문화의 일반적인 가정 및 관습과 충돌하는지 생각해 보는 데 도움이 될 수 있을 것입니다.

예를 들어, 기독교 신앙은 만연한 소비주의와 기독교인이 그것과 연루되어 있는 사실에 대해 무엇이라 말해야 할까요? 기독교는 많은 국가의 외교 정책을 이끄는 동력이 되는 민족주의적 욕망과 이기심에 대해 무엇이라 말해야 합니까? 우리의 신앙은 환경 보호와 현재 우리의 생활 패턴에 대해 무엇이라 말해야 할까요? 우리 중 많은 사람이 신앙을 위해 죽으라는 요청을 받은 적은 없지만, 신앙은 여전히 우리에게 우선순위를 정하고, 입장을 취하고, 행동으로 믿음을 표현하도록 요구합니다. 이러한 입장에 있는 우리에게 스데반의 이야기는 여전히 신실함을 상기시키는 본보기가 됩니다.

부활절 다섯째 주일

시편 31:1~5, 15~16

1 여호와여 내가 주께 피하오니 나를 영원히 부끄럽게 하지 마시고 주의
공의로 나를 건지소서
2 내게 귀를 기울여 속히 건지시고 내게 견고한 바위와 구원하는 산성이
되소서
3 주는 나의 반석과 산성이시니 그러므로 주의 이름을 생각하셔서 나를
인도하시고 지도하소서
4 그들이 나를 위하여 비밀히 친 그물에서 빼내소서 주는 나의 산성이시
니이다
5 내가 나의 영을 주의 손에 부탁하나이다 진리의 하나님 여호와여 나를
속량하셨나이다
15 나의 앞날이 주의 손에 있사오니 내 원수들과 나를 핍박하는 자들의 손
에서 나를 건져 주소서
16 주의 얼굴을 주의 종에게 비추시고 주의 사랑하심으로 나를 구원하
소서

신학적 관점

시편 전체에 걸쳐 하나님의 영원한 의에 대한 희망, 신뢰, 확신의 표현이 나타나 있지만, 이 성경 구절은 십자가에서의 죽음으로 절정에 이른 예수님의 소명적 자기 이해에 시적 상상력이 어떻게 작용했을지 질문을 제기합니다. 시편에 생생하게 묘사되어 있는 간구(concerns)가 자신의 삶에 닥칠 일들을 이해하는 데 영향을 미쳤을까요? 만약 그렇다면 우리는 어떻게 이 기도를 그분처럼 받아들여, 그분을 따를 때 그 기도가 우리의 이해에 영향을 미치게 할 수 있을까요? '주의 공의로 나를 건지소서'라고 시편 기자는 무거운 탄식으로 간구합니다. 주께 '피난처의 바위'와 '강한 요새'(2절) 그리고 '신속한 구원'이 되어 달라는 요구는, 주께서 이미 이러한 구원이 되신다는 확신과 극적인 긴장감을 유지합니다.

부활절 다섯째 주일에, 우리는 부활하신 그리스도를 선포하면서도 긴장 속에 머물러 있습니다. 우리는 시편 기자의 감성에 우리의 간구가 해결되었다고 확언하기보다, 예배 안에서 새로운 기대와 고백의 솔직함을 위한 공간을 확장합니다. 어떤 의미에서든 하나님의 신실하심에 대한 감각은 우리가 '아직은 아니다'라고 분별하고 느끼는 것에 자리를 내어 주어야 합니다.

이러한 긴장과 그것이 불러일으키는 공백 안에서 말하고, 듣고, 머무름으로써 우리는 주님의 방법, 즉 예수님의 삶과 사역, 고난 속에서 가장 강력하게 현존하는 그분의 방법을 열망하고 그 안에 거할 수 있는 더 나은 준비를 갖추게 됩니다. 아마도 예수께서 하나님의 신실하심 안에 자신의 희망을 두려고 일관되고 끈질기게 씨름하는 과정에서 직면했던 도전은 우리의 도전과 전혀 다르지 않을 것입니다. 하나님의 약속에 대해 순종의 삶을 살고자 하는 누구에게나 요구되는 세심함과 신뢰의 위엄은, 예수님과 선지자들에게서 찾아볼 수 있는 용기 그리고 우리 믿음과 증언의 공동체를 생성했고 여전히 생성하고 있는 믿음으로 사는 사람들(히 11장)의 삶을 통해 이루어질 것입니다.

우리가 직면하는 것과 크게 다르지 않은 어려운 결정과 다양한 위기로 구성되어 있는 삶 속에서 예수님은 먼저 하나님 나라를 구하셨고, 자신을 비우고, 자신을 낮추시며, 죽기까지 순종하는(빌 2:7-8), 즉 그분이 하나님을 닮은 사랑이라고 이해한 것을 가장 충실하게 본받는 길을 선택하셨습니다. 시편 기자는 '주는 나의 산성이시니이다'라고 고백합니다(4절). 예수님은 시편 기자처럼 모든 삶과 사역의 의미와 가능성이 객관적으로 진리라는 것에 거시며, 하나님이 끝까지 신실하시다는 믿음에 의지하십니다. 이 계산법에 따르면, 사랑만이 유일한 관계이며, 오직 사랑만이 의미를 갖습니다. 해롤드 올리버(Harold Oliver)는 이렇게 말합니다. "사랑은 여러 관계들 중에 하나의 관계가 아니라 관계성의 근본 대한 최고의 패러다임입니다… 사랑은 우리가 행하는 어떤 것이 아니라, 오히려 사랑은 우리가 누구인지를 정의해 줍니다."*

"내가 나의 영을 주의 손에 부탁하나이다 진

* Harold H. Oliver, *Relatedness:Essays in Metaphysics and Theology* (Macon, GA:Mercer University Press, 1984), 17.

리의 하나님 여호와여 나를 속량하셨나이다"(5절). 누가복음(23:46)에 따르면 이 말씀의 첫 부분은 예수께서 직접 취하셨지만, 두 번째 부분인 구속을 받았다는 확신은 예수님의 부활의 의미와 관련된 '믿음으로' 어느 정도 상상력을 발휘해야 합니다. 우리는 성경의 증언 전체에 충실하기 위해 시편 기자의 희망과 때로는 암울한 세상 현실 사이의 극적인 긴장감을 유지해야 합니다. 그럼에도 불구하고, 우리는 부활이 무엇보다도 하나님 나라가 가까이 왔으며 하나님께서 우리를 돌보시고 우리의 필요를 충족시키며 영원한 생명의 희망을 보증할 수 있는 방식으로 우리의 존재를 계속 지속시킬 것이라는 예수님의 선언을 입증한다고 단언할 수 있습니다. 신약성경의 증언은 하나님의 구속 행위(과거에도 있었고 현재에도 있고 장차 있을 것)에 관한 시편 기자의 확신을 바탕으로, 우리를 정의하는 관계성, 즉 사랑은 끝이 없을 것이라고 거듭 주장합니다.

우리는 '당신의 변함없는 사랑으로 나를 구원하소서'(16절)라고 여전히 간구하는 기도를 해야 합니다. 기도의 실천이 없는 기도의 교리는 설득력을 갖지 못합니다. 디트리히 본회퍼(Dietrich Bonhoeffer)가 말했듯이 시편은 우리에게 '마음과 입과 손으로' 기도하라고 가르칩니다.*

이 성경 구절은 우리가 느끼는 것보다 더 많이 긍정하고 거짓 없이 희망을 향해 기도하라고 가르칩니다. 시편의 증거만으로는 부활 교리가 생성되지는 않지만, 우리는 신약성경의 부활하신 그리스도에 대한 찬양과 함께 하나님의 변함없는 사랑의 통치로 인해, 다가올 전례 없는 구원 행위에 대한 기대를 발견할 수 있습니다. 여기서 특히 위르겐 몰트만의 언어가 적절합니다.

"이전에는 불가능했던 일이 가능해질 것입니다. 이전에는 위축되었던 에너지가 깨어날 것입니다. 지금까지 닫혀 접근이 불가능했던 미래가 열릴 것입니다. 눈에 보이는 세상의 현실에 맞서 그 세상의 변화 가능성과 하나님 나라로의 변화 가능성을 일깨웁니다."**

우리는 반드시 구속하시는 하나님의 아직 보이지 않는 목적에 우리의 영혼을 맡기면서, 예수님이 배우고 반복하신 기도를 통해 긴장과 환희, 불평과 희망, 걱정과 축제를 경험합니다. 이것은 우리가 우리 자신과 우리의 삶 그리고 예배의 맥락을 발견하는 신성한 관계의 드라마입니다. 그것은 구속의 사랑이 작동하는 공간입니다. 다른 것은 없습니다.

목회적 관점

마크 트웨인은 '인간은 얼굴을 붉히는, 아니 붉힐 필요가 있는 유일한 생물이다'라고 말했습니다. 시편 기자도 이 말에 공감할 수 있을 것입니다. 그는 적과 마주할 때 "여호와여 내가 주께 피하오니 나를 영원히 부끄럽게 하지 마시고 주의 공의로 나를 건지소서"(1절)라고 기도합니다. 이 적들이 누구인지는 알 수 없지

* Dietrich Bonhoeffer, *Psalms:The Prayer Book of the Bible*, trans. James H. Burtness (Minneapolis:Augsburg Press, 1974), 42.

** Jurgen Moltmann, *God in Creation:A New Theology of Creation and the Spirit of God*, trans. Margaret Kohl (San Francisco:Harper & Row, 1985), 172.

만, 시편 기자는 그들이 자신을 '부끄럽게 할 수 있다'고 우려하고 있다는 것을 알 수 있습니다. 실제로 그는 이 시편에서 '부끄러움'이라는 단어를 세 번 사용했는데, 두 번은 하나님께 자신을 '부끄러워하지 않게 해달라'고 요청하고, 한 번은 '악인을 부끄러워하게 해달라'고 요청합니다. 시편 기자가 여기서 부끄러움 자체를 자신의 적이라고 생각했는지는 의심스럽지만, 현대 독자들에게는 실제로 우리의 적일 수 있습니다.

'수치심'이란 무엇을 의미하나요? 한 심리학자는 '심리학자와 인류학자들은 죄책감을 자신이 한 일이나 하지 않은 일에 대한 나쁜 느낌으로 보는 반면, 수치심은 완벽함이나 수용 가능성의 기준에 따라 측정된 자신의 모습에 대한 나쁜 느낌'이라고 말합니다.* 교회에는 죄책감뿐만 아니라 수치심 때문에 힘들어하는 사람들이 가득합니다. 주일 아침, 우리는 예배당에 모인 사람들 중에 다음과 같은 사람들을 볼 수 있습니다. 자신이 '나쁘다'는 생각을 갖게 된 어린아이, 음란물로 인해 자신이 저주받았다고 믿는 십 대 청소년, 비윤리적인 일을 저지르고 회개했음에도 불구하고 하나님의 용서를 느끼거나 받아들이지 못하는 사업가 여성. 이 사람들과 그와 비슷한 사람들의 공통점은 단순히 자신이 저지른 죄에 대한 책임을 받아들이는 것 이상을 느낀다는 것입니다.

대신, 그들이 느끼는 것은 자신의 인격에 대한 수치심, 자신이 누구인지에 대한 수치심입니다. 가상의 인물(역주-여자)은 그녀 스스로에 대해 생각합니다.

> 그것은 그녀의 삶 그 자체였다고, 그것이 그녀가 아버지와 그들이 지나치는 집과 자고 있는 사람들로부터 숨기고 싶었던 죄였다고, 그녀는 자신을 용서하고 싶었지만 단 하나의 행위나 습관적인 행동조차 자신에게서 떼어내어 이겨낼 수 없었기 때문에 용서할 수 없었다고 말합니다. 그녀의 마음에는 무언가가 있었습니다. 그녀는 자신의 모든 행동과 가장 사소한 순간에서조차도 뭐라고 이름을 붙일 수도 없는 악에 의해 더럽혀졌다고 느꼈습니다.**

우리 마음에는 무언가가 있습니다. 시편 기자는 자신이 직면한 적에 대한 해답을 가지고 있는데, 이는 우리가 수치심이라는 적을 마주할 때와 같은 해답입니다. 그 해답은 21세기 문화에서 우리가 기대할 수 있는 것이 아닙니다. 21세기 문화는 한편으로는 자만함을, 다른 한편으로는 피해의식을 번갈아 가며 중시합니다. 시편 기자는 더 열심히 일하겠다고 약속하지 않습니다. 그는 더 조심하거나 용감해지겠다고 맹세하지 않습니다. 그는 하나님께서 불공평하다고 계략을 꾸미거나 불평하지 않습니다. 대신 시편 기자는 돌아서서 하나님께 도움을 요청합니다. "내게 귀를 기울여 속히 건지시고 내게 견고한 바위와 구원하는 산성이

* Harold S. Kushner, *How Good Do We Have to Be? A New Understanding of Guilt and Forgiveness* (Boston:Back Bay Books, 1997), 35.

** Andre Dubus, "The Pretty Girl," in *The Times Are Never So Bad* (Boston:David R. Godine, Publisher, 1986), 39.

되소서"(2절). 다른 말로 하면, '하나님, 제 말 들어주세요! 서둘러서 도와주세요! 저를 위한 바위, 피난처가 되어 주세요'라고 말하는 것입니다. 시편 기자가 하나님의 도움을 위해 어떻게 호소하는지 주목하십시오. "주의 이름을 생각하셔서 나를 인도하시고 지도하소서 그들이 나를 위하여 비밀히 친 그물에서 나를 빼내소서"(3-4절). 시편 기자는 자신이 좋은 사람이기 때문이 아니라 하나님의 이름을 지키기 위해 하나님께 도움을 간구합니다. 이 얼마나 복된 대범함입니까!

시편 기자는 어떻게 이렇게 천지의 창조주께 뻔뻔스럽게 간청할 수 있을까요? 그는 하나님의 본질에 대한 믿음이 있기 때문에 간구할 수 있습니다. 그는 "주는 나의 반석과 산성이시니… 주는 나의 산성이시니이다… 진리의 하나님 여호와여 나를 속량하셨나이다"(3-5절). 시편 기자는 하나님께서 궁극적으로 자신을 반대하는 것이 아니라 자신을 위해 계신다고 믿습니다(참조, 롬 8:31). 하나님께서는 신실하십니다. 그래서 시편 기자는 "나의 앞날이 주의 손에 있사오니"(15절)라고 선포합니다. 이것은 하나님께서 인생의 모든 사건을 일으키거나 통제하신다는 주장은 아니지만, 시편 기자는 실망에서 성공, 슬픔에서 기쁨, 출생에서 죽음에 이르기까지 인생의 모든 순간에 하나님께서 신비롭고 강력하게 그리고 마침내 자신의 삶과 시간을 붙드시고 계신다는 것을 신뢰합니다. 그래서 시편 기자는 확신을 가지고 원수로부터 구원을 구하는 기도와 "주의 얼굴을 주의 종에게 비추시고 주의 사랑하심으로 나를 구원하소서"(16절)라는 기도, 즉 하나님께서 기쁨과 사랑으로 자신을 바라보시도록 간구합니다.

수치심이라는 거대한 적과 싸울 때, 시편 기자의 전략은 하나님께서 우리를 대적하는 것이 아니라, 우리를 위해 계신다는 담대한 신뢰를 가지고 모든 것을 아시는 분 앞에 나아가라는 초대입니다. 하나님께서는 우리 시대를 하나님의 손에 붙들고 계시며, 우리가 믿음으로 살아갈 때 하나님께서는 다양한 적들, 특히 수치심의 적과 맞서는 우리의 피난처와 구원이 되실 것입니다.

몇 년 전, 프랭크 워렌(Frank Warren)은 특이한 예술 프로젝트를 시작했습니다. 그는 익명으로 사람들을 초대하여 그들의 비밀이 적힌 엽서를 개인적으로 장식해서 보내 달라고 요청했습니다. 시간이 지나면서 워렌은 수천 개의 비밀을 책으로 엮어 여러 권의 책과 인기 있는 웹사이트를 만들었습니다. 미시시피 출신의 한 익명의 작가는 이 현대판 고백록의 의미를 이렇게 표현했습니다. '모든 사람은 마음이 아픈 비밀을 하나쯤 가지고 있습니다. 우리가 이것을 기억할 수만 있다면 세상에 더 많은 연민과 관용이 있을 것이라고 생각합니다.'*

우리의 자비로우신 주님은 십자가에 못 박히셨습니다. 이는 당시 알려진 가장 극심한 고통스러운 죽음이었을 뿐만 아니라 가장 수치스러운 죽음으로 여겨졌습니다. 누가복음에 따르면 예수님이 십자가에서 마지막으로 하신 말씀은 이 시편에서 인용한 것입니다. "내가 나의 영을 주의 손에 부탁하나이다"(5절). 우리가 믿음으로 살고 죽을 때, 우리도 우리의

* Frank Warren, *The Secret Lives of Men and Women* (New York:HarperCollins, 2007), 49.

시대를 손에 쥐고 우리를 원수로부터, 심지어 수치심의 원수로부터 구원하시는 분께 우리의 영혼을 맡깁니다.

주석적 관점

교황 요한 바오로 2세는 2000년 예루살렘의 홀로코스트 기념관인 야드 바셈에서 연설을 시작하며 이 개인적인 애도의 노래의 한 구절로 말문을 열었습니다. "고대 시편의 말씀이 우리 마음에서 솟아납니다. 나는 깨어진 그릇과 같습니다. 내가 무리의 비방을 들었으므로 사방이 두려움으로 감싸집니다. 그들이 나를 치려고 함께 의논할 때에 내 생명을 빼앗기로 꾀합니다. 여호와여 그러하여도 나는 주께 의지하고 말합니다. 주는 나의 하나님이십니다." 12~14절의 이 가슴 아픈 고백은 고대의 아픔을 현대 세계의 상처에 빗대어 울려 퍼집니다. 이 노래는 하나님께 도움을 청하고(1-10절), 시편 기자의 절망의 본질을 자세히 묘사하며(11-13절), 구원을 주신 하나님께 감사를 드립니다(19-24절). 이 성경 구절(1-5, 15-16절)은 도움과 인도에 대한 부르짖음과 구원에 대한 인식에 초점을 맞추고 있습니다.

아서 와이저(Artur Weiser)는 이 시편이 탄원과 찬양 사이를 오가는 인간 기도의 심리적 측면을 엿볼 수 있다고 말합니다.* 다른 학자들도 동의했듯이, 와이저는 이 시편은 일반적으로 시편이 사용하는 전형적인 패턴을 대부분 위반하고 있다고 지적합니다. 이 시편은 표준적인 청원이나 일반적인 찬양의 형태를 따르지 않습니다. 형식에 치중한 시적 패턴을 피하면서 구원에 대한 간구와 초월적 해방에 대한 감사의 선언 사이를 오가는 시편의 구조는 오늘날 양극성 장애나 깊은 우울증으로 고통받는 사람의 초상화로 이해되는 것과 비슷합니다. 시인의 성격이나 경험은 알 수 없지만, 이 시편은 극심한 개인적 고통의 깊이를 분명하게 드러내고 있으며, 오늘날 고통받는 사람들에게도 공감을 불러일으킬 만합니다. 고통은 마음과 정신을 황폐화시켜 현실에 대한 인식을 무너뜨리고 극단적인 생각과 행동을 강요합니다. 이 시편은 말로 표현할 수 없고 단순하게 이해할 수 없을 정도로 끔찍한 트라우마적 경험을 가리킵니다.

읽을 때마다 내면 깊숙한 곳에서 반응을 불러일으키는 이 시편의 구절과 주제는 '하나님에 대한 전적인 의존'이라는 개념으로 수렴됩니다. 그러한 고통 앞에서 다른 어떤 구원의 방법도 의미가 없으며, 오직 하나님께서 개입하셔야 생존 가능할 것입니다. 이 성경 구절에는 "내가 잊어버린 바 됨이 죽은 자를 마음에 두지 아니함 같고 깨진 그릇과 같으니이다"(12절)가 포함되어 있지 않지만, 이 중심 구절은 모든 것이 벗겨지고 완전히 연약해져서 오직 하나님께로 향할 수밖에 없는 사람의 절망의 깊이를 표현하고 있습니다. 특히 "내가 나의 영을 주의 손에 부탁하나이다 진리의 하나님 여호와여 나를 속량하셨나이다"라는 5절 때문에 고난 주간(Holy Week)에서도 이 시편을 선택한 것 같습니다. 예수님의 십자가 처형에 대한 누가의 기록은 예수님이 마지막 말씀을 외치고 마지막 숨을 내쉴 때는(23:46) 시편 31

* Artur Weiser, *The Psalms:A Commentary*, trans. Herbert Harwell, Old Testament Library (Philadelphia:Westminster Press, 1962), 275-76.

편의 전반부를 반영하고 있지만, 다른 복음서에는 이 구절이 나오지 않습니다. 복음서는 이 시편을 사용하여 예수님을 절망의 한가운데서 죽음에 직면하고 하나님께 전적으로 의지하는 분으로 묘사하지만, 시편 31편의 인용문은 이 시편 전체의 후반부와 후반부에 나타나는 확신을 생략하고 있습니다. 누가는 우리에게 적어도 31편의 나머지 부분의 의미를 전달하려고 했을까요, 아니면 단순히 독자들에게 절망에 대한 한 가지 분명한 기록(note)을 전달하려고 했을까요?

이 성경 구절은 1~5절의 탄식과 15~16절의 구원과 건짐에 대한 외침으로 이어집니다. 31편의 큰 맥락에서 볼 때, 후자의 구절은 도움을 요청하는 구절의 일부이며, 하나님께서 악인을 부끄럽게 하고 그들의 거짓말을 거부함으로써 벌을 내려 달라는 요청과 결합되어 있습니다(17-18절). 전체적으로 이 시편은 하나님께서 시편 기자의 삶에 개입하셔서 세상의 악한 사람들을 위한 정의뿐만 아니라 선한 사람들을 위한 정의를 실현해 주시기를 간구합니다. 그러나 하나님께서는 부재하셨거나 적어도 늦게 행동하셨습니다. 시편 기자는 하나님께서 결국 모든 사람의 행위에 대해 보응하실 것이라고 확신하지만(23절), 하나님께서는 의인에게 상을 주거나 악인에게 벌을 내리지 않으셨습니다. 궁극적인 정의에 대한 기대는 희망과 용기에 대한 시편의 근거를 제공할 뿐만 아니라 인간의 인내하고 하나님을 섬기는 동기를 부여합니다(23-24절). 우리는 하나님께서 반드시 가져오실 구원과 보상으로 말미암아 하나님을 사랑해야 합니다(7, 17절).

따라서 시편 기자는 현재 순간에 하나님의 부재를 경험하는 깊은 곳에서 오히려 하나님을 깊이 의존하는 것에 관해 이야기합니다. 이 성경 구절에서 시편 31편의 생략된 부분은 세상과 하나님과의 거리를 더욱 강하게 드러냅니다. 9~10절을 살펴봅시다. "여호와여 내가 고통 중에 있사오니 내게 은혜를 베푸소서 내가 근심 때문에 눈과 영혼과 몸이 쇠하였나이다 내 일생을 슬픔으로 보내며 나의 연수를 탄식으로 보냄이여 내 기력이 나의 죄악 때문에 약하여지며 나의 뼈가 쇠하도소이다" 이러한 탄식의 말에서 우리는 하나님께서 오랜 기간 개입하지 않으셨다는 시편 기자의 현실을 들을 수 있습니다. 이것은 성금요일과 성토요일에 대한 기독교인들의 기대와 극명한 대조를 이룹니다. 심지어 가장 강한 슬픔이 부활절에 임박한 하나님의 행동에 대한 확신이 옆에 자리잡고 있습니다. 기독교인들은 하나님께서 십자가 근처에 맴돌며 도움을 주실 준비가 되어 있지만 부활절이 올 때까지 며칠 더 기다리시는 모습을 상상합니다. 반면에 인생의 고통이 수년 동안 지속되고, 안식은 보이지 않는 동안 시편 기자는 눈앞에 적만 보고 하나님의 임재를 느끼지 못합니다. 교황 요한 바오로 2세가 홀로코스트 추모관인 야드 바셈에서 이 시편을 낭송한 것은 죽음에 이르기까지 지속되는 끈질긴 고통이 인간의 모든 의미를 지워버리려는 위협임을 인식한 것입니다. 이 시편이 하나님의 선하심이 풍성하다는 확신을 말할 때(19절), 하나님의 신실한 구원은 참으로 아주 멀리 있는 것처럼 보입니다.

설교적 관점

'나를 구원하소서, 지금 나를 구원하소서!' 시

편 31편을 읽다 보면 '내가 이 말씀을 어디서 들었지?'라는 질문을 하게 되는데, 그럴 만한 이유가 있습니다. 시편의 일부 구절은 마틴 루터의 종교개혁 찬송가인 "내 주는 강한 성이요"에서도 반복됩니다. 하지만 차이점이 있습니다. 루터는 하나님의 변함없는 임재와 능력을 긍정하지만(1절, 내 주는 강한 성이요 방패와 병기 되시니), 시편 31편은 아직 구원을 필요로 하는 사람의 간절한 기도를 표현합니다(31:2, "내게 견고한 바위와 구원하는 산성이 되소서").

이것은 이 시편의 저자가 위대한 종교개혁자보다 덜 신실했다는 말이 아니라, 이 시편이 개인적인 도움이 매우 크게 필요한 시기에 쓰였다고 인정하는 것입니다. 이 시편을 온전히 이해하는 한 가지 방법은 억눌림의 렌즈를 통해 바라보는 것입니다. 이 시편의 구절은 저자가 전쟁 때처럼 포위당하고 있었음을 암시합니다. 실제 요새의 이미지는 위안과 보호의 느낌을 줄 수 있습니다. 그러나 21세기 서반구 북반부에 살고 있는 우리 중 현대 전쟁의 참혹함을 경험한 사람은 많지 않습니다. 전쟁터에서 돌아온 여성과 남성은 자신이 겪은 잔혹한 상황에 대해 말하지 못하는 경우가 많습니다. 우리는 전쟁으로 인한 수백만 명의 무고한 희생자들, 즉 때로는 자신의 땅에서 난민이 된 시민들과 삶의 기본인 식량, 물, 쉼터를 찾기 위해 수백 마일을 달려 도망쳐야만 하는 사람들을 결코 잊어서는 안 됩니다. 다르푸르(역자 주:다르푸르〈Darfur〉는 수단 서부의 주〈州〉이다)는 우리가 벗어날 수 없는 이미지입니다.

우리는 이러한 극한 상황에서 목격된 고통을 최소화하고 싶지 않지만, 다른 사람들도 자신만의 '전투'를 경험했다고 말할 수 있습니다. 그들은 자신의 적과 맞서 싸웠으며 그들에게 시편 31편이 타당하다고 주장합니다. 두 아이를 키우느라 고군분투하는 미혼모는 불길한 적을 만나고 있습니다. 두 자릿수 실업률의 시대에 직장에서 해고를 당한 사람은 만만치 않은 상대와 맞서야 합니다. 자동차 사고로 부모를 잃은 어린아이가 지뢰가 가득한 전쟁터에 뛰어들려고 합니다. 인종 차별의 피해자들은 그들을 저지하기 위해 초과 근무를 하며 적들과 싸웠습니다.

전쟁 중에 흔히 일반적으로 저지르는 비극적인 실수는 우리가 스스로를 완전히 방어할 수 있다고 생각하고 전투에 뛰어드는 것입니다. 이 시편에서 반복되는 주제는 우리 자신을 낮추고 하나님을 신뢰해야 한다는 것입니다. 첫째, 우리는 스스로 벗어날 수 없는 이기적인 그물(또는 그물망) 안에 있다는 사실을 깨달아야 합니다. 종종 그물은 우리를 함정에 빠뜨리기 위해 잘 위장되어 있고, 우리가 무슨 일이 일어났는지 알기도 전에 우리는 덫에 걸려들게 됩니다. 이 덫은 여러 가지 형태로 나타날 수 있습니다. 나와 가족 모두에게 편안함을 가져다준 직업, 평생의 안전을 약속하는 투자 포트폴리오, 세상 대부분의 사람이 비바람으로부터 보호할 수 있는 간단한 쉼터만 있어도 충분할 텐데 두 번째 집을 갖고자 하는 욕망입니다. 이때 떠오르는 이미지는 자신의 소유가 삶의 전부라고 생각하여 곡식(본질적으로 자신의 재산)을 저장하기 위해 더 많은 헛간을 짓고자 하는 한 부자의 어리석음에 대한 주님의 이야기입니다(눅 12:16-21).

우리는 스스로의 힘이나 의지가 없다는 것을 깨닫고 겸손한 자세를 취한 후, 우리 자신을 하나님께 맡겨야 합니다. 5절에서 우리는 예수께서 십자가에 달려 돌아가실 때 사용하셨던 '내 영혼을 아버지 손에 부탁하나이다'라는 말을 발견할 수 있습니다. 누가복음의 수난 이야기에서 이 말씀은 실제로 그리스도께서 고통스럽게, 그러나 분명하게 하신 마지막 말씀입니다(눅 23:46). 어떤 사람들은 이 말씀이 예수님이 곧 죽음을 앞두고 약해졌다는 신호라고 잘못 생각하기도 합니다. 하지만 이는 사실과 전혀 다릅니다. 이 시편의 맥락에서 우리는 완전한 복종과 구속 사이의 연관성을 알게 됩니다. 마치 우리가 먼저 자아에 대해 죽어야만 하나님 안에서 가능한 은혜와 생명의 가능성에 눈을 뜰 수 있는 것처럼 말입니다. 다시 말해, 우리의 신앙 행위가 아니라 하나님의 신실하심이 최고로 통치한다는 것입니다. "진리의 하나님 여호와여 나를 속량하셨나이다"(5b절).

'내려놓으세요. 하나님께 맡기세요'(Let go, let God)라는 말은 지나치게 남용되는 문구이지만, 그 말이 담고 있는 의미는 진심으로 깊이 다가옵니다. 우리를 방해하는 이기적인 동기와 염려를 진정으로 내려놓을 때, 하나님의 경이로움을 경험하고 번영할 수 있습니다. 우리를 절망으로 움츠러들게 하는 모든 적 앞에서, 좋은 때나 나쁜 때나 우리의 모든 시련을 통해 우리의 피난처가 되어 주시는 분에 대한 희망만이 남습니다. 시편 기자는 "나의 앞날이 주의 손에 있사오니 내 원수들과 나를 핍박하는 자들의 손에서 나를 건져 주소서"(15절)라고 말합니다. 이 시편을 온전히 이해하려면 억압받는 사람들 가운데 있어야 합니다. '우리는 모두 억압을 받아왔습니다'라는 진실이 울려퍼집니다. 어떤 사람은 궁핍한 가운데서, 어떤 사람은 풍요로운 가운데서 억압을 받습니다. 우리는 모두 우리 하나님만이 제공할 수 있는 구속이 필요하다는 것을 알아야 합니다.

부활절 다섯째 주일

베드로전서 2:2~10

2 갓난아기들같이 순전하고 신령한 젖을 사모하라 이는 그로 말미암아 너
희로 구원에 이르도록 자라게 하려 함이라
3 너희가 주의 인자하심을 맛보았으면 그리하라
4 사람에게는 버린 바가 되었으나 하나님께는 택하심을 입은 보배로운 산
돌이신 예수께 나아가
5 너희도 산 돌같이 신령한 집으로 세워지고 예수 그리스도로 말미암아
하나님이 기쁘게 받으실 신령한 제사를 드릴 거룩한 제사장이 될지니라
6 성경에 기록되었으되 보라 내가 택한 보배로운 모퉁잇돌을 시온에 두노
니 그를 믿는 자는 부끄러움을 당하지 아니하리라 하였으니
7 그러므로 믿는 너희에게는 보배이나 믿지 아니하는 자에게는 건축자들
이 버린 그 돌이 모퉁이의 머릿돌이 되고
8 또한 부딪치는 돌과 걸려 넘어지게 하는 바위가 되었다 하였느니라 그
들이 말씀을 순종하지 아니하므로 넘어지나니 이는 그들을 이렇게 정하
신 것이라
9 그러나 너희는 택하신 족속이요 왕 같은 제사장들이요 거룩한 나라요
그의 소유가 된 백성이니 이는 너희를 어두운 데서 불러내어 그의 기이
한 빛에 들어가게 하신 이의 아름다운 덕을 선포하게 하려 하심이라
10 너희가 전에는 백성이 아니더니 이제는 하나님의 백성이요 전에는 긍
휼을 얻지 못하였더니 이제는 긍휼을 얻은 자니라

신학적 관점

이 본문은 구약과 신비로운 이미지가 혼합되어 있으며, 주변 단락들의 그리스도 중심적인 주제와 교차합니다. 이 구절은 개념, 이미지, 성경적 모티브의 병치를 통해 다양하고 풍부한 신학적 성찰에 영감을 주는 성경의 능력을 보여줍니다. 우리는 이 본문을 통해 성찬 공동체의 영적 실재에 대한 비전을 추구하면서 하나의 실마리를 따라갈 것입니다.

오늘 본문은 히브리 성경, 특히 시편과 선지서에 깊이 뿌리를 두고 있습니다. 하나님의 선하심을 맛본다는 체험적 언어(3절)는 시편 기자의 예전적(liturgical) 환경에서 비롯되었습니다. 하나님의 백성에게 하나님께서 택하신 모퉁잇돌을 기억하라는 요청(6절)도 마찬가지입니다. 하나님께서 백성이 아닌 자들을 백성으로 만드셨다는 선포는 호세아 예언의 고대 약속을 성취하는 것입니다(10절). 이 본문이 히브리 성경에 뿌리를 두었다는 것은 본문에서 사용된 연상적 언어를 설명하며, 신학적 의미가 없다는 것이 아닙니다. 이는 하나님의 살아 있는 말씀이 변화시키시는 하나님의 임재를 전달하는 매개체 역할을 할 수 있다는 베드로의 초기 주장을 생각나게 합니다(1:23).

이 본문의 성경적 뿌리는 또한 본문에 근본적으로 공동체적 초점을 부여합니다. 하나님의 활기차고 생동감 넘치는 임재는 여기서 하나님의 백성, 정확하게는 백성을 변화시키는 것으로 묘사됩니다. 예배 공동체는 시편 기자가 하나님의 모퉁잇돌을 선포하는 것을 듣는 청중을 형성하는 것처럼, 주님이 선하심을 맛보도록 부름받았습니다. 마찬가지로 하나님의 부르심과 선택은 한 종족, 한 백성, 한 제사장단에게 선포됩니다(9절). 성경적 언어에 뿌리를 두고 있는 이 본문은 하나님과 하나님 백성 전체의 관계를 떠나서는 하나님의 행동을 생각할 수 없습니다.

동시에 이 본문은 기억에 기초한 구원론에서 현존과 경험에 기초한 구원론으로 우리를 이끕니다. '신령한 젖을 먹으라'고 말씀하십니다. 주님의 선하심을 맛보십시오. 이 본문은 그리스도 안에 현존하시는 하나님의 선하심에 대한 신비로운 체험으로 우리를 초대합니다. 기도의 신비로운 경험에서 하나님의 선하심과 하나님의 신비를 구체적으로 맛보는 것은 그리스도인의 삶과 기독교적 사고의 뿌리이며, 많은 정통 신학이 시작되는 곳입니다. 이것은 하나님의 공동체 지향적 활동에 대한 구약의 비전에 어떻게 영향을 받았습니까? 이 본문의 분명한 그리스도 중심주의가 하나님의 신비 체험에 대한 우리의 이해를 어떻게 형성합니까?

블라디미르 로스키(Vladimir Lossky)는 그리스도인의 삶과 사상이 기도 안에서 실현되는 하나님과의 관계와 깊이 연관되어 있음을 정교회적(Orthodox)으로 설명합니다.*

로스키에게 하나님에 대한 참된 지식은 '영혼의 깊은 곳에서 하나님과의 만남을 통한 우리의 변화'에 뿌리를 두고 있습니다. 이 만남은 우리가 만나는 하나님을 닮아가도록 우리를 비우고 열어주어, 하나님과 동행하는 삶을 살

* Vladimir Lossky, *The Mystical Theology of the Eastern Church* (Crestwood, NY:St. Vladimir's Seminary Press, 2002), 743.

고 하나님을 알게 해줍니다.*

하나님과의 만남을 통해 그분을 닮아가는 것은 우리가 영적인 집의 산 돌이 되라는 본문의 소망과 잘 어울립니다. 그러나 우리의 변화가 모퉁잇돌이신 예수님과의 관계에 기초해야 한다는 주장은 우리가 로스키의 주제를 변형하여 듣도록 요구합니다.

알렉산더 슈메만(Alexander Schmemann)은 하나님과의 만남에서 성찬 공동체의 역할을 강조하면서 그리스도인의 삶에 대한 신비주의적 비전에 대한 다양한 정교회적 접근 방식을 제시합니다. 슈메만에게 있어 우리는 성찬식(Eucharist)에 참여함으로써 예수님 안에서 새 생명을 받는 교회로 구성됩니다. 성찬식은 '그리스도의 몸으로서 교회의 영원한 실현'입니다.**

성찬식은 우리가 주의 선하심을 '맛보아 아는' 장소입니다. 슈메만은 우리가 하나님을 갈망하는 한, 근본적으로 '배고픈' 존재라고 언급합니다. 이 갈망은 성찬에서 '하나님께서 우리에게 세상을 주셨음을 보여주심'으로 충족됩니다. 그러나 이 세상은 우리의 갈망을 채우기 위해 주어진 것이 아니라, 우리가 세상으로부터 하나님께 감사의 마음으로 돌이켜 그 안에서 만족을 얻게 하기 위함입니다. 그러므로 우리는 성찬 공동체와 연결되어 음식을 먹으며, 이 음식을 먹음으로써 교회, 즉 하나님께서 먹이시는 공동체로 구성됩니다.

우리는 슈메만에게서 기독론적인 만남에 대한 이해를 발견할 수 있습니다. 우리는 예수님 안에서 하나님께서 우리에게 계시하신 대로 하나님을 만나고 알게 될 뿐만 아니라, 이 만남을 통해 그리스도의 몸으로 변화되어 세상에서 그리스도의 사역을 드러냅니다. 성찬식 안에서 우리는 산 돌이신 그리스도께 나아감으로써, 산 돌처럼 '신령한 집으로 세워지고 예수 그리스도로 말미암아 하나님이 기쁘게 받으실 신령한 제사를 드릴 거룩한 제사장이' 됩니다(5절). 하나님과의 신비로운 만남에 대한 이 성찬의 개념은 이 만남의 공동체적 토대와 열매에 대한 성경의 강조를 잘 포착하고 있습니다. 그러므로 슈메만의 비전은 그리스도 안에서 하나님과의 만남에 대한 베드로전서의 이해를 실천하는 데 적절한 틀을 제공합니다.

그러나 우리는 이 본문의 역동성을 완전히 이해하려면 이 본문의 성찬 비전이 표현된 성경적 맥락을 강조할 때에만 가능합니다. 이 본문은 모퉁잇돌이신 그리스도를 거부한 사람들과 그를 받아들인 사람들 사이를 구별하는 데 중점을 두고 있지만, 하나님 백성인 이스라엘에 대한 성경적 내러티브가 그리스도인의 삶을 이해하는 표준임을 분명히 하고 있습니다. 본문의 전체적인 궤적이 성찬 비전에 의해 인도된다면, 이 본문은 성전(우리가 세워지는 곳)과 제사장직(우리가 봉사할 수 있는 권한을 부여받은)의 이미지로 이 비전을 설명합니다. 이 본문은 이전에 하나님의 언약 밖에 있던 사람들의 지위를 '백성이 아니었지만'(10절) 하나님의 자비하심으로 하나님의 백성인 이스라엘

* Ibid., 39-42.

** Alexander Schmemann, *For the Life of the World* (Crestwood, NY:St. Vladimir's Seminary Press, 1973) and *Introduction to Liturgical Theology* (Crestwood, NY:St. Vladimir's Seminary Press, 1966). 서론에서 인용, 24.

과 연합되어 새로운 정체성을 부여받은 자들로 정의합니다. 이런 의미에서 베드로전서의 신학은 로마서 9~11장의 바울 신학을 밀접하게 반영하고 있지만, 성경적 이미지를 사용하므로 간결하게 이 신학을 표현하고 있습니다.

목회적 관점

부활절 후 넷째 주일, 백합의 마지막 꽃이 떨어졌습니다. 할렐루야는 내년으로 미뤄졌고, 우리는 오순절과 연중 절기(역자주:기독교의 절기로 대림절, 성탄절, 사순절, 부활절을 제외한 특별한 그리스도의 신비를 기념하지 않는 날들, Ordinary Time)를 소중하게 맞이하고 있습니다. 부활 주일의 의미에 대해 다시 한번 되새기기에 이보다 더 좋은 날이 있을까요? 매주 일요일이 작은 부활절이 되어야 하지만, 우리는 모두 연중 절기의 시간을 지나는 행진이 길고 지루하게 느껴질 수 있다는 것을 알고 있습니다. 우리가 누릴 수 있는 모든 부활절의 기쁨은 부활의 능력에 대한 확신으로 그 긴 여정을 지날 수 있도록 우리를 지탱해 주어야 합니다.

베드로전서 2장은 일종의 격려하는 내용입니다. 히브리어 성경의 모든 구절을 끄집어내어 과거와 현재 사이의 기술적 연관성을 제시합니다. '여호와의 선하심을 맛보는 것'(시 34:8)은 구원의 조건이 됩니다. "너희가 주의 인자하심을 맛보았으면 그리하라"(3절). 이사야 28장의 산 돌은 바로 새 신자들이 그리스도라고 믿는 모퉁잇돌이라 예언합니다. 마지막으로, 호세아의 자녀들이 거부된 것은 그리스도를 따르는 사람들에게는 행운의 반전이 됩니다(10절). 이렇게 연결하는 것은 역사적으로 설득력이 있지만, 목회적으로 연결하는 것이 훨씬 더 실용적입니다. 당신이 이 그리스도인들과 운명을 같이하고 있다면, 완전히 공개하여 그렇게 하십시오. 과거와의 연결은 분명하며 다음에 올 모든 것을 위한 발판이 됩니다.

이러한 참고 구절은 대부분의 현대 청중에게 단지 종이 페이지에 평면적으로 놓여 있는 내용입니다. 우리 교회가 성경적 연관성이 있다는 것을 잘 알고 있을지라도 과거에 일어난 일은 과거일 뿐입니다. 대부분의 기독교인은 오늘날 기독교적 정체성을 위한 의미 있는 역할을 수행하는 것에 관심을 갖습니다. 베드로전서 독자들이 처한 곤경과 전혀 다르지 않게, 오늘날 기독교는 점점 더 소외되고 있습니다. 기독교인이라고 말하는 사람 중에 그렇지 않다고 말할 수 있는 사람이 있을까요? 조직화된 종교와 멀리 떨어져 있는 사람을 괴롭히는 온라인 농담과 고정관념을 떠올리지 않고, 그리스도를 따르는 자라고 주장할 수 있는 사람이 있을까요? 오늘날 신자들이 기독교에 대한 문화적 경멸의 공세를 견딜 수 있도록 어떤 종류의 자원이 제공될까요? 신령한 젖을 사모하고, 산 돌께 나아가고, 왕 같은 제사장이라는 명칭으로 불리는 것이 어떤 도움이 될 수 있을까요?

초보 엄마가 신생아에게 모유 수유하는 것을 배울 때, 항상 시행착오가 따릅니다. 엄마는 젖이 잘 나오도록 충분히 긴장을 풀어야 하고, 아기가 젖을 물 수 있도록 세심한 주의를 기울여야 합니다. 또한, 모유를 생산할 수 있을 만큼 음식과 음료로 자신을 돌봐야 합니다. 아기 입장에서도 약간의 학습이 이루어져야 합니다. 아기는 자연스럽게 젖을 찾으려는 성향이 있습니다. 아기들이 올바른 위치를 찾고, 젖이 나올 만큼 세게 빨고, 그런 노력으로 인해 지치지 않으려면 여전히 도움을 받아야 합니다. 생후 첫 주에는 엄마와 아이가 함께 노력하여 이 일에 리듬을 찾아야 합니다. 기적은 엄마와 아이 모두가 이를 수행하는 방법을 어느 정도 깊은 수준에서 '알고' 있다는 것입니다. 그들의 DNA는 생명을 유지하기 위해 배치되어 있습니다.

마찬가지로, 새 신자는 '신령한 젖'이 믿음의 삶을 성장시킬 수 있다는 것을 어느 정도 깊은 수준에서 '알고' 있습니다. 새 신자가 믿음의 삶의 기적에 접목되어 성장하기 전에 신자와 하나님 사이에 일어나는 주고받음을 비교할 때 이 비유는 좋은 비유입니다. 긴 신앙생활의 위험과 도전을 견뎌내기 위해, 우리는 갓 태어난 신생아처럼, 가장 기본적인 필요를 충족시키기 위해 특별히 고안된 좋은 젖인 예수님의 가르침이라는 원재료를 가지고 시작합니다.

기본적 필요인 신령한 젖은 앞으로 다가올 도전에 맞설 수 있는 기초를 놓는 건축 벽돌, 살아 있는 돌이 되게 합니다. 견고한 기초는 문제가 발생하더라도 위축되지 않는 택하신 족속, 왕 같은 제사장, 거룩한 나라, 하나님의 소유된 백성(9절)과 같은 정체성을 만들어 줍니다.

하나님의 백성은 현실 세계에 살고 있습니다. 현실 세계는 실제 위험에 처해 있습니다. 그리스도인으로서 우리의 정체성에는 우리가 하나님에 대해 아는 것을 세상에 선포하라는 소명이 포함되어 있습니다. 이는 결코 작은 소명이 아닙니다. 그리스도인의 삶에 대한 고정관념에 맞서기 위해서는, 베드로전서에 따라 믿음 안에서 따뜻하게 양육된 사람, 예수 그리스도의 모퉁잇돌 위에 영적 집이 놓인 견고한 힘을 지닌 사람, 영적 젖을 공급하시는 하나님의 품 안에서 강하고 안전한 정체성을 가진 사람이 되어야 합니다.

부활절까지의 다섯 번의 주일에는, 부활의 권능이 생생하게 느껴집니다. 부활 주일에 하나님의 행하심의 기조(genius)는 부활절뿐만 아니라 매일 죽음에 맞서야 한다는 것입니다. 부활절뿐만 아니라 매일 전복해야 할 억압적인 구조가 있습니다. 부활절뿐만 아니라 매일 송축해야 할 생명이 있습니다. 베드로전서는 그리스도인의 생명은 특히 우리를 어둠에서 빛으로 부르시는 분의 권능을 선포하는 데 필요한 모든 것으로 신자들을 준비시킨다고 주장합니다. 오늘날 우리의 역할은 분명하며, 우리는 행동해야 합니다. 하나님의 백성은 그리스도를 통해 노래하고, 항의하고, 춤추고, 기도하고, 행진할 힘을 얻었습니다. 우리는 하나님의 부르심을 받았기 때문에 어떤 고정관념도 우리를 정의할 수 없습니다. 우리는 하나님의 지명을 받았기 때문에 어떤 조롱도 우리를 무너뜨릴 수 없습니다. 어떤 피상적인 신앙의 표현으로 우리를 나타낼 수 없습니다. 우리는 가장 특별한 선언, 즉 그리스도가 부활하셨다는 선언을 가지고 우리의 일상을 맞이합니다. 참으로 부활하셨습니다. 그 선언은 우리를 지탱하기에 충분하며 앞으로 맞이할 날들을 위해 우리에게 힘을 주기에 충분합니다. 할렐루야! 아멘.

주석적 관점

2:11에서 베드로가 '사랑하는 자들'이라고 언급한 것은 그의 서신에서 새로운 부분이 시작되었음을 나타냅니다. 이는 2:4~10이 베드

로 청중의 정체성과 소명에 초점을 맞춘 첫 번째 부분의 절정이라는 것을 의미합니다. 앞의 구절인 2:1~3은 신자들을 하나님의 '신령한 집'(5절)으로 식별할 수 있도록 준비시켜 줍니다.

1~3절의 논리는 간단합니다. 과거의 해로운 행동을 버리고(1절) 주님의 인자하심을 맛본 사람(3절)은 구원에 이르도록 성장해야 합니다(2절). 2절에서 '순전하고 신령한 젖'(NRSV '순수하고 신령한 젖')을 언급하면서 저자는 그들이 세상적이거나 미성숙하다는 암시를 주지 않습니다(고전 3:1-3; 히 5:11-14 참조). 대신에 저자는 갓난아기가 젖을 사모하는 것처럼 그들이 말씀을 얼마나 갈망하는지를 강조합니다.

2:4~10에서 베드로는 예수 그리스도의 생애의 관점으로 청중의 상황을 읽고, 이스라엘 성경의 관점으로 예수 그리스도의 생애를 읽습니다. 구조와 관련하여 4~5절은 이 단락의 주제를 설정하고, 이를 바탕으로 6~10절에서 이 주제를 확장시킵니다. 따라서 4~5절은 6~8절에서 인용되고 사용된 성경 본문의 어휘(사 28:16, 시 118:22, 사 8:14)를 차용하여 명예/수치, 선택/거부, 믿음/불신 등 일련의 기본적인 양극 개념을 구축합니다. 5절에서 '산 돌'로 소개된 신자들은 9~10절의 특별한 중심이 되며, 이 또한 성경 본문(사 43:20-21, 출 19:5-6, 호 2:23)을 인용한 것입니다. 베드로는 이러한 본문과 주제의 복잡한 상호작용을 바탕으로 청중의 정체성을 신학적으로 형성하고자 합니다.

첫째, 그는 명예와 수치에 관한 판단의 근거를 분명히 밝힙니다. 베드로는 전형적인 인간적 평가(족보, 성별, 선천적 약점)를 무시하고 하나님의 평가가 결정적이고 궁극적인 것으로 간주합니다(예. 4, 5, 9, 10절). 중요한 것은 하나님의 선택, 하나님의 은혜입니다.

또한 사람과 사물에 대한 하나님의 평가를 받아들이냐의 여부, 즉 믿음과 불신앙으로 이해되는 문제가 있습니다. 다시 말해 현재의 상태는 믿음으로 받아들이든 거부하든 그리스도께 어떻게 반응하는가에 뿌리를 두고 있습니다. 하나님의 목적은 신자와 불신자 모두에게 역사하고 있습니다. 전자는 하나님의 택함 받은 자로 선택받은 반면(9절), 후자인 '걸려 넘어지게 하는 돌'의 운명은 하나님께서 미리 정하셨습니다(8절). 복음을 거부하는 결과는 복음의 주제인 예수 그리스도가 장애물로 경험되는 것입니다. 그러므로 믿음은 다른 방법으로는 볼 수 없는 것을 볼 수 있게 해줍니다. 세상적인 지혜의 관점으로 볼 때 예수님과 그의 제자들은 굴욕스럽고 거부당하는 존재이지만, 그리스도의 고난에 의해 조명된 관점으로 볼 때 그들은 하나님의 택함을 받은 영광스러운 존재입니다. 이는 믿음과 불신앙은 인간의 의지에 달려있지만 믿음과 불신앙의 결과는 미리 정해져 있다는 뜻입니다.

이사야 28:16에 기초하는 6절은 극명한 대조를 이룹니다. '모퉁잇돌'은 이름에서 알 수 있듯이 두 개의 교차하는 벽의 모서리에 놓인 돌일 뿐만 아니라, 정확히 90°에 맞게 준비되고 선택된 돌입니다. 따라서 건물 전체를 구성하는 기초가 됩니다. 올바른 코너를 선택하는 것은 건물의 미관뿐만 아니라 안정성과 수명을 위해서도 기본입니다. 건축을 시작할 때, 하나님과 예수님을 거부하는 사람들은 근본적으로 다른 평가 기준을 가지고 있습니다.

셋째, 베드로는 그리스도를 본받는다는 측면에서 청중의 정체성을 발전시킵니다. 예수님과 베드로의 청중들 사이의 유사점은 상당히 큽니다.

예수님
살아 있는 돌
인간에 의해 거부됨
하나님의 관점에서, 선택된 자
하나님의 관점에서, 존귀한

베드로의 청중
살아 있는 돌
(암시적:인간에 의해 거부됨)
하나님의 관점에서, 택함 받은 자
하나님의 관점에서, 존귀한

이것은 그들의 고통이 하나님의 거절을 의미하지 않는다는 것을 보여주기 때문에 희망의 메시지입니다. 결국 예수님은 인간에 의해 거부되었지만 하나님에 의해 선택되었습니다.

넷째, 베드로는 그의 청중에게 이스라엘과 관련된 여러 역사적 명칭을 적절히 사용하면서 그들의 정체성을 알려줍니다(5, 9절).

- 신령한 집:중생은 새로운 공동체, 즉 이스라엘의 회복으로 인해 수반될 새 성전으로 들어가게 합니다.
- 거룩한 제사장:이 제사장 직분의 목적은 '영적 제사'를 드리는 것이며, 이것에는 거룩한 삶(1:15)과 서로 사랑(1:22)이 포함될 것입니다. 베드로는 세상에서 믿는 자들의 공동체의 제사장적 정체성과 역할을 강조합니다.
- 택하신 족속:이 문구는 이사야 43:20에서 유래한 것으로, 이스라엘을 출애굽과 바벨론 포로 귀환과 관련하여 하나님의 선택된 백성으로 지칭합니다.
- 왕 같은 제사장과 거룩한 나라:하나님께서 자기 백성을 종살이에서 구원하신 이야기를 암시하면서 베드로는 출애굽기 19:6의 언어를 차용합니다. 하나님께서는 고통에 처한 자기 백성의 부르짖음을 들으시고 그들을 구원하기 위해 행동하시며 그들과 언약을 맺으십니다.
- 하나님의 소유된 백성:베드로의 언어는 출애굽기 19:5과 이사야 43:21을 떠올리게 하며, 고난받는 자를 돌보시는 하나님의 보살핌과 출애굽과 회복을 통한 하나님의 백성의 형성이라는 두 가지 개념을 함께 담고 있습니다.

이 공동체는 '너희를 어두운 데서 불러내어 그의 기이한 빛에 들어가게 하신 이의 아름다운 덕을 선포'하는 것입니다(9절, 사 43:20-21 참조). 베드로전후서에서 '찬양'은 예배와 선포를 모두 포함하며, 그 내용은 하나님의 권능의 행위, 특히 그리스도의 구원의 죽음과 하나님께서 그를 죽은 자 가운데서 살리신 것을 포함합니다(1:3, 18-19, 23). 어둠에서 빛으로 이동하는 것은 출애굽과 포로 귀환(예. 시 107:13-14, 118:27, 사 42:16, 58:10)의 표현에 뿌리를 둔(예. 행 26:18, 엡 5:8, 살전 5:5) 회심에 대한 전형적인 은유입니다(행 26:18, 엡 5:8, 살전 5:5).

그 결과 이전에는 존재하지 않았던 민족이 창조되었습니다(10절). 호세아는 자녀들의 이름을 로루하마('긍휼을 베풀지 아니함', 호 1:6)와 로

암미('내 백성이 아님', 호 1:9)로 지으면서 이스라엘에 대한 심판을 선포했지만, 동시에 그의 자녀들의 이름이 루하마('긍휼을 베푸심', 2:1, 23)와 암미('내 백성', 2:1, 23)로 바뀌는 반전을 기대하기도 했습니다. 베드로는 이런 예를 차용하여 하나님의 구원하시는 자비하심을 찬양하고 그의 청중에게 하나님의 백성으로서의 정체성을 부여합니다.

설교적 관점

베드로전서의 이 부분은 산 돌에 대한 멋진 이미지와 버림받았다고 느낀 사람들을 향한 강한 긍정의 메시지로 회중에게는 가장 친숙한 이미지일 것입니다. 이 말씀은 특히 고국에서 흩어져 살고 있는 이주민들에게 큰 위로가 되었을 것입니다. '이제는 너희가… 하나님의 백성이요'(10절)라는 말은 더 넓은 문화권에서 아무것도 아닌 존재로 여겨지던 사람들에게 세상을 의미했을 것입니다. 이 모든 것은 편지를 받은 많은 사람이 자신의 삶에서 거절을 알고 있었던 것처럼, 많은 사람에게 거부당한 산 돌이신 예수 그리스도 때문에 가능했습니다.

"산 돌이신 예수께 나아가 너희도 산 돌같이 신령한 집으로 세워지고"(4-5절). 설교자는 성경 곳곳에 나타나 있는 돌들, 즉 야곱이 집을 떠나 그의 여정에서 베개로 사용한 돌, 이전에 집 없는 노예들이 마침내 약속의 땅에 도착했을 때 요단강에서 건져 올린 돌, 여호수아 24장에서 하나님 앞에서 했던 백성들의 약속을 상기시키는 돌을 생각해 볼 수 있습니다. "보라 이 돌이 우리에게 증거가 되리니 이는 여호와께서 우리에게 하신 모든 말씀을 이 돌이 들었음이니라"(수 24:27a). 그 돌은 살아 있었을까요? 세례 요한은 요단강에서 설교할 때 돌이 살아날 수 있다고 선언했습니다. "내가 너희에게 이르노니 하나님이 능히 이 돌들로도 아브라함의 자손이 되게 하시리라"(마 3:9b). 이제 소아시아에서 그 돌들이 실제로 산 돌이 되었습니다. 돌처럼 발에 밟힌 사람들이 이제 왕 같은 제사장이 되었습니다. 성전이 없으므로 그들은 산 돌로 지어진 성전이 될 것입니다. 이것은 그들이 하는 일이 아니며 또한 우리가 하는 일도 아닙니다. '너희 자신이 신령한 집으로 지어지게 하라'는 말은 '신령한 집을 지으라'는 말과 전혀 다릅니다. 영적인 집을 지으라고 하면 모금 운동이나 교육관 신축, 교회 캠퍼스 확장이나 예배 공간 리모델링 등을 생각할 수 있습니다. 그러나 이 건물은 우리가 짓는 것이 아닙니다. '너희 자신이 지어지게 하라'는 말씀이 핵심입니다. 이것은 예수 그리스도께서 하시는 일이며 교회 건물과는 상관이 없습니다. '우리는 일요일에 1,500명 정도 예배를 드립니다'라는 말로 측정할 수 있는 것도 아닙니다.

살아 계신 그리스도의 임재에 의해 우리 자신을 영적인 집으로 세울 때, 그 결과는 그리 인상적이지 않을 수 있습니다. 이 살아 있는 돌들 중에는 교육을 많이 받은 사람도 있고, 고등학교를 졸업하지 못한 사람도 있습니다. 자신의 옷이 본당(nave)에 어울리지 않는다고 생각해서 구석진 자리에 앉아 있는 한 여성이 있습니다. 서로에게 '당신에게 평안이 있기를'이라고 말하던 두 사람이 교회 당회에서 다툰 이후에는 말을 하지 않습니다. 설교 중 가장 조용한 시간에 아기가 계속 울고, 여러 사람이 '목사님, 이래서 5세 미만 어린이는 예배에 참석하지 않는 정책이 필요해요'라고 말하는 소리가 들립니다. 일곱 명의 청소년이 기둥 뒤에 살짝 가려진 측면에 앉아 있습니다. 그들이 줄 끝에 앉아 있는 친구들에게 문자를 보내고 있다는 것을 알고 있습니다. 당신은 스스로에게 '적어도 그들이 예배에 나왔으니 다행이잖아!'라고 말합니다. 강단에서 할 수만 있다면 그들에게 "예배에 집중해라!"라고 문자를 보내고 싶을 것입니다.

이 모든 산 돌은 이제 하나님의 백성이되었음을 확신합니다. 그들은 거룩한 제사장직이 되었습니다. 본문은 교창 성가(antiphonal liturgy)로 마무리됩니다. 회중의 한쪽이 다른 쪽에 응답하는 소리를 들을 수 있습니다. "너희가 전에는 백성이 아니더니 이제는 하나님의 백성이요 전에는 긍휼을 얻지 못하였더니 이제는 긍휼을 얻은 자니라"(벧전 2:10).

몇 년 전 유니온 신학교에서 노숙자들이 직접 기획하고 인도하는 예배가 열렸습니다. 신학교 학생 중 한 명이 졸업 논문 프로젝트의 일환으로 '픽처 더 홈리스'(Picture the Homeless)*라는 단체와 함께 일했습니다. 그녀는 몇 달 동안 거리에서 사는 생활에 익숙한 사람들을 만났습니다. 이 예배의 초점은 뉴욕의 공동묘지 하트 아일랜드(Hart Island)에 묻힌 수백 명의 사람들을 기억하는 것이었습니다. 이들 대부분은 이름도 없이 묻혔고, 종교적 예식을 치른 적도 없었습니다. '픽처 더 홈리스'의 목표는 시 관계자들을 움직여 이름을 알 수 없더라도 섬에서 종교적 예식을 치를 수 있게 하는 것이었습니다. 예배를 계획하는 사람들 중 일부는 글을 읽지 못해서 각자의 역할을 외우기도 했습니다. 모든 사람이 제대로 하기 위해 열심히 노력했습니다.

예배를 인도할 날이 되자 그들은 능력과 은혜로 예배를 이끌었습니다. 돈(Dawn) 개회 예배를 인도했고, 로버트(Robert)는 나사로와 부자의 이야기를 읽은 후 계획에 없던 즉석 설교를 했습니다. 다른 사람들은 거리에서 살았던 자신의 이야기를 들려주었습니다. 예배가 끝날 무렵, 회중 한 사람 한 사람에게 보라색 포스트잇에 노숙자의 이름을 적으라고 권유했습니다. 예배당 정면에 있는 두 개의 높은 촛대 사이에 커다란 종이가 펼쳐져 있었습니다. 종이 전체에 익명의 이름이 무작위로 흩어져 있었습니다. 사람들은 그 익명의 이름 위에 보라색 포스트잇을 놓도록 권유받았습니다. 사람들이 한 명씩 앞으로 나왔습니다. '픽처 더 홈리스'의 리더들이 우리보다 훨씬 더 많은 이름을 알고 있다는 것이 분명했습니다.

그러나 이름이 계속 종이에서 떨어졌습니다. 두 촛대 스탠드 사이에 매달린 종이에 포스트잇을 붙이는 것은 쉬운 일이 아니었습니다. 그러나 돈(Dawn)은 포기하지 않았습니다. 그녀는 떨어진 이름들을 주우러 몇 번이고 다시 돌아갔습니다. 마침내 한 학생이 종이 뒤에서 그의 손을 넣어 그녀가 포스트잇을 붙일 수 있도록 지탱해 주었습니다. 그녀는 모든 이름이 제자리에 놓일 때까지 앉지 않았습니다. 그제야 익명의 이름이 무작위로 인쇄된 것이 아니라는 사실을 알게 되었습니다. 보라색 포스트잇에는 '우리는 여기 있습니다'라는 문구가 적혀 있었습니다. 우리는 여기 있습니다. 이름 없이 묻혔지만 우리는 여기 있습니다. 비록 당신

* 역자주:1999년에 설립된 미국 노숙자 인권 단체

이 길거리에서 우리의 눈과 마주치지 못했을 지라도 우리는 여기에 있습니다. 한때 우리는 백성이 아니었지만 이제 우리는 하나님의 백성입니다. 당신이 있는 곳에서 이 약속은 어떤 모습입니까?

부활절 다섯째 주일

요한복음 14:1~14

1 너희는 마음에 근심하지 말라 하나님을 믿으니 또 나를 믿으라
2 내 아버지 집에 거할 곳이 많도다 그렇지 않으면 너희에게 일렀으리라
내가 너희를 위하여 거처를 예비하러 가노니
3 가서 너희를 위하여 거처를 예비하면 내가 다시 와서 너희를 내게로 영
접하여 나 있는 곳에 너희도 있게 하리라
4 내가 어디로 가는지 그 길을 너희가 아느니라
5 도마가 이르되 주여 주께서 어디로 가시는지 우리가 알지 못하거늘 그
길을 어찌 알겠사옵나이까
6 예수께서 이르시되 내가 곧 길이요 진리요 생명이니 나로 말미암지 않
고는 아버지께로 올 자가 없느니라
7 너희가 나를 알았더라면 내 아버지도 알았으리로다 이제부터는 너희가
그를 알았고 또 보았느니라
8 빌립이 이르되 주여 아버지를 우리에게 보여 주옵소서 그리하면 족하겠
나이다
9 예수께서 이르시되 빌립아 내가 이렇게 오래 너희와 함께 있으되 네가
나를 알지 못하느냐 나를 본 자는 아버지를 보았거늘 어찌하여 아버지
를 보이라 하느냐
10 내가 아버지 안에 거하고 아버지는 내 안에 계신 것을 네가 믿지 아니
하느냐 내가 너희에게 이르는 말은 스스로 하는 것이 아니라 아버지께
서 내 안에 계셔서 그의 일을 하시는 것이라
11 내가 아버지 안에 거하고 아버지께서 내 안에 계심을 믿으라 그렇지 못
하겠거든 행하는 그 일로 말미암아 나를 믿으라
12 내가 진실로 진실로 너희에게 이르노니 나를 믿는 자는 내가 하는 일을
그도 할 것이요 또한 그보다 큰일도 하리니 이는 내가 아버지께로 감이
라
13 너희가 내 이름으로 무엇을 구하든지 내가 행하리니 이는 아버지로 하
여금 아들로 말미암아 영광을 받으시게 하려 함이라
14 내 이름으로 무엇이든지 내게 구하면 내가 행하리라

신학적 관점

부활절 이후 주일들의 성경 구절들은 제자들에게 예수께서 육신으로 함께 하지 않으실 때 어떻게 살아야 하는지에 대한 가르침으로 가득 차 있습니다. 이번 주 본문은 예수님의 고별 설교의 일부로, 신자들이 죽음에서 생명으로 나아가는 예수님의 여정뿐만 아니라 자신의 여정도 생각해 보도록 준비시켜 줍니다. 이 본문에는 신자와 그리스도와의 연합, 죽음 이후의 삶에 대한 희망, 구세주로서의 예수님, 예수님과 '아바', 즉 보내신 분과의 관계, 기도의 신학 등 풍부한 신학적 주제들이 드러나 있습니다.

유다의 배신 이후, 예수께서 제자들에게 조금만 더 함께 있을 것이라고 말씀하시자 베드로는 예수님이 어디로 가시는지 묻습니다. 14장에서는 제자들이 지금은 예수님을 따라갈 수 없지만 죽음으로 인해 예수님과의 관계가 단절되지 않고 계속될 것이라는 확신을 줍니다. 예수님은 제자들에게 하나님과 자신을 믿으라고 권면하는데, 이는 요한복음의 저자가 예수님이 '신성에 온전히 참여하시며 예배의 적절한 대상'이라고 주장하는 것입니다. 제자들은 이미 나사로를 살리실 때에 '부활과 생명'으로서의 그분의 능력을 목격했기 때문에, 비록 예수님이 자신들이 볼 수 없는 미래로 앞서 가실지라도 따를 수 있는 힘을 주실 것이라고 믿을 수 있었습니다. 그분은 죽음 이후에도 그들의 정체성을 지켜줄 수 있을 것입니다.

본문의 종말론적 관점에는 죽음 이후의 삶에 대한 희망과 그들이 주님과 함께할 것이라는 약속이 가득 담겨있습니다. 부활 신학(이 장의 명시적 관심사는 아니지만)은 공관복음서에서 사두개인과 바리새인의 두 가지 상충된 부활에 대한 인식을 넘어섭니다. 요한복음의 관점은 바울의 부활 신학에서 나타나는 해결되지 않는 몇 가지 문제점(tension)을 다루지 않습니다. 마카비 반란(기원전 180-161년) 시기에 부활 신학은 의로운 일로 죽는 사람들을 위해 하나님께서는 무엇을 하실 것인가라는 질문에 대한 응답으로 발전했습니다. 부활의 희망은 순교한 형제 중 한 사람이 표현했습니다. "당신들은 우리를 현세에서 쫓아내지만, 우주의 왕께서는 우리가 그의 법을 위해 죽었기 때문에 우리를 일으켜 영원한 생명을 얻게 하실 것입니다"(마카비2서 7:9). 1세기 말, 요한복음서의 저자는 훨씬 더 정교한 교리, 즉 사람이 그리스도 안에서 죽고 살아난다는 교리를 반영합니다(요 12:23-25).

알려지지 않은 세부적인 것들을 알고자 이끌리는 것은, '예수님이 어디로 가시는지, 준비로 무엇을 하실지, 신자들을 위해 어떻게 다시 오실지'에 대한 신학적 통찰을 끌어내려는 시도와 함께 불가피하게 수반됩니다. 도마는 끈질기게 질문을 던집니다. "주여 주께서 어디로 가시는지 우리가 알지 못하거늘 그 길을 어찌 알겠사옵나이까"(5절). 죽은 자의 처소는 아직 살아 있는 사람들에게는 신비로 남아 있으며, 하나님께서 거하시는 불가침의 영역이면서도 예수님이 하나님이신 것을 믿는 모든 이들을 위한 곳입니다. 삼위 하나님께서 다른 사람을 위한 거할 곳을 마련하는 것은 상호공유적(perichoretic) 본질이며, 예수님이 믿는 자들을 본향으로 데려온다는 것은 요한복음의 확신입니다.

예수께서는 현세와 영원의 틈을 가로질러 사

랑하는 제자들보다 앞서가실 뿐 아니라, 그들이 당신과 함께 있을 수 있는 처소를 예비하실 것이며, 그들을 당신의 백성이라 부르시기 때문에 그들의 삶에 영속적인 의미를 부여하실 것입니다. 요한복음의 세계에 참여하는 사람들에게는 끊임없는 질문이 남아 있습니다. 예수님을 믿는 것이 죽음 너머의 희망을 위해 필요한가? 요한복음 14:6은 종종 사도행전 4:12과 결합하여 배타적인 구원의 교리를 구성합니다. 오늘날 많은 사람은 다른 어떤 구원의 궤적도 충분하지 않다는 주장 없이 이 구절을 기독교적 소망을 설명하는 말씀으로 받아들입니다. 승리주의는 기독교에서 결코 매력적인 부분이 아니며, 그렇게 해석하는 사람은 요한이 신실한 자들을 위해 '내부자 언어'를 사용한다는 것을 기억해야 합니다.

이 구절의 핵심은 예수님과 하나님 사이의 관계입니다. 4세기에 아리우스(Arius)는 예수님이 하나님과 동일 본질을 공유하지 않는다고 주장했습니다. 하지만 요한복음의 이 본문은 아들이 '피조물'이 아니라는 반론에 힘을 실어주었습니다. 예수님은 보내신 분에 대한 완전한 계시였으며, 예수님을 만난 사람은 하나님을 만났습니다. 그는 말씀이 육신이 되어 그들 가운데 거하시며 은혜와 진리로 충만한 증인이었습니다. 그분을 통해 그들은 이전과는 다른 방식으로 하나님을 보고 알 수 있었습니다.

이 본문에는 '주여 아버지를 우리에게 보여 주옵소서'(8절)라는 빌립의 질문이 있습니다. 아버지와 아들의 완전한 동일시는 상호 내주하는 언어를 통해 표현되지만, 그의 말을 듣는 사람들에게는 어렵습니다. 이스라엘의 하나님께서는 보이지 않는 초월적인 존재로, 그들은 은유를 통해 그 이름에 다가갔습니다. '나를 본 자는 아버지를 보았거늘'이라는 말은 복음서에서 예수님의 입에서 나온 가장 최상의 기독론적 주장입니다. 예수님은 스스로 말씀하지 않으실 뿐만 아니라 스스로 일을 행하지도 않으십니다. 요한의 공간적 구성을 사용하자면, 그분의 말씀과 행위가 모두 위로부터 오는 생명의 계시인 것은 오직 그분이 하나님께 온전히 내주하셨기 때문입니다. 다음 장(15장)에서 상호 거함에 대한 위대한 가르침을 통해 독자들은 예수님과 하나님 사이의 관계가 자신이 열매 맺기 위한 전형적인 모범이라는 것을 이해합니다.

이 묵직한 본문의 마지막 신학적 주제는 기도에 대한 것으로 이 본문에서 간략하게 언급됩니다. 이 간결한 말씀에는 예수님 가르침의 깊이와 넓이가 담겨 있습니다. 그를 믿는 사람들은 (1) 예수님은 우리를 위한 변호와 중보의 위치에서 하나님과 함께하실 것이며 (2) 이러한 일이 아들을 통해 하나님께 영광을 돌릴 것이기 때문에 더 큰일을 할 것이라고 약속받습니다. 하나님께 영광을 돌리는 일은 예수님의 사명과 부합하는 기도에서 나옵니다. 제자들은 '(그의) 이름으로 구하라'(13절)는 가르침을 받았고, 예수님은 그렇게 구하는 것을 들어주시겠다고 약속하셨습니다.

'예수님의 이름으로' 기도하는 특권을 피상적으로 적용하고 이 공식을 사용하여 기도하면, 효과적인 기도가 된다는 것입니다. '예수님의 이름으로' 기도한다는 것은 자신의 영적 갈망을 주님의 갈망과 일치시키는 것입니다. 예수님을 믿을 때, 깊은 신뢰와 소망을 두고 하나님을 믿기 시작하며, 그 안에서 성숙한 기도가 흘러나옵니다.

목회적 관점

요한의 고별 담화(요 14-16장)의 첫 번째 본문은 제 첫 설교 본문이었습니다. 제가 설교했을 때는 교회가 담임목사님을 청빙한 지 11주년을 기념하여 '청소년 예배'를 열었을 때였고, 그때 저는 열네 살이었습니다. 우리 가족은 목사님이 강단에서 설교를 맡은 바로 그 주일에 교회에 출석하기 시작했습니다. 저는 아직도 매우 긴장했지만 대담하게 했던 청소년 시절의 설교 제목을 기억합니다. 제목은 "마음의 병 치유"였습니다. 십 대 시절, 저는 '번민'(troubled)에 대한 단어 공부를 통해 제자들의 번민, 즉 그날 밤 예수님의 마지막 말씀을 듣지 못하게 한 그들의 마음의 불안함을 명민하게 드러냈다고 생각했기 때문에 흥분했습니다. 사실 제목은 첫 설교에 대한 제 자신의 긴장감을 고백한 것이었습니다. 고작 열네 살에 저는 마음의 작용은 물론이거니와 설교에 대해 무엇을 알고 있었을까요?

고별 식사를 위해 예수님과 함께 모인 제자들은 마음이 힘들었을 것입니다. 그들은 예수님의 긴 작별 인사를 들었을 때 마음이 아프고 불안했습니다. 그들은 예수님이 공생애 사역을 시작하신 이후로 예수님을 따랐지만, 그분의 메시지와 비전, 사명에 대한 이해는 기껏해야 청소년 수준이었습니다. 그들은 자신들이 믿어왔던 신학이 근본적으로 바뀔 것이라는 사실을 이해하지 못했습니다. 그들은 메시야를 찾고 있었고 메시야를 찾았다고 믿었습니다. 그들은 메시야가 불멸의 존재라고 믿지만 곧 처형당할 것입니다. 그들은 백성들을 로마의 점령으로부터 해방시킬 힘을 가진 메시야적 존재에 대한 기대를 가지고 있지만, 그는 곧 억압에 의해 패배할 것처럼 보였습니다. 그들은 메시야가 영원한 평화의 왕국을 열어줄 것이라고 믿었지만, 곧 상상을 초월하는 공포를 경험하게 될 것입니다.

실망과 패배의 연회에서 어떻게 마음이 즐거울 수 있을까요? 이 본문은 장례식과 추도식에서 가족과 애도객들에게 위로와 지지를 주는 구절로 자주 사용되지만, 본문 속의 제자들은 이 말에서 위안을 얻지 못합니다. 그들은 아직 알지 못하지만, 예수님만 작별을 고하는 것이 아니라 그의 십자가 처형은 그들이 메시야의 메시지와 사명을 이해하는 방식이 죽는다는 것을 의미할 것입니다. 그들이 평생 소망해 왔고, 예수님 안에서 열매를 맺었다고 믿었던 모든 것이 곧 십자가에 못 박힐 것입니다. 메시야가 십자가에서 죽었다 할지라도, 메시야의 메시지가 영원하다는 것을 깨닫기까지는 오랜 시간이 걸릴 것입니다. 죽음은 마지막도 아니며 영원한 말씀도 아닙니다.

부활절 이후의 시각으로 보면, 마지막 정경화된 복음서(요한복음)의 끝부분으로 넘어가고, 미묘한 단어는 빨간색으로 표시해 놓고 건너뛰는 것이 쉬울 수 있습니다. 그러나 제자들은 자신도 모르게 호스피스 사목과 산파의 역할을 동시에 수행하게 됩니다. 다음에 나오는 붉은 글자의 단어는 그들의 입문서입니다. 정의롭고 평화로운 메시야 왕국에 대한 희망찬 비전이 십자가의 도가니 속에서 녹아내릴 때, 제자들의 마음은 병들고 불안은 눈 앞을 가릴 것입니다. 예수님의 몸만이 사라지는 것이 아니라 예수님의 사명에 대한 제자들의 이해와 그들 자신에 대한 이해가 사라지면서 다락방에는 호스피스 사목이 필요하게 됩니다.

산부인과 산파와 호스피스 사목의 설정은 놀라울 정도로 비슷합니다. 새로운 것이 태어날 때 무언가는 죽고 영원한 것은 죽음을 통해서만 완전한 본성을 찾을 수 있습니다. 산부인과 병동과 호스피스 병실 모두에서 가족은 변화하고 모든 것이 새롭게 만들어집니다. 탄생과 죽음은 변화의 이야기로 가득 찬 책장의 책버팀(bookend)에 불과합니다. 탄생과 죽음은 우리 삶의 이야기에서 반복되는 순환이며, 우리가 누구이며 어떤 존재가 되어가고 있는지에 대한 비전은 이전의 자아 감각이 죽어가더라도 우리에게 생명을 줍니다. 그러나 그리스도께서 우리를 인도하시는 순간에도 우리는 종종 하나님께서 어디로 가시는지 모르는데 어떻게 그 길을 알 수 있느냐고 묻는 도마처럼, 빌립과 함께 그저 볼 수만 있다면 만족할 것이라고 주장합니다. 산파와 호스피스 사목의 역할은 삶의 이야기에서 다음에 무엇이 올지 볼 수 없고 알 수 없더라도 온전히 존재하는 것입니다.

제자들은 예수님이 어디로 가시는지, 어떻게 하면 예수님과 함께 그곳에 갈 수 있는지 알고 싶어 합니다. 그러나 요한복음 전체에서 장소(location)는 가까운 관계의 친밀함에 대한 은유로 사용됩니다. 양들은 목자와 가까이 있고, 예수님은 하나님의 마음과 가장 가까운 곳에 계십니다. 그들이 방에 앉아 상실의 잔치를 나누고 있을 때, 요한의 예수님은 그들을 위한 충분한 공간이 있을 것이며, 장소는 변하더라도 관계는 계속될 것이라는 확신을 주려고 합니다. 그들은 잊히지 않을 것입니다.

고별 담화의 첫 권고의 말씀은 단순한 정서적 명령이 아닙니다. '너희는 마음에 근심하지 말라'는 말씀은 제자들의 의지를 향한 지침입니다. 그들의 마음이 낙담될 때에도 굳건히 서라는 명령입니다. 강력한 군사적 메시야에 대한 그들의 신학은 헌신적인 긍휼의 마음만이 가져올 수 있는 혁명으로 대체될 것입니다. 탄생과 죽음은 고통과 변화의 가능성으로 가득 차 있습니다.

격동의 청소년들은 사실 몸과 영혼에 믿음의 공간이 있다는 것을 잘 알고 있습니다. 더 이상 청소년들은 어린 시절의 상대적인 안전한 공간에 있지 않으며, 아직 성인기의 자급자족한 공간도 아닌 경계성의 공간, 즉 중간 공간에 있습니다. 문틀은 방과 방 사이의 공간, 외부에서 내부로 통하는 통로입니다. 청소년에게는 산파이자 목사가 될 수 있는 동반자, 즉 유아기의 상실을 극복하고 성인기의 지형으로 안전하게 건너갈 수 있도록 도와주는 사람이 필요합니다. 청소년기 제자들에게는 그것은 곧 성령이 될 것입니다. 보혜사는 그들의 병든 마음을 치유하고 다가오는 변화에 굳건히 서도록 도와주러 오실 것입니다. 아마 청소년 설교자는 비록 그것을 알지 못하더라도 본문에서 말하는 마음의 병에 대해 무엇인가 알고 있을 것입니다.

주석적 관점

이 본문은 고별 담화 형식을 취하고 있습니다. 위대한 지도자가 가슴 아픈 작별을 고하는 예는 소크라테스가 그의 제자들에게 작별을 고하는 이야기가 실려 있는 플라톤의 작품과 같은 그리스-로마 문학에서 찾아볼 수 있습니다. 요한복음에 더 영향력을 미치는 예는 아마도 신명기에서 모세가 백성에게 작별을 고하는 장면일 것입니다. 신약의 다른 예로는 최후의 만찬에서 예수님 말씀(특히 눅 22:14-38, 막 14:17-31, 마 26:20-35)과 바울이 에베소 교회 장로들에게 작별 인사를 하는 장면(행 20:17-38)이 있습니다. 이 본문의 기능은 이러한 많은 장면과 유사합니다. 예수님은 자신이 곧 떠날 것을 알리시고, 제자들을 위로하시며, 미래에 대한 방향을 제시하시고, 다시 함께할 것을 약속하십니다.

마가복음 13장에 나오는 소위 종말론적 담화(마 24:1-44, 눅 21:5-38과 유사)도 요한복음 14:1~14과 중요한 유사점이 있습니다. 수난 전날 제자들과 함께 모인 자리에서 예수님은 자신의 부재가 공동체에 미칠 영향과 마지막 승리의 재림에 대한 약속을 모두 말씀하십니다.

14:1~7 앞의 대화에서 베드로는 복음서에서 가장 흥미로운 개방형 질문 중 하나를 던졌습니다. '주여, 어디로 가시나이까?'(13:36) 예수께서 베드로에게 예수님이 가시는 곳을 따라갈 수 없다고 말씀하시자 베드로는 이렇게 대답했습니다. '주여, 내가 지금은 어찌하여 따라갈 수 없나이까?'(13:37). 예수님은 이제 제자들을 위로하시며 '마음에 근심하지 말라'고, 하나님을 믿는 만큼 예수님도 믿어야 한다고 촉구하십니다. 예수님과 하나님 사이의 친밀한 관계는 이 담화 전체의 강력한 모티브입니다(14:8-11 참조).

예수께서는 자신의 떠나심과 그 목적에 대해 더 직접적으로 말씀하기 시작하셨습니다(2-3절). 이는 예수님의 임박한 죽음과 영광을 의미합니다. 예수님은 웅장한 별장이나 주거지의 이미지를 연상시키며 제자들이 죽음 이후의 세상에서 함께할 장소를 준비하실 것입니다. 영생에 대한 약속은 요한복음의 핵심적인 내용입니다(예 10:10). 죽음으로 인한 분리에도 불구하고 예수님과 그를 믿는 사람들 사이의 사랑과 신실함의 유대는 끊어질 수 없습니다. 여기서 이 복음서는 포도나무와 가지의 모티브(15:1-17), 17장의 예수님의 마지막 기도의 놀라운 약속, 부활하신 그리스도께서 제자들을 나타나실 것(20-21장)을 기대하게 합니다.

'내가 어디로 가는지 그 길'에 대한 예수님의 말은 담론을 진전시킵니다(4절). 요한복음에서 여러 번 그러하듯이, 이해되지 않는 질문에 대해 예수님은 더 자세히 설명하십니다. 도마(14:5, 11:16, 특히 20:24-29 참조)는 주께서 어디로 가시는지, 그 '길'이 무엇인지 묻습니다. 이 질문은 결국 하나님의 신성한 이름('I AM')을 선언하는 동시에 그것을 인간의 갈망과 융합시키는 요한의 'I AM' 진술 중 하나로 이어집니다. 이 진술에는 세 가지 핵심 은유가 포함되어 있습니다. '길'(호도스)이라는 개념은 이스라엘이 약속의 땅으로 가는 여정을 포함하여 성경 이야기에 깊은 뿌리를 두고 있습니다. 공관복음에서는 갈릴리에서 예루살렘으로 가는 예수님의 여정을 묘사하고 있으며, 제자들도 그 길을 걸어야 합니다(예, 눅 9:51-62 참조). 사도행전에서는 누가가 기독교 운동이 예수님의 '길'을 따라 땅끝까지 복음을 전하는 '길'(9:2; 19:9, 23; 22:4; 24:14, 22 참조)이라는 제목을 붙였다고 언급합니다(행 1:8).

요한복음에서 예수님은 하나님께로 가는 길,

즉 제자도의 '길'을 직접 구현하십니다. 예수님은 또한 '진리'이시며, 서문(1:14, 17)에서 처음으로 지적하신 예수님의 사명의 계시적 성격을 일깨워 줍니다. 8장의 종교 지도자들과의 예수님의 논쟁(8:21-47)에서 확인되었으며, '진리의 성령'(15:26-27, 14:17)의 은사를 통해 온전하게 실현되었습니다. 예수님 사명의 전체 목적은 세상에 '생명'을 가져오는 것이었습니다(1:4, 특히 10:10 참조). 예수께서 제자들에게 약속하신 '생명'은 '영생, 즉 하나님의 존재 자체에 참여하는 것입니다(10:28; 17:2-3).

14:8~14 또 다른 질문이 담론을 진전시킵니다. 빌립은 '주여, 아버지를 우리에게 보여 주옵소서 그리하면 족하겠나이다'라고 묻습니다. 빌립은 예수님에게 가장 먼저 이끌린 사람 중 하나였지만(1:43; 6:7; 12:21 참조), 복음의 근본적인 기독론을 이해하지 못합니다. 요한은 예수님을 말과 행동뿐만 아니라 신적 임재를 구현하는 그의 '육신'를 통해 하나님을 참되게 계시하는 분으로 묘사합니다(1:14-18). 예수님은 하나님의 참된 말씀을 선포하시고(8:26; 17:8), 치유하시는 손길로 하나님의 긍휼을 드러내시며(4:46-54; 9:4; 11:1-44), 무엇보다도 사랑의 행위로서 죽으심으로 세상을 향한 하나님의 구속의 사랑을 드러내십니다(3:16-17; 15:13; 13:1-2). 빌립에게 하신 예수님의 말씀은 이러한 관점을 '나를 본 자는 아버지를 보았거늘'(14:9)이라고 담대하게 표현합니다.

요한복음은 14: 6 '나로 말미암지 않고는 아버지께로 올 자가 없느니라'와 같은 배타적인 기독론을 주장합니다. 요한복음에서 예수님은 하나님께로 가는 다른 모든 길, 모세(1:17-18, 6:32 참조)나 아브라함(8:53-59)과 같은 구약의 선지자들조차도 무색하게 만듭니다. 요한복음의 목적은 기독교 신앙과 세상의 운명에 있어서 예수님의 의미를 가능한 한 강력하게 선포하는 것이지, 요한복음이 기독교 이외에 하나님께 이르는 다른 타당한 길이 있는지에 대한 결정적인 논평으로 해석되어서는 안 됩니다.

이 본문은 미래에 일어날 것을 언급하며 마무리됩니다. 예수님은 아버지께로 가시기 때문에 제자들은 예수님 자신보다 더 '큰일'을 할 것입니다(12절). 이것은 17:18과 20:21의 선교적 충동을 예상합니다. 예수님이 세상에 하나님의 사랑을 선포하기 위해 아버지로부터 '보냄을 받은' 것처럼 제자들도 보냄을 받을 것입니다. '더 큰일'의 의미는 논쟁의 여지가 있는데, 이방인을 향한 교회의 선교 범위가 넓어지는 것을 의미하거나, 예수께서 아버지께로 가시는 것과 연관되어 있기 때문에 예수님의 죽음과 부활을 통해 세상에 가져온, 성령으로 행하는 제자들의 권능을 의미합니다(20:22 참조). 한편, 제자들은 공관복음서에 나오는 예수님의 권면(막 11:24; 마 7:7-11; 21:22; 눅 11:9-10 참조)에 담긴, 하나님께서 들으실 것이라는 확신을 가지고 기도해야 합니다.

설교적 관점

요한복음 14장의 시작 부분에 나오는 예수님의 말씀은 갓 파낸 무덤 가장자리에 모인 회중에게 수없이 많이 하신 말씀입니다. 예수님은 자신의 무덤 가장자리에서 제자들에게 자신의 죽음이 끝이 아니라 '길'의 시작이며, 그 목적지는 하나님 안에 그들을 위해 만들어 놓은 거처라는 것을 확신시키려 했습니다. 그러나 제자들은 믿지 못했으며 대부분의 청중도 마찬가지였습니다.

주일이면 우리 교회는 유한한 생명의 선물이 영원하지 않다는 사실에 괴로워하는 마음으로 가득 차 있습니다. 그러므로 예수님이 시작하신 곳에서 시작하십시오. 나사로의 죽음 소식에 슬픔에 잠기셨던 그분의 괴로운 마음으로 시작하십시오(요 11:33). 예수님의 대답을 예상하는 질문으로 시작하십시오. 무엇이 인간의 마음을 괴로움에서 해방시킬 수 있을까요? 세상에는 수많은 답이 있습니다. 예수님에게는 오직 하나뿐입니다. "하나님을 믿으니 또 나를 믿으라"(1절). 요한은 믿는 것이 내적으로 동의하는 것이 아니라 예수라는 사람에 대한 외적이고 적극적인 헌신이라고 말합니다. 대교리문답에 나오는 루터의 말이 바로 떠오릅니다. 제1계명에 대해 루터는 신이 있다는 것이 무엇을 의미하는지 묻고, 신은 당신이 마음을 거는 것이라고 대답합니다.* 괴로워하는 마음은 하나님께 매달리지 않고, 세상이 괴로워하는 마음을 달래기 위해 행하는 모든 것에 매달리는 마음입니다. 예수님은 깊은 불확실성의 시대에 제자들에게 너희 마음을 하나님께 걸고, 너희 마음을 내게 걸라고 말씀하십니다.

예수님은 다음으로 다른 종류의 생명, 즉 영생이라는 선물을 직접적으로 다루십니다. 예수님은 제자들에게, 그들이 마음을 걸 수 있는 하나님께서 '그들을 위한 자리'를 가지고 계시는 분이라고 말씀하십니다. 로버트 젠슨(Robert Jenson)은 하나님의 광활함에 대해, 공간이 아니라 하나님께서 우리를 위해 가지고 계신 시간과 관련지어 설명합니다. "시간이란 무엇인가에 대한 제 대답은, 창조된 시간은 하나님 자신의 생명 안에 있는 공간입니다. 창조가 하나님 자신 안에 공간을 갖는다는 것이라면 하나님께서는 광대(roomy)하셔야 합니다⋯ 이 하나님의 광대함은 하나님의 시간으로 생각해야 하며, 하나님의 영원성은 시간과 무관하다는 것이 아니라 필요한 모든 시간을 가지고 계신다는 것입니다."** 하나님의 광대하심을 하나님의 영원성으로 비유하는 것은 일요일 아침에도 가치가 있습니다.

제자들의 마음을 괴롭힌 것은 예수님과의 시간이 끝났다는 현실적인 감각이었습니다. 우리는 모두 시간과 동일한 관계를 가지고 있습니다. 시간이 짧기 때문에 우리가 사랑하는 사람들을 빼앗아 갑니다. 자신과 사랑하는 사람들을 위해 필요한 모든 시간을 가지고 계신 하나님께 마음을 거는 사람에게 주시는 하나님의 은혜인 메타노이아(metanoia, 회개)를 생각해 봅시다. 예수께서 하나님 자신의 생명 안에서 준비하시는 공간이 영생이며, 로버트 젠슨이 자주 말했듯이 영생은 하나님의 다른 이름일 뿐입니다. 이 복음서의 서두에서 하나님께서 예수 그리스도 안에서 우리와 함께 거하시려고 오셨듯이, 그분을 통해 우리가 하나님 안에 거하게 될 것이라는 약속에 담긴 그리스도

* See Paul Lehmann's discussion in *The Decalogue and a Human Future* (Grand Rapids:Eerdmans, 1995)을 보라.

** Robert Jenson, "Aspects of a Doctrine of Creation," in Colin Gunton, ed., *The Doctrine of Creation* (London:T.&T. Clark 1997), 24.

인의 소망의 내용을 탐구해 보아야 합니다.

이 시점에서 회중은 말 그대로 길을 잃은 도마에게 공감을 표할 수 있습니다. 빌립도 그다지 뒤지지 않습니다. 두 질문 모두 어둠과 같은 우리가 예수 그리스도 안에서 우리에게 오신 하나님을 얼마나 잘 이해하지 못하는지를 드러냅니다. 솔직히 우리는 어둠을 더 좋아합니다. 도마에 대한 예수님의 대답은 종교에 의해, 하나님께서 그리스도 안에 계시다는 것을 믿지 않고 어둠 속에 거하는 사람들 앞에 던져진 공격(gauntlet)으로 사용되어 왔습니다. 예수님이 빌립에게 (사람에 대한 적극적인 헌신으로서의 믿음에 대한 요한의 이해를 강조하면서) '빌립아, 내가 지금까지 너와 함께 있었는데도 너는 아직도 나를 알지 못하느냐?'라고 말씀하신 것처럼, 3년을 함께 보낸 제자들도 이 말을 믿지 않았던 것 같습니다(9절). 우리 중 누가 그분을 알고 있습니까? 그분을 아는 것이 교회의 교리나 교리에 대한 내적 동의와 일치합니까? 예수께서 제자들에게 '너희가 (내가 아버지 안에 있고 아버지께서 내 안에 계신 것을) 믿지 아니하면 행하는 그 일로 말미암아 나를 믿으라'(11절)고 말씀하셨을 때, 그분이 말씀하신 뜻이 가나의 혼인잔치에서부터 나사로를 살리신 일까지 행하신 표적이나 사역과 일치한다는 것이 하나님의 영광에 대한 모든 인간의 이해입니까? 삶이 그분의 행적을 증거하지만 아직 입술로 그분의 이름을 고백하지 않은 다른 사람들, 즉 종교는 그렇지 않더라도 예수님이 자리를 마련하고 계신 다른 사람들이 길에 있습니까?

요한복음 14장에 나오는 배타적인 기독교적 주장을 듣기보다는, 그리스도 안에서 하나님의 주도로 하나님께 나아갈 수 있다는 것을 우리에게 보증하기 위해 예수님이 감수하신 고통을 생각해 보십시오. 우리는 여기서 배우가 아닙니다. 젠슨은 이 문제를 이렇게 표현합니다. "하나님께서는… 우리가 우리의 인지 능력을 발휘한다고 해서 알게 되는 것이 아닙니다. 하나님은 우리가 결코 도달할 수 없거나, 도달해야 한다고 알지 못하는 것을 우리에게 주심으로써 우리가 알게 됩니다. 하나님께서는 우리를 자신의 지식으로 이끄십니다."*

그는 우리를 그분 자신에 대한 지식 속으로 데려가십니다. 이 지식이란 무엇인가요? 말씀이 육신이 되신 하나님의 자기 지식은 하나님의 아들의 자신을 내어주심과 자기 비움의 사랑 안에서 드러납니다. 요한은 서문에서 '아무도 하나님을 본 적이 없다'고 썼습니다. '아버지의 마음에 가까이 계신 독생자 하나님만이 그를 알려 주셨습니다'(1:18). 예수 그리스도 안에서 우리가 하나님에 대해 아는 것은 하나님께서 우리 없이 하나님이 되시지 않기로 선택하셨다는 것입니다. 이것이 바로 사랑(요일 4:10), 곧 하나님이신 사랑입니다. 이것은 주일 아침에 묵상할 가치가 있는 말씀입니다.

마지막으로, 우리가 서로 맺는 언약(죽음이 우리를 갈라놓을 때까지)과 달리, 우리를 사랑하시고, 우리를 위한 공간을 마련하시고, 우리를 알고 우리에게 알려주시겠다는 하나님의 약속은 절대 끝나지 않습니다(고전 13:8). 그러므로 우리의 마음은 결코 근심할 필요가 없습니다.

* Robert Jenson, *Systematic Theology:The Triune God* (New York:Oxford University Press, 1997), 227.

SIXTH SUNDAY OF EASTER

부활절 여섯째 주일

사도행전 17:22~31

시편 66:8~20

베드로전서 3:13~22

요한복음 14:15~21

부활절 여섯째 주일

사도행전 17:22~31

22 바울이 아레오바고 가운데 서서 말하되 아덴 사람들아 너희를 보니 범
사에 종교심이 많도다
23 내가 두루 다니며 너희가 위하는 것들을 보다가 알지 못하는 신에게라
고 새긴 단도 보았으니 그런즉 너희가 알지 못하고 위하는 그것을 내가
너희에게 알게 하리라
24 우주와 그 가운데 있는 만물을 지으신 하나님께서는 천지의 주재시니
손으로 지은 전에 계시지 아니하시고
25 또 무엇이 부족한 것처럼 사람의 손으로 섬김을 받으시는 것이 아니니
이는 만민에게 생명과 호흡과 만물을 친히 주시는 이심이라
26 인류의 모든 족속을 한 혈통으로 만드사 온 땅에 살게 하시고 그들의
연대를 정하시며 거주의 경계를 한정하셨으니
27 이는 사람으로 혹 하나님을 더듬어 찾아 발견하게 하려 하심이로되 그
는 우리 각 사람에게서 멀리 계시지 아니하도다
28 우리가 그를 힘입어 살며 기동하며 존재하느니라 너희 시인 중 어떤 사
람들의 말과 같이 우리가 그의 소생이라 하니
29 이와 같이 하나님의 소생이 되었은즉 하나님을 금이나 은이나 돌에다
사람의 기술과 고안으로 새긴 것들과 같이 여길 것이 아니니라
30 알지 못하던 시대에는 하나님이 간과하셨거니와 이제는 어디든지 사
람에게 다 명하사 회개하라 하셨으니
31 이는 정하신 사람으로 하여금 천하를 공의로 심판할 날을 작정하시고
이에 그를 죽은 자 가운데서 다시 살리신 것으로 모든 사람에게 믿을
만한 증거를 주셨음이니라 하니라

신학적 관점

저는 신학을 공부하는 것이 극소수만 누릴 수 있는 특권인 것을 알기에 한없이 감사하고 있습니다. 소파에 기대고 앉아 오랜 세월 잠들어 있던 천재들의 명작을 읽어내기 위해 고군분투하던 시간을 생생히 기억합니다. 학기 말 소논문, 종합시험, 논문 계획서 등을 작성하기 위해 고통스럽게 수고해야 했습니다. 아내가 아프고 상처받은 이들을 돌보기 위해 지역 병원으로 운전해서 가고 있을 새벽에 저는 컴퓨터와 커피로 잠을 깨웠습니다. 그러고 그 시작한 자리에서 시멘트에 굳어진 것처럼 시간을 보내고 하루를 마무리해야 했습니다. 그때는 비록 많이 힘들었을지 몰라도 지나고 보니, 그 시절은 취미 시간에 모험을 연습하는 것과 같았습니다. 왜냐하면 반드시 시간을 할애해야 모험을 떠날 수 있는데, 그때는 책임져야 할 일이 없어서 영원한 의미를 탐구할 자유시간이 충분했기 때문입니다.

지적 탐구의 중심지에 살던 아테네 사람들은 그런 탐구를 취미생활 정도로 이해했으며, 그곳의 누구든지 "가장 새로운 것을 말하고 듣는 것 이외에는 달리 시간을 쓰지 않음이더라"(행 17:21)라고 합니다. 그들은 배우는 것을 사랑했고, 깨어있는 내내 만족할 줄 모르는 새로운 것에 대한 욕망에 이끌려 다녔습니다. 특히 종교 생활에서 그들은 수단과 방법을 가리지 않고 할 수 있는 모든 것을 다 할 만큼 확신이 있었습니다. 그곳 사람들이 종교심이 많았던 이유는 실존에 대해 깊이 불안해하기 때문이라는 것을 바울은 도시에 들어서자마자 바로 알아차렸습니다. 그는 우상으로 가득한 도시를 보며 그곳 사람들이 '범사에 종교심이 많도다'라고 묘사합니다(17:16, 22). 그들은 심지어 실수로 간과했던 각각의 신을 위해서도 '알지 못하는 신'(23절)을 위한 재단을 건설했을 정도로 종교심이 많았습니다. 아테네 사람들은 스스로를 종교적이라고 여기며 만신전에서 깊은 동굴의 심연에서와 같은 영적 깨달음을 얻는다며 자부했습니다. 그처럼 그들이 종교적이기는 했지만, 찾고자 했던 안식을 발견하지는 못했으며 여전히 확신은 없었습니다.

파스칼이 묘사했듯이, 모든 사람에게 하나님 한 분만으로 채울 수 있는 '끝없는 심연'이 있습니다. 그보다 수 세기 앞선 아우구스티누스는 하나님을 향해 '당신은 당신 자신을 위해 우리를 만드셨기에 우리는 당신 안에서 안식하기 전에는 마음의 안식을 누릴 수 없습니다'*라고 고백했습니다. 아레오바고 이전에 바울은 예배를 통해 부어주시는 다양한 샘솟는 원천을 발견했습니다. 그는 아테네인들의 종교를 근본부터 해체하기보다는 존재의 근거에 대한 그들의 탐구에 확신을 줬습니다. 그들은 고도로 체계화된 신들과의 대화 방식을 가지고 있었지만 그들은 직감에 더 의존했습니다. 아마 그들은 '미지의 신'을 위한 공간을 만들어 놓고, 마치 자신들의 실수에 대해 용서를 구하며 신적 존재를 달랬을지도 모릅니다. 어쩌면 그들의 영적 감수성으로는 충분히 인식하지도 못하면서, 손에 닿지도 않는 그런 신들을 추앙한 것입니다. 바울은 조금도 머뭇거리지 않고 바로 자신이 그 신을 알고 있으며,

* Blaise Pascal, *Pensees* #425, http://www.ccel.org/ccel/pascal/pensees.viii.html.; Augustine, *Confessions*, trns. Henry Chadwick(Oxford University Press, 1998), 3.

그분은 온 하늘과 땅을 창조하셨고 다스리고 계신 분이시라고 선포합니다(23, 25절). 시간과 공간을 지켜주시는 그 신은 이 땅에 순례자로 사는 동안 영원한 고향 집으로 돌아가는 여정을 인도해 주십니다. 그렇지만 그분 안에서 안식을 찾을 때까지, 더듬어 찾느라 쉬지 못할 것입니다(24-27절).

바울은 자신이 경험한 믿을 만한 계시의 원천으로 인해, 아직 이름조차 없는 존재를 가깝게 직감한 시인들의 말에 귀를 기울이라고 아테네 사람들에게 촉구했습니다. 바울은 "우리가 그를 힘입어 살며 기동하며 존재하느니라"(28절)라고 말하며, 우리 안에 하나님께 받은 유산이 있다는 것을 발견했습니다. 바울이 예수님과 부활에 관해 말하며(18절), 그들의 호기심을 자극하자 그들은 그의 낯선 메시지를 더 설명해 달라고 요청했습니다. 앤 그레이엄 로츠 목사는 처음으로 이름 없는 존재에게 이름을 붙여줬다고 해서, 여러 꼬마 아이들 가운데 한 아이처럼 예수님을 다른 신들 사이에 나란히 세워놓을 수는 없다고 선언했습니다. 왜냐하면, 우리는 그분 안에서 살아 움직이고 존재하기 때문입니다. 아테네인들은 표면적으로는 신성한 만신전에서 여러 신들에게 충성하는 것 같지만, 실상은 자신들이 잘살기 위해 신들을 각각 별도의 영역별로 나눠 삶을 책임지도록 했습니다. 바울은 기저에 깔린 이런 존재 방식을 확인하고, 급진적으로 배타적인 존재를 소개했습니다.

그는 더 이상 아테네인들의 영적 탐구에 긍정하지만은 않았습니다. 알지 못하는 신을 존중하고 수긍하는 듯하더니 갑자기 회개를 촉구했습니다. 게르하르트 크로델은 그의 사도행전 주석에서 '그리스도인 증인들은 그리스도의 부활과 그 결과에 대해 말해야 하며, 대화 상대로부터 외면당할 위험을 감수해야 할 때가 온다'*고 주장합니다. 바울은 단순히 예수님을 무수히 많은 여러 신들과 여신들에 추가하는 대신, 온 세상이 그분 앞에 경배해야 한다고 소개했습니다. 예수님은 죽음에서 부활하심으로 의의 기준을 정하셨으며, 그 기준으로 세상을 심판하실 것입니다(30, 31절). 많은 사람이 웃는 것은 놀랄 일이 아닙니다. 어떤 사람들은 그가 혹시 맞는 말을 하는지도 모른다고 의문을 품었습니다(17:32-34).

이천 년이 지난 지금, 다원화된 우리의 상황은 아테네의 만신전을 닮았습니다. 황금 제단을 아름답게 장식해 숭배하는 것을 제외하면, 저마다 충성스럽게 섬기는 것도 비슷하고, 우리 삶을 둘러싸고 있는 신들 사이에서 이를 타파하려는 예수님의 주장도 역시 비슷합니다. 관용을 매우 중요한 덕목으로 칭송하고, 자아실현이 곧 영성이라고 정의하는 세상에서 종교는 여가 활동의 하나로 취급됩니다. 시간이 허락하면 더 숭고한 삶을 추구하는 것입니다. 심지어 어떤 그리스도인들은 모든 종교가 동일하게 참된 것이라고 치부하며 신앙을 가볍게 취급하고 그리스도께 충성하는 영원히 의미 있는 믿음을 포기해 버립니다. 그러나 사도신경에서 고백하듯이 "나는 그의 유일하신 아들, 우리 주 예수 그리스도를 믿습니다 … 하늘에 오르시어 전능하신 하나님 우편에 앉아

* Gerhard Krodel, Acts(Philadelphia: Fortress Press, 1981), 53, quoted in James L. Blevins, "Acts 13-19: The Tale of Three Cities," *Review and Expositor* 87(1990): 445.

계시다가 거기로부터 살아 있는 자와 죽은 자를 심판하러 오십니다"라고 고백합니다. 우리는 불안한 마음에, '알지 못하는 신'을 찾아 헤맸고, 스스로 종교적이라고 생각하는 사람들에게 이 신의 이름을 마음대로 지으라고 맡겼습니다. 고대 철학자들을 연상시키는 라비 자카리아스는 "예수님이 우리에게 말씀하시기를, 우리가 누구인지를 이해할 수 있는 유일한 방법은 우리 존재의 총체인 그리스도와의 관계에 우리의 시선을 고정하는 것입니다."*라고 말했습니다. 즉, 그리스도 한 분만을 바라보라고 말한 것입니다.

목회적 관점

아마도 아테네 사람들은 미신에 푹 빠져 삶의 기반으로 삼는 사람들이었으며, 혹시나 신들의 만신전 가운데 제외된 신이 있을지 몰라 '알지 못하는 신'을 위해서도 신당을 건설하는 사람들이었을 수 있습니다. 그렇지 않다면 아마도, 고도로 지성적이었기 때문에 신들이나 신들의 영역이 인간의 능력치보다 훨씬 광대하다는 것을 알았을 수도 있습니다. 어찌 됐든 사도행전의 저자는 바울이 아테네 도시 전역에서 신들을 그토록 많이 만든 것이 불쾌했다고 지적합니다. 그렇지만 그가 아테네 사람들의 다신교 신앙에 대해 분노를 표출하지는 않았는데, 이는 후에 로마 사람들에게 보였던 반응과 사뭇 달랐습니다(롬 1:18-23).

바울은 데살로니가와 베뢰아에서 도망쳐 나온 것 때문에 불안했을 수 있습니다. 아테네는 그에게 학문과 지성적인 철학과 종교적인 호기심을 만족시켜 주기에 충분한 대학 도시였으며 새로운 지역이기도 했습니다. 그는 아테네의 철학과 이방 신앙에 도전하는 것에 침묵하지는 않았지만, 청중들을 향해 그가 할 수 있는 최선으로 섬세하게 접근했습니다.

우리는 종종 바울이 조직신학자는 아니었다고 되새기곤 합니다. 그는 확실히 재치 있고, 지적이고, 지혜롭고, 분별력 있기는 했지만, 그는 전도자로서의 부르심을 최우선으로 생각하는 사람이었습니다. 그의 임무는 청중이 메시지를 쉽게 받아들이도록 복음을 전파하는 것이었습니다. 그가 가장 중요하게 관심을 가졌던 것은 청중이 듣기 쉽고 이해하기 쉽게 하는 것이었습니다. 우리는 종종 진실을 말한다는 핑계로 자기 의에 빠져 청중들이 공감하지 못할 독선적인 말투로 말하고 있지는 않나요? 우리는 종종 상대방의 세계관을 통해 소통하는 것이 훨씬 더 도움이 된다는 것을 알면서도 자신의 방식만을 고집하지는 않나요? 윌리엄 윌리몬은 "교회는 이교도의 종교성을 외면하고 의롭게 분노하며 손가락질하기보다는 아테네의 바울처럼 그들이 잘 탐구하도록 섬겨야 한다"**고 제안합니다. 바울은 상황에 따라 '여러 사람에게 여러 모습'(고전 9:22)이 되겠다고 주장하기는 했지만, 그가 카멜레온처럼 쉽게 적응하는 사람은 아니었습니다. 그렇지만, 그는 청중들에게 자신의 주장을 펼칠 때마다 자신이 유대교 랍비 교육을 받은 것, 한

* Rivi Zacharias, *Jesus among Other Gods: The Absolute Claims of the Christaian Message*(Nashville: W. Publishing Group, 2000) 34.

** William H. Willimon, *Acts*, Interpretation series(Atlanta: John Knox Press, 1988), 143.

분이신 참 하나님에 대한 깊은 헌신, 예수님을 그리스도로 믿는 믿음, 자신의 극적인 회심 경험, 신념을 위한 열정 등을 골고루 사용하면서 무대에 등장했으며, 입을 열 때마다 변함없이 자신의 신앙을 드러냈습니다. 분명히 어떤 사람들은 그의 메시지에 끌렸고, 어떤 사람들은 감명을 받았으면서도 그의 지나친 확신에 다소 짜증이 났고, 또 어떤 사람들은 '모든 것을 설명하겠다'는 그의 집요함이 오만하다며 분노하거나 낯설어했습니다. 이 본문에서 그는 아테네의 종교 법정에 끌려가 당국에 자신을 변호해야 했습니다.

그는 지혜롭게 아테네인들의 관심과 호의를 구하며, '아덴 사람들아 너희를 보니 범사에 종교심이 많도다'(22절)라고 말했습니다. 그는 다음과 같이 말한 아우구스티누스의 명언처럼 도박을 감행했습니다. "오 주님! 당신은 당신 자신을 위해 우리를 만드셨습니다. 그러기에 우리의 마음은 당신 안에서 안식을 누리기까지 쉴 수 없습니다. 하나님은 인간을 만드실 때, 본능적으로 하나님을 갈망하게 하셨습니다."*

이 구절에는 거룩한 삶의 중심을 잡으려는 많은 사람에게 친숙한 단어가 포함되어 있다는 점이 흥미롭습니다. 바울은 세네카와 에피메니데스의 사상을 이어받아 하나님을 설명하며 '우리가 그를 힘입어 살며 기동하며 존재하느니라'(28절)라고 언급합니다. 얄궂지만 이 구절은 유대 기독교 전승이 아닌 그리스 전승에서 나왔지만, 최근 기독교 사상에서도 중요한 개념입니다. 폴 틸리히가 '모든 존재의 근거가 신이라고 본 사상'이나, 마커스 보그가 '신은 만유 가운데 내재한다고 본 사상(panentheism)'은 이런 개념에서 영감을 받은 것입니다. 이 개념은 하나님이 모든 것을 품는 영으로 존재하는 것을 가정합니다. 즉, 우주는 하나님과 나눌 수 없으며, 하나님 안에 존재한다는 개념입니다.**

다음은 기독교가 얼마나 혼합주의적인 종교인지 보여주는 증거입니다. 기독교는 종종 비기독교 문화 가운데 사는 이들에게 복음을 이해하기 쉽게 하기 위해 다른 종교 전승을 적절히 활용했습니다. 바울은 우리에게 어떻게 문화적 상대주의를 다뤄야 하는지를 보여줍니다. 그는 다른 종교에 개방적이었던 아테네인들을 보여주면서, 한 분 참 하나님을 믿으면서도 개방적이어야 한다고 도전했습니다. 우리는 하나님께서 오직 한 분이라고 쉽게 말하지만, 우리가 살고 있는 시대의 사람들은 신에게 가는 길이 다양하며 그 가운데 어떤 길을 선택하든 상관없다고 생각합니다. 그렇지만 바울은, 그렇게 믿지 않은 것이 분명합니다. 그는 보편구원론자가 아니었습니다. 그가 아테네인들의 종교 관습을 활용한 것은 그가 믿고 있는 길과 진리와 생명을 증거하기 위해서였습니다. 그는 타 종교인들이 이해하고 통찰하는 시각을 존중하면서, 동시에 자신이 경험하고 깨달은 진리를 전하기 원했습니다. 이는 비기

* William Barclay, *The Acts of the Apostles*, Daily Study Bible Series(Philadelphia: Westminster Press, 1955), 143.

** Marcus Borg, *The Heart of Christianity: Rediscovering a Life of Faith*(San Francisco: HarperSanFrancisco, 2003), 66.

독교인들에게 증거하는 모델일 뿐만 아니라, 종교가 없는 이들에게 증거하는 모델이기도 합니다. 도전은 우리 주변 사람들에게 '당신의 영적 굶주림을 봤는데, 우리의 풍성한 영적 자원을 나눠드려도 될까요?'라고 말하는 것입니다. 문제는 우리가 다른 이들의 세계 속에 들어가 진리를 나누기 위해 정직하지만 정중하게, 그리고 효과적으로 어떻게 이미지와 언어를 사용하는가 하는 것입니다. 하나님 안에 깊이 뿌리 내려 기초가 튼튼하고, 기독교 역사를 통해 배운 경험에 중심을 두면서도 어떻게 우리가 전하지 않을 수 있겠어요? 옛 찬송가 가사에 뼛속 깊숙이 믿음으로 충만하면서 '어찌 찬송하지 않을 수 있으리오?'라고 노래한 것이 바로 그 의미일 것입니다.

주석적 관점

누가는 바울이 재판에 회부됐지만, 재판이 열리지는 않았다고 기록합니다. 모든 학자가 사도행전에 나오는 이 장면의 역사성에 동의하지는 않습니다. 어떤 학자들은 바울이 '아레오바고 법정'에 모습을 드러냈다고 보기도 하지만, 다른 학자들은 그 어떤 종류의 법적인 행위도 없었다고 반론을 제기하기도 합니다. 누가가 이곳에 기록한 것은 이름을 부르지도 않았는데 소크라테스가 재판에서 호소했던 것과 같습니다. 마스 언덕(아레오바고 법정이 있었던 언덕)에서의 사건은 유명한 아테네 철학자에게 있었던 일을 문학적으로 재구성한 것입니다. 바울은 시장에서 소크라테스처럼 많은 사람을 향해 말합니다(행 17:17). 사람들은 그가 소크라테스처럼 새로운 신을 소개하는 줄 알았습니다(행 17:18). 이 장면에서 바울은 소크라테스처럼 일종의 법정에 서 있습니다. 소크라테스가 아테네 법정에 섰을 때 그에게는 사형이 선고됩니다. 이렇듯 적어도 이 만남은 유명한 도시의 지식인 계급과 사도의 수준 높은 문학적인 상호 작용을 보여줍니다.

"그를 붙들어 아레오바고로 가며 말하기를 네가 말하는 이 새로운 가르침이 무엇인지 우리가 알 수 있겠느냐 네가 어떤 이상한 것을 우리 귀에 들려주니 그 무슨 뜻인지 알고자 하노라 하니"(17:19-20). 바울의 가르침에 이어지는 이런 정중한 질문이 비공식 법정 심문이라고 보기는 어렵습니다. 더군다나 이 구절들은 법정 장면과는 전혀 상관없는 아테네 사람들의 호기심을 강조하고 있습니다. 반면에, '붙잡아… 끌고 갔다'(헬. 에필라보메노이, 16:19)는 체포하는 장면을 보여줍니다. 당시 아테네는 다소 조용한 지방 도시였기 때문에, 철학자들이 그 도시에서 소음이 나거나 소동이 일어나는 것을 피하려고 했다는 것은 읽어보기만 해도 분명히 알 수 있습니다. 따라서 바울과 철학자들의 만남을 역사적으로 해석하기보다는, 누가의 색다른 내러티브 방식이라는 것을 인식하는 것이 필요합니다. 독일의 신약학자 에른스트 헨첸이 이런 관점에서 다음과 같이 잘 설명합니다.

> "누가는 사실 모티브 기법을 사용하고 있습니다. 어느 정도 교육받은 사람이라면 누구나 아테네 사람의 것으로 생각할 만한 당시의 여러 모티브로 내러티브를 구성하는 것입니다. 즉, 수많은 신전과 신상, 아테네인들의 특별한 종교성, 철학자 학교, 아레오바고(언덕과 법정), 시장에서의 소크라테스적

인 대화, 새로운 신들을 소개, 아테네인들의 호기심 등입니다. 누가는 이 모티브들을 서로 밀접하게 연결해서 아테네 사람들의 삶과 정신이 독자들을 사로잡도록 구성했습니다."*

오늘의 본문은 바울이 아레오바고 공의회에서 연설하는 것으로 시작하지만, 그 여섯 절 전부터 이미 그 장면은 시작됐다고 볼 수 있습니다. 즉, 바울이 "그 성에 우상이 가득한 것을 보고 마음에 격분하여"(17:16)라고 반응한 것을 고려하지 않고는 그가 공의회에서 연설한 본질을 이해하기는 어렵습니다. 어떤 면에서 이 사건은, 바울이 얼마나 위험천만한 모험을 했는지 독자들에게 강한 인상을 심어주기 위한 것입니다. "이에 바울이 그들 가운데서 떠나매"(33절)라는 말이 나올 때까지 우리는 숨쉬기도 어려울 만큼 긴장하게 됩니다. 누가는 바울을 사도행전 후반부의 주인공으로 등장시켜야 하므로, 생명과 명예를 위험에 빠뜨릴 수도 있는 아테네 법정의 재판 절차에 연관시키지는 않았습니다.

중요한 것은 연설 자체입니다. 그는 그리스 철학의 논리를 통해 철학자들의 종교적 이론이 아니라 그리스의 대중적인 종교 관습인 우상숭배를 공격하고 있습니다. 그렇다면 왜 이 철학자들에게 연설의 초점을 맞출까요? 그것은 아마도 그들이 그리스 문화의 최고봉을 대표하기 때문일 것입니다. 그럼에도 불구하고 이 구절에는 여전히 이상한 점이 있습니다. 이는 지적인 문제에 시간을 쏟아붓는 교양 있는 엘리트 청중을 염두에 두고 있다는 인상을 받기 어렵습니다. 바울은 어떤 의미에서 아테네 전체, 따라서 아테네로 대표되는 그리스 문화와 종교 전체에 대해 말하고 있기 때문입니다. 따라서 누가는 사도 바울이 복음을 선포할 '이상적인 배경'을 구성하기 위해서 다양한 모티브를 사용하고 있습니다. 그러므로 역사적 사실을 설명하기 위한 시도는 전혀 아닙니다. 이 장면을 역사적으로 연결해 보려는 문제를 해결했으니 이제 정말 중요한 부분인 연설 자체로 넘어가겠습니다.

"그런즉 너희가 알지 못하고 위하는 그것을 내가 너희에게 알게 하리라"(23절). 학자들은 이 본문에서 연설하는 바울과 서신서의 바울이 일치하는지에 대해 특별히 관심을 가졌습니다. 이 본문은 로마서 1장에서 사도 바울이 말한 내용과 분명히 관련이 있습니다. 로마 교회에 보낸 편지의 서두에서 바울은 우상 숭배가 하나님과 그 영광을 부인하는 것이기에 하나님은 도덕적으로 타락해 심판을 받도록 내버려두시는 분이시라는 것을 분명히 밝혔습니다(롬 1:18-32). 이렇게 이해하는 것은 사도행전 17:30에 언급한 '알지 못하던 시대'를 간과하는 것입니다. 비유대인의 종교적 지위에 대한 이 교리는 사도행전에 묘사된 바울의 특별한 교리입니다. 누가는 '알지 못하는 신'(헬. 아크노스토스 테오스)이라는 주제를 의도적으로 설정해서 이를 충실히 따릅니다. 그리스인들이 알지 못하는 신을 섬긴다는 표현은 모든 비유대인도 참 하나님과 관련된다는 복잡한 관계를 묘사해 줍니다. 불행히도 종교인들이 하

* Ernst Haechen, *The Acts of the Apostles: A Commentary*, trns. R. McL. Wilson(Philadelphia: Wesminster Press, 1971), 527.

나님을 향해 '예'와 '아니오'를 동시에 대답할 만큼 무지했기 때문에, 사도 바울이 기독교 하나님을 선포하는 것이 가능했습니다. 말하자면, 이 연설은 초기 기독교 선교사들이 그리스-로마 문화를 기독교화해서 사용한 여러 방법 중에 대표적인 방법입니다.

아테네에서 바울은 최초의 기독교 철학자면서 동시에 인류 보편주의자로도 묘사됩니다. 신약학자 말라셀비지는 다음과 같이 결론을 지었습니다. "(바울의) 가장 큰 업적은 종파적인 경계를 뛰어넘어 로마 제국 전역의 다른 사람들과 악수할 수 있었던 것입니다. 바울의 평등주의는 다양한 계층의 여성, 노예, 할례받지 않은 유대인, 정치인, 장인, 천막 제작자, 세례자 요한의 제자, 뱃사람, 유대계 기독교인, 심지어 지방 행정관에서 왕에 이르기까지 다양한 사람들의 삶에 영향을 미쳤습니다."*

설교적 관점

아테네의 아레오바고에서 행했던 바울의 연설은 설교일 가능성이 높습니다. 아테네에서와 같이 우리 문화에도 여러 우상의 문화가 있습니다. 몇 가지 예를 들면, 물건을 소비하는 것, 군사적인 힘, 성, 기술력 등이 있습니다. 계속해서 설교자는 우상 숭배 한가운데서 증언하는 바울에게 초점을 맞출 수도 있겠지만, 그에 앞서 단순히 바울을 기리는 시간을 가지고자 합니다. 그는 온갖 어려운 상황 가운데서도 오랜 시간 동안 열심히 복음으로 소통하려고 노력했던 똑똑하고 헌신된 예수님의 제자였습니다. 여기 바울이 있습니다. 그는 빌립보와 데살로니가와 베뢰아에서 모두 쫓겨났고, 다시금 아테네에 홀로 고독하게 남아 있지만, 여전히 이상하고 복잡한 상황 가운데서도 신실한 증인의 역할을 감당하려고 노력합니다.

확고한 적응형 증인 어떻게 우리는 청중들이 이렇게 확고한 적응형 증인이 되도록 도울 수 있을까요? 어떻게 하면 우리도 바울처럼 복음을 신실히 소통하기 의해, 신속하고 단호하게 문화와 하위문화에 적응할 수 있을까요? 우리는 주류 문화로부터 도망치거나 정착하도록 청중들을 격려하기보다는, 그 상황을 복음적 증언의 기회로 활용하고 그 의미에 관심을 가지도록 초대할 수 있겠습니다. 우리가 바울에게서 힌트를 얻을 수 있는 것은, 먼저 다른 문화의 견해를 경청하며 그 사람들이 어떻게 유일하신 참 하나님을 찾고 탐구하는지 듣는 것입니다. 이렇게 경청하기 위해서는 무엇이 수반 돼야 할까요? 우선, 세부 사항에 주의를 기울이는 것을 배워야 합니다. 바울은 주변을 둘러보며 우상들과 그 위에 새긴 것들을 볼 수 있었습니다. 그는 신학적인 문제점들이나 주류 문화 속에서 어떤 가능성이 있을지 그 징조들을 주의 깊게 살피는 법을 배웠습니다. 또한, 바울은 주위를 기울이는 단계를 넘어서서, 예수 그리스도의 부활 메시지를 전하기 위해 사람들의 마음을 여는 방법을 찾았습니다. 그는 비판에 대해 즉시 대응하기보다는 지적, 영적으로 환대를 실천했다는 점에 주목하시기 바랍니다. 바울은 그의 메시지를 전달하기 위해 환대의 정신으로 소통했습니다. 그는 대화하는 상대를 잘 파악한 후, 자신만의 독창적인

* Marla Selvidge, *Exploring the New Testament*(Upper Saddle River, NJ: Prentice-Hall, 2003), 169.

생각과 발명을 통해 그들이 한발 더 나아갈 수 있도록 이끌어줬습니다. 결국 바울은 대담했습니다. 만약 소크라테스나 그 이전 다른 사람들이 바울처럼 이방의 신들을 전했다면 아마 큰 곤경에 처했을 수도 있습니다. 십자가에 못 박히시고 부활하신 그리스도가 인간의 갈망에 대한 하나님의 최종적인 응답이라는 주장에 어떤 사람들은 위험천만하고 무모한 전략이라고 할 수도 있을 것입니다. 그럼에도 불구하고 이런 담대함이야말로 기독교 증인이 된다는 것이 무엇을 의미하는지 잘 보여주는 핵심입니다. 바울은 그리스도를 향해 미적지근하게 헌신하며 자신의 메시지를 축소하지 않았습니다. 그는 결과에 연연하지 않고 자신이 믿는 바를 담대하게 주장했습니다.

사려 깊은 증인 이 장면은 증인이 어떠해야 하는지 신약성경 가운데 가장 예리하고 명료하게 지적으로 잘 다듬어 묘사하고 있습니다. 비록 이 구절은 바울의 긴 연설 가운데 일부분에 불과하지만, 바울이 자신이 처한 상황을 살펴 그 상황 가운데 어떻게 적응해야 할지를 숙고하며 시간을 할애했다는 것을 분명히 보여줍니다. 이를 통해 우리가 섬기는 우상에 대해서도 복음적으로, 신학적으로 대처할 수 있는 능력을 정교하게 다듬을 수 있을 것입니다. 모든 우상 숭배는 나쁘다며 단순히 비난만 하는 것은 별로 도움이 되지 않습니다. 그보다는 '우상 숭배'가 인간의 욕망을 위한 어떤 죄의 형태로 나타나는지 자세히 살피고 그 욕망을 복음적, 신학적으로 대처할 수 있는 능력을 키우는 것이 필요합니다. 예를 들어, 소비지상주의 우상 숭배를 신중하게 살펴서 미래의 성취를 위한 열망을 지적하는 것입니다. 즉, 소비자들은 항상 '차선책'을 추구합니다. 인간이 미래의 성취를 열망하는 그 상황 속에 하나님을 초대하는 것입니다. 인간에게는 모든 것을 이루고 싶은 열망이 있지만, 예수 그리스도 안에 계신 하나님을 만난다면 어떤 의미를 발견할 수 있을까요? 다른 한편, 군사력과 같은 우상 숭배에 대해서도 복음적, 신학적 틀에서 살펴볼 필요가 있습니다. 즉, 이 '우상 숭배'에 대해 주의 깊게 살펴보면, 그 목표는 성취가 아니라 권력과 폭력을 통해 안전을 획득하는 것임을 알 수 있습니다. 이런 인간 열망의 중심에 예수 그리스도의 하나님을 둔다면 예수 그리스도께서 이 세상에 참된 안전을 제공하신다는 것을 분명히 생각해 낼 수 있을 것입니다. 이처럼 신학적으로 사고하는 것은 사려 깊은 증언을 위한 견고한 모퉁이 돌이 되기에 충분하며, 이 이야기를 통해 매우 유용한 통찰력을 제공해 줄 것입니다.

범사에 하나님의 성령을 신뢰하기 이 이야기를 통해 설교자들은 하나님께서 먼저 우리에게 다가오시는 분이시라는 것을 깨달을 수 있을 것입니다. 하나님은 우리를 창조하셨고, 우리 스스로가 창조할 수 있는 모든 능력을 주시는 분이십니다. 우리는 노동을 통해 잠재적으로 우상 숭배를 선택할 수 있겠지만, 이 또한 하나님께로부터 나온 것이기에 반대로, 창조주 하나님을 찾는 기회로 삼을 수도 있을 것입니다. 이 세상의 모든 것이 우상은 아니며, 어떤 것들은 우리를 하나님께로 인도하는 선한 선물일 수도 있습니다. 피조물이 비록 하나님의 모든 것을 드러내기는 부족하지만 그럼에도 불구하고 하나님의 흔적을 지니고 있습니다. 이 세상의 많은 예술품과 창조적인 생산성은 그 깊은 저변에 창조주 하나님의 영, 즉 창조의 과정에 창조하시는 하나님의 성령을 표현하고 있습니다. 바울은 이런 창조적 잠재력을 외면하지 않고 자신의 주변에서 발견했으며, 우리가 예수 그리스도 안에서 하나님께 열린 마음을 가지도록 하신다는 것을 축하했습니다. 설교자로서 우리는 이와 같이 '영광의 삶'으로 회중들을 격려할 수 있습니다. 아무리 모든 사람이 하나님을 찾으려고 노력해도 우리가 미지의 하나님을 다 알 수는 없지만, 우리에게 베푸신 모든 선물에 감사할 수는 있습니다.

부활절 여섯째 주일

시편 66:8~20

8 만민들아 우리 하나님을 송축하며 그의 찬양 소리를 들리게 할지어다
9 그는 우리 영혼을 살려 두시고 우리의 실족함을 허락하지 아니하시는
주시로다
10 하나님이여 주께서 우리를 시험하시되 우리를 단련하시기를 은을 단
련함 같이 하셨으며
11 우리를 끌어 그물에 걸리게 하시며 어려운 짐을 우리 허리에 매어 두셨
으며
12 사람들이 우리 머리를 타고 가게 하셨나이다 우리가 불과 물을 통과하
였더니 주께서 우리를 끌어내사 풍부한 곳에 들이셨나이다
13 내가 번제물을 가지고 주의 집에 들어가서 나의 서원을 주께 갚으리니
14 이는 내 입술이 낸 것이요 내 환난 때에 내 입이 말한 것이니이다
15 내가 숫양의 향기와 함께 살진 것으로 주께 번제를 드리며 수소와 염소
를 드리리이다 (셀라)
16 하나님을 두려워하는 너희들아 다 와서 들으라 하나님이 나의 영혼을
위하여 행하신 일을 내가 선포하리로다
17 내가 나의 입으로 그에게 부르짖으며 나의 혀로 높이 찬송하였도다
18 내가 나의 마음에 죄악을 품었더라면 주께서 듣지 아니하시리라
19 그러나 하나님이 실로 들으셨음이여 내 기도 소리에 귀를 기울이셨도
다
20 하나님을 찬송하리로다 그가 내 기도를 물리치지 아니하시고 그의 인
자하심을 내게서 거두지도 아니하셨도다

신학적 관점

시편 기자는 우리가 하나님과의 관계를 더 성숙하게 발전시킬 수 있을지 고민합니다. 사람들이 그들의 찬양 소리를 들려주듯 하나님께 더 가까이 자라가고 있을까? 아니면 하나님께로부터 슬그머니 멀어지고 있는 것은 아닐까? "하나님이여 주께서 우리를 시험하시되 우리를 단련하시기를 은을 단련함 같이 하셨으며"(10절). 신앙의 성숙도를 점검하는 이런 질문이 그리스도인의 영성을 위해 중요한 질문인 이유는, 폭력적인 세상에 살면서 우리는 단순히 우리 자신을 사랑하는 것을 통해 하나님을 사랑하는 분명한 습관을 형성할 수 있기 때문입니다.

우리의 신앙이 얼마나 성숙한지를 어떻게 알 수 있을까요? 시편 기자는 우리가 기도하는 것을 보면 구체적으로 알 수 있다고 대답합니다. 즉, 우리가 어떻게 기도하는지를 보면 신앙 성숙의 수준을 알 수 있다는 것입니다. 만약 기도가 개인적인 욕망을 간구하는 일방적인 대화라면, 그런 기도는 유아기의 기도라 할 수 있습니다. 우리는 기도할 때, 하나님의 뜻을 간구하는 데에 초점을 맞춰야 합니다. 영적인 삶이 성숙하지 못할 때, 우리는 하나님께 집중하기보다 우리 자신의 욕망에 집중하게 됩니다. 시몬 베유는 "우리는 육체적으로 힘든 노동을 했을 때보다 정신적인 어떤 일 때문에 훨씬 더 신경 쓰고 불편해한다 … 그렇지만, 우리가 진심으로 주의를 집중하기만 하면, 우리 안에 있는 그 악한 것을 파괴할 수 있다"라고 주장합니다.*

그래서 시편 기자는 "내가 나의 마음에 죄악을 품었더라면 주께서 듣지 아니하시리라"(18절)라고 기도합니다. 결국 하나님의 사랑에 주의를 기울이지 못한다면 우리가 시험을 받으며 무엇이 유익할까요? 이 질문에 관해 설명하기보다는 실행하고 경험하면서 직접 답을 찾을 수 있을 것입니다.

한 사막의 교부는 "산 정상에서 찬란하게 빛나는 일출을 바라봤던 이야기를 듣는 것보다, 나와 함께 산 정상에 올라서 일출을 직접 경험하는 것이 더 낫다."라고 말했습니다. 하나님에 대한 사랑이 성숙하는 것도 마찬가지입니다. 하나님 안에서 우리는 자원해서 선택하지도 않은 사람을 위해 우리 자신이 변화해 가는 신성한 사회화 과정을 경험하게 됩니다. 우리는 공동체 안으로 들어갑니다. 그 시편 기자는 공동체 영성이 개인의 성숙을 어떻게 돕는지를 보여줍니다. 그리스도인들이 그리스도교 신앙에서 공동체성을 회복하는 것을 통해 하나님을 사랑하고 세상에서 성숙하게 살아가기를 원합니다. 그렇다면 공동체 영성은 무엇을 의미하고, 각 개인이 영적 생활에 성숙하도록 어떻게 도울 수 있을까요?

신비주의와 유사하게, 공동체 영성은 직접적인 하나님의 실존이 우리 안에 임재하는 것이며, 하나님과 하나 되어 절정에 다다르는 것으로 노력이나 공로를 통해서는 얻을 수 없는 것입니다. 오랜 전승을 통해 전해 내려오는 공동체 영성을 통해 각 개인은 하나님에 대한 사랑

* Simone Weil, "Reflections on the Right Use of School Studies with a View to the Love of God," in *Simone Weil Reader*, ed. George A. Panichas(New York: McKay, 1977), 49

이 깊어집니다. 시편 기도는 그렇게 성숙하기 위한 결정적인 훈련 방법의 하나입니다. 이렇게 성숙하기 위해 최선을 다해 집중하는 금욕주의 신학을 통해 배운 대로 기도하고 공덕을 쌓는 데에 관심을 기울입니다. 즉, 하나님의 사랑에 의지적으로 응답하기 위해 훈련하고, 노력하고, 자신을 통제하는 것입니다. 우리 중 많은 사람은 금욕주의 신학과 은혜의 개념 사이에서 조화를 이루지 못하지만, 그럼에도 불구하고 시편 기자는 "우리를 끌어 그물에 걸리게 하시며 어려운 짐을 우리 허리에 매어 두셨으며"(11절)라고 기도합니다. 여기서 추측해 볼 수 있는 것은 행위로 하나님의 은혜를 입는다고 믿었던 펠라기우스주의 이단과는 구별되는 선행 은총, 즉 선한 행위 이전에 하나님의 은혜가 있었다는 신앙이 필요합니다. 우리는 기도하고 공동체를 만들어야겠다는 부담을 느끼게 됩니다. 이런 부담은 육체적 운동이 우리 몸을 건강하게 하는 것처럼 우리의 영적 성장에 필수적입니다.

그래서 시편 기자는 우리가 영적으로 성숙하도록 초대하면서, 동시에 우리가 스스로 기도를 통해 성취해내야만 한다는 어려운 개념을 제시합니다. 매일 운동하는 것과 마찬가지로, 매일 기도하는 것은 그 보상이 엄청납니다. 시편 기자는 "하나님이 실로 들으셨음이여 내 기도 소리에 귀를 기울이셨도다"(19절)라고 설명합니다. 금욕주의 신학에서 그리스도인들은 '정화하기,' '조명하기,' '연합하기'의 3단계를 통해 기도하며 성숙해집니다. 하늘에 계신 하나님 아버지께서 완전하신 것과 같이 우리도 또한 완전해지는 것이 목표였습니다. 정화하기는 참회와 금욕을 통해 몸을 죄로부터 해방시키는 것을 의미합니다. 시편 기자는 "사람들이 우리 머리를 타고 가게 하셨나이다 우리가 불과 물을 통과하였더니 주께서 우리를 끌어내사 풍부한 곳에 들이셨나이다"(12절)를 첫 번째 단계인 '정화하기'의 예로 제시합니다. 두 번째 단계인 '조명하기'에서는 하나님의 사랑을 깨닫고 발전시켜 기도하고 그리스도를 닮아가는 것을 통해 내적인 덕을 형성합니다. 시편 기자는 '주께서 우리를 끌어내사 풍부한 곳에 들이셨나이다'(12b절)라고 기도하는데, 이는 우리가 하나님의 사랑에 더 가까이 다가가는 능력과 시야를 가지게 되었다는 자유와 깨달음의 표징이라 할 수 있습니다. 마지막 단계인 '연합하기'는 하나님의 임재가 습관이 되는 단계를 말합니다. 이 단계에서 우리 인간은 신실하게 하나님과 연합해 행동합니다. 시편 기자는 "하나님을 찬송하리로다 그가 내 기도를 물리치지 아니하시고 그의 인자하심을 내게서 거두지도 아니하셨도다"(20절)라고 기도합니다.

이 마지막 단계에서 우리는 하나님 안에서 살아가는 황홀경을 반영하는 신비주의적인 신학을 발견할 수 있습니다. 신비주의 신학에 대해서는 위-디오니시우스(Pseudo-Dionysius)나 십자가의 요한 같은 저자의 작품을 읽으면 좋습니다. 이런 기독교 신비주의자들에 따르면, 하나님은 소수의 몇몇 사람들에게 하나님 자신과 연합하도록 하셔서 빛과 사랑으로 넘쳐 나는 입에 올리기도 황송한 특권을 누리게 하십니다. 그 누구도 자신의 공로로 이런 신비로운 현상이 나타나도록 할 수 없으며, 하나님은 당신의 선하심으로 금욕주의자들의 몸과 영혼이 하나님의 임재를 위한 거처가 되게 하십니다. 즉, 그리스도인 제자는 하나님과 연합하는 기적을 경험할 수 있게 됩니다. 다르게 설명하면, 당신은 충분히 성숙해서 선물로 주시는 하나님의 사랑을 향해 나아가야 하는데, 그 성숙해지고 하나님께 나아가는 것조차도 하나님의 선물이라는 뜻입니다.

목회적 관점

시편 66편은 하나님의 신실하심을 기억하고, 제물을 드리고, 한 예배자가 듣는 모든 사람에게 간증을 하는 예배가 되도록 인도합니다.

오늘의 본문에서 생략된 시편 66편의 처음 일곱 구절은 출애굽이 떠오르게 합니다. 11~12절에서 시편 기자는 포로 생활에 대한 선지자들의 묘사를 연상하게 하는 언어를 사용함으로 시험과 시련의 시기에 관해 이야기합니다. 시련 속에서도 하나님은 신실하심을 보여주셨습니다. 시편 기자는 이와 같은 하나님의 역사를 다시 이야기하며, 하나님의 신실하심을 노래합니다.

이처럼 회중이 찬양하는 한가운데 "내가 번제물을 가지고 주의 집에 들어가서 나의 서원을 주께 갚으리니"(13절)라고 선언하는 독창 소리가 크게 들려옵니다. 결론적으로 하나님의 신실하심에 대한 감사는 제물을 가져오지만, 시편 전체를 주의 깊게 살펴보면 제단 위에 놓인 제물 이상의 것이 포함되어 있음을 알 수 있습니다. 오래된 하나님의 사람들에 관한 이야기 속에 드러난 '하나님의 신실하심'이라는 렌즈를 통해 독창자는 자신의 삶을 해석합니다. 하나님께서 이전에도 하나님의 백성의 필요에 응답하셨던 것처럼, 하나님은 이제 '내 기도 소리에 귀를 기울이셨습니다'(19절). 하나님께서 들으셨기 때문에 시편 기자는 제단 위에 제물을 드리는 것에 더해 하나님께서 행하신 일을 간증하게 됩니다.

이 본문을 공부한 한 학생은 '감사의 전례를 통해 기도 응답을 체험하는 간단한 공식 문구 이야기, 즉 내가 주께 부르짖었더니 주께서 내 기도를 들어주셨다'라는 이야기를 통해 하나님의 신실하심을 증언하고 있다고 기록했습니다.* '공식 문구'라 하더라도 아마, 혼자만 간직하고 있을 수는 없어 터져 나온 간증일 것입니다. "하나님을 두려워하는 너희들아 다 와서 들으라 하나님이 나의 영혼을 위하여 행하신 일을 내가 선포하리로다"(16절).

간증과 관련해 어떤 사람들은 '저는 제 신앙에 관해 이야기하는 것을 좋아하지 않습니다. 저는 제 삶의 행함을 통해 말합니다'라고 합니다. 복음을 실천하고 우리의 믿음이 행함으로 드러나는 것은 신실한 일이지만, 내레이터도 없이 우리 삶의 패턴을 간증하는 형식은 우리의 행함을 과신하는 것으로 볼 수 있습니다. 시편 기자는 이렇게 말할 수밖에 없었습니다. "하나님을 두려워하는 너희들아 다 와서 들으라"(16a절).

시편 기자는 왜 간증해야 했을까요? 이미 그는 번제, 수양의 제물, 황소와 염소의 제물을 하나님께 드렸습니다. 간증이 중요한 이유는 무엇일까요? 간증은 더 큰 목적을 위해 '하나님께서 내 기도 소리에 귀를 기울이셨다'(19절)는 것을 드러냅니다. 하나님께서 '나를 위

* James L. Mays, *Psalms*, Interpretation series(Louisville, KY: Westminster John Knox Press, 1994), 223.

해' 행하신 일이 한 차례 배를 채우기 위해서만은 아닙니다. 하나님의 은혜와 신실하심은 모두를 위한 은혜와 신실하심입니다. 하나님께서 우리를 '살려 두신 것'(9절)은 단순히 우리 자신만을 위해서가 아닙니다. 하나님께서 세상을 사랑하시기 때문입니다. 테렌스 프레다임은 출애굽에 대해, "이스라엘을 이끌어 내신 것은 궁극적으로는 모든 피조물을 위한 것이다. …하나님의 문제는 하나님의 이름을 이스라엘만 알도록 하시는 것이 아니라 온 땅에 선포하도록 하시는 것이다. 이 사건에서 하나님은 창조세계 전체를 목적으로 두신다"* 라고 주석했습니다. 하나님은 창조세계 전체를 구속하시기 위해 이스라엘을 향한 신실하심을 드러내십니다. 이와 동일하게, 시편 기자를 향해서는 기름진 제물 때문이 아니라, 창조세계 전체를 구속하기 위해 당신의 신실하심을 나타내시고 이를 간증하게 하신다고 결론지을 수 있습니다. 이 시편은 예배하는 공동체가 예배자의 '내적' 경험에 제한되지 않고, 성소 스테인드 글라스를 통해 '하나님을 경외하는 모든 사람'을 바라보도록 부르셨다는 것을 기억하게 합니다. 왜냐하면 그들도 또한 하나님의 사랑의 대상이기 때문입니다.

우리는 잘 알지도 못하는 세상을 향해 간증의 목소리를 높이기 전에, 듣게 하실 하나님께 간증을 맡겨드려야 합니다. 시편의 아이러니는 '하나님이 실로 들으셨기' 때문에 시편 기자가 말하게 됐다는 것입니다(19절). 시편 기자는 들을 모든 자에게 자신이 들었던 모든 것에 대해 '내가 선포하리로다'(16절)라고 말합니다. 화자는 시편 기자이며, 모든 사람이 이 시편 기자의 말에 귀를 기울이고 있습니다. 시편 기자입니다. 물론, 간증은 말하는 것이지만 시편 기자는 하나님께로서 들으셨기 때문에 말합니다. 하나님께서 겸손히 듣기로 선택하신 것처럼, 우리도 겸손하게 먼저는 듣고 그 후에 간증해야 합니다.

간증은 하나님께서 행하신 일에 대한 말에만 국한되지 않습니다. 간증은 하나님께서 행하신 일로 인해 형성되는 것을 말합니다. 간증은 우리가 하나님 안에서 경험했거나 알게 된 것을 다른 사람에게도 정직하고 겸손하게 들려주거나 경험하게 해주기 위한 언어라고 할 수 있습니다. 이 시편 기자의 경우에 간증은 반드시 귀로 들어야만 하는 말입니다.

그리스도교 예배와 윤리에서 간증의 역할과 실천에 관한 관심은 점점 커지고 있습니다. 톰 롱은 우리의 이야기를 전하는 실천이 우리 자신의 신앙을 이해하는 수단이 된다고 주장합니다. 간증은 단순히 우리가 이미 믿는 것을 말하는 것이 아니라, 우리가 진리임에 틀림없다고 믿게 되는 수단이 되기도 합니다.** 이는 시편 66편에 더 잘 드러납니다. 하나님은 간증을 통해 당신의 신실하심이 우리에게만 국한되지는 않는다는 것을 말씀하십니다. 하나님은 성소 안에 있는 사람에게만 국한하지 않고, 창조세계 전체를 구속적 사랑의 대상으로 삼으십니다.

* Terence Fretheim, *Exodus*, Interpretation series(Louisville, KY: Westminster John Knox Press, 1991), 13.

** Thomas G. Long, *Testimony*(San Francisco: Josse-Bass, 2004), 6.

그렇기에 신앙의 사람들이 간증할 때는 반드시 신실하게 말해야 합니다. 우리의 간증은 하나님께서 우리의 말을 겸손히 들어주시는 은혜로운 선택을 표현할 수 있어야 합니다. 그러므로 우리는 말하는 것만큼이나 듣는 데 많은 시간을 할애해야 합니다. 이런 방식으로 간증하는 것은 단순히 이웃에 대한 존경심을 나타내는 것 이상의 의미를 지니며, 이웃을 사랑하시는 하나님의 사랑에 대한 우리의 신뢰를 나타냅니다. 우리의 간증이 창조세계 전체를 아우르는 거룩한 사랑을 보여주지 못한다면, 그것은 우리의 간증을 들으시는 하나님께 진정으로 신실한 간증은 아닐 것입니다.

주석적 관점

이 시편은 두 번째 주요 시편 모음집(시 42-72편), 즉 하나님의 이름으로 엘로힘을 사용하는 소위 말하는 엘로힘 시편에 속합니다. 각각 네 개의 문학 단락들은 개별 감사 시편의 전형적인 요소들을 담고 있습니다. 첫 번째 단락(8-12절)은 감사와 찬양의 도입부(8절)와 고난의 상황에 대한 하나님의 구원을 묘사하는(9-12절) 두 개의 전형적인 요소로 구성되어 있습니다. 두 번째 단락(13-15절)에는 감사의 제사를 드리고, 세 번째 단락(16-19절)에서는 하나님을 구원자로 고백합니다. 네 번째 단락(20절)에서는 전통적인 찬송의 요소로 마무리됩니다. 형식이 혼합되어 있기는 하지만, 8~12절에서는 '우리'와 '우리의'를 정기적으로 사용해 공동체 감사 시편이라는 것을 연상케 합니다.

8~12절에 복수형을 사용하는 것은 전례를 위해 찬양대와 악기 연주자들이 모여있는 상황을 암시합니다. 9~12절에는 찬양하는 이유를 말해줍니다. 9절에서 언급한 '살려 두시고'는 계속해서 10~12절의 언어를 통해 그 심각한 고난의 본질을 잘 드러내기 위한 것입니다. 10절에 '시험하시되'와 '단련하시기를'이라는 표현에는 고난의 힘겨운 모습이 분명하게 드러납니다. 이런 언어는 야금술의 이미지를 표현한 것으로 볼 수 있는데, 이런 표현을 통해 흔히들 종교적 경험의 차원을 표현합니다. 여호와께서는 인간들을 눈여겨보시며, 그 마음을 시험하십니다(시 7:9, 17:3, 잠 17:3, 렘 12:3). "그의 안목이 그들을 감찰하시도다 여호와는 의인을 감찰하시고 악인을 미워하시도다"(시 11:4-5).

본질적인 이미지는 불순물을 제거하고 정제하는 것, 즉 형식에 얽매인 감춰진 것을 제거하는 것입니다. 스가랴 13:9은 백성과 지도자들의 3분의 2가 칼로 멸망하는 재앙을 묘사합니다. 여호와는 남아 있는 3분의 1도 '은같이 연단하며 금같이 시험할 것이라'고 말씀하십니다. 여기에 사용된 히브리어 동사 '짜라프'는 지식을 얻거나 이해하기 위한 수단으로 시험받고 유혹받는 개념을 내포합니다.* 그 결과 여호와는 '이는 내 백성이라'라고 선포하시고, 백성들은 '여호와는 내 하나님이시라'고 깨달아 선포합니다. 아마 이런 경우, 일상생활에서 물질의 덫이 슬그머니 다가오는 움직임을 암시하는 것일 수 있습니다.

주석가들은 '불'과 '물'이 다양한 것들을 대표

* G. Botterweck and H. Ringgren, eds., *Theological Dictionalry of the Old Testament*(Grand Rapids: Eerdmans, 1977), 2:70.

하고 있다고 설명합니다(시 66:12). 이 또한 야금술의 이미지와 관련이 있고, 더 나아가 지금은 사라진 오래된 내러티브 전승에서 잘 알려진 모티브를 반영한 것일 수도 있습니다. 이는 죄인을 판별하기 위한 시험의 관행을 암시한 것일 수도 있습니다. 더 단순하게는 두 부분(여기서는 '불'과 '물')을 제유(提喩)*의 하나로 '포괄적인 전체'를 표현한 것일 수 있습니다. 즉, '불'과 '물'은 '고난의 시험 전체'를 암시하기 위해 사용했을 수 있습니다. 비록 증거가 부족해 정확한 판단을 내리기는 어렵지만, '극단적인 고난'의 성격을 강조하고 있음은 확실합니다.

백성을 인도해 들어가게 하신 '풍부한 곳'(12절)은 가나안, 즉 해방과 자유의 땅을 암시하는 곳일 수 있습니다. 특별히 6절에 출애굽과 요단강을 건너는 것을 암시한 구절과 함께 읽으면 더 명확해집니다. 12절에 '풍부한'을 나타내는 히브리어를 다른 몇몇 고대 버전들에서는 '충만하도록' 혹은 '자유롭도록'으로 읽었습니다. 영어 흠정역(KJV)도 마찬가지로 '부유한 곳으로', 즉 땅을 가리키는 것으로 읽었습니다(참조. 신 26:5-9). 이 구절이 만약 광야 전승을 기반으로 예배의 상황을 배경으로 한다면, 단순히 과거의 사건을 기념하는 것은 아닙니다. 확실히 6절은 '그들'과 '우리'를 결합하고, 과거와 현재가 연합해 영원히 나타나는 실체를 상징합니다. 이 시편은 현재의 경험을 통해 예배자를 성소로 인도하고 회중을 찬양으로 이끌면서도, 과거의 관점을 효과적으로 표현하고 있습니다.

예배자가 희생 제사를 선포한 것은(13-20절) 서원 이행에 대한 공식적인 전례를 선포한 것으로 볼 수 있으며, 1인칭 단수로 바뀐 것이 그 특징입니다. 이것은 왕이나 전례 인도자가 한 말인지 아니면 희생을 바치는 개인이 한 말인지는 알 수 없습니다. '내 환난 때에 내 입이 말한 것이니이다'(14절, 참조. 17절)라는 무서운 상황 가운데 처했을 때 서원하며 간구하는 일반적인 인간의 경험을 반영합니다(시 22:19-22, 25; 61:8; 욘 2:2, 9). 이 시편은 극심한 고난으로부터 구원받은 것을 기념하기 위해 번제의 희생제물을 드리는데, 번제는 예배자가 먹을 것을 하나도 남기지 않고 제물 전체를 온전히 하나님께 드리는 제사입니다.

예배자가 '죄악을 품었더라면'(18절) 하나님께서 그 간구를 듣지 않으셨을 것이라는 진술은 간구자가 무죄를 선포하는 애가 시편에 나오는 표현과 유사합니다(시 7:4-6; 17:3-5; 18:21; 참조. 욥 31장). 또한 시편 32편(특히 6-7절)은 같은 참회 시편에 비춰볼 때 가장 잘 이해할 수 있습니다. 예배자의 결백은 가혹한 시련을 통해 부분적으로 이뤄집니다. 그 시련 자체로 개인의 가치관을 재조정하는 것은 마치 은금을 정련하는 이미지와 조화를 이룹니다.

이 시편은 하나님의 관점에서 이해하며 구원을 축하합니다. 시편의 문학적인 맥락에서 볼 때, 도입부에 해당하는 1~7절은 출애굽 사건과 요단강을 건너 가나안으로 들어가는 장면을 언급하고 있습니다. 1~7절의 어조는 시편의 공동체가 '나라들 가운데'(7절) 하나님의 '원수들'(3절)과 '거역하는 자들'(7절)에 맞서 싸우고 있습니다. 1~4절의 보편주의는 단순

* 역자주: 일부로써 전체를, 특수로써 일반을 나타내는 표현법, 또는 그 반대를 뜻하기도 하는 수사학 용어

히 이스라엘의 복지를 말하는 것이 아니라, 굉장히 광대하게 해석할 수 있는 인간의 상태에 관심을 보여줍니다.

공동체적 차원과 개인적 차원을 결합한 것은 고대 이스라엘의 예배가 개인의 경험과 공동체의 경험 모두에 깊이 뿌리내리고 있다는 것을 반영합니다. 공동체는 전승을 간직하고 개인이 지각하는 것을 날카롭게 할 수 있도록 공동의 장을 마련해줍니다. 이 시편은 극복할 수 없을 것만 같은 역경을 이겨내고 살아남은 기적을 기념하고, 반드시 공유할 필요가 있는 이야기의 감동을 간직하게 합니다.

설교적 관점

그리스도교 수도사 토마스 머튼은 시편을 내적 경험의 지도로 읽으라고 촉구합니다. '시편이 묘사하지 않는 내면의 삶의 형태나 종교적 경험의 종류나(인간 존재의) 영적 필요는 없습니다.'*

이스라엘 자손들은 광야 땅을 걷고, 영적인 광야를 걸으며 외적으로, 내적으로 영적 여정을 떠났습니다. "하나님이여 주께서 우리를 시험하시되 우리를 단련하시기를 은을 단련함 같이 하셨으며… 우리가 불과 물을 통과하였더니 주께서 우리를 끌어내사 풍부한 곳에 들이셨나이다"(10, 12절)

환란을 넘어, 즉 모든 것을 포기하고, 굴복하고, 내어준 후에 그들의 속내를 드러내고 이스라엘 자손은 약속의 땅까지 도달하게 됩니다. 우리는 약속의 땅을 부동산처럼 생각하기 마련입니다. 만약, 젖과 꿀이 흐르는 땅이 지리적인 목적 이상의 깊은 뜻을 가지고 있다면 어떨까요? 만약, 약속의 땅이 물리적인 위치뿐만 아니라 내면의 깨달음이라면 어떨까요? 만약, 약속의 땅을 안전, 보장, 평화를 경험하는 내면의 공간으로 이해한다면 어떨까요? 만약, 광야가 삶에서 메마르고, 외롭고, 갈등을 겪는 내적인 경험이라면 어떨까요? 광야를 경험하며 때로 숨쉬기조차 어려울 때가 찾아올 수 있습니다.

광야와 약속의 땅이 만약 우리 안에 있는 의식의 상태라면 어떨까요?

삶은 쉽지 않습니다. 현대 무용의 대부인 고마사 그레이엄은 '모든 사람이 하나님의 운동선수'라고 말했습니다. 일찍, 혹은 나중의 차이는 있을 수 있지만, 삶은 모든 인간이 영적 운동선수가 될 것을 요구합니다. 뛰어넘어야 할 장애물과 헤엄쳐야 할 바다와 등반해야 할 산이 있습니다. 때로 우리는 성공할 수 없으리라고 생각합니다. 때로 우리 안에 그런 능력이 없는 것 같습니다. 영적 운동선수는 우리 자신의 내면을 들여다보고, 우리가 가지고 있는지도 몰랐던 자원을 발견해야 합니다.

광야에서 길을 잃었다고 느낄 때, 우리는 그것이 약속의 땅으로 들어가기 위한 준비 과정이라는 것을 제대로 이해해야 합니다. 길을 잃었을 때 우리는 발견될 것을 기대합니다. 광야에서의 삶은 우리 내면을 들여다보고 우리가 몰랐던 내재 된 자원을 발견하도록 요구합니다.

때로 삶이 힘들고 불가능해 보일 때, 우리는 하나님께 서원합니다. "오 하나님! 저를 이 위기에서 벗어나도록 해주신다면, 당신이 원하시는 일을 하고, 당신이 원하는 사람이 되겠습

* Thomas Merton, *Praying The Psalms*(Collegeville, MN: Liturgical Press, 1956), 44.

니다. 오 하나님! 저를 여기서 벗어나게 해주신다면, 저는 당신께 보답하겠습니다. 살찐 제물을 바치겠습니다. 풍성한 희생 제사를 드리겠습니다."

일이 잘못되자마자 하나님과 거래해서 그 상황을 벗어나고자 하는 것은 인간의 오래된 성향입니다. 인생의 밑바닥으로 내려갈 때 우리는 하나님과 흥정하기 위해 애원하고 간청합니다. 하지만 폭풍이 지나가고 기억이 희미해지면 우리는 그 서원을 잊어버립니다.

"내가 번제물을 가지고 주의 집에 들어가서 나의 서원을 주께 갚으리니 이는 내 입술이 낸 것이요 내 환난 때에 내 입이 말한 것이니이다"(13-14절). 시편 기자는 삶이 힘들고 불가능해 보였던 시절을 잊지 않았습니다. 시편 기자는 이런 기억상실증에 대해 아무것도 모릅니다. "내가 나의 입으로 그에게 부르짖으며 나의 혀로 높이 찬송하였도다 내가 나의 마음에 죄악을 품었더라면 주께서 듣지 아니하시리라"(17-18절).

시편 기자는 혀나 입술이 아니라 마음에서 우러나오는 기도를 드렸습니다. 진심으로 드리는 기도, 마음에서 우러나오는 기도가 우리가 어떤 어려움에 부닥치더라도 구원을 받을 수 있다고 보장해 주지는 않습니다. "우리를 끌어 그물에 걸리게 하시며 어려운 짐을 우리 허리에 매어 두셨으며 사람들이 우리 머리를 타고 가게 하셨나이다 우리가 불과 물을 통과하였더니"(11-12절).

거룩하게 임재하시며 고통을 멀리서만 지켜보겠다고 약속하시는 것은 아닙니다. 오히려 거룩하신 분은 우리가 더 넓어질 수 있도록 우리를 시험하십니다. 성령은 어디서나 임재하시기에 우리의 시험 가운데 영원한 회복력을 나타내십니다. 이것은 우리의 외부 상황을 바꾸는 강압적인 임재는 아닙니다. 하나님은 우리를 설득하시며 임재하시기 때문에 우리에게 어떤 일이 일어나더라도 우리는 혼자가 아니라는 것을 알 수 있습니다. 입으로만 말하는 것이 진정한 기도의 행위는 아닙니다. 그러나 우리가 힘든 시기에 하나님께서 임재하시기를 기도하기만 하면, 즉 영원한 하나님의 품에 안기기를 갈망한다면, 우리는 '진정으로 하나님께서 들으셨다'는 것을 마음속으로 알 수 있을 것입니다.

목회하는 목회자들은 드물지 않게 고통스럽고 어려운 광야에서 길을 찾아 헤매는 사람들을 마주하게 됩니다. 사람들은 답을 찾기 위해 목회자를 찾아옵니다. 시편 기자는 우리가 등에 짐을 지고 벗어날 수 없는 물과 불을 통과해야 한다는 것을 기억나게 합니다.

이 모든 것을 통해 하나님은 멀리서가 아니라 내면에서 우리의 말을 들어주십니다. 언제나 우리 자신보다 우리를 더 잘 아시는 존재가 우리의 내면에서 우리를 경청하고 계십니다. 우리가 이 임재를 깨달으면 마음이 넓어지고, 내면의 넓은 공간에서 우리는 언제나 '듣고 계시는 분'이 계심을 알게 됩니다. 우리를 있는 그대로 받아주시는 그 임재는 흉내 낼 수도 없는 것이며, 그분의 임재는 우리를 자유롭게 합니다.

이것이 아마 시편 기자가 축복으로 결론을 맺는 이유일 것입니다. '하나님을 송축하라. 여호와는 내 기도를 거절치 않으시며, 나에게서 그 신성한 사랑을 거두지 않으시도다'(저자의 표현).

이런 관점에서 볼 때 시편 66편은 이스라엘 백성들이 포로에서 해방된 것에 대한 감사의 기도만은 아닙니다. 이 시편은 우리가 무엇을 경험하든 하나님은 인내로 경청하며 임재하는 분이시라는 것을 기억나게 하십니다. 하나님은 우리를 광야에서 약속의 땅으로 인도해 주실 수 있는 능력의 하나님이십니다.

부활절 여섯째 주일

베드로전서 3:13~22

13 또 너희가 열심으로 선을 행하면 누가 너희를 해하리요
14 그러나 의를 위하여 고난을 받으면 복 있는 자니 그들이 두려워하는 것
을 두려워하지 말며 근심하지 말고
15 너희 마음에 그리스도를 주로 삼아 거룩하게 하고 너희 속에 있는 소망
에 관한 이유를 묻는 자에게는 대답할 것을 항상 준비하되 온유와 두려
움으로 하고
16 선한 양심을 가지라 이는 그리스도 안에 있는 너희의 선행을 욕하는 자
들로 그 비방하는 일에 부끄러움을 당하게 하려 함이라
17 선을 행함으로 고난받는 것이 하나님의 뜻일진대 악을 행함으로 고난
받는 것보다 나으니라
18 그리스도께서도 단번에 죄를 위하여 죽으사 의인으로서 불의한 자를
대신하셨으니 이는 우리를 하나님 앞으로 인도하려 하심이라 육체로
는 죽임을 당하시고 영으로는 살리심을 받으셨으니
19 그가 또한 영으로 가서 옥에 있는 영들에게 선포하시니라
20 그들은 전에 노아의 날 방주를 준비할 동안 하나님이 오래 참고 기다리
실 때에 복종하지 아니하던 자들이라 방주에서 물로 말미암아 구원을
얻은 자가 몇 명뿐이니 겨우 여덟 명이라
21 물은 예수 그리스도께서 부활하심으로 말미암아 이제 너희를 구원하
는 표니 곧 세례라 이는 육체의 더러운 것을 제하여 버림이 아니요 하
나님을 향한 선한 양심의 간구니라
22 그는 하늘에 오르사 하나님 우편에 계시니 천사들과 권세들과 능력들
이 그에게 복종하느니라

신학적 관점

베드로전서의 저자는 박해에 직면해 있거나 곧 직면하게 될 사람들에게 편지를 쓰고 있습니다. 사도 베드로가 실루아노(Silvanus)의 도움을 받아 이 편지를 썼다면(5:12, 이 편지가 세련된 그리스어를 사용했음을 설명해 줌), 주후 64년에 시작된 네로의 박해 이전에 쓴 것임이 틀림없습니다. 베드로가 황제에게 충성하라고 권고한 이유(2:13-17)는 다가올 박해를 피하기 위한 것으로 볼 수 있습니다. 반면에 일부 학자들이 주장하는 것처럼 베드로의 사상을 잘 아는 저자가 1세기 말에 편지를 썼다면, 편지의 수신자들은 이미 제국 전역의 박해를 경험했거나 자발적으로 지역적인 박해를 받았을 가능성이 큽니다. 저자가 누구이고, 언제 기록했는지와 상관없이, 이 편지는 신앙인들이 현재 겪고 있거나 앞으로 겪게 될 고난과 핍박에 맞서 신앙을 굳건히 지키도록 권면하려는 저자의 의도를 잘 나타냅니다. 그래서 제국으로부터 억압당하는 사람들은 그리스도를 본받아 박해에 대응하도록 격려받을 수 있을 것입니다. 저자는 시련과 환란의 한가운데서도 정체성을 바로 세우도록 신학을 구축합니다.

그리스도인은 나무랄 데 없는 정의로운 삶을 살도록 부름을 받았습니다. 파멸을 원하는 사람들에 대항하기 위해 그렇게 사는 것이 최선의 방어책이었을 것입니다. 정의롭게 살며 박해를 막아내지 못하더라도, 정의를 위해 그렇게 살아야 합니다. 그런 삶으로 자신의 생활 방식을 비방하는 사람들을 부끄럽게 하고, 왜 그리스도인으로 남아 있는지에 관한 질문에 정중하게 대답해야 합니다. 신앙인들이 그리스도를 모범으로 삼아 살아야 합니다. 악한 것이나 잘못이 없으신 그분은 다가오는 홍수 전에 노아의 경고를 듣지 않는 옥(지옥?, 19절)에 있는 사람들을 위해서도, 인류를 하나님께 돌아오게 하기 위해 십자가의 고난을 당하셨습니다.

그리스도와 신앙인들의 동일시를 강조하는 신학을 이해하려면 오늘날 제국으로부터 계속 고난과 박해를 당하는 사람이 누구인지를 알아야 합니다. 십자가에서 고난당하신 그리스도를 순종하고 따르는 것은 그분의 고난에 동참하는 것입니다. 이것은 그리스도를 따르는 삶이 가져올 결과에 대해 일반적으로 설교하는 것과는 근본적으로 다른 메시지입니다. 많은 사람에게 그리스도인이 된다는 것은, 고난의 삶이 아니라 세상에서 보상을 받는 삶이기에 그렇습니다. 번영의 신학, 즉 그리스도인들이 물질적으로 보상받고 건강의 복을 받게 될 것이라는 신학과 베드로전서의 저자가 그리스도인의 표준으로 제시하는 주장이 모순됩니다. 베드로전서의 저자는 신앙인들이 고난과 핍박을 피할 수 없을 것이라고 주장하기 때문입니다. 번영의 신학은 지구적 억압 구조가 만들어낸 부의 한 집단으로 '하나님의 복'이라고 정의하는 생활 방식을 종교적으로 정당화해 줍니다.

번영의 신학을 고수하는 어떤 사람들은 다른 사람들에게 특정 신앙을 강요하려는 그리스도인의 생활 방식에 대중들이 부정적인 반응을 보이면, 이를 '고난' 또는 '핍박'이라고 해석합니다. 이 구절이 강경한 복음주의 전술에 대해 공동체적으로 반대하기 위해 설명하려는 것은 아닙니다. 마찬가지로, 오늘날 우리가 그리스도를 따르고 순종하는 것은 현시대의 제국과 분리되어 사는 것이라 할 수 있습니다. 소수의 산업화된 서구 국가들(주로 유럽 중심적이며 자칭 그리스도인)이 세계 자원의 대부분을 사용하고 남용하기 위해 제3세계에 빈곤을 초래하는 신자유주의 세계화에 대해 많은 그리스도인은 의문을 제기하고 복종하기를 거부합니다. 이는 지배적인 문화에 대해 적대감을 불러일으키고, 복음의 해방 메시지를 반영하기 위해 이런 구조를 근본적으로 개혁하려 한다면 당연히 박해를 받게 될 것입니다.

역설적이게도, 오늘날 기독교 신앙을 가지고 있다고 주장하는 많은 사람은 자신의 부, 특권, 권력을 유지하고 보존하기 위한 수단으로 전 세계 대다수인 비유럽인들을 억압하고 있습니다. 기독교와 제국이 통합한 것은 콘스탄틴(주후 313년)으로 거슬러 올라갑니다. 그리스도께 순종한다고 고백하는 선진국 사람들은, 자신들을 베드로전서가 서술하는 박해받는 교회에 일치시키기보다 교회를 박해하는 박해자들과 더 일치시키고 있습니다. 이런 역할이 뒤바뀐 역설로 인해, 그리스도께 충성하겠다고 고백하지 않는 사람들이 스스로 신앙인이라고 부르는 사람들보다 오히려 더 '기독교인'인 경우가 많습니다.

예를 들면, 아메리카 대륙의 '야만적인 이교도'를 선교적으로 정복하는 과정에서 발생한 사건이 그렇습니다. 기독교인은 아니었지만 카리브해 섬의 원주민들은 기독교 정복자들의 손에 잔인하게 고통당해야 했습니다. 하투에이(Hatuey)라는 이름의 카시크(족장) 중 한 명은 침략하는 기독교 식민지 개척자들에게 저항하기 위해 느슨한 인디언 연합을 만들었고, 3개월 동안 스페인 군에 맞서 게릴라전을 펼쳤습니다. 1511년 배신한 족장을 체포하고 섬을 진정시키기 위한 군사 원정이 진행됐습니다. 체포된 하투에이는 다른 사람들의 본보기로 사형을 선고받았습니다. 하투에이가 화형을 앞두고 있을 때 한 프란체스코회 수도사가 천국의 약속과 지옥의 위협을 앞세워 그를 기독교 신앙으로 개종시키려고 시도했습니다. 하투에이는 수도사에게 기독교인이 천국에 가는지 물었다고 합니다. 수도사는 그렇다고 대답했고, 사형수 하투에이는 그런 잔인한 사람들을 봐야 하는 천국이라면 가고 싶지 않다고 반박했습니다.

기독교 정복자들과 선교사들은 진정으로 야만적인 이교도였습니다. 하투에이 당시나 지금이나 제국에 저항하는 비기독교인이 오히려 진정한 '기독교인'에 가까울 수 있습니다. 그들은 베드로전서를 읽은 적은 없지만 의로운 삶을 살기 위해 핍박을 받았습니다. 그리고 자신의 신념에 대한 질문을 받았을 때, 그들은 멸망당하는 자신들을 악용하는 사람들을 부끄럽게 만들었습니다. 정체성의 신학(atheology of identity)은 기독교가 자신들의 신앙이라고 주장하는 사람들을 향해 베드로전서의 저자가 말하는 제국과 공통점이 있는지, 아니면 제국으로부터 희생당한 초기 기독교 교회나 오늘날의 하투에이와 공통점이 있는지 자신의 신앙을 점검하게 합니다.

목회적 관점

언뜻 보면 이 본문은 비현실적인 기준으로 우리를 부르고 있는 것 같습니다. '너희를 해치려는 자들을 두려워하지 말라.' '정말로 화내지 말라고요?' 지적으로 판단하면 이 기준을 이해하는 것은 어렵습니다. 실제 상황이 닥쳤을 때, 이 기준대로 사는 것이 가능할까요? 물론 예수님은 그렇게 사셨습니다. 그렇지만 이 본문의 요점은 예수님과 독자들 사이에 거리를 두는 것이 아니라, 그 정반대로 예수님처럼 살기 위해 예수님에게 가까워지라는 것입니다. 물론 우리는 경멸, 비웃음, 폭력, 오해가 가득했던 예수님의 삶을 실제로 살고 싶지는 않을 수도 있습니다. 그렇지만 예수님이 하나님의 사랑의 본질을 가장 완전하게 계시해 주셨다고 믿는다면, 그 사랑을 우리 삶에 실현하기 위해 우리는 예수님 외에 그 누구도 모델로 바라볼 수는 없습니다. 그렇다면, 오직 예수님을 제외하고는 그 누구도 도달할 수 없는 엄격한 기준 앞에 쉽게 포기해버리고 싶을 때, 이 본문은 예수님처럼 사는 삶에 가까이 다가가도록 우리를 어떻게 성장시킬까요?

먼저는 세례에 대해 논의하는 본문의 끝부분을 살펴볼 필요가 있습니다. 예수님처럼 사는 삶에 가까워지는 과정 중 첫 번째는 세례의 의미를 인식하는 것입니다. 신학적인 면에서 볼 때, 우리가 받는 세례는 다른 무엇보다 하나님께서 우리를 사랑하신다는 개념을 나타내십니다. 우리 각자의 삶에 하나님의 사랑은 먼저 다가옵니다. 우리가 그 사랑을 인식하고 응답하든지 하지 않든지 그 여부에 영향을 받지 않습니다. 하나님은 우리를 사랑하십니다. 우리는 그 사랑을 깨달을 수 있지만, 어떤 사람들은 원하지 않을지도 모릅니다. 또 어떤 사람은 무시하는 쪽을 선택할 수도 있습니다. 우리가 어떻게 응답하든 하나님의 사랑은 영원합니다. 이 등식 관계를 살펴볼 때 중요한 것은 세례의 목적이 회심이 아니라는 것을 이해하는 것입니다. '먼저는 하나님께서 당신을 사랑하셨기 때문에, 당신도 하나님을 사랑해야 합니다.' 세례는 깨닫는 것과 관련이 있습니다. 세례는 우리 자신의 제한된 평가보다 더 넓은 관점의 새로운 렌즈를 통해 우리의 삶을 깨닫도록 초대합니다.

제가 말하고 있는 렌즈는 하나님께서 우리의 본질적이고 영원한 가치를 긍정적으로 보고 계시는 그 렌즈입니다. 예수님은 우리를 위해 기꺼이 죽으실 정도로 우리를 귀하게 보십니다. 이 렌즈를 통해 우리의 삶과 우리의 가치와 우리의 쓸모를 깨닫기 시작한다는 것은 고통의 부산물들이라 할 수 있는 의심을 하고 자기연민에 빠져 학대하는 삶으로부터 자유로워지기 시작하는 것입니다. 더 큰 목적도 없이 단순히 견디기만 해야 하는 고통, 즉 고통의 범위 너머의 더 큰 정체성 때문이 아니면서도 경험해야 하는 고통은 연민, 두려움, 의심만을 낳습니다. 우리가 이런 특별한 대접을 받을 자격이 있다고 생각하든 그렇지 않든, 우리 자신이 하나님의 사랑을 받는 존재라고 인식하기 시작한다면, 영적, 정서적, 지적 지평을 넓힐 수 있습니다. 그리고 지금 여기에서 억압하는 것의 저 너머를 보기 시작할 수 있을 것입니다. 우리는 고통에 사로잡히기보다는 더 큰 목적, 즉 우리를 억압하는 힘보다 더 큰 힘과 연결돼 있다는 것을 깨달음으로써 활력을 되찾을 수 있습니다.

이런 방식은 예수님처럼 다른 뺨을 돌려대고, 우리의 원수를 사랑하고, 우리를 고통스럽게 하는 이들을 사랑하고, 우리를 무너뜨리려는 사람들을 기도로 세워주는 능력에 한층 더 가까이 다가가 성장할 수 있을 것입니다. 이런 방식으로, 아마 그 어떤 것보다 더 효과적으로 우리는 '하나님에 대한 신뢰를 지켜냅니다.' 우리 자신을 가장 잘 지켜낼 수 있는 것은 말이 아니라 행동으로부터 나오기 때문입니다. 이렇게 우리를 억압하는 이들이나 세상에 맞서며 우리는 우리 자신을 온전히 지켜낼 수 있고 하나님에 대한 확신을 드러내게 됩니다. 우리가 하나님을 더 확신하며 행동한다면, 우리는 더 예수님처럼 살아갈 수 있을 것입니다. 예수님도 전 생애를 통해 하나님을 확신하며 사는 모습을 보여주셨습니다.

이 주석은 마지막으로 '불순종한 자들'에 대해 초점을 맞추고자 합니다. 저자는 노아 시대에 지구에 홍수가 날 정도로 하나님의 노여움을 샀던 사람들을 언급하고 있습니다. 물론 넓은 의미에서는 노아 시대의 사람들뿐 아니라 우리가 모두 하나님께 불순종해서는 안 된다는 말씀입니다. 하나님께 '순종하는 것'은 흥미롭고 중요한 개념입니다. '순종하라'는 부르심은 오래전부터 있어 왔으며, 하나님께 순종하지 않았던 아담과 하와에게까지 거슬러 올라갑니다. 그러나 오늘날에는 '순종'이라는 단어를 별로 좋지 않게 평가합니다. 억압적이고 민감하지 못한 것으로 취급됩니다.

히브리어로 '순종한다'는 말은 '자세히 듣다,' '주의 깊게 듣다'라는 뜻입니다. 예를 들어 하나님께서 아담과 하와에게 '순종하라'고 말씀하실 때 하나님은 '내가 시키는 대로 하라'로 말씀하시는 것이 아니라 '내 말을 잘 들으라' 고 말씀하시는 것입니다. 놀라운 것은 '순종'을 뜻하는 그리스어 단어도 또한 '귀를 기울인다'는 동일한 의미를 지니고 있습니다. 예수님의 위대한 점은 그가 하나님의 말씀에 귀를 기울이며 급진적이고 이타적으로 인류를 섬기고 사랑했다는 점입니다. 이 본문에서 '순종'의 개념을 소개할 때 저자는 협박하지 않았습니다. 오히려 하나님의 말씀에 귀 기울이기를 원하고 하나님을 확신하기 원하는 열망을 일깨워 줄 뿐입니다. 우리가 그렇게 할 때, 하나님을 의지하지 않았던 노아 시대의 사람들이 걸어갔던 길로부터 멀어질 수 있습니다. 그들은 너무도 미약하게 하나님을 확신했으며, 최악의 경우, 아예 확신이 없었을 수도 있습니다. 그렇지만 우리에게는 귀 기울여야 할 이야기입니다. 우리는 신뢰하고, 하나님을 확신하고, 다른 사람을 위해 행동할 때 그 이야기는 가장 분명하게 드러날 것입니다. 이렇게 살 때, 우리는 예수님의 삶에 가까워질 것입니다.

주석적 관점

베드로전서 3:8~12은 오늘 본문의 주제를 설정해 줍니다. 이 서신은 부당한 고통의 문제를 다루면서 편지의 수신자에게 악을 악으로 갚지 말라는 것을 기억나게 합니다(9절). 우리는 이 편지의 수신자인 소아시아의 그리스도인들에게 박해의 위협이 얼마나 즉각적으로 임할지는 알 수 없습니다. 외부인으로서의 지위가 거듭 강조되는 것으로 봐서는 그들이 사회적으로 제재를 받거나 심지어 물리적인 폭력을 당하게 될 것을 암시합니다.

선을 행하기 위한 고난(13-17절) 이 단락은 소망을 나타내는 수사학적 질문으로 시작합니다. "당신이 선한 일을 하고자 한다면 누가 당신을 해치겠어요?" 저자 자신의 대답에는 별로 소망이 없었습니다. "글쎄요, 누군가는 그럴지도 모릅니다. 그렇지만 그런 일이 발생한다고 하더라도 당신은 복 받은 사람입니다." 마지막 날에 대한 약속을 받은 것이 복이고(참조. 9절), 어려운 현실에서 확신을 가지는 것도 복입니다(참조. 12절).

14절 하반절에서 16절은 독자들에게 고난의 복을 누리며 사는 방법을 알려줍니다. 해석하기 가장 어려운 명령은 14절 하반절입니다. "그들이 두려워하는 것을 두려워하지 마세요." 이것은 이사야 8:12~13을 70인역에서 인용한 구절입니다. 이 구절에서 하나님은 이사야에게 주변 사람들의 태도와 행동을 따르지 말라고 요구하십니다. 베드로전서는 주변의 어리석은 공동체와 달리 오직 하나님 한 분만을 경외해야 한다고 말합니다. 베드로전서는 하나님 경외를 기독론적으로 해석합니다. '너희 마음에 그리스도를 주로 삼아 거룩하게 하고'(15절)가 곧 하나님을 경외하는 방법입니다.

NRSV에서 명령형으로 번역한 이 구절('준비하세요', '양심을 깨끗이 하세요')은 사실 종속절입니다. 이 종속절은 주절('그리스도를 주님으로 거룩히 모시세요')의 실제 모습을 청중들에게 보여줍니다. 그들은 '준비함으로' 그리고 '양심을 깨끗이 함으로' 그리스도를 거룩히 모시는 것입니다.

NRSV의 15하반절에서 16상반절은 "당신 안에 있는 소망에 대해 설명을 요구하는 사람에게 항상 변호할 준비를 하되, 이를 온유하고 경건하게 하세요"라고 번역합니다. 신앙인들은 악을 행하기 위해서가 아니라 오직 선을 행하기 위해서 부르심을 받았습니다. 이제는 그 정도가 아니라, 더 많은 선을 행하는 그런 고난으로써 응답해야 한다는 것입니다.

이 편지는 권세자 앞에서도 용감하게 변호하라고 격려하는 것일 수 있습니다. 그리고 신앙인들을 비방하고 비하하는 불신앙인들 앞에서 격려하는 것은 분명합니다. 신앙인들은 그들의 소망을 변호합니다. '소망'은 이 공동체가 다가올 하나님의 구속과 심판의 약속 아래 살고 있다는 것을 우리에게 기억하게 해주는 용어입니다.

NRSV는 3:16 하반절을 "당신의 양심을 깨끗이 하세요, 그럼으로 당신이 비방당할 때, 당신을 괴롭히는 자들이… 부끄러움을 당할 것입니다." 베드로전서에서 '부끄러움'은 적대자들이 기분이 나빠진다는 것을 뜻하지 않습니다. 이는 그들이 우리의 친절에 허를 찔려 그들의 사회적 권력을 잃게 된다는 것을 의미합니다. '부끄러움'은 심판 날에 적대자들이 당할 최종적이고, 종말론적인 '부끄러움'을 말하는 것입니다(참조. 2:12; 4:5). 깨끗한 양심에 대해 언급한 것은 신앙인들이 악을 행했기 때문이 아니라 오직 선을 행했어도 고난을 당할 것이라는 주장을 다시 생각나게 합니다(참조. 3:13, 4:17).

그리스도의 고난(18-22절) 베드로전서는 하나님의 뜻에 따라 고난을 받는 것이 무엇을 의미하는지를 설명하며 본문을 마무리합니다. 이어지는 그리스도에 대한 내러티브는 18절 앞에 나오는 훈계의 근거이자 이유이기도 합니다. 다음에서 주장하는 것이 무엇인지 주목하시기를 바랍니다.

> 당신들 신앙인들이 처음으로 고난을 받는 것은 아닙니다. 그리스도께서도 고난을 받으셨습니다.

당신이 불의한 사람들을 위해 처음으로 고난을 받는 것은 아닙니다. 그리스도께서도 그러하셨습니다.

그리스도의 고난이 없었다면, 당신은 결국 의인에 포함되지 못했을 것입니다.

당신이 때때로 신실하게 고난을 받습니다. 그리스도께서도 단번에 모두를 위해(모든 시간의, 모든 사람을 위해) 구속하기 위한 고난을 받으셨습니다.

우리의 고난은 적대자들을 부끄럽게 할 수 있습니다. 그의 고난은 신앙인들을 하나님의 의에 이르게 합니다.

이제 어려운 부분이 나옵니다. 그리스도께서 육신으로는 죽임을 당하셨지만, 영으로는 살리심을 받으셨다는 말은 무엇을 의미할까요? 1:24에서 저자는 이사야 40장을 인용해 육체는 풀과 같아서 썩는다는 것을 기억하게 합니다. 그러므로 여기서 저자는 그리스도 안에서 썩을 수 있는 것(즉, 그의 육체)은 죽었고, 불멸하는 것(즉, 그의 영 혹은 하나님의 영)은 승리를 위해 부활하셨다고 제안합니다. 이는 또한 그리스도께서 육체의 권세(즉, 그의 모든 적대자)에 의해 죽임을 당하시고, 성령의 권세에 의해 승리하셨다는 것을 의미하는 것일 수 있습니다(참조. 롬 1:4-5).

그리스도께서 옥에 있는 영혼들에게 설교하셨다는 주장에 많은 해석이 있지만, 저는 부활하신 그리스도께서 가장 높은 하늘로 가시는 길에 창세기 6:1~4의 네피림의 영혼들이 갇혀 있는 낮은 하늘 중 하나에 들르셨다고 주장하는 것이 가장 유력하다고 생각합니다. 그들은 노아보다 먼저 있었고, 그들의 악행은 노아 이야기를 가능하게 하고, 필요하게 하는 대홍수 이전의 악함을 설명하는 것으로 볼 수도 있습니다.*

이 수수께끼 같은 구절의 의미가 무엇이든, 저자는 전례에 근거해서 결론에 도달합니다. 영혼은 노아와 관련이 있고, 노아는 홍수와 관련이 있으며, 홍수는 세례를 예표합니다. 예표론은 조금 어색합니다. 노아는 물로부터 구원을 받았고, 그리스도를 믿는 사람들은 물을 통해서 구원을 받았지만, 둘 다 물에 잠기는 것은 죽음과 생명 모두를 나타냅니다.

베드로전서에 따르면, 세례는 '선한 양심의 간구'(21절)를 말합니다. 양심이라는 용어가 사용된 2:19(NRSV, '하나님을 인식하는 것')과 3:16은 인격 전체가 하나님을 향한다는 것을 가리킵니다. 세례는 그 방향의 전환을 뜻합니다. 물론 이것이 곧 구원의 세례는 아닙니다. 이것은 신앙인들이 세례를 받음으로 그리스도의 부활에 참여하는 것으로 봐야 합니다. 그리스도의 고난은 그들의 고난을 정당화하고, 그의 부활은 그들의 소망을 확증합니다.

하나님과의 관계를 의식하는 것이 가능한 것은, 그리고 다른 사람들과의 양심적인 관계를 맺는 것이 가능한 것은, 그리고 고난받으면서도 신실한 것이 가능한 것은 고난당하셨지만, 지금은 하나님 우편에서 온 세상을 자신에게 복종시키시는 분이 부활하셨기 때문입니다.

* W. J. Dalton에게서 대부분 인용한 것. 이 구절들에 대한 석의적 토의를 위해서는 David Bartlett, "The First Letter of Peter," in Leander Keck, ed., *The New Interpreter's Bible*(Nashville: Abingdon Press, 1998), 12: 292-96을 참조.

설교적 관점

오늘 본문에서 두 가지 주제가 우리의 관심을 끌 수 있습니다. '지옥으로의 하강'과 '신앙의 삶에서 그리스도인들이 겪는 고통'입니다.

19~20절은 사도신경에서 '예수께서 지옥에 내려가셨다'라는 주장에 근거가 되는 성경 구절로, 때때로 '지고의 고통'이라고 불리기도 합니다. 여기에서 예수님은 '영으로'(18절) 죽은 자들 사이에서 복음을 전하시는 모습으로 묘사됩니다. 오늘날 설교에서 이 주제를 강조하고자 한다면, 설교자들은 회중 일부가 느끼는 피할 수 없는 비현실감을 뒤집을 방법을 찾아야 할 수도 있습니다.

'단테의 지옥' 같은 장소에서 설교하고, 가르치며 돌아다니시는 예수님의 영적인 이미지가 많은 사람에게 호응을 얻기 어려울 수 있습니다. 그러나 그리스도 안에서 우리가 가진 희망이 죽음보다 더 강력하다는 현실은 여전히 생생할 것입니다. 이를 명확하게 하는 한 가지 방법은 그날 하나 이상의 다른 성경 구절과 함께 이 구절을 설교하는 것입니다.

그렇게 하면, 설교자는 죽음이 복음을 다루는 많은 상황 중 하나임을 보여줄 수 있습니다. 바울이 말하는 아테네 사람들처럼, 시편 66편의 이방인과 하나님을 경외하는 사람들처럼, 심지어 요한복음 14장에서 불안해하고 간신히 믿고 있는 것처럼 보였던 예수님의 제자들처럼, '옥에 있는 영들'(19절) 또한 예수 그리스도 안에서 은혜의 복음을 받는 사람 중 하나입니다. 만약 복음이 죽은 자에게도 임할 수 있다면, 예수님이 자신의 것으로 주장하고 자신의 것으로 만들 수 없는 삶이나 문화나 상황이 있을까요?

이렇게 전통에 생명을 불어넣고 그 중심에 죽음을 이기는 그리스도의 능력을 보여주는 두 번째 방법으로는 상대적으로 최근 작품이라 할 수 있는 C. S. 루이스와 J. R. R. 톨킨 원작의 작품을 영화화한 〈사자와 마녀와 옷장〉과 〈반지의 제왕:왕의 귀환〉에 묘사된 것들이 떠오릅니다.*

〈사자와 마녀와 옷장〉에서는 예수님을 상징하는 사자 아슬란이 죽었다가 부활해서 하얀 마녀의 지옥 같은 성으로 들어갑니다. 그 성에는 마녀가 내뿜은 마법의 숨 때문에 돌로 변하고 마녀의 수하에 림보상태로 잡혀있던 수많은 나니아 사람들이 있었는데, 부활한 사자 아슬란은 그들의 생명을 되찾아 주고 영화는 클라이막스에 다다릅니다. 그들이 자유를 찾아 나니아 땅의 일상으로 즐겁게 돌아가려는 그때, 다른 나니아 사람들은 하얀 마녀의 군대에 맞서 힘겨운 전투를 벌이고 전세는 점점 악화돼 궁지에 몰립니다. 그렇지만, 자유를 찾은 나니아 사람들이 되돌아와 합류하자 전세는 역전되고 나니아 사람들은 유리한 자리를 차지합니다.

반지의 제왕 시리즈의 3편인 〈왕의 귀환〉에서도 비슷합니다. 영화 제목의 장본인인 아라곤 왕이 책임을 완수하지 못하고 죽어 오랫동안

* *The Lion, the witch, and the Wardrobe*, movie, directed by Andrew Adamson(Burbank, CA, 2005), C. S. Lewis, *The Lion, the witch, and the Wardrobe*(New York: HarperCollins, 1994), *The Lord of the Rings: The Return of the King, movie, directed by Peter Jackson*(New York: New Line Cinemas, 2003), based on J. R. R. Tolkien, *The Return of the King*(LondonL: George Allen & Unwin, 1955).

유령 같은 존재로 남아 있던 죽은 고대 병사들로 구성된 군대를 이끌고 모르도르 군대와의 전투에 도착했을 때 상황은 절망적이었습니다. 〈반지의 제왕〉에서 그리스도와 같은 몇몇 인물 중 한 명으로 등장하는 아라곤 왕은 그들의 영역에 들어가 약속을 성취하고 자유를 얻을 기회를 제안합니다. 책에서는 그들이 함대를 움직였을 때 림보에서 해방되고 해방된 아라곤이 선한 군대를 위해 싸우지만, 영화에서는 그 시대 최후의 전투라고 할 수 있는 곤도르에서의 전투에 직접 참전하여 선한 군대에 결정적인 시간을 벌어줍니다.

이런 이야기는 지옥의 끔찍함을 묘사하기보다 신화적으로 들려주는 단점이 있기는 하지만, 죽음이 인생의 마지막이 아니라는 소망을 현대의 시각적 이미지로 잘 보여줍니다. 실제로 죽음은 미국의 부흥 설교와는 달리 복음을 듣고 반응하는 데 장애가 되지는 않는 것으로 보입니다. 이런 아이디어를 보이는 문학 작품으로는 찰스 윌리엄스의 소설 『만성절 이브』가 있습니다. 그 소설에선 비행기 추락 사고로 죽은 두 여인의 이야기를 다루고 있는데, 한 여인은 복되게, 다른 한 여인은 불행하게 되는 이야기입니다.*

어떤 설교자들은 지옥의 끔찍함이 이 구절의 핵심 주제라는 사실이 분명하게 드러나지 않는다고 생각할 수도 있습니다. 결국 지옥은 전치사구에 숨어 있으며, 다른 문장의 괄호 안에서 보여줄 뿐이라고 할 수 있습니다. 따라서 설교자들은 그리스도를 믿는 믿음으로 인한 고통의 문제를 다루는 본문에서, 더욱 핵심적인 메시지를 전달하기 위해 전략을 모색해야 할 수도 있습니다.

본문은 '선한 사람들'에게 일어나는 '나쁜 일'에 대해 설교하라고 하지 않습니다. 베드로 사도는 선의 의미를 분명하게 밝힙니다. 그것은 '의'(14절, NRSV '옳은 것')와 '그리스도 안에 있는 너희의 선행'(16절)입니다. 또한, 고난이 의미하는 것이 삶에 고통을 안겨주는 '나쁜 것'만은 아니라는 것도 분명합니다. 즉, 전체적으로 볼 때 명예롭게 살면 고난을 겪지 않을 것이라는 것도 아닙니다. 오히려 본문은 '그리스도 안에서' 신실하게 산다면 그 결과로 고난을 당하게 될 것이라고 말합니다.

이런 차원의 본문을 다루기 위해 '선한 일을 위해 열심을 다한다면' 아무도 당신을 해치지 않을 것이라는 상식적인 생각으로 성서정과 본문의 설교를 시작할 수 있습니다. 그렇지만 이런 가정은 상식적으로 생각할 수 있는 가정과 마찬가지로 그리스도인의 삶에서 제대로 작동하지 않습니다. 사실 예수님도 그 정도는 인정하셨습니다. 예를 들면, 마태복음 10:16~23은 설교자가 이런 주제로 설교할 때 잘 어울릴 만한 구절입니다.

이런 관점에서 볼 때, 이 구절은 박해받는 그리스도인의 행동을 인도하는 지혜를 제공하기에 충분합니다. 신앙인들의 고난을 그리스도인의 수난과 동일시하기 위해 세례를 받으라고 제안합니다. 이는 '하나님을 향한 선한 양심의 간구'(21절)이기 때문입니다.

* Charles Williams, *All Hallows Eve*(New Yok: Pelligrine & Cudahy, 1948).

요한복음 14:15~21

15 너희가 나를 사랑하면 나의 계명을 지키리라
16 내가 아버지께 구하겠으니 그가 또 다른 보혜사를 너희에게 주사 영원
토록 너희와 함께 있게 하리니
17 그는 진리의 영이라 세상은 능히 그를 받지 못하나니 이는 그를 보지도
못하고 알지도 못함이라 그러나 너희는 그를 아나니 그는 너희와 함께
거하심이요 또 너희 속에 계시겠음이라
18 내가 너희를 고아와 같이 버려두지 아니하고 너희에게로 오리라
19 조금 있으면 세상은 다시 나를 보지 못할 것이로되 너희는 나를 보리니
이는 내가 살아 있고 너희도 살아 있겠음이라
20 그날에는 내가 아버지 안에, 너희가 내 안에, 내가 너희 안에 있는 것을
너희가 알리라
21 나의 계명을 지키는 자라야 나를 사랑하는 자니 나를 사랑하는 자는 내
아버지께 사랑을 받을 것이요 나도 그를 사랑하여 그에게 나를 나타내
리라

신학적 관점

"너희가 나를 사랑하면 나의 계명을 지키리라"(15절).

윤리학에서 직설법 '그렇게 있다'(is)와 명령법 '그렇게 있어야 한다'(ought to)를 구별해서 정리하는 것은 모호합니다. 직설법에서는 '그렇게 있다'를 생각해 볼 수 있고, 명령법에서는 '그렇게 있어야 한다' 혹은 '그렇게 살아야 한다'를 생각해 볼 수 있습니다. 문화인류학자 클리포드 기어츠는 전자를 한 '문화의 세계관'과 연관시키고, 후자를 '문화의 에토스'와 연관시킵니다. 일반적으로 이런 문제들은 헷갈리고, 아주 혼란스럽게 합니다. '있는 그대로의 모습을 바꿀 이유가 없습니다'라고 말하는 것은 도덕적인 자기만족 때문일 수 있습니다. 특히나 '있는 그대로의 모습'에 이익 관계가 얽혀있어 합리화하는 것이라면 더욱 그렇습니다. "하나님은 사랑이시고 우리는 모두 하나님의 자녀이기 때문에 작은 마을의 문을 잠글 필요가 없습니다."라고 말한다면 그것은 아마 순진한 생각일 수 있습니다. '그렇게 있다'는 '그렇게 있어야 한다'에서 나왔다거나 '그렇게 있어야 한다'는 '그렇게 있다'에서 나왔다는 말은 종종 불합리한 말입니다.

그렇지만 기어츠는 종교의 상징이나 종교 의식의 기능에 대해 다음과 같이 생각합니다. (1) 이는 '문화의 에토스'와 '문화의 세계관'을 '종합하는' 것이며, 각각은 서로의 권위에 기반을 두고 있으며 (2) 이는 '그렇게 있다'와 '그렇게 있어야 한다'를 '종합하는' 것에 공동체적 정체성을 '옷 입히는 것'이며 (3) 이는 '종합'에 '사실성의 아우라'를 부여하는 것입니다.* 이 '아우라'라는 말은 종교 공동체 내부의 사람들은 세상을 그 '아우라'로만 봐야 한다고 생각하지만, 외부인들은 그 신념을 상당히 기괴하게 생각할 수도 있다는 것을 의미합니다. 과학과 역사-문화를 경험한 많은 사람은 하나님의 사랑이 우주를 창조했다는 생각을 지지하지 않습니다. 기독교 상징들에 대해 외부인이었던 니체는 하나님과 이웃에 대한 이중 사랑을 나약하고, 어리석고, 명백히 비현실적인 것이라고 간주했습니다. 그렇지만 하나님 사랑의 상징으로 정체성을 옷 입은 우리는 세상을 하나님의 사랑으로 보며, '그렇게 있는 것'과 '그렇게 있어야 하는 것'을 종합하라는 명령을 받습니다. 사랑으로 창조된 우리는 창조주의 사랑을 본받아야 한다고 믿습니다.

이 명령은 우리를 보혜사께 인도합니다. 즉, 보혜사는 헬라어로 '파라클레토스'인데 이는 요한의 용어로 '진리의 영' 혹은 '성령'을 뜻합니다(요 14:26). 우리는 이 단어를 '변호자', '상담자', '위로자', '조력자', '중재자' 심지어 '중개인'으로 다양하게 바꿔 사용합니다.** 어떻게 정의하든, 이 단어는 종교적 상징이므로 기독교 신앙의 윤리적 측면과 세계관을 하나로 묶어 선물로 해석할 수 있습니다. 우리는 '사랑해야 한다'는 '윤리적 명령법'과 '하나님의 사랑'이라는 '현실적인 직설법'을 종합합니다. 요한은 더욱이 '보혜사'와 '진리의 영'을 동일하게 간주합니다. '이처럼' 에토스와 세

* Clifford Geertz, *The Interpretation of Cultures*(New York: Basic Books, 1973), 89-90.

** Jerome H. Veyrey, *The Gospel of John*, New Cambridge Bible Commentary(New York: Cambridge University Press, 2007), 21-25, 149.

계관을 융합하는 것이 자의적이거나 상대적이지 않다는 것을 단언하고 있는 것입니다. 이는 '세상'의 문화인류학자에게도 아로새겨져 있을 만큼 매우 철저하게 현실적인 것이라 할 수 있습니다. 그러나 이 해석은 너무 단순한 생각일 수 있습니다. 왜냐하면, 기어츠가 영감을 준 것에 따르면 어떤 종교 사상이나 전통적인 종교 의식도 동일하게 취급해야 하기 때문입니다. 요한의 담론으로 우리 실제 삶의 생활방식에 도전하기를 원한다면 그보다 더 흥미로워야 할 것입니다. 그러니 다시 살펴보는 것이 좋겠습니다.

꼭 동일하지는 않지만, 예수님이 강력하게 주장하시는 담론에 보혜사가 등장합니다. 성부 하나님은 성자 하나님과 하나 되어, 사랑하기 위해 순종하십니다. 우리가 하나님을 안다는 것은 하나님께서 우리 안에 거하신다는 것입니다. 그리스도의 삶은 제자들의 삶과 밀접히 연결돼 있습니다. 성부 하나님의 사랑은 성자 하나님의 사랑뿐 아니라, 제자들의 사랑과도 하나입니다. 다음 두 구절이 거의 대등한 개념인지 살펴보시기를 바랍니다. '만약 네가 나를 위해 해주면 나도 너를 위해 해줄 것이다'와 '만약 우리가 성자 하나님을 사랑하면, 성자 하나님은 다른 보혜사를 보내주실 것이다'의 두 구절입니다. 이런 '사랑의 논리'*가 요한 문서에 생생히 나타나는데, 이는 '조건부 논리'를 뛰어넘는 개념입니다. 요한일서 4:8의 "하나님은 사랑이심이라"는 구절에서, 우리는 사랑이 만물의 조건이며, 무한하고 실제적이라는 것을 알 수 있습니다. "내가 너희를 고아와 같이 버려두지 않겠다"(요 14:18)라는 말씀은 예수님이 제자들의 한계를 날카롭게 통찰하고 계신다는 것을 보여줍니다. 이때 사랑의 논리는 조건부 논리를 압도합니다.

첫 번째 문장을 다시 살펴봅시다. 만약 하나님께서 사랑이시기에 하나님을 사랑하라고 명령하셨다면, 이는 고아로 버려두지 말고, '정성스럽고 실제적으로 애정을 담아 사랑하라'는 것을 절대적으로 의미하는 것입니다. 명령의 목적어(하나님, 사랑, 이웃)와 주어(사랑하는 주체)는 명령의 실체인 사랑으로 경계가 흐릿해지기 시작합니다. 이 문장을 살펴봅시다. "너희는 그를 아나니 그는 너희와 함께 거하심이요 또 너희 속에 계시겠음이라"(17절 하) 주어(너희)는 목적어(하나님의 사랑, 진리 등), 서술어(알다, 거하다)와 경계가 흐릿합니다. 이렇게 흐릿해지는 것은 작은 일이 아닙니다. 왜냐하면 사랑으로 품는 관계가 계속 확장되기 때문입니다. 사랑은 알고, 거하고, 위로하고, 먹이고, 베풀고, 발견하고, 어루만지고, 치유하고, 이름을 지어주고, 칭찬하고, 정당화해 주고, 등등 점점 넓게 품어나가는 것입니다. 이렇게 사랑이 확장되기 때문에 예수님이 현재를 미래의 개념으로 말씀하시는 것은 적절합니다. 그분은 지금도 제자들 안에 거하시며, 보혜사가 오시면 더 많은 사람 안에 거하실 것입니다.

그러나 이렇게 대등한 개념은 매우 안타깝지만 배타적입니다. "그는 진리의 영이라 세상은 능히 그를 받지 못하나니 이는 그를 보지도 못하고 알지도 못함이라"(17절 상). "가룟인 아

* On the "logic of charity"(agape), see Jean-Luc Marion, *God without Being*(Chicago: University of Chicago Press, 1991), 183–86.

닌 유다가 이르되 주여 어찌하여 자기를 우리에게는 나타내시고 세상에는 아니 하려 하시나이까"(22절, 설교 후에).

우리는 무엇에 배타적이어야 할까요?

에토스와 세계관을 융합할 때 해당 공동체의 언어를 넘어서서 이해하는 것은 어렵기 때문에 신학적 보편주의는 짧게 다루겠습니다. 한 가지 발견한 것이 있다면, 하나님께서 필요하시다고 해서 모두를 절대적으로 포용할 수는 없으시겠지만, 그럼에도 불구하고 누구도 잃어버리길 원하지 않으신다는 하나님의 뜻을 증거할 수는 있습니다. 22절에서 또 하나 발견한 것은 제자들이 아직 사랑의 논리를 이해하지 못했을 수도 있겠다는 것입니다. 어떤 경우에도 우리는 보혜사께서 사랑을 나타내려 하셨다는 것을 인정해야 한다는 것입니다. 세상에 배타적인 한계, 즉 현실적으로 상상하는 삶과 실제적인 삶의 괴리를 뛰어넘을 수 있는 선물은 하나님의 사랑으로 사랑하는 것입니다. 하나님께서 우리 안에 거하시고, 우리의 한계를 뛰어넘어 끝없이 세상을 사랑하신 것처럼, 우리도 또한 그 사랑을 실천하라고 명령하십니다.

목회적 관점

오늘 본문은 예수님이 당신을 따르는 자들에게 솔직하지만 날카롭게 말씀하신 것으로 시작합니다. 예수님은 그들과 함께 살며 보여주신 사랑을 삶의 목표로 받아들이는 것이 요구하는 전부라고 말씀하십니다. 이 땅에서의 사역이 끝나가는 때에 그는 오직 사랑에 대해 말씀하셨으며, 친밀하신 하나님 아버지께서 보혜사를 통해 늘 함께해 주시고, 하나님의 사랑이 최고의 진리라는 것을 대변해 주실 것을 확신하라고 말씀하셨습니다.

요한복음은 제국주의 시대에 기록됐습니다. 그 시대는 황제의 대리인들로 둘러싸여 있으며, 강제로 지배하는 이미지로 둘러싸여 있으며, 제국의 권력을 집행하는 무기들에 둘러싸여 있는 시대입니다. 요한복음에서 우리는 사랑이 삶이나 관계에 있어 어떤 질서와 능력을 가져다주는지 현저하게 다른 주장을 발견할 수 있습니다. 하지만 요한복음의 주장은 세상의 방식이나 권력의 정의에 대한 제국주의가 이해하는 것과 선명하게 대조됩니다. 예수님은 사랑과 진리의 연관성을 드러내 가르치기 위해서 주로 자신의 삶을 보여주셨습니다. 당연히 예수님은 사랑으로 살기 위해 노력하는 제자들에게 혼자가 아니라고 확실하게 말씀하셨습니다. 제국의 한가운데서 사랑의 렌즈로 현실을 보는 것이 매우 어렵다는 것을 인정하고 계셨습니다.

이런 어려움은 요한 공동체에만 국한된 것이 아닙니다. 우리 중 많은 사람은 제국이 점령했기 때문에 어려움을 겪지는 않지만, 서방 국가들 때문에 어려움을 겪고 있습니다. 분명히 예수님이 약속하셨듯이, 하나님의 사랑의 진리는 성령 안에서 계속 우리 안에 거하십니다. 이 진리는 1세기에 중요했던 것처럼 지금도 동일하게 중요합니다.

예수님이 품어야 한다고 말씀하셨던 사랑은 추상적이고 철학적인 개념이 아닙니다. 삶에서, 관계에서, 행동에서 그들처럼 보고, 말하고, 생활했던 소박한 나사렛 사람을 통해 생생한 실체로 우리에게 드러내셨습니다. 그분은 배고픈 자를 먹이셨고, 나병환자를 만지셨고,

병자를 고치셨고, 여성들을 배려하고 돌보셨습니다. 그분은 섬김과 연민을 통해 사랑을 삶으로 보여주셨습니다. 또한 각 사람의 가치를 중요하게 생각하셨던 비전을 짓밟는 자들과 서로 존중하고 배려하는 윤리에 대해 존중할 줄 모르는 자들에게 격렬히 항의하는 것을 보여주셨습니다. 예수님은 자신을 만나는 사람들을 권력으로 지배하는 것은 생각지도 않으셨으며, 사회적 지위에 상관없이 모두가 함께 행복을 추구하는 것을 목표로 삼도록 초대하셨습니다.

예수님과 함께했던 사람들은 소망이 메마르고, 영혼이 타들어 가는 이들이었다는 것을 상상하는 것은 어렵지 않은 일입니다. 예수님이 이름을 불러주셨던 이들은 세계사의 주요 내러티브에서 보면 가난하고 버림받았으며, 모욕적인 제국의 통치를 받는 이들이었습니다. 그들은 권력자들의 눈에 띄지 않기만을 바랐습니다. 그래야 간신히 그들과 그들의 가족이 안전할 수 있었습니다. 그때 그들은 예수님의 존재로 인해 참 사랑의 감화력에 붙들리게 됩니다. 서서히 소망 공동체가 탄생합니다. 사람들은 로마가 통치하며 복종시키고 굴욕을 안겨주는 것보다 예수님이 품어주시는 사랑의 힘이 더 실제적이고 진실하다는 것이 과연 맞는 말인지 궁금해했고 감히 상상의 날개를 펼쳤습니다. 그러고는 그들이 보여주는 사랑이 하나님의 사랑이라는 놀라운 확신에 도달합니다. 그분과 하나님은 한 분이었습니다. 하나님께서 관심을 두지 않으신다고 생각했던 구속과 해방의 약속을 이제는 신뢰할 만하게 됐으며, 실현 가능하고, 진실이라고 생각할 수 있었습니다.

때때로 낯선 생각을 이해하기 위해서는 진정으로 변화를 경험할 필요가 있습니다. 예수님은 유월절 식사 때에 대야와 수건을 가져와 자신을 스승이요 주님이라고 부르는 사람들의 발을 씻겨 주시면서 사랑에 대해서, 그리고 사랑이 만들어 내는 관계의 힘을 통한 진리에 대해서 다시 한번 강조해 주셨습니다. 하나님께서 우리에게 사랑하라고 하신 것은 위계질서를 바로 세우시려는 것이 아닙니다. 하나님께서 우리에게 보여주신 사랑의 실체는 우리가 이웃이 되는 것입니다. 하나님은 '다른 사람들'도 사랑하시기에 우리도 또한 사랑해야 한다는 것을 깨닫게 하십니다.

예수님은 하나님의 사랑이 참되다고 주장하실 뿐 아니라 하나님의 사랑이 생명의 근원이라고 주장하십니다. 이 사랑은 우리 생명의 근원이며, 우리 삶의 목표이기도 하다는 것입니다. 앨런 페이튼의 소설 『아, 그래도 그대의 땅은 아름답다!』는 사랑이 생명을 주는 능력이 있고, 하나님의 사랑은 가장 참된 것을 드러낸다고 확신하는 한 장면을 잘 그리고 있습니다.* 페이튼은 아파르트헤이트 상황 중에 있는 남아프리카공화국을 그리고 있는데, 그때는 흑인들이 백인들과 섞일 수 없는 때였습니다. 억압받는 이들의 인간다운 삶을 위해 제도권 내에서 일했던 백인 관리가 죽었을 때, 유족의 바람도 무시한 채 흑인들은 그의 장례식에서 외면당했습니다. 끔찍한 모욕이었습니다. 흑인 목사인 이사야 부티는 억압받는 이들의 친구라고 생각했던 백인 대법원장을 찾아갔습

* Alan Paton, Ah, *But Your land Is Beautiful*(New York: Scribners, 1981), 229-35.

니다. 그러고는 성금요일 예배에서 예수님이 제자들의 발을 씻기는 장면을 직접 보여주면 좋겠다고 요청합니다. 자신의 집에서 하녀로 일하며 자녀를 돌보는 한 교인의 발을 직접 씻겨 달라고 부탁했습니다. 대법원장은 사전에 어떤 안내도 없이 그 예배에 참석해 달라는 요청을 받았지만, 흔쾌히 동의했습니다.

시간이 되어 대법원장이 마르타 포투인의 발을 씻겨줘야 할 때가 됐을 때, 그 대법원장은 앞으로 나와 지저분한 그 하녀의 발을 씻고 수건으로 닦아줬습니다. 그의 자리로 돌아가기 전에 그는 그 하녀의 발을 잡고 양발 모두에 부드럽게 입을 맞췄습니다. 그의 단순하지만 특별한 돌봄의 표현을 행동으로 보여준 치유의 몸짓이었습니다. 그는 생명을 주시는 하나님의 사랑의 능력과 진정성을 잘 드러냈습니다. 물론 그의 행동이 알려지면서 그의 경력에 문제가 생기기는 했지만, 그는 후회하지 않았습니다. 왜냐하면, 그 역시 서로가 이웃이라는 것을 깨닫게 해주는 사랑의 힘이 주는 생명을 경험했기 때문입니다.

주석적 관점

비록 최후의 만찬은 평온한 식사로 묘사되지만, 제4 복음서는 예수님이 제자들 사이의 혼돈, 혼란, 걱정을 위로하시는 모습으로 묘사합니다. 이 장면은 "자기가 세상을 떠나 아버지께로 돌아가실 때가 이른 줄 아시고 세상에 있는 자기 사람들을 사랑하시되 끝까지 사랑하시니라"(요 13:1)라는 내레이터의 선언으로 시작합니다. 예수님이 제자들에게 곧 떠날 것을 알리시고(13:33), 배신하려는 유다를 그대로 놔두시고(13:21-30), 베드로가 부인할 것을 예고하시면서(13:36-38) 장면은 더 불길해져만 갑니다. 제자들이 공포에 떠는 것은 계속되는 질문으로 분명하게 드러납니다(13:36; 14:5, 8). 예수님은 고별 담화(요 13-17장)로 곧 떠날 것을 알리시고, 이 땅에 남아 하나님의 일을 계속할 사람들을 위로하십니다.

요한복음 14:15~21이 바로 그 위로의 본문 중 하나입니다. 예수님은 방금 자신이 아버지께로 가는 길이라고 강조하셨고(14:6-7), 15~21절에는 이 땅에 남아 있는 사람들이 어떻게 이 길을 계속 갈 수 있을지를 언급하십니다. 이 구절은 두 개의 중심 메시지를 병렬구조로 진술합니다. "내가 너희를 고아와 같이 버려두지 아니하고 너희에게로 오리라"(18절). 예수님은 이 땅을 떠난 후에도 계속 성부 하나님과 가까이할 것을 강조합니다. 그 앞뒤 구절에서 예수님은 제자들이 성부 하나님의 계명을 지키며 그를 사랑하는 한(15, 21절) 계속해서 성부 하나님께 가까이 나아갈 수 있다고 설명하십니다(15, 21절).

16~17절에 예수님은 당신이 떠나신 후에 보혜사를 보내셔서 공동체를 지탱해 줄 것이라고 약속하십니다. 성령을 일컫는 이 요한의 용어(14:26, 15:26, 16:7, 요일 2:1 참조)는 문자적으로는 법적인 조력자를 의미하지만, 여기서 중요한 것은 보혜사와 예수님에 대한 복음서의 언어가 유사하다는 것입니다. 독자들은 '또 다른 보혜사'에 대한 예수님의 약속을 간과해서는 안 됩니다. 예수님은 보혜사를 통해 계속해서 임재하시겠다고 설명하시기 때문입니다. 예수님과 보혜사는 모두 하나님께로부터 보내심을 받았습니다(14:16, 참조. 3:17, 34; 14:26; 15:26). 세상으로부터 거부당하시고(14:17, 참

조. 1:10; 7:7; 15:18), 예수님의 제자들에게 알려 주시고(14:17, 참조. 10:14) '진리'를 대변해 주십니다(14:17, 참조. 1:14; 17; 8:45; 14:6). 16장에서 예수님은 보혜사가 자신처럼 하나님의 말씀을 대신 전하실 것이라고 말씀하십니다. 보혜사는 또한 그리스도를 증거하십니다(15:26, 16:14). 예수님은 먼저 하나님 앞에서 우리의 보혜사이십니다(요일 2:1). 예수님은 곧 떠나시겠지만, 보혜사는 '영원토록 너희와 함께 있게 하리니'(14:16)라고 말씀하셨습니다.

15절에서 예수님은 보혜사께서 오시는 것이 제자들의 예수님을 사랑하는지 여부에 달려 있고, 사랑은 그분의 계명을 지키는 것으로 나타날 것이라고 말씀하십니다. 예수님은 단순히 도덕적 권면을 하고 계신 것이 아닙니다. 사복음서에 보여준 그리스도에 대한 인간의 적절한 반응 몇 가지가 있는데, 대표적으로 믿는 것, 사랑하는 것, 따르는 것, 그리고 계명을 지키는 것 등입니다. 예수님은 이런 여러 방식으로 신앙인들이 성부 하나님과 모든 정체성을 공유할 것을 요구하십니다(8:31-59 참조). 예수님은 제자들의 발을 씻어주는 사랑의 행위로 이런 온전한 헌신을 보여주셨습니다(13:1-20). 담화 후반부에 예수님은 "사람이 친구를 위하여 자기 목숨을 버리면 이보다 더 큰 사랑이 없나니"(15:13)라고 가르치십니다. 예수님이 제자들에게 사랑하라고 명령하시고, 그들을 위한 스스로를 희생하시며 완전한 사랑을 보여주셨습니다(21:15-17 참조).

다른 한편, 18절에서 예수님은 제자들이 직면한 불안한 상황과 자신의 계속적인 임재에 대한 약속을 연결해서 말씀해 주십니다. 19절에서 예수님은 자신이 곧 제자들을 떠날 것을 알고 계시면서도, 세상 사람들과는 달리 제자들이 계속해서 자신을 보게 될 것이라고 다시금 확인해 주십니다. 예수님은 재림하실 먼 미래에 대한 소망이 아니라, 비록 물리적으로 이 땅에 계시지는 않지만 계속 그분을 알 수 있을 것이라는 즉각적인 소망을 주십니다. 이 능력은 세상으로부터 오지 않고 그리스도 안에 있는 생명으로부터 오는 것입니다(1:4; 10:10 참조). 19절 하반절에는 그들이 보는 것과 세상이 보는 것이 어떻게 다른가를 보여줍니다. "너희는 나를 보리니 이는 내가 살아 있고 너희도 살아 있겠음이라"(15:19하). 그리스도를 통해 주어지는 참 생명은 예수님이 돌아가신 후에도 공동체가 예수님을 계속해서 볼 수 있게 해줍니다. 예수님을 본다는 것은 예수님이 아버지 안에 거하시는 것처럼 제자들도 그분 안에, 그분도 제자들 안에 거하신다는 것을 아는 것입니다.

예수님은 15~21절을 마무리하며 15절에 말씀하신 것을 본질적인 측면에서 다시 말씀하십니다. 예수님이 이 땅에 계실 때와 계시지 않을 때 사이의 연속성을 찾기 위해서는 그분의 계명을 지켜 그분을 사랑하는 것을 나타내야 합니다. 그러나 21절이 예수님은 3인칭 단수로 사랑에 대해 반복해서 강조하십니다. "나의 계명을 지키는 자라야 나를 사랑하는 자니 나를 사랑하는 자는 내 아버지께 사랑을 받을 것이요" 다르게 표현하면, 최후의 만찬 내러티브에서 청중은 배경 속으로 사라지고, 화자는 복음서의 독자에 대해 언급합니다. 예수님이 이 땅에 계시지 않아 삶에 불안을 느끼는 이들은 그 방안의 제자들만이 아닙니다. 예수님의 대답은 제자들뿐만 아니라 독자들에게도 적절한 대답이라고 할 수 있습니다.

오늘 본분의 병렬 구조는 본문 이후에도 계속됩니다. 22절에 예수님은 다시 한번 세상과 구별되는 방법으로 말씀을 지켜 주님을 사랑하는 것을 나타내라고 강조하십니다. 15, 21, 23~24절에 반복적으로 말씀하시기를, 이 땅에서 예수님이 계시지 않아 불안해하는 사람들에게 예수님의 말씀을 지키면, 그 꼭 필요한 평안을 누릴 수 있고 예수님을 사랑할 수 있다는 것을 알려주십니다. 사복음서는 주후 1세기 말, 구성원 대부분이 이 땅의 예수님을 알지 못하던 한 공동체에서 최종적인 형태를 갖췄을 것으로 추정됩니다. 이 공동체는 스승이 없는 제자들의 불안한 삶에 관한 이야기를 통해 스스로를 바라볼 수 있었습니다. 즉, 보혜사에 대한 약속과 그분의 계명을 계속 붙들면 성부 하나님께 나아갈 수 있다고 제자들을 위로하셨던 예수님의 말씀은 자신들에게도 해당되는 말씀이었습니다. 시간과 장소에 관계없이 예수님의 메시지는 유효합니다. "내가 너희를 고아와 같이 버려두지 아니하고 너희에게로 오리라"(요 14:18).

설교적 관점

'안에'(in)는 매우 짧은 단어입니다. 그다지 중요하지도 않아 보입니다. 그럼에도 불구하고 여기 예수님은 자신의 계명을 지키는 사람들, 즉 자신의 최초 제자들에게 '안에' 있겠다고 약속하셨고, 그 제자들도 그분 '안에' 있겠다고 약속했습니다. 그렇다면 우리 자신을 그 제자들의 뒤를 잇는 사람들이라고 생각한다면, 그분 '안에' 있다는 것이 무엇을 의미하는지 궁금할 것입니다. 예수님은 실제로 우리 '안에' 계신가요? 그렇다면 어떻게 알 수 있을까요?

그 열쇠는 예수님이 약속하신 대언자, 즉 보혜사 혹은 예수님이 영원히 함께해 주실 것이라고 약속하신 '진리의 영과 그들이 어떻게 함께 했는가'를 아는 것입니다. 우리는 '성령'이라는 단어를 들으면 곧바로 따뜻하고 개인적인 감정, 즉 안정감, 하나님과 연결되는 느낌 등을 떠올리기 쉽습니다. 많은 찬송가가 이런 개인적인 성령의 체험에 초점을 맞추고 있는 것으로 보입니다. 이런 이해는 특히 우리 주변 세상이 통제 불능으로 돌아가는 것처럼 보일 때 많은 사람에게 위로가 됩니다.

그렇지만 '대언자'라는 단어를 연상할 수 있는 다른 어떤 단어가 있을지 생각해 보시기 바랍니다. '대언자'는 그리스어 '파라클레토스'로 '우리 편에 서서 법정에서 우리를 변호하기 위해 부름 받은 사람'을 의미합니다. TV 변호사 쇼에서 탐정과 미스테리와 액션을 생각해 보시기 바랍니다. '보혜사' 즉 대언자는 살아 있는 능력입니다.

예수님은 성령을 또 다른 '대언자'라고 칭하십니다. 앞서 대언자가 예수님 자신이었다면 (요일 2:1에 분명히 언급됨), 이제 예수님은 가장 분명한 살아 있는 능력입니다. 교제할 수 없는 자들, 죄인들과 함께 식사하신 것을 생각해 보기 바랍니다. 성전에서 돈 바꾸는 사람들을 생각해 보기 바랍니다. 치유와 설교, 갈릴리와 예루살렘을 오가며 여행하는 것을 생각해 보기 바랍니다. 예수님 이야기는 사적인 감정과 위로가 아니라 행동에 관한 이야기입니다.

예수님은 이 보혜사, 즉 대언자를 통해 '당신과 함께', 혹은 '당신 안에' 있겠다고 약속하셨습니다. 예수님은 자신이 성부 하나님 '안에' 계시고, 제자들도 하나님 '안에' 있는 것처럼, 제자들 '안에' 동일하게 계실 것입니다. 어떤 신비로운 결합을 상상하는 것으로 충분한가요? 그리스도 안에 거한다는 것, 혹은 진리의 영이 따뜻한 느낌이나 확신에 찬 감정을 뜻하나요? 그것은 추상적인 개념인가요 아니면 은혜의 상태인가요?

예수님이 빌라도 법정에서 본디오 빌라도 앞에 서 있는 장면을 기억해 보시기 바랍니다. 빌라도는 '진리가 무엇이냐?'라고 묻습니다. 예수님은 묵묵히 서 계십니다. 왜 대답하지 않으셨을까요? 답은 바로 거기에 있습니다. 당신은 그것을 보고 있습니다. 진리가 당신 앞에 서 있습니다. 그를 보십시오. 그러면 당신은 진리가 무엇인지 알게 될 것입니다.

우리는 성령을 볼 수는 없지만, 예수님은 보실 수 있습니다. 우리는 예수님이 치유하시고, 가르치시고, 신실하게 돌아가시는 것을 볼 수 있습니다. 우리는 예수님의 동선을 따라 윤곽을 그리다 보면 빌라도가 질문했던 진리를 깨달을 수 있는 한 틀을 발견하게 될 것입니다. 여러분도 진리의 영, 대언자, 우리 안에 거하시는 예수님 자신을 깨달을 수 있는 한 틀을 발견할 수 있을 것입니다. 복음서 기록에서 우리는 예수님이 제자들과 함께 그리고 그가 섬기는 사람들과 함께 공동체 속에서 활동하시는 것을 볼 수 있습니다. 예수님 이야기는 예수님과 다른 한 제자의 이야기가 아닙니다. 예수님은 사람들 그룹과 함께 존재하고 활동하셨습니다. 때로 그들은 함께 어울리기 위해 갈등하고, 또 때로 그들은 성공, 소망, 질문 등을 나누는 것을 좋아하는 진짜 사람들이었습니다. 따라서 예수님이 제자들 '안에', 그들이 예수님 '안에' 있을 것이라고 약속하셨을 때, 예수님은 각 개인과의 신비로운 연합만을 의미하지는 않으셨다는 것이 분명해졌습니다. 우리가 아는 예수님은 늘 공동체에서 함께 활동하셨습니다.

사실, 일반적으로 '너희 안에'로 번역되는 헬라어 단어는 '너희들 가운데서'(복수형)로 번역해도 문제가 없습니다. 우리가 개인화되고 신비주의적인 해석을 좀 자제하고, 공동체적인 생각을 더 강조한다면 예수님의 약속을 받아들이는 데 어떤 영향을 미칠까요? 우리가 정말 '하나님께서 옳으신가?' 실제로 우리 자신의 개인적인 걱정에 덜 머물고 신실한 봉사의 적극적인 삶에 에너지를 더 집중하도록 이끌어주지는 않을까요?

캘커타의 테레사 수녀는 일생의 절반 이상을 그리스도의 임재를 느끼지 못해 괴로웠던 어둠으로 투쟁했던 인생의 여정을 기록으로 남긴 것으로 유명합니다.* 그럼에도 불구하고 일반적으로 기독교인들은 그녀를 현대의 성녀로 받아들입니다. 어떤 이들은 그녀가 암흑기에도 불구하고 계속 신실했던 것이 더 위대한 성녀의 모습이라고 생각합니다. 그녀는 영적인 확신이라는 은사를 받지 못했지만, 자신이 부름 받았다고 믿는 사명을 굳건하게 추구했고, 기독교 공동체는 그 사명을 인정하고 긍정적으로 평가했습니다.

예수님은 서로 사랑하고 섬기라는 명령을 지

* Mother Teresa, *Mother Teresa: Come Be My Light: The Private Writings of the Saint of Calcutta*(New York: Doubleday, 2007)

키는 사람들에게 자신의 임재와 성령의 임재를 분명히 약속하십니다. 예수님이 명령하신 사랑은 자신이 그리스도와 연합한다고 느끼는 확신을 의미하는 것이 아닙니다. 예수님이 명령하신 사랑은 제자들의 발을 씻기는 스승의 모습으로 나타나며, 또한 죄인의 죽음을 맞이하는 왕의 모습으로 나타납니다. 예수님은 우리 자신의 삶과 행동에 진리의 영으로 규정할 수 있는 확실한 겉모습을 가지셨습니다. 즉, 살아 있는 생생한 그림으로 그리기에 충분히 확실한 겉모습을 가지셨습니다.

예수님의 말씀을 이렇게 이해하는 것은 어떨까요? 우리가 서로 사랑하고 섬기라는 예수님의 계명을 지킬 때, 비로소 그리스도께서 우리 가운데 임하신다는 것을 깨달을 수 있다면 어떨까요? 당신이 속한 공동체 주변을 둘러보시기 바랍니다. 교회뿐 아니라 당신이 섬겨야 하는 더 넓은 공동체를 살펴보시기 바랍니다. 그러면 당신은 예수님 그림에서 그 확실한 겉모습이 어떠한지 생생하게 볼 수 있을 것입니다. 익숙한 사람들의 삶에서 진리의 영의 임재를 분별할 수 있는 곳이 어디인지 살펴보시기를 바랍니다.

ASCENSION OF THE LORD

주의 승천일

사도행전 1:1~11

시편 93편

에베소서 1:15~23

누가복음 24:44~53

주의 승천일

사도행전 1:1~11

1 데오빌로여 내가 먼저 쓴 글에는 무릇 예수께서 행하시며 가르치시기를
시작하심부터
2 그가 택하신 사도들에게 성령으로 명하시고 승천하신 날까지의 일을 기
록하였노라
3 그가 고난 받으신 후에 또한 그들에게 확실한 많은 증거로 친히 살아 계
심을 나타내사 사십 일 동안 그들에게 보이시며 하나님 나라의 일을 말
씀하시니라
4 사도와 함께 모이사 그들에게 분부하여 이르시되 예루살렘을 떠나지 말
고 내게서 들은 바 아버지께서 약속하신 것을 기다리라
5 요한은 물로 세례를 베풀었으나 너희는 몇 날이 못되어 성령으로 세례
를 받으리라 하셨느니라
6 그들이 모였을 때에 예수께 여쭈어 이르되 주께서 이스라엘 나라를 회
복하심이 이때니이까 하니
7 이르시되 때와 시기는 아버지께서 자기의 권한에 두셨으니 너희가 알
바 아니요
8 오직 성령이 너희에게 임하시면 너희가 권능을 받고 예루살렘과 온 유
대와 사마리아와 땅 끝까지 이르러 내 증인이 되리라 하시니라
9 이 말씀을 마치시고 그들이 보는데 올려져 가시니 구름이 그를 가리어
보이지 않게 하더라
10 올라가실 때에 제자들이 자세히 하늘을 쳐다보고 있는데 흰옷 입은 두
사람이 그들 곁에 서서
11 이르되 갈릴리 사람들아 어찌하여 서서 하늘을 쳐다보느냐 너희 가운
데서 하늘로 올려지신 이 예수는 하늘로 가심을 본 그대로 오시리라 하
였느니라

신학적 관점

제가 보기에 주의 승천보다 덜 강조하는 연중 기독교 축제는 없을 것 같습니다. 우리는 먼저 십자가와 부활을 중심으로 신앙을 고백하고, 그 다음 단계로 오순절에 교회를 세운 것이라고 생각합니다. 의심할 여지 없이 우리의 공동체적 삶은 두 사건을 확실한 기반으로 합니다. 그렇지만, 두려움에 떨며 침묵하던 소심한 신앙인들의 변화는 주님의 승천을 떠나서 설명할 수 없습니다. 마찬가지로, 제자들이 하나님 나라를 선포하다가, 어느 날 예수님을 주님으로 선포하기 시작한 신학적 전환은 예수님이 떠나시는 것을 경험하면서부터로 볼 수 있습니다.

마가의 긴 결말(막 16:19)을 제외하고 승천을 보도한 유일한 복음서는 누가복음입니다. 마태복음과 요한복음에서 저자는 이 사건을 생략해, 독자들이 부활하신 주님께서 영원히 임재하시는 것처럼 느끼게 합니다. 마태복음에서 예수님은 "내가 세상 끝날까지 너희와 항상 함께 있으리라"(마 28:20)라고 약속하시고, 요한복음에서는 예수님과 베드로의 대화가 세상의 책들을 가득 채우고 남을 만큼 많아 우리의 관심을 영원히 사로잡기에 충분하다는 확신으로 갑자기 이야기를 끝냅니다(요 21:25). 이런 개방성을 통해 복음서 전도자들은 예수님 안에서 펼쳐지는 하나님의 이야기가 계속될 수 있는 공간을 적절히 만들어냅니다. 이와는 대조적으로, 마가복음 16:8의 부활 후 경험은 여인들이 공포에 떨며 당황하고 침묵하며 도망치는 모습입니다. 요한복음에서 사도들은 바깥세상으로부터 문을 걸어 잠근 채 단절되고, 두려움에 사로잡혀, 알 수 없는 장소에 모여 웅크리고 있습니다(요 20장). 심지어 부활하신 예수님을 만난 베드로조차도 바다로 돌아갑니다. '나는 물고기 잡으러 가노라'라고 말하니, 나머지는 '우리도 함께 가겠다'라고 대답합니다(요 21:3). 부활? 이것이 다 무슨 뜻일까요? 결국 예수님이 옳으셨을지 모릅니다. 아마도, 그가 떠나신 것이 최선일지 모릅니다(요 16:7).

그리스도의 영광을 증거할 대 부활과 승천은 분리할 수 없지만, 이 둘을 하나로 완전히 통합하면 부활이 영광의 무게를 홀로 감당해야 하는 완전히 잘못된 실수를 범하게 됩니다. 예수님이 부활하기는 하셨지만, 증인이 되고 싶어 하는 사람들의 마음은 두려움에 사로잡힙니다. 비록 부활하신 주님께서 제자들의 삶 안팎에 나타나신다고 하더라도, 그들의 충성심은 랍비가 나타나기 전의 세상으로 돌아갑니다. 사도행전에 누가의 기록에서도 메시야적 소망을 형성하는 사회정치적 렌즈는 여전히 확고합니다. 그들은 "주여, 이스라엘 나라를 회복하심이 이때니이까"(행 1:6)라고 묻습니다. 따라서 부활만으로 신앙인들의 마음을 사로잡지 못했으며, 훗날 그들이 목격하게 될 광활한 비전의 특징을 보여주지도 못했습니다.

부활하신 예수님의 모습에 제자들은 갈등했으며, 예수님이 떠나시는 순간에야 비로소 세계사를 바꾸는 영광, 기독교 선포를 영원히 실현하는 영광을 얼핏 볼 수 있었습니다. 누가복음-사도행전에서 승천하시는 그리스도는 자신이 사라지는 것을 지켜보는 사람들을 '축복'하셨습니다. "예수께서 그들을 데리고 베다니 앞까지 나가사 손을 들어 그들에게 축복하시더니 축복하실 때에 그들을 떠나 하늘로 올려지시니"(눅 24:50-51). 이런 하나님의 은혜를 전달하심으로 예수님은 제자들에게 이전에는 없었던 존재가 되십니다. 예루살렘으로 돌아온 제자들은 기쁨으로 예수님을 경배하고 노골적으로 성전에 남아 하나님을 찬양합니다(눅 24:52-53). 더 이상 낚시도 하지 않고, 권력자들을 두려워하지도 않고, 숨지도 않았습니다.

칼 바르트는 "신약성경에는 그리스도께서 승천하셨다고 말하는 비교적 가느다란 선이 있다. 그런데 이 짧은 순간에 타의 추종을 불허할 만한 역사적인 전환점이 나타난다."라고 말했습니다.* 테리 돔의 『예수의 메시지에서 종말론의 재발견과 20세기 신학에 미친 영향』에서 제자들에게 전환점이 된 것은 부활이었다고 주장합니다. "나사렛 예수가 부활했기 때문에 그들이 기대하던 종말론적 새 시대, 즉 종말이 시작됐다… 초점은 예수가 부활해 살아나셨고, 그의 죽음으로 세상의 구원은 성취되었다"라고 주장합니다.** 어둠이 그리스도의 영광을 강조하고, 승천이 필수적이라 하더라도, 승천은 별도의 신앙 항목으로 취급해야 하며, 부활과 하나로 통합해서는 안 됩니다. "나는… 하나님의 유일하신 아들, 우리 주 예수 그리스도를 믿습니다…. 본디오 빌라도에게… 십자가에 못 박혀 죽으시고… 사흘 만에 죽은 자 가운데서 다시 살아나셨으며, 하늘에 오르시어…." 누가의 기록에서 승천은 제자들이 다시는 과거로 돌아갈 수 없는 계시의 순간입니다.

21세기를 사는 우리는 하나님께서 광활한 우주 저 너머 '저 밖'에 있는 것처럼 우주 공간으로 올라가셨다는 기록을 무시하고 싶을지도 모릅니다. 그러나 우리가 잊지 말아야 할 것은 최초 제자들조차도 시간과 공간, 하나님 나라에 대한 그들만의 이해에 갇혀 있었다는 사실입니다. 사도행전 1:3에서 예수님은 40일 동안이나 제자들에게 하나님의 통치에 대해 가르치셨지만, 제자들은 여전히 오해합니다. 승천을 통해 부재하지만, 여전히 항상 현재로 존재하시는 주님을 특별히 경험한 후에야 제자들은 시간과 공간에 대한 개념을 바꿉니다. 물론 '이스라엘의 회복'을 실현 가능한 소망으로 남겨놓으시지만, 예수님은 예루살렘에서 승천하시고 성부 하나님 우편에서 통치하십니다. 이런 초월적인 예수님의 통치는(엡 4:10) '하나님 나라가 온 땅의 나라들이나 왕들의 한계를 뛰어넘는다'는 것과 나사렛에서 오신 오직 한 분만이 주님이 되신다는 것을 보여줍니다.*** 부활하시고 승천하신 그리스도에 대한 그들의 경험에서 기독교 케리그마의 실체가 구체화됩니다.

* Karl Barth, *Dogmatics in Outline*, trans. G. T. Thomson(1949; repr., London: SCM Press, 1957), 124, 126.

** Terry C. Dohm, *The Rediscovery of Eschatology in the Message of Jesus and Its Impact on Theology in the Twentieth Century* (Regensburg, Germany: S. Roderer Verlag, 2003), 30.

*** 참조. Martin Luther, "About the Story and Fruit of Ascension," in *The Complete Sermons of Martin Luther*, vol. 6, ed. Eugene F. A. Klug, trans. Eugene F. A. Klug et al.(Grand Rapids: Baker Books, 2000), 117-18; Thodore P. Ferris, "The Acts of the Apostles," in *The Interpreter's Bible*(Vashville: Abingdon Press, 1954), 9:25, 29.

목회적 관점

"음, 데오빌로씨, 하나님을 사랑하는 모든 분이여, 이야기는 계속됩니다…." 예수님은 우리에게 용기와 힘을 채워주시는 위로자 성령님을 통해 교회 안에 살아 계십니다. 본문은 성령 안에서의 삶이 다가올 날에 제자들에게만 약속된 것이 아닙니다. 실제로 제자들은 예수님이 말씀하신 대로 성령을 받았습니다. 따라서 성령은 이미 그들의 삶에 간접적으로 활동하고 계셨으며, 이제는 약속받은 동일한 성령을 직접 경험하는 것만 남아 있습니다.

대부분의 기독교 전통은 예수님의 삶과 사역의 정점이 '부활'이라고 주장하지만, '승천'이라고 주장하는 경우도 있습니다. 부활은 분명 예수님 이야기에서 가장 화려한 사건이지만, 사도행전의 기록처럼 삶은 계속됩니다. 유대 언덕에 남겨진 사람들에게 예수님이 하나님께로부터 오신 것만이 좋은 소식이 아니라, 하나님께로 되돌아가신다는 것도 좋은 소식입니다. 우리는 하나님께로부터 왔고 하나님께로 되돌아갑니다. 그 길을 따르는 사람들도 역시 그렇게 뒤따라 움직입니다. 그 과정에서 어려운 것은 이 땅에서, 즉 '살며 기동하며 존재하는'(행 17:28) 지금, 여기에서 하나님께 뿌리내리고, 하나님 중심으로 사는 것입니다.

누가복음의 끝부분과 달리, 사도행전에서는 예수님이 제자들과 40일을 더 보내며 '하나님 나라에 대해 말씀하신'(3절) 후에야 승천하시는 이야기가 나옵니다. 여러분은 이미 예수님의 제자들이 스승의 사명을 이해하기 힘들어하는 것을 봤기 때문에 '과연 저들이 앞으로의 사역에 도움이 되기는 할까?'라고 상상할 수 있습니다. 여러분은 유월절 기간에 벌어진 사건으로 그 혼란이 채 가라앉지 않은 혼란스러운 예루살렘의 모습을 상상할 수 있습니다. 제자들은 예수님과 함께 있다는 사실이 기쁘면서도, 비교적 조용하고 안전한 갈릴리로 돌아가기 위해 짐을 싸서 문을 걸어 잠근 채 조심스럽게 숨어 지내고 있습니다. 그들은 집으로 돌아가고 싶기도 하고, 예수님을 보내드리고 싶지도 않습니다.

제자들에게 어려움은 계속됩니다. 예수님은 제자들을 물리적으로 떠나려고 계획하고 계시지만, 제자들에게 예루살렘에 남아 있으라고 지시하십니다. 조금만 더 견디면 성령의 은사를 주겠다고 이미 약속도 하셨습니다. 그들은 많은 것을 배웠지만 여전히 타고난 호기심이 발동해 '주님께서 이스라엘 나라를 회복하시는 것이 이때인가요?'라고 질문합니다. 그들은 여전히 근시안적인 태도를 보이며, 아직 큰 그림을 보지 못합니다. '당신들의 시야는 너무 좁습니다. 당신들은 아직 준비돼 있지도 않고, 하나님께서 이곳에서 어떻게 일하시는지는 알 필요도 없습니다. 당신들은 성령의 임재를 준비해야 합니다. 그것이 그 길을 따라가는 여정의 다음 단계가 될 것입니다. 지금은 이것으로 충분합니다. 당신들은 이 정도까지만 감당할 수 있을 것입니다.'

그들은 자신들이 있는 곳에서부터 그리스도의 증인이 되어 '땅끝까지'(8절) 복음을 전해야 합니다. 제자들이 후속 질문을 하기도 전에 바로 그들의 눈앞에서 예수님은 구름 속으로 들려 올라가 시야에서 사라지셨습니다. 다시 한번, 우리는 그들이 구름 너머를 보려고 목을 빼고 입을 벌리고 언덕에 서 있는 바보 같은 모습을 상상할 수 있습니다. 천사의 목소리가 들리는 기적을 보며 그들은 다시 현실로 돌아옵니다. '왜 하늘을 바라보고 서 있나요? 이 예수님은… 당신들이 본 것과 같은 모습으로 다시 오실 것입니다'(11절).

하나님께로부터 오셨고, 하나님께로 되돌아가셨습니다. 하늘과 땅을 오고 가는 길목을 가로막았던 막은 이제 영원히 사라졌습니다. 이제 그 길을 따라, 오고 갈 새롭고 놀라운 움직임을 약속해 주신 것입니다. 예수님은 그 길을 가장 먼저 여행하셨습니다. 앞으로 더 많은 사람이 그 길을 여행할 것이라고 약속해 주십니다. 왜냐하면 성령의 권능을 받은 어색하고 빈틈이 많은 제자들이 그 길을 보여줄 것이기 때문입니다.

무엇보다도 이 본문은 하나님께서 가장 소박한 사람들, 즉 농민과 버림받은 사람들, 생각이 둔하고 두려움이 많은 사람을 통해 어떻게 세상을 변화시키는지를 강조합니다. 이 제자들에게 세상을 바로 세우기 위한 예수님의 근본적인 혁명 운동에 대한 책임이 주어집니다. 겉으로 보기에 그들은 문자 그대로의 이스라엘 다윗 왕국의 회복에 대한 전통적인 관심에 사로잡혀 있으며, 자신들이 잘살아야겠다는 확고한 욕망 너머는 보지도 못할 수 있습니다. 그럼에도 불구하고 예수님은 그들을 성령께 맡겨드리기에 충분한 긴 시간 동안 그들과 함께 머무셨으며, 성령은 그들 가운데서 일을 시작하셨고, 그 일을 계속하실 것입니다. 그들은 권력자에게 확실하게 진리를 말하고 세상 끝날까지 좋은 소식을 전할 목소리를 찾으려 합니다.

현대의 제자들에게 주어진 도전은 우리도 그렇게 해야 한다는 것입니다. 우리도 때로, 혹은 어떤 일에 예수님이나 그 누구라도 우리를 대신해서 일해 주기를 소망하며 '하늘을 바라보고 있지'는 않나요? 오늘도 그 길을 따르는 우리에게 기적의 약속을 해주셨는데 전통적인 시각에 사로잡혀 새로운 것을 보지 못하는 장애는 없나요? 하나님께로부터 와서 하나님께로 돌아가는 이 길을 여행하기 위해, 개인이나 신앙 공동체를 위해, 무엇이 필요할까요?

첫 제자들은 예수님이 승천하신 날, 예루살렘을 향하는 발걸음을 되짚으며 불안과 두려움, 소망과 꿈, 경이로움과 기대감을 서로 나누었을 것입니다. 예수님은 그들을 공동체로 모아주셨고, 공동체로 가르쳐 주셨으며, 작은 공동체 한가운데서 떠나셨습니다. 공동체 안에서 그들에게 성령을 약속해 주셨습니다. 물론 개인도 성령을 체험할 수 있고, 실제로 체험하기도 하지만, 예수님은 온 세상에 복음을 전파하고 하나님의 통치를 가져오는 것은 공동체 안에서 역사하시는 성령이라고 분명히 말씀하십니다. 이 현실은 이천 년 동안 변하지 않았습니다. 여전히 복음을 전파하고 하나님의 통치를 가져오기 위해서는 성령으로 충만한 신앙의 공동체가 필요합니다. 이것이 바로 그 길을 따르는 그리스도의 몸으로서 우리의 도전이자 사명입니다.

주석적 관점

오늘의 구절에 제목을 붙인다면 "뒤를 돌아보기, 앞을 내다보기, 위를 올려다보기"가 될 것입니다. 이는 성경에서 발견할 수 있는 핵심요소 세 가지입니다. 따라서 서로 연관돼 있지만 각 부분을 개별적으로 다루고자 합니다.

뒤를 돌아보기 사도행전은 고대 역사서처럼 후원자 데오빌로에게 헌정하고 첫 번째 책인 누가복음을 거슬러 올라가면서 시작합니다. 저자는 '나는 예수께서 처음부터 하늘로 올라가신 날까지 행하고 가르치신 모든 것을 기록했다'(1-2절)고 말합니다. 이렇게 함으로써 저자는 두 가지를 강조합니다. 첫째, 기독교가 당시의 문학 형식을 채택했다는 것입니다. 이 운동은 구전 전승이라는 보통 사람들의 영역을 떠나 문학의 세계로 들어가는 지점에 자리합니다. 이것은 신약성경에서 적어도 일부 기독교인들이 팔레스타인 유대인 중심의 구전 세계의 한계를 넘어 그리스-로마 세계의 광대한 환경으로 나아가고자 했음을 보여주는 몇 안 되는 표시 중 하나입니다. 둘째, 기독교 전승 전체를 제시하려는 누가의 결단은 이 시점에서 교회가 모든 시대를 위한 예수님 전승의 형태로 확립하려는 의도를 보여줍니다. 이제 일화와 구전의 시대가 교리와 부상하는 신학의 시대로 바뀌는 것을 알 수 있습니다.

앞을 내다보기 3절 시작 부분에서 과거를 돌아보던 초점이 앞을 내다보는 쪽으로 바뀝니다. 가장 급격하게 바뀌는 것은 복음을 마지막으로 언급하는 승천(눅 24:51)으로 되돌아가는 것입니다. 이제 우리는 부활의 '많은 설득력 있는 증거'에 대해 듣게 됩니다. 사도행전은 부활 후 40일 동안 예수님이 제자들에게 반복해서 '하나님 나라'에 대해 말씀하셨다는 것을 전합니다. 4~5절에서 우리는 제자들에게 성령을 받을 때까지 예루살렘에 머물러 있으라는 예수님의 명령을 다시금 떠올릴 수 있습니다(눅 24:49 참조). 이를 통해 이어지는 '이스라엘 나라의 회복'에 대해 질문하는(6절) 상황을 알 수 있습니다.

'주께서 이스라엘 나라를 회복하심이 이때니이까'라는 질문은 제자들이 무식하다는 뜻이 아닙니다. 오히려 이 질문은 신학적으로나 역사적으로나 가장 중요한 문제를 명확히 한 것입니다. 첫 신앙인들은 성령을 부어주시는 것을 보며 세상의 종말이 가까웠다는 징조로 여겼습니다. 다시 말해, 그들은 '성령께서 오셔서 이스라엘을 회복하기 시작하시는 신호인가?'라고 생각하며 놀랐습니다. 이는 또한 '나라는 이스라엘에만 국한된 것인가?'에 대한 사도행전의 기본적인 관심을 나타냅니다. 1장 7절에 나오는 예수님의 대답은 다른 공관복음서(막 13:32, 마 24:36)에 나오는 말씀에 근거하고 있습니다. 여기 사도행전에서는 '아들도 모르고 오직 아버지만 아시느니라'라는 문구를 삭제하고 있으며, 재림의 시기에 대해 질문하는 것을 금지하고 있습니다. 이 선언에서 우리는 사도행전의 저자가 종말에서 선교로 초점이 옮겨가는 새로운 시대의 대변인으로 앞을 내다보고 있다는 것을 볼 수 있습니다. 사도행전 주석으로 현대 학계에 큰 영향을 끼친 에른스트 헨첸은 "(누가는) 임박한 종말에 대한 모든 기대를 단호하게 포기했다"라고 주장합니다.* 따라서 오늘 본문은 독자들이 '종말은 언제 올 것인가?'라는 질문에서 '종말을 기다리는 동안 우리는 무엇을 하도록 부름 받았나?'라는 질문으로 초점을 옮기게 합니다.

선교 사업체라고 할 수 있는 사도행전의 교

* Ernst Haenchen, *The Acts of the Apostles:A Commentary*, trans. R. McL. Wilson(Philadelphia: Westminster Press, 1971), 143.

회는 첫 번째 질문의 기초가 되는 두 번째 질문, 즉 '교회의 선교가 이스라엘에만 국한되는가?'라는 질문에 응답합니다. 저자는 예루살렘에서 '땅끝까지'의 기독교 선교 과정을 정리하면서 사도행전의 내용, 즉 예루살렘에서 로마까지 복음이 전파되는 과정을 간결하게 강조합니다(8절). 다시 말해, 성령을 부어주심은 제자들이 예루살렘과 이스라엘 나라의 회복이라는 좁은 범위와 좁은 시야를 넘어 '하나님 권능의 역사'를 전하는 더 크고 다양한 세계로 나아갈 수 있도록 준비시켜 줍니다(2:11).

앞을 내다보기 위한 근거로 과거를 돌아보겠다는 결심을 한 누가는 1:9에서 독자들에게 문제를 제기합니다. 누가복음은 예수님의 승천으로 끝납니다(눅 24:51). 어떤 사람들은 이런 서술의 불일치에 의문을 제기할 수 있지만, 사도행전의 저자에게는 교회 이야기가 '제자들에게 맡겨진 것이 아니라 40일 동안 더 그들을 찾아가서 가르치신 주님으로부터 시작'돼야 한다는 것이 가장 중요했습니다.* 이는 사도들이 완벽한 인간이며, 스스로 충분할 수 있다는 생각을 버려야 한다는 의미일 수 있습니다. 이 가르침의 시간, 성령을 부어주심, 그리고 책 전체에 걸친 하나님께서 개입하시는 다른 행위들은 사도들에게 하나님의 도우심이 필요했다는 것을 암시합니다. 기독교 선교는 단순히 인간만의 사업이 아닙니다. 예수님이 제자들에게 남긴 마지막 말씀에서 알 수 있듯이, 선교는 하나님께서 임명하고 인도하시는 사업입니다.

위를 올려다보기 승천에 대한 묘사, 즉 내러티브가 위를 올려다보기 시작하는 시점은 간결하고 매끄럽습니다. 직접적으로 예수님은 제자들에게 '내 증인이 되리라'(8절)고 명령하신 직후 제자들 앞에서 들려 올라가십니다(9절). 제자들은 고린도전서 15:7 말씀과 유사하게 이 사건의 목격자들입니다. 구름 속에 들려 올라 '시야에서 사라졌기 때문에' 예수님의 하늘 입성 자체를 묘사할 수는 없습니다. 이런 점에서 누가의 기록은 유대교와 그리스-로마 세계(예. 에녹서 39장, Livy, *Ab urbe cond*)에서 볼 수 있는 다른 기록과 다를 뿐만 아니라 요한계시록(계 4:1-2)의 상세한 설명과도 다릅니다. 누가복음 24:5~6에서와 마찬가지로, 그 사건의 반응에 책망을 받습니다(10-11절). 사도행전의 승천은 사건을 다르게 묘사하는데(예. 베드로복음서와는 현저하게 다름), 그 이유는 엄숙함을 위해 감정을 노출시키지 않고, 심지어 책망하기까지 한다는 점입니다. 이는 예수님의 사명에 초점이 맞춰져 있습니다. 승천은 그 사명을 시작하는 사건입니다.

설교적 관점

우리 대부분은 예수 그리스도의 승천에 대해 거의 알지 못합니다. 어떤 사람들은 그 장면을 그린 그림이나 성당의 어두운 구석을 아름답게 장식한 '승천 창문'을 본 적이 있을 것입니다. 보통 이런 그림들은 예수님이 흰옷을 입고 구름 위로 떠오르는 모습을 묘사하며, 경외심으로 가득찬 제자들이 놀라워하며 혼란스럽게 위를 바라봅니다. 예수 그리스도의 승천은 고대 신앙의 선조들에게 매우 중요한 사건이었기 때문에 초기 기독교 신조의 일부에 포함시켰습니다. 사도신경에서는 '장사된 지 사흘

* Ibid., 146.

만에 죽은 자 가운데서 다시 살아나셨으며, 하늘에 오르시어 전능하신 하나님 우편에 앉으셨습니다'라고 고백합니다.

기독교 신학에서 승천은 예수님의 지상에서의 경험이 끝나고 하나님 편에서 중보자이자 대변자로서 예수님의 역할이 시작됐음을 뜻합니다. 칼뱅은 그리스도께서 우리의 죄로부터 하나님의 시선을 돌려 주위를 산만케 하는 거룩한 역할을 한다고 상상합니다. 그는 그리스도께서 하나님을 설득해 우리를 호의적으로 바라보시게 하고, 하나님의 하늘 통치 안으로 우리가 들어가도록 길을 열어주셨다는 것을 바라보라고 격려합니다. 본문 자체를 자세히 살펴보면 설교를 위한 몇 가지 핵심 주제를 발견할 수 있습니다.

중간 시대에 살기 예수님을 따르던 초기 제자들에게 승천은, 예수님의 지상에서 경험이 끝나고 재림으로 이어지는 '중간 시대'의 시작을 의미했습니다. 우리는 오늘날에도 여전히 중간에 낀 시대를 경험하고 있습니다. 대부분의 사람에게 '중간에 낀 시대'는 즐거운 시간이 아닙니다. 모든 것이 불확실하고 흔들립니다. 포스트모던 시대, 혹은 포스트-에브리씽(post-everything) 시대에는 모든 것을 붙잡아야 할 것 같습니다. 가솔린 자동차가 사라진 다음에는 어떤 변화가 있을까요? 북극의 빙하가 녹은 후에는 어떻게 될까요? 전 세계적인 테러가 발생하면 어떻게 될까요? 교회와 교단이 약해진 이후에는 무엇이 남을까요? 오늘날 많은 사람이 제자들처럼 '지금이 이스라엘 나라를 회복하실 때인가요?'라고 궁금해합니다. 하나님께서 영광을 입고 오셔서 세상을 다시 온전하게 만들기에 이보다 더 좋은 때가 어디 있을까요? 우리는 모두 사회적으로나 개인적으로나 한세상에서 다음 세상으로 넘어가는 힘겨운 길목에 있습니다. 우리는 우리의 존재 가장 깊은 곳에서 중간 시간을 산다는 것이 어떤 것인지 잘 알고 있습니다.

좌절로부터 영적인 목적을 향해 이 이야기에서 두 번째 주제가 곧바로 등장합니다. 예수님은 제자들의 질문에 "때와 시기는 아버지께서 자기의 권한에 두셨으니 너희가 알 바 아니요"(7절)라고 대답하십니다. 제자들에게는 실망스러운 소식이었을 것입니다. 그리고 이는 우리에게도 마찬가지입니다. 우리는 마치 수 세기가 지났다는 것을 인식하지도 못한 채 하나님의 평화와 정의가 이 땅에서 회복되기를 바라고 있습니다. 마치 우리는 끝이 보이지 않는 불안함과 불완전함 속에서 살아가는 것처럼 다행히도 성경의 이야기는 여기서 끝나지 않았습니다.

다음으로 우리에게 목적으로 주어진 사명은 "오직 성령이 너희에게 임하시면 너희가 권능을 받고 예루살렘과 온 유대와 사마리아와 땅 끝까지 이르러 내 증인이 되리라"(8절)입니다. 우리는 영적인 능력과 목적이 없는 중간 세상에 방치돼 있지 않다는 사실을 깨닫게 됩니다. 병든 자를 방문하고, 정의를 수호하고, 교회를 새롭게 하고, 배고픈 이들을 먹이고, 노숙자를 수용하고, 기도하고, 성경 공부하고, 함께 예배하는 등 하나님의 새날을 향해 나아가는 이 시기에 우리가 해야 할 중요한 일들이 있습니다. 이 중간 시간은 자신만 바라보던 삶에서 벗어나, 성령의 능력으로 다른 사람을 살아가야 하는 시간입니다. 예수님의 승천은 오순절 성령강림과 그 이후 세상 속에서 교회가 영적으로 증언하며, 지금처럼 불확실한 시대를 살아가는 우리에게까지 이어지고 있습니다.

집을 떠나 하나님의 심장에 붙잡히기 우리가 중간 시대를 살아가며 사명만으로 지탱할 수는 없습니다. 사실 누가복음의 다음 이야기가 아니었다면 우리 대부분은 지치고 피곤해졌을 것입니다. 누가복음에 따르면, "그들이 보는 데 올려져 가시니 구름이 그를 가리어 보이지 않게 하더라"(9절), 즉 예수님은 구름 속으로 사라지셨습니다. 우리는 이것이 끔찍한 일이며, 하나님께서 우리를 버리셨다가 다시 유령 같은 영을 보내신다고 생각할 수 있습니다. 왜냐하면 우리는 예수님의 신성에만 집중하여 예수님을 하나님께서 우리에게 잠시 빌려주신 분, 높은 곳에서 내려오신 분, 그리고 영광 가운데 하나님과 함께하기 위해 우리를 떠나신 분으로 보기 때문입니다. 우리는 승천을 예수님이 이 땅에서 우리와 함께 한 길고 힘든 방문을 마치고 하나님과 함께하기 위해 집으로 되돌아가신 것으로 봅니다. 그렇지만 누가의 언어는 다른 관점을 암시합니다. 누가는 예수님이 '들림 받으셨다', '들어 올려지셨다', 구름이 '그를 데려갔다'라고 말합니다. 이 표현은 예수님이 위엄 있게 하나님께로 돌아가신다기보다는 이 땅의 집을 떠나는 것처럼 보입니다. 본문은 계속해서 '하늘로 가심을 본 그대로'(11절), 즉 '같은 방식으로' 다시 오실 것이며, 예수님의 재림은 세상으로의 귀환이 될 것이라고 말합니다. 인도의 신학자 판디페디 첸치아는 이것이 '영속성, 즉 예수님의 인성의 지속성'을 강조하는 것이라고 말합니다.* 의사 누가는 우리에게 하나님의 마음에 흡족한 예수님의 인성을 보여주고 있으며, 그 그림에서 우리는 그 어느 때보다 더 깊이 하나님의 마음에 흡족한 모든 인류를 보게 됩니다. 이것은 중간 시대에 있는 우리에게 심오하고 좋은 소식입니다. 세상이 변화함에 따라 우리는 새로운 형태의 불안에 직면하게 됩니다. 우리는 억압을, 때로는 폭력을 경험하고, 고통과 죽음에 직면합니다. 우리는 치유와 온전함을 갈망하여 정의를 위해 일합니다. 이를 통해 우리는 하나님께 참으로 귀하게 여기셔서 참 인간으로 오신 분의 비전을 성취합니다. 그분은 우리를 하나님께 인도하기 위해 스스로 우리 인류와 함께 집에 거하셨습니다. 그분이 집에 돌아와 세상을 회복하실 때까지 우리는 견디고, 귀하게 여기고, 붙들어야 합니다.

* Pandipeddi Chenchiah, quoted in George Hunsberger, "'The day when he was taken up…': A Meditation from Acts 2:1-9," *International Review of Mission* 86, no. 343(Oct. 1997): 391.

주의 승천일

시편 93:1~5

1 여호와께서 다스리시니 스스로 권위를 입으셨도다 여호와께서 능력의
옷을 입으시며 띠를 띠셨으므로 세계도 견고히 서서 흔들리지 아니하는
도다
2 주의 보좌는 예로부터 견고히 섰으며 주는 영원부터 계셨나이다
3 여호와여 큰 물이 소리를 높였고 큰 물이 그 소리를 높였으니 큰 물이 그
물결을 높이나이다
4 높이 계신 여호와의 능력은 많은 물소리와 바다의 큰 파도보다 크니이
다
5 여호와여 주의 증거들이 매우 확실하고 거룩함이 주의 집에 합당하니
여호와는 영원무궁하시리이다

신학적 관점

하나님에 대한 언어를 발전시킬 때, 다른 사람을 배제하거나 소외시켜서는 안 됩니다. 오히려 하나님 이야기는 하나님의 공동체적 본성에 대한 더 깊은 대화로 이어져야 합니다. "여호와께서 다스리시니 스스로 권위를 입으셨도다. 능력의 옷을 입으시며 띠를 띠셨으므로 세계도 견고히 서서 흔들리지 아니하는도다"(1절). '왕으로서의 하나님', 그런 언어는 가부장적인 왕의 배타주의적 수사가 아니라, 오히려 최선의 의도를 가지신 것을 의미하며, 왕의 언어는 듣는 개인에게 하나님께서 하나님의 왕국과 불가분의 관계에 있음을 선포합니다. 하나님은 공동체를 떠나서는 이해할 수 없는 분이십니다.

공정하게 말하자면, 가부장적인 하나님 이야기와 반대되는 주장은 교회가 사회에서 여성의 소외를 정당화하기 위해 그런 이야기를 사용해 온 잘못된 방식 때문에 발생합니다. 우리가 가부장제에 갇혀 있으면 남성 지배와 통제를 위한 경쟁 구도를 초월할 수 없게 됩니다. 그러나 우리가 하나님에 대해 잘못 이야기할 때 발생하는 이런 어려움이 하나님에 대한 우리의 말을 방해해서는 안 됩니다. 예를 들어, 소음도 그 고유한 소리를 다른 파트와 잘 조화를 이룬다면 심포니 오케스트라가 될 수 있습니다. 시편 기자는 "여호와여 큰 물이 소리를 높였고, 큰 물이 그 소리를 높였으니, 큰 물이 그 물결을 높이나이다 높이 계신 여호와의 능력은 많은 물소리와 바다의 큰 파도보다 크니이다"(3-4절). 오케스트라 연주회를 시작하기 전에 연주자들이 악기를 조율하기 위해 먼저 소음을 내야 하는 것처럼 인간도 하나님에 관한 대화를 통해 더 성숙해집니다.

시편 기자가 하나님을 왕으로 모시고 기도할 때 '부정신학'(否定神學, Apophatic theology)을 많이 사용합니다. 부정신학은 하나님께서 우리의 이해를 넘어서는 실체이시기에 모른다는 것을 인정하는 데서 출발합니다. 그렇기에 우리가 하나님께 이름을 붙일 수 있다면, 더 이상 하나님이 아니시라는 신학적 이해입니다. 부정신학은 우리가 하나님의 이름을 붙이는 문제를 해결하는 데 도움이 됩니다. 불가능한 존재에 이름을 붙일 때 우리는 끊임없는 모순을 발견하게 됩니다. 예를 들어, 보수주의 기독교와 자유주의 기독교를 나란히 놓는 것은 불필요한 모순이며, 각 그룹은 서로에게 배울 수 있습니다. 보수적인 기독교인들이 가르치는 것처럼, 우리는 모두 이 세상에 하늘의 직접적인 개입이 있다는 것을 인정해야 합니다. 저는 보수적인 친구들로부터 천국이 실제로 존재한다는 것을 배웠습니다. 자유주의 기독교인들은 하늘이 이 땅을 하나님의 공동체라는 특별한 본성을 소유할 수 있는 곳으로 변화시키고 있다고 가르칩니다. 다시 말해, 새 하늘과 새 땅에서는 해나 달이 필요 없을 것이기 때문에(계 21:1) 천국이 존재하는 곳에 대한 우리의 인식은 항상 변화해야 합니다. 부정신학은 우리말의 빈곤함 때문에 그리스도인들이 하나님께서 이 땅에서 어떻게 계시되는지 매우 불완전하게만 설명할 수 있다고 고백합니다.

우리가 희미한 거울을 더 선명하게 볼 수 있을 때까지, 부정신학은 지상의 천국을 이해하는 가장 좋은 신학적 방법론 중의 하나입니다. 일부 '보수적인' 기독교인들은 하나님 아닌 것에 대해 생각하는 데 어려움을 겪지만, 이런 신학적 작업은 하나님을 사적 영역의 왕으로만 취급하는 내재적이고 개인주의적인 우주론의 위험으로부터 우리 하나님 이야기를 보호해줍니다. 여기서 어려운 점은 개인의 구원이 그리스도인의 궁극적인 목표가 아니라 하나님께서 궁극적인 목표라는 것입니다. 부정신학은 하나님의 선물이 우리 자신의 개인적인 구원에 대한 우리의 염려를 초월한다는 것을 되새겨줍니다. 구원의 궁극적인 목표는 언제나 주체이자 객체이신 하나님이십니다.

'자유주의' 기독교인의 위험은 관용이 미덕인 개인주의에도 존재합니다. 그러나 그리스도 안에서 계시된 하나님은 관용에 관한 것이 아닙니다. 예수님은 샬롬이 단순히 서로를 관용하는 방식이 아니라 평화롭게 함께 번영하는 방식이 되어야 한다고 말씀하십니다. 하나님의 말씀은 번쩍이는 네온사인처럼, 번쩍이는 끈기로 진보와 보수가 함께 구원받아야 하며, 그렇지 않으면 아무도 천국에 갈 수 없다는 것을 보여줍니다. 본 주석의 처음 부분으로 다시 돌아가서, 하나님을 '왕'으로 칭하는 것은 불완전한데, 그 이유는 하나님에 대한 어떤 말도 하나님을 완전히 담아낼 수 없기 때문입니다.

먼저 천국을 구한다면, 하나님에 대해 말하는 한계로부터 우리를 자유하게 할 수 있습니다. 왜냐하면 우리는 하나님을 보는 미성숙한 방법으로 더 이상 하나님의 이름에 매이지 않아도 되기 때문입니다. 하나님은 형언할 수 없는 분이시며, 온전한 이름으로 칭할 수 없는 분이십니다. 그리스도인으로서 우리는 그리스도의 성육신으로 인해 이 신비를 알게 됐습니다. 예수님은 세상에 새로운 하나님 이야기를 가르치셨는데, 그것은 권력과 위신이라는 왕의 관점이 아니었습니다. 실제로 사람들은 예수님을 왕이라고 부르며 조롱했습니다. 따라서 자신의 이념과 신학에 확신이 있다면, 하나님의 이름 때문에 살아 계신 하나님을 알아보지 못하는 일이 없도록 주의해야 합니다.

부정신학을 통해서 우리는 기독교 메시지를 둘러싼 잘못된 개념들, 특히 영원한 폭력, 전쟁, 기근, 질병, 노예 제도, 가난한 사람들이 항상 우리와 함께한다는 잘못된 해석을 피할 수 있습니다. 이런 설명의 대부분은 왕이 필요한 왕국, 지상과 분리된 하늘, 상황이 나아질 때까지 시간을 기다려야 한다는 수사학으로 우리를 내팽개치는 것입니다. 성경 교사들이 보여주듯이, 우리는 성경을 더 깊은 의미에서 해석하는 법을 배워야 하며, 일부 사람들이 다른 사람들을 구석으로 내몰고 억압하기 위해 사용하는 잘못된 이해를 넘어서는 법을 배워야 합니다.

시편 기자는 우리에게 하나님을 바라보는 더 큰 시각을 제시합니다. "높이 계신 여호와의 능력은 많은 물소리와 바다의 큰 파도보다 크니이다"(4절) 이런 관점은 우리가 모두 만들고 싶어 하는 거짓 신들의 세계에서 우리를 자유롭게 해줍니다. 시편 기자의 의도는 하나님의 신비를 허독하는 것이 아니라 하늘에 계신 하나님의 신비를 경험하는 겸손한 증인이 돼야 한다는 것입니다. 우리는 주로 이론적 사고의 영역에서 하나님을 목격하지 않으며, 하나님의 거처는 500억 광년 떨어진 곳에 있지 않습니다. 오히려 이 지상에 현존합니다. 천국은 하나님께서 '자신 혼자서' 만족해하며 개인적으로 거하시는 곳이 아닙니다. 반대로, 하나님께서 공동체적으로 역사하시며 우리와 함께하시는 지금, 바로 이곳입니다. 우리는 모두 하나님을 향한 서로의 '개인적인' 여정, 즉 하나님께서 개인적으로 어느 곳 멀리에 떨어져 계실 필요가 없다는 것에 관심을 가져야 합니다.

목회적 관점

시편 93편은 주님이 승천하신 날에 하나님의 백성이 부르고 싶어 했을 만한 시편입니다. 이 날은 교회가 모여 하나님 우편에 앉으신 분이 예수 그리스도이심을 기억하고 선포하는 날입니다. 이 시편을 통해 회중의 찬양 소리는 높이 올라갑니다. "여호와는 왕이시다." 이런 전례의 신앙고백은 거센 큰 물 앞에서도 표출됩니다. 많은 사람이 격렬한 큰 물을 경험하며 이런 담대한 신앙고백의 근거가 약화될 수도 있지만, 하나님의 백성은 예배를 위해 모여 이런 신앙고백을 흔하게 표현할 수 있습니다. 승천하신 날뿐 아니라 매주 드리는 예배의 전례에서도 이런 신앙고백은 다음과 같이 넘쳐날 수 있습니다.

> "오늘은 주님이 만드신 날입니다."
> "동이 서에서 먼 것처럼, 하나님께서 우리의 죄악을 우리에게서 제거하셨습니다."
> "주님의 말씀입니다."
> "이것은 당신을 위해 부어주신 새 언약의 잔입니다."
> "평화롭게 가세요."

이 전례의 신앙고백들은 주님이 주권자시라는 믿음에 기초하지만, 하나님의 통치에 대한 확신은 산 위에서 선포하는 것이 아닙니다. 이 왕의 시편은 밀려오는 파도 앞에서 부르는 찬양입니다. 심지어 성서를 가볍게 읽는 독자들이라도 '큰 물'이 하나님의 자녀를 침범하는 혼돈을 묘사하는 고대의 은유라는 것을 알아차립니다. 성소에서 예배드릴 수는 있지만, 예배가 삶의 혼돈과 파괴로부터 성소를 만들어 주지는 않습니다. 하나님의 명령을 신실하게 따른다고 해서 가혹하고 다치기 쉬운 삶의 행로로부터 차단되는 것은 아닙니다. 믿음이 충만한 사람들도 역시 슬픔에 휩싸인다는 것이 무엇인지 압니다. 믿음이 충만한 사람들도 절망을 헤쳐나가는 것이 무엇인지, 억압, 가난, 질병의 무거운 짐에 삼킴을 당하는 것이 무엇인지는 잘 압니다. 그럼에도 회중은 밀려오는 큰 물에 목까지 잠기는 상황에서도 '여호와는 주권자'이시라며 하나님의 신실하신 통치를 노래합니다.

시편 기자는 인생의 혼돈에 대해 솔직하게 말합니다. 시편 기자는 세 번이나 혼돈을 마주해야 했습니다.

> "여호와여 큰 물이 소리를 높였고
> 큰 물이 그 소리를 높였으니
> 큰 물이 그 물결을 높이나이다"(3절)

이는 성난 큰 물이 포효하는 다른 소리들 속에서 하나님의 음성을 들어야 했음을 의미합니다. 우리는 이런 혼돈의 소리를 알고 있습니다. 이 소리는 관대함보다는 탐욕에 관해 이야기합니다. 그들은 평화보다 폭력을 말합니다. 그들은 동정심보다 이기심을 말합니다. 그들의 끊임없는 주제는 '두려움'입니다. 이런 소리는 인간 이야기의 긴 여정에서 끊임없이 들려옵니다. 시편 기자는 그들의 분노의 힘에 눈이 멀지 않습니다. 시편은 삶의 고단함에서 멀리 떨어진 안식처에서 부른 노래가 아닙니다. 시편 기자는 우리가 살고 있는 세상에 대해 순진하지 않습니다. 오히려 혼돈과 악을 정면으로 바라보면서 하나님에 대한 믿음을 표명하고 있습니다. 큰 물을 포함한 모든 상황에서 신뢰할 수 있는 것은 오직 하나님의 증거뿐입니다. 권위로 옷을 입으신 분은 주님이십니다. 믿을 수 있는 것은 오직 주님의 음성뿐입니다. '여호와여 주의 증거들이 매우 확실하고'(5절), 주께서 보여주신 증거는 큰 물의 한가운데서 선포되는 생명의 능력입니다. 이 생명의 능력은 '영원부터' 계신 여호와께서 우리의 주권자이시기 때문에 신뢰할 수 있습니다.

큰 물의 소리들은 그날이 우리의 것이라고 선언하지만, 그러나 하나님은 우리의 주권자이시기에 오늘은 '여호와께서 만드신 날'(시 118:24), 즉 하나님의 것입니다. 혼돈의 소리는 우리가 과거의 악에 사로잡혀 있다고 선포하지만, 거룩한 증거는 "동이 서에서 먼 것같이 우리의 죄과를 우리에게서 멀리 옮기셨으며"(시 103:12)라고 약속합니다. 세상의 파도는 '내 생명은 내 것'이라고 주장하지만, 세례의 약속은 '예수 그리스도는 나의 주님이시며 구세주이십니다'라고 외칩니다. 신앙인은 항상 폭력의 세상에서 살지만, 이 세상에 대한 약속과 부르심은 '평화롭게 가라'는 것입니다. 이기심의 목소리가 우리를 향해 달려들고 탐욕의 파도가 우리를 휩쓸어버리겠다고 위협할 때, 두려움이 우리의 기반을 침식하려 할 때, 시편 기자는 주님이 우리의 주권자이시기에 생명을 주장합니다.

"높이 계신 여호와의 능력은
많은 물소리와
바다의 큰 파도보다 크니이다"(4절)

이것은 예배의 언어입니다. 절대 순진하지 않으며, 생명을 파괴하려는 세력과 맞서 언제나 도전적이며, 파괴와 악의 물이 밀려올 때도 하나님의 주권을 담대하게 선포합니다.

시편 93편의 신실한 찬양자는 주변 상황 때문에 선포되는 진리를 노래하는 것이 아닙니다. 그는 상황에 맞서 도전적인 어조로 진리를 노래합니다. 끊임없는 분열이 사실인 것처럼 보이는 세상에서 교회는 진실로 사람들이 동서남북에서 와서 함께 식탁에 앉게 될 것이라고 선포합니다.

폭력으로 정의된 세상에서 교회는 칼을 쳐서 보습을 만들고, 창을 쳐서 낫을 만드는 날이 올 것이라고 주장합니다. 하나님의 백성이 '평화롭게 가라'는 선포와 함께 성소를 나와 깨어지고 두려움의 노예가 된 세상으로 걸어가면서 동일한 말씀으로 도전하는 것입니다.

전례의 언어는 현재 상황을 넘어 거룩한 상상력으로만 알 수 있는 영원한 진리를 말합니다. 큰 물은 실재하지만, 절대적인 것은 아닙니다. 악과 혼돈의 세력은 어제도, 오늘도, 그리고 내일도 주님은 주권자이시라는 진리를 겸손하면서도 담대하게 노래하는 하나님 백성의 찬양을 결코 침몰시킬 수 없습니다. 어느 날이어도 참된 주님의 승천을 위해 우리는 한 날을 지정해 기념합니다.

주석적 관점

시편 93편은 시편 제4권에 속합니다. 일반적으로 시편 47편, 96~100편과 함께 즉위시로 이해하며, 만물에 대한 하나님의 왕권을 선포하고 기념하는 성전 전례에 사용된 것으로 보입니다. 이런 찬송가는 새해를 맞이하는 가을 축제에서 비롯되었다는 학자들의 주장이 제기돼 널리 받아들여지고 있습니다. 따라서 여호와께서 왕으로 즉위해 태초의 혼돈을 물리치고 창조한 것을 새롭게 하시는 의미가 있습니다.*

지그문트 모빙켈은 실제적인 현재를 반영한 즉위 시편의 요소들을 반영한다고 생각했습니다. 즉위 시편은 눈앞에 보이는 삶과 관계없는 단순한 시적 은유로 노래하는 것을 넘어서서 당시 예배자가 경험하고 삶의 목적으로 삼는 것을 직접적으로 반영합니다. 위대한 업적을 이룬 후 왕좌에 오르시는 주님의 이미지는 고대 근동 지역에서 널리 알려진 다양한 형태의 신화를 모티브로 합니다. 이런 당시의 신화들은 왕권이 신성하다는 것을 개념화하는 일반적인 언어였습니다. 기회가 있으면 어느 한 순간에 왕이 된다는 생각은 여러 방식으로 설명할 수 있는데, 그중 하나가 이스라엘의 '구원'입니다. 구원 행위의 본질은 단순히 역사적인 것뿐만이 아니라 우주적이며 신화적인 것이며, 이는 어떤 의미에서 회중이 목격하는 창조 언어에서 알 수 있다고 말하기도 합니다. 미래의 구원은 이사야 2장에서도 유사하게 묘사되는데, 이는 즉위 시편과 동일한 문화적 자료들의 영향을 받은 것으로 보입니다.**

현재의 문학적 상황에서 시편 93편은 두 개의 감사 시편 사이에 놓여 있으며, 어떤 이들은 시편 92~94편을 더 큰 단위로 묶어 함께 읽어야 한다고 제안했습니다. 시편 92편과 94편 사이에는 '어리석은 자'(92:6, 94:8), '반석으로서의 여호와 이미지'(92:15, 94:22), '악인'(92:7, 9, 94:4,16) 등 여러 연결점이 존재합니다. 시편 92편과 93편은 '높이 계신'이라는 용례를 공유합니다('지존' 92:8, '높이 계신' 93:4). 시편 92편의 주요 사본은 이를 '안식일을 위한 노래'라고 칭합니다. 미쉬나(타미드 7:4)는 시편 92편을 안식일에 불렀고, 시편 93편은 금요일에 성전에서 읽었다고 기록하는데, 이는 랍비 아키바(b. Rosh Hash 31a, 로쉬 하샤밧 31a)가 93:1의 '세계도 견고히 서서'라는 표현이 여섯째 날의 창조 완성과 연결된다고 설명했습니다.*** 시편 93편을 세 개의 주요 단락으로 나눌 수 있습니다. (a) 1~2절의 높임 찬양 (b) 3~4절의 여호와께서 정복하신 원시적 물의 혼돈에 대한 암시 (c) 5절에 그의 증거와 같은 여호와 하나님의 권위를 입증하는 진술입니다.

이 시편에서 신성한 왕은 전투를 위해 전사로서 '띠를 띠셨다(두르셨다)'는 일반적인 모습을 이미지로 사용해(참조. 다윗은 시편 18:39과 동일하게 삼하 22:40에서 전투를 위해 '띠를 둘렀다'고

* 참조. B. C. Ollenburger, *Zion the City of the Great King*(Sheffield: Journal for the Study of the Old Testament Press, 1987), 25-33. 더 깊은 논의를 위해서는 다음을 참조. M. Tate, Psalms 51-100(Dallas: Word Books, 1990), 477.

** S. Mowinckel, *The Psalms in Israel's Worship*(Sheffield: Journal for the Study of the Old Testament Press, 1992), 110-111.

*** 참조. Tate, *Psalms* 50-100, 475-76.

표현) 위협하는 적들로부터 백성들을 보호하고 구출해 내기 위해 싸우는 모습을 묘사합니다. 여호와께서 통치하시는 영역은 세상 그 자체입니다(1절). 이 시편은 세상의 창조를 여호와께 돌리고, 신성한 왕좌를 원시 시대('태초부터,' 히. 메아즈)에 배치해, 여호와께서 '영원 전부터'(히. 메올람) 계셨다고 선언합니다. 태초에 사건을 배치하는 것은 단순히 시간적 과거의 창조를 언급하기 위한 것이 아니라 현재의 우주적 현실의 근간이 되는 사건으로 이해하기 위한 것입니다.

이런 이미지 상황은 혼돈에 질서를 부여하는 창조의 상황을 보여줍니다. 고대근동 사상에서 물은 혼돈을 암시하는 이미지를 제공합니다. 혼돈은 질서가 확립되기 이전의 상태였으며, 질서는 바로 혼돈 요소에서 파생된 것입니다. 한순간 격렬했다가 다음 순간 잔잔해지고, 다시 또 격렬해지는 바다의 이미지는 그 안에 내재된 혼돈, 즉 뿜어져 나와 위협하는 무질서를 의미합니다. 3절에서 '큰 물'은 다른 우주적 맥락에서 볼 수 있는 히브리어 '네하롯', 즉 '강'을 번역한 것입니다. 시편 24:2에서도 마찬가지로 세상(히. 테벨)을 여호와의 영역으로 간주하고, 그것이 강 위에 세워진 것을 발견합니다. 마찬가지로 시편 74:13~15은 물과의 우주적 투쟁을 언급합니다(히. 나하롯. 15절 "주께서 늘 흐르는 강들을 마르게 하셨나이다"). 가나안 문학의 바알 주기에서 영웅 바알, 즉 '주'는 '바다'(히. 얌)를 물리치고 얌의 지배권을 대체합니다. 얌은 강이기도 합니다. 바벨론 서사시 '에누마 엘리쉬'(Enuma Elish)에서 신 마르둑(Marduk)은 티아맛(Tiamat)을 죽이는데, 티아맛은 원시적 혼돈을 상징하는 바다의 이미지입니다. 이 우주적 투쟁의 공통된 모티브는 시편 93편에서 '큰 물'의 무서운 소리로 표현되며, 이는 소리를 높여 포효하는 위협적인 권능을 보여줍니다(3절).

이 이미지가 단순히 과거의 사건에 대한 언급이 아니라는 것은 이사야 17:12, 51:9~15, 예레미야 6:23에서 위협적인 국가의 포효를 물의 포효와 명시적으로 비교하는 유사한 언어에서 분명해집니다. 따라서 이 시편에서 신화적 이미지는 공동체와 개인에 대한 정치적, 사회적 위협을 묘사하는 데 사용한 것입니다. 이 시편은 단순히 자비의 미덕을 옹호하기보다는 파괴적인 힘의 진압과 그에 따른 생명의 갱신 또는 생명의 지속에 관한 생각을 담고 있습니다. 따라서 신성한 구원은 우주 질서의 근원으로부터 오는 절대적인 것입니다. 여호와를 왕으로 선포하는 것은 존재의 근본적인 실체, 즉 창조 질서의 경계를 넘어서는 구원이 있다는 것을 인정하는 것입니다. 창조질서의 근원이자 세계 자체를 세우신 분으로서 여호와를 긍정하는 것이 중심 사상이라 할 수 있습니다. 존재의 근원인 책임이 있는 존재를 불러낸다는 것은 종종 실존을 위협하는 혼돈의 세력들을 성찰하고 초월하려는 시도로 볼 수 있습니다.

설교적 관점

주님의 승천을 기념하며 이 장면을 떠올려 보십시오. 하나님은 왕으로 보좌에 앉아 계시고 예수님은 그분의 우편에 자리를 차지하기 위해 부활하십니다. 많은 기독교인에게 문자 그대로의 해석이 위안의 원천이 됩니다. 다른 많은 사람은 하나님께서 통치하시는 보좌의 은유에 대한 신비를 탐구하기를 선호할 것입니다.

이 보좌는 어디에 있을까요? '보좌'라는 단어의 전통적인 어조는 하나님께서 먼 곳에서 권능으로 다스리신다는 것을 암시합니다. 하나님은 이 보좌에서 세상 만물을 운행하십니다. 허리케인 카트리나가 미국 걸프 연안을 강타하고 며칠 뒤, USA 투데이는 보트를 타고 플로리다 키이스로 항해하던 에드워드와 베티나 라센 부부와 세 자녀에 관한 기사를 게재했습니다. 허리케인 경보가 발령되자 라센 부부의 친구들은 이들이 아직 귀항하지 않은 것을 염려해 해안 경비대에 알렸습니다. 해안 경비대는 수색을 했지만, 강풍과 거친 파도로 수색을 중단할 수밖에 없었습니다. 폭풍이 지나간 다음 날, 해안 경비대는 수색을 재개했고 26km 떨어진 맹그로브 섬에서 해변에 정박해 있던 보트 근처에 좌초된 다섯 가족을 기적적으로 발견했습니다. 해안 경비대는 가족들은 한 명씩 해안 경비대 헬리콥터로 끌어 올려 안전하게 집으로 데려왔습니다. 구조를 언급하며 그 가족의 한 친구는 '때로 하나님께서 개입하시는 일이 있다'라고 말했습니다.

종종 '여호와께서 통치하신다는 말'과 '신앙인들을 위해 개입하시는 하나님'이라는 말을 동일시합니다. 이것이 하나님께서 통치하시는 방식일까요?

많은 사람은 통치하시는 하나님을 '편을 들어주시는 하나님'이라고 믿습니다. 시편 기자는 "여호와께서 다스리시니 스스로 권위를 입으셨도다"(1절)라고 말합니다. 문자주의 해석학은 멀리서 통치하시는 하나님의 증거로 세상의 구체적인 사건을 지적합니다.

하나님의 보좌는 어디에 있을까요? 하나님의 권능은 어디에서 볼 수 있을까요? 시편 기자는 이렇게 선포합니다(1b절-4절). '세상은 견고히 서서 움직이지 않고, 주님의 보좌는 영원부터 영원까지 견고히 서 있습니다. 바다가 목소리를 높이고, 바다가 두근거리는 파도로 소리 지르며, 바다가 여호와를 외치고 있습니다. 천둥보다 강하고, 바다의 파도보다 강하고, 여호와께서 가장 위대하신 분이십니다.'

사려 깊은 설교자는 이 본문에서 두 가지 질문에 직면하게 됩니다. '하나님의 보좌는 어디에 있으며, 이 보좌가 영원하다는 말은 무슨 의미인가?'

외부 세계가 우리의 관심을 끕니다.

저는 세상에서 어떤 일이 일어났을 때, 그것이 하나님의 뜻이라고 주장하는 것에 익숙합니다. 그러나 시편 기자는 더 깊은 주장을 하고 있습니다.

하나님의 능력은 '바다의 큰 파도보다 크니이다'(4절). 외부 세계를 움직이게 하는 힘보다, 외부 세계의 힘보다, 더 큰 힘은 무엇일까요? 하나님께서 외부의 사건을 조작하는 것이 아니라 생명을 주는 바로 그 생명의 힘으로 통치하신다면 어떨까요? 외부 세계의 힘보다 더 강력한 것이 생명을 주는 힘보다 더 강력할 수 있을까요? 기독교 신비주의 전통이 우리에게 도움이 되는 부분이 바로 여기에 있습니다. 다른 기독교 신비주의자들과 마찬가지로 16세기 아빌라의 테레사 수녀는 하나님의 보좌를 하나님께서 통치하는 먼 곳으로 보지 않았습니다. 마이스터 에크하르트(Meister Eckhart, 영성사상가)와 마찬가지로 그녀는 하나님은 삶의 영혼으로부터 통치하신다고 말합니다. 영혼은 내부의 성이며, 하나님은 보좌에 앉아 계십니다. 신비주의자들은 독단적인 확신보다 개인적인 경험을 통해 이야기합니다. 만장일치로 그들이 말한 것은 하나님의 진정한 보좌, 진정한 능력, 진정한 통치 능력은 외부 세계가 아니라 삶의 중심에 있다는 것입니다.

'하나님께서 앉으신 보좌'가 마음의 보좌라면 어떨까요? 성전이나 교회나 회당에서 하나님을 만나지 못한다면 어떨까요? 하나님은 외부의 어떤 곳에서도 실제로 만나지 않으신다면 어떨까요? 하나님은 오직 성안에서만 만나주신다면 어떨까요? 만약 '권위를 입으신' 하나님께서 모든 인간의 가장 깊은 마음속에 계신다면 어떨까요?

다음은 에밀리 디킨슨이 쓴 시 구절입니다.

> 말하라, 모든 진실을, 그러나 비스듬하게
> 성공은 에두르는 데 있다
> 우리의 허약한 기쁨에 너무 밝은
> 진실은 너무 큰 놀라움이니
> 마치 친절한 설명으로 천천히
> 아이들의 눈을 밝히듯
> 진실도 차츰차츰 광채를 발해야 한다
> 그렇지 않으면 모두가 눈이 멀고 말 것이다*

하나님의 보좌를 어디에서 찾을 수 있을지, 하나님께서 어떻게 통치하시는지에 관한 시인과 신비주의자들의 해석학이 깊은 설득력이 있습니다. 우리는 우리 안에 사는 생명과 다른 모든 생명체 안에 사는 생명이 동등하다는 것을 볼 때, 모든 곳에서 하나님의 임재에 눈을 뜨게 됩니다. 이 진리는 심오한 신비이며, 은유나 그림을 통해서만 가리킬 수 있을 뿐입니다.

질문은 대답보다도 더 도발적입니다. 시편 93편은 규범적인 대답이 아니라 도발적인 질문일 수 있습니다. 하나님의 보좌는 다른 곳에 있을까요? 만약 그렇다면 그것은 필연적으로 세상을 '우리'와 '그들'로 나눌 것입니다. 그러나 신성한 보좌가 삶의 중심에 있다면, 그것은 분리하는 것이 아니라 모든 삶을 연결하는 바로 그 힘입니다.

우리가 수많은 삶을 살아가는 동안 우리를 통해 살아가는 생명이 하나뿐이라면 어떨까요? 삶이 하나님의 보좌이고, 우리가 그 통치하는 분과 어떻게 관계를 맺느냐에 따라 하나님의 통치를 세상에 실제로 현존하게 만드는 것이라면 어떨까요?

표면적으로는 시편 93편은 '다스리시며 권위로 옷을 입으신' 하나님을 가리키는 것처럼 보입니다. 더 깊은 질문은 '하나님은 어디에서 통치하시며, 이 신성한 힘의 본질은 무엇일까요?'입니다.

하나님은 우리를 강요하시는 멀리 있는 힘인가요, 아니면 마음을 설득하시는 힘인가요? 하나님은(왕의 거처가 없는) 외부의 전투 요새에서 만나주시나요, 아니면(왕이 거하시는) 영혼의 성안에서 만나주시나요? 하나님께서 모든 마음의 보좌에 앉아 계신다면, 우리 자신을 바라보고 세상과 관계를 맺을 때 어떤 변화가 있을까요?

시편 93편은 답보다 더 많은 질문을 제기하고 있습니다.

* Thomas J. Johnson, ed. *The Complete Poems of Emily Dickinson*(Boston: Little, Brown & Co., 1960), 506.

주의 승천일

에베소서 1:15~23

15 이로 말미암아 주 예수 안에서 너희 믿음과 모든 성도를 향한 사랑을
나도 듣고
16 내가 기도할 때에 기억하며 너희로 말미암아 감사하기를 그치지 아니
하고
17 우리 주 예수 그리스도의 하나님, 영광의 아버지께서 지혜와 계시의 영
을 너희에게 주사 하나님을 알게 하시고
18 너희 마음의 눈을 밝히사 그의 부르심의 소망이 무엇이며 성도 안에서
그 기업의 영광의 풍성함이 무엇이며
19 그의 힘의 위력으로 역사하심을 따라 믿는 우리에게 베푸신 능력의 지
극히 크심이 어떠한 것을 너희로 알게 하시기를 구하노라
20 그의 능력이 그리스도 안에서 역사하사 죽은 자들 가운데서 다시 살리
시고 하늘에서 자기의 오른편에 앉히사
21 모든 통치와 권세와 능력과 주권과 이 세상뿐 아니라 오는 세상에 일컫
는 모든 이름 위에 뛰어나게 하시고
22 또 만물을 그의 발 아래에 복종하게 하시고 그를 만물 위에 교회의 머
리로 삼으셨느니라
23 교회는 그의 몸이니 만물 안에서 만물을 충만하게 하시는 이의 충만함
이니라

신학적 관점

십자가는 부끄러운 이야기입니다. 힘 있는 사람은 나무에 달리지 않기 때문에, 실패와 무력함을 상징하기도 합니다. 권리를 박탈당한 사람들, 소외된 사람들만이 학대받고, 상처받고 억압받습니다. 사회는 시민을 거부하지 않습니다. '역사의 로마 황제'를 인정하지 않는 자들에게만 로마식 처형 방식을 적용했는데, 그것이 십자가 처형입니다. 죽음의 도구, 특히 낡은 나무 십자가가 영광스럽거나 놀라울 것은 없습니다. 육신을 입은 하나님께서 잔인한 폭력을 당하셨다는 것은 하나님의 전능하심에 의문을 제기하게 하는 것이고, 그리스도께서 주장한 모든 것에 의문을 제기하게 하는 것이기에 십자가는 부끄러운 이야기가 됩니다. 우리가 주장하는 모든 것, 즉 과거와 미래를 포함한 모든 것에 대해 우리의 주장은 피의 십자가 때문에 유한하고, 수치스러운 것이 됩니다. 벌거벗음, 신체기능에 대한 통제력 상실, 극심한 고통이 있었습니다. 십자가가 진정으로 의미하는 것은 그리스도의 사역 실패입니다.

그렇지만 많은 유럽 사람들과 미국 사람들은 비극, 절망, 실패, 무력감을 깊이 생각하지 않고 십자가를 소망의 표징, 구원의 상징으로 바라봅니다. 그들에게 예수님의 고난은 구원과 속죄를 의미합니다. 십자가는 그들의 구원과 내세에서의 행복한 삶을 위한 필수품입니다. 그러나 여전히 지금 여기에서 살길을 찾고자 하는 대부분의 소외된 공동체에 고통이 곧 구속을 장담하지는 않습니다. 우리는 예수님의 십자가 죽음 때문에만 구원을 받는 것이 아닙니다. 우리는 예수님의 탄생, 예수님의 삶, 예수님의 가르침, 예수님의 실천, 예수님의 부활, 예수님의 영, 그리고 예수님의 죽음 모두에서 구원을 찾습니다. 예수님의 십자가 사건이 중요성은 속죄가 아니라 연대입니다. 예수님의 죽음이 그의 삶의 다른 어떤 측면보다 더 구속적인 것은 아니지만, 신성을 지닌 예수님은 그렇게 하심으로 억압받는 자들과 연대하셨고 이를 통해 세상에서 비참한 삶을 사는 것이 무엇인지 그 의미를 배우셨습니다.

속죄신학은 컨터베리의 안셀무스(약 1033-1109)에 의해 정립됐는데, 그는 하나님의 분노를 만족시키기 위해 십자가가 필요하다고 생각했습니다. 죄 많은 인간은 만족을 요구하시는 분노하신 하나님 앞에 스스로를 구속할 수 없었습니다. 오직 인간이면서 죄 없으신 하나님만이 그 과정을 완성하고, 회복하고, 창조세계를 회복할 수 있었습니다. 다시 말해, 하나님의 허영심을 만족시키기 위해 하나님의 독생자는 하나님의 진노의 진정한 대상이 아니라 굴욕과 고문, 잔인한 죽임을 당해야만 했습니다. 하나님께서 친자 살인을 기뻐하실까요? 안셀무스의 속죄신학의 문제점은 하나님을 자신의 자녀를 지배하고, 굴욕과 고통을 안겨주며, 고통을 통해 만족을 얻는 절대적 학대자, 절대적 억압자로 묘사한다는 것입니다. 따라서 속죄신학은 사랑의 아버지라는 개념과 조화하기 어렵습니다.

많은 소외된 공동체에 십자가가 의미하는 것은 그리스도께서 바로 그들의 공동체에서 세상의 소외된 이들과 연대하셨다는 것입니다. 그리스도는 그 당시에 십자가에 달린 사람들뿐 아니라, 오늘날에도 인종 편향의 십자가, 성 편향의 십자가, 계급 편향의 십자가, 이성애 편향의 십자가에 달린 사람들과 함께 십자가에 달리십니다. 십자가는 깨어진 생명과 시신들이 달려 있는 폭력의 장소입니다. 예수님이 세상에서 실패하고 무력한 이들과 연대하시는 것을 통해 하나님은 억압받는 자들의 하나님이심을 보여주십니다. 여기에 십자가의 중요성이 있습니다. 하나님은 십자가에 못 박힌 자들의 하나님이십니다. 십자가의 역설은 십자가가 상징하는 것에도 불구하고 부활이 있다는 것입니다.

소외된 자들의 이런 지혜는 세상에서는 말도 안 되는 것으로 취급됩니다. 십자가에 못 박히는 수치스러운 행위가 어떻게 억압받는 이들과 연대하는 하나님의 길이 될 수 있을까요? 현실 세계에서 권력을 가진 자들은 십자가를 피할 수 있습니다. 자신들이 사회에서 보호받는 자리를 차지하기 위해 다른 사람들을 십자가에 못 박습니다. 또, 자신들이 풍요로운 삶을 누릴 수 있도록 다른 사람들을 죽입니다. 소수의 특권을 지키기 위해 다른 사람들을 십자가에 못 박는다면, 억압받는 이들은 누가 위로할까요? 십자가에 못 박힌 사람들에게는 누가 소망을 줄까요?

에베소서의 저자는 이 역설을 이해했습니다. 바울인지는 확실치 않지만, 저자는 스스로 '그리스도 예수의 일로… 갇힌 자'(3:1), '주 안에서 갇힌 자'(4:1), '쇠사슬에 매인 사신'(6:20)이라고 규정합니다. 에베소서의 저자는 자신도 곧 십자가에 달린 자들 중 하나에 포함될 것(넓게 보면 처형으로 이해할 수 있음)이라고 말하며, 처형을 기다리고 있었을 것으로 추정됩니다. 저자는 가장 두려운 죽음, 즉 존재의 종말을 기다리면서, 자신과 연대해 교수대를 향해 함께 걸어가실 하나님을 생각하며 위안을 얻었을 것입니다. 왜냐하면 부활 때문에 십자가에 못 박힌 자들에게도 소망이 있기 때문입니다. 따라서 저자의 기도는 이 서신의 독자들에게 '지혜와 계시의 영'(17절)이 임하기를 기도하는 것입니다. 오직 '(그들의) 마음의 눈'을 통해서 그들은 하나님의 부르심의 소망을 깨닫고, 그들에게 베푸실 하나님의 영광스러운 상속이 얼마나 풍성한지를 깨닫고, 하나님의 능력이 얼마나 크신지를 깨닫게 됩니다(18-19절). 하나님의 어떤 능력일까요? 그것은 "그리스도 안에서 역사하사 죽은 자들 가운데서 다시 살리시고 하늘에서 자기의 오른편에 앉히사 모든 통치와 권세와 능력과 주권과 이 세상뿐 아니라 오는 세상에 일컫는 모든 이름 위에 뛰어나게 하시는"(20-21절) 능력입니다.

여기에 위대한 역설이 있습니다. 십자가는 우리의 현실에서 실패와 수치심의 상징인 비극입니다. 그렇지만 십자가에 못 박히고, 앞으로 못 박힐 모든 사람은 그리스도와 연대함으로 영광과 권능으로 변화합니다. 폭력과 죽음의 도구에 구원받을 만한 어떤 것이 있어서 변화되는 것은 아닙니다. 그리스도께서 억압받는 이들과 함께 십자가에 달리셨기 때문입니다. 이 연대 행위를 통해 억압받는 자들의 교회가 탄생했습니다. 십자가에 못 박힌 자들은 그리스도를 머리로 하는 한 몸으로 죽음에서 부활합니다(22-23절).

목회적 관점

저에게 이 본문에서 가장 흥미로운 부분은 교회가 예수님으로 충만하다는 개념입니다. 이 글을 읽으면서 저는 여러 시대에 걸쳐 '교회'

가 내린 수많은 불경건한 결정에 대해 생각해 봅니다. 십자군 전쟁부터 아메리카 원주민의 강제 개종, 노예 제도에 이르기까지 교회는 끔찍하게 상처를 주고 잘못된 정책을 시행한 가해자였습니다. 그렇다면 어떻게 예수님으로 충만할 수 있을까요? 불완전한 인간이 운영하지만, 역사적으로 증명된 예수 그리스도로 충만한 기관에는 무엇이 있을까요?

그 답은 17절에서 찾을 수 있을 것입니다. 우리는 그 구절에서 '하나님을(know[christ] better(NIV)는 '그리스도를'로 번역했습니다. 알게 하시고'라는 목표를 발견합니다. 저는 이것이 교회의 진정한 목표라고 생각합니다. 항상 옳은 일을 하거나, 모든 이슈에 항상 옳은 편에 서는 깨끗한 역사를 갖는 것이 아닙니다. 오히려 교회의 목표는 하나님을 더 잘 알고 드러내기 위해 끊임없이 노력하는 기관이 되는 것입니다. 이런 의미에서 지구상에 이처럼 도구가 될 수 있는 기관은 없지만, 교회는 '예수 그리스도로 충만'할 기회를 가질 수 있습니다. 하나님을 더 잘 알기 위해 끊임없이 노력하는 모습의 본보기를 세상에 제시함으로써 교회는 예수 그리스도의 선교와 사역으로 충만할 특별한 기회를 갖게 됩니다. 이 일은 다양한 형태로 이루어질 수 있습니다. 목회자는 겸손하게 '권위자'가 아니라 그리스도 안에서 지속적으로 성장하는 모습의 본보기가 돼야 합니다. 예배는 형식적인 것이 아니라 우리의 신앙을 끊임없이 탐구하고 새롭고 더 깊이 있게 예수님과 관계를 맺는 것이 어떤 것인지 보여주는, 살아 있는 본보기가 돼야 합니다. 선교는 누군가에게 무엇을 가져다주는 것이 아니라 우리 주변 사람들의 필요를 진정으로 알아가고 그에 따라 우리의 삶을 변화시키는 것이 될 수 있습니다. 교인이 된다는 것은 교회에 등록하는 것이라기보다는 삶이 변화되는 것이 더 중요합니다. 이 것이 교회가 '더 깊은 통찰'*(18절, 개역개정, '너희 마음의 눈을 밝히사')로 이어질 수 있는 몇 가지 방법이며, 저는 이것이 교회로서 우리가 수고하는 목적이라고 이해합니다.

만약 우리가 사교 클럽이 되려고 한다면, 동네 동호회와 경쟁하기 어려울 것이며, 마을 사랑방이 되려고 한다면, 커피숍에 질 것입니다. 그러나 우리 자신과 세상, 그리고 그 안에서 일하시는 하나님에 대해 더 깊이 통찰할 수 있는 방식으로 생각하고, 성장하고, 느낄 수 있는 분위기를 제공하고자 한다면 본문이 말하는 '영광의 풍성함'(18절)**을 사용할 수 있을 것입니다. 이 '영광의 풍성함'은 우리 자신만을 위한 것이 아니라 다른 사람들의 삶을 포함한 온 세상을 위해 사용할 수 있는 것입니다. 즉, 교회는 세상을 위한 예수 그리스도의 사역을 충만케 하기 위한 도구가 될 수 있습니다.

이 본문에서 주목해야 할 또 다른 요점은 예수님이 다시 살리셨다는 것입니다.

제가 신학교 재학 시절, 어느 날 함께 점심을 먹던 다섯 명에게 부활을 믿고 있는지 질문한 적이 있습니다. 저를 포함 그 식탁에 둘러앉은 여섯 명의 신학생 중에 예수 그리스도의 부활을 믿는 사람은 세 명뿐이었습니다. 저는 믿

* God's Word to the Nations Bible Society, *God's Word* Translation(Holiday, FL: Green Key Books, 1995), 1035.

** Ibid.

지 않는 학생들에게 이유를 물어봤습니다. 세 사람은 모두 본질적으로 같은 대답을 했습니다. 누군가가 죽음에서 부활할 수 있다고 믿는 것은 합리적이지 않다는 것이었습니다. 순수하게 이성적인 관점에서 보면 동의할 만하지만, 언제부터 하나님께서 이성적인 것에 제한을 받으셨는지 모르겠습니다. 우리는 기도할 때 이성적인 것 이상으로 응답해 달라고 간구합니다. 우리는 하나님께 우리가 이해할 수 없는 방식으로 행동해 달라고 기도합니다. 우리는 하나님께 이성적으로 불가능해 보이는 일을 해달라고 간구합니다. 우리는 결코 우리의 기도를 이성적인 것으로 제한하지 않습니다. 그것은 기도의 목적에 어긋납니다. 만약 우리가 기도할 때 이성 밖에서 존재하시고 일하시는 하나님을 믿는다면, 하나님께서 '비이성적인' 방식으로 우리에게 하나님의 능력을 드러내실 때도 기꺼이 받아들일 수 있어야 합니다. 이를 위해서는 우리의 믿음이 이성의 한계를 넘어서는 것도 받아들일 수 있어야 하고, 이는 강의하고 설교하는 사람에게도 중요할 것입니다. 목회자는 다른 사람들에게 하나님의 실재가 우리의 이성을 넘어선다는 것을 이해시키는 사람입니다. 왜냐하면 그곳에서 소망을 발견할 수 있기 때문입니다. 사람들을 무한한 소망의 저장소로 인도하는 것은 '그리스도를 더 잘 알 수 있는' 능력으로 인도하는 것입니다.

이 본문은 '그리스도로 충만한 것' 중에 어떤 것은 우리 자신이 이성의 한계를 넘어서 세상에 참여하는 법을 배우는 것임을 깨닫게 합니다. 우리가 이해할 수 없는 신비 속에 기꺼이 살아가겠다고 결심하는 것은 우리가 상상도 할 수 없는 가능성에 우리 자신을 열어놓는 것과 같습니다. 히브리서 기자가 "믿음은 바라는 것들의 실상이요 보이지 않는 것들의 증거니"(히 11:1)라고 표현한 것은 바로 이 점을 염두에 둔 것입니다. 이렇게 산다는 것은 소망을 버리지 않는 것입니다. 이렇게 산다는 것은 우리가 아직 볼 수 없는 것을 믿고 고집하는 것입니다. 궁극적으로는 이렇게 산다는 것이 아직 오지 않은 것에 대한 약속 안에서 삶으로 '그리스도로 충만한 것'입니다. 우리 불완전한 인간과 우리가 이끄는 불완전한 교회는 바울이 에베소서 첫 장에서 묘사한 방식 대로 우리의 사명을 잘 완수할 수 있을 것입니다.

주석적 관점

에베소서는 성부 하나님과 성자 그리스도의 일치, 하늘과 땅의 일치, 신앙인과 그리스도의 일치, 교회의 일치 등 신약성경에서 일체에 대해 가장 강력하게 긍정하는 책입니다. 그렇기 때문에 성부 하나님과 연합하기 위해 예수님의 승천을 기념하는 날에 이 본문을 읽는 것은 적절합니다.

에베소서 1장의 문체는 사도가 변호하는 연합을 본보기로 삼고 있습니다. 저자는 각각의 문장으로 편지를 쓰는 대신, 여러 하위 절 전체를 통합할 긴 두 개의 문장을 사용합니다. 오늘 본문도 그 앞의 구절과 마찬가지로 하나의 긴 문장으로 돼 있습니다. 우리 번역본은 긴 종속절을 일련의 독립된 문장으로 바꿔 읽기 쉽게 하려고 노력하지만, 저자는 에베소서 1:15~23을 쉴 틈도 없이 기록했습니다.

사도의 기도(15-19절) 에베소서는 사도 바울이 기록했든 그렇지 않든, 바울서신과 당시의 다른 서신들의 전형적인 순서를 따르고 있습니다. 1~2절의 서두와 인사말로 시작합니다. 저자는 3~14절에 긴 영광의 찬가를 추가해 인사말을 확장합니다. 그런 다음 바울이 거의 매번 그렇듯이, 저자는 감사의 말을 씁니다(15-23절). 바울서신의 감사 부분에서 서신의 주제를 보여주는 단서를 찾아야 한다는 것은 신약 해석의 확립된 주장입니다.*

에베소서 1:15~23이 이에 해당합니다. 17~18절의 독자들의 눈을 밝히는 기도는 4:14~19의 깨달음을 위한 또 다른 기도를 예고합니다. 18b~19절의 소망에 대한 기도는 2:1~10의 새 생명에 대한 약속을 가리킵니다. 교회가 그리스도의 몸이라는 기도의 확신은 2:11~22 및 4:1~16의 교회 일치에 관한 자료에서 확장될 것입니다.

하나님의 힘(20-23절) NRSV에서는 이 절이 새로운 문장을 시작하는 것처럼 번역했는데, 이런 번역은 다소 오해의 소지가 있어 보입니다(NRSV, '하나님은 그 힘을 발휘해…'). 그리스어에서 이 구절은 종속절로 봐야 하며, 구문상 19절과 20절 사이에는 단절이 없습니다. 19절과 20절 사이를 연결해서 더 정확하게 읽으면 다음과 같이 말할 수 있습니다. "그의 힘의 위력으로 역사하심을 따라…"(19절), "그의 능력이 그리스도 안에서 역사하사 죽은 자들 가운데서 다시 살리시고…"(20절).

에베소서는 부활과 승천을 긴밀하게 결합한 부활에 대한 관점을 제시합니다. 누가복음에서 예수님은 부활하신 후 지상에 나타나지 않으시고 승천하십니다. 혹시 그는 부활하신 후 즉시 승천하신 것일까요? 부활과 승천을 거의 동일시하는 이 밀접한 연관성은 에베소서를 고린도전서 15장은 바울서신이나 사복음서와 구별해 줍니다. 사도행전 2:32~33, 5:30~31(행 10:40-42, 13:30-31은 다름)에서 부활 교리에 대한 힌트를 찾을 수 있습니다.

이 구절에서는 그리스도의 승천에 대한 설명이 나오지 않습니다. 사도행전 1: 6~11에서처럼 예수님이 구름 위로 올라가시고, 놀란 제자들이 뒤에 남는 장면도 나오지 않습니다. 이 구절들은 승천이 우주에 미치는 영향에 관한 것입니다. 이 구절들은 예수님이 어떻게 승천하는지보다는 어디로 가시는지, 즉 하나님의 오른편에 가시는 것에 더 관심이 있습니다. 하나님의 전능하심을 강조하는 단어들로 승천의 효과를 묘사합니다. '강한 힘으로 행하시는 하나님의 전능하심의 강력함'(19-20절, 저자의 번역). 그리스도의 승천을 통해 하나님은 모든 피조물을 하나님의 소유로 주장하십니다. 왜냐하면, 그리스도는 하나님의 대리자이며 동료 통치자이시기 때문입니다.

하나님은 그리스도께 하늘과 땅, 선한 권세와 악한 권세 등 모든 종류의 권세를 주심으로 권능을 행하십니다. 그리스도는 현시대에도 이 권세를 가지셨고 다가오는 시대에도 이 권세를 계속 가지실 것이며, 그분의 주권은 이 시대에만 있는 것이 아니라 영원토록 지속될 것입니다.**

* 바울서신의 감사 부분과 나머지 부분 사이의 관계에 대해 학자들을 설득한 고전적인 작품 Paul Schubert, *The Form and Function of Pauline Thanksgivings*, Beihefte zur Zeitschrift fur neutestamentliche Wissenschaft 20(Berlin: Topelmann, 1939)을 참조.

** 이것은 고전 15:28과 고전 3:23과 대조됩니다.

따라서 하나님은 그리스도를 온 교회의 머리로 삼으시면서 동시에 온 피조물의 머리로 삼으심으로 권능을 행하십니다. 더욱이 그리스도는 교회를 위해 온 피조물의 머리가 되십니다. 이 구절에서 그리스도를 '머리'로 강조하는 것은 머리와 몸의 결합보다 몸에 대한 그의 권위에 더 중점을 두고 있습니다. 그분은 만물을 발아래 두는 권세를 가지셨기 때문에 몸의 '머리'이십니다. 주권자가 국가의 '머리'이듯 그분은 세상과 교회의 '머리'이십니다.

이 구절의 마지막 문장은 다소 모호합니다. 교회는 '만물을 충만하게 하시는 이의 충만함'인 그리스도의 몸입니다. 그리스도께서 교회를 채우시는지, 아니면 교회가 그리스도를 채우는지 모호합니다. 이 말씀 자체만으로는 알 방법이 없습니다. 우리가 아는 것은 그리스도는 교회만의 충만함이 아니라, 온 세상의 충만함이라는 것입니다.

그리스도는 온전히 임재하시며, 교회 안에 온전히 임재하십니다. 그리스도는 세상에도 온전히 임재하십니다. 이 주장은 기껏해야 역설적이고 최악의 경우 자기 모순적으로 보이지만, 에베소서의 두 가지 위대한 주장을 긍정하는 방식입니다. 그리스도는 교회를 위해 자신의 전부를 주셨습니다. 그리스도는 세상을 위해 자신의 전부를 주셨습니다. 다른 말로 표현하면 그리스도는 교회와 세상을 모두 채우시고, 교회와 세상 모두는 그리스도를 온전히 담고 있습니다.

물론 사도는 편집자들이 이 구절로 한 장을 마무리할 줄은 몰랐습니다. 그는 에베소 교인들이 그리스도의 부활과 승천이 자신들의 부활과 승천을 미리 보여주는 것이며, 자신들도 부활하고 승천할 것이라는 사실을 알길 원했습니다. 그분을 통해 허물로 죽었던 그들이, 이제 하늘로 올려져, 하나님의 놀랍도록 강력한 능력의 혜택을 받게 되었습니다. 그리스도께서 승천하신 후에 아버지와 연합하신 것은 교회와 온 피조물의 연합으로 증명됩니다.

설교적 관점

에베소서의 저자(우리가 호메로스를 오디세이의 저자라고 부르는 것처럼 바울이라고 부릅니다.)는 전례에 사용되는 친숙한 신학적인 언어를 차용해 고상한 산문 스타일로 글을 썼기 때문에 친숙하게 다가옵니다. 형용사와 부사를 많이 사용했으며, 추상적이고 영적인 개념을 강조해서 독자들이 확실치는 않지만 중요하게 느끼도록 했습니다. NRSV를 포함한 영어 번역본들은 한 문장을 읽기 쉽게 여럿으로 나누었지만, '만물을 충만하게 하시는 이의 충만하심'(23절)에서 절정에 이르도록 노력한 데에는 차이가 없습니다. 이 구절의 전례의 수사학은 개념적 내용만큼이나 매우 인상적이며 설교자는 이 점을 창의적으로 활용할 수 있을 것입니다.

주의 승천일을 위해 이 구절을 지정함으로써 성서정과 후반부에 주의를 집중시킵니다. 주로 승천 내러티브 중 하나(사도행전 1장과 누가복음 24장)를 다루는 설교는 에베소서의 언어를 차용하는 것이 도움이 될 수 있습니다. 누가가 그의 직설적인 방식으로 서술한 사건은 신학적, 우주론적 의미를 밝혀주기 시작할 것입니다. 바울은 주의 승천이 그 사건을 목격하고 나중에 증언한 제자들에게만 중요한 사건이 아니었다는 것을 감동적인 수사학적 언어로 고백합니다. 바울은 예수님에 대해 현재(바울의 '현재'와 우리의 '현재')와 종말론적 미래 모두에서 경쟁하는 모든 권세 위에 군림하시는 주님으로 규정합니다. 에베소서 4:7~10에도 예수님의 승천에 관한 내용이 포함되어 있으며, 시편 68편을 사용해 승천하신 주님을 교회와 연결하고 '승천하신 분'이시며 '내려오신 분'이라고 규정합니다.

에베소서 구절에 주로 초점을 맞추는 설교자는 많은 회중이 겪는 어려움을 발견할 수 있습니다. 에베소서 공동체에서 신학적으로 중요하게 다루는 '함께 사는 삶'을 경험하지 못하는 것 같아서 그렇습니다. 그럼에도 불구하고 자신의 교회를 '친근하다'라고 생각하는 기독교인들은 많은 외부인이나 '모든 성도'가 서로를 사랑한다고 하는 말을 들어본 적이 있는지 생각해 봐야 합니다. 모든 기독교인이 '지혜와 계시'(17절)를 당연한 것으로 경험하는 것은 아니며, 월례 만찬에서 '믿는 우리에게 베푸신 능력의 지극히 크심'(19절)에 사로잡히게 되는 것도 아닙니다. 교회운영위원회에서 임기를 마치는 교회 임원이 교회와 교회의 사역에 환멸을 느끼게 된다는 것은 거의 정확하게 들어맞습니다. 많은 기독교인에게, 아마도 우리 대부분이 느끼는 교회에서의 삶은 아무리 좋다고 하더라도 에베소서에서 말하는 것보다 훨씬 더 평범할 것입니다.

에베소서는 이 세상, 즉 그리스도께서 오셔서 만물을 충만하게 하시는 세상이지만, 때로 평범하고 때로 매우 실망스러운 삶의 변화 속에서 우리가 어떻게 하면 참으로 적절한 영적 지혜를 얻을 수 있을지를 강조하기 위해 기록되었습니다. '하나님 곧 우리 주 예수 그리스도의 아버지'(1:3)는 당신의 영으로 모든 한계를 뛰어넘어 우리에게 자신에 대한 지식을 주실 것입니다. 그 선물을 지혜나 깨달음이라고 거창하게 이름 붙이는 것이 도움이 된다면 그것도 좋습니다. 사실 그리스도 안에서 하나님께로부터 오는 지혜는 그렇게 이름 붙일 충분한 가치가 있습니다. '그의 능력의 지극히 크심'은 일부 소수에게만 주어지는 특별한 경험이 아니라, 이미 그리스도와 연합한 '믿는 우리'(19절)를 통해 평범한 혼란 속에서 역사하고 있습니다.

이 본문을 훌륭하게 설교하면 교회에 대한 냉소주의를 피하면서도 교회에서 많은 사람이 누린 평범한 경험과 신학적, 영적 일치에 대한 에베소서의 고상한 비전 사이를 대조해서 비교하는 데에 초점을 맞출 수 있습니다. 성경적 이상과 경험한 현실 사이의 긴장감을 조성한 후, 설교자는 잘 선택되고 집중된 이야기를 사용하여 하나님께서 평범한 순간에 예기치 않게 일하고 계신다는 것을 보여줍니다. 이로써 에베소서의 최상급 표현이 놀랍도록 적절하다는 것도 보여줄 수 있습니다.

프레드릭 비크너의 『베브의 책』 시리즈를 구성하는 네 편의 소설은 에베소서가 지적하는 교회의 영적 실체를 반영합니다. 때때로 모든 것을 가졌음이도 불구하고 허점 많은 신실함을 문학적으로 잘 그려주고 있습니다. 전도자 레오 베브의 사역은 긴장 관계에 있는 양측 모두를 잘 반영합니다.* 베브 자신은 복잡하고 특별히 성스럽지 않은 사람이지만, 그럼에도

* Fredrick Buechner, *Bock of Bebb*(San Francisco: HarperCollins 2001)z.

불구하고 하나님의 영은 다시금 하나님의 영광을 위해 일하십니다.

일부 학자들처럼 설교자가 에베소서가 초기 원시 영지주의를 배경으로 쓰였다고 믿는다면, 이 본문에 대한 설교는 어려움 중에 있는 교회와 그리스도인들을 안심시킬 수 있으며, 영적 교만의 위험에 도전할 수도 있습니다. 본문의 개념적 언어의 대부분은 스스로, 혹은 자신의 신학이 평범한 교회보다 우월하다고 느꼈던 교회 내 일부 사람들의 영적 전문 용어를 인용한 것일 수 있습니다. 고대 소아시아에서와 마찬가지로 우리의 상황에서도 누가 하나님의 마음에 드는 사람이고 누가 그렇지 않은 사람인지 알고 있다고 믿는 기독교인들은 늘 존재합니다. 그들은 자신들이 다른 사람들은 알지 못하거나 정직하게 말할 수 없는 특정한 신학적 암호를 가지고 있다고 믿습니다.

에베소서는 암호가 없다고 말합니다. '하나님 곧 우리 주 예수 그리스도의 아버지께서' 이미 '하늘에 속한 모든 신령한 복을 우리에게 주시되'(1:3)라고 말씀합니다. 그리스도 안에 있는 사람들은 다른 특별한 지식이 필요하지 않습니다. 특별한 어휘도 필요하지 않습니다. 에베소서는 예수 그리스도 안에서 우리가 아는 하나님의 은혜와 자비를 직설적으로 이야기하기 위해 통속적으로 사용하는 일상용어(jargon)를 사용함으로써 이 언어가 그렇게 어렵지 않다는 것을 보여줍니다. 설교에서 이 구절을 해석하는 설교자도 동일합니다. '우리'가 '그들'과 같지 않다는 것을 보여주기 위해서도 동일하게 기독교인들 사이에서 특히 자주 사용하는 신학 개념을 종교적 비법과 버무려 설교하는 데 사용할 수 있습니다. 이러한 접근 방식은 회중의 전체가 "주도 한 분이시요 믿음도 하나요 세례도 하나요 하나님도 한 분이시니 곧 만유의 아버지시라"(엡 4:5-6)는 말씀으로 하나 될 수 있음을 깨닫는 데 도움이 될 것입니다.

주의 승천일

누가복음 24:44~53

44 또 이르시되 내가 너희와 함께 있을 때에 너희에게 말한 바 곧 모세의
율법과 선지자의 글과 시편에 나를 가리켜 기록된 모든 것이 이루어져
야 하리라 한 말이 이것이라 하시고
45 이에 그들의 마음을 열어 성경을 깨닫게 하시고
46 또 이르시되 이같이 그리스도가 고난을 받고 제삼일에 죽은 자 가운데
서 살아날 것과
47 또 그의 이름으로 죄 사함을 받게 하는 회개가 예루살렘에서 시작하여
모든 족속에게 전파될 것이 기록되었으니
48 너희는 이 모든 일의 증인이라
49 볼지어다 내가 내 아버지께서 약속하신 것을 너희에게 보내리니 너희
는 위로부터 능력으로 입혀질 때까지 이 성에 머물라 하시니라
50 예수께서 그들을 데리고 베다니 앞까지 나가사 손을 들어 그들에게 축
복하시더니
51 축복하실 때에 그들을 떠나 하늘로 올려지시니
52 그들이 그에게 경배하고 큰 기쁨으로 예루살렘에 돌아가
53 늘 성전에서 하나님을 찬송하니라

신학적 관점

예수님의 승천은 놀랍습니다. 베다니 근처의 한 특정 장소에서 일어난 일이지만, 쉽게 이해하기 어려운 독특한 사건입니다. 예수님은 제자들을 축복하시고 그리스어 네 단어로 '하늘로 들려 올라가셨다'고만 말씀합니다. 어떤 방식으로 승천하셨는지, 어떤 초자연적인 일이 일어났는지는 기록되어 있지 않습니다. 사도행전 1:9~11에서는 '구름'이 예수님을 덮어 가리고, 천사 같은 두 사람이 '어찌하여 서서 하늘을 쳐다보느냐'라고 비꼬듯 묻습니다. 실제로 누가는 우리가 상상할 수 있는 여지를 남겨뒀습니다. 그는 예수님이 떠나실 때 엎드려 경배한(프로스퀴네산테스, 52절, 같은 필사본에) 증인들의 놀라움이 하나님의 역사하심보다 더 중요하다는 것을 암시합니다.*

승천의 암시 저는 승천에 대해 거의 주목받지 못하는 전통에서 자랐고, 승천에 대한 설교도 들은 기억이 없습니다. 나중에 주의 승천일 예배에 처음 참석했을 때 떠오른 것은 공상 과학 특수 효과였습니다. 제가 승천에 대해 진지하게 처음 접한 것은 노먼 페린의 짧은 책이었는데, 그는 누가복음과 마가복음 16:19에 분명히 제시된 승천을 포함한 빈 무덤과 출현 내러티브가 부활을 승천으로 보는 이전 견해의 암시에서 발전했다고 제안했습니다. 예수님은 죽음에서 '천국'으로 즉시 이동하셨고, 이 신적 영역에서 예루살렘이나 근방의 사람들에게, 혹은 바울에게 나타나셨습니다. 페린 역시 출현 내러티브를 파루시아에 관한 예기(豫期, 미리 기록함, prolepsis)나 기대감으로 간주했습니다.** 그렇다면 승천으로서의 부활은 이야기의 전체 논리의 전제일 수 있습니다. 즉, 예수님이 나타나기 전에 승천하셔야 한다는 것입니다. 이것은 훨씬 더 산문체 방식에서 필수적입니다. 예수님은 빈 무덤을 남겨두고 의심하는 제자들과 함께 생선을 드셨습니다(눅 24:39-43). 그뿐만 아니라, 무덤도 여전히 비어 있었습니다. 부활한 나사로가 결국 죽어 장례를 치렀지만, 예수님의 시신은 발견되지 않습니다. 승천은 당시 부활의 초기 목격자들에게 매우 중요한 사건입니다.

무엇을 목격했습니까? '하늘로 올려졌다'는 말을 어떻게 해석해야 할까요? 아마 아무것도 아닐 수 있습니다. 그렇다면 아무것도 아니라는 것이 요점일까요? 승천은 처음에는 그다지 놀랍지 않은 두 장면으로 구성되어 있습니다. 첫 번째 장면은 해석학적 장면입니다. 즉, 예수님은 자신의 고난과 부활을 형상화한 성경 구절을 해석하시고, 제자들에게 하나님께서 약속하신 '위로부터의 능력', 다시 말해 사도행전에서 성령으로 묘사한 분을 기다리라고 말합니다. 마지막 장면에서 제자들은 예루살렘 성전으로 돌아와 하나님을 찬양하며 그 분을 기다립니다. 이 장면을 어떻게 해석할 수 있을까요?

승천의 틀 짜기 첫 번째 틀은 거의 책에 기록된 지식처럼 멀리 느껴집니다. 그러나 자세히 살

* 놀라는 것에 대한 참고, William Desmond, *Being and the Between*(Albany: State University of New York Press, 1995), 8-11.

** Norman Perrin, *The Resurrection according to Matthew, Mark, and Luke*(Philadelphia: Fortress Press, 1977), 3, 25, 33, 72-74.

펴보면, 예수님이 "이에 그들의 마음을 열어 성경을 깨닫게 하시고"(45절)라는 구절에서 보듯이, 하나님의 과거와 미래에 대한 마음과 정체성의 신비롭게 확장된 정체성의 연합을 암시합니다. 이는 바울이 어떻게 케노시스(헬. 비움의 뜻) 찬송(빌 2:5)을 소개하는지를 보여주는 것입니다. "너희 안에 이 마음을 품으라 곧 그리스도 예수의 마음이니…"에서 누가는 정체성이 계속해서 이어지는 것을 암시합니다. 그리스도를 이해한다는 것은 성경에 동의하는 것이기에 성경이 제자들의 마음속에 들어오게 됩니다. 제자들은 마음속에 들어온 그리스도와 성경으로 인해 그리스도와 성경에 활짝 열립니다. 이처럼 성경(율법, 선지자, 시편)과 그리스도의 마음과 제자들의 마음은 상호 케노시스(헬. 비움)를 통해 서로에게 흘러 들어가며 미래로 이어집니다. 왜냐하면 회개(생각과 마음의 변화, 헬. 메타노이아)는 예루살렘에서 세상으로 흘러넘치고, 제자들은 그 움직임을 증거할 것이기 때문입니다.

따라서 하나님께서 약속하신 것, 즉 제자들에게 '위로부터 능력으로 입혀질'(49절) 약속을 기대한다는 것은 움직이는 영역이 확장된다는 또 다른 표현입니다. '입혀질'은 단순히 새로운 정체성이나 문화적 인식에 대한 약속이 아닙니다. 이는 바로 그 정체성의 의미까지도 변화시키는 것을 말합니다. 제자들은 유대인이나 헬라인, 남성이나 여성(오늘날에는, 문화적 세속주의나 문화적 '기독교인')의 개념을 넘어섭니다. 즉, 그리스도의 몸은 이렇고, 그리스도의 마음은 이렇고, 그리스도의 활동은 이렇다는 그 교과서적인 개념을 넘어서서 움직이는 것이기에 놀랍습니다.

승천의 마지막 장면에서 그들은 "큰 기쁨으로 예루살렘에 돌아가 늘 성전에서 하나님을 찬송"(52-53절)했습니다. 다시 봐도, 이 장면은 처음 보면 특별한 것이 없이 단순히 누가복음-사도행전의 1막을 마무리하는 것으로 보입니다. 그럼에도 불구하고 '하나님을 찬송(축복, 혹은 송축)하는 행위'가 어떻게 그리스도 자신의 축복 활동에 참여하는지 생각해 보시길 바랍니다. 다시 보면, 찬양하고 기도하고 기다리는 '평범한' 활동에는 특별한 신비주의적 의미가 들어 있습니다.

위치도 중요합니다. 대부분의 학자는 누가복음의 시기를 주후 70년 성전이 파괴된 이후로 보는데, 이 시기는 유대인과 초기 기독교인들에게 종교적, 사회적 변혁의 시기였습니다. 더군다나, 사도행전에서는 예루살렘에서 세상으로의 확장이 예상됩니다. 제자들은 다시 한 번 특정한 곳에 모입니다. 그들은 기쁜 마음과 정신으로 하나 되어 하나님의 무한하심에 특별하고, 분명하고, 구체적으로 참여합니다. 성전은 하나님의 무한한 공간과 시간을 위한 유한한 장소입니다. 며칠 동안 성전에 머물며, 그들은 하나님의 시공간에서 '자신들이 있어야 할 곳'을 알고 즐거워합니다.

그러나 지금까지 우리는 승천 자체에 대해서는 '아무것도 할 것이 없습니다.'

승천의 영역 안에서 평범한 시공간을 넘어서는 개념이기 때문에 말 그대로 볼 것이 없어 문제일까요? 사도행전은 우리가 승천을 '올려다 보는 것'으로부터 멀어지게 하기 때문에 문제일까요? 우리가 한마음으로 그리스도를 깨닫고, 성령을 계속해서 기대한다면 우리가 상상하는 다른 가능성을 열어주시는 것은 아닐까요? 장면들의 틀을 짜다 보면 우리는 관찰자에서 참여자로 관점을 전환하게 됩니다.

우리가 이렇게 전환한다면, 즉 이제 제자들의 마음, 몸, 위치는 물론이고 '움직임을 포함해서' 승천을 이해한다면, 승천의 순간에 우리는 그 시공간의 영역 안에 있는 것 외에는 실제로는 아무것도 할 것이 없습니다. 정확하게는 '우리가 승천의 시공간 영역 안에' 있기 때문입니다. 우리는 바깥에서 승천을 바라보는 것이 아니라 승천의 그 영역 안에서 바깥을 바라봅니다. 즉, 우리는 승천의 영역 안에 있습니다. 그러면 우리는 '무엇을 볼 수 있을까요?' 승천이 아니라 다른 무언가를 보게 될 것입니다. 그 영역 안에서 우리는 하나님께서 사랑하시는 시각으로 우주의 피조물들과 사람들을 통찰할 수 있을 것입니다.

목회적 관점

이 내러티브는 부활하신 그리스도께서 제자들에게 나타나시고 승천하신 이야기를 간략하게 요약합니다. 누가는 교회의 삶을 돌아보는 우리에게 명확하고 힘을 북돋는 내러티브를 제공합니다. 이 내러티브는 예수님이 하나님 곁으로 승천해 올라가실 때 주변 사람들을 축복하시는 것으로 시작합니다. 이 땅에서의 사역을 마무리하실 때는 신앙인들이 자신의 삶과 사역, 죽음과 부활, 하나님의 구원하시는 사랑의 범위를 이해하도록 돕는 데 초점을 맞추고 있습니다. 예수님은 우리를 증인으로 부르시고, 증인이 되도록 힘을 북돋으시고, 이를 위해 꼭 필요한 것들을 연습하게 해주시며, 끝으로 우리를 축복하십니다.

교회 역사 2천 년의 혜택을 누리며 이 구절을 읽는 우리는 부활의 의미가 바로 명확히 다가오지는 않을 수도 있습니다. 예수님의 제자들과 그날 저녁 그들과 함께 있었던 사람들이 이 놀라운 사건과 주변 상황을 잘 파악하지 못했다는 사실이 와닿지 않을 수도 있습니다. 때로 우리는 이질적인 생각들 사이의 연관성을 갑자기 깨달아 완전히 새로운 사고방식을 밝혀내는 경험을 하기도 합니다. 시간과 경험이 충분하다면 훨씬 유리한 것도 사실입니다. 인간 예수님이 하나님의 사랑과 비전을 품고 성육신하신 것은 율법과 선지자와 또 시편의 풍성한 증거의 연속성에서 가능했다는 것을 인정해야 합니다.

예수님의 사역은 역사의 우연이 아니라 시간의 암호입니다. 아니, 예수님은 자신의 삶과 사역이 태초부터 인류와 함께하신 하나님의 임재의 연속이라고 주장하십니다. 예수님은 우리와 모든 피조물을 향해 하나님께서 그토록 바라시던 것을 구현하십니다. 예수님은 오래전에 하나님께서 우리와 맺었던 언약을 성취하십니다. 하나님의 말씀은 공허하게 화답하지 않습니다. 예수님은 당신이 죽음에서 살렸던 다른 이들과 같지 않게 부활하셨습니다. 아니, 하나님의 사랑의 힘을 보도록 눈을 뜨게 하셨습니다. 세상에서 우리가 비록 최악의 상황에 부딪히더라도, 하나님께서는 당신의 사랑의 힘으로 그 상황을 변화시켜 우리를 구속하시고, 당신의 사랑과 능력의 증거로 삼으실 수 있습니다.

엠마오로 가는 길에 동행한 제자들에게 그랬던 것처럼, 예수님은 내러티브의 조각들을 설득력 있게 조합해서, 그들이 눈을 떠 그들이 따르던 스승이 말씀대로 살아나셨다는 것을 깨닫게 할 뿐만 아니라, 그분이 하나님의 아들인 것을 깨닫게 하십니다. 물론 예수님을 하나님의 성육신으로 인식하기 위해서는 예수님에 대한 이전의 부분적인 이해와 하나님에 대한 상상력을 바꿔야 합니다. 또한, 자신과 주변의 모든 것에 대한 견해를 완전히 수정해야 합니다. 이는 마치 베일이 벗겨진 것과 같습니다. 이제 그들은 베일을 벗고 하나님께서 모든 피조물을 구속하기 위해 적극적으로 일하고 계신 것을 더 온전히 보게 됩니다. 이제 그들은 자신들도 이 구속의 역사를 위해 감당해야 할 역할이 있다는 것을 이해하게 됩니다.

예수님은 제자들에게 실행에 옮길 명령과 설교의 개요를 알려주십니다. 즉, 메시야는 고난받고, 죽고, 부활하셨으며, 모든 민족은 그의 이름으로 회개하고 죄 용서를 받으라는 부름을 받습니다. 그들이 사역할 때 만나게 될 도전은 분명합니다. 하나님의 메시야가 고난당하고 죽으셨다는 생각은 아마 잘 받아들여지지 않을 것입니다. 왜냐하면, 그것은 하나님의 구속하시는 능력이나 하나님에 대한 일반적인 생각과 맞지 않기 때문입니다. 청중들은 전 세계를 위한 이런 메시지를 쉽게 받아들이지 않을 것입니다. 그러나 두 주제 모두 예수님이 주장하신 것처럼 히브리 성경의 내러티브로 구성돼 있습니다. 우리는 하나님의 사랑의 넓이와 하나님의 은혜의 폭에 대한 후자의 요점이 베드로가 고넬료를 경험하기 전까지는 초대 교회에서 걸림돌이었다는 것을 잘 알고 있습니다. 전통을 해석하는 특권이나 받아들일지 여부를 결정하는 문제는 지금도 교회의 생명을 병들게 한다는 것을 우리는 알고 있습니다.

누가의 예수님은 제자들에게 이 어려운 증인 사역을 우리 혼자만의 힘으로 감당하도록 내버려두지 않으십니다. 그들이나 우리가 받은 오순절 성령은 설교자와 교사로서 효과적인 증인이 되도록 필요한 힘을 공급해 줄 것입니다. 우리가 성령으로부터 받게 될 능력에 대한 예수님의 설명을 생각해 보시길 바랍니다. 성령은 우리가 세상에서 이 두 가지 도전적인 아이디어를 효과적으로 나눌 수 있도록 도와주실 것입니다.

우리의 사역이 쉽지는 않습니다. 왜냐하면 우리가 선포하는 사랑의 하나님은 권력에 대해 일반적으로 이해하는 것을 뒤집으시기 때문입니다. 하나님은 자신이 사랑하는 방식 때문에, 그리고 사랑하는 사람들 때문에 고문당하고 죽임을 당했던 한 인간의 삶과 사역을 통해 사랑이 결국 승리한다는 것을 분명히 드러내시기 때문입니다. 죽음이 끝은 아니라는 것은 분명합니다. 죽음은 하나님의 사랑이 얼마나 강력한 능력인지를 아주 분명하게 드러낼 뿐입니다. 그때나 지금이나 그런 능력에 대한 생각은 어리석어 보입니다. 이런 생각을 우리가 사는 세상에 적용하는 것은 쉽지 않은데, 그 이유는 우리가 사는 세상은 사랑의 고귀한 힘을 종종 거부하고, 소수의 특권을 유지하기 위해 타인을 소외시키고 대상화하는 계급 체계를 더 받아들이기 때문입니다.

우리가 증거하는 하나님은 이처럼 모든 민족에게 구원을 베풀길 원하시며, 이를 그때보다 지금 더 쉽게 받아들인다고 할 수 없습니다. 우리가 부름 받은 대로 증인이 되기 위해서는 오순절에 우리에게 임했던 성령이 필요합니다.

이 긴급한 교회의 사역을 시작하기 위해 예수님이 승천하시면서 우리를 축복하셨다는 것을 깨닫는 것은 중요합니다. 예수님은 제자들과 곁에 있는 이들과 함께 평화의 말씀으로 마지막 대화를 시작하셨습니다. 복을 빌며 하나님의 선하심과 은혜도 전해 주셨습니다.

우리 중 많은 사람은 하나님께서 제일 기뻐하시는 소망을 이루기 위해 세례, 결혼, 기타 헌신 의식이 중요하다는 것을 알고 있습니다. 이런 복의 효능은 오늘 구절에 이어지는 말씀에 잘 드러납니다. 예수님과 함께 한 사람들은 그분을 경배하고 예루살렘으로 돌아와서는 울지 않았습니다. 왜냐하면, 증거 사역을 위한 능력의 약속을 기대하며 큰 기쁨과 확신을 가지고 살게 됐기 때문입니다.

주석적 관점

누가복음은 예수님의 사역을 요약하는 것으로 끝내지 않고 교회의 사역으로 전환하며 끝냅니다. 누가복음의 마지막 부분인 24:44~53에서 사도행전에 나오는 교회의 성장을 예고하며 끝내는 것이 그 이유입니다. 본문은 예수님이 제자들에게 나타나신 이야기의 중간에 시작하지만, 44절은 초점이 바뀌는 대목입니다. 엠마오로 가는 길에 처음 나타나(13-35절) 제자들과 처음 만남을 가진(36-43절) 예수님은 자신의 죽음과 그 결과를 기록한 성경말씀을 인용하며 자신의 죽음에 관해 설명해 주셨습니다. 성서정과는 교회가 그의 사명을 계속 이어가는 데 초점을 맞춘 구절입니다. 부활의 모습(44-49절), 승천(50-51절), 제자들의 반응(52-53절)은 예수님의 사역에서 교회의 사역으로 이야기를 전환하는 것으로 서로 연결됩니다.

제자들과 함께 등장하는 장면에서 누가는 예수라는 인물에 독자들의 관심을 집중시킵니다. 다른 등장인물들은 말도 하지 않고, 예수님만이 주인공이십니다. 44절에 예수님은 죽기 전에 설교하셨던 메시지, 즉 자신의 삶과 사역이 곧 성경의 성취라는 점을 강조하십니다. 누가복음 전체에서 예수님의 선교는 성경 예언을 성취하신 것을 중심으로 구성되어 있습니다. 사역의 첫 시작 부분에 이사야 두루마리를 읽으신 후 '이 글이 오늘 너희 귀에 응하였느니라'(4:21)라고 선포하신 것과 끝부분에는 엠마오로 가는 길에(27절) 가장 두드러지게 나타납니다. 그런데 이 부활 장면이 단순히 예수님의 지상에서의 가르침의 반복이 아니라는 것은 누가가 '그들의 마음을 열어 성경을 이해하게 하셨다'(45절)고 묘사한 데서 분명하게 드러납니다. 복음서 전체에서 '제자들은 이해가 부족하다'는 말에서 가장 잘 이해할 수 있을 것입니다(18:34, 참조. 2:50, 8:10). 이와는 반대로, 부활하신 예수님은 이 본문에서 제자들을 진정으로 이해해 주십니다(45절의 단수형 '마음'에 주목).

복음서는 예수님의 고난과 부활이 성경에서 예언되었다는 것을 보여주고, 47절에서 예수님은 "죄 사함을 받게 하는 회개가 예루살렘에서 시작해 모든 민족에게 그의 이름으로 선포될 것"이라는 성경의 예언을 덧붙이십니다. 이 말씀은 사도행전 전체의 내러티브를 그리스도의 이름으로 회개하고 용서받는 것이 사도들의 설교의 핵심임을 나타냅니다. 예루살렘에서 시작해 모든 민족에게 복음이 전파되는 것(행 2:38; 13:38; 22:16)은 성경의 성취입니다(행 2:14-21; 15:15-21). 48절에 예수님은 제자들을 '이 일의 증인'이라고 부르시면서 계속되는 선포에 제자들을 특별히 연결시켰는데, 이 칭호는 복음서의 다른 곳에서는 찾아볼 수 없지만, 사도행전에서 사도들에게 공통으로 사용된 명칭입니다(행 1:8, 22; 2:32; 13:31). 성경 전체에서 말한 하나님의 이야기는 예수님을 통해서, 그리고 제자들의 사역을 통해서도 계속됩니다.

49절에서 부활하신 예수님은 성부 하나님의 약속을 떠올리며 교회를 기대하십니다. 복음은 성령이 하나님께로부터 나왔다고 언급하고 있으며, 때로 예수님과도 관련시킬 수 있으며(4:1 참조), 예수님을 따르는 사람들에게 약속된 것입니다(11:13, 12:12). 그 약속은 오순절 성령의 임재(행 2:1-13)와 교회의 성장으로 성취되며, 성령은 복음 전파의 원동력이 되었습니다. 예수님이 약속하신 '권능'(dynamis)은 복음에서 하나님, 예수님, 성령과 연관됩니다(1:35, 5:17, 6:19, 22:69 참조). 사도행전에서는 사도들이 그 '권능'을 행합니다(행 4:7-10[베드로], 4:33[사도들], 6:8[스데반], 8:6[빌립], 19:11[바울]).

누가의 승천 장면(50-51절)은 예수님의 사역에서 교회의 사역으로 전환하는 역할을 합니다. 누가는 예수님이 '제자들을 베다니까지 인도하셨다'라고 언급하면서 지리를 사용하여 내러티브를 전환합니다. 왜냐하면, 베다니는 예수님이 예루살렘으로 향하는 승리의 입성을 시작하신 곳입니다(19:29-40). 복음서에서 예루살렘은 예수님 사역의 목적지이며, 복음서의 대부분은 예수님이 예루살렘을 향해 걸어가는 것으로 기록되어 있습니다(9:51 참조). 예수님은 제자들을 자신의 승리의 입성 장소로 데려가 예루살렘으로 돌아가라고 명령하심으로써 제자들에게 예루살렘이 목적지가 아닌 출발점이 되는 그들만의 사명을 맡기십니다.

누가는 예수님을 묘사하면서, 변화의 순간에 모세와 엘리야가 나타나 "예루살렘에서 별세하실 것"(9:31)을 말함으로써 제자들의 사역으로 전환한 것을 두드러지게 드러냅니다. 예수님이 손을 들고 축복하시는 모습은 모세를 떠오르게 하며(출 17:11, 39:43 참조), 하늘로 올라가는 모습은 엘리야의 승천을 떠오르게 합니다(왕하 2:1-14 참조). 구약의 주 인물 모세와 엘리야의 공통점은 각각 사역이 끝날 때 다음 세대에게 리더십을 이양했다는 것입니다. 모세는 여호수아에게(신 34:9) 리더십을 이양했고, 엘리야는 엘리사에게(왕하 2:9-14) 리더십을 이양했습니다. 누가는 이 이미지를 사용하면서 예수님의 '예언자 망토'가 제자들에게 넘어가는 것을 가리킵니다. 엘리사처럼 그들도 스승의 영을 나눠 받게 될 것입니다.

누가는 예수님이 떠나신 후 제자들에게 초점을 맞춰 그들이 '그를 경배했다'고 언급하면서 복음을 마무리합니다. 누가가 보기에 오직 하나님만이 예배드리기에 합당한 분이며, 예수님은 신명기 6:13을 인용해 사탄의 예배 요청을 단호하게 거부하셨습니다. "주 너의 하나님께 경배하고 다만 그를 섬기라"(눅 4:8). 베드로도 역시 자신을 예배하려는 고넬료의 시도를 거부했습니다(행 10:26). 그렇지만 누가는 제자들이 예수님을 유한한 인간이 아니라 경배할 만한 가치가 있는 하나님으로 인정하는 장면에서 복음서를 마무리합니다. 누가는 독자들에게 교회에 관한 예수님의 예언이 실현될 것임을 보여줍니다. 제자들은 그 도시로 돌아가라는 예수님의 명령을 이행하고(49절), 다가오는 권능을 기다립니다. 누가의 독자는 두 번째 사도행전이 없어도 예수님의 선교가 제자들의 사역에서 계속될 것임을 이해할 것입니다.

신약은 예수님의 이야기와 교회의 이야기를 들려줍니다. 누가는 신약의 어떤 작가보다도 이 두 가지 이야기를 잘 결합해 교회가 그리스도 안에서 시작된 하나님의 사역을 이 땅에서도 계속하고 있다는 점을 강조합니다. 누가복음 24:44~53에서 누가는 이 땅에서 하나님의 지속적인 사역의 도구로서 교회가 중요하다는 것을 직접적으로 독자들에게 강조합니다. 누가복음의 끝이 곧 예수님 이야기의 끝은 아닙니다. 부활하신 예수님으로부터 시작됐고, 제자들을 통해 계속된 교회의 이야기는 오히려 새롭게 시작합니다.

설교적 관점

회화와 조각에는 제자들이 언덕 위에 모여 얼굴을 위로 향하여 긴장한 모습을 보여주는 전통이 있습니다. 그 위에는 구름이 있고, 그 구름 속에 한 쌍의 발만 보입니다. 그렇습니다. 이 그림이나 부조는 주님의 승천을 묘사한 것입니다. 오늘날 우리 대부분은 신비를 그리는 것이 어색하다고 비웃지만, 이 전통은 설교자가 이 이야기를 다룰 때 직면해야 하는 도전 중 하나를 지적합니다.

우리는 누가가 예수님이 '그들을 떠나 하늘로 올려지시니'라고 말했을 때 묘사하려고 했던 '정말 일어났던 일'이 무엇인지 퍼즐을 맞추려고 노력할 수 있습니다. 허블 망원경의 놀라운 기술로 오늘날 우리는 모두 예수님의 동시대 사람들이 하늘과 동일시했을지도 모르는 푸른 돔 너머를 보게 되었다는 현실을 고민해야 할까요? 그는 실제로 어디로 갔을까요? 제자들은 실제로 무엇을 목격했을까요?

이야기의 요소들이 오늘날 우리에게 어떤 영향을 미치는지 살펴보는 것이 더 유익한 접근 방식이 될 것입니다. 우리 자신의 삶과 신앙의 현실에서 이 이야기가 우리에게 영향을 미치거나 확장하는 것은 무엇일까요? 이 이야기가 지금 여기서 우리에게 주는 도전과 확신, 계시는 무엇일까요?

오늘의 본문이 우리에게 주는 한 가지 도전은 예루살렘과 성전에 대해 강조하신 것을 진지하게 받아들여야 한다는 것입니다. 제자들은 예루살렘에서 선교를 시작할 것이며, 복음의 마지막 구절에서 제자들은 '늘 성전에서 하나님을 찬송'하고 있습니다. 세례자 요한의 아버지이자 제사장인 스가랴의 초상화(1:5-23)와 함께, 이야기는 성전에서의 시작점으로 다시 돌아갑니다. 이곳과 누가복음 전체에서 예루살렘은 하나님 활동의 시작점이며, 예수님의 선교와 교회의 선교를 그 이전의 이스라엘 이야기와 연결시켜 줍니다.

오늘 본문의 바로 앞에 나오는 부활 장면(36-43절)에서 누가는 예수님이 실제 육신으로 현존하신다는 사실을 우리에게 분명하게 외치고 있습니다. 마찬가지로 여기서 그는 예수님과 그분의 모든 제자가 헌신된 유대인이었다는 사실을 기억하라고 우리에게 외치는 것 같습니다. 이 성전은 예수님의 몸이나 동네 교회에서 드리는 현대 예배에 대한 은유가 아닙니다. 이곳은 주님이 임재하시는 성전이자 유대교 예배의 중심지입니다. 예수님 이야기가 히브리 성경의 기록을 대체하거나 대체할 것으로 생각하는 사람이 있다면, 누가가 이야기의 시작과 끝을 성전으로 강조한 설정을 보며 그렇지 않다는 것을 기억하기에 충분할 것입니다.

누가는 하나님의 변함없는 사랑과 구원 행위가 전체를 지배하는 이야기의 위대한 순간이 예수님에 관한 이야기에도 그대로 메아리쳐 울리게 하려고 애썼습니다. 마리아의 노래와 1장에 나오는 스가랴의 예언(눅 1:46-55, 68-79)은 이 새로운 이야기와 이스라엘의 과거를 분명하게 연결시켜 줍니다. 이제 복음서의 마지막 부분에서 예수님은 '그들의 마음을 열어 성경을 깨닫게'(45절) 하시며 모세의 율법, 선지자, 시편이 모두 자신의 고난과 죽음, 부활을 통해 어떻게 성취되었는지를 다시 한번 보여주십니다. 누가의 이야기는 위대한 이야기가 모두 하나라는 점을 강조하면서 절정에 이릅니다.

하나님의 신실하심과 정의와 자비에 관한 이 이야기는 이제 제자들에게 맡겨져 세상에 선포되고 있습니다. 여기에 우리의 또 다른 도전이 있습니다. 예수님은 곧 약속하신 성령의 능력을 받게 될 제자들에게 가서 자신의 이름으로 회개와 죄 사함을 선포하라고 지시하십니다. 예수님은 제자들에게 자신의 이야기를 전하거나 자신이 메시야이심을 선포하라고 분명하게 지시하지 않으셨고, 세상이 예수님만을 믿게 하라고 보내지 않으셨으며, 부활을 약속하라고 지시하지도 않으셨습니다. 그들이 해외로 가져가야 할 메시지는 하나님의 자비에 대한 좋은 소식입니다.

실제로 하나님의 자비에 대한 고대 이야기는 이제 약속된 메시야로 분명하게 확인된 예수님의 삶과 사역, 죽음, 부활을 통해 구체화되고 실현되었습니다. 그래서 이 이야기는 의인화되었습니다. 예수님이 상처 입은 손을 들어 제자들을 축복하셨을 때, 예수님은 즉 그들이 선포하도록 위임받은 하나님의 자비로 충만해서 그들을 축복하셨습니다.

제자들이 예수님을 직접 체험하는 마지막 단계는 예수님이 물러나 성부 하나님께로 승천하시는 것입니다. 지난 몇 달 동안 제자들과 함께 걸었던 지상에 속한 사람이 이제 신적 존재가 돼 올라가십니다. 우리는 이것을 그리스도 예수님의 영광뿐만 아니라 하나님께서 우리 모두를 받아들이시는 모든 인류의 승천 징표로 볼 수도 있습니다.

이천 년 전의 이 위임 이야기를 그리스도의 제자이자 사도로서 우리 자신의 사명에 어느 정도까지 적용해야 할까요? 우리 자신은 정확히 무엇에 대한 증인인가요? 하나님의 용서와 자비의 복음을 선포할 때 우리는 어떤 근거 위에서 있어야 할까요? 우리가 받은 복을 어떻게 인정하고 나눌 수 있을까요?

주님의 승천 이야기는 우리에게 이러한 질문과 씨름할 수 있는 일련의 이미지와 아이디어를 제공할 수 있습니다. 우리 삶에서 그리스도를 만난 경험을 설명할 때, 우리는 종종 은혜로우신 하나님께서 어떻게 우리 인간을 만나주셨는지를 말합니다. 희생적인 사랑, 진리에 대한 헌신, 터무니없는 죄를 기꺼이 용서해 준 누군가를 목격한 사례에 관해서도 이야기할 수 있습니다. 우리 자신의 삶에서 하나님의 자비에 대해 개인적으로 어떻게 깨달았는지를 이야기할 수도 있습니다. 우리는 종종 하나님의 임재의 흔적이라고 느끼고, 깨닫고, 단순히 믿게 된 것을 제대로 설명하지 못하는 자신을 발견하기도 합니다.

누가가 예수님의 승천을 그린 그림은 이러한 소통의 통로가 되어줄 수 있습니다. 이제 우리는 예수님의 승천이 '인간과 하나님 사이에 소통하는 명확한 표식이 있는 고속도로'를 의미한다고 말할 수 있습니다. 우리는 예수님이 지상 사역에서 하신 일들을 우리의 경험에서 연상할 수 있다고 말할 필요가 없습니다. 우리는 우리의 작고 개인적인 일에서 하나님의 은혜를 깨닫고 발견할 수 있는데, 그것은 진정으로 성부 하나님께서 예수님에게 베푸신 은혜이기 때문입니다. 부활과 승천을 통해 예수님은 우리 인류를 자신의 인성과 함께 하나님의 영원한 임재 속으로 데려가십니다.

SEVENTH SUNDAY OF EASTER

부활절 일곱째 주일

사도행전 1:6~14

시편 68:1~10, 32~35

베드로전서 4:12~14, 5:6~11

요한복음 17:1~11

부활절 일곱째 주일

사도행전 1:6~14

6 그들이 모였을 때에 예수께 여쭈어 이르되 주께서 이스라엘 나라를 회
복하심이 이때니이까 하니
7 이르시되 때와 시기는 아버지께서 자기의 권한에 두셨으니 너희가 알
바 아니요
8 오직 성령이 너희에게 임하시면 너희가 권능을 받고 예루살렘과 온 유
대와 사마리아와 땅끝까지 이르러 내 증인이 되리라 하시니라
9 이 말씀을 마치시고 그들이 보는데 올려져 가시니 구름이 그를 가리어
보이지 않게 하더라
10 올라가실 때에 제자들이 자세히 하늘을 쳐다보고 있는데 흰옷 입은 두
사람이 그들 곁에 서서
11 이르되 갈릴리 사람들아 어찌하여 서서 하늘을 쳐다보느냐 너희 가운
데서 하늘로 올려지신 이 예수는 하늘로 가심을 본 그대로 오시리라 하
였느니라
12 제자들이 감람원이라 하는 산으로부터 예루살렘에 돌아오니 이 산은
예루살렘에서 가까워 안식일에 가기 알맞은 길이라
13 들어가 그들이 유하는 다락방으로 올라가니 베드로, 요한, 야고보, 안
드레와 빌립, 도마와 바돌로매, 마태와 및 알패오의 아들 야고보, 셀롯
인 시몬, 야고보의 아들 유다가 다 거기 있어
14 여자들과 예수의 어머니 마리아와 예수의 아우들과 더불어 마음을 같
이하여 오로지 기도에 힘쓰더라

신학적 관점

'기독교 신앙은 기대하는 신앙입니다. 우리는 하나님의 창조 행위와 구속 행위의 완성을 간절히 기다립니다.'* 다니엘 밀리오리는 성경적 신앙의 본질을 잘 포착하고 있습니다. 아브라함의 부르심부터 요한의 계시까지 하나님의 백성은 항상 약속의 성취를 간절히 기대하며 '나아가는' 존재였습니다. 부활절 후 일곱째 주일은 승천 기념일과 오순절의 거룩한 소란함 사이에 끼어 있어, 다음에 어떤 일이 있을지 알지 못하는 불안을 넘어 하나님께서 정하신 삶의 목적으로 우리를 인도합니다.

예수님은 40일 동안 하나님 나라에 관해 설명하셨고, 그 가르침은 약속으로 절정에 이릅니다. 예수님은 제자들에게 예루살렘에 남아 '아버지께서 약속하신 것'을 기다리라고 명령하십니다. "…너희는 몇 날이 못 되어 성령으로 세례를 받으리라 하셨느니라"(행 1:4-5). 주님의 말씀에 귀를 기울인 제자들은 원래의 비전을 잃지 않고 '주께서 이스라엘 나라를 회복하심이 이때니이까'(6절)라고 묻습니다. 흥미롭게도 이 질문을 처음 제기한 이후 우리가 이해하는 데 별로 진전이 없습니다.

우리의 혼란은 다양한 방식으로 나타납니다. 최근 종말 소설의 성공, 중동 위기에 대한 해석, 성서 예언에 관한 콘퍼런스 등 성경에 근거한 것으로 알려진 것들이 인기를 끌고 있지만, 많은 제자가 여전히 하나님 나라를 사회정치적 측면에서 이해하려고 합니다. 북미에서 '왕국의 회복'은 종종 미국이 기독교 국가의 본래의 이상으로 돌아가는 것과 결부되어 있습니다. 우리는 마치 하나님의 창조하시고 구속하시는 목적이 이 위대한 나라의 재기독교화에 달려 있는 것처럼 생각합니다. 그렇지만 이런 소망은 열한 제자들의 소망만큼이나 잘못된 것입니다. 예수님은 우리가 알면 안 되는 것들이 있다고 단순하게 말씀하십니다. 그 의미는, 기독교의 약속을 너무 과거 기독교 교구 영역처럼 소망을 작은 곳으로 제한하여 본다는 뜻입니다. 예수님은 약속으로 돌아가 '너희는… 성령으로 세례를 받으리라'(1:5)고 말씀하시며 하나님 나라의 권능을 나누어 가지게 될 것이라고 확신시켜 주셨습니다. 하나님 나라의 권능은 원수를 친구로 만드는 것이며, 다른 국제 강대국들을 이겨내고 국가 주권을 회복하는 근시안적인 비전을 넘어서는 추진력을 가지는 것입니다.

예수님은 '예루살렘과 유대, 사마리아와 땅끝까지 너희는 내 증인이 될 것이라'고 설명하십니다. 그는 세상에 권력을 휘두르는 나라를 세우는 것을 훨씬 넘어서서, 증거할 만한 힘을 가진 공동체를 약속하십니다. 장 칼뱅은 예수님이 '제자들의 마음에서 그리스도의 통치에 대한 세상 나라의 잘못된 인상을 제거하길 원하신다'라고 주장합니다. 즉, '복음을 전파함으로 세상을 자신에게 복종시키기 위한 것'은 아니라는 것입니다.** 예수님은 우리가 사도

* Daniel L. Migliore, *Faith Seeking Understanding: An Introduction to Christian Theology*(1991; repr., Grand Rapids: Eerdmans, 1997), 231.

** John Calvin, *The Acts of the Apostles: 1-13*, trans. John W. Fraser and W. J. G. McDonald, ed. David W. Torrance and Thomas F. Torrance(1965; repr., Grand Rapids: Eerdmans, 1982), 32.

신경을 통해 선언하듯이 '하늘에 오르시어 전능하신 아버지 하나님 우편에 앉아 계시며' 거기에서 모든 사람의 마음을 다스리고 통치하십니다.

누가는 하나님 나라를 물질적 의미가 없는 영성으로 환원시키지 않았습니다. 그는 사도들의 증언으로 혁명을 일으키는 확실한 변화를 일으켰다고 증언합니다. 어느 주도적인 한 민족이 아니라, 세상에서 부름 받은 사람들이 교회를 통해, 구속 계획에 대해 증언합니다. 예수님은 '너희는 내 증인이 될 것이다'라고 선언하시며, 함께 살아가는 관계를 기반으로 성부 하나님의 목적을 드러낼 것입니다. 칼 바르트는 교회를 신적 화해가 형상화된 곳이라고 지적했습니다. 즉, 교회는 그리스도 안에서 성취된 새로운 존재론적 실재를 증언하는 곳이라는 주장입니다. 교회는 하나님의 나라를 위해 전쟁을 하거나, 열광적인 봉기를 일으키거나, 점령군처럼 추방하는 일을 해서는 안 되며, 단지 공동체적으로 증거하고 복음을 전도해야 한다는 것입니다. 전도는 그리스도의 주되심을 믿는 개종자를 얻고, 그들이 자신들의 공동체 안에서 하나님의 다스림을 받는 것을 목표로 해야 합니다.

예수님은 승천하실 때, 다시금 하나님 나라의 비전, 즉 교회 비전을 강조하시며 지상 왕국을 세우겠다는 암시를 없애십니다. 그는 '보다 즉각적인 권능으로' 통치하기 시작하시는데, 그 권능은 이제 '하늘과 땅의 경계를 넘어 확산되고 퍼져 나갑니다.'* 사도들은 성령을 통해 예수님의 부재를 경험했지만, 정반대로 그분이 계속해서 함께 실재하신다는 것을 그 어느 때보다 깊이 알았습니다. 그럼에도 불구하고 흰 옷을 입은 두 사람(11절)을 신뢰했으며, 예수님의 형상화된 실재는 쉽게 영적인 실체로 변화하지는 않았습니다. 그 두 사람은 '너희 가운데서 하늘로 올려지신 이 예수는 하늘로 가심을 본 그대로 오시리라'라고 단언합니다. '그 중간 시간'을 사는 공동체로서 교회는 예수님의 생명을 주신 현존을 형상화하지만, 그의 육체적 재림에 대해 기대하는 것도 여전히 확고합니다.

파루시아가 지연되면서 많은 사람은 예수님의 육체적 재림에 대한 소망을 포기했습니다. 동시에 사람들은 예수님의 천년왕국 통치에 대해 신학적인 논쟁을 벌이기도 합니다. 신실한 학자들은 다양한 종말론적 견해를 제시하지만, 성경과 삶의 경험에 비추어 볼 때 가장 어려운 종말론 중 하나는 실현된 종말론입니다. 그리스도인조차도 표면 아래에 숨어 있는 상처가 있고, 그 고통의 깊이를 고려할 때, 천년왕국이 현재의 현상으로 축소될 수 있다고 상상하기는 어렵습니다. 만약 그리스도의 약속된 재림이 오순절에 이미 성취되었고, 하나님께서 지속적으로 믿음의 사람들에게 내주하시는 것을 통해 확장된다고 한다면, 증거한 전체 유언은 불확실해집니다. 물론 예수님의 임재를 성령을 통해 알 수 있지만, 성령의 임재가 그리스도의 가시적이고 육체적인 재림에 대한 신약의 소망을 약화시키지는 않습니다. 오순절 이후에도 교회는 예수님의 재림을

* John Calvin, *Institutes of the Christian Religion*, ed. John T. McNeill, trans. Ford Lewis Battles, LCC(Philadelphia: Westminster Press, 1960), 523.

고대합니다. 하나님께서는 인생의 깊은 아픔으로 신음할 때에 창조하시고 구속하심으로 만나 주시기에, 우리는 '그가 다시 오신다'라는 말을 잘 들을 수 있습니다. 또한 하나님께서 시작하신 모든 일을 완성하실 때까지 오랜 시간을 기대하며 기다릴 수 있습니다.

목회적 관점

열한 명의 남자와 몇 명의 동료 여행자들이 팔레스타인 언덕에 서서 그들의 스승이자 멘토이자 지도자가 구름 속으로 사라지는 모습을 놀랍게 바라보고 있었습니다. 지금쯤이면 그들은, 갈릴리에서 예수님을 만난 이후 자신의 삶이 걸어온 길에 대해 놀라움을 넘어 경이로움을 느꼈으리라 생각할 수 있습니다. 경이로움은 끝이 없다는 말이 사실일지도 모릅니다. 흰옷을 입은 두 남자가 '하늘을 올려다보고' 서 있는 그들을 꾸짖었고, 그들은 지시를 받은 대로 예루살렘으로 돌아와 다음에 어떤 놀라운 일이 일어날지 기다렸습니다.

그들이 기다리는 동안 두 가지 주목할 만한 일이 있었는데, 그것은 그들이 함께 머물렀고, 그들이 기도했다는 것입니다. 이 두 가지 활동은 오늘날 교회에 교훈이 됩니다. 윌리엄 윌리몬은 다음과 같이 되새겨 줍니다. "기다림. 컴퓨터화되고 기술적으로 조급해져 모든 것이 즉석에서 해결돼야 하는 현대인들에게 기다림은 부담스러운 짐이요 교회의 어려운 과제 중 하나입니다. 우리가 기다린다는 것은 우리 자신의 노력과 프로그램, 십자군 전쟁만으로는 해결할 수 없는 일들이 있다는 것을 의미합니다. 다른 능력이 필요합니다. 그렇기 때문에 교회는 기다리며 기도합니다."*

산등성이에 다락방으로 다시 모인 이 그룹은 저마다의 이름과 정체성, 역사와 소망을 가진 실제 사람들이었습니다. 그들은 할 수 있는 만큼 예수님을 다랐고, 성령의 임재를 기다렸습니다. 바로 이들이 최초의 교회를 구성한 사람들입니다. 시대가 급격하게 변했지만, 여전히 성령의 오심을 기다리기 위해 이름, 정체성, 역사, 소망을 가진 실제 인간, 남성과 여성이 모였습니다. 우리 자신의 삶과 교회에 성령님이 임재하시기를 기도하기 위해 모이는 우리가 바로 오늘날의 교회를 구성하는 사람들입니다. 지금도 우리는 오순절의 권능을 기다립니다.

윌리몬은 다시 다음과 같이 말합니다. "우리의 기다림과 기도는… 성령의 은사가 결코 교회의 확실한 소유물이 아니라는 것을 나타냅니다. 그것은 선물, 즉 기도로 끊임없이 새롭게 구해야 하는 선물입니다…. 그런 사실들을 아는 사람들도 그 능력을 체험할 때까지 예루살렘에서 기다리며 기도하는 것이 좋습니다."** 그들은(그리고 우리는) 이해할 수 있도록, 지혜를 주시도록, 인도해 주시도록, 계속 나아갈 힘을 주시도록 기도합니다. 그들은(그리고 우리는) 소망과 두려움 속에서, 믿음과 의심 속에서, 순종과 경이로움 속에서 기도합니다.

제자들에게는 어떤 일이 기다리고 있었을까요? 그들은 이스라엘 나라가 고대의 모든 권력과 영광을 회복하기를 기대했지만, 예수님

* William H. Willimon, *Acts*, Interpretation series (Atlanta: John Knox Press, 1988), 21.

** Ibid., 21.

은 하나님 나라에 대해 계속 말씀하셨습니다. 분명히 그 두 나라는 같지 않습니다. 하나님의 나라는 이미 왔지만, 여전히 다가오고 있습니다. 예수님은 부활 후 제자들과 함께 하나님의 통치에 대해 가르치려고 하셨던 모든 것을 다시 한번 강조하며 시간을 보내셨습니다. 아니, 제자들이 소원하던 영광스러운 옛 다윗 왕국을 재건하는 것처럼은 아니었습니다. 예수님은 로마인들을 몰아내고, 종교 권력자로 일하고, 부자와 권력자들을 전복시키고, 대신 그 자리에 자신들이 앉기를 원하지만, 빠르게 사라져만 가는 그들의 소망을 이뤄주지는 않으셨습니다. 그러나 하나님의 통치는 그들의 어깨를 타고, 그들의 손이 하는 일을 통해, 그들의 발의 여정을 따라올 것입니다.

어디까지가 하나님의 나라일까요? 단지 영적인 것인가요? 사회적이고 정치적인 나라인가요? 어떤 모습, 느낌, 소리, 맛이 있나요? 어떻게 작동하나요? 누가 책임자가 되겠으며, 그러한 나라에서 그들(또는 우리의)의 역할은 무엇일까요? 언제 올까요? 윌리엄 바클레이는 '예수님이 말씀하신 나라는 하나님의 뜻이 하늘에서와같이 이 땅에서도 온전하게 이루어지는 사회를 의미할 것입니다. 바로 그 사실 때문에 그 나라는 권력에 기초하지 않고 사랑에 기초한 나라가 될 것입니다.'라는 관점을 제시합니다.* 따라서 다가오는 하나님의 통치는 권력, 특권, 부, 혹은 강력한 힘의 통치가 아니라 사랑의 통치, 혹은 그 친척뻘쯤 되는 긍휼과 정의의 통치일 것입니다.

이것이 사실이라면, 본문 속의 사람들이 그랬던 것처럼 우리에게도 도전이 아닐 수 없습니다. 하나님의 나라는 과연 지금 이 땅에서 통치하는 나라일까요? 권력이 아닌 사랑에 기초한 나라는 어떤 나라일까요? 이 땅의 어떤 통치자/피지배자, 지도자/추종자가 자선과 사랑을 베풀기 위해 권력과 특권을 포기할 수 있을까요?

하나님의 뜻이라면 망설이지 않고, 사회적 규범과 문화적 기대는 저버리지 않으면서도, 자신을 돌보는 것은 꽤 어려운 일입니다. 그럼에도 불구하고 하나님의 뜻을 행하는 것이 바로 예수님이 제자들을 부르신 이유이며, 그들이 서약한 이유이기도 합니다. 그들은 자신을 부르시고 보내신 분의 일을 해야 하고, 하나님과 하나님의 뜻을 삶의 중심에 둬야 하고, 사랑의 음성에 귀 기울이며 그 사랑의 힘을 옷 입어야 합니다. 우리 삶의 이야기는 다를까요?

적어도 이 구절은 교회 생활에서 공동체의 중심에 무엇이 자리해야 하는지를 암시합니다. 혼자 잘 사는 것만으로는 충분하지 않습니다. 그들은 함께 만났고, 함께 여행했고, 함께 사역했습니다. 우리도 그리스도의 이름으로 함께 만나고, 함께 여행하고, 함께 일해야 합니다. 하나님 나라의 가능성과 기대에 부응하기 위해 우리는 서로 함께 증거하고, 서로 함께 돕고, 서로 함께 도전하고, 서로 함께 돌봐야 할 것입니다.

그리스도인으로서 우리는 현재를 충실히 살라는 분명한 권고를 받습니다. 하나님 나라의 최종적인 성취 같은 우리가 어찌할 수 없는 것, 즉 하나님의 손에 달려 있는 것들은 지나

* William Barclay, *The Acts of the Apostles, Daily Study Bible Series*(Philadelphia: Westminster Press, 1955), 4.

치게 염려할 필요 없습니다. 하나님 나라 건설을 위해 지금 여기에서 해야 할 일이 많으며, 그 뒷일은 하나님께서 책임지십니다.

우리는 또한 말씀을 전파해야 한다는 도전을 받습니다. 예루살렘에서 시작된 복음 운동을 따라가 보면, 본래는 한 유대종파의 복음이 땅끝까지 전해지고, 이방인들이 하나님의 소망과 함께해 우주의 위대한 창조주 하나님께로 돌아옵니다. 이 본문은 그리스도인들로 하여금 위대한 두 율법의 백성이 되라고 부르십니다. 즉, 전 존재를 다해 하나님을 사랑하고, 이웃을 내 몸과 같이 사랑하라고 부르시는 것입니다. 또한 그리스도 안에서 하나님의 사랑의 복음을 땅끝까지 전하는 지상 명령을 따르는 백성이 되라고 부르십니다.

주석적 관점

지난 주일 본문말씀에서 같은 구절들을 많이 다루었기 때문에 오늘 본문 말씀은 다소 지루해 보일 수 있습니다. 그럼에도 불구하고, 오늘 본문은 사도행전의 시작 부분에 추가된 두 개의 강조점, 즉 (1) 성령을 영접하고 나타나는 자연스러운 반응에 대한 진술 (2) 예루살렘에 생겨난 최초의 회중에 대해 살펴볼 기회가 될 것입니다. 승천에 관한 이야기와 연결되어 있긴 하지만, 본문에서 이런 중요한 측면을 놓쳐서는 안 됩니다.

사도행전의 저자 누가는 데오빌로에게 예수님이 '사도들에게 지상 명령을 주시는 것과 성령을 약속하시는 것'을 포함해 누가복음의 마지막에 일어난 사건들을 요약해 줍니다. 이 가운데 중요한 것은 8절에 나오는 자연스러운 반응에 대한 진술입니다. "오직 성령이 너희에게 임하시면 너희가 권능을 받고 예루살렘과 온 유대와 사마리아와 땅끝까지 이르러 내 증인이 되리라 하시니라" 예수 그리스도의 복음 선포를 통해 하나님은 새로운 세계 질서를 시작하십니다. 새로운 세계 질서는 예수님의 사역으로 시작되고, 사도들을 통해 성령의 능력으로 이어집니다. 사도들은 세상을 변화시키는 하나님의 첫 대리인들입니다. 사도행전 1:8에서 누가는 하나님 나라의 도래에 관한 예수님 메시지가 잠재적으로 어떤 정치적, 종교적 성격을 갖게 될지 잘 알고 있었습니다.

이 메시지를 이해하는 한 가지 방법은 로마 제국을 포함한 이 땅의 통치자들의 모든 정치적 주장에 대해 광범위하게 비판하는 것으로 이해하는 것입니다. 사도들의 관심사는 이스라엘 나라의 회복(6-7절)이었습니다. 본문에서 완전히 무시하지는 않지만, 하나님의 진정한 계획은 이스라엘을 훨씬 넘어, 전에는 이스라엘의 공동체에 포함되지 않았던 이방인들까지 포함하는 것이었습니다. 따라서 누가가 말하는 하나님 나라는 하나님의 계획 안에서 이스라엘이 독점적인 권리와 지위를 누린다고 생각하는 그들의 주장에 대해 도전하는 것이기도 합니다. 그렇기에 사도행전의 가장 중요한 관심사는 이방인을 '새로운' 하나님의 백성에 포함시키는 것입니다.

사도들은 이스라엘 국가의 독점적 권리에 대한 모든 생각을 포기한다는 것을 분명히 한 후, 그들에게 주어진 사명이 무엇인지를 배웁니다. 그것은 제자들이 땅끝까지 예수님의 증인으로서 섬기기 위해 성령을 받았다는 것입니다. 이 말씀은 명령이자 동시에 약속이기도 했으며, 교회의 사명이 무엇인지 정의하면서,

단순히 지역적인 사명이 아니라 전 세계적인 사명임을 분명히 했습니다. 흥미롭게도, 사도행전은 교회의 대표로 섬기는 베드로를 제외한 사도들이 왜 예루살렘에 조용히 머물면서 바울이 중요한 선교 사역을 수행하도록 했는지 그 이유를 설명해 줍니다. 사도행전에 나타난 바와 같이 교회는 선교 사업체로 볼 수 있으며, 이스라엘의 구원에만 국한되지 않고 전 세계를 사역의 대상으로 삼습니다.

그렇지만, 예수님의 말씀에는 또 하나의 함의가 있습니다. 예루살렘에서 '땅끝까지' 기독교 선교의 과정을 설명합니다. 이 말씀은 예루살렘에서 로마로 복음이 이동하는 과정을 규정하는 것이며, 사도행전의 내용이기도 합니다. 교회의 초기 역사를 비롯하여 일반적으로는 주님 자신이 독자들에게 하나님의 뜻에 따라 일련의 여러 사건을 제시하셨다고 봅니다. 교회가 나아갈 길을 지시해 주시는 분은 주님 자신이십니다. 다시 말해, 교회의 이야기는 곧 하나님의 구원하시는 역사라고 할 수 있습니다.

승천 후 제자들의 새로운 상황은 몇 가지 간결한 문장으로 스케치 되어 있습니다. '제자들이… 예루살렘으로 돌아오니'와 '그들이 유하고 있는 다락방으로 올라가니'(12-13절)입니다. 이 다락방은 이전에 언급된 적이 없는 곳이지만 초기 복음서와의 내러티브 연결 고리 역할을 한다는 점이 흥미롭습니다. 에른스트 헨첸에 따르면, "이런 종류의 다락방은… 배운 자들의 모임, 연구, 기도의 장소로 사용되었지만 때로는 거주하도록 임대"하기도 했습니다.* 이 시기 제자들과 다른 사람들의 생활은 모임, 기도, 묵상에 전념하는 것으로 특정지을 수 있습니다. 다시 말해, 이 시기는 표현하고 있지는 않지만, 성령의 계시를 기대하며 기다리는 준비의 시간이었으며, 기도가 유일한 목적이기도 했습니다.

또한 누가에 따르면 11명이 초대 교회의 핵심 전체를 구성하는 것은 아닙니다. 그들과 연대하여 꾸준히 기도에 헌신하는 삶을 살았던 '여인들'도 있는데 빈 무덤의 증인이었으며, 예수님과 그의 형제들의 어머니도 있었습니다. 헨첸은 "그러므로 적어도 8명의 다른 사람들이 두 개의 별개의 그룹을 형성해 11명에 추가되어야 합니다. '여자들'은 예수님을 잘 따르는 사람들로서 일부는 높은 지위에 있었으며, 예수님의 친척들은 한 가족이 아니라 여러 가족을 포함하는 것으로 보입니다. 왜냐하면 예수님의 형제들에 대해서는 그들이 장사를 했다거나 다른 직업을 가졌다는 기록이 전혀 없지만 결혼한 것으로 추정해야 하기 때문입니다."**라고 강조합니다. 최초의 회중은 형성되었습니다.

누가는 초대 교회의 역사를 설명하려고 합니다. 그는 열한 제자의 이름을 거론하는 것으로 시작합니다. 처음에 그들은 예수님의 승천을 목격한 유일한 증인이었고 그 후 예루살렘의 다락방에 모인 것으로 보입니다. 그러나 누가는 이제 그 숫자에 여성을 추가합니다. 사도들

* Ernst Haenchen, *The Acts of the Apostles*: A Commentary, trans. R. McL. Wilson(Philadelphia: Westminster Press, 1971), 153.

**Ibid., 154.

의 아내나 예수님의 형제들에게는 관심이 없었지만, 예수님을 지지했던 여인들에게는 어느 정도 관심을 보였기 때문에 누가는 여기서 바로 그 여인들을 언급합니다. '그들의 관대함과 충성심으로 그들은 누가의 눈에 반짝거리는 본보기일 뿐 아니라 빈 무덤의 매우 중요한 증인들이었습니다.'* 마지막으로 누가는 예수님의 어머니와 형제들을 언급합니다. 다른 복음서 기록에서는 예수님의 가족들이 예수님을 믿지 않았다고 주장하지만, 고린도전서 15:7에 따르면 부활 후 나타난 사람 중 하나가 야고보였다고 기록되어 있습니다. 따라서 사도들만이 예수님의 승천을 목격한 것은 아니었음을 유추할 수 있습니다. 그 결과 야고보와 예수님의 어머니 및 다른 형제들도 이 최초의 제자 공동체에 합류하기로 했던 것입니다.

설교적 관점

주의 승천일 성서정과에서는 사도행전 1:1~11을 집중적으로 다루었습니다. 승천에 관한 이야기는 특히 승천을 특별히 기념하는 행사가 없는 이번 주일과 관련이 있습니다. 이 설교의 초점은 제자들이 예루살렘의 다락방으로 은거하는 12~14절로 옮겨갑니다. 승천과 같은 놀라운 사건이 일어난 후, 화자가 제자들이 다음에 무엇을 한다고 말하는지 보는 것은 흥미롭습니다.

마음의 안식처 예수님이 떠나시고 재림이 임박한 상황에서 제자들은 최후의 만찬을 거행했던 바로 그 방, 예루살렘의 다락방으로 돌아옵니다. 여러 면에서 이것은 교회의 시작이며 오순절에 교회의 폭발적인 성장을 예고하는 장면입니다. 이곳에서 제자들과 마리아를 비롯한 여러 여인이 기도에 전념합니다. 가장 불안한 시기에는 친숙하고 중심이 되는 공간으로 돌아가는 것이 일반적입니다. 이곳은 익숙하고 의미 있는 방식이나 의식에 따라 자신의 가장 깊은 정서적, 영적 고향과 같은 장소를 찾는 사람들로 가득 찼습니다. 마음의 안식처만이 혼돈의 바다에서 안정감과 정박감을 제공할 수 있습니다.

이런 맥락에서 포스트모던, 탈교파 세대의 많은 사람이 옅은 '교회적인' 경험에서 무언가 결핍을 느끼고 오래된 예배와 의식의 전통으로 이동하는 것을 관찰하는 것은 매우 흥미롭습니다. 동방정교회는 오늘날 빠르게 성장하는 교회 중 하나인데, 이는 변화의 물결 속에서 닻을 내리고자 하는 많은 사람의 요구가 있었기 때문입니다. '이머징 교회'(emerging church) 또는 '이머징 대화'(emerging conversation)에 초기 가정 교회 또는 '다락방 교회' 경험과 유사한 단순하고 잘 알려진 식탁 교제, 기도, 대화 방식으로 돌아가려는 움직임이 있으며, 교회가 존재하는 미래의 방식으로 고대 예배 전통을 참고하려는 움직임이 일어나고 있습니다.

기대 8절에서 예수님은 제자들에게 "오직 성령이 너희에게 임하시면 너희가 권능을 받고 예루살렘과 온 유대와 사마리아와 땅끝까지 이르러 내 증인이 되리라 하시니라"고 말씀하십니다. 제자들은 성령이 임하실 것이며, 그들이 증거해야 할 중요한 장소 중 하나가 예루살렘이라는 예수님의 말씀을 그대로 받아들인 것 같습니다. 결국, 예수님이 '하늘로 가심을 본 그대로'(11절) 다시 오시기 전에 성령의 강

* Ibid., 155.

력한 부으심이 있을 것임이 분명합니다. 제자들은 이 경험을 기다리기 위해 다락방에 모입니다. 여기서 우리는 교회가 시작될 때 (1) 하나님께서 어떤 일을 행하실 것이며 (2) 하나님께서 역사하실 때 교회가 증거할 수 있는 힘을 얻게 될 것이라고 기대하는 근본적인 자세를 볼 수 있습니다. 오순절을 앞둔 부활절 후 일곱 번째 주일에 교회는 이 본문에서 힌트를 얻을 수 있습니다. 우리는 교회로서 우리 자신의 운명을 책임지고 있나요, 아니면 하나님의 영이 우리에게 길을 보여주시기를 기대하고 있나요? 우리는 정말로 하나님의 영이 우리 가운데 임하시기를 기대하고 있나요? 우리는 하나님의 영이 능력으로 우리에게 임하시도록 함께 기도하고 있나요? 우리는 이 영적인 능력을 원하나요? 우리는 이 세대의 증인이 되기를 원하나요? 설교자는 회중을 부끄럽게 하려는 의도가 아니라 하나님의 백성으로서 우리의 정체성에 대해 진정으로 질문하고 우리 가운데서 하나님의 영의 역사를 실제로 기대하도록 도전하는 방식으로 이러한 질문을 제기할 수 있습니다.

교회 전체의 증언 다락방에는 예수님의 어머니 마리아를 포함하여 제자들과 함께 모인 여성들이 있었습니다. 많은 사람이 증인의 역할을 열두 제자(이 경우에는 열한 제자)의 폐쇄적인 모임으로 제한하지만, 다른 많은 사람도 역시 하나님의 영을 그들에게 부어주시기를 적극적으로 기대하고 있었기에 증인으로서의 자신의 삶을 기대하고 있었다는 것은 분명합니다. 게일 오데이(Gail O'Day)는 마리아의 존재가 '예수님의 탄생과 교회의 탄생 사이에 연속성을 확립한다'고 주장했습니다.* 즉, 마리아 없이 예수님의 탄생이 있을 수 없듯이 여성의 주도적인 역할 없이는 이 땅에 그리스도의 몸인 교회의 탄생도 있을 수 없었으리라는 것입니다. 예수님의 생애와 사역을 통해 우리는 제자도의 폭넓고 개방적인 성격과 궁극적으로는 교회의 증거하는 리더십을 볼 수 있습니다. 교제의 식탁에서는 모두를 환영합니다. 성령의 능력을 기대하며 기도할 수 있도록 모두를 환영합니다. 그리스도 증인의 충만케 하는 사역에 모두를 환영합니다.

산 정상에서 계곡으로 많은 학자가 승천을 신약성경에서 가장 강력한 하나님의 현현 중 하나인 산상변모와 연관시킵니다. 승천은 진정으로 '산 정상 체험'이었습니다. 제자들이 변화산에서 내려와 사역의 골짜기로 들어가는 것처럼, 승천 후 제자들은 새로운 형태의 사역을 기대하며 곧바로 기다림의 상태(Holding pattern)로 들어갑니다. 변모산 사건 이후 사역은 치유에 초점을 맞춥니다. 이 상황에서 그리스도의 부활 복음을 구두로 선포하기도 하지만 더 다양한 형태의 증거에 초점을 맞춥니다. 설교자요 전례를 주관하는 자로서 우리는 주의 승천일을 지내고 이번 주일의 전례에서는 산 정상에서 계곡으로 이어지는 리듬을 어떻게 접목할 수 있을지 생각해 볼 수 있습니다. 개신교 전통의 많은 교회가 주의 승천일 자체에 특별한 예배를 드리지 않습니다. 만약 그렇다면, 주일 예배의 첫 부분에 승천 이야기를

* Carol A. Newson and Sharon H. Ringe, eds. *The Women's Bible Commentary*(Louisville, KY: Westminster/John Knox Press, 1992), 307.

극적인 방식으로 포함할 수 있겠습니다. 그런 다음 설교, 중재의 기도를 통해 예배가 전개되면서 전례는 기도와 성찬식 교제의 일반적인 분위기 속에서 새로운 형태의 사역을 기대하는 움직임으로 이어질 수 있습니다. 이런 식으로 승천 이야기의 중요한 리듬을 전체 예배에 통합할 수 있습니다.

부활절 일곱째 주일

시편 68:1~10, 32~35

1 하나님이 일어나시니 원수들은 흩어지며 주를 미워하는 자들은 주 앞에
서 도망하리이다
2 연기가 불려 가듯이 그들을 몰아내소서 불 앞에서 밀이 녹음 같이 악인
이 하나님 앞에서 망하게 하소서
3 의인은 기뻐하여 하나님 앞에서 뛰놀며 기뻐하고 즐거워할지어다
4 하나님께 노래하며 그의 이름을 찬양하라 하늘을 타고 광야에 행하시던
이를 위하여 대로를 수축하라 그의 이름은 여호와이시니 그의 앞에서
뛰놀지어다
5 그의 거룩한 처소에 계신 하나님은 고아의 아버지시며 과부의 재판장이
시라
6 하나님이 고독한 자들은 가족과 함께 살게 하시며 갇힌 자들은 이끌어
내사 형통하게 하시느니라 오직 거역하는 자들의 거처는 메마른 땅이로
다
7 하나님이여 주의 백성 앞에서 앞서 나가사 광야에서 행진하셨을 때에
(셀라)
8 땅이 진동하며 하늘이 하나님 앞에서 떨어지며 저 시내 산도 하나님 곧
이스라엘의 하나님 앞에서 진동하였나이다
9 하나님이여 주께서 흡족한 비를 보내사 주의 기업이 곤핍할 때에 주께
서 그것을 견고하게 하셨고
10 주의 회중을 그 가운데에 살게 하셨나이다 하나님이여 주께서 가난한
자를 위하여 주의 은택을 준비하셨나이다
32 땅의 왕국들아 하나님께 노래하고 주께 찬송할지어다 (셀라)
33 옛적 하늘들의 하늘을 타신 자에게 찬송하라 주께서 그 소리를 내시니
웅장한 소리로다
34 너희는 하나님께 능력을 돌릴지어다 그의 위엄이 이스라엘 위에 있고
그의 능력이 구름 속에 있도다
35 하나님이여 위엄을 성소에서 나타내시나이다 이스라엘의 하나님은 그
의 백성에게 힘과 능력을 주시나니 하나님을 찬송할지어다

신학적 관점

노스캐롤라이나주 랄리에 있는 중앙 교도소의 한 교목은 '대부분의 사람이 응보적 정의와 사형 제도를 믿기 때문에 미국의 기독교인들은 하나님의 화해를 믿지 않는다'라고 말했습니다. 그러나 시편 기자는 하나님께서 '갇힌 자들은 이끌어 내사 형통하게 하시느니라'(6b절)고 말합니다. 많은 기독교인이 교회에서 하나님께서 세상과 이미 화해하셨다는 성경 말씀을 듣지만, 여전히 하나님께서 죄인을 변화시킬 수 있다는 것을 부정하는 경직된 정의관을 고수하고 있습니다. 다시 말해, 사형은 사람의 생명을 구속하시는 하나님의 능력과 모순되고, '하나님이 고독한 자들은 가족과 함께 살게 하시며'는 시편 기자의 지혜와 모순됩니다(6a절). 기독교인들이 정말로 하나님께서 무에서 유를 창조하고 지옥에도 거하실 수 있다고 믿는다면(시 139:8에 따르면), 하나님의 사랑이 제한 없이, 끊임없이 화해로 초대하신다는 것을 알게 될 것입니다.

니사의 그레고리(380년)는 하나님의 화해가 감옥에 있는 가장 사악한 죄인에게도 끊임없이 제공된다고 선포했습니다. 하나님의 사랑은 그레고리우스에게 너무나 변함없었기 때문에, 그는 우주 안의 모든 피조물을 위한 그리스도의 보편적 구속을 믿었습니다. 하나님은 우리가 모두 천국에 갈 때까지 변함없는 사랑을 절대 포기하지 않으실 것이기 때문에 그는 이 사실을 믿었습니다. 그레고리는 빌립보서 2:10에서 바울이 언젠가는 모든 무릎을 꿇고 모든 혀로 하나님의 영광에 그리스도의 주되심을 시인할 것이라고 말한 구절을 인용하면서 '이 구절에는 오랜 세월의 순환 속에서 악이 사라지면 선의 영역 바깥에는 아무것도 남지 않을 것이며, 그들(하나님께서 지으신 모든 피조물)에게서도 그리스도의 주되심을 만장일치로 고백하게 될 것이라는 의미가 있다'라고 주석했습니다.* 하나님의 화해를 통해 궁극적으로 모든 악은 제거될 것입니다. 시편 기자는 "하나님이여 주의 백성 앞에서 앞서 나가사 광야에서 행진하셨을 때에(셀라) 땅이 진동하며 하늘이 하나님 앞에서 떨어지며 저 시내 산도 하나님 곧 이스라엘의 하나님 앞에서 진동하였나이다"(7-8절)라고 말합니다. 시편 기자는 '악인'과 '의인'을 구별하지만, 구원은 '광야를 행진하신' 하나님에 의해 우리에게 가까이 다가옵니다. 그리스도인들은 시편을 읽으면서 그러한 능력은 '죄인들이 하나님 자신과 서로 화해하게 하심으로써 불가능한 일을 행하시는 하나님의 능력'이라고 해석합니다. 바울은 '화목하게 되었은즉… 그의(그리스도의) 살아나심으로 말미암아 구원을 받을 것이니라'(롬 5:10)고 말합니다. 그러므로 바울은 원수들이 더 이상 죽음의 권세를 갖지 못하는 하나님과 화해해야 한다고 말합니다. '사망을 삼키고 이기리라'(고전 15:54)는 말씀은 악의 권세가 완전히 제거될 것이라는 분명한 말씀입니다. 시편 기자는 "하나님이 일어나시니 원수들은 흩어지며 주를 미워하는 자들은 주 앞에서 도망하리이다"(1절)라고 말합니다.

모든 적이 하나님께 복종하게 될 때, 그들은 자신 안에 있는 하나님의 흔적을 인식하게 될

* St. *Gregory of Nyssa*, The Soul and the Resurrection, trans. Catharine P. Roth(Crestwood, NY: St. Vladimir's Seminary Press, 2000), 63-64.

것입니다. 그레고리에게 죽음은 한 번 파괴되었기 때문에, 죽음은 존재하지도 않을 것입니다. 우리는 하나님의 생명의 통치를 받게 되지만, 이 복종은 우리가 어떤 식으로든 노예가 되는 것을 의미하지 않습니다. 우리의 복종은 우리 안에 살아 있는 복이 될 것입니다.* 그레고리는 많은 초기 그리스도인들이 복음과 양립할 수 없는 끝없는 고통에 시달렸다는 예를 제시합니다. 또 다른 중요한 초기 기독교인의 목소리는 제롬(주후 400년)의 목소리입니다. 제롬은 성경의 히브리어와 그리스어 성서를 당시 통용되던 라틴어로 번역했습니다. 그는 오늘날 일부 번역가들이 끝없는 고통으로 표현하는 소위 영원한 저주와 관련된 모든 논란을 충분히 알고 있었지만, 제롬은 악마와 악의 화신까지 포함한 모든 사람의 구원을 가르쳤습니다. 제롬은 이렇게 말합니다.

> "만물의 회복을 위해 참 의사이신 예수 그리스도께서 교회의 몸을 치유하러 오실 때, 모든 사람은 자신의 고유한 자리를 얻게 될 것입니다. 즉, 타락한 천사는 그가 창조되었던 본래 상태의 천사가 될 것이며, 낙원에서 추방되었던 인류는 다시 한번 낙원을 경작하는 자리로 돌아갈 것입니다. 이런 일들은 보편적으로 일어날 것입니다."**

하나님의 사랑이 그레고리와 제롬이 묘사한 것처럼 끝없이 계속되는 사랑이라고 믿는다면 어떨까요? 하나님의 구속하시는 은혜의 손길이 미치지 않는 하나님의 피조물에는 고아와 과부뿐 아니라 죄인과 살인자도 없으며, 마침내 하나님의 거룩한 거처에 집을 얻지 못하는 사람은 없다고 믿는다면 어떨까요?(5-6절) 우리가 이 땅에서 문제를 해결하는 방법을 재고해야 하지 않을까요? 특히 사형 제도와 그것이 내포하는 무신론에 대해 다시 생각해야 하지 않을까요? 저의 대답은 '예'라고 생각합니다.

우리는 어떻게 근시 시력의 그리스도인이 돼 버려서 무한하신 하나님의 화해하시는 은혜를 볼 수 없게 됐나요? 아마도 우리가 근시안이 된 것은 우리가 천국에 있기 때문에 다른 사람들의 고통은 중요하지 않다고 생각하기 때문일 것입니다. 시편 기자는 하나님의 화해하시는 은혜가 개인뿐만 아니라 공동체를 위한 것임을 생각하게 합니다. 하나님은 집이 없는 사람들에게 집을 마련해 주십니다. 하나님의 '거룩한 처소'(5절)에 거처를 마련하는 사람은 강자가 아니라 고아와 과부, 고독한 자, 갇힌 자입니다. 자신의 힘을 믿고 화해를 구하지 않는 사람들은 하나님 앞에서 도망쳐 메마른 땅에서 살게 됩니다(1, 6절). 결국 사형을 당하는 사람과 사형 집행자 사이에는 아무런 차이가 없습니다. 둘 다 하나님의 화해의 은혜가 필요한 불쌍한 죄인들입니다. 사형 집행자들도 죄수들 못지않게 고독한 자요, 가난한 자로서 하

* *The Church's Bible: 1 Corinthians Interpreted by Early Christian Commentators*, trans. and ed. Judith Kovacs(Grand Rapids: Eerdmans, 2005), 256.

** Elizabeth A. Clark in "The Place of Jerome's Commentary on Ephesians in the Origenist Controversy: The Apokatastasis and Ascetic Ideals," *Vigiliae Christianae* 41, no. 2(June 1987): 154에서 재인용.

나님의 집에 들어갈 수 있습니다.

목회적 관점

하나님의 원수들은 도망쳐 녹아 멸망하지만, 의인들은 '기쁨으로 환호'합니다. 구름을 타시는 하나님께서 과부를 보호하시고, 고아의 부모가 되어 주시며, 집 없는 자에게는 단순한 쉼터가 아닌 가정을 꾸려 기뻐하게 하십니다. 시편 기자는 의로운 자와 하나님을 미워하는 자는 분명하게 선을 그리듯 나눠 구분합니다. 의로운 사람에게는 '모든 것이 좋다'고 말합니다. 의로운 자는 하나님께서 은혜의 비를 내리듯 보호하십니다.

이 찬양의 시편은 우리가 진리를 아직 온전히 알지 못하기 때문에 부활절 시즌에 신뢰하기 좋은 찬양입니다. 과부에 대한 보호가 눈에 띄게 부족하기 때문에 과부에 대한 보호가 언급됩니다. 고아에게는 소속감이 필요하고 노숙자에게는 거처가 필요합니다. '이 노래는 낮은 자들의 노래입니다.'* 하나님의 백성들은 예배를 위해 모여 하나님의 능력의 완전한 보호와 복을 노래합니다. 부활절 찬양에서 우리는 '다툼은 끝났고 싸움은 끝났다'라고 노래하지만, 부활절이지만 여전히 '아직은 아닌' 죽음의 현실 가운데 남아 있어야 하는 신앙인들을 살아나게 하는 찬양입니다.

시편 기자는 이렇게 싸워야 하는 세력과 관련해 의로운 자와 불의한 자를 분명하게 구분하고 있습니다. 우리는 경험을 통해 이 선이 그렇게 깔끔하게 그려지지 않는다는 것을 알고 있습니다. 이러한 명확한 구분은 악당이 검은 모자를 쓰고 영웅이 흰 모자를 쓴 옛날 서부 영화에서나 볼 수 있습니다. 우리 삶의 드라마에서 우리는 결코 그렇게 명확하게 충실한 흔적을 남기지 않습니다. 인간의 마음은 잡초와 밀이 함께 자라는 정원입니다. 그러므로 어떤 이들은 보호하고 양육하시며, 어떤 이들은 흩어지고 녹아내리게 하시는 하나님은 부활절 일곱째 주일에 찾아와 앉을 소수의 사람에게 좋은 소식으로 들릴 것입니다.

그러나 세상이 자신들을 짓밟았다는 것을 아는 사람들, 즉 바닥 생활을 하는 사람들에게는 이런 확실한 언어만이 진정성 있게 마음에서 우러나는 유일한 기도일 것입니다. 때때로 우리가 구덩이에서 할 수 있는 유일한 기도는 원수들이 멸망하게 해달라는 기도입니다. 바닥에서 우리는 하나님께서 모든 것을 바로잡아 주시고, 죽음과 모든 죽음의 도구들을 파괴해 주시기를 기도합니다. 이 노래는 낮은 자들의 노래입니다. 이 노래는 이 세상에서 하나님의 방식을 문자 그대로 묘사하지는 않지만, 우리가 가끔 밑바닥에서 하는 유일한 기도의 모습을 보여줍니다.

시편 기자로부터 우리가 받을 수 있는 두 번째 목회적 배움이 있습니다. 우리가 하나님을 이해할 때, 우리의 '경험'에 따라 하나님을 정의하곤 합니다. 우리는 하나님이 보호자이자 고향으로 경험했기 때문에 하나님을 노래하지만, 시편 기자는 그렇지 않습니다. 하나님의 보호하심에 대한 고백은 시편 기자 자신의 경험에 뿌리를 둔 것이 아니라 신앙 공동체의 공유된 기억에 뿌리를 두고 있습니다. 이러한 거

* James L. Mays, *Psalms*, Interpretation series(Louisville, KY: Westminster John Knox, 1994), 229.

룩한 기억은 시편 기자가 현재 신앙인들의 경험은 아닐지라도, 이전 신앙 공동체의 증언으로부터 거룩한 상상력을 발휘하는 작업에 참여할 수 있도록 힘을 실어줍니다.

시편 기자는 이스라엘이 하나님과 함께한 여정을 기억합니다. 광야의 방황, 시내산에서 받은 율법의 선물, 그 땅에서 하나님의 백성에게 부어 주신 하나님의 복을 회상합니다. 이 여정, 하나님의 신실하심에 관한 이야기를 낭송하면서 시편 기자는 찬양할 힘을 얻습니다. 이스라엘을 광야로 인도하시고, 시내산에서 길을 보여주시고, 이스라엘에 집을 허락하신 하나님의 신실하심으로 인해, 우리는 하나님께서 약하고 궁핍한 사람들을 보호해 주시리라 믿습니다.

이 시편은 기독교인들의 고백과 유사합니다. 우리는 단순히 우리 자신의 경험뿐 아니라 교회의 여정에서 하나님의 역사를 기억하기 위해 모입니다. 하나님께서 예수 그리스도를 죽음에서 살리셨기에, 비록 우리가 약하고 비천한 존재일지라도 우리는 선포할 소망의 이야기를 가지게 됩니다. 우리는 하나님께서 행하신 일을 기억함으로 하나님께서 행하실 일을 기뻐하며 고백할 수 있는 것입니다.

개인적으로 선포하지 않는 믿음은 우리를 그림자의 골짜기로부터 인도할 힘이 부족합니다. 믿음은 믿는 사람의 경험에 뿌리를 두고 있지만, 하나님께서는 내가 경험한 하나님보다 더 큰 분이시기에 나의 경험에만 국한되지는 않으십니다. 특히 하나님의 백성이 구덩이에서 빠져 기도와 찬양을 올릴 때, 즉 우리가 짊어지도록 부름 받은 십자가의 짐을 지고 하나님께 부르짖을 때, 우리는 신실하신 하나님에 대한 전체 이야기에 기대야 합니다. 우리 입에는 찬양의 언어가 생겨날 것입니다.

그리스도는 부활하셨지만, 삶과 죽음의 경계는 분명한 선으로 그려져 있지 않습니다. 죽음은 패배했지만, 여전히 싸움을 걸어옵니다. 그래서 우리는 인생의 적들이 있는 광야를 여행해야 합니다. 교회 역사에서 '과부', '고아', '노숙자', '낮고 궁핍한 자'라는 칭호를 가진 사람들이 없었던 날은 단 하루도 없었습니다. 삶과 죽음의 권력들 사이의 싸움은 분명하게 드러나지 않는 싸움입니다. 그럼에도 불구하고 우리는 앞으로의 일정을 위해 광야에서 쏟아부어 주신 은혜, 시내산에서 내려주신 삶의 방식, 여정 끝에 마침내 찾은 고향, 죽음의 손아귀에서 벗어나 새롭고 영원히 사는 삶 등 하나님의 신실하심에 관한 이야기를 기억합니다.

'하나님, 일어나소서! 하늘의 구름을 타시는 하나님께 권능을 돌립니다. 하나님을 송축하라.' 이는 생명을 갉아먹고 파괴하려는 세력을 아는 이들의 찬양의 언어입니다. 죽은 자를 살아 숨 쉬게 하시는 하나님을 아는 자들이 부르는 찬양의 언어입니다. 제임스 메이스가 말한 것처럼, '이 노래는 이 세상의 권세 가운데서도 하나님의 승리를 기억하고 소망하는 낮은 자들의 노래'입니다.*

주석적 관점

공동체를 위해 효과적으로 일하시는 하나님의 실질적인 임재를 느끼는 것이 오늘 본문의 핵심입니다. 시편 68편은 형식적 구조와 내용 면에서 난해한 것으로 유명해 일부 주석가

* Ibid.

는 이 시편을 다양한 단편들을 모아놓은 것으로 간주하기도 합니다. 올브라이트(Albright)는 이 시를 '초기 서정시의 카탈로그'로 간주하는 반면, 다른 이들은 편집된 전체가 승리의 노래라고 봅니다.* 오늘의 본문에서 1~3절은 하나님의 임재의 현현을 요청하고, 4~6절은 무력한 자들을 구원하시는 하늘의 하나님을 찬양하며, 7~10절은 이스라엘의 하나님(광야에서 7-8절, 경작지에서 9-10절)의 구원 행위를 연습하고, 32~35절은 하늘의 하나님이시자 이스라엘의 통치자를 찬양합니다.

특히, 1~3절의 이미지는 민수기 10:35에 나오는 모세의 전투 외침, 즉 '여호와여 일어나사 주의 대적들을 흩으시고 주를 미워하는 자가 주 앞에서 도망하게 하소서'라는 구절에서 방주 전승을 떠올리게 합니다. 많은 학자는 언약궤가 공동체의 보호를 보장하는 신의 존재를 나타내는 전쟁용 수호신으로 기능했다고 생각합니다(삼상 4-6장 참조). 방주는 또한 성전에서 신적 임재의 고정된 상징으로 기능했습니다. 바람으로 연기를 몰아내고 불로 밀랍을 녹이는 효과에 비유된 하나님의 실재적이고 효과적인 임재는 공동체에 대한 위협을 무력화시켰습니다.

4~6절은 '구름을 타시는'(히. 로케브 바아라봇) 하나님을 찬양할 것을 요구하며, 가나안 문헌에 나오는 폭풍의 신 바알의 별칭을 불러일으킵니다(우가릿. 로케브 아라파트). 폭풍의 이미지에 호소하여 하나님을 묘사하는 것은 이스라엘에서 흔한 일이었습니다(예. 신 33:26; 시 18:9; 29:1-9; 68:33; 사 19:1). 격렬한 폭풍우로 나타나는 신의 임재는 전쟁 이미지와도 관련이 있으며, 전쟁 이미지는 충성스러운 신하들을 위한 하나님의 강력한 보호를 위한 것으로도 볼 수 있습니다. 여기서는 하나님의 호전성보다는 하나님의 굳건하심이 강조됩니다. 하나님을 찬양하는 이유는 성경의 다른 곳과 고대 근동에서 볼 수 있는 표준 언어로 제시되며, 과부, 고아, 고독한 자, 포로(히. 아시림) 등 권리를 박탈당한 자의 보호자로 하나님을 묘사하고 있습니다. 반면에 '거역하는 자'(히. 소레림)는 하나님의 보호를 받지 못합니다. 가족이나 부족의 기본적인 보호, 안전, 피난처, 번영을 누리는 대신, 그들이 거주하는 공간은 '메마른 땅'(6절)으로 묘사됩니다.

'그의 거룩한 곳'(5절, 마온)은 '하늘에 있는' 거처(신 26:15, 대하 30:27, 렘 25:30, 슥 2:13 참조)와 이 땅에 있는 성전을 모두 가리킵니다. 고대 근동 지역에서 성전은 인간과 신의 영역 사이의 접촉점으로 간주되었습니다(예. 바벨론 마르둑의 에사길라 성전, '하늘과 땅의 결합'이라고 불림). 하나님의 '거룩한 곳'에 대한 이 언급은 이 시편이 성전에서 사용되었음을 암시할 수 있습니다(성소로 들어가는 종교 행렬을 암시하는 24-27절 참조). 예루살렘 성전은 29절(그리고 아마도 16절)에 언급을 고려할 때 그런 행렬의 장소일 수 있습니다.

7~10절에서는 폭풍과 전쟁의 이미지가 다시 결합되어 출애굽, 광야 행진, 시내산 하나님 현현(출 19:16-18, 20:18 참조) 등의 전통적인 언어를 이야기합니다. 신적 전사로서의 하나님께서 백성 앞에서 행진하십니다. 시편에서 이런 언급은 이스라엘의 구원 역사를 구성하기

* 더 깊은 논의를 위한 참조. H. J. Kraus, *Psalms 60-150*(Minneapolis: Fortress Press, 1993), 49.

위한 내러티브 용어에 나타난 현실을 예배에서 표현한 것입니다. 일반적으로 음악적 표식으로 간주되며 아마도 '대로를 수축하라'(4절 혹은 '소리 높여 노래하라', 히. 솔를루)*라는 동사와 관련된 것으로 여겨지는 '셀라' 표기(7절)는 여기서 전통적인 내러티브에서 특정 선곡을 억양으로 표현하라는 지시어일 수 있습니다.** 이와 같은 언급은 단순히 과거의 사건을 암송하는 것 이상으로, 특히 예배의 상황에서 하나님의 백성으로 간주되는 사람들에게 구원이 임박했다는 생각을 불러일으킵니다(삿 5:4-5; 참조. 미 1:3-4; 나 1:3-5; 합 3:3-12).

이스라엘의 하나님에 대한 언급(8절)은 이스라엘을 다른 나라에 대항하는 존재로 설정하지만, 그보다 더 중요한 것은 위험에 처한 공동체를 지칭하는 것입니다. 이 이미지에서 가장 중요한 것은 공동체의 존재에 대한 위협에 직면했을 때 공동체를 보존하시는 하나님의 임재입니다. 하나님의 임재(히. 미페니 엘로힘, '하나님의 얼굴로부터', 8절)는 땅을 진동시키고 하늘에 비를 내리게 합니다. 쇠약해지던 '땅'(9절)이 다시 회복되는데, 이 땅은 본래 하나님께로부터 상속받은 땅이었습니다. 폭풍의 임재는 하나님의 '양 떼'가 거주할 수 있을 만큼 풍성한 비를 내리게 합니다. 그들은 스스로를 하나님께 의지하는 존재로 이해합니다.

찬송을 결론짓는 32~35절은 이스라엘이 예루살렘 성전에 거하시는 하나님, 즉 성스러운 경험으로 열방을 초대함에 따라 보편주의 용어로 하나님을 제시합니다(35절, 참조. 29절). '하늘을 타신 자'(33절)의 이미지는 시편이 처음에 제시했던 이미지로 되돌아가게 합니다(4절). 여기서 하나님은 '태고의 하늘'을 타고 나시는데, 이는 인간 존재의 일반적인 시공간 연속체와 단순하게 동일하지 않은 특별한 하나님의 공간을 다시 한번 강조합니다. 하나님의 임재는 우주적 용어(33-34절)이며, 문화적 용어인 '성소에서'(35절, 참조. 시 29:7-9)로 나타납니다. 하나님의 성소는 우주의 축소판이며, 창조주와 피조물과의 친밀한 관계를 표현합니다. 궁극적으로, 하나님은 세상이면서 동시에 소우주적 모델인 성소에서 공동체, 즉 '그의 백성'(35절)에게 힘을 실어 주십니다.

* 참조. M. D. Goulder, *The Psalms of the Sons of Korah*(Sheffield: Journal forthe Study of the Old Testament Press, 1982), 102－4.

** 참조. M. Tate, *Psalms* 51－100(Dallas:Word Books, 1990), 177.

설교적 관점

설교자에게 별로 와닿지 않는 본문도 있습니다. 시편 68편이 그런 본문일 수 있으며, 이 시편을 읽으면 일부 회중은 차갑게 느낄 수도 있습니다.

이 시편에서 지배적인 은유는 하늘을 나시는 하나님입니다. 우리 문화에서 하늘을 나는 신은 우리 삶의 순간순간을 지탱하는 무소부재한 존재라기보다는 슈퍼 히어로의 원형처럼 들립니다.

여기에 관련된 내용은 말한 것뿐만 아니라 말하지 않은 것도 짐작할 수 있습니다. 오늘 본문에서 제외된 11~31절에는 '정수리는 하나님이 쳐서 깨뜨리시리로다'라는 말씀과 그 결과 '그들의 피에 네 발을 잠그게 하며'(21, 23절)라는 말씀이 들어있습니다.

많은 설교자가 회중들이 하나님을 실제로 믿

는지 잘 모르겠다고 솔직하게 고백하는 것을 들어본 적이 있습니다. 제 경험상 이런 사람들은 하나님의 실재를 의심하기보다는 어떤 종류의 하나님을 믿을 수 있는지를 고민하는 것입니다.

물론 하나님은 우리가 정의할 수도, 이해할 수도 없으며, 진리를 미숙하게 표현하는 단어, 즉 상징일 뿐입니다. 많은 기독교인에게 하나님은 자신의 편을 들어주는 하늘에 계신 초월적인 존재입니다. 이 분리된 하나님은 멀리 떨어져 계시는 창조주이십니다. 많은 사람에게 하나님은 인간의 잘못된 행동에 쉽게 분노하는 최고의 자아를 가진 최고의 존재입니다. 하늘에 계신 아버지를 슬그머니 비난하는 아빠처럼 생각하기도 합니다. 의인화된 하나님으로 이해하며, 하나님을 편들어주는 존재로 생각합니다.

'하나님'이라는 단어가 많은 짐을 싣고 있다고 해도 과언이 아닙니다. 설교와 목회에서 '하나님'이라는 단어를 사용하는 사람들은 이 단어를 한 가지 의미로 사용하려고 할 수 있지만, 이 단어의 의미는 듣고 사용하는 사람의 조건에 따라 달라집니다.

대부분의 신앙인은 하나님께서 '영'이라는 데 동의하지만, 여기에는 미묘한 조건도 함께 들어있습니다. 설교에서 '하나님'이라는 단어를 '여신'이라는 단어로 대체해 보시기 바랍니다. '하나님'을 '여신'으로 바꿔보면 '하나님'이라는 단어가 우리가 생각하는 것만큼 포괄적이지 않다는 것을 즉시 알 수 있습니다.

이렇게 계속 곤욕스럽기에 우리는 하나님에 대한 어휘를 확장할 수밖에 없었고, 당연히 그렇게 해야만 했습니다. 한 가지 해결책은 히브리어 성서의 신성한 단어인 '여호와'로 되돌아가는 것이지만, 이 대답은 다른 의문을 제기합니다.

여호와는 전사이십니다. "하나님이 일어나시니 원수들은 흩어지며 주를 미워하는 자들은 주 앞에서 도망하리이다"(1절). "연기가 불려 가듯이 그들을 몰아내소서 불 앞에서 밀이 녹음 같이 악인이 하나님 앞에서 망하게 하소서"(2절)라는 복수하시는 하나님이시기도 합니다.

히브리어 성서에 나오는 하늘의 신 여호와는 복잡한 신이십니다. 하나님은 편을 가르는 신이십니다. 일반적으로 성경, 특히 이 시편은 당신이 여호와의 편이거나 여호와의 반대편이라고 주장합니다.

모호함도 없고 중간도 없습니다. 시편 68편과 같은 본문으로 설교할 때 설교자에게는 최소한 두 가지 대안이 있습니다.

첫 번째는 하늘에 계신 여호와를 하늘에 머무시도록 하는 것입니다. 하늘의 하나님은 멀리 떨어져 계시는 하나님을 은유하는 말입니다. 세상을 내려다보며 이 '하늘을 타는 자'는 인간의 어리석음과 불의를 바라보십니다. 세상을 내려다보며 이 '하늘을 타는 자'는 억압받는 자의 챔피언이자 맹렬히 타는 불기둥이며, 필요하다면 절대적인 복수자이기도 합니다. 그러나 많은 본문에서, 심지어 시편 68편에서도 다른 은유가 풍부합니다. 하늘의 하나님께서 땅으로 내려오실 때, 즉 거리의 하나님께서 현존의 하나님이 되실 때, 세상은 벌을 받지 않고 변화됩니다. 하나님은 홀로 있는 사람들을 위해 가족을 창조하시고, 포로들을 자유로 인도하시지만, 패역한 사람들은 메마른 땅에 거할 것입니다(6절).
하나님은 혼자 있는 사람들을 위해 가족을 만드시나요? 그 하나님은 멀리 있지 않고 가까이 계십니다. 적대적인 사람, 혼자 살겠다고 고집하는 사람은 뒤틀린 존재로 살아갈 운명입니다. 하나님은 멀리 계신 심판자가 아니십니다. 우리 자신이 하나님을 가족으로 보지 않겠다고 선택하고, 즉, 메마른 땅에서 살기로 작정하고 우리 스스로를 심판하는 것입니다.
오 하나님, 당신은 비를 풍성하게 주셨습니다. 하나님, 당신은 우리의 유산인 땅이 쇠약해질 때 그것을 회복시켜 주셨고, 당신의 민속이 그 땅에서 거처를 찾았으며, 당신은 그 선하심으로 궁핍한 사람들을 부양하셨습니다(9-10절).
하늘의 하나님께서 이 땅에 오시면 우리에게 풍성한 소나기를 내려주시는 것과 같아서 목마른 갈증을 해소해 주시고 고픈 배를 채워주십니다. 시편 68편은 우리가 가진 전승 가운데 하나님에 대한 많은 은유가 포함되어 있다는 것을 상기시켜 줍니다. 많은 사람이 우리의 원수를 정죄하고 우리가 하나님 편에 있음을 확인시켜 주는 하늘 하나님으로서의 여호와의 은유에서 위안을 얻습니다.
그러나 하늘을 타시는 분이 지상에 오시면 놀라운 일이 일어납니다. 하나님께서 인간이 되시는 것입니다. 하나님은 더 이상 먼 곳에 계신 아버지가 아니라 어디에나 계신 아바가 되십니다. 예수님은 우리에게 가장 의미 있고 도전적인 비유로 육신을 입은 하나님이 되셨다는 것을 상기시켜 주십니다.
오늘 복음 말씀에서 예수님은 "내 것은 다 아버지의 것이요 아버지의 것은 내 것이온데 내가 그들로 말미암아 영광을 받았나이다 나는 세상에 더 있지 아니하오나 그들은 세상에 있사옵고 나는 아버지께로 가옵나니 거룩하신 아버지여 내게 주신 아버지의 이름으로 그들을 보전하사 우리와 같이 그들도 하나가 되게 하옵소서"(요 17:10-11)라고 말씀하십니다. 시편 기자는 '하나님이여 일어나소서'라고 말합니다.
따라서 시편 기자의 '하늘을 타시는 분'은 예수님 안에서 문화, 민족, 종교적 전통, 성별 또는 성적 지향과 관계없이 모든 인간이 한 가족의 일원임을 상기시켜 주시는, 친밀한 신적 부모가 되어 주십니다.

베드로전서 4:12~14, 5:6~11

4:12 사랑하는 자들아 너희를 연단하려고 오는 불 시험을 이상한 일 당하
는 것같이 이상히 여기지 말고
13 오히려 너희가 그리스도의 고난에 참여하는 것으로 즐거워하라 이는
그의 영광을 나타내실 때에 너희로 즐거워하고 기뻐하게 하려 함이라
14 너희가 그리스도의 이름으로 치욕을 당하면 복 있는 자로다 영광의 영
곧 하나님의 영이 너희 위에 계심이라
5:6 그러므로 하나님의 능하신 손 아래에서 겸손하라 때가 되면 너희를 높
이시리라
7 너희 염려를 다 주께 맡기라 이는 그가 너희를 돌보심이라
8 근신하라 깨어라 너희 대적 마귀가 우는 사자 같이 두루 다니며 삼킬 자
를 찾나니
9 너희는 믿음을 굳건하게 하여 그를 대적하라 이는 세상에 있는 너희 형
제들도 동일한 고난을 당하는 줄을 앎이라
10 모든 은혜의 하나님 곧 그리스도 안에서 너희를 부르사 자기의 영원한
영광에 들어가게 하신 이가 잠깐 고난을 당한 너희를 친히 온전하게 하
시며 굳건하게 하시며 강하게 하시며 터를 견고하게 하시리라
11 권능이 세세무궁하도록 그에게 있을지어다 아멘

신학적 관점

베드로 사도는 독자들에게 그리스도께서 고난을 받으셨으므로 그리스도인들도 고난을 받을 때 놀라지 말아야 한다는 것을 깨닫게 합니다. 그렇지만 그리스도인은 잘못된 일로 고난을 받아서는 안 되며, 하나님의 영광이 드러날 것을 확신하며 옳은 일을 위해 고난을 받아야 합니다. 이상하긴 하지만 그리스도를 위해 세상으로부터 치욕을 당하는 것도 복된 일로 여겨야 합니다. 그리스도인은 늘 겸손하고 하나님께서 그들을 높이시도록 해야 하며, 하나님께서 돌보시는 것을 믿고 염려하지 말아야 합니다. 그리스도인들은 핍박의 원인이 되는 사탄, 혹은 제국을 경계해야 합니다. 그들은 이 세상의 정세와 권세와 결탁하지 않도록 사탄에게 저항해야 합니다(엡 6:12).

베드로 사도는 예수님을 따르는 헌신 때문에 핍박을 당했거나 당할 사람들에게 위로와 확신을 주려고 노력합니다. 일반적으로 정통성을 강조하는 유럽계 미국인들은 초대교회에 대한 적대감의 원인이 그들이 믿는 신앙 때문이라고 생각해 왔습니다. 그러나 제국은 지배 엘리트에 대한 충성심이 훼손되지 않는 한 대중이 무엇을 믿는지는 거의 신경 쓰지 않습니다. 초대 교회는 믿음이 아니라 그들이 한 일 때문에 핍박을 받았습니다. 그들은 해방의 메시지를 전했습니다. 가난한 자에게 기쁜 소식을, 갇힌 자에게 자유를, 눈먼 자에게 다시 보게 함을, 눌린 자에게 해방을 전하는 것(눅 4:18-19)은 지배적인 권력 구조에 순응하기를 거부하는 것입니다. 베드로전서는 독자들이 다음과 같이 깨닫게 합니다. "사랑하는 자들아 너희를 연단하려고 오는 불 시험을 이상한 일 당하는 것같이 이상히 여기지 말고"(4:12). 복음대로 산다는 것은 위협적인 일입니다. 억압받는 사람들을 위한 해방은 사회가 정당화하며 복종을 강요하던 것에 대한 직접적인 공격입니다.

초대 교회나 복음을 근본적으로 실천하는 다른 교회에 대해 적대하는 것은 놀랄 일이 아닙니다. 사회적인 기득권층의 사람들은 자신의 권력과 특권을 보호하고 확장하기 위해 필요한 모든 수단을 동원합니다. 제국에 대한 위협은 이 기독교인 집단이 예수님을 하나님의 아들이라 믿거나 그가 죽음에서 부활했다고 믿기 때문이 아니었습니다. 그들은 로마 황제가 아니라 예수님이 주님이시라고 믿는 것에 위협을 느꼈습니다. 이 주장이 사실이라면, 오늘날의 교회가 직면한 문제는 '왜 기독교인들을 적대하지 않는가' 하는 것입니다. 오늘날의 교회가 해방하는 복음 메시지를 제국에 순응하고 동조하는 메시지와 맞바꾸었기 때문에 적대하지 않는 것은 아닐까요? 오늘날 교회가 올바른 정통 교리를 덜 강조하고 올바른 정통 행위를 더 강조한다면, 정의를 실현하려고 노력할수록 핍박을 더 불러일으키진 않을까요?

고난과 핍박에 대한 불안 가운데 있을 때, 위로를 주는 베드로전서를 후대의 유럽 중심주의 신학자들은 '희망의 신학'이라고 불렀습니다. 그러한 신학은 고난에서 희망이나 구원을 찾지만, 그러한 희망의 신학을 구축한 사람들 중 실제로 그들이 말하는 고난이나 핍박을 경험한 사람은 거의 없습니다. 만약 그렇게 했다면 그들도 고통으로부터 구속받지 못한다는 것을 알게 될 것입니다. 어쩌면 베드로전서가 제공하는 위로를 절망의 신학이라고 명명하는 것이 더 정확할지도 모릅니다.

왜 희망이 아닌 절망의 신학일까요? 베드로전서에 따르면 그리스도인의 대적은 '우는 사자처럼' 그들을 삼키려고 하기 때문입니다(5:8). 예수님이 어린 양 같은 우리를 늑대 같은 이들에게 보내신다면(마 10:16), 늑대들이 승리하는 것이 당연합니다. 정의를 막으려는 권력 구조 앞에서는 해방의 복음의 메시지는 희망이 없습니다. 권리를 박탈당한 사람들은 신앙인유주의와 그 혜택을 누리는 거대한 제국 앞에 서야 합니다. 급진적인 변화에 대한 희망이 거의 없다는 사실은 우리에게 윤리적인 대안을 거의 남기지 않습니다. 좋은 의도나 낙관적인 실천과 상관없이 제국의 파괴적인 결과는, 소수가 더 부유해지고 다수는 더 깊은 빈곤에 빠지면서 더욱 악화될 것입니다. 전 세계 인구 대다수가 고통받는 것은 일상입니다. 현재 세계 경제 질서로부터 혜택을 누리고 있는 사회에서, 신학자들이 핍박받는 사람들에게 희망의 신학을 제시하는 것이 다소 불성실한 것임을 깨달을 필요가 있습니다.

진보적인 신학자들을 포함해 지배적인 문화는 기꺼이 자선을 베풀라고 말합니다. 그렇지만, 다른 사람들을 희생시키며 자신들의 특권을 유지하도록 설계된 세계화 구조를 해체하기 위해 기꺼이 동참하는 사람은 거의 없습니다. 왜냐하면, 그리스도와 정의를 위해 실제로 그러한 구조를 해체하려고 시도하면, 특권을 누리도록 설계되어 있는 바로 그 권력 구조의 분노를 기꺼이 감수해야 하기 때문입니다. 희망은 박탈당할 위험이 없는 특권 계층의 미덕이 되거나, 가난한 사람들의 현실에 대해 무감각해지도록 하는 아편으로 사용됩니다. 그들이 공공연히 약속한 낙관주의와 상관없이, 그들과 그들의 자녀들, 그리고 그 자녀들의 자녀들은 제국의 중심부에 이익을 안겨주기 위해 계속 커져만 가는 빈곤의 고통 속에서 살아갈 가능성이 높습니다.

여기서 옹호하는 절망의 신학은 장애가 아니라 오히려 그리스도인들이 실천으로 나아갈 수 있는 방법론입니다. 너무 자주, 희망은 억압받는 사람들의 이야기를 듣고 배우는 데 방해가 됩니다. 희망이 지배적인 사회 구조에 도전하기보다 그것을 유지하는 메커니즘에 봉사할 때, 희망은 오히려 걸림돌이 됩니다. 또한, 제국의 신자유주의를 정복할 수 없다는 절망감이 아무것도 하지 말라는 핑계가 될 수도 없습니다. 권리를 박탈당한 사람들은 정의를 위한 투쟁을 계속하는 것 외에 다른 선택의 여지가 없습니다. 제국을 유지하기 위해 설계된 지배적인 사회 질서를 뒤엎는 신학은 사회의 변두리에서 생겨난 신학입니다.

유럽계 미국인 신학자와 윤리학자들은 사회 질서를 주장하지만, 소외된 공동체는 사회적 무질서를 요구합니다. 아마도 그러한 무질서가 지배적인 문화권 내의 일부 사람들로 하여금 신자유주의의 세계적 세력을 극복해야 한다는 절망감을 공유하게 할지도 모릅니다. 그렇다면 그것이 진전을 이룰 수 있는 유일한 방법이 될 것입니다. 절망의 신학은 권력과 특권에 익숙한 사람들에게는 두려울 수 있습니다. 절망은 통제력이 부족하다는 신호이기 때문입니다. 현재의 사회 구조에서 혜택을 누리는 사람들은 통제를 주장하기 때문에, 베드로전서의 원 독자들과 같이 통제할 수 없는 힘에 취약한 처지를 공유하는 것은 희망이 부족하다는 것을 보여줄 뿐입니다. 어쩌면 이것은 슬픈 역설일 수도 있습니다. 그렇지만 희망은, '바랄 수 없는 중에 바라고'(롬 4:18) 믿음의 조상 아브라함을 본받으라는 바울의 권고에 묘사된 절망에서 찾을 수 있을 것입니다.

목회적 관점

이 주석을 읽는 사람들은 대부분, 예수 그리스도에 대한 믿음 때문에 진정으로 고통을 겪은 적은 없을 것입니다. 매우 드문 별개의 사례를 제외하면 미국에서는 억압받지 않고 종교 생활을 할 수 있습니다. 이런 자유는 미국의 건국 문서에 명시되어 있으며 여전히 미국의 통치 이념입니다. 하지만 전 세계 모든 국가의 사람들이 그런 것은 아닙니다. 제 친구 벤야민 유수프는 자신이 선택한 종교 때문에 잔인한 박해를 경험했습니다. 그는 아프리카의 엄격한 무슬림 가정에서 자랐습니다. 그가 기독교인이 되기로 결심하자 아버지는 그를 거부하고 집에서 추방했습니다. 벤야민은 너그러운 사회를 찾아 고향을 떠나기로 결심했습니다. 걷는 것이 유일한 이동 수단이었던 그는 국경까지 걸어가던 중 중간에 체포되어 감옥에 갇혔습니다. 교도관들은 몇 달 동안 매일 밤 그가 자신의 믿음을 포기하게 하기 위해 애썼습니다. 그렇지만 벤야민은 결코 자신의 신앙을 포기하지 않았으며, 오히려 매를 맞을 때마다 간수들을 용서했습니다.

간수 중 한 명이 그런 잔혹함 속에서도 사랑을 베푸는 벤야민에게 관심을 가지기 시작했습니다. 유난히 심하게 구타를 당한 어느 날 밤, 그 간수는 감방으로 찾아와 벤야민에게 왜 매번 구타를 당할 때마다 자신과 다른 간수들을 용서했는지 물었습니다. 벤야민은 간수에게 예수님과 그분이 가르치신 이타적인 사랑과 용서에 관해 이야기했습니다. 간수는 믿지 않고 자리를 떠났지만, 그날 밤늦게 벤야민의 탈출을 도왔습니다. 탈출에 성공한 벤야민은 결국 미국으로 도망갈 수 있었으며, 다시 아프리카로 돌아가기 전, 교회 개척을 위해 종교학 박사 학위까지 취득하였습니다.

이 이야기는 현대 사회에서도 사람들이 신앙 때문에 고난을 받는다는 사실을 깨닫게 해줍니다. 따라서 우리는 이 본문이 신앙 때문에 고난을 겪지 않은 우리 대다수에게도 해당되는지 질문해야 합니다. 이 본문은 신앙 때문에 억압을 받거나 매를 맞거나 추방당한 사람들에게만 해당되는 이야기일까요? 이 질문에 대한 답이 '예'라면 우리는 아마도 본문을 더 연구할 필요가 없을 것입니다. 하지만 저는 '아니오'라고 대답해야 한다고 생각합니다. 이 본문은 말 그대로 신앙 때문에 고난을 당한 사람들에게만 해당되는 이야기가 아닙니다. 이 본문은 모든 그리스도인에게 말하고 있기 때문입니다.

5:9은 결론에 해당하는 구절입니다. 박해를 언급하든, 우리가 모두 매일 느끼는 더 일반적인 고통과 좌절을 언급하든, 요점은 그리스도인으로서 우리는 혼자 살고 있지 않다는 것입니다. 다시 말해, 기독교 신앙은 예수 그리스도와의 개인적인 관계에 대한 개인주의적인 것이 아닙니다. 예수 그리스도와의 관계가 중요하긴 하지만, 기독교의 핵심은 그보다 더 큰 개념입니다. 한 개인의 문제, 즉 개인의 성공이나 좌절보다 더 큰, 그리스도의 몸의 일부가 되도록 사람들을 초대하는 것입니다. 기독교

는 너무 자주 개인의 문제로 축소됩니다. 신앙은 너무 자주 예수님과의 개인적인 관계에만 초점을 맞추고 다른 것은 거의 고려하지 않습니다. 이 본문, 특히 5:9은 그리스도인으로서 우리가 전체 중 일부임을 깨닫게 해줍니다. 여러 시대에 걸쳐 많은 사람이 이 교훈의 중요성을 강조해 왔습니다. 존 던의 『명상』 XVII에서 그는 '어떤 사람도 그 자체로 완전한 섬은 없으며, 모든 사람은 대륙의 한 조각이자 본토의 일부'라고 기록합니다. 마틴 루터 킹 목사는 1965년 2월 26일 할리우드에 있는 이스라엘 성전에서 설교하며 돈의 말을 인용해 우리가 단지 우리 자신의 필요만을 위해 존재하지 않는다는 점을 강조했습니다.

이런 인식은 타인이 가진 필요 또는 직면한 특정 문제에 공감하는 것이 필수입니다. 공감하고, 연대를 이루고, 공통점을 찾을 수 있으려면 궁극적으로는 더 큰 전체 중 일부로서 자신을 이해할 때 가능하게 됩니다. 이렇게 이해하지 못한다면, 내 몸과 같이 이웃을 사랑하는 그리스도의 사랑을 가지고 세상을 사랑할 수는 없게 됩니다. 이는 우리 자신의 존재가 이웃의 존재와 긴밀하게 연결되어 있고 그 일부가 돼야 한다는 것을 이해할 때만 성공할 수 있습니다.

본문은 또한 '우는 사자같이 두루 다니며 삼킬 자를 찾는'(5:8) 마귀를 언급하고 있습니다. 이 구절을 여러 가지로 해석할 수 있으며, 성경에서 '마귀'가 의미하는 바를 해석하는 방법도 여러 가지입니다. 특별히 이 본문과 관련해, 아마도 마귀가 행할 수 있는 가장 큰 형태의 폭력은 사람들을 서로 분리시키는 것임에 주목할 필요가 있습니다. 그것은 사람들이 우리가 연결돼 있다는 것, 즉 우리가 투쟁하고, 승리하고, 기뻐하고, 두려워할 때에 전 세계 모든 그리스도인과 하나가 된다는 것을 잊거나 포기하도록 하는 것입니다. 따라서 잊는다는 것은 그리스도께서 사랑하신 것처럼 우리도 서로 사랑하겠다는 약속의 연결 고리, 즉 모든 신앙인을 하나로 묶어주는 가장 중요한 연결 고리를 끊는 것과 같습니다.

실제로 오늘날 우리는 안수 문제, 성 문제 등을 놓고 기독교 신앙의 모든 측면에서 형제자매들과 논쟁을 벌이는데, 유대 관계는 시험대에 오릅니다. 그것이 악마의 소행인지, 아니면 단순히 감정적인 문제에 대한 서로 다른 의견에서 비롯된 것인지는 우리 각자가 스스로 결정해야 할 문제입니다. 분명한 것은 그리스도인들 사이에 존재하는 차이로 인해 우리가 가진 연결성이 끊어져서는 안 되며, 이 본문은 우리에게 절대 포기하지 말라고 촉구하고 있다는 것입니다.

주석적 관점

성서정과에 베드로전서 4:15에서 5:5을 누락한다면 두 가지 주요 주제가 포함되어 있지 않아 바로 의심할 수 있을 것입니다. 하나는 고난에 대해 논의하는 내용으로, 그리스도인이 고난을 받는다면 악이 아닌 선을 행하기 위해 고난을 받는 것이 낫다는 것을 기억나게 하는 첨가구절(4:15-19; 2:20-21 참조)입니다. 다른 하나는 소아시아의 신앙인들에게 일반적인 권면을 하는 내용으로, 교회 지도자들에게 양떼를 돌보는 특별한 책임이 있음을 기억나게 하는 구절입니다(5:1-5).

이 서신의 첫 세 장에서와 마찬가지로 저자

는 자신의 편지를 읽거나 듣는 그리스도인들이 신앙 때문에 고난을 받게 되리라는 것을 인정합니다. 사도가 이 장을 쓰도록 영감을 받을만한 더 위험한 위기가 새롭게 발생했는지 여부는 불확실합니다. 베드로전서 1:6~7과 3:14~15에서 저자는 신앙인들이 믿음 때문에 고난을 받을 것이라고 예상하지만, 그 고난은 대부분 거절이나 비방을 당하는 정도입니다. 그렇지만 베드로전서 4:12('너희를 연단하려고 오는 불 시험을 이상한 일 당하는 것같이 이상히 여기지 말고')에서는 위협의 언어가 더욱 심해지는 것 같습니다.

서신의 첫 장을 쓴 시점과 4장과 5장을 쓴 시점 사이에 사도는 더 이상 성가신 일이 아니라 시련으로 여겨지는 육체적 핍박이 발생했다는 소식을 들었을 수 있습니다. 편지의 결론으로 갈수록 사도는 수사법을 확장해 더 다채로운 언어로 같은 주장을 펼칩니다. 어쩌면 그는 의도적으로 독자들의 상황을 종말론적인 틀 안에 넣고 있는지도 모릅니다. 그리스도인들이 겪는 모욕과 거절은 단순한 걸림돌이 아니라 '만물의 마지막이 가까이 왔다'(4:7)는 신호입니다.

베드로전서 3:18~22에서 사도는 그리스도인들이 겪는 고난이 그리스도의 고난에서 그 원형과 성취를 찾을 수 있다고 제안함으로써 청중을 위로합니다. 베드로전서에서 사도는 그리스도인들이 그리스도의 고난당하신 죽음과 부활의 본을 따라 살아간다는 주장에 근거해서 청중을 위로하고 있습니다. 그리스도의 고난에 참여하는 자는 그의 영광에 참여할 것입니다. 여기서 '참여하다'(5:1)로 번역된 단어(역자주: 원어에는 명사형이 사용됨)의 동사형 '코이노네오'는 친숙한 명사 '코이노니아'와 어근이 동일합니다. 이 단어는 단순히 참여하는 것이 아니고, 참여하며 친교하는 것을 의미합니다. 즉, 그리스도인은 단순히 고난을 당하는 것이 아니라, 그리스도의 고난에 참여하며 그와 친교합니다. 그렇기에 그리스도인은 그의 부활과 승천에도 참여하며 '그의 영광을 나타내실 때에… 즐거워하고 기뻐하게'(4:13) 될 것입니다.

신약성경의 많은 부분이 그러하듯 베드로전서가 말하는 위로는 현재에 대한 위로이자 미래에 대한 위로입니다. 즉, 하나님의 약속된 자비는 이미 존재하면서, 아직 오지 않은 것입니다. 신앙인들은 오지 않은 주님의 영광으로 즐거워하고 기뻐할 순간을 기다립니다. 이상하게 보일 수도 있지만, 신앙인들은 치욕을 당하는 것 자체가 복된 일이라고 생각하며 현재에 위안을 받습니다. 핍박은 그들이 하나님의 영 아래 살고 있다는 것을 분명히 보여줍니다. 하나님의 영은 고난 속에서도 그 자체로 하나님의 복이기 때문입니다. 하나님의 영은 또한 '영광의 영'(4:14)이기도 합니다. 성령을 통해 신실하게 그 영광을 기다리는 것은 이미 현재의 복이라 할 수 있습니다.

베드로전서 5장은 영광을 소망하며 사는 삶, 즉 복된 현재를 살아가는 삶의 실제적인 의미를 설명해 줍니다.

베드로전서 5:1~5a에서 저자는 먼저는 장로들에게, 그다음에는 '젊은 자들'(5:5a)에게 자신의 가르침을 전합니다. 이는 단순히 인구통계를 위한 명칭이 아니라, 교회 리더(장로)와 그 공동체(젊은이들)를, 즉 리더와 추종자를 구분한 것일 가능성이 큽니다.

베드로전서 5:5~11은 리더와 추종자 모두에 대해 이야기합니다. 모두 똑같이 하나님 앞에서 겸손해야 합니다. 이 문단의 시작과 끝에서 저자는 현재의 고난과 미래의 영광을 대비하며 다시 한번 살펴봅니다. 베드로전서가 3장과 4장에서 십자가/부활의 기독론적 패턴을 명확하게 사용한 것은 아니지만, 이런 권면의 내포된 이야기는 여전히 고난과 죽음과 부활/승천의 이야기입니다.

> 그러므로 하나님의 능하신 손 아래에서 겸손하라
> 때가 되면 너희를 높이시리라(5:6)
> 모든 은혜의 하나님(이)…
> 잠깐 고난을 당한 너희를 친히
> 온전하게 하시며 굳건하게 하시며
> 강하게 하시며 터를 견고하게 하시리라(5:10)

이런 확신 가운데서 베드로전서는 독자들이 살고 있는 시대를 더 정의합니다. 이 시대는 반대자들이 고통스럽고 귀찮게 반대만 하는 시대는 아닙니다. 마귀가 돌아다니고, 반대자들이 고의적이든 아니든 악의 왕자를 섬기는 시대입니다. 베드로전서는 회개하지 않는 이웃이 여러분을 괴롭히는 것만이 아니라 사탄이 그들을 통해 여러분을 멸망시키려고 한다고 말합니다.

이렇듯 널리 퍼져 있는 위험에 직면한 신앙인들은 하나님께서 약속하신 선을 소망으로 붙잡아야 합니다. 신앙인들이 이를 실천하는 데에는 세 가지 방법이 있습니다. 첫째, 하나님의 능력과 섭리를 인정하며 겸손하게 행동합니다. 둘째, 임박한 위험에 직면했을 때 졸지 않도록 주의 깊게 행동합니다. 셋째, 악한 자와 그의 측근을 따르는 자들에게 저항함으로써 충실하게 행동합니다.

이 서신이 고통받는 사람들에게 제공하는 일차적인 위로는 하나님의 현재적 은혜와 궁극적 승리에 대한 위로입니다. 그러나 이차적인 위로도 있습니다. 이런 신앙인들이 그리스도와 나누는 코이노니아는, 같은 고통을 겪는 동료 그리스도인들과 나누는 코이노니아에 잘 나타납니다. 사도 베드로는 신앙인들에게 '저항하라'고 촉구하며, 신앙인들이 자신의 공동체를 넘어 온 세상에 이르는 저항 운동의 한 부분을 담당한다는 것을 기억하게 합니다(5:9).

악의 세력에 대한 하나님의 승리에 대한 약속을 설명하다가 영광송으로 옮겨가는 것은 당연한 결과입니다. "권능이 세세무궁하도록 그에게 있을지어다 아멘"(5:11).

설교적 관점

핍박과 겸손에 대한 베드로전서의 말씀을 들으려면 많은 교회가 상식적인 가정 몇 가지를 극복해야 합니다. 설교자나 회중에게 어떻게 고난을 하나님의 '시험'으로 진지하게 받아들이라고 요청할 수 있을까요? 오늘날 우리 교회에서 핍박을 당연한 것으로 여기고, 심지어 그리스도의 영광에 참여하기 위한 정상적인 전주곡이나 전제 조건으로 받아들일 준비가 되어 있는 사람이 누가 있을까요? 점점 더 세속화되는 사회에서도 베드로가 묘사한 것과 비슷한 방식으로 '그리스도의 고난에 참여하는'(4:13) 경험을 한 선진국 교회는 거의 없습니다.

선진국의 많은 기독교인은 본문을 읽을 때, 만족스러운 해답이 있을 수도 있고 없을 수도 있는 성경적 또는 신학적 퍼즐처럼 생각합니다. 설교자들은 이런 가능성이 있다는 것을 간과하지 않는 것이 현명할 것입니다. 교리 설교를 통해 '그리스도의 이름으로 치욕을 당하는'(4:14) 구절 중 한두 개를 먼저 제기한 후에 베드로전서에 나오는 하나님 중심의 종말론적 관점으로 청중을 도전한다면 신학적 성찰과 성장에 도움이 될 수 있을 것입니다. 이 설교에서 다루고자 하는 주제 가운데 적어도 하나는 베드로전서의 관점이 고난과 박해를 체험하기 어려운 환경의 회중들에게 매우 현실적이라는 것을 깨닫게 해줄 것입니다. 베드로전서의 관점은 다른 세계에 살고 있는 그리스도인들의 현실적인 모습을 보여줍니다. 이 말씀의 마지막은 소망과 약속으로 가득 차 있지만(그리스도께서 '너희를 친히 온전하게 하시며 굳건하게 하시며 강하게 하시며 터를 견고하게 하시리라', 5:10), 이 구절을 우리가 사는 동안 고난이 멈출 것이라는 약속으로 읽어야 하는 구절은 아닙니다.

설교자는 4장에서 세 구절을 읽고, 4:15~5:5까지는 건너뛰라는 제안을 문자 그대로 받아들일 수 있습니다. 이어지는 구절은 핍박에 적절하게 대응하기 위해 '겸손하라'(5:6)는 권고와 '그를(마귀를) 대적하라'(5:9)는 권고로 다시 시작됩니다. 이 접근법은 이 구절과 복음서 구절을 함께 읽을 때 특히 유용할 수 있습니다. 생략된 구절들은 복음서 본문에 있는 예수님의 기도와 무관한 방향으로 청중의 마음을 분산시킬 수도 있기 때문입니다.

이런 식으로 본문을 설교하면 복음서 구절에 나오는 예수님의 모범을 보여줄 수 있습니다. 예수님은 자기 백성을 위해 낮추셨으며 이제 영광을 받으시기를 기도하십니다. 우리는 베드로전서에서 그리스도와 함께하는 영광스러운 미래를 위해 하나님과 세상 사이에서 하나님의 백성답게 기꺼이 자신을 낮추어야 한다는 말씀으로 읽을 수 있습니다. 이런 의미에서 오늘 본문은 종말론적 미래에 그리스도께 속한 사람들이 그분의 영광스러운 승천에 함께 참여할 날을 바라봅니다. 이는 본 서신의 앞부분에서 소개했던 주제를 가리키는 것입니다. 그리스도인의 고난은 그리스도의 고난에 자신을 비춰보며 참여하는 것입니다(2:21-23). 이 본문에서 문제가 되는 것은 이 본문에 나오는 고난 중에 위로받는 이들이 주인의 손에 의해 고난을 받는 종들이라는 점입니다. 설교자가 종말론적 소망에 비추어 고난에 대해 말하고 싶다면, 구속사 『조나단 에드워즈 전집』에 있는 마지막 두 설교에서 생생하고 극적으로 묘사한 비전을 묵상하는 것이 유용할 것입니다.*

한편, 이 선택 구절로 베드로전서에서 무엇을 기대할 수 있을지를 살펴보는 설교를 할 수도 있습니다. 그리스도인들이 고난을 겪는 것은 정상적인 것이며, '세상에 있는 … 형제들'(5:9)과 함께 참여한다는 것을 발견하게 해줄 것입니다. 또한 핍박은 '잠깐'(5:10)이라는 것을 예상하게 해줍니다. 실제로 세계 곳

* John Wilson, ed., *Works of Jonathan Edwards*, vol. 9, *A History of the Work of Redemption*(New Haven, CT: Yale University Press, 1989), 502-28.

곳에는 그리스도의 고난에 참여하는 데 따르는 어려움과 보람을 구체적으로 보여줄 형제자매들이 있습니다. 순교자의 소리(www.persecution.com)와 같은 단체는 설교자들에게 핍박의 현실을 회중에게 전할 수 있는 이야기와 기타 자료를 제공할 수 있습니다. 일부 지역에서는 설교자가 직접 핍박을 경험한 기독교인을 찾을 수 있을 것입니다. 설교자는 그러한 사람들을 예배에 초대하고 설교에 참여하도록 권유할 수도 있습니다.

또 다른 접근법은 베드로전서에서 구원과 영광을 연관시키는 네 가지 명령형 동사 구절에 집중하는 것입니다. 베드로전서는 그리스도인들에게 네 가지 응답을 제시합니다. 겸손하고, 염려를 다 하나님께 맡기고, 근신하여 깨어 있으며, 악의 세력에 저항해야 합니다(5:6-9). 이런 설교를 시작할 때, 도입부에서 나치 죽음의 수용소에서 고통당했던 빅토르 프랭클이 고통의 의미를 통찰한 이야기를 소개할 수 있을 것입니다.*

어떤 설교자는 시간이 지남에 따라 성서정과에서 구절이 생략될 때, 자신과 자신이 섬기는 회중을 위해 가장 흥미롭고 어려운 도전, 그리고 아마도 성화를 위해 가장 중요한 구절을 발견할 수도 있습니다. 여러분이 여기에 해당하든 그렇지 않든, 오늘의 본문을 여러 다른 의미로 강해할 수 있다는 것은 분명합니다.

예를 들어, 4:15~19은 이미 제시한 대로 설교자가 핍박의 문제에 대해 설교하기 위한 자료를 제공합니다. 요즘 세상에서는 사업을 광고하는 연락처를 기록할 때, 소유주가 기독교 신앙을 가지고 있다고 광고하기도 하지만, 베드로전서의 상황에서는 '기독교인'이기 때문에 고난을 받았습니다(4:16). 이런 상황에서 '그리스도의 이름으로 치욕을 당하는 것'(4:14)은 범죄 행위, 혹은 다른 사람의 사업에 간섭해 스스로 고통의 원인을 제공하는 것(4:15)과 전혀 다른 문제입니다. 핍박에 관한 설교에서 이 점은 중요합니다. 상대적으로 선한 사람들이 비극과 고통으로부터 어느 정도 자유로운 삶을 기대할 수 있다는 순진한 기대와 달리, 이 구절들은 어떤 고통은 '하나님의 뜻대로' 받는 것이며, 고통스럽고 힘겹게 대응해야 하겠지만, '선을 행하는 가운데… 미쁘신 창조주를 의탁해야 합니다'(4:19).

* Viktor Frankl, *Man's Search for Meaning*(New York: Simon & Schuster, 1970).

부활절 일곱째 주일

요한복음 17:1~11

1 예수께서 이 말씀을 하시고 눈을 들어 하늘을 우러러 이르시되 아버지여 때가
이르렀사오니 아들을 영화롭게 하사 아들로 아버지를 영화롭게 하게 하옵소
서
2 아버지께서 아들에게 주신 모든 사람에게 영생을 주게 하시려고 만민을 다스
리는 권세를 아들에게 주셨음이로소이다
3 영생은 곧 유일하신 참 하나님과 그가 보내신 자 예수 그리스도를 아는 것이니
이다
4 아버지께서 내게 하라고 주신 일을 내가 이루어 아버지를 이 세상에서 영화롭
게 하였사오니
5 아버지여 창세 전에 내가 아버지와 함께 가졌던 영화로써 지금도 아버지와 함
께 나를 영화롭게 하옵소서
6 세상 중에서 내게 주신 사람들에게 내가 아버지의 이름을 나타내었나이다 그
들은 아버지의 것이었는데 내게 주셨으며 그들은 아버지의 말씀을 지키었나
이다
7 지금 그들은 아버지께서 내게 주신 것이 다 아버지로부터 온 것인 줄 알았나이
다
8 나는 아버지께서 내게 주신 말씀들을 그들에게 주었사오며 그들은 이것을 받
고 내가 아버지께로부터 나온 줄을 참으로 아오며 아버지께서 나를 보내신 줄
도 믿었사옵나이다
9 내가 그들을 위하여 비옵나니 내가 비옵는 것은 세상을 위함이 아니요 내게 주
신 자들을 위함이니이다 그들은 아버지의 것이로소이다
10 내 것은 다 아버지의 것이요 아버지의 것은 내 것이온데 내가 그들로 말미암
아 영광을 받았나이다
11 나는 세상에 더 있지 아니하오나 그들은 세상에 있사옵고 나는 아버지께로
가옵나니 거룩하신 아버지여 내게 주신 아버지의 이름으로 그들을 보전하사
우리와 같이 그들도 하나가 되게 하옵소서

신학적 관점

'영광'이란 무엇일까요?

선거 당일 밤, 수많은 지지자 앞에 서 있는 후보자를 상상해 보시기 바랍니다. '후보자와 군중은 성공적인 선거운동으로 눈에 띄게 지쳐 있긴 하지만, 기쁨으로 빛나고 황홀한 평화가 가득합니다. 계속해서 신중하게 고른 단어들이 울려 퍼지면 연설자와 청중은 더 큰 황홀경에 빠져듭니다. 이미 잘 만들어진 문장은 이제 더 큰 의미를 갖게 됩니다. 이전에는 너무 멀게만 느껴졌던 새로운 가능성을 저 멀리서 발견할 수 있습니다. 모두가 그 순간 이전보다 더 많은 것을 깨닫고 받아들입니다. 등골이 오싹해지기도 하고 눈물이 주르륵 흐릅니다.' 이런 광경은 우리가 상상하는 지극히 평범한 영광의 한 예일 뿐입니다.

너무나 익숙하고 평범한 순간이기에, 성경이나 전례에서 '영광'의 신학적 의미를 파악하려고 할 때 저의 상상력은 멈춰버립니다. 이 단어의 일상적, 성경적, 신학적 삼중 의미를 파악하기 전까지는 갈 길을 잃어버립니다.*

영광(히: 카보드, 헬: 독사)은 무게, 평판, 명성을 의미하는 것이며, 명성은 빛을 발하는 것을 의미합니다. 그래서 영광은 눈에 보이는 것일 수 있습니다. 고대 서사시의 영웅들은 호메로스(Homer)가 '인간의 명성'을 노래한 것처럼 기억되고 싶어 하고, 위대한 순간에 빛을 발하길 원합니다. 사회에서 영광은 인식과 인정에 의해 만들어집니다. 군중과 후보자는 오랫동안 함께 영광을 만들기 위해 노력하며, 이전의 인상이 새롭게 확대되기를 기대합니다. 마치 일부 아프리카 공동체에서 '찬양 가수들'의 공연을 통해 리더의 권력을 구축하는 순간과 같습니다. 이를 통해 리더는 당면한 도전에 맞설 수 있게 됩니다.

영광은 이처럼 서로 간의 교류라 할 수 있습니다. 사람들과 리더는 현상을 만들고, 그 현상에 휩쓸려, 영광을 경험하고 하나됨에 고취되며 서로에게 힘을 실어주는 것입니다. 영광은 자세나 표정이나 말투 같은 것으로 인상을 남기며 영향을 미칩니다. 그렇습니다. 전통적으로 영광은 각종 축하 행사, 의복, 공식적으로 말하는 능력 등을 의미할 수 있습니다. 이는 사회학자 에밀 뒤르켐(Emile Durkheim)이 '사회적 흥분이 극대화된 순간'이라고 정의한 것을 요약한 것입니다.

예수님이 기도하신 영광은 이런 사회적 역학 관계를 밝혀 변화시킬 수 있습니다. 영광은 교류하고, 확장하고, 참여한다는 속성에서 연속성이 느껴집니다. 예수님은 이렇게 기도하십니다. "아들을 영화롭게 하사(헬. 독사손) 아들로 아버지를 영화롭게 하게 하옵소서"(1절), "세상 중에서 내게 주신 사람들에게 내가 아버지의 이름을 나타내었나이다"(6절), "내 것은 다 아버지의 것이요 아버지의 것은 내 것이온데 내가 그들로 말미암아 영광을 받았나이다"(10절). 그렇지만, 예수님이 제자들을 대신해서, 또한 그들 스스로를 위해서 영광의 역학 관계로부터 돌아서신 방식에서는 불연속

* 참조. Anthony J. Kelly and Francis J. Maloney, *Experiencing God in the Gospel of John*(New York: Paulist Press, 2003), 11-14; Hans Urs von Balthasar, *The Glory of the Lord: Theological Aesthetics*, 7 vols., trans. Erasmo Leiva-Merikakis and Brian MacNeil(San Francisco: Ignatius Press, 1983-91), 6:32-37; 7:239-44.

성을 발견할 수 있습니다. "내가 그들을 위해 비옵나니 내가 비옵는 것은 … 내게 주신 자들을 위함이니이다"(9절). 앞서 영광에 대한 설명이 걱정스럽지 않을까요? 헛된 영광, 거짓 교만, 공허한 허영심은 모두 명예로부터 비롯된 악덕입니다. 게다가 일반적인 영광은 구체적인 내용도 없습니다. 후보자는 어떤 명분을 가진 사람일 수도 있지만, 군중은 선동가에게 속아 환호하는 것일 수도 있습니다. 요한이 성부의 영광을 십자가상의 예수님과 연관시키고, 변호자요 위로자요 '진리의 영'이며(14:17, 15:26), 세상을 품고, 또한 초월하는 성령과 연관시키는 한, 예수님은 헛되고 상대적인 영광을 거부하십니다.

그러므로 우리는 영광을 '하나님은 사랑이시다'(요일 4:8)라는 십자가 논리 안에서 이해해야 합니다. 모든 관계, 행동, 명상은 사랑 안에서 표준과 완전한 범위를 찾아야 합니다. 2~3절의 의미는 '권세'가 '아버지께서 아들에게 주신 모든 사람에게 영생을 주는 것'과 연결된다는 것입니다. '영생'이란 무엇인가요? 그것은 하나님과 그리스도를 '아는 것'입니다. 어떤 종류의 '아는 것'인가요? 다시 말하지만, 하나님을 '아는 것'은 일반적인 형태의 '아는 것'과는 연속성과 불연속성을 수반해야 합니다. 그러나 어쨌든 그것은 '아는 것'이며, 사랑하는 형식으로 그 궁극적인 형식을 찾으며 사는 것입니다. 아버지와 아들을 알고 사랑하는 것은 또한 진리, 즉 사랑의 하나님의 진리를 알고 사랑하는 것입니다. 즉, 사랑함으로 하나님의 진리를 아는 것입니다. 보는 것처럼, 어머니와 딸의 영광을 본다는 것은 사랑을 통해 사랑을 보는 것입니다. 즉, 사랑은 '사랑을 사랑스럽게 보는 것'입니다. 이 사랑은 추상적인 이상일뿐만 아니라 사랑의 실천입니다. 예수님은 하나님의 '이름'으로, 즉 사랑하시는 이름으로 제자들을 '보전해 달라'고 기도하십니다(11절).

진리, 사랑, 보이는 것과 관계되는 주님의 영광은 아름다움과도 연결되어 있기 때문에, 신학적 미학에 계속 영감을 주고 있습니다.* 그러나 아름다움은 영광만큼이나 수수께끼 같은 개념입니다. 아름다움은 일반적으로 지각할 수 있는 감각과 충만한 이상을 의미하지만, 이 의미는 보이지 않는 무한한 사랑이나 극단적인 고통과 억압의 역사 때문에 가려질 수도 있습니다. 사랑의 논리는 초월적인 아름다움을 분별하는 것을 의미합니다. 즉, 하나님의 사랑으로, 타인을 위해 자기 자신을 비움으로 다른 사람을 영광스럽게 하는 것을 의미합니다.

따라서 우리는 사랑의 논리로 '아름다움'과 '영광'을 말할 때 멸시받고, 병들고, 추하고, 하나님께 버림받고, 십자가에 못 박히고, 추방되고, 투옥되고, 유죄이며 동시에 바보, 정신 이상자, 고집불통, 살인자, 깡패, 폭군, 강간범, 소아 성애자를 말하는 것입니다. 또한 춤추는 부모, 감동적인 경찰, 경제 예술가, 빛나는 배우, 호기심 많은 정치인 … 그리고 희망적인 모순, 게이 군인, 잘나가는 레즈비언 여가수, 유쾌한 건강 관리사, 탐구적인 여자 우편배달부, 베이글 파는 남자 … 그리고 또 누구를 말하는

* 참조. Frank Burch Brown, *Good Taste, Bad Taste, Christian Taste: Aesthetics in Religious Life*(Oxford: Oxford University Press, 2000), 95-127.

것일까요? 12절 목록에서 제외된 '멸망의 자식', 즉 '잃어버릴 운명을 타고난 자'는 누구일까요? '유다'인가요? '빌라도'인가요? 아니면, '오사마 빈 라덴'인가요? 하나님의 영광의 아름다움에 사로잡히지 않은 사람은 누구인가요? 우리가 이 질문에 답하는 순간, 예수님이 이름을 밝히지 않으신 누군가 또는 어떤 범주의 사람의 이름을 거론하게 되는 순간 우리는 세상의 영광의 논리로 되돌아가는 것 아닐까요? 그 순간 우리는 길을 잃지 않을까요?

목회적 관점

이 구절에는 제자들을 향한 예수님의 가장 절실한 소망이 담겨 있습니다. 이 기도문은 예수님이 제자들에게, 그리고 2천 년 후의 우리에게도 자신의 간구를 들어달라는 의미로 사용됩니다. 십자가에 못 박히기 몇 시간 전, 예수님은 자신의 사역 전체에서 가장 중요한 것에 세심하게 집중하십니다. 자신의 삶과 소망의 중심에 있는 것을 마지막으로 전달하고자 하는 열망은 영원토록 인간 세상에 남아 있을 것입니다. 한 사역자 동료가 병원에서 암으로 죽어가는 젊은 엄마가 '미취학 딸들이 커서 엄마가 딸들이 어떻게 자라주기를 바라는지' 메시지를 담아 비디오를 제작하는 것을 보며, 자기 삶의 목적을 발견하고 힘을 얻었다는 이야기를 들려줍니다. 비록 살아서 딸들과 직접 대화할 수는 없지만, 딸들이 엄마의 관심과 사랑을 느끼게 하는 것은 그 엄마에게 매우 중요한 일입니다. 이 어머니는 비디오테이프를 통해 자신의 기억이 자녀들에게 전달되기를 바랄 뿐이지만, 예수님은 우리 안에 거하시는 성령께서, 우리 속에 그분의 메시지를 살리실 수 있다는 것을 알고 말씀하십니다.

예수님 관심사의 핵심은 무엇일까요? 예수님에게 있어서 그의 사역의 정점은 우리가 그의 삶과 사역을 통해 하나님을 알도록 하는 것입니다. 그의 마지막 소망은 자신을 드러내 축하하는 것이 아니라 자신의 삶과 사역이 하나님의 사랑과 구원의 목적을 드러내 보여준다는 것을 알리는 것입니다. 그래서 예수님은 사람들이 자신을 통해 하나님을 알게 되기를 기도합니다. '안다'는 것은 우리 삶에 대한 강력하고, 적극적이며, 고백적이고, 친밀한 관계를 나타내는 묘사입니다. 하나님을 안다는 것은 영원한 사랑, 정의, 봉사를 위한 하나님의 비전을 경험하는 것입니다. 이를 통해 신앙인들을 끌어들여 새로운 질서의 현실을 지금의 관계와 공동체에서 실현하게 하십니다. 우리가 이 복음의 유일한 계명인 사랑에 순종할 때 우리는 분명하게 하나님을 알게 될 것입니다. 다시 말해, 영생은 현재를 위한 깊은 윤리적인 의미를 뜻합니다.

요한 공동체는 또한 영생에 대한 언급이 영원한 도시라는 로마의 주장과 극적인 대조를 이룬다는 것을 깨달았습니다.* 요한복음에서 인류를 향한 하나님의 비전과 제국의 주장을 대조하는 이 논쟁의 날은 슬프게도 현대 기독교인들에게 지속적인 반향을 불러일으킵니다. 예수님은 제국의 권위와는 다른 권위를 주장하십니다. 모든 사람에게 영생을 주실 수 있는 권한을 부여하신 분은 하나님이시며, 이는

* Warren Carter, *John: Storyteller, Interpreter, Evangelist*(Peabody, MA: Hendrickson Publishers, 2006).

로마의 주장과는 확연히 다릅니다. 하나님은 참된 것이 무엇인지, 그리고 그것에 따라 사는 사람들이 신뢰할 만한 가치 있는 것이 무엇인지에 대한 매우 다른 비전을 제시하십니다.

하지만 하나님의 영생이 모든 사람에게 주어지지는 않는다는 것을 암시하는 이 배타적인 기도의 언어를 어떻게 다뤄야 할까요? 요한 공동체의 이원론은 우리에게 도전을 줍니다. 이 공동체에서 '세상'이라는 용어는 정의, 사랑, 자비에 대한 하나님의 희망에 반대하는 위험하고 적대적인 장소를 가리키는 경우가 대부분입니다. 이 구절에서 예수님은 온 세상이 아니라 자신이 가르치고 인도하여 하나님에 대한 지식과 사랑으로 인도한 사람들을 위해 기도합니다. 그는 적대적인 세상에서 그들(그리고 우리)을 보호해 달라고 자신 있게 기도합니다. 이러한 이원론이 이 신앙인 공동체에만 국한된 것은 아니지만, 성경의 다른 많은 구절에서 하나님의 자비가 넓게 나타나며, 우리 신앙인들도 종종 하나님의 뜻에 반대한다는 점을 인식하면 이 본문을 더 관대하게 해석하는 편이 좋습니다. 우리는 모두 우리 자신의 최악의 충동뿐만 아니라 하나님께서 사랑하시는 다른 사람들로부터도 하나님의 보호가 필요합니다. 예수님처럼 우리는 하나님의 은혜와 섭리적인 돌보심을 의뢰하며 확신할 수 있습니다.

수많은 기독교 공동체가 극단적으로 분열돼 일치하지 못하는 이 시대에, 우리 신앙인들이 하나가 되게 해 달라는 예수님의 기도는 매우 인상적입니다. 예수님은 하나님과 매우 친밀하게 기도하셨는데, 요한복음 다른 곳에서도 예수님과 성령, 또는 보혜사 사이에 친밀한 관계에 대해 언급하십니다. 예수님, 아버지, 보혜사는 서로 다른 것을 허용하며, 긍정적으로 상호 의존합니다. 아마도 이 초기 삼위일체론적 주제는 우리가 그리스도 안에서 하나됨을 어떻게 상상할 수 있는지 암시해 주는 것일지도 모릅니다. 물론 삼위일체의 위격들이 역동적으로 상호 의존하는 것처럼 우리도 생각과 실천에서 동일해야 한다는 의미는 아닙니다.

전 세계의 기독교인들이 서로 잘 소통하고, 서로에게서 배우는 능력을 키워가는 것처럼, 우리도 하나님의 사랑의 폭과 교회의 경계에 대해 근본적으로 다른 해석들을 가지고 있음으로 인해, 심각하게 시험받고 있다는 것을 발견하게 됩니다. 또한, 우리가 모든 하나님의 백성을 완전히 포용해야 한다는 것에 대해서도 생각이 다르고, 경제 정의에 대해 하나님의 비전을 생각할 때도 역사적으로 형성된 깊은 감정 때문에 선진국과 개발도상국의 기독교인들이 서로 달라 시험받고 있습니다. 하나됨은 필연적으로 각 신앙인 공동체의 특별한 은사, 경험, 통찰력을 존중하는 방법을 모색하고 우리가 공통으로 가지고 있는 복음에 대한 책임을 통해 서로를 지지하는 것을 요구할 것입니다. 역사는 기독교인들에게 교회 밖에만 위험이 있다는 요한 공동체의 확신이 잘못되었다고 가르쳐주었습니다.

그리스도 안에서 우리의 하나됨은 관계를 회복하고 신뢰를 구축하기 위해 대화가 시급하다는 것을 인식하면서 새로운 도전에 직면하고 있습니다. 특히 종교적 근본주의가 증가하는 상황에서 우리는 히브리 선지자들이 하나님의 사랑으로 특정 민족과 장소를 초월해 상호 책임의 언약으로 연결된 하나의 인류 공동체를 창조한다는 것을 어떻게 이해했는지 기억하는 것이 좋습니다. 랍비 조너선 색스가 그의 저서 『차이의 존중』에서 제안한 것처럼, 우리는 자신의 형상과 다른 사람들의 얼굴에서 하나님의 형상을 인식하도록 돕는 종교 신학이 필요합니다.* 모든 인류의 얼굴에서 하나님을 발견하는 것은 예수님이 지금 우리가 헌신하도록 초대하는 영원한 생명의 목표임이 분명합니다. 아브라함의 하나님은 이 땅의 모든 가족이 복을 받기를 원하십니다.

주석적 관점

요한복음 17:1~11은 학자들이 흔히 '대제사장적 기도'라고 부르는 것으로, 여기서 그리스도는 인류를 대신하여 하나님께 중보하는 대제사장의 역할을 감당하셨다는 것을 암시합니다. 정확한 이미지는 아니지만, 그 제목의 뜻은 예수님이 세상을 떠난 후에도 세상에 남아 있어야 하는 공동체의 고민을 하나님께 기도드리고 있다는 것을 강조합니다. 요한복음 17장은 복음서의 다른 곳에서 발견되는 여러 주제를 이어서 완성하며, 고별 담화(13-17장, 특히 13:31-35)에서 예수님의 다른 여러 표현이 떠오르게 합니다. 17장에서는 예수님의 가르침을 아들과 아버지 사이의 기도로 재구성합니다. 이 새로운 수사적 형식은 고별 담화의 내러티브 장면에서 제자들이 배경으로 사라지고 독자들은 예수님과 아버지의 친밀한 대화를 엿듣게 됩니다.

예수님이 '세상을 정복했다'(요 16:33)고 말씀하시면서 하늘을 향해 시선을 돌리신 것은 내러티브가 사역에서 수난으로 전환됨을 의미합니다. 그리고 이런 전환은, 예수님의 선언에서 복음서 전체에서 기대하는 '그때'(2:4; 4:21; 5:28; 7:30; 8:20 참조)가 도래했다는 것을 알 수 있습니다(17:1). 고별 담화 전체는 시간이 이르렀다는 것을 배경으로 하지만(13:1), 오늘의 본문은 복음서에 마지막으로 언급되는 때가 이르렀다는 예수님의 선언으로 시작해서 그에 수반되는 행동을 묘사합니다. 수난 이야기는 예수님의 기도 직후에 시작됩니다.

이 구절은 세 단락으로 나눌 수 있습니다. 첫 번째 단락(1-5절)에서 예수님은 아버지께 자신의 사역이 완성되었음을 선언하고 아버지와 함께 자신의 자리로 돌아갈 것을 요청합니다. 두 번째 단락(6-8절)에서 예수님은 자신에게 주어진 의무를 실제로 완수했다는 증거로 제자들의 반응을 제시합니다. 세 번째 단락(9-11절)에서 예수님은 자신이 남겨둔 사람들을 보호해 달라고 하나님께 간구합니다. 공동체에 대한 이러한 관심은 대제사장적 기도의 나머지 부분에서 지배적으로 나타납니다.

첫 번째 단락에서 예수님은 자신이 사명을 완수하고 영광을 받아야 한다고 요청하십니다. 1~5절에서는 반복되는 교차대구법을 통해, 영생에 대한 중심 정의(3절), 예수님의 성취에 대한 요약(2, 4절), 영광의 요청(1, 5절) 등을 강조해서 묘사합니다. 예수님은 복음서의 다른 곳에서 볼 수 있는 다양한 이미지로 자신의 성취에 대해 말씀하시지만, 그 중심에는 예수님의 주된 역할이 아버지를 드러내는 것임을 알 수 있습니다. 3절에서 예수님은 영생을 유일하신 참 하나님을 아는 지식이라고 정의

* Jonathan Sacks, *The Dignity of Difference*, rev. with new preface(New York: Continuum, 2003).

합니다. 이는 영생이 거의 언급되지 않고 미래의 희망으로만 등장하는 공관복음과 달리(마 19:16-30 및 단락 참조), 요한복음에서 영생은 예수님과 그를 보내신 분을 믿는 사람들에게 즉시 제공되는 현재의 실체로 나타납니다(3:15-16, 36; 5:24; 6:47). 예수님은 사람들이 하나님을 알 기회를 만드는 것이 이 땅에서의 자신의 사역이라고 요약하십니다.

1절과 5절에서 예수님은 하나님의 일을 완수하셨으므로 아버지와의 창조 전 위치인 영광으로 돌아가야 한다고 반복해서 요청하십니다(1:1-5 참조). 그리스어 '독사'를 '영화롭게'라고 번역하면서 그리스 문학에 의견, 평판 또는 외모를 표현하는 명사의 뉘앙스는 놓치고 있습니다. 신약의 다른 부분에서는 광채(행 22:11), 영광(마 6:29; 살전 2:20)의 다양한 의미로 사용됩니다. 칠십인역에서는 '독사'가 여호와의 영광을 번역하는 데 자주 사용되며, 종종 주님의 임재를 의미합니다(민 14:10). 복음서에서 이 용어를 다양하게 사용하는 것은 하나로만 정의하는 데 저항하는 것입니다. 참된 '독사'는 오직 아버지에게서만 나오는 것이며(5:41-44), 예수님에게 주어졌고(8:54), 하나님의 '독사'를 드러내는 것은 예수님이 지상에서 행하신 필수적인 일이었습니다(1:14; 2:11). 아들을 영화롭게 하는 것은 아버지의 영광으로 이어지며, 이는 예수님이 가장 관심을 두시는 일이었습니다(11:4; 15:8; 21:19 참조).

6~8절에서 예수님은 자신의 계시에 대한 제자들의 반응이 곧 하나님의 사역을 완성한 증거라고 말씀하시며, 그래서 자신을 영화롭게 해야 할 필요가 있다고 제시하십니다. 2절에서 예수님은 자신이 '만물을 다스리는 권세'를 가졌다는 것을 깨닫고 자신의 사명의 우주적 성격을 강조하십니다. 그러나 6절에서 예수님은 자신이 하나님으로부터 왔다는 것을 제자들이 깨달은 것을 지적하시면서 제자들을 세상과 구별하셨는데, 이는 복음서 전체에서 예수님의 메시지에 대해 '받아들이고, 알고, 믿는 것 등' 여러 동의어로 묘사한 적절한 반응이었습니다. 예수님은 1~5절에서 하나님에 대한 지식을 계시하는 것이 자신의 중요한 사역이라고 묘사하셨으며, 6~8절에서는 자신의 계시를 받아들인 사람들이 곧 제자라고 선언하셨습니다.

9~11절에서 예수님의 기도는 간구로 바뀌어 아버지께 자신이 떠날 사람들, 비록 세상에 속해 있지는, 않지만 세상에 남아 있는 사람들을 지켜달라고 간구합니다. 아버지께서 '그들을 보전해 달라'는 예수님의 요청에서 예수님은 '아버지께서 내게 주신 사람들'을 다시 아버지의 보호 하에 맡기십니다. 예수님은 지상에 계실 때 그들을 '보전하셨다'(12절)라고 말씀하시면서, 이제는 아버지께로 오셨으니, 아버지께서 보혜사를 보내 달라고 부탁하셨던 이전의 약속을 되풀이하며 그들을 계속 보전해 달라고 요청하십니다(14:16-19; 15:26-27; 16:7-11 참조). 예수님이 계시지 않더라도 공동체는 아버지께 계속해서 나아갈 수 있을 것입니다. 예수님이 떠나신 후 공동체에 대한 이러한 염려가 고별 담화의 주된 주제이며, 이 기도의 나머지 단락의 초점이 됩니다.

어떤 사람들은 예수님이 세상에 대해 요청하는 것을 노골적으로 세상을 부정하는 것으로 생각할 수 있습니다. 예수님이 이렇게 세상을 무시하신 것은 복음서 전체와 복음의 역사적 상황에서 이해해야 합니다. 초기 기독교 공동체가 자신의 메시지를 거부하는 상황 속에서 정체성을 개척해야 했던 이원론적 관점으로 읽어야 합니다. 요한은 세상(헬. '호 코스모스')이 구원받을 만한 가치가 있는 하나님의 창조물(3:16-17)이라고 묘사하지만(12:31; 14:30), 세상은 다른 존재의 지배 아래 놓여 있고, 예수님을 거부합니다(1:9-10; 3:19). 여기서 예수님은 영생을 얻은 사람들에 초점을 맞추고, 나중에(18-23절) 제자들과 그들의 말씀을 듣고 믿을 사람들 사이의 하나됨, 즉 아버지와 아들의 하나됨을 닮은 하나됨을 위해 기도하십니다. 예수님은 이 하나됨을 통해 제자들이 자신의 말씀을 세상에 전하고, 세상도 하나님께서 아들을 보내셨다는 것을 믿게 되는 기초가 되기를 기도하십니다(17:21).

설교적 관점

부활절 시즌의 마지막 주일에 우리는 과거와 미래를 모두 돌아봅니다. 우리는 예수님이 제자들에게 나타나셨다는 소식을 들었고, 승천하신 것에 영광을 돌렸으며, 약속하신 보혜사께서 오신다는 힌트를 얻었습니다. 다음 주에는 성령의 은사로 선교에 뛰어드는 새로운 교회의 탄생을 축하할 것입니다. 오늘 우리는 잠시 멈춰서 예수님이 제자들을 위해 하신 기도, 그가 우리를 위해 기도하셨다고 말씀하신 그 기도를 다시 들어보겠습니다.

예수님의 기도에는 확신과 보증이 있습니다. 예수님은 제자들에게 아버지의 이름을 알려 주셨고, 진리에 대한 지식을 알려 주셨습니다. 이제 그들을 보전하기 위해 기도하십니다. 나중에 제자들은 세상으로부터 미움을 받아 위험에 처하고 악, 혹은 악한 자의 공격을 받습니다(14-15절). 여기서 예수님은 '우리와 같이 그들도 하나가 되게 하옵소서'(11절)라는 특별한 목적을 위해 그들을 보전해 달라고 간구하십니다.

하나됨을 위한 기도는 예수님 기도의 일부이기 때문에 우리에게 확신과 보증을 줄 수 있지만, 많은 사람은 의문을 제기할 수도 있습니다. 예수님의 기도가 응답되었다는 증거를 볼 수 있을까요? 예수님이 '우리와 같이 그들도 하나가 되게 하옵소서'라고 말씀하신 것은 무엇을 의미할까요?

요한복음이 어떻게 시작되는지 생각해 보시길 바랍니다. "태초에 말씀이 계시니라 이 말씀이 하나님과 함께 계셨으니 이 말씀은 곧 하나님이시니라." 요한은 첫 구절부터 예수님이 하나님인 동시에 하나님과는 구별되는 신비이심을 표현하기 위해 고군분투합니다. 우리는 예수님을 바라보며 '하나님은 바로 저런 모습입니다'라고 말할 수 있게 됐습니다.

예수님이 자신과 아버지가 하나이신 것처럼 제자들이 하나가 되기를 기도하실 때, 우리 모두도 이 신비 속으로 들어가기를 기도하십니다. 이는 우리 각자가 하나님과 하나가 되거나 그리스도와 하나가 되는 것뿐만 아니라, 예수님과 아버지가 하나이신 것처럼 우리도 서로 하나가 되어야 한다는 것을 의미합니다.

어떤 면에서 그 신비의 첫 번째 부분은 쉬운 부분입니다. 우리는 모두 하나님과 하나 되어, 그 안에서 성장할 수 있게 됐습니다. 우리는 함께 예배하며 우리 자신의 성장 토대를 마련할 수 있습니다. 우리는 하나님의 이름으로 각자 기도하고 공부하고 봉사하면서 영적으로 훈련될 수 있습니다. 정의, 치유, 목회 등 특정 사역에 헌신할 수도 있습니다. 우리가 하나님과의 하나됨을 향해 어떤 길을 걷든, 성령은 우리의 삶에서 우리를 더 가까이 이끌어주시고, 이미 우리 자신의 심장 박동보다 더 가까이 계신 하나님의 임재를 우리에게 드러내실 수 있습니다. 우리는 눈과 귀를 열고 기꺼이 받아들이고 응답하기만 하면 됩니다.

예수님도 자신의 제자들이 서로 하나가 되기를 기도하고 계십니다. 물론 오늘날 우리 앞에는 고난이 기다리고 있습니다.

분열은 우리 교회, 즉 예수 그리스도의 교회에서 정의할 수 있는 개념으로 나타납니다. 우리에게는 교단과 교파가 있습니다. 우리는 누가 안수를 받을 수 있는지, 기도할 때 어떤 단어를 사용할 수 있는지 논쟁합니다. 우리는 전세계 또는 지역교회 공동체 사이에서 이 단체 또는 저 단체와 동맹을 맺어야 할지를 놓고 논쟁을 벌입니다. 교회가 세속 생활에 참여하는 방식이나 종교가 국가와 어떤 관계를 맺을지 논쟁합니다. 이는 엄청난 고통을 야기합니다. 이 또한 새로운 일이 아니라는 점을 기억하는 것이 도움이 될 것입니다.

예수님을 직접 대면한 사람들이 여전히 거리를 활보하고 있을 때, 기독교 공동체는 논쟁을 벌이고 있었습니다. 그들은 누가 식사를 나눌 수 있는지를 놓고 다투었습니다. 어느 쪽이 '진짜' 교회를 대표하는지를 두고 다투기도 했습니다. 특정 영적 은사를 나타내지 않으면 진짜 기독교인인지 아닌지를 두고도 논쟁을 벌였습니다. 그래서 우리는 과거와 현재의 이 모든 다툼이 예수님의 기도가 응답 되지 않았다는 것을 의미하는 것은 아닌지 궁금해하기도 합니다.

그 옵션은 만족스럽지 않은 것 같습니다. 요한이 묘사한 예수의 모습이 근본적인 면에서 진실한 것 같나요? 예수님이 제자들과 우리를 위해 어떻게 기도하셨는지 다시 한번 들으면서 힘을 얻었나요? 우리는 하나님께서 기도를 들으시고 응답하신다는 것을 믿습니까? 또한 우리가 모두 하나가 되게 해 달라는 예수님의 기도를 하나님께서 들으셨다는 것을 믿습니까? 만약 그렇다면, 우리의 문제는 하나됨이 무엇인지에 대한 우리 자신의 가정 때문일 수 있습니다. 그리스도인이 '하나 되는 것'에 대해 생각할 때 우리는 어쩌면 다르게 생각해야 할지도 모릅니다.

예수님은 '우리와 같이 그들도 하나가 되게 하옵소서'(17:11)라고 기도하셨습니다. '말씀이 하나님과 함께 계셨으니 이 말씀은 곧 하나님이시니라'(1:1). 바로 이 구절을 연구한 일부 고대 신학자들은 예수님과 아버지의 하나됨을 성부, 성자, 성령 사이의 움직임, 즉 일종의 서로 엮임 또는 춤을 암시하는 용어로 이야기했습니다. 하나됨을 위한 예수님의 기도에 대한 응답이 하나의 덩어리로 굳어지는 것이 아니라 즐거운 상호 놀이, 영광스러운 춤에 관한 것이라면 어떨까요? 우리가 잠시 그 생각을 시도해 본다면, 형제자매와의 의견 차이를 바라보는 시각에 영향을 미칠 수 있을까요? 어쩌면 우리가 추구하는 비전은 완전한 동의가 아니라 서로 다른 방식으로 신앙의 춤을 함께 추는 능력일지도 모릅니다.

바울이 말한 것처럼 많은 지체가 있는 몸, 많은 무용수가 있는 춤, 많은 목소리가 있는 노래, 이것이 바로 기독교적 하나됨의 모습일 수 있습니다. 이 모든 다양성에 대한 우리의 도전은 '예'라고 대답하는 것입니다. '예, 다른 사람들도 정말 크리스천입니다.' '예, 이 모든 다양성에는 고통이 있지만 가능성도 있습니다.' '예, 고난도 있지만 영광도 있습니다.'

이 모든 움직임, 이 모든 행동이 혼란스럽지 않나요? 갈등에 대한 우리의 불안이 덜 극적인 것을 바라도록 우리를 유혹하고 있지는 않나요? 우리 기독교 공동체는 거칠고 당황스럽고 미친 것처럼 보이지만, 우리는 예수님의 기도를 신뢰합니다. 예수님이 사랑하셨던 제자들, 그리고 지금도 사랑하시는 공동체는 그 기도에 둘러싸여 살아왔고 지금도 살아가고 있습니다.

집필자

Richard Manly Adams Jr., PhD Student, Emory University, Atlanta, Georgia

Katherine E. Amos, Resident Professor of Spirituality and the Arts, Wake Forest University School of Divinity, Winston-Salem, North Carolina

Maryetta Anschutz, Founding Head, The Episcopal School of Los Angeles, California

Thomas L. Are Jr., Pastor, Village Presbyterian Church, Prairie Village, Kansas

Harold W. Attridge, Dean and Lillian Claus Professor of New Testament, Yale Divinity School, New Haven, Connecticut

David L. Bartlett, Professor of New Testament, Columbia Theological Seminary, Decatur, Georgia

Michael Battle, Rector, Church of Our Savior, San Gabriel, California

Angela Bauer-Levesque, Academic Dean and Harvey H. Guthrie Jr. Professor of Bible, Culture, and Interpretation, Episcopal Divinity School, Cambridge, Massachusetts

Christopher A. Beeley, Walter H. Gray Associate Professor of Anglican Studies and Patristics, Yale Divinity School, New Haven, Connecticut

Jon L. Berquist, Executive Editor for Biblical Studies, Westminster John Knox Press, Louisville, Kentucky

Deborah A. Block, Pastor, Immanuel Presbyterian Church, Milwaukee, Wisconsin

Kathleen Long Bostrom, Co-pastor, Wildwood Presbyterian Church, Grayslake, Illinois

Larry D. Bouchard, Associate Professor, Department of Religious Studies, University of Virginia, Charlottesville, Virginia

Reginald D. Broadnax, Dean of Academic Affairs, Hood Theological Seminary, Salisbury, North Carolina

William F. Brosend, Associate Professor of Homiletics, School of Theology, Sewanee, the University of the South, Sewanee, Tennessee

Michael Joseph Brown, Associate Professor of New Testament and Christian Origins, Candler School of Theology, Emory University, Atlanta, Georgia

Robert A. Bryant, Associate Professor of Religion, Presbyterian College, Clinton, South Carolina

David M. Burns, Executive Pastor/Acting Pastor, Trinity Presbyterian Church, Atlanta, Georgia

Michael D. Bush, Vice President for Seminary Development and External Relations, Erskine Theological Seminary, Due West, South Carolina

Gay L. Byron, Baptist Missionary Training School Professor of New Testament and Christian Origins, Colgate Rochester Crozer Divinity School, Rochester, New York

Dexter E. Callender Jr., Associate Professor of Religious Studies, Department of Religious Studies, University of Miami, Coral Gables, Florida

Katherine C. Calore, Pastor, St. Stephen's Episcopal Church, Monett, Missouri

Gary W. Charles, Pastor, Central Presbyterian Church, Atlanta, Georgia

Linda Lee Clader, Dean of Academic Affairs and Professor of Homiletics, Church Divinity School of the Pacific, Berkeley, California

Kenneth I. Clarke Sr., Director, Cornell United Religious Work, Ithaca, New York

John B. Cobb Jr., Professor Emeritus, Claremont School of Theology, Claremont, California

Kelton Cobb, Professor of Theology and Ethics, Hartford Seminary, Hartford, Connecticut

Martin B. Copenhaver, Pastor, Wellesley Congregational Church, United Church of Christ, Wellesley, Massachusetts

Barbara Cawthorne Crafton, The Geranium Farm, Metuchen, New Jersey

William Joseph Danaher Jr., Dean, Faculty of Theology, Huron University College, London, Ontario, Canada

J. David Dark, Adjunct Faculty, David Lipscomb University, Nashville, Tennessee

David A. Davis, Pastor, Nassau Presbyterian Church, Princeton, New Jersey

Miguel A. De La Torre, Associate Professor, Iliff School of Theology, Denver, Colorado

Richard S. Dietrich, Minister, First Presbyterian Church, Staunton, Virginia

Lisa D. Maugans Driver, Associate Professor of Theology, Valparaiso University, Valparaiso, Indiana

James O. Duke, Professor of History of Christianity and History of Christian Thought, Brite Divinity School, Fort Worth, Texas

Stephen Edmondson, Rector, St. Thomas Episcopal Church, McLean, Virginia

James H. Evans Jr., Robert K. Davies Professor of Systematic Theology, Colgate Rochester Crozer Divinity School, Rochester, New York

Ward B. Ewing, Dean and President, The General Theological Seminary, New York, New York

Stephen Farris, Dean, St. Andrew's Hall, and Professor of Homiletics, Vancouver School of Theology, Vancouver, British Columbia, Canada

Judy Fentress-Williams, Associate Professor of Old Testament, Virginia Theological Seminary, Alexandria, Virginia

Jane Anne Ferguson, Associate Minister, First Plymouth Congregational Church, United Church of Christ, Englewood, Colorado

Robert W. Fisher, Associate Rector, All Saints-by-the-Sea Episcopal Church, Santa Barbara, California

Anna Carter Florence, Peter Marshall Associate Professor of Preaching, Columbia Theological Seminary, Decatur, Georgia

Nora Gallagher, Writer, Preacher-in-Residence, Trinity Episcopal Church, Santa Barbara, California

Susan R. Garrett, Professor of New Testament, Louisville Presbyterian Theological Seminary, Louisville, Kentucky

Deirdre J. Good, Professor of New Testament, The General Theological Seminary, New York, New York

Joel B. Green, Professor of New Testament Interpretation and Associate Dean for the Center for Advanced Theological Studies, Fuller Theological Seminary, Pasadena, California

Christopher Grundy, Assistant Professor of Preaching and Worship, Eden Theological Seminary, St. Louis, Missouri

Douglas John Hall, Professor Emeritus of Christian Theology, McGill University, Montreal, Quebec, Canada

Gary R. Hall, Dean and President, Seabury-Western Theological Seminary, Evanston, Illinois

Gary Neal Hansen, Assistant Professor of Church History, University of Dubuque Theological

Seminary, Dubuque, Iowa

Timothy B. Hare, Pastor, Huntington United Methodist Church, Shelton, Connecticut

John C. Holbert, Lois Craddock Perkins Professor of Homiletics, Perkins School of Theology, Southern Methodist University, Dallas, Texas

Alice W. Hunt, President, Chicago Theological Seminary, Chicago, Illinois

Susan E. Hylen, Assistant Professor of New Testament, Vanderbilt Divinity School, Nashville, Tennessee.

Cynthia A. Jarvis, Minister and Head of Staff, The Presbyterian Church of Chestnut Hill, Philadelphia, Pennsylvania

E. Elizabeth Johnson, J. Davison Philips Professor of New Testament, Columbia Theological Seminary, Decatur, Georgia

Nicole L. Johnson, Assistant Professor in Religious Studies, Mount Union College, Alliance, Ohio

Susan B. W. Johnson, Minister, Hyde Park Union Church, Chicago, Illinois

Trygve David Johnson, Hinga-Boersma Dean of the Chapel, Hope College, Holland, Michigan

Deborah J. Kapp, Edward F. and Phyllis K. Campbell Associate Professor of Urban Ministry, McCormick Theological Seminary, Chicago, Illinois

Joel Marcus LeMon, Assistant Professor of Old Testament, Candler School of Theology, Emory University, Atlanta, Georgia

Karoline M. Lewis, Assistant Professor of Biblical Preaching, Luther Seminary, St. Paul, Minnesota

Michael Lodahl, Professor of Theology, Point Loma Nazarene University, San Diego, California

Kimberly Bracken Long, Assistant Professor of Worship, Columbia Theological Seminary, Decatur, Georgia

Barbara K. Lundblad, Joe R. Engle Professor of Preaching, Union Theological Seminary, New York, New York

Dwight M. Lundgren, Director of Reconciliation Ministries, American Baptist Churches USA, Valley Forge, Pennsylvania

Larry L. Lyke, Visiting Assistant Professor, Department of Religion, Mount Holyoke College, South Hadley, Massachusetts

Thomas W. Mann, Retired Professor of Hebrew Bible and United Church of Christ Parish Minister, Winston-Salem, North Carolina

Molly T. Marshall, President and Professor of Theology and Spiritual Formation, Central Baptist Theological Seminary, Shawnee, Kansas

Martin E. Marty, Fairfax M. Cone Distinguished Service Professor Emeritus, University of Chicago, Illinois

Peter W. Marty, Pastor, St. Paul Lutheran Church, Davenport, Iowa

William P. "Matt" Matthews Jr., Pastor, St. Giles Presbyterian Church, Greenville, South Carolina

Tyler Mayfield, Adjunct Faculty, Claremont School of Theology, Claremont, California

J. Clinton McCann Jr., Evangelical Professor of Biblical Interpretation, Eden Theological Seminary, St. Louis, Missouri

Gordon McClellan, Pastor, First Presbyterian Church, Corvallis, Oregon

John S. McClure, Charles G. Finney Professor of Homiletics and Chair of Graduate Department of Religion, Vanderbilt Divinity School, Nashville, Tennessee

Thomas P. McCreesh, Associate Professor, Theology Department, Providence College, Providence, Rhode Island

Thomas Edward McGrath, Pastor, Hope Presbyterian Church, Winter Haven, Florida

Donald K. McKim, Executive Editor for Theology and Reference, Westminster John Knox Press, Germantown, Tennessee

Allen C. McSween Jr., Pastor, Fourth Presbyterian Church, Greenville, South Carolina

James McTyre, Pastor, Lake Hills Presbyterian Church, Knoxville, Tennessee

Nancy A. Mikoski, Pastor, Pennington Presbyterian Church, Pennington, New Jersey

Veronice Miles, Ruby Pardue and Shelmer D. Blackburn Assistant Professor of Homiletics and Christian Education, Wake Forest University School of Divinity, Winston-Salem, North Carolina

Randle R. (Rick) Mixon, Pastor, First Baptist Church, Palo Alto, California

Martha Moore-Keish, Assistant Professor of Theology, Columbia Theological Seminary, Decatur, Georgia

D. Cameron Murchison, Dean of Faculty, Columbia Theological Seminary, Decatur, Georgia

Carol A. Newsom, Charles Howard Candler Professor of Old Testament, Candler School of Theology, Emory University, Atlanta, Georgia

Frederick Niedner, Professor of Theology, Department of Theology, Valparaiso University, Valparaiso, Indiana

Donald P. Olsen, Minister, Plymouth Congregational Church, Wichita, Kansas

Jeff Paschal, Pastor, First Presbyterian Church, Wooster, Ohio

Shannon Michael Pater, Minister, Central Congregational United Church of Christ, Atlanta, Georgia

Amy Plantinga Pauw, Henry P. Mobley Professor of Doctrinal Theology, Louisville Presbyterian Theological Seminary, Louisville, Kentucky

Steven A. Peay, Senior Minister, The First Congregational Church of Wauwatosa, Wisconsin (NACCC), and Adjunct Professor of Church History, Nashotah House Theological Seminary, Nashotah, Wisconsin

Pheme Perkins, Professor of New Testament, Theology Department, Boston College, Chestnut Hill, Massachusetts

Jennifer Pfenniger, Instructor of Biblical Hebrew, Emmanuel College, University of Toronto, Toronto, Ontario, Canada

Emerson B. Powery, Professor of Biblical Studies, Messiah College, Grantham Pennsylvania

Joseph L. Price, Genevieve S. Connick Professor of Religious Studies, Whittier College, Whittier, California

Nancy J. Ramsay, Executive Vice President and Dean, Brite Divinity School, Texas Christian University, Fort Worth, Texas

Stephen Breck Reid, Professor of Christian Scriptures, George W. Truett Seminary, Baylor University, Waco, Texas

Gary B. Reierson, President, Greater Minneapolis Council of Churches, Minneapolis, Minnesota, and Adjunct Professor, School of Theology · Seminary, St. John's University, Collegeville, Minnesota

André Resner, Professor of Homiletics and Church Worship, Hood Theological Seminary, Salisbury, North Carolina

John D. Rohrs Associate Rector, Christ Episcopal

Church, Raleigh, North Carolina

John Rollefson, Pastor, Lutheran Church of the Master, Los Angeles, California

Craig A. Satterlee, Professor of Homiletics, Lutheran School of Theology at Chicago, Illinois

Clayton J. Schmit, Arthur DeKruyter/Christ Church Oak Brook Professor of Preaching and Academic Director of the Brehm Center for Worship, Theology, and the Arts, Fuller Theological Seminary, Pasadena, California

Donald Senior, President, Catholic Theological Union, Chicago, Illinois

Timothy R. Sensing, Associate Professor of Ministry, Abilene Christian University, Abilene, Texas

G. Malcolm Sinclair, Preaching Minister, Metropolitan United Church, Toronto, Ontario, Canada

O. Benjamin Sparks, Presbyterian Church (U.S.A.) Pastor, Retired, Nashville, Tennessee

Max L. Stackhouse, Rimmer and Ruth de Vries Professor of Reformed Theology and Public Life Emeritus, Princeton Theological Seminary, Princeton, New Jersey

Thomas R. Steagald, Pastor, Lafayette Street United Methodist Church, Shelby, North Carolina

Brent A. Strawn, Associate Professor of Old Testament, Candler School of Theology, Emory University, Atlanta, Georgia

Joy Douglas Strome, Pastor, Lake View Presbyterian Church, Chicago, Illinois

George W. Stroup, J. B. Green Professor of Theology, Columbia Theological Seminary, Decatur, Georgia

Laird J. Stuart, Interim President, San Francisco Theological Seminary, San Francisco, California

Philip E. Thompson, Professor of Systematic Theology and Christian Heritage, Sioux Falls Seminary, Sioux Falls, South Dakota

Robert V. Thompson, Minister, Lake Street Church, Evanston, Illinois

Douglas Travis, Dean and President, Episcopal Theological Seminary of the Southwest, Austin, Texas

James A. Wallace, Professor, Department of Word and Worship, Washington Theological Union, Washington, D.C.

Neal H. Walls, Associate Professor of Old Testament Interpretation,Wake Forest University School of Divinity, Winston-Salem, North Carolina

Don Wardlaw, James G. K. McClure Professor Emeritus of Preaching and Worship, McCormick Theological Seminary, Chicago, Illinois

Audrey West, Adjunct Professor of New Testament, Lutheran School of Theology at Chicago, Illinois

John E. White, Dean of Students, Columbia Theological Seminary, Decatur, Georgia

Sean A. White, Pastor, Eastminster Presbyterian Church, Knoxville, Tennessee

Andrea Wigodsky, Chaplain, St. Mary's School, Raleigh, North Carolina

Patrick J. Willson, Pastor, Williamsburg Presbyterian Church, Williamsburg, Virginia

Randall C. Zachman, Professor of Reformation Studies, University of Notre Dame, Notre Dame, Indiana

집필 색인

약어

E	Epistle	PP	Pastoral Perspective
EP	Exegetical Perspective	PS	Psalm
G	Gospel	OT	Old Testament
HP	Homiletical Perspective	TP	Theological Perspective
NT	New Testament		

숫자는 각 절기의 주일을 나타낸다. 예를 들어 'Lent 1'은 사순절 첫째 주일을 나타내고, 'Easter 2'는 부활절 둘째 주일을 나타낸다.

집필 목록

Richard Manly Adams Jr. — Easter 6 G EP, Ascension G EP, Easter 7 G EP

Katherine E. Amos — Lent 5 OT PP, Liturgy of Passion OT PP

Maryetta Anschutz — Ash Wednesday G PP, Lent 1 G PP

Thomas L. Are Jr. — Easter 6 PS PP, Ascension PS PP, Easter 7 PS PP

Harold W. Attridge — Mon. of Holy Wk. E EP, Tue. of Holy Wk. E EP, Wed. of Holy Wk. E EP

David L. Bartlett — Easter 6 E EP, Ascension E EP, Easter 7 E EP

Michael Battle — Easter 6 PS TP, Ascension PS TP, Easter 7 PS TP

Angela Bauer-Levesque — Mon. of HolyWk. OT EP, Tue. of HolyWk. OT EP, Wed. of HolyWk. OT EP

Christopher A. Beeley — Ash Wednesday E TP, Lent 1 E TP

Jon L. Berquist — Ash Wednesday OT HP, Lent 1 OT HP

Deborah A. Block — Easter Vigil PS PP, Easter Day PS PP, Easter 2 PS PP

Kathleen Long Bostrom — Easter Vigil OT PP, Easter Day OT PP, Easter 2 NT PP

Larry D. Bouchard — Easter 6 G TP, Ascension G TP, Easter 7 G TP

Reginald D. Broadnax — Easter Day OT TP, Easter 2 NT TP

William F. Brosend — Holy Thursday G PP, Good Friday G PP, Holy Saturday G PP

Michael Joseph Brown — Easter 6 NT EP, Ascension NT EP, Easter 7 NT EP

Robert A. Bryant — Ash Wednesday G EP, Lent 1 G EP

David M. Burns — Lent 2 PS HP, Lent 3 PS HP, Lent 4 PS HP

Michael D. Bush — Easter 6 E HP, Ascension E HP, Easter 7 E HP

Gay L. Byron — Lent 2 E EP, Lent 3 E EP,

	Lent 4 E EP
Dexter E. Callender Jr.	Easter 6 PS EP, Ascension PS EP, Easter 7 PS EP
Katherine C. Calore	Easter Vigil PS EP, Easter Day PS EP, Easter 2 PS EP
Gary W. Charles	Mon. of Holy Wk. G HP, Tue. of Holy Wk. G HP, Wed. of Holy Wk. G HP
Linda Lee Clader	Easter 6 G HP, Ascension G HP, Easter 7 G HP
Kenneth I. Clarke Sr.	Lent 5 E PP, Liturgy of Passion E PP
John B. Cobb Jr.	Mon. of Holy Wk. OT TP, Tue. of Holy Wk. OT TP, Wed. of Holy Wk. OT TP
Kelton Cobb	Lent 5 OT TP, Liturgy of Passion OT TP
Martin B. Copenhaver	Easter Vigil G PP, Easter Day G PP, Easter 2 G PP
Barbara Cawthorne Crafton	Mon. of Holy Wk. OT PP, Tue. of Holy Wk. OT PP, Wed. of Holy Wk. OT PP
William Joseph Danaher Jr.	Ash Wednesday OT TP, Lent 1 OT TP
J. David Dark	Easter 3 PS TP, Easter 4 PS TP, Easter 5 PS TP
David A. Davis	Mon. of Holy Wk. E PP, Tue. of Holy Wk. E PP, Wed. of Holy Wk. E PP
Miguel A. De La Torre	Easter 6 E TP, Ascension E TP, Easter 7 E TP
Richard S. Dietrich	Easter Vigil G EP, Easter Day G EP, Easter 2 G EP
Lisa D. Maugans Driver	Easter Vigil OT TP
James O. Duke	Lent 5 G TP, Liturgy of Palms G TP, Liturgy of Passion G TP
Stephen Edmondson	Easter 3 E TP, Easter 4 E TP, Easter 5 E TP
James H. Evans Jr.	Lent 2 PS TP, Lent 3 PS TP, Lent 4 PS TP
Ward B. Ewing	Lent 2 E TP, Lent 3 E TP, Lent 4 E TP
Stephen Farris	Lent 5 PS HP, Liturgy of Palms PS HP, Liturgy of Passion PS HP
Judy Fentress-Williams	Lent 1 OT EP
Jane Anne Ferguson	Holy Thursday E HP, Good Friday E HP, Holy Saturday E HP
Robert W. Fisher	Lent 2 PS PP, ent 3 PS PP, Lent 4 PS PP
Anna Carter Florence	Lent 2 G HP, Lent 3 G HP, Lent 4 G HP
Nora Gallagher	Holy Thursday PS HP, Good Friday PS HP, Holy Saturday PS HP
Susan R. Garrett	Lent 5 E EP, Liturgy of Passion E EP
Deirdre J. Good	Mon. of HolyWk. G EP, Tue. of HolyWk. G EP, Wed. of HolyWk. G EP

Joel B. Green — Easter 3 E EP, Easter 4 E EP, Easter 5 E EP

Christopher Grundy — AshWednesday E HP, Lent 1 E HP

Douglas John Hall — AshWednesday G TP, Lent 1 G TP

Gary R. Hall — Mon. of HolyWk. PS HP, Tue. of HolyWk. PS HP, Wed. of HolyWk. PS HP

Gary Neal Hansen — Easter 3 NT TP, Easter 4 NT TP, Easter 5 NT TP

Timothy B. Hare — Easter 3 NT HP, Easter 4 NT HP, Easter 5 NT HP

John C. Holbert — Easter Vigil OT HP, Easter Day OT HP, Easter 2 NT HP

Alice W. Hunt — Easter 3 PS EP, Easter 4 PS EP, Easter 5 PS EP

Susan E. Hylen — Holy Thursday G EP, Good Friday G EP, Holy Saturday G EP

Cynthia A. Jarvis — Easter 3 G HP, Easter 4 G HP, Easter 5 G HP

E. Elizabeth Johnson — Holy Thursday E EP, Good Friday E EP, Holy Saturday E EP, Easter Vigil E EP, Easter Day E EP, Easter 2 E EP

Nicole L. Johnson — Mon. of HolyWk. PS TP, Tue. of HolyWk. PS TP, Wed. of HolyWk. PS TP

Susan B. W. Johnson — Easter 3 NT PP, Easter 4 NT PP, Easter 5 NT PP

Trygve David Johnson — Holy Thursday G HP, Good Friday G HP, Holy Saturday G HP

Deborah J. Kapp — Lent 2 G PP, Lent 3 G PP, Lent 4 G PP

Joel Marcus LeMon — Mon. of HolyWk. PS EP, Tue. of HolyWk. PS EP, Wed. of HolyWk. PS EP

Karoline M. Lewis — Lent 2 G EP, Lent 3 G EP, Lent 4 G EP

Michael Lodahl — AshWednesday PS TP, Lent 1 PS TP

Kimberly Bracken Long — Easter Vigil PS HP, Easter Day PS HP, Easter 2 PS HP

Barbara K. Lundblad — Easter 3 E HP, Easter 4 E HP, Easter 5 E HP

Dwight M. Lundgren — AshWednesday E PP, Lent 1 E PP

Larry L. Lyke — Holy Thursday OT EP, Good Friday OT EP, Holy Saturday OT EP

Thomas W. Mann — Easter Vigil OT EP, Easter Day OT EP, Easter 2 NT EP

Molly T. Marshall — Easter 3 G TP, Easter 4 G TP, Easter 5 G TP

Martin E. Marty — Lent 5 PS TP, Liturgy of Palms PS TP, Liturgy of Passion PS TP

Peter W. Marty — Easter Vigil E PP,

	Easter Day E PP, Easter 2 E PP
William P. "Matt" Matthews Jr.	Holy Thursday PS PP, Good Friday PS PP, Holy Saturday PS PP
Tyler Mayfield	AshWednesday OT EP
J. Clinton McCann Jr.	Lent 2 PS EP, Lent 3 PS EP, Lent 4 PS EP
Gordon McClellan	Easter 6 E PP, Ascension E PP, Easter 7 E PP
John S. McClure	Easter 6 NT HP, Ascension NT HP, Easter 7 NT HP
Thomas P. McCreesh	Easter Vigil PS TP, Easter Day PS TP, Easter 2 PS TP
Thomas Edward McGrath	Lent 5 PS PP, McGrath Liturgy of Palms PS PP, Liturgy of Passion PS PP
Donald K. McKim	Holy Thursday OT TP, Good Friday OT TP, Holy Saturday OT TP
Allen C. McSween Jr.	AshWednesday OT PP, Lent 1 OT PP
James McTyre	Lent 2 OT HP, Lent 3 OT HP, Lent 4 OT HP
Nancy A. Mikoski	Mon. of HolyWk. G PP, Tue. of HolyWk. G PP, Wed. of HolyWk. G PP
Veronice Miles	Lent 5 G PP, Liturgy of Palms G PP, Liturgy of Passion G PP
Randle R. (Rick) Mixon	Easter 6 NT PP, Ascension NT PP, Easter 7 NT PP
Martha Moore-Keish	Easter Vigil E TP, Easter Day E TP, Easter 2 E TP
D. Cameron Murchison	Easter Vigil G TP, Easter Day G TP, Easter 2 G TP
Carol A. Newsom	Lent 2 OT EP, Lent 3 OT EP, Lent 4 OT EP
Frederick Niedner	Lent 2 OT TP, Lent 3 OT TP, Lent 4 OT TP
Donald P. Olsen	Lent 2 OT PP, Lent 3 OT PP, Lent 4 OT PP
Jeff Paschal	Easter 3 PS PP, Easter 4 PS PP, Easter 5 PS PP
Shannon Michael Pater	Easter 3 G PP, Easter 4 G PP, Easter 5 G PP
Amy Plantinga Pauw	Lent 5 E TP, Liturgy of Passion E TP
Steven A. Peay	Holy Thursday PS TP, Good Friday PS TP, Holy Saturday PS TP
Pheme Perkins	AshWednesday E EP, Lent 1 E EP
Jennifer Pfenniger	Holy Thursday PS EP, Good Friday PS EP, Holy Saturday PS EP
Emerson B. Powery	Easter 3 NT EP, Easter 4 NT EP, Easter 5 NT EP
Joseph L. Price	Mon. of HolyWk. E TP,

	Tue. of HolyWk. E TP, Wed. of HolyWk. E TP
Nancy J. Ramsay	Easter 6 G PP, Ascension G PP,Easter 7 G PP
Stephen Breck Reid	Lent 5 OT EP, Liturgy of Passion OT EP
Gary B. Reierson	Holy Thursday E PP, Good Friday E PP, Holy Saturday E PP
André Resner	Mon. of HolyWk. E HP, Tue. of HolyWk. E HP, Wed. of HolyWk. E HP
John D. Rohrs	AshWednesday PS HP, Lent 1 PS HP
John Rollefson	Lent 5 G HP, Liturgy of Palms G HP, Liturgy of Passion G HP
Craig A. Satterlee	Holy Thursday OT HP, Good Friday OT HP, Holy Saturday OT HP
Clayton J. Schmit	Easter Vigil G HP, Easter Day G HP, Easter 2 G HP
Donald Senior	Easter 3 G EP, Easter 4 G EP, Easter 5 G EP
Timothy R. Sensing	Mon. of HolyWk. PS PP, Tue. of HolyWk. PS PP, Wed. of HolyWk. PS PP
G. Malcolm Sinclair	Mon. of HolyWk. OT HP, Tue. of HolyWk. OT HP, Wed. of HolyWk. OT HP
O. Benjamin Sparks	Holy Thursday OT PP, Good Friday OT PP, Holy Saturday OT PP
Max L. Stackhouse	Mon. of HolyWk. G TP,
	Tue. of HolyWk. G TP, Wed. of HolyWk. G TP
Thomas R. Steagald	Easter Vigil E HP, Easter Day E HP, Easter 2 E HP
Brent A. Strawn	Lent 5 PS EP, Liturgy of Palms PS EP, Liturgy of Passion PS EP
Joy Douglas Strome	Easter 3 E PP, Easter 4 E PP, Easter 5 E PP
George W. Stroup	Lent 2 G TP, Lent 3 G TP, Lent 4 G TP
Laird J. Stuart	Lent 2 E PP, Lent 3 E PP, Lent 4 E PP
Philip E. Thompson	Holy Thursday E TP, Good Friday E TP, Holy Saturday E TP
Robert V. Thompson	Easter 6 PS HP, Ascension PS HP, Easter 7 PS HP
Douglas Travis	Lent 5 E HP, Liturgy of Passion E HP
James A. Wallace	Lent 5 OT HP, Liturgy of Passion OT HP
Neal H. Walls	AshWednesday PS EP, Lent 1 PS EP
Don Wardlaw	Lent 2 E HP, Lent 3 E HP, Lent 4 E HP
Audrey West	Lent 5 G EP, Liturgy of Palms G EP, Liturgy of Passion G EP
John E. White	Easter 3 PS HP, Easter 4 PS HP,

	Easter 5 PS HP
Sean A. White	Easter 6 NT TP, Ascension NT TP, Easter 7 NT TP
Andrea Wigodsky	AshWednesday PS PP, Lent 1 PS PP
Patrick J. Willson	AshWednesday G HP, Lent 1 G HP
Randall C. Zachman	Holy Thursday G TP, Good Friday G TP, Holy Saturday G TP